U0128618

剑桥中国史

总主编/［英］崔瑞德 ［美］费正清

THE CAMBRIDGE HISTORY
OF CHINA
VOL.1：THE CH'IN AND
HAN EMPIRES ,B.C.221－A.D.220

剑桥中国秦汉史

公元前221年至公元220年

［英］崔瑞德 鲁惟一／编

杨品泉 张书生 陈高华 谢亮生
一 山 索介然 胡志宏 译

张书生 杨品泉 校订

中国社会科学出版社

图字:01—95—712 号

图书在版编目(CIP)数据

剑桥中国秦汉史. 公元前 221 年至公元 220 年／〔英〕崔瑞德，〔英〕
鲁惟一编；杨品泉等译. —北京：中国社会科学出版社，1992. 2
（2020.1 重印）
　书名原文：The Cambridge History of China Vol. 1：
The Ch'in and Han Empires，B. C. 221—A. D. 220
　ISBN 7 - 5004 - 0907 - 9

　Ⅰ. 剑… Ⅱ. ①崔…②鲁…③杨… Ⅲ. ①中国—古代史—秦汉时代
Ⅳ. K232

中国版本图书馆 CIP 数据核字（2005）第 146824 号

出 版 人　赵剑英
策划编辑　郭沂纹
责任编辑　史慕鸿
责任校对　王应来
责任印制　戴　宽

出　　　版　中国社会科学出版社
社　　　址　北京鼓楼西大街甲 158 号
邮　　　编　100720
网　　　址　http：//www. csspw. cn
发 行 部　010 - 84083685
门 市 部　010 - 84029450
经　　　销　新华书店及其他书店

印刷装订　环球东方（北京）印务有限公司
版　　次　1992 年 2 月第 1 版
印　　次　2020 年 1 月第 21 次印刷

开　　本　650×960　1/16
印　　张　59.5
插　　页　7
字　　数　855 千字
定　　价　96.00 元（精装）

The Cambridge History of China
Volume 1
The Ch'in and Han Empires
221 B. C. — A. D. 220
edited by Denis Twitchett and Michael Loewe

© Cambridge University Press **1986**

Cambirdge
New York • Melbourne

根据剑桥大学出版社 1986 年版译出

译　序

这部《剑桥中国秦汉史》，原为费正清、崔瑞德共任全书主编的《剑桥中国史》的第 1 卷，于 1986 年在剑桥大学出版社出版。《剑桥中国史》不是按卷次先后印行的，在这卷之前，第 10、11 和 3 卷业已先后问世，并且已经由中国社会科学院历史研究所编译室翻译出来，以《剑桥中国晚清史》、《剑桥中国隋唐史》为题出版了。现在历史所的朋友们又译成《剑桥中国秦汉史》，要我在书端写几句话，我既感欣幸，又颇为惶恐。我在秦汉史方面学力有限，本没有着笔的资格，但承鲁惟一先生盛意，在本卷出书后即行寄赠，得以成为国内最早读者之一。细绎全卷，曾将一些感想写作书评，发表在《史学情报》上，其中即呼吁赶快把这卷书翻译出来。现在经过历史所各位努力，这个愿望实现了，写一篇小序确实是我的义务。

《剑桥中国史》规模宏大，集中了西方研究中国史的许多学者的力量，本卷也不例外。全卷 16 章，原文多达 981 页，分别执笔的学者大都对章节论述的范围有长期深入的研究。例如第 1 章《秦国和秦帝国》的作者美国宾夕法尼亚大学退休教授卜德，30 年代即已出版《中国的第一个统一者》一书；第 3 章《王莽，汉之中兴，后汉》的作者美国哥伦比亚大学教授毕汉斯，著有《汉朝的中兴》；第 6 章《汉朝的对外关系》的作者美国普林斯顿大学教授余英时，著有《汉代的贸易和扩张》；第 9 章《秦汉法律》的作者荷兰莱顿大学退休教授何四维，著有《秦法律残简》、《汉法律残简》；第 7 章《政府的结构与活动》、第 12 章《宗教和知识文化的背景》等的作者英国剑桥大学东方学院鲁惟一博士，著有《汉代的行政记录》、《通往仙境之路》等书，诸如此类，不遑枚举。还有的学者，如法国法兰西学院的戴密

1

微、日本东京大学退休教授西嶋定生等，更是大家所熟悉的。因此，本卷的作者阵容在西方学术界可称极一时之选，这部书也可谓西方研究中国秦汉史的结晶。

西方对秦汉史的研究有相当长的历史。本卷《导论》对此有概括叙述，一直上溯到明清之际来华的传教士卫匡国的著作。中国的二十四史始于《史记》、《汉书》，读史者也总是从前四史入手，所以一接触中国史就是秦汉，同时秦汉在整个中国史上又有其特殊的重要位置。西方学者研究秦汉史的较多，成绩也较丰硕。看本卷所附参考文献目录，便可得到相当的印象。这部《剑桥中国秦汉史》，正是在这样的基础上加以综合和提高的。不很熟悉西方研究情况的读者，通过本卷不难知其涯略。卷中引用日本学者的论著也很多，足供读者参取。

这部书有几个特点，想在这里介绍一下。

首先是秦汉史列为《剑桥中国史》的第1卷，这一点恐怕是国内读者不易理解，而且是会有较大意见的。《剑桥中国史》的总主编序对此曾有说明，他们提到，在筹划编著这部巨著的时候，本想从中国史的开端写起，可是我国的考古发现日新月异，70年代以来更有进一步扩大的倾向，把中国史前史以至公元前第一千纪的历史面貌几乎彻底改变了，而现在还没有能把崭新的考古材料与传统的文献记载融会贯通而成公认的成果，因而全书只好从有大量可靠文献依据的秦汉开始。这种看法，和晚清以来疑古思潮的见解是有实质差别的。

《剑桥中国秦汉史》广泛引用了文献材料，而且很注意文献的辨伪和考订，这是不少西方中国学家一贯坚持的作风。大家可以看到，本卷各章中的引文，大多注意了使用经过整理校订的版本，包括中国、日本以及西方学者的各种注释。卷中图表也尽量做到有足够的文献依据。这是作者很重视文献的一种表现。

这样说，并不意味本卷的写作不重视运用考古材料。相反的，本卷不少作者都征引了中国考古学的重要成果。例如都城的发掘和一批大墓的发现，在书中好几个章节得到介绍引用。尤其是有关经济史和社会生活史的部分，涉及考古材料的地方更多。由于本卷作者有几位是秦汉简牍帛书研究的专家，他们写作的章节引用这方面材料，取得很好的效果。比如论法律时，征引云梦睡虎地秦简；论屯戍时，征引敦煌、居延等地汉简，使这些专门的研究汇合到历史的论述中。中国的学者研究秦汉史，也是这样做的，但当前还有人在谈考古对历史研究的贡献时，总是过多地强调先秦，对秦汉考古重视不够，应该说这是不很公平的。

秦汉时期中外关系史的研究，外国学者有不少成果。本卷在这方面的叙述能对这些成果作出概括，并有新的见解。虽然限于篇幅，不能详细展开，但简明扼要，适合一般读者的要求。

卷中从第12章到第16章，都是论述思想文化史的。在篇幅上占了全卷的三分之一。就这五章的内容而言，哲学、宗教以及政治思想、经济思想等，都涉及了。各章是从不同的角度叙述的，所以有的思想家兼见于几章，例如董仲舒。所论的人物有的前人罕加探讨，例如班彪。思想文化史在全卷里有这样大的比重，反映了西方学术界强调思想文化研究的特色，与我国通行的几部通史很不相同。这里要指出，戴密微的遗作，本卷第16章《汉代至隋代之间的哲学与宗教》，加上伦敦大学巴雷特所增补的《跋》，原文长达70页，简直可作专著来读。其中关于民间道教、佛教的传入和佛、道二教关系等，有不少值得注意的论述。

《剑桥中国秦汉史》的观点，在许多方面与国内学术界的看法不同，这是必然的。需要说明的是，本卷虽有《导论》讨论了一些具有理论性或方法性的问题，但各章节由于执笔者各异，不能有彼此呼应的一贯理论。即使同属论思想文化史的五章，论点也多少有不一之处。这是按本书这种方式组织写作的学术著作常见的现象。不过，这种现象的结果却能使我们看到各位作者研究的个性，吟味其独到之处。

这部书还有其不足之处。例如卷中插有若干图表，可是没有一张插图。当然这是《剑桥中国史》全书的体例，即以文字来表现。但是秦汉时期的考古发现太丰富了，有不少可直接与文献相印证。如果书中能适当配备一些插图，会有左图右史之效。从历史学与考古学的结合来说，这不止是一个书籍的形式问题。

《史记》、《汉书》，一为通史，一为断代，然而都是纵横兼顾，叙事与分析并重。相对来说，国内近作的一些史书每每分析部分较多，而叙述事实原委不足。《剑桥中国秦汉史》在一定程度上也是这样。特别是除了思想史的部分以外，对人物的描写所用笔墨不多，很少对一个人物作多方面生动的叙述。在这里，看来我们都应该从古代的纪传体史籍吸取教益。

本卷编者曾经提到，由于条件不很成熟，未能多吸收文学艺术史和科技史的研究成果。但书中有些章节还是包含了这两个学科的内容，不过这毕竟是一个缺憾。

在中国读者看来，有一些颇有影响的中国学者的著作未能列入参考文献目录，未免可惜。例如陈直有好多种秦汉史研究专著，其特色是以考古文物材料与文献相印证，颇多胜义，参考文献目录仅引有《两汉经济史料论丛》一种，未列入《史记新证》、《汉书新证》等书；刘文典的著作，引有《庄子补正》，但未列入《淮南鸿烈集解》；刘汝霖的《汉晋学术编年》，也没有列入。总的说，材料方面所引较多，论著则较少。如我在书评中说过的，这种现象表明，中外学术界成果的彼此交流还有必要进一步加强。

本卷原文是三年前出版的，其中有的章节的属稿还要早得多，因此有一些新的考古发现和研究，书中未能征引。大家知道，近年秦汉简帛的发现和整理有突出的成果，其间大量的佚书对当时学术思想的研究更有巨大影响。还有几项最新发现，如江陵张家山汉简中的《汉律》，极其重要，目前尚待公布。相信本卷的编者在有机会修订再版时，会将这些材料吸收进去，使全卷内涵更趋丰富。

《剑桥中国秦汉史》这样的大型专门著作，翻译是很不容易的。几位译者多是我的老友，他们富于学识和经验，竟能在很短的期间完成这一译作，将之绍介于国内学术界。我们读者应向他们表示感谢。

李学勤

1989 年 10 月

目　　录

导　　言

剑桥大学　鲁惟一

第一章　秦国和秦帝国

宾夕法尼亚大学荣誉教授　卜德

1

第二章 前汉

鲁惟一

第三章 王莽,汉之中兴,后汉

哥伦比亚大学 毕汉斯

第四章 政府的管理与存亡攸关的 问题,公元 57—167 年

鲁惟一

第五章　汉代的灭亡

莱顿大学汉学院　B.J.曼斯维尔特

第六章　汉朝的对外关系

耶鲁大学　余英时

第七章　政府的机构与活动

鲁惟一

第八章 后汉的制度
毕汉斯

第九章 秦汉法律
莱顿大学荣誉教授 何四维

第十章 前汉的社会经济史
东京大学荣誉教授 西嶋定生

第十一章　后汉的经济和社会史

伊利诺斯大学,厄巴纳—香潘　帕特里夏·埃伯里

第十二章　宗教和知识文化的背景

鲁惟一

第十三章　主权的概念

鲁惟一

第十四章　儒家各派的发展

苏黎世大学　罗伯特·P.克雷默

第十五章　后汉的儒家、法家和道家思想

加利福尼亚大学,圣巴巴拉　陈启云

第十六章　汉代至隋代之间的哲学与宗教

法兰西学院戴密微遗作

地图、表目录

8

总　编　辑　序

　　当十多年前开始计划编写《剑桥中国史》时，本来当然打算从中国历史的最早时期写起。但是，在我们着手写这部丛书的几年时期中，我们不论对中国史前史的知识，或是对公元前第一个千年的大部分时期的知识，都因大量的考古发现而发生了变化；这些发现始于20世纪20年代，而自70年代以来取得了越来越大的势头。这一大批新材料一再改变了我们对早期史的看法，而且至今还没有对这些新的证据和传统的文字记载作出任何普遍公认的综合。尽管屡次作出努力，试图计划并写出能够总结我们的早期中国知识现状的一卷或几卷著作，但事实证明现在尚不能做到这一点。很可能还需要10年工夫，才能对所有的新发现进行可能有一定持久价值的综合。因此，出于无奈，我们在编写《剑桥中国史》时就从秦汉这两个最早的帝国政体的建立开始。我们知道，这样就要对前此一千多年有文字记载的前期在另外的时间另作论述。我们同样知道，公元前第一个千年的事件和发展为我们即将阐述的中国社会及其思想和制度奠定了基础。秦汉两朝的各种制度、文学和艺术、社会形态及其思想和信仰都牢牢地扎根于过去，如果没有这段更早历史方面的某些知识，就无法了解它们。随着现代世界的各个方面变得越来越息息相关，历史地了解它变得比以往更加必要，而历史学家的任务也变得比以往更加复杂。即使在史料增多和知识更加充实时，实际和理论仍是互相影响的。单单概括所已经知道的内容就已成了一项令人望而生畏的任务，何况知识的实际基础对历史思考来说是越来越必不可少的。

　　在英语世界中，剑桥历史丛书自本世纪起已为多卷本的历史著作树立了样板，即各章均由专家在每卷编者的主持下写成。由阿克

1

顿爵士规划的《剑桥近代史》共 16 卷，于 1902—1912 年期间问世。以后又陆续出版了《剑桥古代史》、《剑桥中世纪史》、《剑桥英国文学史》以及关于印度、波兰和英帝国的剑桥史。原来的《近代史》已被 12 卷的《新编剑桥近代史》代替，而《剑桥欧洲经济史》的编写也正接近尾声。近期在编写中的其他剑桥历史丛书包括伊斯兰教史、阿拉伯文学史、伊朗史、犹太教史、非洲史、日本史和拉丁美洲史。

就中国史而言，西方的历史学家面临着一个特殊问题。中国的文明史比任何单个西方国家的文明史更为广泛和复杂，只是比整个欧洲文明史涉及的范围稍小而已。中国的历史记载浩如烟海，详尽而广泛，中国历史方面的学术许多世纪以来一直是高度发展和成熟的。但直到最近几十年为止，西方的中国研究虽然有欧洲中国学家进行了重要的开创性劳动，但其进展几乎没有超过翻译少数古代史籍和主要的王朝及其制度史史纲的程度。

近来，西方学者已经更加充分地利用了中国和日本的具有悠久传统的历史学术成果，这就大大地增进了我们对过去事件和制度的明细的认识，以及对传统历史编纂学的批判性的了解。此外，这一代西方的中国史学者在继续依靠欧洲、日本和中国正在迅速发展的中国学研究的扎实基础的同时，还能利用近代西方历史学术的新观点、新技术以及社会科学近期的发展成果。而在对许多旧观念提出疑问的情况下，近期的历史事件又使新问题突出出来。在这些众多方面的影响下，西方关于中国研究的革命性变革的势头正在不断加强。

当 1966 年开始编写《剑桥中国史》时，目的就是为西方的历史读者提供一部有内容的基础性的中国史著作：即按当时的知识状况写一部 6 卷本的著作。从那时起，新研究成果的大量涌现、新方法的应用和学术向新领域的扩大，已经进一步推动了中国史的研究。这发展反映在：《剑桥中国史》现在已经计划出 15 卷，但仍将舍弃诸如艺术史和文学史等题目、经济学和工艺学的许多方面的内容，以及地方史的全部宝贵材料。

近几十年来我们对中国过去的了解所取得的惊人进展将会继续和加快。进行这一巨大而复杂的课题的西方历史学家所作的努力证明是得当的,因为他们本国的人民需要对中国有一个更广更深的了解。中国的历史属于全世界,不仅它有此权利和必要,而且它是引人入胜的一门学科。

费正清

崔瑞德

本 卷 序 言

帝　号

一般地说，皇帝以他们的谥号相称。这些惯用的名号之被选用，是使已故的君主具有理想化的形象。有一个例子，更始帝的名号用来指他采用的年号。

官衔的译名

本书编者极力想以最适当的方式来翻译官衔。大部分的英文汉代史著作使用的译名是从德效骞关于《汉书》的开创性的译作演变而成，其后又经德克雷斯皮尼博士编成便览。[①] 但是，这些译名绝不是理想的。它们既没有前后一致地表示汉代文官制度内部的等级，也没有说明某个官职的主要职责。有些译名是从欧洲社会借用的，其含意与中国的制度不同（例如 grandee 或 internuncio 等名词）；其他的译名则是试图把中国的官衔按字面直译而成，对西方读者来说，它们或是显得拙劣，或是会引起误解，偶尔还会流于陈腐。

毕汉斯教授近期关于汉代文官制的专著第一次充分地论述了汉代的官僚政治，[②] 他以这个命名学为基础，在原来的表中系统地增补了大量译名。他的有充分文献根据的专著试图详细地论述各官署的历

---

① 雷夫·德克雷斯皮尼：《西汉的官衔》（堪培拉，1967）。
② 毕汉斯：《汉代的官僚制度》（剑桥，1980）。

史、它们的相互关系以及供职官员的职责，对专家来说是一部有帮助的必备工具书。

但是，本卷是为一般读者而不是为中国学家写的，打算自成一套。最重要的要求是使读者得到关于秦、汉帝国运行情况的一个合乎实际的印象。据此编者认为，以往出版的著作所使用的许多用词不适用于这个目的，于是另外采用了一套代用词。在这样做的时候，他们深知正在试图完成一项不可能完成的任务，这就是要调和许多各不相同的、有时是互相冲突的目标。可是他们感到必须尽力完成这个任务，因为对西方读者来说，像御史大夫和州牧等名词，译成 imperial counsellor 和 regional commissioner 将比 grandee secretary 和 shepherd 更为贴切。他们力求尽可能保持译名的精确性，而且使用的英文译名要具有直接的意义，而不会使人感到古怪，或者引起读者不适当的联想。

在试图达到全书前后一致时，编者所面临的是一种两难的处境。中国的官衔没有系统性，所以不可能总是用同一个英文译名来表示同一个中国的名词而同时又指出级别或关系的实质。此外，由于前汉和后汉官署的职能有了变化而又没有改变它们的名称，有时对前汉和后汉所用的同一个中国名称宁可采用不同的表达方式。但在另一方面，少数官衔的名称变了，但它在官僚等级制中的职能或地位未变。在这种情况下，就使用同一个英译名（例如，奉常和太常都译成 superintendent of ceremonial；大农林和大司农都译成 superintendent of agriculture）。

技 术 名 词

鉴于本书的有些作者在表达时的习惯用法，我们编者在某些名词的使用方面并不硬求完全统一。因此，有的作者把"五行"译成 Five Elements，有的作者则译成 Five Phases。我们认为应该不予更动，这样每位作者可以使用他或她认为能更确切地表达原来概念的思想的一个名词。

日　期

以常用的方式按照仿佛已经传入的西方历法中相应的日期来换算日期。[①] 在有些情况下，精确地提供这些日期是可能和可取的；但在更多的情况下，特别是在前汉，主要的史料只记录到月份。由于秦、汉使用的历法是颛顼历，中国年份中的月与西方阳历的月不能完全一致。中国的年份与西方的年份也不能完全相符。由于中国年以何时为岁首所引起的变化，这种情况就进一步复杂化了。例如，在公元前105 年之前，阴历十月被视为一年之始；从此以后（除了公元 9—23年），把十月为岁首改为以正月为岁首。结果，读者应该意识到，乍一看在前汉的第一个世纪可能出现一些奇怪的反常现象；例如某一年1—9 月的事件实际上在所记载的 10—12 月的事件之后。

度　量　衡

中国的单位一般折成米制列出，但如果有意义，就把这些单位保留在文中（如在第 10 章）。关于考古发现的参考材料，衡量的单位以见于发掘报告的米制形式列出。汉代度量衡及其相应的米制单位单独列出于后。

地　图

本卷的地图（除毕汉斯教授以前发表的地图 10 和 11 外）都是根据中国最新的《中国历史地图集》第 2 卷（上海，1975 年）中的历史地图绘制的。这些地图再现了秦汉时代的海岸线和泄洪系统，并且

---

① 关于日期的换算表，读者可参见以下的这类著作：P. 奥昂：《中国和欧洲年月的换算》（上海，1910）；陈垣：《二十史朔闰表》（1925；1956 年北京再版）；董作宾：《中国历史年代表》（香港，1960）。

6

显示了分别提供公元 2 年和 140 年地方行政情况的《汉书》和《后汉书》地理志中所列的行政中心。这些地图显示的行政疆域是大致的情况，可是似乎将来不可能再绘制更精确的地图。但是这部地图集显示的汉代版图的外沿边界肯定是夸大了的，所以我们采用了更加现实的国界。但是应该记住，不存在现代意义上的外沿边界，所表示的边界不过是汉朝领土主权界限的大致情况。我们还沿用这部地图集所显示的秦汉时代长城的界线，虽然还有别人绘制的一些地图。一张精确的地图要等到进行更详尽的考古调查以后才能完成。

地　　名

秦汉时期的地名用威妥玛-翟理思拼音法拼音，并在音节中间加连字号（例如河南以 Ho-nan 表示）。现代地名的音节中间则无连字号，某些省份和有名的城市使用普遍承认的邮政拼音表示（例如河南、四川和北京分别写成 Honan，Szechwan 和 Peking）。

史料的参考

本卷的附注打算在适当的地方引导读者去注意主要的史料；如果可能，还附有这个史料西方译文的参考材料。此外，脚注引了所讨论题目的主要的辅助研究著作。脚注还请读者参看本卷其他章节的与所讨论的问题有关的部分。

在引用主要史料时，编者们按照以下的指导原则处理。虽然他们没有为所提到的每个事实或每个事件引证出处，但他们力图对重要事态发展不厌其烦地提供这种材料，以使读者了解正史中对某个事件的叙述。

对前汉的第一个世纪，两部正史经常包括完全一样或几乎一样的文字。虽然没有处处都提供《史记》和《汉书》的出处，但书中提供足够的信息使读者能去参考两部正史中的每一种。如果某一卷已经出有译文，编者们举出译文所用的史料来源（例如，参考材料一般提

《汉书》卷二四和斯旺的译文，而不引《史记》卷三十）。此外，有时优先用《汉书》是出于两个原因。首先，《汉书》中卷的安排和结尾有时比《史记》中相应的卷更加完整和明确（例如，《汉书》的卷六一和卷九六比《史记》的卷一二三用起来更顺手一些。）其次，由于《史记》的记述结束于公元前100年以后不久，集中使用《汉书》似乎是可取的，因为一个贯穿于整个前汉的题目就可以根据同一种史料进行研究（如《汉书》卷十三至十九的世系表）。

上面所指的正史是近年北京中华书局出版的标点本。虽然编者们意识到常常可以优先使用注释更加丰富的版本（因为它们可以提供更多的材料），但他们相信，读者们参考这些标点本更为有用，因为它们对那些希望由此进一步参考像泷川龟太郎或王先谦等人的校勘本的人来说比较容易。《后汉书》的卷数为标点本和王先谦的《后汉书集解》的卷数。《续汉志》的卷数另注以"志"的字样，以示区别。

除了秦汉史某些方面的专著外，还有大量论述秦汉史各个方面的学术论文。由于试图列出所有这些著作的全面的书目过分麻烦，本卷参考书目所列的著作和论文仅限于各该章脚注中所引的专著和论文。

鸣　　谢

我们编者乐于借此机会向本书的几位作者表示感谢，因为他们进行了亲密和严谨的合作并耐心地等待他们劳动的最后成果。编者们特别要感谢他们的批判性的评论和意见。编者们还要感谢中国社会科学院王毓铨教授的善意帮助，他仔细地阅读了本卷的前半部草稿，并提出了许多已经在文中采纳的改进意见。编者们还希望对下列几位助手表示最热诚的谢意。如果没有他们的帮助，本书就不会完成：史蒂夫·琼斯编制了译名对照索引；基思·黑兹尔顿和斯科特·皮尔斯进行了最后的编辑和为印刷进行电脑排版。

编者们还要感谢全国人文科学基金、百事可乐基金会和小罗伯特·博林先生等方面的慷慨——他（它）们的研究捐款和赠送，再加上普林斯顿大学慷慨的支持，使本卷的出版成为可能。编者们还要感谢乔治·艾伦和昂温出版社，因为它允许引用鲁惟一的《中国人的生死观》中的内容（第 64—65、44—47、86 和 150 等页）。

崔瑞德

鲁惟一

汉代的度量衡

等　值①

长度：		
	1 寸	23.1 毫米
	1 尺（10 寸）	23.1 厘米
	1 步（6 尺）	1.38 米
	1 丈（10 尺）	2.31 米
	1 里②	0.415 公里
容量：		
	1 合	19.968 立方厘米
	1 升（10 合）	199.687 立方厘米
	1 斗（10 升）	1.996 公升
	1 石（1 斛）　（10 斗）	19.968 公升
重量：		
	1 铢	0.64 克
	1 两（24 铢）	15.36 克
	1 斤（16）两	245 克
	1 钧（30 斤）	7.37 公斤
	1 石（4 钧）	29.5 公斤
面积：		
	1 顷（100 亩）③	11.39 英亩

---

① 见德效骞：《〈汉书〉译注》（巴尔的摩，1938—1955）第 1 卷，第 276—280 页；南希·李·斯旺：《古代中国的粮食和货币》（普林斯顿，1950），第 360 页以后；吴承洛：《中国度量衡史》（上海，1937）；鲁惟一：《汉代粮食的衡量》，载《通报》，49：1—2（1961）。

② 在本卷文中的有些地方，"里"的用法是修辞性的，而不是表示精确的距离。

③ 汉武帝时期采用了 6×240 步的大亩。

汉 代 的 帝 系

表 1 前汉诸帝

本名①	出生时间	帝号	登基	死亡
刘邦	？	高帝	202②	195
刘盈	206	惠帝	195	188
		少帝恭③	187	184
		少帝弘④	184	180
刘恒	？	文帝	180	157
刘启	？	景帝	157	141
刘彻	？ 157	武帝	141	87
刘弗陵	？ 95	昭帝	87	74
刘贺	？	—	74	（在位 27 天）
刘病已	？ 91	宣帝	74	49
刘奭	74	元帝	49	33
刘骜	51	成帝	33	7
刘欣	25	哀帝	7	1
刘箕子	9	平帝	1	公元 6
刘婴⑤	公元 5			

注：除非另行注明，所有日期均为公元前的。表 3 至表 9 所列皇帝和皇后的时间是他（她）们实际在位的时期。与之有关的其他细节则另在表内作补充说明。

---

① 下列的皇帝是在成年时登基的：高帝、文帝、景帝、元帝和成帝。作为继承其父之子"正式"即位的皇帝有：惠帝、景帝、武帝、元帝和成帝（关于昭帝的即位的特殊情况，见《皇帝的作用和继位问题》小节）。
② 公元前 206 年为汉王；公元前 202 年称皇帝。
③ 吕后把持朝政时期的少帝。
④ 同上。
⑤ 平帝死时被选为皇位继承人并在摄皇帝王莽摄政时期宣布为太子（公元 6 年）；在王莽公元 9 年登基为新朝皇帝时被贬。

11

表 2 　　　　　　　　　　　后汉诸帝

本名	出生日期	帝号	登基	死亡	配偶
刘秀	公元前 5 年 1 月 15 日	光武帝	公元 25 年 8 月 5 日	公元 57 年 3 月 29 日	(1)郭圣通:26 年 7 月 10 日为后;41 年 12 月 1 日被废;52 年 7 月 22 日死 (2)阴丽华:5 年生;41 年 12 月 1 日为后;64 年 2 月 26 日死
刘阳	28 年	明帝	57 年 3 月 29 日	75 年 9 月 5 日	(1)马后:40 年生;60 年 4 月 8 日为后;79 年 8 月 16 日死 (2)贾贵人
刘炟	57 年	章帝	75 年 9 月 5 日	88 年 4 月 9 日	(1)窦后:78 年 4 月 3 日为后;97 年 10 月 18 日死 (2)不详 (3)宋贵人:82 年死 (4)梁贵人:83 年死 (5)申贵人
刘肇	79 年	和帝	88 年 4 月 9 日	106 年 2 月 13 日	(1)阴后:96 年为后,102 年 7 月 24 日被废 (2)邓绥:81 年生;102 年 11 月 21 日为后;121 年 4 月 17 日死 (3)不详
刘隆	105 年	殇帝	106 年 2 月 13 日	106 年 9 月 21 日	
刘祜	94 年	安帝	106 年 9 月 23 日	125 年 4 月 30 日	(1)阎姬:115 年 6 月 1 日为后;126 年 2 月 28 日死 (2)李贵人:115 年死
刘懿	(不详)	少帝	125 年 5 月 18 日	125 年 12 月 10 日	
刘保	115 年	顺帝	125 年 12 月 16 日	144 年 9 月 20 日	(1)梁妠:106 年生;132 年 3 月 2 日为后;150 年 4 月 6 日死 (2)虞美人
刘炳	143 年	冲帝	144 年 9 月 20 日	145 年 2 月 15 日	
刘缵	138 年	质帝	145 年 3 月 6 日	146 年 7 月 26 日	
刘志	132 年	桓帝	146 年 8 月 1 日	168 年 1 月 25 日	(1)梁女莹:147 年 9 月 30 日为后;159 年 8 月 9 日死 (2)邓猛女:159 年 9 月 14 日为后;165 年 3 月 27 日被废;165 年死

续表

本名	出生日期	帝号	登基	死亡	配偶
刘宏	156 年	灵帝	168 年 2 月 17 日	189 年 5 月 13 日	(3) 窦妙：165 年 12 月 10 日为后；172 年 7 月 18 日死 (1) 宋后：171 年为后；178 年被废；178 年死 (2) 何后：181 年 1 月 1 日为后；189 年 9 月 30 日死 (3) 王美人：181 年死
刘辩	173 或 176 年	少帝	189 年 5 月 15 日	190 年（189 年 9 月 28 日被贬）	
刘协	181 年	献帝	189 年 9 月 28 日	234 年 4 月 21 日（220 年 11 月 25 日逊位）	(1) 伏寿：195 年 5 月 20 日为后；215 年 1 月 8 日死 (2) 曹节：215 年 3 月 6 日为后；260 年 7 月 2 日死

注：只有三个皇帝（光武帝、明帝和章帝）在 18 岁或超过 18 岁时登位。

未列名字的配偶，其名不详。

导　言

　　本卷论述的是分别称之为秦、前汉、新和后汉诸王朝的最早几个统一的中华帝国。（西汉和东汉之称有时代替了前汉和后汉。）两个重大事件的明显的日期标志着这段时期的起讫：公元前 221 年秦帝国的建立和公元 220 年最后一个汉帝的逊位。但是这两个年份不应视作本卷所论述的时期的严格界线。公元前 221 年的几件大事是前几个世纪事态发展的最后结果，所以本书第 1 章必然要向读者交代战国时期的事件、人物和事态发展。与此相似的是，虽然汉献帝的逊位可以视为汉朝的正式结束，但帝国瓦解过程的出现早已在这个日期之前；甚至可以认为，公元 184 年黄巾叛乱的爆发实际上标志着汉帝权威的结束。在考虑毫无权力的皇帝仍坐着汉朝皇位的这几十年的政治发展时，就必须进一步看到随之而来的时期，那时汉帝国最后崩溃，它的领土被同时存在的魏、蜀、吴三国所瓜分。

　　与此相似的是，在考虑思想史时，把本卷绝对限定在秦汉两朝的时期内是既不实际也不可取的。必须交代在秦国时期发展起来的哲学前提条件，如果没有它们，帝国就不可能建立。已故的戴密微教授多年前所写的一章（那是在原来以不同的方针规划的一卷中的论文）把关于佛、道两教哲学和宗教的论述一直延续到隋朝（建于公元 581 年）。这一章是作为一个整体撰写的；本来可以把它分成两部分，按时间顺序，分别载于本卷和第 2 卷，但我们宁愿保存原来的形式，因为它讨论的主题最好是一气呵成地去读完它。

　　只要对现存的秦汉史史料进行考察，就立刻可以看出预计的叙事范围是根本不完整的，涉及许多重要主题和问题的证明材料在所讨论的四个多世纪中分布得并不均衡。因此，我们掌握的有关前汉经济发展的材

1

料多于后汉的材料，而阐述公元 1、2 世纪大家族成长和社会结构变化的材料，则比以前时期的材料又显得更加清楚。辨认前汉时期政治变化的类型可能比辨认后汉时期的类型更加清楚；在后妃及其家族对行政的影响方面，已知后汉的材料多于前汉，而对关键的政治人物的影响，我们对前汉的情况，在某种程度上又比对后汉看得更加清晰。在思想史方面，我们掌握公元前 200 年至前 100 年的情况，远不如后三个世纪的情况。

在长达约 2000 年的时期中，中国的学者、历史学家和官员一直在研究秦汉帝国，这两个王朝又是属于首先吸引研究中华帝国过去的日本和西方学者注意力的朝代。根据近年来批判性的学术研究，本卷的目的是要提供原始史料中所有资料的概要。但是迄今进行的研究对秦汉史各个方面的注意有点不平均。例如，对前汉时期的研究多于后汉时期。仍有若干重要的题目不可能有把握地写成。例如，本卷没有试图分析气候变化及其明确的长期后果。类似的情况是，尽管对中国科学技术的研究近期有明显的进展，试图对秦汉时期的这类发展作出概括说明看来仍为时尚早。总结这个时期文学成就的时机也还不成熟。

文字史料及它们的问题

本卷的几位撰稿人讨论了他们所依据的史料的价值和缺陷，并且说明了某些材料的重要意义和问题。关于对中国历史编纂学及其偏见的总的评价，关于对秦汉史研究现有史料的探讨，请读者参阅一批现存的著作。[①] 总的说，研究这个时期的历史学家必然几乎只能依靠中

---

① 例如，沙畹：《〈史记〉译注》（巴黎，1895—1905）第 1 卷，第 7—61 页；南希·李·斯旺：《班昭：公元 1 世纪中国杰出的女学者》（纽约和伦敦，1932）；查尔斯·加德纳：《中国的传统历史学》（坎布里奇，1938）；毕汉斯：《汉代的中兴》第 1 卷（《远东古文物博物馆通报》，26〔1954〕，第 9—81 页）；伯顿·沃森：《中国伟大的史学家司马迁》（纽约，1958）；何四维：《关于汉代历史学的几点意见》，载比斯利和浦立本合编：《中国和日本的历史学家》（伦敦，1961），第 31—43 页；雷夫·德·克雷斯皮尼：《三国志》（堪培拉，1970）；唐纳德·莱斯利、科林·麦克勒斯、王赓武：《中国史料论文集》（堪培拉，1973）；陈启云：《荀悦（公元 148—209 年）：中世纪早期的一个儒家的一生和反省》（剑桥，1975），第 84—126 页。

国正史特有形式的史料，只有在特殊情况下才可能求助于其他的文字材料，以确定这些正史的编纂者所依赖的文献，检验它们的叙事是否准确，考查它们的可靠性的问题，或者权衡它们的意见和判断。

然而，我们所说的三部正史——《史记》和前、后《汉书》——的篇幅和性质可能稍许减轻这些困难。这三部著作都不是出之于一个作者或编纂者之手；不同部分的卷是为了不同的目的而起草的；这些著作的不同部分之间的内在的一致性在估计它们的准确性或正确性时能有相当大的价值。因此，批判性地处理材料要求持谨慎的态度。

三部著作的叙事范围绝不是一致的。《史记》意在写成一部直至作者时代以前的人文通史，因此在进行论述秦汉两朝之前涉及了帝国以前许多世纪的内容；它不包括西汉的全部记载，叙事至公元前100年以后不久。这三部正史都没有把新莽王朝当作一段应该同样享受一个虽然短命、却被视为合法的王朝尊重的完整时期。《后汉书》中还没有相当于其他两部正史记述西汉世系表部分的那几卷。

必须记住，三部正史的不同的作者根据略为不同的观点撰写，而且离所描述的事件的时间也长短不一。《史记》的创始人司马谈（死于公元前110年）以偏爱某种形式的道家思想而著称，但其子司马迁（约公元前145—约前86年）却没有这种偏爱；后者负责了这部著作的大部分，最后在遭受政治耻辱的情况下结束了他的一生。《史记》现存的卷中有几卷经过他人的增补，为的是弥补很早就已知道的一些缺陷。《汉书》由班彪（公元3—54年）开始撰写，他的关于君权形式的论文是政治思想史的基本文献。这部著作主要由他的儿子班固（公元32—92年）完成，然后由班固之妹班昭（公元48—1167年）撰稿作了一些补充。《汉书》还收了诸如马续（盛年期约公元141年）关于天象的文章和刘歆（死于公元23年）的一篇在秘府收集的书目的节略。

按照通常的说法，人们一直认为《汉书》的编纂者在撰写前汉开始的100年的几卷时广泛地取材于《史记》；但是也有人争辩说，两部著作的有些部分却存在相反的写作过程——《史记》中有些早已佚失的卷已被现有的文本所补充，这些文本是根据《汉书》的相应部分编成的。① 最后，现存的《后汉书》实际上是一部合成的作品，它的本纪和列传由范晔（公元 398—446 年）根据更早期的材料写成，而其中的志则是司马彪（公元 240—306 年）在此之前一个多世纪写出。

在这三部正史中，《史记》和《汉书》对中国的历史写作具有更大的影响，这不但是因为它们为以后的史书树立了结构形式，而且也由于它们的优美的文笔，因为它们作为鲜明有力的文章的样板，一直被人们所钦佩和模仿。在这两部著作中，《汉书》的作者喜爱古文学，有时还使用一些古词。在论述同一题目的相应的卷中，《史记》的文字与《汉书》的文字往往相同，只是偶尔有一些语言上的微妙差异；在出现差异的地方，《史记》反映的是当时使用的语言，而不是一心去模仿陈旧的文风。两部著作都包括一些生动的，甚至是戏剧性的段落：如项羽的最后一战和死亡及李陵英勇地深入中亚的记载，或者爱冒险的旅行家通过兴都库什山的描述。两部历史还收了一些来自官方或皇帝决定的枯燥的声明或严肃的公告，以及国家文献的提要。

在西方人眼中，这些正史都缺乏因果的意识。此外，它们一般缺乏某些类别的报道，例如，皇帝、诸王和显贵人物等家族的家谱中所收的妇女的参考材料就没有男人们那样完整。像所有的正史那样，它们对京师政治事务的报道占绝对大的比重，而对于地方性事件的叙述则比较少。

计量的材料只是偶尔散见于各处。因此，只存在公元 2 年和 140 年两次年度人口登记的统计数字；公元 2 年的一次所收的是从帝国 1577 个县中选出 10 个县的数字；选择它们大概是因为它们的面积非常大；关于其他县和其他时期的材料，我们有时得到的可能是一种浮夸的报道。精确的数字——例如人口登记数、可耕地面积数或秘府藏书的卷数——可能是根据实际算出的，因此除去文字错误的因素外，它们可能要比例如交战军队规模的约数更为精确。

---

① 见何四维：《〈史记〉卷一二三〈大宛传〉的可靠性问题》，载《通报》，61：1—3（1975），第 83—147 页；伊夫·埃尔武厄（吴德明）：《〈史记〉和〈汉书〉的相对价值》，载《戴密微先生汉学文集》（巴黎，1974），第 55—76 页。

现在可以举出一个特定的例子，从中看出正史的一个特有的缺点是缺乏外部材料的制约。这就是对外关系方面的论述，在这些著作中，这方面的材料是用中国人的观点写成的，并且被中国官员的态度、偏见和记录所歪曲。当时与帝国官员打交道的民族没有留下它们能够自己叙述这些关系以及谈论对其中国邻邦的看法的任何文字记录。

在某种程度上，《史记》、《汉书》和《后汉书》的历史记录可以被当时或稍后的其他文学作品所修正或补充。不像历史陈述那样有具体意图的哲学著作往往能使人洞察当时中国施政者的动机，而对伦理价值的讨论很快会变成适合于一个皇帝或官员的指导思想。当时写成了一批著作，用以详尽阐述当时的或理想的制度。有的后来被收在典籍中，并完整地保存了下来。有的出于备受尊敬的学者如蔡邕（公元 133—192 年）或应劭（约死于公元 204 年）之手，现在令人遗憾地只存有残卷。少数专门批评时政或生活方式的完整的专著或论文（如前汉的《盐铁论》和后汉王符的《潜夫论》）具有巨大的价值；它们可以用来纠正或支持这些正史中的某些比较概括的叙述，或者有些夸大其词的描述。最后，有的汉代诗人以丰富的比喻暗示了朝廷的理想或期望，并且热情而详细地描述了两都的壮观景色；另一些诗人则尖锐地提醒我们注意黎民百姓在他们的政府手中所受的苦难。

直到近期，秦、汉两朝的独立档案材料几乎完全限于在西北防线文武官署所拟定的文书的残件。这些木、竹残简最早在 1900—1915 年斯坦因到中亚探险旅行期间在敦煌附近的遗址被发现。在 1927—1934 年斯文赫定进行的中国瑞典联合考察期间，更大量的约在公元前 100 年至公元 100 年期间的残简在居延附近的遗址被发现。① 自

---

① 关于这些文书的文字，见沙畹：《斯坦因在东突厥斯坦发现的中国文书》［牛津，1913］；马伯乐：《斯坦因第三次中亚考察发现的中国文书》（伦敦，1953）；劳榦：《居延汉简考释》（台北，1960）；中国社会科学院考古研究所编：《居延汉简甲乙编》（北京，1980）；鲁惟一：《汉代的行政记录》（剑桥，1967）。

1972年以来，这些残简又被可能证明是更有价值的材料所补充，因为这些材料包括了又是在居延遗址发现的一批完整的文卷。

除了这些来自汉帝国边缘地区的残缺或完整的文书外，约自1960年以来，大量材料已在中国中部的某些考古遗址被发现。这些文书包括簿册或法律条文。它们可能涉及在其他地方未予阐述的官方活动和公共生活；它们可能来自较低级的政府机构，其决定还没有重要得需要收入正史之中。在这类新发现的材料中，有的是属于专业性的，它们所表达的意义早就被人遗忘，尚待作出完整的解释。

全部的这些文书尚未见出版。由于分布的时间和地点不均匀，而且它们的发现全靠考古学家的机遇，这些文书作为确定帝国政府法令实际贯彻程度（特别在下级政府）的一种手段，具有巨大的价值。此外，这些档案材料的发现也许可以用来证实过去历史学家的正式记载或者一部公认的历史文书的精确性，就像在墓葬中发现的文学作品的版本可以惊人地证实我们公认的版本的可靠性和检验其精确性一样。

考 古 物 证

至少从11世纪起，秦汉时期的文物已引起了中国的文物工作者和收藏家的强烈兴趣。在较近的时期，西方的沙畹和伯希和等学者及斯坦因等考察家已经注意到这个时期的文物和纪念物。在20世纪前半叶，日本和美国的收藏家和学者同样开始对这些事情表现出兴趣，在最早叙述历史物证的著作中，有的是由从事这方面工作的先驱如美国的劳费尔等人写的。在20世纪20年代，少数在中国工作的中国及欧美考古学家倾向于把力量集中在史前的遗址、最近被确定为商代的遗址，或者装饰富丽的周代坟墓上。但是，在满洲和朝鲜的日本考古学家，或者像在勘探中亚期间的中国—瑞典考察队中的专家，同时也对少数汉代遗址进行了非常重要的工作。在这个阶段出版了一批重要的专著。[①]

在使考古工作实际上停顿的第二次世界大战和随之而来的内战的破坏之后，当中华人民共和国政府执政时，中国的考古学发生了重大的变化。相当大一批中国的考古工作者已经逐步地受到训练，许多在建设过程中发现的遗址已经按部就班地被研究和记录。这些调查的结果已定期地在专业刊物上和专著中发表。虽然这些刊物在"文化大革命"的几年（1966—1972年）中中断，但有些考古工作在这动乱的几年中仍得以完成，其成果到后来也被发表。后来考古刊物的数量增多，它们的质量也不断提高。由于培训的日积月累的结果，中国现在拥有大批专业考古工作者，但是不断出土的文物的规模是如此之大，现在只能完成一部分必须做的工作。

除了在秦汉墓葬中发现的占绝大部分的物证外，还发现了城墙和宫殿的遗迹，偶尔还发现一个像铸铁作坊的工业遗址。对这类遗址的考察和与文字记载加以对比，就可以有把握地再现秦汉都城及其某些建筑物的轮廓。主要在华东的石质的纪念性祭坛有着丰富的雕刻装饰，它们的主题取自神话、历史事件和日常生活的情景。在西北，前面提到的文书残简是在汉戍军的废物坑中发现的。还发现了那些戍军驻守的瞭望塔及诸如大粮仓等其他建筑物的残址。

虽然还没有精确的和最近发表的报道，但可以估计，至少一万个秦汉时期的墓址已被认定。这些墓址分布于整个汉帝国，其时间范围超过四个半世纪。其中有些墓的墓主或墓主们有姓名可查，并见之于史书中。有些墓的时期多少可以精确地确定；还有几个几乎相当于公墓的墓群。这些墓地涉及整个社会，从宏伟而令人敬畏的秦始皇（死于公元前210年）陵墓或者汉帝国诸王和显贵人物的精美的墓冢，直

[①]　例如：原田淑人和田泽金吾合著：《乐浪》（东京，1930）；森修、内藤宽：《营城子：前牧场驿附近的汉代壁画砖墓》（东京和京都，1934）；小泉显夫：《乐浪的彩冢及其他两墓》（汉城，1934）；小场恒吉、榧本龟次郎：《乐浪王光墓》（汉城，1935）；八木奖三郎：《满洲考古学》（东京，1944）；斯文赫定等：《1927—1935年亚洲探险史》（斯德哥尔摩，1934—1945）；博·索马斯特罗姆：《内蒙居延考古研究，附伯格曼作的目录》，2卷（斯德哥尔摩，1956—1958）。

到囚徒的简陋坟墓。虽然有的已被确定为官员的，甚或是在正史中提到的有名人物的墓冢，但绝大部分属于姓名和事迹无从查考的大批群众。

在进入墓冢入口的石质通道两侧保留了少数典型实物。更常见的是向地方官员或有名的地主表示敬意的纪念性石碑。这些石碑上有长篇铭文，它们详细叙述了所纪念人物的祖先，还有他担任过的官职、他的突出成就以及被人称颂的美德。铭文的文体和书法都相当地下工夫，结果由于它们文学和艺术上的价值而受到藏书家及学者的重视；部分地由于这些专家的兴趣，一批汉代碑文的拓本和摹写的文字或副本才得以保存下来。这些碑文大部分是后汉时期的。它们提供的有些材料，如关于家世的详细情况，可以无保留地接受和补充正史中的内容；但在处理其他材料时，应有保留或持怀疑态度，因为许多碑文与用这类文字特有的浮夸而华丽的辞藻构成的颂词毫无二致。

发现秦汉文物的主要地点是未被盗过的那些著名和富有的社会成员的坟墓。由于早在佛教传入中国之前就已流行关于来世的种种信仰，这些墓冢的殉葬物品非常丰富。它们包括珍贵的玉器和钢器；铜、漆或陶质器皿；用于宗教目的的工具和象征性物体；能保证死后过得愉快的护符；或者乐器。越来越多的文书正在被发现，有的写在木简和竹简那种平常的日常使用的文具上，有的作为贵重的版本写在丝帛上。在这些文书中，有的是为了帮助死者在来世的生活；有的可能与死者在世时的特定职业有关，而不论他生前是学者、官员、法律专家或医生。

除了出于其宗教意义而埋葬的罕见和珍贵的物品和品种外，墓内还有大量日常生活的用品，如灯座、碟盆或武器，如果是妇女的墓，则埋有精美的梳洗用的漆盒。有的殉葬品较为丰富的墓冢还埋有衣被、食品、饮料，甚至现钱。但是汉墓的所有殉葬陈设物品中最有特点的也许是取代他们在尘世正式用途的建筑物或物体的雏形。这些雏形提供了在那些年代农业技术的提高或其他生产、生活方式的情况。这类物品的模型包括车辆及上挽具的马匹；有船员的船只；泉源、磨石，甚至内有几窝猪或脱粒设备的庭院。尤其是墓内有曾与死者在生前共同生活的男女们的陶俑或画像；他们被认为是在墓内伴随死者或为死者服务的模拟人物。有些陶俑或壁画上的人物代表的是死者当官时的同僚；有的是曾是使他赏心悦目的表演者或乐师；有的则是更低贱的仆人、厨师、车夫或侍女。由于汉代丧葬者谨慎的预防措施及有利的地形和气候条件，死者的尸体偶尔被保存下来而没有腐烂。

　　秦汉时期的考古物证分布的时间和空间都很不均衡。发现持续不断地增加，它的规模是如此之大，以至于不可能进行全面的发掘。对任何遗址进行着眼于辨别秦汉时期不同的埋葬层的精确考察的时机尚未来临。同样，对已得到的文物的鉴定、分析和分类工作必然受到限制。由于要确立思想因地而异的地方特点或环境，一份按省别的分布图尚待完成。但在制作和确定特定的典型物体——从墓的结构风格到铁和铜质文物——的图解和年代程序方面，已经取得了巨大的进展。[①] 这种综合的推断的准则，可以以必要的保留用来确定某些缺乏明确的碑文或其他物证形式标记的遗址的年代问题。1973 年和 1979年，中国的考古学家通常已在应用碳 14 和热致发光法分别对他们的物体进行检验，其结果日益精确。考古学已以不同的方式被用来纠正或证实秦汉时期历史的和其他著作的叙述。由于考古学方面的物证与我们关于中国神话和宗教知识的结合，一种新的精确的测量工具已被引用来探索文化史中某些早期的部分。[②]

[①] 关于得自洛阳附近一个大墓群的全面成果，见洛阳区考古发掘队：《洛阳烧沟汉墓》（北京，1959）。

[②] 关于考古工作的全面概述，见王仲殊：《汉代文明》（纽黑文和伦敦，1982）；林巳奈夫：《汉代文物》（京都，1976）。论述近期发现的遗址的重要专著有以下几种：云南省博物馆：《云南晋宁石寨山古墓群发掘报告》，2 卷（北京，1959）；湖南省博物馆和中国科学院考古研究所：《长沙马王堆一号汉墓》，2 卷（北京，1973）；内蒙古自治区博物馆文物工作队：《和林格尔汉墓壁画》（北京，1978）；中国社会科学院考古研究所和河北省文物管理局：《满城汉墓发掘报告》，2 卷（北京，1985）；广州市文物管理委员会和广州市博物馆：《广州汉墓》，2 卷（北京，1981）；云梦睡虎地秦墓编写组：《云梦睡虎地秦墓》（北京，1981）；郑德坤：《黄河流域的汉墓遗址》，载《香港中文大学中国研究所学报》，14（1983），第 145—272 页。

历史学研究

从很早时期起，历史学家们已对秦汉时期进行了仔细的研究。可以很公正地说，它一直被视为中国成就的顶峰之一。从历史角度观察秦汉时期中国的早期的西方作品包括意大利人卫匡国（公元 1615—1661 年）的著作，及稍后的法国人冯秉正、小德金、杜赫德和宋君荣的著作。爱德华·吉本不时地提到汉代中国，其材料主要取自冯秉正的《通鉴纲目》（公元 1777—1785 年）的英译《中国通史》。到现在，关于秦汉时期原始材料已有的译文，可能比中华帝国任何其他时期都要多。[①] 在这方面，应当特别感谢两位学术上的先驱，法国的沙畹和美国的德效骞，因为他们率先投身于为西方读者提供《史记》和《汉书》的校勘译本这一令人望而却步的任务。

此外，一批论述秦汉史具体问题的专著已经出版。它们往往翻译正史之一的有关章节，同时提供一篇把所研究的题目置于上下文总背景中考虑的批判性导言；其他的专著则对研究的题目进行分析性的探究，在探究时对原始材料进行意译而不是翻译。这类专著以不同的形式论述了政治、制度发展、法律理论和实践、社会结构、经济发展、外交关系、思想倾向以及宗教信仰和仪式。

从汉代本身起，就有对秦、汉帝国作批判性评价的第一批尝试。贾谊写于公元前 200 年至前 168 年期间的探究导致秦灭亡的错误的论文，收于《史记》和《汉书》之中。司马迁和班固在他们所写的正史的每卷卷末，加进了他们自己的议论和评价，这为中国以后的历史编纂学树立了一个先例。其他的著作也收了少数能说明问题的政治理论和对现行制度或政治实践的批评。前汉的学者荀悦（公元148—209年）所写并收于他的《汉纪》之中的评价具有特别重要的意义，因为作者的生活与他所描述的时代非常接近。在写作时既不受官方历史的约束，也

---

① 关于《史记》中已有译文的部分，见蒂莫特斯·波科拉所列之表，载沙畹：《〈史记〉译注》第 6 卷，第 113 页以后。尚未出版关于《汉书》和《后汉书》译文的目录。

不受制于顺从当朝传统的或赞赏的观点的需要的其他批判家则有王充（约公元27—100年）和王符（约公元90—165年）。成于公元前81年以后几十年间的《盐铁论》中逐点进行的讨论，特别有价值。

《史记》和《汉书》编写后不久，由于它们显然给读者造成了困难，便有学者们写注疏。孟康是最早的注疏家之一，他的《汉书》注是知名于世的。裴骃（盛年期465—472年）为《史记》作的注是留存至今的最早的一种，其材料以约200年前的记载为本。这些注释，或试图说明文中某个用法异常或反常的字的读音；或考订文中的地名为后来的何地；或者详细阐述某些官员的职责。主要应当感谢颜师古（公元581—645年），他不厌其烦地收集这些注疏的某些部分，我们才得以保存这些早期的注释。

后世出现了一种倾向，即把汉代追溯为已知最为成功的企图建立和维持一个帝国的时期。同时，也不乏受当时问题的推动，通过研究过去的经验寻求指导的持批判态度的作者；他们能对秦汉两朝皇帝和政治家的个性和成就以及对他们的困难和错误作出事后的认识。这类反应必须从这些批判者生活的时代和他们为之作出反应的特定情况的角度来评价。因此人们看到，当唐政府在控制强大而独立的藩镇方面正面临严重的困难时，柳宗元（公元773—819年）讨论"封建"分封的起源和优缺点就不足为奇了。当关于帝国行政的方法和目标及安排某种程度的经济协作的可能性这类基本问题被提出时，苏轼（又名苏东坡，公元1037—1101年）撰写了论商鞅、贾谊和晁错的文章。在所有的宋代作者中，也许必须把司马光（公元1019—1086年）作为杰出的历史评论家单独提出，他的目的是把王朝的兴衰和官员的成败置于中国的政府和制度发展的大背景中来进行讨论。在试图这样做时，司马光的写作得力于他能够从中取材的帝国行政的1000年的经验。此外，他是认识到几部正史的不同部分不一致这一重要问题的第一位中国学者，并且设法为这类问题找出一个令人满意的解决办法。[1]

---

[1]　浦立本：《中国的历史批判：刘知几和司马光》，载比斯利和浦立本：《中国和日本的历史学家》（伦敦，1961），第151页以后。

还必须提到清代学者以他们敏锐的批判意识和他们能够利用的丰富学识，对秦汉史研究作出了贡献。如果没有 17、18 和 19 世纪中国学者开创性的劳动，近期西方学者把三部正史的若干卷的译文贡献给西方读者的尝试几乎是不可能的。那些学者孜孜不倦地寻求已长期被忽视的细小的证据，根据比较新的研究——如音韵学、金石学和目录学——来解释司马迁和班固的著作。他们取法于司马光，远比以往更加深入地对这几部历史进行文字校勘，从而使读者们注意到中国文献中比较不受人注意，但显然是有关的文字段落。

在解决具体事件的日期和它们发生的先后方面，清代学者的工作是非常有用的。有时他们集中精力研究专门的课题，这可以从研究中亚的西域及其地形的徐松（公元 1781—1848 年）的注释中看出，或从下决心考订原始材料中提到的地名的全祖望（公元 1705—1755 年）的作品中看到。王先谦（公元 1842—1918 年）把大量的清代学术成果集中在他为《汉书》和《后汉书》作的补注及集解之中，方便了读者。读者同样有理由感谢王先谦，因为他严谨地校勘了这些正史的不同版本，并且对它们的不同部分提出互相参照的材料，以便对秦汉时期某个人物和专题进行更深入的研究。在更近的时期，中华人民共和国政府保持了主持出版全部正史的现代版本的长期的传统。本卷引用的参考材料是北京中华书局 1959 年起出版的标点本。

近年来一批中国历史学家所写的简短的秦汉通史已经问世。这些著作按照每个作者撰写的目的或意识形态的信仰，反映的观点迥然不同。有的代表了成熟的学术成果；有的用作学校或大专学院的教科书；有的明显的是出于宣传的目的。其中包括吕思勉的多少有点保守的著作（它几乎成了一部秦汉史题材的史料书）和钱穆的有高度创见和批判性的著作。更晚近问世的短篇的研究作品有诸如张维华对汉武帝的研究（1957 年）和洪世涤论述秦始皇的小册子（1973 年），后者在中国"批林批孔"的政治运动时期写成；这类作品既是历史著作，也是对 20 世纪意识形态斗争的贡献。

近年来日本的秦汉时期的研究也很重要。据说早在公元 735 年就有一部《史记》被带往日本。757 年，日皇下令研究《史记》、《汉书》和《后汉书》；于是三部著作的版本（有的有中文注释）成了公元 889 年至 898 年藤原佐世编的最早日本所藏的中文书书目的重要部分。从江户时期（公元 1600—1867 年）起，日本学者已对秦汉史产生了浓厚的兴趣，这可以从藏书家的藏书和监本的汉代著作的出版中得到证明。《史记》全本最晚出的校勘本之一是 1932 年至 1934 年开始出版的泷川龟太郎的版本。这一精美版本的注释，以及顾颉刚本（1936 年）和杨树达本（1935 年）的注释，是按照传统的中国体裁作注的最晚的几种。在更近时期，日本学者的工作已经放弃了这种传统的模式，而更倾向于对人物或制度作分析研究。这类研究最优秀的作品把现代西方批判性的学科与传统学术知识的宝库结合了起来。我们还应把编写宝贵的研究工具书——如《后汉书》的内容丰富的索引，[1] 或林巳奈夫的汉代文物研究——的功劳归之于日本学者。在几部多卷本的日本中国史中，有图例丰富的秦汉简史；西嶋定生教授和大庭脩教授对这类丛书作出的贡献为这个时期的研究提供了第一流的教科书。[2]

秦汉两个早期帝国的特有的发展

在公元前 221 年宣布建立秦帝国至公元 220 年最后一个汉帝逊位的四个半世纪中，中国历史几乎在各个方面都经历了进化性的重大变化。在这个时期的开始，尚不能肯定一个中央集权国家会被认为是统治人民的理想的典范；到了汉末，保存中央集权国家成为每个有野心的政治家的自然的和公认的目标，受过教育的官员可以指望为它效忠和效劳。帝国最初在现实主义的原则和试验的基础上建立起来；帝国的都城，不论是咸阳还是长安，都是因为它在战略上的有利条件而中选；也许在长达一个世纪或更多的时间中，帝国行政的主要目标与秦

---

[1]　藤田至善：《后汉书语汇集成》，3 卷（京都，1960—1962）。

[2]　西嶋定生：《秦汉帝国》第 2 卷《中国历史》（东京，1974）；大庭脩：《秦汉帝国的威容》第 2 卷《图说中国历史》（东京，1977 年）。

代基本相同，即不断地巩固、充实和加强这个国家。但是自从后汉立国起，迁都洛阳之事意味着发生了一种象征性的变化。这时帝国政府宣称，它的行政目标是改善中国人民的生活，选择新都是出于意识形态的而不是实际的考虑。因为长期以来人们早就把洛阳与周王室视为一体；在后汉，周代诸王作为行为的楷模而被人仿效，周制而不是秦制被视为公正的行政先例而被采用。

大约在后汉开始之前 50 年，帝国的宗教信仰中出现了变化。从那时起，这些宗教信仰至今尊奉的某些不同的神，而且奉行的是新的祭祀方式。在公元 2 世纪以前尚找不到佛教的信徒；道教团体的徒众和有组织的礼拜仪式快到那个世纪之末才出现。在此期间，那些积极寻求长生之道的善男信女已经发展了新的观念，或者充实了古代神话的内容，并且把他们的注意力放在取得这种极乐结果的新手段上。一种新的宇宙观已被接受；更精确的计算和更先进的工具的使用提高了天文知识的水平，使制定精确程度更高的颛顼历成为可能。

政府对教育和学术的赞助使人们对文字记载有更加明显的尊重和对宣传孔子及其弟子倡导的伦理理想有更强烈的愿望。已经出现了钦定标准著作的观念，但各有各的正统解释。这些后来称之为经籍的书与孔子的学说有密切的关系；它们都由于是神圣的典籍和用作行使世俗统治的意识形态的权威的源泉而受到尊重。同时，孔子的格言以另一种方式表现出日益增强的力量。在秦和前汉早期的时代，奉命装饰坟墓并为它们提供有象征意义的陈设的艺术家们从远在孔子和帝国时期之前的丰富神话学中取得灵感。到了汉代末期，这类艺术创作的重点已经转到表现儒家伦理价值的方面；它也反映了一个成熟的、有等级意识的社会——它的各种等级建立在儒家学说所定的几种区分之上——对于思想文化的要求。

这种社会区分和意识在秦帝国建立之前还不存在。它部分地来自儒家的关于社会共同体的设计，即共同体的成员必须结合在一起为其统治者效劳，每个人则各按自己的能力和名分行事。由于帝国政府迫切需要充实日益扩大的文官队伍和使担任文官的人引以为荣，社会的区分又日益加深。这样，再加上政府机构的发展，又出现了在级别和官俸上大有区别的职业官僚阶级。同时，汉末基于财富和地产的社会区分尖锐化的结果达到了秦始皇开国时不能预见的程度。始终没有以巨大热情和决心去进行的限制占有土地面积的初步尝试未能阻止大家族的成长，它们的力量来自其不动产、随从和经济资源。到公元2世纪，这些家族日益增强的独立性以预示汉朝崩溃的那种方式，影响着政治的团结和帝王权威的继续存在。

汉代政府采用了旨在协调帝国生产活动和控制其资源消耗的一系列经济措施；这类措施包括政府垄断铸币和盐铁的开采，以及稳定物价和组织分配大宗物品的尝试。约在公元前90年引进的新农业技术可能已与铁质工具的扩大使用结合起来，以便在一定程度上增加粮食产量。人口逐步向南方的迁移在东汉时期开始取得势头，并且改变了帝国的经济面貌。黄河改道产生了进一步的长期经济影响；这次改道在公元11年破坏了中国东部，并造成了巨大的损失和死亡。

在秦汉时期，中国与邻近的国家和民族的关系同样经历了巨大的变化。在基本上与建立秦、汉帝国的同时，强大的匈奴部落联盟的崛起加剧了利害关系的冲突，和睦的关系不能长期地维持下去。随着以中国第一座长城形式出现的秦朝的防御措施之后，几乎经过了一个世纪汉帝国才采取了主动的军事行动，以期消除来自草原的对安全的威胁。在其余的时期中，中国与其北方邻居的关系，时而爆发战争，时而试图迁就和妥协；然而汉帝国的版图大为扩大，在西北和东北建立了新的行政区。

随着向西北的深入扩张，汉朝与横亘于西部绿洲的形形色色的小国建立了关系；这些小国能够向开始往返于丝绸之路进行贸易的商队供应或拒绝提供所需要的水和驻地。此外，汉朝的势力范围也正在西南和东南扩大，那里的土著人口由地方部落组成，他们不像匈奴那样对汉朝的利益构成潜在的威胁。到汉末，对中国安全的威胁虽然更多地来自东北而不是西北或西部，但是后者对中国官员、移民或军队的敌意依然存在。的确，最后将是西北人长驱直入长安和洛阳两个城市，并把晋朝赶到南方另立新都（公元317年）。

在此期间，随着公众生活中宗教、知识文化、社会和经济等方面以及对外关系的这些发展，帝国政府不断地加强它对其人民施加更大的控制和影响的能力。官员人数的增加，使得更有效地征税和征用法定的劳役成为可能；在新设立的边陲各郡建立汉朝的行政管理，对边区各民族产生了更大的影响。这种行政建立在一套复杂的成文法典基础上。从秦帝国的最早时期起，而且确实在统一前的秦国起，法典化的法律已经详细规定了应该怎样处理某几类行为和应该怎样惩处各种罪行，而且这些法律似乎是被严格执行的。几乎没有理由认为，汉朝的司法当局不像其前朝那样急于在其国土上实施法律，也不能认为那些法律不像秦朝的法律那样全面，或者明显地没有那样严酷。

除了出现高度有效和组织完善的文官政府外，至迟到公元前100年帝国的军队已经发展了自己高度的专业化水平；在其余的时期也保持了这种水平，虽然程度也许有所不同。

但是，还不可能确定帝国在多大程度上享受到稳定和安全，或者这些情况是如何因时因地而异。关于党派斗争、盗匪活动和起义的发生的次数，正史的材料是毋庸置疑的。在边疆地区，居民的生活特别容易受到在帝国权力范围外出没无常的那些人的破坏和攻击。然而城市定居和安全的生活条件使得文学、知识和艺术的发展以及科技新事物的应用成为可能。瘟疫、饥荒或旱涝灾害不时困扰着黎民百姓。中央政府和地方当局能够对此采取适当的救济措施，我们从史籍中也看到了这方面的某些杰出的成就，但不知道进行这类大规模救济工作的有效程度如何。我们尚不清楚，秦汉两个帝国在多大程度上能比它们以前或以后的地方割据的王国维持更舒适的生活条件或者对人民施加更沉重的负担。汉朝扩大的和成熟的文官政府是否给中国人民提供更安全和繁荣的生活，或者作为一种压迫工具发挥重大的作用，这个问题现在也无任何答案。我们也不知道中国人民作为一个整体是否意识到自己是一个巨大的帝国的成员并为之自豪，或者对帝国政府强加给他们的牺牲或负担感到不满。

在秦汉统治的四个半世纪中，帝国政策的主要内容经历了几个阶段的变化。巩固让位于扩张，随之而来的又是收缩。随着后汉的中兴，帝国力量的重振同样导致了在中亚的又一次武力炫耀；但在汉朝的最后一个世纪，中央政府在迅速地丧失它所控制的官员的效忠；随着自信心的丧失和地方分裂形势的发展，王朝力量和凝聚力正在迅速衰退。

从一开始，政府制度已经包括了旨在阻止任何个人或政治家无限制地行使权力的手段。因此，各种职责常常分给两名旗鼓相当的高级文官；中央政府内设两个财政机构；有时几个将领共同拥有军事远征的指挥权——这样有时带来灾难性的后果。

但是这类预防措施不能成功地确保王朝的稳定，或者排除威胁刘氏皇室继续存在的严重危机时刻的来临。没有出现颠覆危险的年代是很少有的，只有很少几个秦皇汉帝能够完成他们的统治而没有面临围绕皇位继承问题的某种重大阴谋或争吵。但是，在这些动乱和不稳定的时代中出现了中国政治思想中具有长远意义的关于君主概念的重大变化。秦王政通过在战场上击败其对手，崛起而成为第一个皇帝；他行使的权力是以武力为基础。当汉朝的末代皇帝让位于魏王时，人们普遍认为皇帝的权力来自更高的权威上苍的委托。在理论上，如果不是完全在实践上，中国皇帝的君权的基础从此表现为神明的委托而不是物质的成就。

这些宗教仪式、知识面貌和政治思想等方面的重大发展是不断积累的过程的结果。但是使它们取得力量的关键性的成形的决定是在公元前 30 年至公元 20 年这半个世纪作出的。正是在王朝虚弱和发生内战的那些年中，汉朝传给以后王朝的永久性的遗产形成了。那种遗产常常被假定为以儒家的理想为特点，而那些理想则已被视为防止暴动、叛逆或行使非法权力的中流砥柱。在这方面，人们也可以看出，汉代的结构——的确还有许多后世的政府——追根溯源应深深地感谢被指责为残暴和专制的秦代的模式和实践；从后汉起，许多朝代追求或主张的理想却最早被王莽所采用，而他一直被痛斥为篡位者。对传统加给秦朝政府和王莽的这种非难，应根据它（他）对后世历史的影响进行再评价。

杨品泉　译

第一章

秦国和秦帝国

长期以来，秦作为一个小国或诸侯国而存在，然后又作为一个大的王朝和帝国存在了很短一段时期。作为一个国家，其起源在传统上可追溯到公元前 897 年，[①] 但需过 500 年，约在公元前 4 世纪中叶，它才开始朝一统天下的方向发展。对比之下，秦王朝和帝国只维持了 15 年，然后在产生随之而来的汉王朝（公元前 206—公元 220 年）的内战中于公元前 206 年灭亡。可是这些年的政治和文化变化是如此重要，以致这些变化赋予这个时代的重要性与它的短暂性完全不相称。

标志着从诸侯国向帝国过渡的公元前 221 年，因而是本世纪发生革命性变化前中国历史上最重要的一个年份。说明帝国的威名甚至远扬于中华世界以外的例子是，秦（Ch'in）这一名称很可能是英语"中国"（China）及各种非汉语中其他同源名称的原型。例如，"Thinai"和"Sinai"就作为这个国家的名称出现在公元 1、2 世纪的希腊和罗马著作中。但是，中国人由于秦帝国统治的暴政，对它始终非常憎恨，因而反而很少用这个名称来指代自己；他们在过去和现在都用"中国"这一常见的名称来称呼自己。[②]

---

① 这个年代是传统的，因为对公元前 841 年以前的事件，中国编年史众说纷纭。例如，周代的建立传统上定为公元前 1122 年，但实际时间可能约晚一个世纪。

② 1655 年，耶稣会士卫匡国首先在《中国新地舆图》（序言第 2 页）中提出"中国"（China）一词的渊源是"秦"（Ch'in）。从此这个题目已被多次讨论过；其中以劳费尔和伯希和俩人的成果最大。前者著有《中国其名》，载《通报》，13（1912），第 719—726 页；后者著有《"中国"名称渊源考》，载《通报》，13（1912），第 727—742 页，及《再论"中国"之名称》，载《通报》，14（1913），第 427—428 页。长期以来，在提到"中国（Cina）之地"是丝织品故乡时出现了一个严重困难，此名见于著名的政治理论专著《考提利耶政事论》第 2 册。如果像某些学者断言的那样，此书写于公元前

18

在这一章的附录 1 中，本书将批判性地列举主要的史料和近代研究著作。在这里只提一下：最重要的单项史料是司马迁的不朽的《史记》，此书包括从远古传说时代至公元前 100 年前后的全部中国历史。它的卷五和卷六两卷提供了秦国和秦帝国自始至终的大事编年史，是本章叙事的基本史料，除非另有注明。此外《史记》包括的本纪、书和列传的其他各卷对秦来说也同样重要。沙畹的《〈史记〉译注》把《史记》的许多（但不是全部）部分译成了法文。①

附录 1 还涉及《史记》及其他文献材料在研究秦史方面的局限性，同时还提到考古学对研究古代中国的学者的日益增加的重要性。附录列举的几个考古发现中占突出地位的是 1975 年从一个墓葬中发掘出来的一批秦代的法律文书。这些文书将经常被提到。

政治和社会背景

作为对公元前 221 年前秦史的任何有意义的考察的一个开端，我们必须从广义上对周代（传统时期为公元前 1122—前 256 年）出现的政治和社会形势进行了解。在那个时代最后两三个世纪动摇着中华世界的许多形形色色的变化尤为重要。

当周王室推翻商朝时（可能约在公元前 1025 年，而不是传统的公元前 1122 年），新统治者将征服的土地分封给王室成员或其紧密盟友、原商朝统治者的后裔，以及一些获准保持原来土地的地方豪强。这样，中华世界就被分成大批政治实体；据认为，在周代的分期春秋时期（公元前 722—前 481 年）已有约 170 个政治实体。当然，其中

---

300 年前后，这样当然比秦统一全国早得多。但是，近来通过对此文本采用了电脑技术鉴定，已有可能相当有把握地证明，第 2 册当属于撰写时间不会在公元 150 年前很久的一类作品。这样，把秦与中国等同起来的巨大障碍就不存在了。见托马斯·特劳特曼：《考提利耶政事论：其作者及文字演变的统计调查》（莱顿，1971），第 174—184 页，特别是第 177 页。

① 沙畹：《〈史记〉译注》第 1—5 卷（巴黎，1895—1905；1969 年再版）；第 6 卷（巴黎，1969）。

绝大部分是非常小的，它们在内部分成采邑，又被分给每个统治家族的亲戚或官员。在这个过程中，由于战争连绵不断，许多诸侯国被消灭，或者其面积大为缩小，所以当周代的下一个分期战国（公元前403—前221年）来临时，只剩下了七个大国。[①] 七国中包括远处华夏大家庭极西端的秦，但不包括周王室本身。当公元前770年一次夷狄的进攻迫使周王室放弃今西安（在陕西）附近的西都，而在今洛阳（河南）附近的第二个，也就是东部的都城重立王室（其疆域及重要性均远不如前）时，它已经丧失了一度行使的大部分政治权力。

不论是非马克思主义史学家，或是马克思主义史学家，都对封建主义（feudalism）一词的正确使用感到困扰。非马克思主义者曾经争辩，封建主义是否为说明周代社会政治形势特点的适当名词；如果是，它适用于将近八个世纪的整个时期，还是只适用于其中的某个时期。笔者认为，与欧洲封建主义的相似点几乎完全足以说明把这个字眼用于周代开始的四个或五个世纪是有道理的。但是，在此以后，它必须在更严格的意义上只用来描述大诸侯国中不同程度地持续存在的封建状况的残余。这些诸侯国到了战国初期已经变成了完全独立的国家。

对马克思主义者来说，分期是一个大问题。从奴隶制向封建主义（马克思主义意义上的）过渡是理所当然的，唯一的问题是什么时候过渡。对这个问题，答案不那么一致。中国的马克思主义者经过了以前的摇摆不定后，总的说来在20世纪70年代似乎一致认为，过渡是发生在周代最后的两个半世纪，或者刚刚在此以前。但随着1976年毛泽东的去世，又出现了谨慎地重新对分期问题感兴趣的迹象，这说明有可能再对这个题目展开学术争论。同时，苏联的学者对这个问题

---

① 为了便于提及周代后期的几个世纪，对时间有不同的划分法，但有时并无历史意义。这样，公元前721至前481年被描述为"春秋"时期，因为编年史《春秋》正好叙述这段时期。同样，战国之称来源于《战国策》，此书的范围并没有精确标明的时期。公元前403至前221年的分期正好结束于公元前221年第一个统一的帝国形成之时，选用公元前403为这一分期的开始而不用其他各种可能的年份，是因为这样便于明显地突出那一年发生的晋国分成韩、魏、赵这一有高度重要意义的大事（关于韩国，见第42页注1）。

的研究依然准备不足，当他们投入这项工作时，倾向于把过渡期定在比中国学者所定晚得多的时期——也许晚至公元 3 世纪（汉帝国的灭亡时）。[1]

在这一方面，重要的是纵观一下周代最后两个或三个世纪的概貌，下面提出的九个分类问题在某种程度上是部分重叠的，不一定按其重要程度顺序提出。[2]

技术变化

当前考古学界认为，中国开始使用铁的时间不会晚于公元前 7 世纪，或者甚至不会晚于公元前 6 世纪。在文献记载中，最早的材料见之于《左传》，[3] 此书记载公元前 513 年晋国铸刑法于一套铁鼎之上。从战国时代的墓葬中发掘出来的兵器、农具和器皿都是铁制的，许多学者认为这几个世纪农业产量已经增加，正在发展的冶铁技术很可能是一个因素。其他的因素大概是，日益扩大地采用了灌溉和排水的技术和肥料，特别是耕种大片新的土地。

可是，不应把这些及其他的技术改进的效果估计过高。在整个战国时期，铁相对地说依然是很少的，当时的铁常常是铸铁，而不是锻造的，因此比较软而脆。许多工具继续用青铜、石块、木料或贝壳制

---

[1] 关于毛泽东去世前中国人的观点，见郭沫若：《中国古代史的分期问题》，载《红旗》，1972.7，第 56—62 页（又载《考古》，1972. 5，第 2—7 页）。英译《中国历史的分期》，见《中国的历史研究》，6：4（1973），第 3—15 页。在此文中，郭沫若认为奴隶制向封建主义的过渡大致与春秋向战国时期的过渡一致。但后来，他——或者至少在他指导下写作的学者——变得更加明确了：他或他们写道，中国的奴隶制时代结束于公元前 476 年。见郭沫若编：《中国史稿》（北京，1976）第 1 册，第 399 页。关于苏联的观点，见吉尔伯特·罗兹曼：《苏联对中国社会史的再解释》，载《亚洲研究杂志》，34：1（1974），第 64 页；又见 E. 斯图尔特·柯尔比：《俄国的中国研究：苏联中国学的进展和问题》（伦敦，1975），第 60—65 页。

[2] 这些变化和类似的变化，在许倬云的《变迁中的古代中国：公元前 722—前 222 年社会变动的分析》（斯坦福，1965）中有详尽得多的论述，但排列略有不同。

[3] 关于这一文献，见范德伦：《古代中国的编年史和史学思想的发展》，载比斯利、浦立本合编：《中国和日本的历史学家》（伦敦，1961），第 26—27 页。关于中国的冶炼术，见杨宽：《中国古代冶炼技术的发明和发展》（上海，1956）；李约瑟：《中国钢铁技术的发展》（伦敦，1958）。

成。此外，改进的农业技术的某些重要方面特别难以估量和确定其时间。因此，关于畜拉犁在何时开始取代远为原始但显然长期沿用的锄耕的问题，引起了很大的论战。根据极为不足的证据，中国的学者各自把拖拉犁的开始使用定在公元前400年，直到此前的一个或两个世纪，甚至定在周代以前。文献中最早的明确的材料，其时间只能定在汉代（约公元前90年或前85年）——不过这个材料表明有一段相当长的较早的发展时期。[1]

人口的变化

农业的改进很可能伴随着人口的增长，尽管同时战争加剧了。在战国时期，城市似乎大为增加，而且规模扩大，设计也复杂了。几个迹象之一，如考古发掘所显示的，是它们的几段城墙相当长。但是这里所提到的证据又是分散的，远不能提供具体人口的近似数字。一个例外是，有一文献材料假定，齐国国都的人口为35万，此数是浮夸的，不能认真考虑，尽管有的学者已经利用了这个材料。（附录3将讨论这个数字及其他有问题的统计数。）

军事变化

战国时期的史料给人的最突出的印象是，战争日益加剧。所以许倬云编写的统计材料乍一看显得令人吃惊：根据这项材料，公元前722年—前464年的259年中，只有38年没有战争，而在公元前463至前222年的242年中，没有战争的年份不少于89年。[2] 但是在这种情况下，主观的印象比用统计学来衡量更有意义，因为后一种方法掩盖了一个事实，即春秋时期与战国时期相比，战争虽然更加频繁，同时有更多的国家卷入，但规模要小得多，时间较短，也不那么激烈。

春秋时期的战事是由驾战车的贵族所支配，他们根据骑兵的规则

---

[1] 关于拖拉犁，见卜德：《古代中国的节日》（普林斯顿，1975），第230—231页。关于春秋和战国时期的技术进步和农业发展，见本书第10章。

[2] 许倬云：《变迁中的古代中国》，第56页表5，第64页表6。

交战，对他们来说，威信和"面子"更重于实际所得。战国时期的战事由职业的将领所支配，他们为雇佣他们的任何国家拼死作战，争夺领土和资源。战车的作用（在不规则的地形中战车总是难以驾驶的）大为降低，而群体步兵的作用则相应地提高了。在公元前4世纪末，中国人（特别是公元前307年的赵国）从亚洲腹地骑马的游牧民族那里学会了作为步兵的一个重要补充手段的骑射术。很可能约在同一时期，中国人发明了弩，在中国历史的大部分时期中，它一直是一种主要的兵器。军事技术的其他进展包括与攻防有城墙的城池有关的那些战术改进。

从计量的方面说，出现了关于战国后期军队规模报道的可信性的问题。所产生的一个类似的问题与大战的伤亡数有关。在附录3中，对这两个问题都要作更详细的讨论。

政治变化

在周朝创立时由周王室分封领地的贵族成了世袭的统治家族的创始人，它们随着时间的消逝，日益脱离了周统治者的羁绊。特别在公元前770年周被迫从西往东迁移后，它的统治者们终于被它以前的属国所漠视，甚至实际上被遗忘了。因此，公元前256年秦最后灭周已不再有很大的政治意义。在那个时候以前，原来受周朝领导的诸侯国早已发展成为不同程度地具有共同语言和文化的独立国家了，但它们之间互设军事和关卡的壁垒，随时准备搞纵横捭阖，时而进行战争，时而议和。

同时，在各个国家内部，有几国政权日益集中，损害了臣属于它们的世袭的土地拥有者和官员的利益。其主要方法是把国土组合成名为郡、县的新行政单位。这类单位通常由该国中央政府任命和支付俸禄的郡守和县令分别管理，郡守和县令对中央政府负责；他们的职位一般也不是世袭的。开始时这个制度可能是为管理新殖民的或从别国新夺取的土地而设置。但是逐渐地，它可能终于用于国内封地拥有者的土地，他们的权力和财富因而受到了限制。

县是这两种单位中较早的一种，它最早出现于公元前688年的秦国。但是有理由对这个时间提出疑问和认为这种行政实体实际上可能发端于南方的楚国，在那里县肯定在公元前598年被提到，可以想象，它可能早已存在了。郡远比县晚，最早的材料提到它出现于公元前400年前后的魏国。郡有军事渊源，这与县相比要明显得多，它使新获得的边境土地置于国家的中央控制之下；而在很多情况下，县似乎由世袭的地方行政长官控制。在一开始，郡被认为不如县重要，因为它地处边陲；但果真如此的话，情况很快逆转。县终于形成了从属于郡的一级行政单位。到周的最后一个世纪，一个郡可以划分为一个到二十几个县。郡县制对秦帝国和后世历史的重要意义将在下面讨论。①

行政变化

在秦和几个同时代的诸侯国中，与上面提到的政治变化同时出现的是一种朝着更加周密的中央政府制度和机构发展的趋势。担任的职务日益职业化和专业化——总之，这种官僚管理形式的发展趋势将成为中华帝国的最突出的特征。

一个重大的发展是种种计量方法的采用，诸如保持人口和税赋的簿册、庄稼收成的统计，等等。秦使用这些技术的情况将在下面屡次提到。

另一个重要的制度革新是采用成文的法典化法律。这种法律日益代替了传统和主要是不成文的、但被默认的那些称之为"礼"（此字有不同的解释，如"传统习俗"、"礼貌行为的通例"、"礼仪仪式"等）的习惯行为的准则。最早的一个确凿无疑的例子是公元前536年郑国把刑书刻在一套青铜鼎上。在公元前513、501年及以后的年代，有的国家采取了类似的步骤；在秦国，法典化的主要工作是在公元前4世纪中叶秦孝公及其顾问商鞅时期进行的。

---

① 关于进一步展开的讨论，见卜德：《中国第一个统一者：从李斯（公元前280？—前208年）的一生研究秦朝》（莱顿，1938），第133—143、238—246页。关于县起源于楚而不是起源于秦的论题，见顾立雅：《中国官僚政治的开始：县的起源》，载他所作：《什么是道教？及中国文化史的其他研究论文》（芝加哥和伦敦，1970），第121—159页。

从"刑书"一词的字面看，这些法律主要是刑事性质的。并非所有国家都颁布过这些法律，这些法律也不是同样地施行于各阶层的人民。但是，它们的出现，与其他行政变化一起，在创建一个官僚帝国的逐渐加快的过程中是很重要的。主张朝这个方向变革的政治家和思想家在后世被称为法家，而秦全心全意地采纳这些思想和方法的行动无疑是它能够从诸侯国向帝国发展的主要原因。[1]

农业关系的变化

在周初的几个世纪中，占人口绝大部分的农民显然作为依附者（以家庭为单位）依附于他们为封建主耕种的土地上。这种土地使用制是一种被描述为井田制的理想化的形式，它几乎可以肯定是存在的，虽然现代学者几乎对它的实施的所有方面提出疑问。实际上，它不可能符合孟子（约公元前 372—约前 289 年）及其他周末和汉代学者所总结成的几何图形。根据这些人的理想化的记述，每一块称之为井的大方块土地，像棋盘那样分成九小块土地，其中八块分别由占用它们的家庭为自己的需要耕种。中央的第九块由八家共同耕种，以便向封建主提供用益权的物品。

井田制一直是许多后来的作者带着浓厚感情来对待的一个题目，他们怀旧地追忆在更早和更单纯的时代中共同生活的种种想象的美德。但是，作为一个真正实行的制度，除非封建主代理人施加压力，它几乎不可能给耕作者提供刺激，以推动他们提高超过最低需要的产量。另一方面，封建主有一定的义务供应依附者的衣食，或者保护他们及其家庭。

---

① 关于一个相反的观点，即认为远在公元前 536 年的法典之前，周初期已知道并广泛地施行成文法典，见顾立雅：《周代的法律制度和程序》，载孔杰荣、伦德尔·爱德华兹和陈张富美合编：《中国法律传统论文集》（普林斯顿，1980），第 26—55 页，特别是第 28—37 页；又见顾立雅：《中国治国之道的起源》第 1 卷《西周帝国》（芝加哥和伦敦，1970），第 161—168 页。但是，引证的证据似乎是零碎、含糊和不明确的。我们的意见是，如果成文法在更早以前的确存在，它们事实上不可能安排成有条理的和前后一致的整体；还可疑的是，它们是否像公元前 536 年的法律采用的方式那样，真正地向人民普遍宣传过。

但是，据史籍记载，公元前 594 年从鲁国开始的新的税制已在几个国家纷纷出台。虽然记载的条目简略而令人不解，但一般地说，新税似乎基本上包括农民的实物支付，以代替原来的个人劳役。在有些情况下，这些支付可能直接缴给该国的中央政府而不是给种植者依附的封建主，这样就造成了封建主和依附者之间传统关系的逐步解体。由于各国越来越多地耕种原来的荒地（这些地不在传统的分封制领地以内），这种解体加快了。

有人争辩说，作为半独立耕作者的农民的这种新自由可能鼓励他们更勤奋地劳动，从而有助于提高所假设的晚周的农业产量。但是新的自由又迫使农民完全负责他们自己的需要，而得不到封建主原来提供的保护。到了周代的最后一个世纪，土地的买卖已经变得很普遍；结果富人获取大量土地，而农民则再次沦为佃户或作为农业劳动者而被人雇佣。如果有贫富差距，那么从晚周而至秦汉差距已经扩大而不是缩小了。但是史料的缺乏和含糊不清往往只能使以上的概括成为一种猜测。

权力关系的变化

不应假设，那些在晚周行使政治权力或为自己购地的人一定是在周初曾经统治诸侯国或拥有地产的贵族的后裔。相反，变化的动力在最高的政治阶层导致了越来越厉害的社会变动。许多旧的贵族门第衰败或消失，而被一些出身微贱的人所代替，这些人血统上与最高层的家族没有直接关系。

这些青云直上的人大部分可能来自称为士的低层边缘的贵族；这些人有良好的出身，但没有贵族的爵位，他们充当武士、官吏、国家政府和贵族家庭的监管者，或者靠土地为生，有时他们自己也种地。许倬云根据对春秋时期在政治上活动的 516 人及战国时期在政治上活动的 713 人所作的统计研究，发现后一个时期出身微贱的人的百分比两倍于前一个时期：春秋时期为 26％，战国时期为 55％。[①]

约在最后一个世纪，社会出身不明的人的队伍由于平民出身的人

---

① 许倬云：《变迁中的古代中国》，第 39 页表 4。

（如商人）——他们的财富能使他们取得土地和权力——的加入而进一步扩大。一个新的地主和官吏阶级以种种方式，到战国后期已经形成，它是整个中华帝国史中一直作为统治精英的学者——绅士阶级的鼻祖。

工商业的变化

晚周时期工商业无疑有了相当的发展，虽然像其他许多情况那样，无法精确地估量所发生的情况。一个重要的标志是在不同的国家出现了不同的、有固定价值的金属货币，在公元前 5 世纪和 4 世纪更是如此。（据说秦的通货最早在公元前 336 年发行。）这类钱币显然便于商业交易，虽然某些像谷物和布那样的商品，特别在大宗交易中继续用作交换媒介。商业的发展当然有助于城市的成长，并且还出现了工业按地点进行专业化的趋势。《史记》和其他史籍还记载了几个著名的商人，首先是孔子的弟子子贡，直至秦统一全国之前不久的丞相吕不韦。大商人不经营主要商品，它们量大，容易坏，只有在短缺时才有利可图；他们宁愿集中经营奢侈品或者通山泽之利。政府并不像集散主要商品那样直接关心这些商品。

思想变化

从孔子（公元前 551—前 479 年）起，周代的最后三个世纪出现了成体系的思辨思想，它主要体现在六七个思想学派中，但别的不容易归于任何学派的个别思想家也表现出这种思想。这些学派和思想家可能主要来自正在兴起的士的阶级，他们的讨论和著作不可避免地集中在这个时代有力的变革使之成为如此紧迫的政治和社会问题上。为了方便，这一章将使用儒家、法家和道家等名称来称呼这些思想结构，虽然通常被贴上这类标签的周代思想家可能并不像汉代的学者那样觉得他们属于最早由汉代学者划分的各具特色的那些独立"学派"。

在许多新的思想倾向（经常发现表现于一个以上的"学派"）中，这里只能列出很少的几个：（1）倾向于放弃关于天地运行的超自然的和神话的旧解释，而代之以非人格化的力量和趋势（如道、阴阳、五行）作出的解释。（2）至少在理论上强调统治者必须具备的先决条

件，即高贵的出身再辅之以合格的智能和道德，从而使他能当之无愧
地承担十分重要的统治任务。(3) 但是由于统治权在正常的情况下是
世袭的，于是相应地强调训练一个受教育的非世袭官吏阶级，以充当
统治者的顾问。这一强调标志着断然背离了任职只取决于良好的出身
这一传统的观点，同时朝着根据竞争性的考试吸收官员的中华帝国文
官制度的方向发展。(4) 强调社会和谐的理想，虽然这种和谐建立在
不平等的基础上。换句话说，这一强调的基础是，每个人准备接受他
在一个有等级的结构中的特定地位，尽其最大的努力履行与那个地位
有关的社会职责。(5) 强调大一统，它不但包括政治的统一，也包括
思想意识和文化的统一，同时它也为和平、好政府和社会福利提供一
个必不可少的基础。

最后一个主题所暗示的种种内容可以追溯到周初时代，这在政治
上表现为普天之下不能有二主的思想。(它实际上是整个中国历史中
压倒一切的主题。) 在晚周时期，它构成了与前面《政治变化》一节
中讨论的那个朝中央集权发展的政治运动相对应的思想。这样，它给
这个时代的统治者、政治家和将军们提供了有力的意识形态根据，以
便进行最后导致形成帝国的日益加剧的军事斗争。

秦国：最初的几个世纪，
公元前 897? —前 361 年

传说中的统治者颛项（据说生活于公元前的第三个千年）有一孙女，
她在织布时吞了在她附近的一枚玄鸟卵。她因此怀孕并生一子，其子的
后裔中包括辅助传说中的统治者舜和禹的一批人。这就是秦王室和旁系
的赵王室（它统治中国西北毗邻秦国的赵国）的神话中的起源。①

但是，对那些对神话不感兴趣的人来说，秦的真实的史事始于非

---

① 商（周以前的王朝）王室同样在吞咽玄鸟卵所引起的一个奇迹般想法中寻根。关于祖
  先起源的各种神话，见张光直：《艺术、神话和礼仪：古代中国取得政治权力之道路》
  （坎布里奇，1983），第 10—13 页。

子，此人是一个小酋长和高明的牧马人，在公元前897年（按传统的年表），他得到周王赐给的一小块封地（附庸），这样就可以为周王室牧养马匹；此后不久，他的后裔得到了公的称号。[①] 这个称为秦的附庸位于今甘肃省的天水，在今西安市（陕西）之西渭水上游约190英里之处。后来，几次迁都使秦越来越东移，主要的几次迁移发生在公元前677年，那一年在雍（今陕西凤翔，约在西安西北偏西约90英里）建立了新都，公元前350年终于又迁往咸阳（西安西北约12英里）。本章不打算系统地提供公元前361年（那一年改革者商鞅来秦）以前的大事记，而只涉及少数几个突出的特征。

秦初期的几个统治者把大部分精力专门放在与称为戎的"野蛮人"的军事斗争方面，戎生活在西方和北方，在公元前822年杀死了秦的一个统治者。但在公元前623年秦的二次大胜后，随着秦日趋强大和日益卷进诸夏内部的战争和阴谋，关于戎的材料就变得很少了。戎对秦的最后一次进攻见于史籍关于公元前430年的记载中，一个世纪后，在公元前315年，秦攻占了戎的二十五座城邑，这说明那时，这个一度以游牧为生的民族，至少有一部分人已经定居了。

毫无疑问，秦的统治者和人民在文化上——很可能还在种族上——深受其邻近部落的影响。在秦的整个历史中，秦曾以野蛮和"非诸夏"之国而闻名。公元前266年，毗邻的魏国的贵族信陵君向魏王惊呼道："秦与戎翟同俗，有虎狼之心……不识礼义德行。"[②] 秦帝国的未来丞相李斯在公元前237年向未来的秦始皇上疏："夫击瓮叩缶弹筝搏髀，而歌呼呜呜快耳者，真秦之声也。"[③]

《史记》卷五中有几条记载说明，秦逐渐采用了其他国家的制度和礼仪。公元前753年秦政府开始专设史官纪事。在公元前676年，秦采用了称之为伏的夏祭和节日，前326年，它又采用了称为腊的更

---

① 非子及其三个最接近的继承者在统治时都没有确定的贵族头衔，但从庄公（公元前821—前778年）起直至公元前325年，所有秦统治者都有公的爵位。

② 《史记》卷四四，第1857页（沙畹：《〈史记〉译注》第5卷，第179页）。礼、义、德行均为儒家用词。

③ 《史记》卷八七，第2543—2544页（卜德：《中国第一个统一者》，第19页）。

为重要的冬祭（它在整个汉代仍然是主要的新年节日）。

有两个其价值尚模糊不清的文化贡献与殉葬有关。在商代，杀人为死亡的显贵殉葬的做法在华夏文化区已普遍实行，并且持续到周代后期，当时出现了以陶俑或木俑代替受害的真人的动向。到汉代，用真人殉葬的做法已在中国本土消失。[1]

公元前678年秦武公死时，据记载，"初以人从死，从死者六十六人"。公元前621年秦穆公死，史籍记载从死者177人，这是已知的最大数字。[2]公元前384年，这种做法在秦正式被禁止，这可能是因为这时人道主义的思想有了发展。但在公元前210年秦始皇死时，他的许多妃子连同营造他陵墓的许多劳工随葬，以防止他陵墓的秘密被泄露出去。

另一种显然是秦从其东邻借鉴而举行的人祭，它只见于关于公元前417年的记载中。据记载，〔秦〕公主"首次"嫁〔黄〕河为妻。这段记载反映了邻国魏国每年选美女给称为河伯的黄河之神当妻子的习俗。美女穿着结婚的华丽服饰，被放在类似喜床的浮筏上，最后浮筏与其美丽的受害者一起沉入河中。[3]

---

[1] 郑德昆（音）：《中国的考古学》第3卷《周代》（剑桥，1963），第46页；及张光直：《古代中国的考古学》（第3版，纽黑文，1977），第366页。但亚洲腹地的部落集团一直保存这些习俗，结果1398年中国本身出现了最后一次有文字记载的事例。这一年明代的开国皇帝朱元璋去世，据说他的40名妃子中的38人按"蒙古人的习俗"从死。见邓嗣禹：《朱元璋》，载傅路特和房兆楹编：《明代人物传记辞典》（纽约和伦敦，1976年），第391页。明代宪宗朝（1465—1487）取消了这种做法。

[2] 《诗经》第131首诗深切地哀悼了其中的三人，见阿瑟·韦利：《诗经》（伦敦，1937），第311—312页；高本汉：《诗经》（斯德哥尔摩，1950），第84页。

[3] 阿瑟·韦利的《九歌》（伦敦，1955）第48—52页中对河神及其传说有详细的描述。约在报道秦的这种习俗的同时，根据传说所说它在魏被一名著名官员所革除，当他看到女巫负责每年选新娘时，就下令把她们本人投入河中，这样她们就成了河神的非自愿的新娘。虽然蒂莫特斯·波科拉博士对这个故事的真实性提出疑问，但看他对河神崇拜本身，包括"结婚"仪式的真实性并不怀疑，见其作：《传说和历史中的西门豹》，载《古东方研究》，8（1981），第265—298页，特别是268—272页。见《史记》卷一二六，第3211—3212页的官方传记（波科拉：《西门豹》，第268—270页；J.J.德格罗特：《中国的宗教制度》〔莱顿，1892—1910，台北1964年再版〕第6卷，第1196—1198页）。

在行政和经济方面，公元前456年无可争辩地是秦设置一个县的第一年。[1] 史籍记载，公元前408年开始征粮税；这段记载很重要，因为它标志着秦的农民可能从为所依附的封建主服劳役转为以实物缴纳土地税（可能最后直接缴给国家政府）。在此以前，其他国家已经有了类似的发展。

在政治方面，公元前770年秦开始脱颖而出，当时在杀死了周平王之父（周幽王）的犬戎的一次进攻以后，周平王将国都东迁时秦襄公给他提供了保护。作为报答，周平王将秦的领地从附庸提高到正式的国的地位，从此秦的统治者能以平等的地位与其他的国君打交道了。公元前750年，在秦打败戎之后，它就对周政府东迁后留在周原来版图中的人民行使主权。

公元前4世纪以前最杰出的统治者为秦穆公（公元前659—前621年），曾经产生了许多以他为中心的传说。公元前645年，通过与邻国晋的战争，他扩大了秦的领土，囊括了黄河以西的一切地方。公元前623年，在吞并了戎的大片领土后，周王承认它"遂霸西戎"。[2] 可是政治上的这种发展没有持续下去。经过公元前412—前408年的长期斗争以后，魏（晋分成三国之一）成功地收复了晋以前丧失的黄河西部的全部领土。公元前361年秦孝公即位时，《史记》说其他国家仍把他的国家看成一个次等的盟外之国。

实行变法，公元前361—前338年

秦统一前的历史中的大事——没有这些事件它绝不可能完成这一统一大业——与秦孝公（公元前361—前338年）及其法家顾问商鞅（死于公元前338年）有关。商鞅（又名公孙鞅、卫鞅，后来又称商

---

[1] 关于郡县制的情况及记载第一个县的年代，见第24页注1。

[2] 另一个表示他"伟大"的迹象是前面提到的一个事实：他在公元前621年死去时，有177人从死。

31

君）是一个小诸侯国统治家族中的妃子之子。在年轻时，他在魏国任小官，魏是秦的传统敌人，紧挨着秦的东面。由于在魏不得志，他在公元前361年去秦，以应秦的新君孝公的招贤，去协助后者收复公元前385年丧失给魏的黄河西部的领土。商鞅很快取得了孝公的信任，从公元前359年起的20年中，他不顾某些人的激烈反对，进行了激进的政治和经济改革。就在这个时期，在公元前350年，秦都迁至它最后的地址咸阳。

除了任丞相外，商鞅还亲自率军征讨他原从那里来秦的魏国；到公元前340年，这些征战迫使魏国把国都东迁，秦孝公从而收复了秦丧失的领土。作为报偿，商鞅得到有15个邑封地的赏赐，并获得商君的爵号。但随着他的主公孝公在公元前338年死去，他也垮台了。在此以前的某个时候，因太子本人行为不当，商鞅执法，对太子的两个师傅给予惩处。当太子在公元前338年登位时，他迅速地指控商鞅策划叛乱。商鞅试图出逃，但在战斗中被杀，最后遭到尸体被车裂之耻。

商鞅的经济和政治改革无疑远比他的武功更为重要。但是，这些改革是难以评价的，这不仅因为在《史记》关于他的传记（卷六八）中对它们的描述含糊不清，而且因为以他命名的一部重要的法家著作《商君书》由几种材料组成，其中可能没有一种是商鞅写的。但是有的部分，特别是较早期的部分，可能反映了他的思想。[①] 在概述以下的改革时要考虑到这些困难。

政治改革

在公元前350年，恰好在建立新都咸阳的同时，秦的一部分领土分成了31个县，各县由一个县令掌管（据推测县令由中央任命）。这

---

① 《商君书》，再加上商鞅的传记（《史记》卷六八）及其他有关的文字，在戴闻达的《商君书》（伦敦，1928；1963年再版）中有译文和讨论。又见 Л. С. 别列洛莫夫：《商君书》（莫斯科，1968）；李幼宁编：《商鞅变法和中国的国家控制》（怀特普莱恩斯，1977）。

是秦集中行政权力和相应地削减国内世袭土地主权力的一个重要步骤。①

农业改革

在同年，即公元前 350 年"开"——可能是废除之意——田之阡陌。尽管措词的含义模糊，此举似乎意味着他废除了旧的固定的占地制度（井田制）——根据旧制，农户为其封建主耕种大小大致相等的地块——而代之以单位面积可以不同的更为灵活的制度。用西方的农业术语来表达，可以说商鞅废除了分割土地的田埂和畦头地。

这个解释因史籍同一句中所说的"赋税平"而得到了证实；② 虽然对赋、税这两个字未作解释，这段话可以解释为进一步以实物税来代替劳役——如秦已在公元前 408 年开始实行的那样。旧的固定的土地占用制的解体又可在约公元前 100 年汉儒董仲舒的奏疏中得到证实。他说商鞅的变法使"民得卖买"耕地。③ 可能除了改变秦国农民的地位外，这个改革还鼓励其他国家的农民来秦（相对地说，当时那里仍地广人稀），以期获得土地。毫无疑问，这个改革又是削减世袭土地主权力的另一个措施。④

---

① 31 这个数字来自商鞅的传记，而《史记》卷五，第 203 页则为 41，此数很可能不确；见沙畹：《〈史记〉译注》第 2 卷，第 65 页注 1。秦领土有多大部分因此由中央管理，尚不清楚。虽然可能有相当大的部分，但肯定不是全部，因为如上所述，商鞅在公元前 340 年得到一块有 15 个邑的封地，据推测，这种土地不属县的制度管辖。

② 《史记》卷六八，第 2232 页（戴闻达：《商君书》，第 18—19 页）。

③ 引自《汉书》卷二四，第 1137 页（南希·李·斯旺：《古代中国的粮食和货币》〔普林斯顿，1950〕，第 180 页）。

④ 平中苓次的《中国古代的田制和税法》（京都，1967）第 21—41 页提供了一个迥然不同的解释，它依靠的是对商鞅传（《史记》卷六八，第 2232 页）关键的一句记载中几个字的再解释。根据这一解释，商鞅没有取消原来土地分配的田埂和畦头地，而是把土地划分成每块 1000 亩或 100 亩的土地；这些土地然后分配给农户，为了便于监督，农户被组成 5 户和 10 户的单位（见下文"连坐"）。这个理论除了对几个关键的字的很大胆的再解释外，将使商鞅成为以自己的另一套去代替一种固定不变的土地占用制（所谓的井田制）的人。这样他将与当时所表现的总趋势——旧的固定的土地占用制的解体——背道而驰。关于秦国划界制度的文献证据，见下文。

法　律

商鞅把法作为树立国家权力的最重要的手段来强调,并且他又坚持,法必须昭告众人。在新都(可能在皇宫门前)立柱,以便在上面张贴新令。他同样坚持法律面前人人平等:"罚不讳强大。"[①]正是因为把这个原则施行于太子的两位师傅,他才像前面所叙述的那样垮了台。他立法的用意是维护赏罚制度,这项制度分别有利于鼓励善行,遏制坏事。

连　坐

关于惩罚方面,对犯罪集体负责的原则也得到了强调。人民被分成 5 户或 10 户的单位。[②] 在每个单位,所有成员对任何个人的坏事集体负责。据商鞅传:"不告奸者腰斩,告奸者与斩敌首同赏,匿奸者与降敌同罚。"[③] 为了加强这种国家推行的道德制度,商鞅显然试图削弱家庭团结的纽带,办法是在一开始对有两个以上男丁住在一起的家庭征双倍税赋。后来(在公元前 350 年),他明令禁止父亲与成年之子或成年的弟兄在一户同居。这些材料都来自商鞅传。但在当时,这个禁令实际施行的严格程度和有效程度则很难确定。1975 年在出土的秦代一个官吏墓中发掘出来的法律,其日期可定在公元前 221 年前不久,但其精神可追溯至商鞅时代;它们在惩罚方面似乎并不特别严厉。

但是尽管如此,为了控制的目的而把民众分成小单位的基本思想,连同其变异形式和更细致的形式(最著名的是保甲制)在以后的帝国时代,甚至晚至民国时代,仍行之不辍。

奖　励

为了奖励功绩,设置了分等级的荣誉爵位,按传统的说法,爵位

---

① 《战国策》三(秦一),第 75 页(小 J. I. 克伦普:《战国策》[牛津,1970],46,第 54 页)。关于可能根据这些条例制定的秦的法律,见本章《法律与经济措施》及第 9 章。

② 原文为"令民为什伍",戴闻达作分成 5 或 10 人之单位,实误(其《商君书》,第 58 页)。

③ 戴闻达:《商君书》,第 14—15 页。

共 18 级。① 它们具有独特的称号，如公士（初级，最低级）、不更（四级）和五大夫（九级）。在一开始，爵位可能赐给有军功的人（"日斩一首者爵一级"）。② 但到了相当晚的时期（第一个明显的例子见于公元前 243 年的记载），通过向国家贡献粮食，人们可以取得爵位。③ 取得爵位，可以不同程度地免除劳役或税赋，就某些爵位来说，还可以得到土地或官职的赏赐。爵位显然不是世袭的，但有些随爵位而来的土地可能是世袭的。这个制度从秦一直延续到汉代，那时商鞅的 17 或 18 级爵位增加到 20 级，其中最低 9 级的名称与商鞅所定的名称相同。通过论功行赏，这个制度是削弱传统贵族的权力和降低其威信的又一个措施。

经济政策

商鞅的主要目的是建立一个以勤劳的农民和有纪律的军队为基础的统一而强大的国家，军队的士兵实际上征自农民。农战"本业"得到鼓励，经营和制造奢侈品的"末业"要加以限制。目标是建立一个靠满足现状和定居的农民的劳动和不受追逐利润的商人和手工生产者的活动干扰的静态的农业社会。事实上，所发生的许多社会的其他方面的变化势必阻止这种空想的实现。但是，如同汉代初期儒家采取的方针那样，法家反对私人经商活动的措施一直有力地阻止了工商业者在以后的中国社会中取得支配地位。

度量衡的标准化

最后，商鞅采取行动统一度量衡。已经发掘出他那个时代的几种

---

① 尽管有这种传说，更可能的数字为 17 级。见鲁惟一：《汉代贵族爵位的等级》，载《通报》，48（1960），第 103 页；文中引了守屋美都雄对商鞅所定等级的研究。
② 《韩非子》十七（四三），第 907 页（W. K. 廖：《韩非子全集》［伦敦，1959 年］第 2 卷，第 215 页）引"商君之法"。
③ 《史记》卷六，第 224 页（沙畹：《〈史记〉译注》第 1 卷，第 103 页）：公元前 243 年，蝗虫在秦造成了饥馑，"百姓内粟千石（约 2 万公升），拜爵一级"。这个数字之高，使人怀疑《史记》的文字可能有误。

量具，其中包括一个铸有商鞅之名的著名的铜升，其日期相当于公元前 344 年；其容量等于 0.2006 公升。商鞅对统一度量衡的兴趣，是他对行政中计量和统计方面更广泛的兴趣的一部分。（这个问题在下面还有论述。）

军事的壮大，公元前 338—前 250 年

从商鞅时代起，秦的国力不断壮大，以致它战胜其他敌国只是一个时间问题。公元前 325 年，当时的秦公称王，在此前后，一切大国的统治者也相继称王，这标志着当时周王室已经沦落到很低的地位。公元前 309 年，秦政府设丞相的新职位，丞相又分为左丞相（王以下的最高职位）和右丞相（次于左丞相的职位）。公元前 256年，秦消灭了周王室，但到此时，这个行动只具有象征性的重要意义。

在公元前 338 年商鞅之死到公元前 221 年秦统一的一个世纪稍多的时期中所发生的大事，没有提供任何迹象可以说明秦的成就是蓄意制定的任何长期战略性计划或谋略的结果。可是人们可以看到，在中国历史上屡次出现一个地处中国西陲的国家或统治者统治其他国家或区域的过程。因为一个地处西陲的国家由于其周围有位于今陕西省境内的山脉这一自然屏障的掩护，可以确保自身的安全；由此，它可以不惧东面的潜在敌人而不断地扩大其版图。就秦而言，这个过程的特点是取得西南作为预备的步骤，然后相当稳定地向东面扩张。最初的一步是在公元前 316 年从楚夺取蜀（今四川省成都平原地区）的领土，紧接着夺取巴（今四川省重庆附近地区）的领土。得到这些领土，不但使秦能确保其侧翼的安全，而且由于楚国丧失巴蜀，这个国家的国力，大大削弱，迄今为止，它也许是秦的主要敌人。

与此同时，秦的几个敌国对它的国力和领土不断增长的情景绝不是无动于衷的。如果人们相信史料的记载（它们更可能是出于想象，而不是严格按照历史事实写出），这几十年出现了大量外交活动。两

种结盟正在形成。一种结盟旨在通过协同行动，以遏制秦的扩张；在另一种结盟中，各盟国认识到那种遏制将是徒劳的，因此结盟旨在安抚秦或与它合作。

《史记》记载的最后一个多世纪中最引人注目的事件是许多大规模的征战，其中有些伤亡数字之大，会使人严重地怀疑它们的可信性。在这种情况下，《史记》记载了公元前364至前234年的130年中秦参与的15次大的征战，并列有据说是秦给其敌人造成的伤亡数。除了一次，所有的伤亡数都高达数万，在整整130年中，总数竟多达148.9万人。战国时期的最后一个世纪无疑是以战争的激化为其特点，但尽管如此，这样大的数字是不可信的。（关于本章出现的这些数字及其他可疑的统计数的详细的讨论，读者可参阅附录3。）

最后的征服与胜利，
公元前250—前221年

历史上秦始皇帝（通常简称为秦始皇）其人生于公元前259年。他名政，可能是因为他生于阴历的第一月，这个月中国人通称为正月。虽然他于公元前246年正式即位，实际上在公元前238年佩带成年人之冠和剑后才开始行使权力。在统一前，他像自公元前325年以来的诸先王那样，称为秦王进行统治；只是在公元前221年才代之以帝号，直至公元前210年他死去时为止。

《史记》卷六始于秦始皇之治的第一年（前246年）。但本文为了方便，叙事略为提前至公元前250年，那一年一个不寻常的人物，商人吕不韦，成为秦的丞相。

吕不韦在几个方面有权赢得名声。他不但是当时最富有的商人，而且更是中国历史上达到如此显赫政治地位的唯一商人。此外，由于本文将要明确揭示的原因，他又得到了很坏的名声。但是，对他个人生活，人们所知甚少。像秦的其他许多著名人物那样，他也不是秦人，但关于他的祖籍，各种史料众说纷纭。关于他的商业活动，《史记》（卷八五）只说他"往来贩贱卖贵"。①《战国策》中一段类似的记载暗示，他的财产可能靠经营奢侈品积聚，文中叙述，他问其父："珠玉之赢几倍?"②

在公元前265至前259年的某个时期，吕不韦在赵国国都邯郸遇到了秦王室的一个后裔，此人是当时太子的一个妃子的幼子。这个幼子名子楚，他作为所谓的人质（这是国与国之间交换贵族成员以示守信的一种普遍的做法）被送往赵国居住。吕与子楚结交，然后去秦，他在秦国通过贿赂和阴谋，诱使太子接受子楚为储贰。当秦王死于公元前251年时，太子即位为孝文王，但不到一年，孝文王也死去，子楚依次在公元前250年即位为庄襄王。庄襄王的统治因公元前247年子楚之死而中止，因而其子得以继位。（根据中国传统的说法，嬴政之治在公元前246年正式开始，不过实际上政在其父死后不久，立刻在前一年的阴历五月登位。）

政的母亲原来是吕不韦之姬，但子楚被她的美色所迷而要她，吕不韦勉强地把她献给了子楚。据《史记》记载，她来到子楚之处时已经怀孕，而子楚并不知道。在文中所描述的"至大期时"，她生下政，因此他的生父是吕不韦——虽然由于怀孕期长，子楚及世人都认为是子楚之子。有充分的理由（见附录2）认为，这一句描述不寻常的怀孕期的话是一个不知其名的人加在《史记》之中的，为的是诽谤秦始皇，说明他政治的和出生的非正统性。要做到这点，难道还有什么更好的办法，即不但把他说成是私生子，而且把他说成是商人（在传统上商人被后世的儒生列在社会最低的阶层）之子？这句插入的话——还有以后出现的其他相同的情况——取得了明显的效果，因为直到近期为止，关于秦始皇是私生子的说法几乎没有人怀疑过。

当子楚在公元前250年登位时，吕不韦成了他的丞相，在子楚的

---

① 《史记》卷八五，第2505页。卜德在其《古代中国的政治家、爱国者及将军：〈史记〉中三篇秦代（公元前255—前206年）的传记》中收有《史记》卷八五的译文和评述及有关吕不韦的其他材料。

② 《战国策》七（秦五），第275页（克伦普译：《战国策》，第109、137页）。

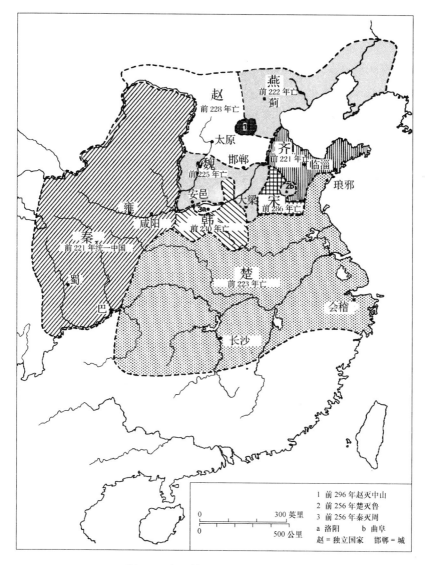

地图 1 帝国前的中国，约前 250 年
根据大庭脩的《秦汉帝国的威容》绘制

继承者在位时他继续任此职务，直到公元前 237 年他垮台。吕不韦的
权势可以从子楚封他为侯之事中看出，据说食邑 10 万户。这一事件
表明，甚至在这么晚的时期，旧的内部分封制是继续与新的郡县行政

39

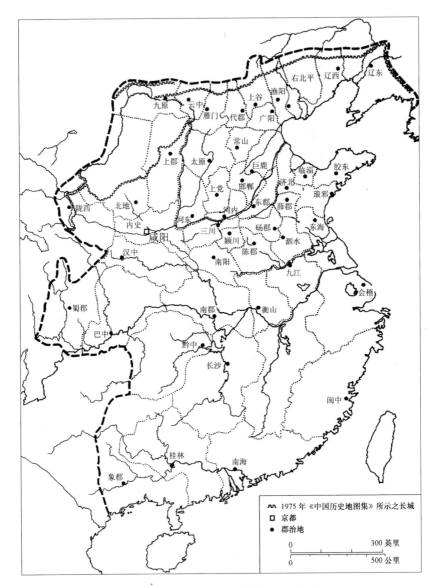

地图 2 秦帝国

制度同时并存的。

　　吕不韦虽然作为一个商人，自己很可能没有什么文学教养，据说却耻于秦的文化落后状态。像许多靠个人奋斗起家的人那样，毫无疑问他需要使自己成为文化的赞助人，从而取得威望。他采取了当时有权势的政治家普遍采取的办法：招纳一大批士或学者在其周围（传记说有 3000 人）。他要求其中一些人把他们的哲学思想写成文字。经过他们的努力，结果可能在公元前 240 年编成一部独一无二的晚周哲学思想的文集——《吕氏春秋》。①

在子楚死去和未来的秦始皇于公元前 246 年登位后，吕不韦又与秦始皇之母恢复两性关系，人们记得，后者在吕不韦把她献给子楚时已是吕之宠姬。后来，由于担心年轻的秦王会知道此事，吕不韦就将特别放荡的嫪毐介绍给太后，以转移她的兴趣，嫪毐很快取代吕不韦，取得她的欢心。这件事成为丑闻，当秦王在公元前 238 年成年时，他把嫪毐及其所有的近亲全部处死。在开始时，吕不韦得到宽恕，但在公元前 237 年，他也被革职，后来被放逐至蜀（今四川的成都地区）。公元前 235 年，他在去蜀途中服毒自尽。

在吕不韦死前，已有另一个更伟大的政治家出现在舞台上，此人于公元前 221 年以后注定要成为秦帝国政策的主要制定者。他就是所有法家政治家中最著名的李斯；李斯与主要法家理论家韩非曾经同在那个时代的儒家大思想家荀卿门下攻读，后来在公元前 247 年来秦寻求前程。②

李斯是作为吕不韦的追随者而开始他的事业的，他通过吕不韦而得以接近未来的秦始皇。在以后几年中，他就秘密外交事务向秦王提出建议，但在公元前 237 年当一道驱逐所有客卿的诏令颁布时，他的前程几乎断送了。就在那时，李斯向秦王呈上一份著名的奏疏，以雄辩的辞令说服秦王撤销了这道诏令。从此李斯前程似锦，在公元前 219 至前 213 年的某个时候，他升任帝国的最高职务——左丞相。直到他在公元前 208 年死去时，他一直担任此职。在此之前，当他的地位还不那么稳固时，有的史料指责

---

① 此书已被理查德·威廉译成德文：《吕氏春秋》（耶拿，1928）。
② 卜德的《中国的第一个统一者》论述了李斯的一生和成就。

他曾经策划将他从前的同窗韩非置于死地,韩非于公元前 233 年从韩①出使到秦。但是,此事的记载被混淆了,李斯究竟在多大程度上与韩非之死有关,还远没有弄清。

司马迁把逐客之令与一个"水利设计者"郑国的阴谋联系起来,这几乎肯定是错误的;郑国也从韩来秦,据说是为了诱使秦将其物质和精力耗费在建造一条灌溉河渠上。当"阴谋"被发现时,河渠已完成了一半;据《史记》李斯传记载,② 这个发现是下逐客令的直接原因。然而此渠本身在以后完成了。渠约长 120 公里(75 英里或 300 秦里),其走向大致与渭水平行,在渭水之北,它自咸阳之北往东北伸向黄河支流洛水。这一异想天开的故事因以下的事实而更不可信:河渠在公元前 246 年开工,而逐客令是在公元前 237 年颁布的。逐客令事件与嫪毐于公元前 238 年被处死及吕不韦于公元前 237 罢相之事(两人都非秦人)年代上的一致有力地说明,是这些事件而不是建渠之事,促成了逐客令的颁布。

总之,这条河渠无疑具有重大的经济意义。还应连带提到另一件几乎同时进行的非凡的水利工程。这就是横贯四川成都平原的灌溉河渠网络,约在公元前 250 至前 230 年时期,它通过挖凿一条巨大的石质河渠而得以建成。关于这两项成就的重要意义,后面还会再谈到。③

公元前 227 年,燕国(位于今之北京地区)为了极力阻止秦国军事机器的迅速推进,派使者荆轲至秦廷,随带一张作为臣服象征的燕国地图和一个在燕避难的自刭的秦叛将的首级。在随之而来的朝觐中,荆轲抓起一把藏在地图中的匕首攻击未来的秦始皇,但在

---

① 韩位于秦之东。

② 《史记》卷八七,第 2541 页(卜德:《中国的第一个统治者》,第 15—21 页;第 59—62 页对此有进一步的讨论);《史记》卷二九,第 1408 页(沙畹:《〈史记〉译注》第 3 卷,第 523 页)。

③ 李约瑟的《中国科技史》第 4 卷,第 3 部分,第 285—298 页详细地描述了这两项工程技术方面的情况。关于与这些工程有关的近期考古发现,见王文才:《东汉李冰石像与都江堰"水则"》,载《文物》,1974. 7,第 29—32 页;秦中行:《秦郑国渠渠首遗址调查记》,载《文物》,1974. 7,第 33—38 页。

行刺快要得逞时被砍倒。约在 10 年以后，又发生两起行刺事件，但同样没有成功：一起在公元前 218 年，另一起也在这一年的前后。[①]

但是中华帝国形成以前的最后几年的主要特征，是单调乏味地叙述军事征战和作为一个多世纪劳动和组织的最后成果的胜利。奇怪的是，最后一个计算敌人伤亡数的事例是据说在公元前 234 年"斩"赵国士兵的首级 10 万。此后，记载就从杀人转向兼并领土：连续五次东进，所征服的国家为韩（前 230 年）、赵（前 228 年）和魏（前 225 年），然后征服南方的楚（前 223 年），接着又征服东北的燕（前 222 年），最后在公元前 221 年征服了更东面的齐。随着这一次最后的征服，全中国都归秦统治。列国纷争之局变成了第一个中华帝国。

胜利的原因

在详细叙述帝国的事件之前，应该先停下来考虑秦胜利的主要原因可能是什么。自从学者兼政治家贾谊（公元前 201—前 169 年）写了《过秦论》以来，中国的学者一直在思考这个题目，因此，这里提出的大部分内容并不是新的。

地 理

秦远处于华夏大家庭之西，孤立于其他各国之外。它的东面是黄河的大弯道，黄河先自北向南，然后突然东流。河之南通往秦的几条通道被山脉所阻，只有很少几个战略要隘可以通行。在这些屏障后面，秦能在攻打其他国家之前聚集力量。贾谊首先注意到这个事实。他写道："秦地被山带［黄］河以为固。"[②]

---

① 关于这三次行刺企图，见《史记》的荆轲传，卷八六，第 2526 页以下，译文及讨论见卜德：《古代中国的政治家、爱国者及将军》，第 23—52 页。
② 《史记》卷六，第 277 页（沙畹：《〈史记〉译注》第 2 卷，第 220 页）。

43

农业和灌溉

秦的农业资源，由于在公元前 246 年以后的几年中建造了郑国渠以及约在同时建造了成都平原的灌溉系统而增加了。后一项工程在《史记》(卷二九)有关河渠的文中只提了一句，这也许是因为它位于遥远的偏僻西南。可是它的经济重要性一定十分巨大，因为直至今日，它仍源源不断地给在成都平原约 200 平方英里地区生活的 500 万左右的人们供水。另一方面，司马迁充分地认识到了郑国渠的意义。他写道，它的建成为将近 46.5 万英亩（约 4 万顷）原来含碱的土地提供了灌溉。"于是关中为沃野，无凶年，秦以富强，卒并诸侯。"[①]

可是主要强调这些建设来解释秦的胜利，那将是错误的。它们在秦统一之前不到 25 年才修成，而秦国朝帝国方向的发展至少在一个世纪前就已经变得很明显了。因此，这两项灌溉工程只是加快而不是决定秦的历史进程。

军事技术

另一种理论把秦军事上的成就归因于先进的冶铁技术，它断言，这种技术使秦能够给其士兵配备优于其敌人普遍使用的青铜兵器的锻铁刀剑。但这个理论没有被现代考古学所证实。发掘出铜、铁刀剑的 63 个战国时期遗址的表表明，在那个时期前者的数量大大地多于后者，其比率为 10 比 1（铜剑 270，铁剑 27）。此外，这些遗址都不在统一的帝国之前的秦的领土内。遗憾的是，这些考古报告都没有明确说明发掘出来的铁剑是否有相当数量因锻造而质地变硬。但是一般地说，在中国早期的冶炼技术中，铸造，而不是锻造，显然是优先采用的技术，虽然有些工具可能已经经过进一步加工，旨在增加其硬度和降低其脆性。总之，到写本文时为止，考古学还不能证实秦拥有压倒其对手的某种冶金技术优势的论点，这个结论，像对刀剑那样，也适

---

① 《史记》卷二九，第 1408 页（沙畹：《〈史记〉译注》第 3 卷，第 525 页）。

用于其他兵器方面。①

崇尚阳刚武德

作为一个与非华夏族的"夷狄"发生冲突的边陲国家，秦取得了丰富的军事经验，在它指挥其军队与其他国家交战时，这种经验无疑大有帮助。它的人民以在战争中残酷无情而闻名。他们崇尚武德的精神可以秦统治者武王为例，他喜欢在其周围安置勇武之人；他因与一人比赛举铜鼎，于公元前307年受伤而死。

打破传统的准备

出于同样的原因，秦相对地说能摆脱更纯粹的"华夏"国家文化传统的束缚，这使它更容易制定激进的革新措施。儒家的荀卿也许是在公元前264年前后访秦后，不得不承认"其百姓朴"，相当敬畏他们的官员；也承认官员认真地履行其职责，不偏袒，不结党。但说了这些话后，他为这个国家完全无儒而表示不安。他所指的儒，无疑是有儒家思想的文人，他认为这些人特别熟悉旧传统道德。他说，没有这些道德，很可能导致秦最后的毁灭。②

任用外来人才的决心

正是由于秦文化上的落后，其必然的结果是它一发现人才就

---

① 见戴维·凯特利：《刀剑的去向：中国统一的反省》，载《早期中国》，2（1976），第31—34页。又见连续的反驳：威廉·特鲁斯戴尔：《刀剑的去向：凯特利教授提出的几个问题的反省》，载《早期中国》，3（1977），第65—66页；诺埃尔·巴纳德：《刀剑存在吗?》，载《早期中国》，4（1978—1979），第60—65页。关于秦代铁剑优越性的论点，见关野雄：《中国考古学研究》（东京，1963），第159—221页。关于考古遗址表，见巴纳德和佐藤保合著：《古代中国的冶金遗迹》（东京，1975），第112页及图6c和6d。这些参考材料表明在西汉时期，青铜剑仍多于铁剑（出土铜剑350件，铁剑270件）；只是在东汉时期，铁剑才大大超过铜剑（出土铁剑103件，铜剑35件）。

② 荀卿半遮半掩地掩盖了来自一个儒家的不寻常的对秦的钦佩，见《荀子》卷十六，第217页（卜德：《中国的第一个统一者》，第9—10页）。尽管有荀卿的保留意见，儒生和儒家思想在帝国时期绝没有完全绝迹（见下文）。

予以任用。秦在这方面的所作所为是其他国家不能相比的。商鞅所定的荣誉爵位之一是客卿，它赐予取得高位的外来政治家（有记载的最早事例出现在公元前 289 年）。外来的显贵（不一定都有客卿的称号）包括商鞅本人、吕不韦、李斯以及本文没有提到的其他许多官员。[①] 的确，秦在用人中唯一能自给的人才是军事将领。[②]

统治者的长寿

在长达一个半世纪中，秦幸运地连续被几个既能干又特别长寿的王所统治，从而给它提供了政治的连续性和稳定性；这种连续性只有两次被短命的统治者所打破，他们合起来的统治时间仅仅持续了八年。这个长寿的统治序列始于孝公，他统治了 24 年（公元前 361—前 338 年），商鞅就是在他治下任职的；然后是惠文王，他统治了 27 年（公元前 337—前 311 年）；然后是 4 年的武王朝（公元前 310—前 307 年），他因举鼎比赛致死而统治终结；然后是昭襄王，他统治了 56 年（公元前 306—前 251 年），然后是孝文王（前 250 年）和庄襄王（公元前 250—前 247 年）两朝 4 年的间歇期；最后是秦王政至后来成为始皇帝的 37 年统治（公元前 246—前 210 年）。可是这个因素的重要性不应过分强调，因为长寿并不总意味着能干。例如，当周朝最后在公元前 256 年被灭亡时，灭周的秦统治者昭襄王在位已 51 年，但周统治者赧王本人在王位上已不少于 59 年（公元前 314—前 256 年）。

行政因素

因此，很明显，更具决定性的因素是提高行政效率的计划、农业

---

① 李斯在公元前 237 年反对逐客诏令的上疏中，除商鞅外，提到了在前四朝曾做出杰出政绩的七个外来人。见《史记》卷八七，第 2541 页以下（卜德：《中国的第一个统一者》，第 15—17 页）。李斯的名单还可以补充。

② 秦的三个最著名的将军为白起（公元前 257 年死）、王翦（前 221 年以后死）和蒙恬（前 210 年死），都生于秦，虽然蒙恬的祖父（本人也是有名的将军）以前自齐来秦。

改革计划和商鞅留给秦的一心一意追求政治和军事力量的计划。这方面的重要性远远超过了其他的一切，以致除了在前面对商鞅变法作了叙述外，还须在这方面作进一步的评述。

以下的论述①是根据 1975 年在今云梦县（位于华中湖北省武汉西北约 45 英里处）境内的小小的睡虎地出土的法律和其他法律文书作出的。竹简从也许是生活在公元前 262 至前 217 年的一个秦地方官员的墓中发掘出来，此人曾在当时秦的南郡任职。这些文书一部分肯定属于秦国法典的有名称的律；一部分通过问答方式解释法律和法律程序；一部分是为指导执法官员而系统阐述的推理的"典型"案例（其中有询问嫌疑犯，调查绞死的情况，父亲揭发儿子，报告通奸等）。

这些有名称的律绝大部分论述行政法，有"田律"、"厩苑律"和"仓律"等共 18 种名称。未命名的法律的答问虽然同样涉及大部分行政法，但幸而也提到少数刑事问题，如盗劫、杀人、闹事和性犯罪等事。文书中的证据表明，材料确实早于公元前 221 年秦的统一，虽然许多内容也许只早半个世纪或更少。然而，在基本内容和精神方面，大部分材料似乎可以溯源于商鞅时代。

秦以严刑峻法闻名，这些法律对此并无反证，但也没有鲜明地予以证实。当然，这部分的是由于这些法律不完整，也由于许多法律是行政法而不是刑法这一事实。提到了死刑，但次数不很多，被定为死刑的那类犯罪是预料得到的：例如，异父同母子女的乱伦，夸敌以惑众的行为。有三四处材料提到了砍掉左足的刖刑或劓刑，但更普遍的是程度不同的强制劳动。

对违反行政法的行为，最普遍的惩处是罚物（与以后中国法律的情况不同）。秦的强烈的军事气氛可从以下的事实中看出：

---

① 本文论述所依据的文书可见睡虎地秦墓竹简整理小组编：《睡虎地秦墓竹简》（北京，1978），第 15、24—26、32、43、56、94、104—105、113—114、142—143、150、154、173、225、263 页。关于这些文书的注释本见何四维：《秦法律残简：1975 年湖北省云梦县发现的公元前 3 世纪的秦法律和行政规定的注释译文》（莱顿，1985）。

最多的罚物以一甲或二甲（罚二甲的情况很少）计数；较轻的，一盾或二盾；再轻的，罚缴钱。最轻的惩处似乎是谇，此字可能表示"谴责"；据推测，谇将写进受谴责官吏的功过簿中。有许多律只说触犯所定之罪要受惩处，而没有具体说明应受什么惩处；还有一些律根本不提惩处，而只正面提到应怎么做。在这方面，秦的法律与以后王朝更成熟的法典（653 年唐的法典及以后的法典）大不相同，以后的法律对每种违法行为都定有具体的惩罚。

商鞅的连坐原则在这些公认是很不完整的法律中未被强调。的确，有一条法律对群盗的确处以特别重的惩罚，但这种群盗的形式很不一般：文中称为"害盗"（显然是一种警察）的官吏放弃他们的正常职守而进行群盗活动。只抢一钱，而如果是五人共同行盗，每个参与者都断去左足，并黥面，参加强制劳动。对比之下，抢劫 660 钱以上的很大数额，而如果共同行盗的害盗少于五名，则受轻一等的刑罚，即黥劓并参加强制劳动。如果盗钱 220 至 659 钱，刑罚又减轻到参加强制劳动而不劓鼻，抢 1 到 219 钱，则流放而不参加强制劳动。如果平民犯小偷行为而无暴力，如偷他人价值不足一钱的桑叶，罚处劳役 30 天。

毫无疑问，从现代的观点看，甚至上述刑罚中最轻的一种似乎也是残暴的，但也许很难说，就比在其他许多地方和时代所发现的刑罚更残暴。（例如，在 1818 年前的英格兰，从店中偷价值五先令的货物就要处死。）

在行政法中，有的对个人（不是集团）责任的要求竟达到不合理的程度，如在关于政府所有的牲畜的规定中："牛大牝十，其六毋（无）子，赀啬夫、佐各一盾。"（《秦律杂抄·牛马课》）但是，就大部分法律而言，它们似乎并不是不合理的，例如，《厩苑律》规定："叚（假）铁器，销敝不胜而毁者，为用书，受弗责。"（意即借用铁具，因破旧不堪使用而损坏的，以文书上报损耗，收下原物而不令赔偿。）

引人注目的是坚持计量的精确性，这从秦专门规定布的尺寸的律中可以看出，秦政府把这些布与金属货币一起发行，作为交换媒介："布袤八尺（约1.85米），福（幅）广二尺五寸（约58厘米）。布恶，其广袤不如式者，不行。"

另外，又有两个关于衡和量的令，如官员定制不准确，误差量器不超过7％，衡器在1％以下的，罚一甲或一盾。同样引人注目的是在行政工作中坚持规定的手续和精确性："有事请殹（也），必以书，毋口请，毋羁（羁）请（即不托人）。"（《内史杂》）"行传书、受书，必书其起及到日月夙莫（暮），以辄相报殹（也）。"（《行书》）①

农业生产和保存自然资源两者的重要性在几条秦律中也被认识到了。其中之一指示各县保存种植庄稼的记录。这些记录要登记降雨量和受雨的耕地面积，以及发生的旱灾、涝灾、风灾、虫灾和其他灾害及其后果。在规定的年份，各县都要将这些报告上报京师，上报时使用差役和驿马，以便在阴历八月末到达都城。另一条秦律具体规定了种植不同种类的谷物、豆类和纺织纤维作物应使用的种子的数量。还有第三条秦律，它尽管措词含糊，似乎规定从第二个春月起，在大部分情况下显然持续到夏天，森林伐木、截水、掏鸟窝、毒鱼、布设陷阱和捕网等活动都被禁止。一个明显获准的例外是为新死的人伐木制作棺材（这是对传统家庭伦理的一个有趣的让步，虽然部分地也可能受到卫生考虑的启发）。

由于篇幅所限，这里不容许对这些法律文字作进一步的分析；这些文字尽管存在许多文风和术语方面的问题，但除了其他价值外，还有可能提供关于不同社会集团的法律地位的宝贵材料。但是，前面所引的秦律足以证明，它们实行了大大地有助于使秦取得胜利的原则：在行政过程中坚持效率、精确性和规定的程序；强调精确的计量数据；注意改进农业生产和保存自然资源。

---

① 一个或两个世纪以后的行政文献的证据表明，这个手续肯定在继秦之后的汉代实行；见鲁惟一：《汉代的行政记录》（剑桥，1967）第1卷，第39页以后。

秦帝国：改革，成就和暴政，
公元前221—前210年

公元前221年到前210年秦始皇去世这段时期中的大事将分九个方面来详细叙述。虽然大部分事件都有具体的年份（大部分在前221年），但有几件事，如筑路、造长城和建造宫殿，必定在第一次提到它们时已经进行了多年。可以理解，秦始皇之名与大部分事件有联系，但可以证明，有几件重大事件的真正发起人是秦始皇的丞相李斯。在其他诸如军事征战和筑路建城的事件中，它们必须由军人来干，而在这10年中，最著名的军人是蒙恬。改革始于几个政治性的行动。①

从王到皇帝

帝国一统一，秦统治者第一个有记录的行动就是要其大臣们想出一个有别于王的称号，它将更好地表示他作为唯一的统治君主的新地位，以与迄今为止称王的许多统治者相区别。根据由此产生的建议，他采用了"皇"，并把此字与他自己选择的"帝"字结合起来，由此形成的复合词"皇帝"，大致可以译成英文"august emperor"。同时，他取消了史书中以继承者赠予的谥号称已死的统治者的做法。取而代之的是，这个君主宣称，他本人作为始皇帝进行统治，其后裔则作为"皇帝二世"、"三世"继续统治，以至千秋万代。

在他的这道诏令中，秦始皇正道出了历史中无数受命运嘲弄的事实之一，因为他的王朝在二世就垮台了。但是他选择的称号却是巧妙的，不论是它的全称"皇帝"，或是通常简称的"帝"，两个称呼在中文中作为 emperor 的标准同义词，一直沿用到今天。

"帝"字的选用更是巧妙，因为这是一个充满可以追溯到历史黎

---

① 这个题目及后面的大部分题目，在卜德的《中国的第一个统一者》第6—9章中也进行了讨论。

明时期的神秘联想的字眼。在商代，它是一个主神（或诸神）的名称，也许等于商代统治王室的远祖（或诸远祖）。在秦代，甚至在西汉，国家官方的崇拜尊崇称之为"帝"的神。[1] 在周代中期，一系列被人们敬畏地视为早期中国文明缔造者的传说中的统治者已经开始被称作帝。然后在公元前 3 世纪，由于周代诸王的命运每况愈下，王的称号已丧失其威信，这时有的国家的统治者为了表示他们成立帝国的抱负，曾试图自己称帝。

这种尝试最早发生在公元前 288 年，当时秦王和齐王拟分别自称西帝和东帝。外来的政治压力迅速促使他们放弃这些称号。还有两次涉及秦王的尝试发生在公元前 286 年和前 257 年，但也都失败了。因此当秦始皇在公元前 221 年称自己为帝时，他正利用了当时已具有浓厚政治色彩，而又保持了与远古的神祇圣哲强烈联想的一个字眼。这个字眼恰当地象征了一个人的政治成就，对他，并且可能对他的臣民来说，这种成就看来几乎是超人的。

政治的统一

也是在公元前 221 年，具有更重要的实际意义的一件事是把中央集权的行政新体制扩大到了"天下"。此事发生在李斯的上司王绾力促秦始皇把更遥远的原列国的领土交给秦皇室诸子之时——换句话说，恢复约八百年前周灭商后的封建分封制。他争辩说，这样就更容易统治这些领土。

李斯大胆地反驳道，周制定的这个政策已经证明是一个政治灾难。周王室的亲戚一旦取得了他们的土地，立刻互相疏远和进行战争，而天子则无力阻止他们，所以结论是"置诸侯不便"。

秦始皇支持李斯，结果是把全国分成 36 郡，每个郡又分成数目不详的县。每个郡的行政由守（文官）、尉（武将）和监御史（他显然直接充当皇帝在郡一级的代表）三人共同负责。县由地方官员治

---

[1] 关于帝国对"帝"的崇拜的延续和转而崇拜"天"的情况，见鲁惟一：《汉代中国的危机和冲突》（伦敦，1974）第 5 章；本书第 12 章《帝国的崇拜》。

理，他们或称令（大县），或称长（小县），按县的大小而定。所有这些官员都由中央任命，并接受固定的俸禄。他们的职位不是世袭的，随时可以罢免。本文不打算更详细地讨论秦的行政制度，因为直接取法于秦行政制度的汉制人们知道得更为清楚，并且将在第 7 章和第 8 章详加叙述。

前面已经谈过，郡县制对帝国并不是新东西，也不是起源于秦。但公元前 221 年的改革至关重要，它断然屏弃了必然引起间接统治的重立列国的思想，代之以普及郡县制的决定，从而为中央统一全帝国各地的集权管辖提供了各种手段。这个制度延续到了汉代，虽然像第 2 章将详细叙述的那样作了一定程度的妥协——因为有一批其权力严格受到限制的王国当时容许与数目远为众多的郡一起存在。此后，这个制度成了后世王朝的典范（但又稍有修改），最后演变成现在仍在实行的省县制。

秦的郡比现代的省要小得多，虽然对秦末到底有多少郡以及它们是哪些郡的问题一直争论激烈。到公元前 210 年，公元前 221 年原来的 36 个郡可能增加了 4 个，也可能增加了 6 个。这些数字可与公元 2 年汉代簿册中存在的 83 个郡相比（当时的汉帝国比秦帝国大得多，但同时还有 20 个王国与这些郡并存），也可与清末（19 世纪）18 个标准行省相对照。但在另一方面，县的数目自始至终明显地保持着稳定。一个粗略的估计说明，秦约有县 1000 个（秦没有县的确切的统计数字），[1] 这可与公元 2 年约 1314 个县，1911 年清末 1381 个县和 1972 年中华人民共和国的 1479 个县（不包括新疆、西藏和云南）相对照。

推行郡县制，意味着必须对原来各国的统治者及其依附的贵族和官员作某种处置。这个问题通过"徙天下豪富于咸阳十二万户"而得到了解决，在咸阳为他们建造了新的宫殿，把他们置于中央政府的监视之下。虽然《史记》没有明文记载，据推测这些人得到了充分的政

---

[1] 统计数取自严耕望：《中国地方行政制度史》第 1 册；《秦汉地方行政制度》（台北，1961），第 35 页。

府津贴以代替他们原来的收入。这个政策是与秦王朝相始终的。但当王朝崩溃时，在随之产生的内战期间，有些原来的统治王室就作为政治竞争者而重整旗鼓。唯一的疑点是 12 万户这一可疑的巨大整数。这个问题在附录 3 中再作进一步的探讨。

伴随着大规模迁移人口于京都的是大规模销毁兵器的行动。搜集到的全国兵器被送往咸阳，在那里铸成钟镣及 12 个巨大的金人，据说每个金人重近 29 英吨（1000 石），都置于宫中。据后世的著作，中国这些最早的雄伟的雕铸实物都是卫士像，也许衣"夷狄"服，它们存在到汉后期，军阀董卓（公元 192 年死）销毁了其中 110 个；所剩的两个后来也被搬移，最后在公元 4 世纪被熔掉。①

同时在全帝国夷平城墙及其他有重要军事意义的险阻，以补销毁兵器和迁移贵族的不足。公元前 215 年立于碣石山的碑文，有以下几句关于秦始皇的文字："初一泰平，堕坏城郭，决通川防，夷平险阻。"②

文化统一

文字的统一虽不像政治措施那样引人注意，但就其本身来说也同样重要。这一措施也记载于公元前 221 年，并直接归功于李斯："同文书……周遍天下。"据说，他是一部已佚失的教科书的作者，此书据说体现了这项改革的成果。但这种说法是不可能的，因为像李斯那样的高官根本不可能有时间自己去进行改革的细枝末节。很可能他想出了这种主意，然后让一批学者去执行。

这项改革包括哪些内容？周代初期称为大篆的文字，在正字法方

---

① 见沙畹：《〈史记〉译注》第 2 卷，第 134 页注 1。但镰田重雄的《秦汉政治制度的研究》（东京，1962）第 89—92 页认为，12 金人代表北斗星周围的 12 个星，金人被置于公元前 220 年建造的一座祭北斗星的庙宇中。

② 杨宽在《秦始皇》（上海，1956）第 176 页中指出，这肯定不是说不加区别地破坏一切堤坝，这样将会造成水灾，而只是破坏在沿岸建立的防御屏障（还可以补充，或者破坏那些阻碍在河上自由进行交易的设施）。

面，已经随着年代而发生了变化，特别是随着周后期几个世纪地方文学的发展，可能还有地区性的变化。换句话说，同一个字因不同时期，也许因不同区域而写法不同。李斯统一文字之举可以总结为三个方面：（1）简化和改进复杂的、因年代而写法各异的大篆体，使之成为称作小篆体的文字；（2）把各地区的异体字统一为一个可能至少部分地以秦通行的字形为基础的单一的体系（虽然这难以肯定地作出估价）；（3）在全国普及这一体系。可以设想，这个变化和随之在汉代进行的进一步的文字简化可能部分地由于以下的事实而促成：书写的新工具和新材料的采用，及随着政府公务日益繁重而对文献的迅速增长的需要。

从技术上讲，秦的改革显然不仅涉及单纯地简化几个字的问题，而且还涉及改变其他字的基本结构和废除另一批字的问题。总的说来，由单纯象形部分（即简单的象形字）组成的字似乎以最小的变化传至后世；由多笔画组成的字显然更可能大有改变，甚至被完全不同的多笔画组成的字代替。这种激烈变化的主要原因很可能是，原来在字中用于表音的字形部分，到了秦代已不能充分体现当时语言中发生的语音变化。此外，多达 25％的先秦的字出于种种原因（诸如过时的地名或人名、过时的器皿名称等等）而被秦的改革者完全废除，在后世绝迹了。[①]

这项秦代的改革，是汉代逐步发展的进一步简化字体的必不可少的基础，结果是楷体字从此一直成为通用文字，直到近几十年才让位于中华人民共和国现在使用的"简体字"。如果没有秦的改革，可以想象，几种地区性的不同文字可能会长期存在下去。如果出现这种情况，不能设想中国的政治统一能够长期维持。在造成政治统一和文化统一的一切文化力量中，文字的一致性（与方言的多样性正好形成对比）几乎肯定是最有影响的因素。

---

① 关于这些技术细节，见诺埃尔·巴纳德：《在控制情况下发掘出来的考古文献中反映的秦"文字改革"的性质》，载戴维·罗伊和钱存训合编：《古代中国：早期文明研究》，第181—213 页。承蒙巴纳德博士在这篇精辟的论文发表前让我拜读，本文作者深表感谢。

法律与经济措施

公元前 221 年，其主要特征可能是始于商鞅的秦法典在全帝国的统一实施。在前面引用这个法典的大致摘要时，我指出大部分论述的内容是行政事务而不是刑事。但是，按照传统的说法，据说商鞅之法体现了两个主要原则：（1）对坏事实行连坐，特别在亲属中和在商鞅给百姓划分成五户和十户的单位中；（2）严刑峻法，严得足以使人民不敢去做坏事。这些原则被《汉书·刑法志》中的言论所证实。①"秦用商鞅，连相坐之法，造参夷（夷三族，即父母、兄弟、妻和子女，但此词意义有点含糊）之诛，增加肉刑、大辟，有凿颠、抽胁、镬烹之刑。"

"凿颠"和"抽胁"的所指不能肯定，因为在历史史料和出土的法律材料中，都没有见到实际事例，虽然"抽胁"指的是另一种肉刑（见前《胜利的原因》一节中的《行政因素》）。在各种大辟（死刑）中，最普通的是斩首（或者曝尸，或者不曝尸于众）。对少数极严重的滔天罪行实施的刑罚除了镬烹外，还包括诸如腰斩、车裂、凌迟处死（五刑）。应该强调的是，这些骇人听闻的刑罚绝不是秦独有的。例如，车裂于公元前 694 年在东面的齐国就有记载，在公元前 4 世纪前后，齐国还有镬烹的记载。甚至在汉代，在公元前 167 年正式取消致残的刑罚后，镬烹和腰斩之刑仍像实行阉割以赎死罪那样继续偶尔实行。

人们对帝国时期发展经济的措施所知甚少。秦始皇和李斯俩人口头上都支持重农抑商的法家政策。但是除了出土的法律材料中的暗示外，史料很少提供具体的例子。据未见于《史记》本文、而见于公元 4 或 5 世纪一个注释者的一句暧昧不明的话：公元前 216 年，"使黔首自实田也"，这就是说百姓为了纳税，应该向当局报告其土地的价值。这句话如果准确，并且解释无误，意味着到这个时候，土地私有

---

① 何四维在其《汉代法律残简》（莱顿，1955）第 332 页中有稍有修改的译文。

制在全帝国已成为既成的事实。①

在帝国时期，史籍几次报道了大批移民开发新边区之事，这些活动被解释为政府注意扩大农业资源的迹象。但是，由于移民与军事有关系，这里将与征讨和殖民联系起来进行讨论。公元前214年的一个事件似乎可以认为是故意抑商的一个例子，据记载，商人是被政府放逐去参加征服和占领中国遥远的南方的几类人之一。

《史记》卷六中缺乏经济材料的情况常常促使历史学家在其他方面寻求零星的材料；例如，在汉代政治家和学者的言论中去寻找。但是，由于这些人常常具有明显的反秦偏见，所以使用这些材料时应该特别慎重。②

其他标准化措施

前面已经指出商鞅对计量的精确性有兴趣，也指出了类似的兴趣在出土的法律材料中已得到证实。所以，与法律和文字一起，公元前221年秦在全帝国实行衡器和量器的标准化是不足为奇的。前面已经提请注意的残存的升，表明它们与商鞅时代的衡量器皿大小一样或实际上相同。除了这个升的一面原来的铭文记有商鞅的名字和相当于公元前344年的日期外，它的底部还加刻了其日期为公元前221年的铭文，并阐明了秦始皇使量器标准化的政策。这只是已经发现的分布范围甚广的秦帝国的几件量器和衡器之一——至少有一件远在今东北的吉林省，在秦代，那里很可能位于帝国的政治版图之外。

另一项是金属货币的标准化。这项改革并非始于商鞅，因为据《史记》记载，在公元前336年，即商鞅死后两年，秦才开始流通金

---

① 见徐广在《史记》卷六第251页上的注。"自实"之意本身虽不明确，但与自汉至宋的许多时期所记载的叙述类似的估计或自估的相似的用语相比，就可以理解了。见平中苓次：《中国古代的田制和税法》，第42—62页。

② 公元前约100年汉儒董仲舒的言论是典型的，他十分武断地声称，"一岁屯戍，一岁力役，三十倍于古"（《汉书》卷二四上，第1137页〔斯旺：《古代中国的粮食和货币》，第182页〕），"田租口赋，二十倍于古"。

属货币。在这时和更早以前，大小、形状和面值不同的钱币已在不同国家流通，其中有刀币、镈币和蚁鼻钱。秦本身新发行的通货有中有方孔的常见的圆币，这种形式在今后的两千年一直是中国钱币的标准形式。《汉书·食货志》详细地叙述了秦的改革："秦兼天下，币为二等：黄金以溢为名，上币；铜钱质如周钱，文曰'半两'，重如其文。而珠玉龟贝银锡之属为器饰宝藏，不为币。"[①]

最后，应该提出一个颇具现代色彩的改革。这就是公元前 221 年制定的车辆的标准轨距，这样车辆的轮子无疑就可以适合全国道路的车辙。在中国西北的大片土地上，纵横穿越的道路深受厚层松软黄土侵蚀之害，对任何熟悉这种情况的人来说，这项改革的意义是一清二楚的。有人计算，战车车轮的轨距从商代起，逐渐从现代的 7.07 英尺变窄到战国时期的 5.41 英尺或以下，最后窄到西汉时期的 4.92 英尺（从发掘的同时代的国都长安的正城门遗址可以看出）。最后的数字接近于用于现代铁路的轨距 4.71 英尺。（在古代的西方，车的轨距一般地说有更加狭窄的倾向。例如，对罗马时代不列颠的有些道路上车辙的测量表明，轨距在 4.50 至 4.83 英尺之间。）[②]

道路、城墙和宫殿[③]

在帝国以前的中国，由农民履行的徭役在传统上已经是营造城墙、道路、河渠、宫殿和其他公共工程的主要手段；同时，农民还有服兵役的义务。随着秦的统一天下，以远为巨大的规模组织这类劳役就有了可能。此外，为了劳动和军事目的，还广泛地使用犯人和其他受歧视的集团以补农民劳役的不足。这一切导致了下面将要讨论的巨大建筑、军事征讨和移民。

从公元前 220 年开始，建造了以咸阳为中心呈一巨大弧形向北

---

① 《汉书》卷二四下，第 1152 页（斯旺：《古代中国的粮食和货币》，第 228—229 页，译文有改动）。

② 见李约瑟：《中国科技史》第 4 卷，第 3 部分，第 5—6 页注 d。

③ 这一节广泛地利用了李约瑟的《中国科技史》第 4 卷第 3 部分第 1—16 页和第 47—55 页中关于道路和长城的材料。

面、东北、东面和东南辐射的一批称为驰道的帝国公路;少数几条主要道路远及偏远的西边,因为咸阳在帝国西部边缘附近。根据一份后世的材料,这些公路之宽合 50 步,路两旁植树的间隔为 30 尺。前一个数字相当于近 70 米,显然太宽,可能是文字有误。(这个问题将在附录 3 中进一步讨论。)

从公元前 212 年起,帝国最重要的将军蒙恬奉命建造名为直道的一条南北向的主要大路。它起于咸阳之北不远的秦皇夏宫云阳,朝北进入鄂尔多斯沙漠,然后跨越黄河的北部大弯道,最后止于九原(现今内蒙古境内包头之西约 100 英里的五原),总长约 800 公里(约500 英里或 1800 秦里)。秦始皇在公元前 210 年死时直道尚未完成。残址至今犹存,许多地方与大致沿同一路线的一条现代道路平行。在其地形多山的南部,旧路一般只有约 5 米宽,但在北部平坦的草原上,有的地方宽达 24 米。[①]

一个必定是非常粗略的估计得出秦帝国公路的总长度约为 6800公里(4250 英里)。据吉本的估计,约公元 150 年,从苏格兰的安东尼努斯城墙至罗马,再至耶路撒冷的罗马道路系统的总长度为 3740英里(5984 公里),两者可以互相对照。在汉代,随着帝国的扩张,秦的道路系统大为扩大,但从公元 3 世纪起,中国与罗马一样,道路也损坏了。在中国,除去政治因素,这部分地可能是由于水路交通有了巨大发展,特别在华中更是如此。

当然,远为突出的是筑造长城。像直道那样,这也是蒙恬的成就。从公元前 221 年起,在长达十多年的期间,他号召 30 万人,不但征讨北方的戎翟,而且建造长城和直道。[②] 考虑到长城的宏伟,《史记》的记载(在蒙恬传中)却是极为漫不经心和简略的:"[蒙

---

① 关于附有很不清楚的图片的此路的报道,见史念海:《秦始皇直道遗迹的探索》,载《文物》,1975.10,第 44—45 页。

② 蒙恬传记载于《史记》卷八八,卜德的《古代中国的政治家、爱国者及将军》第 53—67 页有译文及讨论。在《史记》卷六中,长城只在前 213 年被提到一次(第 253 页,[沙畹:《〈史记〉译注》第 2 卷,第 169 页]),但不说也能明白,修筑长城需要的时间必定长得多。

恬〕……筑长城，因地形，用制险塞，起临洮，至辽东，延袤万余里。于是渡〔黄〕河，据阳山，逶蛇而北。"①

在其他早期的史料中缺乏蒙恬筑城的任何详细记载，这使人们不能确定长城是否事实上真像文中断言的不间断地延伸万余里（近4100公里或2600英里）。但还有两个进一步的考虑值得一提，一个考虑是今天存在的长城（其几个主段，而不是它的几个弯段），据估计总长度为3440公里，或2150英里。这当然大大少于文中所称的蒙恬筑城的长度。第二个考虑是《史记》的这段叙述中关键的字是"万"。这个字有时在《史记》的其他地方及其他早期文字中也碰到过，从这些文字的上下文中可以明显地看出，此字的使用是比喻性的，而不是表示字面的意义。在这类段落中，"万"似乎不再指确切的数字。相反，它应被理解为一个象征性的数字，用来表示一个很大的、但不确定的数字或数量。这种用法的例子将在附录3中讨论。我们认为，除了这些例子，还应加上《史记》的这段文字中出现的"万"字的例子。

由此得出的最后结论——虽然远不是定论，但似乎是很可信的——是，蒙恬筑的城很可能短于《史记》中的"万余里"之所指。另外，我们认为，在缺乏充分材料的情况下，妄加猜测是不明智的。也许有朝一日考古学会解决这个难题。

但是，不管长城究竟有多长，似乎可以确定地说，建造这样一种连绵延伸的防御工事，其后勤供应一定远远大于建造一座金字塔、堤坝或其他固定的纪念性建筑物的后勤供应。因为随着城的延伸，筑城活动的中心经常变化，供应线也变得更长。此外，城墙不像正在修建的道路，它本身是很不完善的运输材料的手段。就长城而言，由于它越过的漫长的山脉和半沙漠地带，以及这些地区稀少的人口和冬季的酷寒气候，条件就变得特别困难。对蒙恬能够使之在现场进行真正建

---

① 《史记》卷八八，第2565页（卜德：《古代中国的政治家、爱国者及将军》，第54页）。临洮即今甘肃省的岷县，在西安之西约300英里，辽东在今东北南部沿海，在朝鲜之西不远。阳山在今内蒙古包头之北。

设的每一个人来说，需要几十人建造工地上的通道和运送物资供应。死亡的人数也必定是非常巨大。尽管完全缺乏统计数字，并姑且承认大部分城墙用夯实的土建成（这意味着大部分建筑材料就地取得），但以上所述似乎是很合理的假设。对这个工程和其他同时进行的工程来说，蒙恬的30万人，不像以前所见到的那些数字那样，绝不是夸夸其谈。

如地图二所示，秦的城墙向北延伸的距离，远远超过现存的城墙，后者主要可追溯到明代，其中很多用石建成。如果一个多世纪以前几个国家在北部所建的原来的城墙没有经过一定程度的加固，蒙恬不可能在10年内建成。大致由西往东列举，原来的城墙包括约公元前300年建造的秦城墙，前353年的魏城墙，约前300年的赵城墙，最后是约前290年的伸向东北辽河下游的燕城墙。魏、齐、楚也在不同时期在其他方向修建城墙以保护自己。似乎可以肯定，在整个中国的历史中，中国人比任何其他民族表现出更浓厚的筑垒自固的心理。长城在多大程度上达到了把定居务农的中国人与塞外游牧的夷翟隔开的预期目的，这一直是一个长期争论的问题。

最后，还要叙述关于营造宫殿之事。在公元前221年，据说12万户豪强被迁往咸阳，还据说在渭水北岸秦都上下游的许多英里的距离内，建造了细致地仿照他们原来住所的建筑物。

因为不满意于咸阳的祖先的宫殿，秦始皇在公元前212年开始在渭水南岸上林苑内营建新的宫殿。由于离对岸的咸阳不远，它取了阿房宫（附近的宫）这一流传甚广的名称。鉴于这个宫殿不可能具有所说的巨大规模（约75600平方米），读者可再一次去参考附录3。

另一个下面还会谈到的工程是秦始皇的陵墓。早在公元前246年就计划建造，但它最早被提到是公元前212年正在营造的情况。建造陵墓和宫殿共同使用的劳动力据说达70万人，此数为蒙恬同时进行军事征讨、造路和筑城墙活动所使用的30万人的两倍以上。可能70万之数是精确的，但也可能因为这些是皇帝的工程而加以夸大，使之具有特殊的重要性。

武功和移民

公元前221年内战停止，仅仅经过一段短暂的间歇期，随之而来的是对外的军事和殖民扩张。这一行动的进行既向北，也向南，虽然《史记》卷六记载的进行时间是在公元前214年，但它持续的时间必定大大地超过一年。例如，蒙恬传记载，"暴师于外十余年"——换句话说几乎从公元前221年后不久直至他于前210年死去——"是时蒙恬威震匈奴"。[①]他在北面征服的区域包括黄河北部河套内的鄂尔多斯地区，以及更往北的今内蒙古的领土及向西北延伸远至今甘肃省兰州的其他领土。

南征也正式地记载于公元前214年，但可能可追溯到更早的前219年，结果设立了三个、可能是四个新郡，其辖区包括今广东、广西两省的大部分和今福建省的部分地区。这些征服的地区比北方的征服地区具有更大的社会的和经济的重要性，因为这些新郡包括的领地土质肥沃，灌溉良好，因此有利于中国农业生活方式的普及。但是大部分新土地在秦末的动乱时期丧失了，不得不在汉代去收复。

与南征有联系的是建于秦始皇在位时的第三个大水利工程。这就是灵渠。《史记》从未提其名，但有一段提到公元前219年挖渠运粮以支援军事远征之事，可能指的就是灵渠。[②] 此渠穿山开挖而成为三英里长的连接河道，把长江一条南支流的河源与西江一条北支流的河源连接起来。这样就能把粮食和其他物资通过长江往南经洞庭湖，最后经西江一路不间断地运往现在的广州。灵渠至今仍在使用，只是在汉以后有过几次间断。它成为河系中的一个重要接连渠道，这个河系最后由于在长江以北有了进一步的发展，就成了其他任何文明无法比拟的内河系统，它自北向南延伸约2000公里，或1250英里（从北纬40°到22°）。[③]

---

① 匈奴是蒙古和更往北的游牧民族，他们有时被确认为"Huns"。见何四维：《中国在中亚：公元前125—公元23年的早期阶段》，附有鲁惟一的导言（莱顿，1979），第71页注4；及本书第6章《匈奴》一节。

② 《史记》卷一一二，第2958页。

③ 李约瑟的《中国科技史》第4卷第3部分第299—306页对"灵渠"有详细的叙述。

大批中国人被派往新领土进行殖民和征战。迁移的人中有许多囚犯和其他受歧视的人，尽管不是全部。第一起移民的事例发生在公元前 219 年，当时秦始皇在帝国作广泛的巡游，在东部沿海的山东南面的琅邪呆了三个月。当时这个地区无疑人烟稀少，因为在他结束逗留时，他下令运送三万户到那里定居。他们都是平民，不是囚徒，所以得到免除一般劳役 12 年的奖励。[①]

以后几次大的定居活动是与公元前 214 年的北征和南征一起进行的。在北方，数目不详的"谪"（囚犯"徒"的另一个称呼）被遣送去占领新征服的领土，同时这些地区被划定为 34 个县。同年在南方，由所谓的逃亡者（逋亡）、奴仆（赘婿）和店主（贾）组成的一支成分复杂的杂牌军被派往新郡桂林、象和南海三地去作战（可能就在那里定居）。"逋亡"也许是指那些曾躲藏起来逃避劳役和军事义务的农民。"贾"则反映了抑商的偏见（见前文）。"赘婿"是穷人家之子，据秦以后的史料，他们因债务而在另一家劳动。如果三年后自己的家庭未能清债，他们就将成为长期奴隶。偶尔他们也可能入赘而成为控制他们的那家的女婿。[②]（关于秦代社会的这些集团和其他地位低下的集团，下面将简单地提到。）

公元前 213 年，被放逐者再次被送往北方去筑造长城和送往南越（广东和越南北部的一小部分）。这段记载[③]之所以特别使人感兴趣，是因为这时被放逐的人不是囚犯或其他社会地位低下的集团，而是"治狱吏不直者"——换句话说，是官场的成员。法家相信严刑峻法，他们还准备对社会一切成员行使法律而不管其地位如何，在这方面他们又是平等主义者。

公元前 212 年，"益发谪徙边"，同年，在更靠近京都之地出现两

---

① 关于劳役制及对人民推行的劳役的法定义务，见杨联陞：《中华帝国公共工程的经济情况》，载他所编：《中国学概览》（坎布里奇，1969），第 202 页以后。

② 见仁井田陞：《汉魏六朝债权的担保》，载《东洋学报》，21：1（1933），第 91—103 页，特别是第 97—99 页。何四维：《秦法律残简》，第 136、152 页注 163。别列洛莫夫：《秦帝国：中国的第一个中央集权国家》（莫斯科，1962），第 103—104 页。

③ 《史记》卷六，第 253 页（沙畹：《〈史记〉译注》第 2 卷，第 169 页）。

次大的移民运动：三万户被送往秦始皇未来的陵墓骊山，另外五万户被送往秦廷的夏都和位于蒙恬直道南端的云阳。这些户与公元前219年的30万户一样，不是罪犯，因此他们因这次迁移而免除劳役10年，以之作为奖励。

最后，在公元前211年，三万户被迁往鄂尔多斯地区。对他们的奖励是，每户按原来商鞅所定的爵位升一级。这是有史籍记载的最后一次移民。

皇帝的巡行和刻石

统治者在他统治期间定期视察其疆域的思想在晚周时代论述礼的书籍中得到了充分的确认。在周初，有几个周王事实上似乎已经偶尔在诸侯国间巡行，这种活动部分的是出于礼仪原因，部分地是出于军事原因。在中华帝国时代，许多凯旋的巡行一直到相当近的时期都有记载；17和18世纪康熙帝和乾隆帝巡行的规模和豪华程度尤其值得注意。

但是，在仆仆风尘于帝国的次数和勤奋方面，可能中国的君主谁也比不上秦始皇。在10年中，他到最重要的地区巡游不下五次，最后一次持续了约10个月，他就是在这次巡行途中死去的。除了皇帝对他的新版图具有当然的兴趣和自豪感外，这些巡游表现了他作为生在西面内陆的人对中国东部沿海的明显的喜爱。除去第一次，所有的巡游不但驾临沿海，而且在沿岸或附近广泛地旅行，在有些沿海胜地逗留了相当长的时期。在下一节将要谈到，一个主要原因是他急切希望在海上或附近找到长生不老的灵药。

除了第一次巡游外，其他几次的另一个惹人注目的方面是在重要的地点立石碑，碑上刻有纪念性的长文，以过分恭维的字眼一致赞颂秦始皇的成就。在五次远巡中就这样立了六块碑，除一块外，碑都立在山上。它们的文字结构除略有变异外，每行12字，每节6行，有72字，每节押一个韵。

有一个有力的但又是后来的传说认为，碑文是李斯（几次巡游他都伴随秦始皇）所作，字也是他写的。遗憾的是，现在只有一块残碑存在，上面有 84 个严重磨损的字；其他的被认为是残存的碑文均为后世之作。但是，除一块外，所有的碑文都记于《史记》中。它们在思想方面的重要性在于它们揭示了那个时代的官方思想和价值观。

公元前 220 年皇帝的第一次巡行是前往帝国西陲的唯一的一次。巡行从咸阳出发，往西行进约 300 英里至今甘肃南部（兰州之南），然后转向东北，再按顺时针路线返回秦都。

公元前 219 年的第二次巡行往东前往峄山（今山东省南部边境附近），在那里第一次立碑，其文《史记》未记载。① 由此，秦始皇又至著名的"圣岳"泰山（也在山东），在那里举行封祭。这个仪式如同后世（公元 56 年起）详细阐述的那样，旨在向上苍宣布王朝的光辉业绩。在祭祀中，泰山被设想为凡人和上苍之间的神圣的中间人。但在秦始皇时期，这是新的仪式，其意义也不明确。据说他秘密地进行祭祀，没有保存任何记载。但他又在泰山刻了第二块碑文，然后又往山东半岛东端附近的芝罘山，接着再往南到山东海滨的琅邪台地。在琅邪离海不远处又刻第三块碑文，秦始皇还在那里驻跸三个月。如上所述，到三个月结束时，他下令把三万户迁居到这里。然后他向西南进入今江苏境内，并溯长江而上到华中；再往南到长沙（湖南）以北约 60 英里的一座山，然后朝西北返回咸阳。

在次年（公元前 218 年）的第三次巡行中，秦始皇再幸海滨，他先到芝罘山，在那里第四次刻石立碑，接着到琅邪。在公元前 215 年的第四次巡行中他三幸海滨，但这一次他更往北至河北的碣石山，在那里立了第五块碑。

公元前 211 年相当于 11 月 1 日的那一天（这是第一次像记年那样记载月和日），秦始皇开始了最后的第五次巡游，这一次向东南行进，最后抵达今浙江省绍兴南面不远的会稽山。他在山上祭大禹（神

---

① 《史记》卷六，第 242 页以下（沙畹：《〈史记〉译注》第 2 卷，第 140 页以下）。关于用其他方式保存的一块碑文的译文，见沙畹同上之作，第 2 卷，第 551 页以下。

话中禹是原始洪水的征服者，又被认为是夏朝的缔造者），[1] 在那里刻文立第六块碑。然后他北上三幸琅邪和芝罘，接着又往西准备返回咸阳。他抵达沙丘（在河北南部），在相当于公元前 210 年的 7 月或 8 月的某个月份，旅程因他猝亡而突然中断。

焚书坑儒

以下叙述的事件和其他事件相比更是这一节标题中所说的"暴政"。公元前 213 年在皇宫的一次盛宴上，许多博士敬祝秦始皇长寿。其中一人更颂扬他给天下带来安宁，尤其是变原来的列国为郡县。这引起另一士子，齐（儒家的传统的中心）人淳于越的反驳。他争辩说，商周两朝之所以能长治久安，其因在于"殷周之王……封子弟功臣……今陛下有海内，而子弟为匹夫……事不师古而能长久者，非所闻也……"

对此，李斯有力地反驳道："五帝不相复，三代〔夏、商、周〕不相袭，各以治，非其相反，时变异也……固非愚儒所知……今天下已定，法令出一……今诸生不师今而学古，以非当世，惑乱黔首……如此弗禁，则主势降乎上，党与成乎下。禁之便。"[2]

李斯于是建议应焚毁秘阁中的一切记载；《诗》、《书》和诸子百家的著作，除了博士官保存的以外，都应交郡守烧掉；胆敢互相讨论《诗》或《书》的人应予处决，并曝尸于众；"以古非今"者与其亲属一起处死；凡官员对违反这些规定的人知情或见情不报者，与违反者同罪；凡颁布命令后30天内未焚书的人应黥面和遣送强制服劳役。李斯还提出，医药、卜筮和种树之书应免于销毁。司马迁在其记述的最后写道："制曰：可。"

---

[1] 根据中国的传说，夏朝（传说的年代，公元前 2205—前 1766 年）由大禹建立，是第一个公认的以世袭继承制为基础的政体。虽然夏朝的历史实况长期以来受到怀疑，但近期的考古发现清楚地显示商代（传说的年代，公元前 1766—前 1122 年）以前新石器时代以后已有有组织的公社存在。这些证据是否可与夏的政体联系起来，这个问题依然悬而未决；在夏、商（殷）、周王朝统治下的三个黄金时代的中国传说中，夏长期以来被视为神圣。见夏鼐：《三十年来的中国考古学》，载《考古》，1979. 5，第 388 页；张光直：《艺术，神话和礼仪》，第 20 页。

[2] 《史记》卷六，第 254 以下（沙畹：《〈史记〉译注》第 2 卷，第 171 页以下）。

李斯的提议是法家极权思想的必然的集中表现。在中国历史上,这次焚书绝不是有意识销毁文献的唯一的一次,但它是最臭名昭著的。[1]在特别注意销毁的书中,根据法家的观点,分别称之为《诗》和《书》的古代诗集及古代历史言论和著作文集更应取缔,因为它们常被那些想以古非今的儒家和其他学派的思想家所援引。秦以外的列国历史当然是危险的,因为它们提供了秦国官方有关历史的叙述之外的其他可能的选择。很显然,诸子百家的著作常常是与法家的原则背道而驰的。

在另一方面,应该指出,焚书绝没有全部销毁的意图。除了李斯奏议的最后一句明确表示免予销毁的几类文献外,秦的历史记载也不在销毁之列。这一点很重要,因为可以假定,它意味着司马迁在撰写秦国的一卷时,所掌握的材料比用来论述其他国家的材料更充分。但是即使如此,他在卷十五中还抱怨说:"独有秦记,又不载日月,其文略不具。"[2]也许最重要的规定是准许博士官保存《诗》、《书》和诸家哲学著作的副本;很明显,李斯只是反对士子们普遍地拥有和讨论这些经籍和著作。

简而言之,焚书所引起的实际损失,可能没有像历来想象的那样严重。虽然取缔直到公元前 191 年汉代时才撤销,但它的实施不大可能超过五年,即从公元前 213 年颁布禁令至前 208 年(当时秦帝国正摇摇欲坠)李斯死亡的这段时期。甚至可以设想,焚书对文献的损害不如公元前 206 年造成的损害,当时造反者焚毁了咸阳的秦的宫殿(见下文)。基督降生前后汉代存在的秘府书目列出了 677 种著作,其中不到 524 种,即 77%,现在已不复存在。这个事实说明,汉以后的几个世纪,特别在印刷术流行前,文献损坏所造成的总的损失,也许甚至大于秦代的焚书。因此,可以想象,即使没有焚书之事发生,传下的周代的残简也不可能大大多于现在实际存在的数量。

---

① 秦焚书之事在它以前可能已发生过,在以后则有几起众所周知的事件,其中最大和最晚的一次是从 1772—1788 年的乾隆帝的文字狱,这一次进行得如此有效,以致所列的 2320 种禁书和其他 345 种部分取缔的书中,只有 476 种幸存,不到所列数的 18%。见傅路特:《乾隆的文字狱》(巴尔的摩,1935)。

② 《史记》卷十五,第 686 页(沙畹:《〈史记〉译注》第 3 卷,第 27 页)。

但是，焚书无疑具有深刻的心理影响。它使后世的文人对秦帝国产生了持久的反感，尽管这一事实并没阻止住中华帝国后来偶尔发生取缔书籍的事。它又促使汉代文人大力寻找和恢复佚失的文献。因此，如果焚书产生了实际影响的话，这个影响就是加强了李斯所极力反对的那种向古看而不着眼于今的倾向。

第二个大"暴政"，即坑儒，见于焚书的次年，即前212年的记载。[①] 来自东部滨海的术士卢生力促秦始皇避开众人；术士声称，这样就可能发现长生不老的灵药。秦始皇因此命令在咸阳周围200里的270座宫殿中设旗、钟和鼓，并充实美女，还把这些宫殿用有墙或遮蔽的路连接起来。当他驾临其中任何一座宫殿时，透露他行踪的任何人将被处死。一次他从山顶俯瞰时，见到丞相（李斯）有众多的车辆和骑手，深为不快。有人将此事告诉丞相，后者因此就减少了他的扈从。秦始皇因了解到他身旁有一告密者而大怒。无人承认有罪，于是他把当时随侍他的人全部逮捕和处死。

从这时起，无人知道皇帝的行踪。卢生与另一个术士交谈时，指责"始皇为人，天性刚戾自用……贪于权势至如此"。在这次谩骂后，他们逃之夭夭。秦始皇大怒，下令调查与两个术士有往来的文人。这些人互相指责。秦始皇于是亲自挑出460名触犯禁令的人，把他们全部处死。皇帝的长子批评了这一行动，便被派往北方，在蒙恬的军事和筑城活动方面对蒙恬进行监督。在描述处死460名文人时使用了意为"活埋"的"坑"字，这一传说由于传统的对"坑"字的理解就更令人厌恶了。尽管意见纷纭，此字的真正的意义可能是处死，而不是埋葬（不论是死埋还是活埋）。[②]

---

① 《史记》卷六，第257页以下（沙畹：《〈史记〉译注》第2卷，第176页以下）。

② "坑"作为名词，意为"地坑"。当像文中那样用作动词时，它意为"埋"甚或"活埋"，这就成了争论的基础。同样的用法也出现在公元前260年"坑"（活埋）降秦的40万名赵卒的事件中（见附录3）。但是，已经能令人信服地证明，这两段文字及其他的材料中的"坑"实际上只是"消灭"或"处死"的意思。见沙畹：《〈史记〉译注》第2卷，第119页注3；蒂莫特斯·波科拉评列洛莫夫的专著《秦帝国》的文章，载《东方学档案》，31（1963），第170—171页。

长期以来对这个传说毫不怀疑的接受，在很大程度上助长了传统上对秦始皇的恐惧。可是客观的考察（见附录2）表明，有充分的根据把它看作虚构（颇为耸人听闻的虚构）的资料，而不是历史。总之，似乎可以合理地断定，在司马迁用来撰写《史记》卷六的秦原始记载中并无坑儒之说。他或者是从其他半杜撰的史料中取此说，并不加说明地把它与《史记》的主要史料（秦的编年史）结合起来，或者更可能的是，司马迁死后一个不知其名的窜改者有目的地把它加进了《史记》。① 不论是何种情况，这个传说直到现在仍保持着它的惹人注目的影响。在20世纪70年代最初几年，它的是非甚至来了个颠倒，以致把秦始皇描绘成一个"进步人物"。②

帝国时期的思想潮流

秦帝国可以很恰当地被认为是泛称为法家的思想和行政技术的最高体现。但这并不像人们通常假设的那样就可以说，法家是秦国容许的唯一的意识形态。也许像李斯这样的推行法家思想的人更愿意做到这点，而焚书无疑是朝这个方向走了一大步。可是，这个行动发生在秦王朝后期；它的范围并不全面；甚至如果是全面焚书，至少在秦始皇时期它也从来没有成功。这是因为秦始皇本人就对无疑是非法家的思想和道德价值感兴趣，或者至少在口头上加以赞扬过。

李斯取缔书籍的行动是对非法家思想的存在的一种反应，他认为这些思想会危及国家。它的直接原因是淳于越关于把帝国重新分成诸

---

① 剑桥大学中文教授（1938—1951年）古斯塔夫·哈隆虽然没有就这个题目发表过什么著作，但一个相当熟悉他的人说，他对焚书和坑儒两件事的历史真实性都有怀疑。见李约瑟：《中国科技史》第1卷，第101页注d。我认为哈隆关于坑儒说的直觉是正确的，但所有似乎是官方的文献（李斯的奏议和前面的其他文献）都有力地证实了焚书之事，不容怀疑。

② 洪世涤写道："秦始皇的'坑儒'，只是坑了咸阳四百六十个'以古非今'的反动儒生，这样的镇压措施，对于'厚今薄古'，巩固统一，是完全必要的。"《秦始皇》（上海，1973），第67页（李幼宁编：《秦始皇：历史学的政治》〔怀特普莱恩斯，1975〕，第131页）。

侯国的建议。这种思想与有儒家思想的文人的志趣是相投的。而且淳于越是前齐国（儒家的中心）人。从思想上说，他很可能就是一个儒生。

淳于越是国家设置的博士官之一。在秦帝国时期，共有博士70人，可能因为这数字在传统上是孔子弟子人数的整数。这项制度像其他许多制度那样并非肇始于秦，因为在秦征服之前，生活在齐、鲁、魏的几个国家的学者据记载也有这个头衔。在公元前3世纪，几个大国的君主普遍供养了一大批学者，既是为了使用，也是为了提高自己的威望；秦国丞相吕不韦也这样做过。但是最著名的这类学者集团是以齐国国都的稷下闻名的那个集团，它在齐宣王治下（公元前319—前301年）创立，此后由齐王室维持。它在许多年中吸引了大批著名的思想家来到齐国，"博士"的称号起源于这个稷下集团之内，这一假设似乎是可信的。

这个问题又被以下的事实所证实：在公元前219年，秦始皇显然就是在原来的齐国领土上第一次遇到了博士。据记载，他一到泰山，就把"齐鲁（儒家的传统据点）儒生博士"70人召集在神圣的泰山山麓议事。他的目的是要为举行"封"祭制定礼仪。但是，当这些学者难以取得一致意见时（如上所述，这无疑是因为封祭在当时是创举），于是始皇帝干脆把他们斥退，自行其是地举行仪式。

这个开端虽不顺利，但秦的博士官（其成员意味深长的也是70人）很可能是这次召见所产生的结果。博士的威望在秦帝国时期依然是很高的，这可以从公元前213年焚书时他们的藏书可以免予销毁之事中看出。虽然许多博士的观点很可能是儒家的，但从几件事中清楚地看出，他们都被指望在当时的一切重要学术领域中都有造诣。现举一事为例：公元前210年，秦始皇在梦中与一海神交战，他召了一个"占梦"的博士来解释此梦。[①] 汉代仍保持博士官之职，这些学者继续表现出其智能上的多样性。只是从汉武帝（公元前141—前87年）时起，随着儒家日益占有支配地位，他们的知识范围才变窄了，并成

---

① 《史记》卷六，第263页（沙畹：《〈史记〉译注》第2卷，第190页）。

了某一儒家经籍的专家。在这方面所采取的一系列措施中，最重要的一项也许是，公元前136年汉武帝任命了"五经博士"。

法家本身在秦代远不是铁板一块的学派。它的两大支派被认为可以追溯到商鞅和与他同时代的申不害：前者强调严刑峻罚、连坐和赏罚分明；后者死于公元前337年，重视操纵不具人格的官僚行政所必需的"术"。有人坚决主张，这两派之间的差别很大，不能用法家一词来称呼申不害的一派，但此说未被普遍接受。①

商鞅曾任秦国丞相，申不害曾任一个小得多的邻国——韩国——的丞相。从表面看，人们可以指望商鞅对以后的秦的统治方法会起重大的影响，可是当我们考察推行的统治方法时，它几乎没有表现出两人之间被假设的那种明显的差别。例如，李斯在其前209年关于督责的有名的奏疏中，同样称颂商鞅的法和申不害的术，并没有发现两者之间的矛盾。② 在陈述以上的意见时，他引了最伟大的法家理论家韩非（死于公元前233年）的话：商鞅之法，申不害之术，"皆帝王之具也"。③

更重要的是，1975年出土的法律文书，和单凭阅读关于商鞅政策的传统记载所产生的印象相比，表现出一种更实用，更折中，更少片面性的行政方法。前面已经指出，虽然包括出土文书在内的法律是严厉的，但是似乎很难说它们就比同时代的普遍情况更加严厉。此外，这些法律绝不只是惩罚性的。在行政方面，它们显示出一种对计量技术的兴趣和政治观点方面的深思熟虑，时代那么早，是很了不起的。我认为，与传统判断所承认的相比，商鞅和申不害的思想和政策并不那么矛盾，而更可能的是互补不足；在秦帝国时期法家理论在日

---

① 这是顾立雅的《公元前4世纪的中国政治哲学家申不害》（芝加哥和伦敦，1974）的中心论点。此书之可贵在于它使一个长期默默无闻的重要政治思想家重新被人注意，但此书的论点——申不害通过其现已散失的著作在建立中国的官僚政府方面可能起了主要作用——还难以成立。

② 《史记》卷八七，第2555页（卜德：《中国的第一个统一者》，第39页）。

③ 见《韩非子》卷一七（四三），第906页（W. K. 廖：《韩非子全集》第2卷，第212页）。

常生活中的应用，也不像人们根据史籍记载的个别事件（著名的有焚书和可能是不可信的坑儒）或后世儒家作者的责难所设想的那样教条，而是比较通情达理的。

说到儒家，它的政治思想（例如恢复周初的分封制）对法家来说当然应予强烈谴责。可是它的社会和道德价值观念在秦始皇统治期间似乎非常成功地与法家思想并存。这个事实已被出土的法律材料和秦始皇碑文中夸大的言辞所证实。前者的一个例子是公元前 227 年南郡郡守散发的家长式的告诫文告。它颂扬的法律是法家的，但其目的却是维护儒家主张的价值观："古者，民各有乡俗，其所利及好恶不同……是以圣王作法度，以矫端民心……凡法律令者，以教道（导）民，去其邪避（僻）……而使之之于为善殹（也）……"①

这些法律文书中的另一个例子是 25 个标准"案例"（《封诊式》）的第 17 个，它虽然是抽象地制定出来作为法律诉讼的指南，但无疑有实际情况的依据。它的标题为"告子"："爰书：某里士五（伍）甲告曰：'甲亲子……不孝，谒杀，敢告。'"②

爰书（报告）接着说，甲之子因此被拿获和受审讯，并且证明他"诚不孝"。很遗憾，它没有暗示什么行为应受不孝之名，也没有说明甲之子的最后下场。显然，其最后下场理应处死。这个例子表现出法家的严厉性，但它被用来维护根深蒂固的传统价值（在秦帝国时期是儒家的价值）。

秦始皇所立的碑文中同样充满奇妙的法家和儒家的混合思想。公元前 214 年的琅邪碑文在九行文字中记下了以下的感情：

端平法度。

（下略一行）

---

① 关于这份文书的文字，见《睡虎地秦墓竹简》，第 15 页。何四维的《秦法律残简》未将这一文书译出，但在其《1975 年湖北发现的秦代文献》中，联系其他发现的文书对它进行了讨论，此文载《通报》，64∶4—5（1978），第 175—217 页。

② 其文见《睡虎地秦墓竹简》，第 263 页；何四维的《秦法律残简》E18 中有译文。

> 合同父子。
>
> 圣智仁义。
>
> （下略四行）
>
> 上农除末。①

在公元前 218 年的芝罘碑文中，秦始皇以儒家模式的圣贤统治者自居，像周王朝的创始人那样，为弱小惩治强暴邪恶：

> 皇帝哀众，
>
> 遂发讨师。
>
> （下略一行）
>
> 义诛信行，
>
> （下略两行）
>
> 烹灭强暴，
>
> 振救黔首。②

公元前 211 年的会稽碑文中包括了大约 13 个世纪以后将在理学的道德中变得极为重要的一个教导：

> 有子而嫁，
>
> 倍死不贞。③

李斯曾在公元前 209 年敦促秦二世“灭仁义之涂，掩驰说之口，困烈士之行，塞聪揜明”，④ 但不管像他那样的法家如何看待儒家，儒家思想在秦帝国时期无疑是有影响的。

---

① 《史记》卷六，第 245 页（沙畹：《〈史记〉译注》第 2 卷，第 145 页）。

② 同上书，第 249 页（沙畹：《〈史记〉译注》第 2 卷，第 188 页）。

③ 同上书，第 262 页（沙畹：《〈史记〉译注》第 2 卷，第 188 页）。

④ 他的关于“行督责之术”的奏疏，《史记》卷八七，第 2557 页（卜德：《中国的第一个统一者》，第 42 页）。

在《史记》卷六中突出记述的另一种思想影响来自主张宇宙学说的五行（土、金、木、火、水）学派。这个学派主张，五行（又称德）根据一种或另一种不变的顺序固定地相承。自然的和人间的一切现象的变动是它们永恒的更替的结果。当应用到历史时，这种理论强调，每个朝代的统治者都受当时占支配地位的某个"行"的庇护。[①]但是，当轮到下一个"行"占支配地位时，一个新王朝的未来创建者可以通过适当的礼仪为自己取得这一"行"的支持，从而确保自己在政治上的成功。在战国时期，当周王朝（保护它的"行"据说是火）显然行将灭亡时，有些主张五行的宇宙论者公然自告奋勇，向那些希望取得下一个主宰一切的"行"——水——支持的统治者们提供秘传的技艺。

公元前 221 年在取得始皇帝的称号后，这个秦统治者据说立刻把注意力转向这个理论："始皇推终始五德之传，以为周得火德，秦代周德……方今水德之始……衣服旄旌节旗。皆上黑〔在五色中黑与水互有关系〕。数以六〔数中六与水互有关系〕为纪，符、法冠皆六寸，而舆六尺。六尺为步，乘六马。更名〔黄〕河为德水，以为水德之始。刚毅戾深，事皆取决于法。刻削毋仁恩和义，然后合五德之数。"[②]

最后两句的宇宙论的根据是五行学派在水和冬季之间建立的相互关系。与水有关的冬季是黑暗和死亡的季节，因此专门选作进行法律诉讼，特别是执行死刑的季节。但是，根据几个理由，整段文字的历史真实性已经受到怀疑（见附录 2），尤其明显的是，最后编者的两句批判性的话（"刚毅戾深，事皆取决于法。刻削毋仁恩和义，然后合五德之数"）是把整段文字收入《史记》的真正原因。虽然这个判断很吸引人，因为它与其他可能的窜改的明显意图是一致的，但它与其他的窜改不同，面临一些特殊的困难，所以人们只能把它视作一种

---

① 关于这个题目，见鲁惟一：《水、土、火——汉代的象征》，载《奥萨津和汉堡自然学民俗学协会通报》，125（1979），第 63—68 页。

② 《史记》卷六，第 237 页（沙畹：《〈史记〉译注》第 2 卷，第 128 页以后）。

值得注意的可能的见解，而不能视作结论性的合理假设。

在秦始皇的思想中还特别可以找到第四个大思潮，虽然不很贴切，它可以方便地称为道家。前面据以引证法家和儒家的混合观点的那块公元前219年的琅邪碑文，还包括一行能立刻联想到早期神秘的道家思想的文字：“体道行德。”① 这里出现了两个关键的字，它们已是老子的《道德经》的书名。

但是，真正吸引秦始皇的道教是巫术、萨满教、健身法和静坐术、道家哲学及全神贯注于寻求长生灵药的阴阳五行论者的思想的奇异的大杂烩。崇拜这种思想的术士相信这样一种灵药可以找到或者制造出来。服用它就能保证一个人像住在某个仙岛或仙山上的仙人那样万寿无疆。这种信仰似乎在东北沿海（原来的齐国和燕国）特别盛行，“燕齐海上之方士传其术不能通，然则怪迂阿谀苟合之徒自此兴，不可胜数也”。②

公元前219年当秦始皇首幸山东海滨并在琅邪立碑时，他第一次遇到术士。其中的徐市请求准许他去海上探险，寻求三个他说是神仙居住的琼岛。秦始皇因此耗费巨资，派他带“数百名”童男童女进行一次海上探险，但徐一去不复返。传说他们在日本定居了下来。

公元前215年当秦皇第三次亲幸海滨更北上河北时，他再次派卢生带三名方士出航寻找长生的灵药。秦始皇回京后，卢生也只好从无结果的航行中返回，他奏录图书，上写：“亡秦者胡也。”③ 秦皇把“胡”解释为亚洲腹地化外之人的几种名称之一，于是立刻派蒙恬将军率大军30万沿北部边境攻打胡人。虽然《史记》没有讲明，但这个传说的真正要害是，“胡”也是他的少子胡亥的名字中的第一个字。下面将要谈到，正是这个青年，实际上把帝国引向灾难。出于种种原因（附录2将作解释），整个传说很可能是《史记》的另一起窜改。

---

① 《史记》卷六，第247页（沙畹：《〈史记〉译注》第2卷，第151页）。
② 《史记》卷二八，第1369页（沙畹：《〈史记〉译注》第3卷，第436页），关于公元前4世纪以后的材料。
③ 《史记》卷六，第252页（沙畹：《〈史记〉译注》第2卷，第167页）。

公元前 212 年，这个卢生进一步卷入了一件很可能是伪造的最后导致坑儒的事件（又见附录 2）。漏掉这个情节，意味着删去《史记》卷六中记载的对秦始皇最激烈的批评的一些内容（它发生在卢生与另一术士的一次"秘密"谈话中）。丢掉下面这件生动的逸事也会出现同样的情况：秦始皇晚上要读完规定的一石（将近 30 公斤）官方文件才上床睡觉；文件这么重，当然是由于它们是写在竹简或木简上的缘故。[①]

公元前 211 年，据说一个大陨星坠落在原来秦国正东的一个地区。一个不知其名的人在陨星上刻了"始皇帝死而地分"几个字。[②]暴怒的秦始皇下令把住在坠星处附近的人全部逮捕和处死，并命令将坠星焚毁。他为此事深为不快，就命博士们为神仙及其仙境赋诗；这些诗又被乐师们谱曲歌唱。附录 2 将指出，这件不可能的事件很可能又是一起窜改。

最后，在公元前 210 年，当秦始皇再次驾临山东海滨的琅邪时，术士们担心他们会因以前的失败而受到责难，就诉说他们曾被巨鱼所阻，不能到达仙岛。他们提出带一名弓箭手与他们一起出发，以便在巨鱼出现时向它射箭。此后不久，秦始皇做梦，在海上与一人形的海神交战。一名博士圆梦时认为，始皇帝通过祈求、祭祀和专心致志，能够驱除恶神而请来善神。此后，他沿海北上，随身以一弓弩武装。在公元前 218 年立第四块碑的临海的芝罘山上，他见一巨鱼，就射箭把它杀死。此后不久，他突然死去。

在中华帝国的历史上，有六七位著名的君主，对同时代的和后世的作者来说，他们的事迹使其形象比实际生命更为高大，而秦始皇就是其中最早的一人。所以以他们为中心，必然会产生各种各样神奇的，或者诋毁性的传说。就秦始皇而言，这些传说首先是说他是私生

---

① 《史记》卷六，第 238 页（沙畹：《〈史记〉译注》第 2 卷，第 180 页）。这件轶事是这次"秘密"谈话的部分内容，引用此事并不是为了表明秦始皇勤于政事，而是证明他追求权势。如果经常参考的出土法律文书能够过秤，以确定在 30 公斤重的竹简上能写多少汉字，这将给人以启迪。

② 《史记》卷六，第 259 页（沙畹：《〈史记〉译注》第 2 卷，第 182 页）。

子，然后就很自然地集中在他当最高统治者的最后 10 年。

前面已经提到，公元前 215 年他第一次遇见预言帝国灭亡的术士卢生；公元前 212 年第二次遇卢生，导致了坑儒；公元前 211 年他下令焚毁坠星，因为上面刻有预言他死亡的文字。《史记》卷六所载其他几件事似乎同样可疑，虽然难以确定它们是虚假的。一件这类事件与公元前 219 年的第二次御驾巡行有关，当时秦始皇抵达了他行程南端的某山（今长沙之北），被强烈的风暴所阻。① 当归因于山神不悦时，秦始皇大怒，据说他命令 3000 名囚徒将此山林木砍伐一空，并将山涂以红色，即囚衣的颜色。这里可以怀疑的并不是他信仰山神，而是他将林木砍伐一空，特别是把山涂以红色的决心和能力（见附录 2）。

去掉这些外表上虚构的因素，秦始皇这个历史人物看来远不是那样乖戾和残暴的，而作为一个普通的人似乎更加可信。他第一次遇见寻找灵药的术士之事几乎可以肯定有所渲染，不过渲染的程度还不可能确定。但是，在这种添枝加叶情况的背后，也许存在着事情的真情。秦始皇显然强烈地意识到他作为一个史无前例的统一的大帝国的创建者的非同寻常的作用，而这种意识一定使他强烈地感到人的生命的短暂，并且担心他自己在任何时候会突然死亡。结果很可能是他对公元前 219 年在海滨第一次遇到的术士所说的逸闻着迷似的发生了兴趣。

在其他方面，秦始皇也显然绝对不是一个全心全意的法家。从李斯等人那里，他无疑把法家政策作为一种政治需要而加以接受。但在法家政策中，他还掺进了奇妙的混杂在一起的其他思想，其中包括很基本的儒家观念。史料还清楚地表明，由于处于至高无上的地位，他准备奉行诸如崇拜特定的神或自然界的神灵的某些宗教仪式，他在泰山举行封祭便是一例。他的心态非常可能就是帝国时期广为流行的种种思想方法的交汇的缩影。在秦始皇统治下，秦绝不像传统所描绘的那样只是商鞅的思想和制度的严格体现。

---

① 《史记》卷八，第 248 页（沙畹：《〈史记〉译注》第 2 卷，第 154 页）。

秦的崩溃，公元前 210—前 206 年

射杀大鱼以后，秦始皇离开海滨返京。在沙丘（今河北南部平乡附近），他突然患病身亡，史籍未说明其病因，时值公元前 210 年相当于 7 月或 8 月的阴历月份。他在位 37 年（当皇帝 12 年），死时 49 岁（他生于公元前 259 年）。

秦始皇的长子、皇位的继承人扶苏这时正与蒙恬将军留在北陲，他于公元前 212 年据称因就坑儒之事向其父进谏而被放逐到那里。在行程中伴随秦始皇的不但有李斯（这时是一个也许有 70 岁的老人），还有诸公子中他宠爱的胡亥。[①] 另一个关键人物是宦官赵高，他曾是教胡亥法律事务的师傅，这时负责监督和传递秦始皇的信函及给诏令加盖御玺的重要工作。他是中国历史上大批被认定为臭名昭著的宦官中的第一个。[②]

通过进行欺诈和威胁的两手，赵高说服年迈的李斯默认另立胡亥以取代扶苏的阴谋。弥留之际的秦始皇写给扶苏命他前往咸阳即位的信被阴谋者扣下。他们另外颁布命胡亥继位的假诏令和一封指责扶苏和蒙恬不忠并命他们自杀的假信。[③] 这封信达到了目的。信到达时，扶苏立刻自杀，而更加多疑的蒙恬连同他的随从则被拘禁，不久也自杀了。

带着秦始皇尸体（但他之死还对大部分扈从人员保密）的扈从人员这时返回京都。胡亥在京都登位，称二世皇帝，简称二世。按照中国的算法，他当时 21 岁（《史记》卷六的结尾误作 12 岁）。[④]

---

① 他就是据称在公元前 215 年作出的预言（"亡秦者胡也"）所指的那个青年。

② 在评价中国历史中宦官的功过时需要非常小心，因为主要的史料大都由他们的敌人所编纂，对这些人的偏见需要纠正。

③ 虽然没有理由怀疑这里所叙述的事实的基本准确性，但《史记》李斯传（卷八七，第 2551 页）中所列假信的实际文字可能为后人所作。见卜德：《中国的第一个统一者》，第 32—33、93—95 页。

④ 《史记》卷六，第 290 页（沙畹：《〈史记〉译注》第 2 卷，第 241 页）。中国对年龄的传统算法增加了岁数，即从实际出生的日子起算作一岁，从紧接的新年正月初一起，算作两岁。

秦始皇被葬在离咸阳不远的骊山（在其东约 30 英里）的宏伟的陵墓中，陵墓自他统治起已计划营造，并且在公元前 212 年或更早就在建造之中。《史记》对陵墓的描述与所埋葬的人的崇高地位是相称的。陵墓内充满了各种珍宝，围以地下的汞河，并以铜填塞。墓的穹顶画着天上的星座，地面上绘有帝国的版图。内安弓弩，它们能自动向试图破墓而入的人射箭。许多嫔妃陪葬。同时，许多建造陵墓的劳工也与他一起埋葬，这样就无人知道陵墓的秘密。这实际上是中国本土上最后一起有记载的以人殉葬的事例（见第 30 页注 1），更早的事例在前面已经作了讨论。

1974 年初，在离主陵以东若干距离的地方发掘出了几千个与真人大小相同的兵俑中的第一个，现在知道，这些兵俑列队立于通往陵墓被埋的通道中。这些今天举世闻名的人像可能超过 7500 个。它们的着色逼真，脸上表情各具特色，并都有甲胄和兵器。在它们中间还有马和战车，雕塑得同样栩栩如生。当陵墓本身将来最后发掘时，观察一下墓内的所藏是否与《史记》描述的一样，那将是极为有趣的。①

公元前 209 年，即二世统治的第一年，他仿效其父，也往东作巡幸，同时在他父亲所立的石碑上再补刻碑文。返回后，他恢复兴建阿房宫。他在赵高的建议下，据说又把法律搞得更加严峻，并且处决了他的许多同胞弟兄。李斯给二世上了一份著名的"行督责之术"的奏折。②

阴历七月（公元前 209 年 8—9 月），在原来的楚国，即在今河南南部爆发了第一次叛乱。陈涉（又名陈胜）本是一名雇农，也许曾做过契约奴，负责押送 900 名囚徒到一收容之地。他在某地被暴雨所

---

① 《史记》卷六，第 265 页（沙畹：《〈史记〉译注》第 2 卷，第 193 页）。关于这些奇妙武士的许多有图的记述，例如见马克斯韦尔·赫恩：《秦始皇（前 221—前 206 年）的兵马俑》，载方闻编：《伟大的中国青铜器时代》（纽约，1980），第 334—373 页。关于墓的描写，不像《史记》那样过分，而且是取材于更早的描述，见《汉书》卷五一，第 2328 页。

② 《史记》卷八七，第 2554 页以下（卜德：《中国的第一个统一者》，第 38 页以下）。

阻，不能按时到达目的地。他知道按律迟到要处以死刑，于是就与他的一个同伴估计形势。据《史记》的陈涉传，两人于是宣称："今亡亦死，举大计亦死，等死，死国可乎？"[1] 他们用这些话点燃了叛乱的星星之火，在以后的两三个月内，叛乱造成了普遍杀害郡守和出现几个争夺政权的造反者的局面。在争夺政权的造反者中，除了陈涉本人外，还有后来汉代的创建者刘季（通常称刘邦）及陈涉起初的盟友和后来的对手项羽。（关于由此产生的斗争的详情，将在第 2 章叙述。）

二世在位的第二年（公元前 208 年）初冬，陈涉的军队包围了离京都只有 30 英里的一座城。但秦的干将章邯迫使叛军放弃围攻，为此他使用了一支囚犯组成的部队，这些人显然已被赦罪并免除在秦始皇皇陵继续服劳役。陈涉被迫向东逃窜，阴历十二月（公元前 208 年 1 月），[2] 他在今安徽西北部被驾驶他的战车的车伕所杀。但是到那时，叛乱已经向各地蔓延，不可能把它镇压下去了。

在朝廷，赵高这时掌握了一切大权，不久他就诱使当傀儡的二世逮捕老资格的政治家李斯。公元前 208 年 8 月，几乎在秦始皇死后的两周年，李斯遭受了一系列毁伤肢体之苦（五刑），最后在咸阳的市场上被腰斩。所有他的近亲也一起被处死。

二世即位的第三年，即公元前 207 年的冬天，赵高担任了李斯原来担任的丞相的职务。这时，叛乱加剧。秦将章邯尽管在开始时取得胜利，却在阴历七月（8—9 月）向项羽投降。史料记载，不久，在相当于公元前 207 年 9 月 27 日的那一天，赵高为了试验他的权力有多大，在朝见时向秦二世献上一头鹿，但称它为马。大部分或全部朝臣都默认了这一欺骗，从而使秦二世认为自己正在受到

---

[1] 《史记》卷四八，第 1950 页（沙畹：《〈史记〉译注》第 6 卷，第 8 页）。

[2] 同上书，第 1958 页（沙畹：《〈史记〉译注》第 6 卷，第 22 页）。据秦使用的历法，新年从阴历十月初一开始。因此秦二世的第二年应从公元前 209 年 11 月 6 日起（儒略历）；十二月相当于公元前 208 年 1 月 4 日至 2 月 2 日。关于秦的历法，见卜德：《古代中国的节日》，第 27 页。

幻觉的折磨。他于是隐居在一座与外界隔绝的皇宫中；在 10 月上半月的某一天，赵高策划了一场出现假武装叛乱团伙的阴谋。在紧接而来的包括战斗在内的混乱中，秦二世自杀。赵高的下一步是以一个新统治者取代已死的皇帝。此人就是秦二世的一个哥哥的儿子、因而也是秦始皇的孙子子婴。但是，由于全国一片混乱，赵高没有给子婴以皇帝的称号，而称他为王。不到几天，子婴称病，当赵高到他寝宫去看望时，子婴或是亲自刺死赵高，或是让随侍他的一名宦官将赵刺死。

子婴即位后 46 天，在相当于公元前 207 年 11 月至 12 月的时间，未来的汉朝统治者刘邦通过南面的一个要隘进入秦的腹地，在咸阳城外接受了子婴的投降。刘邦占领秦都，但仁慈地放过了咸阳和子婴，使之免于毁灭和死亡。但是当刘邦的上级项羽在两个月后（公元前 206 年 1—2 月）将其部队转向咸阳时，他洗劫了城市，焚毁了宫殿，由此 206 年造成的文献损失甚至可能大于以前官方焚书的损失，同时又把子婴处死。这样，存在了七个世纪或更长的秦国和秦帝国终于灭亡。

又经过了四年的激烈战斗，项羽才自杀，刘邦在公元前 202 年 2 月 28 日作为一个重新统一的帝国的皇帝登上皇位。这标志着汉代真正的开始，不过为了方便，通常以公元前 206 年初子婴之死和那一年刘邦当上汉王作为汉朝的开始。

崩溃的原因

至少可以提出五个因素来解释秦帝国的灭亡。

道德因素

在整个历史中，儒家的作者一直最重视道德因素。贾谊（公元前201—前169年）在著名的《过秦论》中也许是第一个这样做的："秦以区区之地，千乘之权，招八州而朝同列，百有余年矣。然后以六合为家，崤函为宫，一夫（陈涉）作难而七庙隳，身死人手，为天下笑者。何也？仁义不施而攻守之势异也。"①

这个论点是正确的，但只是部分地正确。前面已经提出，由于加进了窜改的文字，《史记》对秦帝国，特别是对秦始皇的描述可能是过于阴暗了。如果人们对这些窜改和汉代批评家如董仲舒（公元前179？—前104？年）的感情用事的谴责不予理睬，或者如果人们把出土的以秦代法律为例子的法家实践与法家理论作一比较，那么就会出现一个远比传统形象更为合理的形象。

这不是说秦王朝的施政不残暴和没有剥削：不应忘记有无数罪犯和不幸的人被送往长城和其他地方劳动。但是复述前面提出的联想是可取的：如果其他国家拥有秦那样的实力，那么它们的所作所为也许与秦的作为不会有多大差别。也许有些批判秦的人与其说是反对苛政本身，倒不如说是反对秦更有效地推行了苛政，以及受害者既包括没有特权的多数人，也包括了享有特权的少数人。

智能的缺陷

道德论者的一个特殊的论点强调，秦之亡不单单是由于道德的弱点，而且还由于主要有关人物的据称是智能的缺陷。贾谊最全面地应用了这个论点。他说，秦始皇自满，不愿意纳谏，犯错误后还不准备改正。秦二世也大致如此，而子婴则软弱和生性孤独。"三主惑而终身不悟，〔亡国〕不亦宜乎？"②

公元74年，《汉书》的主要作者历史学家班固受官方委托，纠正一切当时感到是过于皂白不分的评论。他的评语附于《史记》卷六。③ 他写道，秦始皇（他称之为吕政，这样就默认了秦始皇是吕不韦的私生子这一很可能是毫无根据的诽谤）是残暴和压制人的。可是他统一天下，连续取得军事胜利达37年之久，并且创建了传给后世

---

① 《过秦论》全文分为三个部分，《史记》卷六之末予以引用（《史记》卷六，第276页以下〔沙畹：《〈史记〉译注》第2卷，第219页以下〕）；这里所引的段落见《史记》卷六，第282页（沙畹前引译注，第2卷，第231页）。

② 《史记》卷六，第278页（沙畹：《〈史记〉译注》第2卷，第222页）。

③ 同上书，第290页（沙畹：《〈史记〉译注》第2卷，第241—246页）。

君主的政治制度，"盖得圣人之威"。但另一方面，他的继承人极愚（"愚"指智力上的迟钝，也指道德上的轻率）。他杀李斯（暗指李是一个干练的政治家），依赖赵高，"人头畜鸣"。至于子婴，尽管他不可避免地表现出软弱和缺乏锻炼，但至少有勇气杀死赵高，"婴死生之义备矣"。

在近期，学者们就这个论题进一步在各个方面进行了发挥。郭沫若认为（写于 1945 年），如果吕不韦的政策被遵循，秦不至于很快垮台。后来，郭沫若的意见来了个大转变。但据罗思鼎（写于 1974 年）所说，秦的崩溃应归咎于宦官赵高，罗很不能令人心服地断言，赵高是"彻头彻尾的儒家"。[①]

屏弃传统

博士淳于越首先作出了秦的政策与古代圣王之制大相径庭的批评，他对秦始皇的进谏直接引起了李斯关于焚书的建议。从此以后，这个建议一直是陈腐的儒家批判的材料。贾谊在发表以下的议论时又一次进行了这种批判："借使秦王（秦始皇）计上世之事，并殷周之迹，以制御其政……乡使二世……裂地分民以封功臣之后，建国立君以礼天下"——如果做到这些事情或与此类似的事情，那么尽管这两个君主有种种缺陷，帝国仍不至于灭亡。"前事之不忘，后事之师也。是以君子为国，观之上古。"[②]

许多西方的历史学家可能会对出于贾谊之口的桑塔亚纳的著名格言产生共鸣。[③] 但是很少西方史学家会同意，行政的本领在于把国家分成属国，而不是把它置于中央统治之下。根据西方观点的似乎更为

① 郭沫若：《十批判书》（重庆，1945），第 300 页；罗思鼎：《论秦汉之际的阶级斗争》，载《红旗》，1974. 8，第 18 页以下；李幼宁编的《秦始皇》第 27、62 页都予引用。
② 《史记》卷六，第 283—284 页（沙畹：《〈史记〉译注》第 2 卷，第 233—234 页）；《史记》卷六，第 278 页（沙畹之译注，第 2 卷，第 224 页）。
③ "不能记住过去的人势必重复过去。"见乔治·桑塔亚纳：《理性的生活》（纽约，1905）第 1 卷，第 12 章，第 284 页。值得指出的是，在两人的话中有微妙的差别。贾谊的格言（他作为"野谚曰"而引用）暗示人们应仿效过去好的一方；桑塔亚纳的格言暗示人们应避免坏的一面。

合适的批判是，秦始皇根据法家的学说抑制商业的发展，从而树立了官僚统治的一个典型，这种统治方式一直阻止中国像西方那样经历一次导致文艺复兴及随之出现的一切形势的经济和社会发展。这种批判在这里当然过于简单化了，所以在看重传统的中国自然是不会予以考虑的。[①]

社会因素

前面所提出的几个解释都是中国的传统史学强调过的。与此形成对照的是根据社会制度和阶级斗争观察历史的马克思主义观点。我们记得，陈涉在他带领一帮囚犯开始造秦朝的反之前曾是一名雇农，甚至也许是一名契约奴。汉代的缔造者刘邦的传说与陈涉惊人地相似。他务农出身，在公元前 209 年前不久也负责过囚犯的工作。一次，当他带领囚犯前往骊山的秦始皇陵墓劳动时，有几个囚犯沿途逃脱。刘邦释放了其他人，自己为"盗"，与一个 12 人的集团开始向掌权的地位攀登。于是不出所料，这些起义竟被中国马克思主义的历史学者欢呼为中国历史上最早的农民起义，因此是阶级冲突的证据。洪世涤在其《秦始皇》中写道："公元前 209 年……爆发了由贫雇农陈胜、吴广领导的中国历史上第一次大规模的农民大起义，点燃了秦末农民大起义的熊熊烈火……秦末农民大起义，为我国农民反封建斗争树立了光辉的榜样……雄辩地证明了一个伟大的真理：'人民，只有人民，才是创造世界历史的动力。'（毛泽东：《论联合政府》）"[②]

用于军事、劳役和开拓新领土的大批囚犯显然由形形色色的不幸的人组成。其中有普通的犯人、被经济环境所迫的逃亡者、受歧视集团的成员；还有一些商人，有一次起义中甚至有"治狱吏不直

[①] 杨宽的《秦始皇》（第 119 页）引了秦始皇于公元前 214 年流放商人之事，认为对经济发展有害，但并未由此得出这里提到的有害的后果的结论。

[②] 这段文字载 1972 年版第 72—73 页，以后的一版没有这一段，李幼宁编的《秦始皇》第 161 页有英译文。

者"参加。当秦始皇死后中央政府迅速趋于腐败时，这些人和其他人必定形成了一支随时准备参加叛乱的心怀不满的亡命之徒的大队伍。

但是，这个事实是否意味着爆发的起义甚至在一开始就是马克思主义意义上的阶级斗争的最高体现？如果认为在这类斗争中，参与者都应明确地具有本阶级的"阶级团结"觉悟和阶级间的"阶级矛盾"觉悟，那么答案似乎是否定的。这种觉悟在为叛乱提供人力的被剥夺生计和被遗弃的人中事实上不大可能存在。例如，秦将章邯成功地利用释放的囚犯，打退了陈涉的农民—囚犯部队的进攻，而不久陈涉丧生时，杀死他的不是敌人，而是他自己的战车的车伕。在几个叛乱领袖进行的不但是反对秦朝，而且是自相残杀的斗争中，很少发现有"阶级团结"的证据，而大量出现的倒是机会主义和追求私利。

这里不可能讨论秦代社会结构这一伤脑筋的问题，特别是秦的"奴隶"的数量和经济生产力是否高得足以有根据称秦朝是一个奴隶制关系占主导地位的社会的问题。"奴"大家都用来指终身是奴隶和生来就是奴隶的人，这个字眼很少见于秦的史料。其他用来称各种受歧视的或农奴般的人的字眼，特别在出土的法律文书中，倒常见到。可是这些字眼在使用时很不严谨和不明确，因此利用它们就难以确定所指的这些人的地位、人数、经济上的重要性及他们与真正的奴的关系。[①] 我认为，根据社会和经济的关系来确立一个关于秦代社会的明确的界说，为时仍过早。

但有一件事可以说：不管对秦末的叛乱作何解释，它们也不能像提高特权者的地位那样对被剥夺生计的人的地位进行真正的和持久的改善。从广义上说，汉朝在这方面也几乎没有重大的变化，而且这种

---

① 虽然高恒根据经常提到隶臣妾的秦律材料推断，写了一篇论隶臣妾的地位和职能的扎实的、大部分内容推论严谨的论文（《秦律中的"隶臣妾"问题的探讨》，载《文物》，1977.7，第43—50页），我仍坚持我的判断。高恒推断（第43—44页），隶臣妾一生为官府奴隶，其证据似乎没有力量。

状况在中国要长期保持下去。不管有什么变化，这些变化只是缓慢地出现。

资源的过分紧张

不论重视以上的任何一种解释，或者重视其他的解释，也许至少有一种解释，可以据以找到某种程度的一致意见。这就是：经过了几个世纪的血腥战争，当秦突然从诸侯国发展成帝国时，它承担的任务太多，根本不能在如此短的时期中完成。因此，失败是不可避免的。

秦始皇死前的紧张局势，只能在史料中隐隐约约地见到，但是肯定存在。公元前218年当他东游时，有"盗"惊了驾（实际上有谋害他的企图），尽管下令在全国"大索"10天，他们都逃之夭夭，未能找到。又在公元前216年，当秦始皇带了四名士兵在咸阳微服夜行时，他遇到了强盗，受到他们的严重威胁，最后强盗才被他的卫兵杀死；这一次，在秦都周围"大索"20天。可能更重要的是，同年一石（将近20公升）粮食据说值1600钱；虽然其他商品的价值不详，但这无疑是一个大数目（否则就不会记进该年的史事中）。人们对帝国在秦始皇身后不能长期维持下去，也许是不会大吃一惊的。

撇开道德方面的考虑，秦只维持了那么短的时期也可能是一件好事。不寻常的是，尽管昙花一现，它却成功地把一套国家官僚机器的制度传给了它的政治继承者，这套制度经过了汉代的完善和巩固，又继续推行了1700年，其间只逐步地作了修正。如果容许这项制度以原来的法家方式来实现，即对帝国结构的各个部分进行严密的中央集权控制，那么它不可能维持得这么久。在汉代，上面的行政控制与基层自我管理的行为标准结合了起来，正是这种法家和儒家的共生现象，才使中国具有得以生存下来的那种坚定性和灵活性的必要的结合。不管人们是否佩服秦的成就，但必须承认这个成就：它在质和量的方面都大大地改变了中国的面貌，以致它可以名之为"革命"，虽然这"革命"是从上面推行，而不是从下面推动的。这个成就，而不是由反秦的农民起义造成的政权转移，才是古代中国的真正的革命。的确，它是在本世纪以前中国唯一的真正革命。

附录一　史料和现代研究[①]

关于秦史，最重要的史料是中国第一部通史《史记》的有关的几卷。这部叙述范围从传说阶段直至公元前 100 年前后的伟大著作是司马谈（死于公元前 110 年），特别是其子司马迁（约公元前 145—约前 86 年）两人的共同创作。就秦而言，最重要的几卷是卷五（秦国直至前 246 年的逐年的大事记）和卷六（公元前 246—前 206 年秦国和秦帝国的逐年的大事记）。本章叙事的基本史料，除非另外注明，一般取材于这两卷。但偶尔还利用远为简单和比较不重要的卷十五（公元前 476—前 206 年秦及同时代主要诸侯国的大事表），以证实和补充卷五和卷六的记载。其他有关材料见于《史记》的几卷书，特别是论国家宗教（卷二八）、水渠（卷二九）和经济发展（卷三十）的几卷。这些都收于沙畹的极佳的法译本《〈史记〉译注》中。《史记》的后半部分由著名人物的传记组成，其中几篇传记对秦史极为重要。最重要的几篇已被卜德译成英文并加以论述，见他的《中国的第一个统一者：从李斯（公元前 280？—前 208 年）的一生研究秦朝》（1938 年）；另外三篇的译文见他的《古代中国的政治家、爱国者及将军：〈史记〉中三篇秦代（公元前 255—前 206 年）的传记》（1940 年）。蒂莫特斯·波科拉编的《史记》的部分译文书目，已收于法译本《史记》第 6 卷中（1969 年出版，第 113—146 页）。

《史记》之后有《汉书》，它由班固（公元 32—92 年）及其亲属所编。《汉书》的少数几卷与《史记》对秦亡汉兴事件的叙述部分重复。另外，它的几卷"志"包括了关于秦的简要材料；在这方面特别重要的是论法律的卷二三，何四维的《汉法律残简》中有其英译文；论述国家经济的卷二四，已由南希·斯旺译成英文，见《古代中国的粮食和货币》（1950 年）。

在司马迁用来记述战国时期（公元前 403—前 221 年）的史料

---

① 关于史料问题的全面探讨，见本书序言和导言。

中，现在仍存在的一种是《战国策》；此书有詹姆斯·克伦普的英译本（1970年）。虽然此书有一部分叙述秦史的情节，但其价值与《史记》相比则是次要的，这既因为它的叙述不系统，又因为它的内容大都具有轶事和文学的性质，而不是历史。1973年从马王堆汉墓第三号发现的《战国策》的部分文字，包括传统版本所没有的材料。但是，这些新材料中没有关于秦史的新东西。《文物》（1975.4，第14—16页）和马王堆汉墓帛书整理小组编的《战国纵横家书》（北京，1976年）中载有这段文字的现代汉语译文。

在思想方面，秦帝国的崛起与称之为法家的政治理论家学派特别有关系。有关主要的法家作者和政治家的译文和研究包括以下几种：W. K. 廖的《韩非子全集》（1939、1959年），这是对这位最有名的法家理论家（死于公元前233年）的著作的不大高明的译本。顾立雅的《公元前4世纪的中国政治哲学家申不害》（1974年），此书挑战性地和有争议地试图再现一个其著作早已散失的政治家兼思想家的思想；尤其是戴闻达的《商君书》（1928年），这是一部关于使秦国兴起的主要政治家商鞅（公元前338年死）的研究著作，书中还翻译了历来被错误地认为是商鞅所作的重要的法家文书。后来在有些方面超过戴闻达的苏联的研究著作，见 Л. C. 别列洛莫夫的《商君书》（1968年）及蒂莫特斯·波科拉对该书的书评（载《通报》，55〔1969〕，第322—324页）。上述两部著作应与杨宽更早的研究《商鞅变法》（1955年）进行比较；李幼宁编的《商鞅变法和中国的国家控制》（1977年）中有杨宽著作的英译文，并附有长篇介绍。

一般地说，司马迁的校勘水准是相当高的。此外，关于秦的几卷比记述同时代其他列国的卷更详细，还可能更可靠。这是因为基本上据以写成秦史几卷的秦的历史记事（现佚失），在公元前213年秦王朝下令明确地免予销毁。然而这几卷，特别是关于帝国的关键性的卷六包括了一些有倾向性的或者不大可能有的情节，这些内容很可能是出于意识形态的原因在司马迁死后被匿名作者窜入《史记》。其中有些情节已见于前面的正文，在下面的附录2中将作更详尽的分析。

除了可能的窜改增添的文字外，现代历史学家面临的一个大问题是，《史记》和其他秦代史料的注意面狭窄。它们对政治和军事史特别偏重，但对制度、社会学和经济方面的发展往往只是一笔带过，这种状况有时导致历史学家根据过于简单、缺乏连续性和含糊的参考材料作出笼统的全面概括。

幸好考古学现在对历史学家作出了越来越多的帮助。在秦代方面，重要的研究包括：秦都咸阳一座主要宫殿的发掘（中华人民共和国于 1974 年开始，到 1978 年仍处于初步阶段）；离秦始皇陵墓 1.5 公里一个遗址的大批真人大小的陶俑的发掘。陶复的文章记载了秦皇宫的发掘和复原工作（陶文载《文物》，1976.11，第 31—41 页）。关于叙述陶俑的优秀的带图文章，见马克斯韦尔·赫恩的《秦始皇的兵马俑》，载于方闻编的《伟大的中国青铜器时代：中华人民共和国的一个展览》（1980 年）。

最重要的是在死于公元前 217 年的一个秦代地方官员的墓中发现的、写在一千多块竹简上的法律和行政文书，竹与木，在发明纸以前是中国的传统书写材料。这些文书包括的法律几乎可以肯定来自秦的法典；文书比至今存在的最早的中国法典，即公元 653 年的唐的法典，要早约 9 个世纪。《睡虎地秦墓竹简》中发表了文书的文字和现代汉语的译文。已经出版了两种同名的书，一种为 1977 年版，另一种为 1978 年版。本章脚注凡提到的都是指更好的 1978 年版本。[1] 前面所引的律和其他法律著作都取自这本书所载的文字。但除了所载的这些文字外，现在还应补充何四维译出的全部文书的极佳的英译文，见《秦法律残简》（1985 年）。何四维更早的关于这个题目的有价值的论文包括：《1975 年湖北发现的秦代文献》，载《通报》，64：4—5（1978 年），第 175—217 页；《秦法律中的衡器和量器》，载迪特尔·艾克米尔，赫伯特·弗兰格合编：《东亚的国家和法律》（1981 年）；《秦代的法家和法律》，载 W. L. 伊德马编：《莱顿汉学研究》（1981 年）；进一步的英语研究著作和译作迄今包括：卜德的《帝国前中国的法医学》，载《美国东方学会会刊》，102：1（1982 年），第 1—15

---

[1] 见卜德：《帝国前中国的法医学》，载《美国东方学会会刊》，102（1982），第 1—2 页。

页；卡特里娜·麦克劳德、罗宾·耶茨合著：《〈封诊式〉译注》，载《哈佛亚洲研究杂志》，41∶1（1981年），第111—163页。

除了少数例外，以往的中国历史学家一致谴责秦朝，认为它未受教化，甚至"野蛮"，也谴责它为了达到政治目的而冷酷无情地使用法家权术。因此，关于传统的和现代的史学家对秦代态度的一个相当近期的调查只列举了两个强烈偏袒秦的近代前的学者，一为柳宗元（公元773—819年），一为王夫之（公元1619—1692年）。见李幼宁编：《秦始皇：历史编纂学的政治》（1975年），第16—17页。

但是，从20世纪第二个十年起现代史学家的意见更加纷纭了，而寻找正面人物的倾向日益加强。随着中华人民共和国评法批儒运动的兴起，这种倾向在1972年达到了不可收拾的程度。在许多说明这种变化的倾向的著作中，最具有学术性的是杨宽的《秦始皇》这部比较早期的著作（1956年），尽管此书力图以马克思主义的思想方法来解释秦的兴起，他的观点依然部分的是传统的。作为对比，洪世涤把杨宽的著作加以普及，倒是颇有启发性的，洪的同名著作首先在1972年出版，第一版印数为130万册（杨宽的为25000册）。

洪世涤的著作，较短，不引经据典，而以远为简单化的方式来处理他的题目。K.C.马博士和张保民（音）博士将此书译成英文，收于李幼宁的《秦始皇》中；关于杨、洪俩人著作的比较，见该书第38页以后。又见何四维更早的精彩综述：《中国共产党对中华帝国的起源和基础的论述》，载《中国季刊》，1965年7—9月，第78—105页。应该补充的是，在毛泽东于1976去世后，评法批儒运动已经完全停止了。

近代日本学者已经写出了若干种关于秦史具体问题的很重要专著和学术论文。有几种已被这一章所引用。

在西方的专著中，最早的一部（1909年）是阿尔贝·奇珀的《秦朝史，公元前777—前207年》。这是大部分根据《史记》的详细译本或意译本，它逐代逐年地叙述秦的历史，只摆事实，不作评价。严谨的学者不如阅读前面提到的沙畹的译文《〈史记〉译注》。关于秦帝国及形成帝国前几十年的政治、文化和思想等方面的情况，见前引卜德的两部书：《中国的第一个统一者》和《古代中国的政治家、爱国者及将军》，特别是前一部。苏联学者 Л. C. 别列洛莫夫的《秦帝国——中国的第一个中央集权国家》（1962 年）更着重社会学，篇幅不大，却有促进作用。虽然此书关于像古代中国奴隶制等论题的观点与中国的马克思主义者的不同，但与他们有一个共同的倾向，即根据大部分必然是不能肯定的材料作出概括性的结论。（见蒂莫特斯·波科拉的详尽的评论，载《东方学档案》，31〔1963〕，第 165—171 页）。波科拉博士用捷克文写的《秦始皇帝》（1967 年）是一本通俗的，但有学术价值的小册子，它兼顾了政治学的和社会学的研究方法。

附录二 《史记》中的窜改增添部分

《史记》中记载的六七件事以一种强烈的憎恨情绪描述秦始皇，特别是在卷六中。前面已经提出（但未予详细论证），它们很可能是窜改的，或者至少可以作此设想。这些事件和每一件所涉及的模糊不清的原委如下：

秦始皇是私生子的问题

怀疑秦始皇异常出生的记载已在其他著作中有详细的论述：（卜德：《古代中国的政治家》，第 15—18 页），因此，只需要作一概述。第一个理由是谈到此事的一段文字只是吕不韦传（《史记》卷八五）中几段难以理解的文字之一，这有力地说明这一卷的很大部分可能已被窜改。第二，《战国策》关于吕不韦的类似的文字（一七〔秦五〕，第 275 页以下；克伦普译文，第 109、137—139 页）在许多地方与《史记》不同，完全略去了私生子的传说。第三，《史记》的私生子之说是以文中的一句话为依据，其奇怪的和含意不清的措词很容易使人联想到它是经过了一个窜改者之手。最后，一个最重要的理由是，这个传说与在《战国策》（十七〔楚四〕，克伦普译文，第 227、274—

277 页）和《史记》（卷七八，第 2396 页以下）都有记载的另一起王室私生子事件非常相似。据这些记载，一个地位与秦国吕不韦十分相近的有名的楚国政治家向膝下空虚的楚考烈王（公元前 262—前 238 年）进献一怀孕之姬。她后来生下之子被楚王承认为他的合法继承人，终于继位，当然，继位者实际上是那个政治家之子。不论谁想出关于秦始皇出生的传说，他是受了与秦始皇同时代的楚人传说的启发，这种说法似乎很有道理。

前 212 年的坑儒

只要冷静地考察一下这个情节中几件有联系的事，就足以看出此事的几乎可以确定的杜撰性质：在 270 座宫中藏美女等等之说；隐蔽而有遮掩的相连的道路和秦始皇本人秘密的行踪；他从山顶窥视丞相的动向之事；两个术士"秘密"谈话中对皇帝尖刻责难的逐字的记录（在秦的历史记录中根本不可能收录）；最后皇帝亲自挑出 460 人把他们残酷地处死之事。

除了这些不大可能确定的考虑之外，还可补充一个具有决定性的重要事实：当两名术士在谈论皇帝时，其中一人称他为始皇。日本学者栗原朋信在其《秦汉史研究》（第 14—24 页）中指出，这违反了《史记》卷六和其他论述秦帝国的几卷的一个极为重要的语义学原则，栗原提出，虽然秦始皇在前 221 年采用了始皇帝的称号，但在他有生之年只有他一人使用它。在他统治期的其余时间里，其他人所作的文告和文献只称他为皇帝，从不称始皇帝或始皇。这个原则也适用于其继任人二世皇帝。《史记》中只有三段文字违反这个原则。第一段就是这里提到的；第二段涉及前 211 年的坠星（其下倒数第二个条目）；第三段（涉二世）不那么重要，因此不予讨论。在这三段文字中，除了这一至关重要的原则，迷雾般的事情的原委也有助于断言它们不是历史事实。

本章付印前不久，这里阐述的假设得到了乌尔里希·内因格尔的文章《坑儒：论儒生殉难之说的起源》的支持，此文载沃尔弗勒姆·埃伯哈德、克尔齐斯罗夫·高利科夫斯基、卡尔-奥尔布雷克·西恰布编的《东亚文明：了解传统的新尝试》第 2 号《民族和神话》（慕尼黑，1983 年），第 121—136 页。

前 221 年水德的采用

这段以阴阳五行学家的思想为依据的情节其历史真实性已经受到栗原朋信的《秦汉史研究》（第 45—91 页）和镰田重雄的《秦汉政治制度的研究》（第 42—93 页）的怀疑。以下是他们提出的许多论点中的几个：在前 221 年以后，《史记》再也没有提到秦与水有联系之事，直到前 166 年，五行和王朝的继承的问题才又引起了汉朝廷热烈的争论；从前 221 年直到秦末，文中的黄河一律被简称为河，从未称作德水；秦时使用六（此数与水互有关系）及其倍数（前 221 年把帝国分成 36 郡，同年迁 12 万户豪门至咸阳周围，秦始皇押韵的碑文的诗体以 12 字为节，等等），在秦帝国的前后也有类似的情况。因此，秦帝国与水并无特殊的联系。（例如，在前 221 年据说秦始皇颁布六尺为一步之前，每步已经是六尺。）最后一个最说明问题的论点是，前面第 73 页那段引文末尾两句编者的批评（"刚毅戾深，事皆取决于法。刻削毋仁恩和义，然后合五德之数"）是将这段文字加进《史记》之中的真正理由，而在司马迁写《史记》的主要史料秦的编年史中，这类批评是绝不容许存在的。

这些论点是吸引人的，但它们也面临一大困难：秦始皇在前 221 年采用水德之事，不但在《史记》卷六第 237 页进行过详细叙述，而且以不同形式，又在其他三卷中出现过（《史记》卷十五，第 757 页；卷二六，第 1259 页；卷二八，第 1366 页［沙畹译注，第 3 卷，第 328 页和第 430 页］）。把这些有关的段落加进正文之中，并且要巧妙地做到在这些段落之间和在其前后几卷文字中不留下露马脚的漏洞，这得有一个特别机敏和熟悉整个《史记》的窜改者。因此，这里讨论的论题不能得到有说服力的证实，而只能仍是一个有吸引力的可能的假设。[1]

---

[1] 关于选择五行之 的政治意义和对王朝的重要性，见鲁惟一：《水、土、火》。

前 215 年呈献的预言文字

根据以下几个考虑，上呈秦始皇的写有"亡秦者胡也"这句不可思议的文句的情节的历史真实性是可疑的：预言的应验性；这种可怕的预言竟能真正地献给像秦始皇那样的意志坚强的专制君主的荒谬性；卢生献文的奇怪的方式（显然是在东部海滨进献，但在《史记》中，只写在皇帝自海滨返京之后，而不是更自然地写在他仍留在沿海的上下文中）。

前 211 年的坠星

除了这段情节本身的荒谬性以外，从所谓刻在坠星上的文字——"始皇帝死而地分"——的措词，就可以证明此事不符合历史事实。这是《史记》中违反秦始皇生前只有他本人使用而其他人写的文告和著作从未使用始皇帝之称号这一原则的第二段文字。另一件使坑儒成为问题的重要的反证，见上面讨论的第二件事。

前 219 年惩罚山神之事

关于这个事件的虚构性的具体证据虽然还难以确立，但其主要情节，即秦始皇命 3000 囚犯将山上林木砍伐一空并把山涂以红色，不但在历史上似乎不可能发生，而且这个行动尤其难以用人力来完成。

附录三　《史记》及其他史料的统计数字

历史记载的统计数字的可靠性问题是人们在所有历史著作中常常碰到的问题，本章所用的《史记》材料和其他的史料上的这种问题肯定不会很少。在前面的叙述中，数字可靠性的问题约出现了七次，但在本附录进行更详细的讨论前，只能简略地间接提到。除了下面七件事外，还有一个数字模糊不清的事例。本附录没有列出这个事例，因为在第 35 页注 3 已经提出这很可能是文字错误所造成，已没有内容可以补充。

周末的人口数字

除了据认为是前 323 年的一段话并记于《战国策》（八［齐七］，第 337 页；克伦普译文，第 126、157 页）的材料以外，实际上缺乏城市或地区的数字。这段话提到华东齐国首都临淄有人口七万户，按一般的算法，这意味着足足超过了 35 万人。如与现代学者认为公元 1 世纪东汉的首都洛阳有人口约 50 万人的估计相比[①]，这么高的数字是根本不可能的；洛阳当时是全帝国的，而不是一个诸侯国的首都。《战国策》的陈述对历史研究来说非常模糊，这可以从谈话人继续描述临淄街头拥挤情景的比喻中得到证明。他说行人之多，可以"挥汗成雨"。[②]

公元前 3 世纪军队的规模

《史记》报道的军队的巨大规模引起了可信性的严重问题。例如，该书声称秦在公元前 224 年至前 223 年使用 60 万大军灭楚并把它吞并：见《史记》卷七三，第 2339—2340 页（率军征讨的秦将王翦传）。此数系指秦成为帝国以前的军队，如与公元前 133 年至前 90 年汉武帝征讨亚洲腹地匈奴时所记载的整个汉帝国的军队和骑兵 13 万至 30 万人的数字相比，它高得令人难以置信。事实上，即使汉代的数字也很可能是夸大的。见鲁惟一：《汉武帝的征战》，第 92、95—96 页。

秦军造成的伤亡

《史记》记载，从公元前 364 年至前 234 年这 130 年，秦参加了 15 次大战斗或大战役，书中列出了秦给其敌人造成的伤亡数字。除一次外，伤亡数都达两万人以上，有四次竟达惊人的 10 万人以上。最不寻常的一次是前 260 年对赵的长平之役，在五六个月的初期战斗

[①] 见毕汉斯：《东汉的洛阳》，载《远东古文物博物馆通报》，48（1976），第 19—21 页。

[②] 关野雄：《中国考古学研究》，第 246 页和第 280 页，他在引了《战国策》的叙述后，说这是夸大其词。但是看来矛盾的是，他后来表示战国晚期临淄的人口可能已达数万户。

中，赵国一方据说损失了五万人；后来当所剩的 40 万名士兵在常平向秦将白起投降时，白起"乃挟诈而尽坑杀之"，只让 240 名最年轻的士兵回赵。[①] 因此，据推算秦在这整整 130 年中给其敌人造成的伤亡总数竟达 148.9 万人。

这些数字需作评论。首先，应该指出，它们只表示秦给其他国家造成的伤亡；秦自己的损失从没有记录，虽然数字必定是相当大的。第二，这些数字不完整，因为数字中只有两起包括了受伤和被俘的数字。在所有的事例中（除了前 260 年用"坑"字外），所用的标准字眼为"斩"（此字的用法可追溯到商鞅时代），严格地说是指战斗中杀人。第三，除了《史记》中具体列出伤亡数的 15 次战斗或战役外，还有它根本没有列出数字的其他战争。这一切考虑意味着，秦及其敌人同样要遭受的伤亡数，包括受伤、被俘以及被杀，必定相应地远远高出所记载的数字。

最后，如与伤亡数比较准确并具有世界重要性的近代战争和战役的数字相比，上述的数字就显得不可信了。以 1812 年拿破仑出征俄国之役为例，他在 6 月率军 45.3 万人侵俄，在 11 月返法时不到 10 万人。乍一看，这与五个或六个月的长平之役相比很恰当，后者赵国士兵总的伤亡据说几乎达45万人。但是这种相似性应该说是表面的，不符合实际情况。因为这45万人中，在最初几个月的战斗中损失了五万人（数字合理），而在长平时，突然消灭的人数竟为40万人（数字不合理）。

总之，秦造成的伤亡数，像前面提出对军队规模的怀疑那样，在字面上是难以接受的。例如，以掌握的技术手段来说，真要把一支 40 万人的军队斩尽杀绝，实际上似乎是不可能的，即使考虑到这支军队在向也许是更强大的军队投降以前已经被围困和饥饿所削弱这一已知事实，情况依然如此。秦的敌人或秦自己在面临这样灭绝性的损失时，似乎也不可能再三地继续征召庞大的军队，而不出现经济的或

---

① 此事在《史记》的白起传（卷七三，第 2335 页）中有详细描述，文中使用"坑"字，使这件事具有可怕的气氛；"坑"这里应作"屠杀"解，但此字常常被错误地解释为"埋"或"活埋"。见第 67 页注 2。

可能的政治崩溃。① 对这个问题的部分答案可能在于"万"字的意义上，这个整数经常见于军事记载中（在非军事的记载中也能见到；见下面的最后两个问题），它也许只是象征性的，所以只应该被理解为"大部队"。②

前 221 年 12 万户向咸阳的迁移

这个数字乘以 5（中国在统计上通常把户折成口的公认的基数）为 60 万人。但即使是如此巨大的数字，也远远不够文中所暗示的总数，因为迁移的贵族之家会随带许多仆从、姬妾和奴隶等人，因此就大大地多于一般农民的五口之家，近代以前的中国人在使用这种计算方法时，想到的就是这种普通农户。所以 12 万这样高的数字似乎是很武断的。它可能因是 6 的倍数而被用，在公元前 221 年，秦政府据说就决定突出 6 这个数字，作为它敬奉水及其有关事物的一个部分。但是，《史记》中描述这种崇拜的几段文字的历史真实性已被人怀疑（见附录 2），对这一解释不利。可是，在附录 2 中已经提出，对有关段落可靠性的质疑远不是定论，所以 12 万作为 6 的倍数的解释依然是可能的。

秦帝国驿道的宽度

据《汉书》卷五一第 2328 页的一段文字，秦在公元前 220 年以后几年建造的"驰道"，其宽为 50 步，将近 70 米，因此宽得难以置信。可能"50 步"系"50 尺"之误，这样其宽度将近 11.5 米。即使如此，它也比大部分罗马的道路宽，罗马的道路很少超过 8.5 米。可

---

① 许倬云的《变迁中的古代中国》第 68 页的脚注持相反的观点，但他的论点至少对我来说是没有说服力的。例如，他认为魏约有人口 500 万，因此，可以"相当容易地"征召一支 30 万至 50 万的军队。即使偶尔一次做得到（但也远不能肯定），它能再三地进行这样规模的征兵吗？

② 鲁惟一在联系到汉代的军队数字时，已经提出这一假设，见《汉武帝的征战》，第 96 页。杨联陞对处理中国的数字和统计数的困难，已在《中国经济史中的数字和单位》一文中详加讨论，此文载《中国制度史研究》（坎布里奇，1961），第 75—84 页。可能"万"应与"千"连在一起，作为一个整数，杨联陞的文章（第 77 页）对它的模糊性进行了探讨。

以设想，《汉书》所举的是指位于国都附近的秦的道路宽度，路的一条通道或中央通道显然为皇帝和统治皇室中有权势的成员的扈从专用，而信使、官员和其他旅行者只准使用路侧的边道。但是，御用道和非御用道之别很可能在离京师一定距离之外渐趋消失。见李约瑟：《中国科技史》第 4 卷，第 3 部分，第 7 页。

秦长城的长度

在前面讨论这个题目时作出的一个可信的、不过还不是绝对肯定的结论是，蒙恬将军所造的长城，多半比人们在阅读《史记》所述的长城逶迤“万余里”这段记载后最初所想象的长度略短。这里不必再重复支持这个结论的论点，但要说一下，这些论点都集中在“万”字上，在这段有关的文字中，此字的意思很可能是比喻性的而不是字面上的。“万”字的这种比喻性的用法绝不是独一无二的。在本附录中已经引用了几个事例。下面还将引用另一个事例。[①]

阿房宫的规模

据说，称之为阿房宫的宏伟的朝堂在公元前 221 年开始营造，自东至西为 500 秦步，自北至南为 500 秦尺，面积将近 75600（675×112）平方米。[②] 这个数字大得不可信，而文中进一步说的大殿能方便地容纳整整一万人（又是一个象征性的“万”字），这更令人怀疑。如果把这个数字与公元 60 年至 65 年东汉在洛阳造的朝堂的合乎实际的规模（将近 1376〔86×16〕平方米）相比（据说它同样可以容纳一“万”人[③]），或与至今仍存在的北京紫禁城中的朝堂（它略为超过 1800 平方米）相比，就能给人以启迪。

杨品泉　译

---

① 关于整个王朝史中长城主要特征的探讨，见阿瑟·沃尔德伦：《中国长城的问题》，载《哈佛亚洲研究杂志》，43.2（1983），第 643—663 页。
② 《史记》卷六，第 256 页（沙畹：《〈史记〉译注》第 2 卷，第 174—175 页）。
③ 关于后汉皇宫中朝堂的规模，见毕汉斯：《东汉的洛阳》，第 35 页。

第 二 章

前　汉

政治史的模式

汉代把一个长达两千年基本上保持原状的帝国理想和概念传给了中国。在汉之前，帝国政府是试验性的，并且名声不佳；在汉以后，它已被接受为组织人的正统的规范形式。如果我们相信史料的话，在公元前 210 年以前，秦帝国的官员以某种程度的专横、严厉和压制手段来实现他们的意志；但到公元 1 和 2 世纪，汉朝的皇帝已能使其权威受到公认的行为准则制约的官员效忠于他。属于皇帝一人及其官员的中央集权政府已经变得值得尊重了；虽然它有种种弱点和不足，或者有时中华帝国被某个外夷所败，但这个形式的政体毫无疑问地几乎一直保持到了 19 世纪之末。

帝制理想之被人们接受这一成就的取得，部分的是由于汉王朝事业的成功，部分的是由于有意识提倡的各种新的政治观念。鉴于所实行的各种行政实际措施和由帝国体制所提出的伦理要求之间存在着差距，所以乍一看来这些概念竟能赢得信任，是多少令人惊奇的。汉代与秦代一样，有效的施政最后都依靠强制手段；但是对比之下，秦代皇帝和汉初诸政治家们满足于从物质的角度，如版图和武功，来为他们行使的权力辩解，但汉代诸帝很快就从神意的角度寻求道德和智能上的根据以使他们的统治合法化。追求这类根据并不容易，也不是短时期能做到的；追求的几个阶段可以说就是这两个世纪的政治史。到王莽时代（公元 9—23 年）和后汉（公元 25—320 年），这个追求的过程已经成功地完成；必要的前提已经建立；哲学理论已与帝国的行政实践牢固地挂上了钩；中国历朝历代的皇帝从此以后就能坚持说，他们的权威来自上天无形的神明。

这些结果是在两个世纪的宗教、思想、政治和经济等问题的争论过程中取得的。出现了两种主要的态度，它们导致了涉及这些紧密相关的问题的前后一贯的政策。同时，态度和政策的不同又与当时有权势的男女们之间的争执的更深的主因交织在一起。这个主因表现在皇位继承问题上，还表现在涉及后妃及其亲属的恩宠、权力和特权的事情上。因为政府的主要官员往往是某个后妃的祖父、父亲和弟兄；这些人的政治命运和他们的政策的结局经常与他们宫中的近亲受宠的程度有密切的关系。

这两种态度可以分别称之为时新派（modernist）和改造派（reformist）。它们不完全等同于有时称之为"法家"和"儒家"那样的学派，这只是因为在公元开始前的两个世纪中两个学派并不是以分离的、有明确界限的实体出现的。此外，使汉代政治家产生分歧的问题与后来成为区别法家和儒家思想的标准的分歧问题根本不一样。

时新派的政策产生于秦之统一中国和根据商鞅、申不害和韩非的原则对帝国实施的吏治之中。[①] 它们的目标是有效地利用国家的资源，以使中国富强；它们从物质的角度去构想其目标，着眼于现在或将来，而不是过去。在时新派政治家的指引下，汉代诸帝继续尊奉曾为秦代祭祀对象的同样的神——帝；他们满足于根据战略利益而不是意识形态的联系来选治理天下的都城；他们用赏与罚这两个施政工具来鼓励为国效劳，或遏制犯罪和不同意见。这些政治家设法控制和协调汉代的经济，采取了诸如管理铸钱、国家监督盐铁专卖和中国以剩余产品交换进口货的措施。他们急于把汉代的行政势力扩大到比以往更为广大的领土上，因为他们希望这样就能增加政府的收入和力量，把潜在的敌人赶离中国从而排除入侵或受袭扰的危险。因此，时新派的对外政策是积极的和扩张主义的；它取决于发动深入中亚或西南的远征的准备状态。

汉帝国在其第一个世纪，在许多方面贯彻这些政策，并进行了修

---

① 关于这些思想家，见第 1 章的《帝国时期的思想潮流》。

改或补充。到公元前 100 年，时新派政治家的成就达到了顶峰；国内的风气和纪律也许已达到了汉代的最高水平；新型的官员有助于加强中央政府对地方的控制；在边缘地区，农村和市镇在相当程度上摆脱了暴力的威胁。中亚的非华夏国家终于对中国的文明和中国的武装力量表示尊敬，它们即使不是自始至终地欢迎，也愿意容忍每年从长安出发的大商队。那些擅长贸易和了解物资集散问题的专家负责汉代的国库。更为突出的是，汉朝在一定程度上可以号称长治久安；它立国刚刚一个世纪多一点，国家的宗教及符瑞都表明它对自己的权威有了信心。通过这些方式，政府求得了有才之士的忠诚、地主的合作和农民驯服的效劳。

时新派政策开展的顶峰表现在公元前 108 年外交和军事冒险的成就和公元前 104 年象征性地改变礼仪程序方面。但是以后不久，汉帝国政府已经暴露出它过度地使用了自己的力量，其物质资源显然也不再能够支持其殖民扩张的活动了。随着事态的发展不利于时新派政治家的理想，其政敌开始发表自己的意见。公元前 81 年，两个集团之间展开了一场大论战，在以后的几十年内，改造派的政策被越来越多的人所接受。

改造派设法恢复他们所认为的传统价值，以图清除中国的积弊。与他们的政敌一样，他们也认为中国要在单一的帝国制度下，才能治理得最好。但是，他们所向往的理想政体是周代诸王的政体，① 而不是秦始皇的政体；他们希望追寻那些更早期的理想来革除时弊。改造派把帝制政府看成是提高人民生活水平和对他们普赐优秀文化的恩泽和价值的工具。他们承认天——周代诸王尊奉的主要对象——是宇宙的最高仲裁者，把孔子及其弟子的教诲视为他们的理想。他们宁愿建都洛阳，而不愿以长安为帝国政府的所在地，因为洛阳可以与周代诸王及其文化往事联系起来，而长安之作为国都是建立在过去促使秦皇

---

① 周代诸王（传统说法，公元前 1122—前 256 年）宣称他们受命于天进行统治。他们相信只有他们才有资格称王，于是对已知的所有开化的华夏各地进行道德领导。约从〔公元前〕8 世纪起，他们的实际权力明显地下降了。

建都咸阳的那种优越的物质条件的基础上。在改造派政治家的引导下，汉代诸帝普赐物质恩惠，以示深仁厚泽；他们没有使用国家的奖励制度来诱使人们为帝国效劳。

当时新派政治家希望控制采矿时，改造派则宁愿把矿产向私人开放，让他们开采；他们也愿意干预私人的自由和首创精神，但只是为了抑制对社会穷人的压迫。改造派还设法限制单纯地为了扩大帝国版图或提高汉朝威望的资源支出。因此，他们建议收缩而不是扩大与外界的关系；他们怀疑进口货的价值，认为进口货不合国情，对中国人没有什么实际用处；他们准备迁就外国的领袖，而不是坚持向他们显示中国的优越性。

尽管有这些分歧，双方的态度都产生于一个原则，即应把已知的华夏世界作为一个单位而不是作为若干个国家来治理，因此汉代的行政常常带有明显的妥协特点。官员们最后能够依靠商鞅或李斯的行政方法，但是如果没有可以追溯到孔子、孟子和墨翟的人道主义理想的仁慈宽厚，那么这些方法也证明使人不能忍受。[1] 如果没有法家主张的有效控制措施，那么被描述为儒家的完全井然有序的等级社会理想就经受不住犯罪、反抗或入侵等无情的现实。但是在时新派政治家们取得了高度成就之后，力量对比的明显变化在前汉时期已可觉察出来了。这个变化可以从以下几件事中看出：公元前 77 年起大赦和赏赐的活动增加了；公元前 51 年给予匈奴诸领袖尊宠的待遇；公元前 46 年中国人取消了对海南的管辖；公元前 44 年试图撤销国家的专卖事业；公元前 31 年采用新的国家崇拜。态度的变化在王莽倡导的和后汉实行的意识形态中有了结果，东汉的国都牢固地建立在洛阳，而不是长安。

汉帝国的帝国制度和知识结构也由于论战、暴力或叛乱的结果而发展和变化。汉朝的创业者曾与他们的敌人进行了斗争，后者认为中

---

[1]　关于这些思想家在中国思想发展中的地位，见冯友兰：《中国哲学史》，卜德译（伦敦和普林斯顿，1952），第 1 卷；陈荣捷：《中国哲学资料集》（普林斯顿和伦敦，1963），第 3、9、12 章。

国的未来是诸侯国争雄的局面而不是一个一统天下的帝国；在公元前209 年至前 202 年刘邦和项羽之间的战争中，这个问题解决了。创业的工作一旦完成，创业者们就面临组建一个帝国的问题。他们或是把大片土地委托给他们的支持者并给予一定的独立性，或是把全部领土、官署和权力置于中央政府的直接和有效的控制之下。经过了七年的混乱时期之后，采用后一条路线就有了可能；但是直到公元前 154年和前 122 年的叛乱被粉碎后，消灭闹独立性的潜在根源的过程才基本上得以完成。

其他的变化甚至要经过更长的时期才会有结果。世俗权力受之于天的思想虽是古已有之，但在全国统一前的动乱世纪中几乎没有人加以利用。在公元前 100 年前的几十年中，有人在支持帝国政府时又发表了这种意见，但是快到前汉末年，它才得到官方的承认。与此相似的是，一种政体按照生、灭和再生的五行相生论而变得繁荣的理论至少早在公元前 3 世纪就得到了系统的阐述，但是快到前汉末年它才在官方的基础上作为它的正统的形式提了出来。

约从公元前 135 年起，培训官员的新的基础被奠定了。在知识背景和世界观方面培养官员都必须以儒家的经典教义为标准。[①] 公元前51 年召集的一次集会，学者们就儒家经籍的选择、它们与国务的关系以及它们的正确的解释等问题展开了激烈的论战；当时实际采用的措施发生了变化，约在 50 年以后又随之出现了更为激烈的变化。

态度或政策的变化往往与后妃的命运以及她们家属的运气有关，这可以在许多重大事件中看出。为了提高自己亲属的利益，吕后（在位期公元前 188—前 180 年）悍然不顾自己曾对已故的丈夫（高帝，在位期公元前 206—前 195 年）和他的支持者们作出的非刘氏血亲不得王天下的承诺。后来，武帝朝（在位期公元前 141—前 87 年）的卫后家族积极地参与了时新派的扩张主义政策的活动，霍家的政治家们不失时机地继承了这些政策，这些人也与汉帝是姻亲。但是在公元前 91 年，这些家族的声望和他们左右政局的地位因与另一家族争权

---

① 关于儒家的教义，见本章《行政的任务》及第 14 章《董仲舒的杂糅诸说》。

的公开冲突而受到了抑制；公元前 66 年霍家的衰败标志着改造派政治家在倡导他们的政策和挫败他们政敌的行动中取得了成功。到前汉末年，汉朝廷被外戚的对抗弄得四分五裂，这些对抗必然对王莽（新朝皇帝，在位期公元 9—23 年）事业的进程和他的改造派政策的采用起着作用。

鉴于少数政治家、将领和皇帝的宠幸在汉代历史上起着重要的作用，所以值得单独一提。之所以选择这些人，是因为他们在死后的长时期中仍有影响，而且这种影响对后世历代王朝仍起着作用；是因为他们的名字常被后世历史学家提及，作为古人或是好的或是坏的行为的典型。

汉朝最早的丞相萧何（死于公元前 193 年），因在创建汉朝时做了许多工作而通常被人称颂；陈平（死于前 178 年）和周勃（公元前 178—前 177 年任丞相）被认为是在吕后非法僭位以后能使刘氏皇室中兴的政治家。贾谊（公元前 201—前 169 年），他常被人列为儒家，可是仍被视为帝国制度的坚定的捍卫者，他的观点逐渐被下一代时新派政治家所接受。他通常被人引为一个生前不得志而郁郁而死和不能担任高官一显身手的贤明官员的典型例子。有务实精神的晁错在景帝朝（在位期前 157—前 141 年）任职，他与贾谊一样，[1] 就如何巩固中央政府的权力和加强帝国抗击外来威胁的能力提出积极的建议；由于私人的嫉妒和阴谋，他死于刽子手之手（公元前 154 年）。周亚夫（公元前 150—前 147 年任丞相），他作为一名因皇上喜怒无常而受害的国家忠臣而被人怀念。

在武帝（公元前 141—前 87 年）时代，张骞（盛年期约公元前 125 年）[2] 勘探了通向中国境外西北和西南的路线，开辟了进一步扩张和移民的道路。在几个率领帝国军队与匈奴和其他民族交战的最著

---

① 关于贾谊和晁错，见下文。

② 见本章《外交事务和殖民扩张》及第 6 章的《西域》。关于更详细的情况，见何四维：《中国在中亚：公元前 125 年至公元 23 年的早期阶段》，附鲁惟一之导言（莱顿，1979），第 40 页以下及第 207 页以下。

名的将领中，有的远征胜利，有的则丢了脸。他们之中有皇帝自己的姻亲，如卫青（死于公元前 104 年）和霍去病（死于公元前 116 年），[1] 他们分别是卫后的弟兄和外甥；李广利，李夫人的弟兄，公元前 90 年向匈奴投降。[2] 其他值得一提的带兵军官包括：李广，他于公元前 129 年自杀而不愿因战败而受处分；赵破奴，他于公元前 103 年被敌人所俘；李陵，他在敌我力量悬殊的情况下深入中亚取得赫赫战功以后，于公元前 99 年向匈奴投降。[3]

公孙弘[4]因出身于卑贱的养猪人而升任国家最高的丞相之职（公元前 124—前 118 年）而被载入史册。同时代的董仲舒（约公元前 179—前 104 年）从未担任高官，但比任何担任显赫公职的人更深远地影响着中国的政治思想。[5] 他的哲学把帝国统治术与宇宙的整体性联系起来，而且它注定要成为中华帝国制度中的思想砥柱。在此期间，像霍光（死于公元前 68 年）和桑弘羊（公元前 80 年被处死）等时新派政治家则掌握了当时的政务活动。霍光与武帝的卫后是亲戚；桑弘羊则出身于洛阳的商贾之家，在大力使中国经济制度化和正规化的过程中，他是领导这项活动的幕后天才人物。[6]

在西北，郑吉[7]是被任命为都护的 10 名军官中的第一人，此举是希望协调中国与横亘于丝绸之路的几个国家的关系；他从公元前 59 年至前 49 年担任此职。在宣帝、元帝和成帝三朝（总的在位期，公元前 74—前 7 年）脱颖而出并有意识地摆脱武帝的时新派顾

---

① 见鲁惟一：《汉代中国的危机和冲突》（伦敦，1974），第 51 页以下；何四维：《中国在中亚》，第 74 页注 35。

② 见本章《外交事务和领土扩张》；何四维：《中国在中亚》，第 228 页以下。

③ 关于李广，见本章《外交事务和殖民扩张》；何四维：《中国在中亚》，第 213 页注 792 和第 86 页以下。关于李陵，见本章《外交事务和殖民扩张》；鲁惟一：《汉武帝的征战》，载小基尔曼和费正清合编《中国的兵法》（坎布里奇，1974），第 119 页以下。

④ 鲁惟一：《汉代中国的危机和冲突》，第 20、199、207 页。

⑤ 见本章《外交事务和殖民扩张》，及本卷第 12、13、14 章。

⑥ 见下文；鲁惟一：《汉代中国的危机和冲突》，第 66 页以下、第 72 页和第 115 页以下。

⑦ 见本书第 6 章；何四维：《中国在中亚》，第 47 页以下和第 63 页以下。

问的政策的改造派政治家，包括魏相（公元前 67—前 58 年为丞相）、萧望之（公元前 59—前 56 年任御史大夫）、贡禹（公元前 44 年任御史大夫）和匡衡（公元前 36—前 30 年为丞相）。① 他们与刘向②是同时代人；刘向（公元前 79—前 8 年）是皇室成员，他的渊博的学识给了改造派事业以有力的支持。临近前汉末年，起带头作用的改造派政治家包括：孔光（公元前 7—前 5 年任丞相），孔子的后裔；师丹（公元前 8 年任大司马），他以主张限田而知名于世；何武（公元前 8 年任御史大夫）。朱博（公元前 5 年任丞相）和董贤一度反对这些人，但未见成效，朱与其说是一个工于心计的政治家，不如说是一员猛将，董贤则是哀帝的宠臣，于公元前 1 年自杀。③ 王莽是他家族中任大司马的第五人（公元前 8—前 7 年）；正像在此以前的改造派能得到刘向知识方面的支持那样，王莽也要求刘向之子刘歆（死于公元 23 年）的帮助。④

王朝的建立，公元前 210—前 195 年

内战和刘邦的胜利

随着一个多世纪日积月累的成就，中国的统一在公元前 221 年已经完成。虽然关于一个统一帝国的思想未必是新的，但它的实践成了背离传统的新内容，它的成效也有待于证实。帝位的继承不久前刚刚被人操纵过：有迹象表明，法律和秩序的维护始终未能尽如人意；政府的制度尚未经过长期的考验以证明它的有效性。统一的过程经过打败了几个有牢固根基的王国才告完成，而这些国家都有各自的历史和

---

① 见鲁惟一：《汉代中国的危机和冲突》，第 131 页以下、147 页以下、158 页以下、179 页以下及 223 页。

② 见鲁惟一：《危机和冲突》，第 240 页以下；鲁惟一：《中国人的生死观：汉代（公元前 202—公元 220 年）的信仰、神话和理性》（伦敦，1982），第 221 页。

③ 见鲁惟一：《危机和冲突》，第 252 页以下、267 页以下、274 页以下。

④ 见鲁惟一：《中国人的生死观》，第 211 页。

传统。有的国家，像齐国和楚国，曾经作为有生命力的地区国家而存在；可以猜测得到，尽管全国统一，但在旧王族的遗老遗少、他们的官员和随从，也许还有他们的臣民中，很可能仍然存在对旧王室的忠诚和对地区割据的怀旧心理。

不可能确定民众对领袖或野心家的号召作出响应的热烈程度和民众等待时机以摆脱暴政的迫切程度，也不可能确定民众希望看到恢复帝国前旧秩序的焦急心情。我们掌握的史料很少透露出当时有头脑的人的反应。姓名载于史籍的领袖们可以分为两类。有的人出身微贱，往往是担任地方军头目的农民。他们最早出现的例子是一些被征募为秦帝国服兵役的心怀不满的士兵。他们被遭受的苦难激怒到了不顾一切的地步，随时准备孤注一掷而不愿听凭秦代法律的摆布；他们出身于一直默默无闻的家庭。另一类领袖包括那些作为旧王室成员或作为为他们效劳的高级将领而享有突出地位的人。他们已经习惯于行使权力和激励士兵勇敢地投入战斗；他们比各地乌合之众的领袖们更善于协同作战；对同伙间的背信弃义，他们也不会感到突然。

秦帝国组成了称之为郡并受中央控制的行政单位，而不对皇帝的亲属进行分封，这可能是公元前210年的危机中力量虚弱的一个根源。当然，屏弃分封防止了能向中央权威挑战的强大而独立的地区对手的兴起；但是这种做法也使地方毫无有效的权力可言。郡和县也没有足够密切的联系以确保部队有效的动员或部署，或者去行使中央指导的权力。当暴力行动在几个地方同时爆发时，地方的郡守或县令，甚至中央政府本身都容易受到威胁。有几次，以杀害地方官员开始的地方性起事证明是难以遏制的。帝国政体已经丧失了存在于分封制中的这类优点，却没有取得一个充分组织起来的中央集权体制的力量。

这些年（公元前210—前202年）的混乱可以分成四个阶段。最初出现了许多农民起事，随之而来的是群雄并立的局面。然后项羽试图联合这些王国建成一个近二十国的联合体；最后是项羽和刘邦争霸，结果刘邦成功地建立了汉王朝。

从公元前209年阴历七月起，连续爆发了反对秦政府权威的各自为战和互不联系的起事，在起义中，造反的领袖们取得了某些有限的成就。不久，几个王国已经建立起来——东面有齐和燕；北面有韩、①魏、赵；南面有楚。它们宣称是那些已被秦的侵略性统一战争所屈服的各国的合法继承者。在这些国家中，地处长江下游的楚率先反秦。在战斗和政治角逐中可以看到两个重要的转折点，它们的发展过程将在下面详细予以叙述。

在公元前 207 年的战斗中，项羽作为一个成功的战术家为自己树立了名声，他能在战场上击败秦军，并迫使秦朝带兵的将领投降。②结果，项羽在协调后来的攻秦之战时能够成为霸主。此外，公元前 208 年阴历七月李斯之处死可以视为秦力量消失的标志；因为正是这个李斯，他靠正确的政策主要负责建立了秦帝国。他被处死的原因是其政敌的敌视，这些人把个人野心置于国家利益之上，而且他们的生性是又残忍，又多猜忌。③

在内战的最后阶段，项羽可能指挥一支比刘邦军队更为精锐的部队；但是刘邦享有证明是高出一筹的战略优势，如在西北拥有牢固基础的关中根据地④和中国北部的一致的支持。几次战争的进程证明了淮河流域的重要性，那里大量的谷物充实了著名的荥阳敖仓；这个粮仓本身就是一个重要的军事目标。更往北，巨鹿是一个具有同样重要价值的城市，它的失陷严重地削弱了秦的防务。刘邦和后来的项羽进入关中，预示着内战最后阶段的开始。

陈涉和吴广被称为两个最早对秦帝国的权威进行挑战的人。公元前 209 年阴历七月，⑤他们带领一支 900 征募人员的队伍，因被大雨所阻，未能如期报到。对这样的失职行为，不管是什么原因，

---

① 为了避免和汉（Han）王朝相混淆，本书用"Hann"表示韩国。
② 《史记》卷六，第 273 页（沙畹：《史记》译注》第 2 卷，第 211 页）；《汉书》卷一上，第 20 页（德效骞：《〈汉书〉译注》[巴尔的摩，1938—1955] 第 1 卷，第 54 页）。
③ 《史记》卷六，第 292 页（沙畹：《〈史记〉译注》第 2 卷，第 210 页）；卷八七，第 2562 页；卜德：《中国的第一个统一者》，第 52 页。
④ 关于关中的优势，见第 1 章《地理》。
⑤ 《史记》卷七，第 297 页（沙畹：《〈史记〉译注》第 2 卷，第 250 页）；卷四八，第 1950 页；《汉书》卷一上，第 9 页（德效骞：《〈汉书〉译注》第 1 卷，第 37 页）。

都要处以死刑；为了避免这种下场，他们决定公开造反。其他人起而效尤，他们最初采取的行动都是杀死偏僻的县的秦朝官员，在这些领袖中陈涉表现出的野心最大。他甚至采用了"张楚"这一夸张的国号。[①]

然而，陈涉的权威经受不住战斗的严峻考验。他与吴广被为秦效劳的职业将领章邯所击败；在公元前208年阴历十二月，两人被可能对他们要求取得领导和权力有理由不满的同伙所杀。[②] 但是尽管起事失败，陈涉因为首先发难，不久就得到官方的承认和称赞。公元前195年，高帝规定了永远纪念他的哀悼仪式；也许100年以后当《史记》正在编纂时，这些仪式仍在举行。[③]

在这个阶段，有纪律的秦帝国军队完全有力量粉碎陈涉的这种地方叛乱；但是性质远为严重的叛乱运动正在其他地方出现。项家的好几代人曾在前楚国军队中服役，由此出现了以项梁及其侄子项羽为代表的更为专业化的类型的领袖。可能是仿效陈涉的榜样，他们在公元前209年阴历九月发动了起义，杀害了秦朝的会稽郡守。[④] 从今之江苏出发，他们能够集结一支可能有数千人的部队，渡过长江和淮河朝西北方向进军。几乎在同时，他们的力量由于刘邦和他集结的军队的到来而加强了。

刘邦是农民出身，华中的沛县人。他曾任低级的地方官员，但是当他带领一支囚犯队伍去劳动时，就摆脱了这些责任。然后他采取两个表示他独立性的没有退路的行动：他处死了沛县的县令；采用了沛

---

① 《史记》卷八，第349页（沙畹：《〈史记〉译注》第2卷，第333页）。有趣的是，这个国号具有足够的权威性，竟能在一份几乎是同时代的天文观察记录中用作一种纪年的方法。国号出现在其时期约定在公元前168年的马王堆三号墓发现的文书上。见晓菡：《长沙马王堆汉墓帛书概述》，载《文物》，1974.9，第43页；刘乃和：《帛书"张楚"国号与法家政治》，载《文物》，1975.5，第35—37页。

② 《史记》卷十六，第765页；《汉书》卷一上．第12页（德效骞：《〈汉书〉译注》第1卷，第42页）。

③ 《史记》卷八，第391页（沙畹：《〈史记〉译注》第2卷，第399页）；《史记》卷四八，第1961页；《汉书》卷一下，第76页（德效骞：《〈汉书〉译注》第1卷，第140页）。

④ 《史记》卷七，第297页（沙畹：《〈史记〉译注》第2卷，第250页）。

公的称号。① 在他的事业的初期，他赢得了其支持者萧何、曹参和樊哙等人的忠诚的友谊，这些人在后来创立新帝国时起了显著的作用。公元前208年阴历四月，他们与项梁的军队共命运了。

在项梁和项羽的领导下，对秦的威胁以一种远为有力的形式出现。他们通过重建原来的楚国（公元前208年阴历六月），企图取得公认的权威，② 就选立曾在秦的虐待下凄凉地遭受苦难的前楚王之孙为王。他们选立他，可能是有意识地企图激起反秦情绪和对受秦压迫的人们的同情。新的国都建于泗水河畔的彭城。

与此同时，作为战国时期列国的继承者，其他几国也正在组成：东面有齐和燕，中部有魏、赵、韩。秦政府也许了解到采取决定性行动的时刻已经来临，就派它的最能干的将领之一章邯去收复东面已丧的领土并消灭起事者。他最初在中国北部取得了胜利，但在围攻赵国的要塞巨鹿时受阻。巨鹿控制着通向秦的腹地的几条要道之一，非常重要，而对秦的抗击也很坚决，齐国和燕国都从更远的东面派来援军，楚王也派来一支由他的将领宋义全面指挥的军队。③

从巨鹿围城战中，项羽作为中国最能干和最杰出的军人脱颖而出。他的叔父项梁已经战死，宋义也不能完成他的解围任务。通过一次大胆的行动，项羽杀死了宋义（公元前207年阴历十一月），他亲自全面指挥列阵抗秦的大军。随着秦军的失败和章邯的投降（公元前207年阴历七月），他作为一个有成就的将领，为自己树立了名声，他的领导几乎赢得了普遍的承认。随着其他秦王朝将领的投降，他更是闻名遐迩了。④

当项羽在进行巨鹿之战时，楚王已派刘邦往西进入秦固有的政权根据地关中，对秦发起进一步的攻击。由于舍弃了进入这个根据地的

① 《汉书》卷一上，第10页（德效骞：《〈汉书〉译注》第1卷，第39—40页）。
② 同上书，第14页（德效骞：《〈汉书〉译注》第1卷，第45页）。
③ 《史记》卷六，第273页（沙畹：《〈史记〉译注》第2卷，第210页）。
④ 《汉书》卷一上，第17页以后（德效骞：《〈汉书〉译注》第1卷，第49页以下）。

更方便而明显的关隘，刘邦成功地渗入秦的这一心腹要地（公元前207年阴历八月）。① 在这个时候，他完全有理由因这一胜利的冒险行动的完成而为自己庆贺，因为在公元前208年之前已经商定，第一个进入关中的军官将被封为王，以示奖励。② 此外，秦都咸阳发生的事件也为刘邦最后的胜利铺平了道路。由于赵高的阴谋，李斯已被清除（公元前208年阴历七月）。在确保他的私人追随者对他效忠后，赵高随即谋害了二世（公元前207年阴历八月），以二世之兄之子子婴取而代之。新统治者称王而不称皇帝，③ 这在当时是意味深长和不同寻常的，因为这样就承认中国再次掌握在几个王的手中而不是在唯一的君主的手中。令人感到十分惊奇的是，新王通过策划把赵高杀死（公元前207年阴历九月），设法取得了优势。当刘邦成功地在蓝田打败秦军时，秦王投降（公元前206年阴历十月）；刘邦此时发现自己已控制了关中和帝国的国都咸阳。

根据我们见到的史料，咸阳城新主人的行为堪称典范，但这可能是历史学家在一定程度上拔高了他的行动，以便与其对手的行动进行对比。据说，刘邦向居民提出取消秦的严酷的刑律，而代之以很简单的法律，其中只规定对杀人、伤人和偷窃行为的惩处。④ 为了防止掠夺和暴力，他封闭了城中的皇宫和兵器库，只让他最能干的支持者和他后来的丞相萧何取走了国家的文献。在中国其他地方发现的几乎是同时代的文献都证明，这些国家文献很可能包括法律文告、土地和税收簿册或地图，即秦帝国赖以维持施政和防御的图籍。

刘邦这时等待楚王的命令；但约在他进入关中两个月后，项羽也进关来了。项羽与刘邦的宽厚和恪守纪律的行为相反，他杀害了秦王及其家属（公元前206年阴历十二月）。在把财宝分发给军官以后，他又把咸阳的宫殿付之一炬，并听任他的部队亵渎秦始皇的陵墓。⑤

---

① 《汉书》卷一上，第21页（德效骞：《〈汉书〉译注》第1卷，第54页）。
② 同上书，第16页（德效骞：《〈汉书〉译注》第1卷，第47页）。
③ 关于王和皇帝称号的讨论，见第1章《从王到皇帝》。
④ 《汉书》卷一上，第22页以后（德效骞：《〈汉书〉译注》第1卷，第55页以下）。
⑤ 同上书，第27页（德效骞：《〈汉书〉译注》第1卷，第64页以下）。

也许比他在咸阳的直接行为关系更为重大的是在大约四年的叛乱和战斗以后项羽采取的改组中国政治结构的措施；在这方面，历史学家似乎不可能出于偏见而把我们引入歧途，因为他们并没有必要这样做。项羽显然远不是把中央集权的帝国作为理想的政体形式来考虑，而是意在恢复大一统以前，甚或恢复公元前 3 和 4 世纪七雄并峙以前盛行的那种局面。项羽设法建立不少于 18 个小国，由它们组成一个联合体，以代替一个帝国或代替七国及其政制；他自己为第 19 国的国王，是这个联合体的盟主。①

项羽可能有意采取分而战胜之的政策，采取这种政策是后来中华帝国的许多名人的特点。在建立小国时，他准备（而且能够）满足当时强大的领袖而不管他们的出身如何，使用一些能人为自己效劳而不管他们原来依附于谁。为了扫清自己前进路上的障碍，项羽清除了楚王——首先尊他为义帝（公元前 206 年阴历九月），然后把他贬到一个边远的城镇，他在那里被刺杀。同时项羽本人采用的称号，使人想起从公元前 7 世纪起要求在政治上称霸的几个中国的王。② 他选用西楚霸王之名。楚本身也与赵、齐、燕、魏、韩一起被划分，组成 18 个独立的王国；项羽则决定从他的故乡彭城发号施令。这些措施在公元前 206 年阴历二月付诸实施。

在 18 个国家中，有三个在刘邦首先进入的秦的故土成立。这块位于关内的京畿地区现在由秦的三个降将章邯、司马欣和董翳统治。越过秦岭山脉，位于关中南面的汉中此时分给刘邦。可能项羽希望，把刘邦安置在这一偏远地区将能阻止他威胁自己的安全；最后，刘邦一旦与项羽清算了宿怨，就采用这块地区的名称作为他的王朝的称号：他此时已经称为汉王。

在开始时作为一系列反对秦官员勒索的地方叛乱，此时发展成为两人之间的火并。在进入关中后不久，有人曾劝项羽把刘邦处

---

① 《汉书》卷一上，第 28 页（德效骞：《〈汉书〉译注》第 1 卷，第 65 页以下）。《汉书》卷十三，第 366 页以下列表逐月叙述了这些国家的历史。
② 《汉书》卷一上，第 28 页（德效骞：《〈汉书〉译注》第 1 卷，第 65 页）。

死，但执行这一行动的计划毫无结果。① 除了这种背信弃义的证据外，刘邦还有正当的理由对不交出曾经答应给他的关内的土地表示不满。他耐心等待时机，不久他就能够乘机打败他的敌人和夺取他的领土。

刘邦在公元前 206 年阴历五月发动战役，他很快又成功地进入关中，项羽在那里所立的三个王战败或投降。他这时能够把这些向北和西北延伸到甘肃境内的领土组成若干郡；他从根据地栎阳在扎实的基础上逐步地建立了他的统治，他下令除秦社稷，而代之以汉社稷（公元前 205 年阴历二月）。百姓获准自由使用原来秦皇室专用的果园地、园林和湖泊，并免税役两年。

项羽谋害了义帝（公元前 206 年阴历十月），② 这样就给刘邦举兵击败项羽提供了理想的借口；他可以宣称他在惩罚一个弑君者。当他听到谋杀的消息时，已经进军抵达洛阳，他立刻向其他王发出共襄义举的呼吁。刘邦抓住这一有利时机直捣彭城，打击项羽的根据地。但形势很快发生变化：刘邦发现自己被项羽所围并被打败，只是由于一场暴风雨，他才得以逃生。③

刘邦的命运达到了低潮，只有几十名骑兵能成功地与他逃出彭城；原来乐于与他共命运的几个王乘机背叛，投奔了他的敌人；而项羽已经得到刘邦的几个亲属作为人质。他元气的恢复主要是由于萧何和韩信的努力。当刘邦东进时，萧何留守关中，得以征募新兵和收集新的物资，以弥补刘邦部队的不足；刘邦的战将韩信在华中获得了重要的地区，使刘邦能在荥阳建立他的根据地。

荥阳是一座重要的战略城市；它位于黄河这条大河向东北分流入海的地方。著名的敖仓就在附近，里面装满了来自黄淮这片沃野上生产的粮食；荥阳城的西面是通往关中的道路。但是靠近敖仓证明对刘邦没有什么价值。项羽有能力再次围困他敌人所在的城（公元前 204

---

① 《汉书》卷一上，第 24 页（德效骞：《〈汉书〉译注》第 1 卷，第 60 页）。
② 同上书，第 32 页（德效骞：《〈汉书〉译注》第 1 卷，第 72 页）。
③ 同上书，第 36 页（德效骞：《〈汉书〉译注》第 1 卷，第 79 页）。

年阴历四月）。① 荥阳城与敖仓被互相隔离，荥阳的供应短缺。由于施展一次计谋，刘邦又得以从敌人的包围网逃脱，但又只有一小批骑兵陪同。

尽管在军事上占了上风，项羽仍不能掌握全面优势，特别是因为这时韩信已经成功地争取到华东大部分地区的支持。为了报偿韩信的努力，刘邦封他为齐王（公元前 203 年阴历二月）。②

根据我们见到的记载，这两个领袖在某地会面。③ 项羽提出通过一场决战来解决问题；刘邦的答复则是谴责项羽的罪行，并声言要在战阵中一决雌雄。可是，两人在公元前 203 年真的达成了一项划分中国的正式协议，即承认刘邦为西面的汉王，项羽为东面的楚王。项羽把曾作为人质的刘家的成员送还刘邦，双方把军队撤至各自的基地。

这项协议没有照原样长期地维持下去，对此几乎不必感到惊奇；双方的领袖都能在各自权力最牢固的地区重整旗鼓，准备下一轮的厮杀。实际上是刘邦在其几个支持者的煽动下破坏了协议的条款。他们认为：汉处于更强的地位；楚军已经大伤元气；对项羽进行迅速和决定性打击的时机已经来临。最后阶段的斗争在今安徽省的垓下展开，刘邦的军队在那里成功地包围了项羽。《史记》以形象而生动的文字叙述了项羽成功地突破刘邦的战线逃跑的过程，最后他只带了 28 名追随者，接着非常英勇地自杀了。④

高帝最初的安排

公元前 202 年阴历十二月，随着项羽的战败和死亡，刘邦能够作为中国无可争议的主人着手树立他的权威。楚已经战败，它的国土已经交出；没有任何杰出的领袖人物能够阻止刘邦的雄心；似乎他的伙伴们已经获得领土，在那里以他的名义自立为王。除了地方组织外，

---

① 《汉书》卷一上，第 40 页（德效骞：《〈汉书〉译注》第 1 卷，第 84 页）。
② 同上书，第 46 页（德效骞：《〈汉书〉译注》第 1 卷，第 92 页）。
③ 同上书，第 44 页（德效骞：《〈汉书〉译注》第 1 卷，第 89 页）。
④ 《史记》卷七，第 333 页以下（沙畹：《〈史记〉译注》第 2 卷，第 316 页以下）；《汉书》卷三一，第 1817 页以下。

刘邦的行政措施几乎在所有方面都仿效在他之前的秦朝皇帝的榜样；可是在两个帝国政体之间，它们的政策或意识形态略有差别。

公元前 202 年阴历二月，刘邦经其伙伴的劝说，接受了皇帝的称号。[①] 他称帝的基础是他赢得了统治天下的实际成就。虽然文献提到道德品质是当皇帝的先决条件，但文献并未暗示皇帝的地位被视为上天的赐予。在这方面，这段情节及其叙述与公元前 221 年秦始皇的登基明显地相似。它可能与从王莽时代起专门把世上的统治与天意联系起来的一些登基不同。[②] 同样地，汉采纳了秦的宗教仪式。几个新的皇帝将尊奉秦王或秦皇在以前曾经为之立坛并进行祭祀的那些神祇（帝）。的确，早在公元前 205 年，汉王已经证明他对这些崇拜的关心，除了继续奉行祭祀其他白、青、黄、赤四帝的仪式外，他坚持应举行尊奉黑帝的仪式。他的行动明显地表明，新政体绝对相信秦始皇时期所采纳的水德这一庇护象征。[③]

汉高帝首先采取的行动之一是在宣布复兴措施的同时宣布大赦令，随后是部队的总复员，时值公元前 202 年阴历五月。这份诏令旨在赢得黎民的忠诚；它宣布恢复法律、秩序、安全及对黎民分发物质救济的措施。居民们要返回故居重整家园；在饥馑时期被卖为奴的人可以赎身；豁免某些税赋。在积极的方面，高帝同意尊重接受各级爵位的人的特权，并且宣布广泛授予这些尊贵的社会标志。[④] 这些爵位的价值在于具有物质利益，诸如免除某一些形式的国家劳务和减轻某

① 《汉书》卷一下，第 52 页（德效骞：《〈汉书〉译注》第 1 卷，第 99 页以下）。

② 见 B. J. 曼斯维尔特·贝克：《中国的真正皇帝》，载《莱顿汉学研究》（莱顿，1981），第 22—23 页；鲁惟一：《秦汉两朝皇帝的权威》，载迪特尔·埃克梅尔、赫伯特·弗兰克编：《东亚的国家和法律：卡尔·宾格尔纪念文集》（威斯巴登，1981），第 89—111 页。又见本卷第 13 章。

③ 《汉书》卷二五上，第 1210 页。关于这个行动的意义，见第 1 章《帝国时期的思想潮流》和《前 221 年水德的采用》和第 13 章《班彪关于天命的论文》；及鲁惟一：《水、土、火——汉代的象征》，载《奥萨津和汉堡自然学和民俗学协会通报》，125（1979），第 63—68 页。

④ 关于爵的等级及用它们作为施政手段的情况见第 1 章《奖励》、本章《侯与爵》；本书第 7 章《奖惩与法律》；鲁惟一：《汉代贵族爵位的等级》，载《通报》，48：1—3（1960），第 97—174 页。

些法律规定的惩罚。此外，高帝还命令以一定的形式赏赐土地。

这些恩赐所包含的原则直接来自秦的实践，即所谓的法家施政理论，它发给特定的奖励，以报偿为国效劳的行动。颁发这些赏赐的诏令屡见于汉代不同时期的历史，有时还一起颁布大赦令。赏赐尤其在帝国的盛典——诸如新皇登基，册封后妃，或太子成年——时颁发。

汉代诸帝保持了在他们最接近的前辈的统治下逐渐形成的中央行政制度。三公直接负责向皇帝提出建议。位于其下的是九卿，他们的职务相当于政府中划分的部，每人都得到一批下级官员和附属机构的辅助。这个体制基本上与秦代的完全相同。它将在整个汉代一直有效；其间为皇帝直接需要服务的私人秘书班子发展了起来，它不时地置高级官员的权力于不顾。此外，三公不久就减为二公，公元前 177 年以后，偶尔还任命太尉之职。[1]

汉代政府的一个重要特征在于有意识地在两名以上的高级官员之间进行分权。当丞相位居最高级的职务时，为贯彻重大决定而下达的行政命令必须通过他的同僚御史大夫；在特殊情况下，同时任命左、右两名丞相。财政的责任同样由大司农和少府分担，这个原则也适用于军事的安排。这样，驻于京师的部队分为南北两军，将领也配对地任命（例如左、右各若干名），以避免出现个人独揽指挥大权和随之带来的危险。

当正史报道任命诸如丞相或御史大夫等高级职务时，这表示这样的任命来自皇帝自己的行动，据推测，这些任命是以正规和合乎规章的字眼由皇帝批准的。但是史料对导致选任一个高级官员的动机和事件往往闭口不谈。在有些极为突出的事例中，前任失宠或罢官，接着任命的新在职官对前任是曾怀有敌意的。有时可以看出任命是阴谋的结果，有时可以料想，选任一个无足轻重的人来担任高级职务，是为了让别人取得行动和决策的自由。

---

[1] 见毕汉斯：《汉代的官僚制度》（剑桥，1980），第 10 页。关于官员编制的详细情况，见本书第 7、8 章；王毓铨：《西汉中央政府概述》，载《哈佛亚洲研究杂志》，12 (1949)，第 134—187 页。

　　有些官居极品的人的发迹和晋升是由于有庇护人荐举。另一些人则是皇亲，或是外戚；像这样的关系后来会影响政策的抉择。也许从公元前 115 年起，由于官员响应号召，推荐德才出众而受人注意的人，为吸收文职候补官员而采取的措施正在产生效果。作为取得委任的手段，专长逐渐与出身一样有价值了。

　　《汉书》卷十九的一个表提供了任命高级官员的日期和背景，还有他们的仕途生涯及终结的某些细节。在这些简短的条目中，我们可以看到某人从低级官员升至高级官员的青云直上的过程，如从侯升至奉常（太常）或升至九卿中只能由宗室成员担任的宗正的过程。其他条目记载了郡守、太仆或典客（大鸿胪）升至御史大夫的情况；一批御史大夫最后以担任丞相结束其仕途生涯。同一个表还记载了某个官员的结局，他或是光荣致仕或因病退隐，或是因暴力或涉及阴谋而垮台，或是落了个被控犯罪的下场。此表指出，公元前 5 年各级文官总数为 120285 人。但是表内没有各个职位的分类和它们的实际任职者情况，所以难以从这样简单的数字作出可靠的推论。①

　　管理新政府的主要责任交给了丞相和御史大夫，决策事宜只能提交给这两名官员。在直接行政方面，行政责任由九卿及其附属机构承担，它们的职责范围在收于《汉书》的职官表内有很简略的划分。②报告或奏疏由中央和地方的官员以书面或口头形式提出，以供最高层考虑；皇帝偶尔也亲自征求建议或意见，某个官员将给予经过研究的答复。明确的规定或决定以诏令的形式从皇帝通过各级官员下达。这些规定和决定可以以皇帝的直接公告和命令的形式表达；有时它们只用一个"可"字的形式，附于高级官员的建议或公告上。皇帝亲自为行政提出倡议的情况则不多。

　　汉代选都所根据的原则与秦相同，即注意战略需要和实际的有利条件，而不偏重与中国过去的光辉业绩有联系的因素。这两个帝国国都都选在关中自然屏障之内，而不选在其建都的条件是以周王室的文

---

① 《汉书》卷十九上，第 743 页。
② 例如，见《汉书》卷十九上，第 726 页关于奉常的职责范围。

化遗产为基础的地址上；当时政治家们的争论表明，这个问题在那时是明确地被人理解的。高帝登基之后不久，他的确住在洛阳，但在公元前202年阴历五月，他听从了其支持者的请求，迁往长安。长安（今西安）靠近秦都咸阳；有人信心十足地争辩说，长安拥有坚固的自然屏障，比洛阳更易取得供应。[①] 新的建筑群被建立起来，以炫耀帝国的强大，但是守城的城墙直到下一代皇帝（公元前190年）才完成。在汉朝，人们就长安和洛阳的各自优劣点和意识形态的价值进行了好几次讨论，但直到公元25年才真正迁都到洛阳。[②]

高帝登基后最早的诏令可能含糊地提到了秦行政措施的严厉性；他对官员训示说，用法是为了教导和启发，而不是作为鞭笞或侮辱公众的借口。但尚未采取正式措施以减轻秦执行的法律或实现他以前作出的关于三项主要规定的简易法典的诺言。[③] 公元前201、前198和前195年颁布了大赦令（死刑不赦），还有一次是在公元前195年皇帝去世之时。

地方组织

秦汉政府制度的主要差别表现在地方组织方面。部分地由于需要，部分地由于调和，汉高帝及其顾问在公元前202年采用的体制很快就遭到修正；结果它被改得面目全非，以致汉朝的创建者也难以认出这是他们建立的帝国结构了。[④]

---

① 《汉书》卷一下，第54、58页（德效骞：《〈汉书〉译注》第1卷，第103、108页）；卷四十，第2032页。

② 关于长安，见本章《惠帝统治时期和长安的加固》；斯蒂芬·J.霍塔林：《汉长安的城墙》，载《通报》，64：1—3（1978），第1—46页；关于洛阳，见第3章《京都》；毕汉斯：《东汉的洛阳》，载《远东古文物博物馆通报》，48（1976），第1—142页。

③ 见第110页注4。

④ 关于地方官员的官衔、职责和设置，见《汉书》卷十九上，第741页以下。《汉书》卷二八列出了公元前2年的帝国行政单位，还附有简短的历史注释，据此可以重新展现出以前的领地的安排和分配。关于王、侯领地的理论和历史，见表的几段导言文字，它们按年代顺序叙述了这些领地相继的主人（《汉书》卷十三，第363—364页；卷十四，391—396页；卷十五上，第427页；卷十五下，第483页）。

秦始皇和李斯断然把他们新征服的帝国组织成郡，这些郡由中央政府任免的郡守管辖，郡守的称号一直不得世袭。但是在秦汉两个帝国的间歇期间，项羽设想了一套根本不同的中国行政体制，即由他本人任霸主的 19 国联合体。随着一个单一帝国政体的重建，高帝设法调和这两种完全对立的制度，以便满足那些有功于他的人。这样，秦的模式就用于中国中部，那里被分成 13 个郡和一个直接由中央控制的单位（包括京师和京畿区）；但是其他地方则以另一种安排为主。

在内战的过程中，一批刘邦的盟友已经取得了帝国之前的列国的某些领土，并自己称王。刘邦已经承认了他们；这时他被公认为皇帝，如果他希望保持他们的支持，他就不能立刻剥夺他们艰苦赢得的成果。此外，刘邦的处境需要一个有效率的政府，以征收税赋，维持法律、秩序和保护中国不受外来的威胁。在这种形势下，高帝别无其他选择，只能承认现存诸王的地位和称号，而他们又指望把地位和称号顺序传给自己的儿子。

在公元前 202 年，就产生了这样的形势：在归皇帝直接控制的位于中央的 14 个行政单位的东面和北面的大片土地上总共建立了 10 国（见地图 3）。列国控制了远比诸郡广阔的领土和甚至更大的一部分中国人民；在诸王保证效忠的前提下，它们能起防备地方异己分子的有价值的堡垒作用。另外，在北方，它们处于敌人进攻时首当其冲的地位，所以他们能够保护皇帝和他的政府。然而，如果拥有这些强大王国的人中某一个或某几个企图闹独立，中央政府就将处于非常危险的境地；这些人曾经是当之无愧的将领，有些人又自称是过去传统王室的后裔。他们的国既大又富，足以维持独立。

鉴于各王国有其行政上的便利，于是高帝的问题是如何保留它们，同时又要赢得诸王的忠诚；如何授予足够的权力以保持四周边境的安全，同时又保持中央对使用那里的军队和资源的控制权。这个问题在整个中国的历史上必定会以不同的形式反复出现。在前汉，有人希望通过消灭那些有反中央潜在危险的王和以皇帝亲属取代他们的办法来解决这个问题。到公元前 196 年，所有在公元前 202 年被封的

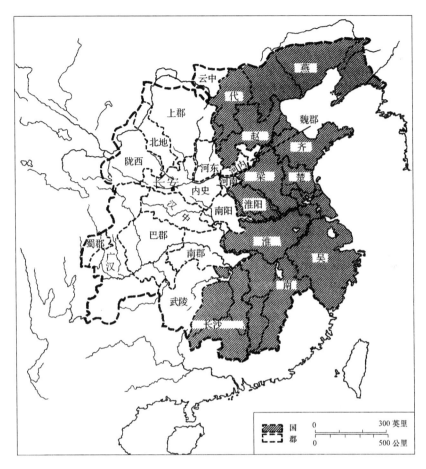

地图3　汉帝国，公元前195年

王，除一个以外，都被皇帝的弟兄或儿子所取代，被取代的共有10国。据认为，他们比来自其他不同家族的人更可能支持他的帝国。有些被取代的王被贬为侯；有的投靠匈奴（如公元前195年的燕王卢绾）；策划叛乱的一个王被处死。只有一国留下了不是来自刘氏家族的王系。这个王国在长沙，公元前203年吴芮在那里被立为王；他最后一个后裔于公元前157年死去，无男嗣。在位皇帝的一个儿子于是登上他的王位，开始了一个新王的世系。

这些事件发生后约10年，据说高帝与其支持者们郑重约定，非刘氏家族的任何人如仍被拥立为王，就协同行动，群起而攻之。① 然而这个原则在长沙国就没有行通；不久，它就公然被高帝的遗孀（吕后）破坏了。到了文帝朝（公元前 180—前 157 年）和景帝朝（公元前 157—前 141 年），一代代皇帝的更替已经使一度把皇帝与诸王联系起来的紧密的亲属纽带松散了；到了那时，他们已没有足够的力量去排除反对他们的危险了。

在公元前 195 年，约三分之二的汉帝国由效忠于皇帝的诸王统治；皇帝自己的中央政府控制了 16 个郡，② 并根据需要任命它们的郡守。每个王主持一个具有中央政府雏形的政府；它也设丞相、御史大夫和其他的官吏。他们负责王国内的征税和防务；他们是自主的，甚至受到鼓励，尽量使自己治理的地区富饶多产。诸王对皇帝效忠的标志是每年的朝觐义务；他们还必须上报其领土内的人口数字和征得的税赋，税收的一部分要上缴中央政府。虽然他们负责建设和训练军队，但如果没有中央政府的明确命令，就无权动员军队作战。

在下一级的行政单位，中央政府的郡一般被分成县；另外它们还包括一批赐给侯（贵族）个人的县一级的附庸。

侯是帝国时代以前制度中的一个贵族等级名称，早已受人注意，但这时它的使用的意义略有不同。侯为汉的两个贵族爵位中的第二等，第一等为国。它又是前面已经提到的作为皇帝赏赐活动之一的所封 20 级爵位中的最高级。③ 与国一样，设侯的目的有二：出于奖励皇帝官员的需要；出于尽可能广泛地在全帝国贯彻政府意志的需要。到公元前 195 年，对在文、武职位上有功的高帝支持者封了将近 150 个侯。有幸保存下来的一张受封者的名单显示了在世系最后中断之前这些爵位父子相传的情况。

① 《汉书》卷十八，第 678 页；卷四十，第 2047 页；卷九七上，第 3939 页。
② 此数包括内史治理的地区，公元前 202 年改组帝国后采取的措施把 14 个郡增至 16 个郡。
③ 关于爵的等级及用它们作为施政手段的情况见第 1 章《奖励》，本章《侯与爵》；本书第 7 章《奖励与法律》；鲁惟一：《汉代贵族爵位的等级》，载《通报》，48：1—3（1960），第 97—174 页。

表内的条目叙述了每一个封赠爵号的情况，并具体说明它们所受物质利益的范围。衡量物质利益的标准是侯有权利和义务筹措税收的户数，税收的一部分留作他们的收入，其余部分则上缴给中央政府。侯指派他们正当任命的下属（例如相）征收这些应得的收入，这些人虽然负责与县官的职责基本相同的工作，但是不能取得与政府官员相同的地位。同时，侯可以根据自身的权利拥有土地，这些土地不是因为封了爵号后才获得的。侯的称呼得自他们征税的户所在的地区。除了在创建王朝的过程中建有功勋这一原因外，封侯还可能有其他原因，如依靠与诸王或与皇帝的后妃的关系而受封。随之而来的制度史会说明，为了服务于政治目的，以后的封赏是怎样作出的，或是怎样有意识地予以终止的。①

对外关系

中国历史上最激动人心的一些事件——秦帝国的灭亡、激烈的内战和中国第一个长期存在的王朝的建立——成了从公元前210年开始的二十年的特征。在帝国内部，政治家和将军们进行缔造帝国前途和发展政府制度的工作。同时，中国的领土完整受到了威胁；皇室成员本人有时也与影响北方和南方的对外关系有牵连。

在北方，名叫冒顿的匈奴新领袖已经得益于中国的虚弱和无力集中足够的力量进行防御的形势。他组成的部落联盟扩大到与汉室诸王所领的地区紧邻的地方。由于诸国位于中央政府的郡和中国的潜在敌人之间，所以只要诸王保持忠诚，汉代诸帝便可以感到相当安全。但是诸王准备倒向匈奴事业的任何迹象，都可能使长安惊慌失措；而这类迹象在公元前201年已经引起注意，当时韩王信投降匈奴。

事情很快清楚，中国不能指望不受攻击。公元前201年高帝亲自上阵迎战入侵者，在平城几乎被匈奴部队所俘。汉政府发现自己已无力阻止进一步的袭扰；在长安关于匈奴拥有战术优势的谈论很有影响，汉政府不得不同意进行和解。很快一名中国公主下嫁给匈奴的领

---

① 见本章《地方的变化和刺史》。

袖，这部分的是作为安抚占优势一方的手段，部分的是希望结婚后的子嗣将会及时地赞助中国人。同时，政府还作了安排，每年中国向匈奴赠送珍贵的礼品。[①]

在南方，威胁中国的强烈敌对情绪还没有大量出现。北方人赵佗自立为独立的南越王。严格地说，南越位于秦曾经宣称进行统治的领土——广西和广东——内。但是汉代无力对赵佗的地位进行挑战。由于赵佗没有侵袭北方的汉领土（长沙国）的意图，高帝准备承认赵佗自封的地位；公元前196年，他派陆贾随带皇帝承认现状的诏书出使。居住在南方和西方的未汉化的部落，尚未受到汉族的渗透。[②]

没有证据证明中国的政府在这时对日本政府采取过任何的行动或进行过任何的互访。在秦帝国前的几个世纪已经受到中国影响的朝鲜由燕国人卫满建立了朝鲜国。此事发生在燕王于公元前195年投靠匈奴以后。卫满与汉政府之间还没有直接的接触。[③]

汉帝国的巩固，公元前195—前141年

前汉最初大约70年的特点是帝国力量的巩固、行政的试验和制度的修改。在这几十年中，政治家们集中力量加强国内中央政府的权力，再无精力进行扩张或与潜在的敌人作战。国家的政策原则上是时新派的，其目标是使新的帝国幸福安乐，有求于更古老的形式的迹象甚少；但是这种政策的执行还不能像武帝时期（公元前141—前87年）那样有力，那时物质资源能更好地加以利用，人民也更易被动员起来。在刘氏皇室的生存经受了一次短期威胁以后，随之而来的是文帝（公元前180—前157年在位）和景帝（公元前157—前141年在位）之治，两帝的性格和成就长期以来引起了中国作者的景仰。他们

---

① 《汉书》卷一下，第63页（德效骞：《〈汉书〉译注》第1卷，第115页以下）；卷九四上，第3753页以下。
② 《汉书》卷九五，第3847页以下。
③ 同上书，第3863页。

表 3

刘 邦 的 后 裔

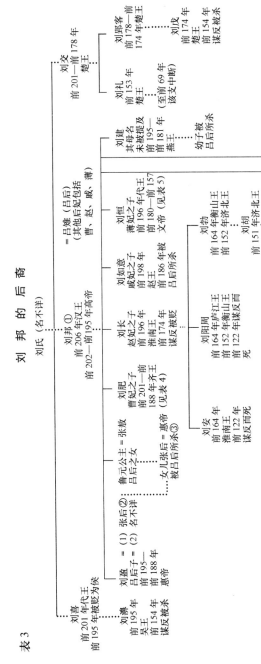

① 刘邦的其他两个表属被封为王：
1. 刘贾（刘邦堂弟），前 201—前 196 年荆王。
2. 刘泽（隔房堂兄弟），前 181 年琅邪王），前 179 年燕王（该支至前 127 年中断）。
② 死时无子。
③ 继惠帝位的是两个小幼皇帝，都非皇帝嫡系：1. 刘恭为一宫女所生，前 187—前 184 年为少帝恭；
2. 刘弘，衡山王，前 184—前 180 年为少帝弘。

由于井然有序地治国和治民而受到赞誉。文帝为了国家利益而躬行俭朴,所以特别被人称颂;这类赞赏可能是作为批评后世某些皇帝耽于奢侈的手段而被渲染出来的。

这些年巩固的主要成果可以从诸王国面积和力量的缩减以及同时期帝国沿黄淮流域的直接控制的扩大中看出。此外,有效的税收使帝国在公元前141年掌握的物质资源比以往任何时期都多得多。分裂的威胁来自高帝的遗孀吕后及其家族,这些人成功地控制宫廷和政府约有15年之久(公元前195—前180年)。

消灭刘氏家族的企图是短命的,未取得成功,但由于广泛的牵连及对后世历史的影响,它相应地具有较大的重要性。当吕氏家族进行夺权时,刘氏皇室的稳定性一点没有保证;王朝建立仅仅10年。这个时期出现了逐步消灭一批潜在争权对手的情况,但其他家族不能做到的事情,吕氏家族比大部分家族更能做到。这件事是中国历史上皇帝的后妃及其家族几乎把王朝搞垮的许多事例中的第一件。这类情况通常发生在正式登基的皇帝的力量或成熟程度不足以消除周围影响的时候。同时,不论皇帝是幼儿、未成年的少年或是弱者,他的存在对太后或有野心的政治家控制朝政和推行他们的计划来说显然是必不可少的。

如同以后类似的情况,吕氏家族发动的夺权活动给中国留下了一个王朝世系或典章方面的问题,因为安排好的皇位继承已经被人篡改或打乱。中国历史学家的态度是预料得到的,这个事件通常被描述为一件非法的篡位行动,而那些最后清除吕后的人受到尊敬并被给予特殊的待遇。在王朝史中的关键时刻,政治家们能够援引吕后的经历作为告诫,容许一个太后或公主突出她的位置将带来灾难性的后果。[①]

惠帝统治时期(公元前 195—前 188 年)和长安的加固

刘邦在他一生的一个较早阶段,娶山东吕家之女为妻。她为他生下一子一女,在他立为汉王以后的次年(公元前 205 年),其子刘盈

---

① 例如,见《汉书》卷三六,第 1960 页成帝朝(公元前 33—前 7 年)快结束时刘向所作的提示。又见鲁惟一:《危机和冲突》,第 301 页。

被指定为太子。① 刘邦称帝后，对原定的继位问题未作变动，虽然曾出现这类言论。因为高帝已经纳了几个妃子，她们生下的七个儿子比皇后之子更为健壮。但是尽管皇帝自己有意指定另一个妃子之子为太子，但吕后之子仍保持了太子的称号，并在公元前195年阴历五月高帝去世后正式登基。高帝当时年在五十岁至六十岁之间，据说他死亡的直接原因是他在公元前195年与淮南王作战时受了箭伤。②

新帝惠帝在其父死时仅15岁，过了四年他才正式举行据以被承认为成年的仪式（公元前191年）。不论他的性格多么坚强，他很难指望能够阻止他的长辈们对朝政和皇宫的控制。据正史记载（它们在这方面的偏见只能令人怀疑），他的母亲特别放肆、暴虐和残酷。据说她把高帝有意让其继位之子刘如意毒死，并将如意之母杀害，然后令人震惊地断裂她的肢体，这把皇帝吓得神志不清，使他决心永远不问国事。吕后还被认为杀害了高帝其他三个可能会对她的野心提出挑战的儿子。③

惠帝时期朝廷采取了两个重要的措施，一是在全国建立纪念先皇的宗庙，一是加固长安城。高帝宗庙的建立可能是想通过加强皇帝与国土边沿区之间的联系，以提高王朝的威信，它们的设立提供了汉王朝在以后的时间里遵循的先例。到了一定的时期，这引起了财政困难和恐慌，因为宗庙的数量和维修费用猛增；最后，由于国家的状况，它们的数量不得不削减。④

在惠帝时期，多次征募劳工去建造长安城墙。关于城墙的价值，用数字可以具体说明：将近15万名男女两次被派去劳动，每次长达30天。⑤ 他们从长安城附近征集，但有一次两万名囚犯也被调来协

---

① 《汉书》卷一上，第3、38页（德效骞：《〈汉书〉译注》第1卷，第30页以下、81页）。

② 此人为黥布，是非刘氏的诸王之一，他作为淮南王于公元前196年被刘长取代。见《汉书》卷一下，第78页（德效骞：《〈汉书〉译注》第1卷，第142页以下）。

③ 《汉书》卷二，第88页（德效骞：《〈汉书〉译注》第1卷，第178页）；卷三八，第1988页；卷九七上，第3937页。

④ 本章《宗教问题》。

⑤ 关于国家征集劳动力的情况，见以下《国内政策》。

助。到公元前 190 年阴历九月，工程经过五年的努力后完成。这次重大事件的特点是对人口中的男丁普遍赐爵。

前汉帝国京都的残存遗址位于今西安城的西北。该城呈矩形，其四边面向罗盘的四个方向，但有的地方不很规则，因此只有东面形成不断的直线。这些不规则形状可能是地形特征所造成，也可能是出于防御的需要。根据可能早在 3—6 世纪就已有的一种说法，长安城的这种不规则的布局旨在仿照大熊座和人马座两个星座的外形；这样，该城就与不朽的天体联系起来。不管这种说法是否正确，另外的宇宙论的考虑则是影响了东汉京师洛阳的外形的；但在征募人员到长安城墙劳动之时，这些宇宙论的考虑尚未被普遍接受。①

结果，城四周的每边约长 5 或 6 公里（3.5 英里），城内的面积为 33.5 平方公里（13 平方英里）。城墙的墙基宽 16 米以上，耸立的高度为 8 米，上面宽度减至 12 米。主体宫殿未央宫靠近城的西南角；其他的皇宫，包括位于主墙之外的一座皇宫，是后来增建的。设计此城的匠人们显然是根据一个方格平面图的构想进行工作的，平面图包括 160 个 500 步（693 公尺）见方的坊，但还不能肯定地说这个规划完成到了什么程度。四面城墙的每一面都有三座宏伟的城门，城门两侧可能有防守的塔楼，以便保持警戒。有迹象表明，每座城门建有三条分离的通道，每条通道的宽度能容纳四辆车辆通行。②

城内有每年诸王来京向皇帝朝拜时居住的王府。公元前 189 年开设西市，③ 这意味着东市已经设计出来；在后期，据一个未证实的报道，城内共有九个市场。这些市场在官员的监督下营业。关于当时长安的人口数字，还不能作出合乎实际的估计。

---

① 关于与北斗七星的关系，见保罗·惠特利：《四方的中轴》（爱丁堡，1971），第 442 页以下；霍塔林：《汉长安的城墙》，第 5 页以下；关于洛阳的平面图，见第 3 章《京都》；毕汉斯：《东汉的洛阳》。

② 关于这些结论，见霍塔林：《汉长安的城墙》；王仲殊：《汉代文明》，张光直等英译（纽约和伦敦，1982），第 1—28 页。

③ 《汉书》卷二，第 91 页（德效骞：《〈汉书〉译注》第 1 卷，第 184 页）。

正当西市在长安开市时，在黄河流域的敖仓正在整修。敖仓在楚汉内战期间已引人注目，这时开始的工程据推测是修复那些年所造成的损坏。惠帝朝所采取的其他积极行动还包括放松某些法律规定和取消秦朝不准私藏某些文献的禁令（公元前 191 年）。在外交事务方面，汉仍采取消极的政策，皇室一名成员被赐给公主的称号和地位，准备嫁给匈奴的首领（公元前 192 年）。在执行同样的安抚政策时，朝廷承认福建独立的东海王的存在，并且宽厚地接受了南越王赵佗的礼物（公元前 192 年）。[①]

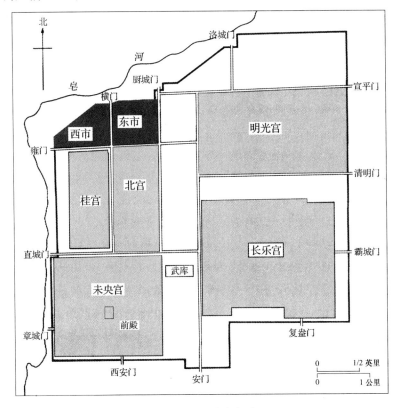

地图 4 西汉京都长安

根据王仲殊的《汉代文明》

---

① 《汉书》卷二，第 89 页（德效骞：《〈汉书〉译注》第 1 卷，第 181 页）。

吕后（公元前 188—前 180 年）

惠帝死于公元前 188 年。死时他不过 23 岁，但没有人提出他的死是由于谋杀。他的正式的皇后未生子，他的一个地位较低的妃子所生之子被正式指定为皇帝，称为少帝恭。仅在三年以后，他被也是幼儿的第二个傀儡少帝弘所取代。^① 这些正式的安排使吕后得以行使摄政的大权，负责国家大事。她有权颁布诏令，考古发掘不久发现一方用来表示她批准这类文件的御玺。这方御玺旨在象征帝皇的威严，玉质，上面刻有皇帝专用的文字。^②

吕后克制住自己，不作自行宣布为女皇的安排。她的做法在后汉时期和以后中国的王朝几次被一个皇后所把持时被人仿效。可是她拥有无可争辩的权力。她立自己家族的四名成员为王，违背了她与高帝和他的支持者之间的誓言；她还提升她的六名亲属为侯，并任命其他亲属为将军。这样，她就能确保她能指挥驻扎在长安的军队。但在远地，她就没有那么大的力量了。她的部队未能阻止匈奴进入中国的领土。在公元前 182 年至前 181 年，他们入侵陇西郡（甘肃南部），次年，他们抓走了 2000 人。同时，南方的南越王利用了中国的明显的弱点。为了试图抑制其王国的发展，中国政府禁止向南越出口某些有特别价值的物品，如铁制品。南越王被这种歧视行动所激怒，于公元前 183 年称南武帝，以此暗示他与中国的君主处于平等的地位。两年后，他入侵长沙国境内的汉朝领土。^③

吕后死于公元前 180 年，但死前留下了临终诏书，命她家属的两名成员担任最高的职务：相国和上将军。^④ 吕氏家族的成员受到这些

---

① "少帝"恭（公元前 187—前 184 年在位）据说出言威胁吕后而死于狱中。他被"少帝"弘（公元前 184—前 180 年在位）接替。有人怀疑两人是否都是惠帝之子（见《史记》卷九，第 410 页；沙畹：《〈史记〉译注》第 2 卷，第 438 页）。

② 见秦波：《西汉皇后玉玺和甘露二年铜方炉的发现》，载《文物》，1973.5，第 26 页。

③ 《汉书》卷三，第 99 页（德效骞：《〈汉书〉译注》第 1 卷，第 199 页）；卷九五，第 3848 页。

④ 《史记》卷九，第 406 页（沙畹：《〈史记〉译注》第 2 卷，第 428 页）。

任命的鼓励，决定争取消灭刘氏皇室。但是他们的野心被遏制了。高帝仍留有三名拥有楚国、淮南国和代国的后裔；这些人能够争取其他亲戚与其忠诚尚未被吕后和她的亲族收买的那些政治家的支持。高帝之孙齐王带头行动。在向其他王国的伙伴求助后，他率领自己的部队向长安进军；由于他们协同行动，吕氏家族被消灭。[①]

文帝(公元前180—前157年在位)和景帝(公元前157—前141年在位)

帝国的稳定和刘邦的封国制在清除吕氏家族时面临的考验，其严峻性不亚于吕后夺权时所受的考验。一些根本的问题影响着帝位的继承。与高帝关系的亲疏在多大程度上影响个人继承帝位的要求或权利，这个问题很不明确；同时也不能肯定诸王对帝制的忠诚是否会超过他们自己的野心和利益。

争取这个最高荣誉的两个可能的候选人为高帝的亲生子代王和淮南王；第三人为齐王之子，即高帝之孙，但他可以声称他的父亲是他两个叔叔的兄长。此外，齐国建于公元前201年；代和淮南公元前196年才建立，所以他的一支也比代王和淮南王两支更有资格继承帝位。

齐王所处的地位也比其他人更为有力。由于他的领导，吕氏家族才被消除，为此目的而向长安进军的也是他的军队。他对这些事情采取主动行动，部分地可以用齐国所受吕后的对待来解释；齐国丧失了许多领土，它们形成了吕氏家族所把持的几个王国。[②]

驱使齐王采取行动的动机不能肯定；可能他真正地急于想恢复祖父开创的大业；也可能他的主要目的是为自己取得帝位。但是有人会问，如果恢复刘氏皇室是齐王的主要目的，他为什么迟至吕后死亡以后才行动。由于没有中央政府的特别权力而派出军队，他越权行动了，这一行动甚至在他自己的支持者中也不无非议。

---

① 《汉书》卷三，第100页以下（德效骞：《〈汉书〉译注》第1卷，第200页以下）。
② 关于这些事件，见《汉书》卷四，第105页以下（德效骞：《〈汉书〉译注》第1卷，第221页以下）；卷三八，第1987页以下。

推举齐王登基的建议遭到反对，因为人们怕他母亲很可能效仿吕后；也提出了同样的理由来反对淮南王的候选资格，另外，他也还没有到达法定的年龄。这些保留意见对后来称为文帝的代王刘恒没有影响。对他的评语是，他不但有承担其使命必须具备的条件，即使命感和仁慈心，而且他母亲还被认为具有十分高贵的品质。于是长安传送信息给代王，请他登帝位。经过得体的谦让以后，刘恒离代国前往长安，住在长安的代王府中；不久，他同意接受御玺：其新尊号的象征。这时，齐王已解散其部队返回齐国。

新皇帝称为文帝，是在位时间超过 10 年的前汉诸帝中的第一个。

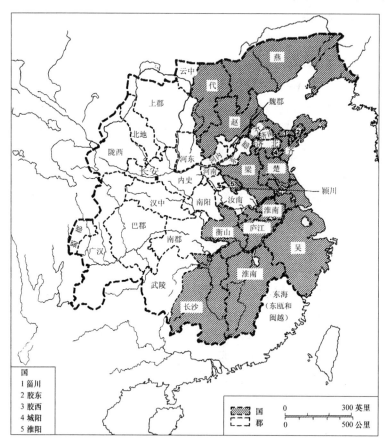

地图 5　汉帝国，公元前 163 年

他在位的时间超过了以前两代皇帝总的统治时间，这赋予了帝国迄今所缺乏的那种延续性和长期性的意识。王朝的稳定性因和平地传位于他的儿子而加强；后者为窦后于公元前188年所生，称景帝（在位期公元前157—前141年）。相对而言，这两代皇帝统治时期没有威胁帝国生存的事关王朝兴废的问题；它们都采用了旨在稳定社会和经济形势和巩固中央政府权力的措施。

朝廷没有出现皇帝的后妃及她的亲属直接干预国家事务的情况可能部分的是由于窦后对"道家"著作的偏爱。她可能更急于宣扬清静无为并通过这些方式使国泰民安，而不是想直接参政。她的儿子刘启，即未来的景帝只有服从他母亲的意志，学习老子的著作，别无其他选择。她于公元前135年死去，这也许可以视为汉代政治的一个转折点，因为这正好与王朝积累力量和修改制度以适应国家需要的漫长时期的结束相吻合。从此以后，国家的时新派政策以更强有力的形式出现；一个虔诚的《道德经》信奉者是很难赞同国家朝积极的和扩张主义的政策方向作明显的转变的。①

文、景两帝治下诸王国的减少

在文帝朝和景帝朝，中央政府的权力有明显的提高。文帝登基后约25年，帝国的政治家们已经意识到分离主义的危险性；他们感到必须控制或消灭某几个王，并且成功地应付了这一挑战。公元前164年和前154年，出现了帝国行政形态的主要变化，通过对公元前179年和前143年的

---

① 关于窦后爱好道家著作的情况，见《汉书》卷八八，第3592页；卷九七上，第3945页。近期从中国中部马王堆发现的文书证实，现存的《道德经》文本与文帝时流行的文本实质上并无什么不同。此外，马王堆文物中还包括可以确定为黄帝一派的道家思想的文书，这些文书在其他地方还未见到。见鲁惟一：《近期中国发现的文书初探》，载《通报》，63：2—3（1977），第118页以后；鲁惟一：《马王堆三号墓文书》，载于(1)《国际汉学会议纪要，历史和考古学小组》（台北，1981），第181—198页；(2)《中国：延续性和变化，第27届中国研究会议论文集》，1980年8月31日至9月5日，苏黎世大学（苏黎世，1982），第29—57页。又见威廉·G. 博尔茨：《从马王堆帛书看〈老子〉想尔注的宗教和哲学意义》，载《东方和非洲研究学院学报》，45：1（1982），第95—117页。

形势的比较，我们可以看到变化前后的差别（见地图3、5和7）。

在公元前179年，汉帝国基本上恢复到高帝末期的状态。吕后立的诸王已被消灭；要么他们被刘氏的成员取代，要么他们的领土被归还给分离前的行政单位。中央政府再次直接掌握京畿区及邻近的郡，这时共有19个郡，周围则为11个王国。对比之下，公元前143年的帝国则包括京畿区、40个郡和25个王国。在最初，少数郡被形成弧形圈的几个大王国所保护；到了公元前143年，甚至更明显的是到了公元前108年，中央政府的政令能在分散于全国的郡中实施，许多小王国作为飞地处在这些郡的包围之中。

总的说，诱使诸王向中央闹独立的原因有两个。有的王国位于边远地位，超过了与长安官员方便而迅速联系的范围。像齐或吴等地区从前曾经支持独立，并拥有丰富的自然资源；通过利用这些财富，一个王如果没有向皇帝朝觐或上缴税收的义务，是很容易维持自己的独立的。其次，时间的消逝改变了诸王与汉帝之间的关系，紧密的家族纽带这时不能自动地确保诸王的忠诚的支持。在高帝时期，大部分王国都委托给他的儿子治理。到公元前170年，只有三个王是在位皇帝之子；一为高帝之孙，一为高帝的曾孙；高帝兄长之子治理吴国，他的一个兄弟之子在楚国；一个旁系亲族为燕王。

削减诸侯国的行动部分地通过精心的安排完成，部分地通过利用时机——如某王的谋反或他死后无子嗣——来完成。[①] 大国被分成小单位，皇帝近亲中的刘氏成员被立为这些小国之王。如果一国谋反，中央政府就接收该国领土的一些部分，把这些部分的领土作为郡来治理，原来的王国于是变小。这样，在公元前179年至前176年期间，政府接管了梁的一部分，并把这一部分划为东郡；赵、齐和代诸国由于它们的部分领土被建为河间、城阳、济北和太原四个王国而被削弱了；高帝时期曾经短期存在的淮阳国这时分成淮阳、颍川和汝南三

---

① 关于诸王的继承和取代及大国分成小单位的基本材料可见《汉书》（卷十四）的世系表之一。关于个人所起的作用，见于诸如《汉书》卷三五、三八、四四、四七和五三的列传。

郡。意义甚至更为深远的是淮南的分割和齐国进一步的缩小，它们曾是帝国两个最有实力的部分。

虽然高帝时期所定的淮南国的南部边界还不能确定，该国可能幅员很广。在公元前 174 年淮南王谋反以后，淮南显然是作为郡来治理的。公元前 164 年恢复为国，但领地大为缩小；两个新国（衡山和庐江）这时把淮南分成两部分。同年，齐王死后无后裔，这给文帝提供了削弱该国实力的理想机会，该国因有丰富的鱼、盐、铁和受资助的丝织业而繁荣兴旺。到公元前 163 年，在原来组成齐国的土地上至少另立了五个国。它们都交给高帝的孙子们治理，因此这些王都是在位皇帝的晚辈；同时，他们的一个弟兄成为领地大为缩小的齐国之王。

在景帝朝一开始，朝廷就采取进一步的措施去孤立诸国和缩小它们的领地。这个机会发生在公元前 154 年，当时吴王同几个与他一伙的王协同行动反对皇室。当时他已 62 岁，但他的不满是由来已久的。他的儿子和指定的继承人因为下棋（六博）而与太子发生口角后，在长安被杀。[①] 他视为杀害其子的那个太子，这时就是在位的皇帝。此外，还有几个明显的原因可以说明东或东南的诸王为什么准备追随他叛乱：独立能使他们自由自在地享受自己国内的自然资源，而不必向中央上缴税收；像吴国那样的边沿国能够窝藏逃脱帝国官员缉捕的罪犯或逃兵。几个政治家已经看出，从帝国的长期利益考虑，诸王的权力必须削弱。[②]

不论动机如何，叛乱的规模比汉代历史上见到的任何类似冒险活动要大得多。其他六个王被说服参加，不但包括山东半岛几个小国的王，而且还包括根基牢固的赵和楚的王室。但是中央政府对这一威胁已有了准备，甚至可能采取行动促使它爆发，因为自信能够取胜。通过镇压叛乱者，政府能够沿从华中通往沿海的两条宽广的路线把郡扩大到山东半岛的两边。最后，虽然自大而古老的齐、赵和楚残存下

---

① 《史记》卷一〇六，第 2823 页。六博可能不但是一种消遣，而且是一种占卜。口角可能是因六博的一二轮的预言引起的。

② 见《汉书》卷十四，第 395 页；卷四八，第 2230 页以下；卷四九，第 2299 页以下。

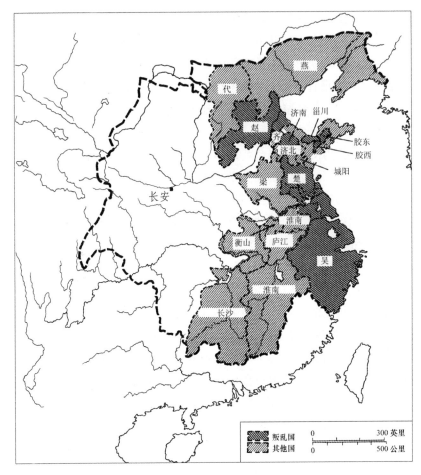

地图6 叛乱诸国，公元前154年

来，它们却悲惨地被割裂和孤立，处于日暮途穷的境地。策动叛乱的吴国被重新命名为江都，由另一王室治理。

这时又进一步发生了变化。始于公元前203年吴芮统治时期的长沙国王的一支在公元前157年消失，当在公元前155年重立长沙国时，新王来自刘氏皇族。最后，高帝作出的只有刘氏家族成员才能为王的誓言完全得到遵守。

公元前144年当梁王未留下继承人而死去时，梁国分成五个部分，每个部分分别由一个王监管。可能几乎在同时，景帝的政治家们

134

通过接管北方的代、燕两国和南方长沙国的领土，分解了帝国其余的大王国。最后的这些变化是一种新现象，因为帝国直接控制的新郡位于帝国边陲。政府不再满足于依靠诸王来防御敌人或在对付入侵者时让他们充当缓冲者；中央政府显然希望自己来监管那些有可能受袭击和破坏的地区。

表4　　　　　　　　　　齐王刘肥的后裔

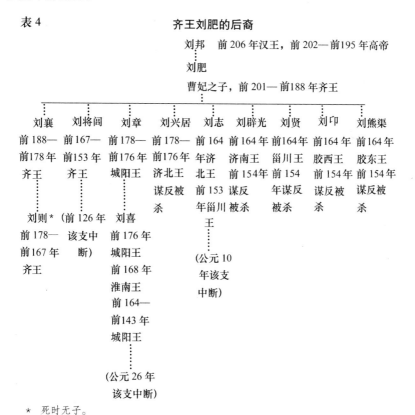

*　死时无子。

在公元前 155 年至前 145 年期间，总共有 14 名景帝之子被立为王。[①] 值得注意的是，至少有九个王在位达 25 年以上，一个王在位长达 67 年。这些事实说明，许多景帝之子在他们称王时尚未成年；他们之能取得王位，是因为相信他们年纪轻不致引起麻烦。其中的一

① 见《汉书》卷十四，第 409 页及以后各页的条目。

个儿子刘彻登位为胶东王时年仅四岁（虚岁）。与他的弟兄不同，他当胶东王只约四年。公元前150年，他得到擢升，被指定为皇太子；他在历史上以他的皇帝名号汉武帝最为知名。[①]

除了缩小和分割诸王的领地外，景帝还作了典章上的变动，以削弱他们的权力和减少他们招纳随从的机会。在此以前，他们都有一套适合一个王的朝廷的官员编制，以使他们能卓有成效进行治理。在公元前145年，通过正式改变官衔，他们的高级官员（即丞相）的地位降为相，并直接由中央政府任命。其他的高级官职都被取消，他们的朝臣和大夫的人数也大幅度地减少。[②] 还有几个阻止诸王发动分裂活动的措施，这些将在武帝时期被采用。

贾谊和晁错

贾谊和晁错因劝各自的皇上采取坚定的措施而获得人们的赞誉；他们都力主削弱诸王和其他方面的权力。他们两人都可被视为具有时新派精神的人，因为他们希望维护当时国家的现状和加强帝国的结构；两人都未能施展其政治家的才干。贾谊至死未担任国家的重要职务，而晁错则被判以公开处死。[③]

贾谊（公元前201—前169年）几乎已成为中国历史上的传奇人

---

① 《汉书》卷五，第143—144页；卷六，第315—316页（德效骞：《〈汉书〉译注》第1卷，第315—316页；第2卷，第27页）。

② 《汉书》卷十九上，第741页。

③ 关于这两个政治家的主要材料，见他们的传记，《史记》卷八四，第2491—2504页（伯顿·沃森：《英译〈史记〉》〔纽约和伦敦，1961〕第1卷，第508—516页）；《史记》卷一〇一（沃森译注第1卷，第517—532页）；《汉书》卷四八，第2221—2266页；《汉书》卷四九。另外见《史记》卷六，第276—284页；卷四八，第1962—1965页（沙畹：《〈史记〉译注》第2卷，第219—236页；狄百瑞等：《中国传统的来源》〔纽约和伦敦，1960〕第1卷，第150—152页）；《汉书》卷三一，第1821页以下关于贾谊著名的《过秦论》。关于两位政治家论经济事务，见《汉书》卷二四上，第1128—1134页（斯旺：《古代中国的粮食和货币》，第152—159页）；《汉书》卷二四下，第1135—1156页（斯旺前引著作，第233—239页）。《新书》（非贾谊所编）中贾谊的文集可能没有收于《史记》和《汉书》中的版本可靠，见江润勋、陈炜良和陈炳良合著：《贾谊研究》（香港，1958）。

物，他在历史上俨然是其美德在当时未得到赏识的政治家的典型。他的文章和诗被人们称颂，其中有的留传至今；他极力提倡许多被认为是孔子的伦理思想和社会观念；他的最著名的论文之一论述了秦朝的缺点。因此，他通常被人列为儒家。

但是，这样的描述不能完全令人满意。在政治思想方面，他是帝国原则的坚定的维护者，当时，这些原则是以秦的榜样和制度及所谓的法家哲学家为基础。他对秦的批评并不是专门打算攻击商鞅、李斯或秦始皇的目标和政策；相反，它旨在揭露这些人在贯彻他们的原则时的缺点，并告诫当时汉代的皇帝应如何避免这些错误。贾谊认为，他们的某些缺陷是由于抛弃了与孔子有关的伦理理想而产生的，他热切地希望他自己的皇上能避免采取导致秦灭亡的暴政。

贾谊担任过的最高职务是太中大夫，据说他的政敌阻止他升至国家的高级职务。他被任命为长沙王的太傅，自认为功业未成而于 33 岁时自杀。但在此时期，他曾就两件重大事情向文帝提出积极的建议。他已看出必须立刻削弱诸王的权力；他还看出和匈奴算账的日子不能长期拖延下去。

晁错（死于公元前 154 年）也是献身于帝国大业的政治家，他在公元前 155 年至前 154 年曾任帝国三个最高职务之一的御史大夫。据说他个人曾使《书》免于亡佚，所以他不能绝对地被描述为反儒家的人。他比贾谊更坚强，是一个能有条理和系统地分析当时问题的务实的政治家。他劝景帝勇敢地对付诸王的挑战；他总结了影响与匈奴关系的战略和战术；他力主采用为国家增加农业生产的措施。与贾谊一样，他也很清楚秦的错误和缺点。

这两人的差别是一种程度或侧重点的，而不是原则的差别，根据我们见到的史料，他们的知识基础也不同。据说晁错在商鞅和申不害著作的基础上深造；而贾谊则受《诗》和《书》的熏陶。在《汉书》保存的晁错的那些文章中，他没有涉及与儒家著作有关的伦理理想或社会等级，从西历纪元之初，他就被列为法家。

贾谊和晁错向各自的皇上提出了基本相同的建议，而且都被采纳了；但是贾谊受到英雄般的对待，而晁错直到不久前才被中国的作者

表5

文帝及其后裔

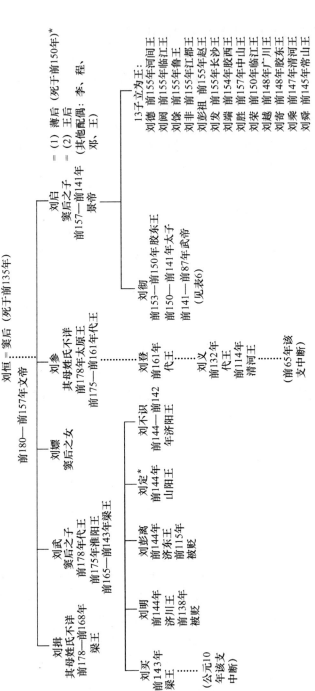

刘恒＝窦后（死于前135年）
前180—前157年文帝

刘揖 其母姓氏不详 前178—前168年 梁王

刘武 窦后之子 前178年代王 前175—前165年淮阳王 前165—前143年梁王

刘嫖 窦后之女

刘参 其母姓氏不详 前178年太原王 前175—前161年代王

刘启＝(1) 薄后（死于前150年）* ＝(2) 王后（其他配偶：李、程、邓、王） 窦后之子 前157—前141年 景帝

刘买 前143年 梁王 ……（公元10年该支中断）

刘明 前144年 济川王 前138年 被废

刘彭离 前144年 济东王 前115年 被废

刘定* 前144年 山阳王

刘不识 前144—前142 年济阴王

刘登 前161年 代王

刘义 前132年 代王 前114年 清河王

（前65年该支中断）

刘彻 前153—前150年胶东王 前150—前141年太子 前141—前87年武帝 （见表6）

13子立为王：
刘德 前155年河间王
刘阏 前155年临江王
刘馀 前155年鲁王
刘非 前155年江都王
刘彭祖 前155年赵王
刘发 前155年长沙王
刘端 前154年胶西王
刘胜 前157年中山王
刘荣 前150年临江王
刘越 前148年广川王
刘寄 前148年胶东王
刘乘 前147年清河王
刘舜 前145年常山王

＊ 死时无子。

称颂。不同的待遇可能是由于两个原因：中国的作者偏爱的是那些被列为儒家而不是法家的人；晁错死亡时的环境。到公元前155年，他已升任仅次于丞相的御史大夫；他在次年死去，成为妒忌他的政敌的受害者。有人向皇帝提出，清除晁错将会赢得心怀不满的诸王的忠诚；但是当晁错被处死时，吴王及其盟友仍然发动叛乱反对中央，所以这种主张的虚伪性就昭然若揭了。

国内政策

诸王国的孤立和缩小在黄淮流域和山东给中国留下了许多小行政单位。帝国最富饶的部分已被分成官员可以对它们行使权力的较多的小单位。大约到公元前150年，政府的施政比以往更为有力了。

同时，有种种迹象说明，中央当局注意到了贾谊提出的关于防止暴虐政策的警告。在公元前180年至前141年期间，人民得益于八次大赦；公元前167年，包括致残的特别严厉的刑罚被取消；在帝国的重大庆典时，政府还普遍赐爵六次。

公元前168年，对产品的标准税率从1/15减至1/30；次年，这项税全部被取消。当公元前156年重新开征时，税率依然是较低的1/30，这在汉代一直是标准税率。但是尽管有这些措施，据说到景帝末年，国家仍积累了大量作为税收的钱粮。文帝传统形象的重要部分是一个决心不使人民负担不必要的费用和为公众利益而克制自己欲望的皇帝。[①] 在文帝时，贾谊请求减少用于奢侈品的不必要的开支；他还设想了在他死后约50年采用的若干措施，根据这些措施，铸币将由国家垄断。

到景帝末年，汉政府的基础已经牢固地建立起来；施政的主要原则已经制定；个人指望从官员那里得到的待遇的定例已经确立，这种关系的形式也已经形成。帝国政府对整个民众正在产生强有力的影响。

也许9/10的人口在农村生活和劳动。许多农民习惯于使用木质

---

① 《汉书》卷二四上，第1135页（斯旺：《古代中国的粮食和货币》，第173页以下）。关于说明文帝俭朴的一件轶事，见《汉书》卷三六，第1951页。

工具；如果他们幸运，也拥有铁器。人们对付旱涝和饥馑等自然灾害的能力很弱，在受灾时期他们能指望从地方官员和粮仓得到救济。少数有天赋的人可以充当工匠，他们装饰帝王的宫殿，制造玉、石、铜、漆等玩物以供帝王们玩赏；或者他们准备其帝王死后所需要的一切装备，或者装饰陵墓，为帝王的亡故做准备。

在正式说法中，称呼个人用姓名和籍贯，连同其可能接受过的爵位。这种材料提供了某人故里所在的郡（或国）、县（或侯）和乡里的名称。它给对某人的职业、劳务和行为负责的行政官员提供了指南；通过对某人爵位的了解，万一此人陷于法网时，官员们就知道他应有的特权，以及他被豁免律令规定的义务的程度。

当人们在登记人口、应征入伍或纳税时，他们通常与官员们直接打交道。这些官员是这人乡里的低级文官；人们只有在犯有比较严重的罪行或不端行为时，才能见到更高级的县或郡的官员。23 岁至 56 岁之间的男丁除了应缴人丁税和田赋外，还应服两种律令规定的劳务。[①] 他们要在军队中服役两年，或者在本地受训或担任治安工作，或者可能戍边；他们在紧急情况下有应召的义务。此外，男丁每年要在劳动队伍中服劳役一月，在地方官员辖区内从事各种劳动。他可能奉命把大宗产品从田地运往粮仓或从粮仓运往集散地；也可能被派去建筑道路和桥梁，或者去维护河道。有时服徭役的人被派去建造皇帝的宫苑或陵墓；在公元前 119 年国家进行盐铁专卖后，劳役者被派去开矿。有时候也可能雇人代替去履行这些任务。

触犯法律能招致长期诉讼和严厉惩罚。对判决提出上诉几乎没有希望取得成功，减免的唯一机会寄托在有幸碰上帝国的大赦，或者多年争取到的爵位带来的特权。一旦判决，男女囚犯的生活可能是严酷的；当服刑已有一段时期，在一定情况下，生活条件会有所改善。

这时，国家祭礼的仪式开始受到重视。文帝是汉代诸帝中亲自在公元前 165 年去雍郊祭五帝的第一人；次年，他参加了渭阳新建祭坛

---

① 服这种形式的劳务的最小的年龄有时降低到 20 岁。见斯旺：《古代中国的粮食和货币》，第 49 页以下。

的仪式。景帝在公元前 144 年向雍的宗教遗址表示敬意。①

外交关系，公元前 180—前 141 年

贾谊和晁错都对中国易受匈奴攻击的情况表示关心，他们的担心是事出有因的。公元前 177 年，中国遭到匈奴通过鄂尔多斯地区的大规模入侵，中国在那里无力抵抗。在公元前 176 年至前 174 年期间，汉朝进行了一系列和平的妥协活动，其中包括互赠礼品，通信和相互致意。但是在匈奴新单于登位后，公元前 166 年的又一次入侵粗暴地破坏了和平。敌人的骑兵深入离长安城不到 120 公里之处。但是匈奴没有与中国的守军进行大战，随之而来的是每年对中国边境的袭扰。在以后几年中，所发生的事件的形式几乎重复得分毫不差：公元前 162 年恢复友好关系，公元前 160 年新登位的单于又破坏了双方的关系。约在这个时期，据说中国人建立了烽火台的瞭望站系统，以后似乎一度没有大的入侵。但在公元前 155 年，中央政府肯定意识到一种潜在的危险；某个反叛的王国完全可能在向汉帝挑战时说服匈奴与之合作。这个考虑可能促使中央政府作出瓦解北方边境诸王国的决定。

在南方，中国能够更大胆地行动。文帝派陆贾率一使团说服赵佗放弃他近期所称的帝号；陆贾的成就表现在，赵佗同意照办，表示他作为长安汉帝的臣民，承认应对长安的汉帝效忠。②

时新派政策的充分发挥，
公元前 141—前 87 年

武帝时期（公元前 141—前 87 年）标志着汉代历史的新转折。巩固工作让位于扩张和积极的主动行动；建设性的政策被采纳，以加强中国的国力和解决它存在的问题。政治家们计划改进国内的施

---

① 见《汉书》卷四，第 127 页（德效骞：《〈汉书〉译注》第 1 卷，第 258—259 页）；卷二五上，第 1212 页；鲁惟一：《汉代中国的危机和冲突》，第 167 页以下。
② 《汉书》卷九五，第 3349 页以下。

政和加强对其人民的控制；计划组织经济和增加国家的收入；计划
消除入侵的威胁和改善中国在边远地区的利益。到公元前 108 年，
汉朝的军队已经向外推进到最远的距离，新的移民冒险活动也正在
组织之中；公元前 105 年的宗教仪式显示了汉皇室对号称取得的丰
功伟绩的自豪感。

这些发展的取得并非没有遭到非难，也耗费了大量中国的资源。
武帝末年的特点是执行紧缩的政策；汉朝的军队不再是百战百胜了。
有迹象表明帝国国库已经空虚；法律和秩序遭到破坏；皇室本身的稳
定也受到妒忌、倾轧和暴力的威胁。

公元前 141 年当武帝之父死时他年 16 虚岁。九年前经过了宫廷
阴谋和取消了景帝的第一个继承人人选后，他被指定为太子。新皇注
定要掌握中国的命运达 54 年之久，这是中华帝国史上统治时间最长
的皇帝之一。许多作者认为他具有活力和主动进取的个人品质，并坚
持这些是使他在位时取得种种成就的原因，[①] 但经过更缜密的考察，
支持这种主张的证据远不是明确的。这几十年中所采取的大部分主动
行动可以归因于他的顾问的建议，这些人中有的是外戚；但是武帝本
人没有亲自参加指挥本朝著名的军事远征。我们从读到的材料知道他
主持宗教仪式，监督黄河堤坝修复工程的最后一些阶段，或检阅凯旋
而归的队伍。此外，据说他寻求长生不老的方法或听从术士和方士的
花言巧语。当后妃和外戚之间不和时（公元前 91 年），60 岁的皇帝
显然不能用他性格的力量平息混乱。虽然没有办法说明他个人是否得
人心或激发人民的忠诚，但与他的名字联系起来的政策很快遭到了尖
锐的批评，理由是好大喜功和无端牺牲生灵。

行政的任务

随着文帝和景帝采用的措施所带来的行政工作的日益复杂和繁
重，政府愈来愈需要招纳更多的人从事文职工作，新皇的最初几个
步骤是注意吸收合适的候选人。在公元前 178 年和前 165 年，政府

---

① 见德效骞：《〈汉书〉译注》第 2 卷，第 7 页。

号召向皇上荐举这类人才；这些号召在公元前 141 年以诏令的形式再次提出。[①] 这导致大部分资深的官员推荐德才兼备或对重大问题能够大胆陈述意见的候选人。在公元前 135 年以及在整个汉王朝的其他重大庆典时，荐举人才的号召又被提出，其用意是通过回答皇帝亲自（在理论上）提出的问题，来证明候选人的才能。

从这些礼贤下士的最初行动和解决迫切问题的务实的企图开始，最后出现了高度复杂的科举制度，这就形成了中国帝国行政中一种非常引人注目的特征。从一开始，凡候选人的观点反映了申不害或韩非著作精神的，就要受到一定程度的歧视。培养中国官员的进一步措施表现出一种偏爱与孔子有联系的传统著作的明显的偏见。这就是在公元前 136 年为博士设置官职之事，目的是让这些人专门研究《易经》、《诗经》、《书经》、《礼记》和《春秋》五部指定著作的诠释。这一十分重要的诏令具有深远的意义；中国经籍的观念即由此产生，据此还开了以这些著作培训官员的先例。从公元前 124 年起，下令应派 50 名学生由博士培训；但已无法估计贯彻这一命令的有效程度。[②]

一个官员经常的配备物品包括毛笔、砚、刀和印鉴。他写报告时使用在近期演变成的隶书，这种字体没有前帝国时期的字体繁复，并且对新型的文房四宝很适合。例行的公事写在用麻带联结的窄木简上。丝帛专门用于书写特定的文书：这些文书可能是以精美的书法写成的某些文学作品的抄本；或是一连串木简容纳不下的材料，如地图或表格。刀用于抹字，这或是由于书写错误，或是为了把木简刮擦干净后再予使用。写完报告后，官员们在用以固定一卷木简的小黏土块上加盖印鉴；这种印鉴表示文书生效。

中央政府和地方官员的大部分时间和精力用在草拟例行公事的

---

① 《汉书》卷四，第 116、127 页；卷六，第 155 页（德效骞：《〈汉书〉译注》第 1 卷，第 241、259 页；第 2 卷，第 27 页）。

② 《汉书》卷六，第 159 页及第 171 页以后（德效骞：《〈汉书〉译注》第 2 卷，第 32、54 页）。

报告和收集治理帝国所需要的基本材料。吏的工作是抄录诏令和历法，以便向各郡县分发。在地方官署，在职官员要准备他们治地的作为每年统计基础的人口和土地簿册。他们填报所收税赋的报表和账册，以证明他们是否兢兢业业地征收应收的收入和支付官方的开支。有时这类文件保存一式两份。帝国的其他官员负责填写路单或身份证件，官员在规定的旅程中通过所控制的地方时，必须交验这些证件。①

从武帝及以后时期的文书残件中可以看出汉代官员履行其公务的方式；现在还存有少数几份用于政府公务的地形图和军事地图。正史中有几卷所包括的摘要就是以那些数目不详的在政府官署中任职的吏和官员的工作为基础的。② 其他的卷包括的文书，诸如对行政工作的直接建议或其他官员提出的对政策的批评，通常经过删节，它们来自上层官员。

不同的官职的职责大不相同。正式的官僚等级制确保职责的分派，职责的范围既划分明确，又得到正式的承认。这样，低级官员可以得到保护而不对其上级的过错负责；同时也可能出现一种遏制主动性的倾向。行政机构中有些最负责任的职务由郡守担任。许多郡远离京师，它们的郡守需要在不能经常商讨的情况下作出决定；他们在文武事务中有作出最后决断的职权。在这些高级官员中，许多人肯定感到很孤寂，不能享有华夏文明和与其志趣相投的同胞共处的乐趣；不妨把例如在朝鲜的一些郡任职的汉代官员的生活方式与在不列颠的城郊和边区村落度日的罗马军官的生活方式作一比较。

---

① 这类文书首先在组织中国西北防务的官员和部队留下的遗物中找到；见鲁惟一：《汉代的行政记录》。在早期的发现以后，又在同一区域的遗址中发现更重要的文物，但这些尚待发表。关于更近期在华中发现的文书的其他例子，见鲁惟一：《近期中国发现的文书初探》，载《通报》，63：2—3 (1977)，第 104 页；关于秦代的文书，见何四维：《1975 年湖北发现的秦代文献》，载《通报》，64：4—5 (1978)，第 175—217页；《秦法律残简》（莱顿，1985）。

② 例如见《汉书》卷二八，其中列出了帝国的行政单位，并相当详细地说明它们的大小和范围。

在武帝时期，一种新的纪年方法被采用。到那时为止，纪年分别从每位皇帝在位的第一个整年算起（例如，文帝一年和二年相当于公元前179年和前178年，等等）；但从公元前113年起，政府开始习惯于宣布年号，用年号来确定年份，年号每几年更换一次。这一制度之使用部分的是出于方便；部分的是确认王朝宣布的某些特点、特性或目的；部分的是为了纪念一些重要事件。例如，公元前113年在汾阴发现古铜鼎，被认为是给王朝带来幸福的一个非常吉祥的征兆。通过采用"元鼎"为年号，政府广为宣传它接受如此明显的吉兆的洪福。这个年号的采用是追溯性的，因此元鼎元年相当于公元前116年。又有几个年号被追溯性地采用。以表示公元前116年以前武帝朝的年份。从这时起，每隔几年换一新年号成为常事。这些年号见于大部分的国家文献，它们提醒了读者一些王朝的重大事件，突出了举行的宗教礼仪，或者表明了政府的精神状态或态度，所以起到了政治口号的作用。这一制度直到帝制终了之前还在使用。[①]

地方的变化和刺史

在武帝时期，地方行政有了重大的变化。郡和国的面积缩小了，同时随着本朝的领土扩张，一批新郡被建立。在公元前135年至前104年期间，京畿区被分成四个单位；在公元前135年至前111年期间边疆区的四个大郡被分割以增设五个新郡。在楚的很小一部分地区建立了泗水国（公元前115年）；在公元前136年至前114年期间，14个王国或被改组，或丧失领地，领地被接管而成为中央政府管辖下的郡。也许受影响的国中最有名的是淮南国，随着叛乱和淮南王之死，它在公元前122年不复存在。但是，后人对淮南王的了解，与其说是和他的叛乱和淮南国的命运

[①]　关于对铜鼎实际发现的日期及追溯性地采用年号的做法的怀疑，见德效骞：《〈汉书〉译注》第2卷，第71、121页。当时具有特殊意义的年号有"元封"（表示皇帝于公元前110年登上泰山）、"太初"（表示公元前104年皇帝感觉到的自豪感）。关于纪念吉兆的年号，见下文《思想文化背景》。与早期做法不同的是，明清时期，一个皇帝的整个在位期用一个年号。

有关，倒不如说是和他对学术的贡献有关。他在王宫里召集了一批顾问，就感兴趣的哲学和科学事项进行学术讨论；他们思考的成果及时地编入《淮南子》，此书为我们了解西汉时期的道家思想提供主要的史料。

由于这些变化及军事和殖民的扩张，公元前108年的帝国包括京畿区的两个部分、约48个郡和18个王国，① 这可能比汉代任何时期的版图都要大（见地图8）。此外，汉朝在非汉族部落已在一定程度上承认汉朝主权的边境地区设置了官员。但是，这些部落仍保持相当大的独立性；在人生地疏和根本不适合华夏定居生活方式的边境，中国的官员不能有效地施政。有的边缘区称为属国，中央政府中有负责这方面事务的官员。

在武帝时期增设许多郡以后，又进一步进行了革新。在公元前106年，有13名刺史被任命。② 他们直接对中央政府负责，每一个刺史负责视察帝国中包括一批郡和国的指定的区域。他们调查皇帝的政府运转的情况，如果发现压迫、无能或贪污的证据，就直接上报。刺史之职的一个与众不同的特点是他们的地位，刺史的官阶大大地低于他们奉派去节制其工作的郡守；人们可以假设，在有些情况下刺史本人也接受贿赂。到那时为止，这些官员的设置与以后帝国时期演变成的很庞大的地方单位的建立无直接关系。

侯与爵

不论采取了什么削弱诸王权力的措施，他们仍享有很高的地位；作为皇室成员，他们的地位高于国土内的所有官员，也在侯之上。如果他们死后的埋葬方式可以作为标志，那么他们习以为常的生活方式必定是奢侈豪华的。公元前113年和前104年期间埋葬在中山王和王

---

① 这里不能提供精确的数字，因为不知道有些郡设置日期的全部材料。

② 《汉书》卷六，第97页（德效骞：《〈汉书〉译注》第2卷，第96页以下）；卷十九上，第741页。原来的编制为11名官员，又为边外区（朔方和交阯）增补了两名。此外，从公元前89年起，京畿区及几个邻近的郡由一名类似的官员司隶校尉进行视察。

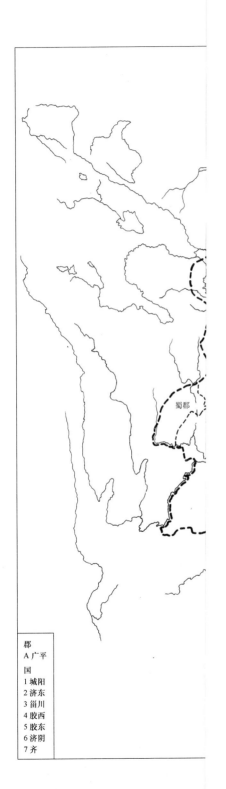

蜀郡

郡
A 广平
国
1 城阳
2 济东
3 菑川
4 胶西
5 胶东
6 济阴
7 齐

后墓中的珍贵铜器和其他珍宝是他们财富的证明；他们尸体所穿玉衣表明了对他们生前地位的尊崇和他们亲属准备不惜一切代价使他们在冥府享乐的心情。①

武帝的政治家们制定了若干法律措施，以防止诸王怀有独立思想。人们还记得，甚至在淮南王和衡山王叛乱（公元前 122 年）之前，朝廷命令世袭的侯的爵位应授给诸王的次子或弟兄。② 这些人是本人不能继承王位的诸王的亲属，所以这个建议旨在分散王室家族的利益。皇帝可以宣称他慷慨大方地封赏这些爵位；诸王之子和弟兄此时则能取得一定程度的独立，并在划定的某些地区内负责地方行政。由于那些地区处于各郡的主要辖区内，中央政府可以监督新封的侯的活动。

在以前的重大场合，朝廷已经对诸王的亲属封侯，但规模略有限制。这种侯在公元前 200 年至前 145 年期间封了 27 个，而在武帝时期封的则不少于 178 个。侯又被用作奖励帝国官员或赢取外国领袖忠诚的制度上的手段。武帝因功勋而封的其他 75 个侯中，有18 个侯的爵位赐给有军功的人，38 个侯的爵位则赐给匈奴、南越或被征服和向汉人军队投降的民族的领袖。接受侯位意味着承认汉帝的主权。还不存在涉及荣誉的礼教以阻止一名战败的将军向他的征服者效劳和接受向新主人效忠的适当的奖赏。根据中国人的观点，这样封赏爵位的行动是一种解决强大的敌人和赢取其支持的手段。

此外，封侯有时是为了加强外戚的职位和地位；但是到那时为止，这样的封侯为数很少。③

在公元前 112 年的一次著名的事件中，朝廷有意地废黜了一批

---

① 关于这些墓的最详细的描述，见中国社会科学院考古研究所、河北省文物管理局：《满城汉墓发掘报告》（北京，1980）。

② 《汉书》卷六，第 170 页（德效骞：《〈汉书〉译注》第 2 卷，第 51 页）；卷十五上，第427 页；卷六四上，第 2802 页。又见本章《地方组织》。

③ 关于封侯的详细情况和每个侯的继承世系情况，见《汉书》卷十五上、卷十五下（王子）、卷十六、卷十七（功臣）和卷十八（外戚）。

侯。那时，在开创王朝时建立功勋而被高帝封的那些侯许多已经死亡，但仍存在一批侯，他们几乎不配享受其先辈靠功勋取得的特权和荣誉。此外，公元前112年的形势和需要与公元前202年略有不同。在汉朝开始时，侯似乎发挥了扩大汉帝行政范围的作用；新封的侯奉命前往指定的地区进行安抚和开征税收。但是到公元前112年，鼓励吸收文官的措施可能正在产生效果。既然这时已经有更多训练有素的官员，朝廷就不很需要依靠原来的侯的继承者的帮助来治理中国了。不论可能存在着什么其他目的，在公元前112年，朝廷对拥有高帝时期侯的爵位的所有在世的人进行了清洗。在一次年度的典礼中他们行为失检成了宣布剥夺他们贵族地位的充分理由。[①] 在这次事件后，只有七个原来的侯没有废除。

侯为20等爵位中的最高一级，这些爵位原来用来奖励为国效劳的人。这项政策可以追溯到商鞅和韩非的理论；在武帝及以前的时期，它们都被授给文职或武职人员。此外，为了表示皇恩浩荡，偶尔也对全民授予不同等级的爵；但是这种情况与后来的做法相比是很不寻常的，从公元前205年至前78年期间，只有23次。爵位带来的好处是吸引人的（可免服国家的某些劳役和减轻惩罚），人们殷切期望在为汉朝政府做出特定的贡献时能得到爵位的报偿。例如，晁错曾成功地建议，提供粮食的人应报之以爵位；其目的是要鼓励农业和向边远地区提供粮食。他也同样主张对那些志愿到帝国北部领土定居的人赠与爵号。

在武帝时期，有过对特定的人授予屡次普遍封赏所不能取得的高级爵位的事例；这些人包括像曾就经济问题向政府提出建议的政治家卜式（公元前120年）和桑弘羊（公元前110年），以及像卫青（公元前129年）和徐自为（公元前119年）等军人。最公开地把制度用作鼓励为国效劳的手段的情况，也许可以从公元前123年另设一系列军爵的措施中看到。在急需经费支付巨额的军费时，这些军爵显然可

---

① 《汉书》卷六，第187页（德效骞：《〈汉书〉译注》第2卷，第80页以下）；《〈汉书〉译注》第2卷，第126页以下。

以用现钱买得。捐买这些军爵还有可能为捐官提供条件。①

经　济

正史的一段著名文字带着自豪的口气叙述了武帝登基前夕帝国富强的情景。② 除了像旱涝等自然灾害外，帝国约在 70 年中竟不寻常地没有遭受重大的动乱。人民有充足的粮食供应，城乡的仓廪充实。国库中钱币和粮食多得无法知道数量；串钱的缗断散，粮仓的粮食溢出，在风雨中任其霉烂。从全国的大批马匹中又一次看到了繁荣富强的迹象；农村享用优质的粮食和肉类。在这种丰饶稳定的总形势下，促使犯罪的因素很少。

历史学家可能有意地夸大了景帝末年国家的形势，以之作为批判其继承者奢侈浪费的一种手段；因为武帝的政治家们的扩张主义政策和征战造成了巨大的开销和前几十年积累的物资的消耗。为了支付这些扩张主义的费用，武帝的大臣实行了一系列又以时新派思想为基础的积极的措施，这些措施旨在加强国家对经济的控制。

从公元前 119 年起，对市场的交易、车辆和财产开征新税，以补充从产品征收的实物税和人口税（征收货币）的不足。同时，对未成年者（13—14 岁）的人口税税率从 20 钱提高至 23 钱，而成年人 120钱的标准税率保持不变。③ 经过王朝初期一系列的试验后，一种重五铢（3.2 克）的新铜钱被定为法定货币。六年后私铸被禁止，也许禁令很有效；国家完全控制了铸造新铜钱的资源，这种铜钱在唐朝以前一直是中国的正式货币。④ 约从 120 年起，政府采取措施，把当时仍

---

① 关于爵位的等级，见鲁惟一：《汉代贵族爵位的等级》。关于晁错的建议，见《汉书》卷二四上，第 1130 页以下（斯旺：《古代中国的粮食和货币》，第 158 页以下）；《汉书》卷四九，第 2286 页。捐军爵的费用似乎不低，可能很高，但是文献材料众说不一，还可能不完全，因此不能肯定。

② 《汉书》卷二四上，第 1135 页（斯旺：《古代中国的粮食和货币》，第 173 页以下）。

③ 见斯旺：《古代中国的粮食和货币》，第 278 页以下，第 366 页以下；加藤繁：《中国经济史考证》（东京，1952—1953）第 1 卷，第 60 页以下。

④ 见斯旺：《古代中国的粮食和货币》，第 377 页以下；杨联陞：《中国的货币和信用简史》（坎布里奇，1952），第 21 页以下。

由私人经营的采矿收归国家直接单独控制。结果,在产区设 48 名专使,以监督铁制品的制造和分配;另外 34 名专使管理盐的生产和销售,而不管是海盐还是内地的深井盐。[①]

这些专使向大农令(后称大司农)负责;他们还奉命对制成品征税,以增加岁入。稍后(公元前 98 年),政府实施国家专卖以控制酒类生产;为了缓和局部的或暂时的短缺和防止投机倒把,它还设置官署来稳定物价(公元前 115 年)和协调运输(公元前 110 年)。经常使用工匠和征募的劳工,用水坝截水和疏浚的办法控制河道。自公元前 132 年以来,黄河堤岸经常是引起惊慌的原因,主要的大决口最后到公元前 109 年才合龙,当时武帝亲自监督工程的最后几个阶段,加盖御玺予以批准。[②] 任命了专使去监管遥远的中亚新发展的农业定居地。[③] 在政府的命令下,多达 10 个大商队(有时商队人数多达数百人),每年从长安出发,与西域诸国进行贸易。[④]

自王朝伊始,主要的财政责任由中央政府的两个机构——大司农和少府——承担。可以预料,新的经济控制需要一套更为复杂的行政;公元前 115 年,第三个主要官署——水衡都尉——为此目的而设立。新机构与其他两个机构共同负责征收和分配岁入;从公元前 113 年起,它还负责在新建的国家铸币厂铸币。[⑤]

这些政策是时新派政治家倡议的,但受到他们的改造派政敌一定程度的批评。双方在一个原则上是一致的,即必须把重点首先放在鼓励农业这一本业上,而商和工则是末业。但双方对实现这些目的的方式有分歧。

---

① 见地图 7;斯旺:《古代中国的粮食和货币》,第 62 页以下;加藤繁:《中国经济史考证》第 1 卷,第 41 页以下;李剑农:《先秦两汉经济史稿》(北京,1957),第 249 页以下。

② 《汉书》卷六,第 163 页(德效骞:《〈汉书〉译注》第 2 卷,第 40、90 页);卷二九,第 1679 页以下。

③ 见鲁惟一:《汉代的行政记录》第 1 卷,第 56、61 页,及第 144 页注 26。

④ 《汉书》卷六一,第 2694 页(何四维:《中国在中亚》,第 220 页);何四维:《汉代丝绸贸易考》,载《戴密微纪念文集》(巴黎,1974)第 2 卷,第 117—136 页。

⑤ 《汉书》卷六,第 735 页,卷二四下,第 1170 页(斯旺:《古代中国的粮食和货币》,第 297 页);加藤繁:《中国经济史考证》第 1 卷,第 36 页以下。

　　时新派政治家们主张通过自由经营去鼓励农业；他们同意大庄园的发展是一种必然的结果；由于地产愈大，向国家缴纳的税愈多，所以他们准备利用发展庄园的结果来改善国家的财政。但是，他们主张对其他类型的生产——如矿业——实行国家控制制度，准备直接使用征募的劳工从事这类劳动并从产品中获取利润；此外，他们不希望让私人工商业巨头分润这类财源。他们认为，应把贸易作为分配中国产品的辅助手段来加以控制；因此他们准备设置官员以监督国内市场的交易，同时建立国营商队携带丝织品前往国外。

　　由于大地产会引起贫富悬殊，改造派反对它的发展；最后，他们决心采用控制占地规模的措施。他们主张矿业最好由私营的矿主经营而不受国家的干涉。他们认为，以本国出产的丝绸换取像玉器和其他小摆设那样的外国奢侈品，对中国人民没有什么好处，因为这些东西只适用于装饰帝王的宫殿。改造派也设法阻止商人积累巨额财产，但其理由与时新派提出的不同；他们希望阻止富商对农民的经济压迫。

　　这些差别可以通过考察那些主张、执行或反对这些措施的中心人物或政治家的个人的言论看出。时新派政策的采纳主要是由于桑弘羊（约公元前 141—前 80 年）的影响。在当时所有的人中，他也许最能看出中国整个经济的问题和潜力。他出身于洛阳一个商人的账房，在儿童时代，他已因善于心算而享有盛名。我们还听说在建立盐铁专卖制时两名大司农的助手脱颖而出。这两人在盐铁业放开自由经营时发了财：东郭咸阳为大盐商，孔仅则为大铁矿主。政府把新的国家专卖事业委托给这些具有第一手经营经验的人，实属精明之举。两人都往返于全帝国，组织新的专营机构。孔仅于公元前 115 年至前 113 年被任命为大司农。[①]

　　还有其他的人不相信新方法的优点。没有人会怀疑卜式的爱国

① 《史记》卷三十，第 1431 页（沙畹：《〈史记〉译注》第 3 卷，第 575 页以下）；《汉书》卷十九下，第 780 页；卷二四下，第 1173 页（斯旺：《古代中国的粮食和货币》，第 309 页以下）；卷五八，第 2624 页以下。

心，他几次捐款资助皇帝进行战争。他因这些捐赠而曾被封爵（公元前120年），他曾是中央政府提名为齐国丞相的几个候选人之一。公元前111年，卜式被任命担任帝国的第二个要职——御史大夫；但不到一年，他便被贬谪。他曾经举出理由批评国家控制的矿业生产，并为他表示的疑虑付出了代价。[①] 董仲舒（约公元前179—约前104年）是因对汉代哲学做出贡献而更为有名的另一个批评时政的人。他反对时新派政治家的经济政策是基于道德方面的理由；他认为这些政策会使贫富更为悬殊，使农民的命运恶化。[②]

外交事务和殖民扩张

武帝朝制定中国政策的政治家们像注意组织经济那样注意外交事务；在这方面也出现了从消极态度转为积极主动的明显变化。[③] 这时，帝国已强大得完全能够发动深入亚洲的远征；并能重新建立、重新装备和延长北方的防线；在新进入的领土设郡；向海外派远征军；以及在以后称之为丝绸之路的路线上促进贸易的发展（见地图16）。

汉朝能在这个时期采取主动行动的原因是不难找到的。为文帝和景帝效劳的时新派政治家们不管多么希望做到这点，他们不能号召强大的武装力量，也没有掌握足以长期支持扩张主义活动的物质资源。但这时帝国已被更有效地组织起来。在朝廷中，愿意采取新的冒险行动和为汉帝的冒险下大赌注的先驱者有了地位。外戚自己也参加远征，他们决心凭借战争中的勇敢和胜利来保证其家族的有利地位。尤其值得注意的是，整个扩张和殖民政策与这几十年为了使中国更加繁荣富强而采取的措施是相辅相成的。

武帝的顾问们不大可能根据长远的计划制定政策；但仍能看得出在30年的过程中出现了一种鲜明和大规模的战略。从公元前135年

---

① 《汉书》卷二四下，第1173—1175页（斯旺：《古代中国的粮食和货币》，第309页以下）。

② 《汉书》卷二四下，第1137页以下（斯旺：《古代中国的粮食和货币》，第177页以下）。

③ 关于殖民扩张的更详细的论述，见第6章。

至前 119 年，主要的精力用在对付匈奴的威胁方面。然后是七年重新补充和组织帝国力量的时期；从公元前 112 年起中国军队又主动行动，向南方和西南方，向朝鲜或沿通往中亚的路线进军。

从公元前 133 年起，中国军队在李广、卫青、霍去病和程不识等著名将领的指挥下进攻匈奴。到公元前 127 年，已有可能在中国领土的西北端设朔方郡和五原郡。但是把匈奴赶出中国边境的主要功绩应归于卫青和霍去病——很重要的是，他们都和武帝皇后有亲戚关系。自从他们在公元前 121 年和前 119 年取得胜利后，直到公元前 103 年前再也没有匈奴侵入中国的记载了。

在此期间，张骞已经完成了探索中亚的史诗般的功业。他两次启程前往边远的西域，第一次在公元前 38 年，第二次在公元前 115 年。① 在进行这些冒险行动时期，他在匈奴度过了几年因犯生活；他观察了印度北部的生活状况；他注意到在大夏有中国货；他派代表远至粟特，甚至安息。由于一次历史的意外，在大夏消除了希腊的主要影响后，张骞访问了那些地区；我们完全可以推测，如果他早几十年来到那里，并亲眼目睹希腊世界的活生生的文明，中国的文化会受到什么样的影响。这些并不是推测：张骞及时地报道了与西北诸国往来的可能性；他暗示了与那些地区通商的潜在价值。他还指出了与像中国那样反匈奴的其他民族结盟的好处。

由于张骞的建议，汉朝扩张的主要矛头首先指向西北。秦帝国原来的防线向西延伸，最后以敦煌附近的玉门为终点。建造新城墙（大部分为土质工事）的目的有三。它保卫中国领土，防止突然袭击；它阻止那些希望逃避法办或税役义务的人逃走；它形成了一条有保护的路线，使货物在有一定安全措施的条件下得到护送。土质工事本身的证据以及戍军留在废物坑中的文字记录证实了汉朝军队保持的专业水

---

① 关于张骞旅程的日期和他在公元前 113 年之死，见余英时：《汉代的贸易和扩张：中夷经济关系结构研究》（伯克利和洛杉矶，1967），第 135—136 页；西嶋定生：《中国历史》第 2 卷《秦汉帝国》（东京，1974），第 192 页以下；何四维：《中国在中亚》，第 209—210 页注 774、第 218 页注 819。

平，以及他们定期视察、常规信号和例行巡逻、一切行动坚持严守时刻的情况。

城墙通过未归入版图的地区（后来在那里设武威郡），直至由酒泉和张掖两郡（设于公元前104年）组成的孤立的前沿基地。再过去就没有城墙的保护；商队沿塔克拉玛干沙漠南北边缘的丝绸之路前进，那里由居住在绿洲的许多小部落或国家控制。对中国人来说，争取这些民族的友谊和促使它们疏远匈奴是至关重要的；否则汉族的游子和商队就将受到袭扰而无能为力，或者在需要时得不到水和驻地。

因此，中国人决心承认这些小国领袖的独立，以换取他们容许中国人的商业活动。于是，很快出现了与当地的王和王室的一整套复杂的关系。派往长安的丝绸之路诸国的异族人质能够分享中国文明的安乐；与此相反，下嫁给亚洲地方首领的公主则要在未经教化的夷狄中间过艰苦的生活。这样的交换并不是总能使双方和睦相处。有几次，中国人的慎重的外交安排让位于暴力，汉政府不得已而派远征军深入中亚，以维持它在那里的存在。[①]

留存的文物证明，中国的丝绸在这些路线上频繁地运送。[②] 中国的丝绸最后可能抵达地中海地区的目的地，虽然中华帝国和罗马帝国之间没有直接的来往。经过了几十年，丝绸的出口形成了一个贸易体系的一部分，其中除中国外还有五方参加，但它们却不知道它们伙伴的活动和目的。这几方来自罗马、中亚、印度、印度尼西亚和非洲（或中东）。中亚的非汉族赶牲畜人充当了中国货物的运输人或向导，中国从中亚取得马匹和璞玉，可能还有羊毛。最后，丝绸运到罗马，在那里成了元老院议员和其他贵族的夫人的装饰品。罗马还输入印度尼西亚的香料和印度的胡椒；罗马则为这些货物支付铁制品、玻璃或金银块，这些东西的遗物现在已在东亚和东南亚发现。在贸易路线西端，货物的运输、管理和储存由非洲（那里也是某些香料的产地）和

---

① 关于这些关系的概要，见何四维：《中国在中亚》，第39—66页。

② 余英时：《汉代的贸易和扩张》，第104、153页；关于其他中国货的行销，见何四维：《中国在中亚》，第58页注160。

中亚的精明的经营者负责。

中国的军人、官员、外交使节和殖民者向外活动达到了空前的距离，这样做，鼓励来自汉政府。但在遥远地区设立像敦煌那样的新郡常常表示中国人准备扩张而不是建立巩固而有效的中国行政。的确，快到武帝末年时，已明显地出现了中国人过度使用力量的迹象。皇帝的内兄李广利于公元前104年率大军出发，想把中国人的意愿强加给大宛（费尔干纳）王；他不光彩地被迫退回敦煌，只是在第二次遭受了惨重的伤亡以后他才完成了使命。快到武帝朝结束时，桑弘羊原想通过在龟兹之东的轮台（布古尔）设定居地，设法巩固中国西面的地位，但他的建议未被采纳，原因是费用太大和过于冒险。公元前99年，李陵在深入异域时经过英勇奋战后战败；公元前90年，李广利也被匈奴所败，像李陵那样被迫向其宿敌投降。[①]

同时，中国人也不是不顾在其他地区进行扩张的可能性。正像张骞向西北开拓那样，庄助在向南方的推进中起了带头作用。在南方，汉朝军队面临着他们不习惯的多山、多林或沼泽的地形及滋生瘴气的气候。但南方没有像匈奴那样强大的对手。经过了比西北为期更短和更局部化的战役后，汉朝官员扩大了他们的势力范围，并设立新郡，争取地方领袖的效忠或给他们一定程度的独立。

武帝时期向西南和东南作了相当大的扩展，同时巩固了汉朝在南方和朝鲜的权力。[②] 从公元前135年起，已知取道牂柯江从西南运送货物至南越的贸易十分兴旺，约10年后，张骞报道他在大夏看到了从蜀运去的中国货。政府希望，通过赢得西南少数几个主要部落领袖

[①] 关于李陵，见《汉书》卷五四，第2450页以下；鲁惟一：《汉武帝的征战》，第90页以下、第119页以下。关于李广利，见《汉书》卷六一，第2699页以下；何四维：《中国在中亚》，第228页以下。

[②] 关于在南方的进展，见《汉书》卷六四上，第2775页以后；《汉书》卷九五，第3837页以下。关于考古文物（包括为滇王刻的中国式的印玺），见威廉·沃森：《古东亚的文化边境》（爱丁堡，1971），第149页以下；埃玛·C.邦克：《滇文化和它与东山文化的某些特征》，载《早期中国艺术和它对太平洋盆地可能产生的影响》，诺埃尔·巴纳德编（台湾，1974），第291—238页。关于中国在朝鲜的进展，见K. H. J. 加德纳：《朝鲜古代史》（堪培拉，1969）。

的善意，汉朝政府就可以相当完全地在那里出现，同时能从那里的物质资源（包括几种贵金属）中获益。当注意力集中在解决北方的匈奴问题时，在南方的推进停了几年。但到公元前111年，通过设立牂柯和越巂（云南和四川）两个新郡，汉朝势力已经扩大。益州郡随之在公元前108年建立，并且朝廷通过册封王的称号，争取地方领袖的好感。同时，南越不忠的威胁和爆发的叛乱促使政府派出远征军，远征军成功地恢复了汉朝在南方的威信。结果，成立了九个新郡，其中两个在海南岛。

在东面（福建），中央政府不同程度地与分别建于公元前202年和前192年的闽越和东瓯两个独立国建立了关系。虽然有时率领水师的武帝将领成功地阻止它们对汉领土施加任何有敌意的压力，但那里被认为不宜定居，土著居民也桀骜不驯，不肯承认地方的行政单位。总之，有人怀疑设郡在多大程度上一定表示对边缘区的控制。

在朝鲜，公元前128年至前127年设苍海郡的企图未实现，但在20年后进行了一次更为成功的冒险行动。公元前108年，朝鲜的一些地方领袖向汉军投降，于是在半岛上设立了四个郡（见地图8）。

后来在中国的政策已从扩张转向收缩的时代生活的批评家们敏锐地指出，这些冒险行动极为劳民伤财。作为收获，到公元前104年，约有20个新郡被列为帝国的行政单位。[1] 在15年内，中国北方几乎根本没有受到侵袭；中国的权威已在西北显示出来；在以后几十年中，匈奴在公开与中国对抗时将犹豫不定。除了以丝绸换取马匹和玉器外，中国已学会种植和利用新的作物和果品，如苜蓿（三叶草）、石榴和葡萄树。在长安城，汉帝举办宴会、展览和其他形式的娱乐活动，使来访者深感汉帝国的富强，其中有些外国人（如匈奴的金日磾）被说服为汉帝国效劳，甚至升任最高的文官；其他许多人因被封为帝国的侯而为汉朝效忠。[2]

---

[1] 由于缺乏完整的材料，确切的数字不详。新郡包括：西北的两个，东北两至四个，北方两个，西南三个，西边两个，南方九个。

[2] 关于金日磾，见《汉书》卷六八，第2959页以下。

知识和宗教方面的支持

精神的发展（其影响持续的时间远比汉代长久）在武帝时期的突出表现与组织地方、发展经济，或扩大中国人在新开发地区的利益等计划同样引人注目。在武帝朝的写作方面，司马相如（约公元前180—前117年）给称之为赋的一种诗的新体裁树立了样板，影响了以后几个世纪的文学发展。[1] 与他同时代的董仲舒（约公元前179—前104年）从宇宙的角度解释人事，认为人事是范围更大的造化的万物体系的一部分；他的归纳长期以来形成了被公认为是儒家思想正统的部分基础。[2] 约死于公元前110年的司马谈与其子司马迁（约死于公元前86年）一起，创造了一种历史新形式，它在长达两千年中一直是范例。[3] 虽然由于这些或类似的贡献，诗、哲学和历史写作都得到了新的动力，武帝本人却没有明显地关心这些活动，尽管文献记载中的确收有被认为是出于他笔下的一些短诗。我们更多地听到的是他在国家的宗教祭礼和个人信仰方面的个性和活动。

通过参加既定的祭礼和举行某些新的仪式，武帝以皇帝专用和不准其他凡人使用的方式来为国家的利益服务。作为尘世人类命运的最高裁决者，他正在采取与超凡的神圣力量联系的措施，以期获得它们的保护和赐福。下面将要谈到，当改造派的态度代替了时新派的主张时，对这些力量的观念是怎样发生变化的。[4]

汉武帝从前人继承了在建于雍的神坛祭祀五帝的任务。但他在履行其义务时比他们更加虔诚，他首先在公元前134年来到神坛，以后去了七次。为了补全对那些被认为进行千秋万代和无远弗届的统治的

---

[1] 见《史记》卷一一七；《汉书》卷五七上、下；伊夫·埃尔武厄（吴德明）：《汉代宫廷诗人司马相如》（巴黎，1964）；《〈史记〉司马相如传译注》（巴黎，1972）。

[2] 见《汉书》卷五六。《春秋繁露》被认为是董仲舒所作，但有人对该书的全部或某些部分的可靠性表示怀疑。

[3] 关于这两名作者的重要性，见何四维：《关于汉代历史学的几点意见》，载《中国和日本的历史学家》，比斯利和浦立本编（伦敦，1961），第31—43页；伯顿·沃森：《英译〈史记〉》（纽约，1958）。

[4] 见本章《宗教问题》。

神祇的祭祀，武帝在公元前 114 年举行了对后土的祭祀，以及在公元前 113 年对太一的祭祀。以后他五次在汾阴祭祀后土，三次在甘泉祭祀太一。在开始举行这些形式的祭祀的同时，朝廷还设置乐府，其职责是为仪式作音乐伴奏；正史中还保存着 19 首歌颂这些盛典的颂诗文本。①

除了代表王朝参加这些祭祀活动外，武帝个人还沉溺于寻求通往长生的道路。如同秦始皇时期那样，这条通往长生的道路这时被认为是经过神圣的蓬莱岛而后道经东方的仙境而展现的。还有报道说，汉武帝易听信方士的主张，这些人答应使他长生，或让他的一个死去妃子复生。这些记载都可在严肃的正史中找到；从公元 3 世纪的文献开始，这些记载连同武帝的神话变成了荒诞之说和传奇；而武帝则成了具有半仙法术并与西王母有来往的君主。②

武帝朝最壮观最重要的宗教仪式可能是公元前 110 年在泰山举行的封禅。汉帝耗费巨资，浩浩荡荡地巡幸这一圣岳，其远行的目的似乎又是寻求长生。这一次主要祭祀可以促成所希望的幸福的黄帝。这时这种新的祭祀方式被接受，可能是因为一般方士已受过考验，并被发现都不够格，他们的诺言也都未实现。③

在知识方面，公元前 105 年至前 104 年的这一年形成了帝国自豪和自信感的高潮。大约在 60 年以前，贾谊曾经徒劳地提出，王朝应采用土德，以代替秦采用的水德。这时，朝廷认定改变五德之运的时机已经成熟，这表示王朝自觉地对自己的力量和权威有了信心。汉朝的命运与宇宙的循环运动牢固地联系在一起，根据这一规律，一个阶段，即五行中的某一行，将定期地让位给其后继者；通过改崇五行中的土以代替水，汉王朝向世人表明，它因征服了前一王朝而有权进行

---

① 武帝于公元前 123、122、114、113、110、108 和 92 年驾临雍；于公元前 107、105、104、103 和 100 年驾临汾阴；于公元前 106、100 和 88 年驾临甘泉。见鲁惟一：《汉代中国的危机和冲突》，第 166 页以下、第 193 页以下。

② 关于东方仙境和对它的描述及西王母和西方仙境的描述，见鲁惟一：《通往仙境之路：中国人对长生之追求》（伦敦，1979），第 2、4 章。

③ 见鲁惟一：《汉代中国的危机和冲突》，第 184 页以下。

统治。其他象征性的变化标志着一个新时代的开始，如采用新历法和国家的高级官职改用新的名称。特别是从公元前 104 年起，王朝以新年号纪年；选用的年号为"太初"。[①]

王朝的混乱

国内发生的种种事件很快使那些经历了公元前 104 年开始的新时代的人们的乐观情绪化为泡影。政府在五年之内，不得不任命专使用武力去恢复秩序。可能是在公元前 90 年颁布的一道诏令暗示了民不聊生和盗匪横行的事实，还提到应采取极端行动去消灭这些现象。特别是汉朝在公元前 91 年至前 90 年经历了一场几乎使皇室垮台的王朝危机。自公元前 122 年以来，王朝第一次没有正式指定的皇位继承人；公元前 88 年出现了一次暗杀皇帝的未遂行动。[②]

产生这些动乱的原因部分是宫内后妃及其家族的势力日益扩大。在文帝和景帝两朝，妇女不能在政治舞台上左右一切。文帝之后和景帝之母窦后可能劝说她周围的人要恪守道家对待生活的美德，但是她没有促进她家族事业或对政策施加影响的非分之想。她的亲属只有窦婴一人在政府担任高官。[③] 可能是公元前 135 年窦太后之死和她的起限制作用的影响的消失，才使武帝的政治家们放手地采用他们的新的积极的政策和措施；但同样可能的是，这些发展与她在朝廷施加的任何影响无关。

一种更复杂的国内局势成了武帝时期的特色。一批外戚担任了国家的高级官员；从政者能够把他们的女儿嫁给皇室的成员；最后他们成了国丈。政治的倾轧已与帝位的继承问题联系起来。某个政治家及

---

① 见鲁惟一：《汉代中国的危机和冲突》，第 17 页以下。
② 《汉书》卷九六下，第 3912、3929 页（何四维：《中国在中亚》，第 165、201 页）；鲁惟一：《汉代中国的危机和冲突》，第 64 页。这一节的主要史料取自《汉书》卷六、六三、六六、六八和九七上（鲁惟一：《汉代中国的危机和冲突》，第 2 章）。
③ 窦婴在公元前 154 年的叛乱时任大将军，并在公元前 140 年至前 139 年期间升任宰相（《汉书》卷十九下，第 766 页）。另一个侄子窦彭祖在公元前 153 年任太常。关于窦婴，见《汉书》卷五二，第 2375—2377 页。

其同伙的失势，或他政策的失效，可能取决于皇后或太子的命运。

产生这些结果的暴力行动可从武帝第一个姓陈的皇后的例子中看到。她在公元前141年被封为后，但未能生育继承皇位的后嗣。为了摆脱困境和不受其竞争者的妒忌心的折磨，她求助于巫术；这些活动被发现后，皇后被废，与此事有牵连的不下300人，他们都被处死（公元前130年）。

陈后被废之后有卫后（公元前128年被封）及李妃、赵妃、王妃和另一个李妃。她们的亲戚在制定汉朝的政策时和在武帝朝的政治舞台上起了重要的作用。[①] 中国的两名杰出的将领卫青和霍去病分别是在公元前91年被迫自尽的卫后之弟和外甥。霍去病之异母弟霍光和霍光之子霍禹在霍家于公元前66年失势前在政治上起了领导作用。卫后之子刘据在公元前122年被宣布为太子，在公元前91年自尽而亡。他的孙子（以其帝号宣帝著称）在公元前74年登位，并娶霍光之女。

在公元前104年至前101年率军远征中亚、后来投降匈奴的将领李广利是李夫人之兄；李夫人死于公元前87年的某个时期；她的另一兄长李延年曾任协律都尉，负责宫廷的乐曲演奏。她的孙子刘贺在公元前74年昭帝死后在位27天。昭帝本人是武帝另一个姓赵的妃子之子；不同寻常的是，她的家族似乎没有卷入政治，公元前87年，她的儿子被选为武帝继承人，这事可能部分的是由于她没有任何亲戚在朝廷担任高官。武帝其他后妃所生的三个儿子为帝国内三国之王；其中的燕王刘丹两次企图夺取皇位，在第二次失败时丧了命（公元前80年）。

武帝的后妃及外戚互相倾轧的复杂情况值得作较详细的叙述。在武帝朝的前50年，卫家保持着支配地位，这时时新派政策正被采用并在强化之中。正当这些政策证明其代价会使国家毁灭和需要实现紧缩时，公元前91年发生了一场王朝危机。在长达几个月的时间中，李夫人的家族试图使卫家失宠。长安城中爆发了五天战斗；一方是卫

① 她们是李夫人、赵婕伃、王夫人和李姬。

家的太子，得到罪犯和囚徒的支持；一方是敌对的军队，他们仍效忠汉武帝，但痛恨卫家而亲李家。皇帝本人则安居在他的甘泉夏宫中。整个事件的发生是由于有人声称，并有一定证据证明，高级官员和全城正大规模地施行巫术。

如果历史可信，这次为猜忌心理的总爆发付出的代价是惊人的。战死的人数可能达到 1 万。除了皇后和太子自尽以外，皇后的两个女儿被处死；已知六名亲戚，包括丞相公孙贺和他的儿子（九卿之一）公孙敬声，也死于非命。公孙贺为皇后的妹夫，与其子死于狱中。被控施行巫术的其他受害者包括著名将领公孙敖（与公孙弘无亲属关系）和赵破奴。公元前 91 年 9 月期间，卫家几乎就这样地被清除了；然而形势又转而对他有利而不利于李家，后者因其直接政敌的垮台而大受其益。两名御史大夫（暴胜之和商丘成）的自杀和另一名丞相刘屈厘的处决是恢复相对稳定的部分代价；随着传来李广利向匈奴投降的消息以及他两个弟兄和他的儿子被处死，李家也倒了。

卫家和李家的大部分成员已被清除，但仍留下了一个性格坚强和有相当实力的人，他很快将在朝政中起领导作用。此人即为已故卫后的姻亲霍光。[①] 长期以来，他在长安的议政堂中有发言权；他在那里极力避免卷进阴谋之中，或使自己受到怀疑。

年迈的武帝在公元前 87 年春患病，人们很快就知道他将不久于人世了。此时，继承他的太子尚未指定，据报道，霍光曾向武帝询问后事。武帝的遗愿究竟实现到什么程度，其遗愿在多大程度上是霍光自己的意图，这个问题可能永远搞不清楚。最后，计划在高级官员的保护下把一个未成年的儿子推上皇位。政务由以大司马霍光为首的三名高官负责；另两人为金日磾和上官桀。三人得到这时担任御史大夫的桑弘羊的支持。同时，通过任命田千秋为丞相，保持正确的汉代体制；根据各方面的反映，他是对三人执政的决定唯命是从的人。

---

① 霍光之父霍中孺最早娶卫后的一个姐妹，霍光为中孺所娶的另一妻所生。

表 6

武帝及其后妃

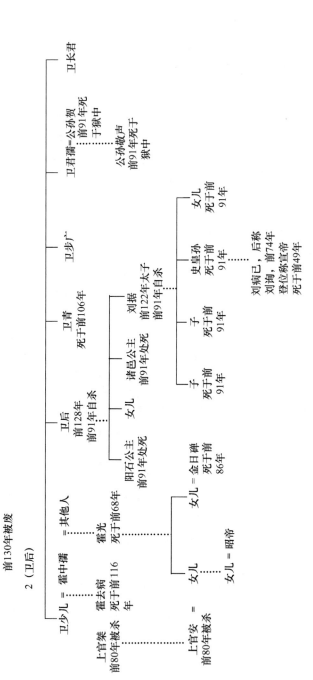

1（陈后）

　　陈后　前141年

　　　　　前130年被废

2（卫后）

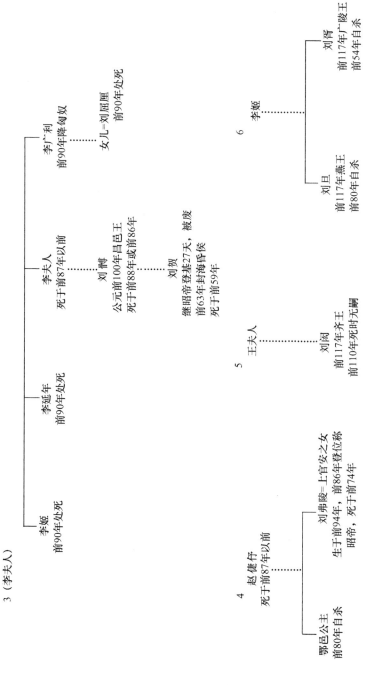

3（李夫人）

李姬
前90年处死

李延年
前90年处死

李夫人
死于前87年以前

李广利
前90年降匈奴

女儿＝刘屈氂
前90年处死

刘髆
公元前100年昌邑王
死于前88年或前86年

刘贺
继昭帝登基27天，被废
前63年封海昏侯
死于前59年

4
赵婕妤
死于前87年以前

鄂邑公主
前80年自杀

刘弗陵＝上官安之女
生子前94年，前86年登位称
昭帝，死于前74年

5
王夫人

刘闳
前117年齐王
前110年死时无嗣

6
李姬

刘旦
前117年燕王
前80年自杀

刘胥
前117年广陵王
前54年自杀

这些任命可能是在公元前 87 年 3 月 17 日的一道诏令中宣布的。
3 月 27 日，赵妃所生的刘弗陵被定为太子。太子才 8 岁，当时已无
母；他不是卫、李两家的人，指定他为太子，将使两家的幸存者不能
再策划参与政事。有人甚至假设，为了确保朝廷不再受妇女的影响，
他的母亲已悄悄地被处死，但这种主张提不出证据。这名儿童被指定
为太子刚两天，他父亲去世，他正式登基，世称昭帝。

过渡时期，公元前 87—前 49 年

皇帝的作用和继位问题

公元前 87 年登基的昭帝在汉代历史上并不是第一个受其长者支
配而登基的未成年的皇帝，也不是最后的一个。以前在吕后掌权时，
已有两个幼儿被指定为皇帝；以后的例子包括平帝（刘箕子），他在
公元前 1 年登基，时年 9 岁；刘婴，他生于公元 5 年，次年被选为平
帝的后继者；在后汉时期也有若干类似的例子。

这些皇帝都不能指望在国务中起积极作用。的确，只在极少数例
子中才可以看到某个皇帝亲自负责制定政策或支配国家的命运（如高
帝、王莽、光武帝，起作用较小的有宣帝和哀帝）。昭帝的直接继承
者就是明显的例子（见下文），它说明一个与皇帝毫不相干的人可以
统治中国，继位问题可以被用来适应有野心的和利己的政治家们的需
要。

这些例子提出了关于皇帝能够掌握权力的程度和他对施政的重要
性的问题。[①] 虽然皇权的性质将在下面讨论，但从这里可以看到，一
旦王朝建立，皇帝在政治方面的作用受到严格的限制。不过这件幼儿
登基之事表明，皇位上应该有在位的人，这对维持政务是必不可少
的。皇帝为国家之首，高居在国家机器的顶点，可以说一切权力都由

---

① 见第 13 章《皇帝的作用和职能》；B. J. 曼斯维尔特·贝克：《中国的真正皇帝》；鲁
　惟一：《秦汉两朝皇帝的权威》。

此授予：没有一个正式登基的皇帝，王朝的基础就不完整；没有他的正式权威，政府的法令和政治家的决定都可视为无效。

随着时间的消逝，强调皇帝拥有这种权力，并且把这种权力与被认为是主宰宇宙的力量联系起来以提高皇帝的权威，这不仅是可取的，甚至是必需的；董仲舒对中国哲学的贡献，在很大程度上在于他为一个世俗的统治者在宇宙体系中提供了一个公认的位置。但是，一个位于国家顶点的成人或儿童却发现自己未必能亲自行使这种权力。由于汉代政治家的巧妙的手段，他们能通过一个由他们控制的名义上高高在上的人来使他们的决定生效；而那些决定既可以促进国家的利益，也同样可以扩大自己个人的事业。颁布诏令必须加盖御玺，但最好要说服皇帝扮演被动的而不是主动的角色；他应该通过皇帝的头衔而不是通过发挥他的个性来进行统治；他的存在在形式上是必不可少的，但在实践中他个人的影响可以不予理会。

所以毫不奇怪，有些汉代的政治家情不自禁地想为自己的利益而左右皇位继承问题。例如，他们通过拥立听他们话的幼儿来达到这一目的。如果做不到这点，他们可能有被其政敌取而代之的危险。虽然有不少利用继位以拥立傀儡的事例，却找不到一个有意识地拥立渴望以自己的意志施政的坚强进取的皇帝的例子。

也有几次私利追求者企图篡夺皇位以满足自己野心的事。因在驱赶吕氏家族中发挥作用而最为知名的齐王在公元前180年，可能就一心一意想这样做。在昭帝时代，武帝和李姬之子、公元前117年以后当上燕王的刘旦就发动了两次未遂的政变。他显然抱有继承其父皇位的希望，甚至达到了声称昭帝不是武帝之子的程度。[①] 公元前86年，他阴谋用武力篡夺皇位，只是设法把责任推给了他的一个亲戚，才未受惩罚。六年以后，他作了第二次尝试，因他的计划过早泄露而

---

① 关于燕王在这些事件中所起的作用，见《汉书》卷六三，第2750页以下；卷六八，第2935页以下；鲁惟一：《汉代中国的危机和冲突》，第73页以下；关于怀疑非武帝所生之事，见《汉书》卷六三，第2753页。

失败；作为政变计划的一部分，燕王曾希望暗害霍光，但这一阴谋失败，以燕王的自杀告终。从历史角度看，这一事件涉及了远比燕王的命运更为重大的问题，因为有两个重要政治家因与阴谋有牵连而被处死。第一人为武帝死后三人执政之一的上官桀；第二人正是御史大夫和使中国经济制度化的计划的制订者桑弘羊；第三个牺牲者也值得一提，因为他的事例表明皇亲也不总能保证免受惩处，此人为上官桀之子、公元前83年以来的骠骑将军和当今的国丈上官安。

这时，一项变化开始影响控制帝国政府的方式。因为虽然官员的编制，包括丞相、御史大夫、九卿等高级官员，继续足额，但实际权力却落到了那些未必担任这些职务的人之手。自王朝初期以来，朝廷习惯于对个人赐给某些名誉官衔（如侍中）。它们不过是荣誉或受宠的标志，接受官衔的人数也没有正式限制。这些人没有特定的职责或官俸；他们能随意进入皇宫，个人可以伴随皇帝。

最后出现了一个小圈子，其成员都有这类官衔，他们的实力可以与正式的官员抗衡。这个集团有时被描述为内廷，以区别于由正式任命和有官俸的文官组成的外廷。[①] 有时一名侍中奉命领导少府的一个下属官署——尚书；这样，他就有条件可以不顾正式职官的任务和活动而行使其权力。于是，尚书令就可能成为宫中最有力的人物，他能直接觐见皇帝，能由此获得对他的行动的必要的认可。在这些名誉官衔中以大司马为最高，有这个官衔的人很少；得到它会带来毋庸置疑的权力。

到公元前80年，霍光明显地处于有利的地位。[②] 公元前86年金日磾之死和公元前80年上官桀的处决结束了三人执政；而桑弘羊的消除，作为权力政治的牺牲品，使国家失去了一名最能干的公仆。再

---

① 关于内廷和外廷名词的使用，见毕汉斯：《汉代的官僚制度》，第154页以下。原书注码分为〔136〕和〔136a〕。——译者

② 关于霍光，见《汉书》卷六八，第2931页以下；鲁惟一：《汉代中国的危机和冲突》，第113页以下；阿尔迪德·荣克尔：《霍光》（哥德堡，1930）。

也没有人能单独地向有力量支配帝国政府的大司马霍光的权力挑战了。当然，田千秋已被正式任命为丞相，但他是一个平庸的人，老得只好特许他坐车而不是步行上朝。此外，霍光已被任命领导尚书令的班子，因而享有充分行使民政的权力。他是 9 岁的皇后（此时失怙）的外祖父，仅有的在世的直系亲属；霍光几乎不用担心失去她的感情和忠诚，而皇帝要到公元前 77 年才成年。

很明显，霍光已处于能够左右宫廷的地位，而在公元前 74 年昭帝死后他显然充分地利用了他的有利条件。年轻的皇帝死时只有 22 岁，死得可疑；他显然还没有子嗣。他是否流露出什么迹象，致使霍光或其他人希望把他除掉，则不得而知。历史记载中也没有任何暗示他非自然死亡的材料。

不管昭帝早死的真相如何，一场戏剧性的插曲随之而来：卫、李两家的对抗突然死灰复燃了。刘贺收到了一封请他登皇位的信。[1] 昌邑王刘贺为李夫人之孙，年 20 岁。据说刘贺急不可待地对此作出了反应，尽快地赶到了长安；他在公元前 74 年 7 月 18 日正式登基。登基后不过 27 天，在 8 月 14 日他就被废黜，他因缺乏必须具备的受人敬重的、端庄的品质，并且利用他的地位和特权纵情享乐而受到指责。

他被刘病已所取代，刘病已是公元前 91 年自杀的皇太子的孙子，因此是武帝的卫后的后裔。在公元前 91 年发生丑事的时候，刘病已不过是一个婴儿，但由于与卫家的关系，他的生命也处于非常危险的境地。他的幸免应归功于丙吉，此人当时负责长安的一座监狱，所以能把他偷偷安置在安全的地方。刘病已不在皇宫的环境中长大，所以没有接受宫中那些令人厌恶的影响；到公元前 74 年，他仍只有 18 岁。这时轮到他应召去长安，他于 9 月 10 日成为皇帝，在位达 25 年之久。他的登基是由于一批官员的建议，其中包

---

[1] 《汉书》卷八，第 238 页（德效骞：《〈汉书〉译注》第 2 卷，第 203 页）；卷六三，第 2764 页以下；卷六八，第 2937 页以下；鲁惟一：《汉代中国的危机和冲突》，第 75 页以下。

表 7

霍光及其家族

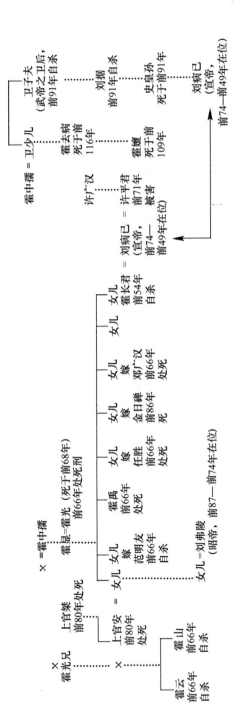

168

括他以前的恩人丙吉。①

这些事件伴随着某些暴力行为：200 人被处死，据说是他们助长了被废的刘贺的放纵行为。此外，这次皇位更替的各种形式值得注意。实现皇位的变动，要根据规定的程序颁布命令昭示天下；大臣提出建议，这些建议通过诏旨形式被批准。这一次，建议也以通常形式提出，不过它们是以全体高级官员而不是通常一两个人的名义提出的；但是这些让位的建议和它们的指责不能指望被一个它们要废黜的皇帝的批准。于是这些建议就被提交给皇太后，太后是刚接受这一崇高头衔的昭帝的 15 岁的遗孀，人们还记得她就是霍光的外孙女。以她的名义颁布批准让位建议之举是沿袭了在典章上多少有争议的吕后的做法。与此同时，朝廷在言辞上对连续性的原则作了允诺，并且采取措施向开国皇帝的宗庙禀告了帝位继承变动的情况。②

霍氏家族的垮台

昭帝（公元前 87—前 74 年在位）和宣帝（公元前 74—前 49 年在位）两朝的几十年可以被视为过渡时期。在武帝朝长期采用的时新派政策已经证明代价太大，过于耗费中国的国力。改造派所抱的清除当前政府的无节制行为和恢复周代的理想以取代秦的做法的希望开始受到拥护。有若干迹象表明，这些思想正在影响宣帝时期的帝国政策，并在以后的几十年中被人普遍接受。两个重要的事件标志着变化的阶段。第一件是，公元前 81 年在长安正式展开了一场关于原则和实践两方面问题的讨论；十分幸运，我们掌握了几乎是同时代的争论的记载，这将在下面探讨。

---

① 关于丙吉，见《汉书》卷七四，第 3142 页以下；这时丙吉正在霍光的幕府任职；宣帝登基后他因功被封为关内侯（20 等爵位中的第 19 等，只在侯之下；《汉书》卷七四，第 3143 页）。公元前 67 年，他从太子少傅升为御史大夫（《汉书》卷十九下，第 803 页）。

② 《汉书》卷八，第 238 页（德效骞：《〈汉书〉译注》第 2 卷，第 204 页）；卷六八，第 2939 页以下。

第二件事是，霍家①在公元前 66 年的垮台形成了从时新派观点转变为改造派观点的重要转折点。为了保持其具有特权的强大的地位，霍家必须保持与皇室的特殊关系和消除其政敌的敌对行为。尽管不顾一切地作了努力和采取了暴力手段，霍家仍没有达到这些目的；到了公元前 66 年阴历七月，颁布了一份谴责霍家的不轨行为的诏令。

公元前 74 年宣帝即位时，政府仍牢牢地控制在霍光手中；他的至亲和助手指挥禁军；他的儿子霍禹和侄孙霍山是朝廷的领袖。皇帝克制着不去过问国事；霍光所接受的崇高的荣誉和丰厚的赏赐证明了他享受特权和地位的程度。

但是，有一件事可能使霍家耿耿于怀，心中不安。宣帝即位前，他已娶了许平君，许之父曾一度侍候武帝，并在倒霉的刘贺的昌邑国任职。在昭帝死前不久，许平君生一子，他就是后来从公元前 49 年至前 33 年进行统治的元帝。宣帝刚即位，就出现了立后的问题，有人提出霍光的一个女儿应当被挑选出来接受这个荣誉。但皇帝坚决拒绝批准这个建议，他坚持应立许平君为后；于是她在公元前 74 年正式被立为后，尽管霍光个人反对。但在当时，心慈手软是不时兴的，至少霍家的一个成员为了保卫家族的利益而准备干到底。不久，皇后怀孕；霍光之妻霍显巧作安排把她毒害，她于公元前 71 年 3 月 1 日痛苦地死去。一年后，霍光之女取代她为后。

霍光死于公元前 68 年；他的埋葬奢侈豪华，随葬的陈设和服饰，如玉衣等，一般是皇室成员所专用的。如果史料可信，在葬礼上，他的近亲行为傲慢无礼，大事铺张，炫耀他们认为他们掌握得非常牢固的权力；历史学家在津津乐道如此明显的目空一切的事例所招致的报应时，可能夸大了这些细节。不久，有人对霍家掌权提出了抗议。皇帝开始第一次过问国务了。霍光之子霍禹和侄孙霍山发现自己被剥夺了他们的爵号和权力，而两名曾经敢于批评霍家的政治家则脱颖而出：张安世任尚书令；当时最干练的魏相在正当丞相的权力和尊严得

---

① 这个事件的主要史料为《汉书》卷五九和卷六八。见鲁惟一：《汉代中国的危机和冲突》，第 4 章。

以恢复之时被任命为丞相（公元前 67 年）。

当许后之死的真相泄露时，危机来临了。霍光只是在事情发生后才了解真情；他被这个消息弄得惊慌失措，所以未把此事上报，他的妻子，可能还有他自己，因而没有陷入法网。霍光死后，霍家的主要成员才发现已经发生的事。皇帝显露了他的真正的感情，指定许后被立为后之前所生的刘奭为太子（公元前 67 年阴历四月）；在贬谪霍光亲属的同时，许后之父被授予显赫的爵号。

这时霍家充分地注意到了所处的严重的危险境地，并且知道唯一的生存机会是谋反。搞了两次阴谋，一次是谋害丞相，另一次是废黜皇帝而以霍禹代替。这两次企图都得到了以皇太后名义颁布的诏书的支持；太后为霍光的外孙女，她的诏书在公元前 74 年曾被非常有效地利用过。但这一次霍家却不走运。阴谋的消息泄露了；霍家的主要成员被清除，他们或是被处决，或是自杀。霍显之女作为皇后在霍家所有成员中似乎最有实力，但也被废（公元前 66 年 9 月）而搬出皇宫。只有霍显的外孙女，即未满 25 岁的昭帝的遗孀获准免于一死；她最后死于公元前 37 年。

存亡攸关的问题：公元前 81 年

毫无疑问，汉朝的高级官员和政治家们多次在一起讨论过当前的政治问题。难得的是，我们掌握了公元前 81 年正为此目的而召开的一次会议的文字记载。这次会议讨论的范围是广泛的；与会的人奉命考虑黎民百姓正在遭受的苦难；虽然《汉书》暗示讨论涉及的不过是国家专卖问题，但那些参加争论的人审议了远为重要和根本的事情。

结论从下一个皇帝时期桓宽所编的辩论记载中可以清楚地看出，因此结论与这次讨论本身相隔的时间不长。《盐铁论》以对话形式写成；它无疑对辩论进行了理想化的和戏剧性的描述，其中一些分歧的问题可能是用比会议本身的内容更为极端的字眼表达出来。代表政府的时新派发言人形成争论的一方，其中可能包括桑弘羊；另一方由政府的批评者组成，他们代表改造派的思想状况。桓宽的记载有倾向性，留给批评者的篇幅多于留给代表政府的发言人，可以看出后者几次在辩论中被驳倒。但是，辩论的直接后果与这类结论并不相符，因为只有京畿区的铁官和国家的酒类专卖官署被撤销。鉴于辩论的记载及它的实际结果有出入，《盐铁论》是否如实记录以及它的正确程度就值得怀疑；但它作为公元前81年及此后不久的争论问题的提要，其价值一直是无异议的；它可以用作《汉书》对此事件的简略记载的重要补充史料。

《盐铁论》[①] 确定了时新派观点和改造派观点之间的主要意见分歧。从哲学方面，时新派认为宇宙自然而然地在五行永恒的更替中运行，五行中每一个因素通过克服前一个因素而上升到支配地位。改造派也同意宇宙在这一体制中运行，但他们主张的理论是，每一行自然而然地通过相生而不是通过相克来接替前一阶段。在施政的目的方面，时新派全力为黎民百姓提供安全和物质福利；在设法达到这些目的时，他们着眼于取得普遍繁荣，认为把工作和活动管制起来会大有好处。但是改造派的观点坚持完美政府的理想，旨在通过遵循基本的道德原则来改善人；为了达到这个目的，他们希望把管制、徭役和税赋减少到最低限度，以期提高文明社会的价值准则。

这些原则在辩论的各个方面——不论它们涉及的是总的政策、具体的施政措施、对过去的评价，还是对中国现状的考虑——得到了阐述。时新派的主要目标是最大可能地利用中国的资源和最有效地分配它的产品。他们为管制措施的推行辩护，其根据是这些措施将从私人手中夺取利润而归由国家掌握；他们希望鼓励制造业、贸易和运输，认为稳定的货币制度对达到这些目的是必不可少的。他们又主张，由于对铁的专卖，国家可以分配优质工具供农民使用；他们乐于利用征募的劳工以保证这些货物的生产和运输；他们希望稳定铁制品和盐的

---

① 关于这部著作的几个部分的翻译，见埃松·盖尔：《〈盐铁论〉卷一至卷十九译注及介绍》（莱顿，1931；台北再版，1967）；埃松·盖尔、彼得·布德伯格和 T. C. 林：《〈盐铁论〉卷二十至卷二十八译注》，载《皇家亚洲学会华北分会杂志》，65（1934），第73—110页；乔治·沃尔特：《盐铁论》（巴黎，1978）。关于分歧问题的概要，见鲁惟一：《汉代中国的危机和冲突》第3章。

价格。他们以中国诸贸易中心的繁荣景象作为他们政策取得成就的证明。

没有什么论点能够动摇改造派批评者的信念，即全力搞好农业足以保证中国的繁荣富强。他们贬低国家从其专卖事业中取利的思想，认为这样的交易对中国的黎民将毫无好处。他们宁愿把货币的使用减少到最低限度，主张尽可能收实物税而不收货币税。他们指出劣质工具实际上是铁官生产的，不论货物的质量如何，农民要付出同样的价格。改造派还反对在工业方面滥用国家的劳动力，主张尽量减少对劳动力的需求。他们反对那种前几十年的管制和国家专卖事业已经使中国富足起来的说法，指责政府压迫黎民和勒索过多。他们抱怨严重的贫富悬殊现象，黎民的普遍贫困与富人的骄奢淫逸形成了鲜明的对比。他们断言，在长安城中所看到的富裕违反了礼仪的准则，带来的是耻辱而不是自豪。

在外交事务方面，代表政府的发言人坚持必须通过有效的防御措施和争取亚洲的某些非汉族民族，来保护中国的文明。他们相信最佳的防御手段在于采取攻势，这样就能把持久的和平强加给匈奴。政府的批评者则坚持，代价高昂的扩张削弱了中国的力量，却不能保证它的安全；他们不能同意战争的开销是正当的那种看法。他们也不承认进出口贸易的价值，而时新派则把这种贸易作为增加中国财富，减少敌人财富和处理本国剩余产品的手段来提倡。

时新派依靠法律和惩罚的制度，把它作为遏制犯罪和保证社会安定的手段；他们指出在帝国前的时代，强大起来的是那些采纳商鞅和申不害建议的诸侯国，而不是那些信赖周公或孔子的理想的道德教导的国家。改革派则反唇相讥，说道德教训比惩罚更可贵，并且抱怨实施的法律有对待百姓不公正和不平等的倾向。对于商鞅已指出成功之道和那些追随他的人未能把他的理论付诸实践的说法，改造派反驳道，商鞅的成功是短命的；秦朝政府是根据不道德的原则建立的；施政的正确基础应是周代的理想。当代表政府的发言人认为根据理论而不顾实际的行政需要培训官员毫无意义时，改造派则认为在培训官员的早期阶段必须灌输崇高的道德原则。在其他许多事务——如捐买官职和给官署配备官员——方面，在这场著名的辩论过程中发表的意见也是对立的。

《盐铁论》表达的观点反映了武帝末年政治思想中正在发生的变化。到宣帝和他的几个继位者时，那种变化正在影响国内政策和外交政策，并且在诸如宫内的开支、法律及其惩罚的实施、在帝国边缘保持中国实力等事务方面也正在留下它的影响。

宣帝和他的时代

有点不同寻常的是，《汉书》透露了宣帝的一些个人特点，这位皇帝是在宫廷气氛之外长大的，并且不受宫内的直接影响。他开始统治时，只有18岁，他对他曾在其保护下生活的岳父、资深的政治家霍光既有畏惧感，又背着感恩的包袱。可是不到6年，当他因霍家成员使他和他的已故的皇后深受委屈而决定应对霍家进行惩罚时，他表现了足够的意志力。甚至在那时以前，据说他已挑选了一批人，由于训练和性格，他们必定对霍家抱有敌意。据说皇帝提倡对政务采取实用的和现实主义的做法；他因坚持有效地和公正地进行赏罚而受到颂扬。据报道，他在与他的儿子刘奭，即未来的元帝（公元前49—前33年在位）的一次谈话中，表示他不相信伦理原则是治理帝国的唯一手段；他驳斥了根据古代的周朝对当前问题作出的流行的评价。①

宣帝与霍家的决裂部分的是由于个人的原因。虽然在关于宣帝的这些记载中有点真实内容和有一定程度的一致性，但它们一定被宣帝时期的某些实际政策和决定所冲淡，这些政策和决定带有改造派态度的色彩，而没有他似乎具备的那种时新派思想的倾向。更加大方的分封爵号、许多诏旨的语气，以及诏旨宣布的行政决定，都证明实际上与归之于皇帝个人的性格和偏爱有出入。情况似乎是，朝向新观点的变化在进行时没有完全得到皇帝的批准，并且不顾他

① 《汉书》卷九，第277页（德效骞：《〈汉书〉译注》第2卷，第301页）；卷六八，第2954页；卷七八，第3283页以下；鲁惟一：《汉代中国的危机和冲突》，第136、147页。

自己的某些选择。可以作以下的初步假设：在这几十年中，中国的皇帝们认识到，不论是以所谓的法家原则为基础的极权政府，或是对儒家伦理观念的不切实际的依赖，都不足以单独地治理一个巨大的帝国。

思想文化背景

宣帝朝的特征是，有比较多的诏令提到了奇怪的或难解的现象，而不论这些现象被认为是吉兆还是凶兆。如同武帝时代，这类事件常与代表国家的祭神仪式，如祭超凡的帝和后土的仪式联系起来；还值得注意的是，至少有一次（公元前60年阴历二月），诏令间接提到了天在赐予吉兆的福佑中的作用。①

在吉兆和凶兆以及与此同时颁布的诏令之后，随之而来的是象征的或行政的措施，有些措施的根源是改造派的而不是时新派的心态。对上苍显示的种种明显的赐福迹象，如瑞鸟在宫中的栖息、甘露的下降或金龙的出现，朝廷总是采用以这些事件命名的年号，以示纪念；公元前61年至前49年，朝廷就是以这种方式纪年的。接到不祥征兆——诸如歉收、地震、气候变化异常——的报告后，颁布的诏令注意进行各种改进，于是苛政可能被撤销，黎民的遭遇得到改善。有的诏令规定了纠正的措施，如削减宫廷的开支（公元前70年），或降低盐价（公元前66年），或者减税（公元前64年）。②

自公元前88年以来，皇帝都未亲自参加国家祭祀大典。武帝晚年老弱多病；昭帝直到他在位的最后三年才成年。宣帝一旦开始积极参政，他恢复了经常亲自参加这些仪式的传统；从公元前61年至前49年期间，我们知道他参加祭祀八次。③

说明时代在发生变化的一种迹象可以在某些思想文化的或典籍的

---

① 《汉书》卷八，第262页（德效骞：《〈汉书〉译注》第2卷，第242页）。
② 同上书，第245、252、256页（德效骞：《〈汉书〉译注》第2卷，第213、227、233页）。
③ 鲁惟一：《汉代中国的危机和冲突》，第168—169页。

问题方面看到。自从公元前 136 年武帝颁布诏令以来，某些经籍在被指定的供宫廷学者们研究和供教导那些希望担任文官的人之用的著作中占着特殊的地位。这些受偏爱的经籍在当时的知识生活中已经具有很大的影响。但这些深奥的著作中有的还没有权威的版本或钦定的解释；正在很快成为中国典籍的措词有所不同的文本不时地被发现，于是究竟是哪一种特定的版本或解释应被视为正统的问题就自然地产生了。

在帝国时代结束以前，对这些事情的讨论常常在高级学术界中时断时续地进行着；但是这类学术上的分歧往往被用来掩盖非常重要的意识形态分歧。以后将着重讨论汉代这些事情的重要性（见第 14 章）。要指出的是，就这类典籍问题屡次召开漫长的会议——在公元前 51 年的石渠阁会议中达到了顶点——表明当时的人重视这个问题。那次会议的结果，有些文本脱颖而出，而其他的文本则遭到冷落，因为它们被贬低为不合时宜（例如，这时对《春秋》的注疏选《穀梁》而不选《公羊》）。①

与这些有争议的问题有关的两个杰出的人的姓名值得提出。以经济问题的观点著称于世并于公元前 59 年至前 56 年升任御史大夫的萧望之是在公元前 51 年奉命参加讨论的人之一。从他流露的对周代理想的喜爱、对国家干预个人工作的厌恶和他反对进一步卷入中亚的观点中，可以清楚地看出他所持的改革派的态度。② 他还以荐举匡衡而闻名，后者后来在改革中国的宗教仪式方面起过领导作用。第二人为刘向（公元前 79—前 8 年），他参加辩论时还年轻。辩论的结果与他以后——不论是作为政策顾问的政治家，或是作为对中国儒家传统的形成做出重大贡献的秘阁负责人——表达的意见

① 关于这些争论，见张朝孙（音）：《白虎通：白虎观中的全面讨论》（莱顿，1949、1952）第 1 卷，第 137 页以后；鲁惟一：《中国人的生死观》，第 180 页以下。

② 关于萧望之，见《汉书》卷七八；卷二四上，第 1141 页（斯旺：《古代中国的粮食和货币》，第 193 页以后）；鲁惟一：《汉代中国的危机和冲突》，第 147 页以下、第 158 页以下、第 223 页和第 232 页。

的确是一致的。①

国内政策

武帝朝的时新派政治家们已经注意到，普遍地赏赐爵号只能在不寻常的情况下进行。如同秦代那样，那时赐爵的正确作用是国家给予报效国家有功的人的报偿；如果赐爵过滥，爵号的价值相应地就会降低。但到宣帝时，各级爵位则起另一种来源于周代王权思想的作用：各级爵位被用作皇帝对其黎民施恩和仁爱地关怀他们幸福的措施。从公元前 67 年起，普遍地赏赐各级爵位和特权比以往更为频繁了。②

昭帝和宣帝两朝继续封侯。有时封侯是由于功绩，嘉奖的文字具体说明，赢得所封的爵号是由于镇压谋反分子（如霍家成员）或安定国家局势。有时受封是由于与皇帝配偶有亲属关系；在公元前 82 年至前 50 年期间，诸王之子共有 74 人封侯。特别令人感兴趣的是公元前 65 年至前 62 年所采取的措施，这些措施似乎打算通过反对武帝时的时新派政策而使人们追忆过去。朝廷寻找在高帝建立汉朝时所封的那些侯的后裔，在公元前 112 年这些侯或者就已不复存在，或者就已被有意识地终止了。共找到了约 120 人；鉴于他们祖先的功绩，他们得以免除对国家的某些义务。封赏时有的还赐予珍贵的礼物。③

如同以往，在这两个皇帝的统治时期还有一些王国被分割或削弱，或者是由于建立了新的小国，或者是由于它们的领土组成了郡。在公元前 80 年燕国瓦解后，它原来的土地被划作勃海、涿和燕三郡。在公元前 73 年，原来的燕国的部分领土又被划成一个名为广汉的小国，它

---

① 例如，在维护传统宗教祭祀的要求、坚持音乐的正确功能和支持汉皇室的主权等方面的意见；见鲁惟一：《汉代中国的危机和冲突》，第 210、279 页及第 300 页以下。《汉书》卷三六，第 1924—1967 页收有许多据称是刘向所作的陈述和奏议。关于他校勘图书和组成秘阁的作用，见范德伦：《论管子的传布》，载《通报》，41：4—5（1952），第 358 页以下。

② 见鲁惟一：《汉代贵族爵位的等级》，第 166 页以下。

③ 《汉书》卷八，第 254 页（德效骞：《〈汉书〉译注》第 2 卷，第 230 页）把这次下令封爵记在公元前 65 年。关于在公元前 62 年实施的情况，见《汉书》世系表（如卷十六，第 545、546 页）的条目。关于公元前 112 年采取的措施，见本章《侯与爵》。

与其他几个新建的小国高密（建于公元前73年）、淮阳（建于公元前63年）和东平（建于公元前52年）延续到了前汉之末；另外两个王国没有延续那么久（平干，从公元前91年至前56年；定陶，从公元前52年至前49年）。另外六国在这个时期被废除，其中包括昌邑（从公元前74年起）和楚（从公元前69年起）[①]（见地图9）。

在治理边缘区的安排方面也发生了几个变化。在海南，儋耳郡于公元前82年与珠崖郡合并；同年，在朝鲜的四郡之一的真番被放弃。公元前81年，朝廷从现有的天水、陇西和张掖诸郡中抽出若干县在西北另设新郡金城。这种改组旨在提高行政效率，而不是新征服的土地造成的。

俭朴、节约公共开支的意愿和关怀黎民疾苦之心曾被人们视为文帝的几种美德。公元前66年后不久，吁请宣帝削减开支的建议可能是对时新派政治家好大喜功的政策的部分反应，也可以视为对已在长安出现的那种铺张浪费的景象、游乐和款待（部分的是为了向武帝的国外客人炫耀）的一种抗议。[②] 同样，改造派的削减公共开支的愿望可以在限制乐府活动的命令中看出。乐府建于公元前114年至前113年，为的是给国家的宗教仪式提供合乎礼仪的音乐伴奏。公元前70年关于经济方面的命令是所采取的几项措施中的第一项，这些措施在公元前7年撤销乐府时执行得最为有力。[③]

外交事务

此时中国人之所以能在中亚维持其利益，在相当程度上是由于匈奴内部的不和和分裂。有一个时期，匈奴各部分别受五个不同的单于

[①] 另四国为济北（废于公元前87年）、清河（废于公元前65年）、中山（废于公元前55年）和广陵（废于公元前54年）；中山和广陵在公元前47年重立，定陶在公元前25年重立。

[②] 《汉书》卷七二，第3062页以下；鲁惟一：《汉代中国的危机和冲突》，第140页；《汉书》卷九六下，第3928页以下（何四维：《中国在中亚》，第197页以下）。关于公元前71年下令削减开支之事，见《汉书》卷八，第245页（德效骞：《〈汉书〉译注》第2卷，第213页）。

[③] 见鲁惟一：《汉代中国的危机和冲突》第6章。

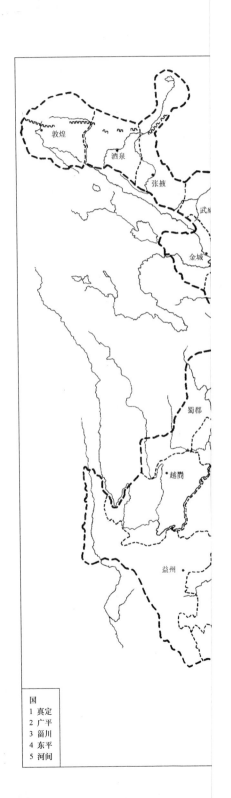

敦煌

酒泉

张掖

武威

金城

蜀郡

•越嶲

益州 •

国
1 真定
2 广平
3 菑川
4 东平
5 河间

的领导，这就使它们不能同心协力。同时，在中国官员中出现了一种新的态度。

　　敌对的单于之一呼韩邪拟定于公元前 51 年对汉朝廷的访问，作为与匈奴友好关系的一个迹象，受到了欢迎，但对来访者应给予什么待遇，出现了不同的意见。有的人认为来访是一种表示敬意或臣服的行动，他们取得的教训应昭示天下；另一些人则认为来访是体现皇帝的宽厚和对四方人民表示善意的大好时机。单于应当受到怎样的对待，是把他当作低于汉朝诸王的地位较低的臣民，还是当作地位高于诸王的贵宾，这成了一个有争议的问题。结果，作为靠显示仁厚而不是靠武力迫使外国人屈服以争取他们的友谊的政策的一个部分，决定给他以慷慨和隆重的待遇。这个决定与政府的批评者在公元前 81 年辩论中提出的论点是一致的。[①]

　　中国对远方的外交政策也在发生变化。在武帝统治时期（公元前 141—前 87 年）及以后的一段时间内，外交政策的特点是中国人的主动性。中国人愿意和受联姻（如约公元前 110 年与乌孙的联姻）约束的外国民族缔结长期约定。朝廷曾发动几次深入中亚的远征，汉朝士兵表现得英勇善战，惹人注目。结果，中国人设法在中亚的某些国家册封能保证对中国效忠的王（公元前 101 年在大宛国；前 65 年在龟兹国）。怀着同样的目的，中国人卷进谋害胸怀敌意的当地王而代之以中国人的人选的阴谋不下五次。[②]

　　昭帝时（公元前 87—前 74 年）朝廷已能在布古尔（轮台，见地图 16）建立殖民地，而在此以前桑弘羊曾就此提出建议，但未实行。也有迹象表明，霍光本人曾准备支持扩张政策。但是约从公

---

① 《汉书》卷八，第 270 页以下（德效骞：《〈汉书〉译注》第 2 卷，第 256—259 页）；德效骞译注第 2 卷，第 190—193 页；鲁惟一：《汉代中国的危机和冲突》，第 96 页以下、第 107 页。

② 最明显的例子是车尔成（楼兰或鄯善）王在一次宴会上被中国歹徒灌醉和杀害。公元前 77 年王的首级经敦煌送至长安，附近发现的汉简证实了此事。其他中国人的暴力行为的事例涉及郁成王（公元前 101 年）、莎车王（公元前 65 年）、乌孙王（宣帝朝时）和罽宾王（日期不详）。关于这些事件的详细情况，见何四维：《中国在中亚》，第 43 页以下。

元前 65 年起，重点似乎转移了。活力和主动精神让位于有节制的、变化不大的殖民计划。公元前 61 年，曾在中亚服役数年并与匈奴作战的老资格军人赵充国提出了一种新型行政的建议。他提出巩固中国人势力的上策不是不定期地派遣小规模的特种部队，而是长期建立自给自足的农业殖民地。[①] 公元前 60 年或前 59 年当西域都护府在郑吉领导下设立时，目的是用它作为协调殖民活动和促成与西域各小国的友好关系的机构，而不打算把它当作计划进一步扩张或侵略的官署。[②] 这种收缩倾向也可以从公元前 82 年部分地从朝鲜撤退的行动中看出。[③]

改造和衰落，公元前 49—公元 6 年

未来的元帝（在位期公元前 49—前 33 年）在公元前 74 年其父登基时，还是一个约两岁的婴儿；当他在公元前 67 年被宣布为太子时，也不过八九岁。据说他与其父的心态不同，他容易接受要求仁慈的呼吁，而对当时对于问题所持的过于专业的或法家的态度不满。据报道，宣帝有一次流露了他的忧虑，担心他自己的太子将会毁灭王朝，并且试图以另一妃子所生之子代替未来的元帝，但没有成功。元帝快到他统治的末年时，被病痛所折磨，据说他把精力倾注于音乐和一些浅薄无聊的活动方面，从而招致了他的重道德伦理的大臣们的批评。[④]

---

① 关于桑弘羊在布古尔建立殖民地的企图。见《汉书》卷九六下，第 3912 页（何四维：《中国在中亚》，第 166 页以下）；关于昭帝时期建立殖民地之事，见《汉书》卷九六下，第 3916 页（何四维前引著作，第 174 页）。关于赵充国，见《汉书》卷六九，第 2985 页以下；鲁惟一：《汉代的行政记录》第 1 卷，第 57 页；鲁惟一：《汉代中国的危机和冲突》，第 225 页。

② 何四维：《中国在中亚》，第 64 页。

③ 《汉书》卷七，第 223 页（德效骞：《〈汉书〉译注》第 2 卷，第 160 页）；加德纳：《朝鲜古代史》，第 18 页。

④ 《汉书》卷九，第 277 页（德效骞：《〈汉书〉译注》第 2 卷，第 299 页以下）；卷八二，第 3376 页；卷九八，第 4016 页；鲁惟一：《汉代中国的危机和冲突》，第 151、155、161 页。

历史的证据不足以判断宣帝对他儿子的评价是否正确，或者批评者或历史学者的意见是否可靠。没有理由认为他对任何具体的国务决定施加过明显的影响。的确，采用的某些措施实际上降低了皇帝生活方式的豪华程度和他个人的享受，不过没有什么证据可以说明，元帝或是能够为帝国总的利益提出这类措施，或是能够出于个人的原因而加以反对。

不管新帝起什么作用，元帝的登基可以视为帝国发展过程的一个新阶段的开始。他父亲的大臣们已经开始摆脱时新派的思想；而在他以后几个皇帝的统治时期，改造派的看法成了许多决策的鲜明的特征，不论在宗教仪式、国内问题、经济目标或对外关系方面都是如此。政治家们这时专门注意周代的而不是秦代的范例；他们选择节约和紧缩以取代挥霍和扩张；他们放手解除以前对中国黎民日常生活的各种管制。在有些情况下，如在减少铺张浪费和减轻国家刑罚方面，他们是成功的；在另一些情况下，如在建议限制土地的占有面积方面，他们的想法过于极端，难以实行。在前汉结束之前改造一直是政府施政的目标，尽管中间短时期内也出现过争议；后来王莽继承了改造派的思想，并且，和他以前的元帝、成帝（公元前33—前7年在位）和哀帝（公元前7—前1年在位）几朝相比，甚至进一步地发展了改造派的思想。

国内政治

当时重新进行考虑的基本问题之一是京城的位置。这个问题是由翼奉的建议引起的，翼奉是萧望之和匡衡的助手，他是一个根据阴阳的循环来解释王朝历史的阴阳家。[①] 他提出皇帝和政府的所在地应移到洛阳，由于意识形态的原因，这个建议得到了支持；他希望断绝汉朝与长安的关系，因为那里是暴力和战斗的场所；此外，在王朝初建和武帝的扩张挥霍时期，它又曾被用作权力基地。但是洛阳却引起人们对周代诸王的道义美德和俭朴政策的追忆。翼奉建

---

① 《汉书》卷七五，第3175页以下。

议的论点有一定的说服力，他得到皇帝的赞赏而被召见了一次；但他的建议被认为是不切实际的，所以这个问题直到公元 12 年才再次提出。在此期间，长安继续得到充实。皇帝仍在收集工场制作的铜器以装饰皇宫。有的珍宝被送往长安之西的上林苑，那里有猎场、供游猎用的馆舍、御苑和各地送来的珍奇动物；上林苑在武帝时期已大加扩充。

元帝及以后的几朝恢复了几个王国，它们一般是小国，有的存在的时期不长。其中的两国（楚，于公元前 49 年重立；广陵，于公元前 47 年重立）维持到西汉结束之时；其他诸国有：清河（公元前 47—前 43 年）、济阳（公元前 41—前 34 年）、山阳（公元前 33—前 25 年；原为昌邑国）和广德（公元前 19—前 17 年）。[①] 有一个王国（河间）在公元前 38 年至前 32 年期间被当作郡来治理。由于与王朝的瓜葛，定陶、中山和信都三国特别引起人们的兴趣。定陶于公元前 25 年复国，存在到公元前 5 年；在这期间它的一个王刘欣已被晋升为太子，后来成为哀帝（公元前 7 年—前 1 年）。中山从公元前 42 年至前 29 年又成为国；公元前 23 年以前回复为郡，前 23 年被重新批准为国；其王刘箕子在公元前 1 年继哀帝登上皇位，成为平帝。信都国从公元前 37 年维持到前 23 年，从公元前 5 年起又成为国；在这个间歇期中（公元前 16 年），王莽曾被封为信都侯。

元帝、成帝和哀帝所封的侯爵，大多数授予诸王之子，总数达 100 个；与之相比，因有功而封的侯只有 6 个，赐给外戚的侯为 25 个。

在前汉时期，宦官对政治生活还没有施加过分的影响，只有为数很少的宦官晋升而拥有大权。这个时期还没有出现那种有时能破坏王朝统一或改变朝廷性质的宦官和其他集团之间的激烈斗争，虽然至少有一个政治家因宦官与之为敌而受害。宦官未能控制帝国的原因之一是元帝（公元前 49—前 33 年）和成帝（公元前 33—前 7 年）两朝的改造派政治家持反对他们的立场。

到那时为止，曾任秦帝国大臣的赵高是宦官控制帝国命运的唯一

① 公元 2 年在立广世国和广宗国的同时恢复为国。

明显的例子。① 其后，少数公正地或不公正地受宫刑的人仍设法在汉代留下了他们的名声：这些人包括司马迁，他因在李陵身处逆境时赞扬李的功绩和为李的行为辩护而付出了代价；李延年，他是武帝的一个妃子之兄，因他在乐府的活动而知名；许广汉，宣帝的遇害皇后之父，他因偶犯的一个小过失而受到最严厉的惩罚。② 可能在武帝统治之前和之后，宦官都在帝国的朝廷上担任较低的职位；当尚书的官署日趋重要时，他们很可能在署内任职。③

最早得到晋升而负责中书工作并由此对国策的决定产生相当影响的宦官，有宣帝朝和元帝朝的弘恭和石显。他们受到皇帝信任，引起了萧望之的强烈批评，他反对设置宦官，让那些被阉割的人身处君侧。然而，当宦官的势力强大得使人感到他们的观点在一定程度上得以实施时，作为他们敌视的结果，萧望之在公元前46年被迫自杀。④ 匡衡就是那些痛恨宦官而被石显及其同伙指控的人之一。到公元前33年，弘恭和石显都死去，其他宦官都没有取得足够显赫的地位以接替他们去控制皇宫；公元前29年，由宦官任职的专门机构（中书）被撤销。

有若干措施证明政府有重建公正的行政和减轻以前规定的严厉惩罚之意。这类措施涉及大赦令、司法程序和以金代罚的规定。

在公元前48年至前7年期间，朝廷共颁布了18次大赦令；虽然大赦的次数并不明显地多于以往，但颁布大赦的诏令反映了施政的新面貌。它们表达了一种观点，即严厉的判刑提高而不是降低了犯罪率；它们暗示犯罪的增加是征重税或未能保证行政清廉的结果。除了公元前134年与大赦令一起颁布的一道诏令外，以往在这些情况下是

① 见第1章《秦的崩溃》。
② 《汉书》卷九七上，第3964页；鲁惟一：《汉代中国的危机和冲突》，第53、124、195页。
③ 宦官担任尚书时称中书。关于尚书的重要性，见第8章《九卿》。
④ 《汉书》卷七八，第3284、3292页。在正史评述中表达的这一观点由于对宦官的内在偏见而应作某些修正。关于石显和弘恭，见《汉书》卷九三，第3726页；鲁惟一：《汉代中国的危机和冲突》，第163页。

不谈这类意见的。此外，公元前47、前46年、前32年的几次大赦令郑重地表示了皇帝要弥补因他的无能而引起的宇宙万物运行失调的企图，这种失调通过上天的警告已经表现了出来。朝廷坚决地认为，大赦是及时地注意这些警告和做出补救的一种手段。[1] 几乎与此同时，朝廷下令减轻法律规定的某些严刑（在公元前47和前44年）。在公元前34年，它又指示简化和缩短诉讼程序；长期的诉讼严重地扰乱了黎民的生活。[2]

长期以来，政府容许罪犯付钱折罪，以减刑或免刑，这已成为惯例。这种做法可以追溯到秦帝国时期；公元前97年，50万钱足以减死刑一等。[3] 这些措施对时新派思想家们有吸引力，因为它们提供了又一个收入来源；然而改造派的意见是反对这一制度，因为它有妨碍实施公正的司法和偏袒富人的倾向，却不能遏制犯罪。

约在公元前62年，萧望之已经坚决反对把这一制度稍加改变而予以实施的建议。有人曾经提出，定罪服刑的罪犯可以参加镇压西羌叛乱者的征剿，从而免除进一步的惩处。萧望之成功地阻止朝廷采纳这项建议。[4] 在贡禹担任御史大夫后不久（公元前44年），他就时弊向皇帝作长篇陈述时提起了折刑之事；他认为这种做法是降低公众生活的〔道德〕标准的根本原因之一。我们不知道，他的反对意见是否被采纳，他的建议是否被实施。[5]

节 约

改造派政治家们长期以来为宫中的挥霍浪费现象而感到痛心；它

---

[1] 关于公元前47、前46和前32年的几道诏令，例如，见《汉书》卷九，第281、283—284、303页（德效骞：《〈汉书〉译注》第2卷，第308、311、376页）。关于完整的大赦令表，见鲁惟一：《汉代贵族爵位的等级》，第167—168页。

[2] 《汉书》卷九，第296页（德效骞：《〈汉书〉释注》第2卷，第334页）。

[3] 关于秦代的做法，见本书第9章《刑罚的种类》。关于公元前97年折罪之事，见《汉书》卷六，第205页（德效骞：《〈汉书〉译注》第2卷，第109页）。关于其他事例和有关原则的探讨，见何四维：《汉法律残简》，第205页以后。

[4] 《汉书》卷七八，第3275、3278页。

[5] 《汉书》卷七二，第3077页。

消耗了本可以更好地利用的资源，浪费了本来应该专门用于谷、麻和蚕丝生产的劳动。元帝登基后不久，朝廷采用了一系列措施以削减奢侈用品，俭朴蔚然成风。公元前47年，提供车马以供皇帝使用的专门机构被撤销，同时撤销的还有专用的某些湖泊和林苑；次年，宫中禁军的编制被缩小，官员们奉命削减开支；公元前44年，即暂时取消国家盐铁专卖的那一年，在皇帝的宴会和使用交通工具方面都采取了节省措施。[①] 为娱乐而布置的一些比赛停止举行；很少使用的一些狩猎庄园被关闭；原来在中国东部设立的供应宫装的官署也被撤销。公元前44年的另一个措施表明当时的政治家们不仅仅为节约而急于紧缩开支；他们对国家资源的使用还怀有建设性的思想。在此之前，受博士官训导的学生人数有名额限制。在实施紧缩开支的措施的同时，朝廷取消了对学生人数的限制，以期有更多受过训练的人担任公职。但由于这一变化增加的费用，在公元前41年，学生人数又有了名额限额。[②]

有一个进一步的节约措施特别引人注意，因为它产生于财政和意识形态方面的考虑；它是宣帝朝的过渡时期所采取的措施的继续。早在公元前70年，乐府已奉命削减其正式编制；公元前48年朝廷又颁布了同样的命令；15年后乐府又奉命停止某些比较铺张的做法；诸如提供国祭仪式中的女歌诵团。最后，在公元前7年，乐府被撤销。在那时，它共有829名精通音律的人充当歌诵者和演奏者。一半以上的人被直接遣退，其余的人被调到其他机构；但朝廷仍能为朝觐组织一个有128名乐师的乐队，为宗教祭祀组织62名演奏者。[③]

乐府有许多精于音律的人任职，尤其是在下达紧缩编制命令之前。但是撤销乐府的记载着重叙述的是乐府已被败坏了的职能而不是节约钱财的需要。到乐府结束之时，它已与演奏容易引起

---

① 《汉书》卷九，第281、284—285页（德效骞：《〈汉书〉译注》第2卷，第308、312、314页）。

② 《汉书》卷九，第285、291页（德效骞：《〈汉书〉译注》第2卷，第315、324页）。

③ 鲁惟一：《汉代中国的危机和冲突》，第6章。

情欲和刺激放荡行为的靡靡之音联系了起来。在几个世纪之前，孔子已经不赞成这类音乐，所以改造派政治家们设法压制为国家演奏这类音乐的组织，就不足为奇了。他们认为它会对世风产生有害的影响。

政府中一名可以代表新潮流的官员为召信臣，他生于华中，他学术上的丰硕成果使他能在朝廷取得一定的地位。[①] 他先任一个县的县令，后任南阳郡的郡守，在任郡守时，他极力使百姓富足起来。他亲自在田地劳动，给人们树立勤奋的良好榜样，并不知疲劳地视察供水情况和改善灌溉设施。这些措施使郡内的生产大为提高，于是仓廪充实。郡守还成功地说服百姓为公平分配水的使用达成协议。他阻止了立界石争产权的争端的爆发，并大力提倡节约。对那些喜欢过懒散奢侈生活而不愿在田地劳动的下属官员的家族，他威胁要提出诉讼；他赢得辖区百姓衷心的支持，那里的人口翻了一番。

由于这些成就，召信臣得到了应有的奖励；他先被提升为河南郡郡守，公元前 33 年又升任少府。就在任少府期间，他提出了在中央政府一级节约开支的建议。他提出应中断维修皇宫的那些很少使用的建筑物；乐府应该撤销；戏班和正规的宫内禁军的武器装备应大大地减少；他极力主张，用于促成某些作物和蔬菜在非种植季节生长的燃料开支是不合理的。还可以补充的是，召信臣幸运的是一位在职时因年老而自然死亡的有成就的高级官员。

除了削减开支的尝试外，在新朝伊始之时元帝的顾问还提出了其他的旨在抵消武帝时期新派政治家们的过激政策的措施。改革的主要拥护者是公元前 44 年任御史大夫的贡禹。他强烈地反对雇佣国家征募的劳工采矿或铸币；他断定用于这类事业的劳动日多达10 万个以上，他反对让农民承担生产矿工和工人所需的粮食和布的义务。

贡禹竟然成功地使国家的盐铁专卖在公元前 44 年取消了。但不

---

① 《汉书》卷八九，第 3641 页以下。

久收入的减少越来越严重，专卖事业又在公元前 41 年恢复。[①] 贡禹还关闭了用作稳定大宗商品价格的粮仓。讲求实际的耿寿昌急于尽量减少运粮的劳动力，于公元前 54 年又建立了粮仓。[②]

贡禹又提出一个建议，但它甚至没有被短期采纳；这个建议就是以一种货币前的经济来代替货币经济。他争辩说，爱财是万恶之源；它吸引人们脱离田地的生产性劳动而去从事工商，工商可以不花什么劳动而取得厚利。钱的使用可以使富者积聚财富；富者利用财富纵情享乐和进一步追逐利润，因为放债可以轻易地取得二成之利。随之而来的是对农民的诱惑，使他们放弃土地去寻求似乎可以致富的一条直道，这几乎是无法压制的，因为他们被钱财弄得神情恍惚。但如果他们不能发迹，其下场将是一贫如洗，出路只有当盗匪。

贡禹提出关闭官办的铸币厂；征收粮食或织物作为岁入；完全以实物支付官俸，以取代官员已经习惯的钱和粮合计的月俸。贡禹的论点也许是讲得通的，但由于货币在当时经济中的地位，它没有引起多大反应。如果高级文官收到大量粮食作为他们的官俸，他们就会遇到处理粮食的困难，所以很难指望他们会支持贡禹的建议。

就在前汉末年，一个甚至更为激进的措施被提出，但同样没有成功。这个建议是在公元前 7 年任大司马的师丹的鼓动下出笼的。像贡禹那样，他深感贫富之间严重的悬殊；他又像董仲舒那样，寻求通过土地的再分配来缓解苦难。他就土地的规模和可以拥有的奴隶人数提出了一系列的限额，其大小和多少依社会地位（拥有的爵位，或是侯）而定。[③] 建议被提交讨论，并原则上被采纳，但许多位居高位的人，如傅后和丁后的外戚及哀帝的宠臣董贤，因此会受到严重损失，

---

① 《汉书》卷九，第 291 页（德效骞：《〈汉书〉译注》第 2 卷，第 324 页）；卷七二，第 3075 页。

② 《汉书》卷八，第 268 页（德效骞：《〈汉书〉译注》第 2 卷，第 253 页）；卷二四上，第 1141 页（斯旺：《古代中国的粮食和货币》，第 195 页）。

③ 《汉书》卷十一，第 336 页（德效骞：《〈汉书〉译注》第 3 卷，第 21 页）；卷二四上，第 1142 页（斯旺：《古代中国的粮食和货币》，第 200 页）；鲁惟一：《汉代中国的危机和冲突》，第 267 页以下。

所以这个建议未付诸实施。就在此时（公元前7年），政府为了减少支出，颁布了与公元前47年至前44年所采纳的措施相类似的节约措施。

自从公元前109年整修黄河的堤坝以来，政府进行了一系列的防洪活动。在公元前95年至前66年期间，一些小的泄洪口和支渠已经挖成，以减缓大水顺流而下的沉重压力；但政府对疏浚或维修的必要性还没有充分注意，于是在公元前39年和前29年发生了大决口。公元前30年，大雨在中国的其他地方造成了洪水，长安城内惊慌失措，担心即将来临的灾难。[1] 公元前29年，洪水为灾的责任被归之于御史大夫尹忠。他成了时弊的替罪羊，因身居高官，只能自杀谢罪。

以后，大司农负责此事；通过迅速有效的行动，他成功地解除了危险的形势。他发动了一个全面的救灾行动，使用了500条船只以撤走受威胁地区的居民。为了把洪流疏导至支渠以防止进一步的洪水，建成了一批堤坝。经过36天并使用了征募的劳工，这个工程得以完成；朝廷采用了新的年号"河平"（公元前28—前25年）以示庆祝。这一成就有助于遏制下一次洪水的威胁，下一次洪水发生在公元前27年。[2]

幸运的是，《汉书》收有公元1—2年帝国形势的基本情况的概要。它列出了当时全部的行政单位，同时还有为征税而作的每年的人口登记报表。[3] 在最后几次调整之后，公元1—2年的帝国包括83个郡和20个王国，它们据称共有1577个诸如县和侯的下属单位。从各个郡和王国所列数字得出的总人口登记数合计为12366470户，或57671400口。

县及其市镇的材料较少，因为所收的这类数字只有10例。未提

---

① 鲁惟一：《汉代中国的危机和冲突》，第154页以下、第190页以下。

② 《汉书》卷二九，第1688页以下。

③ 见《汉书》卷二八所列每个国和郡的条目以及卷二八下第1639页的统计方面的概要。这两卷所列的数字不是全《地理志》各个行政单位的统计数的准确的总数。

选列它们的原因，但可能它们说明了帝国的某些大城市的规模。因此，它们难以引导我们了解当时可能存在的其他 1500 个中心城市的规模。例如京师及其所在的县的数字为 80800 户，或 246200 口；也有人提出，京城城区的居民约超过 8 万。[1]

可以料到，各地人口的分布很不均匀；人口高度集中在丰产的黄淮流域及肥沃的四川盆地（见地图 10）。《汉书》中提供的可耕地规模有些难以解释；但情况似乎是，在耕之地不足以生产可充分供应全民的粮和麻（衣服的主要原料）。最后这一卷附有一个政府设立以管理各类生产——如盐、铁、果品和织物——的所有专使的注。[2]

宗教问题

以前的几个皇帝竭力保持对五帝的应有的祭祀仪式，认为他们守护着王朝的命运。[3] 武帝（公元前 141—前 87 年在位）亲自参加祭祀古代神祇，早在秦帝国以前很久，人们已经承认了他们的存在；在时新派的鼎盛时期，他曾经主持对其他的神——后土和太一——的祭祀。宣帝（公元前 74—前 49 年在位）继续举行这类仪式；他的继承者元帝（公元前 49—前 33 年在位）在公元前 47 年至前 37 年期间至少参加了 11 次祭祀，使仪式更为隆重。但是，变化正在发生。

---

[1] 宇都宫清吉：《汉代社会经济史研究》（东京，1955），第 115—117 页；又见毕汉斯：《东汉的洛阳》，第 19 页以下。

[2] 更详细的情况见第 10 章。关于人口计算及其准确性的研究，是毕汉斯：《公元 2 至 742 年时期的中国人口统计》，载《东方和非洲研究学院学报》，19（1947），第 125—163 页。虽然《汉书》中有一个声明，说人口计算指的是公元 2 年的数字，但它可能是根据前一年的登记数。《汉书》实际提供的人口总数为 12233062 户，即 59594978 口，与正文中提供的各郡各国所列数的合计数不一致。与此相似的情况是，所列的下属行政单位 1587（或 1578）个应该是 1577 个。关于这个时期产量的意见依靠的是《汉书》中关于可耕地面积的略有问题的数字（《汉书》卷二八下，第 1640 页），此外，汉代政治家所引的产量数字是为了辩论而估计的。唯一可靠的材料是行政记录中为公务员及其家属分配口粮而提供的材料；这类数字对全体人口的适用程度则是值得怀疑的。

[3] 关于这个题目，见鲁惟一：《汉代中国的危机和冲突》第 5 章。

成帝初期，一批祭奉次要的神的神坛或由方士祭祀的神坛被取消。[①] 但是远为激进的变化涉及继续举行重大国祭的地址和在那里祭祀的方式，尤其涉及了祭祀的对象。这个变化主要是匡衡有说服力的陈述造成的。他推动变化，以之作为对古制的恢复，古制已经腐败，需要清理。他争辩说，像雍、甘泉或汾阴那样的传统祭祀地点都离长安相当远，皇帝的亲临会造成应该避免的巨额支出和人民的困苦。出于类似的原因，他主张庄重和简单，避免到那时为止成为各种仪式特点的那种铺张和繁琐。最重要的是，汉朝将舍弃秦代祀奉的诸神而祀奉周代的神。

人们还记得，高帝在秦承认的四帝之外，加上了对第五帝（黑色）的祭祀。[②] 这个变革始于公元前 205 年；但是这些仪式这时让位于祭天，即祭祀周代诸王认为是他们的尘世统治权的来源之神。从公元前 31 年起，汉成帝在长安南边和北边新建的祭坛参加祭天地的仪式。到较远祭祀地点的巡行就不再有必要了；素色祭坛上的土制祭器和葫芦代替了玉器，朴素的祭坛代替了过去华丽和精心装饰的祭坛。

但这些变化还不是持久的。在公元前 31 年，变化引起了争论；它们尤其引起了很受人尊敬的刘向的反对，他极力主张必须保持王朝习俗的延续性。具有明显重要意义的是，祭祀国家尊奉之神与生育太子这两件事被联系了起来。成帝尚没有一个继承者，人们希望，随着宗教仪式的变化，五帝中的新帝将赐福于王朝和成帝，赐给他一个儿子。不幸的是，这个希望落空了：确保国家未来的需要变得更为迫切了，在公元前 14 年、前 7 年和前 4 年这几年，宗教仪式发生了变化，恢复到原来的状况。最后，在公元 5 年，长安祭天地的仪式被重新确立，这主要是由于王莽的影响；公元 26 年，祭天地的仪式从这里转移到中兴王朝的京都洛阳。

---

① 《汉书》卷二五下，第 1257 页。雍城古址共有 203 个神坛，只留存 15 个。各地总共有 683 个神坛，留下了 208 个。

② 《汉书》卷二五上，第 1210 页。见本章《高帝最初的安排》。

在历史上还可以看到祭奉皇帝列祖列宗的类似的形式。为此目的而建庙的习俗可以追溯到公元前195年的一道诏令，命令在京师和地方建庙纪念高帝。[1]　惠帝在登基时曾亲临一座宗庙，公元前166年的一道诏令还强调了它们的重要性。[2]　到元帝时，维持宗庙仪式的费用连同每日供品的固定数额增加到了惊人的程度。各地167个宗庙和长安176个祭祀地需要的费用的数字，引述得相当精确。因此听起来似乎是真实的，这些数字似乎引自经过适当审定的账目。每年供应的斋饭为24455顿；有45129名士兵守卫宗庙；雇有12147名僧侣、厨师和乐师，还有数目不详的人负责献祭的牲畜。[3]

在推行其他节约措施之时，重新审议这些仪式是不足为奇的。约到公元前40年，朝廷已经进行了大量削减。约200个宗庙的仪式中断了；但为纪念高帝、文帝和武帝建立的宗庙的仪式则被挑出来予以保留，因为这几位皇帝被认为应享受特殊待遇。公元前34年元帝患病时，所有庙宇的祭祀被恢复；次年当知道这些求福活动已不能拯救他生命时，大部分又被取消。公元前28年，当采取一切可能的措施以使他的继承者成帝能得到一个太子时，仪式又被恢复。公元前7年，53名官员再次呼吁减少宗庙的数字，这一次在应享受特殊待遇的皇帝的名单中增列了宣帝。[4]　在平帝期间(公元前1—公元6年)，王莽重申了保留庙宇的原则，以便举行那些应该祭祀的活动。

另一个渊源于改造派原则的变化同样与宗教仪式、对人民的管制和国家的支出有关。秦始皇开了建造宏伟的陵墓作为他最后归宿的先例；虽然据说汉文帝(公元前180—前157年在位)曾表示他强烈地反对这种做法，但很可能汉代诸帝已在竭力按照他们的地位用奢侈品

①　《汉书》卷二，第88页（德效骞：《〈汉书〉译注》第1卷，第178页）。
②　《汉书》卷一下，第80页；卷四，第126页（德效骞：《〈汉书〉译注》第1卷，第145、257页）。
③　《汉书》卷七三，第3115页；鲁惟一：《汉代中国的危机和冲突》，第179页以下。
④　《汉书》卷七三，第3125页以下。

装饰其陵墓。① 除了建墓和提供珠玉、装饰品及供应的费用外，政府有时还拨给庄园，以提供用于维修陵地的收入，这种做法减少了国家的收入。此外，政府有时下令强制迁移人口，以确保有足够的人力照管陵墓和为它们服务。为了响应这类命令，有时富户或有名望之家的成员被强制迁移。

从高帝起，像这样的迁移发生了七次，都与在长安西面和北面准备某个皇帝或他的后妃之墓有关。② 这几次迁移可能被政治家有意识地利用，他们认为这是把有权势的家族迁离它已建为权力基地的故土的良机。一直到宣帝时期（公元前 74—前 49 年），这种安排都得到了支持，公元前 55 年至前 51 年任丞相的黄霸就是一个实例，他本人就为此目的而被迁移。③ 但是在元帝、成帝、哀帝或平帝这几朝，史籍只记载了一次出于这一目的的迁移。公元前 40 年的一道诏令说明了朝廷的意愿，容许黎民留在其长期居住地，防止因强制迁移造成家庭分离而容易引起的不满。④ 然而，如同国祭和祭祀列祖列宗的仪式那样，在成帝朝（公元前 33—前 7 年）朝廷又一度恢复了更早的做法。成帝在公元前 20 年视察了为自己的陵墓正在进行的准备工作，并且下令按惯例向那里迁移人口；但在公元前 16 年，迁移停止。⑤ 几乎与此同时，刘向表示他强烈反对厚葬礼仪。⑥ 公元前 5 年阴历六月，政府下令为准备丁后之墓而进行一次迁移，但在下一个月，它宣布将来它无意再采取这类行动。⑦

---

① 关于秦始皇之墓，见第 1 章《秦的崩溃》。在写作本文时，对汉代诸帝陵墓的发掘尚未完成，但诸王，如死于公元前 112 年的中山王（其墓已在满城发现）的奢侈的埋葬，说明汉代诸帝的做法同样浪费。关于文帝的观点，见《汉书》卷三六，第 1951 页。
② 藤川正数：《汉代礼学的研究》（东京，1968），第 174 页以后；陕西省博物馆编：《西安历史述略》（西安，1959），第 65 页以下。
③ 《汉书》卷八九，第 3627 页；藤川正数：《汉代礼学的研究》，第 177 页。
④ 《汉书》卷七，第 292 页（德效骞：《〈汉书〉译注》第 2 卷，第 327 页）。
⑤ 《汉书》卷十，第 320 页（德效骞：《〈汉书〉译注》第 2 卷，第 401 页）。关于其中一次迁移对历史学家班固的影响，见《汉书》卷一〇〇上，第 4198 页。
⑥ 《汉书》卷三六，第 1952 页以下。
⑦ 《汉书》卷十一，第 340 页（德效骞：《〈汉书〉译注》第 3 卷，第 31 页）。

外交事务

在前汉的最后 50 年期间，外交政策的特点是不愿进行扩张，有时拒绝与潜在的敌人交锋。从积极方面看，中国总的说不再受到匈奴的挑衅，后者不够团结，难以巩固或加强其地位，或者对中国构成威胁。外国的重要权贵不时地访问长安，如成帝和哀帝两朝时的友好的龟兹王；公元前 1 年，乌孙的领袖（昆弥）之一与匈奴的一个单于一起来到汉廷。[①] 在此期间，中亚的移民定居地在都护的领导下仍得以维持下去；在公元 23 年以前有关于在职都护的记载。[②] 同时，朝廷已采取进一步措施以协调移民地工作和在紧急时刻给移民地提供军事援助。公元前 48 年，朝廷设了一个新职。在职的官员为校尉级，他将在原吐鲁番（车师）统治者拥有的领地上和这时易受匈奴侵入的领地上建立移民地；他将在这个地处中国和外国人之间的地区保护中国人的利益。晚至公元 16 年，这个职务肯定还有人担任。[③]

在其他方面，中国人急于避免进一步的卷入。公元前 46 年，海南岛的珠崖郡被放弃。原来设在海南的第二个郡已于公元前 82 年与珠崖合并；公元前 46 年撤郡之事是在当地爆发了叛乱和作出了在该岛保留中国的前哨将会过于劳民伤财的结论后发生的。[④] 四年后，西面的羌族诸部策划叛乱，当时中国正遭受饥馑之灾。在这些地区有丰富治安经验的冯奉世请求派军 4 万去镇压起义。但政府因需要保存实

① 《汉书》卷九六下，第 3910、3917 页（何四维：《中国在中亚》，第 161、176 页）。

② 都护之职最初在公元前 60 或前 59 年设立，当时由郑吉担任。由于没有在职都护的完整名单，所以不能肯定在公元 23 年之前该职务是否连续地有人担任。除了公元前 46 年至前 36 年、前 28 年至前 24 年、前 19 年至前 12 年和前 10 年至前 1 年，我们已知道历年任职的官员姓名；见何四维：《中国在中亚》，第 64 页。

③ 这个职称戊己校尉，有一个时期它又分为戊校尉和己校尉，戊和己是天干中的第 5 和第 6 字。见《汉书》卷九六上，第 3874；卷九六下，第 3924 页（何四维：《中国在中亚》，第 63、189 页）；何四维之作，第 79 页注 63。

④ 《汉书》卷七，第 223 页；卷九，第 283 页（德效骞：《〈汉书〉译注》第 2 卷，第 160、310 页）。

力而犹豫不决，只派他率领一支 1.2 万人的军队出征，兵力根本不足。像这样的虚假的节约不足以成事；元帝的政治家们最后被迫增派 6 万名士兵，冯奉世才得以恢复秩序。[①]

中国政府这几十年表现出缺乏决心的最明显的例子发生在公元前 36 年。[②] 当时，匈奴中最强大的领袖之一郅支对中国的政策不满；他对他的敌对单于呼韩邪所受到的友好接待心怀妒意，而他自己主动的表示则遭到了拒绝。郅支向粟特（康居）求援，以便报复；他希望通过诸如袭掠或俘获中国使节和攻击中国的盟友乌孙的行动，损害中国在中亚的利益。发展下去，形势可能会变得非常危险，因为所有的交通线可以轻易地被切断；正是由于在当地的两名军官的主动行动，这个危险才得以避免。陈汤的地位在当时比较低。他完全自作主张地行事，发出了出兵进攻郅支所需的文书。结果，他得到都护甘延寿的默许和援助；他们一起战胜并杀死了郅支。

这两名将领以传统方式送呈被征服的为首敌人的首级向长安的上级报捷；他们完全预料得到的一场争吵随之发生。因为从表面看，他们犯的罪是严重的；他们颁发了一道自己无权颁发的诏书。只是他们取得的辉煌胜利才使他们免受可怕的惩罚。政府无意向他们祝捷或把他们作为英雄来奖励；它也不愿意通过进一步的扩张去利用他们的胜利。反对以任何方式奖励他们的意见主要是匡衡提出的，只是由于刘向的坚持，朝廷最后才封甘延寿为侯，封陈汤为关内侯。甘延寿死后，匡衡乘机降低了陈汤的地位。

政府对它的两名最英勇的公仆的不公平待遇表明，它这时不愿投身于对外的冒险行动中去；对他们的任何奖励会带来一种危险，即它会鼓励其他人去显示其主动性，并把中国卷入不必要的、代价高昂的冒险行动之中。30 年前（公元前 65 年）当冯奉世提倡中国向中亚推进时，所采取的恰恰也是这种态度。[③]

---

① 《汉书》卷七九，第 3296 页。关于数字的可靠性通常受到怀疑，见第 1 章附录 3。
② 《汉书》卷七〇，第 3007 页以后；鲁惟一：《汉代中国的危机和冲突》第 7 章。
③ 《汉书》卷七九，第 3294 页；卷九六上，第 3897 页（何四维：《中国在中亚》，第 141 页）。

另外的行动也产生于这种对外关系的观点。粟特最后起来反对郅支，甚至在陈汤决战时出兵帮助他。当有人提出应与粟特保持这种关系时，汉朝政府不赞成通过和亲进行全面结盟。与此相类似的是，中国已在武帝时期（公元前141—前87年）与克什米尔（罽宾）建交，在元帝时期（公元前49—前33年）断交。在成帝时期（公元前33—前7年）有人提出重新建交，但未被采纳，理由是虽然克什米尔可以从这类交往中取得很多利益，它并不是真正想争取中国的友谊，而只是出于私利在追求物质利益。[①]

王朝的种种问题和皇位的继承

成帝是元帝和王政君之子，后者作为太后，在以后几十年决定王朝的命运时，注定要起重要的作用。成帝出生时其父仍为太子，这个儿童已得到他祖父宣帝的宠爱。宣帝死后不久，他被指定为新帝的太子；公元前33年他登基时年19岁。[②]

在青年时代，据说成帝已经表现出他明显地爱好学习的习惯；根据一个传说，他已知道去领会尊重长辈的价值观念。[③] 关于他后来一变而纵情于酒色和靡靡之音之说可能部分的是出于历史学家的偏见；因为《汉书》的作者是班家的成员，因此与皇帝曾经亲切地关怀——但也许结局不佳——的一个妇女有亲戚关系。但不管是什么偏见，关于成帝缺乏意志力或高贵的性格以及他纵情于轻薄的放荡行动的说法却是有一定的根据的。郑声为腐败和放纵的象征，被责为淫荡之音，但在他的宫廷颇为流行；公元前20年以后，他开始养成在长安微服出游的习惯，以追逐诸如斗鸡等声色之乐。[④] 有

---

① 《汉书》卷九六上，第3885页（何四维：《中国在中亚》，第107页以下）；鲁惟一：《汉代中国的危机和冲突》，第244页以下。

② 这一部分的主要史料见《汉书》卷十、九七下和九八。又见德效骞：《〈汉书〉译注》第2卷，第356页以下、第366页以下；鲁惟一：《汉代中国的危机和冲突》，第160页以下、第252页以下及264页以下。

③ 《汉书》卷十，第301页（德效骞：《〈汉书〉译注》第2卷，第373页以下）。

④ 《汉书》卷二二，第1071页以后；卷十，第316页（德效骞：《〈汉书〉译注》第2卷，第395页）；卷二七下，第1368页；卷九七下，第3999页。

人指出，正是由于他性格上的这种弱点，他父亲元帝曾想以傅妃所生的另一个儿子取代他为太子，但正是由于傅家对元帝施加了压力，又使元帝迟疑不决。

未来的成帝之能继续当太子，应归功于两名以改造派观点知名于世的政治家。一为匡衡，在成帝登基不久，他乘机向新君说教，教导他应以周代诸明君的言行为榜样；成帝之登基部分的是由于师丹之力，此人于公元前 7 年提出了限制财产的建议。[①] 没有证据证明成帝本人对当时的政治有任何自己的看法，或者明显地对国家大事的决策有任何影响。

成帝娶许嘉之女，许嘉是元帝之母的堂兄弟，因此是公元前 71 年成为霍家野心的牺牲品的那个许后的亲戚。成帝的配偶于公元前 31 年正式被立为后，但所生之子在婴儿时夭亡，这成了成帝及其继承人几朝发生混乱的潜在原因之一。根据传说所透露的严重的妒忌和残酷心理会使任何王室感到羞耻，所以必须再次提防历史学家可能带来的偏见。[②] 简而言之，成帝被一个出身低贱但以能歌善舞知名的少女的美色所迷，这些才能在此之前已使她有飞燕之称和在一个公主的府中有一席之地。赵飞燕和她的妹妹都得到成帝的宠幸，到公元前 18 年，她们指责许后行施巫术，成功地废黜了她。对潘妃也进行了同样的指控，但由于她天生的机智，她们未达到目的；她宁可退出宫廷的是非之地。晋升之路对赵氏姐妹及其家族敞开了。

赵飞燕在公元前 16 年正式被宣布为后，但她与她那在其他妃子中享有高贵地位的妹妹都不能生下子嗣。在以后四年，她们的地位受到了严重的威胁，当时成帝与一名宫女和另一名正式的妃子生下两个儿子。但是这两个婴儿被成帝下令处死，也可能他亲手处死，以防其他家族把赵氏姐妹从至尊的地位上搞掉。

在此期间，国家大事和十分重要的继承问题受到了其他的影响，

---

① 《汉书》卷八一，第 3338 页以下、第 3341 页以下；卷十，第 301 页（德效骞：《〈汉书〉译注》第 2 卷，第 374 页）；卷八二，第 3376 页。

② 关于全部详情，见德效骞：《〈汉书〉译注》第 2 卷，第 365 页以下。

特别是来自实力增强的王氏家族和通过与皇室联姻而青云直上的其他两个家族的影响。

成帝时，王氏家族采用了约 50 年前摆脱霍家的同样手法，成功地确立了自己的地位；它几乎让其成员实际上在帝国中最有权势的官署之一世袭任职。在元帝死去和升他的配偶为王太后之后不久，王太后的弟兄王凤担任大司马（公元前 32 年）；因此他负责领导尚书和拥有巨大的权力。在他之后王家有四人依次任大司马；最后一人为王莽，他在公元前 7 年，即在成帝死前约四个月被任命。[1]

皇位继承的问题长期以来早就影响着政治家和那些追逐权力的人的心志，因为皇帝没有由公认的合法配偶生下的子嗣。[2] 当公元前 8 年出现这个问题时，有两名可能的候选人。一人是元帝的傅妃的孙子刘欣，因此是成帝的隔房侄子。刘欣之母来自丁家；他在公元前 22 年曾被指定为定陶王，当时他只有三岁；他的候选人资格得到赵妃（成帝的赵后之妹）和当时的大司马王根的支持。除孔光外，所有的主要大臣都提出请求，结果，在公元前 8 年 3 月 20 日他被宣布为太子；他从公元前 7 年 5 月至前 1 年 8 月正式在位，帝号哀帝。[3]

落选的刘兴自公元前 23 年以来是中山王。论亲戚关系，他是成帝的异母弟兄，因而比其中选的对手更近。他的母亲是元帝的冯妃，即曾在中亚有赫赫功绩的冯奉世之女。刘兴死于公元前 8 年 9 月，他的儿子刘箕子从公元前 1 年至公元 6 年在位，帝号平帝。

对王家来说，哀帝朝是其命运遭受挫折的不吉利的间歇期。与赵、傅和丁几家新兴的暴发户相抗衡是有明显的理由的；当那几家平步青云时，王家却趋于衰微。哀帝继位不久，王莽失去了大司马的职位；在以后几年中，傅家和丁家的人当了大官，或者被封为侯。后来，在哀帝死后（公元前 1 年），王莽策划东山再起，这时轮到成帝

---

① 大司马之职先后由王凤（公元前 33—前 22 年）、王音（前 22—前 15 年），王商（前 15—前 11 年）、王根（前 11—前 7 年）和王莽（前 7 年）担任。

② 《汉书》卷八一，第 3354 页以下；卷九七下，第 3999 页以下；鲁惟一：《汉代中国的危机和冲突》，第 264 页以下。

③ 《汉书》卷十一，第 333 页（德效骞：《〈汉书〉译注》第 3 卷，第 15 页以下）。

的赵太后遭受剥夺高贵称号和贬黜之辱了。

傅家和丁家希望削弱王家和它的势力，在这方面他们可能得到哀帝的鼓励，但他们没有取得明显的成绩。从傅喜起，他们的成员从公元前6年至前1年拥有大司马的官衔。但是傅喜被描述为一个正派的人，他可能反对他的几个亲戚要求取得显赫称号的活动。[1] 此外，改造派中坚定的核心人物在多次被认为是典型的争论中表达了反对新门第崛起的意见。师丹，这个曾经试图限制地产数量的坚定的改造派，坚决反对授予傅家的两个主要的女人尊贵的称号。孔光也坚定地反对给傅太后提供一座豪华的住所；除了所涉及的原则外，他希望阻止她对国家大事施加不应有的影响。[2]

历史学家称赞哀帝，说他想用武帝或宣帝那样的个人力量进行统治。[3] 他胸怀的这样的大志因他长期的病痛、外戚的势力和对娈童董贤的迷恋而未能实现。这个年轻人的迅速崛起和受宠、他长期对皇帝的侍候（皇帝当时尚未满18岁）、他积累的巨大的资财自然会引起傅、丁两家的妒忌。[4] 但这两家的地位同两个太后分别在公元前5年和前2年死去而大为削弱，董贤在年满21岁后不久任大司马。哀帝一度甚至提到把皇位让给他的宠幸的可能性；王莽的侄子之一阻止了如此不负责任的一个提议的实现。[5]

哀帝死于公元前1年8月15日，未留下继承人；于是事态的发展迅速地有利于王家。曾为元帝配偶的王太皇太后仍然在世；由于她的辈分和地位，她显然具有颁布诏令和为确保继位作出必要安排所必需的权力，在这样做时，她可以宣称她在遵循公元前74年所定的先例。哀帝死后的第一天，董贤被罢官和降级，但他立刻自杀而不愿丢脸。王莽被任命为大司马，拥有领导尚书的全权。

他决定防止敌对的外戚家族再对他的地位进行挑战。然而很快出

---

① 《汉书》卷八二，第3380页以下。

② 《汉书》卷八一，第3356页；卷八六，第3505页。

③ 《汉书》卷十一，第345页（德效骞：《〈汉书〉译注》第3卷，第38页）。

④ 《汉书》卷九三，第3733页。

⑤ 同上书，第3738页。

表8

宣帝至平帝的皇位继承

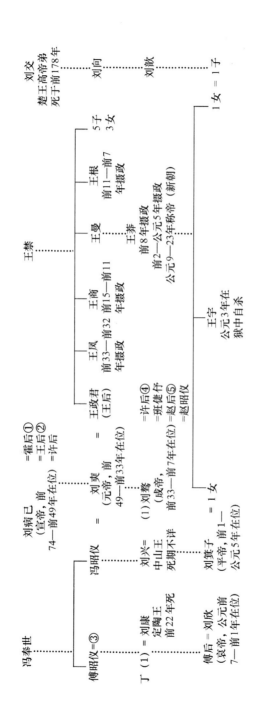

① 霍光之女。
② 后封为邛成太后，以区别于元帝之后，死于前16年。
③ 元帝娶1.傅昭仪；2.冯昭仪；3.王政君。
④ 许嘉之女。
⑤ 名赵飞燕。

现了贬黜成帝的在世的皇后赵太后和追夺哀帝的丁后和傅后谥号之
事；采取最后的这一行动之激烈，竟然亵渎了她们的坟墓。公元前 7
年落选的皇位候选人之子刘箕子被选为新帝平帝。当时他年九岁。[1]

在这种情况下，没有人怀疑王莽和他的姑母实际上在行使权力；
他把女儿嫁给新的幼帝，这样他的地位终于保险了。但公元 6 年随着
平帝之死，形势激变。[2] 他的敌人马上散布说，他害死了平帝，但这
个指控的真实性始终得不到证实。不管情况如何，始终存在着一个令
人非信不可的理由，说明王莽为什么不可能犯这类罪行。汉代历史中
以前的情况表明，国内处于最强大和最有权势的地位的人是作为幼帝
的父母、保护人或摄政者的男人或妇女。哀帝死时王莽年 45 岁，立
了幼帝并把女儿嫁给他，已经抱着生下的皇位继承人将是自己的外孙
的希望，所以他所处的地位再不也可能更为有利了。平帝之死与他自
己的利益是背道而驰的，王莽不可能采取促使平帝死亡的行动。随之
发生之事在相当程度上可能是他企图开创一种与他自己的计划同样有
利的新形势的行动造成的。

平帝死于公元 6 年 2 月 3 日。[3] 此时元帝一支已经没有后裔，
新皇必须从宣帝的一支中挑选。这些人共有 5 个王和 48 个侯，但
都被否定而挑了一个两岁的幼儿刘婴。王太皇太后颁布一道正式
诏令，任命王莽为摄政；它特别说明王莽受托的地位与著名的周
公的地位相当，后者是公元前 11 世纪周成王的推行利他主义的
摄政。通过这些方式，为当时形势所履行的手续就完全正规了；
在 4 月刘婴正式被指定为太子，三个月后王莽被授予摄皇帝的称
号。[4]

---

① 《汉书》卷十二，第 347 页（德效骞：《〈汉书〉译注》第 3 卷，第 61 页以下）；卷九七
下，第 3998 页以下。

② 《汉书》卷十二，第 360 页（德效骞：《〈汉书〉译注》第 3 卷，第 85 页）；卷八四，第
3426 页。

③ 《汉书》卷九九上，第 4078 页以下（德效骞：《〈汉书〉译注》第 3 卷，第 217 页
以下）。

④ 同上书，第 4080—4082 页（德效骞：《〈汉书〉译注》第 3 卷，第 221—225 页）。

从元帝时起，皇位的继承几次成为争论的题目。人们向皇帝以建议或进谏的形式表达了不同的意见；也采取了各种行动以使规定的手续生效；所实行的原则和作出的决定成了帝国政府传统中的重要先例。当元帝在考虑改变继承的世系时，改造派政治家匡衡坚持一个合法的皇后和她的儿子具有高于他人的权利，并且坚持必须把其他后妃及其后裔降到低于她（他）们应有的地位。① 后来当挑选成帝的继承人时，有人分别为成帝的异母弟兄和隔房侄子发表了对立的意见。双方都引经据典（这些是为指导正确的言行和礼仪而定的）来支持自己的立场。一次，孔光争辩说，作为具有优先权利的近亲，本人就是皇子的成帝异母弟兄应该继位。形成多数的对立的一方也能引用同样重要的权威经典作为他们观点的根据：弟兄之子相当于儿子；结果，隔房侄子被选中。②

平帝和刘婴是前汉时期未成年的人或幼儿在他人的保护和主持下登上皇位进行统治的最后的例子。为了立一个摄政，虽然可以引用周公这样一个过得硬的和明显的先例，但人们也没有忘记霍光在当摄政时也作出过卓越的功勋。如同在公元前 74 年那样，哀帝和平帝死时在没有正式指定的继位者的情况下太后也拥有典章上规定的权力。

最后，至少有一次，一名官员认为应该提出皇位职责的神圣性问题，以此来非难他的君主。此事发生在哀帝建议（也许是开玩笑）仿效远古的尧让位于舜这一被人颂扬的例子并把治国大权交给董贤之时。王莽的一个亲戚提醒年轻的哀帝，统治天下之大权来自高帝，并非某个皇帝私人所有："天下乃高皇帝天下，非陛下之有也。陛下承宗庙，当传子孙于亡穷。统业至重，天子亡戏言！"③

世纪之末的风气

公元前 33 年成帝登基后的 40 年的特征是政治的不稳定和王朝摇

---

① 《汉书》卷八一，第 3338 页以下。
② 同上书，第 3354 页以下。
③ 《汉书》卷九三，第 3738 页。

摇欲坠。任人唯亲在宫廷中蔚然成风，国家最高职位的封赏只是出于随心所欲的兴致或是为了短时期的权宜之计。这个时代的精神状态是各种各样的。有的人受到世纪末日感的压制，感到王朝需要振兴力量；有的人怀念武帝朝汉帝国鼎盛时期众所周知的实力和风纪；许多人敏锐地注意到自然异数中的变化或灾难的征兆。公元前3年全国的黎民普遍尊奉西王母，这个崇拜得到了那些想通过宗教手段寻求超度的善男信女的支持。①

在政治方面，以朱博为代表的时新派态度在短时期脱颖而出。② 朱博出身寒微，没有当时许多担任公职的人受过学术熏陶的有利条件。他具有一个习武者的而不是一个致力于文艺修养的文官的观点。当他升任公职时，他设法把现实主义的精神输入行政实践之中，他认为施政受到约束，既已过时，又误入了歧途。他觉察到，治理中国不必着眼于传统，而必须注意当前天下的需要。

与此同时还有许多具有改造派心态的人，他们也具有董仲舒的信仰，即灾象是上天警告的表示。主要的政治家利用这些现象作为批评皇帝的手段。例如，从诸如水灾或一次日月食的现象可以觉察阴盛的状态，并且把它们解释为妇女在宫中或在议政会上为非作歹的呼应。一个突出的例子是对公元前29年发生的灾象的注意，当时（1月5日）的一次日食与当晚宫中感到的地动恰好巧合。这方面的专家，如杜钦和谷永，很快利用这些事件作为批评当时政策的手段。③

朱博在地方和中央的政府中担任过各种职务，④ 并且因他对其下属坚持严格的纪律和保证他所辖部门的效率而赢得了名声。他升任御史大夫，然后在公元前5年阴历四月担任丞相；但到阴历八月，他被控谋反，被迫自杀。他的垮台部分的是由于时势，部分的是由于他自

---

① 见鲁惟一：《通向仙境之路》，第98—101页。
② 见鲁惟一：《汉代中国的危机和冲突》，第260页以下
③ 《汉书》卷六十，第2671页；卷八五，第3444页。
④ 鲁惟一：《汉代中国的危机和冲突》，第260页以下。

己的性格。他对流行的生活观点不屑一顾，他反对其对手的方式似乎是愚蠢和轻率的。但对其他人想从意识形态方面搞一次王朝复兴的企图来说，他担任高官的短暂时期是引人注目的。

在成帝时，像甘忠可和夏贺良等历法家和巫术家声称他们有预知改朝换代的能力。按照他们的说法，刘皇室的气数将尽。[1] 王朝需要振兴的建议得到了近期的一些征兆的支持，如成帝未能生子，许多凶兆上报和皇帝的健康不佳等。[2] 许多人无疑地感到沮丧，这种思想在高层中深信不疑，于是公元前 5 年阴历六月的一道诏令宣布立刻采用新的年号。[3] 为此而选用了"太初元将"四字，新年号有几个含义。它不但指新时代的降临，而且还用了过去的年号"太初"二字，这是在时新派政府取得高度成就的公元前 104 年为同一目的而采用的。但是公元前 5 年王朝振兴的希望是短命的。不到两个月，诏令中的一切规定除大赦令外全被撤销，倡导者夏贺良被判死罪。采用新年号将会恢复帝国力量和繁荣的希望未能实现。皇帝仍受病魔的折磨，丞相朱博自尽而死。这些事件可以作为象征，说明前汉王朝为振兴帝国实力而作的最后努力失败了。

杨品泉　译

---

[1] 张朝孙（音）：《白虎通》第 1 卷，第 124 页以下；鲁惟一：《汉代中国的危机和冲突》，第 278 页。

[2] 《汉书》卷七五，第 3192 页。

[3] 《汉书》卷十一，第 340 页（德效骞：《〈汉书〉译注》第 3 卷，第 29 页）。

第 三 章

王莽,汉之中兴,后汉

在汉代的国家祭典中,天是至高无上的神,它被认为直接支配着人世的命运。皇帝,即天子,是天的代表,在它的庇护下进行统治。王朝的创建者因他个人的功业,比其他人优先被选为第一个受命于天的人。末代皇帝则丧失了这种天命,因为他和他的皇室不宜再进行统治。吉兆预示着天命的出现,而凶兆则宣布上天庇护的消失。[1]

受命于天的信仰深深地影响着中国的历史编纂学。古代的历史学家引用、隐瞒、歪曲甚至伪造证据,以证明为什么王朝的创建者值得上天的赐福,对于这种尊贵的资格,他个人是毫不怀疑的。他重视正统性。那些反对天命的人是明显的小人。他们之缺乏道德资质可以从他们的下场中得到证明。古代历史学家在这方面持否定的态度:他给最重要的造反者和皇位觊觎者撰写有偏见的传记,这些人由于他们的行动,已把自己置于有秩序的社会以外。此外,古代的历史学家就没有进一步行动了;对那些反正统王朝的人的主要助手概不写传。

这就是历史编纂学的状况,它对公正地评价像推翻前汉皇室而试图另立自己王朝的王莽这样的人来说是一个主要障碍。如果他能如愿以偿,他就会说是沐受了上天的恩泽,古代历史学家就会把他比作以往伟大的王朝创建者。但是随着他政府的垮台和汉朝的复兴,王莽自然而然地成了历史编纂学的受害者,从天子之尊贬为篡位者。甚至他的相貌也变了。

汉代的中国人都深信相面术。他们认为面貌反映了性格,并试图

---

[1] 关于前汉这种迷信的发展,见鲁惟一:《汉代中国的危机和冲突》(伦敦,1974)第5章,第13章第733页。关于凶兆,见毕汉斯:《〈前汉书〉各种凶兆的解释》,载《远东古文物博物馆通报》,22 (1950),第127—143页。

根据一个人的相貌来推断他的未来。这就引出了一种假设，即王朝创建者必定有某些共同的外表，于是历史学家们就杜撰他们多须、高鼻和有凸出的前额。相反，这种伪科学的相面术还需要把皇位觊觎者或篡位者道德的堕落表现在他们的外貌上。因此，王莽被描述为一个巨口短颔、露眼赤睛和声音大而嘶哑的人。①

于是，近代的历史学家面临着明显的偏见的问题。当班固编《汉书》，即《前汉书》时，他是以兴复汉室的斗士的观点来写书的。虽然王莽当了 15 年皇帝，却没有他应有的历史。他占有的篇幅只是《汉书》之末（卷九九上、中、下）的一篇传记，文中对他的为人和他的统治进行了连续的批判。《汉书》的其他地方很少提到他和他的支持者；《后汉书》② 对他的垮台的细节补充得很少。对王莽只能在这样贫困的材料基础上进行评价。

王莽的崛起

王氏家族原是在地方上有权势但在全国并不重要的小绅士氏族。后来伪造的一份家谱声称王莽是通过田家的齐公传下的舜和黄帝（两

---

① 关于王莽的外貌，见《汉书》卷九九中，第 4124 页（德效骞：《〈汉书〉译注》第 3 卷，第 312 页）。《汉书》卷一上，第 2 页（德效骞：《〈汉书〉译注》第 1 卷，第 29 页）描述了高帝的相貌；关于承认这种相貌是适合当皇帝进行统治的标志，见《汉书》卷一〇〇上，第 4211 页；和毕汉斯：《汉代的中兴》第 1 卷，《远东古文物博物馆通报》，26（1954），第 99 页。

② 《后汉书》在档案材料不再存在之时由范晔（公元 398—446 年）编成（毕汉斯：《汉代的中兴》第 1 卷，第 9 页以下）。他不得不根据约 20 种以前的历史编写，其中以《东观汉记》最为重要。此书得名于大部分著作在那里写成的洛阳南宫的秘阁。第一部分于公元 72 年由明帝命班固等人共撰（关于班固在编撰时的困难，见毕汉斯：《汉代的中兴》第 4 卷，《远东古文物博物馆通报》，51〔1979〕，第 121 页）。第二部分受命于公元 120 年，第三部分受命于 151 年或 152 年，第四部分受命于 172 年至 177 年期间。最后的第五部分在 220 年至 225 年东汉亡时由私人所写。作为一部连贯汇编，《东观汉记》给范晔提供了大量当时多方面的材料。今天，此书只有部分残存。关于《汉书》卷九九的译文，除德效骞的《〈汉书〉译注》第 3 卷外，还有汉斯·施坦格的《〈前汉书〉卷九九王莽传译注》（莱比锡，1939）；克莱德·萨金特：《〈前汉书〉王莽传译文》（上海，1947）。

位在神话中受尊敬的君主）的后裔。但是从齐公传下的后裔之说不可信，而舜和黄帝不过是传说中的人物。当然，伪造家谱在中国是司空见惯的，值得注意的是，在此之前已为前汉的创建者伪造过类似的家谱。[①] 这些家谱不过是宣传，目的是使新王朝合法化。

王莽可靠的家谱始于他的高祖父，后者未当过官，显然在今山东北部过乡绅的生活。[②] 王莽的曾祖父从那里搬到黄河正北的大平原中部某地，短期地在中央政府的一个小官署中任过职。王莽的祖父在京都的廷尉府中任低级官员，如果不是因为他的一个女儿，他恐怕永无出头之日。他名王贺，字翁孺，有八子四女，正是他的次女王政君，才使她的家族处于全国举足轻重的地位。她生于公元前71年，于公元前54年被选进宣帝（公元前74—前49年在位）的后宫。不久，她被转移到太子——即未来的元帝（公元前49—前33年在位）——的后宫。公元前51年，政君生下刘骜——未来的成帝（公元前33—前7年在位）。王政君于公元前48年4月12日成为皇后，[③] 她父亲同时被封为侯。在元帝朝时，王氏家族没有行使特殊的权力；如果政君的寿命与汉代普通人一样长，她的侄子王莽可能永远不会登上皇位。她死于公元13年2月3日，由于她的长寿，才使她的家族的控制和王莽的崛起成为可能。

元帝死于公元前33年7月8日；成帝在8月4日继位，王政君就成了太后。新君约年18岁，大概受了他母亲的影响，立刻任命她的兄长为大司马和大将军（即摄政）。[④] 此人即王凤，他于公元前42年已袭了他父亲的侯位。此后不久，王凤的几个在世的弟兄被封为侯。成帝证明是一个讨人喜欢和爱好玩乐的人，易受女人的支配。他不喜好政事，满足于让他的几个舅舅为他统治国家。王凤在公元前22年在职时死去，由他和太后的堂兄弟王音接任大将军。王音于公

---

① 《汉书》卷一〇〇上，第4211页。

② 《汉书》卷九八，第4013页以下。

③ 《汉书》卷九，第279页（德效骞：《〈汉书〉译注》第2卷，第302页）。

④ 关于成帝的性格和作为，见《汉书》卷十，第301页（德效骞：《〈汉书〉译注》第2卷，第374页）；《汉书》卷九八，第4017页。

元前 16 年在职时死去，于是已故的王凤之弟王商成了大将军。王商死于公元前 11 年。他的兄弟王根接任，在公元前 8 年 11 月 16 日辞职。同年 11 月 28 日，王莽在 37 岁时被任命为大将军。[1]

王莽生于公元前 45 年，为王政君弟兄王曼的次子，王曼早亡，未能与王后的其他弟兄一起封侯。但是，王莽虽在成长时失怙，其兄也在年轻时死去，却受过良好的儒家教育，并博览群书。在公元前 22 年当其叔王凤最后病危时，他曾伴随这位大将军几个月。当时他已有官职，但史料未具体说明为何职。经临死的大将军的请求，王莽调任射声校尉，同时任黄门郎。第一个官衔表示他成了由驻京职业军人组成的北军将领之一。但是王莽之指挥职务肯定是挂名的。黄门郎则是授予皇帝顾问的编外的官衔。后来，王莽被任命为骑都尉（另一个闲差事）和向皇帝提建议的光禄大夫；他又被授予侍中的编外官衔。公元前 16 年 6 月 12 日，他被封为信都侯。以上是王莽成为大将军前的经历。[2]

王莽的传记带有无情的偏见和捍卫汉朝的情绪；对他待人谦恭，全力学习和侍奉他的寡居的母、嫂和教育其失怙侄子的情况，作了不以为然的叙述。他侍奉他的几个叔、伯时循规蹈矩，一丝不苟。在照顾垂死的王凤时不修边幅。他越往上升，越变得谦卑。他把财富分给他人，以致家无余财。他与知名人士交往。他的虚名名扬一时。

这类批评暗示，王莽不是通过真才实学，而是通过矫揉造作才取得高位的。一个赞赏王莽的历史学家会走另一极端，会颂扬他的孝悌之情，热爱学习的精神和通过实行儒家美德而出人头地的经历。实际上，王莽显然是一个能干而有雄心的人，在必要时也残酷无情。他具有吸引别人追随他的才能，兴趣异常广泛。他对亲戚的感情可能完全是真诚的。在早期，他根本不可能怀有篡夺皇位之心。

---

[1] 关于王家成员被任命为大将军的情况，见《汉书》卷十，第 302 页（德效骞：《〈汉书〉译注》第 2 卷，第 375 页）；卷十九下，第 830、835、838—839、841—842 页。

[2] 《汉书》卷九九上，第 4039—4040 页（德效骞：《〈汉书〉译注》第 3 卷，第 125 页以下）。

王莽被任命为大将军的原因，远比对他没有节操的矫揉造作的解释简单。在他之前的四个王家大将军都与王太后是同代人。三人是她的弟兄，另一人是记载中唯一的堂兄弟。当王根在公元前8年辞职时，太后只有一个弟兄在世。他已六十多岁，而且名声不佳。这就必须到下一代，即到成帝的几个表兄弟中去找。王莽无疑是这一代中最能干和政治上最机敏的人。

在他仕途的这一时刻，王莽遭到了一次特别不幸的打击。成帝在公元前7年4月17日死去，由于无子，皇位由他的侄子哀帝继承。[1]新帝有自己的主见，甚至在他多病的身体容许的情况下，试图进行强有力的亲政。此外，他母亲的丁氏家族和他祖母的傅氏家族大肆进行反对王家的阴谋活动。按照传统，王政君被认为是哀帝的养祖母，不能随便废除，于是被授予太皇太后的称号。但是王莽被迫辞职。他的辞呈在开始时被圆滑地拒绝了，后来在公元前7年8月27日被接受。他得到了许多荣誉，隐居在他京师的府第。他住在那里，直到公元前5年夏天奉命离京而居住在他所封的侯国。[2]

王莽的放逐并不能使他与他的许多支持者甘心，后者大声疾呼地要求把他召回。哀帝让步了，在公元前2年容许王莽回京安静地隐居。次年8月15日哀帝死去，王莽得以重新掌权。这只是因为哀帝的母亲和祖母已分别在公元前5年和前2年死去，才有此可能；这样，随着哀帝之死，王太皇太后作为皇室无可争辩的长辈，有权解决宪制的危机。[3]哀帝死前无子，也未指定继承人。但他曾想让位给他的宠臣董贤，并在临终时把御玺交给董贤。太皇太后终于面临清除董贤和为汉室选立嗣君的问题。

---

① 《汉书》卷十一，第334页（德效骞：《〈汉书〉译注》第3卷，第17页）。关于选成帝继承人的情况，见本书第2章《王朝问题种种和皇位的继承》。

② 《汉书》卷十一，第334页（德效骞：《〈汉书〉译注》第3卷，第19页）；卷九九上，第4041页以下（德效骞：《〈汉书〉译注》第3卷，第130页以下）。

③ 关于皇后在王朝混乱时期专权的先例，见鲁惟一：《秦汉两朝皇帝的权威》，载迪特尔·埃克梅尔等编：《东亚的国家和法律：卡尔·宾格尔纪念文集》（威斯巴登，1981），第103页以下；本书第2章《皇帝的作用和继位问题》，关于后来的例子，见本章《政治派系》。

哀帝死后，御玺立刻被找回，同日，王莽被召进宫。他向太皇太后建议剥夺董贤的官职和爵号。此事在次日，即 8 月 16 日完成，董贤自杀。8 月 17 日王莽再次被任命为大将军。他很快压倒了哀帝的母系亲族，把他们遣送出长安。[①]

这时，王朝的继位问题解决了，未遇到困难。自元帝在公元前 33 年去世以来，他的后裔一直在位。这时只有一个哀帝的堂兄弟还活着。他是合法的继承人，于是王莽向太皇太后进谏，要求把他召来。他就是在公元前 1 年 10 月 17 日登基的平帝。恰好新帝生于公元前 9 年，所以还只是一个儿童，这不会使王莽感到不愉快。

在平帝名义上统治的短暂期间，王莽的权力增大了。他把其伙伴和支持者安置在关键的职位上，并真正地得到官员和文人的爱戴。太皇太后也乐于把一切实权交给他。他的政府似乎是胜任的，并取得了种种成就，其中包括：公元 3 年改善地方的学府；公元 4 年扩大太学；公元 5 年在京师就古典文献、天文占星术、律管、语言学和占卜术等题目召开会议；公元 5 年从渭水流域穿过其南面艰险的山脉开凿新路直达四川；在边界保持了安宁。公元 1 年，王莽取得了显赫的安汉公头衔。公元 4 年 3 月 16 日，他的可能生于公元前 9 年的女儿被立为平帝的皇后，王莽又得到了各种荣誉。[②] 作为年轻皇帝的岳父，还有可能成为下一个皇帝的外公，他可以泰然自若地面向未来，并且期待着长期掌权。但在公元 6 年 2 月 3 日，平帝突然死亡。[③]

后来有人宣称，王莽把平帝毒死。这个指控最早是在公元 7 年提出的，后来在王莽垮台后的内战期间再次提出。[④] 没有证据能证实或否定这个指控。在中国历史上王莽大概不是在他登上皇位的道路上清

---

① 关于董贤，见《汉书》卷九三，第 3733 页以后；卷十二，第 347 页（德效骞：《〈汉书〉译注》第 3 卷，第 61 页）；鲁惟一：《汉代中国的危机和冲突》，第 282 页以下；见本书第 2 章《王朝问题种种和皇位的继承》。

② 《汉书》卷九九上，第 4047、4066 页以下、4069、4076 页（德效骞：《〈汉书〉译注》第 3 卷，第 146、184 页以下、191 页以下、212 页）。

③ 《汉书》卷九九上，第 4078 页（德效骞：《〈汉书〉译注》第 3 卷，第 217 页）。

④ 同上书，第 4087 页（德效骞：《〈汉书〉译注》第 3 卷，第 235 页）。

除其敌人的唯一的人。这类谋杀是屡见不鲜的，而王朝的历史学家对他们认为是合法君主的那些人持宽大的态度。但是对弑杀君的种种指责也是老一套的；旁证有力地说明王莽是无辜的。他最近刚把女儿嫁给平帝。平帝尚未成年，所以王莽的权力是稳固的。他那时是否已决定推翻汉王朝，值得怀疑。他无法估计皇族反对政变会多么坚定，或者汉室在农村的追随者的力量有多么强大。谋害皇帝很容易触发一次危机，王莽可能在危机中失败。因此，平帝之死可能给王莽带来很大的不便。他当前的问题是如何保持权力而又不使汉皇族反对他。

随着平帝之死，元帝再也没有后裔在世了。必须在家谱中退一步从宣帝（死于公元前48年）及其妃子的后裔中选一个继承人，这样的选择余地的确很大。有资格的候选人有5个王和将近50个侯。如果王莽选一个成熟而能干的人，他的摄政将会突然中止。如果他选一个儿童，所有的人都会知道他打算延长他的权力。公元前184年吕后就采取后一种办法，当时她立吕家的一个幼儿，同时伪称他是惠帝之子。[①] 为了延长外戚的权力，后汉时期以同样方式所立的幼帝不少于四个。在这种两难的境地中，王莽决定不放弃摄政，并甘冒激怒刘氏皇室的风险，选了其中最年轻的一个候选人。他就是生于公元5年的宣帝的玄孙刘婴。这个儿童未正式登基。首先，王莽自封为摄皇帝。然后，在公元6年4月17日刘婴被指定为太子，并被授予孺子王的称号。[②]

汉室的反应是迅速而徒劳的。第一个起来反对王莽的是一个侯，他在公元6年5月或6月集结了一支小部队，并试图夺取其郡的治地。他不但被彻底打败，而且一名父系亲戚自动向王莽投降，并低声下气地呈上了一份道歉和阿谀奉承的奏疏。同年7月1日，太皇太后重新批准王莽为摄皇帝，这个称号只能被认为是向天下宣

---

① 见本书第2章《吕后（公元前188—前180年）》。
② 《汉书》卷九九上，第4079—4082页（德效骞：《〈汉书〉译注》第3卷，第218—225页）。

告他的胜利。^① 后来汉室其他两个侯的叛乱——不知道是联合的还是分别发起的——毫不重要，古代的历史学家甚至未交代它们的日期。

从公元 7 年起，大平原中部发生了一次更严重的起义。起义由一个杰出的政治家之子翟义领导，他拥立一名皇室成员，成立政府，并指控王莽毒死平帝。另一次规模较小的叛乱在京都附近爆发。王莽采取了一些有力的反措施，其中之一是宣布当年轻的王成年时，将还政给他。在三个月内，起义已被平息。^② 此后，王莽未再遇到严重的反对。

王莽轻而易举地击败了起义者，而且实际上所有的官员都接受他的领导，这必定是他一生事业的转折点，使他相信道德败坏的汉室已经失去了一切支持。他与其同时代的人一样，不但相信天命，而且相信五行（木、火、土、金、水）的依次接替；每行各与方向、颜色和动物互有关系。

每个王朝各在五行中某一行的力量下进行统治，当这一行依次被下一行取代时，王朝就衰亡。经过了争论以后，火被确定为汉朝的行，这意味着赤为汉朝之色。^③ 但汉朝已长期执政，所有的人都能看到它衰落的迹象。包括汉室成员在内的许多知识分子相信天命正在转移，五行中的土处于上升的阶段。王莽需要做的是通过巧妙的宣传去说服公众，使之相信改朝换代的时刻已经来临。这就需要伪造吉兆以达到这个目的。

古代中国的一些开国皇帝和他们的支持者是实用心理学大师。他们对典籍和不足凭信的文书中的预言作有利于他们的解释，并虚构预言，制造吉兆和散布反对其敌人的政治歌谣。王莽及其追随者

---

① 《汉书》卷九九上，第 4086 页（德效骞：《〈汉书〉译注》第 3 卷，第 233 页）。

② 同上书，第 4088 页（德效骞：《〈汉书〉译注》第 3 卷，第 237 页）。

③ 关于五行在确立和支持行使主权的权力时的重要性，见鲁惟一：《水、土、火——汉代的象征》，载《奥萨津和汉堡自然学和民俗学协会通报》，125（1979），第 63—68 页；鲁惟一：《秦汉两朝皇帝的权威》，第 90 页以下。又见本书第 1 章《帝国时期的思想潮流》；第 2 章《知识和宗教方面的支持》；第 13 章《当运之德的选择》。

精通这种狡猾的手法。从公元 6 年起，符瑞一个接一个地上报皇上，公元 8 年以后，上报越来越频繁：如发现了刻石和一个石牛，在梦中出现了上天的使者，一口井自动地开成，发现了一只有两个铭文封皮的铜合，等等。所有这些征兆的启示都是：王莽应该登基。难道他不是黄帝之后裔吗？黄是土行之色。牛是与土相关的动物。当然，拼凑起来的一切打算表示：王莽是黄帝，下一个轮到他来创立一个王朝。

王莽利用公众的手法与后来用来支持汉代中兴的方法完全一样。在这两种情况中，精明的从政者都懂得群众心理学。但由于他们同时既是理性的，又是迷信的，他们最后相信了自己的宣传。只是在他们的历史学表达方面，这两个运动才有所不同。后汉的胜利使它以前的宣传合法化而成为新的国家正统。虚构的预言变成了证明王朝创建者价值的上天的启示。王莽则成了一个篡夺者，他的宣传全是伪心理学的伎俩，这是被上天遗弃的可鄙的人的行为。

如同许多政治运动，人们不容易看清王莽的行动究竟主动或是被动到什么程度。如果没有真才实学，他不能升为摄皇帝，但是他又领导了一个庞大而有势力的集团，其成员都指望通过他取得利益。上报皇帝的接连不断的符瑞可能给王莽带来压力，最后迫使他行动。[1] 公元 9 年 1 月 10 日，他采取了一个不可逆转的行动。他宣布汉朝已亡，自己登上皇位，称其王朝为新朝。[2] 孺子王受到了不寻常的宽大，被废但没有被杀，他过着隐居生活，最后娶了王莽的孙女。新的大臣被任命。汉朝的贵族在公元 10 年被贬为平民。公元 9 年爆发了两次原刘氏皇室的起事。公元 10 年中亚发生了一次小兵变，但很快被镇压下去。王莽牢牢地控制了政府，并在长安建都。

---

[1] 例如，发现的一块石上有宣称王莽应为皇帝的启示（《汉书》卷九九上，第 4078 页以下〔德效骞：《〈汉书〉译注》第 3 卷，第 218 页以下〕）和上报的一个你可以解释为同样内容的梦（《汉书》卷九九上，第 4093 页〔德效骞：《〈汉书〉译注》第 3 卷，第 250 页〕）。

[2] 《汉书》卷九九上，第 4095—4096 页（德效骞：《〈汉书〉译注》第 3 卷，第 255 页以下）。

王莽的统治,公元9—23年

由于缺乏材料,世人只知道王莽之治的主要概况,这就是他的政策引起很多争论和误解的原因。公元7、9、10、14年,他下令发行新面值的货币。第一次和最后两次的发行等于降低了货币的成色。公元7年,侯和低级的贵族必须把他们所藏的全部黄金换成低于其全部价值的钱币。公元9年,官僚机器被改组,并且采用新官衔。公元14年,又对地方组织的名称作了变动,郡县的名称也全部更改。① 私人奴隶的买卖在公元9年被禁止。同年,政府试图进行土地改革,根据改革规定,所有壮丁将分配到标准面积的土地。拥有多于规定的土地的家庭要把余地分给少地的亲戚和邻居。不准出售土地。

公元10年,政府下令对酿酒、盐和铁器的交易以及对铸币和山泽地的收入实行国家垄断。此外,政府在低价时购进,高价时售出,以稳定粮、布、丝等必需品的市场。为此,在五个重要城市设立官仓。公元17年,政府重申了专卖事业和稳定价格的计划。公元10年以后,对猎人、渔民、养蚕人、工匠、专业人员和商人的收入开征什一税。最后在公元16年,政府颁布条令,规定在歉收年官俸应比照收成情况相应减少。②

怎样解释王莽的这些政策呢? 胡适提出了一种赞赏他的意见,称王莽是社会主义者、空想家和无私的统治者,他的失败是因为这样的

---

① 《汉书》中记载此事的段落特别含糊。关于官衔和名称的改变,见《汉书》卷九九中,第4103页以下、4136页以下(德效骞:《〈汉书〉译注》第3卷,第269页和第341页以下)。郡县采用的名称收于《汉书》卷二八这些单位各个条目中。

② 关于经济的变化,见《汉书》卷九九上,第4087页(德效骞:《〈汉书〉译注》第3卷,第234页);卷九九中,第4108—4112、4118、4122、41429页德效骞前引著作第3卷,第281—287、300、306、358页;卷九九下,第4150页以下(德效骞前引著作第3卷,第370页以下)。关于进一步的材料,见《汉书》卷二四(德效骞前引著作第3卷,第476页以下)的有关段落;和斯旺:《古代中国的粮食和货币》。关于这些变化的评述,见德效骞:《〈汉书〉译注》第3卷,第506页以下,《王莽的经济改革》。

人过早地在中国出现。① 美国学者德效骞则接受了班固的有派性的批判。他断言王莽不过是一个聪明的阴谋家，他依次与所有阶级为敌，于是迸发了最后使他丧命的一切力量。② 克莱德·萨金特认为，前汉气数已尽，中国需要一个王莽。但是由于鲁莽地推行他的思想，他得罪了所有的人，引起了反抗，结果使他毁灭。③ 除了胡适的浪漫主义的和非历史性的解释外，学者们一致对王莽持总的否定态度，认为他自食其果。

这个观点的缺点是它的目光短浅。王莽的政策是在狭隘和孤立的情况下进行研究的，当时易受历史编纂学和班固对篡位者的敌对态度的影响。为了进行更好的剖析，人们必须站得高一些，在前汉和后汉政策的广泛的背景下看待王莽的施政。只有这样，才能解决这些措施是否不同寻常的问题。

降低货币成色在中国历史上并非创举。武帝从公元前119年起就已采取这个措施，甚至采用皮革钱，但并没有毁了国家。④ 王莽的货币政策是面值越高的货币，重量减得越多。这就使政府更容易满足对金属的需求，还便于巨额运送。即使新面额的钱会引起不信任，但其影响一定是有限的。占人口大多数的农民很少使用，甚至不使用货币。商人和士绅们可以用小额的钱交易，小额钱的币值和金属价值几乎是一致的，他们可以向土地投资以保护其资本。

禁止私藏黄金不过是试图使王以下的汉朝贵族贫困化的一个行动。汉贵族一旦在公元10年被贬黜，黄金又准许流通。

王莽并非第一个改变官衔或郡县名称的皇帝。公元前144年，当七国之乱后政府改组时，前汉已采用新的官名。公元前104年，当修

---

① 胡适：《1900年前的社会主义皇帝王莽》，载《皇家亚洲学会华北分会会刊》，59 (1928)，第218—230页。

② 德效骞：《〈汉书〉译注》第3卷，第98页以下。关于班固的意见，见《汉书》卷九九下，第4194页（德效骞：《〈汉书〉译注》第3卷，第470页以下）。

③ 萨金特：《王莽》。

④ 见本书第10章《币制的改革》中关于王莽使用白鹿皮钱和改革的情况。

改历法并认为一个新时代开始时,它再次改变官衔。[1]

禁止买卖私人奴隶对社会的影响甚小。这个禁令无疑可以设法逃避,所以无论如何也在公元 12 年被取消了。[2] 土地改革已被热烈地提倡了几个世纪。[3] 王莽的措施显然是均田制的前身;均田制后来在公元 485 年被北魏所采用,唐朝继续实行到 8 世纪,并取得了一定的成效。王莽的土地改革虽然用意良好,但不可行,它在公元 12 年也被取消。

约在公元前 119 年,武帝设国家盐铁专卖,随之在公元前 98 年,又对酿酒业实行专卖。[4] 对酒的专卖于公元前 81 年被取消,但是对盐铁的专卖,除公元前 44 年至前 41 年这几年外,一直维持到前汉垮台为止。后汉恢复了盐铁专卖。公元前 112 年,铸币已成为政府的垄断事业,它一直维持到前汉结束。后汉继续实行。在前汉和后汉时期,山泽的收入是皇帝独占的,由渔民、猎人和樵夫缴给皇帝私囊的税组成。公元前 110 年法定的平价计划一直实行到前汉结束,后汉在公元 62 年重新实行。除了王莽重新实行的酒类专卖这一例外之外,可以说王莽的专卖事业与前汉和后汉的完全一样。公元 22 年取消一切专卖事业的事实并不意味着它们已经失败了,而是因为在内战期间无法实行。[5]

公元前 119 年,武帝已向商人和工匠征税,税率分别是他们资本的 9.5% 和 4.75%。虽然王莽可能向稍多的行业征税,但税赋因根据收入征收,因此比武帝时按资本征收的税负担要轻一些。

在歉收时期减官俸的做法在王莽以前就有。这种命令可见于公元前 70 年的记载(在得人心的汉宣帝时期),后汉也随之采取类似的做

---

[1] 《汉书》卷十九上关于官员的各个条目提供了变动的详细情况。

[2] 《汉书》卷九九中,第 4130 页(德效骞:《〈汉书〉译注》第 3 卷,第 324—325 页);韦慕庭:《西汉的奴隶制》(芝加哥,1943),第 457 页。

[3] 关于西汉限制土地的情况,见本书第 10 章《农村社会结构》;鲁惟一:《汉代中国的危机和冲突》,第 267 页。

[4] 见本书第 10 章《国家专营和商业控制》。

[5] 《汉书》卷九九下,第 4175 页以下、第 4179 页(德效骞:《〈汉书〉译注》第 3 卷,第 428、435 页)。

法。王莽不过采用了更系统的措施罢了。①

经过这一比较，所出现的实际情况是明确无误的。王莽不是一个标新立异者。除了土地改革和限制奴隶制的短命的尝试外，他的重大政策是前汉实践的直接继续。这意味着班固对王莽的指责缺乏根据。这些指责是歪曲一个人的手法，出于政治和哲学的原因，他必须被描述为无能的和道德低下的人。

班固的记载中关于王莽对待国境内外非汉族民族的政策也同样有偏见，需要正一正视听。公元 12 年在今贵州的牂柯郡的土著部落杀死了汉的郡守。两年后，即公元 14 年，益州郡（今云南）的土著部落造反。② 班固坚决认为，由于王莽把土著的王贬为侯，他本人引起了这场叛乱，并且他无力应付这一危急的局面。实际上，西南的动荡在中国人征服那个地区时就已经开始了。

武帝为了建设一条通往缅甸的商路，在公元前 111 年把贵州地区并入帝国，公元前 109 年接着又并入了云南。但中国人还没有强大得足以摧毁部落组织，被迫承认地方的酋长。土著们在公元前 105 年、前 84 年至前 82 年和前 27 年几次起来反抗。显然公元 12 年的骚乱和公元 14 年的起事是这类事件的一部分，而不是对王莽丧失理智的政策的反应。此外，他成功地处理了公元 14 年的起事。虽然《汉书》忽视了这个事实，但《后汉书·西南夷》却记载王莽任命了益州的新郡守，此人逐步平定了这块领土。③

在北方，中国与匈奴大帝国毗邻，后者是统治今外蒙古和内蒙古的部落联合体。在公元前 51 年以前，中国人和匈奴的关系通常是敌对的，但在那一年双方缔结了和约。呼韩邪单于——两个对立的匈奴单于之一——采取了前所未有的行动，亲自访问长安，当时中国的君主明智地把他作为平等的人对待。④ 他在公元前 49 年和前 33 年又进

---

① 关于各种官俸，见毕汉斯：《汉代的官僚制度》（剑桥，1980），第 125 页以下。
② 《汉书》卷九九中，第 4139、4230 页（德效骞：《〈汉书〉译注》第 3 卷，第 325、348 页）。
③ 《后汉书》卷八六，第 2846 页；见本书第 6 章《西南》。
④ 见本书第 6 章《匈奴》；第 2 章《外交事务》。

行了访问,他的继承者在公元前 25 年和前 1 年前来汉廷。王莽被指责破坏了这些友好关系。

在古史记载中,自公元前 51 年起的一切事件都被说成是对匈奴的屈服。近代的学者也持这一观点。班固不能承认中国皇帝和一个异族统治者之间的平等关系。他不能摆脱他自己一套程式化的词汇和信仰,即中国的文化优越性意味着它在道德方面处于人类至高无上的地位,而天子则高居于顶点。这只能使他把外国统治者的来访描述为臣民对其君主的朝拜。的确,中国的皇帝没有回访,匈奴送来人质,而中国人则没有。[1] 但是,如果把感情和历史编写手法的因素搁置一边,就可以明显地看出中国人并未控制住匈奴。出现一段和平和恢复时期应该说对匈奴是合适的。他们一度停止了袭扰,并称他们的行动是"保护中国的边境"。他们从中国皇帝那里接受了大量礼物,只要愿意,他们随时能重起战祸。[2] 就中国人来说,他们了解军事解决的代价是高昂的,也许是不可能的,权宜之计才是上策。

公元前 33 年呼韩邪单于在最后一次访问汉廷时,得到了汉帝后宫的五名宫女。其中的王昭君深受匈奴统治者的宠爱,生下两个儿子。[3] 似乎只有其中的伊屠智牙师活了下来。当呼韩邪在公元前 31 年死亡时,王昭君得到了中国皇帝的准许,遵循匈奴的习俗,成为下一个单于之妻。在新的婚姻中,她生了两个女儿,其中之一名云。

王莽在公元 2 年召回云,把她安置在王太皇太后的随从中。她北返时成了一个为中国利益战斗的坚定分子。她的丈夫是著名的匈奴贵族,也主张与中国建立更紧密的关系。总之,在匈奴中已存在一个亲汉的集团,其中云、她的丈夫,大概还有她的异父兄长伊屠智牙师是积极分子。可以推断,匈奴中的保守分子以严重的猜疑心注视着主和

---

[1] 关于中国公主嫁给外国统治者而实际上构成人质制的和亲的观点,见何四维:《中国在中亚:公元前 125 年至公元 23 年的早期阶段,附鲁惟一的导言》(莱顿,1979),第 60 页以下。

[2] 关于中国人给匈奴礼物的规模,见余英时:《汉代的贸易和扩张:中夷经济关系结构研究》,第 46 页以下,及本书第 6 章《匈奴》。

[3] 《汉书》卷九四下,第 3806 页以下。

派的计谋，并且试图促使与中国决裂，来抵消主和派的影响。在位的单于恰好是一个保守分子。当王莽在公元9年登基时，他面临的就是这种形势。①

班固声称，匈奴之重起战祸是因为王莽"贬"了单于。"贬"是一个不必要的无礼行动，虽然此举无疑得到了儒家的热烈支持。除了少数例外，中国人对外国人态度的名声是很不好的。公元前1年，哀帝以极为不得体的态度对待同一个单于；公元41年，后汉的开国皇帝对有影响的莎车王的态度甚至更为粗暴。② 王莽不过按照传统方式行事罢了。但他无权管辖匈奴，不能随意贬黜他们的单于。这件事不可能是一场战争的真正原因；充其量，它为保守分子提供了一个借口。

王莽机智而有效地对付了匈奴的新的好战行为：他既坚定，又使用了灵活的外交手腕。公元10年至11年冬，他下令动员30万人。这次动员据推测给边境地区带来了困苦，一直被指责为好大喜功的无效行动。只要更细致地阅读文献，就能清楚地看出王莽的行动是迅速和应付自如的。③ 30万人不是在一地而是在北部边境沿线的12个地方征集的。因此，对边境人口的破坏性影响被保持在最低限度。相比之下，武帝曾在公元前133年在一地征集过30万人，却未遭到班固的奚落。王莽的炫耀武力足以强制推行他的外交政策，而军队则从未出动。这可以从匈奴不敢贸然对中国发起大进攻的事实中得到证明。

在外交战线方面，王莽试图支持匈奴中的主和派。自呼韩邪单于死后，单于王位的继承按照辈分和长幼进行。每一代，前单于之子都是继位者，顺序从兄至弟或堂兄弟。在战争重新爆发时，继位者是在位单于的异母兄弟和亲华派成员咸。他得到了王莽的财政支持，在公

---

① 关于王莽与匈奴的关系，见《汉书》卷九四下，第3820页以下。

② 关于公元前1年的事件，见《汉书》卷十一，第344页（德效骞：《〈汉书〉译注》第3卷，第37页）；卷九四下，第3817页。关于公元41年的事件，见《后汉书》卷八八，第2923页以下。

③ 《汉书》卷九九中，第4121页（德效骞：《〈汉书〉译注》第3卷，第304页以下）；卷九四下，第3824页。

元 11 年称孝单于,这样正合原来的打算,加剧了匈奴的不和。虽然咸不得不向他的异母兄长投降,但他强大得足以不受惩罚,并且继续为单于王位继承人。[①]

当匈奴继续进行虽然是小规模的侵袭时,王莽在公元 12 年下令把在长安当人质的匈奴王子处死。[②] 王莽为此一直受到谴责,虽然他是根据自己的权力行事的。人质制是在报复的原则基础上形成的,后汉的开国皇帝在公元 32 年也毫不迟疑地处决了一个显贵的人质。

咸于公元 13 年登上单于王位,主和派随之掌权。[③] 他在公元 48 年死后,局势又起了变化,因为他的兄弟兼继承者是一个保守分子。当时,伊屠智牙师是他的一代中唯一在世的单于王位继承人,新单于把他杀害,这成了保守分子和亲华派之间紧张关系的重要迹象。但是,除了公元 19 年的侵袭外,没有重新爆发战争。中国人的边防要塞完好无损,王莽的军队能够经受匈奴的压力。此外,王莽再次转向外交。云公主带全家已来长安,据认为是因为他们担心遇害,王莽立她丈夫为孝单于。后者不久死去,这对中国来说是不幸的,王莽的统治就这样在他与匈奴的对峙中结束。云再也没有回到北方,她留在中国的朝廷,于公元 23 年在那里与王莽一起遇难。

王莽以同样的机敏处理在中亚出现的问题。公元 13 年,焉耆起事,并杀死了中国的西域都护;狭义地说,西域是一块包括塔里木盆地和吐鲁番绿洲的领土。公元 16 年,一支中国远征军遭到伏击,但没有被全歼。它攻打焉耆,屠杀了它的一部分居民,才返回中国。班固声称,从此以后便与西域断绝了往来。[④] 此说不确。他这里的历史记载与他书中的其他部分相矛盾,因为他在别处叙述了西域的新都护在塔里木盆地自立的情况。焉耆受到了惩罚,北部的一条丝绸之路上的其他城镇都没有脱离中国。西域在王莽死后的内战时期才丧失,班

① 《汉书》卷九九中,第 4126 页 (德效骞:《〈汉书〉译注》第 3 卷,第 316 页)。
② 《汉书》卷九九中,第 4128 页 (德效骞:《〈汉书〉译注》第 3 卷,第 319 页)。
③ 《汉书》卷九四下,第 3828 页。
④ 《汉书》卷九九中,第 4136、4156 页 (德效骞:《〈汉书〉译注》第 3 卷,第 333、336 页)。关于焉耆,见何四维:《中国在中亚》,第 177 页注 588。

固出于历史编纂学的原因，却把这个事上推到"篡位者"的统治时期。①

在与羌人和朝鲜人的关系方面，王莽也是成功的。在西面，他把中国的领土扩大到青海。在东面，他在公元12年轻易地打败了高句丽。② 尽管班固只是作了暗示，但王莽在对待所有非华夏民族的政策方面，的确表现出他突出的才能。

概括地说，王莽不是班固所述的那个无能、狡猾、伪善和妄自尊大的蠢人。这些都是老一套的和不公正的指责。从积极的一面衡量，王莽是机智而能干的。他无疑受自己经历的影响，不愿把自己帝王的权力下放给他人，并且严密地注视着他的官员的表现。他严厉得竟迫使他的三个儿子、一个孙子和一个侄子因犯法而自尽。这与汉代诸帝纵容其亲族相比，应受到称赞。他有广泛的爱好。公元5年他就古典经籍、语文学和其他题目召开的会议，其重要性完全可与公元前51年的石渠阁的讨论和公元79年至80年的白虎观的讨论相比。③ 公元16年，王莽命太医解剖一个被处决的人，以便研究他的内脏和动脉并找出治病的方法。公元19年，王莽召集骁勇善战的人。其中一人曾造了两翼，飞行了数百步才落地。据推测他是从御用庭园中一座高达百米的塔上起飞的。从消极的一方面衡量，王莽是一个过分地依赖古文学派经典的有点迂腐气的儒生。④ 他不喜听批评意见，并且像当时所有的皇帝那样，有迷信思想。

难以说清王莽是哪一类人。在提倡古文学派和对待奴隶制和土地改革的态度方面，他是改造派。在依赖国家专卖事业稳定价格和推行

---

① 关于公元16—23年任都护的李崇，见《汉书》卷九六下，第3927页（何四维：《中国在中亚》，第196页）。

② 《汉书》卷九九中，第4130页（德效骞：《〈汉书〉译注》第3卷，第325页以下）。

③ 关于这些会议，见本书第2章《思想文化背景》和第14章《学派的发展和官学》及《后汉时期的官学》。

④ 关于这些试验，见《汉书》卷九九中，第4145页（德效骞：《〈汉书〉译注》第3卷，第382页）。关于飞行的尝试，见李约瑟：《中国科技史》第4卷第2部分，第587—588页。关于古文学派，见张朝孙（音）：《白虎通：白虎观中的全面讨论》（莱顿，1949、1952）第1卷，第137页以下；本书第14章《五经》。

法律方面，他是时新派。王莽不是革命空想家，而是一个在治理中国时其作为很像在他之前的汉代诸帝的务实主义者。

如果士绅对王莽有任何不满，这种情绪也不是明显的。就班固所知，从公元 10 年至 20 年甚至没有一起反对他的阴谋。没有试图暗杀他的行动，可是甚至连汉武帝也几乎在公元前 88 年被人谋杀。[①] 所有的证据证明，实际上全体官员都支持王莽，只是在广泛的农民骚乱导致官军彻底战败时，对他的支持才消失。如果王莽对这种骚乱负责，那将是对他统治的一个致命的控诉。但他不负此责。王莽的垮台是由于几次黄河改道的重大积累的影响，这是非人力所能防止的灾难。[②]

汉代的中兴

世界上保存的最早人口数字是在公元 2 年阴历八月（9 月至 10 月）进行统计的。[③]《汉书》中的地理志根据那次调查列出了每个郡和国的户口数，然后记载了各该单位所辖的全部的县。由于汉代县的地点和大小除了少数外都已知道，这样就有可能相当准确地绘制一张表示居住人口的圆点图（见地图 10）。在公元 140 年进行统计的第二份保存下来的人口数字见于《后汉书》的地理志，也可以据此绘制一张地图（见地图 11）。两张地图经过比较产生了重要的结果，公元 2 年中国的人口数为 5770 万，而公元 140 年只记载了 4800 万。后一个统计数中缺三个郡的报表，因此全国的总人数略为超过 4800 万。可以说在公元 2 年至 140 年期间，中国的人口减少了 800 万或 900 万人。

此外，在此期间，人口的地区分布状况发生了大变化。在公元 2 年，4400 万人生活在中国北部（可以确定为秦岭山脉、淮河诸山和长江湾以北的中国），生活在中国南部的有 1370 万人，其比率为

① 《汉书》卷六，第 211 页（德效骞：《〈汉书〉译注》第 2 卷，第 118 页）；鲁惟一：《汉代中国的危机和冲突》，第 48 页。
② 见毕汉斯：《汉代的中兴》第 1 卷，第 145 页以下。
③ 见毕汉斯：《公元 2 至 742 年时期的中国人口统计》，载《远东古文物博物馆通报》，19 (1947)，第 125—163 页。

7.6：2.4。在公元140年，其相应的人口数分别为2600万和2200万，其比率为5.4：4.6。中国北部人口减少，南部则增加。在西北，人口减少650万。在东北，有1150万居民主要在黄河故道之南的大平原上消失了。这些减少在很大程度上因中国南部——特别在湖南、江西和广东——的增加而得到弥补，那里的人口已增加了三倍。

这样大的增长数字是不能用出生率的突然增加来解释的。必然的结论是，已经出现自北往南的大规模的自动的迁移。西北的人口转移在王莽垮台后开始；这是匈奴和羌人（西藏人）的压力造成的，将在后面予以讨论。黄河的两次改道促使大平原人口的迁移。

到那时为止，原来沿一条河道往北流向今天津入海的黄河，在平

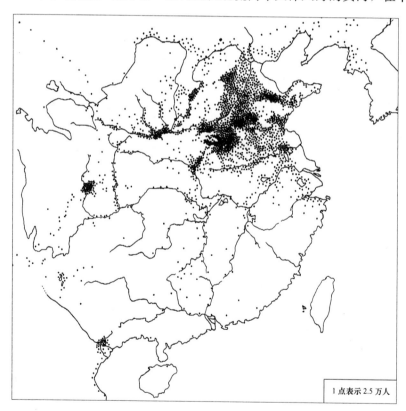

1点表示2.5万人

地图10　中国的人口，公元2年

根据毕汉斯：《公元2至742年时期的中国人口统计》

帝时决口,淹了大平原的南部。它一分为二,一条仍是往北的旧河道,另外新的一条则汹涌地向东南流入淮河。当公元2年阴历八月进行人口调查时,这场灾难尚未发生。由于冬季河流一般不发洪水,可以推断灾害的时间应在公元3、4或5年。第二次水灾随之在公元11年发生,这时黄河永远脱离了北部旧河床而改向现在的河道流动,其河口正在山东半岛之北。①

　避免这两次自然灾害是根本不可能的。黄河携带大量淤泥顺流而下,它就是以这种黄土淤泥而得名的。在西北,水流湍急,沿河淤泥被冲下。但黄河一进入大平原,水流就缓慢了,淤泥沉底;经过若干

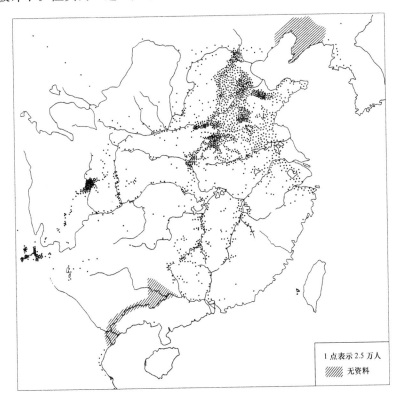

地图11 中国的人口,公元140年

根据毕汉斯:《公元2至742年时期的中国人口统计》

---

① 《汉书》卷九九中,第4127页(德效骞:《〈汉书〉译注》第3卷,第318页)。

世纪，河床逐渐高于周围的农村。中央政府缺乏资源去进行规模宏大的工程建设，诸如建造和维持足够的堤坝。日常的水利工程由地方进行，堤坝在形势需要的时候和地点才建造。它们充其量不过是修修补补的工程。

即使有全国性的规划，黄河也不能长期地加以控制；一旦发生不可避免的灾害，政府需要下巨大力量去动员技术人员和劳工进行修理。[①] 甚至精力充沛的武帝直到公元前 109 年才使前 132 年的一次小决口合龙。黄河新的南河道直到公元 70 年才被截断，那年 4 月 8 日的一道诏令还因此庆功。[②] 公元 1194 年，黄河又转向其南河道，1853 年转而往北。在那个时候，政府的资源虽然远远多于王莽时代，也无力对付这种自然力量。因此，他不应为给他带来的导致内战和自己死亡的不幸受任何责难。

许多人必定在这两次水灾中死去，幸存者逃离了受灾区。在邻近地区，供应的物资不足以供养难民。饥荒蔓延，越来越多的人成了黄河几次改道的积累性后果的受害者。农民开始逐步地放弃大平原南部，缓慢地向南方迁移。沿迁移的路线出现了动乱，挨饿的农民结伙抢粮。

山东的形势甚至更加危急，这个半岛也因难民而拥挤不堪，也遭到随之而来的饥荒，但它夹在黄河两条新河道之间，没有方便的逃生之路。农民的团伙壮大了，最后合并为一支庞大和组织甚差的、但几乎是无敌的军队，它横行于山东，一路抢掠，杀戮和绑架。当地方官员无力对付这种危急情况时，王莽在公元 18 年下令动员军队。这些措施未能收效。公元 22 年，王莽派大军在冬季进入山东，这时黄河河水低浅。战斗中官军战败，指挥将领被杀。[③]

---

① 关于治水，特别是治理黄河的问题，以及修理，甚至预防或进行破坏的活动，见《史记》卷二九（沙畹：《〈史记〉译注》第 2 卷，第 520—537 页）；《汉书》卷二九；鲁惟一：《汉代中国的危机和冲突》，第 154 页以下、190 页以下。

② 《后汉书》卷二，第 116 页；毕汉斯：《汉代的中兴》第 1 卷，第 147 页。

③ 《汉书》卷九九下，第 4145、4177 页（德效骞：《〈汉书〉译注》第 3 卷，第 379、432 页）；毕汉斯：《汉代的中兴》第 1 卷，第 152 页。

农民在前额抹红色,以与官军相区别,从此他们称赤眉军。赤为前汉之色,所以农民们模糊地认为自己是捍卫先朝的战士。但是他们是单纯和无知之民,不识字。他们没有建立军事单位,没有旗号,也不使用专门的指挥语言。纪律的维持并不复杂,却很有效。杀死他人者偿命,伤害他人者要赔偿。首领们用低级官员的官衔称呼自己,大概他们也只知道这些官衔。少数士绅也参加了赤眉军,但他们没有真正的影响;权力掌握在农民自己手中。没有证据证明赤眉军是秘密会社或宗教运动。把他们结合在一起的共同因素是饥饿,他们结伙流窜的直接目的是迫切要求填饱肚子。

当赤眉军已经发展得人数众多时,作为单一的部队作战对他们来说已经不方便。王莽的军队被一支分队所败,而另一支则在围攻一个县城。第三支分队似乎已撤出山东,因为那里可供掠夺之物已很少。这支部队后来在其他分队的追随下,缓慢地朝富饶的南阳郡移动,汉王朝不久就是在这里中兴的。

南阳(在河南南部)有一块肥沃的农业盆地,夹在秦岭山脉和淮河诸山的山麓之间,它们把水往南排入汉水。南阳是约 20 个有名的地方绅士氏族和景帝(公元前 156—前 141 年在位)一系的几大支刘氏成员的故乡。[①] 从受灾的大平原迁移的路线之一经过此郡。一些绅士氏族在其追随者的帮助下通过筑垒自固,度过了动乱的年代。在公元 22 年初期,南阳本身的形势相对地说是稳定的,但是武装和胜利的农民团伙在其南方作战。这些团伙是所谓的新市军(它因一个靠近汉水下游的乡而得名)和长江下游的部队。每个团伙由几个首领领导,其中大部分为未受教育的平民,还有少数绅士。[②]

公元 22 年夏,新市军转向北方,越境进入南阳。该郡南部的地方农民领袖集结了自称为平林军的一伙人马作为响应。平林军中有南阳的刘家成员刘玄,他因一次氏族仇杀,被迫逃避官府的追究。

南阳是公元 6 年汉皇室发动反王莽起义,因缺乏民众支持而失败

---

① 毕汉斯:《汉代的中兴》第 1 卷,第 92 页以下。
② 《后汉书》卷一上,第 2 页以下。

的那个郡。但这时情况不同了。公元22年新市军正从南面进入南阳，受到了地方平民的欢迎，而那时所向无敌的赤眉军正从东面靠近。虽然他们都没有政治纲领，甚至也不敌视传统形式的政府，却对土地主构成了致命的威胁，这完全是因为他们人数众多，并且在挨饿。南阳绅士的情绪一定很高，也很担心；这时，发动一场成功的起义的条件开始成熟了。如果与地方的绅士氏族联合起来的南阳前皇室成员能把民众的动乱纳入反王莽的渠道，他们不但能救自己的性命，而且能恢复已垮台的王朝。

南阳的活动分子中无可争辩的领袖为刘縯，史籍中提起他时总称他的字——伯升。[1] 他是景帝的第六代后裔，因此是前汉开国皇帝高帝的第八代后裔。刘伯升与汉皇室的关系很远，他的父亲、祖父或曾祖父都未封侯，整个这一支无疑没有再载入皇室宗谱。他的父亲曾担任官品较低的县令。他的母亲出身于南阳的一个有地产的富族。他有三个姐妹和两个兄弟——刘仲和刘秀。正是这位生于公元前5年1月13日的刘秀，注定将开创后汉王朝，虽然在最初他因长兄而默默无闻。

为了对南阳出现的同样压力作出反应，有势力的李族也计划起事。它捐弃前嫌，同意与刘伯升合作。[2] 其他几个族也参加起义，但许多氏族则宁愿等着瞧。刘伯升甚至遭到他的至亲的反对。

造反者于公元22年10月或11月在农村各地起事，然后迅速会师。刘伯升一定像原先计划好的那样，与新市军和平林军协商结盟，于是得到了南阳几个绅士氏族的援军。[3] 他通过南阳向北进军，初战告捷，但随之在小长安惨败在王莽的地方军之手。刘伯升之弟刘仲战死，他还丧失了一个姐妹和几个其他近亲。原来迟疑不决而不肯行动的地方官员这时假定起义已被镇压下去，就开始围捕和处决造反者的亲属。

---

① 刘伯升传载《后汉书》卷十四，第549—555页。
② 关于宛城的李族，见毕汉斯：《汉代的中兴》第1卷，第94、102页。
③ 关于这些事件的详情，见毕汉斯：《汉代的中兴》第1卷，第104—113页。

　　刘伯升力挽狂澜；他亲自与此时也已进入南阳郡的长江下游部队的首领们会面，说服他们与他共举大业。这样不仅弥补了损失，而且增加了叛乱的领导层中头目的人数，从而使力量对比不利于南阳的绅士。另外，虽然刘伯升似乎已在全面行使指挥权，但农民军的头目依然控制着自己的在旧旗号下作战的团伙。刘伯升与这些经过改编和扩充的军队在公元 23 年 1 月或 2 月重新与王莽的军队交战，结果大获全胜，并杀死了两名指挥将领。此后不久，他又击溃了另一支敌军。南阳的大部分这时已落入刘伯升手中，于是他进而围攻南阳郡重要的郡治之地宛城。使者们纷纷向帝国其他各地出动，公开宣布应该推翻王莽，并列举他的"罪状"。

　　这时正是拥立一个皇帝以使叛乱合法化的大好机会，但各路领袖只在一件事上是一致的：应拥立刘氏的成员来恢复汉朝。南阳绅士的明显的候选人是刘伯升。头目们可能有充分的理由怀疑，他登上皇位会使他们丧失势力。推出他们自己的候选人才对他们有利，正好他们之中就有一人。平林军中一个不重要的领袖刘玄是刘伯升的隔两房的堂兄弟，并与他一样是景帝的第六代后裔。如果他登基，头目们能指望控制他。新市军、平林军和长江下游军队的头目们没有通知南阳绅士就集合在一起，决定宣布刘玄为皇。然后他们邀请刘伯升参加会议。不论在会上如何力争，他都没能成功。公元 23 年 3 月 11 日，刘玄登基。[①] 就是这几支军队，既支持刘伯升取得胜利，又使他失去一个帝国。

　　刘玄是后汉的第一个皇帝，但不是王朝的创建者。他甚至没有得到谥号，在历史上被称为更始帝。因此，他在历史编纂学上遭到了与王莽同样的命运。班固试图证明更始帝为什么无资格受到天命，就把他描述成愚蠢的酒徒。虽然一些事件说明刘玄也不是一个能干的君主，但班固的说法是很不公正的。

　　头目们一度在新政府中干得很不错，并且以 2 比 1 的优势控制着

---

① 《汉书》卷九九下，第 4180 页（德效骞：《〈汉书〉译注》第 3 卷，第 437 页）；《后汉书》卷一上，第 4 页；毕汉斯：《汉代的中兴》第 1 卷，第 115 页。

最高级的职务。对刘伯升不能完全置之不理；他被授予大司徒的重要职务。但是南阳的绅士们向政治现实低了头，刘伯升发现以前的支持者逐渐背离了他。反王莽的运动在新皇帝周围巩固了起来，各路农民军的旧称号也随之消失。在新的汉军中，农民军头目和绅士们暂时并肩作战。对宛城的围攻继续进行，战事还蔓延到邻近的地区。公元23年4月或5月，一支远征军进入南阳东北的颍川郡。刘伯升唯一活着的兄弟刘秀随军前往；刘秀虽然得到了大臣一级的太常之职，仍在军中充当低级的副将。[①]

在此期间，王莽已下令动员一支大军。在洛阳集结后，军队从北面进入颍川郡，迫使汉军退往昆阳，并进而围困此城。刘秀等人乘夜色逃走，急忙在邻县招兵。他们在7月7日返回。刘秀充当先锋攻击敌人，而在城内的汉军突围出击。在两面夹击下，王莽军队被彻底击溃。这是内战中最具决定性的一战。汉军以少胜多，刘秀第一次表现出他的军事才能。宛城在三天前已被占领，更始帝已进了城。此后不久，刘伯升的前程就到头了。虽然在政治上已变得可有可无，但他对更始帝及其支持者依然是一个危险。一个头目和一个南阳为首的绅士选择了捏造罪名反对他的一招，于是他立刻被处死。[②]

王莽再也没有从昆阳之败中恢复元气。全国处于土崩瓦解的状态中。甚至长安的高级官员阴谋反对他们的君主，其中有长期追随王莽的著名的刘歆。这个计划被发现，密谋者被处死或自杀。地方的官员开始转而效忠更始帝。为次要的叛乱在西北、四川、汉水流域下游、长江下游沿线和大平原北部爆发。[③]

---

① 《后汉书》卷一上，第4页。

② 《汉书》卷九九下，第4181页以下（德效骞：《〈汉书〉译注》第3卷，第440页以下）；《后汉书》卷一上，第8页；毕汉斯：《汉代的中兴》第1卷，第117页以下。

③ 《汉书》卷九九下，第4184页以下（德效骞：《〈汉书〉译注》第3卷，第446页以下）；毕汉斯：《汉代的中兴》第1卷，第121页以下。关于刘歆在中国文学史上的重要性，见范德伦：《论管子的传布》，载《通报》，41：4—5（1952），第358页以下；本书第14章。

　　汉军这时向长安进发,王莽的最后防御设施崩溃了。京师周围几个县的大族认为可以大发劫掠财而动了心,便率领其支持者向这座快到末日的城市逼近。10 月 4 日,这些乌合之众攻破长安东城墙的最北城门,经过几个小时的战斗,抵达未央官。次日,即 10 月 5 日,城内的居民参加造反,烧毁一座边门,闯进了皇宫。战斗终日不断,火势蔓延到后宫。10 月 6 日凌晨,筋疲力尽和神志不清的王莽被带到渐台,他的支持者们在那里负隅顽抗。他们被压倒,在傍晚被杀。王莽的首级被送到宛城。这一切都发生在汉正规军在 10 月 9 日抵达之前。不久,洛阳也被汉军占领。这是帝国的第二大城市;它有一个光辉响亮的名字,更始帝决定在这里建都。[①]

　　公元 23 年岁除时更始帝已成为明显的胜利者。王莽已死,他的高级官员(在复兴的汉朝眼中都是附逆者)已经战死、自杀或被处死。其他官员发现侍奉新主子并不困难。他们无限制地被吸收,因为治理帝国所必需的受教育的人才有限。更始帝掌握了国内最富饶的农业区,那里有占全国总人口 40% 的居民。但他也犯了四大错误,以至于使他丢了皇位。

　　11 月,他派被处决的刘伯升之弟刘秀去大平原北部独立地执行一项使命。这样就使刘秀摆脱了更始帝的直接控制,并使他能够独树一帜。第二,更始帝未能与赤眉军和解。在随着实际上已进入南阳郡的部队靠近该地后,赤眉军的主力突然转向北面,在公元 23 年年末在洛阳之东的黄河正南岸停止前进。他们的一些首领来到新都,不遗余力地要长期投靠复兴的汉朝。当他们只被封为侯而在其他方面则被忽视时,就与更始帝决裂,返回各自的部队。

　　下一年,即公元 24 年,更始帝的最后失败已成定局。[②] 失败以

---

① 《汉书》卷九九下,第 4189 页以下(德效骞:《〈汉书〉译注》第 3 卷,第 460 页以后);毕汉斯:《汉代的中兴》第 1 卷,第 128 页以下。

② 关于更始帝力量衰落的情况,见《汉代的中兴》第 2 卷,《远东古文物博物馆通报》,31(1959),第 49 页以下。开始建都洛阳的情况,见《后汉书》卷十一,第 470 页;卷十六,第 599;《后汉书》志第十,第 3218 页。向长安的迁移,见《汉书》卷九九下,第 4193 页(德效骞:《〈汉书〉译注》第 3 卷,第 469 页)。

向长安迁移的这一极不明智的决定开始。虽然未央宫被焚毁和遭到劫掠，但城的其余部分完好无损，它仍保持原来的声望。长安位于关中，这块高原易于防守几乎一切大的攻势。但是一旦敌军攻破关隘，它就成了一个陷阱。王莽的遭遇如此，这时又成了更始帝的下场。一些头目了解军事的危险性，所以反对迁移。南阳的绅士们怀着不可告人的目的，拥护这个行动。在有着辉煌的过去的长安，把皇帝与头目们隔开和增加绅士集团的势力就有了可能。

更始帝压倒了反对意见，犯了第三个大错误，他离开洛阳，于公元24年3月抵达长安。他立刻犯了他最后的第四个大错误，听任南阳的绅士们加强他们的优势。在改组中央政府的借口下，为首的一些头目被剥夺了大部分权力和遣离京师。他们仍指挥着帝国的军队，但皇帝已不能聆听他们的意见。同时，南阳绅士之间的关系也越来越紧张。这些目光短浅和自私的政治花招激怒了头目们，并且使皇帝成了只有一派掌权的受害者。他失去了一次控制事态发展的机会，即把在它们企图完成征服中国的野心下仍然被团结起来的两个敌对集团一起安置在朝廷之中。[①]

人们很快就看清，更始帝再也没有政治和军事的主动性了。在前一年刚取得的大平原上的富饶和人烟稠密地区，正悄悄地脱离他的控制。他最多被25％的总人口承认。他事实上被限制在渭水流域的下流，那里的农业生产不足以维持朝廷和中央的官僚机器。刘秀则集结了一支军队，主宰着有13％的总人口的富饶的大平原北部，并已与更始帝决裂。赤眉军正在进军。他们兵分三路，沿不同的路线直抵关中。[②]

公元25年2月至3月，赤眉军在高原上重新集结部队。然后他们继续缓慢地朝京师进发，沿途打败了官军。这时他们的领袖在少数混在其中的绅士代表的影响下，决定拥立一名自己的皇帝，以使他们合法化。在此之前他们已在山东绑架了汉室中身为高帝后裔的三兄

---

① 毕汉斯：《汉代的中兴》第2卷，第51—56页。

② 同上书，第89页地图9。

弟。幼弟(生于公元 11 年)刘盆子经抓阄于 7 月或 8 月被选登基。但实际上一切照常。赤眉军根本不能自立政府,他们的大部分大臣目不识丁。[1]

长安的防御仅仅对付赤眉军大概已很困难。防住两路敌军是不可能的,因为刘秀所派的一支军队已从另一个方向靠近。此外,头目们和南阳绅士们之间的敌意最后爆发成为公开的战斗。前者已率他们的残部退回长安。结果是宫内的一场白刃战,此后在长达一个月中这些头目在长安横冲直撞。冲突以头目们出逃然后加入赤眉军而告终。[2]

10 月,赤眉军进入京师,更始帝骑马逃走,但在 11 月或 12 月被他以前的一名官员抓获带回长安。他把御玺交给刘盆子,然后退位,并得到了王的封号。这位前皇帝奉命在旷野牧马,在他的一些死敌——活着的以前的头目们——的唆使下,他在那里被勒死。赤眉军留在长安,洗劫城市,恐吓人民。

通过更始帝来恢复汉王朝的行动失败了,但在长安陷落前,真正的建国者已宣布自己为天子。此人就是刘秀,他已于公元 25 年 8 月 5 日在黄河之北登基。

后　汉

东汉从公元 25 年 8 月 5 日刘秀登基之时起,一直维持到公元 220 年 11 月 25 日献帝让位给魏王朝的创建者时为止。在历史上,刘秀以其谥号光武帝或其庙号世祖著称。作为一个王朝第一个成功的君主,他被认为享有天命,因此在编写历史时对他的论述与对王莽和更始帝的截然相反。他被班固夸大为一个形体不凡的人。的确,光武帝有杰出的军事技艺和才能以吸引有才之士来共举他的大业。并且他对

---

[1]　有关赤眉军此刻的活动,见毕汉斯:《汉代的中兴》第 2 卷,第 91 页以下。立刘盆子的经过见《后汉书》卷一上,第 23 页;卷十一,第 480 页;《后汉书》志第十,第 3219 页;志第十三,第 3268 页。

[2]　关于长安的战斗和破坏,以及更始帝的投降和死亡,见《后汉书》卷一上,第 24 页;卷十一,第 481 页以下;毕汉斯:《汉代的中兴》第 2 卷,第 98 页以下。

自己要求甚严。他是一个名实相符的君主，善于识人；而且还是一个精明的政客，视情况需要既能慷慨大方，也能冷酷无情。但他又是一个固执和迷信的人；他能对批评作出过分的反应，而且缺乏预见他行动后果的眼光。他最大的弱点表现在外交政策方面。

内　战

在一开始，光武帝不过是群雄纷争的战场上的一个皇位争夺者。先后有 11 人宣称有九五之尊的权利，这还不算独霸一方的大军阀。① 光武帝是其中最能干和最幸运的人，得力于他的敌人不愿联合起来反对他的情绪。

到公元 25 年末，光武帝控制了大平原的北部，已经侵入西北，并在 11 月 5 日接受洛阳的投降。11 月 27 日，他进洛阳城，在那里建立他的首都。② 他无疑地已从王莽和更始帝的下场中得到教训，认为在内战时期应避开长安。另一个动机一定是，洛阳可以更方便地从大平原的关键经济区得到供应。③ 在以后几年，光武帝稳步而有信心地把他的领地向四面八方扩大。

长期以来已是中国最令人生畏的军事力量的赤眉军在此期间正在走下坡路。到公元 26 年 3 月初期，他们已经耗尽长安的一切供应，被迫恢复他们的流窜生活。他们劫掠和部分地焚毁了此城，挖盗皇帝陵寝，然后往西进入人烟稀少和地形险阻的渭水上游之北的地区。很可能赤眉军的这一行动纯粹是出于对当地情况的无知。被艰苦的环境削弱后，他们被军阀隗嚣所败，然后又大批死于早寒和暴风雪。他们折回并在 10 月再次占领了已受打击的长安。他们于公元 27 年 1 月离城，试图再夺取大平原。当赤眉军越关而过时，他们发现光武帝的占优势的军队严阵以待，于是在两天后，即在 3

---

① 毕汉斯：《汉代的中兴》第 1 卷，第 163 页。

② 《后汉书》卷一上，第 25 页。

③ 关于大平原关键经济区的概念，见冀朝鼎：《从治水公共工程的发展看中国历史上的关键经济区》（伦敦，1936）。

月 15 日俯首投降。[1]

等待光武帝的是漫长和令人厌倦的战争的几年。他刚征服不久的北部平原成了新起义的场所,这些起义直到公元 29 年才被镇压下去。南部平原和山东半岛经过了从公元 26 年至 30 年的历次征战才臣服。对皇帝的故乡南阳郡的争夺甚为激烈,汉水下游在公元 29 年才平定下来。长江之南各地的官员称光武帝为天子,以此来承认这些胜利。[2] 隗嚣在那里顽强地领导分裂主义运动的甘肃东部抵抗的时间甚至更长。为了对付隗嚣,光武帝在公元 29 年亲自与盘踞在河西走廊的另一个军阀窦融结盟。[3] 战斗持续到公元 34 年,这时西北才终于被平定下来。

光武帝的最危险的潜在对手是出身于西北望族的公孙述。[4] 他曾在王莽手下任四川一个郡的郡守,在公元 24 年自称蜀王。公元 25 年5 月或 6 月,他也登极称帝。他所辖的领地从北面的秦岭山脉到南面的长江,从西面与西藏交界的地带到东面长江三峡以下。外界几乎无法进入,首府是位于一个富饶地区的成都。这块领土在历史上一直以其分裂主义情绪闻名。但公孙述只控制了 7% 的总人口,这也许是他在内战中袖手旁观到时机已逝的一个原因。正如他的一个顾问所建议的那样,当光武帝陷于其他战线不能自拔时,他本应发起进攻。他失去了这个机会。就光武帝而言,他小心翼翼地避免与他的对手为敌,并且在通信中甚至对公孙述以帝相称。[5] 只是在公元 34 年光武帝已征服了中国的其余部分时,他才准备同他最后一个对手较量。

---

[1] 《后汉书》卷一上,第 28—32 页;卷十一,第 483 页以下;卷十三,第 522 页。关于隗嚣,见《后汉书》卷十三,第 513 页以下;毕汉斯:《汉代的中兴》第 2 卷,第 115 页。

[2] 《后汉书》卷一上,第 41 页。这些征战经过的详细情况,见毕汉斯:《汉代的中兴》第 2 卷,第 121—156 页。

[3] 《后汉书》卷一下,第 48—56 页;卷十三,第 524 页以下;毕汉斯:《汉代的中兴》第 2 卷,第 159—180 页。窦融的情况见毕汉斯前引著作第 2 卷,第 60—61 页。

[4] 关于公孙述,见《后汉书》卷十三,第 553 页以下;毕汉斯:《汉代的中兴》第 2 卷,第 181—198 页。

[5] 《后汉书》卷十三,第 538 页。

公孙述的军队在三峡下游架一座横贯长江并有军事塔楼的浮桥，浮桥与长江两岸的要塞相连。公元35年4月或5月，汉的水师发起进攻，并借东风之助逆流而上驶向浮桥。浮桥被火炬点燃，迅速着火倒坍。[①] 汉军这时可以通过水陆两路侵入公孙述的领地。由于巨大的地形障碍，远征必然是艰难和缓慢的。汉军直到公元36年12月才抵达成都，当时他们只有一个星期的给养。当公孙述在12月24日出击时，指挥将领几乎要放弃战斗和准备撤退。公孙述在交战时受伤，当晚死去。成都在次日投降，[②] 这就使光武帝成了全中国的主宰。

这场内战是用刀、枪、弓弩和宣传进行的。当时流行的一般心理学手法被用来争取民众的支持，这些手法有预言、图谶、五德始终论和押韵的讽刺文。公孙述曾大胆地承认王莽就是以土德当运的一个合法的皇帝。他自己则依次应在五行中的金德当运下进行统治，这意味着他应该用白色。[③] 金与罗盘中的西方有关，而公孙述的帝国正位于中国西部。这种合乎他心意的五行始终论排列否认光武帝称帝的权利，并给他贴上了骗子的标签。担心这种宣传的光武帝别无其他选择，只能宣称火德未被代替；它只是暂时衰落，随即会重新取得力量。因此，五行中的下一行尚未来临，所以王莽和公孙述是篡位者。

此外，光武帝和公孙述互相以预言攻击对方，都设法证明他们身受天命。甚至发生了同一预言为对立的双方所用的情况。公孙述断言他梦见一人对他说："八厶子系，十二为期。"十二之数指的是前汉12个君主（包括吕后），因此根据这个启示，汉朝的气数已尽，而公孙述注定要代替汉朝。后来，光武帝的宣传家们重新解释了这个预言。他们注意到公孙述在他统治的第12年遭到攻击，于是转用这个预言反对他："八厶子系，十二（年）为期。"[④]

---

① 《后汉书》卷一下，第57页；卷十三，第542页；卷十七，第661页；卷十八，第693页。

② 《后汉书》卷一下，第59页；卷十三，第543页；卷十八，第693—694页；毕汉斯：《近代的中兴》第2卷，第197页。

③ 《后汉书》卷十三，第535、538页；毕汉斯：《汉代的中兴》第2卷，第233页以下。

④ 《后汉书》卷十三，第535页；毕汉斯：《汉代的中兴》第2卷，第245页以下。

强烈的地方主义是整个这场内战的典型特征；光武帝的胜利在某种意义上说是他家乡南阳郡的胜利。通过他，来自南阳的人在以后很长的一段时期中取得并保持显赫的地位。这个动乱年代中的另一个特征是缺乏革命目标，没有证据能说明，斗争的任何一方被革命的目标所推动，或者任何领袖设法推翻由帝皇统治的公认的制度。当赤眉军在中国流窜以及头目们与南阳绅士在更始帝治下对抗时，所反映的并不是一场阶级斗争。不论他们的背景如何，他们都接受现存的社会和政治秩序。他们只是为争夺这个秩序中的统治权而进行斗争。

新皇室

随着汉朝的中兴，光武帝面临着如何处理前汉皇室各封地幸存的后裔的问题。封地已被王莽取消，各侯已被贬为平民。公元 27 年 1 月 26 日，皇帝决定寻找将重立为侯为后裔。[①] 但寻找可能不太彻底，因为在公元 37 年，皇室的侯只有 137 人。此数比公元 5 年皇室的侯的总人数约少 100 人。考虑到光武帝还新封自己的亲族为侯这一事实，可以说大部分旧的侯没有被恢复。

在对诸王国的问题上，光武帝不愿完全恢复旧秩序的情绪表现得甚至更加清楚。在前汉，历代皇帝的儿子除太子外，已被封为指定地区的王。公元 5 年，已有 23 个这样的王国存在。[②] 出于政治的原因，光武帝最初恢复了许多旧王国，并为自己的亲族另设七个新王国。公元 34 年和 35 年，三个国在它们的王死后废除。公元 36 年随着内战的结束，光武帝可以不用前皇室的支持进行统治了。公元 37 年 4 月 1 日，他废除了所有的国，并把它们的王降为侯，只有三个例外。[③] 这三个国的王是其叔刘良和已故刘伯升的两个儿子，即他的侄子刘章和刘兴。过了一天，这三人又被降为公。公元 39 年 5 月 13 日，除太

---

①　《后汉书》卷一上，第 31 页；毕汉斯：《汉代的中兴》第 3 卷，《远东古文物博物馆通报》，39：5（1967），第 44 页以下。

②　关于立国的情况及各国以后的历史，见毕汉斯：《汉代的中兴》第 3 卷，第 22 页以下；本书第 2 章《地方组织》及《文、景两帝治下诸王国的减少》。

③　《后汉书》卷一下，第 61 页。

子外，光武帝又赐给他所有儿子以公的领地。[①] 同年，他的三个大女儿被封为公主，也许是一次封的。两个小女儿分别在公元 41 年和 45 年被封为公主。光武帝的姐妹早在公元 26 年被封为长公主。公元 41 年 12 月 1 日，光武帝升诸子为王，公元 43 年 6 月 21 日还把他的侄子和已故的叔叔的公的领地升格为国。

通过这些措施，光武帝已恢复了汉皇室支持其成员的传统制度。随着时间的推移，这些国集中在大平原和山东半岛上。不能断定它们的数字，因为国的多少取决于皇室的出生率，但值得注意的是，它们的面积略有扩大。在公元 2 年和 140 年，国的数字相同，都是 20 个国。但在公元 2 年，皇室成员的封地包括 135.3 万户，而到 140 年，已增加约 50 万户，达 189.2 万户。

从集中皇权和控制的观点看，恢复封国是一个退步。虽然在公元前 154 年至前 145 年期间，诸王已被剥夺了一切地区权力，并且政府坚决地要他们居住在京师外的封地内，但他们可能成为皇帝的现实的和想象中的威胁。机会主义者、不满分子和骗子麇集在诸王的朝廷。有的王头脑简单或精神不正常，而历代皇帝易于对有关巫术的报告惊慌失措。[②] 光武帝的三个儿子被控谋反，其中二人自尽。

第一个事件涉及光武帝的继承人明帝（公元 57—75 年在位）的亲弟兄刘荆，他被一些相士和占星术士所包围。公元 57 年光武帝死时，他试图煽动一个异母弟兄谋反。此事泄露并被新帝所掩盖，但当刘荆并不改过自新时，他被调到一个较小的封地。在 60 年代初期，他想自己当皇帝，并问相士他应否起事。此事再次被掩盖。在公元 67 年，刘荆使用术士行使巫术和祝诅之事败露。一些高级官员提出应处死刘荆，但明帝愤怒地拒绝这个建议。最后，明帝采纳了意见，把他的弟兄处以死罪，据此刘荆自尽。他显然已经

---

① 《后汉书》卷一下，第 66 页；毕汉斯：《汉代的中兴》第 3 卷，第 26 页以下。前汉对汉皇室成员不用公的称号。公元 9 年，王莽废诸侯王之称而以公代替（《汉书》卷九九中，第 4105 页〔德效骞：《〈汉书〉译注》第 3 卷，第 274 页〕）。

② 此即巫蛊。关于公元前 91 年巫蛊影响王朝史的古代例子，见鲁惟一：《汉代中国的危机和冲突》第 2 卷；本书第 2 章《王朝的混乱》。

精神错乱了。[1]

另一个更重要的事件与楚（南部平原的一个小国）王，即明帝的异母弟兄刘英有关。他在公元 65 年提倡佛教的活动是中国奉行佛教的第一个有文献记载的事例。[2] 刘英还对道教和炼丹术感兴趣，让一批道士围着他转。他的目标显然不是皇位，而是长生不老。公元 70 年，他的这些活动被揭发，一些高级官员建议，他犯有叛逆罪，应该处死。明帝不准，但把他的异母弟兄降级和流放到长江下游之南的某地。公元 71 年当他抵达那里时，他自尽身亡。数千名他的假定的追随者被捕，在酷刑下互相揭发。审讯和处决一直继续到公元 77 年 6 月 2 日明帝之子兼继承者制止时为止。几乎可以肯定，除了一个多疑的君主心中想象的以外，再也不存在严重的密谋活动了。[3]

第三个事件涉及明帝的另一个异母弟兄刘延，他在公元 73 年为了谋反的目的而使用巫术。许多人被杀，但刘延只被调到一个较小的国。公元 76 年他受到类似的指控，这一次他被贬为侯。公元 87 年他再次被封为王，两年后病死。刘延与其说有罪，不如说他轻信；他对图谶祠祭秘术的兴趣已被夸大为对皇帝的一种危险。[4]

像所有的成年的和青春期的皇帝那样，光武帝也有一个后宫，它通常被称作掖庭。他简化了掖庭的管理，除皇后外，把宫女从 14 个等级减为三个等级，即贵人、美人和宫人采女。[5] 每一等级累进地包括更多的宫女。有些其他的前汉的等级在后来的几代皇帝时期重新出现。

---

[1] 刘荆的情况参见毕汉斯：《汉代的中兴》第 3 卷，第 31 页以下。

[2] 《后汉书》卷四二，第 1428—1430 页；毕汉斯：《汉代的中兴》第 3 卷，第 33 页以下；E. 泽克：《佛教征服中国史》（莱顿，1959），第 26 页以下；本书第 16 章《汉王朝楚国内的佛教》。

[3] 《后汉书》卷二，第 117 页；卷三，第 135 页。

[4] 毕汉斯：《汉代的中兴》第 3 卷，第 35 页。

[5] 关于 14 等的基本编制，见《汉书》九七上，第 3935 页；《后汉书》卷十上，第 399—400 页注 6。最低的一等包括 6 类宫女。王莽时代的做法，见《汉书》卷九九下，第 4180 页（德效骞：《〈汉书〉译注》第 3 卷，第 438 页）。（经查《后汉书》卷十上，第 400 页，原文为："及光武中兴，斲彫为朴，六宫称号，唯皇后，贵人……又置美人、宫人、采女三等……"——译者）。

到公元 2 世纪中叶，后宫的宫女达 6000 人，两倍于前汉鼎盛期的人数。

每年阴历八月为后宫选宫女，年 13—20 岁的清白家庭的处女要经过太中大夫、一名后宫的宦官助手和一名相士的检查，看她们的丽容、肤色、头发、仪表、风度和是否体面，在这个过程中，她们按照显然有九个级别的标准分等。① 符合标准的被带进后宫，在那里她们要进一步经受考验，才能最后决定是中选还是落选。贵人之一总是被立为皇后，但这是一件大事，单凭出身于清白家庭是不够的。几乎所有的后汉皇后都属于社会的最高层；她们行使相当大的权力，她们的立和废都有政治的动机。皇帝个人的钟爱与此事无关，这也可以从后汉 11 个皇后中有 8 个没有生育子女这个事实中看出。

表 9 概括了后汉诸帝的家谱。这类内容贫乏的略图是看不清这个王朝十分典型的权力斗争、成功、失败和个人悲剧的。这些内容将在以后讨论，这里只进一步讨论一种意见。

有的作者主张，帝王的家系必然会退化。开国皇帝具有非凡的能力和精力，他的冲劲只能继续少数几代。以后的君主在奢侈和充满阴谋的宫廷中长大，迷恋酒色，很可能是低能儿。这个观点经不住仔细的检验，是从中国历史编纂学的一种曲解中产生的。接受天命的王朝创建者被古代历史学家描绘成具有非凡能力、头和肩不同于同时代常人的人。那些无资格接受天命的人被描绘成放荡的人。典型的是，在王莽统治快垮台时，他被说成是"于后宫……纵淫乐焉"；更始帝被设想日夜在后宫与宫女饮酒，常常醉得不能上朝。② 当然，皇位的继承的确被人利用和滥用，但这是出于权力斗争，而不是帝王家系的道德沦丧和体质下降所致。

使人感到统治者们日益堕落的因素倒不如说是历史编纂学的一

---

① 《后汉书》卷十上，第 400 页。年龄按中国的算法，即生下就算一岁，以后每过阴历新年就长一岁。

② 关于帝皇家系退化的观点，见赖肖尔、费正清合著：《东亚：伟大的传统》（伦敦，1958），第 115—116 页；费正清：《美国与中国》（坎布里奇，1971），第 90 页。关于对放纵行为的批评，例如见《汉书》卷九九下，第 4180 页（德效骞：《〈汉书〉译注》第 8 卷，第 739—440 页）。

表 9

后汉诸帝的家系

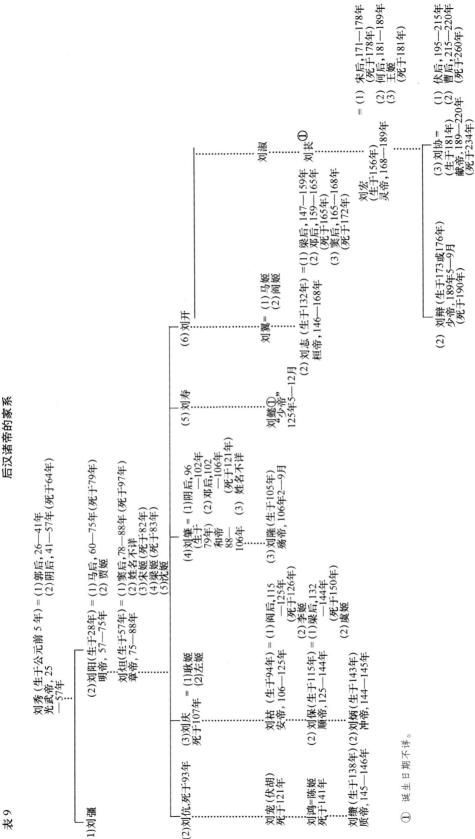

① 诞生日期不详。

种企图，即为天命的降临和消逝提供根据。没有肯定的证据可以证明，在宫廷内长大的皇帝易成为低能儿。前汉的武帝（公元前141—前87年在位）是前汉精力最充沛的统治者，几个后汉的皇帝尽管有这种假定的不利条件，也证明他们是有能力的。宣帝（公元前74—前48年在位）作为一个平民被扶养成人，当然是一位优秀的统治者。[①] 但安帝（公元106—125年在位）的性格也在宫外形成，却是两汉最坏的一个君主。因此，缺乏用来证明皇帝的道德素质日益下降的证据。

京 都

后汉王朝的创建者于公元25年11月27日选洛阳为他的首都。[②] 洛阳面积为10.1平方公里（3.9平方英里），大致呈矩形，当时是世界上第三个最大的有城墙的城市，仅次于长安和罗马。城墙用夯实的土建成，今日遗址的城墙仍高达10米。城市取南北走向的轴线，街道大致呈格子状，每个坊都有围墙。两座有围墙的宫苑在城内遥遥相对，它们为北宫和南宫，每座面积约125英亩。它们被高于地面和有遮掩的通道连接起来。城内有各部和官署、一个军械库、几个神坛、两个御苑、一个谷仓，大概还有一个市场以及贵族和官员的宅第。在有12个城门的城墙之外是护城河。一条河渠从东面与护城河接通，以便向京师运送供应。南护城河上的唧筒和戽水车向洛阳供水。

护城河外有向外扩展的城郊，它们划分成一般的坊。大洛阳的面积大致为24.5平方公里，人口可能不少于50万。这使它成为当时人口最多的城市。城的南郊内坐落着一批重要的建筑物，其中包括灵台

---

① 关于对武帝的不同评价，见本书第2章《时新派政策的充分发挥》。关于宣帝的抚育和他在霍光死后（公元前68年）开始注意国家事务的情况，见《汉书》卷六八，第2951页；鲁惟一：《汉代中国的危机和冲突》，第131页。

② 《后汉书》卷一上，第25页。关于洛阳的全部规模，见毕汉斯：《东汉的洛阳》，载《远东古文物博物馆通报》，48（1976），第1—42页；又见王仲殊：《汉代文明》，张光直等译（纽黑文和伦敦，1982），第2章。

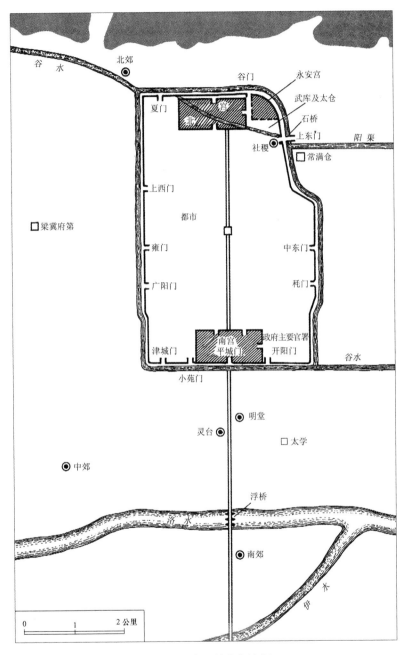

地图 13 东汉的京都洛阳

根据毕汉斯:《东汉的洛阳》

241

（帝国的天文台）、明堂（象天法地的庙宇）和太学（后来它的学生超过3000人）。[①] 城郊还有两个市场、另一个平抑价格的粮仓和一个专为安放两座著名的铜人的场所。

在开阔地带的农田中，有南郊和北郊神坛、五个神坛、小祭坛、御苑、葬礼用品作坊、两个大狩猎禁区、富豪的府第和皇陵。

洛阳比前汉时代的长安紧凑朴素，它与一切中国城市一样，也用易损坏的材料建成。[②] 当它屹立于世时，它一定是一座宏伟的城市。公元189年在屠杀宦官以后，它的末日很快来临。军阀董卓的军队劫掠洛阳达数星期之久，最后在公元190年5月1日把它彻底摧毁。城的毁灭是如此之彻底，以致魏王朝不得不在仍存在的城墙内从头开始重建。[③]

边境和邻邦

后汉的边境是传统的边境（见地图12和16）。在北方，帝国由长城守卫着。在西方，它逐渐隐没在荒凉的西藏和缅甸边境。在南面，它沿海岸线抵达今之越南。在朝鲜，它拥有往南大致远达今汉城地区的与中国相对的低地。但帝国的所有部分并不都在同样牢固的控制之下；在有些领土上，中国的权力是松散的，或者甚至是有名无实的。福建完全处于边境之外。一条山脉的屏障把它与中国的内地隔开，公元2世纪末起通过一次中国农民逐步的和相对平静的迁移，它后来才被吸收。福建只存在一个中国城镇，它位于闽江口附近，用作沿海航行的一个港口。[④]

如同以往，中国最难对付的邻邦是中亚的匈奴。他们在内战期间

---

① 这是桓帝朝（公元146—168年）的数字；《后汉书》卷六七，第2186页；卷七九上，第2547页。

② 关于长安，见霍塔林：《汉长安的城墙》，载《通报》，64：1—3（1978），第1—46页；王仲殊：《汉代文明》第1章；本书第2章《惠帝统治时期和长安的加固》。

③ 《后汉书》卷九，第370页；卷七二，第2325页；毕汉斯：《东汉的洛阳》，第81页以下。

④ 见毕汉斯：《唐末前中国在福建的移民活动》，载《高本汉纪念文集》，瑟伦·埃盖罗德和埃尔塞·格拉赫恩合编（哥本哈根，1959），第98—112页。

积极地进行干预,支持皇位的觊觎者之一,并且频繁地袭掠北方的中国乡村。① 光武帝的军事姿态完全是防御性的,虽然随着公元 36 年内战的结束,他强大得足以采取攻势。那一年他建筑了新的防御工事,以封住进入山西的传统入侵路线。从公元 38 年起,贯穿山西中部的第二条防线在兴建,另外建造的第三条防线掩护着大平原,以防通过山西的攻击,第四条和第五条则用来保护陕西北部和渭河流域的下游。所有的城墙都配备了瞭望塔和发信号的一般设施。② 这并没有阻止匈奴随心所欲地继续突袭,突破或绕过防御工事,然后驰骋于西北的大部分地区。中国的农民逃离边境区,中国政府支持,甚至帮助这种迁移,这可以从公元 33、34、39 和 44 年的诏令中看出。结果,匈奴干脆留在中国传统的边境内生活。③

在这个阶段,匈奴内部的不和给中国政府提供一个意料不到的争取外交和军事主动性的机会。公元 18 年登上单于王位和长期以来一直是中国死敌的保守的单于死于公元 46 年。有一半汉人血统的伊屠智牙师死后,他这一代已无人在世。这时,单于的宝座应由下一代最年长的后裔比继承。但是,已故的单于已改变了继承的程序,把单于之位传给了自己的儿子。当新单于在公元 46 年几乎立即死去时,单于之位又被他的幼弟蒲奴(公元 46—83 年在位)继承,比再次看到自己被人冷落。④

比在一开始可能并不属于亲华的主和派,这一派力量虽被削弱,但仍存在。倒不如说,他与保守的单于争夺王朝的斗争的结果,使主和派给了他支持。在比、蒲奴和各自的支持者之间出现了紧张的关系,这种关系又因一场灾难性的干旱而加剧。光武帝终于打算发起一次进攻。在这种形势下,蒲奴作出了愿意和平的表示。如果这种行动成功,比在政治上就要被削弱。因此,他就秘密地派他的一名中国幕

---

① 毕汉斯:《汉代的中兴》第 3 卷,第 102 页以下。
② 《后汉书》卷一下,第 60 页;卷二二,第 779 页;卷八九,第 2940 页。
③ 《后汉书》卷一下,第 55、57、64、73 页。
④ 《后汉书》卷八九,第 2942 页;本章《王莽的统治》的有关部分。

僚去见汉帝，提出了等于是投降的条件。这一切都发生在公元 46年。公元 47 年，比进一步发展与中国的往来，同时动员其部队反对单于。公元 49 年 1 月 25 日，他采用他祖父的名号，自称为呼韩邪单于二世。中国人从此把北单于统治下的北匈奴与南单于统治下的南匈奴区别开来。战争立刻在这两个联盟之间爆发，其中南匈奴较弱。[①]

公元 50 年春，两名中国使者会见南单于，在一次公开仪式上，命他拜倒在地。单于经过了一阵犹豫后，默然同意。于是他被赐予纯金的王印和各种珍贵的礼品。同年末，他获准在位于东北鄂尔多斯区的美稷县设他的府第。于是南单于把山西北部、鄂尔多斯全区和毗邻的甘肃部分地区分给他统治下的八个部。这些部在它们的世袭领袖统治下继续过游牧生活，带着牲畜在中国西北流浪。由于匈奴在不久前已居住在这块领地上，所以汉帝不过给了他们已经得到的东西。试图让离乡背井的中国农民重返其西北故土的种种活动证明是令人沮丧的失败。实际上，光武帝已经同意让一个半独立的外国在中国境内存在。

史料中对南单于和汉帝之间的谈判的描述，用的是描述第一个呼韩邪单于的和平建议那种老一套词汇。但是情况不同了。第一个呼韩邪单于在平等的条件下缔结条约（公元前 51 年），并且返回戈壁北部的牧地。第二个呼韩邪单于——南单于——地位更加虚弱。大部分匈奴已经集结在他对手的周围，后者为形势所迫，也愿意与中国媾和。为了抢在促使他末日来临的这种结盟之前行动，南单于不得不卑躬屈膝地寻求中国的支持和做出象征屈服的姿态。这个行动不是真正的屈服，而是为它的目的服务的。[②]

[①] 《后汉书》卷一下，第 76 页；卷十九，第 715 页；卷八九，第 2942—2943 页；毕汉斯：《汉代的中兴》第 3 卷，第 119 页。

[②] 《后汉书》卷一下，第 78 页；卷八九，第 2943—2944 页。关于这一次互赠礼品和交换人质的情况，见本书第 6 章《匈奴》。关于更早期让非汉族居住在属国或葆的安排，见鲁惟一：《汉代的行政记录》（剑桥，1967）第 1 卷，第 61—64 页；和本书第 7 章《郡的主要行政单位》。

在此时刻,光武帝犯了他在位时期最大的错误,这个错误也属于中国历史中最坏的一个。他本应与南匈奴联合,攻击北匈奴的联合体。公元51年中国的将领们极力主张这场征战,而且征战肯定会取得胜利。南单于就可以作为匈奴唯一的统治者返回戈壁之北的土地,而中国人就可以收复西北边陲的几个郡。① 之所以丧失这个机会,并不是因为它有军事风险,而是因为光武帝没有认识到它的有利条件。他心中可能怀有一个更有限的目标,即把匈奴民族一分为二,以长城为界把南匈奴隔在境内,把北匈奴隔在境外。事实上,边境的防御工事是由中国部队维持和把守的。光武帝还指望在战争时期南匈奴会援助中国军队。但这些都是自欺欺人的推理。汉帝是在放任主义政策的基础上作出决定的,中国人为此付出了很高的代价。

中国政府和南匈奴之间的外交关系很快固定下来而趋于正规。有相当多幕僚和一定数量军队的被称为匈奴中郎将的官员代表中国政府驻于美稷的南单于朝廷。南单于的一个儿子在帝国朝廷留作人质。每年年末,匈奴使节和一名中国官员护送一名新人质前往京师,而旧人质则送还他的父亲。两个代表团在途中相会,这无疑是为了确保双方尊重协议。匈奴使者到洛阳进行新年朝贺。然后他们由中国官员领路,带了帝国送给南单于、他的母亲、他的几个正妻、他的儿子和高级匈奴显贵的礼品返回美稷。这些礼品都有精确的数量标准,内有丝、缎、黄金和食品。当一名南单于死去,驻匈奴朝廷的中国代表就要表示哀悼和献祭,汉帝则向继承者和显贵们赠送规定数量的礼品。②

南匈奴保持他们自己的组织和习俗。在每年正月、五月和九月进行龙祭时,各部首领与单于会面处理国家大事,但除此以外,他们在各自领地内的权威是无可争辩的。第一个南单于从未到过中国朝廷,

---

① 关于在这次重大事件中提出的论点,见《后汉书》卷十八,第695页以下;卷八九,第2945—2946页;毕汉斯:《汉代的中兴》第3卷,第123页。

② 《后汉书》卷八九,第2943页以下。

只有他的两名后继者分别在公元 107 年和 216 年作过正式访问。[①]

南匈奴多次独立地与北匈奴作战，在初期还参加了帝国的征战。中国政府最后放弃了消极态度，在公元 73 年会同南匈奴对北方的联合体发动一次进攻。以后的几年继续施加压力。公元 89 年的一次巨大的联合攻势使战事达到了高潮，当时在车骑将军窦宪的率领下部队越过戈壁击溃了北匈奴。[②] 这次胜利后又有几次战事，但北匈奴之败没有改变局势。虽然他们的联合体解体，但原来臣服于他们的两个民族——鲜卑族和乌桓族——在中亚取代了他们，成了中国的心腹之患。南匈奴继续留在中国的土地上，再也赶不走了。对北匈奴的胜利已晚了 40 年。

从公元 93 年起，南匈奴内部的关系和他们与中国人之间的关系日趋紧张。在以后的 100 年中，在一种越来越捉摸不定和复杂的形势下，他们时而公开冲突，时而进行有限的合作。在公元 2 世纪末，南单于在山西南部居住，这里大大地靠近了帝国的中央部分。他们的后代于公元 308 年就在这里起来反对西晋。西晋之亡，中国北部的丧失和持续到公元 589 年的分裂时期，是光武帝的目光短浅的政策的直接后果。他后来的几个皇帝在一定程度上也应受到指责，但最大的责任应由他来负。

对北匈奴的胜利的一个副产品是重新征服了西域。王莽垮台后，沿丝绸之路的各绿洲国家已经在各行其是。[③] 虽然光武帝可以利用亲华的情绪（特别是莎车），但他不但没有这样做，而且设法与莎车王为敌，以致莎车王与中国决裂。公元 45 年，西域 16 国的一个代表团

---

① 《后汉书》卷九，第 388 页；卷八九，第 2957、2965 页。

② 公元 73 年的几次战役见《后汉书》卷二，第 120 页以下；卷八九，第 2949 页。公元 89 年的战役，见《后汉书》卷四，第 168—169 页；卷二三，第 814 页以下；卷八九，第 2953 页。

③ 《后汉书》卷八八，第 2909 页；毕汉斯：《汉代的中兴》第 3 卷，第 131 页以下；本章《王莽的统治》有关部分。《汉书》卷九六下，第 3930 页之末（何四维：《中国在中亚》，第 203 页）以夸大的赞赏语气，对持续于光武帝治下的关系提出了一个略有不同的看法。

未能说服汉帝重建中国的保护关系。① 光武帝对楼兰（后称鄯善）王最后一个请求的答复是，西域各国应随其所好行事。从此，塔里木盆地的西部和东部分别由莎车和北匈奴统治。

公元 73 年当北匈奴遭到攻击时，一支中国的戍军驻守在位于通往吐鲁番绿洲的北丝绸之路上的哈密（伊吾卢），次年，西域都护府被恢复。这个行动证明为时太早。西域各国再也不能，也不热衷于回到中国的怀抱，并在公元 75 年杀死了都护。公元 77 年，中国政府从哈密撤出守军。② 但是公元 89 年北匈奴联合体的崩溃使得重设西域都护之事成为可能。对中国人的重新出现作出贡献最大的人是历史学家班固之弟、历史学家兼中亚问题专家班彪之子班超。

班超在早期曾可笑地担任过兰台令史之职，但在公元 73 年他得到了他应得的东西。由于他作为一个低级军官在与北匈奴作战时表现出众，他在那一年被派往西域。他暂时回来向他的指挥官述职，然后在中亚度过了以后的 30 个春秋。在公元 92 年初期，班超被任命为西域都护。通过耐心的外交活动，并在必要时动用武力，他建立并维持了中国对绿洲诸国的控制。公元 102 年，他在自己的请求下被召回，一个月后死去。③ 公元 107 年，西域都护府被撤销，从此中国的低级官员充当中国在中亚的代表。公元 2 世纪中叶以后不久，中国对西域的控制便结束了。

南匈奴是西北最重要的，但不是唯一的紧张因素。从公元 49 年起，后汉的开国之君也容许乌桓诸部落进入西北和大平原之北多山的几个郡。④ 更重要的是西藏人（羌人）从西面的侵蚀。自从甘肃成为中华帝国的一部分以来，他们已与汉人在那里杂居，在内战期间通过稳步的渗入，他们的人数增加了。王莽在青海征战的成果在这个过程

---

① 《后汉书》卷一下，第 73 页；卷八八，第 2924 页。
② 《后汉书》卷二，120 页以下；卷三，第 135 页；卷八八，第 2928 页。
③ 《后汉书》卷三，第 136、141、156、158 页；卷四，第 170、179 页；卷四七，第 1571 页以下；卷八八，第 2910、2926、2928 页。
④ 《后汉书》卷九十，第 2982 页；毕汉斯：《汉代的中兴》第 3 卷，第 130 页以下；本书第 5 章《乌桓和鲜卑》的有关部分。

中丧失了，并且在后汉也没有恢复。最近期的羌族入侵者保持了首领统治下的部落组织，依靠一种以畜牧业和一些农业为基础的混合经济为生，并与汉人贸易，常常受到官府的虐待。在整个后汉时期，汉人和羌人之间的对立有增无减，并且更因羌人的越境侵袭而加剧。中国的防御是虚弱的，安宁的年份很少。渭河流域是羌人喜爱的侵袭目标，在公元108年或111年，这些侵袭竟远至大平原。公元108年一个羌族首领自称天子，中国人甚至不得不忍气吞声。[1]

来自游牧的南匈奴和半游牧的羌人的压力日益加强，中国农民的反应是放弃他们的土地。有的农民是通过政府撤离的，但大部分在形成的大南迁浪潮中自愿离开。长安及其周围地区政治上和经济上的重要性的丧失促进了这次迁移。[2] 这个过程始于光武帝时期，到公元2世纪中叶结束。移民越秦岭山脉，再次在四川定居，较少的一部分则在云南定居。公元2年和140年的人口调查表明，西北减少了650万居民，占这个时期西北人口的70％。前面已经谈到，当王莽掌权时，大平原上黄河的几次改道已经推动了向南方的另一次大迁移。两次迁移使中国北方的人口锐减，以致可以减少地方行政所需的官员。光武帝看到这个事实，在公元30年就取消了四百多个县。[3] 数字之大可从以下事实看出：它代表了公元2年原来存在的全部县数的四分之一以上。

在中国北部，汉族是大平原、山东、山西南部和南阳盆地的唯一居民。在北方的其他地方，他们到处与非汉族的民族分享土地。在中国南部，汉族与土著部落在各处共同生活。但那里的情况恰与北方相反。通过迁移，汉族人口增加了；在与各部落的冲突中汉族取得了支配地位。除了西南外，汉族的优势是绝对不容置疑的。

这并不是汉族没有遇到反抗。公元40年3月，今越南北部红河

---

① 《后汉书》卷五，第209、216页；卷八七，第2878页以下；毕汉斯：《汉代的中兴》第3卷，第134页以下。关于光武帝时期与羌人的关系中马援的作用，见《后汉书》卷二四，第835页以下。又见本书第6章《羌》的有关部分。

② 毕汉斯：《汉代的中兴》第3卷，第140页以下。

③ 《后汉书》卷 下，第49页。

三角洲的南越人起来反抗。[1] 他们的领袖是地方酋长的两个女儿徵侧和徵贰两姐妹。沿海岸线以北和以南的其他南越部落纷纷响应，徵侧自称女王。她显然能控制农村，但不能侵犯要塞化的城镇。洛阳的政府反应缓慢，光武帝直到公元 42 年 5 月或 6 月才下令征讨。马援奉命指挥，并被封为伏波将军。

马援出身于西北的望族；他在公元 28 年自愿投奔光武帝，从公元 35 年至 37 年屡次战胜羌人。这时马援和他的僚属南下动员一支军队。到达广东后，马援派出一支供应船队沿岸航行，然后率他的陆军通过艰险的地形向红河三角洲进发。他在公元 43 年初期抵达目的地，同年 4 月或 5 月完成了战斗。徵氏姐妹被俘和斩首。扫荡战持续到公元 43 年年底。[2]

史料宣称，马援胜利后，他成了南越人民的恩人，因为他把中国文明的福祉带给了他们。实际上，他试图破除部落的习俗，汉化他们和在那里殖民，这样中国的主人们就更容易治理南越。为了达到这个目的，他没收并熔化南越各部落象征部落首领权力的铜鼓。熔化的铜被铸成马的模型，公元 44 年秋马援回洛阳后把它献给了汉帝。[3] 伏波将军后来成为民间宗教的一个神，在中国南部长期受到供奉。

南越人民的反抗无疑具有民族主义色彩，但这并不是唯一的原因。在后汉，中国南方土著起事的次数惊人地增加。从公元前 200 年至前 1 年，只有 3 次起事，影响西南的两个郡。从公元 1 年至 200 年，发生了 53 次起事，涉及中国南方 26 个郡中的 21 个。对起事明显增加的解释不难找到：根源在于汉族移民。在前汉，土著部落和汉族已经共处，原因可以简单地归结为汉族的人数很少。后汉时期大量汉族人的迁入改变了这一切。殖民者沿河谷越来越深入地向南方转移，为自己夺取了河道两岸肥沃的冲积土地。如果土著人民顺从，官

---

① 中国人以前与南方的关系和向南方推进的情况，见第 2 章《对外关系》、《外交关系（公元前 180—前 141 年）》、《外交事务和殖民扩张》；第 6 章《南越》的有关部分。

② 《后汉书》卷一下，第 66 页以下；卷二四，第 838 页以下；卷八六，第 2836 页以下。

③ 关于被假定以这些铜鼓为实例的东山文化，见《古东亚的文化边境》（爱丁堡，1971），第 148 页以下。

员就计算人数，向他们征税，而且通过汉化和通婚，部分地把他们同化。如果他们反抗，他们就不得不退进山谷，沦为山贼，为自己的自由而战。许多人在一次次猛烈的冲突中反抗汉族。汉人力图保护他们的定居地和讨伐土著，因为政府觉得应把他们视为叛逆而击败之，这就不断地耗费了国家的资源。著名的马援在公元49年的这种征战中患病而死。①

在西南边境，局势因另一个因素而复杂化了。一方面，部落动乱的格局依然。另一方面，边境外的一批部落自动地臣服和承认控制很松的中国霸主。公元51年，可能是属于傣语民族的一个哀牢部落与他们的王在云南边境投降。中国官员按传统方式计算户口，得出的数字是2770户和17659口。公元69年，另一哀牢王与51890户、553711口一同臣服。② 有关四川边境的部落和羌人的记载中也有类似的事例。

这些投降无疑是受到了相当于今"缅甸公路"上沿线的商业往来的刺激才出现的。在整个后汉时期，贸易使团（中国政府称为朝贡使团）从缅甸和印度取这条路线前来。这种官方贸易一定大大地被私人贸易所超过，后者沿同一条、但经逐步改善的道路从事运入和输出的业务。长期的传说提到跨越湄公河的第一座浮桥建于汉明帝时期（公元57—75年）。③ 商人经营珍贵物品，沿途把它们卖给部落和它们的首领，从中取利。为了更方便地取得这些物品和满足从中国当局取得礼物的日益增长的欲望，有的首领是愿意臣服的。

汉族官员在接受臣服时认识到必须清点哀牢人，他们还知道按照惯例，这意味着计算户和口。哀牢人没有汉族意义的那种户，所以官员们必须选择其他某个部落单位临时凑成户。这说明了为什么公元

---

① 《后汉书》卷二四，第844页。

② 《后汉书》卷八六，第2849页；本书第6章《西南》。

③ 与西南贸易的可能性的最早的实现似乎与唐蒙和张骞有关（《汉书》卷六一，第2689页〔何四维：《中国在中亚》，第211页〕；本书第6章《西南》）。有关这座浮桥的材料，见李约瑟：《中国科技史》第4卷，第3部分，第196—197页。

69 年每户的成员为 10.7 人，而汉族户的人数在 5 人上下浮动。这也一定是公元 140 年的人口统计中云南西部每户平均为 8.2 人的原因。这个数字反映了汉族和哀牢混合人口的情况，其中哀牢人占大多数。

考虑到中国人无力摧毁西南的部落组织，接纳哀牢人证明是一个错误。更好的办法应是集中力量对这个地区进行逐步和长期的汉化。接纳大量新来的部落民增加了土著，并且增加了中国官府的负担。由于秘密偷渡入境，云南的外国人比重无疑进一步增加了。这些土著高度自治，能够翻脸反对他们的主子，后来他们也这样做了。公元 8 世纪，土著的南诏国形成，然后一直保持独立，直到 13 世纪。南诏的统治部落声称他们是哀牢人的直系苗裔。[①]

规模巨大的后汉移民运动并没有导致在中国南部永久性的密集移民或者真正的人口增长。后汉亡后，后来的南方王朝能牢牢地控制的不过是它们京师附近的地区，不能保护它们名义上的领土中其他地方的汉族移民。汉族的移民活动失败了。

汉代中国人口的增长受制于一些因素。在全国的所有地方，农业和医药卫生状况都是原始的。更重要的是，中国北方的粮食产量低，农民不能供养大家庭，因此就采取杀婴的办法。史料使人确信，杀婴是普遍的做法。抛弃不需要的孩子，特别是女孩，意味着随之而来的低出生率。在中国南部，情况迥然不同。稻米可以供养大家庭，因为产量高，耕作需要许多劳动力。因此小家庭在南方经济上是不利的。如果后汉的移民活动继续下去，人口的重点转向南方，中国全国的人口增长可能在公元 3 世纪就开始了。但是随着移民的失败，重点依然在北方又达 500 年之久，那里阻碍人口增长的因素仍在起作用。这说明为什么全国的总人口继续徘徊在 5000 万的水平上。只有当公元 7、8 世纪规模宏大的唐代迁移行动把巨大的汉族移民新浪潮推向南方，南方才长期地在人口上占优势。真正的人口增长开始了，由于引进了

---

① 关于南诏,《剑桥中国史》第 3 卷（剑桥, 1979），第 444 页（这一卷已译出，书名《剑桥中国隋唐史》——译者）。

新的大宗农作物，特别是宋明时期早熟的水稻，增长的速度加快。到公元1100年，中国的人口翻了一番，达到1亿人。到13世纪初期，人口已达到1.1亿到1.2亿。从此，无情的人口增长势头就停不下来了。[①]

政治派系

汉代社会的主要分野是在统治者和被统治者之间，也在输送官员的受教育的绅士和不通文墨的农民之间。但是，统治阶级既不是封闭的，也不是固定不变的。汉代帝国是一个相当开放的社会。有的氏族设法在一段漫长时期内保持权势，但大部分氏族则做不到。外戚在有限的时期内取得了显赫的权力；可是他们一旦垮台，却垮得很快。为数一直较少的大绅士氏族拥有大片土地，在社会上、有时在政治上具有全国性的重要地位。其下层与富农相结合的小绅士氏族并不那么富有和有声望，但能行使相当大的地方权力，并且有资财教育儿子和输送官员。各类人物之间的界线是模糊不清的，而且可以逾越。

前汉的创建者高帝（公元前202—前195年在位）得到18名主要追随者的协助而崛起并掌了权。他们在世之时得到了全国最高的官职。有八人担任过丞相。但他们死后，第一代家族的势力迅速衰落。这些主要追随者的氏族没有产生一个皇后和大将军，只产生了13个公主中的两个驸马。虽然这些氏族可能保持着经济力量和社会声望，它们却不再属于全国性的政治精英，它们留下的真空必须由其他氏族来填补。新氏族稳定地轮流输送官员，直至王氏家族崛起并灭前汉时为止。

如果文官和外戚在整个前汉时期都不能作为长期的和排他性的全国精英保存自己，那么王莽的统治进一步助长了社会的流动。他从自己的党羽中挑选大臣，于是新的氏族脱颖而出。随着他的垮台，这些

---

① 关于推论和结论，见毕汉斯：《中国的人口统计》，第145页以下；毕汉斯对米歇尔·卡蒂埃和皮埃尔-埃蒂安合著《中国的人口统计学和制度：帝国时期（公元前2—1750年）的人口统计分析》一文的评论，载《通报》，61·1 3（1975），第181—185页。

氏族又被清除。后汉虽也称汉朝，却不是旧社会秩序的恢复。在值得引起古代史学家注意的前汉氏族中，只有约 20 个氏族在后汉再度出现，而其中不到一半是真正有声望的。原因是新的人物与光武帝一起崛起，取得了财富和全国性的势力。

一旦刘伯升登皇位的希望落空，南阳的大绅士氏族就支持了更始帝。在它们的人马十分明显地将要战败之前，它们不愿重新考虑效忠的问题。当一个皇位觊觎者周围的圈内人物，比过早地投靠另一个皇位觊觎者而成为其圈外人物更为有利。刘伯升还活着时，他的兄弟，即未来的光武帝原是一个无足轻重的人物；刘伯升被处死后，光武帝因受连累而不能吸引大批追随者。甚至光武帝在北部平原独立后，他仍难成为一个统一帝国的引人注目的人物。这就是他早期支持者来自小绅士阶层的原因。这些人没有什么希望老是属于一个集团的圈内人物，除非他们集结在一个次要的皇位候选人周围；由于他们的努力，这个人取得了胜利。

换句话说，小绅士选择光武帝为他们的皇位候选人，其情况与他挑选他们为自己的支持者一样。他们劝他登基，建议不要实行可能有损于这一目标的政策。他们的命运和光武帝的命运拴在一起；在公元 25 年初期的一次事件中当他们担心他战死时，他们甚至不愿散伙。这些追随者不是放弃作为圈内人物的有利条件，而是同意以一个年轻的侄子取代光武帝。他很快安然无恙地重新出现，这使大家松了口气。[1] 意味深长的是，南阳的大绅士氏族只是在光武帝登基和它们自己的皇帝失败后，才参加了他的大业。经过了这次再组合，光武帝的集团完全形成，只有两人未参加，他们在稍后的时期才从强有力的地位站到了他一边。

其中一人是后来的著名将领马援，马为西北人，有大批地方的追随者。当他在公元 28 年投奔光武帝时，他直率地作了不讲情面的声明：“当今之世，非独君择臣也，臣亦择君矣。”[2] 光武帝对这种坦率

---

① 《后汉书》卷一上，第 19 页。
② 《后汉书》卷二四，第 830 页。

未表异议，因为马援的效忠是不可缺少的。另一个强有力的人物也是西北人，名窦融。他从公元 24 年起成了河西走廊的军阀，于公元 29 年承认光武帝。光武帝以开诚布公的语气写信给窦融，说当前中国西部的军事形势，"权在将军，举足左右"。[①] 窦融在复信中保证支持光武帝，并提醒光武帝，他是后者的母系亲戚。他族中的一名妇女曾是汉文帝的配偶，她的弟兄是窦融的祖先。公元 30 年，光武帝深嘉美之，以《史记》中记述窦氏家族和窦后后裔的几卷相赠。[②]

虽然光武帝的 35 个主要追随者中的大部分是小绅士出身，但随着他们为之战斗的人的胜利，他们不再是小绅士了。由于运气、远见和真正的才干的共同作用，他们青云直上，一跃而进入大绅士行列。他们及其后裔在后汉的政治和社会秩序中的作为又如何呢？

在选人担任国家的最高职务时，光武帝不像前汉的创建者那样深深地依赖他最亲密的随从。政治形势不同了。高帝掌权时周围只有一个宗派，而光武帝则不得不承认几个利益集团。但后汉几个名列前茅的家族到以后的几代人时，其成就远远大于前汉的与它们相类似的家族。不但当官的人数（与第一代人相比）更多，而且有的家族由于出了皇后、大将军和驸马而得到了惊人的财富。

那些能够保持其政治和社会权力时间最长的几个首要家族恰恰是其女成为皇后和其子成为驸马的家族。外戚并不是有些人所主张的那种暴发户。他们的崛起并不是由于家中的妇女碰巧当上了皇后这种幸运和意料不到的事件。相反，后汉的选后是件重大的政治和社会事务。皇后通常选自已经是富有的豪门，在社会地位上是无可挑剔的。政治力量影响着皇室的婚姻政策，这些婚姻使为首的几个氏族取得甚至更大的权力。但是恰恰因为皇室的婚姻是政治事务，外戚最后的垮台是突然而残忍的。如果幸运，他们暂时销声匿迹；如果倒霉，他们被永远消灭。这是后汉那种典型的激烈进行的宗派之争造成的。可以相当公正地说，这个时期的政治史基本上是它的宗派的历史。

① 《后汉书》卷二三，第 798—799 页。
② 同上书，第 803 页。窦后为景帝之母。

　　光武帝个人的集团最后由几个宗派组成,它们随着他这颗明星的升起而一一出现。第一个在公元23年形成,当时他取得了独立的指挥权而在颍川作战。颍川郡是他的故乡南阳郡的东北毗邻。在颍川,第一批小绅士与他共命运,所以在一开始这些人多于南阳的追随者是不足为奇的。① 公元24年,光武帝因他在北部平原的胜利而名声日隆。他的南阳老乡发现了刘秀其人,就开始与他结盟,而这时颍川人的队伍就不再扩大了。这意味着当光武帝在公元25年8月5日登基时,他的主要追随者中存在两个派别,即南阳派和颍川派。南阳派远为重要,这不但是因为它庞大,而且因为它代表龙兴之地,皇帝要聆听它的意见。

　　公元28年马援投奔光武帝时,他带去了渭水流域他的地方派系的支持。窦融在公元29年承认光武帝后,于公元36年胜利地抵达洛阳。他领导另一个大地方派别,它的老家与马援追随者的老家部分地重叠。由于颍川派在此期间已经瓦解,可以说到公元36年,在光武帝朝廷上有三大利益集团在争夺权势:最强大的南阳派、马援派和窦融派。它们都来自地方,互相为敌。马、窦两党之间的对立特别厉害,这大概是因为地理上的相邻形成了长期的不愉快。

　　在光武帝核心圈子中无代表性的地区感到不满是不足为奇的,北方平原的不满更是如此。光武帝就是在那里的地方绅士氏族的支援下崛起并掌权的,但在公元25年以后没有一个北方人得到最高级的官职。虽然光武帝仍需要北方氏族的效忠,但他允许他老家南阳郡的人来左右自己。这几乎导致公元26年初期在北方平原爆发一次起义。必须对北方的绅士进行安抚。光武帝通过选他的第一个皇后,达到了这个目的。当公元24年在北方征战时,他已把大绅士氏族出身的郭圣通接入他的后宫,这个氏族以前已与前汉皇帝通过婚。公元26年7月10日,光武帝立她为配偶,指定她的长子为

---

① 《后汉书》卷一上,第5页以下;毕汉斯:《汉代的中兴》第3卷,第48页以下;第4卷,第72页以下(对对立各派的分析,特别见第4卷,第86页以下,第97、107页)。

太子（见表 9）。[1] 这个让步使北方氏族感到满意，因为它通过皇后，开了直达天听的渠道。

随着内战的结束，光武帝就不那么依赖北方绅士了。要求以一位来自南阳的皇后取代郭圣通的压力日益增强，此举具有同时替换太子的不可告人的目的，因为按照传统，应由皇后的长子继承皇位。替换皇后意味着替换太子，条件是她们都有儿子。反过来说，替换太子应该导致立他母亲为皇后。如果光武帝的继承者的父系和母亲都是南阳人，那么南阳郡这一派的力量就相应地强大了。光武帝不愿屈从于这些要求，但最后还是同意了。公元 41 年 12 月 1 日，他废了郭圣通，以南阳大绅士氏族出身的阴丽华代替她。阴生于公元 5 年，在公元 23 年已进入后宫。[2]

史料完全以个人的角度描述这个事件，声称郭后已变得脾气暴躁和不听命于帝，而阴丽华则温柔和善良，是光武帝真正心爱的人。实际上，光武帝都喜欢她们，因为她们每人都有五个儿子。此外，阴丽华到公元 41 年已是一个中年妇女。废后的真正原因是政治性的，而光武帝对此举的必要性感到遗憾。郭圣通是后汉时期唯一被废而没有被幽禁的皇后。她获准在洛阳北宫安宁地生活，直至公元 52 年 7 月 22 日死去。光武帝甚至对替换太子一事迟疑不决，只是到了公元 43 年 8 月 20 日，郭圣通的长子才被贬为王，而另以阴丽华的长子刘阳为太子。后者因避讳，就在同一场合改取更不寻常的庄字为名。[3] 此人即未来的明帝。

虽然南阳人的权力是不容动摇的，但在马、窦两党之间的激烈的斗争却不可避免。马党由于在窦党正式出现于朝廷之前几年，巩固了自己的地位，在开始时取得了优势。但不久两党势均力敌。窦融的追随者输送的高级文官稍多。马党则在军事方面更有实力。马援在对羌

---

① 《后汉书》卷一上，第 30 页；卷十上，第 402 页。

② 《后汉书》卷一下，第 68 页；卷十上，第 403、405 页以下；毕汉斯：《汉代的中兴》第 4 卷，第 114 页以下。

③ 《后汉书》卷一下，第 71 页。

人和边远南方部落的征战中赢得了荣誉。

公元 48 年,武陵郡(湖南西北部)爆发了一次特别猛烈的土著起事。马援请命指挥这场讨伐。[1] 窦党利用这个机会安插它的几个党羽为马援的幕僚,以便破坏马的行动。其中一人写信给他在京师的弟兄,说马援无能。信被呈给皇帝,他下令调查。在胜利地结束战斗后,马援于次年患热病而死,这时对他的攻击加快了速度。接踵而来的奏疏诋毁马援,并揭发他贪污。如同策划的那样,马党垮台。马援被追夺侯的爵号,降到平民的地位,他的家庭甚至不敢把他葬在祖宗的坟地。他的遗孀、子女、侄子觐见了皇帝,要求宽恕,但被拒绝。只是在上了六道奏疏以后,他们才获准把马援适当地埋葬。[2]

马氏家族处于走投无路的境地,甚至考虑参加窦党。作为最后的选择,马援的侄子在公元 52 年又上了一道奏疏,愿把马援三个女儿献给皇室任何一个后宫。她们一为 15 岁,一为 14 岁,一为 13 岁。他估计她们符合最高两个等级之一,并要求相士进行检查。皇帝批准奏议,于是幼女被接进太子的后宫。[3] 光武帝可能已知道马援受到了不公正的待遇。由于是一个有才干的政治家,他还可能发现两个派别比三个派别更难驾驭。当他在公元 57 年 3 月 29 日死去时,明帝即位,朝廷中最强大的仍是南阳集团和窦党,但马党正在东山再起。

光武帝死后的朋党

光武帝死后,各派继续在各级官僚机构中斗争,而都只能暂时取得胜利。在此期间,大朋党的历史成了外戚及其同伙的历史的同义语。[4] 皇后的立和废完全是出于政治动机,虽然史料宁愿从个人的角度来进行解释。

---

[1] 《后汉书》卷一下,第 76 页;卷二四,第 842 页;毕汉斯:《汉代的中兴》第 3 卷,第 69 页;第 4 卷,第 112 页。

[2] 《后汉书》卷十上,第 480 页;卷二四,第 843 页以下、846 页。

[3] 《后汉书》卷十上,第 408 页。

[4] 毕汉斯:《汉代的中兴》第 4 卷,第 122 页以下;瞿同祖:《汉代社会结构》,杜敬轲编(西雅图和伦敦,1972),第 210 页以下。

明帝（公元 58—75 年在位）选马援之女为后，她当皇后（公元 60 年）暂时使她的氏族时来运转。[①] 这件事对窦氏家族来说是一个挫折，他的几个成员被处死或削职。但马后未生子女，明帝的九个儿子全是其他嫔妃所生。这使他能放手指定太子。

他决定指定贾夫人（为贵人等级）所生的第五子为太子不是偶然的。贾夫人不但是南阳人，而且与马后是姨表姐妹。在正常的情况下，她本应为皇后，但是表姐妹及其氏族无疑已作了妥协，以避免把事情弄僵。这可以从下面的事实中推断出来：宣布太子名字与立马后同在公元 60 年 4 月 8 日进行。这两位夫人在牺牲其他妃子及她们儿子的情况下分享荣华富贵。此外，太子是在马后培养下长大的，这样，他视她的亲戚如同自己的亲戚。[②]

当章帝（公元 75—88 年在位）于公元 75 年 9 月 5 日即位时，钟摆又摆向另一头。公元 77 年窦氏两姐妹被接入后宫。她们不但是窦融的曾孙女，而且因为她们的母亲，也是光武帝的外曾孙女。姐姐在公元 78 年 4 月 2 日成为章帝的配偶。虽然史料记载马太后对新后有深刻印象，但她一定为这个选择而痛惜和担心它给自己的宗派带来的后果。这可从以后的王朝事件中作出定论。章帝有八个儿子。他们都不是皇后所生，而且有的在当时尚未出生。公元 79 年 5 月 23 日，第三子被立为太子。他就是刘庆，他的母系血统是值得注意的。当马后之夫仍在世时，她亲自把宋氏姐妹选入未来的章帝的后宫。章帝登基时，两人都成为贵人。姐姐在公元 78 年生下刘庆。[③]

碰巧宋氏姐妹不但受马后个人的庇护，对她负有特殊的义务，而且她们又是她外祖母一个姐妹的孙女。这意味着马党的行事是有远见的，选定太子旨在搞平衡，从长期看，旨在使之超过选立皇后的影响。但是马后在一年后，即在公元 79 年 8 月 16 日之死改变了政治气候。窦、马两党的对立依然存在，窦后成功地策划了一次搞垮太子的

① 《后汉书》卷十上，第 409 页；卷二四，第 851 页。
② 《后汉书》卷二，第 106 页；卷三，第 129 页；卷十下，第 409 页。
③ 《后汉书》卷二，第 136—137 页；卷十上，第 411 页以下；卷五五，第 1799 页以后。

行动。公元 82 年 8 月 1 日,太子被贬为王,被章帝的第四子代替。宋氏姐妹被送往暴室（监牢医院）,两人在那里服毒自尽。[1] 随着这些动乱,马氏家族丧失了全国性的重要地位。窦、马两族之间的激烈斗争都没有通过两位年轻的皇子。事实上,他们终其一生一直是亲密的朋友。

选择新太子——未来的和帝（公元 88—106 年在位）——之举又在事先经过了精心的策划。他的母亲姓梁,梁姓是西北的一个重要的氏族。她的祖父梁统在内战期间曾是窦融的最重要的支持者之一,这使他成为光武帝的一个间接支持者,光武帝曾封他为侯,但梁统的事迹并不引人注目。[2] 梁氏家族的势力一直依靠他对窦族的依附关系,他们在诽谤马援的活动中曾经合作过。在明帝朝时,他与窦族一起遭殃,梁统的几个儿子被处死或流放。公元 77 年梁族的两姐妹进了章帝的后宫,他们时来运转了。两人都被封为贵人。姐姐于公元 79 年生一子,在窦后的煽动下,他在公元 82 年被指定为太子。[3]

她的目的是相当清楚的。正像无儿女的马后在明帝时期与贾夫人和她的氏族达成的协议那样,窦后一定已计划与梁家搞一个类似的解决办法。难道两家过去没有紧密合作过? 情况似乎是梁家在开始时默然同意,因为两个贵人没有被打扰,史料记载新太子由皇后亲自培养成人。但是伙伴们很快闹翻,据推测梁家不满意自己扮演的次要角色。窦家证明更为强大,在公元 83 年促使梁家暂时垮台。两姐妹暴卒,可能是自杀;她们的父亲被处死;她们的亲族被发配到今越南北部。梁氏家族直到公元 97 年窦太后死后才得以重振门庭。[4] 从此以后,梁氏家族不再听命于窦家,逐渐建成后汉时期最强大的一个派系。

随着章帝之死和和帝在公元 88 年 4 月 9 日的登基,在政治天平

---

① 《后汉书》卷三,第 142 页。关于暴室的职能,见本书第 8 章《九卿》。

② 《后汉书》卷十上,第 416 页。梁统的情况见《后汉书》卷三四,第 1165 页以下。

③ 《后汉书》卷四,第 165 页;卷十上,第 412 页。

④ 《后汉书》卷四,第 184 页;卷十上,第 416 页以下;卷三四,第 1172 页。

中又出现了一个新因素。像所有在世的皇后那样，已故章帝的遗孀成为皇太后。新颖之处是皇帝尚未成年，这在后汉还是第一次，因此根据传统，窦太后必须代他接管政府。在这种情况下，习惯的但不是规定的做法是，皇太后把她的一部分而不是全部权力委托给一名男性的近亲。窦宪是她的长兄；尽管他们之间关系紧张，但仍逐渐成为她最有影响的顾问。他在公元89年率军征讨北匈奴，取得胜利。同年凯旋而归后，他在10月29日被任命为大将军。① 从这一次以后，这个官衔就被授给后汉的摄政。这个制度的恢复是偶然的，依靠在位皇帝尚未成年这一事实。从此以后，它在后汉政府中成了常见之事。从公元89年10月29日至189年9月22日最后一个皇帝被杀时，共有七名大将军被任命，他们影响朝政共达37年之久。

公元90年夏，窦宪又离京去监督扫荡北匈奴的战役。到公元92年6月11日返京时，窦党已演完了它的角色，离它的垮台只有几个星期了。和帝已在公元91年2月25日"加冕"（成为成年人），并已决定清除窦党。他得到宦官中常侍郑众的协助，周密地拟定了计划，然后在窦宪回京和受朝廷控制之前等待时机。在公元92年8月14日，窦宪被削去大将军之职，并被控策划谋害皇帝。这一指控可能是老一套，因此是捏造的。不久，窦宪和他的三个弟兄自杀。窦党的支持者（其中包括历史学家班固）被处死，或被流放到南方的广东。窦氏家族的幸存者在公元109年才得到宽恕。但窦太后未受伤害，在公元97年10月18日病死。②

在和帝时，西北的氏族在40年内第一次不再输送皇帝的配偶。他的皇后都是南阳人。第一个皇后立于公元96年，是光武帝第二个皇后出身的阴家大族的成员，是那位夫人长兄的曾孙女。她未生儿女。公元102年7月24日她被废并打入诏狱。她死在那里，可能是自杀。阴后被揭发求巫，但她被废的真正原因是打倒她氏族的另一次

---

① 《后汉书》卷四，第168页；卷二三，第812页以下。
② 《后汉书》卷四，第171、173、184页；卷二三，第819页；卷四十下，第1385—1386页。

政治动乱。前皇后之父自杀;其他亲族或被处死,或被流放到今之越南。虽然阴氏成员在公元110年被宽赦,并发还财产,但已不能恢复其全国性的重要地位了。[①]

光武帝最重要的追随者之一是名叫邓禹的南阳同乡。他的孙女邓绥生于公元81年,在96年进入和帝的后宫。公元102年11月21日,她成为他的第二个配偶。邓后也无子女。当她丈夫在公元106年2月13日死去时,他留下两个儿子,他们的生母情况不详。有关这两名宫女的姓名和命运可能被邓氏家族所封锁。这两个儿子原来都未被指定为太子,这意味着皇太后经过与高级官员协商后,有权决定王朝的继位问题。长子落选了,据认为他因患慢性病,次子刚出生一百多天,被立为帝。次子之中选可能正是因为他年幼,使皇太后能更长久地掌权。很可能邓绥已经操纵并继续操纵皇帝继位的大事。[②]

新立的幼儿殇帝不到几个月在公元106年9月21日就死了;皇太后不得不再去解决王朝的危机。章帝的许多儿子和孙子还活着,其中包括从公元79年至82年短暂地当上太子的刘庆,所以可以不费劲地选立一个成年的皇帝。他就是安帝。甚至他在公元109年2月26日已被加冕以后,邓太后仍把持朝政。她利用她的弟兄,但不依赖他们;除了一段很短的时期外,她避免任命一名大将军。她的长兄邓骘从公元109年1月18日至次年11月担任这个职务。[③]邓太后的长期掌权触怒了许多人,其中包括安帝;她在公元121年4月17日去世后,她的氏族的崩溃迅速来临。同年6月3日,邓党的成员被削职为民,像往常那样被流放。许多自杀的人中有前大将军邓骘。邓家的中落是阴暗的,但为期不长;公元125年顺帝登基时又使它重振门庭。[④]

安帝只有一个皇后,名阎姬。随着她的中选,以前的格局被打破

① 《后汉书》卷四,第181页;卷十上,第417页。
② 《后汉书》卷四,第194页以下;卷十上,第418页以下。
③ 《后汉书》卷四,第199页;卷五,第203、211、216页;卷十六,第612页以下。
④ 《后汉书》卷十六,第616—617页。

了。她既不是南阳人，也不是西北人；虽然她的一族中有两人以前当过贵人，但她不属于中国的任何大族。她在公元115年6月1日被册封，当时邓太后仍掌权。这是值得注意的。邓绥不希望她的权力遭到一个有权势氏族出身的皇后的挑战，这个因素决定了选后之事。但是皇太后在公元121年一旦死去，就再也没有其他力量能够阻止阎党的崛起了。

阎后未生儿女，而在公元115年，安帝有了李贵人所生的儿子。由于担心自己的地位，在李贵人生子后不久皇后把她毒死。[①] 安帝也看到阎氏家族的权势日盛，但他是一个软弱的人，自己不想发挥积极的作用。公元124年9月6日，他任命耿宝为大将军。[②] 耿是安帝父亲的正妻的弟兄，属于曾经支持王朝创建者的一个西北有实力的氏族。他的摄政无疑是打算抵消阎党的势力。

安帝的独生子已于公元120年5月25日被指定为太子。公元124年10月5日，皇帝屈服于阎党的压力，采取了贬太子为王的不寻常的措施。[③] 这使安帝缺少一个继承人，反应是强烈的。约20名高级官员在宫门前抗议，但未能撤销决定。当安帝死于公元125年4月30日而又没有从另一个皇室系统中选一继承人时，阎太后就放手作出自己的决定。她的氏族达到了权力的顶峰，并且一定盼望能长期地留在顶峰上。

皇太后及其兄在宫内进行了漫长的讨论。在章帝的后裔中有许多合适的人选，但从阎党认为他们是成年人的观点来看，这些人对阎党不利。最后选中了章帝之孙，史料未提到他的年龄。由于他的谥号是"少帝"，他必定是一个儿童。章帝之孙在公元125年5月18日登基。几天之后，即在5月24日，大将军耿宝被免职并自杀。[④] 阎党似乎

---

① 《后汉书》卷五，第222、231页；卷六，第249页；卷十下，第435页。

② 《后汉书》卷五，第240页。

③ 《后汉书》卷五，第240页；卷十五，第591页以下；毕汉斯：《东汉的洛阳》，第91页。

④ 《后汉书》卷五，第241—242页；卷十下，第436页以下；毕汉斯：《东汉的洛阳》，第91页。

完全控制了局势。但在年底前它就垮了台，这完全是因为幼帝在 12 月 10 日死去。后来他甚至未算在后汉的合法皇帝之内。

阎氏家族又想操纵继位大事，但在酝酿的过程中发生了政变。在宦官中，一个集团支持阎太后，而另一个则支持安帝的独生子。忠于儿童的宦官于 12 月 14 日在洛阳北宫他的幽禁地与他秘密会见，互相起誓保证。在 12 月 16 日晚，那些宦官开始行动，经与对立的宦官短暂地战斗并胜利后，释放了幼王，并宣布他是中国的统治者。这就是顺帝。[1] 他和他的一伙人撤至南宫，在那里发布逮捕阎党的命令。大部分文武官员站到了新帝一边，到 12 月 17 日清晨，他们完全控制了局势。阎党幸存的成员像往常那样被处死或发配到今之越南。皇太后被夺去御玺（即削去她的尊号），被送往一座隔离的皇宫。她于公元126 年 2 月 28 日在那里死去。[2]

随着顺帝的登基，西北帮又得势了。他唯一的皇后梁妠来自梁氏家族。她的中选当然是出于政治目的，这还可以从她比她丈夫大九岁这一事实中看出。梁妠是梁统的玄孙女。她祖父的两个姐妹曾是章帝的不幸的贵人，其中一人生下了后来的和帝。[3]

梁妠在公元 128 年已进入顺帝的后宫，132 年 3 月 2 日成为他的配偶。皇帝与梁家的关系极好，公元 135 年 5 月 19 日，他任命梁妠之父梁商为大将军。当梁商在公元 141 年 9 月 22 日在任期死去时，几天后，即在 9 月 28 日，他的长子兼国舅梁冀接替了他。[4]

皇后未生子女，顺帝的独生子是虞夫人在公元 143 年所生。她未受侵害，这也许是因为顺帝在公元 144 年 9 月 20 日死去，离生子的日期较短。由于梁党牢牢地掌握着大权，它能够容忍下一个皇帝之母

---

① 《后汉书》卷六，第 249 页以下；卷七八，第 2514 页以下；毕汉斯：《东汉的洛阳》，第 92 页。

② 《后汉书》卷六，第 252 页；卷十下，第 437 页。

③ 《后汉书》卷十下，第 438 页以下。关于梁统，见前文。

④ 《后汉书》卷六，第 264、271 页。关于梁商和梁冀，见《后汉书》卷三四，第 1175 页以下及 1178 页以下。

默默无闻地活下去。①

继位之事按部就班地进行，因为顺帝已在公元 144 年 6 月 3 日指定其子为太子。但是在公元 144 年 9 月 20 日登基的新幼主在几个月后，即在公元 145 年 2 月 15 日死去。太后又要决定继承人，以便操纵各种事务。经与她的兄长、大将军梁冀商量后，两人同意选生于公元 138 年的章帝的玄孙。成年的候选人都不予考虑。质帝在公元 145 年 3 月 6 日登基。他死于公元 146 年 7 月 26 日，后人声称，他因称梁冀为"跋扈将军"而被梁所害。这一指控没有证据，可能是梁冀被贬黜后对他的一大堆老一套指控中的一部分内容。②

太后和大将军按照常例，这一次选了一个生于公元 132 年的儿童。桓帝在公元 146 年 8 月 1 日登基，并在梁党的牢固的控制之下。甚至在公元 148 年 2 月 26 日他加冕之前，他已在公元 147 年 9 月 30 日娶了梁妠太后之妹梁女莹。由于这一有远见的政治指婚，梁妠在公元 150 年 4 月 6 日死去时一切都没有变化。③ 梁党依然地位巩固，大将军梁冀甚至在皇帝成年后还左右着他。

但随着桓帝的配偶梁女莹于公元 159 年 8 月 9 日之死，大将军失去了他在宫内的保护人和同伙。在类似惊慌失措的情绪的支配下，他采取了谋杀或策划谋害一些他担心的人的手段。皇帝决定消除梁党的时刻来临了。他必须谨慎地行事，因为梁冀雇佣一些宦官在监视他。在认定了他能够信任的宦官后，皇帝在 9 月 9 日下令守卫皇宫。同时一支约一千余人的部队奉命去包围大将军的宅院。梁冀被削职，并与他妻子在当天晚些时候一起自杀。他的财产被没收。梁党党羽被围捕并公开处死。梁氏家族再也没有从这次屠杀中恢复过来，从此桓帝在没有大将军的情况下施政。④

桓帝是后汉唯一的有三个配偶的统治者。他的第二个皇后邓猛女

① 《后汉书》卷六，第 274—275 页；卷十下，第 439 页。
② 《后汉书》卷六，第 276、282 页；卷三四，第 1179 页。
③ 《后汉书》卷七，第 287—296 页；卷十下，第 440、443 页以下。
④ 《后汉书》卷七，第 304 页；卷十下，第 444 页；卷三四，第 1185 页以下；卷七八，第 2520 页以下；毕汉斯：《东汉的洛阳》，第 93 页以下。

出身的大族已经出了一个皇后。她是邓禹的玄孙女,和帝的配偶邓绥是她祖父的堂姐妹。随着她在公元159年9月14日被立为皇后,又轮到南阳人输送皇后了。虽然选她是出于政治目的,但邓猛女在晋升时已受皇帝的宠爱。这种情况没有持久。公元165年3月27日皇后被废,并被控求助巫术和酗酒,然后打入诏狱和奉命自尽。她的亲族被处死或降职,邓氏家族丧失了全国性的重要地位。[1]

桓帝的第三个配偶来自西北氏族并是窦融的玄孙之女窦妙。章帝的皇后是她祖父的堂姐妹。她也许是作为垮台的梁党的对立面而中选的,梁党自公元83年以来一直是她氏族的死敌。窦妙在公元165年12月10日被立为后。她丈夫在公元168年1月25日死后,她成为太后;不到几天,她任命她父亲窦武为大将军。[2]

桓帝无子,死前也没有指定继承人。与她父亲商量后,窦太后按常例不考虑成年的候选人而选生于公元156年的章帝的玄孙。他就是灵帝。他刚在公元168年2月17日登基,一场空前规模的危机开始出现了。

宦官的作用

在整个后汉时期,宦官的人数和权力已在缓慢而稳定地增长。他们在和帝朝开始发挥积极的政治作用;在公元92年,中常侍郑众帮助和帝消除了窦党。公元102年郑众被封为侯,以酬谢其功。当他在114年死去时,安帝准许他的养子继承封地。[3] 公元125年宦官们拥立顺帝和清除窦党后,他们的18名为首者都被封侯。[4] 顺帝在公元135年3月18日正式批准所有的宦官有权把他们的爵号和封地传给

---

[1] 《后汉书》卷七,第305、314页;卷十下,第444页。关于邓禹,见前文。

[2] 《后汉书》卷七,第316、320页;卷八,第327页;卷十下,第445页;卷六九,第2241页。

[3] 关于宦官在政治制度中的地位,见第8章。关于他们的政治活动,见乌尔里克·尤格尔:《东汉宦官的政治职能和社会地位》(威斯巴登,1976)。关于他们权力的逐步扩大和郑众的情况,见《后汉书》卷七八,第2509、2512页;瞿同祖:《汉代社会结构》,第463页以下。

[4] 关于这些事件,见本章·263页注1;《后汉书》卷六,第264页。

其养子，以表示他的深切感谢之情。如果没有宦官，桓帝在公元159年不能为自己清除梁党，于是他封他们的五名为首者为侯。在桓帝的整个在位时期，他依靠宦官为他出谋划策。

职业官僚及其候补者对宦官的权力深为嫌恶，这部分的是因为他们蔑视那些受过阉割的人，部分的是出于一个不那么理直气壮的理由：他们需要为自己取得势力。但是尽管这些人发表了种种无根据的言论，事实是宦官们从未取得过完全的控制。汉代的政制包括了制约和平衡的因素。政策是在合作或有冲突的情况下，由皇帝（或代表他的人）与职业官僚一起制定的。宦官们尽管内部有宗派斗争，他们的大部分人都捍卫皇帝的权力，因为他们把生存的唯一希望寄托在皇帝的保护上。他们的作用与敌对的职业官僚的作用是合不拢的。不管是出于正派的动机，还是出于腐化的或是追逐权力的目的，宦官们不得不与皇帝一起行动和为他行动。

如果说宦官们从未完全控制政府，反而有助于保持必要的分权，这并不是说平衡因素从未被破坏过。权力在皇帝和官僚之间，有时或在太后、大将军和官僚之间消长。在桓帝的后半期，对梁党专权的反应，使皇帝和宦官的权力得以增强，同时削弱了职业官僚。当窦武任大将军时，他面临的就是这种形势，于是他想出一个新招来对付它。在他之前的所有的大将军，甚至包括梁冀，都了解汉的政治制度，都试图在它的限度内取得权力。窦武决定通过处决为首的宦官的简单手段去清除他们的势力。如果他取得成功，皇帝就会成为大将军的傀儡，传统的行政方式就会在公元168年崩溃。但宦官的胜利把这种方式一直维持到公元189年。

大将军和职业官僚的利害关系在正常情况下不是完全一致的，但窦武需要为他计划中的行动争取广泛的支持。① 因此他向太学生献殷勤，并与文官中名义上的领袖，即年迈而受人尊敬的太傅陈蕃结成一伙。两人对太后施加压力，但她坚定地拒绝把宦官作牺牲品。就她而言，这不是利他主义；只要她希望保持与皇帝完全一样的政治自由，

---

① 见毕汉斯：《东汉的洛阳》，第95页以下。

这样做是冷酷的需要。

公元 168 年 10 月 24 日，窦武的支持者呈上一份指控中常侍曹节和王甫并要求逮捕他们的奏议。[1] 那天晚上窦武回到他的府中，打算在次日清晨向太后呈上一份奏折。由于他反常的疏忽，宦官们当晚取得和阅读了那份奏折。曹节和王甫立刻开始指挥。幼帝被唤醒和带到正殿，一支部队为保卫皇宫而被集结，发出了逮捕大将军的命令。窦武拒绝投降。他匆忙来到驻扎保卫京师的职业部队北军的兵营，几千名士兵向北宫南门进发。10 月 25 日破晓，两支旗鼓相当的对立的军队在南门外对峙。但窦武没有进攻。他的士兵逐渐溜走，不到几个小时，他被抛弃并自杀。与少数追随者通过另一个门进入皇宫的太傅被俘和处死。窦党党羽照例或被处死，或被流放到今之越南。太后幸免于难。她被软禁在南宫，公元 172 年 7 月 18 日在那里死去。[2]

随着窦党的垮台，约在 150 年前与王朝创建者一起一跃而在全国举足轻重的大族已经演完了它们的角色。值得注意的是，灵帝（公元 168—189 年在位）的两个配偶虽然分别是西北人和南阳人，都来自较低的社会层。宋后（死于公元 178 年）出身于有名的，但不像阴、马、窦、邓或梁氏那样显赫的氏族。灵帝的第二个配偶何后（死于 189 年）来自一个世代为屠夫之家。[3] 这种情况不是偶然的。选后之事一定受到宦官们的影响，他们不惜一切代价，避免再与原来的外戚进行对抗。

公元 168 年他们胜利后，宦官们得到了晋升、赏赐和封爵等丰厚的报答。在整个灵帝时代，他们和皇帝的权力是安稳的。只是随着公元 189 年 9 月 26 日对两千多名宦官的屠杀，汉代政治体系中宪制的均势因素才被破坏，它的末代皇帝被野心勃勃的将领们所控制。[4] 王朝在余下的时期的特征是一片混乱。

---

[1]《后汉书》卷七，第 319 页；卷八，第 328—329 页；卷十下，第 446 页；卷六九，第 2241 页以下；卷七八，第 2524 页以下。

[2]《后汉书》卷八，第 333 页。

[3]《后汉书》卷八，第 341 页；卷十下，第 448 页以下。

[4] 毕汉斯：《东汉的洛阳》，第 98—101 页；本书第 5 章《何氏掌权》、《汉朝廷的消蚀》。

概括地说，后汉的官场像前汉的官场那样，也分成了不同籍贯的宗派。但它们都不能单独和长期地控制政府，因为一直到官僚集团的最高层，社会性的流动兴衰是规律，而不是例外。但当与皇室通婚时，某些南阳氏族和西北氏族在较长的时期内一直是得宠的社会精英。这些是南阳的阴氏和邓氏家族，西北的马氏、窦氏和梁氏家族。在公元168年前，在11名皇后中它们输送了9名，六名大将军中输送了五名。阴、窦、邓、梁四个氏族每族甚至出了两名皇后。可是它们都没有与后汉王朝共始终。每个氏族或早或晚成了无情的权力斗争的牺牲品，从而丧失了全国性的重要地位。这部分的是由于选后是出于政治的而不是感情的原因，这就使外戚的地位从其家族的妇女被立为后时起就易受攻击。这种显赫一时的通常的代价是这个氏族的最后消灭。宦官形成了政治倾轧中的另一个因素，在倾轧中他们为了保存自己，就站在皇帝一边。他们充当年轻而软弱的，或者是无经验的皇帝的捍卫者，以便挽救自己。他们的消灭导致了传统的汉代政治的结束。

杨品泉 译

第 四 章

政府的管理与存亡攸关的问题，
公元 57—167 年

上一章已经描述了政治决定的控制和统治权力的行使是怎样在不同的家族和派别之间转移的；作者认为，这个时期的政治史在很大程度上是当时的派别史，这个论点很清楚地被史料所证实。[①] 但是，在用这些史料叙述的论题中，许多使今天历史学家感兴趣的问题在当时很少评述。因此，对在不同国策的采用和不同的家族或集团之升至统治地位这两者之间是否可找到一种关系的问题，就得不到直接的答案。我们不知道某些特定家族的土地占有和利益与帝国的行政或采用的经济改革的矛盾有多大。我们也不能确定帝国政府的实际运行在后汉时期有哪些变化或者派系斗争的混乱给它带来什么样的影响。

可是，在对历史中存在的偏见作出适当的考虑后，历史仍然为公元 57 年光武帝逝世之后至 168 年灵帝登基前这段时期关于行政的状况和稳定提供某些可靠的线索。对于压迫和腐败的很多抱怨的确有其真实的基础。有一些证据表明，权力的垄断影响到了文职官员的征用。对朝廷的礼仪及知识的提高的重视表明，有人在明显地蔑视公认的和批准的施政方式时，也同时审慎地表示他们忠于传统的价值；针对皇室和其他家庭的奢侈而提出的抗议是太多了，以致不能把这些看做是嫉妒发牢骚而不予理会。最后，历史记载了说明顺帝（公元125—144 年在位）和桓帝（公元 146—168 年在位）时期法律与秩序崩溃的一系列爆发的动乱事件。

---

① 见本书第 3 章《政治派系》。

明帝与章帝统治时期，公元 57—88 年

仲长统（公元 180—220 年）的一篇文章评估了这段历史并论述了衰落的原因；他在标志着汉朝末年的动乱年月中写出了有益的事后认识。[①] 据他看来，政治家及官员明显地失去政治权力的根源应追溯到开国皇帝光武帝在位时（公元 25—57 年）。光武帝对以往国家的权势大臣获得和使用权力的方式十分不满。因此他已经注意到，尽管及时地确立了三公的高位，真正的政府却由尚书来管。事实上权力正转移到外戚手里，虽然他们之中的许多人已享受了优越的特权。[②] 用任用私人追随者的方法建立起首都和州郡的两级政府。选派官员不再根据功绩，甚至常常通过卖官鬻爵；在庸懦的官员控制边界地区的同时，平民百姓已经在听任贪婪的压迫者的摆布。

强烈的不满和无秩序的结果是那些奔走于外戚和宦官之门的人带来的，反感和谴责的呼声却加在三公身上。依仲长统之见，选来做三公的人常常是谨小慎微的平庸之辈，非常不适合担任这种高级职务。到了仲长统的时代，局势比光武帝时期更坏，光武帝曾因削去了帝国的三公之权而心满意足。

有迹象表明，到公元 1 世纪后半段，甚至更早以前，中兴以后的汉政府的政治就成为专制的和过于严酷的了。公元 75 年任司空的第五伦，在新帝登基不久可能用了劝谏的方式，通过奏折清楚地指出了这一点。[③] 他意识到，光武帝所继承的是王莽留下的烂摊子，他倾向于用严格的，甚至猛烈的方式管理政府。光武帝的继任者追随他的榜

---

① 《后汉书》卷四九，第 1657 页；白乐日：《汉末的政治哲学和社会危机》，载《中国文明和官僚：一个主题思想的变异形式》（纽黑文和伦敦，1964），第 218 页；摘自仲长统《昌言》（弗兰克注）。

② 用历史的精确性解释光武帝时期的变化，见王先谦：《后汉书集解》（长沙，1915；台北，1955）49，第 19—20 页。光武帝没能达到自己的目的。见毕汉斯：《汉代的中兴》第 4 卷，载《远东古文物博物馆通报》，51（1979），第 53—71 页。

③ 《后汉书》卷四一，第 1400 页；《资治通鉴》卷四六，第 1482 页确定日期为公元 77 年。第五伦任司空，见《后汉书》卷三，第 130 页。

样，从严治政成了惯例。第五伦批评他生活的时代里官员们的严酷，并呼吁他们要更体谅、更仁慈地对待公众。

从当时提出的和在历史中保留下来的其他抗议可以看出，这些批评不可能都是没有道理的。公元 57 年明帝继位以后不久担任尚书的锺离意之所以出名，是因为早年在他家乡会稽郡出现流行病引起很多死亡时（公元 38 年），他亲自提供医药，因而救活了许多生命。公元 60 年锺离意抗议明帝滥用民力修筑北宫，结果除了那些需要迫切照管的工程外，其他工程都暂缓进行。① 下面将要看到，在抗议皇室的奢侈的同时，常有反对压迫行为的抗议。

明帝被描写为心胸狭窄、专好揭人隐私的人。② 结果他的高级官员经常发现自己成为诽谤的牺牲品；甚至有些最接近皇帝的大臣也是被这种诽谤毁掉的。有一次皇帝大怒，以至亲手用手杖殴打一位侍从。朝廷上就这样笼罩着恐怖的气氛，每位官员都严厉地执行政府命令与对手展开竞争，以避免让自己遭到惩罚。锺离意以足够的胆量抗议这种压迫的气氛，他请求皇帝促使官员们下令惩处时不要那么严厉。虽然明帝不打算接受劝告，他也意识到理由很充分。可是，锺离意终于丢掉了京官的职位。

材料提到了对刘英的指控以及几千名被怀疑为刘英的追随者的涉嫌的情况（公元 70—77 年）。③ 我们还具体地得知，500 名官员中有一半以上在监禁中被鞭笞致死。从这次磨难中幸存下来的几位有姓名的官员，以极大的勇气在严刑拷打之下一直不屈服，只有陆续最后屈服了，这使狱吏也感到惊讶。为此他做出了解释：他认出监狱看守送给他的膳食只能出自他母亲之手。但他仍没有机会会见从长江以南长途跋涉而来的母亲。这件事感动了皇帝的侧隐之心，使陆续获释出狱，但禁止他继续当官。④

---

① 《后汉书》卷三一，第 1406 页；毕汉斯：《东汉的洛阳》，载《远东古文物博物馆通报》，48，（1976）第 33 页。
② 《后汉书》卷四一，第 1409 页.
③ 见本书第 3 章《新皇室》。
④ 《后汉书》卷八一，第 2682 页。

我们还得知公元76年章帝继位不久以后，行政官员的工作还像以前那样严厉。尚书的一员陈宠趁机要求宽厚和减轻严刑；他还抱怨官员利用个人的职位牟取私利。① 这样的抗议似乎有一点效果，但是直到公元84年，才颁布了禁止在审讯刑事案件时使用笞刑的诏令。②

还有证据表明，州级官员的压迫十分严重，当时任九江太守的宗均的一份陈述透露了这一点。③ 他在仕宦生涯的后期当上了尚书令，有一份报告说他对文官搞欺骗和谄媚的情况以及只有很少诚实的官员才能给一般民众带来利益的有限的事例感到痛心。④

有迹象表明，这个时期选拔或提升官员注意的是功绩和诚实，而不是个人关系。据说有一次明帝拒绝一位公主（光武帝女儿）为她儿子安排官职的请求．理由是要使平民百姓免受苦难，就必须安排合适的人选任职。⑤

第五伦于公元75年晋升为司空，他被誉为历史上第一位小心翼翼地拒绝利用职权牟取个人利益的高官。早年他曾任蜀郡太守。这个地区非常富庶，那儿的地方官能聚敛大量财产。然而第五伦却非常谨慎地举荐官员，不论贫富，只看忠诚与否。这样就避免了腐败。第五伦举荐的许多人都晋升而担任文官的最高职务，因此他被同时代人誉为善于识人的官员。⑥ 把这样的例子当作例外记录下来，说明在一般情况下的选派可能是出于根本不同的考虑。

前汉时期，有时出现了关于最适合皇帝口味的生活方式的问题。武帝统治时期（公元前141—87年）宫廷生活以极度奢华闻名于世，一部分原因是意在使外族来访者对汉朝的财富和力量产生印象。后来就有人呼吁要减缩宫廷的费用，特别在元帝统治时期（公元前49—

---

① 《后汉书》卷四六，第1549页。

② 《后汉书》卷三，第146页；何四维：《汉法律残简》（莱顿，1955），第76页。

③ 《后汉书》卷四一，第1412页为宋均。《后汉书集解》卷四一，第13—14页注释及《资治通鉴》卷四五，第1445页改为宗均。宗均在光武帝末年稍前一段时间任职于九江。

④ 《资治通鉴》卷四五，第1445—1446页。

⑤ 《后汉书》卷二，第124页。

⑥ 《后汉书》卷四一，第1398、1401—1402页。

前 33 年）采用了许多节俭的措施。① 但是，前汉时期所有的皇帝当中，只有文帝可以挑出来给予表扬，因为他不愿意动用老百姓不必要的费用和劳动力为他装修宫室或准备陵墓。② 明帝在遗诏中提出的教导也可能牢记着文帝的榜样。他不愿意葬在专门建造的附有自己宗庙的陵寝里，而宁肯用他的生母（即光武帝的阴后）陵墓中的一间更衣别室以安置自己的遗体。③

不久以后，公元 77 年，皇太后在一道很长的诏令中谴责并呼吁戒除过分奢侈的生活方式。这份声明很可能是一份专门辩护词的一部分，意在引开对她自己和她家族的批评。她声称，她实行节俭的目的在于树立一个好榜样，并给最需要节俭的地方施加道德压力。④ 但是她的警告对马家来说没有产生大的效果。公元 83 年，即她死后的第四年，她的两位家属炫耀的巨大财富，遭到强烈责难。据说他们建起若干巨邸，宴请数以百计的客人。他们还修了造价昂贵的马厩，又从西藏的或其他的外族社区聚敛钱财。这样的排场触怒了皇帝，以致几次进行谴责，这个家族开始衰落下来了。⑤

公元 89 年，窦氏家族使用官家的劳工为自己修建高大的住宅，遭致怨声载道，但无任何效果。侍御史何敞为此提出，与其用这样豪华的建筑物来表示皇帝的恩宠，不如在帝国正进行反匈奴战争因而经费拮据时树立一个节俭的榜样。⑥

宫廷里盛行的另一种心态可以从注意制定表示恰当的行为（礼）的规定这一方面看出。公元 86 年鲁国博士曹褒建议重新制定汉代礼

---

① 《汉书》卷九六，第 3928 页；何四维：《中国在中亚：公元前 125—公元 23 年的早期阶段，附鲁惟一的导言》（莱顿，1979），第 200 页；鲁惟一：《汉代中国的危机和冲突》（伦敦，1974），第 159、193 页；本书第 2 章《经济》。

② 文帝的想法，见《汉书》卷六，第 134—135 页〔德效骞：《〈汉书〉译注》〔巴尔的摩，1938—1955〕第 1 卷，第 272 页）；《汉书》卷三六，第 1951 页；《潜夫论》卷十二，第 130 页。

③ 《后汉书》卷二，第 123 页。

④ 《后汉书》卷十，第 411 页。

⑤ 《后汉书》卷二四，第 857 页；《资治通鉴》卷四六，第 1492 页。

⑥ 《后汉书》卷四三，第 1484 页；《资治通鉴》卷四七，第 1520—1521 页。

仪的原则及实施细则。章帝坚持，这项工作超越了曹褒的权力；班固建议应该把主要的专家召集在一起，受命审议和提出必要的改变。可是皇帝拒绝了班固的建议，他认为这样召集的班子不会产生建设性的结果；他命令曹褒进行他的工作。曹褒在一年之内搜集了各方面材料完成了150篇题材广阔的汇编。然而这部书似乎被认为可能会引起各种各样的争论，因此它被搁置起来，暂时未采取进一步行动。公元91年，在章帝的继承者和帝的成年典礼上，所遵循的就是曹褒为这种盛典制定的礼仪。公元93年，他的工作受到了质疑，他的规定没有被实行。[①]

除了这些抗议和抱怨以外，明帝（公元57—75年在位）和章帝（公元75—88年在位）的政府在成功地完成改革和改善经济活动的某些计划方面赢得了声誉。光武帝曾打算治理平帝统治时期（公元前1—公元6年）黄河和汴河决堤所造成的某些受破坏的部分，但人们劝告他不要在帝国蒙受内战损失时承担这样的重任。政府优先注意那些不太紧迫的工作以致未能制止频繁的洪水泛滥，这引起了公众的怨愤。公元69年由王景带领几十万劳工开始了一项重大工程。在千乘郡内，沿荥阳到沿海的一条水路建起了堤坝，每隔十里（约四公里）建一座水门。为防止洪水泛滥，使用了各种各样的设计，并设法让河水改道。但无论王景怎样精打细算，费用仍然是十分巨大的。[②] 史籍记载公元69年是世道太平的一年。没有征发人民到远地服役。有一系列好收成，人民享受着高度的繁荣；谷物价格低廉，田野里漫游着成群的牛羊。[③]

明帝统治时期曾试图改进水路运输，以减轻把谷物从东方（山东）运到太原附近羊肠仓的劳动强度。这项工作用了相当多的人力，死亡率很高，但这个努力没显示出什么效果。特别是太原的官员和百

---

① 《后汉书》卷三五，第1203页。
② 《后汉书》卷七六，第2464—2465页。王景，见李约瑟：《中国科技史》（剑桥，1954—　）第4卷，第3部分，第270、281、346页。
③ 《后汉书》卷二，第115页。

姓遭受了极大的苦难。依据邓训（邓禹之子）提出的建议，公元 78 年下令停止使用劳工，而改用一队队的驴子来代替人力。就人的生命和资金两项来说，每年都节约了不少。①

章帝统治时期帝国南部的交通运输有了明显的改进。在此以前，从交趾七郡运出商品只能走海路。当时的船只可以在福建沿海唯一可知的港口东冶停靠，但后来就受到暴风雨和船只失事的损失。公元 83 年，非常熟悉当地情况的会稽郡本地人郑弘当上了大司农。他建议开辟一条穿过重重山岭经零陵郡和桂阳郡的陆路。这条路后来成为正式的交通运输线路，并一直使用到《后汉书》的一位编撰者生活的时代。②

和帝、殇帝与安帝统治时期，公元 88—125 年

和帝（公元 88—106 年在位）初年出现了对外交事务和窦氏家族在朝廷中取得统治地位之事提出抗议的时机。公元 89 年，窦宪发动了一次讨伐匈奴的大规模的远征，③ 关于这样一次战役的意义和适宜性，有人提出了疑问。有许多大臣，包括司空任隗认为，在匈奴不再采取侵略政策时这样滥用帝国的资源，迫使部队在远离家乡的地方艰苦地服役是愚蠢之举。虽然没有人倾听他们的申诉，任隗和司徒袁安仍继续提出他们的观点，以致有许多同僚担心他们的安全。④ 但是他们得到了 107 年升任司徒的鲁恭的支持。当时仍任侍御史的鲁恭请求在人道主义的基础上不要让人民卷入窦宪发动的战役。他还认为，由于非汉族人可以比作禽兽，其习性与中国人完全不同，从这一点说，就不应该允许他们作为杂居社区的成员与汉人住在一起。

---

① 《后汉书》卷十六，卷 608 页。
② 《后汉书》卷三三，第 1156 页。东冶的闭塞，见毕汉斯《唐末前中国在福建的移民活动》，载埃盖罗德与格拉赫恩编：《高本汉汉学纪念文集》（哥本哈根，1959），第 101 页。
③ 见本书第 3 章《边境和邻邦》
④ 《后汉书》卷四五，第 1519 页。

另外，匈奴不久前被鲜卑打败，利用这个机会是既不正当又不适合的。匈奴已从边境防线上往后撤退了一大段距离，要找到他们就得花费巨大的人力、物力，因而极不合算。鲁恭引用大司农的观点，即现有资源不足以支持这么大的战役，而且他还说其他官员也一致不同意发动这次战争。同时也不应该用公众的生命去满足某一个个人——即窦宪——的愿望。[①]

《后汉书》简短地记载了皇太后反对这种劝告。另一位官员何敞询问这场战争的目的是什么，他在抗议中还婉转地提到正在为窦氏家族修建的奢华的建筑。[②]

有几件事表明，这一时期在吸收官员和养士的标准方面有某些想法。公元101年的诏令给来自北方、东北和西北人烟稀少地区的候选人以优待；根据人口数，他们被允许比帝国其他地区选送更多的候选人担任官职。[③]第二年，刚刚担任司空的徐防建议，应对考试的科目和候选人的等级制度做一些改变。他迫切地希望五经的文字意义能得到清楚的说明，同时惋惜某些博士们过于偏爱发挥自己的解释，而损害了传统的解释。这些做法导致人们走上异端邪说之路，同时在考试的行政管理方面也产生了许多争论。他认为今后应该更多地注意解释典籍的文字意义，鉴别候选人应该以解释字义为准；那些不遵循公认的大师的已被接受的解释的人或前后矛盾的人不准入选。[④]

徐防的建议被采纳，下属官员奉命遵行。公元106年时值邓太后在朝廷具有决定性的影响，据说学术正在衰落。新近在尚书任职的范準试图直接通过传统的力量做些改进工作。他举例说明，过去的列祖列宗皇帝无论怎么忙或有事在身，都要找时间学习。以往甚至是军事将领，也对指定的经典如《孝经》有广泛的知识。他提醒皇太后一些匈奴领袖树立的榜样，他们到洛阳朝廷来朝，并在那儿学习。以"永

① 《后汉书》卷二五，第875页。

② 《后汉书》卷四三，第1484页；又见本章以上有关部分。

③ 《后汉书》卷四，第189页；毕汉斯：《汉代的官僚制度》（剑桥，1980），第134页；本书第8章《文职官员的吸收》。

④ 《后汉书》卷四四，第1500页。

久和平"为名的明帝的时代就已出现了这些变化。① 这种情况与当时
的形势形成了对比：学者很少而博士们过于喜欢闲散而不愿工作。学
术水准的降低是当时政府实行压迫的几个原因之一，因此范準提出了
发展学术的步骤。②

十年以后，邓太后本人采取措施以达到这个目的。她召集了已
故皇帝的四十多名侄子、侄女和自己家族的 30 名成员，准备了专
门的房屋让他们居住。他们的年龄是五岁或更大一点，在教师的帮
助下学习古籍经典。她本人亲自监督这些年幼学生们的考试。一个
对她的评论记载，她曾表示，她的初衷是防止生活方式变坏和恢复
以往公认的学术大师的文化影响。她把特权家庭成员享受的奢侈生
活与他们放弃研究学问的努力放在一起进行对比，她认为明帝统治
时期树立了通过注意教育而改善道德标准的榜样。③ 这种主张的真
诚性也许是值得怀疑的。皇太后很可能想通过这个姿态，表示自己
愿意迎合已经建立起来的学术界，并证明自己对国家事务的影响植
根于中国传统的价值观。

安帝统治时期展开的关于礼仪体制问题的讨论，也许反映了当时
争权的各主要党派之间敌对的或不同的利益。已经制定的规矩是，大
多数高官和州牧既不必，也不准去按传统服三年丁忧。因此这个做法
在其他各界已经快要不实行了。公元 116 年，邓太后决定应该让高官
们在服丧期间按照习惯离职，作为改进道德标准的手段。她得到以正
直知名于世的刘恺的支持；刘恺自 107 年任太常，112 年晋升为司空。

当时有人认为，指望州牧及郡守遵守这项规定是不实际的，刘恺
反对这种观点，他认为高级官员应该把遵守这种规定当做职责范围的
一部分，以便树立一种模范行为的榜样。由于这一主张，皇太后能够
进行改革了。④ 这实际上是国家高级官员第一次实行服丧期间离职三

① 即"永平"，明帝的年号，公元 57—75 年。
② 《后汉书》卷三二，第 1125 页；《后汉书》卷七九，第 2546 页；《资治通鉴》卷四一，
　　第 1567 页注明这个奏折产生于公元 106 年。
③ 《后汉书》卷十，第 428 页。
④ 《后汉书》卷五，第 226 页；《后汉书》卷三九，第 1307 页。

年的规定。

但是，改革的寿命并不长。121 年尚书令对这种规定提出质疑，他举出光武帝曾废除这种规定，因此应恪守此成例。这种观点受到已被刘恺举荐为官的陈忠（陈宠之子）的反对。他指出，这项制度从王朝立国一开始就在其身份不低于萧何的人物的指导下产生了。光武帝废除它的原因在于当时政局不够稳定，需要把行政管理简化到最低限度。他论证说，有一切理由把离职服丧三年的规定作为汉帝国文化传统与政治传统的一部分保留下来。然而，宦官们却不同意这种观点，认为这种做法要重新安排人，非常不方便。结果，高官们从公元 121 年起不必服丧，或者说取消了他们的这种权利。[①] 154 年高官们在服丧期间又再次必须离职，两年以后，这项规定扩大到较低一级官员；159 年高级官员又暂停执行这项规定。[②]

快到和帝统治末期及以后，又出现了减少宫廷的奢侈性消费的几次尝试。通过快递手段从南方诸州为宫廷供应特定品种的新鲜水果当时已经形成惯例，许多被迫执行这一艰巨任务的人死于途中。当皇帝得知这项工作十分艰苦时，便下令不再运送水果（103 年）。[③] 公元 106 年，当局下令减少供应朝廷宴会的异域珍馐，以便减少办事机构承担的费用。同一年还取消了鱼龙曼延百戏等。[④] 次年，为了补足禁卫军中一支部队的缺额，黄门的吹鼓手的编制被削小。饲养马匹的饲料，除实际用于宫室车马之外，均减少一半。皇宫办事机构制造的非宗庙和陵墓所需的商品都停止生产。[⑤]

上述裁减的部分原因是认识到了民众的困难。在永初时期（107—113 年）的初年，持续的干旱和洪水导致许多地区成灾。

[①] 《后汉书》卷五，第 234 页；《后汉书》卷四六，第 1560—1561 页。

[②] 《后汉书》卷五，第 234 页；《后汉书》卷七，第 299、302、304 页；《后汉书》卷四六，第 1560—1561 页。

[③] 《后汉书》卷四，第 194 页；《资治通鉴》卷四八，第 1559 页定此事发生于 103 年。

[④] 《后汉书》卷五，第 205 页；《后汉书》卷十，第 422 页；《资治通鉴》卷四九，第 1564—1565 页。接待活动见何四维《中国在中亚：公元前 125—公元 23 年的早期阶段，附鲁惟一的导言》（莱顿，1979），第 201 页注 744。

[⑤] 《后汉书》卷五，第 208 页。

108 年任御史中丞的范準抓住机会上奏，强调节俭的必要。他认为，制造或者消费那些浪费的或者对朝廷工作的运转非必需的物品的官方机构，如那些负责皇帝餐桌的菜肴或者制造工艺品和各种设备的机构，应该作出节约措施。他还提出政府应该遵循公元前 92 年的先例．组织一个专门的调查委员会来检查各州灾情的事实及其原因；[①] 他还为救灾提出了几项进一步的积极措施。范準的意见被采纳了，某些商品被散发给贫民。他本人奉命到帝国的东北地区巡视，他在那里建立了公共的谷仓并成功地提出了一些当地所需要的救灾措施。[②]

公元 109 年下诏采用的一项节约措施可能是由于皇太后的发怒。她已经感到身体不适，在为她祈祷的祝词中有被认为是王朝命运要有所改变的话。皇太后得知以后愤怒地采取步骤，以防止发生这些不祥之事。另外，她砍掉了一年一度为完成警卫任务的士兵举办的送别宴会和会上的音乐表演。与此同时，还把参加"大傩逐疫"活动借以驱除流行病的 120 名"侲子"减少了一半。在第二年（110 年），实行的节约措施按等级递减官员的俸禄。[③]

恰在这个时刻，关于汉代政府为了保持对帝国西北地区的控制而花费这么大的资源是否值得的问题被提了出来。羌族的部落已经给中国这个地区汉人住地的安全带来了严重麻烦。为了保护这些移民区，已经提供了相当多的经费用于供给、运输和人力。公元 110 年任谒者的庞参（135—136 年升任太尉）建议，对政府说来最好的解决办法是减少费用，全部从凉州撤出，把不能在西北养活自己的全部居民迁往畿辅。他相信，这样的迁移将会更加有效地集中中国人的力量，以便加强边防。

庞参的建议遭到虞诩的反对，虞诩当时是太尉李脩属下的郎。虞

---

① 《后汉书》卷三二，第 1128 页。当时增产的措施，见《汉书》卷二四，第 1138 页。斯旺：《古代中国的粮食和货币》（普林斯顿，1950），第 184 页。

② 《后汉书》卷三二，第 1127 页．

③ 《后汉书》卷十，424 页；卜德：《古代中国的节日：公元前 206—公元 220 年汉代的新年和其他节日礼仪》（普林斯顿，1975），第 75—76 页；《后汉书》卷五，第 214 页。

诩认为，不能仅仅由于保持当地的政权需要一定的经费而放弃前代皇帝留下的由汉朝廷控制的土地。没有西北地区的安全，前汉京畿一带，包括皇室陵墓的遗址，都将失去屏障。最后他指出，凉州当地的居民长期以来对汉帝国怀有好感；汉朝如果放弃他们居住的土地，让他们迁居，将会难以抗拒他们的敌意。[①]

尽管这种论点暂时地足以压倒庞参的劝谏，但问题在 119 年还是再一次提了出来。当时匈奴正试图向西域诸国施加影响。他们已经杀掉一部分住在敦煌的中国人，而且有些位于塔克拉玛干大沙漠周围交通线上的王国，比如鄯善，正在承受特别沉重的压力。他们请求帮助，一位汉族官员请求派一支 5000 人的队伍攻打匈奴，结果只得到洛阳含糊的反应。一部分大臣建议关闭玉门关，从而与西域断绝往来。当班勇被征求提意见时，他援引了历史上自武帝时期（公元前141—前 87 年）至羌人反叛（公元 89—104 年）时期汉人与西北地区的关系。羌人的反叛曾有效地割断了汉朝与西域各国的关系，使西域各国受制于匈奴。[②] 他认为当时最不适合发动攻打匈奴的战役，因为中国人对此根本没有准备。但是他认为，对像敦煌这些地方的中国人的居民点应该小范围地和有效地增援，加强那里中国人的力量，以便牢牢地控制交通路线。

当匈奴控制的吐鲁番（车师）和鄯善不可靠时，这样的措施是否能够确保中国的安全，[③] 对于这个问题，班勇答复说，正像州牧能够维护中国内部的法律和秩序那样，他也能够尽其所能防止入侵。他主张通过设立官职以确保对西域各国的控制，否则，西域各国会落到匈奴手里；因为在那种情况下，在其南面的中国城市就会处于危险之中。不用大规模地投入资源，只要仔细挑选戍屯校尉就足以保持西域各国对汉朝的忠诚。如果西域各国要求中国供给食物，这个要求不能

---

① 《后汉书》卷五一，第 1688 页；《后汉书》卷五八，第 1866 页。

② 《后汉书》卷四七，第 1587 页。

③ 这几个国家，见何四维：《中国在中亚：公元前 125—公元 23 年的早期阶段，附鲁惟一的导言》（莱顿，1979），第 76 页注 49、第 81、183 页。

拒绝，拒绝了就会导致他们采用暴力袭击。

班勇的意见被接受了，在敦煌设置了一支戍军。第二年（公元120年），汉朝廷与居住在鄯善和吐鲁番迤西一带的诸民族建立了联系。皇帝接待了一批音乐家、巫师、吞火者及其他各种艺人，数量达1000人之多，他们声称来自地中海的罗马世界，但实际上多半来自缅甸。①

有几个事例说明了汉朝当年如何施行阴谋诡计或如何进行行政管理。正如上面指出的，阴氏皇后的垮台是她被控搞巫蛊。这种消除对手的战略在汉代历史上并不是什么新鲜事；公元前130年曾用它废黜了一位皇后，公元前91年又用了更不道德的方法废了一个皇后。②

较令人愉快的是，史料记载了一次显然是自发的弘农郡人民为他们所仰慕和爱戴的一名官员提供丰厚贡品的事。这就是死于105年的王涣，他当时官拜洛阳令。他被描写为性格正直的人，初看有些严肃，但实际上却很宽厚仁慈。他发现和处理冤案的才干使首都人民赞誉他具有神灵的力量。他的死引起普遍的哀悼，送葬的队伍向西一直穿过弘农郡，路边的祭桌上摆着居民们的纪念品。他们向为此感到困惑的官员们解释说，这是回报王涣解除百姓痛苦的仁政，他很注意不让他们在送粮食给洛阳时再被征募来的官兵盗窃。除了建祠纪念王涣外，皇太后被他的正直所感动，安排他的儿子做郎中，希望用他的榜样鼓励别人。③

鲁恭于公元107年官拜司徒。据记载，他上任的第一个行动就是上奏请求改变轻刑审理的程序。定例是秋季审理，但从103年以后却改为夏季。这给农业人口带来了困难，干扰了他们的工作，因为官员们已经习惯于在刑事诉讼过程中牵连进许多人。鲁恭认为应该改回传统的做法。他立论的理由是，应该把案件的处

---

① 《后汉书》卷五，第231页；《后汉书》卷八六，第2851页。
② 鲁惟一：《汉代中国的危机和冲突》第2章。
③ 《后汉书》卷七六，第2468页。

理与自然秩序和宇宙秩序谐调起来，不能贻误农时。他的观点占了上风。[①]

历史详细记载了随着外戚、宠幸和宦官势力的增长，官员似的权势日益式微的不愉快的事件。在这种事情的发展过程中偶尔可以了解到这一类的抗议。公元120年，王伯荣的行为显然就引起批评。她是王圣的女儿，安帝（公元106—125年在位）的养母，她已经利用自己的地位大肆扩张势力，并过着奢华的生活。这便鼓励了别人起而效尤，也搞奢侈和浪费，同时由于能随意出入宫闱，她就可以方便地行贿和贪腐。司徒杨震为了合理的、基于道义的施政，勇敢地上奏，要求消除这一丑恶行为；他要求把王圣母女二人驱逐出宫。他举出，王伯荣为了使她丈夫继承侯的爵位，在幕后进行了操纵。他对以下的情况提出了批评：先例不受重视；封侯的原则不是根据功绩，而不过是为了表示恩宠。

另一位上奏者翟酺提出，窦家和邓家制造的大破坏，把皇权减少到了零的地步。他还进一步指出了内宠的固有的危险性以及外戚所享有的空前的特权。他请求皇帝（安帝）消除产生谄媚的所有根源并防止利用国家权力达到个人目的。但是这样的忠告没有效果。[②]

还有人提出抗议，但同样不被理睬。这就是尚书仆射陈忠提出的意见，他的观点与三年服丧期的争论有关，前面已经有所介绍。王伯荣按照安帝的旨意去他父母的坟墓前代表他行祭。她在路上所遇见的人都大拍其马屁，以致看得出她的权威已大大超过皇帝本人。陈忠指出，早在汉代初年对这种事情的后果就有过可怕的警告。他坚决主张应该由皇帝本人行使权力，以保持正确的国家等级秩序和经过批准的下放权利。陈忠还注意到权力已经有效地从三公转移到尚书手里的做法。后者的决策缺乏原则性引起他很大忧虑。[③]

---

① 《后汉书》卷四，第192页；《后汉书》卷二五，第879页。
② 《后汉书》卷四八，第1602页；《后汉书》卷五四，第1761页。
③ 《后汉书》卷四六，第1562—1565页。

顺帝统治时期，公元 126—144 年

顺帝统治时期的行政管理和官员们的行为多次受到批评。提出的问题涉及朝廷和官场上的情况及专权的出现。抗议是针对宦官和梁家集团的，朝廷的奢侈问题也再次提了出来。顺帝统治的末年又爆发了危及帝国安全的动乱。

在 126 年，刚刚担任司隶校尉的虞诩大声疾呼政府有压制行为。他认为，法之所禁是控制人民生活方式的手段，刑罚则是限制人民的工具。他抱怨的部分内容是官员们为了自己向上爬而滥用上述的禁令和刑罚及其他的措施。随之出现了一系列的指责与反指责，其中包括随意滥用权力和非正义地逮捕清白无辜的人。有几位高官和宦官被牵连进去。虞诩在这些万分危险的诉讼中表现出极大的勇气。有一次审问他的监狱长官让他最好自裁。但他拒绝了这种好意，他宁肯让自己的案件闻名于世，如果有必要，他愿意被公开处决。结果，虞诩被判无罪，并被任命为尚书仆射。①

多半是为了制止裙带关系，132 年的命令规定，从州里举荐上来的官员候选人必须限制在 40 岁或 40 岁以上；他们必须学习过指定的经典的疏义；补缺人员必须有起草奏疏的能力。对那些才干非凡的年轻人，也不能仅仅由于年轻而妨碍他的仕宦前程。②

同一年，尚书令左雄在奏疏中抱怨短期任命和官员离职产生的后果。很多人对在短期内一显身手感兴趣，结果人民受到专断的刑罚和横征暴敛之苦。据他说，官员们不能审理贪污案件或恰当地考核确定每个人的功绩；还有许多提升不当的例子。左雄请求结束官员们调来调去的情况，因为他相信这些弊端都是官职的变动，或在职官员经常离职的结果。可是，重新实行禁止官员们

---

① 《后汉书》卷五八，第 1870—1871 页。
② 《后汉书》卷六，第 261 页。

擅离职守这一规定的企图未取得成效——据说是因为宦官的反对。[1]

这时也出现了有人不愿意做官的事例。樊英是一个有独立思想的人，他精通经术，也通晓占卜；这可以归因于他的兴趣和性格，从 127 年以后他就拒绝了让他做官的种种引诱。这种拒绝也可能是由于他厌恶政府行事的方式，他宁肯不接受他所不赞成的那种恩赐。[2]

还可以举出一个当时有人拒绝当官的例子。此人即郎顗，他和樊英一样是一位学者，他也深晓秘教事务，并以能准确地预言未来事件而广为人知。在 133 年上呈的奏折中，郎顗乘机批评了政府的许多方面，包括选拔官员时不够严格。他的很多批评都是根据对自然情况和超自然现象的解释作出的；由于他是这方面可以请教的知名专家，他的声誉给他的观点增加了某种力量。[3]

另外两个与官员的待遇有关的事件在史籍的 133 年条目中有记载。第一件与李固有关，此人后来注定要在公众生活中扮演重要的角色，但此时还不是一名文官。在朝廷征求关于政府需要办的事的意见时，他提请注意的事是，有些低级军官没有经历过通常一年的试用期却得到了长期的正式官职。尽管看起来这可能是一件小事，但他却唯恐成为先例，从而会导致取消传统的管理方法。不清楚李固的抗议有什么效果。[4]

第二个事件是，大司农刘据因玩忽职守而受到惩戒，并被命令向尚书汇报。除受其他惩罚外，他还要受鞭挞之辱。左雄抗议说，这样处理不适合刘据高级官员的身份，他还指出，古代没有鞭挞大臣的先例，只有明帝统治时期（公元 57—75 年）才有这种做法。左雄成功

---

① 《后汉书》卷六一，第 2015—2019 页。

② 《后汉书》卷八二，第 2722 页。又见司马光《资治通鉴》卷五一，第 1648 页注文。关于不愿意做官的情况，见本书第 15 章。

③ 《后汉书》卷三十，第 1054 页；雷夫·德克雷斯皮尼：《东汉抗议的预兆：襄楷呈给桓帝的奏议》（堪培拉，1976），第 98 页注 88。

④ 《后汉书》卷六三，第 2076 页。

地了结了这件事，刘据没有被鞭打。[①]

顺帝在 126 年继位以后不久，就向拥戴他的养母宋娥表示了感激之情。他封她为"山阳君"，同时封梁冀为侯。[②] 左雄认为这样做纯属徇私，不合适。这种做法直接违背了高帝古老的遗训：即非刘氏不王，非有功不侯。尽管他暗示这种行为会导致大灾难，他的抗议未被倾听。

133 年洛阳发生了严重的地震，皇帝对如此严重的后果只好下诏求言，同时征求相应的救灾措施。[③] 李固利用这个机会对当时的情况提出了尖锐的指责；在此过程中他对某些官员的任命问题提出了疑问。他是司徒李郃的儿子，由于身为教师而出名，洛阳人士都期待着他会步他父亲的后尘。在指责的开始部分，他提请注意安帝打破传统，册封养母王圣为侯一事；[④] 紧接着樊丰及其一伙便抓了权，并出现了打乱皇位继承的情况。李固本人承认，汉代 300 年历史上不少于 18 位君主，其中自然不乏搞恩宠的事例，何况宋娥的功绩也的确很大。但是，这可以用钱来酬功而无须授予土地；这种封土地的办法违背了既定的传统。

其次，李固批评了梁氏家族的显赫权势。虽然明帝统治时期已出现过同样的问题，但形势还没有这样极端严重。他建议让梁冀及其家属回到黄门任职，以削减外戚家族的权力和把行政权力还给皇室。他还注意到宫廷侍从的权力太大了。原先诏令禁止他们检试候选官员，防止他们利用权力达到营私的目的，但这些情况已经变得屡见不鲜。李固要求恢复这方面的控制。

李固还强调，必须确保政府和朝廷各部门都有十足的休戚与共的态度，而且要从中央做起。他说："夫表曲者景必邪，源清者流必絜，犹叩树本，百枝皆动也。"根据这一点，皇帝就需要垂询文人的意见，

---

① 《后汉书》卷六一，第 2022 页。
② 同上书，第 2021 页。
③ 《后汉书》卷六，第 263 页；《后汉书》卷六三，第 2073 页。
④ 见本章前文，又见《后汉书》卷六三，第 2078 页；《后汉书》卷三十，第 1049 页定为 135 年；《资治通鉴》卷五二，第 1680 页定为 137 年。

同时要弄清楚上天的意愿。应该表扬那些言有可采并能立刻实施的人；宦官的权力及编制应该大大削减。

由于顺帝发现他的养母介入了宦官策划的阴谋而引起朝廷上的混乱，他更加愿意接受李固的劝谏，养母被送回她的住处。正如所预料的那样，为皇帝养母服务的宦官因此对李固抱有敌意，并开始想办法要搞垮他。

但是，至少还有另一位官员利用公元133年地震的机会批评了当时的形势。这就是当时任太史令的张衡，他在历史上更多的是作为文学家和以科学技术上的发现（包括他制造的地动仪）而闻名于世。他呼吁应把权威归还给原来拥有它的地方，也就是还给"天子"。①

135年，张纲发起进一步抗议宦官权力的活动。这次抗议的直接原因很可能是已经作出的允许宦官收养养子从而他们就可以把朝廷赐给的爵位和特权传下去的决定。② 136年官拜太尉的王龚是另一位以反对宦官而知名的大臣。宦官们为了对他告发他们罪过的行动进行报复，企图控告他。只是由于李固的干预，这一企图才没能实现。③

134年顺帝亲自参加了祈雨的活动。如同在另一次自然灾害引起苦难时那样，他要求官员们提出意见。在提意见时，周举（尚书之一）指责皇帝抛弃了诸如文帝和光武帝这样高贵的前辈的模范行为而去仿效秦的骄奢淫逸的做法。他认为皇帝祈求缓解干旱的努力缺乏实质性内容，他要求切实可靠地改进政府工作。比如，应该驱逐宫廷里的闲杂宫女，皇帝餐桌上的花费也应该减少。④

142年，八名已赢得学者声誉并担任众多职务的官员被任命去外地巡视。他们主要在州、郡检查行政工作的管理和一般生活方式。除了张纲在洛阳进行工作之外，其他人都前往指定的地区。张纲在进行

① 《后汉书》卷五九，第1909页。张衡及地动仪，见李约瑟：《中国科技史》第3卷，第626页。
② 《后汉书》卷六，第264页；《后汉书》卷五六，第1817页；《资治通鉴》卷五二，第1676页。
③ 《后汉书》卷六，第266页；《后汉书》卷五六，第1820页。
④ 《后汉书》卷六一，第2025页。

这项工作时，指责梁氏家族凭恃恩宠玩弄权势：他们贪婪、放纵，周围尽是谄佞之徒，简直不可饶恕，而且扼杀了真正忠臣的创造力。他起草了一份15点罪状的控告书，在城里引起了轰动。由于梁冀与皇后的关系，没有人注意张纲的警告，但是我们得知皇帝本人对张纲的言论的力量颇表赏识。[①] 几年以后出现了直指梁氏家族的进一步的抗议，抗议的理由是梁家铺张奢侈。[②]

顺帝统治时期一个积极的成就可以说是重新占领了西北地区；公元111年，中国官员曾从陇西、安定、北地和上郡等地撤出。129年收回了上述部分地区。[③] 这是听从了虞诩的建议之故，我们记得他曾在111年主张维护帝国的版图。[④]

137年，曾试图镇压在日南郡和其他的南方边远地区爆发的动乱与反叛，但未成功。有人提议从中国中原地区征集一支4万人的队伍用来应付局势，这建议被李固以种种理由加以反对。他认为这样做会危及诸如长沙和桂阳这些地区的安全；而且命令军队到离家很远的地方去打仗，又没有确定的回家日期，这本身就会激起其他叛乱的爆发。另外，瘴疠之地的气候会引起40%—50%的伤亡，经过长途艰苦行军后奉命作战的军队不适合战斗。李固还计算了军需物资及其运输的费用，认为势不可行。他说，为了支撑外缘而剥夺中央的资源，这是一个错误，更何况远离故乡进行战斗的士兵所受的苦难是不能忍受的。

李固建议不必从北方派出一支大部队，而代之以谨慎地挑选几名有勇气有能力的高级官员去那里任职，像交趾地区的地方官员那样对平民百姓实行仁政。黎民可以临时性地迁出动乱地区，直到那里恢复秩序；当局可以用赏赐和封侯的许诺征募地方上的部落民来协助镇压反叛。政府采纳了李固的意见，任命了几名他建议的人员。通过所表

---

① 《后汉书》卷五六，第1817页。

② 《后汉书》卷六五，第2131页暗示抗议发生在144年顺帝死后几个较短的统治时期之一；《资治通鉴》卷五二，第1698—1699页定为144年。

③ 《后汉书》卷五，第216页；《后汉书》卷六，第256页；《后汉书》卷八七，第2893页。

④ 见本章上文。

现出的言而有信和一个善意政府的认真态度，他们终于成功地诱使叛民投降，恢复了岭南地区的和平。[①]

但是，在顺帝统治结束时仍有证据表明，帝国远不是那么太平的。他死后（144 年 9 月 20 日）仅三个月，叛乱者就攻打了九江郡的合肥。同一年，顺帝刚刚入土的皇陵被盗掘。145 年，数千名成股的叛乱部队攻打或占领了广陵和九江的城市。在鲜卑骑兵袭击北方代郡的同时，庐江也出现了盗匪活动。历阳的华孟自称"黑帝"，进攻九江，杀了九江太守。这次叛乱被镇压下去，政府军队成功地杀死叛军 3800 人，俘虏 700 人，从而恢复了东南地区的秩序。[②]

桓帝统治时期，公元 146—168 年

与 133 年发生的事情一样，151 年的地震给批评当时社会与政治状况的人提供了一个表达他们观点的机会。崔寔是当时被召的批评者之一，虽然他由于称病没有应召，但在《政论》一文中仍清楚地提出了自己的见解；这部著作的片断留存于世。[③]

崔寔把不能维持良好的吏治归因于道德风气的败坏不断加剧和处理国务时缺乏兴趣和勤奋精神。高层政治中的纲纪在松弛，而下面那些有足够的智慧认识到局势恶化的人则保持沉默。过分地依赖过去是考虑欠妥的，崔寔呼吁人们现实地面对当前的问题，而去制定适合当前需要的制度和方法。他还进一步提出，应该更严格有效地执行法律，他引了宣帝（公元前 74—前 49 年在位）采用这种政策所取得的成就，并指出了在元帝时期（公元前 49—前 33 年）当出现某种程度的松弛和宽厚时帝国力量和权威下降的情况。

崔寔把行使刑罚的必要性比作医生治病的方法。他认为，尽管据

---

① 《后汉书》卷八六，第 2837 页以下。

② 《后汉书》卷六，第 276—277、279 页。

③ 《后汉书》卷七，第 297 页；《后汉书》卷五二，第 1725 页；《资治通鉴》卷五三，第 1722 页；白乐日：《汉末的政治哲学和社会危机》，第 207 页；本书第 12 章《整饬风纪的号召》，第 15 章《崔寔的激烈建议》。

说秦朝的重刑在汉初诸帝时期有所减轻，但以法律名义所施的刑罚还是十分严酷的；甚至可以这样说，文帝（公元前180—前57年在位）远远没有减少刑罚的严酷性，实际上反而有所增加。因此，太平之取得，不是通过仁慈，而是依靠严刑。

几年以后（公元155年），太学生刘陶大胆地把当前的状况部分归咎于皇帝本人。他强调上天与人类都需要皇帝，就像人体的不同部位互相需要一样。但是，当今的皇帝生活在闭塞的状态之中，完全不了解正在发生的事情，因此一点也没有察觉到加给富人和穷人的同样的压迫。他写道："虎豹窟于麑场，豺狼乳于春囿。"

刘陶请求皇帝注意秦朝覆亡的命运，这是由于皇帝丧失了权力；同时他还列举了哀帝（公元前7—前1年在位）和平帝（公元前1—公元6年在位）统治时期发生的事情。最后他提出了一批官员的姓名，建议让他们真正掌握中央的权力；但是刘陶知道他的劝谏没有接受的希望，他写道："臣敢吐不时之义于讳言之朝，犹冰霜见日，必至消灭。"他的确被置之不理。①

159年梁氏家族垮台以后，黄琼任太尉。他设法揪出那些在州郡搞压制和腐败的人，判他们死刑或流放，这些措施使人们都感到满意。② 然而，如果试图以此种理由去惩戒个别的官员那就会误以为是在搞个人恩怨，就像范滂告发的情况那样（159年）。③ 恰在此时，侍中爰延提醒桓帝，如果他想得到贤君的名誉，就必须注意把国事委托给陈蕃等人，而不是交给宦官们。还有一次他补充说，皇帝应避免亲近小人；而且为了防止失去他应有的威严，他应该非常小心地注意与周围的关系。④

陈蕃曾任千乘郡守，后来升任尚书。由于他直言极谏而转任豫章郡太守，这种调动实际是流放。由于作风严正，他令人畏惧却又

---

① 《后汉书》卷五七，第1843页。
② 《后汉书》卷六一，第2036页。
③ 《后汉书》卷六七，第2204页。
④ 《后汉书》卷四八，第1618页。

受到尊敬；后来官拜大鸿胪。他尽力不让当时的一个批评者得到不公正的任命，以致自己降了职，但后来他又当上了宗正。他担任宗正时注意谨慎地考察候选人，对权势和富豪之家的成员不给予任何特殊的照顾。①

159年陈蕃又一次抗议不加区别地给宠信的人封侯的做法，另外他还抱怨皇宫里蓄养着大量宫女，结果使国库开销很大。他最后这一点意见产生了一定影响；五百多名宫女被遣散。163年皇帝在巡游中把狩猎和其他形式的娱乐合在一起进行，这一点引起陈蕃进一步的批评，理由是当国家的粮仓空虚时不应该有这样的花费，也不应该与农业生产争人力；但是这种抗议未取得效果。②

165年，作为广陵郡举荐的候选人最近刚刚到达洛阳的刘瑜也提出了同样的抗议。他除了建议皇帝必须搞一些改革措施外，还要求采取一定的步骤驱走朝廷上的谄媚之徒，停止那些降低观众道德水准的音乐演奏。③ 第二年又有人上奏要求大大减少后宫的宫女的编制．因为宫女的数量已高达五六千人，还不算她们的侍女在内。④ 166年襄楷递交了两份有名的奏折，其中他描写了最近观察到的天象，并把它们与皇帝和宦官的错误行为连在一起。这些文件是汉代对皇帝提出的最尖锐的指责之一。⑤

165年陈蕃当了太尉以后呈递了一份奏疏，他大胆地设法营救在告发与反告发中许多非正义活动的牺牲品。为此宦官们非常憎恨他，但他的声誉又使宦官不敢加害于他。167年皇帝去世时，陈蕃担任太傅，负责处理尚书掌管的事务。这时朝廷岌岌可危，继位问题尚未解决。由于过于害怕有权有势的官员而不敢履行职责，许多尚书成员称

---

① 《后汉书》卷六六，第2159页。
② 同上书，第2161页。
③ 《后汉书》卷五七，第1855页；关于郑、卫之音，见《汉代中国的危机和冲突》，第202页。
④ 《后汉书》卷六二，第2055页。
⑤ 《后汉书》卷三十，第1075页；雷夫·德克雷斯皮尼：《东汉抗议的预兆：襄楷呈给桓帝的奏议》，第21页。

病不工作。陈蕃谴责了他们的行为，强使他们掌管公务。灵帝 168 年继位以后，陈蕃坚决拒绝受封为侯。①

桓帝统治时期有几件事涉及文官工作的情况。121 年取消的高级官员应在服丧期间离职三年的规定于公元 154 年又恢复执行，但只实行了五年。166 年未能坚持这种做法的情况遭到了批评，其理由是，这项规定在规定社会等级和道德价值观念的法典中成了重要的内容。②

159 年陈蕃推荐的五人拒绝出任文官一事，可能说明了当时的时代性质。另一人魏桓几次被召就职，也拒绝出马。他感到他将不能在成功的仕宦生活中有所作为以解除当时的种种弊端，比如裁撤宫中的大批妇女和马厩中的大量马匹，或者清除皇帝左右那些弄权的人。因此，他不能为那些希望他接受任命的同胞效劳。③

另外还有些不愿做官的例子，上面已经说过，④ 但是在竞相进入仕宦生涯的流行的风气中，它们可能都是例外。由于 146 年诏令的鼓励，太学的学生人数上升，据说已达 3 万名。没有材料能够说明，通过在太学学习和进入仕途所取得的好处和声誉已经明显地减少和降低。⑤

关于佛教传入中国的叙述之一曾提到桓帝是一个宗教意识有变化的人，他经常礼拜佛陀和老子。他在位的末年曾派一名侍从到一个老子的祠堂上供，在 166 年举行的著名仪式中，他给老子举行了盛大的祭典。这些做法导致襄楷在一份有名的奏折里批评他沉湎于肉欲之中。那次仪式被描写为不像佛教的活动，而是"稍带佛教色彩的宫廷道教"。⑥ 此事发生前不久，他曾几次下令毁掉州、郡里各种名目的

---

① 《后汉书》卷六六，第 2163、2168 页。

② 《后汉书》卷七，第 299、304 页；《后汉书》卷六二，第 2051 页。

③ 《后汉书》卷五三，第 1741、1746—1747 页。

④ 见本章上文。

⑤ 《后汉书》卷六，第 281 页；《后汉书》卷六七，第 2186 页；《资治通鉴》卷五三，第 1705 页。

⑥ 泽克：《佛教征服中国史》（莱顿，1959），第 37 页。《后汉书》卷七，第 313、316 页；《后汉书》卷三十，第 1081 页；《后汉书》卷八八，第 2922 页；《后汉纪》卷二二，第 12 页；《资治通鉴》卷五五，第 1787 页。

祠堂。司马光认为这些措施是针对那种不被大家接受而可能是"淫祀"的祭祀。[1]

公元 156 年，洛阳地震。157 年，日食之后京城紧接着发生了一次蝗灾，河东郡还感觉到地动。[2] 朝廷在讨论当时出现的困难时，有人建议通过改革币制来解除民众的苦难，而铸造大钱的建议则提交有关部门考虑。155 年曾大胆批评皇帝的太学生刘陶此时指出，当最优先考虑的问题是应该开垦更多的土地时，提出在币制上做文章是不会有什么实际用处的，因而这种想法是错误的。[3] 也有人在这时试图改进经济，如削减官员俸禄。161 年出现了用现钱购买官爵的机会；165 年全国各州郡都实行了每亩（一英亩的十分之一）耕地征税十文钱的税法。[4]

桓帝统治时期还以某些内部动乱为其特点。154 年公孙举在山东领导反叛，叛乱中杀死了几名地方官。中央政府作出的反应是减免动乱地区灾民的税收，但在 156 年被平息以前，叛乱已经大范围蔓延，有 3 万人被卷了进去；其中有些人被迫离开了家园。部分地由于一位开明官员采取了几项救济措施，那里恢复了秩序。[5] 第二年（157 年），边远南方（九真郡）的非汉族部落也闹事反抗朝廷，同时在 106 年，南方和山东又都发生了其他麻烦的事。长沙、桂阳和零陵据报也发生了同样的叛乱，它们一直持续到公元 165 年。[6]

胡志宏 译

---

[1] 《后汉书》卷七，第 314 页；《资治通鉴》卷五五，第 1780 页；淫祀，见鲁惟一；《中国人的生死观：汉代的信仰、神话和理性》（伦敦，1982），第 109 页。

[2] 《后汉书》卷七，第 302—303 页。

[3] 《后汉书》卷五七，第 1485 页。

[4] 《后汉书》卷七，第 309、315 页。

[5] 《后汉书》卷七，第 300—302 页；《后汉书》卷三八，第 1286 页；《后汉书》卷六二，第 2063 页；《后汉书》卷六五，第 2145 页。

[6] 《后汉书》卷七，第 302、307、309—315 页。

第 五 章

汉代的灭亡

公元 168 年的危机

汉灵帝的统治（公元 168—189 年）一开始就遇着危机。宦官们感到因前面一位皇帝的薨逝而丧失了权力，他们拼命地想要夺回它。世家大族和官吏们骄狂自信，反应过于缓慢。

灵帝的选择

公元 168 年 1 月 25 日，桓帝（公元 146—168 年在位）驾崩，无指定的继承人。次日，他的妻子窦后（死于公元 172 年）被尊为皇太后，这就表明她有宣布敕令的权力，这时她不过 20 岁左右。

这也不是第一次帝位出缺乏嗣，因此有一大批前例可仿行，以应付这种局势。皇太后秘密地咨询于她娘家最年长的男性成员（在这时就是他的父亲窦武，死于公元 168 年）：她被要求按下列条件选择一位皇位候选人。这位继承人应该是皇家刘氏的男性青年；可从章帝（公元 75—88 年在位）的血裔中选出一人；因为章帝一系是刘家嫡系宗支。

为了确保候选人获得支持，窦武竟敢冒忤既成定例的大不韪，召集了一个至少有八人的会议：这些人代表了各派系和各利害集团的利益。窦家的代表有窦武本人，有他的儿子和两个侄儿。世家大族的代表是袁逢（大约死于公元 180 年），即尊贵的袁家的最资深的代表；官僚阶层的代表是周景（死于公元 168 年），此人为太尉，官居百僚之长。宫廷方面的代表为刘儵（死于公元 168 年），其官位有不同的记载，或为郎中，或为侍中。最后一人为宦者曹节（死于公元 181

年），在此以前此人不过是一个小人物，但无疑他是代表皇太后，也因此代表大行皇帝。

据记载，是刘儵曾提议以解渎亭第三代侯刘宏继位：他是章帝的玄孙，其时只有十一二岁。解渎亭在首都洛阳东北约 500 英里处，自公元 132 年以来解渎亭侯家居此地已 36 年。刘儵即出身于此地，这大概就是他提此建议的缘故。解渎亭侯不大可能到过京师，也不大可能与窦武有旧。

刘儵的提议被窦武所接受，后者便据之以上奏皇太后。窦太后同意之后就发布了一道诏旨，其文曰：

> 追览前代法，王后无适，即择贤。近亲考德叙才，莫若解渎亭侯年十有二，嶷然有周成之质……其以宏为大行皇帝嗣。①

刘宏即历史上的汉灵帝。曹节——再次代表皇太后——和刘儵随带千余宦者和先皇禁军被派往解渎奉迎当选嗣君来京师。路上往返约需时半月有余，其间，即在 1 月 30 日，窦武已被他的女儿晋封为大将军。这个职位通常授予太后家中的长者，但并无军事实权。

也正是在这个君位出缺期间，发生了一些有关已故皇帝的后宫的事件。② 皇太后原来并不得桓帝之宠，她是高级官员们强迫桓帝立为皇后的。桓帝有九个宠幸贵人，现在当然要听太后的摆布了。她杀了其中的一人，其余八人因两个太监的强烈说情而免其一死。这八名贵人和后宫其余诸人的命运不得而知，但他们很可能都被遣送回家。有几名妃子或许是到了窦武的家中，不过无论如何，那一年晚些时候的一些流言就是这样说的。

---

① 《后汉纪》卷二二，第 21 叶（第 266—267 页）；《后汉书》卷八，第 327 页；《后汉书》卷六九，第 2241 页。《后汉书》未载此诏令。
② 关于桓帝诸妃的情况，见《后汉书》卷十下，第 443 页以下；又见本书第 4 章开头部分。

2月16日，当选皇帝的扈从到达洛阳城门，在这里遇上了窦武。[1] 窦武和曹节把这个男童新皇帝介绍给了朝臣，第二天便举行了正式的登基典礼。典礼中发布了两道国家命令。其一，自桓帝时代起即已成为窦武政治斗争中老盟友的陈蕃（约公元90—168年）被授予太傅之职。其二，陈蕃、窦武和另一有过光辉经历的政治家胡广（公元91—172年）集体地"参录尚书事"，因而他们成了摄政上的三驾马车；这在汉代是屡见不鲜的。

权力的争夺

对这种种安排似乎有关各方都是满意的，在2月余下的日子。3月、4月、5月及6月初都无大事可记，只有仪礼上的事：桓帝入葬；新帝登极和告庙（分别到前汉和后汉宗庙祭告）。

可是，各种相互敌对的力量已分别向皇帝和皇太后施加影响。年轻的皇帝从解渎带来了他的乳母和几名贴身随侍，这些人被他称为女尚书。这个集团和宦官们希望得到恩赏和官职，但窦武这一派的人也希望如此。很显然，解渎亭集团和宦官们在最初时期比窦武所获更多，因为据说中常侍曹节与上乳母赵娆谄于太后，太后信之。"数出诏命，有所封事，蕃、武每谏，不许。"[2]

可是，窦武和陈蕃所激烈抱怨的关于封赏偏于一方之言，并无事实证据。我们只知道刘儵的情况，即他最初是定策有功，后来被一名宦官侯览（死于172年）逐出京外致害而死，这是得到皇帝默许的。[3] 6月10日,新皇帝的祖父、祖母和父亲都追尊有皇位称号；但他的仍然健在而住在解渎亭的母亲，既未迎养于京师，也未给予尊号。[4]我们可以看到在这个决议的背后有太后插了一手，因为她不愿意处在一

① 《后汉书》卷八，第328页；毕汉斯：《东汉的洛阳》，载《远东古文物博物馆通报》，48（1976），第95页以下。
② 《后汉纪》卷二三，第2叶（第270页）。《后汉书》没有登载陈蕃和窦武在这一阶段中所提的抗议；它只简单地谈到了陈蕃的所"疾"：《后汉书》卷六六，第2169页。
③ 《后汉书》志第十三，第3283页。
④ 《后汉书》（卷八，第328页）所记日期不对。见《后汉纪》卷二三,第1叶（第269页）。

个宫廷内有两位皇太后的尴尬境地。

窦武和陈蕃开始讨论他们所担心的事，而陈蕃建议采取断然手段。在他看来，所有宦官应予剿灭。他显然费了一点时间使窦武同意这个方案，而且与此同时，后者获准了几起重要的任命来增加他的支持者的力量。他使一名亲附被任命为尚书令，并能指望卫戍京师的五部之一的校尉的忠诚拥护。或许作为对宦官的一种威胁姿态，他指定在桓帝时代的斗争中一些受过宦官之害的人作为自己的亲从。

6月13日日食，陈蕃抓住了这个有灾异的征兆催促窦武见机行事。[1] 他不满解渎亭集团和宦官的势力。窦武决定行动起来：他上疏朝廷请尽诛宦者，控诉他们越轨不法，安插亲信遍布天下。太后拒绝了斩尽杀绝一切宦官的意见；反之，她却交出了那两名在年初曾劝阻她不要杀害那八名先帝后宫贵人的宦官。

现在已经摊了牌，看来窦武在最初占有优势。8月8日，无一疑的是期待已久的封赏给予了窦武父子、窦武的诸侄、袁逢、曹节以及其他四名因拥立新帝有功的人。窦武的一个侄子负责统率一部常备军，使站在窦武一边的军队增加到两部。

但是陈蕃尚未满足，他向皇太后施加更大压力，要她交出更多的宦官。为了达到这个目的，他强烈地上疏指责了五名宦者——其中包括侯览和曹节——和解渎亭集团共为叛逆。朝廷为之震动，而太后又一次拒绝交出这些罪犯。

结果发生了对峙的僵局，窦武也动摇了。熟于灾祥的天官刘瑜向陈蕃指出，太白星逸出轨道，将不利于大臣，这又是催促着行动起来的讯号。刘瑜的话显然是针对着宦官们说的。太白星之变异大约发生在8月份或10月初。[2] 窦武和陈蕃必然已得出结论，即对太后施加的压力并未收到预期的效果，因此他们想另辟门径试一试。如果宦官们

---

① 《后汉书》卷八，第329页；《后汉书》卷六六，第2169页以下；《后汉书》卷六九，第2242页以下。

② 关于刘瑜，可看《后汉书》卷五七，第1855页以下。史籍上关于太白星灾异的日期有不同说法，即《后汉书》卷六九，2243页为阴历八月，《后汉书》志第十二，第3258页为阴历六月；《后汉纪》卷二三第2叶（第270页）未说明具体日期。

被指控犯有具体罪行，要拘捕他们就不会很困难。为此目的，窦武把他的支持者都塞进了京师的民政和司法机构，以后又把一名忠于他的宦官山冰任命为要害部门的黄门令（即宦官的头头），因此在宫内取得了立足点。

到了10月底的时候，事情急转直下。为了取得控告宦官的罪证，新的黄门令逮捕了一名宦官，并加以刑讯，直到他检举了曹节和另一名宦官王甫（死于公元179年）才罢休。这时，值得注意的是，窦武和陈蕃显然各有自己的盘算。陈蕃要立即处死那名被捕的宦官，但窦武希望取得更多的供词，免了他一死。

危　机

黄门令山冰马上写了一份奏疏，要求逮捕曹节、王甫和其他宦官，并于10月24—25日之夜找那位星者把这奏疏送进了宫内。不论是窦武也不论是陈蕃，似乎都没有完全意识到这一事件的重要性，因为事情发生了使他们吃惊的大转变。当奏疏带进宫内时（无疑的是为了赶上早朝的时间），宦官们在稍事迟疑之后就偷偷地打开了这份奏疏；他们很震惊，因为要点名拘捕这么多宦官。于是，有17名宦官对天起誓要诛杀窦武。他们“歃血为盟”，并向上苍祷告说：“窦氏无道，请皇天辅皇帝诛之，令事必成，天下得宁。”[①] 曹节其时已经醒来；他把年轻的皇帝护送到了一个安全的地方，给了他一柄剑，让他的乳母陪伴着他。曹节关闭了宫门之后，强迫尚书台的官员们在刺刀尖下起草诏书来任命王甫为黄门令，并且特别下令将敌方的黄门令——即窦武的盟友——处死。

王甫在监牢杀掉了他的对手，并把另一名受过刑的宦官带回宫里。然后，宦官们突然袭击了皇太后，因为他们显然不信任她。他们收缴了她的玉玺，并据此命令士兵们守卫两宫和两宫之间的道路；他们因此护住了后方，同时发布诏旨逮捕窦武。他们也改换了京师民政和司法的两个要害部门的人选。

---

① 《后汉书》卷六九，第2243页；《后汉书》卷七八，第2524页。

由于这种结果，可知窦武、陈蕃没有协调好他们的计划，而且也确实没有预料到风云会如此突变。窦武曾出外值夜，这时为诏书所震惊：诏书是由几个小时以前仍被关监的那个太监交给他的。他拒绝接奉诏令，便逃到了他的侄子——即忠于他的那两个步兵营中的一个营中去，坐守到天明。

与此同时，陈蕃也为事件的发展所震惊。他带了80名下属赶赴宫内，不过，这80人中看来没有职业士兵。[①] 他费了不少劲进入宫廷大院，在那里他迎面遇上了新的黄门令王甫。接着发生了高声的互相对骂。双方对峙了一会儿，不久宦官方面士兵的人数增加了，他们包围了陈蕃，直到制服了他，然后把他投入牢狱。那天晚些时候，他在那里被践踏至死。其余80名年轻士兵的命运不得而知，但显然的是他们和宦官军队之间没有打过仗。

陈蕃和太后的障碍被清除了以后，只剩下窦武一个人。这时，新近奏凯还朝的边将张奂成了关键人物。[②] 他因带有得胜兵在身边，所以宦官叫他逮捕窦武。他虽然未卷入前一阶段的冲突，但他现在却与宦官共命运，亲自带兵去搜捕窦武。黎明，两军相遇于宫门外的城墙边。双方再一次对阵叫骂，都想诱使对方叛逃。据说由于士兵敬畏宦官，他们开始投向张奂方面。他们一队一队地投奔过去，快到中午时刻窦武的防线便垮台了。窦武自杀，家属都被害，其他关键人物都被围捕和被杀害，有些人被株连到家属。值得注意的是，陈蕃的前后两次对峙都未曾动真刀真枪。

皇太后被幽禁在南宫，三天以后，即10月28日，那18名宦官因"诛陈蕃窦武有功"而受到封赏。[③] 三驾马车中的第三人胡广，因置身事外，即以其持重而被授予陈蕃所遗的太傅之职。清洗和流放大约进行了若干日，据说死者"数百人"。[④] 就这样开始了灵帝统治的时代。

---

① 《后汉书》卷六六，第2170页。

② 《后汉书》卷六五，第2140页；《后汉书》卷六九，第2244页。

③ 《后汉书》卷八，第329页；《后汉纪》卷二三，第4—5叶（第271页）。封赏的缘由不见于《后汉书》中。

④ 《后汉书》志第十三，第3270页。

灵帝时代，公元 168—189 年

在宦官的统治下，汉帝国政府的结构有所改变。首先，除中宫的盟友之外，其他人都绝了仕进之路；后来，官职变成了可以买卖的东西。宦官们自己插手军队事务。无休无止的叛乱强迫朝廷向地方州牧下放某些权力，而对于继承权的争吵也造成了宫廷内部的分裂。这是有秩序的汉朝政府的最后的时期。

公元 189 年 5 月的宫廷

在汉灵帝末年，即公元 189 年 5 月，宫廷里最令人生畏的两个女人是皇帝的母亲和妻子，而这两个女人之间又颇生龃龉。当窦武的危机过去以后，太后被幽禁于南宫，新皇帝马上派人去把他母亲迎到洛阳来住。他在公元 169 年初给了她正式的皇家称号，而她作为董太后（死于公元 189 年）也恢复了对她儿子的巨大影响。

皇帝的妻子何皇后（死于公元 189 年）本为屠夫之女，被买进了后宫；公元 176 年她生了她的第一个皇子，名刘辩（公元 176—190 年）。[①] 这使她在公元 181 年被封为皇后，但是，那一年有另一位妃嫔也生了一个儿子，她知道她的地位多么不稳，所以惊惶万分。这第二个儿子及其母亲王美人（死于公元 181 年）便构成了对皇后母子的威胁。因为如果皇帝愿意，他就可以废后而立王美人为新皇后。他也可以立这第二个儿子为太子和嗣君；皇帝很喜欢这个孩子，给他取名刘协（公元 181—234 年），意即"此子似我"。为了先发制人，皇后鸩杀了王美人。但是，这个孩子摆脱了皇后的掌握，而由皇帝的母亲——即皇太后——抚养。当愤怒的灵帝准备废黜皇后时，太监们劝阻了他。[②]

于是，这两位女人都有孩子可望入承大统。如果是长子继承大

---

① 《后汉书》卷十下，第 449 页；《后汉纪》卷二四，第 10 叶（第 290 页）。

② 《后汉书》卷十下，第 450 页。

位，皇后就会自动地变成皇太后，这样的资格就使她会在未来年代中继续掌权。如果是幼子登极，皇太后便会变成太皇太后，那她可以指望继续过若干年有权有势的生活。可是事实上，直到他在公元189年5月13日死去的那一天，灵帝也未能决定究竟立谁为太子，因此这个问题一直挂了起来。

董太后倚重的是她的一个侄儿，此人已任票骑将军之职，统率约千余人的兵力。何皇后则倚仗她的异母兄何进（死于公元189年）；从公元184年起他即官拜大将军。这个职位使他在国家紧急时拥有政治大权，但没有实际的兵可带。皇后的另一异母兄何苗（死于公元189年）也位至车骑将军，官阶仅次于皇太后之侄。何苗手下是确实有部队的。[①]

灵帝之前的桓帝在世时不很得人心。他从公元159年起过分依靠宦官，因而引起当官的和想当官的人的不满；这些人都自视比宦官及其盟友们"清高"，骂他们为"恶浊下流"。反对宦者的奏疏如雪片飞来，又发生了几件所谓"清"官同所谓"恶浊"宦官相斗的事件，而在官吏们生死存亡的问题上朝廷已被认为无能为力。公元167年，太学的学生们和与他们有联系的官吏们竟然骚动到使朝廷认为，非得清除其中的某些人，使之不得担任任何公职不可。在政治哲学方面，某些作者以空前的激烈程度抨击当时的弊政。

在灵帝时代，帝位和帝位占有者的威信进一步有所削弱。他生前被人称为"昏庸"之君，他死之后不久，当时的主要政治人物董卓（死于公元192年）说道："每念灵帝，令人愤毒。"公元190年，灵帝之先的四位皇帝被说成"无功德"而除了庙号；[②]至于灵帝，则自始就没有人想到要给他一个庙号。他在位期间，至少人们有一次策划要以刘家其他成员来替换他，而且他必须忍受目睹在中国各地有四个人

---

① 关于何进和何苗，见《后汉书》卷八，第348、354、358页；《后汉书》卷十下，第447页；《后汉书》卷六九，第2246页以下。

② 《后汉书》卷九，第370页；《后汉书》卷七四上，第2374页；《资治通鉴》卷五九，第1903页（雷夫·德克雷斯皮尼：《汉朝的末年：司马光的〈资治通鉴〉卷58—68所载公元180—220年间的大事记》，〔堪培拉，1969〕，第55页）。

先后称帝对抗的屈辱（一次是公元 172 年在南方；一次是公元 178 年在洛阳本地；一次是公元 187 年在北方；一次是公元 188 年在西部地区）。[1] 公元 184 年出现了一次大规模的宣传运动,使得千百万农民群众相信:汉朝的气数已尽,农民应该拿起武器来推翻汉王朝,开创一个幸福康乐的新纪元。这就是头裹黄布为号的黄巾军叛乱:它虽早在公元 185 年初即已被平定,但其余烬,至公元 189 年 5 月间犹历历在目。

军事组织

黄巾叛乱的影响特别表现在军事组织方面。第一,汉朝有正式常备军五营,此即公元 168 年拒绝援助窦武的那支部队。现在不清楚的是,189 年 5 月这支部队是怎样部署的;它可能有几支人马已派往叛军起事的各处。所有这些叛乱多多少少地无一不是公元 184 年黄巾起事的结果。[2]

当黄巾叛乱爆发时,朝廷匆忙地给派往战场平定叛乱的军人创造新的名号。在那 5 年战乱期间,有些封号废除了,但在 189 年 5 月间还有许多封号和人物并不适应常备兵役制度。例如,皇后的异母兄大将军何进便是。他的封号几乎是黄巾起事的消息到达京师的那天给予他的。虽然他在平叛中并未起过作用,但叛乱平息之后这封号仍未收回。还有一个"票骑将军"的封号则给予了皇帝母亲的侄子。

车骑将军的封号则给予了皇后的另一个异母兄（何苗）,其次是在公元 189 年 5 月另外任命了其他三位将军。其一是册封的后将军袁隗（死于 190 年）,此人出自袁氏大族。[3] 另外两人为前将军和左将军:他们都被派往帝国的东部去平叛。这六个将军封号都偏离了常规做法,而且有几种封号自 150 年前的光武复辟战争以后一直未曾启用。它们之得以恢复不仅是对于无休无止的叛乱的反应,也是为了满

---

① 《后汉书》卷八,第 334、354、356 页;《后汉纪》卷二四,第 4 叶（第 285 页）。

② 《后汉书》卷八,第 348 页以下。

③ 《后汉书》卷八,第 354、356—357 页。关于各种将军的封赠和任命,见毕汉斯:《汉代的官僚制度》（剑桥,1980）,第 121 页以下。

足那两位外戚家属成员的野心。

大将军的头衔曾在公元 168 年给窦武封过短暂的几个月，它倒是屡见不鲜的事。在何进之前曾有六名官员被任命为大将军，但是除了一人以外，其余都在与宫廷的斗争中死于非命。[①] 显然，有几位大将军同皇帝之间有利害冲突，这在何进也不例外。公元 188 年以前，大将军事实上是给予平民的最高头衔（太傅除外），而何进在危急时期能利用他的权威来制服朝廷和宦官。可能正是由于这种缘故，灵帝于公元 188 年 9 月采取了一个前所未有的步骤，即任命了一名宦官来做一支崭新的军队的上军校尉。这位上军校尉蹇硕（死于公元 189 年）是皇帝的亲信，甚至大将军亦被置于其麾下。[②]

这支新部队被称为西园军，表面上是说皇帝因害怕黄巾才建立的。在这个宦官上军校尉之下皇帝还任命了七名非宦者为西园军的下属校尉。其中有几个校尉在反对黄巾军和其他几次叛乱中使自己出了名；另外一些人则出于袁氏大族或者是袁家的门生故吏。这些校尉的士兵们可能早已受各该校尉的指挥，而这或许就是创办这支新军的第三个理由。在勘定叛乱的时期，许多私人都已开始招募自己的部队。西园军是使这些部队得到某种合法化，保证他们能为皇帝去作战。

任命一名宦官做上军校尉，这是窦武危机之后一系列合乎逻辑的发展的最后一步，结果是宦官的权力扩展到了帝国政府的各个部门。曾经阴谋搞垮窦武的曹节在公元 169 年做过一百天的车骑将军，在 180 年又出任此职达 5 个月。另一名宦者在 186 年也做了 4 个月的车骑将军，现在蹇硕却做到了上军校尉。公元 188 年 11 月 21 日，皇帝驻跸大华盖下检阅他的军队，并自称"无上将军"——这是后汉时期拥有这另一个称号的第一位皇帝。[③]

尽管如此这般戒备，西园八校尉几乎未敢冒风险参加野战。公元

---

① 见下面第 8 章的《文官的征募》的有关部分。

② 《后汉书》卷八，第 356 页；《资治通鉴》卷五九，第 1890—1891 页（德克雷斯皮尼：《汉朝的末年》，第 40 页，并见 385 页注 13）记述了这西园八校尉的建立；关于蹇硕，见《后汉书》卷五八，第 1882 页；《后汉书》卷六九，第 2247 页。

③ 《后汉书》卷八，第 356 页；《后汉纪》卷二五，第 9 叶（第 303 页）。

188 年 12 月，上军校尉派了一名他的副职去西部作战，另一名校尉则在京师的南边胜利地打击了黄巾余部。可是，这后一名校尉的战绩未得到承认，而且在皇帝死之前一个月便毙于狱中。公元 189 年的最初几个月，当流窜的叛军威胁到京师时，派去打仗的竟不是西园军，而是一位带领私人军队的大臣。对于另一支朝廷不能攻克的叛军则滥加封赏；这个姿态表明，朝廷对叛军也要花钱来买动。不管它是新的称号、新的编制和新的军队，总之都表现了朝廷确实的软弱无能。

当灵帝快要死的时候，两位将军中的一人在东边作战。董卓被召回京师接受一个文职任务，但他拒绝受命。反之，他声称他的军队不让他离职，他带了他的部队向京师进发。灵帝去信谴责他，董卓对此置之不理。当灵帝弥留之际，董卓已进到距京师的东北约 80 英里处，待机"以观时变"。[1]

大放逐（党锢之祸），公元 169—184 年

灵帝在位 20 年，它代表了宦官在汉朝历史上最长的连续统治时期。我们已经看到，在这个时期的末年，宦官的势力是怎样伸展到了军事组织中去的。现在不太知道宦官的背景如何：他们是怎样和被谁选来阉割的，又是怎样在宫里取得地位的。我们不知道是否有一种选拔的制度，也不知道他们要不要经过考试。但是我们只知道他们对事务有巨大的影响；知道他们一旦邀获人主的恩宠，便能掌握住大权，历久不衰。[2]

公元 189 年 5 月，牵涉到窦武危机中去的所有重要宦官都已退出舞台。侯览已在公元 172 年自裁，王甫在 179 年死于狱中，曹节在 181 年以寿终。他们的位置已由新人接替：一为西园军的上军校尉蹇硕（死于 189 年）；一为在公元 186 年做过 4 个月的车骑校尉的赵忠（死于公元 189 年）；一为张让（死于公元 189 年），即支持皇帝在财

---

① 《后汉书》卷七二，第 2322 页；《资治通鉴》卷五九，第 1897 页以下（德克雷斯皮尼：《汉朝的末年》第 48 页以下）。

② 关于宦官的早期历史，见上面第 3 章《宦官的作用》。

政上搞鬼的那个大权术家。灵帝称赵忠为"母",而称张让为"父"。
袁家在宦官队伍中也有自己的人,即袁赦(死于公元 179 年),他的
职位是中常侍。[①]

宦官的编制在称号和职位方面名目繁多,令人眼花缭乱,而且它
们在灵帝时代更是有增无已。大约到了这时,宦官们往往被授予爵
位,而且可以传给他们的义子干儿。宦官通常是成帮地受封,这表明
他们在帮助皇帝反对一个军人领袖或一个野心勃勃的官僚时,他们是
拉帮结伙地同谋共事的。公元 126 年,19 名宦官因拥立顺帝(公元
125—144 年在位)有功而被同日封爵;公元 159 年,5 名宦官(另有
7 名非宦官)因帮忙清除大将军梁冀(死于公元 159 年)的势力有功
而被封赏;公元 168 年,18 名宦官因帮忙剪除窦武和陈蕃有功而被
授予爵位;公元 172 年,12 名宦官因发现了一宗反皇帝的阴谋而受
勋;公元 185 年,12 名宦官因使皇帝相信他们曾镇压黄巾有功而被
授勋。赵忠与张让便是属于公元 185 年这 12 名受勋的宦官之中的
人。[②]

公元 175 年以后,给宦官的名号越来越多了。根据那一年的诏
告,宫内原由官员主管的官署今后统交宦者掌管。同样地,所有原来
主管官员的副职也都交由宦官担任。不清楚这一措施落实到哪些部
门,但很可能的是,从公元 175 年起,皇帝的膳食、文房四宝、衣
物、珠宝珍物以及甚至他的医疗保健问题,一律交给了宦官。自公元
175 年起也有一名宦官决定物价("谐价"),这可能指的是决定宫廷
购物的价格。[③]

可是,比起因为公元 169—184 年的党锢之祸而使他们的干儿
义子、兄弟和父母都担任官职一事,这就是小巫见大巫了。党锢之
祸开始于公元 169 年之末,那时一方面是窦武危机之后深得皇帝宠

---

① 关于这些宦官,可看《后汉书》卷三四,第 1186 页;《后汉书》卷四五,第 1523 页;
《后汉书》卷七八,第 2522—2538 页。
② 《后汉书》卷七八,第 2525、2534—2535 页。
③ 《后汉书》卷八,第 337 页;《后汉书》志第二六,第 3590 页以下;见本书第 8 章《中
央政府》的有关部分。

信的宦官，一方面是有些不满于自己无权无势的大官僚：这两种人之间郁积了冲突的种子。这个冲突此时已经爆发，而且是宦官取得了胜利。有 8 名官员被指控为结党营私，将有所不利于皇帝，而当这 8 名官员被杀之后，便为屠杀他们的门生故吏、儿子和父母达百多名的道路开了绿灯。屠杀完了以后，他们的妻室儿女被充军到北方寒带地方或南方瘴疠之区，然后在廷尉官署上张榜除名，使这些人免官禁锢，永不录用。不仅他们本人如此，甚至黑名单上的五服以内的人也不得例外。①

年仅十三岁的灵帝要过了一些时候才能够完全懂得发生了什么事情。虽然大规模的禁锢运动已因公元 166—167 年官员和宦官之间类似的斗争而已在实施，但新皇帝并不知道"党锢"究为何事。当他被告知，它意味着这个"集团"阴谋反对国家本身时，他批准了这道诏旨，从而开始了大禁锢运动。公元 176 年有一名官员竟敢请求废除禁锢运动；其结果是，禁锢运动更加扩大规模，使之适用于每个与这个"集团"有牵连的人。公元 179 年随着侯览和王甫的死，禁锢运动有所收敛，但它仍在进行，直至公元 184 年黄巾军起事时宦官已无力再支配任命官员之日，大禁锢运动才告停止。② 可是与此同时，高级官职的性质已起了变化；它从原来要通过本事和建功立业才能达到的目标变成了可以出最高价钱任意出卖的东西。

在汉朝初年，宦官的数目不超过 14 人，但据说到了灵帝末年，其数已膨胀至 2000 人。不能设想，这么庞大的队伍会安分守己，太平无事；事实上他们内部已是纷争不已。他们最尖锐的对峙是发生在以母党为一方和以后党为另一方的宦官之间。另外一个派系分裂表现为公元 185 年因功而受封的那 12 名宦官和那些不满意他们支配帝国的财力和人力的其他一些宦官之间的对立。在灵帝时代就曾发生过宦官彼此互相反对的阴谋，其结果是互相控告指责对方。最后那 12 名宦官打倒了所有他们的敌人。

---

① 《后汉书》卷八，第 330—331 页；《后汉书》卷六七，第 2183 页以下。
② 《后汉书》卷八，第 338、343 页；《后汉书》卷六七，第 2189 页。

公元 171 年的一个阴谋是把皇太后从她舒适的幽禁处所释放出来；而最严重的一件事无过于有一名太监在公元 184 年告诉皇帝：由于那 12 名宦官的横征暴敛和党锢之祸才引起了黄巾叛乱。关于第一件事，插手窦太后事件的宦官们被控以恶毒地攻击皇帝的生身母亲——所以这两个女人就被人利用来彼此斗法。关于黄巾事件，巧妙的手法使非难的视线从 12 名活着的宦官身上转移到了早在前几年即已死去并已失宠的王甫和侯览身上；然后转移到了两名属于皇帝母亲那一党的宦官，最后就转移到了控告者本人身上。我们看到，那 12 名宦官甚至在第二年还因为他们吃过苦而受到封赏。[①]

宦官本人只在宫内掌权，但是在党锢的年代，宦官的亲朋故旧都在京师内外遍布要津，因此构成了一个广大的势力网络。现在不知道禁锢的结局怎样影响了这种局势，但是宦官们在灵帝余下的岁月里仍然掌握了大多数重要权力。不论用什么谋划来诋毁和摧折他们，他们总是得以死灰复燃。反之，只要他们想搞垮某人，他们又几乎总是能得逞其志。

最引人注意的一件事就是已故桓帝的幼弟渤海王（死于公元 172 年）之事。渤海王被免爵，又被国除，但他答应贿赂王甫，如果王甫能帮忙他复国的话。王甫满足了他的愿望，但渤海王拒不给钱。公元 172 年，王甫伺机报复。渤海王被诬大逆不道。他自杀，王甫等 12 名宦者受封。[②] 公元 179 年，一起反对宦官的密谋落得了悲惨的下场，4 名高级官员送了命。公元 181 年，劝皇帝不要废黜何皇后（她刚毒死了王贵人）的就是一伙宦官。可以举出更加多得多的说明他们胜利的例子，而他们失败的例子就是不多。只要灵帝活着，他们的影响就不会被破坏，而灵帝对他们的最后信任就表现在他在临终时把爱子刘协托付给上军校尉蹇硕。[③]

---

① 关于这些事件，见《后汉书》卷七八，特别是第 2534 页以下。
② 《后汉书》卷八，第 333 页；《后汉书》卷五五，第 1798 页；《后汉书》卷六四，第 2109 页。
③ 《后汉纪》卷二五，第 12 叶（第 305 页）；《资治通鉴》卷五九，第 1894 页（德克里斯皮尼：《汉朝的末年》，第 44 页）。

公元 189 年 5 月官僚体制的状况

在灵帝统治二十一年中（公元 168—189 年），帝国的官僚体制已改变得面目全非了。如上所述，由于自黄巾以来的一系列叛乱折磨着他的统治，恢复或者重新创立了许许多多军事头衔，以满足京城里各种各样的利害关系。在文职方面也发生了类似的变化。有几个新头衔被新设立或者被恢复起来；在其他一些情况下，则是给原官署授予了新的职能或者给予了新权力，如果这种新头衔只是关乎皇家私事，其影响或许不大。这是指公元 180 年新建了三处皇家苑囿，181 年建立了御厩，183 年建立了圃囿署。① 这些新机构设施可能只是由宦官署领。

最高级的文职并无明显的变动。太傅胡广已死于公元 172 年，未任命继任人选。这是按惯例行事；太傅的任命名义上是要让他引导年轻而不更事的人君"向善"，因此当一位太傅死了的时候，要到有新君嗣立才应任命一位新太傅。诚然，胡广本人的任命是有些出乎常格，因为他是灵帝的第二位太傅；前任太傅陈蕃已在公元 168 年 10 月死于宦官手中。很显然，人们再没有考虑违背故事来给灵帝任命第三位太傅，更何况他在公元 171 年已经到了法定年龄。② 因此，在 189 年 5 月这个位子便空出来了。

当太傅位子空出来以后，最高层文官便包括三公、九卿和俸给相当于九卿的八尚书。表面上，这个结构终灵帝之世面貌依然，但是事实上，它在 178 年以后的局势中已有很大的变化。从那时起，高级官位须得用钱买；它们不再授予贤能之人，而是卖给最有钱的人。③

在某种意义上说，卖官是开始于大约 70 年以前的一个发展过程

---

① 《后汉书》卷八，第 345、347 页；毕汉斯：《东汉的洛阳》，第 81 页。

② 《后汉书》卷八，第 329、332、333 页。

③ 《后汉书》卷八，第 342 页；毕汉斯：《汉代的官僚制度》，第 141 页；毕汉斯：《东汉的洛阳》，第 78 页。

的逻辑结果，因为那时如果出现了捉摸不定的或灾难性的事变，习惯上得免三公的官。像地震，像连头婴儿这类事件就被认为是上天对皇帝行为的批评，因而只要移罪于三公，皇帝就可以被被除。可是在这种情况下，不可能预言三公的任职期间会有多久。事实上，他们的职能与政治现实是分开来的。他们的权力这样的被削弱是用增加其他政府机构的权力来使之得到补偿的。最初，这是由尚书台来补偿，但自窦武事件之后便转移到宦官身上了。①

在从前，即在公元 109 年和 161 年，只是在有限的规模上和一定时期内，并且是为了解决巨大的财政困难，才在个别情况下准许买卖官职。但是在公元 178 年，卖官已卖到国家的最高职位，而灵帝除了表明出于他自己的贪欲、他母亲的和几个宦官的贪欲之外，也根本提不出任何正当的财政困难的理由。如果是因为三公的地位并不重要而使得出售官职成为可能，那么，是最高层的贪污腐败使卖官鬻爵产生了诱惑力。

买卖官职之举是在西园的被一个称为西苑的地方组织进行的。三公之一的位子值钱 1000 万；九卿之一的位子值 500 万；而在约 100 个左右的郡守中，一个职位得花 2000 万钱。② 对于那些声誉好的人价钱可以减半，而实际上，每一个想得到官职的人都必须首先去西苑进行讨价还价。在这种种交易中，朝廷并非总是赢家。公元 185 年，崔烈（死于公元 192 年）以 500 万买得了司徒之职，在授职仪式上人们听到灵帝说："悔不少靳，可至千万！"为了得到更多的钱，公元 187 年以后灵帝准许出售关内侯。③

灵帝委婉地称他所搜括来的钱为"礼钱"，他因此在西园建了一

① 关于这些事情及其与政治和其他发展的关系的记载，见《后汉书》志第卷十二至十八。关于把这些事情作为批评之用的讨论，见毕汉斯：《〈前汉书〉各种凶兆的解释》，载《远东古文物博物馆通报》，22（1950），第 127—143 页。以及毕汉斯：《汉代的中兴》第 2 卷，载《远东古文物博物馆通报》，31（1959），第 237 页以下。

② 郡守花的钱从洛阳南宫发生灾难性的火灾后开始，有时能数达 3000 万钱；毕汉斯：《洛阳》，第 31 页以下。

③ 《后汉书》卷八，第 355 页；《后汉书》卷五二，第 1731 页；《资治通鉴》卷五八，第 1878 页（德克雷斯皮尼：《汉朝的末年》，第 261 页）。

个金库来储藏它。他也在那里储存从全帝国流入他手中的"礼物"：其中有送给他的，有送给他母亲的，也有送给某些宦官的，目的在于期望得到批准或者提升；在这里还存了从老百姓那里榨取的千百万钱，那是公元185年为了建宫殿以每亩（约0.113英亩）十钱开征的；在这里也储存了用非常敕令征集的三亿钱。另一创举即"助军之费"也存放在这里，但是，当皇帝在公元185年取消了国库和皇帝私藏之间的区别以后，他又建了万金堂来存放帝国的岁收。西园对整个政府唯一有些用处的是在公元184年，那时皇帝大方地把他的马匹交给了与黄巾军作战的军队。[1]

有些买高官的人都是些暴发户：他们的祖先默默无闻，他们的后代也名不见经传。可是，另一些人中却也有帝国社会的精华。有势力的袁家为在公元182年为他家的袁隗买了一个三公之位；一个宦官的养子曹嵩（死于公元194年）在公元188年据说以一亿钱也买得了一个三公之位。[2] 做汉朝三公之一，其威权是值得付出高价的。

如果在首都追求高级职务者不乏其人，那么，猎取其他职位的情况就有所不同了。除了那些不想花钱并且对征逐结果表示大惊小怪的人（因而给朝廷惹些麻烦）之外，还有需要采取某些非常步骤来填满所有职务的更深刻的原因。一个是从公元169年直到184年的党锢方面的原因。另一个就是所谓的回避制度上的原因：即一个官员不许在他所出生的本郡本县任职；他也不准在其妻的住处供职。[3] 这些规定越来越复杂，所以在灵帝时代就出现了许多长期的空缺。

为了能够多弄些人来做官，朝廷在公元176年经过一个简单考试后任命了年岁大的太学生一百多人；第二年又搞了一个惊人举措，即让某些商人戴"孝子"衔，而给了他们一些小官做。这些特别措施并

---

① 《后汉书》卷八，第351—352页；《后汉书》卷七一，第2300页；《后汉书》卷七八，第2535页。关于"礼钱"问题，见《后汉书集解》卷八，第8叶，最后脚注所引。

② 《后汉书》卷五二，第1731页；《后汉书》卷七八，第2519页。

③ 关于这些规定，见严耕望：《中国地方行政制度史》第2卷，《秦汉地方行政制度》（台北，1961），第345页以下。

未奏效，于是在公元 178 年又发动一个空前的步骤。一个崭新的太学——鸿都门学——被建立了起来，它的学生实际上得到了保证，即一定都有官可当。鉴于在公元 172 年，即在另一次京师的简短争权斗争中他们有一千多人曾被宦官拘禁，原来正规太学的学生显然被认为政治上不太可靠。毫无疑问，这在新的太学中引起了震动。有几个官员抗议皇帝对新太学学生的偏爱，但所有的证据表明，皇帝对他们的申诉未加理睬。[①]

上面已经谈到叛乱怎样影响了军事组织，在灵帝统治的最后一年，叛乱的影响也在文职上感觉了出来。朝廷开始注意到，它屡次没有能够迅速地解决叛军的问题，其原因盖在于地方行政的软弱。叛军活动范围通常过于广泛，各郡比较不足的军队不够应付，但是，又没有一个在现场的人有充分的权威能动员和指挥更多的军队。每一次部署一支稍大的部队，朝廷就必须任命一位新指挥官。等到这任命的全部过程完成之时，叛乱往往已逐步升级，或者已给各郡的官军以重创。可是，朝廷又怕把指挥着大军而有潜势力的校尉们留在地方上，因此从一开始就只搞一些权宜之计。公元 179 年曾经让一位朝廷官员长期当地方军的指挥官，但已证明它并不成功。在那以后的几年当中他们也设想过其他办法，但在公元 188 年朝廷采取了一个重要的、回顾起来却是致命的步骤。它给被叛乱蹂躏了的州任命了州牧。[②] 这些州牧常驻在他们辖境内；他们拥有正式的九卿官阶，地位在所有其他地方官员之上。换句话说，相当独立的地方政权中心已经形成。其中有一个地方政权就发展成了完全独立的帝国，使自己承受了汉朝的天命，并且自称是它唯一的合法的继承者。

灵帝在弥留之际发表了两项任命；这两项任命都与州牧有关。他把信使派往北方一个地方，给刘虞（死于公元 193 年）这个很成功的

<hr>

① 《后汉书》卷八，第 333、338—340 页；《后汉书》卷七八，第 2525 页；毕汉斯：《汉代的官僚制度》，第 141 页；以及本书第 8 章《文官的征募》中的有关部分。

② 《后汉书》卷七五，第 2431 页；《后汉书》卷八二下，第 2734 页。

州牧加封为太尉。这只是第二次任命京师以外的人为三公。[①] 与此同时，他还派使节去西方，使赍州牧玺书给一个拒绝解散自己军队的将军。这位抗命的将军正领兵向京师进发，所以任命他为州牧就是想迫使他回师自己原驻地的最后一着。[②] 不管朝廷有什么理由，此事未能如愿。这个将军就是董卓，他虽然有了加封，但仍然统兵向京城进发，如上所述，当灵帝在公元189年5月13日停止呼吸时，他已行进至距洛阳西北80英里处。

叛乱与战争

四种战争困扰着灵帝的统治：外族对中国领土的侵袭；中国领土内的外族的起事；使汉族互相斗争的叛乱兵变，它们通常是由于物质困苦所致；以及带有宗教的、反王朝意义的叛乱。

外族的侵袭并不是新奇的事情，也不是朝廷无力保卫自己免受北方游牧民的侵扰，后者对买不起的东西就实行抢掠。有一个历史学家说道：鲜卑犯幽州，杀略吏民。"自此（灵帝建宁元年）以后，无岁不犯塞。"[③] 这特别是指东北边地一带的形势。乌桓和鲜卑这两个游牧民族每年冬天都要南下牧马，骚扰比较富庶的汉民城镇，只是在公元177年朝廷才派过一次大军讨伐他们。[④] 这次讨伐军的部分军队不是汉民，而是另一异族的骑兵，以此实践了中国的政治格言——"以夷制夷"——的策略。这支讨伐军被打败，从此以后战争就交给地方官员去进行；当然他们是不能胜任愉快的。

如果我们放眼看看北部边疆的西线，汉民和卜居于此的其他外族之间的情况就更加复杂了。公元50年，后汉的第一位皇帝曾经允许一支匈奴人居住在长城里面。[⑤] 这事实上意味着他把一片领土让给了

---

① 《后汉书》卷八，第357页；《后汉书》卷九，第368页；《后汉书》卷七三，第2353页以下。关于第一次这样的任命，见《后汉书》卷七二，第2321页。

② 《后汉书》卷七二，第2322页。

③ 《后汉纪》卷二三，第5叶（第271页）。此一说法不见于《后汉书》内。

④ 《后汉书》卷八，第339页；《后汉书》卷八九，第2964页。

⑤ 见本书第3章《边境和邻邦》；以及第6章《匈奴》的有关部分。

他们，但在汉人的眼光里这片地方仍然是帝国的一部分。灵帝在位的时候这一安排并未引起麻烦，反而事实上是这些匈奴人的骑兵在公元177年帮助皇帝攻打了鲜卑人和乌桓人。可是，快到灵帝统治的末年，匈奴内部发生了争夺汗位续承权的斗争，其中争权失败的一个领袖向皇帝乞援，竟然大失所望。他在感到灰心失望之余便参与了汉人的地方叛军，而在灵帝死时这两股势力就合流了。

再往西边和一直到南方的一片地区则由汉人和另一外族羌人居住。虽然羌族此时并不住在西藏，但在西方文籍中通常称他们为"原始藏人"。[①] 羌人在灵帝时期比匈奴人更好斗。公元184年紧接在黄巾叛乱之后，羌人和许多汉人都起来反对汉帝国。这次叛乱波及甚广，并且有两次威胁到旧都长安（在公元185年和187年）。

有一个时候局势看来是没有希望了，以致司徒建议皇帝放弃整个战乱地区，但在公元189年3月，即在灵帝临死之前两个月，朝廷对羌汉联军勉强赢得了一次胜利。[②] 不幸的是，这次胜利的结果仅仅是使叛军分裂成了三股；其中有一个汉人自己称了王，到30年后才把他赶走。

在南方各地，汉民与通常笼统地称为"蛮"的几个外族杂居在一起。跟"蛮"族的关系也很紧张，经常是剑拔弩张的。从公元178年至181年，战争连年不断，最后才由朝廷获胜。在灵帝的其余年代中，麻烦之事此伏彼起，但在他死的时候局势还算是相当平静的。[③]

不常见的是，汉民农夫和士兵仅仅由于处境绝望就揭竿起事。在公元170年、186年和187年共有三次起事，但是甚至在这些事件中，人们也不能够确定叛乱是否别有用心。[④] 别有用心的叛乱对汉帝国最具破坏性。这种叛乱有时被称为"宗教性叛乱"，因为叛乱者的目的不仅是政治的，它也是宗教的。在当时中国人的思想中，虽然实际上君

---

① 见下面第6章《羌族》。

② 《后汉书》卷八，第350、352页；《后汉书》卷七二，第2320页；《后汉书》卷八七，第2898页。

③ 《后汉书》卷八，第340、345页；《后汉书》卷八六，第2839页。

④ 《后汉书》卷八，第332、352、354页。

临天下的皇帝不总是代表宇宙的力量，但王朝却是它的代表。在这里，宇宙力量究竟意味着什么倒无所谓：对有些人来说，汉王朝是"火"德的活的体现，只要"火"德不衰，王朝的统治就是无可争议的。对另一些人来说，汉王朝体现着早已在奇异的、秘教式的书中写下了的古老的预兆。难道孔子本人就不曾预见到他死后三个世纪汉朝会掌权吗？[①] 甚至对于更刻板的人来说，汉王朝的存在本身就证明是天意所属，因而只要没有人相信天命已改，他们就得容忍汉王室的存在。

中国人的最高政治格言与法国的一句古话——"我们不应该对皇帝觊觎非分"有所不同。——中国人另有自己的一套说法："夫废立大事，非常人所及。"[②] 不管一位将军和一位大臣有多大权势，只要没有可见的天象足资进行冒险，这权势是无助于建立一个新王朝的。个人的成就可以看成是上天的嘉许，但其含义是模棱两可的；因为它可以说是上天对他本人的赞许，也可以像有些人认为的那样，是上天对他给王朝的服务所表示的嘉许。如果上天确实表示要建立新王朝，得显示更多的证据。

对有些人来说，这种证据包括象征和奇迹；对另一些人来说，则包括新的预言；对再有一些人来说，它就是能够提供证据的理论和数术。总而言之，谁要想建立一个新王朝，谁就应该拥有（或编造）上天的支持，即以某种方式证明汉王朝气数已尽。相反的，当一个新王朝确实宣布建立以后，人们应该确实知道上天已有支持的表示。正是在后一种情况下，所谓的"宗教叛乱"才引起人们的注意。

"宗教叛乱"是我们对"妖贼"一词的译法，此字初见于中国史书是在公元 132 年。[③] 它的直译应为"有法术的叛乱者"，但从我们仅有的一点资料看，它实际上是意味着"利用象征和奇迹来支持

---

①　关于这些理论及其意义，见上面第 3 章《王莽的崛起》中有关的部分。关于孔子的这个引喻，见《后汉书》卷三十下，第 1067 页；以及张朝孙（音）：《白虎通》（莱顿，1949，1952）卷 1，第 113、115—117 页。

②　《后汉书》卷七四上，第 2375 页（德克雷斯皮尼：《汉朝的末年》，第 60 页）。

③　《后汉书》卷六，第 260 页。

其事业的叛乱者"。那些象征和奇迹究竟所指何事，历史学家从来不屑于深究，但是，叛乱者究以何种名义起事，我们却掌握了大量的事实。"妖贼"所想要的是这样的一个新皇帝：其人绝非汉室的皇帝，而是出自自己的队伍。换句话说，他们需要改朝换代。这一点在公元144年以后变得越来越明显，因为那时洛阳的、王位继承问题是被大将军梁冀（死于公元159年）公开地操纵的。梁冀毒死了一个汉帝，又另立了一个汉帝，即桓帝。或许是对此作出的反应，我们在公元145年就看到了三位叛乱皇帝，而且在公元147年、148年、150年、154年、165年、166年、172年、187年和188年又有九人称帝，通常他们都有很多支持者。①

我们还知道有几件心怀叵测的大阴谋——它们分别发生在公元147年、161年、178年和188年。从这些叛乱皇帝的头衔看，他们把自己看做是新时代的创建者，或看做是一个宇宙—宗教过程的完成者。我们看到有两个黄帝：一个是在公元145年，一个是在148年，因此我们可以假定这两个自称黄帝的叛乱者认为，以红色为尚的火德之治已成为过去，而一个新的世纪，即尚黄色的土德之治已经到来。② 公元145年我们见到有一位黑帝，他或许是要建立水德之治，色尚黑。另外，我们发现在公元154年有一位"太初皇帝"；165年有一位"太上皇帝"；166年有一位"太上皇"；172年有一位"阳明皇帝"（其意似为"太阳之光的皇帝"）。

产生这后一位皇帝的叛乱是灵帝时期的第一起"妖贼"之乱。我们不知道这些叛乱者有何理论；我们只知道朝廷花了三年时间来镇压这次暴发户式的对手。可是，宗教很难用武器根除，而正在这个时期当这次叛乱爆发于中国南方的时候（公元172—175年），一个医生之家却在华北以奇迹治病给当地人民留下了深刻的印象。他们告诉人们，

---

① 关于桓帝即位的问题，见本书上面第3章《光武帝死后的朋党》。关于那些自己称帝的人，见《后汉书》卷七，第277、279、291、293、296、300、316页；《后汉书》卷八，第334、354、356页。

② 见本章《王朝与形而上学》。

疾病是罪恶之果，因而人们如果忏悔了罪过，就会恢复健康。这个治病教派的领袖人物名叫张角（死于公元 184 年）；在他活动的某些时间中他主张应由他取代汉室。

为了达到这个目的，他开始把追随者组成一个一个单位，鼓动他们相信可以期望一个美好的、太平的世界即将到来。他预言："岁在甲子，天下大吉。"因此他在公元 184 年起事，按照传统的算法，那一年就是这个甲子开始之年。① 这种阴谋并无秘密可言，而且早在公元 181 年，大司徒已经给皇帝上书，明言有某种运动正在进行之中，因此他想用和平方法驱散张角的徒众，因为不然的话，他们是会闹事的。可是，这封奏疏写后不久就遇上皇宫后宫失火，司徒免职以消弭上天愤怒之象，此事就被搁置了起来。②

张角能够实行他的计划了：起事日期定于公元 184 年 4 月 3 日——于这日在各地同时首事。刚在起义的前一天，张角的一名追随者因为怕事而向皇帝泄漏了机密及其细节。当皇帝下令作进一步调查时，张角认为他已不能等到约定之日再起事了。③

当朝廷的调查牵涉到了成百计的人（其中包括信奉张角教义的宫廷卫士在内）的时候，可能引起一些惊动；但当传来的消息说叛乱已同时在不下于 16 个郡起事并且逼近京畿之南、东和东北一带的时候，这才真正使人们大吃一惊。这就是黄巾叛乱。各郡的政府军纷纷败北，重要城池被攻占，汉宗室诸王被绑架，许多帝国官员则自逃生路去了。

颇为奇怪的是，我们并不知道叛乱究竟是在何时爆发的。我们只知道它必定爆发于公元 184 年 3 月的某日，因为朝廷的第一次反应是

---

① 《后汉书》卷七一，第 2299 页。这一段话讲的是"大吉"，即指新的一轮甲子。《资治通鉴》卷五八，第 1864 页则用了"太平"二字；这也见于《三国志·魏书八》，第 264 页注 1。关于"太平"的概念及其意义，见安娜·K. 塞德尔：《初期道教救世主义至善统治者的形象》，载《宗教史》，9：2—3（1969—1970），第 217 页以下；以及下面第 16 章《汉末的民间道教》的有关部分。

② 《后汉书》卷八，第 345—346 页；《后汉书》卷五四，第 1784 页；《后汉书》卷五七，第 1849 页；雷夫·克雷斯皮尼：《孙坚传》（堪培拉，1986），第 24 页以下。

③ 《后汉书》卷七一，第 2300 页。

记在 184 年 4 月 1 日。皇后的异母兄何进（死于公元 189 年）名副其实地被封为大将军。皇宫的卫队和常备军都暂归何进节制，"以镇京师"。[①] 在畿辅地方，第一道防线设在京师之南，置八关都尉官以防守战略要地。最后，朝廷选派三名官员下乡讨伐，其一往北，余二人往南。

对于这几个战役，我们知之甚详。可是，这里只要说明黄巾是在公元 185 年 2 月被击败就够了。但是，朝廷并未长期得到这次胜利的好处。在两个月时间内，黄巾运动像下蛋那样又接二连三地复制了新叛乱，虽然这些叛乱不一定就是以黄巾教义为基础。有些叛乱取些古怪的名字（如"黑山"、"白波"等），有些叛乱径称自己为黄巾。[②]最后，对于朝廷来说，叛乱的浪潮一浪接着一浪而使自己疲于奔命，黑山叛军被任命当了地方官，准许他们可以推荐人员担任官吏。当弄清楚了仅仅这还不够时，朝廷便派了一个军阀统带他自己的亲兵进行讨伐，因为朝廷自己的军队显然已无能为力了。

黄巾叛乱对于军事和行政两方面的影响已如上所述。公元 188 年在今四川境内又爆发了一次群众起事，但是，虽然它的领袖自称黄巾，并且自封天子，西边的这一起叛乱同华东真正的黄巾军似无任何关联。[③] 西川的叛乱也是靠私人军队去对付的，也可能正是因为这个情况才促使朝廷改变地方行政，而任命有全权资格的州牧。

如果不是这一次叛乱，那也是北方另一次更长的叛乱使得朝廷下决心任命州牧。公元 187 年，一名汉人卸职官员使乌桓族几个头目相信汉人对待他们态度恶劣，因此劝他们起来造反，而让他本人来充当其领袖。这个前官员也自称天子，这时就是一位州牧在公元 189 年 4 月平息了事件，其时至灵帝之死只有几个星期。[④]

---

① 《后汉书》卷八，第 348 页；《后汉书》卷六九，第 2246 页。

② 《后汉书》卷八，第 351 页；《后汉书》卷九，第 383—384 页；《后汉书》卷七一，第 2310 页以下。

③ 《后汉书》卷八，第 356 页；《后汉书》卷七五，第 2432 页。

④ 《后汉书》卷八，第 354—357 页；《后汉书》卷七三，第 2353 页；《后汉书》卷八九，第 2964 页；《后汉书》卷九十，第 2984 页。

汉灵帝时代的文化和学术

灵帝时期还有许多细情可谈。那时有地震、水旱之灾、蝗患、虫灾、疫疠以及雹灾。朝廷的对策就是实行大赦，减征税项，施药以及下令祈雨。天上出现了日、月食和彗星，地上出现了一系列非常变异：一匹马下了一个人婴；一名少女生了一个两头四臂的幼儿；植物忽然变为动物形象；雏鸡变成了公鸡；蛇、老虎和疯子潜身出入宫门。[①] 在围绕着汉朝灭亡而出现的民间故事中，这些非常变异都当做汉王朝即将倾覆的预兆而被一一列举出来。

建筑活动也不乏记载，虽然我们也同样经常地听到大火烧了宫殿，宫墙陡然倒塌。建了观象台；铸了四个铜人和四个铜钟；发行了新的钱币。令人高兴的事情是奇菌生，凤凰至，在黄巾叛乱爆发的前一年有材料说曾获得大丰收。有几个周边的外国来向中国的天子朝贡，以此证明他的教化对世界的影响。[②] 可是，据说皇帝本人却沉溺于戎狄之俗：他喜爱他们衣食、音乐、舞蹈和陈设。

灵帝朝最重要的学者或许就是蔡邕（公元133—192年），而最重要的学术事件就是在京师刻成和竖立了石经。这工程于公元175年下令实施，183年完成，蔡邕是这一大项目的主要执行人。汉石经的残片至今仍然存在。[③]

如果我们是比较地注意灵帝的世界，那是因为他的统治是汉朝治下最后的稳定时期。就是灵帝的这个世界，人们对它尚有所留恋并想重建它或它的一部分；但在此同时这个世界又拒不起死回生。当灵帝在公元189年5月13日闭上眼睛的时候，从某种意义上说是整个传统帝国与他一起死了，虽然此事还不能立刻豁然。

---

① 例如见《后汉书》卷八，第352、354页。关于这些事件的其他记载，见《后汉书》志第十二和十三—十八。

② 《后汉书》卷八，第347、353页；《后汉书》卷七八，第2537页。

③ 关于蔡邕，见《后汉书》卷六十下，第1979页以下；《后汉书》卷七八，第2533页；《后汉书》卷七九上，第2558页。钱存训：《竹简和帛书：中国书籍和铭文的开始》（芝加哥与伦敦，1962），第74页以下；马衡：《汉石经集存》（北京，1957）。

王朝权力的崩溃

使得汉王朝走向末日的那些比较复杂的事件，可以概要地说明如下。最主要的大家族和大官们屠杀了宦官，但丢掉了皇帝。董卓那时操纵着皇位继承权，但在东部则形成了一个反对他的联盟。由于这个压力，汉帝和董卓被迫西迁，但是，东方的联盟成员之间互相残杀，最后只剩下了七人。与此同时，董卓死了之后，汉帝漂泊无家，直到后来被曹操收留。曹操以后削平群雄，最后只剩下了两个对手，后来他的儿子取代汉帝，自立为魏帝。他的两个对手也起而效尤称帝，从此中国有 40 年之久成为三国鼎峙之局。

何氏掌权

灵帝时代是一个充满了挑战和变化的时期，因此当他在公元 189 年 5 月死的时候，他留给他的继任者的是一个本质上不稳定的政府。不论由谁来继位，他都会成为各种权势利害冲突的焦点：这些利害关系包括宦官的方面、皇后的外戚、统兵的州牧、职业官僚以及灵帝的生母。在这同时，人民中间对王朝的合法性疑虑丛生，因为这在宗教叛乱里面，特别是在黄巾叛乱之中是可以看得出来的。

谁该继承灵帝？这里有两个候选人：一个是他的长子前刘辩，13 岁；一个是他的幼子刘协，8 岁。前者为后党要立的对象，后者是灵帝之母的宠孙，而且上军校尉蹇硕有灵帝的付托之重。灵帝死后历时一整天这个问题悬而未决，但在 5 月 15 日终由刘辩即皇帝位。他的母亲被尊为皇太后，并且摄政。新的太傅是世家大族袁家的一位袁隗（死于公元 190 年），他与何太后之异母兄大将军何进一起共同掌握了尚书台。刘协被与蹇硕隔离开来，也封了王。蹇硕对形势很不安，但他仍然是西园军队的上军校尉，他试图把宦官们联合起来反对何进。此事泄了密，蹇硕被捕，并于 5 月 27 日被处死。他的军队统由何进归并指挥。①

何氏家族这时控制了局势，于是马上采取行动对付灵帝的母亲。不到六个星期的时间，这位妇人先是丧失了她在宫内的居住权；然后是她的侄子，即票骑将军，在何进的压力下自杀了；最后是她丢了她自己的性命，即她在 7 月 7 日忽然以忧愤卒。②

虽然清除了政治对手，基本问题仍未解决：宦官们的下场究竟怎样呢？在夏季这出戏大幕拉开的时候，主要的参加者为四个人：一为袁绍（死于公元 202 年），即西园八校尉中的一个校尉，袁氏家族的一员和宦官的敌人；二为何进，他不同情宦官，但他得考虑皇太后——他的异母妹——的愿望，因此犹疑不定，延误了时日；三为太后本人，她不愿牺牲宦官，因为那样就会使她和皇帝俩人成为何进和袁绍的实际上的俘虏；最后就是宦官自己，他们没有什么本钱，只有依靠他们本人的才智和太后的支持。隐隐可见地还有徘徊不进的董卓，他正带着他的部队安营扎寨于京城西北 80 英里之处。

公元 168 年的事件对于每个人来说都是最重要的事件；那时窦武也面临着同样的局势，也同样地摇摆不定，也因此丢了性命。袁绍决定不让事态重演，他总是催促何进下手，要他记住窦武的教训，告诉他不要失去时机。何进就来向太后进言，而他总是得到老一套的答复，即对于宦官应使之各安其位。何家的其他成员，特别是何进之弟何苗及其母亲都接受了宦官的贿赂而帮他们说话；这便加强了太后不向何进让步的决心。③

向京城外面求援和屠杀宦官

直到此时为止，情况就好像是窦武危机的重演，但正是这个时候，袁绍搬进了一个新因素，打破了平衡。他认为必须排除宦官，

① 《后汉书》卷八，第 357 页；《后汉书》卷九，第 367 页；《后汉书》卷六九，第 2247 页以下；德克雷斯皮尼：《汉朝的末年》，第 44 页以下；《孙坚传》，第 13 页以下。
② 《后汉书》卷十下，第 447 页。
③ 《后汉书》卷六九，第 2248 页以下。

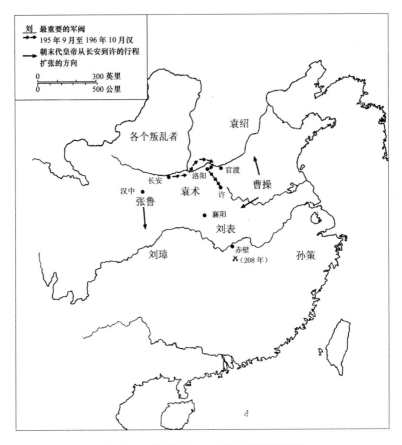

地图 14　约公元 200 年军人的割据局面

而唯一的障碍就是皇太后。要皇太后改变主意，就需要有军队。得
到何进的同意，袁绍召唤了几支私人军队的指挥官向京城进发。何
进自己却有一个更好的想法：召调驻守在京师东北 80 英里的前将
军董卓开进洛阳。① 然后他派了他的一支人马前往京畿乡村，下令
烧杀抢掠。城内已能望见火光，但是太后仍拒不罢斥宦官。何进
的兄弟甚至劝他应该与宦官讲和；因为难道何家的显赫地位不是
得力于宦者才使他们的异母妹最初当上了皇后，而现在又当上了

① 《后汉书》卷六九，第 2250 页；《后汉书》卷七二，第 2322 页。

皇太后吗？

何进又是举棋不定了。他派人去阻止董卓前进的军队，但董卓勉强地接受了命令。另一方面，他批准了袁绍在京城内假节，专命立断；而袁绍则力促董卓及其他私人军将轮番上奏以反对宦官。这种心理战取得了暂时的成功。皇太后也确曾一度罢斥过宦官，但是，他们利用何家其他成员的影响又使太后收回了成命。这就是公元189年9月22日凌晨的局势。

那天的早朝来了一位不速之客，这使宦官们紧张不安：即本来称病在家的何进忽然上朝求见。太后与何进之间的谈话被宦官所埋伏的眼线偷听了去，当他们得悉这和21年前窦武上奏的内容一样，即何进要求处死一切宦官时，他们也和当年的宦官同样感到震惊。

这一回也和21年前一样，宦官又是依靠他们的临机应变之才、全体协作之力和迅雷不及掩耳的行动决定了事变的结局。太后坚决拒绝了何进的请求，而当何进离开皇宫的时候宦官们又叫他转来，说太后还有话要跟他谈。与此同时，他们在太后居室的接待室里聚集了自己的人员和器械。当何进坐在地上等待其异母妹召见的时候，那位主要宦官张让，即帮助灵帝出点子敛钱的那个宦官，[①] 马上为自己和全体宦官最后开脱罪责。他说，第一，帝国搞得乱七八糟并不是他们的过错；第二，在灵帝要于公元181年废太后时是宦官挽救了她；总此以上原因，何氏应该感恩戴德才是。这是何进最后听到的一句话，因为他正在此时被砍下了头。接着，宦官们就撰旨罢黜袁绍。尚书们拒不奉诏，开始要求会见大将军。他们抛出了何进的头颅作答，显然是意在要他们屈服。

现在大将军已死，但还有一个问题。与21年前大不相同的是，京师已无忠于宦官的将军和部队了。这或许是公元168年和189年之间最大的不同，因此它对宦官来说是致命的。当何进的死讯传到袁家时，袁绍的第一个反应就是杀掉那个被宦官任命来取代他的人。然后他率军开向北宫。正在此时，袁绍的从弟袁术（死于公元199年）已

---

① 关于张让，见《后汉书》卷七八，第2534页以下。

统兵向南宫，他便和守卫宫门的宦官发生了战斗。这一仗直打得夕阳西下，但袁术纵火烧宫门，企图用烟把宦官熏出来。[①]

这一把火的效力比预期者大。不仅宦官们经由两宫之间的甬道逃往北宫，他们甚至带了他们仅有的保护伞：即他们带了太后、新皇帝及皇帝之异母弟刘协。可是，太后在混战中逃走了。太后并不知道她几乎只是她家族中唯一的幸存者；她的异母兄，并且据说是受雇于宦官的车骑将军刚在北宫的前面被杀，这是袁绍所默许的。这样，何氏家族就从历史舞台上消失了。被灵帝称为"母亲"的赵忠作为太后之异母兄也在同一日被害。[②]

战斗场面现在移到了北宫，宦官在这里劫持了皇帝兄弟二人。9月25日，袁绍攻入宫中大院内，他叫他的士兵见宦官就斩尽杀绝，据说其数逾2000人。但是，他们要得之而甘心的目标——即宦官张让——却逃逸不见：张让挟带新皇帝两兄弟逃出了城，直奔黄河而去。另一队人马对张让穷追不舍。他们相遇于黄河岸边，最后张让纵身跳入黄河淹死了。宦官由此永远消失在政治舞台上了。[③]

董卓其人

由于宦官被消灭和皇帝又滞留在乡间，谁将填补权力真空就成了突出的问题。何氏家族不能填补，因为它的所有男性成员都已死绝。事实证明，袁氏家族也不行。此事落到了董卓头上：他曾从远处看到京城大火，并且催赶兵马前来参加抢掠。他于9月25日到达京师，这时他获悉皇帝可能在城北某处的山中避难。他带着（甚至是胁迫）国家的高级官员去追寻皇帝。但是，当董卓最后找到皇帝的时候，这种邂逅相遇有些冷淡。年轻的皇帝害怕董卓的军队，因此当董卓想让皇帝向他说明所发生的事情的时候，皇帝竟不能了然地回答他的

---

① 《后汉书》卷八，第358页；《后汉书》卷六九，第2252页。关于袁术，见《后汉书》卷七五，第2438页以下。

② 《后汉书》卷七八，第2534、2537页。

③ 《后汉书》卷八，第358页；《后汉书》卷六九，第2252页；《后汉书》卷七八，第2537页；《三国志·魏书六》，第189页。

问题。

　　董卓于是转而问皇帝的异母弟刘协，他才听到了事情的完整的经过。看来，他们兄弟二人是徒步地闯荡了一个通宵，最后才找到了老百姓家里的一个敞篷车安身；他们就是在这辆敞篷车上才遇上了董卓的。[1] 这个故事后来被说书人着意地渲染了一番，因此在他们关于汉帝国末年的故事中它意味着皇权的衰落达到了无以复加的地步。

　　从此以后，历史过程的一个重要方面是，朝廷为了获得至少是象征性的控制权——不管是道义的或军事的，或者最好是兼而有之的控制权——进行了艰苦的奋斗。可是就在这个过程中，军事力量和道义权威已分属于不同的个人。在汉朝末代皇帝于公元 220 年最后逊位给曹丕（公元 186—226 年）的时候就可以看到在这一方面的努力，即想把两种力量的源泉合在一个人身上；但这种努力只取得了部分的成功。

　　但是，我们得回过头来再谈谈公元 189 年 9 月 25 日的事。当董卓带着皇帝兄弟两人回到洛阳的时候，他面对着一个困难的局面。他在朝廷里没有一把正式的交椅；比起袁氏家族来他不算一个什么人物，而且他的军队也不特别多得给人以深刻的印象。针对着这些弱点，他采取软硬兼施的手段，同时表面上则维护一切外表的合法性。袁绍被他吹胡子瞪眼睛地于 9 月 26 日吓跑了；对于一些大学者，包括蔡邕在内，他也胁迫他们参加了政府。[2] 从严格的法律上看，他做了大司空；他然后援引祖宗成例废掉了给他坏印象的年轻皇帝，而另立了刘协来取代他。

　　这最后的一个计划遇到了或许比他预计的更多的反对，但是他下定了决心，并扫除了一切反对言论。9 月 28 日，他强迫太后废黜了皇帝，立刘协来代替。此后，他把太后逼出了宫外，又在一两天以后弄死了她。[3]

---

[1] 《后汉书》卷八，第 358 页；《后汉书》卷七二，第 2323 页；德克雷斯皮尼：《汉朝的末年》，第 54 页以下。

[2] 《后汉书》卷六十下，第 2005 页。

[3] 《后汉书》卷九，第 367 页；《后汉书》卷十下，第 450 页；《后汉书》卷七二，第 2324页。

不容易理解为什么董卓要做这一切事。可能他是想模仿汉代一位最出名的政治家霍光（死于公元前68年）：后者是一位在董卓之前的263年中唯一一位成功地废了一个皇帝并立了另一个新皇帝的人。① 也可能他是想立一位完全由他制造出来的皇帝。他也可能有其他许多意气用事的理由，但有一点是很确定的：董卓曾经"对皇帝觊觎非分"，而且从此以后他知道，朝廷不是一种资产，而是一种负债。

东方的联盟

我们现在需要把视线从董卓的朝廷移向京城以东的地区。在那个东部地区正在形成反对董卓的反对派，那是由逃出京城的某些重要流亡分子煽动起来的。其中最重要的是袁绍，他是在董卓进入京师后马上从那里逃出来的；还有袁术（死于公元199年），即袁绍之从弟，他是公元189年晚些时候逃出来的，以及曹操（公元155—220年），他是西园八校尉之一，也是在189年快到年底时逃出京师的。附和他们这三个人的还有一些有财产的将官和士兵，有王朝的现任和卸职官吏；他们在一个统一的目标下结成了一个松散的联盟。篡夺者董卓应该被击败，因为他玩弄了废立的手段，因此能够轻易地被人们指为为臣不忠。

至于董卓被打败以后要发生什么事情，就不甚了然了；或许有一个模糊的计划是想让年轻的前逊帝复辟。废帝是董卓的一个负担，因为他容易成为忠君意识的注目的焦点，于是董卓就在次年3月3日处死了这位逊帝。两个月以后他又对袁氏家族实行报复。仍留在京师的太傅袁隗在5月10日连同袁家一切其他成员统统被董卓处死；这就造成了不共戴天之势。②

与此同时，东方联盟的压力已经升级，而皇帝之回到洛阳也开始影

---

① 关于霍光，见鲁惟一：《汉代中国的危机和冲突》（伦敦，1974），第68页以下、113页以下；以及本书第2章《王朝的混乱》。

② 《后汉书》卷九，第369页以下；《三国志·魏书一》，第5页以下。

响着董卓举行反击的机会。如果他离开京城而他去，另一方就会掳去皇帝，宣布董卓为反叛朝廷的叛乱分子；如果他留在洛阳，他的敌人就会比较有行动上的自由；如果他挈带朝廷一起行军，那又会太感累赘笨重。后来找到一个折中的办法，即把皇帝弄出交战双方以外，送他到帝国西部比较平静的地方去，因为董卓在那里可能有最大的州的支持。

对这一非常举措必然有反对意见，但被粉碎无遗。公元190年4月4日，这位幼帝和他的朝廷被送往西部——旧都长安：这时它还是一个重要的城市，虽然它已有约150年未作为京师了。中国人称此举为"车驾西幸"，它事实上是一次大移民，因为成千上万的人民不管愿意不愿意都要追随皇帝西去：他们要抢掠食物，而且被董卓的士兵骚扰得不得安宁。他们形成了悲惨的人群，没有再回到洛阳的希望，因为洛阳已被董卓烧成平地。[①]

这里得再说一说我们的材料问题。对随之而来的混乱时期，我们知道的事情有很多很多。史料并不规避地叙述那些已来到前台的许多有关人士的内心活动和最隐秘的谈话。另一方面，材料也叙述了在皇帝西迁的时候，皇家图书馆和档案馆所藏的帛书怎样被截断后做成包裹或华盖，以及大多数书籍或国家档案从这种野蛮行为中被抢救出来而又在混乱中被丢失的情景。[②]

朝廷一旦到了长安，没有能力收集和贮藏档案，而且即使它后来有了这种能力，当皇帝在5年半之后又艰难地迁回洛阳的时候，这些文件也没法随身带回。重要的是应该记住，这个动乱时期流传下来的材料都是出于有偏见之手。当材料是来自有关系的人士时，它自然就吹嘘他的优良的品质和完美的谋划；当它来自敌人方面时，它就反复描述对方的残暴、愚蠢和卑劣无耻。因为这时穿插着一系列眼花缭乱的计谋、战略、胜利和失败，为了避免转述的错误，也因为我们已是事后的诸葛亮，所以我们只想在这里给其后所发生的事提供一个轮廓

---

① 《后汉书》卷九，第369页以下；《三国志·魏书一》，第7页。关于董卓之焚毁洛阳，见《后汉书》卷七二，第2325页以下。毕汉斯：《东汉的洛阳》，第89页。
② 《后汉书》卷七九上，第2548页。

就够了。①

汉朝廷的消蚀

皇帝之离开洛阳，给了董卓一个暂时喘息的机会，同时也缓解了联盟反对他的决心。在几次突然袭击之后，有人提议和平。在联盟内部有人议论要拥立一个自己的皇帝，结果使盟员之间闹得吵翻了天。可是，联盟的攻击最终迫使董卓向西撤退，他在公元191年5月到长安与皇帝会合。一年以后他被杀死，而皇帝在以后的四年中被人们抢来抢去，转了无数次手。②

在这些年里，总的说来皇帝对中国事务的影响只限于这样一件事实：他作为皇帝尊号的无可争辩的合法拥有者，其存在就成功地防止了任何一个武人来自己称尊为帝。除此之外，他就没有其他任何影响了。他表面上维持住了一个朝廷的样子，也有高级官员分班就列，他在公元195年5月结了婚。在这一年8月他逃出了长安，经历了一年的艰险历程之后才在公元196年8月到达他以前的京城洛阳。③

在他的帝国境内，局势是一片混乱。如果一位旅行家这时来中国旅游的话，他会遇到许许多多军阀、叛乱领袖和独立的地方官员，其中有些人是在灵帝时（公元168—189年）就已在职的，有些人则直到最近之前还一直是无名之辈。局势不会安定达几个月以上，今日的将军可能明日就横尸刀下。但是随着时间的推移，帝国八分天下的形势已清晰可见了。

东北方面有袁绍；他的南面是曹操；曹操的西南方向和京师的正南方向是袁术（死于公元199年）；袁术的正南方是刘表（公元

---

① 关于这个时期历史编纂学的复杂性，见毕汉斯：《汉代的中兴》第1卷，载《远东古文物博物馆通报》，26（1954），第21页以下；以及雷夫·德克雷斯皮尼：《三国志》（堪培拉，1970）。这个时期的许多材料都来自私家著述，它们都是旨在为某些著名的个人的野心服务的。

② 《后汉书》卷九，第371页以下；《后汉书》卷七二，第2329页以下；德克雷斯皮尼：《汉朝的末年》，第90页以下。

③ 《后汉书》卷九，第377—379页；《后汉书》卷十下，第452页。

144—208 年），他是董卓任命的；刘表的东面，即占据了中国东南地方的是才华横溢的青年军人孙策（公元 175—200 年）。[1] 这五个人占领了帝国的东半部，有的人地盘大一些，有的人地盘小一些。

在帝国的西半部，它的南面是刘璋（约死于公元 223 年），他的父亲在公元 188 年被灵帝任命为州牧。刘璋领土的北面，即梁州，则由一些叛乱分子割据着，这些人是在公元 184 年由反对灵帝起家的。夹于这些叛乱头子和刘璋之间的是一块奇异的名为汉中的飞地，它由宗教领袖张鲁所统治。

在这一块飞地里，每一名信教者都要给他的宗教上级交五斗粮食或五斗米，然后他就在忏悔罪孽之余得到安全保障和治病。虽然这后一种办法使人想起黄巾军的影响，但在黄巾军和五斗米教之间尚未发现有什么联系。五斗米教运动是在汉中地区独立地发展起来的，它的根源可以远溯到顺帝时期（公元 125—144 年），如果我们准备相信我们的材料毫无夸张的说法的话。[2] 在公元 196 年以前的年代里，五斗米教运动的控制权从一个世代为教长的家族通过争夺到了张鲁（最盛时期公元 190—215 年）手中：张鲁看来曾给这个运动增添了一些宗教教义和活动，他还建立起了一套确实有效的僧侣统治以治理他的土地。在政治方面，重要的是要认识在张鲁和他的南方邻居刘璋之间正在酝酿着不和。在中国的东半部，袁绍、曹操和袁术也互相变成了仇敌。

在曹操掌握之中的朝廷，公元 196—200 年

皇帝困在洛阳，这情形很像五六百年前周王室末年的景象复见于此日。像末代周天子那样，可以想象，汉帝是身在京师，毫无实权，只是行礼如仪而已，而各方军阀混战，正在一决雌雄。可是，汉帝站

---

[1] 关于孙策，见《后汉书》卷九，第 377 页以下；以及《三国志·吴书一》（卷四六），第 1101 页以下。关于袁绍和刘表，见《后汉书》卷七四下，第 2409—2418、2419—2425 页。关于袁术，见《后汉书》卷七五，第 2438—2444 页。

[2] 《后汉书》卷八，第 349 页注 1；《后汉书》卷七五，第 2435 页；以及下面第 16 章《后汉书时期哲学的衰颓》。

在这个宇宙宗教体系的顶点上，而这个体系却比周朝的那个体系复杂得多。尽管有人有某些犹豫，但对皇权仍有所怀疑，汉王朝的寿命成了符谶兴风作浪的对象。用中文来说，人们会问，当"失鹿"的时候到来，谁先逮住鹿谁就能够当上皇帝。[①] 或者人们可以这样发问，现在已经是不是到了皇位应该易手的时候，即从一个显要的，但是气数已尽的君主世系和平地出于自己的意志把尊号传给它最当之无愧的某一臣属手中。再不然就像某些人所想到过的，汉王朝正在经历它周期性的衰落，而可由此恢复得更加光辉灿烂，从而继续它对世界的永恒统治。

由于皇位是这种权力理论的焦点，真正的皇帝的出现不会对他身边的军阀——即袁绍、曹操和袁术——不产生影响。这三个人都对汉王朝表示忠诚，并且是在灵帝手中做到了现职的官。很显然，袁绍是第一个得知皇帝将向他的方向巡幸。他反复思考着在他的营房内接待车驾的可能性，但最后决定予以拒绝，或许接待会使他不利的情况被人们向他说得夸大其词了。曹操是第二个听到消息的，但他认为接驾利大于弊。

当皇帝和皇后于公元186年8月到达洛阳时，曹操软硬兼施地给朝廷许愿，说要修复他自己的基地许县，因此他们一行人于公元前196年10月16日到达了许县。行程绕过了袁术，当他得知曹操不会释放在俘的皇帝时，他在公元197年想建立自己的王朝。可是，这事造成了很坏的印象。他自己的人民开始离弃他，他在公元199年临死之前身无分文，便想把皇帝称号卖给袁绍，但什么也没有得到。通过他自己宣布建立王朝，他便觊觎了皇位，结果使他贪多而嚼不烂。[②]

袁术之死就把帝国的东北部遗留给袁绍和曹操了。后者正在这时制定了稳定财政的政策，因此建立了一种制度，使士兵领取

① 关于这一隐喻的应用，见班彪的文章《王命论》，载《汉书》卷一〇〇上，第4209页（狄百瑞等人编：《中国传统的来源》〔纽约和伦敦，1960〕第1卷，第177—178页）。
② 《三国志·魏书一》，第13页以下；《三国志·魏书六》，第194、209页。

地块来耕种，作为交换，他们定期向曹操交纳作为赋税的谷物，因此，他既有皇帝在道义上的支持，又有正常的粮食供应，他的影响不断增加，直到公元 200 年在袁曹双方领土交界处的官渡决战时为止。①

帝国东部的另外两个军阀刘表和孙策，则卷入了曹操和袁绍的纵横捭阖的阵营之中。刘表故意避免了卷入联盟太深，而他的首府襄阳则变成了十足的文化与和平的中心。孙策稳固地加强了他对东南半壁的控制，但是，他在曹操和袁绍大决战的前夕死了。他仅有 25 岁。他的兄弟孙权（公元 182—252 年）做了他的接班人。②

在帝国的西半部，宗教领袖张鲁与其南邻刘璋之间的争吵已经公开化，那个宗教国家的边界向南深入到了刘璋境内。中国西北角的叛军们或多或少地没有引起历史学家的注意，只是在曹操于公元 200 年在官渡打败了袁绍之后的几年注意到他们时，他们才在史料中重新出现。

曹操的巩固，公元 200—208 年

曹操打赢了官渡之战，他迫使袁绍逃窜。袁绍此后未再获得主动权；他在公元 202 年死后，他的两个儿子为继承权争吵；公元 206 年，曹操接管了袁氏大家族末代子孙们所一度控制的整个地盘。公元 207 年，曹操甚至冒险向更北的地盘挺进，打败了乌桓的骑兵，致使整个东北地区都属于他的治下了。③

在他的南方边界上，局势没有明显的变化。他的南方邻居，即东南的孙权和西南的刘表对皇帝表示着谨慎的忠诚，因而这也是对曹操有所忠诚的表示。这个表面上的平静因刘表于公元 208 年身染重病又无可靠的继承者而受到威胁，所以究竟是曹操还是孙权要接管他的土地，就是未定之数。甚至还有第三种可能性。自从灵帝死后国内开始

---

① 《三国志·魏书一》，第 19 页。
② 《三国志·魏书六》，第 212 页；《三国志·吴书一》（卷四六），第 1101—1109 页。
③ 《三国志·魏书一》，第 23、28 页以下。

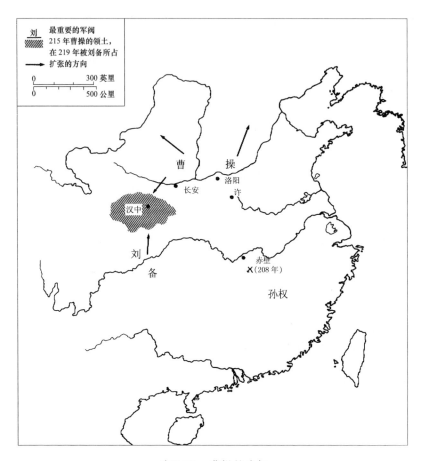

地图 15　曹操的晚年

发生动乱以来，一位大走其运的勇猛战士刘备（公元 161—223 年）已经登上了舞台，他时而支持这个军阀，时而支持那个军阀。[①] 公元 208 年，他已处于这样一种地位，即也有人担心他也可能成功地接管即将咽气的刘表的地位。

当曹操决定采取主动并且确实迫使刘表的儿子向他献出土地的时候，另外两个武人现在有理由害怕，他们之中的一人会受曹氏之害。

---

① 《三国志·蜀书二》（卷三二），第 817 页以下。

他们两人结成了暂时的联盟；当曹操水师南下的时候，他的船只被大火烧了，他的军队在赤壁被打败。① 赤壁之战标志着曹操南下冒险行动的结束，因此也是标志着一个时代的终结。从此以后，在华南的孙权、刘备和迤西的其他军阀们就在南方土地上自行其是了。

曹操的晚年，公元 208—220 年

曹操的晚年都是致力于在西北方向扩张自己的势力，并加强他对皇帝的地位。当他想拿过刘表的土地的时候，他在赤壁之战中丢失了部分领土。可是，他赢得了刘表的随从人员的效忠，有些托庇于刘表的和平首府的学者和诗人这时都奔集在曹操门下，给他的统治生色不少。

与此同时，曹操对帝国官僚制度的上层结构进行了根本性的改变。直到公元 208 年为止，皇帝仍然继续百般设法维持着名义上的官僚制度，它的最上层包括三公和九卿。不用说，在这种情况下官职不再像灵帝时期那样进行买卖了。皇帝有时必然可以乐于找无论什么人来当他的这些官。可是到了 208 年，曹操废除了三公的职位，而代之以另外两个最高官职：丞相和御史大夫。曹操自己做了丞相。②

直到公元 208 年，汉王朝与曹操的随从人员之间的关系已经很正常了。曹操还没有索取过分的封号。在 196 年，他曾被任为司空，行车骑将军事，但是他似乎在 199 年放弃了后一个职位。在 204 年他又另加了一个州牧衔，但这只是对他已有权力正式予以追认的手续而已。③ 汉帝自然也有他的一帮随从人员，无足怪异的是，他们包括一些汉室孤忠和保守观点的人士。

在这些集团中间流行着的关于汉王朝不过正在经历着暂时的衰落的理论可能找到了最热烈的支持者。在公元 200 年，荀悦（公元148—209 年）写成了一部汉代的史书，它的中心意思是说，在经过

---

① 《三国志·魏书一》，第 30—31 页。
② 《三国志·魏书一》，第 30 页；德克雷斯皮尼：《汉朝的末年》，第 253 页。
③ 《三国志·魏书一》，第 13—14、26 页。

这些黑暗的年代以后，汉室将要中兴。[1] 在这同一年，不知皇帝是否知道其事，朝廷曾计划杀死曹操，其起因可能是误传了他的计划。这项密谋被挫败，曹操依然故我，毫发未损。可是公元203年，他安置了眼线来监视朝臣。

公元208年以后，曹操开始执行一项计划，即最大限度地利用他对这个傀儡朝廷的影响。公元212年，他得到了"入朝不趋"这种通常对待老年大臣的殊荣。213年，他称魏公，并把三个女儿呈献给皇帝。214年他又得到了额外的荣誉，废黜了皇帝在195年娶的皇后，并杀死了与此同时所生两名皇子。215年他的女儿当上了皇后；次年他称为魏王，因此他打破了汉帝国的不成文的根本大法，即不许任何非刘氏家族人员为王的制度。217年又给他加添了一些荣誉，对中国历史学家来说，他们普遍含蓄地指出，只是因为他于公元220年3月15日的去世，才阻止了他采取自己称帝这最后的一个步骤。[2]

这最后一个主张是依据对曹操的居心叵测的猜测提出的，但不可尽信。曹操一定懂得，任何"对于汉帝的非分觊觎"将会削弱而不是加强他在帝国其他地方的地位。当曹操在公元214年杀死两名王子时，刘备远在西蜀发丧，警告他不得再攻击皇室。公元219年，这个问题曾自由地同曹操进行了讨论。

在这一讨论中出现了两种论据：其一为宇宙论方面的，其一为实际的。在宇宙论方面，它干脆声言，所有迹象都表明天命已从汉室移到了曹操身上。从实际方面出发者则反驳说，汉朝的天命固然已经微弱得很，但是在整个中国被征服以前，明白无误的新天命是不可能有

---

① 这部史书已传世，名为《汉纪》。他把材料安排成这个样子，前汉（也包括后汉在内）的历史乃是其历代皇帝不断积累功德所致。荀悦意在说明，汉朝的累世功德超过了它的任何臣下——其中也包括曹操。见陈启云：《荀悦（公元148—209年）：一个中世纪早期的儒家的一生和反省》（剑桥，1975）；以及下面第15章《荀悦：人的局限性和向真理接近》。

② 《三国志·魏书一》，第37—49页。关于非刘氏不许称王的叙述，见第2章《地方组织》。

的。曹操基本上是个主张实际的人，所以同意后一种观点。①

在我们继续讨论这个问题以前，我们要叙述一下帝国其余部分的主要事件。曹操已经向西方拓展了他的领土。公元 211 年，京师长安周围的地区被他拿了下来；在 214 年他又俘获了早在灵帝末年即已自称为王并在极西部支撑了下来的人；宗教领袖张鲁于公元 215 年投降了，这就为曹操向帝国的西南部进军打开了通路。但是正在此时，西南的情况也发生了变化。刘备软硬兼施地从原来的益州牧刘璋手中夺取了控制权。由于刘备位于西南，孙权在东南，曹操在北方，这就形成了帝国的鼎足三分之势。三分局势延续了五十余年。②

曹操晚年遇到几件不顺心的事。公元 218 年有一个忠于汉室而反对他的密谋在酝酿之中，但没有成功。公元 219 年，刘备从曹军手里夺取了原先属于那位宗教领袖的土地，因此打破了曹操通过自立为王而自封为唯一合法者的美梦。③ 就在那一年，孙权把势力进一步向北扩展，从而更多地动摇了均势。曹操的死可谓死非其时。

汉献帝的被废黜，公元 220 年 11—12 月

在或真实或假想的家庭争吵之中，曹操的太子曹丕（公元 186—226 年）继承了父亲的王位和官职。他做了新的魏王、新的丞相和他的领地上新的州牧。有人认为，一个孝子守孝的时间应该比曹丕所守的更长一些，但这位新王迫不及待地要到他领地的南部去游幸。很可能曹丕是这样想的：他得向国内和国外的对手们炫耀他的新的武力，特别是要向他的几个弟弟和南方的孙权耀武扬威。孙权的反应是向他表示忠心；刘备的一个重要将领也这样做了；在刘备和曹丕领土之间的一位非汉族的部落王也这样做了。④

---

① 《三国志·蜀书二》（卷三二），第 884 页以下。关于公元 219 年的这一讨论，见《三国志·魏书一》，第 52—53 页注 2。

② 《三国志·魏书一》，第 36—45 页；《三国志·魏书八》，第 263—265 页；《后汉书》卷九，第 389—390 页。

③ 《三国志·魏书一》，第 50 页；《三国志·蜀书二》（卷三二），第 884 页。

④ 《三国志·魏书二》，第 60 页。

这种称心如意的征象使得一个阿谀的朝臣把他未公布已达七年之久的天象揭示出来。自从公元 213 年以来，他就从古代的图谶学说中得知，曹丕就是那位应该即皇帝位的人。如果把这作为一个试探器，它是达到了目的的。在 11 月的下半月和 12 月 10 日，关于天命改变之事在汉献帝、曹丕、曹丕的随从和汉朝廷之间进行着活跃的讨论，并取得了一致的意见。公元 220 年 12 月 11 日符咒被解开了：汉献帝逊位于曹丕，汉王朝至此宣告不复存在。[①]

直接的后果

可是并不能肯定，汉王朝确已走到了尽头。当汉献帝被废的消息到达位于西南首府的刘备那里时，他发布消息说汉献帝已被弑。再没有比这更不合乎事实的了。实际上，曹丕给予了逊帝一个漂亮的封号，很优厚的收入和其他几种特权。可是刘备为他发丧，他的僚属开始上条陈，充分地证明刘备就是上天所属意的汉代的继承人。中国最优秀知识分子之一的诸葛亮（公元 181—234 年）——他的光辉战略迄今仍流为口碑并且这时是刘备的主要支持者——也加入了这个劝进的队伍。或许就是他的陈词比别人的说法更能打动刘备，使刘备采取了下一个步骤。公元 221 年 5 月 15 日刘备也即位为帝，特别强调汉运永世不衰之意。他说，他是汉室的一员（这可能是千真万确的），因此他的王朝也称为汉。所以，汉朝的统治在帝国的西南部得以延续。[②]

第三位军人头目似乎使人意外。他暂时承认了北方的魏王朝，接受了"王"的封号。可是孙权在公元 222 年也自建年号，这表明他不完全承认魏的统治。改元因是皇帝的特权；刘备曾在公元 221 年称帝时就自己建了年号。从 222 年起就有三个年号：一为魏，一为刘备的

---

① 《三国志·魏书二》，第 62 页以下。《三国志》的注详细征引了不见于其他形式的著作(关于这些文件的情况，见德克雷斯皮尼：《三国志》)。又见《后汉书集解》(卷八，第 11—12 叶)中的引文；以及卡尔·莱班：《天命的操纵：公元 220 年曹丕即帝位所隐含的天意》，载《古代中国：早期文明研究》，戴维·罗伊和钱存训编(香港，1978)。

② 《三国志·魏书二》，第 76 页；《三国志·蜀书二》(卷三二)，第 887 页以下。

汉，再一个便是孙权。毫无疑问，由于孙权不能宣称汉帝已逊位于他，他也不能说他本人是汉室的一员，所以他只以自己的王的封号为满足。只是到了公元229年才有符瑞纷纷预言孙权宜有帝号。从公元229年5月23日起孙权便成为吴国的第一位皇帝，因此中国就有了三个皇帝。[①] 刘备死于公元223年，曹丕死于226年，但他们的嗣君都继续互相战斗，一直打了半个多世纪。

对汉王朝灭亡的剖析

汉朝灭亡了，因为改朝换代的思想已大行其道，从老百姓到曹操一帮人中的各种势力集团莫不作如是观。虚弱的几位皇帝，或者宦官们、皇后们以及黄巾军都被指责应对汉朝之亡负有责任，但直到它灭亡了千余年之后还有人想使它复辟。对于有些人来说，魏王朝的建立一直不合法，因此它的违法性玷污了魏国的皇帝及其继承者。这种观点就引出了这样一个问题：这三国之中谁是法统的继承人？

王朝与形而上学

和罗马帝国的情况一样，关于汉王朝也有人提出帝国为什么衰落的问题。此答案与关于罗马衰落的原因一样，也是众说纷纭的，比如有人认为应责怪某些皇帝，有人认为应该注意超越个人力量控制所能及的那些制度上和文化上的因素。当然，及身目睹事变的政治家和隔了相当长时间来考虑这些问题的历史学家之间的答案是有差别的。

对于汉代衰亡的最通常的解释，是14世纪一部小说关于该王朝灭亡的弁首语："话说天下大势分久必合，合久必分。"[②] 这种解释把

---

① 《三国志·吴书二》（卷四七），第1134页。
② 这是罗贯中（约公元1330—约1400年）的《三国演义》开头的一句话。它的英译文见 C. H. 布鲁伊特-泰勒：《三国演义》（上海、香港和新加坡，1925；普及本，1929）；关于它的节本，见莫斯·罗伯茨：《三国：中国的史诗剧》（纽约，1976）。

所有行为者及其一切行为都看做是本质上从属于某种更大的、经过经验证明了的过程，因此，任何已经创建起来的事物都会有朝一日走向瓦解。这种观点颇接近于西方历史学家的那种观点，即认为罗马帝国的衰亡是一种不可避免的过程的结果，好像一个帝国就是一个必然趋向于机体腐朽的有机结构一样。

另外有一些人把问题看得更仔细一些，他们想给汉王朝的明白无误的没落找出实质性的理由。如上所述，有一个学派认为，汉朝的没落只是一个暂时事变，它终究会重新露出水面。这个学派以刘备的做皇帝为辞，但这种声调在北方很沉寂，最后在东南部也很沉寂，因为孙权那时在登基的时候也宣称汉朝"气数已尽"。另一派人退而承认汉王朝已走完它的道路，但是，只有征服了整个中国的人才能被称为它的继承者。曹操的同情者便是这一派人，他们的声音在他死后也被淹没。可是，这两种想法都没有完全消失，在未来的许多世纪中继续发挥影响。

第三派思想家主张汉王朝已无可避免地要被人立刻易手，因此这一派取得了最大的成功，因而我们必须对这一派理论寻根究底，以便弄清楚废黜的意义。不用多所怀疑，它产生于老百姓当中，最初由那些"靠符瑞起家"的叛乱者拥立的敌对皇帝所表达出来。如果只有一个这样的皇帝，我们当然可把它一笔抹杀，认为它是孤立的现象。但是在公元132—193年间，我们至少在文献上可以找到全中国有14个这样与汉对立的天子，因此我们必须承认存在着一个过程。一方面，皇权受到了宗教的影响；另一方面，民间的宗教理想越来越多地在政治上表现了出来。

在汉王朝建立之初，即大约在公元前202年，汉高祖因他的军事胜利而取得成功，宗教只起了小部分作用。那时，秦已"失其鹿"，谁得到了这匹鹿谁就可以称皇帝。可是，皇帝们渐渐获得了新特权。从公元前113年起，皇帝在一定的时间内公布年号，以便确定年代。因此，公元前104年被称为太初元年，次年便称为太初二年，以此类推。太初过了四年，又改了一次元。公元前100年被称为天汉元年。①

乍一看来，好像前汉的皇帝们能随意自由地公布新年号，但仔细一考察就会看到，事实并非如此。汉武帝是每四年改元一次，汉宣帝、成帝和哀帝也是如此；汉元帝是五年改元一次；汉昭帝是六年一次。这绝非巧合；它强烈地表明，汉代诸帝在他们能够改变年号之前有一种尚未知晓的原因使得他们必须与确定时期联系起来。甚至暂时推翻了汉朝的王莽每次改元都没有超过六年以上。只有后汉诸帝不受这种约束，似乎可以随意改元。因此之故，这时的年号可以生效数十年（最长的年号延续到 32 年），但也有些年号只用了仅一年的（例如公元 120 年、121 年和 150 年都代表一个完整的纪元）。后汉诸帝在这方面比起前汉的列祖列宗就自由一些。

就是在前汉的最后十年，汉王朝开始与图谶式的预言预兆之说联系了起来，那些预言王朝寿命长短的图谶出现了，预兆则不再仅仅表示上天的愤怒，而似乎也指出了完全的改变朝代过程。② 在王莽的统治这个间断时期之后，汉王朝于公元 25 年中兴，它本身就是一个大大地受这类预言支持的事件，同时它也把其他相敌对的观点打入了地下。

图谶预言被认为是孔子或其他古代圣贤所写。据人们说，五经说出了所有真理，但是，这位圣人始终知道它们的文字艰深。因此，他给经书都写下了秘密的附录，以便使他的意旨得为人们所完全知悉。到了前汉末年这些附录被人们"发现"，被用来拥护或者反对汉王朝。曾经有人说，由于把图谶诸典籍的著作权和孔子联系起来，儒家经书的威信就被附会是和那种疑信参半的算命术有关。③ 如果事实是如此的话，后汉之信奉图谶也一定被看做是要努力把儒经的威信用来给汉朝的复辟服务。

---

① 关于从公元前 113 年起汉代诸帝的年号问题，见上面第 2 章。关于"太初"的年号，见鲁惟一：《危机和冲突》，第 17 页以下。

② 见上面第 2 章《世纪之末的风气》。

③ 见莱班：《天命的操纵》。

由此可见，虽然后汉的皇权以武功建立起来，但它也在超自然的玄学上有其立足点。在早先几代皇帝统治时期，皇帝的现世的和超自然的权力之间并无明显的区别；在后来几代皇帝时这种区别就为人们所接受了：皇帝不需要既要统，又要治。有许多儿童皇帝证明了这一点；当不能期望他们真正治理国家时，他们只要摆个样子就足以满足精英统治阶层精神上的需要。

但是，现在得回头来谈谈中国人民：不用惊奇的是，要用很长很长的时间才能使皇权在人民的思想里占有一席之地。皇权思想于公元前221年加在人民头上，但不管精英集团为它会建立什么样的一些理论，广大的民众接受这种理论是需要有一段时间的。

最能在超自然力量方面加强皇权的是所谓的"五行"论：[①] 万事万物，大自历史的运动，小到人体的微细活动，都是土、水、火、木或金这五种中某一种超自然力量发生作用的表现。这些力量按一定的次序互相更替，因此重要的是应该知道哪一种力量在某一时间内是占首要位置的。如果人们计不及此，反而逆此当运的力量行事，当然就要以失败告终。大而言之，历史被看做是这些力量在依序起作用：每一个朝代都代表其中某一种力量，同时每一个新朝代都表示五行的力量在除旧布新。公元26年，后汉的第一个皇帝决定当时是火德当运，而且他的朝代就是火德在人世的表现。红色与火德相应，因此我们常称之为"炎汉"或"炎刘"（刘，即皇室之姓）。

王朝这种超自然合法性的一个弱点就是它有着内在的流动性：人们普遍认为，没有一种力量会永远当运，因而只要有迹象表明一种新力量要来当运时，那就意味着该王朝会有什么后果。如果"五行"的理论一方面能提供王朝的合法性，它也能做改朝换代的工具。最常见的理论是说，火德在适当的时候会为土德——色尚黄——所取代。但是问题在于，人们尚不能确定这种取代在何时发生和如何发生。是土克火呢，还是火生土？从政治方面说，新王朝到底是要通过征伐来建

---

① 关于这个问题，可看第313页注1，以及第3章《内战》。

立呢，还是用和平方式建立？

对于汉代的民间宗教我们知道的很少。我们可以总括起来讲，它必然是分散而不成体系，每一个地区都有它自己的风俗习惯和神灵。对于官方历史学家来说，除非它涉及政府的公务，这种现象不值得留意。可是在后汉，宗教有时采取群众运动的形式，例如在公元107年，当时的历史学家注意到北部居民有一次群众大迁移运动，那里的人民中间流传着大惊小怪的议论。公元175年也是这样，朝廷据报有群众运动，黄巾军便是由宗教孕育起来的最惹人注目的群众运动。从近年来的研究得知，在后汉中叶存在着这样一个教派，它预告会降临一个弥赛亚式的人物来拯救信教者脱出尘世的苦难。[①] 宗教和政治形成了一个有力的混合物，因为朝廷注意的是，它必须对付因与某种超自然的或宗教的体系有关的人民推戴的敌对皇帝的问题。

与此同时，王朝的合法性问题在社会精英集团中间却有不同的说法。他们几乎每个人都承认，汉王朝和刘氏是帝号的合法拥有者，因此即令他们对某个具体的皇帝不满意，他们也不想换一个朝代。相反的，他们搞了很多计谋用刘家的另一个成员去替换健在的皇帝。在公元107年，或许在127年、147年和188年，我们有材料得知，他们都曾密谋换掉仍然活在世上的皇帝。如果有哪一个密谋竟然成功的话，则新皇帝仍须出自刘氏。当反董卓的联盟在公元191年深长计议地要另立新皇帝的时候，他们考虑的人选还是找到刘家成员的身上。如果说在人民中间有许多迹象表明汉王朝天命已告终结的话，这种想法并未浸染到精英上层人物中去。

正是在汉王朝纷乱扰攘的最后30年中，这种观念终于开始影响了上层集团。旧的精英人物已经凋谢，新的精英人物接手，做了军人和兵法家，带来了新思想。久已被人忘怀的预言学（谶纬学

---

① 见安娜·K. 塞德尔：《汉代道教中对老子的神化》（巴黎，1969），特别是第58—84页。关于这些运动的一个初期例子（公元前3年），见鲁惟一：《通往仙境之路：中国人对长生的追求》（伦敦，1979），第98页以下。

说）又重新走上前台，因而在前汉的末年，预兆又被人们说成是汉王朝的末日即将来临的迹象。在主张改朝换代的人们看来，建立一个新王朝不仅是军事上的问题。他们认为，这时自然不是天下"失其鹿"的时候，而毋宁是上天已预先挑选了它的人选的时候。那些把汉献帝的逊位仅仅看做是权力政治的冷酷游戏的人，是对事件的宗教的和令人快慰的方面做了错误的估计。按照这种想法，旧王朝是自动退位，并自动把天命让给新人的。在这一方面，精英上层人物的想法与老百姓的不同。事实证明，带有反王朝色彩的老百姓的造反表明，人民中间接受了改朝换代要靠马上打天下的理论。但汉献帝逊位的事实又具体表明，和平地和自动地改换朝代的理论在上层精英集团中是很盛行的。

如果我们承认在前汉的末年，改朝换代的理论开始变得明显地见之于上层精英集团之中；如果我们承认它后来被光武中兴打入地下后又在后汉的最后一个世纪同民间宗教结合在一起；如果我们承认它经过修改在最后被各种军阀所集结而成的新的社会精英集团接收过去，那么，汉代为什么衰亡的问题就能部分地求得解答了。汉代之所以灭亡，是因为一种超自然的哲理体系成长起来之后催了它的命，这个体系只是等待一个合适的人选来实现它的理论而已。许多人相信曹操便是这样一个人；但他表示敬谢不敏。他试图建立一种新结构，那就是使皇帝统而使将军们治。他的儿子曹丕没有接受乃翁的思想，他有他自己的几条理由来急于拥有皇帝尊号。

曹丕作为曹操的世子，他子承父位是无人与之抗衡的；如果他当上了皇帝，那么，要搞掉他就等于要搞掉一个皇帝，而像历史所告诉我们的那样，这样做不会得到支持，也不会得到成功。除此之外，曹丕有一个有权有势的父亲，但即令他继承了曹操的爵位，也并不能保证他也继承了曹操的威望。他在父死不久就有些急匆匆地去南部领土上巡视，其中也有他致力于要深获军心拥戴之故。另一使曹丕即位做魏王朝开国皇帝的原因，可能是他比汉献帝小五岁，因此他所处的地位不那么适合向献帝发号施令。

当说完和报道了这一切之后，我们仍然不知道曹丕是不是受到了他自己的官员们的压力，抑或废黜献帝的整个过程是由他本人计划和发动的。事实的真相可能是这二者都多少兼而有之。但是，如果曹丕认为他自己称帝就可以像汉朝皇帝那样赢得同样的忠心，历史证明他是错了。

关于汉王朝衰微的传统理论

大多数历史学家把后汉的历史都说成是一部从虎虎如生的开头到毁灭性的灭亡的逐渐衰亡的历史。所以自然而然地他们会发问，这种衰亡是怎样发生的。传统上有三种答案。有些历史学家指责某些皇帝个人；另有些历史学家怪罪于妇人和宦官；再有些人则归罪于黄巾军。

关于后汉和刘备蜀汉王朝的历史，在公元 304 年的史书中有如下的叙述：

> ……我世祖光武皇帝，诞资圣武，恢复鸿基。祀汉配天，不失旧物。俾三光晦而复明，神器幽而复显。显宗孝明皇帝、肃宗孝章皇帝，累叶重晖，炎光再阐。自和、安已后，皇嗣渐颓。天步艰难，国统频绝。黄巾海沸于九州，群阉毒流于四海。董卓因之，肆其猖勃。曹操父子，凶逆相寻。故孝愍委弃万国，昭烈播越岷蜀。冀否终有泰，旋轸旧京。
>
> 何图天未悔祸，后帝窘辱。自社稷沦丧，宗庙之不血食，四十年于兹矣。今天诱其衷，悔祸皇汉……①

这是一篇出色的亲汉代的宣传鼓动文字，它写于公元 304 年又一次复兴汉室的时候（见下面《汉人不断坚持的理想》小节），它所包含的要旨被研究汉代衰亡原因的中国历史学家一再予以强调。我们看到它

---

① 《晋书》卷一〇一，第 2649 页。这里所写的某些术语是用的比较好懂的对应字眼。例如"神圣的器皿"（holy vessel，神器）通常是指御玺；这即是帝位的象征；"蜀"，处于中国的西南部。

提及某些皇帝个人的作用，儿童皇帝所起的有害的影响（"国统频绝"），黄巾和宦官的为患（"群阉毒流"）。它对魏王朝显示了明确的偏见（即"曹操父子"），因此预示了后世关于"合法性继承"的争论的问题（见下面第356页以下）。最后，这段文字也提出了一种不绝如缕的思想，即汉王朝不会真正地死去。在上述一段文字的前面还有一句话，据说汉王朝"故卜年倍于夏商，卜世过于姬氏"，这样就意味着至少要历时千年，历世约四十君。①

许多中国历史学家都讨论个别皇帝的功与过，因为他们觉得，就是这些皇帝引起了汉王朝的兴盛或衰亡。不算儿童皇帝（后汉有五人），后汉包括九位皇帝：光武帝、明帝、章帝、和帝、安帝、顺帝、桓帝、灵帝和最后一位献帝。按照传统的想法，这九个皇帝中有的是有道明君，有的则是昏庸无道。对于第一位光武帝人们总认为他是好君主，凡是称颂开国君主的一切嘉言懿行也都必然往他身上扣。末代皇帝也享有好声誉，但这却叫人感到奇怪，因为事实上是，传统历史学家经常认为末代君主就是罪恶的象征，不会治理国家。史家范晔（公元398—446年）总结了大家的意见，他写道："天厌汉德久矣，山阳其何诛焉！"②

第二代君主明帝也被认为是好的，只除了认定他刑罚苛刻之外。其后章帝也是好皇帝，可是，历史学家王夫之（公元1619—1692年）在他身上开始看到了汉王朝衰落的迹象；③其后的五个皇帝就都受到责难。早在公元190年，学者蔡邕就称和帝、安帝和顺帝都"无功德"。公元219年，当人们在和曹操议论汉代历史的时候，都认为安帝是第一个坏皇帝。自此以后，传统就在和帝和安帝之间摇摆，要找出谁是第一个坏皇帝。他们的后继者顺帝、桓帝和灵帝受到普遍的责难，但是，桓帝和灵帝又比顺帝更坏。在适当的

① 《晋书》卷一〇一，第2649页。
② 《后汉书》卷九，第391页。
③ 关于对这两个皇帝的赞誉，见《后汉书》卷二，第124—125页；以及《后汉书》卷三，第159页。关于王夫之的意见，见《读通鉴论》卷七，第198—199页。

时候，"桓灵"一词即意谓"暴虐的政府"；此词在后世的政治词汇和诗的语言中即等同于"幽厉"，此即传统观点上的两个坏的周王。①

如上所见，围绕着后汉诸帝所产生的历史成见是在后汉最后几十年中开始形成的，所以不用奇怪，这种成见给汉代衰亡的传统理论留下了深刻的印象。历史学家司马光（公元 1019—1086 年）把后汉的历史分为四大段。第一段是光武帝、明帝和章帝时期，每一个人——"下至虎贲卫士"——都经明而行修。和帝、安帝和顺帝三朝则缺乏此等优良风气。所幸的是，最初三位皇帝的遗化对高级官员仍在起作用，因而产生了许多优秀的政治家。他们往往拼着性命来防止国家的垮台。如果顺帝能有好的继承人，汉王朝可能会再度兴盛，但很不幸，顺帝之后却是接着"桓灵之昏虐"的时期。

这几名皇帝不仅坚持其先辈皇帝的愚蠢，而且他们更进一步残害忠良，以致朝廷污浊，仇恨滋生。以致在最后阶段，汉献帝成了"乘舆播越"的游荡者，虽然从前的伟大在他身上仍残留着最后的痕迹。仅仅是他的存在，就足以阻止曹操这个"暴戾强伉"之徒夺走他的帝位。②

历史学家赵翼（1727—1814 年）却持论不同。他说，光武帝不出自前汉皇室的大宗，而是它的小宗。因此，他的创建后汉"譬如数百年老干之上特发一枝，虽极畅茂，而生气已薄"。因而不足为怪的是，不用说几个儿童皇帝，其中和帝、安帝、顺帝、桓帝和灵帝都青年夭折，无一人活过了 34 岁的。只有光武帝、明帝，而且令人不解的是还有献帝，却都活过了那个年岁。在他看来，整个帝国的繁荣昌盛是同皇帝个人的长寿相联系的，而某王朝的衰落也可从它的诸帝的

① 关于公元 219 年的这一次讨论，见《三国志·魏书一》，第 52—53 页。关于对后汉诸帝品质的论述，见《后汉书》卷九，第 370 页；《后汉书》志第九，第 3197 页。关于褒贬之词均载《后汉书》卷四一八的《论》中，以及《后汉书集解》卷六，第 13—14 叶。又见王夫之：《读通鉴论》卷七，第 201—211、224 页。"桓灵"一词的用法可能追溯到公元 223 年诸葛亮的一道表章（见《三国志·蜀书五》〔卷三五〕，第 920 页）。

② 《资治通鉴》卷六八，第 2173—2174 页；德克雷斯皮尼：《汉朝的末年》，第 356—358 页。

早死看得出来。①

赵翼认为重要性在于汉代诸帝早死者多，这可能不是太牵强附会的。当人们问到传统的历史学家，为什么从和帝和安帝直到灵帝都是坏皇帝时，千篇一律的回答都会说："因为他们允许妇女和宦寺当政。"正是在这里，诸帝的早死才引起人们的注意。儿童皇帝和早死的皇帝都会没有子嗣，以致帝位常在空缺之中。从根本大法上说，没有太子，就会由皇太后及其外戚家实行摄政，因此，他们要从旁支挑选一个新皇帝，从而使"新枝发自新枝"。

自然，他们会挑选一个年轻的皇帝，以便他们能延长自己的权力。同样自然地，如果皇帝长大成人，他不会满意摄政的影响，而会开始寻找同盟者。官僚们对他没有用处。他们要么被收买，要么屈从于外戚家的威势，而且不论在何种情况下，皇权的扩大是不符合官僚们的利益的。结果就是皇帝投向宦官的怀抱：他们往往成为他的唯一的宠信者。当摄政被搬掉的时候，作为皇帝旨意的唯一解释者和执行者的宦官，便来填补了权力的真空。这样，宦官的统治被说成是妇人之治的不可避免的结果，而妇人之治又反过来被说成是男人系统虚弱的无可避免的结果。

从根本上说，人们把妇人之治和宦寺之治跟皇帝的早死联系起来（像赵翼那样），或者把它们跟道德沦丧联系起来（像司马光那样），这都是无关紧要的。事实仍然是，妇人之治和宦寺之治确实是从和帝开始的、直到公元189年9月宦官被屠杀时为止的后汉历史的特点。为什么妇人之治与宦官之治要被看做是汉王朝衰落的象征呢？奇怪的是，传统历史学家几乎都不愿劳神地去解说这件事情；论据是不足为奇的。有时我们会从书本上知道，权力必须产生于阳，即自然界的积极的、朝气蓬勃的阳性本原。② 女人自然代表阴，是其反面的、被动的本原。宦官也被看做是阴，因为他们的阳性已被去掉了。由此观

---

① 赵翼：《廿二史劄记》卷四，第15叶。

② 例如见《春秋繁露》卷十二，第9叶上说："君为阳，臣为阴"；以及《白虎通义》卷四上，第1叶（张朝孙〔音〕：《白虎通》第2卷，第592页）："阳唱阴和。"

之，妇人和宦官之治被说成是由阴所产生的权力，而这是传统思想家所憎厌的概念。

天、地和自然也都厌恶这种统治，因此用彗星、地震和生畸形人来示警。认为自然本身也讨厌妇人和宦者之治的这种概念也很古老。当历史学家司马彪（约公元 300 年）把这种奇异的现象列举出来时，他解释说，它们大多数都是由妇人和宦官之治引起的。[1] 曹操死后仅一个月，他的儿子、世子曹丕当时仅为魏王而尚非皇帝便立下一个规矩，即只许宦官当奴仆，余职一概不许染指；公元 222 年已身为皇帝的曹丕，在他册封第一名皇后时就下令，皇后和皇太后及其所有外戚，从今以后，一律不得参与政府事务。[2]

除坏皇帝、母后摄政和宦官之外，还应加上第四个促使汉王朝衰亡的原因：即黄巾军。有几个传统历史学家把黄巾军看成是使汉朝衰亡的最重要的直接原因。欧阳修（1007—1072 年）写道：“及黄巾贼起，汉室大乱”，而“已无救矣”。[3] 何焯（公元 1661—1722 年）把黄巾军之乱与宦官之治联系起来，他写道：“东都黄巾蚁聚，群雄龙战，皆由宦者流毒。”[4]

这种历史成见也影响到了西方历史学者。像他们的中国同行那样，他们也强调指出坏的或不负责任的皇帝，涉及太后和宦官之间的派性斗争，以及黄巾军，把它们视为导致汉王朝没落的征候或原因。但是，西方历史学家搞不懂如何按照道德沦丧论来衡量皇帝之坏和他不配做皇帝。由于事实上一个朝代的皇帝们（创国之主除外）都长于深宫之中，脱离人民，被金粉豪华的生活和阴谋诡计所包围，所以他们把这些皇帝的习性看成是这种事实的必然结果。[5] 就后汉的情况来

---

① 这个表形成了《五行志》，即《后汉书》志第十三—十八。
② 《三国志·魏书二》，第 58、80 页。
③ 欧阳修：《欧阳文忠公全集》卷十七，第 5 页。
④ 这句话见于何焯对《后汉书》卷七八的标题《宦者列传》所作的评论；见《后汉书集解》卷七八，第 1 叶。
⑤ 例如见福兰格：《中华帝国史》（柏林，1930—1952）第 3 卷，第 415 页以下；以及赖肖尔和费正清：《东亚：伟大的传统》（伦敦，1958），第 125 页以下。

说，这种解释又有些不足恃，因为安帝、桓帝、灵帝和献帝的早年都不住在宫内，但是，这种情况对他们配不配治理国家似乎没有起什么影响。

皇太后、她们的外戚以及宦官，不论在西方还是在中国文籍中，都说他们是汉王朝衰微的征象。近年来，人们试图重新评价宦官在后汉没落方面的作用。[①] 宦官远不是王朝软弱的象征，而事实上是在完成一个很重要的宪法目的。据说，汉代政府依靠一个互相制衡的体系来防止任何集团独掌大权。当外戚家破坏了这个平衡的时候，皇帝在宪法的意义上就得恢复它，因此，这时宦官就被引进其中了。

如果外戚家赢得了这场斗争，汉政府的这套体系就会被打乱，汉王朝的灭亡也就会提前到来。这样看来，宦官实际上是应该为王朝的延长寿命记一功的。但这一说法也有一个弱点：在后汉时期有许多外戚手中之权足以另建一个新王朝，可是他们并没有这样做。这不是他们没有本钱这么做，而是因为在那时的精英尚未找到能够使改朝换代的行为合法化的政治的或超自然的理论。

黄巾军通常被西方作者视为汉朝垮台的一个重要因素。这部分的是由于大陆的中国历史学者不厌其详地写了农民起义。在中国共产党的历史编纂学中，农民起义被看做是一种进步的成分，而在 1960 年前后又出版了一大批关于这个问题的研究论著。这种兴趣部分地影响到了西方的汉学，因此之故他们也就发表了许多关于黄巾军的研究。[②] 平心而论，认为被逼上梁山的农民起义能够推翻一个王朝的这种想法有一定的道理，但是就后汉来说，它的因果问题并没有像许多中国共产党史学家和西方史学家所阐述的那样清楚。

---

① 毕汉斯：《汉代的官僚制度》，第 155 页；以及上面第 3 章《宦官的作用》。

② 例如见侯外庐：《中国封建社会前后期的农民战争及其纲领口号的发展》，载《历史研究》，1959.4，第 45—59 页；以及漆侠：《秦汉农民战争史》（北京，1962）。关于西方作者对于这个问题的论著，见维尔纳·艾希霍恩：《太平和太平教》，载《东方学研究所通报》，5（1957），第 113—140 页；罗尔夫·斯坦因：《论公元 2 世纪道教的政治—宗教运动》，载《通报》，50（1963），第 1—78 页；詹姆斯·哈里森：《共产党人和中国农民叛乱（关于中国人重写历史的研究）》（伦敦，1970）。

黄巾军叛乱爆发于公元 184 年。它在以后的年代里周期性地此伏彼起，政府结构由于时不时的叛乱而有所改变。公元 192 年，曹操战胜了据说是有 30 万人的黄巾军。他把他们编入了自己的军队，但在 192 年以后仍有黄巾军继续活动的迹象。他们有时帮助这个军阀，有时又去帮助那个军阀，有时又自己独立活动。可是在公元 207 年以后，他们的名字不再见于记载，因此他们对公元 220 年的汉献帝退位未能起到直接的作用。

但是，他们的间接作用或许比他们的直接卷入更为重要。在许多宗教性质的叛乱中，黄巾军比其余任何叛军更直言不讳地说到汉朝已至末日临头。"苍天已死，黄天当立"，这就是他们在公元 184 年的口号。"苍天"通常意指汉朝，虽然按正统理论汉朝是色尚赤。[①] 公元192 年，他们给曹操送去了一封信，断然拒绝他们和曹操之间和解之意向。他们写道："汉行已尽，黄家当立。天之大运，非君才力所能存也。"[②] 现在我们不能肯定，大量黄巾军在公元 192 年合并到曹操军队中来究竟是否加强了那些主张马上实行改朝换代的精英上层集团；我们只能说，合并没有削弱这种思想。

黄巾军对于随着灵帝之死之后公元 189 年一些事件的影响，我们也很难加以估计。董卓在 184 年取得了对黄巾军战争的第一次胜利。接着，曹操、刘备及其他一批将领也都取得了胜利。在这一方面他们的作用是重要的，虽然其作用是非直接的；而且应该强调指出，黄巾军完全没有直接卷入到公元 189 年的事件中去。

虽然叛军在反对朝廷和汉王朝，但是事实上很清楚，一个活生生的皇帝，即使像汉献帝那样已成为"乘舆播越"者，仍然使得他们感到畏惧和不舒服。汉献帝几次落入了叛军手中：公元 192—195 年朝廷被侵蚀时是如此，195—196 年乘舆回洛阳后也是如此。虽然从理论上讲弑一个十余岁的皇帝易如反掌，但事实上甚至满朝文武惨遭杀戮之际，他也被留下了性命。叛军伴随东逃至洛阳的献帝时，他们一

---

① 《后汉书》卷七十一，第 2299 页。
② 《三国志·魏书一》，第 10 页注 2。

有机会也就很乐于放他走，因为有他在身旁会使他们感到不舒服。他们没有能力另立新皇帝和另建新王朝，这无疑是因为他们确实没有想出一套透彻的理论来支持改易王朝。这得让精英上层集团去搞这种理论，但汉代最后几十年的混乱却给这些集团及其人士有了站到前台上来的机会。当曹丕在公元 220 年同意这个理论并接受了汉献帝的退位时，黄巾军似乎在他心里没有占到最主要的地位。

汉人所不断坚持的理想

把全中国统一在一个领袖之下，这就是中国历史所最坚持不懈的理想，甚至在公元 20 世纪这个理想与在公元前 5 世纪也是同样明显。不论什么时候，中国如果处于分裂割据之下，这都被认为是暂时局势。在汉以前的战国时期和汉以后的中世纪时期，和平从未延续过几年以上，但所有战争的最终目标只有一个：把中国重新统一到一个领袖之下来。

在战国时期，各国王侯本人或许并不完全懂得应采取的这种统一和这种领导的形式，但是在中世纪时期（汉亡后的 4 个世纪，公元 220—589 年），汉之为汉的统一和秩序作为这种形式和领导的现实而受到人们的回忆，而且汉之为汉的名称又总是象征着已经失去的完美郅治，象征着他们企求的统一。有几位统治者或者径称其朝代为"汉"，或者把自己的宗谱同汉代诸帝挂上钩。有几家王室甚至自豪地追踪自己的先祖出自汉代某个官阀，还有远在日本的某些氏族也自认是汉代诸王的苗裔（有时是本无其事的）。

在蜀汉王朝也发展了一种理论，即这几个汉王朝有如兄弟先后出生那样，它们也是前后相继的。前汉被视为老大哥，后汉被视为仲，新兴的蜀汉则被视为季。① 这个王朝在公元 263 年被镇压下去，但 40

---

① "季汉"之用于蜀汉，其证据见于《三国志·蜀书五》（卷三五），第 927 页；以及《三国志·蜀书十五》（卷四五），第 1079 页。以"中汉"指后汉，见《三国志·魏书二十一》，第 601 页注 1；《三国志集解·魏书二十一》，第 11 叶；以及《三国志·蜀书十五》（卷四五），第 1080 页。

年以后，即公元 304 年，在华北又成立了新的汉王朝。关于这个王朝建立的前因后果，已见前面所引史书的部分叙述。

它的统治者刘渊（死于公元 310 年），本是匈奴的一个王，但在公元 304 年却另外添了一个"汉帝"的尊号。这不是一个空洞的姿态。刘渊深通中国古代历史的事实，他因而知道有些最伟大的中国天子，就和他一样，出身于戎狄之邦。他读过《汉书》，知道 500 年以前，第一位汉代的皇帝就曾经把一名公主下嫁给他的祖先。从这次婚姻传下来的世系就姓了皇室家的刘姓，以表示对公主的尊敬，而这就是一种迹象，表明汉室和该公主的后裔——刘渊本人——之间是甥舅关系。

刘渊对后汉历史的盛衰及其伴随着灭亡的事件知之甚详。他认为蜀汉是汉代的真正继承者，所以他很知晓蜀汉的历史，其言论有如下述：

> ……我汉有天下，世长恩德，结于人心。是以昭烈崎岖于一州之地，而能抗衡于天下。[1]

蜀汉之帝，即刘备的儿子在公元 263 年耻辱地投降了北方的魏国，但刘渊对蜀汉这个不光彩的结局视而不见；此时他正在魏国的京师做一名小官。40 年以后，即公元 304 年，他决定特别强调这种"甥舅"关系，而且建立了他自己的汉王朝。当他在公元 310 年死的时候，他被谥为"光文"；按照中文的习惯，"文"（指文才）与"武"（指武艺）相对而言，因此，他被谥为"光文"，就是把他放到了与后汉开国之君"光武［帝］"相当的地位。

他建了一个太庙，在里面祭祀着最赫赫有名的汉代诸帝，这就意味着汉王朝继续存在，直到这座太庙于公元 318 年在"鬼夜哭"声中被烧为平地。[2] 但是在此期间，"汉"的名义上的魔力还是起了作用的。公元 311 年，这个匈奴的汉王朝攻取了京师洛阳，生俘了

---

[1] 《晋书》卷一〇一，第 2649 页。
[2] 《晋书》卷一〇一，第 2652 页；《晋书》卷一〇二，第 2679 页。

汉族的皇帝。当这位好奇的匈奴皇帝问他的汉族对手事情怎么会发展到今天的地步时，这个不幸的受害者感到必须以完全出于天意作答，他说："大汉将应乾受历"，这就是假定汉朝的历数可垂之久远。[1]

汉人在这时又在另一个京师立了另外一个皇帝，但却是完全无用。这个异族的汉王朝的军队在公元 316 年攻破了长安，一个中国皇帝又一次被他的匈奴对手所生俘。过了不久，匈奴皇帝的儿子死去，但过了几天他又复苏，说了一个奇异的故事：即他看来已经死去，但他实际上是去遨游了天宫，他在那里会见了刘渊的神灵；刘渊告诉他，上天已为他的父亲留下了一个位置。另一位天上的王要求他带回一件礼品到人世中来，带给汉皇帝。当检查这件礼品的时候，它证明了这儿子的故事是真实的。汉帝因而特别高兴，说他不再惧怕死了。[2]

汉帝的君权虽然在地府很威灵显赫，但在地上，它的人世上的权威在公元 318 年宗庙被毁以后却大大地黯然失色了；公元 319 年，在位的匈奴皇帝放弃了"汉"的名号，而改称为"赵"。他之所以这样做是因为他和刘渊的想法不一样，他认为匈奴皇帝代表着一个独立的王朝。他们不是汉朝的继承者，而是晋朝的继承者，因为晋朝有两个皇帝曾被他俘虏过。但是直到公元 329 年以前他们仍然祭祀刘渊，而在 329 年，这个赵王朝及其所有王公和高级官员又都在洛阳被活埋了。[3]

9 年以后，即公元 338 年，一个新的汉王朝在中国的西南隅——即刘备建都的那个城市——宣告成立。可惜此事缺乏详细报道，所以我们不知道为何做此决定。这位新的汉帝姓李，所以不能想象他会自认属于刘姓的汉朝皇室。不管是什么原因，这个王朝只立国 9 年。它的最后一个皇帝投降了晋王朝，因此，晋王朝虽然在北方被匈奴皇帝所侵犯，但它在东南半壁有所恢复。[4] 晋王朝流亡者从此未再恢复北

---

[1] 《晋书》卷一○二，第 2661 页。"应乾受历"之说在 600 年以后又用过一次，那是另一个国号"汉"的王朝用的，其"汉"帝可能是阿拉伯人。

[2] 《晋书》卷一○二，第 2673—2674 页。

[3] 《晋书》卷一○三，第 2684—2685 页。

[4] 《晋书》卷七，第 181 页；《资治通鉴》卷九六，第 3017 页。

方领土，艰难地苟延到公元 420 年：那时一位将军刘裕（公元 356—422 年）迫使它最后的皇帝退了位。

刘裕的王朝国号宋，但重要的是他也费尽气力地把他的祖宗上溯到汉高祖，尽管汉高祖已死了 600 年。历史学家沈约（公元 441—513 年）在公元 487 年受皇帝之命讲述刘裕的权力所以兴起的缘故，据他说是因为自汉朝灭亡以来直到当时的 200 年中，人民从来没有真正忘记汉代，而魏晋两个王朝实际上只是汉代利益的临时照管者，是把后汉和刘宋联系起来的桥梁。①

在这以后，汉的名称在中世纪又出现过一次。一名北方将领侯景（公元503—552年）因担心有生命危险，所以在548年助了当时南朝皇帝——即梁武帝（公元502—549年在位）——以一臂之力。南朝朝廷错误地相信了他，但当侯将军在南朝首都建康站稳了脚跟，他大搞恐怖政策，饿死了时年 85 岁的老皇帝，另立了一个傀儡为梁帝，最后还是在公元 551 年自己当上了皇帝。侯景的这个短命的王朝（侯景于次年被杀，梁室复辟）也称为汉，其理由我们尚无所知。很明显，侯景从北方随身带来了这样一种思想：汉之为汉可能成为一种强大的宣传工具，因而他可能是想要这个名号的精神力量来保证他的王朝万古千秋。②

在此以后的 366 年，"汉"的名号消失了。在此期间，中华帝国在公元 589 年被隋王朝统一，接着是光辉璀璨的唐王朝，直到公元 907 年。唐王朝瓦解以后的混乱也令人想起了汉亡之后的情况。在公元 907—980 年间的大约 15 个王朝中间，有 4 个是其国号为"汉"的。其中最长的一个王朝从公元 918 年直到 971 年，而以广州为基地。一个奇怪的细节是，广州皇帝们虽然也姓汉家皇室的刘姓，却可能是阿拉伯人之后裔。在北方也建立过两个汉王朝，其一从公元 947 年到 950 年，其一从 951 年到 979 年。这两国的皇帝都是非汉族人，

---

① 《宋书》卷一，第 1 页以下；《宋书》卷三，第 60—61 页。
② 《梁书》卷五六，第 859 页；又见小威廉·T. 格雷厄姆：《庚信的〈哀江南赋〉》（剑桥，1980），第 11 页。

虽然他们的皇室也都姓刘。最短的汉王朝只存在了一年（公元 917
年），是在西川成立的，即刘备蜀汉所曾统治过的那个地方。可是，
它的统治者并未自称是出自刘姓。[①]

最后一个国号为"汉"的王朝是在此 400 年以后，即在公元
1360 年成立的，它的建国者本是一个渔人之子，但不知是什么动机
促使他在汉献帝退位一千多年之后却采用了赫赫有名的"汉"为国
号。这个王朝仅立国四年就被明王朝的开国之君所消灭，因而其详不
可得而知。[②] 自此以后"汉"的名称仍历久未衰，例如"汉字"之义
便是指中国文字，"汉族"便是指北部中国的人民。中国人迄今指某
人是"汉学者"（Han scholar），此即我们西方人所称为的"汉学家"
（sinologist）。

正统的继承

公元 200 年以后各个汉王朝的建立，都以它们自己的方式表明一
种古老的思想："汉"并未实际死亡。但是历史学家得处理事实，而
传统的中国历史学家在写到公元 220 年以后时期的时候，他就面对着
一个问题。在那个时期有过三种历法，因而历史学家得选其一个作为
主要历法，这就是要选其中的一个作为主要的王朝，使之可以系年记
事。历史学家在这件事情上并不是主观武断的；相反的，他所选择的
王朝和历法都是他认为合法的，因此他就把另外两个王朝宣布为非法
的了。

这个问题被称为正统继承论的问题。这个问题即是指：汉朝的天
命是否已在公元 220 年转移到了由汉献帝禅位的曹丕身上，抑或转到
了属于汉皇室成员的刘备身上，还是转移到了和汉王朝无丝毫瓜葛的
孙权身上。这最后一种可能性未被人们考虑过，因为所有历史学家都
一致认为孙吴是闰位。要挑正统者就应在刘备和曹丕之间进行，因为
他们两人都自称是汉王朝的真正继承人。

---

① 《旧五代史》卷九九，第 100、136 页；《新五代史》卷十，第 63、65、70 页，
② 《明史》卷一二三。

在公元 220 年之后的分裂割据时期，这个问题不仅仅是学术上的。当汉人诸王朝在公元 316 年被北方的非汉人入侵者驱赶到中国东南部时，对它们来说重要的是定要知道，它们才是天命的真正持有者和继承人。它们相信，真正的天命能像精神屏障那样保护它们免遭北方魔鬼的侵犯，并且最终能帮助它们恢复中原。

历史事实有如下述。公元 263 年，刘备的蜀汉王朝被他的北方对手曹丕的魏王朝所征服；266 年，魏王朝又禅让给新的晋王朝；280 年，这个晋王朝又征服了东南部的吴国，因此统一了帝国全境。公元 316 年，晋王朝被赶到南方，继此而往，华北便被非汉族王朝所统治。在南方，晋在公元 420 年让位于宋；宋在 479 年让位于齐；齐在 502 年让位于梁；梁又在 557 年让位于陈。陈王朝灭亡于公元 589 年，它被北方的敌国隋所征服，因而中国便又一次获得了统一。

历史学家习凿齿（死于公元 384 年）对曹操显得很不公正。在他的目光中，魏是汉的叛臣贼子，所以真正的天命已归于西南的刘备。刘备王朝灭亡以后，天命重新回到北方，而被授予了晋王朝，习凿齿本人便是生活在晋王朝时代。对于他来说，晋王朝是汉的直接继承者，其间并无任何中间人。①

历史学家和文学家欧阳修（公元 1007—1072 年）用另一种方式解决了这个问题。按照他的观点，汉以后的所有三个王朝都同样不是正统，因为它们谁也没有重新统一帝国。他极力主张，真正的天命在公元 220 年已被完全切断。它短暂地重现于晋，即当晋在公元 280 年重新统一中国的时候；但是后来它又被中断了，只是在 589 年隋重新统一了帝国之后才又出现。②

---

① 《晋书》卷八二，第 2145 页。关于正统论的整个问题，见 B. J. 曼斯维尔特·贝克：《中国的真正皇帝》，载《莱顿汉学研究》，W. L. 艾德玛编（莱顿，1981），第 23—33 页。关于近年来对这个问题的研究，见饶宗颐：《中国史学上之正统论》（香港，1977）。关于晋王朝认为必须保持它是合乎正统的这种信念，其情况可见迈克尔·C. 罗杰斯：《苻坚编年史：标本历史的个案研究》（伯克利和洛杉矶，1968），第 51 页以下。

② 《正统论下》，载《欧阳文忠全集》卷十六，第 3—4 叶。

司马光（公元 1019—1086 年）不得不更实际一些。当他编纂他的大部头中国史书时，他必须在这三个后继国家的历法中作出选择。他挑选了魏王朝的历法，而摒弃了另外两国的历法。为了说明他的选择，他发挥了这样一种理论：帝国的统一必须被看做是真正天命的先决条件。在他看来，只有汉、晋和隋是正统王朝，所有其他诸国仅仅是诸封建国家。这些封建列国都是一样的，即它们都不受命于天，但是，那些接受合法王朝禅让的封建国家比其他未接受禅让者要更合法一些。由于这个缘故，他选择了魏王朝为汉代的主要继承者，但是他说得很清楚，他这样做只是权宜之计，而非出于正统观念的考虑。[①]

朱熹（公元 1130—1200 年）在重写司马光的史书时，便对这种肤浅的处理办法进行了攻击。朱熹以刘备的王朝为真正天命的持有者。对于朱熹来说，刘备的汉皇室血统要压倒曹丕自称正统的一切妄想，所以他写的史书就用了刘备的历法。对于公元 264—280 年这个时期，即刘备的蜀汉已经灭亡而东南部的孙吴尚未被征服的时期，朱熹就不知怎么办好了。由于他把那个时期通行的历法一律看成伪的，所以他的解决办法是把它们只用小号字来书写。

当吴王朝在公元 280 年被消灭以后，朱熹认为真正的天命又重新在晋王朝身上出现，所以他又改用大号字来纪年。从这时起，真正的天命在公元 317 年跟随着晋室南下，只是在晋王朝亡于 420 年时天命才又消失。公元 589 年随着隋王朝之再度统一中国而再度出现。据他所见，北方非汉族诸王朝均非正统，正像晋王朝以后所接替的南方诸国那样。[②]

我们已经知道，中国历史学家对公元 220 年的事件评价不一，他们大多数人对汉献帝逊位的合法性提出了质疑。在这方面，曹丕没有

---

① 《资治通鉴》卷六九，第 2185—2188 页（方志彤：《英译〈三国志〉》〔麻省，坎布里奇，1952—1965〕，第 45—48 页）。
② 用于公元 264—280 年和 420—589 年的小号字，可见于《通鉴纲目》的任何版本中。朱熹为此所举的理由见于他的书中引言部分的凡例和序中。

能够说服后世，而刘备却在千年以后仍使人们感到他具有身受天命的权利。① 现代的中、西方历史学家通常都选用司马光的实用的办法，而在把西历用到了中国历史中去以后，这个问题就逐渐不复存在了。在西方汉学中根深蒂固的想法是认为，一个统一的中国比之一个分裂的中国是更正常一些的。其结果便是，只有汉王朝统治的时期（公元前 206—公元 220 年）才通常被称之为汉了。

它的后继的三个国家通常被总称为"三国"，而三国及其以后的分裂时期（公元 220—589 年）有时被说成"中世纪"。在这个时期倏兴忽亡的二十几个王朝中，没有一个王朝能够使它的国号代表那个时代。只有在公元 589 年隋朝统一中国以后才使一个王朝的名称又代表了一个时代；公元 589—618 年时期称为"隋"，公元 618—907 年时期称为"唐"，即继隋以后的唐王朝时期。显而易见，只有一个王朝统治着全中国的，它的名号才能够代表那整个时代，因此汉的名号以这种巧妙的方式一直传到今天的著作中。因为汉的真正名义不仅是一个形而上学的理论问题；它的核心是中国本身统一的这个非常实际的问题。

张 书 生 译

---

① 关于曹魏王朝是否正统的问题，在明代 1520 年代所谓礼仪之争中也起过作用。在这次辩论中，皇帝的反对者引用了公元 229 年魏明帝的一道诏令作为权威典范来支持他们的论点，但是他们的论敌却否认这一点，认为魏王朝的正统性实在可疑。1060 年代也有一次这样的辩论，把桓、灵二帝视为权威的典范，但这一主张被司马光愤怒地予以驳斥，因为他认为这是两个"昏庸之君"。换句话说，前一王朝的合法性和个别从前皇帝的形象会在后来的政治斗争中被用来作为权威的模式而给人以影响。见卡尼·托马斯·费希尔：《明代大礼的争论》（密歇根大学学位论文，1971），第 42—43、72、223、241 页，以及第 281 页注 59。

第 六 章

汉朝的对外关系[①]

汉代中国的世界秩序:理论与实际

公元前219年，秦始皇决定用建造若干刻石的办法来颂扬他的皇帝生涯中登峰造极的成就，这些刻石建立在沿着他首次视察旅行路线的东海滨的各个地方。在一座刻石（位于琅琊，今山东）中，皇帝为自己统一了中国人所知的全部文明世界而深感喜悦。刻石铭文毕竟是一种公开的文献，写它的意图是要激发新近统一帝国的团结一致意识。因此，它不能用来表示始皇帝的世界地理概念。在驺衍（公元前305—前240年?）的地理学思考影响下，始皇帝和战国时期其他统治者一样，相信在大海彼岸能够找到"不死药"。事实上，这正是公元前219年始皇帝派遣徐市（也叫徐福）前往海上寻找蓬莱、方丈和瀛洲几座虚构的岛屿原因所在。

驺衍的理论

按照驺衍的理论，世界有几块大陆（大九州），每一块又分成九个地区。九大州彼此由大海隔开，每一块大陆上的九个地区彼此也是由环绕周围的海分开的。中国被称为红色地区的神圣大陆（赤县神州），但仅仅是一个州中的九区之一。换句话说，中国只占有整个世

---

① 关于后汉时期对外关系的某些方面，读者可参考雷夫·德克雷斯皮尼:《北部边疆:后汉帝国的政策和策略》(堪培拉,1984)，该书出版时本书在印刷中。

界的 1/81。在驺衍的体系里，中国是否位于它自己所在大陆的中心，并不清楚。①

由于驺衍的理论传播日广，中国对于它的位置的自我意识经历了一次根本的改变。视中国等于"天下"的旧观念逐渐让位于较为实际的观念，即认为中国位于"海内"。秦汉统一以后，中华帝国确实仍被认为是"天下"。但这主要是在政治领域中的一种习惯用语，旨在证明皇帝是天之子；它不能用来证明秦汉时期中国人仍然赞同中国包括整个世界的看法。下面可以举出一例。公元前 196 年，高帝访问他的家乡沛，邀请他的旧日友人和邻居长者聚会。在宴会到达高潮时，皇帝创作并演唱了著名的《大风歌》，其中一行是：

威加四海兮归故乡。②

宴会以后，他对长者们说，他有天下应归功于沛的土地和人民，因为他的帝业是从作为沛公开始的。这个例子清楚地表明，"海内"是在地理学意义上使用的，表示中国领土的界限，而"天下"则是较纯粹的政治概念，与现代的帝国是同义语。

战国后期和秦汉时代的地理著作中提到中国时实际上全都使用更加现实的"海内"一词，指出这一点也是很重要的。这些著作包括《书经》中的《禹贡》篇、《山海经》、③《吕氏春秋》中的《有始》篇，以及《淮南子》的《坠形》篇。《淮南子》尤其显示出驺衍的影

---

① 《史记》卷七四，第 2344 页；冯友兰：《中国哲学史》，卜德译本，第 1 卷，第 160—161 页。

② 《史记》卷八，第 389 页（沙畹：《史记译注》第 2 卷，第 397 页）；伯顿·沃森：《英译〈史记〉》（纽约和伦敦，1961）第 2 卷，第 114 页。关于"天下"观念，见安部健夫：《中国人的天下观念》（东京，1956），第 83—89 页。

③ 关于《书经》中的"海内"观念，见李雅各：《书经》，载《英译七经》第 3 卷上（牛津，1893），第 150 页（禹贡）。在《山海经》中有五篇题为"海内"（第 10、11、12、13 和 18 篇）。

响。它断言中国之外有八殥，八殥之外有八极。[①] 按照这种观点，中国因此仅仅是全部世界的一个小的组成部分。

此外，由于他们的世界地理知识随着时间而增长，汉代中国人甚至认识到中国不一定是世界上唯一的文明国家。这在后汉时期中国人称罗马帝国（更确地说是东罗马）为大秦一事中表现得很清楚。根据《后汉书》的记载，用此名称呼罗马帝国，恰恰是因为它的人民和文化可与中国相提并论。[②]

但是，如果汉代中国人在地理学意义上并不认为中国是中心，那么，在政治文化意义上，他们的确是中国中心论者。因为作为一个整体的世界秩序从来不是他们关心的问题；倒不如说，他们关心的是建立和维持中国人的世界秩序，这一秩序是由中国中心论来确定的。汉代中国人的世界秩序不仅作为一种思想存在，更重要的是，还作为一种制度形式表现出来。

五服论

作为一种概念，汉代的世界秩序主要是根据所谓"五服"的理论来界说的。[③] 按照这种理论，自从夏朝起，中国划分为五个同心的和分层次的地带或区域。中心区甸服是皇室管理区，在国王的直接统治下。直接环绕皇室管理区的是国王建立起来的中国人的列国，被称为侯服。侯服之外是为统治王朝征服的中国人的国家，构

---

① 《吕氏春秋》卷十三，第 1 叶，参见以下：《淮南子》卷四，第 4—6 叶（约翰·梅杰：《〈淮南子〉卷四中体现的汉初思想中的地形学和宇宙论》，哈佛大学 1973 年博士论文，第 49 页及以下）。

② 《后汉书》卷八九，第 2919 页。

③ 五服最早可能见于《书经》，见高本汉：《书经》，《远东古文物博物馆通报》，22（1950），第 11—12 页；李雅各：《书经》，第 74 页。也见杨联陞，《关于中国人的世界秩序的历史评论》，收于《中国人的世界秩序观》，费正清编（坎布里奇，1968），第 20、292 页注 1。我对九州和五服理论的扼要叙述是以多种版本为依据的，见李雅各：《书经》，第 142—149 页（禹贡）；《国语》上，第 3 叶；孙诒让：《周礼正义》64（卷十八），第 90—95 页；孙诒让：《周礼正义》（《四部备要》本）71（卷二十），第 80—84 页。

成所谓绥服或宾服。最后两个地区是留给野蛮人的。生活在绥服或宾服外面的蛮夷居地称为要服（受管制的地区），这样命名是因为假定蛮夷隶属于中国人的控制之下，即使这种控制是很松散的。最后，在控制地区以外的是戎狄，他们在荒服（荒凉的地区）中基本上是自己做主，而以中国为中心的世界秩序在荒服到达了它的自然的终点。

这五个等级对中央的关系还通过不同地区奉献给国王的贡赋名目（包括地方土产和服役）有所表现。大体上，贡赋是按递降的次序由从王室管理区到荒凉地区的五类百姓交纳的。因此，国王按日从甸服收取贡赋，按月从侯服、按三个月向绥服、按年向要服收取贡赋，对荒服则只收一次。

不用说，五服理论描述了一种理想的模式，因此不能按表面价值去理解。不管怎样，两个令人无话可说的理由要我们认真对待这个理论。首先，所谓九服论是由一些汉代注疏家阐述的，主要是虚构的，而五服论与之不同，基本上是以历史事实为依据的。当代最有批判能力的历史学家之一认为，三服结构的确存在于早期中国的历史，即甸服、侯服和要服。[1] 公元前 221 年，一群朝臣（包括李斯）向秦始皇联合上奏说：

> 昔者五帝地方千里，其外侯服、夷服。诸侯或朝或否，天子不能制。[2]

关于远古中国人世界秩序的这种现实的报道，能够在可靠的先秦文献中充分得到证实。显然正是在这一实在的基础之上，经过创造性的想象和在五行思想的影响下，使实际的中国世界秩序理想化。他们在侯服之外创造了想象的绥服，在要服之外创造了想象的荒服。

其次，五服说并不是一种空洞的思想。正好相反，它在汉代对外

---

[1] 顾颉刚：《史林杂识》（北京，1963），第 1—19 页。
[2] 《史记》卷六，第 236 页（沙畹：《〈史记〉译注》第 2 卷，第 125 页）。

关系的发展中扮演一个重要的历史角色。事实上，汉代中国人除了根据语言和这种理论的参照结构，几乎无法去了解世界。例如，在公元前117年，武帝说扬州（现在的江苏和浙江）在夏商周时代称为要服；公元14年，王莽试图系统地把五服论应用于他的新世界秩序。①

在对外关系领域中，这种理论甚至时时影响汉朝的决策。公元前51年，匈奴单于呼韩邪前来向汉朝表示敬意，萧望之向宣帝建议，宁可将单于作为敌国的首脑来对待，而不要作为附属。萧用来作为论据的理由是，匈奴属于荒服，不能指望他们向汉朝表示常规的效忠。皇帝采纳了他的建议。② 按照五服说，荒服的野蛮人只需向国王献纳一次贡赋。在这里我们可以看到的是这种理论转化为行为的一个典型例子。班固发现把汉代对外关系的现实纳入五服论的框架是很方便的，这个事实足以表明五服说构成了现实的一个不可缺少的部分。

贡纳制度

汉代对世界秩序的认识在制度上的主要表现是有名的贡纳制度的发展。确实，有些原型的贡纳常规甚至可以追溯到商代。但是，这些常规的制度化以及它们在对外关系领域中的应用，无疑是汉代的独特贡献。原因是不难找到的：汉帝国面临的对外关系问题和前帝国时期中国所面临的问题基本上有本质的不同。新的关系需要新的制度来表现。汉代的贡纳体系经历了一个漫长的和复杂的演变过程，这在论述各个外族集团的几节中将予说明。但是，在这里将提出几点总的意见。③

首先，指出这一点是重要的，贡纳制度务必不能只在狭隘的意义上来理解，而把它看成是用来调节中国对外关系的一种标准模式。就

---

① 武帝述及要服之事，见《汉书》卷六，第2759页。关于王莽，见《汉书》卷九九下，第4136—4137页，所述与孙诒让的《周礼正义》一致，见该书71（卷二十），第80—84页（见第336页注1所引）。

② 《汉书》卷七八，第3282页；杨联陞：《关于中国人的世界秩序的历史评论》，第31页。

③ 关于进一步的论述，请看余英时：《汉代的贸易和扩张：中夷经济关系结构研究》（伯克利和洛杉矶，1967）。

其广义而言，"贡"的概念是汉帝国的一项普遍施行的政策，同样适用于中国人本身。例如，各个地区的地方产物都要作为贡品献给朝廷。在理论上，有理由这样说，中国人与非中国人之间在贡赋体系下的不同是一种程度的问题。

学者们普遍同意，五服说基本上和现实地看，无非是叙述内部和外部地区之间相对的二等分法。对野蛮人的外部地区来说，中国是内部地区，正如同对外部的侯服来说甸服是内部地区，在中国文明周围的要服对荒服来说就成为内部地区。理解了这种方法，那么，我们就可以发现，汉代世界秩序的制度实际上是完全和五服系统相适应的。

如我们所知，汉代早期的皇室统治区位于以关中命名的京师地区，这个地区以四座关口和帝国的其余部分隔开。在前汉的大部分时期，关中地区防卫保持如此高度的警惕，以致百姓经过关口时都要携带传（通行证）。在这个地区以外的是郡，可分为两类。据3世纪的学者韦昭说，在中国内地的郡称为内郡，而那些沿着边境并以要塞和关卡对付野蛮人的郡则称为外郡，也可分别称为近郡和远郡。[①] 很容易看出，内郡和外郡十分类似侯服和绥服。

最后，更为有趣的是，与要服和荒服之间的区别粗略相当，汉朝政府也将非中国人分为两个较大的集团，即外蛮夷和内蛮夷。一般来说，外蛮夷生活在汉朝边界之外，因此并不直接受帝国的统治。与之相反，内蛮夷不但居住在汉帝国之内，而且承担保卫汉朝边境的责任。在汉代，"葆塞"这个专门名词经常是适用于内蛮夷的。这样，便有了所谓卫边的蛮夷、卫边的羌人、卫边的乌桓，等等。[②]

此外，这种内外的区别在行政管理方面也制度化了。外蛮夷在归顺汉帝国以后，通常处于属国的地位。在指派一名中国官员（属国都

① 《汉书》卷八，第241页；《汉书》卷九九下，第4136页（德效骞：《〈汉书〉译注》第3卷，第343页）。

② 《后汉书》卷十五，第581页；《后汉书》卷十九，第717页；《后汉书》卷二四，第855页；关于"葆"字及其含义，见杨联陞：《中国历史上的人质》，收在他的《中国制度史研究》（坎布里奇，麻省，1961），第43—57页；鲁惟一：《汉代的行政记录》（剑桥，1967）第2卷，第202页。

尉）负责属国事宜的同时，蛮夷照例可以保存原有的社会风俗和生活方式。在理论上，他们现在已成为帝国的"内属"，但实际上他们继续享受外蛮夷的自由。有证据表明，至少在前汉时期，匈奴和羌的几个属国在汉的疆域之外。另一方面，居住在帝国之中的归顺的蛮夷组成"部"，直接受汉朝的管理。当状况合适时，帝国政府便采取最后的步骤，将"部"转变为正式的州郡。许多例子说明，在公元2、3世纪这个过程一直在继续进行。

这种讨论不应认为要断言汉朝政府完全成功地将中国的贡纳制度强加于非中国人身上。这只是表明，汉代中国人有一种中国的世界秩序的清晰观念，这种观念是建立在内外之别基础上的；他们作出了认真的努力，将它强加在邻近的非中国人身上。必须强调指出，在实践中，汉代贡纳制度在对外关系领域中从来没有达到像它在内部同样稳定的程度。这种制度的平衡取决于许多因素，诸如大多在中国控制之外的各色各样外国政权的兴起和冷落。因此，在维持一种理想的世界秩序方面汉朝的成就充其量也是有限的。然而，如果脱离汉代对中国的世界秩序的观念去看问题，那么，汉代中国的外交关系显然将是难以讲通的。从一开始这种观念便是外交关系的一个不可分开的特征。

匈　　奴

汉代政治家在他们的外交政策形成过程中面对的第一个强敌，是北方草原帝国匈奴。[①] 那个时代的大部分岁月中匈奴问题是汉代中国世界秩序的中心问题，因此，我们从考察东亚两个最强大民族之间关系的变化入手，是唯一合理的办法。

---

① 匈奴与匈人（Huns）不能等同，见拉施克：《罗马与东方贸易新探》，载《罗马帝国的兴衰，反映罗马历史与文化的新研究》，特姆波里尼和哈斯合编（柏林和纽约，1978），第2部，第612、697页注101。关于匈奴生活方式的资料，见斯·伊·鲁登科：《匈奴的文化和诺颜乌拉的墓穴》，波伦姆斯德译（波恩，1969）。

冒顿和他的联合体

　　公元前 209 年，即汉朝建立的前三年，一个新兴的匈奴草原帝国由名叫冒顿的新单于①建立起来，他是在杀死自己的父亲以后取得统治权力的。冒顿是一个杰出的有能力而且有活力的领袖，在短短数年之内，他不但成功地在各个匈奴部落之间实现了前所未有的统一，而且几乎向所有方面扩展他的帝国。向东，冒顿击溃了生活在东部蒙古和西部满洲的强大的东胡。自从冒顿取得政权以后，这些集团曾对匈奴施加强大的压力。向西，他发动了一场针对居住在甘肃走廊的月氏人的成功的战役，月氏人是匈奴的世仇，冒顿曾由他的父亲送到他们那里充当人质。向北，他征服了一些游牧民族，包括南西伯利亚的丁零在内。向南，由于中国在河套地区防御体系的衰落，他收复了那个地区的全部土地——这是秦朝大将蒙恬过去从匈奴手中夺去的。②

　　在这些广大的新领土之中，冒顿在龙城建造了匈奴每年集会的场所，它位于和硕柴达木（现代外蒙古）的附近。龙城等于是匈奴联合体的首都，所有重要的宗教和政府事务都在那里集中处理。每年秋天，匈奴在龙城附近举行大会，统计人口以及牲畜的数目。③

　　也是在冒顿领导之下，一种更加成熟的政治组织形式开始在匈奴联合体中脱颖而出。这是左右二元体制，左在右先。《史记》说："置左右贤王、左右谷蠡王，左右大将，左右大都尉，左右大当户，

---

①　单于是匈奴语言中统治者称号的汉译。由于我们无法重建匈奴语的任何有价值部分，而且匈奴的称号和名字只能通过中国著作来了解，因此，我使用中文的译名。这样，王的名字（如日逐王），甚至这个民族的名称匈奴，都是汉语。后者实际上是强烈的污蔑之词，汉语的意义是"凶恶的奴隶"。在这个时代和以后时代我们遇到的其他非汉人民族的名称通常也是汉人用汉语表达的称呼，如乌桓、鲜卑等。

②　关于蒙恬，见前面第 1 章《道路、城墙和宫殿》。

③　《史记》卷——〇，第 2892 页（沃森：《英译〈史记〉》第 2 卷，第 164 页）；《汉书》卷九四上，第 3752 页。《汉书》卷九四上和所提到的其他几卷的段落的译文，见德格罗特：《亚洲史中的中国文书》第 1 卷《公元前的匈奴》，第 2 卷《公元前中国的西域》。但是，由于这部著作很罕见，本卷的脚注没有它的参考材料。

左右骨都侯。"[1] 匈奴的左右支系是在地域基础上划分的,左方管理帝国的东部,右方则管理西部。匈奴的最高统治者单于直接统治中部领土。这样,当汉高帝转而面对匈奴的威胁时,冒顿不但基本完成了他的新草原联合体的领土扩张,而且已经巩固了他对所有匈奴部落以及被征服民族的个人统治。因此,在公元前 200 年,为了和他的中国对手在战场上进行一次历史性的遭遇战,他做好了充分的准备。[2]

讲到汉高帝,他已完成了内部的统一,现在决定将匈奴赶出中国之外,并且建立汉朝对北部边界的控制。应该指出,匈奴对汉帝国的威胁是双重的:他们经常侵入中国边境,并且在边境地区的中国人中间,特别是对那些强有力的地方领袖,散布不和的政治影响。这种政治威胁在叛变问题上表现得最为清楚。在汉朝初期,投向匈奴的中国变节者包括刘信(韩王)、卢绾(燕王)、陈豨(代郡太守)等重要人物。同样值得着重指出的是,汉朝边境将领中有些人以前是商人,因此很可能仍维持着在王朝建立以前便已开始的和匈奴的贸易关系。他们对汉朝的忠诚绝不是没有问题的。这个时期中国的亡命者中间流行着一句话:"不北走胡则南走越耳!"此语表明,即使普通百姓与汉朝之间,一种政治上的认同仍需要发展。

在这种考虑的推动下,高帝抓住韩王向匈奴投降的机会,在前 200 年冬天发动了一场针对匈奴的大规模军事行动。高帝亲自率领一支三十余万人的军队追逐匈奴远至平城(在现代的山西大同附近),反而落入了冒顿设置的埋伏。在汉朝的步兵能与皇帝会合以前,冒顿带着他的 40 万精骑突然转过来包围汉军营地,切断了皇帝队伍的供应和增援。高帝落入进退两难的圈套达七天之久,差一点

---

① 《史记》卷一一〇,第 2890 页(沃森:《英译〈史记〉》第 2 卷,第 163 页);《汉书》卷九四上,第 3751 页。

② 关于匈奴兴起和他们的国家,见马长寿:《北狄与匈奴》(北京,1962),第 22—30 页;护雅夫:《匈奴的国家》,《史学杂志》,59∶5(1950),第 1—21 页;手塚隆义:《匈奴勃兴试论》,《史渊》,31∶2(1971),第 59—72 页。

被俘。①

婚姻协议制度

平城之战在称为"和亲"的王朝婚姻制度的成型方面起着决定性的作用，直到武帝（前 141—前 87 年在位）统治之初，和亲为汉与匈奴之间的关系树立了样板。平城之战失败后，高帝终于认识到用军事方式来解决匈奴问题非他的力量所能及。因此，他决定采纳一位名叫刘敬的宫廷官员提出的实现某种程度和解的建议。在前 198 年，皇帝派遣刘敬前去和冒顿议和，最后双方达成了协议。②

第一起和亲协定包括以下四项条款：首先，一位汉朝公主将与单于结婚；其次，汉朝将一年数次向匈奴送"礼物"，包括丝绸、酒、稻米和其他食物，每一种都有固定的数量；第三，汉与匈奴将成为"兄弟之国"，地位平等；第四，双方都不在以长城为界的边境以外采取冒险的行动。③ 协定在前 198 年冬天正式生效，当时刘敬护送一位年轻女子——身份可疑的公主——嫁给匈奴的领袖。

在这里应对协定条款的应用方式做一些评述。首先，如同名称表明的那样，由刘敬完成的汉与匈奴之间关系的结构的主要特征是两个帝国统治家族在婚姻方面的联盟。好像有一种默契，任何一方在新的统治者登基之时，一位汉朝公主便要送往匈奴，大概是作为联盟继续的保证。于是，在惠帝继位以后不久，第二位汉朝公主于前 192 年送去嫁给冒顿，文帝和景帝都送公主嫁给单于。④

---

① 《汉书》卷一下，第 63 页及以下（德效骞：《〈汉书〉译注》第 1 卷，第 115 页）；《汉书》卷九四上，第 3753 页；《史记》卷九三（沃森：《英译〈史记〉》第 2 卷，第 165 页）。关于某些汉朝将军是商人的断言，见《汉书》卷一下，第 69 页（德效骞：《〈汉书〉译注》第 1 卷，第 127 页）。

② 刘敬原名娄敬，见《史记》卷九九，第 2719 页以下（沃森：《英译〈史记〉》第 1 卷，第 289 页）；《汉书》卷四三，第 2122 页以下。

③ 关于长城的讨论见第 1 章《道路、城墙和宫殿》及《前 221 年 12 万户向咸阳的迁移》。

④ 《汉书》卷二十，第 89 页（德效骞：《〈汉书〉译注》第 1 卷，第 181 页）；《汉书》卷五，第 144 页（德效骞：《〈汉书〉译注》第 1 卷，第 315 页）；《汉书》卷九四上，第 3759 页。

其次，汉朝给匈奴的"礼物"的分量在每一次协定中加以确定。事实上协定的每次修订几乎必定会导致汉朝方面"礼物"的增加。据说文帝每年赠给匈奴黄金千两，武帝为了重申双方联盟，也送给匈奴大量的礼物。从前192年至前135年，协议修订不下于九次。我们能够有确切把握断言，汉朝为每一次新协定付出了更高的代价。但是汉代中国与匈奴之间的边界问题从来没有得到明确的解决。前162年，文帝引用高帝的一份诏书，大意是说，长城以北受单于之命，而长城以内则为汉朝皇帝所有。然而，没有迹象说明冒顿曾经表示愿意尊重中国的要求。[1]

匈奴帝国在冒顿有力的领导下继续扩展。和领土扩张的同时，他对汉朝宫廷的态度越来越傲慢，他对中国货物的欲望总是难以满足。前192年，冒顿甚至要求与吕后结婚。他在信中写道：

> 孤偾之君，生于沮泽之中，长于平野牛马之域。数至边境，愿游中国。陛下独立，孤偾独居。两主不乐，无以自虞。愿以所有，易其所无。[2]

吕后愤怒，要向冒顿发起进攻。当有人提醒她平城的灾难时，她便使自己平静下来，并命令宫廷大臣用她的名义写了一封回信。回信中说：

> 年老气衰，发齿堕落，行步失度，单于过听，不足以自污。弊邑无罪，宜在见赦。

很清楚，吕后实际上是在祈求单于不要侵略中国。

---

[1] 《史记》卷一一〇，第2902页（沃森：《英译〈史记〉》第1卷，第173页）；《汉书》卷九四上，第3762页。关于和亲协定，见手塚隆义：《汉初与匈奴和亲条约有关的二三问题》，《史渊》，12：2（1938），第11—14页。余英时：《汉代的贸易和扩张》，第9页以下。

[2] 《汉书》卷九四上，第3754页以下。

冒顿死于公元前 174 年。在死前不久，他进行了一系列重要的征服。他不但把月氏人完全赶出甘肃走廊，而且在伸入中亚的西域地区确立了自己的地位。冒顿从实力地位出发，转而与中国重新谈判协定。他给文帝写了一封威胁性的信，称呼自己为"天所立匈奴大单于"。在汉朝朝廷中就和战问题又进行了一次激烈的辩论。在仔细地权衡了双方的力量以后，文帝决定接受冒顿的条件。[①]

冒顿是幸运的，他有一个强有力的继承者，即他的儿子稽粥，在中国历史记载中以老上单于而为人所知（公元前 174—前 160 年在位）。老上继续执行他父亲的扩张政策。在西方，他继续压迫当时已重新定居于伊犁河谷的月氏人。在东方，他甚至深入地侵扰汉的领土。有一次他的侦察骑兵深入到汉朝首都长安的近郊。老上还成功地在和亲协定中引进了新的内容，即增加了有关边境贸易的条款。

如果我们信任贾谊的奏疏的话，那么，尽管汉与匈奴之间私人贸易沿着边境已经在很长时间内一直在进行，但直到文帝统治时期才出现了大规模的由政府主办的市场制度。确切地说，这是和他的理论一致的，即认为匈奴可以用汉代中国占优势的物质文化加以控制。与此同时，警告匈奴不要落入圈套的也不乏其人。[②] 而且，班固所说"逮至文帝，与通关市"，可以支持这件奏疏所说的可靠性。[③] 很清楚，边境市场制度是匈奴强加于汉朝的。由贾谊的卒年公元前 169 年可以判断，建立官方边境贸易的协议必然是在文帝与老上之间达成的。如同贾谊奏疏清楚表明的那样，边境贸易满足普通匈奴人的需要，他们大概从大量给予单于和其他匈奴贵族的皇帝

① 《史记》卷一一〇，第 2896 页以下（沃森：《英译〈史记〉》第 2 卷，第 167 页以下）；《汉书》卷九四上，第 3756 页。

② 《新书》（《四部备要》本）卷四，第 5 叶。警告匈奴的是一个名叫中行说的中国逃亡者，见《史记》卷一一〇，第 2899 页（余英时：《贸易和扩张》，第 37 页；沃森：《英译〈史记〉》第 2 卷，第 170 页）。

③ 《史记》卷一一〇，第 2899 页（沃森：《英译〈史记〉》第 2 卷，第 170 页）；《汉书》卷九四下，第 3841 页。贾谊关于"五饵"以及匈奴的尚武品质将因此遭受削弱的建议，见《汉书》卷四八，第 2265 页（颜师古注 3）。

礼物中是得不到多少好处的。

当匈奴从婚姻协定的条款中得益很多的时候，对于汉代中国来说，除了单于方面并不可靠的不侵略诺言之外，实际上并不能证明为此付出高昂费用是合理的。中国方面的记载表明，差不多在双方关系由两个皇室之间的异族通婚结合在一起的早期，单于就不认真履行和平协议。公元前 166 年，老上单于亲自率领 14 万名骑兵侵入安定（现代甘肃），深入到雍，后来那里成为汉朝皇帝的避暑地。公元前158 年，他的继承人军臣（公元前 160—前 126 年在位）派遣 3 万骑兵袭击上郡（现代内蒙古和山西北部），另一支 3 万名骑兵袭击云中（也在内蒙古）。[1]

和匈奴之间的战争

因此，在中国人看来，由刘敬完成的关系模式是昂贵而且无效的。如同我们已经看到的那样，在文帝时期这种关系得到最充分的发展；但是也正是文帝最急于废除它，而放弃这种制度要承担与匈奴进行战争的危险。在他统治的中期，皇帝为一场可能的武装对抗作了每一种准备。他和帝国的卫军一起，穿上军装，在上林苑骑马射击，研究军事技艺。[2] 由于他是一个谨慎和俭朴的人，他的帝国又勉强地才从内部骚乱中恢复过来，所以他避免对北方游牧民族采取攻势。中国为了摆脱和亲制度的束缚还必须等待。公元前 134 年，当武帝在位时，时机来到了，这时的帝国在政治上、军事上和财政上均已巩固，更重要的是在朝廷中有一个强有力的、有雄心的和大胆的集团充当领导。

公元前 135 年，匈奴要求重订协定。此事在一次朝廷会议上提出讨论时，像往常一样，多数意见是倾向于和平的。因此武帝答应了匈奴的要求。但是皇帝的决定显而易见是非常勉强的，一年以后（公元

---

[1] 《汉书》卷四，第 125、130 页（德效骞：《〈汉书〉译注》第 1 卷，第 225、265 页）；《汉书》卷九四上，第 3761、3764 页；《史记》卷一一〇，第 2901、2904 页（沃森：《英译〈史记〉》第 2 卷，第 172、175 页）。关于雍靠近长安和它作为一个宗教中心的重要性，见鲁惟一：《汉代中国的危机和冲突》，第 167 页。

[2] 关于文帝的行为，见《汉书》卷九四下，第 3831 页。

前 134 年），他便推翻了这个决定，接纳了一位边境商人提出的在马邑城（属雁门郡，现代属山西）设伏捕捉单于的计划。这一密谋被单于发现，埋伏失去作用。但汉朝与匈奴之间完全破裂，两者之间以和亲方式和汉朝以姑息迁就为特点的相互关系，经历了七十余年，终于彻底结束了。[①]

直到公元前 129 年秋季以前，全面战争并未发生。公元前 129 年秋季，4 万名中国骑兵受命对边境市场的匈奴人发起突然袭击。汉朝的武装力量之所以选择边境市场作为他们的第一个目标，是因为即使在流产的设伏以后，匈奴人继续经常大批地前来这些地点贸易。公元前 127 年，将军卫青率领一支队从云中经过边境前往陇西，从匈奴手中夺回了鄂尔多斯。紧接着这次征服以后，10 万中国人被遣往该地定居，建立了朔方郡和五原郡。鄂尔多斯的丧失对于匈奴来说是冒顿时代以来所遭受的第一次较大的挫折。[②]

公元前 121 年，匈奴受到将军霍去病的另一次沉重的打击，在中国军事史上，霍与卫青同被视为罕见的天才。[③] 霍去病率领一支轻骑兵西出陇西，6 日之内，转战匈奴五王国，夺取了焉支山和祁连山区域。匈奴浑邪王被迫带着 4 万人投降。然后在公元前 119 年霍去病和卫青各率领 5 万骑兵和 3 万至 5 万步兵，沿着不同的道路前进，迫使单于和他的宫廷逃往戈壁以北。

虽然汉朝在这些战役中取得了重大的胜利，但仍远远没有赢得战争。汉朝在人力和其他物力方面也遭受沉重的损失。根据官方报道，每一方丧失 8 万至 9 万人。汉朝军队带往沙漠的马匹在 14 万以上，带回中国的不到 3 万。由于马匹的严重不足，汉朝没有能力对沙漠中的匈奴发动另

---

① 《汉书》卷五二，第 2398 页以下；《汉书》卷九四上，第 3795 页以下。《史记》卷一一○，第 2940 页以下（沃森：《英译〈史记〉》，第 176 页以下）。

② 《汉书》卷九四上，第 3766 页；《史记》卷一一○，第 2906 页（沃森：《英译〈史记〉》第 2 卷，第 177 页以下）。

③ 关于这两位将军，见《史记》卷一一一，第 2906 页（沃森：《英译〈史记〉》第 2 卷，第 126 页以下）；《汉书》卷五五。关于这些战役的一览表，见鲁惟一：《汉武帝的征战》，收在《中国的兵法》（小基尔曼和费正清编），第 111 页以下。

一次袭击。① 此外，根据公元初期一位汉朝军事家的分析，有两个特殊的困难妨碍汉朝进行任何长期持久的反对匈奴的战争。首先是后勤方面的食品供应问题。平均来说，一个士兵300天的行程要耗费360公升由牛负载的干粮，而每头牛的食物另需400公升。过去的经验表明，牛在沙漠中百日之内将会死去，剩下的240公升干粮对于携带它的士兵来说仍是太重了。其次，匈奴地面的气候也给汉朝的士兵造成了难以克服的困难，他们绝不可能携带足够的燃料来应付冬季致命的寒冷。正如分析者所正确指出的那样，这两个困难说明了为什么没有一次进攻匈奴的汉朝远征能持续一百天。②

涉及这些远征中汉朝士兵给养的问题可以由李陵将军的事例得到证明。公元前99年，当李的军队在敦煌附近为匈奴包围时，他发给每个士兵两升干粮和一片冰，以此作为他们分散开来逃出包围圈的给养。他命令士兵们三天以后在汉朝的一处据点重新会合。虽然这可能是个个别的例子，但它说明，当在中国疆界之外进行征讨时，汉朝士兵即使为了活命，也必须轻装和迅速行动。③

但是，作为这些战斗的一个结果，汉朝向西域扩展的牢固基础是奠定了。以前由浑邪王占领的土地从甘肃走廊向西伸展到罗布泊。在浑邪王于公元前121年投降以后，全部匈奴人移出该地区，汉朝在那里建立了酒泉郡。以后又加设了三郡，即张掖、敦煌和武威，和酒泉一起，在汉朝历史上以"河西四郡"著称。④ 由于河西的归并，汉朝成功地将匈奴和以南的羌人隔开，还能直接进入西域。正如此后的历史充分显示的那样，河西成为汉朝在西域军事活动的最重要的基地。

---

① 关于人、马的损失和出征的费用，见《汉书》卷二四下，第1189页（斯旺：《古代中国的粮食和货币》，第274页）。《史记》卷一一〇，第2910页以下（沃森：《英译〈史记〉》第2卷，第182页以下）；《史记》卷一一一，第2938页（沃森，同上书第2卷，第209页）；《汉书》卷九四上，第3771页；鲁惟一：《汉武帝的征战》，第97页。

② 这些看法是严尤向王莽提出的（公元14年），见《汉书》卷九四下，第3824页。

③ 《汉书》卷五四，第2455页。

④ 关于四郡建立的时间是有疑问的。一种观点认为，四郡中没有一个是在公元前104年以前建立的，最后建立的武威可能是在公元前81年至前67年之间。见鲁惟一：《汉代的行政记录》第1卷，第59页以下、第145页注38。

匈奴内部争夺领导权的斗争

从公元前 115 年到公元前 60 年这一时期可以看到汉与匈奴关系史上两个相关的发展。首先，这一时期汉与匈奴为控制西域而斗争，以汉朝的完全胜利告结束。其次，同一时期匈奴帝国瓦解了，这主要是内部权力斗争的结果。这种瓦解终于导致单于在公元前 53 年归附汉朝。我们将在下面论述西域的一节中讨论第一方面的发展；现在先集中讨论第二个方面。

公元前 60 年突然在匈奴人中间爆发的权力之争，其根源在于草原联合体的政治结构。早在冒顿时期，匈奴已发展成一种左右的二元体制。每一部分都有它自己的地区基础，并享有高度的政治自治权。地区首领（王）有权指定下属的官员。这种地方主义导致某些历史学家相信匈奴联合体保持一些"封建主义"因素。[1] 在早期，职务既不一定是世袭的，也不是终身制，大部分由皇室成员或其配偶氏族成员所控制。但由于联合体的扩展，更多的地区王国建立起来。它们的王是其既存地位被确认的地区首领。

事情很快就变得一清二楚，原来的结构缺乏调节新的政治现实的灵活性，也难以保持有效的团结。在公元前 120 年前后，我们发现，匈奴帝国西部的两个强大的王（浑邪王和休屠王）没有被分配到按二元原则的右翼。二者有他们自己的土地和人民，单于对他们的控制力是微弱的。当公元前 121 年浑邪王带着他的 4 万人向中国投降时，这一点得到清楚的证明。[2] 地方主义的增长在公元前 1 世纪更为明显，出现了地区的王拒绝参加在单于宫廷中举行的年会之争。而且，这一时期几个单于在他们得到统治宝座以前都不得不在原来由他们控制的地区发展权力基础。公元前 57 年，五位自封的单于争夺宝座，他们

---

① 关于匈奴国家的封建性质，见威廉·麦戈文：《中亚的早期帝国：斯基泰人和匈奴人及其在世界史上的作用，特别利用中文资料》（查佩尔希尔，纽约州，1939），第 118 页。

② 《汉书》卷六，第 176 页（德效骞：《〈汉书〉译注》第 2 卷，第 62 页）；《汉书》卷九四上，第 3769 页。

都有自己的地区追随者。①

　　和地方主义增长有关系的是从公元前114年延续到前60年的一场领导危机。在这时期匈奴总共产生了七位单于。除了两位例外，他们中没有一人统治时间超过10年。时间最短的在统治宝座上只有一年。这和冒顿（公元前209—前174年）以及军臣（公元前160—前126年）的长期统治形成鲜明的对比。早期的单于有能力扩展帝国，并将和亲的协定强加给汉朝。后来的单于不但统治时间短，而且以领导软弱为其特征。他们中的两位，即詹师卢（公元前105—前103年）和壶衍鞮（公元前85—前69年）在童年时出任单于之职。② 前者被称为"儿单于"，后者则为其母所左右。应该指出，领导危机在很大程度上是由匈奴的继承制度造成的。从冒顿时代到公元前2世纪中叶，我们能够看到一种父传子的继承的一般形式。在冒顿和虚闾权渠（公元前68—前60年）之间发生的11次继承中，只有四次违反了这种形式。一例是叛乱的结果，二例是由于单于之子太小。只有最后一例，虚闾权渠在表面上正常的情况下从他的兄弟壶衍鞮（公元前85—前69年）手中接收了统治宝座。③

　　由于继承通常由父传子，统治的单于一般有权选择他的继承者。这种权力可能导致麻烦。冒顿父亲头曼的最后的有些专横的决定，要使幼子成为继承者，这便堵塞了长子冒顿嗣位之路；为了登上统治宝座，冒顿准备犯忤逆罪。但在公元前2世纪末，继承在很大程度上已正规化了。在公元前105年，匈奴贵族显然承认"儿单于"的嗣位是合法的，尽管对他的品格不无忧虑。④ 这种继承形式在匈奴帝国早期发展中很可能是一种稳定的力量，但是，在公元前1世纪遇到战时紧急情况时，它证明是越来越无力应付了。这可以解释为什么呼韩邪

① 《汉书》卷九四下，第3795页。关于匈奴的政治结构，见谢剑：《匈奴政治制度的研究》，载《历史语言研究所集刊》，41：2（1969），第231—271页。
② 《汉书》卷九四上，第3774、3782页。
③ 同上书，第3787页。
④ 关于冒顿的活动，见《汉书》卷九四上，第3749页。关于"儿单于"在嗣位以后表现出来的沉溺于残酷行为的倾向，见《汉书》卷九四上，第3775页。

（公元前 58—前 31 年）规定新统治者，即作为法定继承人的他的长子，必须将统治宝座移交给一个兄弟。历史记载表明，从呼韩邪时代到公元 2 世纪中叶，兄弟继承实际上是准则。①

公元前 60 年，右贤王屠耆堂成为握衍朐鞮单于。新单于是一个有强烈地区偏见的人。他一登上统治宝座便开始清洗那些在已故单于手下和在左方任重要职务的人。于是引起了对抗，在公元前 58 年，左方贵族推举呼韩邪为他们自己的单于。握衍朐鞮不久在战斗中被击败自杀。② 但是，在这时匈奴的地方主义已达到这样的程度，以致统一的外表都难以维持了。公元前 57 年，在五个地区集团之间发生了权力之争，每一个都有自己的单于。到公元前 54 年，战场上只剩下两家，分别以两个竞争的兄弟为首，即呼韩邪单于和郅支单于。呼韩邪被郅支击败以后，放弃了他在北方的都城，往南向中国移动，希望和汉朝议和。③

呼韩邪并非公元前 134 年婚姻协议中止以后对恢复与中国的和平关系表示兴趣的第一个单于。早在前 119 年，当匈奴在霍去病和卫青手下遭到重大损失时，伊稺斜单于（公元前 126—前 114 年）派遣一名使节前往汉朝以和亲的名义恳求和平。在答复中，汉朝政府提议单于应成为一个"外臣"。这使单于感到愤怒，和平谈判以失败告终。④ 公元前 107 年，乌维单于停止了所有边境袭击，为的是表示他对恢复婚姻联盟的愿望。汉朝要求匈奴送他们的太子到长安做人质，此事再次使谈判毫无结果。⑤ 公元前 1 世纪上半期进行的几次其他和平尝试也是徒劳的，因为汉朝廷干脆拒绝任何低于属国的条件。

---

① 关于继承问题，见手塚隆义：《匈奴单于相续考》，《史渊》，20：2（1959），第 17—27 页。
② 《汉书》卷九四上，第 3789 页以下。
③ 《汉书》卷九四下，第 3795 页以下。
④ 《汉书》卷九四上，第 3771 页。
⑤ 同上书，第 3773 页。

和汉朝的贡纳关系

现在谈一谈贡纳制度是顺理成章的。正如前面所述（见《贡纳制度》小节），汉朝的贡纳制度就其最广泛意义而言是一种同样适用于中国人和外夷的普遍原则。但是在实际施行时，作为在对外关系范围内应用的制度，它经常改变以适应发生的不同情况的需要。以匈奴为例，最初汉朝坚持的贡纳一词有三重含义。首先，单于或他的代表应到汉朝宫廷朝觐；其次，单于应送一名质子，最好是太子；第三，单于应以向汉朝皇帝呈献"贡品"来报答帝国赏给的"礼品"。将这些条件和婚姻协定作一比较，就可以清楚地看出，在贡纳制度下，匈奴的政治地位从"兄弟之国"降低到"外臣"。按照五服理论，正如政治家萧望之所指出的那样，匈奴应被列为汉帝国的荒服。①

当呼韩邪单于采取行动迎合中国时，他完全知道将会发展的新关系的模式。公元前53年，当贡纳问题在呼韩邪宫廷会议中提出时，一群匈奴贵族强烈地反对屈服的想法。他们以为，一旦匈奴成为汉朝的附属国而使自己遭受屈辱，他们将立即失去迄今为止没有问题的在中国以外各种民族中间的领导地位。但是，主和派领袖之一，左方的伊秩訾王在回答这种论调时指出：

> 今汉方盛，乌孙城郭诸国皆为臣妾。自且鞮侯单于（公元前101—前97年）以来，匈奴日削，不能取复。虽屈强于此，未尝一日安也。今事汉则安存，不事则危亡，计何以过此！②

呼韩邪完全支持这一观点，最后作出了接受汉朝提出的条件的决定。

会议以后，呼韩邪派他的儿子右贤王铢娄渠堂到汉朝作质子。在下一年（公元前52年）他向边境五原郡的官员提出一份正式的声明，

---

① 关于新形式的内在原则，见《史记》卷一一〇，第2913页（沃森：《英译〈史记〉》第2卷，第186页）。关于萧望之，见《汉书》卷七八，第3282页；《汉书》卷九四下，第3832页。

② 《汉书》卷九四下，第3797页。

表示他打算在前51年元旦亲自向皇帝表示效顺。这样，他便彻底履行了汉朝贡纳制度要求的全部形式。

从汉朝的观点来看，呼韩邪的朝觐旅行无疑是它同匈奴关系史中最重要的一件事。它确实是自从公元前200年高帝平城之败以来关系模式的一次重大的改变。部分是作为一种权宜之计的手段，但可能也是为史无前例的胜利所陶醉，汉朝授予单于不是通常情况下的荣誉，而是对单于加以一种"松散的控制"。① 单于更多的是作为一个对抗的国家元首而不是作为臣属来对待。在皇帝接见时，他被指定位于所有其他王公贵族之上。当典礼主持者正式将他引到皇帝宝座之前时，不是用他个人名字而是用正式称号来称呼，视作皇帝的一位藩臣。而且，他甚至被免除了向汉帝行跪拜礼。

在财政和物质方面，呼韩邪也因履行贡纳制度而得到丰厚的报酬。②当他在首都停留时，他从皇帝那里接受了下列物品：黄金20斤（5公斤），钱20万，衣服77套，8000匹丝织品，以及絮6000斤（1500公斤）。他还得到15匹马。当呼韩邪回家时，他带走了680千升粮食。

贡纳制度中的财政部分证明对匈奴来说是特别有吸引力的。自从第一次朝觐的行动得到汉朝的慷慨回报以后，呼韩邪要求在前50年第二次致敬，并在前49年亲自向皇帝呈献礼品。这时帝国的礼物增加为110套衣服，9000匹丝织品，8000斤（2000公斤）絮。从前50年到前1年，和单于效顺相联系送到匈奴的丝见表10。

很可能因为他一直害怕遭到他的兄弟郅支单于的攻击，呼韩邪不敢频繁前往中国。至少这是他自己对公元前49年在第二次致敬和前33年第三次致敬之间长期间隔作出的解释。③ 在呼韩邪的辩解中可能包含某些真实性；只是在公元前33年以前不久郅支才被消灭。公元前36年，一个刚毅的低级官员陈汤争取到西域都护甘延寿的帮助，

---

① "松散的控制政策"（羁縻）审慎地避免将正规的官僚政治强加在非中国民族身上，关于这一概念见杨联陞：《关于中国人的世界秩序的历史评论》，第31页。

② 《汉书》卷九四下，第3798页。

③ 同上书，第3803页。

召集了一支远征军，成功地击溃郅支，并把他的首级作为战利品送到长安。这次冒险行动是地方上筹划的，中央政府事先并未同意；甚至有关诏旨的公布也缺乏应有的授权。两位官员认为他们应主动地以这种方式行事，因为此事如果提出，他们是否获准付诸行动，很值得怀疑。他们的忧虑确是有根据的，因为当事情向长安报告时，对待他们的态度是有节制的宽容，甚至只是勉强承认他们的战功。在这时，汉朝政治家并不热衷于参与远离本土的纠纷。[①]

表 10   帝国给匈奴的礼物

年代（公元前）	絮（公斤）	丝织品（匹）
51	1500	8000
49	2000	9000
33	4000	18000
25	5000	20000
1	7500	30000

当内部情况使他不能脱身时，单于便派遣一名自己的代表代替他带着贡品前往汉朝宫廷。例如，公元前31年复株累继承呼韩邪成为单于时，他嗣位的周围情况有些可疑。他立即送一位新王子到中国做人质，并在公元前28年派一位王呈献贡品。但直到公元前25年，他才亲自前来表示效顺。

对汉朝来说，它从政治上非常重视单于的效顺。如同表10所清楚表示的那样，汉朝为单于表示效顺的每一次访问增加礼物，以此鼓励他的到来。事实上，维持贡纳制度的费用比起较早的婚姻联盟制度要高得多。例如，在公元前89年，当单于和汉朝商议重新订立婚姻协定时，他仅要求每年支付蘖酒万石，稷米五千斛，杂缯万匹，它如故约，这表明在更早的和亲协定下汉朝的支付一定低于这些数目。[②]

据班固说，和亲协定之所以失败是由于和匈奴从边境袭击的所得相比，给与的东西太少。[③]但是，早在公元前3年，汉朝已感到单于

---

① 关于这一事件，见鲁惟一：《汉代中国的危机和冲突》，第211页。
② 《汉书》卷九四上，第3780页。
③ 见《汉书》卷九四下（第3833页）班固的评论。

的朝觐旅行为国库造成了沉重的负担，有些朝廷官员甚至从纯粹经济立场出发加以反对。① 事实无可争辩地表明，在政治上考虑，贡纳制度比起和亲来有如此的优越性，以致汉朝愿意为此付出更高的代价。汉朝坚持将贡纳制度规定为三个基本因素，即朝觐、质子和贡赋。呼韩邪的对手郅支单于和汉朝的关系可以为此提供例证。当郅支单于知道他的兄弟归附中国时，在公元前53年他也送了一个儿子到汉朝去做人质。然后在公元前51年和公元前50年郅支两次分别派使者向皇帝献贡品，希望就有利的和解一事和呼韩邪竞争。但是郅支单于不能履行三项义务中最重要的一条即朝觐，因而他从未被接纳入贡纳体系之中。

在贡纳制度下，匈奴在字面的各种意义上仍维持一个独立国的地位和充分的领土完整。如同和亲时期一样，长城继续成为汉与匈奴之间的分界线。在公元前8年，汉朝要求得到一块有价值的匈奴的带状地，该地伸入汉朝边境的张掖郡。但是单于断然拒绝了这一要求，并说，这块土地多少世代以来一直是他们的领土，根据宣帝和呼韩邪单于之间的最初的协议，长城以北的一切土地属于匈奴。② 但是在其他方面贡纳关系明显地与和亲关系不同。例如，匈奴帝国不再是平等地位的"兄弟"之国，而是汉的外臣。

在贡纳制度下匈奴政治地位的下降，也从汉朝拒绝缔结另一次婚姻联盟反映出来。公元前53年，呼韩邪利用朝觐之行的时机要求允许他成为皇帝的女婿。但是，过去作为荣誉赐给单于的女性至少名义上是公主，现在不同了，元帝赐给他一名叫做王嫱（昭君）的宫女——可是她恰恰是中国历史上最著名的美人。在贡纳制度下，再没有汉朝公主嫁给单于了。③

---

① 《汉书》卷九四下，第3812页。

② 同上书，第3810页。

③ 《汉书》卷九四下，第3803、3806页。关于这一婚配的传说和它在随后的中国文学中的地位，见阿瑟·韦利：《白居易的生活与时代：公元前772—846年》（伦敦，1949），第12页以下，第130、184页。关于遣送中国公主与其他亚洲民族首领结婚的更多事例，见何四维：《中国在中亚：公元前125至公元23年的早期阶段》（莱顿，1979），第43页以下、第146页以下。

北匈奴与南匈奴

当呼都而尸单于（又名舆，公元18—48年）统治时，中国进入了一个大的政治动乱时期，它以王莽的新朝没落开始，而以光武帝重建汉朝告终。匈奴抓住时机恢复对西域以及邻近民族（特别是乌桓）的统治。[①] 不用说，中国与匈奴之间的贡纳关系也中断了。公元24年，更始帝（23—25年在位）要求匈奴按贡纳制度恢复与汉朝的关系。呼都而尸单于回答说：

> 匈奴本与汉为兄弟。匈奴中乱，孝宣皇帝辅立呼韩邪单于，故称臣以尊汉。今汉亦大乱，为王莽所篡，匈奴亦出兵击莽，空其边境，令天下骚动思汉。莽卒以败而汉复兴，亦我力也，当复尊我。[②]

呼都而尸单于颠倒贡纳体制的说法是很认真的。在公元25年，他宣布立卢芳为帝，卢是一位边境豪富，他曾声称自己是武帝的后裔。[③] 单于这样做的理由是，当一个汉朝宗族来归顺匈奴时，他应该受到如呼韩邪一样的待遇。在他统治的鼎盛时，呼都而尸甚至以自己和著名的祖先冒顿相比，有几个方面证明这个对比是有道理的。首先，在东汉王朝的最初年代，光武帝对匈奴的政策是一种绥靖政策。他"卑辞厚币，以待来使"。其次，匈奴对汉代中国发起多次袭击。第三，呼都而尸在中国北部边境的地方首领中间找到了强有力的同盟者，如卢芳和彭宠。按照这种状况汉朝与匈奴之间的关系的确使人想起了冒顿时代的模式。

但是相似之处与现实相比更多是表面的。主要由于地方主义在匈奴中间的增长，呼都而尸从来没有可能树立像冒顿那样的无可争辩的权威。例如，当呼都而尸指定他的儿子为太子，从而违反了已故的呼

---

①　关于乌桓，见以下《乌桓的迁居》。

②　《汉书》卷九四下，第3829页。

③　《后汉书》卷十一，第505页以下；《后汉书》卷八九，第2940页以下。并见毕汉斯：《汉代的中兴》第3卷，《远东古文物博物馆通报》，39（1967），第102页以下。

韩邪宣告的兄弟相继原则时，他的侄子右方日逐王比是如此愤怒，以致拒绝出席匈奴宫廷的年会。作为前一个单于的长子，比无疑对嗣位有合法的权利。[①] 但更重要的是，作为右方的日逐王，比已在匈奴帝国的南部建立了牢固的权力基础。这样，在公元 48 年，即呼都而尸的儿子蒲奴继承单于的宝座两年以后，南部的拥有总数 4 万至 5 万兵力的八个匈奴部落宣布比是他们的单于。[②] 匈奴再一次分为两个集团，在整个后汉时期各自称为南匈奴和北匈奴。

一方面由于北匈奴的难以对付的压迫，另一方面由于广泛蔓延的自然灾害如饥荒和传染病，单于比决定效法他的祖父呼韩邪的榜样，在公元 50 年带领南匈奴归入汉朝的贡纳体制。为了完成他的新的义务，单于不但派质子到汉朝宫廷，而且在汉朝使节面前跪拜接受皇帝的诏旨，以表示他的归顺。不用说，南匈奴为这一归顺得到很好的报酬。除了得到金印和其他标识以示荣誉之外，单于还从汉朝收到 1 万匹缯，2500 公斤丝，500 千升谷物和 36 万头牲畜。[③]

后汉与南匈奴

中国的贡纳制度在后汉应用于南匈奴时经历了几次重大的变化。第一，贡纳制度变得更加严格地正规化。在匈奴方面，单于的政治地位现在清楚的是一位"臣"。制度要求他在每年年底派遣护送贡品的人和质子前往汉朝。与此同时，皇帝将派遣一位帝国使者（"谒者"）护送以前的质子回到单于的宫廷。这些贡纳的行程是如此准时，以致手据报道新旧质子经常在来去中国的道路上相遇。很可能，由汉朝宫廷设计的这种轮换质子制度，目的在于扩大中国对所有未来的匈奴领袖们的影响。

就汉朝而言，皇帝给予匈奴统治阶级各色各样人物的礼物和给予

---

① 见手塚隆义：《关于日逐王独立与南匈奴单于之继承》，载《史渊》，25：2（1964），第1—12 页。

② 《后汉书》卷八九，第 2942 页以下。

③ 《后汉书》卷八九，第 2943 页。值得注意的是，印章用的字是"玺"，这个名称在正常情况下只有汉朝皇帝和某些王能拥有。

整个南匈奴的财政援助也以年度为基础而正规化了。例如，赐给匈奴使节的丝织品总数固定为 1000 匹，赐给匈奴贵族则为 1 万匹。根据一位中国朝廷官员的奏疏，公元 91 年这一年提供给南匈奴的物资价值 100900000 文。[①]

第二，对贡纳制度的控制更加严密，以将南匈奴置于汉朝的监督之下。公元 50 年，建立了一个管理匈奴事务的新官职——使匈奴中郎将。[②] 该官员的职责除了监督他们的活动和动向之外，还专门参与匈奴人民中间争端的司法裁定。这些职责要求该官员到处陪伴单于，因此根本违背了呼韩邪单于时代遵守的惯例，当时单于事实上享有完全的政治自治权。

第三，后汉朝廷作出自觉的努力，使贡纳体例更紧密地符合整个帝国制度，做法是将南匈奴移入中国，把他们重新定居于边境八郡（在现代的陕西、甘肃和内蒙古）。公元 50 年冬天发布的一道诏旨，命令南匈奴的单于在西河郡（陕西）的美稷建立他的宫廷。同时，以"卫护"为名，得到 2000 骑兵和 500 弛刑犯人组成的队伍支援的帝国指导匈奴的机构，在同一地区建立。此外，汉朝政府又迫使大批中国人移居边境的这些郡，在那里开始出现了匈奴和汉人杂居的情况。[③]

随着这些重要的变化，后汉时期在中国与匈奴之间的关系进入了一个全新的阶段。经济上，南匈奴几乎完全依赖汉朝的援助。正如公元 88 年单于向汉帝上书所说：

> 积四十年，臣等生长汉地，开口仰食，岁时赏赐，动辄亿万。[④]

---

① 贡品的数量是在公元 50 年确定的；《后汉书》卷八九，第 2944 页。公元 94 年上奏疏的人是袁安，见《后汉书》卷四五，第 1521 页。
② 《后汉书》卷一下，第 78 页；《后汉书》卷二八，第 3626 页。
③ 《后汉书》卷八九，第 2943 页以下。关于弛刑和他们被纳入军队，见何四维：《汉法律残简》（莱顿，1955），第 240 页以下；鲁惟一：《汉代的行政记录》第 1 卷，第 79、150 页注 24。
④ 《后汉书》卷八九，第 2952 页。

政治上，汉朝对南匈奴的控制达到前所未有的水平。例如，公元 143
年，在单于的宝座由于一次叛乱的结果空缺三年以后，汉朝甚至能够
将一位居住在中国首都的匈奴王子立为单于。[①] 在宗教方面，自公元
50 年开始加入汉朝的贡纳体制时起，与单于对匈奴的"天"履行季
节祭祀的同时；他每年三次向已故的汉朝皇帝供奉祭品。[②]

　　毫无疑问，在他们移入汉朝疆域之内以后，南匈奴和汉帝国发展
了许多亲密的联系。在某种意义上，将南匈奴的历史看成是后汉时期
中国史的组成部分，实际上是合理的。但这绝不意味南匈奴已被中国
文明所"吸收"。事实上，汉朝与南匈奴的关系从来不是完全平静的；
摩擦和武装冲突时有发生。除了杂居之外，单于对在政府监督之下产
生的多方面的汉朝影响特别愤怒。而杂居从长远看会削弱匈奴作为一
个游牧民族的大部分活力。于是，据报道，公元 94 年，单于安国被
拉向新降附的来自北方的匈奴人一边，同时又疏远了已在中国安居的
旧集团。结果他同北方的战士联合在一起，开始了一场反对汉朝的大
规模叛乱。[③]

　　重要的是，与汉朝宫廷的期望相反，边境的中国定居者在种族混
杂的边境社会中并不是经常帮助政府维持法律和秩序的。反之，他们
有时与匈奴合作，反对汉朝的利益。例如，公元 109 年，匈奴宫廷中
的一个来自边境的中国顾问韩琮，随同单于到汉朝首都朝觐。在回到
边境时，韩琮对单于说，现在攻打汉朝的时机已经成熟，因为在洛阳
停留时他发现中国内地有很大的水灾，许多人死于饥饿。单于接受他
的劝告便起来造反。[④]

　　如同这个例子所清楚表明的那样，在后汉朝廷采取将匈奴安置于
帝国境内的政策以后，在北部边境一种复杂的和经常是危险的种族关

---

① 《后汉书》卷八九，第 2962 页以下。
② 《后汉书》卷八九，第 2944 页。
③ 《后汉书》卷八九，第 2955 页。关于最初的部落成员的不同来源以及那些新近归附的
　　人的问题，见手塚隆义：《关于南匈奴的"故胡"与"新降"》，载《史渊》，27：1
　　(1966)，第 1—10 页。
④ 《后汉书》卷八九，第 2957 页。

系发展起来了。这种政策的严重后果，在快到了世纪末沿着西晋全部边境的野蛮人的骚乱达到令人吃惊的比例时，才为中国政府所充分理解。可能更值得注意的是，当南匈奴的后裔于公元 304 年在汉化的能干的刘渊领导下起兵时，大量边境的中国人投向他们。[1] 西晋于公元 317 年崩溃后，南匈奴成功地建立了中国历史上的第一个异族王朝。

分而治之的政策

从一开始，后汉朝廷就决定阻止北匈奴和南匈奴的重新联合。为了贯彻这种分而治之的政策，汉朝政府一贯地和慎重地按照不同的办法来对待两个匈奴集团。如上所述，对南匈奴采用严格的贡纳制度模式，北匈奴则完全置身于该制度之外。汉代中国只承认南匈奴是呼韩邪的合法继承者。整个后汉时期，北匈奴被当作事实上的军事和经济力量来对待，而不是看成一种法律上的政治实体。

至于北匈奴，他们在单于蒲奴领导下相对来说对中国是无礼的和固执的。和他们的南部兄弟不同，北匈奴不准备参加汉朝的贡纳体制，甚至在他们经历最大困难的年代仍然如此。数年饥荒和传染病所造成的人力重大损失，迫使蒲奴早在公元 46 年便觅求与汉朝和好。后来，在南匈奴归附中国成为属国以后，蒲奴作出不少于三次不成功的尝试，企图重建与中华帝国的和平关系（公元 51 年、52 年和 55 年）。在所有这些时机，他要求以和亲的条件进行和解。公元 52 年，这个要求被提到官员们面前，征求他们的意见，《汉书》的编纂者之一班彪就对外关系问题提出了一份很长的奏疏。[2]

公元 52 年的和平活动特别足以说明北匈奴的态度。在这一次，蒲奴派遣使者前来汉朝宫廷，带着马匹和毛皮作为贡礼，要求两个皇室之间结亲。同时单于还表示了他想要得到新的中国乐器和允许他带着西域诸国的代表前来中国的愿望。

---

[1] 关于刘渊，见《晋书》卷一○一，第 2649 页；《资治通鉴》（卷八五，第 2702 页）以现已散失的资料为据，声称中国人（晋）和匈奴人（胡）都集合在刘渊一边。

[2] 《后汉书》卷八九，第 2942、2945—2946、2948 页。

整个后汉时期，北匈奴和汉朝的关系一般的是在贸易和战争之间交替出现。有证据表明，比起缔结持久的和平以解决所有政治争端来，北匈奴对建立与汉朝的贸易关系可能更感兴趣。贸易能够分成两类：一类是官方贸易，采用以帝国的礼物和贡品交换的形式；一类是私人贸易，在边境两个民族之间进行。例如，公元 52 年北匈奴的贡品和帝国进行交换的礼物，其价值大致相等。据报道，在公元 55 年和 104 年也有同样的交换。[①]

边境上的大规模私人贸易对于北匈奴的经济来说甚至是更为基本的。在后汉王朝起初的数十年内，北匈奴多次带牛马长途跋涉到边界市场和边境的中国人贸易。公元 63 年，他们沿边界发动几次袭击，迫使汉朝对他们开放边境市场。公元 84 年，汉朝武威太守报告：匈奴希望重开贸易。这次单于派遣几个王公贵族带着一支万余头牛马的商队，前来与中国商人贸易。在中国旅行期间，匈奴的王公贵族受到很好的招待，汉朝政府大方地用礼物酬劳他们。[②] 显然，双方都把贸易看成是在他们关系进程中头等重要的事情。

在后汉时期，和北匈奴之间的战争周期性地爆发，但是这些战争与前汉时期的战争相比，总的来看次数较少，规模也小得多。在公元 73 年和 89 年分别爆发的两次较大的冲突，都以北匈奴的挫折告终。[③] 但是北匈奴在外蒙古和中亚的衰落大概不能完全归因于汉朝的军事优势。其他两个互相联系的发展也必须加以考虑。一个是北匈奴联盟的人力由于大规模逃亡而遭到巨大损失。

从公元 1 世纪的 80 年代开始，内部的权力斗争、传染病和饥荒导致北匈奴联盟的组成民族中许多人逃出他们的领土。有些人归附于汉朝当局，其他人则寻求南匈奴、乌桓、鲜卑或丁零的庇护。例如，公元 83 年，几个北匈奴首领来到边境上的五原投降，带来 3.8 万人、2 万匹马和 10 万头以上的牛羊。《后汉书》记载，到公元 85 年，大

---

①　《后汉书》卷八九，第 2948、2957 页。

②　同上书，第 2949—2950 页。

③　同上书，第 2949、2952 页。

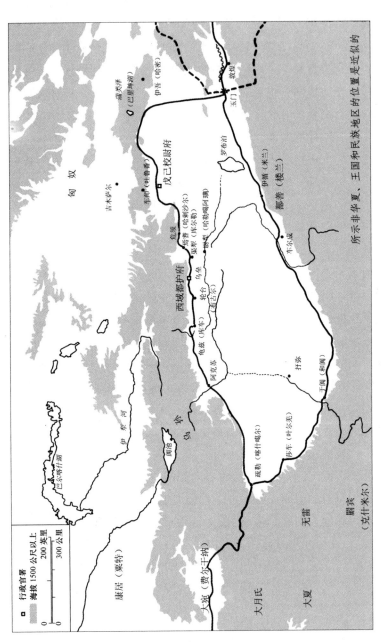

地图 16　西域和丝绸之路

约 70 个集团在年长的首领率领下从北匈奴逃往汉朝，更多的甚至和南匈奴联合。在 40 年内南匈奴的人口总数明显增加，从公元 50 年大约 5 万人，到公元 90 年增加为 230730 人。有证据表明，这一增长并不单单是自然的增殖，而是长年累月将大量北匈奴人民吸收入南方集团的结果。[1]

北匈奴的非中国邻居们也利用他们的内部困难从不同方向发动进攻。被削弱了的和数量减少了的北匈奴，南边遭到南匈奴、北边则受到丁零的攻击；鲜卑攻打他们的左侧，来自西域的侵略者侵犯他们的右侧。受各方的袭扰，北方的单于难以维持他的地位，便逃往西方。[2]特别是北匈奴遭受来自新兴的鲜卑联盟的威胁，后者在公元 87 年给予北匈奴巨大的打击，杀死北方的单于，剥了他尸体的皮。这次灾难性的失败使部分北匈奴南逃；包括 20 万人的 58 个部落——其中 8000 人能作战——来到边境的云中、五原、朔方（在鄂尔多斯）和北地（宁夏）四郡向汉朝投降。公元 91 年，北匈奴的残余向西远徙至伊犁河流域，他们对外蒙古和中亚的统治结束了。[3]

西　　域[4]

汉代中国向西域扩展是它和匈奴军事对抗的一个直接结果。公元前 177 年，匈奴已成功地迫使张掖地区（甘肃）的月氏完全归附于它，制服了从楼兰（公元前 77 年易名鄯善，罗布泊之西；车尔成）

---

[1] 马长寿：《北狄与匈奴》，第 37 页；手塚隆义：《关于南匈奴的"故胡"与"新降"》，第 3—5 页。

[2] 《后汉书》卷八九，第 2950 页。

[3] 《后汉书》卷八九，第 2951 页。关于北匈奴的西迁，见齐思和：《匈奴西迁及其在欧洲的活动》，载《历史研究》，1977.3，第 126—141 页；萧之兴：《关于匈奴西迁过程的探讨》，载《历史研究》，1978.7，第 83—87 页。

[4] 汉与西域诸国的关系在《史记》和《汉书》的几卷中有叙述，但有人提出哪种材料更可取的问题。关于《史记》的记事是在《汉书》基础上编成的第二手记录之说，见何四维：《〈史记〉卷一二三关于大宛传的可靠性问题》，载《通报》，61：1—3（1975）。第 83—147 页；何四维：《中国在中亚》，第 10 页以下。

到乌孙（位于塔里木盆地的伊犁河谷）的西域大多数小国。从那时起，匈奴能够利用西域的广大的自然和人力资源。这个地区对草原帝国来说是如此重要，以致被称为匈奴的"右臂"。在公元前138年，汉朝决定切断这条"右臂"，便派遣张骞和一个百余人的使团向西远行，其中包括一个投降的并愿作他向导的匈奴人。[1]

作为首次西行的中国使节，张骞使团的直接目的是寻求与大月氏的军事联盟，后者在冒顿统治的初期被匈奴打败而丢了脸。然而，张骞和他的同行者在被匈奴俘获并被他们拘留达10年以后才终于到达大月氏的领土。张骞和同行者感到沮丧，因为他们发现，月氏已经安居乐业，以致不再想进行对匈奴的报复战争。整个使团中只剩下两人在公元前126年左右回到长安。[2] 然而，张骞的失败归来却成为汉代中国随后向西扩展的成就的开始。汉朝后来决定对那个地区某些小国首次提出外交建议，这主要应归功于张骞带回的关于西域情况的报道。

进入西域：张骞的倡议

公元前121年，匈奴浑邪王投降汉朝。后来，朝廷命令他和他带领的4万部民从他们在河西地区的军事基地移到北部边境。[3] 由于匈奴空出了河西地区，汉朝第一次得以直接和西域接触。因此，张骞抓住机会向皇帝上奏，建议和西方诸国建立正式的联系。他说：

> 今单于新困于汉，而故浑邪地空无人。……今诚以此时而厚币赂乌孙，招以益东，居故浑邪之地，与汉结昆弟，其势宜听，听则是断匈奴右臂也。既连乌孙，自其西大夏之属皆可招来而为

---

[1] 《史记》卷一二三，第3168页（沃森：《英译〈史记〉》第2卷，第271页以下）；《汉书》卷六一，第2691页以下（何四维：《中国在中亚》，219页以下）。

[2] 关于张骞西行的日期是含糊不清的，见何四维：《中国在中亚》，第209页注774。

[3] 《汉书》卷六，第176页（德效骞：《〈汉书〉译注》第2卷，第62页），《汉书》卷六一，第2691页（何四维：《中国在中亚》，第213页）；《汉书》卷九六上，第3877页（何四维：《中国在中亚》，第75页）。

外臣。①

朝廷批准这个建议，张骞再度前往西域，同行有 300 人（可能在公元前 115 年或稍早）。由于使团知道西域人民普遍渴望得到汉朝的财物，便带了上万头牛羊和大量黄金、丝织品，作为皇帝赠给西方诸国首领们的礼物。由于遭到乌孙贵族的坚决反对，张骞未能说服乌孙人民东移。但他的使团在和诸如乌孙、大宛、康居、大夏和于阗这些国家开始建立联系方面是成功的。这些国家中有许多对新的联系是感到如此的兴趣，因而派遣使节到中国来向汉朝表示殷勤。这样便开始了汉朝向西域的扩展。②

　　从张骞第二次出使与公元前 60 年建立西域都护③之间的半个世纪，汉与匈奴为了控制西域进行了激烈的斗争。西域长期在匈奴的势力范围之内，这不言而喻使汉朝处于不利的地位。为了从匈奴手中夺取该地区，汉朝觉得必须采用多种策略。

　　选择乌孙作为外交部署的第一个目标是经过很好考虑的。乌孙有 63 万人，能作战的有 18.8 万人，是西域的匈奴同盟者中间人口最多、兵力最强盛的国家。④ 乌孙最初被汉朝的黄金和丝绸所迷惑，但是汉朝领导立刻发觉单有财物不足以赢得乌孙的归顺。在公元前 110 年到前 105 年之间，朝廷决定送一名汉室"公主"嫁给乌孙年迈的首领昆莫。⑤ 反之，乌孙向皇帝赠送马千匹作为"聘礼"。这样利用婚

---

① 《史记》卷一二三，第 3168 页（沃森：《英译〈史记〉》第 2 卷，第 272 页）。关于略有不同的说法，见《汉书》卷六一，第 2692 页（何四维：《中国在中亚》，第 217 页）。
② 《汉书》卷六一，第 2696 页（何四维：《中国在中亚》，第 223 页以下）。
③ 这个职位的创立见何四维：《中国在中亚》，第 64 页。关于它的历史，见毕汉斯：《汉代的官僚制度》，第 110 页以下。
④ 这些数字见《汉书》卷九六下，第 3901 页（何四维：《中国在中亚》，第 143 页）。这类列入关于西方国家一览表的统计数字（《汉书》卷九六上—下），可能是以都护和他的属官提供的报告为基础的。因此它们很可能属于公元前 60 年以后某一时候，而不是汉朝宫廷正在制定这些计划的时候。
⑤ 昆莫，与单于一样，是乌孙首领称号的汉文对音，见何四维：《中国在中亚》，第 43—44 页。

姻作为政治工具的做法是由以前与匈奴和亲的制度改造而成的，匈奴单于很快便看出这一行动的意义所在。他也送一个女儿去嫁给昆莫。乌孙首领立汉公主为右夫人，立匈奴公主，为左夫人。然而，按照匈奴习惯，以左为贵；在这场外交交锋中汉朝可能是失利的。[1]

汉朝与匈奴也在他们对人质的要求和待遇方面进行竞争。楼兰的情况可以作为一个例子。由于夹在两大势力之间，楼兰在公元前108年送了一名王子到汉做人质，送另一名去匈奴。公元前92年新王继位时，同样的历史又重复了一遍。虽然人质制度起源于中国，但匈奴现在十分熟悉这种策略。这样，数年之后，当匈奴单于比汉朝先得到新王之死的消息时，他迫不及待地将作为人质的王子送回楼兰，操纵了有利于匈奴的嗣位。[2] 这一突然行动使楼兰对外政策基本转到坚决反汉的路线上，这种情况一直维持到公元前77年汉朝官员傅介子成功地刺杀偏向于匈奴的国王为止。

军事征服

汉朝在西域的争霸中，真正决定性的胜利是在战场上取得的。公元前108年，汉帝国以袭击楼兰（车尔成）和车师（吐鲁番），开始了它的军事远征。楼兰是一个小国，据后来的记载，有人口14100人，位于汉代中国的西境入口处。在离开敦煌以后，楼兰是丝绸之路的第一个大站口，也是中国向中亚扩展的关口。另一方面，控制着吐鲁番洼地的吐鲁番，好比是匈奴进入西域的南门。它还阻挡着汉朝渗入在伊犁河谷的乌孙及其以西位于锡尔河和阿姆河上游之间的大宛（费尔干纳）。为了取得这两个战略地点，汉朝派遣赵破奴将军去攻打车尔成和吐鲁番。在成功地迫使车尔成降附和给予吐鲁番一次重大的打击以后，汉朝首次使西域感受到它的军事

---

① 《汉书》卷九六下，第 3902 页以下（何四维：《中国在中亚》，第 145 页以下）。

② 《汉书》卷九六上，第 3877 页（何四维：《中国在中亚》，第 87—88 页）。关于质子，请看杨联陞：《中国历史上的人质》。

力量。因此，三年以后，即公元前105年，乌孙王要求与汉朝公主结婚，绝不是偶然的。[①]

有助于汉朝建立对西域统治的第二个重大军事胜利是公元前101年汉朝大将李广利征服费尔干纳。[②] 费尔干纳离汉帝国很远，[③] 对于汉朝军队来说，这一战役涉及大量后勤方面的困难。汉朝决定冒险，为的是获得该地区的神话般的马匹和显示军事力量。如果汉朝能够征服远在费尔干纳的一个国家。那么西域的所有国家都将在中国支配之下。在得知汉朝的行动之后，匈奴试图拦截李广利，但由于李的军队在数量上占优势因而未能阻止他的前进。这场持续四年之久的战役在王朝的全部历史上是花钱最多的，包括两支远征军：李广利直到他回到敦煌要求援军才达到了目的。正如《汉书》所说："自贰师将军伐大宛之后，西域震惧。"[④] 大多数国家遣使向汉朝贡献方物。

在整个汉代，事实证明，吐鲁番由于邻近匈奴而成为西方诸国中最难对付的一个。尽管汉与匈奴就吐鲁番进行了拉锯式的斗争，然而公元前90年该国正式归附于汉，标志着中国对这个关键地区控制的开始。在那一年汉朝和匈奴进行了一场大战。为了阻止吐鲁番与匈奴结盟，大将开陵侯成娩和一名归附汉朝的原匈奴王率领包括车尔成、尉犁（哈勒噶阿璃）和危须（哈刺沙尔之

---

① 《汉书》卷九六上，第3875页；《汉书》卷九六下，第3903页（何四维：《中国在中亚》，第81页以下、第147页）。

② 李被授予特殊的官职贰师将军，贰师是费尔干纳一座城市名称的汉语对音。何四维：《中国在中亚》，第76页。

③ 《汉书》卷九六上，第3894页（何四维：《中国在中亚》，第131页）。根据《汉书》的不同版本提供的数字换算离长安的距离或是5070公里，或是5200公里；也就是说，《汉书》为车尔成到汉朝首都的距离提供了两种估计。这些数字是表示用中国"里"（约相当0.4公里）记述的距离换算成现代的量度的结果。由这样的资料提供的量度可能只是涉及的实际距离的大致数，特别是提到的地区距离中国的行政管理机关愈来愈远时；但是，由于它们表示了都护府大量使用的官方驿路的里程，这些数字不应太轻率地加以放弃。见何四维：《中国在中亚》，第30—31页。

④ 《汉书》卷九六上，第3873页（何四维：《中国在中亚》，第76页）。

东）在内的六个西方国家的军队攻打吐鲁番，迫使它投降。[①] 后来匈奴能够短暂地收复它在吐鲁番的失地，但他们统治西域的时代已接近尾声。公元前 72—前 71 年，汉朝、乌孙、丁零和乌桓的联军连续大败匈奴。从这时起，匈奴的控制迅速瓦解了。当汉朝在公元前 67 年重新征服吐鲁番时，便开始在那个国家的肥沃土地上设置屯田的驻防军队。

行政管理的安排

公元前 60 年或前 59 年建立的西域都护一职，标志着汉朝影响趋于更加有效的新局面的开始。从很早时候起，匈奴通过一个名叫僮仆都尉的官员统治西域诸国，这个官员则在日逐王管理之下。[②] 僮仆都尉被赋予征收赋税和征集劳役人员的权力。由于日逐王在公元前 60 年向汉朝官员郑吉投降，这一匈奴官职被废除了。与此同时，汉朝的都护在那个地方设立起来，郑吉被任命为首任汉都护。[③] 都护衙门是汉在西域的军队的总指挥部，它还具有维护汉朝对该地区的控制和调节西域各国之间关系的广泛的政治权力。

汉朝都护的总部如果不是在管理匈奴的都尉总部同一地方，就在它的附近。后者据报道位于靠近焉耆（哈剌沙尔）、危须（哈剌沙尔之东）和尉犁（哈勒噶阿璊）三国的某处地方，而前者则建立在乌垒城（策特尔）。策特尔在哈勒噶阿璊之东大约 125 公里（85 英里）、危须之西 205 公里（150 英里），哈剌沙尔东北 165 公里（110 英里）。[④] 假定汉朝简单地接管管理匈奴的都尉的公署并将它改变为都护的公署，这是很有道理的。

---

① 《汉书》卷九六下，第 3913、3922 页（何四维：《中国在中亚》，第 168、184 页）。

② 关于僮仆都尉见《汉书》卷九六上，第 3872 页；并见张维华：《论汉武帝》（上海，1957），第 166 页。

③ 《汉书》卷九六上，第 3872、3874 页（何四维：《中国在中亚》，第 73、78 页）。

④ 关于汉朝在哈勒噶阿璊和其他三国的指挥部之间的距离，见《汉书》卷九六下，第 3917 页。

公元前 48 年，另一个官职戊己校尉在吐鲁番设立。[①] 虽然名称表明它是一个军事性质的职位，但其职责主要以财政和后勤为中心，特别是那些有关屯田管理和全面供应汉朝军队食物以及服务的事情。在以前，那里有一位屯田校尉，隶属于都护。戊己校尉之职多半是由屯田校尉改组而成，并扩大了职能。除了管理屯田的正式职责之外，我们发现戊己校尉从事一系列其他活动：公元 3 年左右，一个名叫徐普的校尉负责道路的建设；公元 10 年，另一个名叫刁护的都护逮捕了拒绝向中国派往西域的外交使团提供所要求的食物和服务的吐鲁番小国（在吉木萨尔）的王；公元 16 年，第三位校尉郭钦率领一支军队袭击了哈剌沙尔。

维持汉朝对这些地方的控制所付出的代价包括更进一步的工作和东方的频繁的消耗，在东方必须把土木工程和烽燧扩展到远远越过秦始皇时代防御工事的界限以外。通往西方的新交通线远至敦煌。与此同时，一条供应支线朝北方建立起来，这条支线与主线形成直角，利用居延的额济纳湖的水源，并在那里建立屯田。这些措施意在供应屯驻在东西主线上的征募而来的军队。由这些军队书写的档案的断片证实了他们的专业水准，并提供了为维持驻军所需供应的范围的某些概念（见以下第 7 章和第 9 章）。

公元 1 世纪时的关系

由于行政管理网络的完成，汉朝终于成功地将西域引入贡纳体制。《后汉书》编者范晔将该体制的运转概述如下：

---

① 《汉书》卷九六上，第 3874 页（何四维：《中国在中亚》，第 79 页）。关于这些官职见劳干：《汉代的西域都护与戊己校尉》，载《历史语言研究所集刊》，28：1 （1956），第 485—496 页；久保靖彦：《关于戊己校尉设置的目的》，《史渊》，26：2—3 （1966），第 55—66 页；鲁惟一：《汉代中国的危机与冲突》，第 228 页以下；本书第 2 章第 196 页注 3。毕汉斯（《汉代的官僚制度》，第 10 页）指出，该职可能由两人担任，他们分别称为"戊校尉"和"己校尉"；可是，原文几乎总是称这两人为"戊己校尉"。然而，当后汉重建此职时，任命了一名称为"戊校尉"的官员；见下文。

> 西域风土之载，前古未闻也。汉世张骞……班超……终能立
> 功西退，羁服化域。自兵威之所肃服，财略之所怀诱，莫不献方
> 奇，纳爱质，露顶肘行，东向而朝天子。故设戊己之官，分任其
> 事；建都护之帅，总领其权。先驯则赏籝金而赐龟绶，后服则系
> 头颡而衅北阙。立屯田于膏腴之野，列邮置于要害之路。驰命走
> 驿，不绝于岁月；商胡贩客，日款于塞下。[①]

除了作者语言有一些过分的中国中心主义之外，这一特性记述说出了
汉帝国与西域诸国之间关系的基本特征，特别是前汉时期（范晔叙述
的分析见下文）。

后汉王朝开始时，部分地因为全神贯注于中国内部事务，部分地
则由于牵涉的费用惊人，光武帝抵制了与西域之间恢复贡纳体制的诱
惑。他拒绝了某些国家关于重建都护——这是汉朝贡纳制度的核
心——的要求。北匈奴因此有可能重新建立对这一地区的控制，他们
维持这样的控制直到公元73年中国恢复干预为止。匈奴向西域诸国
中的大多数征收沉重的苛捐杂税，由于经济和军事基础的恢复，匈奴
再次成为西北边境安全的严重威胁。

这个时期西域的政治地图发生了不可忽视的变化，地方政权接二
连三地兴起，力争建立地区的霸权。第一个成为这样一种突出势力的
政权是莎车（叶尔羌）。在前汉时期，叶尔羌是一个有16373人的中
等规模的政权。后汉初年，叶尔羌一位名叫康的国王由于联合邻近国
家抵抗匈奴而出名。他还为以前隶属于汉朝都护的中国官员提供保
护。王莽垮台以后，这些人和他们的家庭一起在西域进退两难。这种
亲汉的姿态促使光武帝赐给康以"西域大都尉"的称号，以及统治其
他诸国的全权（公元29年）。

该任命不过是对一种已经存在的状态的承认，但是它赋予叶尔羌

---

① 《后汉书》卷八八，第2931页（余英时：《汉代中国的贸易和扩张》，第143页）。主要
以新近考古发现为基础的有关汉与西域之间文化与经济关系的讨论，见汪宁生：《汉晋
西域与祖国文明》，载《考古学报》，1977.1，第23—42页。

以作为西域的领袖国家行事的权威。公元 33 年，康的兄弟贤嗣位，贤是一个有能力但过分野心勃勃的领袖。在几年之内贤成功地使帕米尔以东几乎所有国家都从属于自己，公元 41 年他派一名使者前往汉朝要求给他西域都护的称号。汉朝答应了这要求，不久以后改授予"汉大将军"的荣誉称号。结果，他对汉朝越来越傲慢无礼。①

在以后的 20 年里，贤尽管受到北匈奴的攻击，事实上树立了对西域的完全统治。但是，由于向该地区的其他国家征取非常重的赋税，他削弱了自己的地位。中国人不肯卷入，于是一个包括龟兹（库车）、于阗、吐鲁番、车尔成和哈刺沙尔在内的西方政权联盟转向匈奴寻求保护。这个联盟向叶尔羌提出了严重的挑战，公元 61 年，于阗征服了叶尔羌并捕获了贤，从而结束了他在西域称霸的漫长时期。接着出现的是一个激烈的地区内部斗争的短暂时期，于阗、车尔成和吐鲁番以牺牲他们的软弱的邻居来争夺霸权。

可是，从西部诸国的冲突中最后得到好处的是北匈奴。他们为建立秩序和征收赋税而迅速行动起来。而且，在完全控制了西域以后，匈奴开始袭击汉朝的西部边境。从公元 63 年起，整个河西地区变得如此不安全，以致主要边境城市被迫紧闭城门，甚至白天也是这样。当匈奴控制西域时，西北的稳定和安全是无法恢复的。②

公元 73 年春天，统帅窦固被遣征讨匈奴。窦固从酒泉（今甘肃）北进，给予敌人以重大的打击，并把他们远远赶到巴尔库勒淖尔（蒲类海）。当返回时，他命令在哈密地区（伊吾）重建屯田。下一年，即公元 74 年，窦再次击溃匈奴，重新占领了吐鲁番，在这个地区建立军事殖民地有巨大的战略价值。正如范晔所正确注意到的那样，哈密特别以它的土地肥沃而知名，吐鲁番则是匈奴进入西域的主要入

---

① 《后汉书》卷八八，第 2915 页、第 2923 页以下。
② 《后汉书》卷四七，第 1582 页；《后汉书》卷八八，第 2925 页以下；《后汉书》卷八九，第 2949 页。

口。用范晔的话来说:"故汉常与匈奴争车师、伊吾,以制西域焉。"① 这两个地区的收复使汉朝有可能重设西域都护和戊校尉,其官署分别置于库车和吐鲁番。

汉朝与西域的贡纳关系在公元 77 年被北匈奴和他们的卫星国再次切断,从而导致了汉朝派出第二次远征军。公元 89 年,统帅窦宪在外蒙古的稽洛山给予匈奴以沉重的打击。根据汉朝的官方报道,匈奴 1.3 万多人被杀,由 20 万人组成的 81 个匈奴部落向汉朝投降。与此同时,窦宪还派遣一支 2000 余名骑兵的军队向西域的匈奴根据地发起突然袭击,夺得了汉朝戍军在公元 77 年已从那里撤退的哈密。②

汉朝取得的决定性胜利,大大有助于班超在公元 91 年平定西域;自从公元 79 年的全面进攻开始时起,班超便作为一名军官在这一地区服役。当班超于公元 91 年到公元 101 年任都护时,后汉对西域的控制最为巩固。公元 94 年,五十余国派遣质子带着贡赋前往洛阳。

后汉的成就

后汉王朝在西域的成就事实上主要是班超和他的儿子班勇个人取得的。班勇在西域的长期经历开始于公元 107 年,在公元 123 年他被任命为西域长史时达到顶点。公元 126 年建立了对全部吐鲁番洼地的完全控制,匈奴和吐鲁番的最后联系决定性地被割断,这些主要是班勇努力的结果。在随后的年代里,在他的征服反抗的哈剌沙尔王元孟的计划胜利实现以后,包括库车、于阗、叶尔羌在内的西域主要国家都臣服于汉。131 年哈密屯田的扩展,无疑是建立在班勇安排的基础之上的。③

在上面征引的范晔所作的总结中,人们注意到了在汉帝国与西域

① 《后汉书》卷二,第 120 页;《后汉书》卷二三,第 810 页;《后汉书》卷八八,第 2914 页;《后汉书》卷八九,第 2949 页。

② 《后汉书》卷三,第 135 页;《后汉书》卷二三,第 813 页。

③ 《后汉书》卷六,第 257—258 页;《后汉书》卷四七,第 1571 页以下;《后汉书》卷八八,第 2928 页。

诸国之间关系的许多至关重要的因素。首先，礼物和贡品是安排交换的重要考虑。每一次汉朝派往西域的外交使团带着皇帝的礼物——通常包括黄金与丝绸——给诸国。在其他时候，这些礼物也可由都护或戊己校尉分配。反过来，诸国应派遣使节前往汉朝宫廷呈献"土产"作为贡品。例如于阗的玉，费尔干纳的马和葡萄酒，[①] 都是在当时贡纳名目之列的。

对于汉朝来说，西域贡赋的重要性主要是作为一种政治归顺的象征，而不是它的实在的价值。另一方面，对于西方诸国来说，贡纳就是贸易的官方托词。例如，罽宾政权从来没有和汉朝的贡纳体系发生关系，但它经常派遣使节带着"贡品"前往中国。正如成帝统治时（公元前33—前17年）一个官员指出的那样，那些带所谓贡品前来的罽宾人既非官员，也不是贵族，而是前来贸易的普通商人。[②] 与此同时的另一个国家粟特（康居）也坚持参加汉朝的贡纳体制。根据都护的报告，粟特从未对汉朝的权威表示过应有的尊敬。这样遥远的国家（说是距长安12300里，超过5000公里或3225英里）寻求参与该体制，其唯一的目的是为了贸易。[③]

人质是贡纳体制的一个标准的特点，它成为汉与西域之间的一个重要政治环节。从公元前108年到公元220年该王朝结束为止，大批人质王子从贡纳诸国送到汉朝。像他们的匈奴的人质一样，来自西域的人质也被安置在首都。在汉代，外国人质和他们自己的随从加在一起的数量必然是很大的，朝廷不得不建造专门的住所接纳他们。例如，公元94年，在洛阳提供了专门的"蛮夷邸"，那里居住着来自西域的人，推测起来应是质子。[④] 他们通常服从中国的法律和刑罚。他

---

① 关于中国人发现葡萄以及葡萄园种植中的最初试验，见《汉书》卷九六上，第3985页（何四维：《中国在中亚》，第136页）；《汉书》卷九六下，第3928页（何四维：《中国在中亚》，第199页）。

② 见杜钦提出的意见，《汉书》卷九六上，第388页（何四维：《中国在中亚》，第108页以下）。

③ 《汉书》卷九六上，第3893页（何四维：《中国在中亚》，第127页）。

④ 《后汉书》卷八八，第2928页。

们当中有些人甚至可能接受中国的教育，叶尔羌的一个国王在元帝统治时（公元前 49—前 33 年）曾作为人质王子在长安度过他的幼年。他被中国生活方式同化的程度是如此之大，以致引进了若干汉朝的制度到自己的国家。[①] 因为所有的人质王子都可能是王位的继承者，很可能汉朝有意识地作出努力，以加强他们中间亲汉的情绪。在整个这个时期，汉朝始终坚定不移地寻求机会，支持它的质子们在其本土得到政权。

汉朝为了操纵纳贡国首领们而喜爱玩弄的另一个策略是赠与官方的称号。一般说来，每个纳贡国的首领被封为"侯"，他的主要辅佐者称为"相"、"将"，或"都尉"。此外，诸如"且渠"和"当户"，[②]这些地区性的称号也得到汉朝的官方承认。一旦授予一个称号，不管它是汉朝的或当地的，领受者将得到官印和绶带。

前汉末期，授予西方纳贡国首领们的这类称号多达 376 个。后汉继续这样做而且加以扩大。应该提到的是，几枚汉朝官印新近在新疆发现，诸如一枚可能是"当户"的铜印和一枚盖有中文"鄯善都尉"的印的木牍（佉卢文）。尽管大多数属国官员是本地人，但有证据表明，汉朝朝廷偶尔也指定中国人充当此类职务。例如，在桓帝统治时期（公元 146—168 年），我们发现一位名叫秦牧的中国人充当拘弥王的主簿，另一位刘平国在龟兹国据有左将军之职。[③]

汉的称号绝不仅仅是荣誉的职位；每一种称号意味着某种职能。因为无论在理论上或是在实际上，所有由汉朝任命的纳贡国的官员们都是在西域都护监督之下的，后者的责任是监督前者正确地执行他们的职责。例如，在都护韩宣（公元前 48—前 46 年）的请求下，一些

---

① 《后汉书》卷八八，第 2923 页。

② 关于这些匈奴称号，见《汉书》卷九六下，第 3928 页（何四维：《中国在中亚》，第 197 页）；何四维：《中国在中亚》，第 84 页注 81、第 197 页注 712。

③ 孟池：《从新疆历史文物看汉代在西域的政治措施和经济建设》，载，《文物》，1975.7，图版 8（4），第 28 页。见伊濑仙太郎：《中国西域经营史研究》（东京，1955），第 75—80 页。

乌孙官员作为他们的国王大昆弥①的特殊辅佐者而被授予印章和敕书。然而，在数十年以后，当他们未能阻止暗杀大昆弥继任者时，他们又被收回了全部印章和绶带（公元前 11 年）。②

后汉时期继续推行相同的办法。公元 153 年以后的某个时候，当吐鲁番地区的一位汉朝支持的国王证明没有能力维持秩序时，戊校尉阎祥夺取了他的官印和绶带并把他们授予另一位地方首领。③ 由于汉朝官员的称号赋予它的持有者以某种合法性和权威性，因此在汉朝衰亡以后纳贡国仍长期重视它。晚至公元 383 年，当吕光平定了龟兹时，许多西域国家归附了他，上交了他们保存很好的汉朝节传以表示对中国的忠诚。吕光因此向苻坚朝廷建议，向他们颁发新的节传。④

移民的增长

正如范晔所指出，屯田对于支持汉朝在西域的贡纳体制来说起了关键的作用。汉朝很早就开始发展这种移民。据《后汉书》说：

> 自贰师将军伐大宛之后……而轮台、渠犁皆有田卒数百人。置使者、校尉领护，以给使外国者。⑤

自从张骞在公元前 115 年左右前往乌孙以来，汉朝经常派遣大型外交使团前往西域，一年常有 5 次至 10 次或者更多；即使最小的使团也集中有一百人，大的商队则由数百人组成。⑥ 食物供应从一开始就成为一个困难的问题，定居在孤立的绿洲地区各小国经常抱怨汉朝加在他们头上的因要求他们为使节提供食物和其他服务而造成的沉重的财

---

① 昆弥是昆莫的一种替代形式，见第 391 页注 5。这时乌孙已被大小昆弥所分，两者都是汉的附庸（何四维：《中国在中亚》，第 44 页）。

② 《汉书》卷九六下，第 3908 页以下（何四维：《中国在中亚》，第 158—161 页）。

③ 《后汉书》卷八八，第 2931 页。

④ 《晋书》卷一二二，第 3055 页；孟池：《从新疆历史文物看汉代在西域的政治措施和经济建设》，第 28 页。

⑤ 《汉书》卷九六上，第 3873 页（何四维：《中国在中亚》，第 76 页）。

⑥ 《史记》卷一二三，第 3170 页（沃森：《英译〈史记〉》第 2 卷，第 275 页）。

政负担。为了解决这个问题，第一批屯田安排在轮台和渠犁（两地都在龟兹以东，沿天山南麓）。

当汉朝随后在西方的扩张要求中国军队长期存在于该地区时，食物供应的需要大大增加了。如果要供养军队，汉朝就必须扩大它的移民体制。昭帝统治时期（公元前87—前74年），朝廷采纳了桑弘羊以前提出的应扩大轮台屯田的建议。扜弥（于阗东北）的人质王子被指定为移民官并被派去实施该计划。[①] 宣帝时（公元前74—前49年），在郑吉管辖下的渠犁屯田士兵即增至1500人。那里生产的粮食用来支持进攻此时在匈奴控制之下的吐鲁番的远征。有趣的是，汉朝兵力至少两次被迫推迟到秋收以后才发起他们的进攻。郑吉立即在该国肥沃土地上建立移民地。由于强烈地感觉到吐鲁番作为一种经济基础对汉朝的生命攸关的重要性，匈奴反复试图重新获得该地区，而且明确地警告汉朝必须撤销它在该处的移民。[②]

车尔成是汉朝移民得到很好发展的另一个地区。公元前77年，车尔成王为了这一目的提供了在他控制之下的一块名叫伊循（Miram，米兰）的肥沃土地给汉朝。虽然建立之初规模不大，仅包括40名屯田士兵，但很快得到扩展并置于一名都尉管理之下。[③]

据《水经注》记载，一个名叫索劢的敦煌人，被派遣带着1000士兵前往伊循发展移民地。在这方面他得到来自车尔成、哈剌沙尔和库车的3000名左右地方士兵的协助。由于有充足的人力归他安排，他开始建造堤防和渠道，使该地区一条主要河流的流向改道，流入他创立的精心设计的新灌溉网。记载说，正好在三年中，他贮存了多达20000千升的粮食。[④] 这一灌溉网的遗迹新近在米兰（现在新疆婼羌县境内）发现。在遗址中有水闸和渠道，一条渠道长两公里。

---

① 《汉书》卷九六下，第3912—3916页（何四维：《中国在中亚》，第166—174页）。
② 同上书，第3922页以下（何四维：《中国在中亚》，第184页以下）。
③ 《汉书》卷九六上，第3878页（何四维：《中国在中亚》，第91页以下）。
④ 《水经注》（《四部备要》本）卷二，第6叶。

其他汉代移民遗址在轮台县和沙雅县发现。在轮台有农耕田地的水沟和道路的遗址；在沙雅有一条灌溉水渠，宽 8 米，深 3 米，长度超过 100 公里，水渠两边有清晰的古代农田遗迹。这些遗址毫无疑问就是汉代的移民地。此外，在罗布泊北岸汉代的车尔成遗址中，发现了大约 70 枚汉代竹简，时间在公元前 49 年至前 8 年之间。这些木质文书揭示了很多关于汉代组织以及屯驻在那里的士兵和他们家庭的生活的情况。[1]

在后汉王朝时期，屯田仍在西域若干地方保存下来。由于变化了的政治形势，这些屯田一般来说规模小得多，没有以前年代的连续性和稳定性。这一时期最重要的遗址在哈密。在汉朝击败北匈奴并占有哈密的肥沃土地（公元 73 年）以后，在新设的宜禾都尉府的管理下，一个新的移民点立刻建立起来。公元 77 年，它的经营被北匈奴和他们的同盟者联合袭击所打断。班超于公元 91 年重新征服西域之后，它又再次建立起来。在哈密的最大的发展工程始于公元 119 年。当时索班率领一支千余人的军队在那里耕种土地，但其活动不幸突然被另一次北匈奴侵略所中止。汉帝国在公元 131 年为恢复哈密移民地作了最后一次努力。在哈密设立伊吾司马管理其工作，此职很可能存在了 20 年以上。但是在公元 153 年以后，由于汉朝力量的衰落，叛乱一再爆发，哈密移民地被逐步放弃了。[2]

在整个后汉时期，可以看到，中国政府很不愿意维持与西域诸国的昂贵的贡纳关系。公元 74 年和公元 91 年两次收复西域的重大努力都是由于北匈奴袭击西北边境而迫使汉朝政府采取的。从光武帝（公元 25—57 年在位）初年起，到安帝统治（公元 106—125 年）末，一当西域出现麻烦时，就有人建议"闭玉门"；他们的论点一律以财政

---

[1] 新疆维吾尔自治区博物馆：《新疆历史文物》（北京，1978），第 11—12 页；黄文弼：《罗布诺尔考古记》（北平，1948）；鲁惟一：《汉代的行政记录》第 1 卷，第 7—8、130 页注 29。关于考古证据的概要，见孟池：《从新疆历史文物看汉代在西域的政治措施和经济建设》。

[2] 《后汉书》卷八八，第 2909—2912 页。关于在新疆尼雅汉代遗址发现的一枚刻有"司禾府印"的印，见《文物》，1957.7，图版 8（之一）。

困难这一活生生的事实为基础。① 公元 73 年重开西域以后，汉朝于公元 77—90 年和公元 107—122 年两度从该地区撤退并废除了都护之职。在公元 107 年以后，该职从未重新设置。当班勇终于说服朝廷在公元 123 年重新开始与西域诸国的关系时，该职由长史取代，这是一个"千石"等级的官职。这清楚地表明，汉朝的政策是降低它在西域管理机构的等级，② 大概也是出于财政上的原因。

除了行政管理的费用之外，移民地成为汉朝财政的另一重大负担。在郑吉任都护（公元前 59—前 49 年）之初，朝廷由于财政的原因已经否决了扩大移民地的建议。③ 按照班勇在公元 119 年上书中透露，后汉在公元 107—122 年期间放弃西域是由于对移民地投资的惊人支出而必须实行的。④ 况且，维持汉朝在西域的贡纳体制使汉朝陷入另一种经济负担——对贡纳国的财政援助——之中。毛轸在公元 119 年的建议中简明扼要地提出：

> 今若置校尉，则西域骆驿遣使，求索无厌。与之则费难供，不与则失其心。⑤

这种两难的局面源自汉与西域的关系史。自从公元 73 年再次开始与西域的贡纳关系以来，对于汉朝来说，每年的贡纳国正式支出总数为 7480 万钱，这已是一种确定下来的惯例。⑥ 从毛轸的陈述看来，有些国家甚至可能要求超过定额，这并不是不可理解的。因此，从国家财政的观点来看，后汉对于寻求建立与西域的持久稳定的关系明显地缺乏热情，这是完全可以理解的。

---

① 《后汉书》卷四七，第 1587 页；《后汉书》卷八八，第 2911 页。
② 关于都护职务的历史，见毕汉斯：《汉代的官僚制度》，第 110 页以下。
③ 《后汉书》卷九六下，第 3923 页〔译者按，《后汉书》疑是《汉书》之误〕（何四维：《中国在中亚》，第 188 页）。
④ 《后汉书》卷四七，第 1587 页。
⑤ 同上书，第 1588—1589 页。
⑥ 关于作为赠品的支付费用的范围，见余英时：《汉代的贸易和扩张》，第 61 页。

羌

文献和考古学的证据表明，在商周时期，来自西方可能是藏族先人的民族，活跃于现代山西、陕西甚至河南。他们经常与商交战，主要由于他们的压力，周王终于将他们的都城从靠近现代西安的镐向东迁到洛阳。秦王国兴起于西方后，在强有力的穆公领导下（公元前659—前621年）才有效地遏止了羌的扩展。

边境民族：部落组织

汉代初期羌人居住在中国西部和西南部边境地区。最大的单一的民族聚居地可能在西藏和青海高原，个别集团还分布在整个西域、甘肃、云南和四川。[①] 事实上，从古代到秦汉时期，已经出现了羌人自西北向西南的引人注目的迁徙。根据《后汉书》记载，直到汉代，存在着不少于150个规模大小不等的羌人部落。一个大部落称为大牂夷，生活在蜀（四川）边境之外；据报道，公元94年它的人口超过50万。在顺帝统治时期（公元125—144年），另一个在陇西（甘肃）的部落叫做钟，据报道，它能够投入战场的兵力超过10万人，表明其人口和大牂夷一样众多。汉初估计全部匈奴人口不超过一个大县，如果我们能多少相信这一估计的话，那么羌的人数可能超过匈奴。[②]

可是，和匈奴不一样，羌人从未结合成为一个部落联盟。相反，在羌人中间存在一种明显的分裂倾向：

---

① 关于汉代和汉代以前羌的一般记载，见胡昭曦：《论汉晋的氐羌和隋唐以后的羌族》，载《历史研究》，1963.2，第153—170页；李绍明：《关于羌族古代史的几个问题》，载《历史研究》，1963.5，第165—182页；管东贵：《汉代的羌族》，《食货》，复刊1：1（1971），第15—20页；1：2（1971），第13—23页。

② 《汉书》卷四八，第2241页记载了贾谊关于匈奴人口的陈述，但这个数字应该认为是比较夸张的，关于匈奴人口的较近期的估计，见吕思勉：《燕石札记》（上海，1937），第127—131页。关于羌部落的兵力数目，见《后汉书》卷八七，第2898—2899页。

> 不立君主，无相长一，强则分种为酋豪，弱则为人附落。①

此外，正如将军赵充国在公元前 63 年所指出：

> 羌人所以易制者，以其种自有豪，数相攻击，势不一也。②

只有当他们感到有联合起来反抗如汉朝这样的共同敌人的一种迫切的需要时，他们才有可能暂时地把自己的争端放在一边而采取一致的行动。

语言学的证据表明，羌这一名称从语源学上看来自"羊"字。③在汉代，畜牧继续在羌人的经济中占有突出地位，尽管并不限于羊。汉朝军队从羌人那里俘获的动物经常是大量的，包括牛、马、羊、驴和骆驼。

在沿着汉代中国西北边境某些地区的羌人学会了农业技术，但他们何时成为土地的耕作者，则难以确定。早在公元前 5 世纪，据报道，有一个名叫爰剑的羌族文化的伟大的英雄曾长期在秦国为奴隶，他从秦国逃出后教导他的人民从事农耕。④很可能，他将秦人的农耕方法介绍给他的人民。在公元前 1 世纪，将军赵充国已经提到在临羌（青海）和浩亹（甘肃）之间广大地区中的"羌虏故田"。⑤在后汉王朝统治下，据报道，几个羌族部落在中国边境州郡如西海（在宁夏）的榆谷和北地（甘肃）的青山两处肥沃土地上耕牧并举。

小麦似乎是羌族的主要农业产品。在公元前 61 年，宣帝向赵充国问道，如果将军决定在来年的阴历正月攻击罕羌部落的话，他们是否可能在收获季节刈取他们的麦子以后便已经逃跑了。⑥公元 94 年，

① 《后汉书》卷八七，第 2869 页。
② 《汉书》卷六九，第 2972 页。
③ 唐代的一些学者给"羌"下的定义是"羊"，见《说文解字》（北京，1963），第 78 页。
④ 《后汉书》卷八七，第 2875 页。
⑤ 《汉书》卷六九，第 2986 页。
⑥ 同上书，第 2979 页。

汉朝对榆谷部落发动一次成功的袭击,结果在俘获物中有大量麦子。[1] 可是据《后汉书》记载,至迟在第 2 世纪,羌人还种其他谷物。

和匈奴的联盟

在汉朝初期,羌人是匈奴的一个重要同盟者。虽则中国资料断言冒顿曾迫使羌人屈服,[2] 但有迹象表明,文化的类似可能使羌人对匈奴比对汉更为接近。武帝统治下汉人侵入河西地区(甘肃走廊)的目的不仅是将匈奴与西域隔开,而且要割断匈奴与羌的关系。公元前 88 年,当强有力的先零部落派遣使者前往匈奴寻求建立军事同盟时,匈奴反应是热烈的,派遣一名代表带着下面的信息前往羌人处:

> 羌人为汉事苦。张掖、酒泉本我地,地肥美,可共击居之。[3]

两个世纪以后,在公元 122 年、138 年和 140 年,我们仍可发现匈奴军队和羌人在一起共同对汉朝进行战争。后汉朝廷充分认识到在两个邻居之间业已锻炼而成的联系。公元 102 年,当羌人在西海和榆谷的大规模叛乱被镇压以后,朝廷接受了曹凤的建议,采用正规的行政单位(如郡县)来加强管理,同时又在该地区建立屯田。朝廷认为这样做对于"隔塞羌、胡交关之路"来说是最有效的措施。[4]

在汉朝得到河西地区之前,西域已成为羌与匈奴会合的地方。正如王舜和刘歆在公元前 6 年所指出,武帝在边境已设立的敦煌、酒泉和张掖诸郡县有将婼羌与匈奴分隔的特殊目的,因此切断了后者的

---

[1] 《后汉书》卷八七,第 2883 页。

[2] 同上书,第 2876 页。

[3] 《汉书》卷六九,第 2973 页。

[4] 《后汉书》卷八七,第 2892 页以下;《后汉书》卷八九,第 2960 页。关于曹凤,见《后汉书》卷八七,第 2885 页。

"右臂"。① 婼羌是一个强有力的羌人部落，文献中记述它是西行之路上阳关西南的第一个国家（罗布泊东南群山中）。公元 1 世纪中期，婼羌已缩小到微不足道的地步，登记的居民总数只有 1750 人。但是在汉朝初年，他们的活动遍及西域的非常大的地区，从东方的敦煌附近沿着昆仑山一直伸展到西边的帕米尔。婼羌国王具有独特的称号"去胡来"即"离弃匈奴投向汉帝国之王"。这表明在汉朝扩张到西北以后婼羌一定被迫转向。在他们归顺以后，婼羌不但站在汉朝一边和匈奴作战，而且有时还参加进攻其他羌人部落的征伐。②

汉朝的移民尝试

直到 2 世纪初，羌人才成为汉帝国秩序的一个严重威胁。但当形成威胁时，它是一种与匈奴完全不同的威胁。不像匈奴从他们自己在中国边境以外的基地对汉朝领土的袭击那样，羌人经常在帝国内部引起严重的麻烦。公元前 33 年侯应指出：

> 近西羌保塞，与汉人交通。吏民贪利，侵盗其畜产、妻子，以此怨恨，起而背畔。③

60 年以后，完全一样的事态继续使后汉朝廷苦恼。班彪在公元 33 年上书时叙述这种状况：

> 今凉州（甘肃）部皆有降羌。羌胡被发左衽，而与汉人杂处。习俗既异，言语不通，数为小吏黠人所见侵夺，穷恚无聊，

---

① 《汉书》卷七三，第 3126 页；《后汉书》卷八九，第 2912 页。关于婼羌，见何四维：《中国在中亚》，第 80 页注 70。

② 《汉书》卷九六上，第 3875 页（何四维：《中国在中亚》，第 80 页以下）；顾颉刚：《史林杂识》，第 69—73 页。有一枚刻有"汉归义羌长"字样的印章，可能属于前汉时期，见萧之兴：《试释"汉归义羌长"印》，载《文物》，1976.7，第 86 页。

③ 《汉书》卷九四下，第 3804 页（余英时：《汉代的贸易和扩张》，第 52—53 页）。

故致反叛。夫蛮夷寇乱，皆为此也。[①]

关于羌人定居在汉朝领土上之事最早发生于景帝统治时期（公元前157—前141年），当时在酋长留何控制下的研部落要求允许他们守卫陇西边塞。这个要求得到批准，该部落被安置在陇西郡的五个县。在宣帝时期（公元前74—前49年），一群先零部落成员也越过黄河（在甘肃）并定居在汉朝疆域中，尽管汉朝企图阻止他们这样做。从王莽统治的末年到后汉王朝开始的这一时期，可以看到羌人大规模地迁到西北边境诸郡。例如，公元34年，在维持凉州地区（甘肃）的一个有效的地区政权达十多年的隗嚣病死以后，光武帝跟着便控制了这一地区，结果弄清楚金城郡的大多数县都有羌人居住。[②] 面对着这种新形势，后汉朝廷采取了一种范围较广的政策，谋求将各个羌人部落并入帝国。公元35年，将军马援在镇压了陇西的先零部落的叛乱以后，将该部落安置在天水郡和陇西郡，有些羌人甚至被安置在首都地区的一部分（扶风）。羌人的定居是特别不祥的，因为对羌人来说进入汉代中国腹心地带的门户已经洞开。像这样在公元50年，我们发现另一个7000人的投降的羌人集团也从边境移置到关中的三辅。羌族人口增长是如此迅速，以至于在4世纪初估计，"且关中之人百余万口，率其少多，戎狄居半"。[③]

在中国内部安置羌人部落的政策可能基于几种考虑。首先，由于羌人有和匈奴联合袭击边境的倾向，一种分离这两个民族的有效方法是将若干有可能抱敌对态度的羌人部落置于中国行政管理的直接监督之下。其次，整个汉代羌族以异常高的人口增长率著称。将羌人集团连续地迁入中国境内，特别是迁入内地，可以缓和羌族人口对边境地区不断增加的压力。第三，正如我们在前面已经看到的那样，若干羌人集团已逐步从游牧转向农耕。将羌人安置于帝国境内的中国人中

---

① 《后汉书》卷八七，第2878页（余英时：《汉代的贸易和扩张》，第53页）。
② 同上书，第2876页以下。
③ 《晋书》卷五六，第1533页。

间，这样将促使他们接受定居的农业生活方式，从而加快他们在更多的中国人口之中同化的速度。

汉朝管理制度

然而，汉朝政府在几个世纪之中逐步发展了若干对待沿边境羌人的制度方面的设计。我们不妨先从护羌校尉开始。这个官职最初设立是在公元前111年，紧接汉朝平定羌人在陇西和金城地区的大规模叛乱以后。[①] 根据公元33年班彪的奏议，护羌校尉被授予协调全部有关羌人事务的广泛权力。对于在帝国内部的羌人集团，他的职责是处理他们的不满，通过有规律的视察旅行，发现他们的需要和问题。还要求他一年数次派遣通译前往生活在边境以外的羌人那里，为的是保持联络线路的畅通。由于境外羌人成为中国官员的"耳目"，边境州郡能够经常保持警惕，从事守御。[②]

护羌校尉府成员的多少并非固定不变，它能够视形势的需要而扩展。然而，它通常包括两名从事、两名长史、两名司马和一定数量的通译。[③] 护羌校尉的首要职责是通过培养羌人的信赖和好感来维持边境的和平与稳定。例如，公元前60年，赵充国反对任命辛汤为护羌校尉，其理由是后者酗酒，将疏远蛮人并引起骚乱，这一判断后来证明是正确的。[④] 和西域都护一样，护羌校尉也承担有建立屯田的任务。在汉羌边境地区安排这样的设置最初出于赵充国的建议，为的是应付中国戍军供应问题。[⑤] 由于用这种方法可以消除后勤的困难，羌人的叛乱或袭击能在地方上处理，不必进行全国性的动员。

当汉朝势力到达顶点时，在公元102年前后，汉帝国在金城地区建立了不下于34处屯田。羌人完全知道这些前哨基地的军事威胁，

---

① 《后汉书》卷八七，第2876—2877页。关于日期见《汉书》卷六，第188页。

② 《后汉书》卷八七，第2878页。

③ 关于护羌校尉的支援人员，见《后汉书》志第二八，第3626—3627页。

④ 《汉书》卷六九，第2993页。

⑤ 《汉书》卷六九，第2985页以下（鲁惟一：《汉代中国的危机和冲突》，第226页以下）。

并且经常将它们的设置看成是汉朝不怀好意的证据。例如，在公元130年，当汉朝建立的移民地离羌族居地太近时，羌族部落立即发生疑虑，而且开始准备造反。校尉马续为了安抚他们，终于放弃了移民地。[1] 如果这种纠葛不能用和平手段解决的话，那么校尉的职责便是用武力来控制造反的羌人。在后汉王朝统治期间，大多数校尉被迫诉诸武力，至少有四人在战场上被杀（公元87年傅育、141年马贤、144年赵冲、184年伶征）。[2]

在重要性方面次于校尉的是属国都尉，它专门负责归附蛮人的事务。最早为羌人创立的属国是公元前60年在金城设置的。自从羌人被分配在所有沿西北和西南边境以来，到后汉时期羌人属国的数量大为增加。就能够确定的属国来说，它们至少存在于《后汉书》中所列的十个地区中的五个——即上郡（在河套）、张掖（甘肃）、安定（甘肃）、广汉（四川）和犍为（四川）。

这种形势表明，每一个属国都尉府实际上管辖若干属国。例如，在上郡有归附的匈奴以及龟兹群体。匈奴的一些属国也能在安定和张掖发现。由于这些单位在后汉时期的扩展，属国都尉的权力也扩大了。都尉已经掌握军事权力，现在又赋予他们以相当于郡守行使的行政权力。他管辖若干县，因此也管理边疆的中国人。属国的这种重新组织发生在安帝统治时（公元106—125年），这是一个特别以羌人的普遍叛乱为其特征的时代。[3]

在理论上，属国的居民被允许按他们自己的社会习俗生活，都尉对他们的管理基本上是一种监督性质。可是，在凉州地区发展了一个半世纪以后，对羌人实行的控制的程度已是大大收紧了。都尉的作用对于汉羌关系的稳定具有决定性的重要意义。例如，当公元55年张

---

[1] 《后汉书》卷八七，第2885、2894页。

[2] 《后汉书》卷八七，第2882、2895—2897页；《后汉书》卷七二，第2320页。

[3] 《汉书》卷八，第262页（德效骞：《〈汉书〉译注》第2卷，第243页）；《后汉书》卷四，第170页；《后汉书》卷五，第206、211、237页；《后汉书》志第二三，第3514—3515、3521页。关于属国都尉，见镰田重雄：《秦汉政治制度的研究》（东京，1962），第329页以下；鲁惟一：《汉代的行政记录》第1卷，第61页以下。

奂被任命为安定的属国都尉时，他发现，使他大为沮丧的是，所有他的八个前任都是贪污的，他们为个人的利益压迫羌人，因此造成了羌人的重大的灾难。由于他是一个有道德的人，他用拒收先零部落首领贡献的马和黄金的行动作出了一个很好的榜样。这样他不但改变了羌人心目中的都尉职务的形象，而且实质上改善了羌人和汉朝政府之间的关系。[①] 这个事件有助于证实班彪的上述判断，即：汉朝边境官员的贪污实际上是"蛮夷寇乱"的原因。

后汉统治下属国体制的扩大，实质上是对于边境羌人创造的新形势的一种反应。正如以上已经说明的那样，从后汉王朝开始时起，各种羌人部落流入凉州；有些人甚至渗入到关中地区，这些蛮人不可能立即并入正规的郡县管理体制，这样，就必须建立更多的属国，以便收容他们。在安帝当政期间（公元106—125年），为了照管安居在关中地区的羌人，特别设立了两个都尉府（一在京兆，一在扶风）。在同一时期，沿西南边境的羌人部落也请求包括在汉帝国之内。

公元94年，在蜀都的大牂夷部落50余万人以"内属"的身份向地方政府投降。然后分别在公元107年和公元108年，总共有14个羌人部落55180人步其后尘。公元108年冬，参狼部落2400名成员也为广汉郡收容作为"内属"。很清楚，在后汉时期，特别是在公元2世纪，发生了一场从沿西部边境所有地点进入中国本部的大规模羌族人口移动。这种移动可能是由人口压力驱使的。[②]

为了获得汉代中国"内属"的地位，羌人像许多其他蛮人一样，承担了为汉朝政府服役的责任，或是作劳工，或是参加军队。来自羌人属国的军人在汉朝对付边境蛮人的战役中表现突出。诸部落也可能纳某种赋税，虽则中国资料中关于这一点是不很清楚的。如果他们被安置在边境地区，那么他们有责任作为中国政府的"耳目"守卫汉的边境。为了执行汉朝的纳贡要求，羌人首领们还带着贡品到汉朝宫廷中表示效忠之意。可是，自从羌人被分割成大批部落群以后，这种做

---

① 《后汉书》卷六五，第2138页。
② 《后汉书》卷八七，第2887、2897页。

法限于比较强有力的首领。例如，著名的烧当部落的首领们据报道在公元59年、98年和170年分别前往首都表示敬意。作为回报，汉朝授予他们以官职名号和印章，就像对待西域诸国的统治者那样。①

收缩政策

在公元2世纪已经表现得很清楚，任凭属国重新调整和扩展，对于汉朝管理机构来说，羌人的压力是变得太大以至于难于承受了。当一次大规模的羌人叛乱在公元110年于凉州爆发时，汉朝的直接反应是将全部西北边境地区让给羌人。在一次由当时执政的大将军邓骘主持的关于这个问题的朝廷会议上，大多数官员以财政和后勤困难为理由赞成让出凉州。邓骘本人强烈地倾向于这种观点。这种政策的主要鼓吹者是庞参，他是一个对边境事务非常熟悉的人，新近承担过监督关中地区军屯的任务。在给邓骘的报告中，他令人信服地指出，过去对付羌人的出征不但使国库空虚，而且耗尽了凉州人民的财富。事实上，政府以借贷为名已强迫凉州人民捐出几百万钱。如果朝廷继续奉行现时的守卫凉州的政策，那么关中无疑将是同样毁灭的下一个地区。因此他主张中国完全从凉州撤出，并将边境的全部中国人移到人口稀少而可耕地广阔的关中。②

虽然庞参的建议是以对局势的客观估价为基础进行严密论证，但朝廷中支持建议的那些人可能有不同的动机。从收缩建议中受益最大的是凉州的郡守和县令们。因为根据汉朝的回避法，为了避免任何可能的利益集团的纠纷，官员都不能被指派到他的家乡郡县去任职。这种法律在后汉时期比在前汉时期得到更加严格的执行。结果，事实上所有朝廷指派的凉州地方官员都是内地诸郡的人，他们考虑自己的安全，力主撤退。这个集团的观点在朝廷中得到了有力的表现。尽管全部撤退的建议在110年并未正式采纳，但在下一年至少西北四郡（陇

---

① 《后汉书》卷四，第185页；《后汉书》卷八七，第2880、2898页。
② 《后汉书》卷五一，第1686页以下。

西、安定、北地和上郡）已放弃它们的边境地区而撤向内地。这样一种移动证明了凉州已受到羌人压力的程度。[①]

收缩的建议遇到凉州本地领袖的普遍反对，指出这一点是同样重要的。正如庞参所透露那样，较早的几次他关于放弃西域的建议受到了西部地区文人学士的批评。很自然，从凉州本地居民的观点看来，他于公元110年提出的建议是更加要不得的。这些文人学士之一是来自安定的杰出的政治思想家王符。王符对边境形势的一般估计与庞参基本相同。然而，作为来自凉州的人，他坚决主张采取军事行动：

> 前羌始反，公卿师尹，咸欲捐弃凉州，却保三辅。朝廷不听。后羌遂侵，而论者多恨不从惑议，余窃笑之。所谓嫌亦悔，不嫌亦有悔者尔。……地无边，无边亡国。是故失凉州则三辅为边，三辅内入则弘农为边，弘农内入则洛阳为边。推此以相况，虽尽东海犹有边也。[②]

王符也倾向于凉州人民的立场：

> 假使公卿子弟有被羌祸朝夕切急如边民者，则竞言当诛羌矣。[③]

事实上，凉州的普通百姓更是厌恶收缩的主意。在公元111年四个边境地区撤退时，平民全都不愿离开他们的居地。地方政府最后被迫采用激烈的手段，诸如焚烧他们的房屋，毁坏他们的庄稼，破坏他们的储藏，为的是强迫他们离开。这样做的结果，一大群边境中国人起来反对汉朝，并且投向羌人。[④]

---

① 《后汉书》卷五，第216页。
② 《潜夫论》五（22），第258页。
③ 同上书，第262页。
④ 《后汉书》卷八七，第2887—2888页。

　　由于害怕放弃地区会引起全体中国居民反对汉朝，朝廷才决定在公元110年不把收缩作为一种政策来采纳，正如在朝廷中雄辩地反对撤退的虞诩所指出的那样，羌人之所以不敢进入关中地区，正是因为高度军事化的凉州中国居民仍然保持对汉帝国的忠诚。但是，如果汉朝放弃他们生活的疆域并且企图迫使他们离乡背井的话，他们确实会产生异志。如果凉州强有力的领袖们组织起他们的人民发动反抗汉朝的公开叛乱，帝国中没有一个人有可能阻止他们向东挺进。①

　　在安帝当政（公元107—118年）的第一个10年，为了保卫凉州进行的众多的战役耗费了汉朝天文数字的经费，总计达240亿五铢钱，②但是在这些战役中获得的胜利仍是有限的和暂时的。公元129年，朝廷下令在放弃了的疆域上重建三个边境郡，即安定、北地和上郡，但是恰好在10年以后它们再次撤销了。从公元140年起，羌人向东推进到中国内地。③时时有大规模羌人袭击京畿地区的报告送到朝廷。更多的边境郡不得不或部分或全部放弃给羌人和其他蛮人。安定和北地完全由凉州撤退到关中地区特别足以表示羌人威胁的严重性。正如王符曾经担心的那样，京畿地区成了边界。根据段颎在公元168年的上书，从河套地区的云中、五原到甘肃的汉阳这一西北边境地区（超过800公里或500英里）已落入羌人和匈奴之手。④

凉州叛乱，公元184—221年

　　公元2世纪汉朝从西部和西北边境撤退的格局，暗示一种具有更基本更复杂性质的历史力量一定在起作用。当时的调查分析把所有羌人的纠纷归咎于汉朝边境官员的管理不当和剥削，这虽然在很大程度上无疑是正确的，但可能是误把表面现象当成了原因。就我们所掌

---

① 《后汉书》卷五八，第1866页；《后汉书》卷八七，第2893页。关于虞诩，见前面第4章《和帝、殇帝与安帝统治时期》和《顺帝统治时期》。
② 《后汉书》卷八七，第2891页。
③ 《后汉书》卷六，第256、269页；《后汉书》卷八七，第2893、2896页。
④ 《后汉书》卷六五，第2148页。

握的文献而论，对两个潜在的历史动向可作简略的讨论。首先是如
上所述的羌族人口的迅速增长。范晔在他关于羌人的历史记事中写
道：

> 其俗……父没则妻后母，兄亡则纳嫠嫂。故国无鳏寡，种类
> 繁炽。①

显然，在这里历史学家觉得有必要为羌族人口过剩的特殊现象提供某
种解释。相同的现象在当时汉朝边境将领如张奂和段颎的报告中也有
清楚的揭示，他们经常表现出一种深深的受挫感，认为羌人实在太
多，无法安抚、抑制或消灭他们。

应指出的第二种动向是边境地区，特别是凉州的文化的和社会的
转变，这是在汉人和羌人以及其他少数民族混合居住的形势下随着时
间的消逝而发展起来的。和汉朝政府的期望相反，从中国的历史编纂
学传统的观点来看，将羌人安置在帝国境内的政策的直接结果，与其
说是使羌人中国化，不如说是使边境中国人蛮夷化。有证据表明，在
公元2世纪末，凉州在社会上和文化上都与帝国的东部有很大的不
同。其他地区的中国人常用怀疑的眼光去看凉州的居民。正如公元
190年郑泰向董卓上书时指出的那样，整个帝国在面对凉州军队时都
因害怕而发抖，甚至那里的中国妇女都因受羌人影响而变成凶猛的战
士。②

由于发展了以凉州为基地的中国人—羌人联合力量，陕西土著董
卓有可能从公元189年到192年控制汉朝宫廷。③董卓年轻时作为一
个有重大影响的人在羌人中间建立了声望，他和许多强有力的羌族部
落首领们一直维持着友好的关系。羌人军队构成了他的私人军队的骨
干，正是这支军队使他一度成为帝国最强有力的军事领袖。他的行动

---

① 《后汉书》卷八七，第2869页。
② 《后汉书》卷七〇，第2258页。
③ 《后汉书》卷七二，第2319页以下。见以上第5章《董卓其人》。

如此不像一个中国人，以至于著名将军皇甫规的寡妇一怒之下称他为
"羌胡之种"。[①] 事实上，自从公元 2 世纪以来，凉州和汉代中国的主
要的知识和文化传统可能已没有联系。由于担心凉州地区的无休止的
叛乱，有一人甚至在 184 年向朝廷上奏，提议凉州每一家庭应有一本
《孝经》并研究它。[②] 这个建议清楚地表明，该地区看来已经背离了
中国文化的若干基本前提。

公元 184 年凉州的大规模叛乱进一步说明，边境地区的中国人与
非中国人两者已经发展了一种他们自己的共同地理同一性。它实际上
是羌人、匈奴人和月氏人，还有中国人，共同反对汉帝国的一次叛
乱。[③] 两个重要的叛乱领袖，边章和韩遂，是金城附近的著名的中国
富豪。此外，根据刘陶的记录，许多叛乱的将领以前是汉朝将军段颎
手下的将官。他们全都精通战术，而且熟悉该地区的地理。与此同
时，在一位名叫宋建的中国人领导下，一个称为"平汉"的地区性的
中国人—羌人王国在陇西的枹罕建立起来。这个边境政权与汉帝国相
对抗的决心从它的名号"平汉"无可置疑地暴露出来。该王国持续了
三十余年，直至 218 年为曹操征服为止。[④]

公元 184 年叛乱的爆发加剧了汉朝对西北不安的忧虑。在公元
185 年举行的一次朝廷会议上，出身涿州（河北）的丞相崔烈认为凉
州应该放弃。但是他遭到来自北地的议郎傅燮的激烈反对，傅燮甚至
要求将该丞相处死，因为他提出这样的建议。[⑤] 我们再一次看到，在
汉朝宫廷中放弃的念头为一个西北土著所抵制，但为来自另一个地区
的某个人所提倡。傅燮和崔烈之间的矛盾不应该简单地解释为个人观
点之事。它是以凉州西部边境社会为一方与帝国东部（通常称为关

---

① 《后汉书》卷八四，第 2798 页。

② 《后汉书》卷五八，第 1880 页。

③ 关于这次叛乱的研究，见古斯塔夫·哈隆：《凉州叛乱：公元 184—221 年》，载《大亚
   细亚》新版，1：1（1949），第 119—132 页。

④ 《后汉书》卷五八，第 1875 页；《后汉书》卷七二，第 2320 页以下；《后汉书》卷八
   七，第 2998 页。

⑤ 《后汉书》卷五八，第 1875 页（雷夫·德克雷斯皮尼：《汉朝的末年：司马光〈资治通
   鉴〉所载公元 181—220 年大事记》〔堪培拉，1969 年〕，第 26 页）。

东）为另一方的长期存在的差异的一种表现。

到公元 2 世纪的末年，这两个集团分别由董卓和袁绍领导，在朝廷中进行着你死我活的斗争。当董卓在公元 190 年成功地建立了对朝廷的无可争辩的控制时，他的第一个步骤便是将都城向西移到长安，那里靠近他的权力基地凉州。① 两个集团之间的相互猜疑和敌视在公元 192 年董卓被暗杀以后公开爆发。这种局面在《后汉书》下面的记载中有生动的叙述：

> 董卓将校及在位者多凉州人，［丞相王］允议罢其军。或说允曰：“凉州人素惮袁氏而畏关东，今若一旦解兵，则必人人自危。可以皇甫义真为将军，就领其众，因使留陕以安抚之，而徐与关东通谋，以观其变。”允曰：“不然。关东举义兵者，皆吾徒耳。今若距险屯陕，虽安凉州，而疑关东之心，其不可也。”时百姓讹言，当悉诛凉州人，遂转相恐动。其在关中者，皆拥兵自守。②

王允的报复性的对立马上导致和整个凉州集团的一场不幸的武装对抗。在朝廷中恢复秩序的即使十分微小的可能性，在董卓死后就无可挽回地失去了。

凉州在汉帝国的衰落和崩溃中起了关键性的作用，这是没有多大疑问的。然而，凉州在公元 2 世纪最后四分之一时间内作为一种头等重要的政治力量的兴起，不能纯粹从帝国的内部发展来理解。归根到底，它是直接由紧跟着羌人移动以后该地区文化的和社会的变化造成的。从这方面来看，汉与羌的关系对于中国历史所产生的直接影响，要比汉与匈奴的关系更为重要，尽管在该时期的历史上后者有更加令人注目的地位。

---

① 《后汉书》卷七二，第 2327 页。
② 《后汉书》卷六六，第 2176 页。

东胡：乌桓与鲜卑

从战国末期到汉朝初期，乌桓与鲜卑共同以东胡一名为人所知。据公元2世纪的学者崔浩说，之所以如此称呼是因为他们原来居于匈奴（胡）之东，即现代内蒙古的某处地方。[①] 东胡的力量在公元前3世纪末冒顿首次成为匈奴单于时达到它的顶点，他们经常向西侵入匈奴的土地。可是，局面不久便完全改变了。在一次出其不意的袭击中，冒顿征服了东胡。[②]

东胡很可能是由一些游牧民族建立的部落联盟，包括乌桓与鲜卑。当它被匈奴征服后，联盟显然不复存在。在整个汉代，没有能发现东胡作为一个政治实体的痕迹。

尽管按照中国资料乌桓与鲜卑有相同的语言和社会习惯，然而他们无疑是两个不同的民族，在汉代偶然还彼此交战。与匈奴和羌不同，乌桓与鲜卑在汉朝以前和中国人的接触即使有，也很少。主要是由于汉与匈奴之间的斗争，乌桓与鲜卑，特别是前者，被拉入了中国的世界秩序。历史的和考古的证据表明，乌桓到武帝时开始与中国建立官方联系，而鲜卑仍孤立于中国朝廷之外，直到后汉王朝初期为止。[③]

乌桓的迁居

当匈奴征服乌桓以后，他们要求乌桓交纳正规的岁赋，主要是牛、马、羊和毛皮。公元前119年，汉朝将军霍去病给予匈奴以决定性的打击，迫使单于把他的宫廷从内蒙古迁走。汉朝因此有可能首次将乌桓和他们的匈奴霸主分开。为了防止他们继续向匈奴提供人力和

① 《史记》卷一〇二，第2759页。
② 《汉书》卷九四上，第3750页；《后汉书》卷九十，第2979页。
③ 关于这些民族及其与汉帝国的关系的一般概述，见马长寿：《乌桓与鲜卑》（上海，1962）。

物力，汉朝将乌桓迁移到沿帝国的北方和东北五郡的长城以外地区，这五郡是上谷、渔阳、右北平（今天的河北）以及辽西和辽东（今天的辽宁）。

在实行这一移动时，汉朝政府实际上向乌桓提供了贡纳体制的保护。要求乌桓的部落首领们一年一度前往汉朝宫廷朝觐，以此作为归顺的象征，同时设置了护乌桓校尉，其公署在靠近今北京的地方。尽管这个官职的主要职能是禁止乌桓与匈奴接触，但乌桓被指派负有监视匈奴移动的特殊任务。重要的是，校尉府作为一种新的机构设置首先应用于乌桓。它不但早于护羌校尉府八年，而且也可以推测为60年以后设立的更加精细的西域都护府提供了一个范本。①

然而，汉朝这个校尉府能否有效地管理乌桓，是有疑问的。我们有理由相信，整个前汉时期匈奴继续保有他们对乌桓的权利，而且随时可能迫使后者履行作为他们属民的义务。例如，晚至公元8年匈奴仍派遣使者向乌桓征集牲畜和毛皮作为"贡赋"。可是到这时，乌桓得知汉朝已经正式通知匈奴，乌桓处于中国的合法保护之下，因此就拒绝遵照办理，并杀死了匈奴使者。他们还掠取了属于随同使者前来贸易的匈奴商人的妇女、马、牛。

被激怒了的匈奴人以袭击乌桓来进行报复，绑走了一千名以上乌桓的妇女和儿童，目的是要赎金。后来，两千余名被绑者的亲属带着牲畜、毛皮和衣服前往匈奴交换俘虏，匈奴不但留下了赎金，而且把他们也当作俘虏。这个事件清楚地表明，匈奴与乌桓在公元前119年以后仍保持着官方的与民间的关系。②

另一方面，汉与乌桓之间的关系是更为紧张的。例如，在公元前

---

① 《后汉书》卷九十，第2981页。令人惊奇的是，《史记》或《汉书》都没有这些早期关系的记载，《后汉书》是唯一的资料来源。《汉书》中最早记载乌桓的材料是公元前78年的叛乱（《汉书》卷七，第229页〔德效骞：《〈汉书〉译注》第2卷，第168页〕）。乌桓校尉府在公元前119年以后某一天设立，见《后汉书》卷九十，第2981页。关于该官职的当代研究，见马长寿：《乌桓与鲜卑》，第130页。

② 《汉书》卷九四下，第3820页。见内田吟风：《有关乌桓族的研究》，《满蒙史论丛》，4（1943），第1—104页。

78 年，匈奴在辽东进行一场针对乌桓的报复性战争的消息传到中国，汉朝便派遣将军范明友前去拦截匈奴。可是，在范到达时，匈奴已经离开该地。由于乌桓新近曾对汉朝疆土进行多次袭击，朝廷反而命范明友去攻打乌桓。汉朝军队杀死了六千余名乌桓人和他们的三个首领。其后，乌桓继续频繁地袭击东北（现在河北、辽宁），结果每一次都被范明友的军队所赶走。[①]

在新朝（公元 9—23 年）初年，中国与乌桓之间的关系有相当的改善。中国使节在公元 10 年前往匈奴，成功地商定释放被俘的乌桓人，这便使乌桓欠下了新朝的恩情，关系的改善导致把乌桓编入中国的军事体系。王莽有乌桓军队驻扎在代郡（在山西的极北），但他们的忠诚则是可疑的，因而他们被要求派家属到中国做人质。后来，当乌桓士兵叛变时，中国政府将全部人质处死。乌桓因此起来反对汉朝并和匈奴联合。[②]

贡纳体制下的乌桓：考古的证据

公元 49 年是汉与乌桓之间关系的新时代的开始。在那一年，光武帝以大量的钱和丝绸作代价，成功地将乌桓诱入汉朝的贡纳体制。来自辽西的乌桓酋长和首领不下于 922 人前来朝觐皇帝，他们所带的贡赋包括奴隶、牛群、马群、弓弩和各种毛皮。皇帝为他们举行国宴并赏给他们珍贵的礼物，以示礼遇。在该年较晚的时候，多数酋长要求成为帝国的内属，皇帝授予 81 名乌桓部落领袖以王或侯的荣誉称号。作为内属，这些乌桓部落被允许居住在沿边诸郡。汉朝向他们提供食品和衣服。作为报答，他们承担保卫边境反对匈奴与鲜卑的义务。

与此同时，重新设立乌桓校尉府，其公署在宁城。[③] 和前汉相比较，后汉这个府的职能有相当的扩大。它不但负责乌桓事务，而且也有责任处理鲜卑的事务。更加特殊的是，它的职权范围包括管理礼物

---

① 《汉书》卷九四上，第 3784 页；《后汉书》卷九十，第 2981 页。
② 《汉书》卷九四下，第 3822 页；《后汉书》卷九十，第 2981 页。
③ 在上谷郡，可能位于现在河北的张家口。《后汉书》卷九十，第 2982 页。

和食品，安排正规的季节贸易，并从那些愿意参加汉朝贡纳体制的集团取得质子。

新近的考古发现大大丰富了我们关于宁城乌桓都护府的知识。1972年，在内蒙古的和林格尔发掘了一座装饰有彩色壁画的重要的后汉墓。该墓的时间断定在公元145年到200年之间。在两幅直接与汉和乌桓关系有关的画中，一幅表现了校尉巡回视察的场面。[①]

这幅图画上的题词说："使持节护乌桓校尉。"可以确定，画中有128人，129匹马和11辆车。校尉在图画的中部；他乘坐一辆三匹马拉的官车，周围是部属和士兵。题词提到他和他的属下的某些头衔，是《后汉书》的官府建制表中所未曾包括的。[②] 图画的证据也许暗示，到公元2世纪末，校尉的权力可能因校尉府需要的增加而大大地扩大了。

另一幅图画表现了宁城城中的各种活动。校尉府在城市的西北部，它实际上占全图的主要部位。画中的校尉坐在大厅的中央，接受宾客的问候，后者大多数显然是乌桓人或鲜卑人。这是可以从他们的红色和褐色的衣服和他们剃光的头（有的在顶上留有一小簇发）推断的；这些细节和文献资料中关于乌桓与鲜卑二者的记述是完全一致的。[③] 他们中有些人坐在建筑物中，而其他人则排在主要入口之外，显然等着向主人致敬。在院中一伙杂技演员正在为客人表演。在前面的宾客好像是一个乌桓酋长，他是由两个汉族官员伴随的。

在图画中显示的其他建筑物包括军事设施和文官住所。此外，有乌桓和鲜卑前来贸易的市场。整个地区由骑兵和持长矛的步兵组成的重兵把守。

完全可以断定，墓主是一个汉朝边境官员，他的经历在被任命为乌桓校尉时到达顶点。很清楚，壁画的目的是叙述他生活中的主要事迹。可是，在后汉和三国时期的所有乌桓校尉中，根据现存历史记载只

---

① 见内蒙古文物工作队和内蒙古博物馆：《和林格尔发现一座重要的东汉壁画墓》，载《文物》，1974.1，第8—23页。内蒙古自治区博物馆文物工作队：《和林格尔汉墓壁画》（北京，1978）。

② 《后汉书》志第二八，第3626页。

③ 《后汉书》卷九十，第2979页。

能确定 17 人，他们中没有一个人和这个墓主的生平细节是确切符合的。①

作为以汉为一方和以乌桓与鲜卑为另一方两者之间关系的重要证据，对这些壁画的重要性作很高的估计是不过分的。它们不但以最生动的方式证实了正史中提供的记载，而且还揭示了许多其他有趣的细节。例如，我们第一次既有关于乌桓与鲜卑的生活又有汉朝贡纳体制实际进行的某些明确的观念。② 在另一幅壁画中描绘了所谓"胡帐"。就我们所知，恰恰就在造此墓的前后，胡帐在中国上层社会中由于灵帝（公元 168—189 年在位）的影响而风行一时，因为他首先在宫中采用了它。③

在宁城重建校尉府证明是十分成功的。在汉帝国与乌桓之间存在普遍和平的关系达半个世纪之久。证据表明，乌桓忠实地履行协议中他们的职责。他们不但坚定地和汉朝一起抵抗匈奴和鲜卑的侵略，而且参加了对付帝国境内其他叛乱的其他军事活动，例如，公元 165 年，2.6 万名幽州和冀州的乌桓步兵和骑兵被调往南方去平息零陵（湖南）和苍梧（广西）的大规模的蛮人地方叛乱。④ 太尉张温也曾派遣 3000 名幽州乌桓骑兵前去协助镇压凉州的叛乱。⑤

在公元 2 世纪，乌桓骑兵已经获得了如此高的声望，以致他们已开始为皇帝服役；据报道，数百人被用来作为皇宫警卫。后来，在公元 207 年，对他们战斗能力的赏识导致曹操将乌桓骑兵收编入他的私人军队。⑥ 可是，为了保证他们的忠诚，曹操再一次要求乌桓战士将他们的家庭置于中国政府的照看之下，作为人质。例如，在公元 217

---

① 墓主可能是乌桓校尉公綦稠，他在 187 年被杀，见金维诺：《和林格尔东汉壁画墓年代探索》，载《文物》，1974.1，第 49 页。不同的观点见黄盛璋：《和林格尔汉墓壁画与历史地理问题》，载《文物》，1974.1，第 38—46 页。
② 吴荣曾：《和林格尔汉墓壁画中反映的东汉社会生活》，载《文物》，1974.1，第 24—30 页。
③ 盖山林：《和林格尔汉墓壁画》（内蒙古呼和浩特，1978）。
④ 《后汉书》卷七，第 310、315 页；《后汉书》卷三八，第 1286 页。
⑤ 《后汉书》卷七三，第 2353 页。
⑥ 《后汉书》卷九十，第 2984 页。

年，当乌桓首领鲁昔和他的骑兵屯驻在池阳（山西）时，他的妻子留在晋阳（陕西）作为人质。① 正如我们所看到的那样，这种中国惯例至少自王莽时便已开始通行。可是，乌桓过多地被用作军人的情况播下了叛乱的种子。

公元 187 年，渔阳（河北）的两个原汉朝地方官员张纯、张举与幽州的乌桓首领结成军事联盟，在北方发动一场大规模的叛乱，影响到幽州、冀州、青州（山东）和徐州（也在山东）。从一开始，张举确信他的计划将会成功，因为按照他的估计，"乌桓数被征发，死亡殆尽，今不堪命，皆愿作乱"。②

中国人与乌桓人在这次叛乱中的合作证明，自从乌桓在汉帝国内部定居以来，这两个民族之间的联系是何等的密切。后来，在公元 205 年，当曹操的军队向北部边境推进时，幽州与冀州的十余万户逃往乌桓寻求保护，此事说明在两个民族之间相互信任已逐步发展起来。③ 这是由沿着边境进行的兴旺的贸易发展所取得的效果。在公元 2 世纪最后的十年中，宁城胡市的繁荣使幽州成为帝国最富庶的地区之一。结果，当黄巾起义时，100 余万中国人从青州和徐州迁到该地。作为内属，许多乌桓人也已开始从事农业。例如，魏文帝时期（公元 220—227 年），雁门（山西）郡守请求豁免在他管辖下的大约 500 家乌桓人的地税和户口税，理由是他们支持在军中服役的成丁。这个事例毫无疑问地说明，这些乌桓家庭已经成为中国行政管辖之下的正式"编户"。④

在汉代中国内部的乌桓人口究竟有多少是难以估计的。《后汉书》报道说，灵帝朝（公元 168—189 年）之初，上谷、辽西、辽东和右

---

① 《三国志·魏书十五》，第 470 页注引《魏略》。
② 《后汉书》卷八，第 354、356 页；《后汉书》卷七三，第 2353 页以下；《后汉书》卷九十，第 2984 页；《后汉纪》卷二五，第五叶。
③ 《三国志·魏书一》，第 27 页以下；《后汉书》卷九十，第 2984 页。
④ 关于宁城市场，见《后汉书》卷七三，第 2354 页。一幅汉代壁画也描述了宁城市场，见盖山林：《和林格尔汉墓壁画》，第 53—56 页。关于 100 万中国人的迁徙，也见《后汉书》卷十三，第 2354 页。关于豁免 500 户乌桓家庭赋税的情况，见《三国志·魏书二六》，第 731 页。

北平四个北方郡的乌桓人口大约由 1.6 万落组成。根据现代的研究，每一落平均约有 30 户，每户约有 7 口。① 假定每一单位包括 200 人，那么在上述四郡乌桓人口总计约 300 万人。

鉴于公元 2 世纪最后十年据报道幽州乌桓已俘获中国人十余万家，这个数字并非无据。② 况且，如上所述，在 205 年有十余万家中国人逃往乌桓寻求庇护。这些家庭的总人数可能是 100 万左右，乌桓在 20 年内能够同化如此多的中国人是难以想象的，除非他们自己的人口数倍于此数。

鲜卑与汉

在整个后汉时期，除了乌桓定居在帝国之内以外，许多部落地处边界之外，最后为鲜卑所同化。这是与汉代中国建立关系的最后的群体。在他们败于冒顿手下之后，鲜卑人逃到一个远离辽东边境的大概从内蒙东部伸展到满洲的地区。因此，整个前汉时期，他们与中国之间隔着乌桓。

后汉初年，鲜卑经常与匈奴、乌桓联合，袭击汉朝的东北边境，特别是辽东。汉与鲜卑的官方联系在公元 49 年首次建立，当时辽东太守祭肜以慷慨提供钱财和贸易的办法，成功地把一个强大的鲜卑群体的首领偏何吸引到汉朝一边来。作为报答，偏何不仅同意向朝廷纳贡作为归顺的象征，而且为了中国而和匈奴、乌桓战斗。③ 汉帝国以很高的费用获得了鲜卑的归顺和效劳。每一次使者带着黑貂皮和马匹来到边界，称之为贡品，他们接受帝国的礼物的价值则两倍于此。此外，他们斩送每一个匈奴人首级都由汉朝政府给予厚赏。

长年累月，匈奴在这个地区的力量逐渐衰弱到无足轻重的地步。公元 58 年，在偏何领导下的鲜卑人征服了留在帝国之外对上谷作周期性袭击的桀骜不驯的赤山乌桓，从而为汉朝东北边境的和平和稳定

---

① 《后汉书》卷九十，第 2984 页；马长寿：《乌桓与鲜卑》，第 121 页。

② 《三国志·魏书一》，第 28 页。

③ 《后汉书》卷二十，第 744 页以下；《后汉书》卷九十，第 2985 页。

做出了重大的贡献。此后汉朝政府每年付给敦煌和酒泉*以东所有鲜卑首领钱 2.7 亿。此事使人想起，几乎这是在同时期给予南匈奴总数的三倍。在以后的 30 年中，这个地区的主要形势是和平。①

公元 91 年，北匈奴受到窦宪的沉重打击，逃往西方。随之而来的是鲜卑民族在领土和人力两方面的突然扩展。鲜卑不但迁入所有匈奴空出的土地，而且同化了剩下的匈奴人，据报道超过 10 万家。②由于这一扩展，鲜卑重新开始了对汉朝边境的袭击，一度侵入居庸关。公元 110 年左右，汉朝政府发现有必要向他们提供更好的贸易条件。宁城的乌桓校尉获准给予在胡市中的鲜卑人定期贸易的特殊待遇。可是，为了实行对他们的控制，汉朝要求所有贸易的部落向中国送质子。两座大的质子旅邸在宁城建造起来，一座在北，另一座在南，据报道它们收留来自 120 个鲜卑部落的质子。一个名叫燕荔阳的强大的鲜卑首领，甚至接受了"王"的荣誉称号，并从朝廷得到印绶。由于燕荔阳和他的人民得到允许居住在宁城附近，他们有可能成为汉代中国的内属了。

但是汉朝的贡纳体制对鲜卑取得的成功更少于其他群体；每当他们臣服立刻就再次造反了。从这时起，鲜卑在边境上的地位是基本上颠倒过来了。和原来帮助汉朝保卫它的边境对抗侵略的任务相反，他们现在成了对帝国的主要威胁。汉朝经常被迫转而向南匈奴和乌桓求助，以防止鲜卑的边境袭击。

公元 2 世纪中叶，当一个强大的鲜卑草原联盟在有魄力的檀石槐领导下建立起来时，鲜卑的势力达到了它的顶点。③作为一个个性强

---

* 译者按，此处疑有误。《后汉书》卷九十《乌桓鲜卑列传》云："于是鲜卑大人皆来归附，并诣辽东受赏赐，青、徐二州给钱岁 2.7 亿为常。"敦煌、酒泉远在西方，与鲜卑无关。

① 《后汉书》卷二十，第 745 页。赤山可能即现在内蒙的赤峰市。关于每年支付的数额，见《后汉书》卷九十，第 2986 页。

② 《后汉书》卷九十，第 2986 页。登记的单位是"落"，可理解为"户"，但比起上面所叙述的"落"来，其成员要少一些。

③ 《后汉书》卷九十，第 2989 页以下。见 K. 加德纳和德克雷斯皮尼：《檀石槐和公元 2 世纪的鲜卑部落》，《远东历史论丛》（堪培拉），15（1977），第 1—44 页。

硬的和有魅力的领袖，檀石槐似乎在到 20 岁以前就已成为他自己部落的首领。他的武艺很快便在本民族中间大受尊敬；他终于成功地在自己的无可争辩的领导之下将全部鲜卑部落组成一个联盟。在鼎盛时，他的力量在整个原鲜卑的疆域——南至汉代中国，北到南西伯利亚的丁零地面，东到满洲的夫馀，西到伊犁河谷的乌孙——都能感受到。他按照冒顿的方式管理他的联盟，把它分为三部：东部，又分为四个分部，每一分部分别在一个首领统率之下，从右北平之东直到辽东；西部，由五个分部组成，从上谷以西到敦煌和乌孙；中部，由三个分部组成，从右北平以西到上谷。和冒顿一样，檀石槐从设于弹汗山上的宫廷对中部直接发号施令。①

　　由于担心鲜卑的正在增长中的威胁，桓帝（公元 146—168 年在位）授予檀石槐以王的称号，并提出宽大的和平条件。檀石槐毫不犹豫地加以拒绝。一旦统一，鲜卑就拒绝接受与汉朝之间的贡纳关系。②

　　在灵帝统治的整个时期（公元 168—189 年），鲜卑从他们的三个基地有步骤地攻击边境。仅仅在 168 年到 170 年间，他们就在十几次的遭遇中击败汉朝军队。③ 鲜卑作为一个强大军事力量突然兴起的秘密，没有比公元 177 年蔡邕的奏议中说得更充分的了。这份文书中说：

　　　　自匈奴遁逃，鲜卑强盛，据其故地，称兵十万。……加以关塞不严，禁网多漏，精金良铁，皆为贼有。汉人逋逃，为之谋主，兵利马疾，过于匈奴。④

从这段文字可以清楚地看出，中国铁器和人力的这种交流实质上有助于鲜卑的军事和政治的实力。他们对中国铁器的兴趣一直是很强烈

---

① 据记载大约在高柳以北 125 公里处，可能在今山西阳高县境内。
② 石黑富男：《鲜卑游牧国家的领域》，《北大（九州）史学》，4（1957），第 80—91 页。
③ 《后汉书》卷八，第 329 页以下。
④ 《后汉书》卷九十，第 2991 页。

的。例如，公元 141 年，一支鲜卑雇佣队伍完成了在武威（甘肃）的军役以后，坚持要用中国政府付给他们的钱购买铁器。当边境官员以法律禁止为理由加以拒绝时，他们威胁要放火烧掉该地的丝绸仓库。汉朝当局最后屈服了。① 该事件表明，除了走私贸易之外，鲜卑时时能通过官方渠道得到中国的铁。有理由相信，汉人顾问在鲜卑政治发展中扮演了关键性的角色，相当于中行说在汉朝初期匈奴宫廷中所起的作用。檀石槐的留在汉朝贡纳体制之外的决定，同样可能是根据这些人的劝告作出的。②

对于汉帝国来说是幸运，对于鲜卑来说是不幸，檀石槐在公元180 年 45 岁时早逝。危机紧跟着他的死到来。由于没有他的坚强领导，内部权力斗争随之而来，鲜卑联盟崩溃了。半个世纪以后，另一位名叫轲比能的杰出领袖为重建联盟做出了历史性的努力，但他的成功是短暂的，因而也是有限的。③

鲜卑民族作为一个整体在整个后汉时期留在中华帝国之外，这与南匈奴、羌和乌桓形成鲜明的对比。他们像任何其他群体一样对汉朝商品有兴趣，但是不愿以失去他们的种族个性为代价。确实，时时有个别鲜卑部落加入汉朝的贡纳体制，在宁城的活动就可以说明。可是，他们这样做不过是因为他们被设在那里的胡市所吸引。1959—1960 年在内蒙发现了后汉时期的三百多个鲜卑墓。发掘使大量埋葬的物品出土，其中包括青铜镜、漆器和后汉时代样式的陶器，以及上有汉字的绣花丝绸。很可能，这些汉朝的产品通过诸如在宁城的边境市场的官方贸易才到了鲜卑的坟墓中——如果确实的话，它们并不是通过宁城市场本身的。④

---

① 《后汉书》卷四八，第 1609 页以下。

② 这是从蔡邕奏议中提到的某些名词得到启发的（《后汉书》卷九十，第 2990 页以下）。关于中行说，见前面第 367 页注 2；余英时：《汉代的贸易和扩张》，第 37 页。

③ 《后汉书》卷九十，第 2994 页；《三国志·魏书三十》，第 831—839 页；《三国志·魏书二六》，第 727 页；又见《汉晋春秋》，《三国志·蜀书五》（卷三五）注中所引，第 925 页。

④ 见内蒙古文物工作队：《内蒙古札赉诺尔墓群发掘简报》，载《考古》，1961.12，第 673—680 页。

当他们的需要不能通过官方的或不正当的贸易方式得到满足时，鲜卑人便诉诸武力。因此，从中国人的观点来看，他们和汉朝的经济关系基本上可以以贸易和掠夺两个方面来确定，而在政治方面彼此关系则以归顺和叛乱的轮流交替为其特点。全部历史应以公元185年应劭所述最为清楚，他说：

> 鲜卑……数犯障塞，且无宁岁。唯至互市，乃来靡服。苟欲中国珍货，非为畏威怀德。计获事足，旋踵为害。[1]

朝 鲜 半 岛

在政治方面，中国人在汉代渗入朝鲜的直接后果并不引人注意。[2] 将半岛的部分并入帝国的尝试已经作出，但是由于不存在来自这些部分对本土的威胁，因而没有建立诸如存在于西北和北方的保护线的呼声。汉朝制度在朝鲜成长的真正重要性表现于长期的文化效果。最后朝鲜成为将中国文化因素传入日本的代理人。这些因素源自儒学传统和佛教两者，它们进入更远的东方以前已在朝鲜生根。此外，在中国发展起来的后来在日本应用的某些工艺（如造纸），很可能是从定居于朝鲜的中国人移民集团那里得到的。

早期接触

中国人和朝鲜半岛民族的接触，按传统说法开始于周王国建立时（传统说法为公元前1122年）。那时商王室的一个逃亡的成员名叫箕子，他逃到朝鲜，并将若干中国生活方式的特征带到那里。[3] 箕子或

---

[1] 《后汉书》卷四八，第1609页。
[2] 关于这个问题的说明，见 K. H. J. 加德纳：《朝鲜古代史》（堪培拉，1969）；大庭脩：《亲魏倭王》（东京，1971），第23页以下。
[3] 《后汉书》卷八五，第2817页。

其他早期中国冒险家可能遇见的部落大概是松花江周围后来称为夫馀民族的先民；沃沮似乎集中于纬度 40 度上下，秽貊生活在更南的地方，直到半岛的中部。关于这些民族的种族渊源或任何可用来对他们作鉴定的特征，所知甚少。

紧接着在公元前第 2 个 1000 年期间的未经证实的接触，出现了一段漫长的空白期，从此以后才有更多关于中国人在朝鲜的材料。历史记载可以说是从公元前 4 世纪开始的，当时燕的统治者采用了"王"的称号（公元前 323 年）。燕国位于控制着当时中国大部分的其他六个大国的东北，是满洲和朝鲜诸部落的接近的邻居。由于力量和声望的增长，燕国有能力对南方的齐国（在山东半岛）施加更大的压力。与此同时，燕国的有些居民对朝鲜进行积极的贸易联系，他们在那里留下了大量燕国铸造的钱币。① 贸易的条件或有关的商品种类都是难以查清的。

不出所料，秦帝国的建立开始了中国与朝鲜关系的新阶段。按照传统说法，躲避中国新政府暴虐统治的逃亡者设法前往朝鲜，但是这样的解释可能是出于后来的一种愿望，即为了加强对秦朝统治的抹黑。被提到的第一位逃亡者是卫满，公元前 195 年卢绾在东北发起了反对汉帝国的失败的起义，在此以后据说卫满到了朝鲜。② 由于有 1000 名追随者支持，据说卫满在一个中国话叫做朝鲜的地方建立起一个王国，这个地方靠近现代平壤所在地。后来的一种记载说，当时建立了第二个王国，位于卫满辖区之东，这不一定被人接受。③

汉帝国的最初几十年间听任卫满巩固他自己的权力，这显然是合长安官员的意的，因为他们期待着他会抑制对中国利益的损害或侵略中国的领土。卫满本人从来没有访问过朝廷，他在地方上行使的权力

---

① 加德纳：《朝鲜古代史》，第 8 页。
② 《汉书》卷一下，第 77 页（德效骞：《〈汉书〉译注》第 2 卷，第 140 页以下）；《史记》卷一一五，第 2985 页（沃森：《英译〈史记〉》第 2 卷，第 258 页）；《汉书》卷九五，第 2863 页；《后汉书》卷八五，第 2809 页。
③ 加德纳：《朝鲜古代史》，第 9 页以下。

是任何其他地方首领做不到的,这是力量的标志。很可能,在公元前2世纪,朝鲜本地的制铁业在中国移民的指导下发展起来了;迄至此时为止铁器一直是现成地从中国带来的。

公元前128年,发生了一次建立中国权威的不成熟和流产的尝试。匈奴侵入辽西郡,杀死太守,并进入渔阳郡和雁门郡,在那里他们杀死或俘虏了3000人。为了对付这种威胁,中央政府派出卫青和另一个将军,他们抓住了几千俘虏。记载紧接着告诉我们,秽貊部落首领南闾带着不少于28万名追随者向中国人投降,为此建立了苍海郡,但在两年后撤销。[①] 关于南闾或该事件所知的仅限于此,那么多的居民集团的投降竟没有较为持久的影响,这也许是令人吃惊的。完全可以理解,在那种特殊的时机,中国人并不愿意接受更多的纠缠,因为在这时,他们正开始尽力处理匈奴问题。

汉朝的扩张

只有当北部边境上的安全得到一定程度的保证和中国的渗透已成功地完成时,汉朝政府才有可能作进一步的努力。公元前109年,两支军队被派出远征,理由是卫满的后裔窝藏了许多中国逃亡者。尽管两支军队(一由陆道一由海路)在一次互相配合的行动中失败,中国最后仍迫使地方首领投降(公元前108年),并建立四郡管理该地区,这四郡名为玄菟、临屯、真番和乐浪。[②]

安排并不是长期不变的。地方官员们的权力范围受到怀疑,诸郡之一(真番)的情况也是如此。在武帝统治末年开始了缩减和撤退的

---

① 《汉书》卷六,第169页(德效骞:《〈汉书〉译注》第2卷,第50页);《汉书》卷二四下,第1157页(斯旺:《古代中国的粮食和货币》,第243页);《后汉书》卷八五,第2817页。
② 《汉书》卷六,第193页以下(德效骞:《〈汉书〉译注》第2卷,第9页以下);《史记》卷一一五,第2986页以下(沃森:《英译〈史记〉》第2卷,第295页);《汉书》卷九五,第3864页以下。

政策，公元前 82 年撤销真番和临屯就是例子。^① 到公元 1—2 年，剩下的玄菟和乐浪两部分别包括 3 县和 25 县。玄菟所属一县名高句骊，后来高丽一名渊源于此；乐浪包括朝鲜县。^②

在中国人推进的其他地区，他们设立了属国，以都尉作为施加他们的权威的手段。在某些情况下，他们曾经承认地方首领或王拥有的称号，以加强那些统治者的声望，同时博得了那些人的忠诚。在高丽情况是不同的。在那里没有建立军事组织以反对强大的潜在敌人的迫切需要；也没有强大的部落单位，这些单位已经逐渐形成他们自己的首领和官员的统治集团。显然，这适合于严格地建立与帝国正规的地方机构相同类型的政府单位，并可指望郡县官员能够用同等程度的效率来管理他们的地区。

他们如何有效地做这样的事仍是一个有待推测的问题，但是考古的证据揭示了他们存在的重要痕迹。除了可能是乐浪郡府的遗迹之外，还发现了一些可能为高级官员建造的坟墓。此外，200 座或许更多的汉代样式的坟墓在靠近平壤的地方发掘出来，它们很可能是中国移民的，他们的财富使他们能够获得在本国诸郡正用作殡葬陈设的奢侈品。^③

后汉时期的关系

在后汉时期占优势的是一种有点不同的情况，那时帝国政府不能在远离朝廷的地方维持强大的地位。从公元 1 世纪后期起，中国的统

---

① 《汉书》卷七，第 223 页（德效骞：《〈汉书〉译注》第 2 卷，第 160 页）；《汉书》卷二八下，第 1626—1627 页；《后汉书》卷八五，第 2817 页；关于临屯在公元前 75 年撤销的看法，见大庭脩：《亲魏倭王》，第 32 页。

② 关于这些郡的建立与历史，以及调整的问题，见池内宏：《满鲜史研究：上世编》（东京，1951），第 3—190 页。

③ 关于考古证据的报告，见原田淑人和田泽金吾：《乐浪》（东京，1930）；小泉显夫：《乐浪彩箧塚》（汉城，1934）；小场恒吉和榧本龟次郎：《乐浪王光墓》（汉城，1934）；梅原末治和藤田亮策：《朝鲜古文化综鉴》（奈良，1946—1948）。关于汉式坟墓的研究，见金秉模：《中国和南朝鲜砖石墓构造的面貌：秦至新罗时期》（牛津大学学位论文，1978）。

一和管理的力量已经削弱，有些本地韩人（Hann）① 部落人多势众地在南部平原定居下来并向北推进。公元 20—23 年，据说他们发起对乐浪的袭击，从那里带回 1500 名居民做奴隶。② 尽管中国人不久在某种程度上能够重新树立他们自己的力量（公元 30 年），但他们此刻被迫认可某些地方首领的权威。③ 不久，可能在公元 1 世纪的上半期，这些人中的一批人改造了建立在鸭绿江及其支流的高句骊（Koguryŏ）。④ 公元 106 年，由高句骊国王发动的对中国军事设施和官员的袭击，迫使汉朝当局向西撤退到靠近辽东郡的地方，但是在公元 132 年中国人能够恢复某些他们失去的地方。⑤

汉代的最后数十年，政府对朝鲜的继续控制开始成为问题，这是不足为怪的。公元 175 年左右，一个主张独立的政权由公孙度在东北建立，他是一个曾经在玄菟郡任职的官员之子。⑥ 他能请求高句骊王给予承认，甚至从更远的北方夫馀部落领袖那里得到承认，由此可见他的力量和独立的程度。正好在汉朝末年，在曹操努力建立魏国取得成功时，公孙度的王国归于其统治之下。一个名叫带方的新郡在他的权限之下建立了起来，其官署设在今天的汉城附近的地方。⑦

在此期间半岛的南部发生了其他变化。马韩、弁韩、辰韩三个联盟已经形成。其中马韩最大。它包括五十多个小部落或单位；其他两个联盟每个各包括 12 个小部落或单位。⑧ 这些单位非常可能和来自

---

① 更严格地说，英文应对音为 Han；采用 Hann 为的是避免与王朝称号汉（Han）混淆。这种形式出于同样原因也用来表示秦以前的韩国，见前面第 1 章第 42 页注 1。高丽部落名称和秦以前国家的名称事实上是用相同汉字来书写的，但两者之间没有联系。

② 见加德纳：《朝鲜古代史》，第 21 页。引了残缺的《魏略》。

③ 《后汉书》卷八五，第 2817 页。

④ Koguryŏ 是中文高句骊 Kao-Kou-Li 的朝鲜文形式；《后汉书》卷八五，第 2814 页；《三国志·魏书三十》，第 843 页。

⑤ 《后汉书》卷四，第 193 页；《后汉书》卷八五，第 2815 页；《三国志·魏书三十》，第 844 页。

⑥ 《后汉书》卷七四下，第 2418 页；《三国志·魏书八》，第 252 页；《三国志·魏书三十》，第 845 页。

⑦ 《后汉书》卷七四下，第 2418 页；《三国志·魏书三十》，第 851 页。

⑧ 《三国志·魏书三十》，第 849 页以下。

日本列岛的访问者有联系，公元 57 年和 107 年从九州前往洛阳朝廷的使团很可能在他们的旅程中经过韩人联盟之地。前一次光武帝向使者赠送了一颗印。有特定刻字的一颗金印公元 1784 年在志贺（筑前）发现，已被鉴定确系原物。①

南　方（南越）

秦汉时期岭外地区和东部海滨地区对于中国人相对来说仍是不甚了解的。② 多山和多沼泽的地区是北方人难于习惯的，亚热带气候也可能会危及他们的健康和安宁。很可能，为此中国当局经常表示不愿意向这些地区发动大规模远征，大体上对于北方来说，居住在这些地区的并不是可能损害中国人利益和财产的潜在敌人。居住在这些地区的各民族中和秦汉当局发生接触的主要是越部落。他们可能分为两个集团：南边的南越，主要居住在广东、广西和越南（Vietnam）；③ 位于东北的闽越，集中于闽江（今福建）。中国人认为他们是非常不开化的，而且热衷于彼此争斗。④

中国的扩张

尽管统治短暂，秦帝国仍然向南挺进，并且建立了桂林、南海和象三个郡，它们的准确位置是难以严格确定的。⑤ 秦朝末年，原籍北中国真定的地方领袖赵佗自立为王，他的地位和称号在公元前 196 年

① 关于这些使团，见《后汉书》卷一下，第 84 页；《后汉书》卷五，第 208 页；《后汉书》卷八五，第 2821 页。关于印，见王仲殊：《说滇王之印与汉委奴国王印》，载《考古》，1959.10，第 573—575 页。

② 关于中国进入南方的综述，见赫罗尔·威恩斯：《中国向热带进军》（哈姆登，1954）。

③ "Vietnam" 是该地区中国人称"南越"的越南对音。

④ 《汉书》卷六四上，第 2777 页；《后汉书》卷八六，第 2836 页。关于非中国人诸民族的人类学和民俗学的研究，见埃伯哈德：《古代中国的地方文化》第 1 卷（莱顿，1942），第 2 卷（北京，1942）。

⑤ 关于这些问题，见鄂卢梭：《中国第一次对安南地区的征服》，《法国远东学院通报》，23（1923），第 137—264 页。

得到高帝的确认。从中斡旋的汉朝使者是陆贾，他以对中国政治思想有所贡献而知名。[1]

可是，有迹象表明，该国王并非经常满足于与汉帝国保持友好的关系．他采用了"帝"的称号，因此就将自己置于和汉朝皇帝分庭抗礼的地位，而且他对吕后统治时期（公元前 188—前 180 年）强行实施的禁止向他的地区出口铁器和母畜的命令表示愤怒。[2] 此外，他对在北面与他紧邻的长沙国的安全构成威胁。在一个由陆贾率领的使团第二次访问以后（公元前 180 年），一个妥协的方案完成了。赵佗保留了他在自己疆域内的权力，但放弃了"帝"的称号；他接受了名义上的从属地位，向汉朝皇帝表示恭顺，不再要求平起平坐。[3] 协议成功的部分原因在于巧妙地强调了赵佗的祖先是中国人，以及他家族的坟墓在中国。

公元前 135 年，赵佗请求汉朝政府帮助他对抗闽越军队的进攻，得到了成功。结果闽越的内部混乱导致这次进攻结束，而汉朝政府的迅速反应和庄助的个人品格给予南越王以有力的影响，他同意送自己的儿子到长安的朝廷中服务：该王子不是作为质子送去的，而是在宫中担任宿卫。[4]

南越诸王时时背弃曾经正式答应过的效顺的诺言，但是汉朝宫廷由于其他地方的事务并不急于强迫对方表明态度。公元前 113 年，在南越内部开始了一次积极改变王国地位的运动；这个运动希望南越能

---

[1] 《汉书》卷四三，第 2113 页（李约瑟：《中国科技史》〔剑桥，1954〕第 1 卷，第 103 页）；《史记》卷一一三，第 2967 页（沃森：《英译〈史记〉》第 2 卷，第 239 页）；《汉书》卷九五，第 3847 页。陆贾的政治理论在《新语》中有所表述，见第 12 章《董仲舒和天的警告》，第 13 章《道德的价值和秦朝的失败》。

[2] 《汉书》卷九五，第 3851 页。

[3] 《史记》卷一一三，第 2970 页（沃森：《英译〈史记〉》第 2 卷，第 242 页）。《汉书》卷九五，第 3953 页。关于赵佗继承者第二位"帝"（公元前 128—前 117 年）陵墓的发掘，以及关于他的几个继承者名字的新证据，见广州象岗汉墓发掘队：《西汉南越王墓发掘初步报告》，《考古》，1984.3，第 220—230 页。

[4] 庄助，亦称严助，曾受派遣前去南越谈判，其传记见《汉书》卷六四上，第 2775 页以下。王子的职责与其说是皇帝的武装侍卫，不如说是文职侍从。见何国维：《秦法律残简》，第 154 页注 128。

以与其他诸侯国（这些诸侯国从王朝建立以来一直存在）相同的条件并入汉帝国。这一建议的幕后主要发动者是太后，她是中国人，和那个曾在长安任职宿卫的王子结婚。可是，太后的想法和倡议遇到了某些南越领袖们的不可忽视的反对，他们多少年来已经建立了权威，认为没有任何理由应将汉朝的利益置于他们自己之上。

反对太后计划的领导人名叫吕嘉，公元前 112 年，他的支持者采用暴力手段，置太后于死地。这种挑衅是不能置之不理的。一支汉朝远征军用船装载开赴南方，其中部分行程是循江而行。公元前 111 年，路博德和扬仆两位统帅成功地到达番禺（今广州），并迫使其投降。战役以建立九郡管理南部领土（广东、广西和越南北部）而告结束；[1] 其中两个郡位于海南岛上，在那里搞了一些农业和养蚕业。这些地区某些特有的产品如白雉、白兔，对汉朝宫廷有迷惑力，但仍有必要分别在公元前 82 年和前 46 年放弃这两个郡。[2]

汉的控制：忠诚与叛乱

据报道，这时中国朝廷可能和一个位于日南之外的可由海道抵达的王国有联系。据《汉书》中的一节说，这块土地名为黄支，从武帝时起便送来贡赋，但只有公元 2 年的明确材料提到当时送来一头犀牛。黄支地望的鉴定说法纷纭，涉及非洲、印度以及马来半岛；《汉书》的一节可能是中文文献中最早提到马来群岛的。该节揭示了中国人知道有一条主要依靠大海，但也包括一段陆上运输线的贸易线。它

---

[1] 九郡名儋耳、珠崖、南海、苍梧、郁林、合浦、交趾、九真和日南。见《汉书》卷九五，第 3859 页；《汉书》卷二八下，第 1628 页以下。关于海南地区的产品和生活方式，见《汉书》卷二八下，第 1670 页。关于汉朝进入的考古学证据以及中国人和汉人的墓葬样式，见广州市文物管理委员会和广州市博物馆：《广州汉墓》（北京，1981）。

[2] 《汉书》卷九六下，第 3928 页（何四维：《中国在中亚》，第 198 页）；《后汉书》卷八六，第 2835 页以下。关于海南两个郡的放弃，见《汉书》卷七，第 223 页（德效骞：《〈汉书〉译注》第 2 卷，第 160 页）；《汉书》卷九，第 283 页（德效骞：《〈汉书〉译注》第 2 卷，第 310 页）。

也明确地指出，行程是用非中国人的船进行的。①

根据一份报道，② 尽管南方已建立了郡县，但在王莽时期居民们一直也没有为中国的生活方式所同化。他们说的是多种不同的方言，据描述，他们的习性与其说是文明人，不如说是动物所具有的。只有当中国罪犯被迁去在他们中间生活时，他们才获知某些中国文化的特性。当光武帝在位（公元 25—57 年）时，他们开始从事农业，而且用婚姻规范和学校来约束他们的生活。

后汉初期，一些地方首领继续向汉皇室表达他们的忠诚，但是一场严重的叛乱在公元 40 年爆发了。这是由征侧和征贰两姐妹领导的，从大约 65 个城镇或居民点引起了积极的反响。它需要后汉时期最著名和最勇敢的将军之一马援的才略和一支万人的军队，来加以镇压。征侧和征贰及时被处决；其后她们作为致力于为越人争取独立地位的女英雄而在民间传说中占有一席之地。以前马援曾被卷入汉朝重建之前的斗争中，并曾在西北进攻羌人部落的战斗中服役。在对付征氏姐妹的战役中，他终于被授予所有军队的最高指挥权，而不是将这些军队置于其他将领的领导之下。③

在汉代的剩余时间内，南方民族和汉朝当局之间的关系有相当大的变化。有若干次关于他们首领们表现忠诚的报道，这些人向洛阳送贡赋，或者访问首都表示敬意。可是，在公元 100 年到公元 184 年间发生的猛烈暴动不少于 7 次，经常引起中国人的强大的防御行动。④时时有必要从其他郡调出军队，这种方法的明智与否构成了公元 137

---

① 《汉书》卷十二，第 352 页（德效骞：《〈汉书〉译注》第 3 卷，第 71 页）；《汉书》卷九六上，第 4077 页（德效骞：《〈汉书〉译注》第 3 卷，第 214—215 页）；《汉书》卷二八下，第 1671 页；《后汉书》卷八六，第 2836 页；保罗·惠特利：《公元 1500 年以前马来半岛历史地理文集》（吉隆坡，1961），第 8 页以下。

② 《后汉书》卷八六，第 2836 页。

③ 《后汉书》卷一下，第 66 页以下；《后汉书》卷八六，第 2863 页以下。关于马援，见《后汉书》卷二四，第 838 页以下，以及马伯乐：《安南史研究：马援远征记》，《法国远东学院通报》，18：3（1918），第 11—28 页。

④ 在公元 100、116、137、144、157、178 和 184 年，见《后汉书》卷八六，第 2837 页以下。

年在朝廷中辩论的一个重要题目。这一次，日南郡象林县境以外的居民袭击了该县，杀死一些官员。来自邻近九真郡和交趾郡的一万名救援军队本身发生了兵变，攻打中国的设施。暴动者几次显示了坚决进攻忠于汉朝军队的迹象，情况紧急。

在洛阳召集了一次会议来讨论这一紧急的状态，绝大多数官员，高级的和低级的，都建议从毗邻地区派遣一支 4 万人的大军。[①] 这种观点出于种种原因遭到本人曾服过现役的李固的反对。考虑到内部的不安定状况，他认为调出日南以北毗邻诸郡的兵力是极其危险的。他相信，由于气候的关系，中国军队死伤的比例将会高达 40％或 50％。他进一步强调供应的困难和消耗，列举了所需物力和运输这些东西的后勤工作的数字。他坚决主张，与其派遣一支大军前去用军事压力来解决难题，不如指派经过仔细选择的官员前往南方诸郡任职。他认为，只要选定公正的和宽大的官员，他们将会在这些地区行使他们的权威。与此同时，百姓应该从某些地区暂时撤退，在骚乱平息后再回来。最后，他建议，为了消除本地首领们的对抗，应该招募他们，并给予适当的酬劳，这样的话，不满分子将被肃清。李固的意见取胜了，后来指派的官员成功地恢复了秩序。但这只维持了很短的时间，被报道的下一次暴动发生在公元 144 年。[②]

东　南（闽越）

在现代福建的沿海地区，从结果看，汉朝与地方领袖们之间的关系和汉朝与较远的南方部落之间的关系是有些不同的。山岭将这一地区与内地隔开，海滨兴起了被称呼为王的首领，他们的世系追溯到前帝国时期著名的越王句践（公元前 496—前 465 年）。在汉帝国的创立的同时，闽越国和东海国在汉帝国的默许下分别于公元前 202 年和前 192 年建立了起来；东海通常以东瓯一名为人所知。当反对帝国政

① 《后汉书》卷八六，第 2838 页。
② 同上书，第 2839 页。

府的七国之乱发生时（公元前 154 年），① 东瓯王首先支持叛乱的领袖吴王，但后来接受贿赂杀死了他。随之而来的是东瓯与闽越之间的深仇；东瓯面对后者的攻击，于是请求汉朝的援助（公元前 138 年）。太尉田蚡建议放弃所有地区，与之相反，庄助主张东瓯应得到帮助，一支军队及时地被派出了。在军队到达以前，闽越中止了它的进攻；在东瓯王的请求下，东瓯人民移到内地，居住在长江与淮河之间。②

　　紧接着汉朝政府在公元前 135 年阻止闽越进攻南越的干预，两个王国再次在该地区成立。一个是闽越国，现在由汉政府指定的傀儡国王统治；另一个是东越国，它是由新近被汉军击败的闽越王的兄弟统治的。公元前 112 年，东越袭击并杀死了一些孤立的汉朝官员，而且国王采用了"帝"的称号，这便迫使帝国朝廷采取坚决的行动。从陆路和海道派出了远征军，讨伐以国王之死和人民向汉朝统帅投降告终。此后政府回到了公元前 138 年提出的未实行的建议，考虑到闽越和东越地区的多山地形和居民的不可靠，决定将该地区全部加以放弃。历史记载中简洁地叙述说："诏军吏皆将其民徙居江、淮间，东越地遂虚。"③

　　这一简短的叙述需要作某些修正，④ 从该地区迁出全部居民是很难实行的，它与汉朝政府设置郡县按照地方政府的一般方式来管理该地区一样行不通。没有证据足以说明到公元 1 年有来自中国其他地方的移民进入福建，很可能在那时只存在一个较大的居民点。这是东冶镇或县，可能是武帝时期或稍后建立的。它位于闽江口的海滨，至少从公元 83 年起便成为从遥远南方带来贡赋的远洋船只的一个补给点。⑤ 到公元 2 世纪末，又有一些县可能在该地区建立

① 见第 2 章《文、景两帝治下诸王国的减少》。
② 《史记》卷一一四，第 2979 页以下（沃森：《英译〈史记〉》第 2 卷，第 251 页以下）；《汉书》卷九五，第 3859 页以下。
③ 《史记》卷一一四，第 2984 页（沃森：《英译〈史记〉》第 2 卷，第 256 页.）；《汉书》卷九四，第 3863 页。
④ 见毕汉斯：《唐末以前中国在福建的移民活动》，收在《高本汉纪念文集》，埃盖尔德、格拉赫恩合编（哥本哈根，1959），第 98—122 页。
⑤ 《后汉书》卷三三，第 1156 页；毕汉斯的《福建的移民活动》第 102 页已引证。

了起来，也许从公元 300 年开始，县的数量显著增加；据推测，移民的某些措施是在较早的几十年进行的，当时中国分裂成为魏、蜀汉和吴三国。

西　南

在汉朝建立时，帝国在西方以陇西、广汉和蜀诸郡为界。边界——如果可能确定这样一条线的话——此后急转向东，把巴郡、武陵郡和长沙国包括在内。边界之外，向西去，在今天的云南省和贵州省境内，有若干河道流过，包括今天的红河和黑河。其中一些从内地通航，并可使船舶顺流而下直抵靠近海防或广州的大海。

这些西部地区居住着一大批部落，大部分是小的，其中最著名的是夜郎、滇和邛都。有些部落过着定居农耕的生活方式，另一些位于离内地更远的部落据记载则是牧民，他们过着游牧的生活，没有明确的各级首领统治。[①] 公元前 339 年到前 328 年之间，楚王向这些部分发起了一次流产的军事远征，其结果是一名中国官员庄蹻成为滇国（今云南）的独立的国王。公元前 4 世纪至前 3 世纪，由于秦帝国向南挺进，这个王国被隔绝了，随着秦帝国的崩溃，新的汉朝政府循着滇国的东部边界（包括巴郡和蜀郡）建立自己的疆域。

据报道，汉朝对这些遥远地区的兴趣是由那里的商业活动激发的。滇以西地区的居民据说是通过马匹、奴隶和牦牛的贸易获得财富的。公元前 135 年，一个名叫唐蒙的中国官员向长安报告，来自蜀的货物——主要是柑橘类水果制品——经由夜郎道在牂柯江顺流而下直抵南越。[②] 唐蒙成功地说服中央政府允许他着手组织一次远途考察，此事导致在同年，（公元前 135 年）建立犍为郡。居民为汉的丝绸所

---

① 《史记》卷一一六，第 2991 页以下（沃森：《英译〈史记〉》第 2 卷，第 290 页）；《汉书》卷九五，第 2837 页以下。

② 关于唐蒙，见《汉书》卷五七下，第 2577 页以下；《汉书》卷二四下，第 1157 页（斯旺：《古代中国的粮食和货币》，第 242 页）。

诱惑而被争取过来，从巴郡和蜀郡招募的军队用来开辟交通和运输的路线。与此同时，汉朝官员在司马相如的劝说下略微向北渗入，邻近蜀郡的大片地区归属汉朝管理。司马相如是蜀人；他在历史上因对中国诗歌作出的贡献而闻名。[①]

由于地方的不顺从，维持中国存在所引起的费用，以及有意识地决心集中全部可用的力量去处理北方的匈奴问题，因而随之而来的是一个间隙期，在此期间中国的前进暂时中止了。然而，张骞在公元前122年左右从中亚回来所作的报告，立刻重新激发了对南方的兴趣。[②]他说，他注意到在大夏出售的货物是商人们从蜀带到那里去的。他的描述促使中央政府派遣一队探险者前往西南，为的是开辟一条通往身毒（印度）的道路。可是，他们的旅行为滇王所阻，他将他们扣留在昆明可能达四年之久。

汉朝权威在西南的真正提高是在南越平定以后发生的，依靠的是参与那次战役的包括有来自巴、蜀罪人的军队。公元前111年，建立了牂柯郡，后来的记载认为这个地区盛行鬼神崇拜，农业和畜产都很稀少。[③]与此同时，一个据认为毫无疑问的效忠于皇室的夜郎地方首领被立为夜郎王；像其他地方一样，汉朝当局准备将建立地区政府正规机构的直接统治和确认本土统治者的地位及其权力两者结合在一起。不久以后，越巂郡建立了起来，此外两个较小的郡后来并入蜀郡；广汉郡的一部分建成了独立的武都郡。

当汉朝的权威伸向云南时，政府再次将两种管理方式结合起来。除了建立益州郡（公元前109年）外，滇王的地位和他的名号都得到

---

① 关于司马相如，见《史记》卷一一七，第2999页以下［吴德明：《〈史记〉司马相如传译注》（巴黎，1972）］；《汉书》卷五七上—五七下，第2529页以下。关于他前往西南以前扮演的角色，见吴德明：《汉代宫廷诗人司马相如》（巴黎，1964），第69页以下。

② 他回来的时间是有疑问的。公元前122年之说根据《史记》卷一一七，第2995页（沃森：《英译〈史记〉》第2卷，第293页）；《汉书》卷九九，第3841页；见吴德明：《宫廷诗人》第102页注6；《汉书》卷六一，第2689页（何四维：《中国在中亚》，第221页以下）。

③ 《后汉书》卷八六，第2845页。

确认。最幸运的是，文献记载的史实由一枚皇家印章的发现而得到确证，这枚印章是中国当局及时刻制的，推测是授予国王的。[①] 在石寨山遗址发现的其他文物包括种类繁多的物品。其中有饰牌和源自斯基泰或鄂尔多斯样式的武器；具有南方东山文化崇拜特征的大铜鼓；还有若干正规中国样式的、知名的而且广泛分布在北方的物品。[②] 后来的记载提到滇时，把它说成是一个具有盐、贵金属和家畜的特别富裕的地区。[③]

据报道，公元前 86 年和前 83 年发生了反对汉朝权威的叛乱。在第一次事变中据说参加的部落成员多达 3 万人；记载告诉我们，公元前 82 年叛乱结束时，5 万名本地居民被处死或当了俘虏，10 万头家畜被中国人拿走。[④] 公元前 28 年至前 25 年出现了更多的麻烦，由此而引起的全部问题是，为了保持这些遥远的地区而耗尽中国的物力，并驱使中国军队进行艰巨的战役是否正确，是不是应该放弃。结果，汉朝由于被任命为牂柯太守的陈立的强有力的行动而得以重新在那里行施权力。[⑤] 在王莽当政时（公元 9—23 年），西南有相当多的骚乱，有一次战役持续了三年，仅仅由于疾病便遭受了 70％ 的损失。第二次远征也没有取得更大的成就，这一次据说包括 10 万人，装备所需在数量上是以前的两倍。

后汉时期有报告说在南郡和巴郡的土著居民中爆发了骚动和叛乱。牂柯郡的地方首领们很快便向光武帝提交贡品，显然是从水路把

---

① 见云南省博物馆：《云南晋宁石寨山古墓群发掘报告》（北京，1959），第 113 页和图 107 之 3。关于云南的发现，见云南省博物馆编：《云南青铜器》（北京，1981）；汪宁生：《云南考古》（昆明，1980）。

② 见埃玛·邦克：《滇文化以及它与东山文化关系的某些特征》，收在《早期中国艺术和它在太平洋海洋盆地的潜在影响》，埃尔·巴纳德编（台湾，1974），第 291—328 页；马达兰·冯·杜瓦尔：《滇的青铜艺术中的装饰观念和风格原则》，同上书，第 329—372 页。

③ 《后汉书》卷八六，第 2846 页。

④ 《汉书》卷七，第 223 页（德效骞：《〈汉书〉译注》第 2 卷，第 160 页）提供的数字，与《汉书》卷九五第 3843 页所载有些不同。

⑤ 《汉书》卷九五，第 3845 页。

它们送到番禺（广东）的；桓帝朝（公元 146—168 年）采取了有意识的步骤，将各部落融合于中国的生活方式之中，主要的办法是用中国的礼俗进行教育。① 在益州，王莽统治时期因若干骚动而引人注目，但由于灌溉工程的成果，大片土地可以耕作。据报道，公元 42 年至 45 年进一步爆发了叛乱，然后是公元 176 年有叛乱。在此期间，相当数量的部落在公元 51 年和 69 年投奔中国人，明帝统治时期（公元 57—75 年）在益州西部建立了有六个属县的永昌郡。② 依照协议，居民得到允许用纺织品和盐来交税；在郡境以外的一些部落则以犀牛、象和宝石作为他们的贡赋；作为交换他们从汉朝接受封号（公元 94—120 年）。来自其他地方的贡品包括地方的乐师和艺人，他们中某些人自称来自东地中海世界。③

公元 114 年，越巂郡以西的部落成员不少于 167620 人向汉朝民政官员表示归附，但两年以后爆发了反对苛重租税的一次起义，得到永昌、益州和巴郡的响应。二十余县因随之而来的暴力事件遭受损失。它被镇压以后，接着是一个据说民政管理促进了居民文化水平的时期。④ 在再远一点的北方，明帝时期一个有事业心的官员将来自蜀疆域之外的多少有点不寻常的贡品献到洛阳。按照非中国起源的音乐和舞蹈在帝国宫廷表演的传统，他送去若干土著效忠者所作歌曲的歌词，这些歌词赞扬汉帝国的仁慈的统治和文明。⑤ 此后我们交替地读到叛乱（公元 107、123、156 和 159 年）或它们被镇压、反对归顺或呈献稀有珍品（公元 108、161 年）的记载。

---

① 《后汉书》卷八六，第 2840 页以下、第 2845 页。
② 《后汉书》卷八六，第 2849 页提供了部落成员的准确数字。(a) 公元 51 年，2770 户，17659 人；(b) 公元 69 年，51890 户，553711 人。这些数字的清晰性表明，它们得自真实的计算，不可能是一种估计。关于一户 6 或 10 口的比例，见以上第 3 章《边境和邻邦》。
③ 《后汉书》卷八六，第 2851 页。
④ 同上书，第 2853 页以下。
⑤ 关于中文和另一种语言的歌词，见《后汉书》卷八六，第 2856 页以下。

和东地中海世界的接触

一次据报道在公元 166 年发生的事件有时引起了误解。据《后汉书》说，在那一年，大秦王安敦派遣使节从日南以外向汉朝呈献象牙、犀牛角和玳瑁等礼物，[①] 这样便标志着中国与大秦交往的开始。后一个名称可能指地中海地区的罗马世界的东部；安敦可能与马可·奥勒留·安敦尼皇帝是同一人。《后汉书》的作者认为应当说明，这个传统的记事可能是错误的，因为在贡品的清单上缺乏珍品。

该事件绝不应该当做东地中海世界一个统治者和一个中国皇帝之间正式外交关系开始的证据。若干世纪以来旅行家已经由陆道来往于两个世界之间，关于公元 166 年的报道可能是罗马商人寻求海上通往东方之路的最早的有记载的事件。紧接着张骞时代之后，中国的使者已被派往西方勘探，他们报告中的一个结果是，中国人第一次听到了关于安息波斯以及更远的西边的某地方的情况。[②] 但到此时为止在罗马世界商人和中国人之间没有直接的接触被记录下来；据《后汉书》说，这是由于波斯人故意阻挠接触的发生。而且，据说波斯人阻止甘英前往大秦的旅行，他是于公元 97 年被派前往该处的。[③] 但不论用何种方式进行贸易，贸易留下了物证，其形式是遗弃在中亚或者东地中海地区目的地的中国丝绸。此外，有已到达东方的罗马实物，如装

---

① 《后汉书》卷七，第 318 页；《后汉书》卷八八，第 2919—2920 页（李约瑟：《中国科技史》第 1 卷，第 197 页）。关于和罗马世界的接触的全部问题见余英时：《贸易和扩张》，第 153 页以下；何四维：《汉代丝绸贸易考》，载《戴密微汉学纪念文集》（巴黎，1974 年）第 2 卷，第 117—136 页。

② 《汉书》卷九六上，第 3890 页（何四维：《中国在中亚》，第 117 页）；《汉书》卷六一，第 2689 页（何四维：《中国在中亚》，第 211 页）；何四维：《中国在中亚》，第 41 页以下。

③ 《后汉书》卷八八，第 2918 页（李约瑟：《中国科技史》第 1 卷，第 196 页）；又见《后汉书》卷八八，第 2910、2920 页。

饰物和贵金属的迹象。[1]

有大量的证据表明，丝在帝国初期是罗马的一种奢侈的服饰。它常常提醒人们，为这些进口物的支出对罗马经济造成了相当大的损害。[2] 同样有理由表明，有些汉朝政治家了解输出剩余的丝绸到中国同盟者或远方买主那里的潜在价值。[3] 这些主张的含义已由一个主要根据西方资料进行工作的学者修正，他根据西方的而不是东方的观点进行探讨。曼弗雷德·拉施克博士认为，丝绸从中国运送到中亚诸国，是亚细亚诸同盟者的主动行动，而不是出于中国促进出口贸易的愿望。拥有丝绸是高级地位的一种标志，它使较强大的首领们有别于较弱小的首领们，并增加了较强大首领们的威望。他提出，丝绸被带到西方，可能比中国资料所证明的时间要早得多，甚至可能在公元前6世纪便到达了多瑙河河岸。[4]

拉施克还指出，匈奴帝国的力量不应低估。匈奴熟习铁器，这是帕米尔以西制造的；他们从事一些农业，使用中国工匠，这些人是俘虏来的或是投奔他们而来的。匈奴得到相当大的力量支持，并有比通常所赞扬的更为强大的组织，有可能迫使汉初的皇帝依从他们的愿望和要求，缔结一项保全面子的中国的所谓"和亲"的协定。没有确切的证据足以表明，中国在这一阶段从输出丝绸中获得财富，而且在中国明显地没有大量发现罗马货币或制成品的情况。拉施克认为，这不能假定丝绸贸易是由像波斯人这样的中间人控制的，也没有足够的理由可以相信中国丝绸的进口耗尽了罗马的财富。

陈高华　译

---

[1]　关于丝绸发现物的梗概，见拉施克：《罗马与东方贸易新探》，第 625、713 页以下，注 219、220。关于罗马珍奇品的情况，见布尔诺埃：《丝绸之路》，张伯伦英译（伦敦，1966 年），第 71 页；李约瑟：《中国科技史》第 1 卷，第 179 页。

[2]　见余英时：《贸易与扩张》，第 159 页；鲁惟一：《香料与丝绸：公元头 7 个世纪世界贸易概观》，《皇家亚洲学会会刊》，1971.2，第 173 页。

[3]　关于《盐铁论》中的陈述，见鲁惟一：《汉代中国的危机和冲突》，第 97 页。

[4]　拉施克：《罗马与东方贸易新探》。

第 七 章

政府的机构与活动

文官职务

秦汉时期帝国政府推行的制度以责任分工、部分官署的职能重复交叉和文官的等级结构为特征。帝国希望利用这些手段避免把权力过分集中在任何特殊人物之手，并吸引相当数量的候选人充实政府机构。[①]

有几道诏令体现出寻找众多适当人选的需要。从理论上讲，仕途对所有的人都开放，但事实上对商人和巫师有限制，有时还限定商人入仕所必需的财产额。另外，作为一种惩罚或作为防止发展政治小集团的手段，有时可以禁止某些人当官。[②] 长期以来，各王国的居民不得在中央政府任职，以防止他们利用这个机会在京城开展对朝廷不忠或分裂的活动。

仕途可以使一个人从吏员的卑贱身份变成某官署的高官，从

---

① 中央政府的简述，见王毓铨：《西汉中央政府概述》，《哈佛研究杂志》，12 (1949)，第 134—187 页。进一步的研究，包括中央、郡及地方的各级管理及其他制度，见毕汉斯：《汉代的官僚制度》（剑桥，1980）。中国人最近的研究有陶希圣和沈巨尘：《秦汉政治制度》（上海，1936；新版，台北，1967）；曾金声：《中国秦汉政治制度史》（台北，1969）。地方政府，见严耕望：《中国地方行政制度史》第一部分《秦汉地方行政制度》（台北，1961）。

② 对商人的限制，见毕汉斯：《汉代的官僚制度》，第 132 页。对巫师及其家庭成员的歧视，见《后汉书》卷八三，第 2769 页。财产方面的资格，见《汉书》卷五，第 152 页 [德效骞：《〈汉书〉译注》（巴尔的摩，1938—1955）第 1 卷，第 329 页]；曾金声：《中国秦汉政治制度史》，第 291 页。关于禁止某些人当官的情况，见何四维：《汉法律残简》（莱顿，1955），第 135 页。

而成为制定国家政策和作出重大决定的政治家，因此，这同一个人在仕途中可能被要求贯彻上级的指令，提出政策以供考虑和充当司法官。官署的正式候选人并不需掌握专门技能，但是元帝时期（公元前49—前33年）有所例外，他要求候选人精通阴阳祸福的学说；精于数学或善于经营的人青云直上的事例也不是没有的。[1]

吸收文职官吏主要是通过地方官员或朝廷高官的推荐。他们被要求物色有适当的品质、即才德兼备的人；有时他们奉命寻找能批评国事的人。如果一个官员举送的人证明不是合格的人选，这个官员就会受惩罚。自公元102年起，建立了分配名额的制度，以确保帝国各地按人口比例定期输送人才。但当时至少有一位作家（王符，约公元90—165年）抱怨举荐制事实上更多地依靠徇私而不是功绩。另外，皇帝也会直接召见候补的官员。如果某人在地方上赢得了声誉，皇帝或高级官员就会命令他亲自到首都，等待任命。有的时候，高级官员会直接举荐自己的被保护人或子嗣；也有的时候官职还会成为可以用钱购买的东西。[2]

对送到都城的候选人有时要进行考试，这些人被要求回答人们感兴趣的问题。有的回答可以见于《汉书》。[3]成帝时期（公元前33—前7年），候选人被划分为三个等级并得到相应职位，但这并不是一

---

[1]　《汉书》卷九，第284页（德效骞：《〈汉书〉译注》第2卷，第312页）；斯旺：《古代中国的粮食和货币》（普林斯顿，1950），第272页。关于征召军事专门人才，见《汉书》卷十，第326页（德效骞：《〈汉书〉译注》第2卷，第411页）；《汉书》卷四五，第2185—2186页。

[2]　见《潜夫论》二（7），第62页以下。对征募最方便和集中的论述见于《西汉会要》卷四四、四五和《东汉会要》卷二六。这几卷有《汉书》、《后汉书》的引文。也可见陶希圣和沈巨尘：《秦汉政治制度》，第193页。曾金声：《中国秦汉政治制度史》，第289页。雷夫·德克雷斯皮尼：《后汉帝国官僚机器的征募制》，《崇基学报》，6：1（1966），第67—78页。至于"卖官"，见毕汉斯：《汉代的官僚制度》，第141页。

[3]　董仲舒三份著名奏折（《汉书》卷五六，第2495页以下、2506页以下、2513页以下）可能就起源于这种方式。对候选人的考试，见何四维：《作为中国古代法律史料的〈说文〉》，载埃盖罗德与格拉赫恩编：《高本汉汉学纪念文集》（哥本哈根，1959），第239—258页。

成不变的。武帝时期（公元前 141—前 87 年）开始建立的太学可能对知识和教育有极大的推动。在太学里，可以补充一批通晓国家活动或者精于行政先例的人士。从公元前 124 年起，学生们就由太学的博士进行教育。最初有几十名学生，但数量增长极快，到成帝时期据说有 3000 人。

太学在后汉时期很繁荣，它允许外族（匈奴）与汉人一样入学。太学的目标是培养官员，它成为助长中国的传统公共生活方式的工具，这方面的内容包括：尊重历史上的成就；把学术与成功地当官紧密结合起来；宣称帝国政府依靠儒家的原则而不是申不害和商鞅的主张。①

地方推荐的或经过太学训练的候选人多半留在首都的官内充当廷臣或侍从。在这种职位上，他们被承认能够当顾问并参与政府事务，适当时候就能得到官职。他们的前程由于晋升、调动或降职而大有希望或毁掉：有时他们会照常规升迁，有时则可以破格。对官员的才能和表现每年度要上报；尽管这些报告不过是某人具备必要资格的形式上的证明，但是上级官员关于其助手的报告，再加上其助手当官的资历，是决定此人仕宦生涯的最重要因素。任命官职的形式多种多样，从临时或共同任职直到正式的任命。在最高一级，人们在取得长期的任命以前只能得到任期一年的临时职位。仕宦生涯由于死亡、辞职（由于年龄或健康状况），或免职（因为长期患病、不能胜任或犯罪）而结束。

政府的体制，《汉书》有所描述，但它更近于理论而不接近于实际；它按俸禄叙述了每个官员的品级。② 俸禄是以"石"为单位的谷物，等级最多时有 20 级（后来减少到 18 级），从最高的一万石依次到最少的一百石。俸禄的支付实际上一部分是谷物，一部分是钱币。还有一种表示一个官员尊严程度的正式象征，即使文件生效的官印，以及他有资格佩带的绶带的颜色。因病休假是允许的，还有正规的假

---

① 太学，见毕汉斯：《汉代的官僚制度》，第 138 页下。

② 《汉书》卷十九，第 724 页按资历列出了有些官员的条目，并注明其职责及其他细节。

日（每六天有一天）；尽管有时承认服丧三年的原则，但常常不能实行。由于特殊的恩宠，年老荣誉致仕的高级官员可以得到全部或三分之一的薪俸作为养老金。

《汉书》自鸣得意地记载了中央与地方的官员数目为 120285 人。这个数字可用于前汉末期，大概不包括在县及县以下任职的人。根本没有证据表明《汉书》中所有的官职都正规地有人担任（例如，甚至其任职者的姓名列入《汉书》专门表格的高级官职也没有一定的连续性）。[①]

中 央 政 府

低级文职官吏在长期的任职期间，就按上述情况升任左右帝国政策的国家高级大臣。但是汉朝政府的统治经过大约 100 年后，情况发生了很大变化。统治权从正规的政府高级机关转移到一个私人性质的尚书手里。由丞相全面领导的那些官署组成的正规机构后来称之为外廷；尽管外廷通常由职业文官组成，但到了武帝统治后期，许多影响本朝历史的重要决策都由组成内廷的显赫人物参与制定。内廷系指组成皇帝随从的那些人，他们有显赫的官衔和侍奉他们君主的职责。这些人既有文人也有武人。[②]

虽然丞相是正式官员编制中地位最高的，但内廷的领导权由被任命为大司马的人掌握，他的行政管理权通过尚书施行。这个机构在一开始是一个政府正式官署的下属机构；当大司马奉命领导尚书时，他在政府里的实际权力就超过了丞相。前汉的尚书由宦官担任，到了后汉中期，该机构已发展得大到可以控制六个"曹"了。

[①] 《汉书》卷十九上，第 743 页。有的文献中所列的官员数为 130285 人；见王毓铨：《西汉中央政府概述》，第 136—137 页。《汉书》卷十九下按年代顺序列出了中央政府高级职位任职者的名单，及在职的起讫年情况的简要说明。

[②] 关于这两种官员或顾问的区别，见王毓铨：《西汉中央政府概述》，第 166 页以下。皇帝有时处于内廷高级人员控制之下的观点，毕汉斯有异议（《汉代的官僚制度》，第 154—155 页），他认为内廷、外廷两个概念会使人误入歧途。

汉朝以后的几个世纪，尚书台将成为国家政府的主要机构之一。那时将轮到它把相当大的权力转给一系列新的非正式机构，就像在汉代正规的官署丧失其权力那样。私人控制的尚书取代正式机构的理由是不难找到的；它可以使皇帝或皇太后不受那些官方的程序和礼仪的限制，因为它们会妨碍这些人独断地处理国家事务。在危急时刻和国内战争期间，当文官机构的正规官署可能崩溃或无力行使职能时，一个小的、机动灵活的尚书机构对王朝的生存可能是必不可少的。

尚书台的重要性在公元前 46 年政治家萧望之的一次受人注意的讲话中可以看到；[①] 但是汉朝政府一个有重要意义的特征就是形式上保留正规的机构，以及使那些机构的高级职务通常有人担任的方式。这种安排有利于避免批评，因为再没有人能反对正规的、传统官署已被取消的事了。甚至在尚书获取权力以后，诸如丞相这样的要员仍能为治理中国政府提出建设性的批评意见和建议的事仍不乏其例。

以下对中央政府基本结构的论述是以《汉书》对各种职官进行的理论上的描述为依据的。[②] 因此它提供了前汉的实际活动情况，而前汉的实践主要从秦朝继承而来；汉帝国的许多官职和头衔确实可以追溯到公元前 221 年统一前的战国。遗憾的是，《汉书》的记述更多的是理想而非事实，因此不可能弄清楚《汉书》中提到的所有体制对行政有多大的影响。这个困难特别适用于主要机构下属的更为专门化的小的官署。

政府由两级组成，即三公和九卿。九卿附有几个稍低一级的独立官署；另外还有高级军事将领和地方政府的官署。三公的职责是议政与监督，负责全面的指导；九卿则负责规定的行政范围的特殊任务。

---

① 《汉书》卷七八，第 3284 页；《汉书》卷九三，第 3727 页。萧望之，见本书第 2 章《思想文化背景》。

② 《汉书》卷十九上，及沙畹《〈史记〉译注》（巴黎，1895—1905；巴黎，1969 年再版）第 2 卷，第 513—533 页。详细描述官职及名称术语的变化，见毕汉斯：《汉代的官僚制度》第 2 章。本章介绍的官衔均为汉代大部分时期使用，可以把它们看作正规的官衔。比如称"太常"而不称"奉常"，奉常从惠帝时期（公元前 195—前 188 年）至公元前 144 年，与太常的职责与编制都一样。

九卿与三公的各种职责之间有不同程度的交叉重叠之处。

三公这一集体由丞相、御史大夫和太尉组成。三人之中丞相的地位最高，被描述为皇帝的助手，对国家各种事务都有责任。作为"行政的首脑"，上奏给皇帝的公文必经他手，因此他可以行使权力有选择地上呈下级官员提出的建议。有时同时设两个丞相，作为分割最高权力的手段。[①] 御史大夫一职对有野心的丞相说来是一个牵制。与丞相一样，御史大夫关心的是向下级官员发布命令；他的特殊责任是考察文职官员的表现。有时他甚至负责检查丞相对国事的处理；作为政府工作记录的持有者，他能考察建议中的措施是否与国家已制定的规定相矛盾。

秦汉时期始终设立这两个职位，太尉的设置远没有那么正规，并且在公元前139年曾一度空缺。[②] 从理论上讲，太尉是军队的最高指挥官，与另外两公平级。但事实上，行政的领导靠丞相和御史大夫，军事事务的指挥则委派给级别较低的军官。

九卿所负的职责有相当大的差异。太常的任务是掌管国家的宗教祭祀；他的下属有星象、占卜、音乐等方面的专家。其中的一个官署保存皇帝活动的记录，从它那里后来产生了国家负责修史的责任。太常还负责接收和考核担任官职的候选人。

光禄勋掌管大批等待官职的、同时被要求进谏或执行特殊任务的各种顾问人员和廷臣。"卫尉"为皇宫提供保卫安全的禁卫；太仆负责维护帝国需要的运输工具——车、马及其装备。当牧马的场地难以寻找时，他掌握着长安以西和以北地区专门为此而设立的36所马苑。

廷尉总的说负责法律程序及各地送来需要他判决的案件。[③] 大鸿胪负责接待外国显贵人士，必要时为他们提供译员并安排适当的住宿

---

① 《汉书》卷十九上，第724页。惠帝与吕后统治时期曾设两位丞相，两者之中左丞相的地位更高。

② 《汉书》卷十九上，第725页。

③ 何四维：《汉代廷尉的职能》。

地；另外他还参与国家的祭祀活动。宗正负责保存宗室的记录，着眼于维持正确的席次，这是唯一始终由刘氏皇室成员掌握的高级官职，有时宗正被要求召唤一位刘氏家族成员到长安，此人将作为皇帝受到人间最大的照顾。[1]

九卿的最后两位与财政和经济有关。大司农掌管主要的税收（用钱和谷物支付的土地税与人头税），税收用来支付官员的俸禄和供给军队需要的给养。大约从公元前120年起，大司农负责执行特定的经济措施，比如国家的盐铁专卖，控制或平抑物价以及运输。少府负责征收小额税收，如山川、湖泊的收获物；少府的职务是维持皇室的生活，因此掌管了一批医药和音乐方面的工场和机构。它的辅助机构之一为尚书台。[2]

在三公与九卿的领导下还有许多其他的小型官署。在丞相有效地管理行政工作时，大约有三百多名辅助人员在各种机构为他服务，但后来减少到30人。为九卿中的有些人服务的部分机构相对地说小而简单。比如，廷尉的助手有一名丞、两名监（左监、右监）、两名平（左平、右平）。在有的情况中，则涉及更多的部门。例如太仆，他指挥着十四个机构，各机构配备了自己的令、丞、监和长。各辅助机构之间有相当多的重叠交叉；比如丞相的官署负责挑选官职候选人，执行刑法，管理盐铁工业；这些事又都在九卿的管辖范围之内。

其他独立的官职，其品级稍低于九卿，其中包括太子太傅，少傅，将作大匠，皇后、太子及皇太后的家庭的管事即詹事和水衡都尉。与九卿同样，这些官员都有助手和下属（将作大匠控制着七个官署，每个官署有自己的令和丞，如管理建筑材料仓库或东苑木材的令和丞）。

---

[1] 《汉书》卷六八，第2947页记载了宣帝根据这种程序被奉迎即位的情况。

[2] 关于两个财政机构的不同职责，见以下第10章；加藤繁：《中国经济史考证》（东京，1952—1953）第4章；鲁惟一：《西汉经济协作的几个尝试》，载司徒尔特·R.施拉姆编：《中国国家权力的范围》（伦敦和香港，1985），第237—266页。

郡与地方政府

随着秦汉政府努力巩固中央的权力并把权力扩展到新近渗透的地区，郡及地方政府的机构也发展起来。随着行政管理问题的出现，制度也同时发展起来，使授权能顺利和有效地进行。但是历届政府像它们的继任者一样，证明没有能力一方面把相当大的权力委托给郡使之具有生命力，同时又能大力保持地方对它们的忠诚以防止分裂主义。

秦汉帝国有大片地区不能充分贯彻政府的政令，因为没有足够的官员，以使郡和地方的行政能遍及各地。有的地区，如黄河谷地，行政管理工作相对地说相当先进和密集，因为它在帝国时期之前就有长期的行政传统的基础；那里的土地生产力高，人口也习惯于过组织起来的生活。而在其他地区，如西北或西南地区，郡级单位要大得多，人口也分散和稀少；这里的官员或多或少是与世隔绝的，很可能被那些没有被中国生活方式同化的异族包围着。在那里任职的官员进行职权尽可能广泛的活动，如收税、征用劳役、维护法律和秩序。①

秦、汉时期绝大多数人口在村庄里生活，在土地上劳作；因此，大多数中国人接触到的官员就是县、乡最低一级行政管理机构中的官员。但是在考察县、乡级机构以前，有必要了解那些包括它们的更大的行政单位。

郡的主要行政单位

秦汉帝国的行政单位是或者作为郡，或者作为国而进行治理的，这一章的"province"，即指这两种行政单位。几个世纪以前，郡已

---

① 关于郡及地方政府的详细论述，见毕汉斯：《汉代的官僚制度》第 3 章；严耕望：《中国地方行政制度史》第 1 部分《秦汉地方行政制度》。毕汉斯教授在另一项研究中论述了在扩张和殖民的不同阶段，中国东南部分地区的行政控制的进展情况〔见毕汉斯：《唐末前中国在福建的移民活动》，载埃盖罗德与格拉赫恩编：《高本汉汉学纪念文集》（哥本哈根，1959），第 98—122 页〕。关于偏远郡的官员被隔绝的情况，见加德纳：《朝鲜古代史》（堪培拉，1969），第 18—24 页。

在前帝国时代的某些国家里出现，那里是任命郡守去进行管理的地区。除去给特定的家族的封地之外，秦朝在整个帝国设郡作为行政的标准形式，这彻底改变了以往的传统。[1] 在帝国建立时，直接被中央政府控制的领土依秦制划为 15 个郡，郡的周围就是国。

到了前汉后期，郡的数量增加到 83 个，原因是政府接管了王国的领地，把大郡划分为小郡和把势力伸入中亚和其他新领土之中。按已掌握的下一个行政单位的表格，公元 140 年共有 80 个郡。[2] 郡的大小不论在面积上和人口上，都相差很大。公元 1—2 年的统计提出了几个有代表性的郡的数字，见表 11。

表 11　　　　　　　　　　　　　选出的郡的人口统计

郡名	登记的户	登记的人口
颍川（面积最小的郡之一）	432491	2210973
牂柯（面积最大的郡之一）	24219	153360
敦煌（在偏远的西北地区）	11200	38335
河东（位置居中）	236896	962912

对京畿有特殊的安排。在秦朝，这里由内史管理，官职与中央政府的匠作大将平级，稍低于九卿。汉承秦制，但最后把这个又大又重要的地区划分为两部分（公元前 135 年），后来又划分为三部分（公元前 104 年）。其官员享有专门头衔并一直是中央政府的成员；但在其他方面，这些部分的行政管理基本上与各郡一样。[3]

上面已经谈过汉代开国初年设立王国、把它们给刘氏宗室诸成

---

[1]　见本书第 1 章《政治变化》和《政治的统一》。

[2]　《汉书》卷二八上、下和《后汉书》志第十九至二三列出了公元 2 年和公元 140 年组成帝国的郡和国。每个单位下面都注明登记户数及人口数，以及郡和国里的更小的单位（比如县）的名称。书中的注描述了各地的特点，如专门的产品及为监督特殊任务或特种物品生产而设的机构。表 11 的数字即来源于这些材料。

[3]　京畿区在公元前 155 年或前 135 年划分为两部分。公元前 104 年管理这两个地区的高级官员采用"左冯翊"和"右扶风"的官衔。同年，包括长安城的西边那部分又细分为两部，其中一部由命名为"京兆尹"的官员管辖。见《汉书》卷十九上，第 736 页；卷二八上，第 1543—1546 页；毕汉斯：《汉代的官僚制度》，第 87—88 页。

员，以及它们的权力和领土减少过程等情况。[①] 所谓王国，是从其领土的角度来考虑的，它们父子相传；或许国与郡之间的根本区别就在这个方面；郡守各人的任期由中央政府委任。诸王每年必须去朝廷朝觐，并报告他们治国的情况；除非从皇帝那里得到明确的授权，否则他们无权调动军队。

诸王在最初享有一定程度的独立性，他们有权任命他们的大部分官员，把他们组成具体而微的帝国政府的雏形。因此，每一个王都有自己的相和内史为他服务。但是在公元前145年，王的独立性受到严格的限制，当时中央政府负责对诸国高级官员的任命。这样中央政府就可以在诸国里培植一批干练而忠诚的政治家，以便监督、控制诸王的活动。[②] 除了接管诸王的领地和把较大的国分成小国外，中央政府有时还改变王位的继承顺序。这种手段可以确保继位的男人或孩子与当朝皇帝保持着比他正要取代的王国太子更紧密的关系。

诸国作为一种制度，一直持续到后汉时期，公元140年有20国的行政单位；但大约从公元前100年起，国与郡之间的区别正在失去其大部分实际意义。尽管还有一些不同之处——例如为郡和国效劳的官员的头衔，可能还有征税的方法——王国已与郡一样，已成为帝国的组成部分。面积的大小已经发生了根本的变化。公元前200年，由诸王共同管辖的土地超过15个郡守管辖的面积；大约到公元前100年，作为郡管辖的土地远远超过作为国管辖的土地。但是国存在到汉末，是为了行政的方便；它们是给皇室成员赏赐或封爵的手段，或者是把持异议的皇室成员安插到远离首都而不致造成威胁的地方的手段。

秦朝郡的行政工作由三个其作用分别与中央政府的三公部分地相对应的高级官员分管。他们之中，"郡守"（公元前148年改称"太守"）对有条理的行政管理负最终责任，该职始终存在于汉代；"尉"（后称"都尉"）专门负责军事事务，前汉始终设有此职，后汉除了特

---

① 见本书第2章《地方组织》和《文、景两帝治下诸王国的减少》。
② 《汉书》卷十九上，第741页。关于诸国的制度与诸王的职责，见镰田重雄：《秦汉政治制度的研究》（东京，1962年）第2部分。

定的关键地区，不再设此官职；第三个官职"监"，汉代始终未设。守和尉的品级很高，其官员有资格领取的俸禄都是 2000 石和（名义上的）2000 石。他们得到一批助手和掌管郡、国政府各方面事务的机构的支持，他（它）们负责比如财政和税收、人口与土地登记、征募劳役和兵役、维持交通通讯、看守谷仓、执行汉代法律、司法、内部防盗治安和抵抗外来侵略者。[1]

郡守的官署设在本郡管辖的某个县。郡、国与邻郡、邻国之间的界线并不一定划得十分清楚，但有的界线由河流和山脉的走向形成，北方边界地区也会把军事防线当作分界线。位于东北、西北、西部和西南边界地区的郡，由郡守管辖的土地与被匈奴、羌，或者居于今越南与朝鲜的部落渗透的土地混在一起。

汉向这些边远地区的渗透并不都导致郡的建立。比如，在向西北地区扩张的过程中，有一段时期可能建立了附属单位（县），而没有进行协调和控制其工作的上级单位。另外，政府有时承认属国的存在；即这些地区由汉族官员任职，但那里的居民却没有别的郡、国的居民负担的那种税和役的一切通常的义务。第一批属国大约在公元前 121 年得到承认，公元前 140 年，帝国行政单位的表中列出了六个属国的名字。[2]

郡守定期向中央政府汇报工作；丞相评估他们的政绩，御史大夫则关心郡守属员的行为和纪律。公元前 106 年，朝廷通过革新采取了强化中央政府监督权的措施。帝国被划分为十三个州，每州设一名"刺史"。[3] 公元前 89 年设第十四州。州刺史的品级比郡守低得多，州刺史有责任服从郡守的工作和活动。刺史独立工作并直接对中央负责；他们的职守是调查贪污腐败、工作无能、不公平以及本州之郡和

---

[1] 对各种官职的设置的简要论述，可见《汉书》卷十九上，第741—742 页。详细的论述见毕汉斯：《汉代的官僚制度》，第93 页。

[2] 关于边界附近地区行政管理的各种方式，见鲁惟一的《汉代的行政记录》（剑桥，1967）第 1 卷，第 67 页以下。关于公元 140 年的属国，见《后汉书》志第二三，第3514—3515、3521、3530 页。

[3] 《汉书》卷十九上，第 737、741 页；毕汉斯：《汉代的官僚制度》，第 90 页。

国的压迫行为等事件。

到那时为止，那些大的区划不过是刺史在其中活动的地区，它们没有被当作行政单位。但从后汉甚至再早起，州刺史正在发展远远超过原来规定的权力。他们正在行使举荐官员候选人、宣布司法裁决和指挥军事行动的权利，这些权限到那时为止原属郡守所有。最后刺史终于有了由自己挑选的人在内工作的长期官署。刺史日益增长的独立性在边界地区最为显著，后汉最后几十年里，他们行使的民政、财政及军事的权力已相当强大，足以破坏中央政府对郡国行政的控制。

郡的下属单位

郡、国管辖的下级单位的总数，公元 2 年为 1577 个，公元 140 年为 1179 个。[1] 这些下级单位有：邑，即为供养皇帝女性亲属而设的土地；道，其居民是还没完全被中国权威同化的异族。对邑和道这两种组织的情况知道得很少，他们的重要性远远低于另外两种标准形式的下级单位，即县和侯。

早在公元前 221 年大一统以前很久，县已被设置，其方式很像郡的设置；县的行政管理交给七国之一的政府指派的官员。随着时间的推移，使用县作为郡的下属单位已经成为一个定例。秦、汉时期，县的面积与英国的郡差不多，至少包括有围墙的市镇。遗憾的是，人口数字只见于少数非常特殊的例子中，它们作为行政管理、商业和工业的中心，因其特殊的面积和重要性被挑选出来。这样，公元 2 年长安、宛城和成都三县已登记的人口约为 20 万，其中大约三分之一居住在那些以县名命名的城内。[2] 但是大多数县都小得多，因为县的行政长官分两个基本的等级（县令；县长），按人口的多少而设，以一万户作为划分的标准。县官由朝廷指派，有若干低级官员及机构协助

---

① 《汉书》卷十九上，第 743 页；《汉书》卷二八下，第 1639—1640 页；《后汉书》志第二三，第 3533 页所列的数字是 1587 和 1180 个。文中的两个数字见毕汉斯：《汉代的官僚制度》，第 185 页注 77、78。

② 《汉书》卷二八上，第 1543、1563、1598 页。已掌握的数字都列在宇都宫清吉：《汉代社会经济史研究》（东京，1955），第 116 页。又见本书第 10 章《城市和商人》。

他们工作。①

侯有时称为贵族，源于荣誉等级的最高一级。② 秦朝已经有了侯，但数量很少，也没有行政管理上的职责以及汉帝赐予的那种土地占有权。内战结束以后，作为安置工作的一部分，刘邦封 150 人为侯，他们在战争中忠实地支持了他，此时正等待酬答。除了头衔和品级，他们还得到命令前往所指定的地区；他们在那个地区有权向一定户数征税，并把其中一部分作为自己的收入。由于可以父子相传，侯就可以把封赏的手段与扩大行政权的手段结合起来；侯还可以作为一个政治上的工具而使用。③

表 12　　　　　　　　　　前汉的侯④

	封诸王之子	封功臣	封外戚
高帝	3	137	—
惠帝	—	3	—
吕后	3	12	10
文帝	14	10	3
景帝	7	18	4
武帝	178	75	9
昭帝	11	8	6
宣帝	63	11	20
元帝	48	1	2
成帝	43	5	10
哀帝	9	—	13
平帝	27	—	22

① 《汉书》卷十九上，第 742 页；毕汉斯：《汉代的官僚制度》，第 99 页。

② 见本书第 2 章《地方组织》和《侯与爵》。

③ 关于侯最初的设置和授予，见《汉书》卷一，第 54 页（德效骞：《〈汉书〉译注》第 1 卷，第 103—104 页）。《汉书》卷十九上，第 740 页列出诸侯的辅助人员的头衔。《汉书》卷十六，第 527 页记录了封侯制度的起源和发展，《汉书》卷十六、卷十七说明公元前 201—前 13 年每一位功臣封侯的历史。公元前 179 年的诏令（《汉书》卷四，第 115 页〔德效骞：《〈汉书〉译注》第 1 卷，第 240 页〕）记载了命令各侯离开长安住到自己的侯地的情况（好并隆司：《秦汉帝国史研究》〔东京，1978〕，第 203 页）。

④ 表 12 表示前汉封侯的数字。数字来自于《汉书》卷十五至卷十八主体的实际条目，诸王之子的材料来自卷十五上和下；功臣的材料来自卷十六和卷十七；外戚的材料来自卷十八。这些数字不同于散见于以上各卷的数字（比如，《汉书》卷十六，第 617 页）。

大多数侯幸存的时间都不长，这是因没有继任者而自然消失，或因为侯本人犯了罪。侯很少能延续四代。封侯的重要性及财富有很大差异，这可以从它们有权收税的户数的悬殊中看出。很多侯有几千户；有的有万户或更多。而在另一端，有的侯的收入不超过几百户。千户侯的收入可作为标准，来与通过其他手段取得的大量收入进行比较。①

汉帝国建立初期，严重缺乏可以委任治理各郡的训练有素的官员。而封有成就的官员为侯的行动是一种为政府维持法律和秩序的手段。因为维持好本地区的内部秩序显然有利于侯的利益，便于更好地征收赋税。

有管家与其他臣属的侯的设置一直存在到汉帝国末期，但绝不能把这一点看做向有时被认为在前帝国阶段已经存在的分封制度的倒退。有几次出现随心所欲地重新设侯（经过暂停以后）或中止设侯的情况，出现这种情况，或是要给予一批新的皇帝支持者以地位，或是要中断与过去的王朝传统的关系。侯的制度可以作为达到以下目的的手段：削弱王的权力（见前《郡的主要行政单位》）；安置投降的敌人的首领并赢得他们的忠诚；还可以给皇太后家族的成员提供荣誉和提高地位。另外，作为小的单位而存在的侯，可与邑、道、县相比，处于郡守或诸国的相的权力以下。②

---

① 关于户数少的侯（五百户或以下），见《汉书》卷十六，第 624 页；《汉书》卷十七，第 644 页。关于万户或更多户的侯，见《汉书》卷十六，第 531 页；《汉书》卷十八，第 691 页。关于千户侯的标准及相应的收入，见《汉书》卷九一，第 3686 页（斯旺：《古代中国的粮食和货币》，第 432—433 页）。

② 关于把侯作为剥夺王的权力的手段，见《汉书》卷十五上，第 427 页；又见《汉书》卷十五上和下的个别条目及本书第 2 章。关于赐侯作为安置异族领袖或赢得其忠诚的手段的情况，比如见《汉书》卷十七，第 639 页；《汉书》卷八，第 266 页（德效骞：《〈汉书〉译注》第 2 卷，第 249 页）；《汉书》卷九六下，第 3910 页；何四维：《中国在中亚：公元前 125 年—公元 23 年的早期阶段，附鲁惟一的导言》（莱顿，1979），第 161 页、162 页注 495。《汉书》卷十八，第 677 页以下列出封为侯的外戚。公元前 112 年废一百多个侯，这显然是出于专断的目的或政治上的动机，见《汉书》卷六，第 187 页（德效骞：《〈汉书〉译注》第 2 卷，第 80 页以下、126 页以下）。

地方政府

秦汉帝国的大多数居民居住在乡村的土地上。他们用钱币或谷物向县，也可能向郡的官员纳税，用人力、牛车或船把支付的税运送到指定的征集地点。同样，他们还向县或郡的官员登记，服国家劳役或参加军队。县以下是乡，乡由若干里组成。乡和里也有几名官员，由郡或县的当局指派，负责维持乡村的法律和秩序。

另外，那些在乡村生活中受尊敬和有权威的天然领导人由居民们推举而取得某种头衔，这些人负责带领人们去履行他们的义务和政府交给他们的工作——修路，搞建筑或水、陆路运输。① 因此，在最低一级的行政中，政府依靠熟悉地方情况的半官方领导人的合作。这样安排受到禁止人们在本地的郡和县一级当官的禁令的制约，禁令可能是为了预防有组织的不满行为。

专业机构

前汉设立了几个机构以管理专业化生产。专使掌握原材料来源，并雇佣国家的劳力进行生产和分配；有时他们利用这种机会得到额外的收入。专业官署中最惹人注目的是34个盐官和48个铁官的官署。另外还有水利工程、制造业、纺织业和果园的专业官署。前汉时期，这类机构的大多数由中央政府中诸如大司农和少府等官员领导。② 稍有不同的是，朝廷还派专人在前线控制过往行人和商品并管理西北地

---

① 关于设置乡及更低一级的单位和指定专人任职的情况，见《汉书》卷一上，第33页（德效骞：《〈汉书〉译注》第1卷，第75页）；《汉书》卷十九上，第742页；毕汉斯：《汉代的官僚制度》，第103页以下。

② 《汉书》卷二八的注释表明专使的存在，例如：关于铁的情况，见《汉书》卷二八上，第1569页。关于盐的情况，见《汉书》卷二八下，第1616、1617页；关于柑橘的情况，见《汉书》卷二八上，第1603页。关于派官员驻守以控制前线要塞的通行或者监督国家兴办的屯田的农业生产的情况，见鲁惟一：《汉代的行政记录》第1卷，第61、70、107页。关于其他的专署的情况，见本书第10章。盐、铁的管理，见本书第10章；毕汉斯：《汉代的官僚制度》，第44、95页；毕汉斯：《汉代的中兴》第4卷，载《远东古文物博物馆通报》，51（1979），第153页以下及地图11—12。

区国家兴办的农场和屯田。

武 装 力 量

在应征兵、志愿兵和囚徒组成的中国军队中，以应征士兵数量最多，也是最为重要的成分。除去那些享有某些荣誉爵位的人外，所有年龄在 23—56 岁（有一段短时期在 20—56 岁）的壮丁，都必须在军队服役两年，并有义务在情况紧急时应征。有的人（但为数不多）有能力花钱雇人代替他。但大多数人有一年用于受训，另一年或在都城，或在郡维持治安的军队服役，或在边境戍地服役。虽然大多数人是步兵，但少数人在北方可以当骑兵或在南方当水兵。[1] 由于准确的材料十分缺乏，能征集的人员总数估计不一，在 30 万至 100 万之间；但有一点是肯定的，即汉政府从来不能征集、训练和使用全部潜在的力量。

秦帝国立下了征用罪犯的榜样；汉代只偶尔而不是经常性地使用这种方法，但有证据证明罪犯或得到赦免的囚徒在西北前线服役。还有一定数量的志愿兵。志愿兵是身份较高的家庭（即不是奴隶或囚徒）的子弟，他们可能应召当骑兵。[2] 已知来自属国的士兵在一些战役中上阵，但不知道他们是自愿还是被迫。最后一个兵源可在居住在塔克拉玛干沙漠周围的非汉人社区中找到，它特别在后汉的中亚诸战役中经常利用。[3]

秦汉时期的军队不设固定的将军编制。在情况需要时，军官被指

---

[1] 关于征募人员服役的情况，见斯旺：《古代中国的粮食和货币》，第 50 页；德效骞：《〈汉书〉译注》第 1 卷，第 80 页注 2；《汉书》卷五，第 141 页（德效骞：《〈汉书〉译注》第 1 卷，第 312 页）；《汉书》卷二三，第 1090 页（何四维：《汉法律残简》，第 329 页）；鲁惟一：《汉代的行政记录》第 1 卷，第 77 页以下、162 页以下。在秦代，人们在 15 岁时被征，见何四维：《秦法律残简：1975 年湖北省云梦发现的公元前 3 世纪的秦法律和行政规定的注释译文》（莱顿，1985），第 11 页。

[2] 从各种兵源征募的部队的组成，见《汉书》卷八，第 260 页（德效骞：《〈汉书〉译注》第 2 卷，第 241 页）；鲁惟一：《汉代的行政记录》第 1 卷，第 78 页。

[3] 例如见《后汉书》卷四七，第 1577、1580、1590 页。

定去指挥部队或率部远征，指挥将领的头衔常与战役的直接目标相连（比如，度辽将军）。更常见的是，负责较为日常工作性质的职责的将军，则称左将军或右将军。为避免军事政变的危险，往往派几位将军指挥一次战斗，这时常因缺乏一名能够协调的指挥官而受到损失。偶尔有的将军奉命把自己和军队交由另一名军官指挥；这样的事例通常会引起嫉妒和争吵。①

将军的品级和俸禄等同或稍低于九卿。将军的任命直接由皇帝掌握，他们对某次战役的指挥、官兵的纪律及在战斗中的表现负完全责任。在自己的军营里，他们掌有生杀大权，而文官对生杀则需要特殊的批准。将军为战斗的失败要受非常严厉的惩处。②

对次要任务和小股部队，则派校尉指挥。当下令征战时，要安排高级军官从不同地区或不同渠道集结兵力；在很多情况下郡的太守或都尉领导这项工作。

汉军被组成以下几个部分：一是驻守京城的常驻禁军，他们分成几支，分别由独立的将领率领；一是在边境执行特种任务的部队；一是长期的边防军。由于幸存的行政文书残简，我们对后一种部队的了解比前两种要多得多。与汉帝国其他地区一样，都尉不但负责征召和训练应征的士兵，而且还要指挥他们战斗。在西北四郡，军队被组成曲，每曲有5个屯，每屯有几个伍，伍是军队中的最小的单位，由一名军官和大概四名（偶尔有10名）士兵组成。曲和屯都有名称，而伍或有名称或以顺序数目相称。在战斗时屯指挥伍，但在行政管理方面则由伍长直接向曲报告工作。③

伍或每个士兵被选派执行各种任务。作为防卫力量，他们的

---

① 关于正规军事将领的情况，见《汉书》卷十九上，第 726 页。关于度辽将军，见《汉书》卷七，第 230 页（德效骞：《〈汉书〉译注》第 2 卷，第 171 页）。关于由于缺乏统一的指挥而产生的困难，见《汉书》卷九五，第 3865 页以下有关武帝出征朝鲜战役之一的记载。

② 关于军事将领的领导权，见鲁惟一：《汉武帝的征战》，载于小基尔曼与费正清合编：《中国的兵法》（坎布里奇，麻省，1974），第 87 页。

③ 关于这些部队的组织及战斗命令，见鲁惟一：《汉代的行政记录》第 1 卷，第 74 页以下；第 2 卷，第 384 页以下。

主要任务是在城墙上瞭望，在塔上站岗，观察敌人的活动，沿防线传送信号，用弓、箭、矛、盾抵抗入侵者。另外他们还定期保持巡逻，进行侦察。官兵们受关口的尉的节制，检查进、出的行人。成批的应征兵，比如应征的淮河士兵，有时被派到政府开辟的农田劳动，以供当地士兵的需要。一队队的兵士没完没了地给城墙和边防哨所砌砖抹泥；他们还要沿线往返传送官方的命令和上交的报告。[①]

这些守军的效率保持着高度的专业化水平。军官负责调解士兵之间的纠纷，士兵有权要求收回债务。曲长的整齐的本部保持了以下几方面的有条理的记录：士兵们的日常工作；官方邮件的准备和收发；军官射箭技术的定期考核；刺史关于营地及装备的战斗力状况的报告。士兵生活的特点是严格准时办事，这从传递邮件的日程表的记录、观察例行信号的记录、控制地点关于个人通行的记录等例子中可以看出。同样，关于官方的开支和军需品的分配，军官的军饷或储存骨胶、油脂的费用，对士兵及其家属应得到的粮盐的分发，士兵接收到的军衣和配备，委托各支部队照管的装备、武器和马匹，都有详细的账目和记载。[②]

行政的实践

方法与程序

国家政策的重大决定在理论上依靠皇帝或皇太后权力的抉择。但实际上如果没有高级官员在召见时从口头上提出的或以奏折形式提出的建议，决定就很难作出。丞相的权力部分地表现在他有机会仔细审阅郡递送上来的报告，或者直接驳回，或提出来作进一步考虑。到前

---

① 关于驻守边防线的士兵的各项任务，见鲁惟一：《汉代的行政记录》第 1 卷，第 39 页以下、99 页以下。

② 这种性质的报告，见鲁惟一：《汉代的行政记录》第 2 卷所收集的残件。

汉末期，这种权力转移到尚书令手里，他可以开启上呈的报告的副本。[1] 很多时候在做出决定之前先进行商讨，因为高级臣属将奉命审议和提出建议；商讨的问题涉及军事、民政、财政等事项，或国家祭祀的礼仪。

命令以各种各样的形式公布，从赐爵或授职的文书到诏书和律令。诏书的形式常常是把某一位官员的建议加以概括，附以皇帝常用的套话"准"；指令包括在诏书中，以便通过丞相和御史大夫之手往下传到直接负责执行的官员。令和式以一系列顺序数相区别，比如式甲、式乙。这些令和式大多具体规定了对触犯格（规章）的人所处的惩罚。或者，它们规定正确的手续和程序：如郡一年一度上报的报表；对准备担任文官的人的考核；司法的执行；或者审判案例的应用。[2]

逐渐收集起来的命令，不管其形式是诏书、令或式，很可能分发给郡的官署作为参考。从现存的残简或多或少地可以看出文件起草的形式和体裁。有的报告写成单独一份文件；其他的采用分类账的形式，附以逐日记载的条目；有的报告还有一份副本。[3]

国家的文件有两个正规的系列，没有这两套材料，政府的工作就难以开展，它们是历法与人口和土地的登记。中国政府对制定历法的兴趣既有意识形态方面的原因，又有实际的原因；公元前104年到公元85年采取了重大的改变，王莽时期又重新做了一次较小的改动。由于行政管理工作这一直接目标，要求官员们使用同一套月日的计算法是必不可少的；否则因为他们不知道哪个月是长月（30天），哪个月是短月（29天），或把闰月加在每两年或每三年的哪个时间，他们的工作程序就会混乱。比如，只有用同一的历法才能精确地确定何时

---

[1] 《汉书》卷七四，第3135页。

[2] 关于汉代法典，见本书第9章；何四维：《汉法律残简》，第26页。

[3] 关于残存诏令的书籍，见鲁惟一：《汉代的行政记录》第2卷，第227页以下、245页以下。关于木简的不同形式，见鲁惟一：《汉代的行政记录》第1卷，第28页以下。关于诏令的形式，见大庭脩：《秦代法制史研究》（东京，1932年），第201—284页。文件的准备情况，见本书第2章《行政的任务》。

分发物资或支付官俸。各种形式的表格被用来抄录各级政府的吏员费劲地编制出的那一套统一的历法；十二片或十三片木简上面的内容包括月亮的形状和指导校准农业节气的说明。[①]

人口与土地的登记是由于税收和征集人力服劳役的需要。最低一级政府每年编人口和土地的登记数并将报告上交其上级，最后由帝国的郡和国算出总数。正史中恰当地以概括的形式收了公元 2 年和公元 140 年的两次统计数，它们提供了在每个郡登记的户数和人数；遗憾的是土地数字只给了总数，内容是丈量的全部土地面积，有潜力的可耕地面积和实际上已耕种的土地。在地方一级官员统计过程中，这些数字很可能远为详细，比如包括每户成员的年龄、性别和身份，这样才能确定何人应纳人头税和服劳役；还包括调查的土地的质量，这样才能确定土地税的适当税率。[②]

统计的精确度直接取决于官员的忠诚和效率。有时以人口的增长来衡量郡的成绩，这样就会诱使官员们夸大这些数字；另一方面，那些想在税收报表上弄虚作假的官员宁愿低估土地面积和居民人数，以便把实收税额中的一部分归为己有。在边远的郡，特别是地处山区、森林或沼泽地的郡，官员们根本不可能深入下去寻找所有的居民，居民中有些人很可能隐藏起来，以回避征役的官员和收税人。同样，如果未同化的部落民或匪盗侵扰某郡，那里的行政官员就会撤退，或是不能正常进行日常工作。公元 140 年以前不久北方曾发生过这样的事，那一年北方诸郡实际登记的人口数字明显低于公元 2 年相应的数字。

---

① 关于残存的几部分历法及形式，见鲁惟一：《汉代的行政记录》第 1 卷，第 36 页以下、138 页注 53；第 2 卷，第 308 页以下。关于数学和天文学方面的含义，见西文：《古代中国数学天文学中的宇宙和计算》，载《通报》，55：1—3（1969），第 1—73 页。关于与宇宙的联系，见鲁惟一：《汉代中国的危机和冲突》（伦敦，1974），第 303 页；鲁惟一：《中国人的生死观》（伦敦，1982），第 61 页。

② 关于对公元 2 年和 742 年之间中国人口统计数字的分析，见毕汉斯：《公元 2 年至 742 年时期中国的人口统计》，载《远东古文物博物馆通报》，19（1947），第 125—163 页。部分郡、县的统计数字见本章《郡的主要行政单位》和《郡的下属单位》及本章第 453 页注 2。

由于以上种种原因，统计数字不可以作为完整的人口统计与土地调查而被接受，而只能作为上报的官员实际看到的人口数和土地数；这些统计数字本身并不说明帝国不同地区人口密度的巨大的差别和农业活动的不同的集约化的程度。所提供的总数字见表 13。[①]

表 13　　　　　　　　　　登记的人口和土地

	公元 2 年	公元 140 年
户数	12233062(12.4)	9698630(9.5)
人口	59594978(57.7)	49150220(48)
（每户平均人口）	(4.7)	(5.1)
界定的土地[②]	145136405 顷	—
住宅、道路占地或内有山林川泽之地	102528589 顷	—
有潜力作为可耕地的地	32290947 顷	—
已定为可耕地的地	8270536 顷	—

奖惩与法律

秦、汉政府依据的是商鞅和韩非提出的准则：立功者受奖，违法者受罚。另外，汉代皇帝还不时馈赠大量礼品，作为昭示皇帝施仁政和爱民的手段。因此诏令不时宣布向全国各地赏赐酒肉和金银。遇到灾荒时政府下令减税作为救济的手段，并且频繁发布大赦令，以致引

---

① 这些数字见《汉书》卷二八下，第 1640 页；《后汉书》志第二三，第 3533 页。表中括号里的数字是毕汉斯在《公元 2 年至 742 年时期中国的人口统计》第 128 页纠正的以百万为单位的数字。

② 用以丈量土地的单位为顷（等于 100 亩），从公元前 155 年起顷相当于 11.39 英亩（见斯旺：《古代中国的粮食和货币》，第 364 页；吴承洛：《中国度量衡史》〔上海，1937〕，第 61、114 页）。关于"泽"，见卜德：《〈孟子〉与其他著作中的"泽"的字汇学解释》，载勒布朗克与博雷合编：《中国文明论文集》（普林斯顿，1981），第 416—425 页。表 13 最后三项，已确定质量或用途的土地的总数为 143090062 顷。后汉不同时期的土地面积数字可从其他资料中找到（毕汉斯：《汉代的中兴》第 4 卷，第 146 页以下）。

起时人的批评，认为这样做有违初衷。[1] 但是国家最主要的奖赏是爵号或贵族的等级，其等级秦代为十七等，汉朝为二十等。爵位的等级成为身份的标志，可以得到中国社会内部等级政治的品位以及某些物质特权的赏赐。只有最高一级的爵，即侯，才有世袭的封地；其他十九级爵位的价值则小得多。

朝廷通过下诏赐爵，通常是在诸如新帝登基、册封皇后或立储的重大时机，或者与自然灾害有关。[2] 在这种重大时机，或向全国，或向某地，或向某些有特定名称的群体封赏一种爵号；由于向全部男性普遍分赏会引起反效果，几乎可以确信，这种封赏只能由受益户的一个男性成员得到。[3] 连续几次受赐的人可在等级政治中升级，但不能超过第八等。较高的爵位（第九等以上）是个别封赏的，这种情况极少；它们一般只授给官僚阶层成员作为他们特殊贡献的酬报。由于设爵位是有意识地刺激人们为朝廷服务，因此有时甚至有人按公布的标准赢得或买到爵位——如作战英勇，向边境运送谷物，或直接用钱去买。

除侯以外，给较高爵位的赏赐还附有某种形式的土地占用权。在一定程度上也与有较低爵位有关的特权包括犯罪后从轻处罚和免除税、役等；公元前123年作为紧急措施，专门设置了一系列的等级，受封者可以当文官。[4]

---

[1] 关于颁布大赦令的时间表，见鲁惟一：《汉代贵族爵位的等级》，载《通报》，48：1—3（1960），第165—171页。关于下诏令赏赐物质或免税的情况，例如见《汉书》卷二，第85页以下（德效骞：《〈汉书〉译注》第1卷，第174页以下）；《汉书》卷四，第174页（德效骞：《〈汉书〉译注》第2卷，第58页以下）；《汉书》卷八，第257页（德效骞：《〈汉书〉译注》第2卷，第234页）。关于大赦令，见何四维：《汉法律残简》第225页以下。关于批评大赦过多以致不起效果的情况，见《汉书》卷八一，第3333页（鲁惟一：《汉代中国的危机和冲突》，第159页）；《后汉书》卷四九，第1642页以下；《潜夫论》四（16），第173页。

[2] 爵位的等级，见本书第1章、第2章；鲁惟一：《汉代贵族爵位的等级》。该制度及其社会效果的最详细的论述，见西嶋定生：《中国古代帝国的形成与构造》（东京，1961），第55页。

[3] 赐爵使家庭一个以上成员获益的观点，见西嶋定生：《中国古代帝国的形成与构造》，第252—262页。

[4] 公元前123年专门设置一系列军事爵位的等级，见鲁惟一：《汉代贵族爵位的等级》，第129页。

为汉帝国做宣传的人多次宣称刘邦及其顾问的最初的成就之一是减轻了秦律刑法条款的严酷性与繁琐性。遗憾的是没有一部完整的秦律或汉律流传下来；但是对当时或接近当时的著作引用的片断进行的研究表明，尽管刘邦把法律简化为三条原则，但其实践仍多少是专断的，而且可能很严厉。从理论上讲，法律对全体人口有效；但事实上除了那些能行使爵位拥有者特殊权利的人外，社会上还有享有特权的集团。这些人大部分是官员或皇族成员，他们的特权地位有利于突出国家的显赫和文官的威望。在整个帝国，有官员们为了保护自己的亲信或铲除潜在的对手而专横行事的事例。

有各种各样的罪行要受到法律的惩罚：违反道德的罪行包括忤逆和弑母、咒骂皇帝、公开谋反；暴力罪，如抢劫或使用邪恶的魔法；滥用权力罪，如官员非法进入民宅或征召人力而无正当理由；藐视国家权威罪，如伪造诏令或窝藏罪犯以逃避审判。也有属于宗教性质的罪行，如冒犯皇家宗庙或陵寝，或对皇帝不敬。[①]

税、役与对民众的控制

国家收入的主要来源是土地税和人头税，对此本书另有专章论述。[②] 一般说来，汉代的税率保持不变；结果国家总收入的明显的增长只能靠耕种更多的土地和把更多的户数列入人口登记簿册之中。

除之享有特权的人，所有 23 岁至 56 岁的壮丁每年都必须为国家服役一个月，郡、县和更低一级政府的官员管理着用这种方法组成的一伙人劳动。这批人用双手、牛车或船只运送诸如谷物和麻布等大宗商品；他们修筑宫室和衙门；他们开矿或运送国营工业生产的盐和铁；他们还修建道路、桥梁和水道。

征用的劳工开挖了一条意欲联结长安和黄河的水渠，以代替水流滞缓的渭河（公元前 129—前 128 年）；他们挖掘的别的沟渠是为了改进灌溉系统，以使京畿地区更能自给。征用的人修整黄河的堤坝，

---

① 关于法律条文与法律程序的详细论述，见本书第 9 章。
② 见本书第 10 章《政府和皇室的财政》。

如在公元前 109 年以前的几年和公元前 29 年就进行了这种工程。公元前 109 年的一次，皇帝亲自过问这项工作，第二次由政府的水利专家领导进行，是一次高效率的、成功的范例。官员们首先在受黄河决口的影响而遭灾的地方分发救济物资，并集聚了 500 条船只疏散人口。当时通过运用熟练的技术把决口封住：他们拖来装满石块的大容器，把它们下放到决口处。大约一世纪以后，王景调查了黄河的问题，并使用征用的劳力修建了一系列水闸来调节水流。一篇碑文告诉我们后汉在公元 63 年在中国西部（今四川）难以通行的地区使用劳工修了一条道路和一条人工栈道的情况。①

季节性的灾害如洪水、干旱和蝗虫总是一贯周而复始地困扰着中国，这无疑使许多想逃避灾害的人自发地迁移。我们已经论述过恰恰是因黄河的肆虐而产生的移民促使王莽倒台的一些事件。② 但是移民有时还源于政府的命令或推动，这是为了防卫或更均匀地分配资源。有些提议的迁移是为了向边远地区移民或缓和人口过于稠密的状况；其他的迁移则由于面临外来的压力或侵略。汉朝建立初期，政府曾使用这种手段破坏那些威胁中央政府的效忠地方家族的感情。后汉时期有大量投降的非汉族部落民在中国境内定居，他们的存在在公元 3 世纪逐渐成为一个能扰乱王朝和社会安定的不利因素。③

对经济的促进与控制

极而言之，秦朝和汉朝的政治家可以采取的态度有两种：他们或

---

① 关于使用征用的劳工建筑或修水利的情况，见《汉书》卷六，第 193 页（德效骞：《〈汉书〉译注》第 2 卷，第 90 页）；《汉书》卷二九，第 1679、1682 页；《史记》卷二九，第 1409、1412 页（沙畹：《〈史记〉译注》第 3 卷，第 526 页以下、532 页）；《汉书》卷二九，第 1688 页（鲁惟一：《汉代中国的危机和冲突》，第 191 页）。碑文见王昶：《金石粹编》卷五，第 12 叶。

② 见本书第 3 章《王莽的统治》之末。毕汉斯：《汉代的中兴》第 1 卷，第 145 页。

③ 关于迁移，例如见《汉书》卷四三，第 2125 页；《汉书》卷五，第 139 页（德效骞：《〈汉书〉译注》第 1 卷，第 309—310 页）；斯旺：《古代中国的粮食与货币》，第 61 页。好并隆司：《秦汉帝国史研究》，第 209 页以下、227 页以下、239 页以下。本书第 6 章《后汉与南匈奴》和《汉朝的移民尝试》。

是主张采取深思熟虑的措施以鼓励物质生产，并驱使民众尽力使国家富强；或是把这种活动看做是对人类活动不正当的严重干涉，因为他们相信天意和宇宙的自然节律会使人世能符合人类利益而充分发展。但事实上这两种观点并不总是截然不可调和的。

从整体上讲，武帝统治时期及以后时断时续地采取的积极政策均来自他的政治家的现实主义；而在王朝及行政软弱时，自由贸易的方针就居统治地位。王莽试图推行有秩序的原则，这在全国普遍的施政不力和社会不安定的状态下是很难成功的；在汉代最后 50 年，政府显然不能履行自己的职责，或为社会提供安定与繁荣，这便促使当时的某些作者希望恢复"法家"的原则作为挽救国家免于毁灭的手段。①

持这两种观点的政治家有相同的基本观点，即把农业当作中国最基本的生存手段，农业应该得到比商业、工业优先的地位。但是在实现这个目标方面，他们的意见则不同。现实主义者认为土地由私人企业开发最好，应该鼓励土地所有者通过开垦荒地，得到财富的新来源。这样做，国家的税收就会相应地增加，没有必要限制个人占地面积的大小；人口及人头税的收入也会相应地增长。

现实主义者还主张，铁器和盐的生产、制造和分配不应该成为个人财富的来源，为了国家利益，这些事业应该由国家直接管理；这样，它们的任何利润立刻就能充实国库。现实主义者看到了组织、调节和控制商品交换的必要性，因此他们铸造完全标准化的钱币（公元前 112 年），试图推行稳定价格和运输以及由官方调节市场的措施。最后，现实主义者还注意到因储藏大量谷物、布匹等易损坏的货物而造成的浪费，甚至认识到中亚诸社会的进出口贸易的

---

① 如王符（约公元 90—165 年）、崔寔（约生于公元 110 年）和仲长统（约生于公元 180 年），他们的情况见白乐日：《汉末的政治哲学和社会危机》，载芮沃寿、芮玛丽编：《中国文明和官僚：一个主题思想的变异形式》（纽黑文和伦敦，1964），第 187—225 页。又见本书第 12 章《整饬风纪的号召》。关于种种不同观点对实际问题的影响，见鲁惟一：《西汉经济协作的几个尝试》。

价值。[1]

对武帝时期这几方面政策的保守的批评家留恋过去限制土地占有以减少日益加剧的贫富悬殊现象的理想体制，因为他们希望确保使社会所有成员都能取得生存的基本手段，即从土地上生产食品。但他们宁愿把矿藏交给私人自由开采，因为他们认为政府自己不应从事制造业，也不应通过指导民众从事这些末业而对他们施加压力。他们也不喜欢商人积累起大量私人财产，并提出歧视他们的措施以防止他们崛起。另外，保守派还不同意现实主义者关于与非汉族民族做买卖的观点。他们认为用中国的资源，即农民的劳动果实，去换取诸如玉石、毛织品或马匹等外国奢侈品是错误的，因为那些奢侈品并没有给大多数人物质生活的改善带来什么好处。

上述问题和其他许多问题在公元前81年那场著名的辩论中讨论过。[2] 辩论的双方提出原则和权宜之计进行争论，并引证了过去的惯例和当前的实践。在这次事件中，主要的垄断事业在它们受到的尖刻的批评中幸存了下来，直到公元前44年起，它们才暂时停顿了3年。在后汉时期，这些垄断事业的经营并没有像以前那样有效率。直到公元前7年，政府才积极地限制土地占有的面积以及奴隶数字。但是相应的措施执行得不力，到了后汉中期，大地产的增长已成为有些郡的主要特征。贸易的经营是同中国军事力量与对外政策紧密联系在一起的，出口商品的数量从公元前100年到公元150年有很大的变化，这与中国在邻国中威望的上升和下降有关。

胡志宏 译

---

[1] 关于控制市场，见本书第10章《城市和商人》。关于盐铁工业，也见第10章《制造业》。关于铸币的变化情况，也见第10章《币制的改革》。关于与外族进行商品交换的观点，见《盐铁论》卷一（第2篇），第12页（盖尔英译：《盐铁论》，第1—19卷〔莱顿，1931；台北，1967年再版〕，第14页）。

[2] 见本书第2章《存亡攸关的问题》；鲁惟一：《汉代中国的危机和冲突》，第91—112页。

第 八 章

后汉的制度

研究后汉制度最重要的史料是《后汉书》中的《百官志》。这部文献比《汉书》的《百官公卿表》更系统，更详细，内容也更丰富。从过去汉代作者所著关于官僚政治的全面记载的尚存残篇中又可以进一步找到材料。因此对后汉的制度知道得比前汉更完整，尽管二者的基本形式无疑是一样的。[①]

前汉时期，确定官员身份的标准，从最顶端的头衔和俸禄均为 1 万石的官员开始，直到最底端的左史结束。自公元前 23 年以后，品级的数目为 18 个。太傅的品级最高。各级俸禄都比照这个理论上的品级，但与它并不直接构成比例。[②]

中 央 政 府

太 傅

前汉时期，太傅一职只设于该朝代初年和末年。后汉与此不同，终后汉一朝共任命了 12 位太傅。新皇帝登基以后不久就正式挑选一

---

① 基本的史料来源见于《后汉书》志第二四至二八。中国的学者利用现已佚失的同时代的著作作了大量注释，从而大大地增加了基本材料，从王先谦的《后汉书集解》（长沙，1915；台北，1955 年再版）中可以最完整地看到这些注释。关于对本章论述的制度更详细的记述，见毕汉斯：《汉代的中兴》第 4 卷，载《远东古文物博物馆通报》，51（1979）；《汉代的官僚制度》（剑桥，1980）。

② 俸禄的支付方法及印玺、绶带形式的相应区别，见布目潮沨：《半钱半谷论》，载《立命馆文学》，148（1967），第 633—653 页；本书第 7 章《文官职务》。

位受人尊敬的长者任太傅，但太傅通常在几年以后就会逝世，于是这位皇帝以后岁月的太傅一职就空缺下来。

太傅在所有官员里地位最高，他应该向皇帝进行道德指导。这种作用只是象征性的，因此后汉的前两位太傅实际上担任的是挂名的职务。随着公元75年第三位太傅上任，该职的特点有了变化。他及其后任负有监督尚书的职责，并从此领导一批相当大的官署。[①]

三　公

后汉始终保持公元前8年建立的制度，即正式任命品级相同的三位最高一级的职业官僚。他们称为"三公"：大司徒、大司马和大司空。公元51年改为司徒、太尉和司空。[②] 当时去掉大司徒的"大"是有特殊意义的，它的前身在西汉称为"丞相"，在三公之中权势最大，是全体职业官僚的代言人。但在光武帝统治时期（公元25—57年）此官失势，以后从未恢复原来的地位。太尉逐渐成为三公之中权力最大的。

司徒掌握国家的财政预算。司徒府接受财政账册并进行审核，这些账册包括人口和耕地的登记册，每年年终由地方行政官员带到京师。司徒还持有官员的花名册，每年评价官员的表现，并给空缺举荐候选人。皇帝缺席时，司徒领导廷议，并把各种意见综合起来写成奏疏上报。

朝廷从公元前87年开始把大司马的官衔授给摄政者。[③] 后汉并没恢复这种做法。头两位仅有的大司马是军事将领。随着公元51年大司马的头衔改为太尉，所有的任职者都是文官。

司空监管公共工程并考察各项工程负责官员的业绩。前汉不设司

---

① 《后汉书》志第二四，第3556页。

② 关于公元前8年、前1年、公元51年的变化的情况，见《汉书》卷十一，第344页（德效骞：《〈汉书〉译注》第3卷，第37页）；《汉书》卷十九上，第724—725页；《后汉书》卷一下，第79页；《后汉书》志第二四，第3557、3560、3562页。

③ 《汉书》卷七，第217页（德效骞《〈汉书〉译注》第2卷，第151页）；《汉书》卷六八，第2932页；鲁惟一：《汉代中国的危机和冲突》，第118页。

空。当时御史大夫为三公之一，最初是作为丞相的助手，随后有了自己的权力。他是帝国的主要监察官，监视所有官员的表现，包括内廷人员和正式官员，中央政府官员和地方行政机构官员。监视的目的是防止滥用权力。御史大夫一职在公元前8年的撤销（公元前1年再次设置），并不意味着监督的取消，而是分散了。从此官员的表现最终处于三公的三方面的监督之下。这样做虽然可能做到牵制和平衡，但也必定会导致官员权力一定程度的削弱。

三公除了有自己特定的职责外，还是皇帝的顾问。有事要与他们商量，或者他们自动提出有关一切政策事务的建议。从这个意义上说，可以把三公描述为皇帝的内阁，他们既集体负责，又有重叠的职责。

三公的官署一般说用同一种方式组成。史料仅系统地描述了太尉的官署，[①] 但是各官署的组织情况的差别无疑是很小的。三公各自有一名主要吏员（长史）协助。他们的官署划分为曹，每曹由多名吏员和助手任职。

九　卿

品级仅低于三公的九卿领导着专门机构，有的机构十分庞大。九卿不是三公直接的下属人员，尽管三公要考察他们的政绩。

九卿的第一位是太常，他掌管国家的礼仪、占卜、皇家陵寝、星象和高等教育。[②] 他有几位高级助手。太祝令是国家的祈祷师。太宰令有许多助手，他们为朝廷的祭祀活动准备、安排食品。太乐令于公元60年改为太予乐令，他指导宫廷表演和礼仪活动时的乐师和舞蹈人员。高庙令和世祖庙令负责为洛阳的两汉创立者守灵。[③] 园令和食

---

① 《后汉书》志第二四，第3557页以下。关于前汉设置这些官职的材料，见《汉书》卷十九上，第726页以下。

② 《后汉书》志第二五，第3571页以下。

③ 即高帝和光武帝。祠庙的位置见毕汉斯：《东汉的洛阳》，载《远东古文物博物馆通报》，48（1967），第54页以下。关于早期为已死的皇帝建立的灵庙数的增加和减少的情况，见鲁惟一：《汉代中国的危机和冲突》，第179页以下。

官令被指定管理后汉的每座皇陵。

太史令负责皇家天文台的天文—星象方面的观察活动，其中最重要的天文台是灵台。[①] 太史令编订每年的历法，确定吉日，记录吉凶之兆，监督占卜活动，负责尚书台中有前途的人必须通过的书写和阅读的测试，维修保养"明堂"。太史令必须是一位多面手，因此一位太史令在公元132年发明世界上第一个地动仪就不足为奇了。[②] 博士祭酒掌管太学，太学是帝国的高等学府，公元2世纪中叶有3万名学生在校学习。最后，从公元159年以后任命了秘书监，他是帝国图书馆的馆长。

九卿的第二位是光禄勋。[③] 他的职责是确保皇帝在本人居住的皇宫外面的安全。为此他掌管着五个单位。前三个称为三署，负责登记在京师见习的候补官员，这些人通称为郎。郎的工作是当皇帝在皇宫公开的场合和外出巡视时做皇帝的卫兵。郎由五官中郎将、左中郎将或右中郎将统带，归谁统带由隶属关系决定。

还有两个部门的成员也称为郎，但他们不是等待补缺的人，而仅仅是皇帝的禁卫。他们是骑兵。其中的一支部队由虎贲中郎将率领，另一支部队的成员征自中国的西北，由羽林中郎将指挥。

后汉取消了几个其职能与这五个单位重叠的机构。另一方面，奉车都尉和驸马都尉的权力也合并到官僚政府之中。它们在前汉时代曾是编外的头衔，到了后汉开始成为光禄勋属下的正式官职，同时分别授给三人至五人。由于他们没有配有下属，所以除了战争时期，他们的位置都是虚职。在同一部门的另一个类似的虚职为骑都尉，同时有多达10人担任此职。

---

① 关于灵台的结构和历史，见毕汉斯：《东汉的洛阳》，第61页以下；中国社会科学院考古研究所洛阳工作队：《汉魏洛阳城南郊的灵台遗址》，载《考古》，1978.1，第54—57页。

② 关于阅读和书写的测试见何四维：《作为中国古代法律史料的〈说文〉》，载《高本汉汉学纪念文集》（哥本哈根，1959），第239—258页。关于张衡与他发明的地动仪，见《后汉书》卷五九，第1897页以下；李约瑟：《中国科技史》（剑桥，1954—　）第3卷，第626页。

③ 《后汉书》志第二五，第3574页以下。

471

光禄勋的另一项职责是监视朝廷某些皇帝的顾问。他们是：光禄大夫，人数多达 3 人；中散大夫，多达 20 人；议郎多达 50 人。他们都不自发地进谏，只回答皇帝提出的问题。朝廷也派遣这些官员完成各种差事。另外还任命了多达 30 人的谏议大夫。他们应该监督皇帝的行为，有时监督总的官僚机器的活动，但没有办法知道他们有多大勇气履行自己的职责。

光禄勋还控制皇帝的谒者；谒者身负使命，被派往全国和国境之外，还协助安排礼仪方面的事务。在以上三方面任职的谒者的人数，在后汉时代从 70 名减至 35 名，并优先选用那些声音大、胡须浓的人。他们的顶头上司是谒者仆射。

九卿的第三位是卫尉。[1] 光禄勋负责身处宫内室外的皇帝的安全，卫尉则负责统领宫外的禁军。权力的划分非常重要，其目的是防止个别官员完全控制皇帝的人身。

卫尉掌管的近 3000 名募兵分别由七名司马率领，他们驻守洛阳南面的四座门与北宫的三座门。卫兵们还在环绕着皇宫的城墙上巡逻，还可能在联结两宫的高出地面的隐蔽通道上巡逻。另一名下属是公车司马令。南北两皇宫都有公车门，门前备有专用车辆。那些因道德品行高尚或身怀绝艺而被召见的人乘坐这些车辆来到京都。奏章也在这两个门接受。

左都侯和右都侯是后汉新增设的官职，他们可能取代了前汉的旅贲令。左、右都侯指挥在两宫里巡逻并执行朝廷逮捕令的剑戟士。

九卿的第四位是太仆。[2] 他掌管饲养军队和皇帝使用的马匹，并负责御马厩和马车房。牧场最初位于西北地区，但从公元 112 年起，部分牧场被四川和云南的五个新牧场取代。

俭朴的后汉开国皇帝大幅度削减了马厩和马车房的数量。最初只任命了一名主管马厩的未央厩令，一名主管马车房的车府令。不知何时增加了左骏厩令和右骏厩令，公元 142 年又任命了承华厩令，公元

---

[1] 《后汉书》志第二五，第 3579 页以下。
[2] 同上书，第 3581 页以下。

181 年增添一名助手骖骥厩丞。[①]

制造业主管考工令在前汉时期曾是少府的助手（见下文），后汉时期则处于太仆的领导之下。考工令管理的工厂生产诸如弓、弩、剑、盔甲等，然后放在洛阳武库里储存。很可能太仆提供运送兵器的马匹，这样就能对整个作战行动负责。[②]

九卿的第五位是廷尉。[③] 他是法律的主要解释人，并负责处理地方政府交上来的案子；他也可能对郡的诉讼施加影响。在后汉，这个部门的高级职员减少为一名丞，一名左监，一名左平。左平负责审理附属于廷尉的皇家监狱里的诉讼。很可能由低一级的属员组织成曹，但情况不详。

九卿的第六位是大鸿胪。[④] 他负责接待朝廷的来访者，确定王、侯等贵族头衔的继承顺序，指导那些应召参加帝王庆典的人，接待外国使节并与之进行谈判。后汉重组这个机构并减小其规模。大鸿胪仍由一名丞协助工作，但是从前的三个令只保留了一位大行令。史料中不再提译官，尽管译官一定继续存在。[⑤] 大鸿胪还掌管每个郡、国在洛阳所设的郡邸。郡邸是为因公或偶尔因私到首都的人提供食、宿的接待机构。对属国的指导不再归大鸿胪管，而转给了地方行政机构。

九卿的第七位是宗正，他本人必须是皇室成员。[⑥] 他按时记载皇族每一成员的新情况。如果皇室成员犯了重罪，宗正必须在量刑之前得到皇帝的批准。宗正管理皇帝的姐妹和女儿王府的工作人员，而不管王子的工作人员。后汉宗正的高级人员减少到只有一名助手（丞）。

---

① 《后汉书》卷六，第 272 页；《后汉书》卷八，第 345 页；毕汉斯：《汉代的官僚制度》，第 37 页、第 167 页注 137 和注 138。

② 关于武库，见毕汉斯：《东汉的洛阳》，第 57 页。

③ 《后汉书》志第二五，第 3582 页；本书第 9 章《司法当局》；何四维：《汉代廷尉的职能》（即出）。

④ 《后汉书》志第二五，第 3583 页以下。

⑤ 在前汉的官制中，译官属大鸿胪所辖（《汉书》卷十九上，第 730 页）。关于公元 75 年有译官存在的记载，见《后汉书》卷四十下，第 1374 页。

⑥ 《后汉书》志第二六，第 3589 页。

九卿的第八位是大司农。① 虽然他称为大司农，他实为政府的司库，负责收存地方行政官征收和上缴的税。他支付费用，以维持官僚政府和军队，还负责稳定重要商品的价格。

后汉初年大司农只有一名助手。公元82年增加一大司农帑藏，负责掌管钱财。太仓令管理为朝廷和官僚政府的需要服务的位于洛阳的太仓。平准令在物价低时买进商品，物价高时卖出商品，以此确保价格的稳定。大司农还一定控制过公元62年建于洛阳东郊的常满仓。②

前汉时期大司农的其他属员，有的从一地运输货物至另一地为稳定物价做出了贡献，有的为军队提供粮食，有的监督税收工作，有的负责保护社稷坛（每年春天皇帝在这里举行躬耕仪式），但是在后汉则不再设置这些职务。③ 盐铁的专卖转给了地方行政机构。另一方面却把导官令的职权从少府手里转移给大司农。导官令为宫廷监督挑选食品和干脯。

大司农还控制皇帝的私人财产。那些从市场所得，或从山、川、池、泽获得收益的人上交的税，专门作为皇帝的私人收入。前汉时代，皇帝的私人收入与公共收入严格分开，而由少府管理，公共收入则由大司农控制。后汉时皇帝的私人收入和公共收入就合在一起，由大司农掌握。这一步是倒退，使肆无忌惮的皇帝染指于公共资金。④

九卿的第九位即最后一位是少府。⑤ 他领导的官署最大，但却是九卿中权势最小的一位。这是因为他只对尚书和宦官有名义上的权限。

---

① 《后汉书》志第二六，第3590页以下。
② 太仓见毕汉斯：《东汉的洛阳》，第57、59页。
③ 这些官员见《后汉书》卷十九上，第731页。皇帝的躬耕仪式，见卜德：《古代中国的节日：公元前206—公元220年汉代的新年和其他节日礼仪》（普林斯顿与香港，1975），第223页。
④ 关于这些财政机构的不同作用，见加藤繁：《中国经济史考证》（东京，1952—1953年）第1卷，第35页。又见本书第7章《中央政府》和第10章《政府和皇室的财政》。
⑤ 《后汉书》志第二六，第3592页以下。

少府本身并不是宦官，他负责照顾皇帝及其皇室，维护后宫的法律和秩序，保护皇宫的园地和御花园。他是皇帝某些侍从名义上的监督人。后汉时期的少府经历了大改组，其中改组程度最小的是丞的数量从六名减少到一名。具有更重要意义的是，尚书台的规模扩大，权力加大。像以前一样，尚书台由尚书令及替补者尚书仆射掌管。他们二者都为皇帝的文件盖印。他们得到左丞和右丞的协助。

尚书划分为曹，前汉最后分为五个曹。后汉的开国皇帝取消了其中的一个曹，又把余下的曹中的两个一分为二。这样就有六个曹。[①]常侍曹处理三公与九卿的所有文件。贰监侍曹掌管地方上刺史和太守的文件。民曹接收官员和民众上奏皇帝的奏折。南北主客曹负责外族和部落的信件。每曹有一名尚书主管，尚书有下属（包括官奴婢）协助工作。各曹位于皇宫的范围内，日夜有人值班，还不断有武装的禁卫巡逻。

显然，尚书在接收和起草文件方面起关键作用，其结果是尚书的高级官员可以影响政策的制定。由于可以接近皇帝或它的代理人，尚书的成员可以不顾他正式的上级少府。事实上他们终于形成可与三公的权力相抗衡的皇帝的内阁。谁掌握了控制尚书的权威，谁就自然而然地可以相当严密地（虽然不是全面地）控制中央政府。[②]

尚书的成员不是宦官，因此不能在皇宫的后宫侍奉皇帝。但是后汉统治者像他们前汉的前辈一样，也常在自己私人的宫室处理政府公务。由于他们没有恢复以前的中书机构，因此有理由说后汉皇帝非正式地利用宦官作为尚书。[③]

少府的另一种属员是符节令及其下属。他掌管皇帝的印玺和其他的纹章和证书。

在前汉时期，御史中丞原在御史大夫的官署中，后汉把他与少府

---

① 《后汉书》志第二六，第 3597 页。

② 关于这两个组织有关联的权力及意义，见毕汉斯：《汉代的官僚制度》，第 143 页。

③ 关于中书，见《汉书》卷十九上，第 732 页；王毓铨：《西汉中央政府概述》，载《哈佛亚洲研究杂志》，12（1949），第 172 页；毕汉斯：《汉代的官僚制度》，第 49 页。

安置在一起，仍兼有两种监察职责。一方面他检查因触犯法律而上奏皇帝的奏折。另一方面他监察中央政府所有官员的表现，弹劾那些失职的官员。这意味着御史中丞的权力与前汉相比既有增加又有所降低。他在首都的监察权已不限于皇宫里的官员，但他完全丧失了地方行政机构主要监察官的作用。

后汉减少了编外人员官衔①的数量，并且通过增设新官职而使其他官衔正规化。从此以后一直安排侍中作为皇帝的顾问。皇帝身边的黄门侍郎成为皇帝与外部世界之间的联络人。

配备有许多辅助人员的太医令每天清晨检查皇帝的健康，负责为皇帝治病。太官令为皇帝准备饮食（包括酒）、水果、甜食和皇帝餐桌上别的美食佳肴。祠祀令是宦官，掌管宫里的小型祭祀活动，领导包括"家巫"在内的一批侍从。公元157年以后的守宫令是宦官，他负责文房四宝。② 上林苑令管理洛阳西部的狩猎园地，为御厨房提供野味。没有提到洛阳南部广成苑的官职，这一定是一个疏忽。从公元158年起，还任命了一个鸿德苑令。鸿德苑大概位于洛阳东部，是养野禽的地方。③

宦官由于已被阉割，故可以在掖庭，即皇帝的后宫工作，众所周知，他们的数量和影响随着王朝的进程而增长。中常侍在宦官当中品级最高。④ 在前汉时期，中常侍是授给非宦官的帝王顾问的编外头衔。后汉用这个称呼设立了一个只能由宦官担任的永久性官职。明帝统治时期（公元57—75年）批准有四名中常侍，到和帝统治时期（公元88—106年）增为10名。作为皇帝的随从和顾问，中常侍虽然没有属员，但他们由于变成了事实上的宦官首领而逐渐掌握大权。

---

① 这就是"加官"，也就是授给没有任命任何官职的个别顾问的头衔。《汉书》卷十九上，第739页。

② 《后汉书》卷七，第303页；《后汉书》志第二六，第3592页。

③ 这些苑林，见毕汉斯：《东汉的洛阳》，第80页。

④ 《后汉书》志第二六，第3593页。关于宦官权力的增长和在政府的活动，见本书第3章《宦官的作用》。

皇帝一般的服务工作和皇宫的管理工作由品级相同的宦官担任令和仆射。御府令掌管纺织品，负责皇帝服装的制作、缝补和洗涤。他的劳动力包括政府的女奴。内者令照管皇帝的饰物、帷帘等物品。[①]尚方令指导工匠制造宫中的各种用品。中藏府令保管金、银、丝帛等物，因此也可能是宫里的出纳员。

掖庭令管理后宫的宫女，在一名丞的协助下参与挑选她们的工作。他还掌管狱中的医院（暴室），暴室连同其周围的场地有时称为掖庭狱。这是一个包括被废的皇后在内的后宫宫女的医院和监狱，也是织、染、缲、晒丝和丝织品的地方。永巷令管理宫人。宫人是政府的女奴，她们侍奉皇后和宫女，也充当奶妈。

黄门令似乎掌管直接侍候皇帝的宦官。另外他还领导几个低级宦官机构。这些机构的职责没有一一列出，很可能与装饰、保养各种宫殿有关。

中黄门冗从仆射的官职创设于后汉时期，他在后宫挥指皇帝的宦官卫兵。[②] 皇帝出宫以后，他与光禄勋的郎分担责任，骑着马紧靠舆车。以这种典型的中国式做法，使皇帝不至于听凭某一个官员的摆布。中谒者仆射及其下属可能都是宦官，接办皇帝各种各样的杂差。最后，钩盾令负责管理御花园、苑囿、池塘，还有离宫和洛阳附近的住地。他的职责是维修保养，以及种植果树以供皇帝享用。

其他宦官的品级较低。小黄门是后汉开国皇帝首设之职，到和帝统治时期（公元88—106年），任职的宦官数量增加到20人。他们是皇帝的通讯员，并做皇帝与尚书之间的文件传递员。[③]

随着时间的推移，宦官担任的监分别隶属于各种宦官的机构，它们在中常侍的非正式领导下协调这些宦官的活动。宦官势力的增长也可从公元175年平抑物价的工作从大司农转移到宦官担任的中

---

① 皇帝与他人服饰的详细规定，见《后汉书》志第三十下，第3661页。尚方制造铜镜的劳动情况，见鲁惟一：《通往仙境之路：中国人对长生之追求》（伦敦，1979），第166页。

② 《后汉书》志第二六，第3594页。

③ 《后汉书》志第二六，第3594页；《后汉书》卷七八，第2509页。

准令一事得到证明。^① 必须再次强调的是，就像尚书的事例一样，宦官权力的增长并没使少府的权力相应加大。由于可以直接接近皇帝，宦官不需要向少府汇报情况，因此少府对宦官的管辖权完全是假象。

皇宫里的其他官职

后汉对皇后居住的长秋宫的服务人员进行改组和扩大。皇后的朝廷是皇帝朝廷的雏形。从理论上讲，皇后的小朝廷应该由宦官组成，但是却有一些例外。

皇后的官员中，品级最高的是大长秋。^② 低级官员的职权更加有限。中宫永巷令管理宫女。中宫私府令保管金、银、丝绸等物，同时监管缝纫、修补和清洗服装和寝具。中宫仆控制马匹和车辆。中宫谒者令带领一班下属执行各种差遣。五名中宫尚书担任秘书工作。中宫黄门冗从仆射可能负责指挥禁卫兵。中宫署令可能记录皇帝与皇后同居之事。这项工作的负担不重，因为皇帝大多回避为政治目的选择的配偶。中宫药长是皇后的医生。

皇帝的配偶一旦成为皇太后，就移往长乐宫居住，她的侍从班子也要增加。所有的官衔前面都冠以皇太后的宫名。与此相同，皇帝的母亲如果不是皇太后，那么她的居室至少从公元150年开始称为永乐宫，她的侍从人员的官衔前也都冠以此宫的名称。^③

太子的居室称为东宫。后汉太子的侍从组织有一些变化。太子太傅与所有的行政机构没有关系，纯粹是从全国最著名的学者中任命，作为王子的老师。太子少傅虽然也是教师，但同时掌管它的全体工作人员。与皇后一样，太子的小朝廷是皇帝朝廷的雏形。五名太子中庶子提意见和劝谏。两位顾问太子门大夫据说负有保卫的职责，但也许

---

① 《后汉书》卷八，第337页。

② 《后汉书》志第二七，第3606页。其前汉的前身在公元前144年也称为"大长秋"，见《汉书》卷十九上，第734页。

③ 《后汉书》卷十下，第442页；《后汉书》志第二七，第3608页。

也充当进谏者。太子家令负责生活费用，并保证饮食的供给。太子仓令和太子食官令协助他完成这些任务。太子厩长协助太子仆工作。

太子少傅的另一项职责是主管太子的安全，通常由几名官员执行。太子率更令带领太子庶子和太子舍人负责太子在宫中室外的安全。太子中盾掌管在太子宫中巡逻的士兵，太子卫率则指挥宫门的禁卫门卫侍。[①] 最后，太子洗马在太子舆车之前先行，也用他们来做信使。

其他京官

有几位官员由于他们的职务在洛阳并与首都地区的管理有关，因而十分重要。其中第一位即执金吾，其头衔可能来自据其职责所执的权杖。[②] 前汉时期执金吾的品阶与九卿相同，有时列在九卿之内。后汉的执金吾品阶降低，同时其属员也大大减少。他仍然负责皇宫以外首都市区的法律和秩序，为此他派部下按时进行巡逻。执金吾通过武库令掌管位于洛阳东北部的武器和装备的仓库。[③]

将作大匠负责建筑和修缮宫室、庙宇、陵寝及陵园，还负责植树。这个官职于公元 57 年被取消，但公元 76 年又得到恢复。劳动力由住在两个圈地内的囚徒组成。后汉一直有左校令一职，右校令在公元 124 年重设。[④]

水衡都尉一职被后汉的开国皇帝取消，仅在每年举行立秋的仪式时才予恢复。前汉时期水衡都尉曾负责长安的上林苑，后汉用品阶较低的令长期代替他，此人是少府的一名下属，负责洛阳的与上林苑同名的新狩猎场。[⑤]

---

① 《后汉书》志第二七，第 3606、3608 页。前汉该职隶属于詹事，见《汉书》卷十九上，第 734 页。毕汉斯：《汉代的官僚制度》，第 69 页。
② 《后汉书》志第二七，第 3605 页。前汉称为"中尉"，公元前 104 年改称"执金吾"，《汉书》卷十九上，第 732 页。
③ 毕汉斯：《东汉的洛阳》，第 57 页。
④ 《后汉书》志第二七，第 3610 页。
⑤ 关于"水衡都尉"见本书第 10 章《政府和皇室的财政》。加藤繁：《中国经济史考证》第 1 卷，第 36 页。

城门校尉率 1 司马、12 门候，指挥把守洛阳 12 座城门的军事分队。他的官职十分重要，因此常授给皇帝的母系亲属。[1]

司隶校尉负责包括七个州、郡在内的京畿地区。[2] 他的职责与其他地区的刺史没有什么不同。他通过组成为曹的职员检察百官的行政、礼仪的举行，首都和其他地区学校的成就。他察举官员的违法行为，但也表扬他们有道德的举动。

正如京畿地区享有特殊的地位一样，京师所在的河南郡也与别的郡不同。虽然掌管河南郡的长官的品阶与正规太守的一样，但自公元 39 年起称为河南尹，除地方官的职责以外，他还关心商业方面和首都的礼仪生活方面的工作。他的洛阳市长监管首都的三个市场和从水路到达的船货。[3] 一位名称不详的下属管理位于洛阳东面 130 公里处、一定对首都的粮食供应做出贡献的敖仓。公元 98 年，河南尹的部下廪牺令被重新任命，为国家祭祀仪式准备粮食和牺牲。[4]

洛阳令的地位十分脆弱，因为他必须在皇亲、贵族、权臣居住的城市维持法律秩序，而这些人常常为所欲为。他控制着一座帝国的监狱。他的另一项特殊职责是通过孝廉左尉和孝廉右尉监视由郡、国推荐到京师的官员候选人。[5]

地方行政管理

郡级官员

公元 35 年，后汉创立者认识到由于匈奴的压力而造成的朔方郡

---

① 《后汉书》志第二七，第 3610 页。

② 《后汉书》志第二七，第 3613 页。七个州郡是河南郡、河东郡、河内郡、弘农郡及由京畿地区三名特殊官员管辖的三个州。见本书第 7 章《郡的主要行政单位》。

③ 《后汉书》志第二六，第 3590 页。关于几个市场，见毕汉斯：《东汉的洛阳》，第 58 页。

④ 《后汉书》卷四，第 185 页。

⑤ 见《后汉书》志第二八下，第 3623 页注 3 所引的汉官。

人口的减少，于是取消了这个郡，把它并入邻近的郡。[1] 包括首都地区在内的州的数量从 14 个减少到 13 个。

　　两汉设立州的官职的目的是监督所有郡、国官员的表现。但是与前汉一样，后汉政府对监察官品级的高、低也难以决定。它开始时像公元前 1 年以来的做法那样任命高品级的州牧。公元 42 年又采用低品级的州刺史。公元 188 年又恢复了牧的头衔。[2] 这种大起大落的变化产生于高级监察官和低级监察官都不愿以无畏的精神采取行动的两难处境。老年人希望在晚年回避冲突，青年人则怕毁掉自己未来的前程。这两种办法都有利有弊，都不是十全十美的。

　　公元 35 年以前，每年阴历八月各位刺史（或牧）从首都出发巡视各地然后返回首都上交巡视报告。公元 35 年以后，虽然他们仍在每年八月进行年度视察，但平时常驻郡治。年度报告由其属员于每年新年送往中央政府。因此，与前汉相比，后汉的刺史（或牧）与地方行政机构的联系更强。刺史的属员组成曹，每曹由一名从事史掌管。此外，对州的每个郡或国，还任命了一个从事史，另一名则充当别驾从事史。后者负责跟随刺史（或牧）履行公共职能，并记录包括对话在内的一切事项。[3]

郡　治

　　州下设郡的数量不等。如果一个地区由皇帝授给他的儿子或别的后裔作为封地，那么这块地方就成为"王国"，不过这并不影响该地区的管理方式。前汉末期，郡和国的总数是 103 个。公元 37 年后汉创立者取消了 10 个。后来他的继承人又增加了 6 个新郡，因此公元

---

① 《后汉书》卷一，第 58 页。

② 关于公元前 106 年设这些官员，见本书第 7 章。关于改刺史为"牧"的意识形态上的考虑，见鲁惟一：《汉代中国的危机和冲突》，第 166、263 页。关于后汉头衔的变化，见《后汉书》卷一下，第 70 页；《后汉书》卷八，第 357 页；《后汉书》志第二八，第 3617 页。

③ 《后汉书》志第二八，第 3619 页；毕汉斯：《汉代的官僚制度》，第 92、181 页注 9。

140 年郡、国的总数是 99 个。[①]

每郡置太守一人。王国的地位相当的官员尊称为相，但其职责与太守相同。这些官员负责本地区全部文职事务和军事事务，其中包括行使民法和刑法的职责。春天他们亲自巡视自己管辖的各县，秋天则派遣属员完成同样的使命。年终他们把年度报告上报京城，同时举荐官员候选人。[②]

前汉的郡守通过都尉履行军事职责，都尉负责镇压匪盗，每年八月在演习时训练地方民兵，在边境地区各郡的都尉还负责巡视烽燧和碉堡。除了边境各郡以外，公元 30 年取消都尉一职，只在出现重大军事紧急情况时临时性地恢复一下。从此郡守必须亲自处理地方的动乱。征集兵役的工作继续进行，但一年一度的军事训练被取消了。

郡守的属员被组织成几个曹，各曹的人数和权力范围各郡不尽相同。曹掌管以下事务：地方的巡视、人口与耕地的登记、农业及养蚕业、税粮与谷仓、市场、驿站及信使、奏折的呈递、举荐贤能、军事装备、征兵、民法、刑法、收押刑徒和镇压匪盗。根据地方上的情况，曹还管理渡口和水渠、水路运输、道路和桥梁、烽燧、建筑及专卖事业。

前汉时期盐铁的专卖由大司农的代理人掌管。后汉转移到地方行政长官手里。生产此类商品的郡设铁官和盐官。他们的活动由郡、县各级的曹进行协调，最终由首都的三公的官署来协调。[③]

县级官员

郡、国都划分为县。公元 2 年有 1577 个县，但公元 140 年只有 1179 个。削减 400 个县的诏令是后汉的开国皇帝承认关中平原和西

---

① 组成帝国的行政单位及其附属机构的表，见《后汉书》志第十九至二三。

② 《后汉书》志第二八，第 3621 页。关于这些报告与记录的呈递，见镰田重雄：《秦汉政治制度的研究》（东京，1962），第 369 页以下；严耕望：《中国地方行政制度史》（台北，1961）第 1 卷，第 257—268 页。

③ 关于盐铁管理的详细论述，见毕汉斯：《汉代的中兴》第 4 卷，第 153 页以下；《汉代的官僚制度》，第 99 页；《后汉书》志第二八，第 3625 页。

北人口减少这一事实而于公元 30 年发布的。[①] 如果一个县这样一块地方一旦赐给一位侯作为封地，这个县就称为侯国。位于特定的敏感地带和特别有必要控制地方上的"蛮夷"的县，称为道。

县级行政长官县令和县长的职责是令人吃惊的，对这些职责，他们在上任以前都准备得不充分，结果只能在上任以后才能学到必要的专门知识。每位行政官在自己的县尽力维护法律和秩序，登记人口及财产，收税，监督季节性工作，为防备天灾贮存粮食，动员人民为国家服劳役，监督公共工程，履行各项礼仪，考察学校的活动并审判民事和刑事案件。

县级长官的头衔决定于县的大小。如果一县的户数是 1 万或者更多，官衔即为县令；如果少于 1 万即为县长。事实上很难精确地遵照这种区别执行，特别是在国内人口大规模流动期间。侯国的县行政官享有"相"的尊称，但他的职责与县令或县长没有什么不同。[②]

县级政府的属员模仿郡级行政机构分成曹，当然也视各地情况而异。根据县的大小，设一两名尉协助县令（县长）镇压匪盗。秋、冬两季，县官根据当时实际情况修订人口、耕地、税收及各种费用的簿册，然后上交本郡太守，经过核实以后，与其他各县的材料汇总成一个报告，最后于年终上报京师。[③]

每县有一座用城墙围起来的县城，周围是村庄和农田。县境的领土划分为乡，乡划分为亭，亭划分为里。[④] 这些单位由地方任命官员治理。关于乡的行政工作，三老负责道德教化的引导，还有一名游徼负责治安，第三位官员则负责征税、劳役和司法等工作。在 5000 户或更多的乡，第三位官员就称为有秩，在更小的乡称为啬夫。亭由负责维护法律和秩序的亭长管理，亭长还负责维持邮亭。他的总部既是

---

① 《后汉书》卷一下，第 49 页；本书第 3 章《汉代的中兴》。这里所举县的数字，见毕汉斯：《汉代的官僚制度》，第 185 页注 77、注 78。

② 《后汉书》志第二八，第 3622 页。

③ 同上书，第 3622、3623 页注 2。

④ 同上书，第 3624 页以下。

捕役住地，又是官办的驿站。里置里魁。里的居民每 5 户组成一伍，10 户组成一什，每个人的行为都由集体负责。在地方行政管理的最低一级，人们最后获准有相当程度的自治，即便如此，头头的选择也必须得到权力机构的认可。

侯爵的官员

在后汉时期，太子以外的王子都封为王，王国一般由王的长子世袭。未能世袭王国的皇孙封为侯。从公元前 127 年起，凡是王的儿子，不管他们是皇帝的几代孙，没能世袭王国的都封为侯。公主的封地作为侯国传给她的长子。王的女儿成为乡或亭的公主，但她们的封地随其死亡而废除。[①]

随着公元前 154 年七国叛乱的失败，王的领地权被削掉。从此王的封地由政府派去的官员管理，与正规的郡很难区分。从公元前 145 年起，王甚至失去了任命管理自己王室事务的高级官员的权力。傅是指导王的道德行为的导师，主要是一种荣誉职位。郎中令掌管卫兵、信使和文书。仆负责马匹和车辆。还任命了可能负责统领王府门卫的一名卫士长，一名礼乐长，一名主持祭祀的祠祀长，一名医工长和一名管理女奴的永巷长。

公元 37 年，为商殷和周朝男性子孙中的资深者设置了公国，但无法知晓公国的行政管理。[②] 公以下最高级的贵族是位列二十等的列侯。低品级贵族一般没有封地。列侯分为三类：王族侯、对本朝有特殊贡献的功臣和外戚。这几类列侯的总数仅有公元 37 年的数字，分别为 137 人、365 人和 45 人，共 547 人。[③]

每一位侯都在一个或几个县、乡、亭得到一块有一定户数的封

---

① 《汉书》卷十九上，第 741 页；《后汉书》志第二八，第 3627 页；毕汉斯：《汉代的中兴》第 3 卷，第 22 页。又见本书第 2 章《地方组织》和第 7 章《郡的下属单位》。

② 《后汉书》卷一上，第 38 页；卷一下，第 61 页；《后汉书》志第二八，第 3629 页。

③ 数字见《后汉书》卷一下，第 61—62 页。后汉的这方面材料不如前汉完整，因《汉书》卷十三至卷十九有世系表，《后汉书》则没有相应章节。前汉的数字见本书第 7 章表 12。

地。朝廷希望侯与王一样住在自己的封地上，但这个规定难以实行。经官方允许住在首都的侯为奉朝请。后来这些侯按威望的高低又依次划为三等，即特进侯、朝廷侯和侍祠侯。①

侯不影响封地的行政管理，只从封地得到收入。管理他们家族事务的官员由中央政府指派。后汉允许千户侯或更大的侯有一名家丞和一批充当卫兵的庶子。对较小的侯只安排庶子。

所有的王、公主、公和侯当然都有大批仆人和奴隶作为随从，但这些人都是私人所用，没有官阶。

边境外的行政管理

后汉沿用建立属国的老习惯。属国不再由中央政府派人管理而是并入地方的行政管理之中。属国绝大多数人口不是汉族人，它们在北部和西部边境地区对匈奴和羌起着缓冲国的作用。属国由都尉统领，都尉最初是邻近郡守的下属，但从后汉中期开始，他的地位实际上与郡守相等。②

为了对付边界以外的邻居，中国政府任命了一批官员，视情况需要，或作为外交使节，或作为军事将领。公元33年永久性地恢复了护羌校尉，公元49年或不久的以后恢复了"护乌桓校尉"。两位将军指挥靠近边境的部队。每人接受一根称为节的权杖，使他成为皇帝的合法代表，他们受权不用等待中央政府的批准，可以采取独立行动。护乌桓校尉不只管理乌桓族的事务，还负责鲜卑的事务。他与北方"夷狄"在季节性市场上做买卖，特别是买马。③

公元50年，南匈奴与中国言和，皇帝把西北地区的大片土地割让给他们，同年任命一名使匈奴中郎将。这位官员也被授予节，总部设在鄂尔多斯地区的美稷县，成为中国在南单于朝廷上的主要外交代表。另外他还负责处理与北匈奴的关系。他在一名副校尉的协助下指

---

① 《后汉书》志第二八，第3630页。
② 同上书，第3621页。
③ 《后汉书》志第二八，第3626页；又见本书第6章。

挥骑兵部队和囚徒，后者因在边境戍军中服役而能减刑。[1]

后汉的开国皇帝拒绝在西域——主要是塔里木盆地和吐鲁番绿洲——重设都护府。随着对北匈奴采取进攻性行动，中国的态度改变了，从公元 89 年起，中国再次成为主宰中亚的力量。西域都护和戊己校尉经过一次毫无结果的尝试后从公元 92 年起再次被任命。[2] 对这两个官衔的意义有争议。但他们都有下属的军官并指挥着几支部队。公元 107 年取消了西域都护一职，从此戊己校尉成为中国在中亚的主要代理人，一直到后汉结束，即使在公元 2 世纪中叶以后西域摆脱了中国的控制，仍继续在中亚任命这几种官职。

军　队

后汉继续征兵。所有体格健壮的人到了 23 岁都在本郡作为材官（步兵）、骑士或楼船士（水兵）接受一年训练。他们还要当一年戍卒，或是作为京师卫尉统帅下的或诸王朝廷中的卫士，或是作为郡和边境的士兵。服兵役满两年以后，他们返回家乡，组成紧急时刻可以动员起来的地方民兵。从 56 岁起，参加民兵的人便不再担负任何职责。[3]

北军由驻守京城执行防卫任务的职业士兵组成。由于这支部队由五名军官指挥，故称为五校兵。后汉时期不再设南军。前汉曾把由卫尉指挥的征募的卫兵称为南军。北军由光武帝重新组成，公元 39 年定型。

五校分别掌管各自的营地，他们是屯骑校尉、越骑校尉、步兵校尉、长水校尉和射声校尉。除长水校尉的骑兵征自乌桓和匈奴以外，

---

[1] 《后汉书》卷一下，第 77—78 页；《后汉书》卷八九，第 2943 页以下。

[2] 《后汉书》卷四，第 173 页；《后汉书》卷十九，第 720 页。前汉"西域都护"一职的始末，见何四维：《中国在中亚：公元前 125 年至公元 23 年的早期阶段》（莱顿，1979），第 79 页注 63；本书第 6 章《行政管理的安排》。

[3] 见《后汉书》志第二八，第 3624 页注 1，参看引自《汉官仪》的材料；鲁惟一：《汉代的行政记录》（剑桥，1967）第 1 卷，第 162 页以下。

其余的士兵似乎都是汉族。长水校尉的头衔是一个时代错误。前汉享有这个官衔的军官曾驻守在长安东南方的长水岸边。后汉仍保留这个头衔，虽然其营地已移往洛阳。北军中侯监管五校及其营地。北军的全部兵力共有官兵 4000 多人。[1]

黎阳营位于洛阳东北方 200 公里左右的华北平原，属于首都外围的保卫力量。公元 43 年已有文献记载，它由 1000 名步兵和骑兵组成。公元 110 年在西北地区的渭河谷地建起两个附加的军营。[2] 其中雍营恰好位于渭河中游的北岸，虎牙营位于渭河南岸，在更东的长安。二者显然为渭河下游的谷地形成一条连续的防线，但不一定总是有效。虎牙营于公元前 140 年被南匈奴、羌和乌桓袭击并摧毁。[3]

在前汉，关都尉在保卫赖以通过悬崖直达西北京都地区的关隘时起重要作用。这名军官监视着通过关隘的往来旅客并负责保护它们不致遭到除重大攻击以外的一切攻击。后汉的创立者把首都迁往洛阳以后，这个职务似已变得不必要，因此公元 33 年被取消了。但是皇帝发现来往于西北的行旅仍然很繁忙（特别是通过黄河正南面的函谷关），需要进行监督，因此他于公元 43 年再次任命了函谷关都尉。[4]

度辽将军一职在前汉从公元前 77 年至前 66 年只存在了 12 年，公元 65 年后汉重设这一官职并不再废除。与其头衔相反，度辽将军与东北的辽河毫无关系；他指挥的部队驻守在鄂尔多斯区黄河西北一曲的正北面。可以说他驻守了一段长城，他的部队就等于插在中国西

---

① 《后汉书》卷一下，第 53、55、66 页；《后汉书》卷十八，第 684 页；《后汉书》卷二四，第 859 页；《后汉书》志第二七，第 3612 页以下；毕汉斯：《汉代的官僚制度》，第 117 页。

② 《后汉书》卷十八，第 694 页；《后汉书》卷五，第 215 页。

③ 关于这些打击，见《后汉书》卷六，第 269 页；《后汉书》卷八七，第 2895 页；《后汉书》卷九十，第 2983 页。三个营存在时，它们像北军一样，不仅为了防卫，还有进攻任务，它们曾多次对付外来侵略者及国内的叛乱。

④ 关于关都尉，见《后汉书》卷一下，第 55、72 页；鲁惟一：《汉代的行政记录》第 1 卷，第 61、107 页。

北的南匈奴与中亚的北匈奴之间。主要目的就是防止这些部落再次联合起来。[1]

以上所详细叙述的武职属于和平时期和战时的组织。在发生重大紧急事件而动员民兵时，营的将领通常被授予将军的头衔。营划分为由校尉指挥的部，部划分为由军候指挥的曲，曲再次划分为由屯长指挥的屯。还有其他担负各种职责的军官，事实上很可能没有一支部队与别的部队完全相同。当为之招集的战役结束以后，民兵也就被解散。[2]

最大的一次遣散发生在内战快结束或结束以后。在转变为和平时期的军事组织的过程中，政府还免除了以前的战地军事将领之职。随着时间的推移，当再次授予某些军事头衔时，它们的性质已经改变，已经具有政治上的意义了。公元57年汉明帝恢复了骠骑将军的头衔，把它授给自己的一个亲弟弟。公元188年汉灵帝将此头衔授给自己的亲姨表兄弟。这两位任职者都不是真正的将军；他们得到的职位都是荣誉性的闲职。[3]

公元77年恢复了车骑将军的头衔。[4] 在公元110年之前车骑将军在外进行征战，但是确定车骑将军的人选时则优先考虑皇帝的母系亲属，他们当中有两个人直接从这个位置晋升为摄政。公元110年以后，只有在战争的紧急时刻战地将领才被授予此职。其余时间此职只由皇亲国戚或宦官担任，因此车骑将军一职也成了为政治目的而设的闲职。

在国内战争时期，大将军的头衔被授给突出的军事将领，但后来就被免除了。公元89年重新采用这个头衔时，它已经成为摄政的同义语。第一位和最后一位大将军在行使政治职能的同时指挥着军事征战。其他的大将军则与军事事务不相干；他们在政治上被任命，以皇

① 《汉书》卷七，第230页（德效骞：《〈汉书〉译注》第1卷，第171页）；《汉书》卷十九下，第796、803页；《后汉书》卷二，第110页。

② 《后汉书》志第二四，第3564页。

③ 《后汉书》卷二，第96页；《后汉书》卷八，第356页。

④ 《后汉书》卷三，第135页。

帝的名义控制政府。如表 14 所示，[1] 后汉时期有七位这样的摄政掌权。大将军的品级与三公相同，但权力比三公大。他在洛阳的官署实际上成为按照习惯分成若干个曹的主要机构。

表 14	后汉的大将军
窦宪	公元 89 年 10 月 29 日至 92 年 8 月 14 日
邓骘	公元 109 年 1 月 18 日至 110 年 10 月和 11 月间
耿宝	公元 124 年 9 月 16 日至 125 年 5 月 24 日
梁商	公元 135 年 5 月 19 日至 141 年 9 月 22 日
梁冀	公元 141 年 9 月 28 日至 159 年 9 月 9 日
窦武	公元 168 年 1 月 30 日至 168 年 10 月 25 日
何进	公元 184 年 4 月 1 日至 189 年 9 月 22 日

文职官员的吸收

后汉吸收文官的制度比前汉的更为完备。最高荣誉仍然是被皇帝召见以委派给可能的官职。可以拒绝这样的召唤，不过抵制专横的皇帝是十分困难的。

诏令一如既往地不定期发布，要求推荐具有特定的道德品质或专门技能的人。[2] 他们到达首都以后要通过一次专门的考试。更重要的是，每位郡守或王国的相都要在每年年底的报告中作为例行公事推荐两名孝廉。孝廉已经有资格当官。他们通常作为三署之一的郎经历一段试用期后得到官职。由于这种吸收人才的方式不利于人口稠密的省份，因此从公元 92 年开始采用定额制。从此有 20 万居民的郡、国每年可推举 2 名孝廉作为候选人，人口少于 20 万的每两年举荐 1 名，

---

① 《后汉书》卷四，第 169 页；《后汉书》卷五，第 211、240 页；《后汉书》卷六，第 264、271 页；《后汉书》卷八，第 328、348 页；毕汉斯：《汉代的官僚制度》，第 124 页；本书第 3 章《光武帝死后的朋党》。

② 《东汉会要》卷二六收集了许多这样的诏令。关于吸收官的制度的详细情况，见毕汉斯：《汉代的官僚制度》，第 132 页以下。又见雷夫·德克雷斯皮尼：《后汉帝国官僚机器的征募制》，载《崇基学报》，6：1 (1966)，第 67—78 页。

少于 10 万的每三年举荐 1 人。为优待北方边界人烟稀少的各郡，公元 101 年又下令这些人口不到 10 万的郡每两年可推荐 1 人，人口不到 5 万的郡每三年可推荐 1 人。结果用这种方法全国每年可推荐 250 人至 300 人。①

公元 132 年以前的孝廉不必经过笔试。同一年下令，除去有非凡前途的年轻人，所有候选的应试人年龄必须够 40 岁。考试的成绩由三公的官署和尚书来评定等级。②

当前汉不定期地颁布诏令邀请推荐的候选人做官时，"秀才"是其中所需要的品性之一。后汉中兴以后为避光武帝之讳，把秀才改为"茂才"。他于公元 36 年下令把举荐茂才作为每年一次的定例，举荐茂才的工作应由每个三公、光禄勋、司隶校尉和州牧去做。这意味着每年会有 17 人通过这种方法举荐上来。后来有的大将军也享有选择茂才的权利。茂才一般已是官员。他们已无须再在三署做郎，并且按照规律他们很快就可以晋升到更高的职位。③

公元 178 年灵帝设鸿都门学作为吸收官员的另一种与上述办法相竞争的制度。鸿都门学设在洛阳的一座皇宫里。三公及州、郡、国的官员受命办理一年一度的推荐合适的候选人之事。这些人接受书法、辞赋及撰写政府公文的训练，然后给他们安排官职。鸿都门学遭到各种享有既得利益的人的敌视，但是皇帝坚持把它保留下来。④

---

① 《后汉书》卷四，第 189 页；《后汉书》卷三七，第 1268 页。

② 《后汉书》卷六，第 261 页。

③ 《后汉书》志第二四，第 3559 页注 2，参见公元 36 年诏令的引文，它下令招收茂才（《后汉书》卷一下无此记载）。关于后汉为了避讳而使用茂才这一名称的情况，见《汉书》卷六，第 197、198 页注 7（德效骞：《〈汉〉译注》第 2 卷，第 97 页）；《汉书》卷八，第 258 页（德效骞：《〈汉〉译注》第 2 卷，第 238 页）。但是《汉书》卷八八，第 3594 页仍能见到"秀才"这个名词。

④ 《后汉书》卷八，第 340、341 页注 1；毕汉斯：《汉代的官僚制度》，第 141 页。赋的出现及形式，见吴德明：《汉代宫廷诗人司马相如》（巴黎，1964），第 135、211 页；戴维·克内克特格斯：《汉代的赋：扬雄（公元前 53—公元 18 年）赋的研究》（剑桥，1976），第 12 页以下。

前汉的高级官员（俸禄在两千石以上）做官满三年以后有权让自己的兄弟、异母兄弟、儿子或侄子进三署做郎。这种做法由于不以功绩做标准而遭到反对，故于公元前 7 年被取消。后汉的开国皇帝恢复了这种制度。另外，两汉都允许官员们主动举荐有德之人，但是如果发现被推荐人不够条件，推荐者就有受惩罚的危险。[1]

在京师主管官署的官员，以及在地方行政机构负责的州、郡、国、县的官员，实际上可以自由地任命自己的属员。如果这些属员有能力，有运气，就能晋升为更高一级的文官。从数量上看，这是进入官员队伍的最重要的渠道。

在前汉，太学的学生已经可以通过特科考试成为文官。后汉的史料不完整，但是鉴于学生的众多，我们仍然可以相当有把握地肯定，大多数人必须自己找门路得到任命或官职。[2]

最后，还有购买官职的可能，虽然这种办法的声誉不好。但是，不要把这与公元 178 年颁布一项政府的政策相混淆：根据这项政策，高级官员必须在获得新官职以前或在以后强制性地分期捐献。[3]

政府的权力

汉代中国行使权力的基本原则是不让人拥有过多的权力。官员与皇帝分享权力，官员与官员之间互相分享权力。直到公元前 8 年为止，前汉的丞相在职业官僚中品级最高，可以以他官职的权力为后盾与皇帝抗衡。从那一年三公三方划分相等的权力以后，这种地位即使不是不可能，也是较难形成的。不久以后大将军就作为三公之中最有影响的人物来填补权力的真空。

---

① 毕汉斯：《汉代的官僚制度》，第 132—133 页。
② 关于太学，见毕汉斯：《汉代的官僚制度》，第 138 页以下；本书第 7 章《文官的职务》。
③ 《后汉书》卷八，第 342 页；毕汉斯：《汉代的官僚制度》，第 141—142 页。

与三公对应的是尚书台，它由它的官员及曹组成，后汉的开国皇帝对它甚为器重。[①] 三公品级高于尚书台，但是由于尚书台接近皇帝，它的权力并不小于三公，甚至超过三公。从某种意义上讲，尚书台和三公形成了两个竞争的内阁。在皇宫以外没有正式权力的宦官，为了使自己生存下去，就与皇帝认同而成为一体，这样就逐渐加强了他们在政府中的作用。皇帝、三公、尚书台和宦官的相对的势力因时而异，这要取决于各人的个性、偏爱和派别斗争。[②]

后汉诸帝或满足于起一种更消极的作用，或希望减轻他们行政职责的负担，而把权力委托给别人。较为常见的做法是同时任命一名录尚书事。这意味着由他代替皇帝监督御用的尚书台。在公元189年有效的政府崩溃以前，九名都尉和两名大司徒被任命为录尚书事，从而导致两个内阁一定程度的融合。另外，除了最初的两名太傅外，所有的太傅都被授予同样的职责，这解释了他们取得政治大权的原因。但是政府很清楚把过多权力交给一名官员引起的危险，因此又把录尚书事的权力正式划分给两名甚至三名高级官员。这种方法仅被前汉采用两次，而在后汉却是正常的形式。

权力平衡的又一个因素是摄政。大将军，即摄政，不论是由皇帝还是由皇太后委派，都是皇帝的主要代表，但都不拥有皇帝的全部权力。他分享了皇帝或皇太后的权力，但一般地说不是不会引起紧张状态的。有意思的是在七名摄政当中，前四人无人当过录尚书事，其余三人则与别人一起掌录尚书事的权力。只有第五位摄政梁冀成功地清除了自己的伙伴，从公元147年末至159年一人独当录尚书事。这是他赢得不寻常权力的原因。

摄政试图把自己的权力超过制度允许的限度，这使他们与皇帝发生了冲突。冲突始于操纵皇位的继承，终于全面的对抗。最后两位摄政与某些职业官僚而不是与他们正常的支持者联合起来，目的是要大批屠杀宦官并对皇帝进行人身控制。但是两人在计谋上都斗不过宦官

---

① 见本书第7章《中央政府》。

② 比如，见本书第4章。

而被宦官消灭，宦官被私利所迫，就成了皇帝最后的保卫者。

结　束　语

正如史料所描述的，后汉的制度不是乌托邦，而是实用的和起作用的体制。后汉的制度由秦朝和前汉转化而来，并在转化的过程中趋于更加复杂和精细。发生的变化导致它变得更好和更坏。官僚机构越来越大。新的司空可能促进公共工程。皇帝私人资金与公共资金的混合无疑是为了改进管理，但却引起了财政上的弊病。三公三方的监督权代替了御史大夫及其官署对官员公开表现的考察；御史大夫的丞转到少府的官署；郡的监转到了地方行政机关，这一切都有助于朝分权和减少政府的监督职能的方向发展。御用尚书台、大将军和太傅的重要性的增长产生了一种新的官僚政府的妥协。有权势的各级宦官的产生是对外戚家族滥用其权力的一个反映。

总之，后汉的制度不仅具有建立在牵制和平衡这一基础上的十分重要的稳定性，还具有适应性和发展的能力。后汉的制度成为当时世界上及后来世纪最引人注目的政府制度。

胡志宏　译

第九章

秦 汉 法 律 *

史　料

　　按照传统说法，中国很早就有了法典。至迟从公元 8 世纪起，就已有了一部刑法。[1]把编纂法典与大而集权的国家——它逐渐取代了一大批小而陈旧的国家——的成长和与在这些新政治体制中一个真正官僚政治的发展联系起来，看来是合乎逻辑的。但除了一个值得注意的例外以外，这些法典以及后来的帝国的法典大部分都不存在了。我们得到的最早的完整法典是编纂于 653 年的唐代刑法的 725 年修订本和几百条唐代的行政规定。我们所知道的较早时期的法律，绝大部分是辑自历史和文学著作中的引文与其他材料，和一定程度上来自铭文与考古发现的文书。用这种方法，我们获得了一批较早的法律的引文和一宗可观的判例法。

　　除去近来发现的部分秦律的汇集之外，我们的主要史料是连续叙述公元前 202 年以后一统的或割据的各王朝的史书，尤其是这些史书

＊　我对去世的莱顿大学司自劭（Szirmai）教授和鲁惟一博士的可贵的提示表示谢意。

①　关于“法”在中国制度和社会中的地位的概观，见瞿同祖：《传统中国的法律和社会》（巴黎、海牙，1961）；卜德：《中国的法的基本概念：传统中国的法的思想的根源和进化》，收于他的《中国文明论文集》，勒布朗和博雷合编（普林斯顿，1981），第 171—194 页。关于最早的法典编纂，见何四维：《秦代的法家和法律》，收于《莱顿汉学研究》（莱顿，1981），第 3 页。关于汉律遗文的搜集和解释以及《汉书·刑法志》的译文，见何四维：《汉法律残简》（莱顿，1955）；日文译文见内田智雄：《汉书·刑法志》（京都，1958）。何四维：《秦法律残简：1975 年湖北云梦发现的公元前 3 世纪的秦法律和行政规定的注释译文》（莱顿，1985），他在书中提供了最近发现的秦律残简的译文。以下提到的这些文书的细目，即根据这一著作的分类。

中的几篇刑法志，它包含了我们正在研究的这一时期最重要的法典编纂和修订的史事，以及大案要案的讨论摘要。这些史书是，司马迁（大约公元前 100 年）的《史记》、班固（公元 32—92 年）的《汉书》、范晔（公元 398—436 年）的《后汉书》以及一批较后期的著作。这些史书的叙述之所以更加重要，是由于它们提供了官方文书的摘要，并常引用原话；这些引语的可靠性以及这些著作作为整体的传统的忠实性为考古发现的物证所证明。这些史书的早期注释者以及原籍的注释者，在解释原文的晦涩而古雅的段落时，给了我们一系列的法条引文。搜集有关早期中华帝国的法典材料和有关的判例法，应归功于中、日两国学者。中国最早做这个工作是在快到 13 世纪末的时候；而到了近 19 世纪末，这种研究才继续进行，但是在一个更大的规模上进行的，并取得了卓越的成果。我们所遵循的主要是这些学者们的力作——特别是活跃于 20 世纪头十年的沈家本和程树德的著作与考古学发现。

　　关于统一帝国建立（公元前 221 年）前的时期的情况，与上面的情况十分类似，因为我们也掌握了一批可从中选取有关法律和法制材料的文、史、哲的著作。但确定这些原文的时期则是极为复杂的问题，并且远远没有得到解决，而对原文的校勘工作也几乎没有开始。[①] 因此，仅靠这个基础，不可能给这一时期的法制画出一个条理清晰的轮廓。但最近几年大量的秦王国的手写法律文书残简的发现和出版，使这种情况大有改进。[②]

[①]　关于对这些文书的看法，见何四维：《汉法律残简》，第 18 页以下。

[②]　1975 年，这些文书发现于公元前 217 年的一个古墓，它位于湖北武汉西北约 75 公里（45 英里）处。关于这个发现的详情和把原文转写为现代汉文的各种版本，见何四维：《1975 年湖北发现的秦代文献》，载《通报》，64：4—5（1978），第 177 页以下；何四维：《秦法律残简》，引言。关于中文材料，可参见睡虎地秦墓竹简整理小组：《睡虎地秦墓竹简》（北京，1978）；这个版本不同于 1977 年出版的同一名称的线装本。当本文付印时，接到初步的报告说，秦律的原文现正被进一步发现的法律文书所补充，这些文书的年代在前汉的头几十年。从江陵（湖北）张家山 M247 墓中发现的汉简总数超过了 500 件；见张家山汉墓竹简整理小组：《江陵张家山汉简概述》，载《文物》，1985．1，第 9—15 页。

总 的 原 则

早期中国的法，是一种完完全全的古代社会的法。它的古代性甚至到了表现出某些属于所谓"原始"思想特质的程度；而在其他方面，则从现代意义上说是纯理性主义的。

中国思想自汉代以前及以后的世纪以来，本身清楚地表明，它受宇宙各部分之间的关系是互相影响和互相依存这一观念的支配，其结果是个人的行为被认为会影响万物。这样，统治者的行为自然会有万物的感应，甚至普通人的行为也有这样感应。这样，被认为是反常或违时的自然现象，因此就被看成是天时失调的表现。[①]

为了与这种观念协调，即个人的行为必须与宇宙的进程紧密配合，以保持与自然界的一致，从而对人类有益，死刑只能在死亡和衰落的季节执行，也就是在秋冬两季执行而不能在春季，否则就妨碍了繁殖和生长，从而引起灾害。有趣的是，我们可以看到一个死囚如果"熬过了冬季"，那就意味着他可能不被处死。这就可以解释为什么有些官吏时常急着在春季到来之前对死囚行刑的原因了。[②]

自然界和人在自然界的地位这一概念导致了这样一种看法，就是因扰乱和谐的行为而引起的不平衡，必须用另一个行为去抵消这个不平衡而使其平衡。因此，必须用刑罚来抵消罪行，如所用术语的"当"和"报"等的含义就是如此；用惩罚去"压倒"罪行或进行"回报"，这样，原来被错误行为所打乱了的和谐就得以恢复。[③]

从这个概念派生出一个非常重要的原则：当发生一个错误行为时，它必须被纠正；刑罚必然紧跟罪恶之踪。一个人——当然是可以追踪到的犯罪者——要对自己的行为负责，在理论上是不论此人的年

---

① 关于这些思潮的发展，见以下 12 章《道及其衍生的思想》和《董仲舒和天的警告》；鲁惟一：《中国人的生死观：汉代（公元前 202—公元 220 年）的信仰、神话和理性》（伦敦，1982），第 4、8 章。

② 见何四维：《汉法律残简》，第 103—109 页。

③ 关于董仲舒的这种观点的表现，见《汉书》卷五六，第 2500 页以下。

龄、性别或条件。因此我们可以看到，在古代，疯子被处以死罪；而在后世只受到稍为从轻的惩处。[1]

从古代的经典[2]中可以清楚地断定那时存在着严格的等级原则，中国社会就是以这个原则像一座金字塔那样组织和形成的。这个组织形式一直支配着中华帝国的始终；虽然许多世纪以前的远古的具有神性的王权已转变为人世的王的统治，但统治者个人依然具有宗教的威严。于是反对统治者本人和他的政府的事情都被认为是罪大恶极。他的住地和墓地以及更直接与宗教有关之地也围绕着同样的气氛；在那里发生不吉利的事件比在非神圣化的地方发生的要严重得多。等级的原则也同样在家庭之中生效，从而产生了子孙对祖先，长辈对晚辈的行为的不同评价。不孝敬父母和弑父弑母当然属于大恶不赦的范畴。同样的标准也适用于长官与他治理下的百姓、老师与学生、主人和奴隶之间。

另一个古代现象是集体对其成员的犯罪负有不可分割的责任。[3]特别是犯重大罪行者的家属也要受到惩罚，有时被处死，有时被罚做奴隶。这种原始古代特征的一个后世的派生物，是罪党推荐的政府官员被罢官。[4]

但也有其他倾向在起作用。首先，我们已经提过等级原则可因情况不同而导致减刑或加刑。具有较大意义的是在有意和无意之间作了个区分，这在前帝国时期已经如此了。法官在"贼杀"（预谋杀害）或"故杀"（有意杀害）与"误"和"过失"之间予以区分。后两个范畴也可应用于非杀人的案件。[5]

另外一个区分是在"首"（为首者）即主谋者与实际执行者即

---

① 见何四维：《汉法律残简》，第 301 页。

② 例如，《书经》的非伪造的部分、《春秋》和《左传》。

③ 见上面第 1 章《连坐》。

④ 见何四维：《汉法律残简》，第 271 页以下。

⑤ 详情见何四维：《汉法律残简》，第 251 页以下。又见《睡虎地》，第 65 页以下，第 169、264 页（何四维：《秦法律残简》，文书 27、28 以下，文书 35、36 以下和释文 20）；何四维：《秦法律残简》引言。

"手杀"（亲手杀害者）或"从"（随从者、共犯者）之间。还有各种不同的术语，如"教"、"使"、"令"等，都表示怂恿之意。[1]

虽然带有古典的特质，但法的主体是理性的和政治性的，它由很多的具体规定组成，目的在于通畅政府的职能，并以维护法律和社会秩序的手段来支持政府的稳定。这些条文表明中国社会世俗化过程中的一大进步。它们远不是古典的，不再是仅建立在"自然法"或神权时代的风俗习惯上；它们非常清楚地表示了统治者的意图。它们形成了一个完全具有实际含义的法规组合体，普遍适用于全体居民，只有那些继续使用等级原则的领域才是例外。

但必须注意的是，例外的范围随着时间的推移而扩大。首先，按定义身为皇室后裔的王极少受法律的惩处，虽然有大臣的劝谏，但皇帝则"不忍"使他们受惩罚。更重要的是一个很古老的原则，就是必须先征求皇帝的同意，才能开始以法律程序来惩罚帝国的高级官吏。[2] 随着地方豪强势力的增大，至少从公元的头一个世纪以来，例外的范围不断地扩大。最后实际上包括了整个占有土地的上层社会，即一般称为绅士的阶层，所有的士大夫由这个阶层组成。前王朝时期的古代贵族早已不复存在；秦汉时期的诸侯虽有头衔而无真正的封地，因而没有势力。新的豪族逐渐占有了儒家经典（尤其是《礼记》）所描写的他们的远古前驱者的特权。但这些法律条文从来没有形成一种抑制统治者的意图或主观专断的因素。

等级原则不应和社会地位相混，至少在汉代是如此。秦汉时期的爵制给受爵的人一些特权，包括犯罪减刑在内；但除了拥有最高爵位者以外，其他列侯和贵族并没有特殊地位。[3] 更进一步的一个地位区别，也可说是一种理论上的区别，是自由民（庶民，普通人）和奴隶之间的不同。在汉代以后的割据王朝时期，大势族的确享有特殊地

---

① 见何四维：《汉法律残简》，第265—270页。

② 何四维：《汉法律残简》，第285页以下。

③ 关于爵级，见上面第2章《侯与爵》和第7章《奖惩与法律》。关于对有爵者的减刑，见鲁惟一：《汉代贵族爵位的等级》，载《通报》，48：1—3（1960），第155页以下；何四维：《汉法律残简》，第214—222页。

位，而非自由民阶层也有所发展。奴隶继续存在，但介于奴隶和自由民之间几个集团形成了。这些集团都不享有完全的自由，但他们的地位也不像奴隶那样低。它们包括近似农奴身份的客和部曲；部曲是一些起初在私人军队中服役的人，后来形成一个非自由的奴仆阶级。[1]

奴隶的人数似乎一直不占人口的多数，据美国学者韦慕庭说，前汉时期的奴隶数字不会超过近于 6000 万的人口总数的 1％，而且可能更少。[2] 私人奴隶大多从事家务劳动，很少有生产任务；中、日两国学者已经有说服力地证明：对主人来说，在农业上使用佃农比使用奴隶要合算得多。[3] 这些私人奴隶是偿债和买卖的产物；"野蛮"的西南地区似乎是奴隶的主要来源，战俘则是较次要的来源。[4] 官奴隶的来源是因大罪而被处死的犯人的亲属或依附者，他们被安置在国家机构劳动，显然是从事卑贱的劳动，以及在矿山或冶炼厂劳动。

中国的整个传统法的特点是，如体现在法典里的那样，只涉及公共事务，是行政和刑事性质的。与家庭、贸易和非国家垄断的商业有关的私法，则被置于公共事务当局的管辖之外，而继续被风俗习惯所控制。部分的有关家庭的习俗在儒家的经典（特别是《礼记》）中被神圣化了，但是社会的和法典的儒家化，则是一个缓慢的进程，仅在公元 7 世纪的唐代法典中部分地实现。由于关心公共法的这种情况，我们的史料提供了很多行政的和刑法的资料，而关于家庭的和商业的惯例则提供得很少。

---

① 关于这种形式的社会演进，见下面第 11 章；杨联陞：《东汉的豪族》，收于《中国社会史》，孙任以都等编（华盛顿），第 103—134 页；杨中一：《部曲沿革考略》，收于同书第 142—156 页。
② 韦慕庭：《西汉的奴隶制》（芝加哥，1943），第 165 页以下。又见瞿同祖：《汉代社会结构》，杜敬轲编（西雅图，伦敦，1972），第 135 页以下。
③ 例如翦伯赞：《关于两汉的官私奴婢问题》，载《历史研究》，1954．4，第 1—24 页；宇都宫清吉：《汉代社会经济史研究》（东京，1955），第 359 页以下。
④ 秦律有一条规定，"寇降，以为隶臣"。《睡虎地》，第 146 页（何四维：《秦法律残简》，C23b）。

法　典

与其他的很多民族不同，中国人从来没有把他们的法归之于神授。在为数不多的传说里，有一系列的"发明家"和"创造者"，我们从中发现一个传说中的帝王手下的一个同样是传说中的司法大臣，据说他制定了第一部法典。与刑罚有关的，还有"天讨"的表达字眼，这是公元前 11 世纪周朝的创建者用来对付商朝最后一个无能的统治者的话。[①] 但除了这一似乎是特殊的情况外，法律看来完全是人的事情，制约整个生活的规定，因而可以合法地称之为"法"的规定也是如此；在"礼"（正确的行为标准）中也看不到起源于神的迹象。

耐人寻味的是，"法"这个词缺少一个明确的含义，"法"字最初的意义是"规范"（nom）或模式（model）；"律"字一般译为"律令"（statute），原义看来是定调管。[②] 但公元前 3—4 世纪的政治哲学家们想依据写下来的规定来实行赏罚以保持和平与秩序，因此他们被称为法家。顺便应说一句，法家的思想虽然专注于"法"的观念，但从他们的大量著作中很难找到一个具有"法"的含义的准则。

在 1975 年 12 月从一个古墓中发现公元前 3—4 世纪秦国的部分法律文书之前，[③] 关于前王朝时期的法典我们几乎一无所知。这些法律文书包括以标题提出的近 30 条律的条款，虽然它们只是挑选出来用于一个地方低级官吏的。

汉代的新法典编于公元前 200 年，它是汉朝的著名功臣、丞相萧何作的。据说他在秦代的六章法典之上增加了三章，这九章法典都是

[①] 见何四维：《汉法律残简》，第 27 页；高本汉：《书经》，《远东古文物博物馆通报》，22（1950），第 18 页。

[②] 定调管作为工具的重大意义，在于揭示了万物普遍循环律中的阶段，见卜德：《中国人的称为观天的宇宙学魔法》，收于他的《中国文明论文集》，第 351—372 页。

[③] 见第 495 页注 2。

关于刑法的，其中有两章则涉及诉讼程序。① 通过整个汉代，直到这个帝国的灭亡，这部法典基本上是由律组成的刑法典；汉代以后的其他所有法规叫作令和格，有时叫作式，还常叫作制。在汉代，不存在这种明细的划分，而且我们发现同样的法规既叫作"律"又叫作"令"，其名称完全依据法规的古典性。虽然汉代的法典继续被称为"九章"，但在史料里我们发现很多不同的律文。令的史料中提到的有27种，但其中有的也可看作律，其他的似乎用作特定地区当局的律文摘要。

这些数字不能说明成文法规的全部内容，因此我们必须求助于偶尔找到的参考材料。有时这样的数字可看作全部的法规，包括行政的和刑法的，有时只可看作刑法的。这样，我们发现汉代的全部法规有960卷，其内容是：

> ……集诸法律；凡九百六十卷，大辟四百九十条，千八百八十二事，死罪决比，凡三千四百七十二条，诸断罪当用者，合二万六千二百七十二条。②

因而我们看到了公元前1世纪和公元1世纪时的抱怨：

> 文书盈于几阁，典者不能遍睹。③

至于以后的时期，我们只知道刑法典的条文数字，公元268年的晋代刑法有1522条，6世纪初期的南朝梁的刑法有2529条，而异族北魏的刑法仅832条。583年的隋代和其后的唐代的刑法则标

---

① 《汉书》卷一下，第80页（德效骞：《〈汉书〉译注》第1卷，第146页）；《汉书》卷二三，第1096页（何四维：《汉法律残简》，第333页）；何四维：《汉法律残简》，第26页以下。

② 这些数字见于6世纪的《魏书》卷一一一，第2872页；何四维：《汉法律残简》，第52页以下。

③ 《汉书》卷二三，第1101页（何四维：《汉法律残简》，第338页、389页注199）。

准化为 500 条，这是由于受到了被尊崇的《书经》中的经典数字的影响。[1]

如上所述，我们不知道汉帝国行政法规的精确内容，至于晋代及其以后，由于我们知道了卷的题名，因而得知其主要内容。至于唐代，我们知道仅 624 年的令就有 1546 条。

从史料中（包括法典中的引语和讨论）我们得到的总的印象是，每一王朝初期所宣布的法典绝不是创新。总的说，它仅是继承前期的法典而枝节性地稍作些修订。这是因为大多数王朝的更换只意味着一批人员为另一批同类型的人员所替代，他们的行政管理观念则依然照旧。这个原则甚至对分裂时期统治中国北方的异族王朝也适用；他们的部族习惯很快地让位于中国的传统习惯。

司 法 当 局

传统中国如同很多其他前近代社会以及离近代不久的殖民地行政当局那样，也无视行政和司法之间的严格区别；大多数的情况是一个地区的行政长官同时也是他所辖地区的唯一法官。[2] 一般地说，任何部门的一个首长就是他属下人员的主人和法官。因此，指挥将领就是他部下的最高法官，甚至掌握生死大权。同样的道理，县的长官（县令或县长）就是县的法官，郡的长官（郡守或太守）就是郡的法官。[3] 因而产生一种奇怪的情况，后两者（县令、郡守）负责同一地区的司法事务，但从没有听说过有争权的事。这是因为对刑事案件似乎有一条原则，就是逮捕罪犯的当局也审判罪犯。我们甚至听说过郡守告诫他的属下县令要勤于审理刑事案件，以免他们的上级长官出乎必要而干涉。

由于太常掌管有皇帝陵墓及其周围地界的县的行政，所以这个九

---

[1] 详情见白乐日译：《隋书·刑法志》（莱顿，1954），第 208—209 页。

[2] 关于司法当局的详细研究，见何四维：《汉法律残简》，第 18 页以下。

[3] 关于这些机构的下属及其官员的设置，见第 7 章《郡的下属单位》。

卿之一的太常也是这些地区的法官。①

另外一个九卿——廷尉，既是最高法官（皇帝当然不在此列），又是诉讼的最高裁决权威。史书说他的职责是在保卫皇帝和国家的事务上起法官的作用，防止弑君和叛乱的发生，以及审理牵涉诸侯王与高级官员的案件。② 同时，他还审理行政官员不能作出正确裁决的"疑案"。但是对皇帝的臣仆，如首都的高级官员和他们的属僚，以及地方上的郡守和县令的裁判权，并不在他的手里，而是在丞相属下一个属员的手里。③

结果，皇帝自然成了最高法官；他本人利用自己的权力到什么程度，取决于他的性格。实际上他不仅是法官和司法的源泉，也是最高的制法者，他的意志或主观专断可以践踏任何现存的法规或实行赦免。作为皇帝，他同样可以任命非司法官吏参加审判，特别是参加对反叛案件的审判。

贵族阶级（诸侯王或贵戚）没有司法权，虽然在公元前 2 世纪前半期的汉代初期，诸侯王在他们封域内的越权行为显然是被容忍的。但从公元前 154 年诸侯王的叛乱失败以后，以及接着而来的对他们的全部权力的削夺，他们被严厉地排斥出所有的司法活动和其他的行政事务之外。④ 可以清楚地看到，列侯对他们封域内的行政从来没有任何发言权，更不用说司法了。他们只能享有他们封地的租税，甚至连这种财政事务也由这个地区的实际长官郡守办理，这些由皇帝任命的官员也掌管司法。⑤

如果说郡守和县令是他们所管地区的唯一法官，他们并不是单独处理司法事务的。在郡、县这两级还设有几个官署来协助他们执行这

---

① 关于太常，见第 7 章《中央政府》和第 8 章《九卿》。
② 见何四维：《汉代廷尉的职能》（不久发表），这篇论文还说明廷尉的"廷"字不是一般意义上的"法庭"，而是"公平"、"正直"之义。
③ 即"司直"，见毕汉斯：《汉代的官僚制度》（剑桥，1980），第 8、12 页。关于皇帝审理案件，见何四维：《汉法律残简》，第 294 页以下。
④ 关于公元前 154 年的叛乱，见上面第 2 章。又见何四维：《诸王之乱》，《法国远东学院学报》，69（1981），第 315—325 页。
⑤ 关于诸侯或贵族，见上面第 2 章《侯与爵》和第 8 章《县级官员》。

个任务。史料说明，这些官署是由精通法律的人组成的，但他们行使职能的方式则未提起。这些官署中的最高级的贼曹就是如此。贼曹设在首都，由皇帝的亲信官员——尚书——组成，负责审理疑难案件，也许还协助廷尉办事。

为了防止地方官在司法上的专断，中央政府对其加以正规的控制。① 第一，地方官的全部行政处于刺史的监督之下，头一次任命刺史是在公元前 106 年。这些官员直属于御史中丞，巡行他们负责的广大地区，按规定于每年十月向中央报告那里的情况。要求他们检查的内容中有一条是审查文官提出的裁决是否公正，可是一个严重的危险在于他们与地方豪族勾结而损害小民的利益。除去刺史的正常巡察之外，有时还有廷尉派出的仲裁者的私访，其明确的目的是作出公正的裁决，或有皇帝派出的以纠正不公正裁决为任务的特使。最后，被告人和他的亲属还可提出申诉，但史料没有提供关于这个问题的更详细情况。②

司法也能在私人领域即广义的罗马法家长权通行方面和报仇方面量刑。家长虽有权力处罚家庭成员，但至少在理论上他不能伤残和杀害他们；即使处死奴隶也要提交县令办理。③ 报仇对孝子和忠臣来说是一种神圣事情，经典中曾予以强调，但国家则对此深感不安，尽力防止这类事件发生，对犯报复罪的人的惩罚，在我们所研究的这个时期快要结束时越来越重；它能株连家庭成员，但史料表明公众总对被告表示同情。

关于地方长官在民法范围内的职能，我们知道的很少。买卖重要物品如土地、奴隶、牲畜等的契约，必须有一份副本上交当局存档，这主要是因为这类事对纳税很重要。④ 我们还知道有关土地的争议有

---

① 何四维：《汉法律残简》，第 91 页以下。
② 何四维：《汉法律残简》，第 79—80 页。关于刺史，见第 7 章《郡的下属单位》和第 8 章《郡级官员》。
③ 何四维：《汉法律残简》，第 88 页以下；何四维：《秦法律残简》，第 56 件、58 件、86 件文书，释文第 18。
④ 何四维：《汉代的契约》，收于《中国的法》中，兰孝悌编（佛罗伦萨，1978），第 11—38 页。

时要听县令解决；从记载的上下文看，似乎县令在这类案件中的作用与其说是法官，不如说是仲裁人。可以设想，在早期是有土地登记册的；还发现了几张相当精细的地图，但我们不知道县衙门或更低级的下属单位是否也有这些地图。①

司 法 程 序

司法程序的构造非常明了。② 亭长（常由退役军人担任，游徼的下属）掌管捉捕罪犯和嫌疑者。捉捕之前要经过仔细调查，包括检视脚印。③ 对嫌疑者先拘留后审讯，用严刑取得必要的口供；行刑一般是用棍棒打臀部和大腿。但是法官常被告诫要慎于用刑。④ 朝廷经过长期的讨论后，决定了在一次审讯中敲打的次数，法典中还详细地规定了棍棒的尺寸和重量。⑤ 审讯嫌疑者时常借助于事先准备好的一套讯辞。证据使用书面的形式，而且还使用证人当面对质的办法；证人常和被告者的家属一同被拘禁。⑥

当获得了必要的口供时，罪犯就被判可以抵罪的刑罚，但我们不知道使刑罪相当的案例，如有斫断偷窃犯的手的案例。在地方官很难做到量刑正确时，就把案件上交给上级当局以求最终判定，有时甚至上交廷尉。

看来地方官有全权使用一切刑罚，包括死刑在内；只是到了更后来的几个世纪，属于死刑的案件必须得到中央政府的批准才能执行。

---

① 公元前 168 年以前的遗存地图，见鲁惟一：《近期中国发现的文书初探》，载《通报》，63：2—3（1977），第 124—125 页。

② 关于这些程序和术语的说明，见何四维：《汉法律残简》，第 72 页以下。关于一件可以划分为民事的或刑事的案例的文献性论述，见何四维：《公元 28 年的一件诉讼案》，收于《赫伯特·弗兰克汉学和蒙古学祝寿论文集》中，包尔编（威斯巴登，1979），第 1—22 页。

③ 《睡虎地》，第 264、267、270 页（何四维：《秦法律残简》，释文 20—22）。

④ 《睡虎地》，第 245—246 页（何四维：《秦法律残简》，释文 1—2）。

⑤ 例见《汉书》卷二三，第 1100 页（何四维：《汉法律残简》，第 337 页）。

⑥ 见何四维：《汉法律残简》，第 72—80 页。

以上所说的司法程序有一个一般性的例外。这就是指在逮捕某一特殊社会集团的成员时必须得到皇帝的允许。这个集团起初只包括上层贵族和高层官员，但从长远看，在本文讨论的时期很久以后，它实际上包括了整个绅士阶级。①

对所谓罪大恶极的案件，无论如何也不能特赦。这些案件从一开始就是反对君主及其宫殿和陵墓，破坏国家安全，亵渎宗教圣地等等。这样的罪由于性质严重，叫作"大逆不道"或"不敬"（有时包括乱伦行为的"鸟兽行"）。犯了这种罪的人一定被判死刑，而且常处以酷刑；他们的近亲被斩首，其他的亲戚和下属被罚做奴隶或流放。②

对一定年龄之外的老人和少年有特殊的规定，他们在监狱里受到温和待遇。他们不戴枷锁，对他们的处罚据法律规定可以减轻；只要不是大罪甚至可不追究。对妇女也有特殊的规定，她们被罚作的劳役不同于处罚男人的劳役。她们还被允许雇人代替她们服只有几个月处罚的劳役。③

刑罚的种类

早期传统的中国知道的刑罚有三种：死刑、肉刑、徒刑（艰苦劳役）。④ 它不知道把监禁作为惩罚，监狱用作在审讯过程中和执行判决之前囚禁嫌疑者和罪犯的地方。

死刑一般是斩首，叫作"刑人于市"，死刑还可以用更丢脸的陈尸或枭首的方式来执行。其次是用铡刀腰斩。最后是"具五刑"，这是使罪犯在被处死之前受到可怕的断肢之刑，这种残忍的刑罚是对犯了属于滔天大罪的人们用的。公元 6 世纪左右，死刑中又添了一种绞

---

① 关于特殊集团的概念和特殊对待的例子，见何四维：《汉法律残简》，第 285 页以下；又见上面《总的原则》一节。
② 何四维：《汉法律残简》，第 156—204 页。
③ 同上书，第 298—302 页。
④ 关于这些刑罚的详细情况，见何四维：《汉法律残简》，第 102 页以下。

刑，另一方面，腰斩之刑虽列在法典，但已不再使用。

肢体（肉刑）的刑罚起初有刺面（墨）、割鼻（劓）、断一足或双足（剕）等，但后来逐渐不用。到了公元前167年，这些刑罚正式废止而代之以杖打多少不等的笞刑，甚至连笞刑也逐渐减轻。[①] 这些刑罚的名称虽继续使用，但其形式却变了。另一种偶然使用的肉刑是阉割（宫刑），常用它来代替死刑。

最常用的刑罚是不同年限的苦役（徒刑），[②] 在服劳役之前一般是先施笞刑。还使用了一些已不再实际执行的古代术语，如"鬼薪"，意思是"取薪以给宗庙"；"城旦"，意思是"昼日伺寇虏，夜暮筑长城"，[③] 而实际上是被判处1—5年的艰苦劳役；城旦还可能加重到剃去须发，有时还戴上脚镣和颈锁，因而有"钳子"这个称号。

一般说来，服劳役的罪犯只在中国本部从事公共工程的劳动，如筑路、修堤和挖河等，有时也参加预修皇帝的陵墓；很少被送到边境，虽然在实行大赦时也有使被判死刑的罪犯参加戍边的事例。[④] 有时还使刑徒和官奴隶一同在国家的矿山与冶炼工场劳动。

妇女也同样可判处服劳役，但她们的任务和男子不同；原来似乎是做舂米和筛米的工作（白粲），在秦律中对舂取精米的数量有详细的描述，这可能对她们也是适用的。[⑤] 关于以后发展的情况，则不得而知。

大赦间或颁布，秦代的详情我们不知道，汉代则一般是在有喜庆事的时候施行，如皇帝即位。大赦或扩及所有的罪犯，甚至包括死囚，或只限于某些集团或某些地区。对死刑犯可减死一等，服最重的

① 《汉书》卷四，第125页（德效骞：《汉书译注》，第255页）；《汉书》卷二三，第1097页（何四维：《汉法律残简》，第333页以下）。
② 中、日的一些学者们认为，公元167年以前的所有徒刑都是终生的；见何四维：《秦法律残简》引言，第16—17页和注8。
③ "城旦"这个词中的"旦"字的真正意思仍不明了。
④ 这些人是因大赦而在特定的环境下劳动，以此完成对他们的课刑；见何四维：《汉法律残简》，第131页，147页注9、240—242页；鲁惟一：《汉代行政记录》第1卷，第79页。
⑤ 《睡虎地》，第44—45页（何四维：《秦法律残简》，A29—A30）。

劳役。其他的人是解除他们的囚犯身份，但仍须给政府劳动，直到刑期结束；但是，他们不再戴着锁链穿着"赭衣"了。①

秦汉时期，"赎刑"的情况很普遍；"赎"这个词也用于奴隶买回"自由"。② 从秦律中多次提到"赎"，可见"赎"一定是经常容许的，秦律容许赎"流"、③"徒"、④"墨劓刖"、⑤"宫"⑥ 等刑，甚至可赎死刑。⑦ 对汉代来说，文献材料则没有那么明确。⑧

值得注意的是，人们可以被处以"赎刑"，这种刑罚等于一大笔罚金；但罚金的数额不明。甚至对交不起赎金的罪人也不施刑，因为他可用每天 8 个钱的比率（如果政府供膳食，则每天 6 个钱），⑨ 和刑徒一起给政府劳动来抵偿。在汉代，这个最后的条款可能不用了；史学家司马迁就是因为交不了赎金而受宫刑的。⑩ 汉代还有这样的事例，地位高的人可以用实物来赎罪，如用马或几千竿竹子。⑪

一个更普遍的赎罪办法是让出一个或二个爵的等级。不仅皇帝遇上喜庆事赐给男性居民一个或二个爵位，而且为了填补国库，这类爵还可出卖，并且明确地招徕说，这类爵可用来赎罪。⑫ 可惜的是史料仅提供了不多的事例，20 个爵位中两个最高爵位的持有者可以交出

---

① 关于汉代的大赦，见何四维：《汉法律残简》，第 225—250 页；马伯良：《慈惠的本质：大赦和传统中国的司法》（檀香山，1981）。关于公元前 205—公元 196 年之间的一系列大赦，见鲁惟一：《汉代贵族爵位的等级》，第 165—171 页。

② 何四维：《汉法律残简》，第 208 页；韦慕庭：《西汉的奴隶制》，第 419 页注 102。

③ 《睡虎地》，第 91 页（何四维：《秦法律残简》，A72）。

④ 《睡虎地》，第 84—85、143、178、179、200、231 页（何四维：《秦法律残简》A68、C20、D52、D94、D136、D164）。

⑤ 《睡虎地》，第 84—85、152、164、231 页（何四维：《秦法律残简》，A68、D3、D25、D164）。

⑥ 《睡虎地》，第 200 页（何四维：《秦法律残简》，D94）。

⑦ 《睡虎地》，第 84 页以下（何四维：《秦法律残简》，A68）。

⑧ 何四维：《汉法律残简》，第 205—214 页。

⑨ 《睡虎地》，第 84 页（何四维：《秦法律残简》，A68）。

⑩ 何四维：《汉法律残简》，第 207 页；沙畹：《史记译注》第 1 卷，第 232 页。

⑪ 何四维：《汉法律残简》，第 210 页以下，注 6、11、17。

⑫ 见何四维：《汉法律残简》，第 214—216 页。关于爵制，见鲁惟一：《汉代贵族爵位的等级》，第 126 页以下。

他们的爵位来赎罪。[①] 后来二十爵制虽不通行，但赎罪的惯例对文官还继续适用，在法典上（如唐代的法典）明确提到官吏可"以官赎罪"。在所有的案例中，赎罪的官吏都降为平民。

赎刑和罚金不应相混。就史料告诉我们的来说，秦代的罚金有两种。一是对官吏在公事方面犯轻罪的罚金，即处以长期或短期的劳役或兵役。这种情况在汉代还继续存在，但名称和数额都变了：罚金不再是"赀"而是"罚"，所罚的不是甲胄而是其他的东西，即必须交出几盎司的黄金。[②]

在秦代，流刑看来是一种正常的刑罚，当时的流放者被遣送到新征服的西蜀地区。[③] 但在汉代，流放要少得多。对被废黜的诸王的惩罚是强迫他们居于内地，赎死罪的人和犯大罪被处死的人的亲属则被流放到边地，或是西北（敦煌）或是极南（现在的广东省或越南北部）。[④] 值得注意的是，这种情况不同于古代希腊，而类似于沙皇俄国，中国的流放者被押送到帝国境内的流放地点，交给地方当局管制。[⑤] 至今我们还得不到关于这些流放者下一步命运的材料，不知道他们是劳动还是关在监狱。

行　政　法　规

从早期以来就一定有了一大套行政法规，但除去那些保存在

---

① 何四维：《汉法律残简》，第 218—222 页。

② 《睡虎地》，第 133 页以下，第 154 页；何四维：《秦法律残简》引言，C8，D6；何四维：《秦律中的衡器和量器》，收于《东亚的国家和法律：卡尔·宾格纪念文集》，弗兰克编（威斯巴登，1981），第 36 页以下。关于罚金用黄金，见何四维：《汉法律残简》，第 134 页以下。

③ 见何四维：《秦法律残简》引言；《睡虎地》，第 91、92、131、143、150、177、178、204、261、276 页（何四维：《秦法律残简》，A72、A90、C5、C7、C20、D1、D48—50、D102、D103、E17、E24）。

④ 见何四维：《汉法律残简》，第 132 页以下；大庭脩：《秦汉法制史研究》（东京，1982），第 165—198 页。

⑤ 见《睡虎地》，第 261 页以下（何四维：《秦法律残简》，E17）。

1975 年发现的文书中的以外，留给我们的不多。虽然如此，我们还是可以根据史书和碑铭中的大量零散记载推知这些法规的存在和它们的大旨。

第一，一定有很多把帝国在行政上划分为郡和国（它们又细分成县）的规定；所有这些区域都由皇帝指派的官吏管理。随着帝国的扩大，新的郡不断被设置，以适应新开发地区的纳税居民的增长。当扩张遇到阻碍或居民因天灾和迁徙而大量减少时，这些行政单位就撤销或合并。县的下一级是乡，乡把不同的单位结合起来，为的是征税和征用劳役。更高一级的是由几个郡组成的一个大区，这些大区定时受到区刺史及其属员的巡察；① 接近后汉末期时，这些大区转变为州。

第二，整个帝国的政府有它整整一套法规和条例：中央政府由多种的上下级机构组成，地方行政也是这样；政府官员从丞相到最低级官吏的任命、提升、罢免，都有一定的法规。还有关于征税和劳役的条例。简而言之，有一套繁多的法律和条令，以保证这个大帝国的结构复杂的政府行使职能。

虽然这些条例原文的大部分已失去而不可复得，但我们现在至少能整理出一些法规的轮廓，如征税制度或文官的职能。

关于征税和劳役，② 我们知道，在唐代（公元 618—907 年）的改革以前，原则上是成年人要缴纳人头税，因时期不同而或以钱或以物（一般是一定长度的绢或麻布）缴纳。对商人的税率较高，奴隶主要为每一个奴隶缴纳两倍于一般人的税额。再者，因时期的不同，对一户中的妇女（有时还对男少年）征税较少，对儿童也是这样。除去人头税（在汉代，原则是 120 钱）以外，还有土地税，汉初（公元前 200 年左右）定为收获的 1/15，几十年以后，减为 1/30，并延续几个世纪而没有变。除去这些主要的税目之外，还有商业税，财政紧急时候还有资产税。

---

① 关于帝国的行政组织，见上面第 2 章《地方组织》和《地方的变化和刺史》，第 7 章《郡与地方政府》，第 8 章《地方行政管理》。

② 关于税制的详情，见下面第 10 章《税制》。

土地税可以用部分的收获物缴纳；人头税在前汉时期缴纳现钱，但至少从公元1世纪中叶以来，以实物缴纳的情况日益增多。一般是用一定长度的麻织品，但有时也用绢或大量的丝。

应注意的是，地主阶级的大量佃农既不向政府缴纳人头税也不缴纳土地税，而只向地主交租。[①] 地租一直是很高的，一般为收获的一半或2/3，当中央力量强大时期，甚至国有土地的租额也是这样。

关于劳役，原则上是到达一定年龄（这在几个世纪的过程中有所不同）的男子，从15—23岁之间起，理论上到56或60岁为止，必须在本县服一定期限的劳役。这种劳役大多是公共工程，其中经常包括维修政府建筑物如官廨或仓库等，有时是筑路、挖河或修堤。[②] 遇到水灾，劳工就填塞决口，有时服劳役的时间超过了规定的期限，直到堤坝修好。法令还许可雇人代替，这表明这个制度只需要征用可征用的劳动力的一部分。[③]

秦代文书表明，在地方一级，男丁如不应征报到或从工地逃跑，要受笞刑，如携带政府的工具逃跑则受罚更重。[④] 官吏在下列情况下都要受惩处：如不登记适龄服役的男青年，任用他们为"随从"而不去服劳役；或在同一时期从同一户中征集一个以上的人服役。[⑤]

另一个对所有男子的义务是服兵役，但看来应征者也仅是所有应服兵役男子的一部分。应征的士兵头一年在本郡服役，第二年在保卫首都的军中服役或在边境的戍军中服役；诸王国征集的士兵，整个服役期间都在该王国境内。[⑥]

---

① 关于土地占有者阶级的情况，见下面第10章《农村社会结构》。
② 关于公元前132年黄河决口后使用劳役的情况，见《汉书》卷六，第163页（德效骞：《〈汉书〉译注》第2卷，第40页）；《汉书》卷二九，第1679页；《史记》卷二九，第1410页（沙畹：《〈史记〉译注》第3卷，第527页）。
③ 可雇人代服役事。见鲁惟一：《汉代的行政记录》第1卷，第162页以下。
④ 《睡虎地》，第207、220、221、278页（何四维：《秦法律残简》，D143、D144、E6）。
⑤ 《睡虎地》，第131、143、147、222页（何四维：《秦法律残简》，C2、C20、C25、D175）。
⑥ 关于服兵役的情况，见何四维：《汉法律残简》，第17页。

这个制度只在汉朝的前 200 年实行，到了后汉征兵就不实行了。征兵在以后的朝代暂时恢复。后世的军队大部分是由志愿兵和异族雇佣兵组成的。但不管这些军队的成分是异族还是土著，总有一套用于军队的法令和规定，虽然史料中只提到很少的几条。

在考古材料中发现了很多条法规和大量的应用实例。[①] 这些发现物表明，当时要求精确的登录制度，包括建立库存物资和装备的清册，以及年度的和半年一次的报告。其中包括一些我们没有想到的规定，如每年的射箭考试中对成绩良好者的授奖，[②] 获得路条需要行为良好的证明，[③] 对因父母丧葬而准假的文书，[④] 税务报告，缉捕伪造文书者和逃犯的通知等。[⑤] 总之，这些材料虽是片段的，但也显示了受到一套法令和规定控制的一个官僚机器的工作情况。

虽然敦煌和居延发现的汉代材料证明了这些法规的实际应用，可是这百多条法规的实例却是写在秦代文书上的，因而可以肯定地推断，它们在汉代依然有效。[⑥] 由于这些法规是属于一个低级地方官员的，所以它们提供的是最下层机构的行政细目，而没有触及其他的重要方面。这些材料的有关刑法部分，主要集中于盗窃、窝赃，[⑦] 用大量的不同器物（如从缝针到戈矛）进行斗殴等事，[⑧] 而几乎没有提到杀人。此外，还有几条对未得到官方允许而擅自杀婴和伤残或杀害别

---

① 这些遗物基本上是手写的残简，在中国西北的敦煌和居延附近的不同遗址发现；关于这些文书，例如见沙畹：《斯坦因在东突厥斯坦发现的中国文书》（牛津，1913）；马伯乐：《斯坦因第三次中亚考察发现的中国文书》（伦敦，1953）；鲁惟一：《汉代行政记录》；劳榦：《居延汉简考释》（台北，1960）；中国社会科学院考古研究所：《居延汉简甲、乙编》（北京，1980）。最近居延出土的汉简尚待刊布，其中包括大量的完整文书。另外还应加上湖北睡虎地的秦代文书；后者中的法律文书已由何四维译出，收于《秦法律残简》中。

② 鲁惟一：《汉代的行政记录》，第 118 页。

③ 鲁惟一：《汉代的行政记录》，第 110 页。

④ 鲁惟一：《汉代的行政记录》，第 83 页；何四维：《1975 年湖北发现的秦代文献》，第 107 页以下。

⑤ 何四维：《汉法律残简》，第 73 页；何四维：《诸王之乱》，第 318 页。

⑥ 何四维：《汉法律残简》，第 26 页以下、第 333 页。

⑦ 《睡虎地》，第 150—173 页（何四维：《秦法律残简》，D 1—D40）。

⑧ 《睡虎地》，第 185—190 页（何四维：《秦法律残简》，D64—D76）。

人的儿童或奴隶等事的处理。①

在具有大量文牍工作的行政事务方面，② 特别注意于对官方文书的处理。例如，他们的离任到任时间必须仔细注明；应收到而没有收到的信件必须追查；所有的公文必须按时发出，拖延要受罚。③ 另外一些条例对地方下级机关人员的任免时间也作了规定。它们规定对任职而不称职的官员也要予以处罚。④ 特别要避免任用那些以前被免职并永不叙用的人员。⑤

秦律中有很多关于谷物贮存、分配口粮和仓库管理等的条例。对谷物的情况要作定时报告，⑥ 对于收进来的谷物的堆放、⑦ 登记、库存账目、⑧ 防止浪费和偷盗、⑨ 处罚舞弊⑩等事，也有详细的规定。还有一个关于应在什么时候核查和怎样核查的单独规定。⑪ 因此就制定了所有的仓库都必须有衡器和量器，⑫ 而且这些工具要每年测验一次；⑬ 衡器和量器如有损失，则要受罚。⑭ 如计量工具不准确，有关人员则要受罚。⑮

对于每亩（约450平方米或约一英亩的1/10）所用的不同种子

---

① 《睡虎地》，第182页以下（何四维：《秦法律残简》，D56—59、D62）。

② 何四维：《汉法律残简》，载《通报》，45（1957年），第19页。

③ 《睡虎地》，第103—104页（何四维：《秦法律残简》，A95—A96）。

④ 汉代官吏荐人不当而受罚事，见何四维：《汉法律残简》，第193页注5、第278页。

⑤ 《睡虎地》，第127页以下，第130页（何四维：《秦法律残简》，C1、C4）。关于"废"这个术语，见何四维：《秦法律残简》，A90注5。

⑥ 《睡虎地》，第24页（何四维：《秦法律残简》，A1）。

⑦ 《睡虎地》，第35页以下、第98页（何四维：《秦法律残简》，A19、A86）。

⑧ 《睡虎地》，第35、38—39页（何四维：《秦法律残简》，A19、A21）。

⑨ 《睡虎地》，第96—98、113—116页（何四维：《秦法律残简》，A82—A84、B1—B6、D127—D130）。

⑩ 《睡虎地》，第99—100、113、115—116页（何四维：《秦法律残简》，A86—A87、B1、B5—B6、D131—D132）。

⑪ 《睡虎地》，第96—101、112—126页（何四维：《秦法律残简》，A82—A89、B1—B29）。

⑫ 《睡虎地》，第108页（何四维：《秦法律残简》，A104）。

⑬ 《睡虎地》，第70页（何四维：《秦法律残简》，A54）。

⑭ 《睡虎地》，第213页（何四维：《秦法律残简》，D124）。

⑮ 《睡虎地》，第113页以下（何四维：《秦法律残简》，B3、B4）；又见何四维：《秦法律中的衡器和量器》。

（如谷子、豌豆、黄豆等）的数量也有严格规定，[①] 这可能因为汉代的习惯是贷种给农民。[②] 按一定标准的原粮，舂成白米的数量也有规定，这可能是作为女犯人的劳动定额。[③] 舂出来的米发给犯人作为口粮，定量按照工种对男子、妇女、儿童各有详细的规定。[④] 我们有相当多的关于汉代在西北边境敦煌、居延一带戍军的口粮的材料。这些材料表明，汉代实际应用的规定与秦代的十分类似。[⑤]

除去谷物之外，牛、马也是秦律中的项目；这些牲畜受到定时的检查，如果主管人对它们不精心照料和使它们受伤，也要受罚。[⑥]

由于中国学者如劳榦、严耕望，日本学者（这里仅举几个人）如加藤繁、森谷光雄、滨口重国、镰田重雄、大庭脩、宫崎市定等人的艰苦的研究，文官的组织得以整理出来。虽然有关的文字（秦汉两朝正史中的职官志）提供了很多有关中央政府各部门组织的详情，但对这些部门的实际工作则谈得很少，而且几乎没有谈到地方行政的任何情况。

此外，细致的研究揭示了有关对文官的训练和任用以及对文官资格的要求等方面的规定。还有关于文官的入仕途径和俸禄的材料。这些规定一定是依据现已不存在的法令和章程制定的。[⑦] 更没有想到的是，还有很多的次要材料，即关于请假的材料，我们掌握的这类片断材料至少有秦代的一个律、汉代的两个令，还有汉代的三个令、两个先例、一个格。

汉代制定的几个入仕途径，在以后的帝国时期还继续通行，即

---

① 《睡虎地》，第43页（何四维：《秦法律残简》，A27）。

② 见《汉书》卷四，第117页（德效骞：《〈汉书〉译注》第1卷，第242—243页）；《汉书》卷九，第279页（德效骞：《〈汉书〉译注》第2卷，第302—303页）。

③ 见第507页注5。

④ 《睡虎地》，第49、51页（何四维：《秦法律残简》，A12、A15）。

⑤ 见鲁惟一：《汉代的行政记录》第1卷，第93页以下。

⑥ 《睡虎地》，第33、81、132、141—142页（何四维：《秦法律残简》，A9、A74、C6、C17—C18）。

⑦ 如何四维：《作为中国古代法律资料的〈说文〉》，收于《高本汉汉学纪念论文集》，艾格洛德等编（哥本哈根，1959），第239—258页。

入仕要通过荐举、考试、袭爵①这三种途径。起初，经济状况看来是唯一的要求，这可能是为了防止入仕的人的贪污腐化，但从大约公元前130年以来，郡被要求每年推荐两个人进京入仕。这些人的行为必须"孝而廉"；他们先在中央政府机关工作，以后再出任县官。② 但除去这些道德品质之外，他们还必须精通在郡的低级行政机关中学过的吏治；最后，这些被推荐者要通过考试，回答有关时局的问题。结果，某些高级官员有权让他们的后裔在政府任职。这种惯例虽屡经废止，但仍继续存在。

另一个入仕途径（它的细节我们已不能知）是进太学。太学设立于公元前124年，有一定数目的博士和50名学生。但200年以后，学生的数目多达几千。③ 值得注意的是，这些学生不一定是年轻人。为了防止任人唯亲，"孝廉"的年龄最后提高到至少40岁，这是中央政府不顾一切地力图遏制地方豪族势力的表现。

私　　法

如果我们在公法方面知道得很少，如果我们不得不满足于以上所说的大概情况，那么我们对私法的知识就更不能令人满意了。我们掌握的材料之所以贫乏，不仅是由于史书上的记载稀少，而且主要是因为私法属于地方的风俗习惯的范畴，只是在触犯私法到了需要惩办时才见之于文字。由于中、日两国学者的努力，我们掌握了一些诸如有关婚姻、继承、买卖契约和因负债而沦为奴隶的零散材料。④

---

① 见毕汉斯：《汉代的官僚制度》，第132页以下；德克雷斯皮尼：《后汉帝国官僚机器的征募制》，载《崇基学报》，6：11（1966），第67—78页。

② 《汉书》卷六，第160、164页（德效骞：《〈汉书〉译注》第2卷，第34、42页）；《汉书》卷五六，第2512—2513页。

③ 《汉书》卷六，第171—172页（德效骞：《〈汉书〉译注》第2卷，第54页；德效骞：《〈汉书〉译注》，第24页）；毕汉斯：《汉代的官僚制度》，第138页以下。

④ 例如，见杨树达：《汉代婚丧礼俗考》（上海，1933）；刘增贵：《汉代婚姻制度》（台北，1980）；牧野巽：《西汉封建相续法》，载《东方学报》（东京），3（1934），第255—329页；仁井田陞：《中国法制史研究：土地法、贸易法》（东京，1960），第400页以下。

早期的礼书描绘了一幅氏族组织，嫡长支（大宗）中的长辈握有相当大的权力。这个制度在帝国时代继续盛行，但它必须和法家的秦政府所遗留下来的法规作斗争，汉初的统治者继承了秦国的法规而未加变革。结果，例如已结婚的成年男子必须从父亲的家庭中分出而单独立户，这是和世代同堂的儒家理想不相容的。

婚姻实行一夫一妻制，因为男子只能有一个正式妻子；不过在理论上他可有数目不限的妾。奴隶之间的婚姻得到法律的承认，虽然我们不知道奴隶怎样得到（或被赐给）配偶的。① 婚姻有彩礼，如嫁妆，但我们不知道在早期的离婚案例中怎样处理这些彩礼。我们偶尔知道，一个被判刑的妻子的嫁妆转给了她的丈夫。②

瞿同祖指出，中国法律的儒家化是一个缓慢的过程，儒家的社会观和法律的混合只是到了公元 653 年的唐代法典才完成。③ 例如，儒家的伦理要求儿子要为父母服三年丧，但实际上在整个汉代时期，政府官吏获准的这种丧假只有 36 天。

对于婚姻，儒家的原则不但坚持严格的族外婚，因此禁止娶同姓的妻妾，并且排除大量有血缘关系的亲戚作为可能的配偶。但在汉代，这些原则远远没有被严格遵守，至少在社会的高阶层（只有这个阶层我们知道得多些）中是这样。④ 在后世，只有丈夫能提出离婚，但在汉代，已经证实有几件妇女提出离婚的事例。

至于汉代的侯（或贵族），只有嫡子才能继承他的爵位和财产；如没有嫡子，即使有庶子，这个侯爵也被认为"死而无后"，他的封地就被国家收回。⑤ 至于其他的社会阶层，我们看不到嫡子庶子之间有什么区别，他们似乎具有同等的继承权。关于处理财产的遗嘱的情

---

① 见韦慕庭：《西汉的奴隶制》，第 158 页以下。

② 《睡虎地》，第 224 页（何四维：《秦法律残简》，D150）。

③ 见瞿同祖：《传统中国的法律和社会》，第 267 页以下；卜德、莫理斯：《中华帝国的法律：清代的 190 个案例示范》（坎布里奇，麻省，1967），第 1 部分第 1 章；何四维：《汉法律残简》，第 297 页。

④ 见杨树达：《汉代婚丧礼俗考》，第 42—43 页。

⑤ 关于诸侯的继承特点，见牧野巽：《西汉封建相续法》；鲁惟一：《汉代贵族爵位的等级》，第 109、143、151 页。

况也似乎不清楚。

人们积极从事商业，从文书中可以显然看出，占主导地位的哲学反对经商。因此《史记》和《汉书》列举了可以致富的多种行业。商人的足迹遍及全国，甚至和边境外的居民在官方市场上进行交易，但我们不知道海外贸易的情况，也根本不知道有没有海商法。[①] 仅有的可靠证据是考古发现的一些买卖土地和衣服的契约，后一种契约涉及很贵重的长袍，是西北边境戍军之间的交易。[②] 契约上要写明转让货物的名称、价钱、买卖双方的姓名、转让日期、证人的签字等。

买卖土地要注明土地的四至。还常提到酒价，用来确定这宗交易。地契大多附有条款，说明地上的种植物和可能发现的财物都归买主所有；同时买主也解除了原有者的赎回权，这一特点显然是中国人对于"卖"的特殊概念。[③] 它表明土地的所有权总是相对的，从来不是一个绝对的权；结果，土地权依然在国家手里，国家可以随时提出它对土地的权力。在这种条件下，土地税可看作是为使用和收益而支付的地租。[④]

卖长袍的契约，实际上可看作是典当，卖主有赎回权。当以人作

---

① 关于不同类型贸易的比较价值，见《史记》卷一二九，第 3253 页以下（斯旺：《古代中国的粮食和货币》，第 420 页以下）；《汉书》卷九一，第 3686 页以下（斯旺：《古代中国的粮食和货币》，第 431 页以下）。关于边境的贸易经营，见余英时：《汉代的贸易和扩张：华夷经济关系结构研究》，第 92 页以下。

② 卖地（作坟地用）契约起初写在木或竹简上，再刻在铅块或砖上，放在墓室；卖衣服契约是写在木简上的原始文书。关于这类契约，见何四维：《汉代的契约》（这里也讨论了常发生的伪造事）；鲁惟一：《汉代的行政记录》第 1 卷，第 116 页，有关于卖衣服事。又见河北省文化局文物工作队：《望都二号汉墓》（北京，1959），第 13 页和图版 16，上面有具有契约成分的文字，用来驱逐墓中邪祟。进一步研究可看程欣人：《武汉出土的两块东吴铅券释文》，载《考古》，1965. 10，第 529—530 页；蒋华：《扬州甘泉山出土东汉刘文台买地砖券》，载《文物》，1980. 6，第 57—58 页；吴天颖：《汉代买地券考》，载《考古学报》，1982.1，第 15—34 页。

③ 见何四维：《汉代的契约》，第 18—27 页。

④ 见平中苓次：《中国古代的田制和税法》（京都，1967），第 104 页；贺昌群：《汉唐间封建土地所有制形成研究》（上海，1964），第 48、53 页；何四维：《反映在云梦文书中的秦国家经济影响》，收于《中国国家权力的范围》一书中，施拉姆编（伦敦、香港，1985）。

抵押物时，典的正式用语"质"则被另一个用语"赘"所代替。有这样一些事例，有的人为了还债或借款，把自己或自己的孩子作为典当物。这种事很容易导致长期的奴役。[①]

至于买卖奴隶，我们只有一种文字游戏式的契约，但它包含了与其他契约相同的基本内容：完整的日期、买卖双方的姓名、卖的东西（在这个契约里是一个奴隶的名字）和价钱。[②]

索介然 译

---

① 见仁井田陞：《中国法制史研究：土地法、贸易法》，第477—489页。
② 见韦慕庭：《西汉的奴隶制》，第382—392页；宇都宫：《汉代社会经济史研究》，第256—374页。

第 十 章[①]

前汉的社会经济史

　　本章论述汉代中国（公元前 202—公元 220 年）的社会经济状况，这时，短祚的秦帝国所建立的统一集权国家得到巩固并进入了一个长久的形态，这个形态持续了大约四个世纪，只有短暂时间为王莽的新朝所中断。

　　过去一般的看法是，秦汉两代的社会结构和经济状况经历了春秋（公元前 722—前 481 年）、战国（公元前 403—前 221 年）时代最引人注目而迅速的演变，才进入稳定不变的形态，这个形态持续了其后的两千年，直到近代时期的开始。毫无疑问，春秋战国时代的特征是给秦汉集权国家作好准备的社会经济的变革。但据近期的研究证明，中国社会结构的渐变和经济的逐渐但却显著的发展则一直没有停止。在汉代，不仅始于早期的社会经济的发展得以继续下去并达成其最后的形态，而且还能看到在以后的王朝开始的全新趋势和发展。唐代以来表明晚期中华帝国社会经济特色的许多因素，这时还没有最轻微的迹象。作为以下论述的基本目标是，以可能最精确的说法来论定汉代在中国历史上的地位，即不是把它死板地理解为一个停滞不变的社会，而应把它理解为中国社会经济机制的有生气的和连续的发展进程。

　　给汉代社会经济结构奠基的春秋战国时代社会经济的发展，发生

---

① 本章为西嶋教授在 1969 年所作。原文未加改动，但编者增加了一些参考资料，给读者提供更多的最近第二手文献，尤其是以西方文字发表的。关于此文更完整的日文本，可看西嶋定生：《中国古代的社会和经济》（东京，1981）。下面的著作，发表在本书付印期间，也应参考，李约瑟：《中国科技史》第 6 卷《生物学与生物学的技术》第 2篇；弗朗西思加·布瑞：《农业》（剑桥，1984）。

在当时只是地区规模的各个独立国家里，如齐、晋（公元前 403 年后分为韩、魏、赵三国）、燕、秦、楚等。但这些变革的性质促进了一个集权帝国的统一和发展。这里我简要地说一说那些在了解汉代社会经济结构的性质上具有首要意义的趋势。

最可注意的变革是两个革命性的农业技术革新，一是铁器的引进和用畜力与犁耕地，一是治水和水利工程的大规模发展。这些新的进步始于公元前 6、7 世纪，到了战国时代就广泛地施行了。

在春秋时代以前，大多数农具是石制或木制的，虽然用畜牛为运输和祭祀之用，但还没有用以耕地。结果是耕作基本上只能在那些用人拉的原始犁劳动的土地上进行。耕作更受到各类地区自然环境的限制，只能在高地下水位地区进行，如在有很多自然泉的山麓，或是河流附近有地下水而没有洪水之险的台地和较高土地。如有陡峭河谷的黄土高原和经常有淹没危险的黄河泛滥的平原，就不能耕种。由于可耕地区受到这些严重限制，所以那里的社会和实际耕作常被氏族或村社所控制，个体农户没有独立地位。

引进铁犁和牛耕可在较短时间内耕种较大的土地面积，而且能深耕。即使以前荒无人烟的黄土高原，现在也可进行某种规模的耕种。黄河流域的统治者们建设控制洪水的堤坝，[1] 使广大的洪水冲积平原逐渐得以耕种，他们建设的水利设施很快地遍及华北的大部分，使整个地区能变为可耕地。

耕作地区的迅速而广泛扩大的结果，以前为氏族和村社严格控制的耕作过程开始破坏。个体农户很快地变为新垦地区的正式农业生产单位。这些由父母儿女组成的核心家庭，一般是由五六口人组成，由父亲进行严格的家长控制。它们组成村社，一般由一百户家庭组成，

---

[1] 即诸侯，他们实际上作为大片土地世袭占有者和统治者，握有施政的最后决定权。诸侯的权力和爵位受自周王的锡命，他们公开宣称是周王的臣属，从而人们把他们称为"封建主"。用公、侯等不同爵位区别他们的高贵的程度，而从很早时期就有一个或更多的诸侯擅自称王。到公元前 4 世纪为止，中国的大部分领土为这类王国所统治；秦帝国成立于公元前 221 年，这时诸侯之一的秦成功地征服了它所有的对手（其过程见上面第 1 章《最后的征服与胜利》）。

称为"里"，或组成超过一个"里"的更大的村社。

变化也发生在封建领主氏族和他们的下属即以前统治农民的卿、大夫之间。[①] 他们作为个体人的活动，以前受到紧密连在一起的氏族活动的严密制约，以致一个氏族的名义上的首长不一定很有权力，他们的活动自由受到这个氏族的其他成员的制约。但自公元前6、7世纪以后，氏族的不断分裂和内部斗争使很多较弱的领主和他们的下级贵族陷于崩溃。非独立的氏族成员现在丧失了他们领主的保护和他们的世袭地位，而寻求现存的更有权力的地方统治者及其下级贵族的庇荫。这些人给他们以地位、生活资料，并与他们建立起个人之间的主仆关系。领主们通过新依附他们的臣属所获得的更多的权力，和他们自己的氏族相比，他们的力量大大加强了，其结果是统治阶级中的氏族组织变弱，而被一个更有力的父系家长制所代替。

这些家长式的君主和来自其他氏族的依附于他的下级贵族之间的主仆关系的经济基础，与更独立的耕种新开垦土地的个体农户的出现紧密相连。这类土地以前大部分是森林和沼泽地带，大贵族氏族未加控制，而现在被家长式的君主用新的水利技术开发了，并提供农具，使农民以"里"的组织在那里定居。这就是这些君主这时取得力量的经济基础。

随着这些经济上的变革，政权机构的性质也发生了相应的变化。家长式的君主通过他们的臣属代理人直接统治农民，这些臣属代理人起着农民的监督者和收税者的作用，是后来中国政府官吏的前身。对农民的控制从家庭单位扩大到个人，这表现在征兵、劳役和人头税方面。

这样广泛的社会经济变革继续进行到春秋战国时代末期，那时很多领主们或由于内部斗争，有时或由于权臣篡夺而灭亡，只剩下最强大的幸存者。集权的官僚统治制度的雏形在战国时代的所有王国内形

---

① 由于这些头衔标志着社会的等级和地位，所以应把它们和帝国时代用作部分国家官吏头衔的相同的名称区别开来。

成，而最显著的是秦国；秦国在商鞅的指导下，设立郡、县为基本行政区划，有效地集中了地方行政权力。主要是由于它经过改进的组织，秦国才能消灭其他国家而完成统一。①

春秋战国时代另一个值得注意的变革是工商业的发展。在春秋时代以前，这些行业掌握在某些低级氏族手里，他们的利益的保持是以世袭为基础。发生在公元前 6 世纪中叶以后的这种制度变革，十分自然地是与氏族制的解体和官僚制的发展一起发生的。其结果是国家官吏控制了这些行业，这一安排不可避免地成为中国经济某些部分的一个特色。专业工人、罪犯、俘虏、民工等在官吏的监督之下在官办工厂里进行生产，而且产品完全归宫廷或国家消费。由于这种生产方式不可能在商业的基础上得到促进，所以从事农业和从事手工业的人之间没有明显的社会分工。

但是，所有的手工业都由国家经营是不可能的，特别是在新兴的盐、铁产业方面。这类产业受到生产原料地区的地理上的限制，那里的私人企业发了大财。有点例外的是，据一个不能得到可靠证据证实的传说，在公元前 7 世纪时位于山东半岛的齐国，齐桓公和他的有远见的宰相管仲实行了盐由国家专营。

在主要作为行政中心而显得重要的城市里，常住的封建主和官僚对商品和服务行业的日益增长的需求，是商业活动的一个有力促进因素。城市内部和城市之间的贸易，由于不同国家的不同类型的青铜货币的流通而更加方便。不仅如此，商人们还掌握了由少数独占的生产者（有些独占生产者本人就是商人）生产的盐、铁，直接把产品供给消费者，这个事实也对商业活动提供了一种新的动力。

在这时期，力图压低新兴商人阶级的社会地位的行动，部分地反映了以前的一个传统，从事商业的氏族没有资格或不必参加军事服役。这也是出于保护国家农业基础和防止提供兵、食之源的农民变成完全不事生产的商人这一愿望。这种抑商思想，为后来列入儒、法两家的思想家所共有。

---

① 见上面第 1 章《实行变法》。

春秋战国时代的这些社会经济变革，因统一的秦帝国的建立而圆满完成，秦帝国的统治特色是以皇帝为首的集权的官僚体制，对个体农民的统治是通过郡、县行政机构来进行。

这个新的国家的抑商政策的观念，可举其对盐商的课以重税和征服东方之后把东方的冶铁业者强迫迁到四川的例子为证，它还以兵役和劳役的形式加给农民以沉重的负担，后者的显著例子是长城、宫殿和陵墓的修建。秦始皇死后不久，就发生了广泛的农民反抗，使秦帝国在建国以后仅 16 年就灭亡了。

继之而起的汉帝国，承袭了发生在前几个世纪的社会、经济、行政等变革的成果。它从秦的统治中汲取教训，获得了一个它的前辈求之而不得的稳定局面。这样，它就建立了一个其间只有一次严重的中断的持续大约 400 年的国家，它更进而形成一个其后两千年的中国历代社会经济的部分原型。另一方面，具有汉代特色的某些新的社会经济成分，也证明了违背和破坏了既存的秩序，终于导致了汉朝的灭亡。本文以下各节将试图通过对汉代农业、商业、产业、财政以及它们之间相互关系的叙述来探讨这个过程。

在进一步研究以前，有必要说一说有关汉代社会经济状况的史料。主要的史料当然是那个时代的正史即《史记》、《汉书》、《后汉书》中的财政方面的专篇，如《史记》卷三十的《平准书》、《汉书》卷二四的《食货志》，[1] 这几篇对前汉的经济和财政状况有详细的论述。宣帝（公元前 74—前 48 年在位）时桓宽编的《盐铁论》，[2] 非常详细地记录了关于武帝（公元前 141—前 87 年在位）的新财政政策尤其是对盐铁专卖政策，是否应在他的继任者那一朝继续执行的争论，此外，此书还揭示了那一时期的总的问题。还有两部论述汉代农

---

① 斯旺：《古代中国的粮食和货币》（普林斯顿，1950）。

② 一部分的译文有：埃森·盖尔：《〈盐铁论〉卷一至卷十九译注及介绍》（莱顿，1931）；埃森·盖尔、彼得·布德伯格、T. C. 林：《〈盐铁论〉卷二十至卷二十八译注》，《皇家亚洲学会华北分会杂志》，65（1934），第 73—110 页。重要部分的选译有乔治·瓦尔特：《盐铁论》（巴黎，1978）。关于争论的提要，见鲁惟一：《汉代中国的危机和冲突》第 3 章（伦敦，1974）。

业技术的著作，即氾胜之（活跃于成帝时期，公元前 33—前 7 年）的《氾胜之书》和后汉崔寔的《四民月令》。这两部书原文都不存在了，但我们可以从现存的著作的引文中推测其内容。①

其他的有用资料还见于作于公元前 59 年的王褒的游戏文《僮约》，②作于公元 1 世纪的王充（约公元 27—100 年）的《论衡》③中的某些篇，王符（约公元 90—165 年）的《潜夫论》中的某些篇，仲长统（约公元 180—220 年）的文章《昌言》，崔寔的文章《政论》，④应劭（约死于 204 年）的《风俗通》中的某些部分，荀悦（公元148—209 年）的《汉纪》，这些都写于后汉末期。还有反映经济活动的资料，见于公元前 1 世纪初编集的数学教材《九章算术》提出的一些现实问题中。汉代的金石铭文收于宋代洪适编集的《隶释》一书中。

1930 年发现于居延的一万件左右的汉简和随后发现的很多与之类似的文书，也含有大量有关资料。其他的考古发现，如表现日常生活的石刻浮雕、明器、铁具、钱币、陶器、图案刺绣（发现于蒙古和中亚）等，也同样相当清楚地反映了一些社会经济状况。

所有这些资料仅提供了一部分情况，把不同类型的证据互相联系起来以便作一个更综合的研究方面，还需要作很多工作，而且很多问题尚待解决。特别是在《史记》、《汉书》中可得到丰富的前汉资料，而后汉资料则相对贫乏，这种不平衡是由于《后汉书》中没有谈论财

---

① 这些文献的全译收于许倬云的《汉代农业：早期中国（公元前 206—公元 220 年）农田经济的形成》，杰克·达尔编（西雅图、伦敦，1980），第 280—294、215—218 页。见第 536 页注 3 和第 538 页注 2。

② 关于《僮约》这篇难懂文章的详细讨论，可看宇都宫清吉：《〈僮约〉研究》一文，收入他的《汉代社会经济研究》（东京，1955），第 256—374 页。英译文见韦慕庭：《西汉时代的奴隶制度》（芝加哥，1943），第 383—388 页和许倬云：《汉代农业》，第 231—234 页。

③ 译文见福克：《论衡》第 1 部分《王充的哲学论文》和第 2 部分《王充的杂文》（上海、伦敦，1907、1911；再版，纽约，1962）。

④ 《昌言》的部分遗文见《后汉书》卷四九，第 1646 页以下，《政论》见《后汉书》卷五二，第 1725 页以下。两种文献的译解见白乐日：《汉末的政治哲学和社会危机》一文，收入他的《中国的文明和官僚》，第 218 页以下、207 页以下（纽黑文、伦敦，1964）。

政经济的专篇。① 结果是，我们关于后汉时期的资料是零碎的，而且资料的很大部分来自2世纪作者的论战著作。

农村社会和农业技术的发展

农村社会结构

在汉代，农村共同体和都市共同体之间很难作出扎实而可靠的区分，因为城镇里通常有一些农民居住，而农民的村庄从外表看来与城镇几乎没有什么不同。汉代地方行政机构的划分按其规模大小依次是，郡、县、乡、里。"里"是最小的单位，它是由垣墙或栏栅包围起来的地区，有一个或两个大门，住有大约一百户人家；单个户（平均有五或六口人）围的住地叫作"宅"。一个"里"可以孤立地存在，但更多的情况是几个"里"构成一个"乡"，甚至一个"县"。

汉朝的创业者高祖刘邦是农民出身，生长在沛县丰邑（乡）的中阳里。有关他的一件轶事表明了中阳里和丰乡的关系。当刘邦建立长安为汉朝的首都后，他父亲拒绝住在新的皇宫，为了使老人高兴，皇帝在长安附近建筑了一个与丰邑老家惟妙惟肖的复制品，叫作新丰。把他父亲的朋友和熟人迁到这里陪伴他父亲，甚至把老丰邑的家畜家禽也带来了，当它们被放出来，跳进新的圈栅时，它们毫不迟疑地把新环境认同为旧居了。② 由这件事来看，中阳里一定是丰乡的一部分，而不是一个独立的"里"。

在这时期，一个里的居民无需都是同姓。这可以下面的一事证明：后来的燕王卢绾和刘邦同里同生日，两家的关系很亲密。因此，里中的所有居民拿着酒肉礼物到两家祝贺，后来又祝贺他们二人到了

---

① 关于汇集所有这些资料为这类专篇的尝试，有苏诚鉴：《后汉食货志长编》（上海，1947）。

② 《西京杂记》卷二，《四部备要》本，第3叶。

成年还保持着友谊。①

这种以"里"为基础的共同体有它的宗教中心即"社"，在那里奉祀着土地神。与此相同还有国社，每一个县和乡也有它自己的社。宗教性的节日就在里社中举行，参加者可以分到肉食，从而加强了共同体的精神。据记载，刘邦的追随者、后来任丞相的陈平，他分配节日的肉食非常公平。②

国家用以控制里中社会等级的方法是爵制，它始于战国时代。在汉代，爵有 20 个等级，最低的 8 个等级可授给里中除去奴隶的所有男性平民。在皇帝即位、改元、立太子或皇后等重大时刻，皇帝授给所有 15 岁以上的男性平民一个或两个爵级，在整个前汉时代的记录里大约有 200 次授爵事例。每一次授爵，都给以得过爵的人加级，因此一个人的年龄越大他的爵级越高。遇到这种情况，每一百户得爵人家的妇女可得一头牛的肉和一百石（200 公升）的酒，同时还允许举行一个大的宴会——大酺（当时，一般无故不得举行三个人以上的宴会）。由于百户组成一个里，所以酒肉可能给予一个里的全体，宴会在社内举行，这样，可使它成为一个宗教性的场面。

这些新头衔的级别决定了人们在大酺上的座次和以后在里中的社会地位。附属于爵制的其他优惠，包括罪犯减刑，免除法定的劳役等。③ 实例见于数学教材《九章算术》中所提的几个问题。其中一个问题是，有五个人，分属于从一到五的不同爵级，猎获了五只鹿，他们应怎样按照他们的等级分享鹿肉？

爵制的作用看来是表明，里被认为缺乏形成它自己的社会等级的能力，同时也表明国家打算通过在里中建立社会等级来统治农民。无疑，这是治理处于正式官僚机构之外的里的补救办法。在郡县中，虽然只有最高级官吏由中央政府直接委派，但有一个实质上控制扩大到

---

① 《史记》卷九三，第 2637 页；《汉书》卷三四，第 1890—1891 页。
② 《史记》卷五六，第 2052 页；《汉书》卷四十，第 2039 页。
③ 鲁惟一：《汉代贵族爵位的等级》，《通报》，48：1—3（1960），第 97—174 页；西嶋定生：《中国古代帝国的形成与构造》（东京，1961）；《秦汉统一帝国的特色》，载《第十二届国际历史学会议纪要 Ⅱ》（维也纳，1965），第 71—90 页。

乡一级的机制。县里负责乡的行政的官吏有管公安的游徼，管税收的啬夫和乡中负责教育的年高有德者——三老。他们共同管理乡的事务。尽管里本身没有这样直接的官僚行政机构，没有完全的自主权，它的社会秩序是由上述的爵制来控制的。

总之，里的农业居民是汉政府赖以建立的基础。里本身随着春秋战国时代的农业变革而发展，它是国家通过治水和灌溉来开垦新地的结果。尤其在战国时代的秦国，这类事例很多，里是随着军事征服地区战败的敌人撤出而把胜利者自己的人民迁入而形成的。其结果是，这些共同体是外来人口的多成分的集团，缺乏氏族的团结或任何的内部秩序。于是在秦代就发生了给这样的新居民以爵级的事例，目的是在那里建立国家定出的社会等级制度。

有几个通过水利设施来开垦新地从而形成新的共同体的事例。一个是蜀郡守李冰建立成都盆地（快到战国时代末期已被秦国兼并）的水利设施。另一个是秦始皇统一六国前使韩国工程师郑国开凿的郑国渠。郑国渠灌溉陕西渭河北部的平原，开垦了大约 4 万顷（45 万英亩）土地，大大增加了秦国的经济力量。

汉朝也同样开展了大规模的治水和灌溉工程。在渭河南部开凿的漕渠，方便了通向长安的水运，也灌溉了附近的民田 1 万顷（11.3 万英亩）。在渭河北开凿的龙首渠，穿井相连，从地下排水，以防止堤岸的崩塌。还开凿了几条和长安北部郑国渠平行的新渠，在其他地区也进行了很多与此类似的工程，还有一次开垦多达 1 万顷（11.3 万英亩）土地的一些例子。

在文帝时期（公元前 180—前 157 年），开始实行对黄河下游的洪水进行控制，当时河岸被洪水冲毁。公元前 109 年，武帝提出一个筑黄河堤的大计划，据说皇帝还亲自指导。但这不足以避免继之而来的许多次洪水，每一次洪水都需要进行艰难的改造工程。前汉实行的这些设计，都不足以应付一次黄河大改道的主要危险。发生在公元 11 年随着改道而来的大洪水的灾难性后果，给汉代的历史以深远的影响，已见上述（第 3 章）。

农民共同体和新开发地区的耕作，依靠过去使它们存在的国家的灌溉和治水工程的支持才能继续下去。由于这么依靠国家的政策，所以这些地区的里不可避免地缺乏自立性。税收和力役也不是完全为了供给统治阶级的奢侈生活而进行的。由于资助治水和灌溉以及供应进行这些工作的官吏，这些工程使纳税的农民得到相当程度的利益，并给很多人提供了生活来源。因此，当国家的力量衰落和对农民的统治削弱的时候，农民常被迫舍去他们的土地或寻求有力的地方豪强势族的庇护。这些势族可以履行以前国家所承担的职能。这种现象在前汉中期已很明显，到了后汉更大为增多了。

但是并非汉代所有的里都是缺乏自主的社会秩序的新共同体。依然存在着很多以前建立的里，它们不需要国家的灌溉和治水，而且里中有强烈的家族凝聚力。国家的权威因而不容易对这些共同体发生作用。甚至在新建立的里中，一种独立的社会秩序逐渐发展，有时也出现了拒绝国家的直接统治并对地方农民施以强大压力的有力的势族。

汉朝建国之初，战国时期列国中的重要氏族还存在。为了统一，中央政府有必要控制他们。于是实行了一种大迁徙政策，以打碎这些家族的地区纽带。根据刘敬的提议，高祖把 10 万多有势力的家族的成员迁徙到长安附近。其中包括以前齐、楚、燕、赵、韩、魏诸国的王室。后来，继嗣的皇帝们直到宣帝（公元前 74—前 49 年），在建造他们的陵墓时，把俸禄达 2000 石（4 万公升）或更多的谷物的地方官和具有超过 100 万钱财产的豪富人家，迁移到他们陵墓附近的新村。

有时还采取更严厉的手段，通过地方政府官吏对有势力家族的家长和他们的亲属进行屠杀，《史记》卷一二二和《汉书》卷九十的《酷吏传》记录了很多这种镇压的事例。在这样的情况之下，很多有势力的地方家族选择了和政府妥协的方法以保持某种程度的力量。反过来，政府也与他们和解，以便通过他们把自己的势力发展到这些地区。因此，这些有势力家族的年轻成员常在地方行政机构中担任低级职务，任这个职务的人是从乡民中选取而不是由中央政府指派。这样的地位是大土地占有者家族在地方上保存实力的一种有效手段。

对汉代土地所有权的法律含义不能精密确定，这是由于使用了多种名词和缺乏清晰的界说。虽然王莽在公元9年试图建立一个普遍的原则，就是所有的土地权都归于皇帝，但不知道它是一个新的主张还是肯定一个传统的主张。实际上不论大小地主，他们的土地所有权是来自购买、赠送、继承，或皇帝赏赐。这样的土地属于"私田"范畴。它和"公田"不同，"公田"的构成一部分是通过水力而开发的新土地，一部分是被没收的私人土地，特别是在武帝时候（公元前141—前87年），因为这些人企图逃避对他们征收的财产税。公田有时由国家直接经营，用奴隶和劳役耕种，但更多的情况是让农民耕种，他们的田租叫作"假"，形成部分的国家岁入。边境军垦——屯田——也是一种特殊的国家土地。另一方面，私田由个人占有，一般是一个自耕农，可以自由买卖或出租。有势力家族占有的土地也属于私田范畴。

地方氏族或家族土地占有的积累大约在战国时代就相当普遍了，这有一些轶事可以证明。《韩非子》提到有的人为别人种田取酬的事。头一个反秦的农民叛乱领袖陈涉，以前就是一个雇农。前汉早期的学者董仲舒，把大地主的兴起归因于商鞅的废"井田"和随之而发生的土地自由买卖。[①]

大土地占有的发展与自然灾害和汉代税制有关系。自耕农处于生存的边缘。如文帝时（公元前180—前157年）晁错所指出的那样：一个典型的五口人的农家，包括两个应服徭役的成年男子，无论怎样苦干，不能耕种百亩（4.57公顷，11.3英亩）以上的土地，或收获100石（2000公升）以上的谷物。虽然终年的农业劳动和徭役已使负担很沉重，而在发生水旱之灾或过高的税额之时更加重了负担。于是农民被迫以市场价格的一半出卖他们的谷物或借高利贷。他们陷于螺旋上升的债务中，最后不得不卖去他们的土地、房舍，甚至儿女。土地就是这样到了地方上的富人、商人、高利贷者手中，他们大部分是

① 加藤繁：《中国公田制研究》，收入他的《中国经济史考证》（东京，1952—1953）第1卷，第511—690页。把废除井田制归于商鞅是难以相信的，但在农村贫困化的过程中，土地自由买卖起了重要作用之说依然是有根据的。

以这种方式取得大量财产的有势力家族成员。这种进程既发生在旧的居民区中，也发生在国家水利设施所开发的土地上建立起来的新的共同体中。

大片土地出租给无地农民耕种或由雇农或奴隶耕种。在汉代，奴隶有官私之分，官奴隶是由罪犯家属、战俘、被没收的私奴隶组成的；私奴隶是因负债而被迫卖身的农民或因功而赏给贵族和高级官员的官奴。一般说来，国家的意图是防止农民被卖为奴隶和防止随之而来的自由农民的减少，这表现在汉朝的创始者高祖（公元前206—前195年在位）和后汉的头一个皇帝光武帝（公元25—57年在位）在战后释放沦为奴隶的农民。但整个汉代存在着相当数量的官私奴隶。官奴隶被用来做各种工作，例如在国营的工农业中劳动，私奴隶被高官或豪族用来做农田和家务劳动（经常作伎乐人）。[①]

但是绝大部分的大地主土地不是由奴隶或雇农耕种，而是出租给无地的农民。早在武帝时期（公元前141—前87年），董仲舒就抨击这样的事实：富人占有大量土地，贫人没有寸土是自己的，他们收获的一半被用来交租。他要求立一个限制土地占有的法令，但他的建议是否付之实行则没有证明。

到了前汉末年，大土地占有问题变得更严重，公元前7年，哀帝即位时，丞相孔光、御史大夫何武主动提出了一系列的限制建议。[②]这些建议设想应限制王、侯有权拥有土地的面积，并且限制拥地最多约30顷（340英亩）。此外，奴隶占有的最多数目是，王占有200人，列侯和公主占有100人，关内侯、官吏、其他个人占有30人。限期三年，违犯这些规定的，将没收有问题的土地和奴隶。当提出这些建议时，土地和奴隶的价钱暴减。毫不足怪，对这项措施的大量反对意见来自那些既得利益的人，如肆无忌惮的巨富丁氏、傅氏、董贤

① 韦慕庭：《西汉的奴隶制度》，第165页以下，文中提出奴隶的数目估计从没有超过居民数目的百分之一；瞿同祖：《汉代社会结构》，杜敬轲编（西雅图、伦敦，1972），第139—159、361—381页；许倬云：《汉代农业》，第63页以下及他处。
② 《汉书》卷二四上，第1142页（斯旺：《古代中国的粮食和货币》，第201页以下）。

等，于是这项措施从未实行。

虽然，国家明显地控制不住大片土地占有制的增长，但在王莽做皇帝（公元 9 年）后不久，又提出另外一个土地调整方案。[①] 他实际上打算实行国家土地（他改名为"王田"）所有制和禁止买卖奴隶以终止奴隶制。此外还规定凡男子不满八口而占有土地超过规定的家庭，应把多余的土地分给他们的亲戚和邻居；无地的人们被授予这样大小的土地。抗拒不从者可以处死。把已经证明行不通的限制土地所有制的法律与井田制的特征结合起来，以及完全禁止出售土地、房屋和奴隶，这当然证明是非常难以推行的，于是不得不在三年之内予以废止。不仅如此，它既在豪强地主家族之中又在农民之中引起强烈的不满，成为导致王莽垮台的一个重要因素。

到了后汉时代，大土地占有已成为可以接受的当然之事，国家不再打算加以限制。反对的意见只来自后汉末的少数思想家，这些人关心社会正义，如著名的提倡恢复井田制的荀悦[②]（公元 148—209 年）和仲长统。但是到了这时期，很多政府中的高级官职为势族的成员所占有，他们利用其地位扩大土地占有进而扩大地方影响。推翻王莽、在公元 25 年成为后汉头一个皇帝的刘秀，就大部分得力于南阳势族的支持，这些人都是大地主。土地所有制在一定程度上受到国家的保护；当光武帝命令调查全国的土地时，很多假报告来自首都洛阳，因为那里的高官贵族占有大量土地；也来自南阳，那里是皇帝本人和他的主要武将们的故乡。

这样的大土地占有，大大削弱了汉政府对租税、徭役之源的农民的直接统治，结果是在后汉末期形成了分裂的局面。另一方面，受大地主和政府双方统治与剥削的广大农民被迫起来反抗，如黄巾等。这些反抗终于导致了这个王朝的灭亡。

---

① 《汉书》卷二四上，第 1143—1144 页（斯旺：《古代中国的粮食和货币》，第 208 页以下）。

② 关于荀悦的观点，见陈启云：《荀悦（公元 148—209 年）：一个中世纪早期儒家的一生和反省》（剑桥，1975），第 158 页以下；同一作者：《荀悦和东汉的思想》（普林斯顿，1980），第 92 页以下。

总结如下：汉代的典型农村共同体是里，从理论上说，是由
100 户组成的，每户都占有小片土地。他们几乎没有家族纽带，是
通过国家的爵制而分等级组成的。但强固的亲族凝聚力继续存在于
某些旧的里中。由于经济和社会条件的变化，某些农民丧失了土地
而变为大地主的佃农，大地主的增多改变了农村共同体的组织并给
政府以很大影响。必须注意的是，汉代大地主的兴起并不意味着大
规模耕作的发展，只有少数使用奴隶在庄园劳动的地方除外。耕种
大地主土地的佃农，是以个体的、小规模的农业为基础的，由于缺
乏足够的奴隶劳动和精耕细作，这种情况一直是中国农业的一个重
要特点。

华北旱田农业的发展

从农业的观点看，中国可分为两大地带——华北和华南；它们是
以东流的淮河和西部的秦岭山脉来划分的。这两个地带的气候显著不
同。华北平原和西北黄土地区降雨量很少，年均在 400—800 毫米之
间。黄土地区本部被风刮聚的原始黄土所覆盖，平原地区是由黄河冲
积的淤泥层所构成的，这是黄河侵蚀黄土高原的结果。这两个地区都
非常肥沃，土壤都具有黄土特有的细毛状结构。但在长江中下游以南
和四川盆地雨量更加丰富，年均 800—1500 毫米之间，没有黄土。这
两个地带的分界线，是与年均降雨量为 800 毫米的黄土地区南部边缘
和冬温平均为摄氏 1 度的等温线相一致的。

由于这些自然条件，北方的农业特点是旱田，南方的农业特点是
稻田（这个划分也常和政治上的南北朝的划分一致）。上述的中国社
会、经济、农业技术的发展都集中在北方地区，因为这个地区也是秦
汉文明的中心地。虽然南方的农业从新石器时代就已存在，并在战国
时代的南方列国中有了更进一步的发展，但南方的经济状况直到汉末
以后还比北方落后。只是到了南北朝时代，南方的农业生产才能和北
方的相比，到了大约公元 10 世纪时，南方的经济才显然超过北方而
成为中国的经济中心。在汉代，主要的农业地区还是在北方，所以要
讲耕种方法就必须从北方开始。

如通常说的五谷、九谷那样，古代中国的主要农作物多种多样。最普通的是小麦、大麻、豆类和禾，而最重要的一种叫作稷，① 可能是散穗状的谷物。稷有黏性的和非黏性的两种，还有不同种类的小麦、大麦、豆类（其中包括大豆）。在汉代，种植最多的谷物是稷，稷在夏季生长，大麦和小麦则是冬季作物，而且种植量较小。水稻常在灌溉的土地上种植，但范围很有限。

关于耕种方法的资料，我们必须依据当时的记述和战国时代开始出现的农业书。《汉书》中题名为农业书的有九种，但除去其中部分的《氾胜之书》以外都不存在了。幸而写于战国末期秦国宫廷的哲学著作《吕氏春秋》的最后四篇中包含了对当时耕作进程的叙述，虽然它的主要目的在于解释农业的哲学方面的重要性和指导政治家制定农业政策。②

从《吕氏春秋》的这几篇里，我们可以推测普遍的做法如下。农夫把土地犁了几次使其松散之后，挖一系列的沟，沟距六尺（1.38米），沟宽一锹（8寸或18.4厘米），沟与沟之间起六尺宽的垄（其长度与锹相同），叫作一亩，这个名称后来成为用以计量土地的标准。③ 种子撒在宽垄上，而不成行，当种子出苗时，站在邻近沟上劳动的农夫，能够整齐地间苗和清除莠草。苗的株距由间苗工具的尺寸所决定，由于这个工具的柄很短，所以间苗是一项艰苦的劳动，总是需要弯着腰干。虽然可用牛来完成初步的犁田，但所有的其他耕种程

① 传说中的周的始祖后稷就取名于稷，稷到底是什么谷物是有争议的。清代语言学者程瑶田推断，稷是高粱，见他著的《九谷考》，收于《皇清经解》卷五四九，第1叶。但此说不可能，因为在6世纪的著名的农业著作《齐民要术》中没有提到高粱，而且直到宋代以后高粱才成为华北的主要谷物。稷很可能近似禾（一种自商代以来就在中国种植的谷物），而且已经可以相当有把握地确定为穗状的粟。关于粟的不同种类，见李约瑟：《中国科技史》第6卷《生物学和生物技术》第2篇；布雷：《农业》（剑桥，1984），第434页以下。

② 关于这几篇的详细注解，见夏纬瑛：《吕氏春秋上农等四篇校释》（北京，1956）。

③ 土地面积的大小，最初用垄的多少来计算，因而亩（或垄）这个词成为计算单位。汉以前的一亩一般是六尺（一步，1.38米）宽，百步（138米）长；汉代的1亩是一步宽，240步（331米）长。

序都需要密集的人力。这种方法在战国之前就已使用了，可能在秦汉以后还被继续沿用。

前汉快到武帝朝末期，一种新的改进的耕作制大大增加了产量。这个方法是搜粟都尉赵过设计的。这就是"代田法"，[①] 其法是，一亩地开三条沟，沟宽一尺（0.23米），深一尺，那时的一亩是一条狭长地，宽一步（六尺，1.38米），长240步（331米，因此合0.113英亩的地面）。种子直线地播在沟里，而不是播在垄上。在除草过程中，土逐渐从垄上填进沟里，培护苗根，这样，在仲夏时垄和沟相平，作物扎根深，可抗风旱。次年，垄和沟的位置再倒换过来；新方法的名称就是这么来的。与这种改进的耕作法同时出现的是一种有双犁头的犁，它需要用两头牛来拉，三个人带领。由于这些进展，据说是亩产大约增加20公升，如果管理得真有效率还要加倍。

这个新方法比旧方法还有几个其他优点。这就是谷物从播种到收获始终能成直行地生长，土壤中的水分更容易保持。这时用牛耕地，可使同样多的人种更大的面积，风旱给作物造成的损失更易防止，农夫可以用长柄锄除草，节省了时间和人力。最后，每年垄、沟位置的倒换有助于保持土壤肥沃和稳定年产量。

赵过在首都近郊系统地推行这种耕作制。还特意使属于大司农的奴隶制造新工具，通过郡守把新工具、新技术的用法传授给县、乡、里的主管人。虽然一般平民之间缺少牛，但人们发现有效地使用人力，这种方法仍能推行；多人合在一起，一天可耕30亩（3.4英亩）。赵过首先使长安外面离宫的卫士实行这种方法，当看到增产时，就把它扩大到这些卫士原来派来的地方，即扩大到首都周围三辅地区和边境的国有土地。最后，这种方法终于被这些地区和河东、弘农两郡的农民广泛使用。远至靠近帝国西北极边、国家设置的移民区居延也实行了这种方法。代田耕作技术的采用时间可能是在武帝死后（公

---

① 关于这种新的种田法，见《汉书》卷二四上，第1138页以下（斯旺：《古代中国的粮食和货币》，184页以下）；西嶋定生：《中国经济史研究》（东京，1966），第61—185页；鲁惟一：《汉代的行政记录》（剑桥，1967年）第2卷，第319页、329页注10。

元前 87 年)。[①]

很可能，真正大力支持推行代田法的不是赵过，而是桑弘羊，他在武帝死后还在政府中有很大影响。这个洛阳商人的儿子，在年轻时期做过武帝的近侍，随后负责执行盐铁由国家专控的政策。他以御史大夫的身份，力图在下一个皇帝时期继续执行武帝的财政政策，虽然受到像大将军霍光这样人物的反对，霍光后来以谋叛的罪名对桑弘羊及其追随者进行迫害。公元前 81 年，霍光召集全国各地的儒者与桑弘羊和其他有关的大臣辩论武帝的盐铁专控政策及其他体制应否继续执行的问题。从后来桓宽为这次辩论编集的《盐铁论》来看，桑弘羊及其追随者保卫专控政策的理由是，它使国家富强并积聚了用来抗击匈奴入侵的资源。批评者反对他们的理由是，政府与人民之间的争利，只能是牺牲后者的利益而使前者获利。虽然它对代田法没有直接影响，但代田法的确说明了产生此法的当时经济条件。

新耕作法首先在国有土地（公田）上实行，从理论上说公田在中央政府直接控制下被耕种，它的全部利益形成国家岁入的一部分。增产的可能性无疑支持了这个方法的采用，特别是在边境的屯田，它的收获供给了边防军的需要。盐铁争论中的批评者的主张是，在公有土地上，特别是在三辅土地上实行这种方法的实际上不是政府当局，而是承租这些土地的有权势的人们，他们独占了利益，因此这些土地应该给与公众。这样看来，在国有土地上实行代田法的实际受益者可能是权势人家，而不是政府的国库。

代田法在普通人民中推广也遇到了很大困难。由于缺少牛，不得不用人力犁田，因此证明是费力大而效率低。此外，在国家铁专控之

---

① 关于代田法的最初采用时间有一些混乱，《汉书》卷二四认为在近于武帝末期开始实行，作为重新充实国家财力的重农政策的一部分，那时的国家财力因武帝的军事远征已严重空虚。据说赵过在任搜粟都尉期间负责推行代田法，但搜粟都尉这个官职在武帝晚年到武帝之死（公元前 87 年）这一期间实际上由桑弘羊担任，赵过只能在这一年或以后任这个官职。因此，代田法的实行只能在武帝以后。居延汉简上曾提到一个以此法命名的粮仓，叫作代田仓，又一次证明在居延地区确实曾实行过代田法。见西嶋：《中国经济史研究》，第 101 页以下。

下制造出来的铁农具太大而不实用，① 所以农民不久又恢复了他们传统的木制农具和用手除草。另一方面，富豪之家有足够的牛和铁器，因此他们从这种新方法中获得很多好处。

到了后汉末期，至少在三辅地区又通行一种比赵过改进的犁更精巧的犁。据崔寔的《政论》所描述，② 这种犁有三个犁头，一个播种器，一个把土再翻下的工具，而且只需一个人操纵。用它耕地，一天可超过一顷（11.3 英亩）。这种技术上的进步使得代田法更为有利，到了后汉末期代田法得到了广泛的使用。

在代田法开始实行以后，中国农业史上一件值得注意的事是氾胜之作的一部论农业技术操作的书；氾胜之活动于成帝（公元前 33—前 7 年）时期。他的生平不详，但从各种著作间接谈及的情况看来，他作过议郎，负责指导三辅地区农民种植小麦，后来做了尚书台的一名官员。他的著作题为《氾胜之书》，是列于《汉书·艺文志》的各种农学著作的唯一代表作，也是唯一的我们能知其内容的农学书。全书很久以前就不存在了，但从其他书中发现的片断引文整理出了它的一部分内容，共三千多字。③

这部书除去论述犁田、播种、收获等事的一般理论外，还包括详细论述种植以下诸种农作物的方法，如稷、麦、稻、黍、大豆、大麻、瓜、葫芦、芋头以及桑等，还谈到了精耕细作的区田法。

这部书除去实践的指示之外，还包含有以充满整个汉代思想界的阴阳五行说为基础的论述算命的篇章。但总的说来，《氾胜之书》内容主要是重视实践和经验的，和《吕氏春秋》最后四篇强调全面的农业政策形成鲜明的对照。因此，它的作者被看作是中国农业科学的奠基人。

这部书的一个值得注意的特点是对称之为区田法的增产方法的论

---

① 这可能暗示这种工具是为了牛耕而制造的，对无牛而只能使用人力的农民来说不适用。

② 如《齐民要术》卷一所引文，见石声汉：《〈齐民要术〉今释》（北京，1957）第 1 卷，第 13 页。

③ 关于收集的残篇，见石声汉：《〈氾胜之书〉今释》（北京，1956）。此书已译成英文（北京，1959）；又见许倬云：《汉代农业》，第 280 页以下。

述。它有两种不同的方法，一是在沟里播种，一是在坑里播种。前者以 30 步（41.4 米）长、八步（11 米）宽的土地为一标准亩，横分为 15 块，块与块之间留一窄小的人行道。每块地又横分为 24 个小沟，种子就播种在沟里。如果种的是穗状的和黏性的稷，每个沟就种成两行，行距五寸（11.5 厘米），这表示一亩可生长 15000 棵苗，[1] 苗距和每亩的总苗数，自然按照谷物的种类而有所不同。

在采用浅坑播种的地方，一个标准土地单位被分为若干个一尺（23 厘米）和五寸（11.5 厘米）的方格，每格中挖一个六寸（13.8 厘米）深、六寸宽的小坑，叫作一区，一亩有 3840 个小坑。每坑撒种 20 颗，上面撒上一升（0.2 公升）用土拌匀的粪。每亩撒上两升种子，每坑可生产三升（0.6 公升）谷物，每亩（0.113 英亩）可生产 100 石（2000 公升）谷物，十亩年产 1000 石（20000 公升）谷物，可供耕种者 26 年食用。这个数字是指上好的土地说的，对中、下等级的土地来说，坑就要大一些，间隔也要大一些，其产量也就按比例地降低。[2]

这种方法的好处不止一端。只需对坑里播下的种子供水、肥，土地的肥沃不是主要的；甚至可用于供水有问题的高地和坡地。不像代田法，区田法不需要牛耕，产量却非常高。氾胜之与政府合作，发明并推广这种方法，甚至实际上是为了贫农，政府总是迫切地把农民作为国力主要基础来加以供养，并且要保护他们不受大地主的不断蚕食。

尽管为了提倡区田法在当时和以后作了种种努力（尤其是在后汉、三国、北魏、晋、元、明、清等朝），但这种方法从没有被真正地建立起来，而足以促使中国北方农业发生持久的变化。其主要缺点始终是需要投入很密集的劳动力，同时不可能大量提高人均产量。这样，氾胜之的著作对华北旱田的基本耕作方法的论述虽然很有价值

---

① 原文作 15750，但这个数字与同一段文字的其他数字不符。总数不同地被计算为 15840 或 15180 棵。见石声汉：《氾胜之书》，第 38—42 页。

② 见石声汉：《氾胜之书》，第 43 页以下。

（在这方面，它给作于 6 世纪的《齐民要术》以很大影响），但区田法仍有许多尚待改进之处。

与氾胜之书有关而应该提出的另外一点，是关于小麦的种植。在他的时代之前，已有人提倡在京畿地区种植小麦，其根据是种小麦被认为与种其他作物稍有不同。① 氾胜之提到麦田必须和其他作物的田完全隔开。麦田要在五、六两月犁两次。这样，在夏天其他作物就不可能生长在麦田里。同样的种麦方法也见于《齐民要术》，并表明一年种两次或两年种三次的方法还没有普遍实行。只是到了唐代后半叶以后，这种改进的耕作才变得普遍了。

由于后汉的优秀农业著作已不存在，所以我们几乎不知道这一时代的旱田农业发展情况。唯一存在的有关著作也是残缺不全的，这就是生活在近于后汉末的崔寔作的《四民月令》。这部书不只限于论述农业技术，因此就提供了当时影响农业状况的总的思想。

崔寔生于现在北京地区的一个权势之家，在桓帝（公元 146—168 年在位）、灵帝（公元 168—189 年在位）时期任过多种官职，包括郡守（在这个职位上，他很有成绩）和尚书。他也是一部讨论当时政治问题的书——《政论》——的作者，该书的一些残篇仍被保留下来。当我们读《四民月令》时，记住以下的背景是重要的，即它的作者不仅是一个权势之家的成员，继承了他祖父、父亲的家学，而且他生活的时代正当后汉王朝式微，社会也因迫害士人和黄巾造反而快要崩溃之际。

《四民月令》的全文已不存在，我们只能从它的残篇中整理出它的部分文字。② "月令"这个词是表示一年之中每个月份中的事情，取自《礼记》中一篇的题名，但《礼记》这一篇说的是学者或国家官员阶级的活动，而《四民月令》的范围则包括四个主要社会集团

---

① 见《汉书》卷二四上，第 1137 页（斯旺：《古代中国的粮食和货币》，第 177 页以下）。

② 见石声汉：《〈四民月令〉校注》（北京，1965），德文译文见克里斯丁·赫泽尔：《汉代崔寔的〈四民月令〉》，论文，汉堡大学，1963 年；许倬云：《汉代农业》，第 280 — 294 页；帕特里夏·埃伯里：《从〈四民月令〉看东汉庄园和家族管理》，载《东方经济社会史刊》，17：2（1974），第 173—205 页。

（士、农、工、商），虽然它没有描写它们各自的活动。实际上大概只有权势之家才能举行《四民月令》中所说的各种活动，从而可以有把握地推想，这部书基本上是给他们写的。它对维护家庭团结的节日和礼仪的指示，对进行农活、家务、防卫、交易等适当时间的指示，为权势人家的生活和当时的农业状况提供了一个清晰的概念。

《四民月令》中最重要的指示是关于每月的节日和礼仪，特别是祭祖。从大年初一开始，接着是二月、六月、八月、十一月、十二月，这些月里都有节日和礼仪。祭祖之外还祭家神和农神，前者包括门神、户神、灶神、井神。应注意的是，祭祖和扫墓是在二月和八月里的特定日子举行，这和里中一年两次的节日相冲突，因为按照传统，里的这两种节日也在这些天里举行，但《四民月令》里没有提到此事。这表明那时的地方势族不常与作为共同体的社会秩序基础的里的体制合作。

《四民月令》特别注意族属团结这件事。除去在新年时亲戚之间互相祝贺之外，还规定了对同族和姻戚的实际帮助方式。这包括在谷物生长之前的三月份给穷亲戚送捐助和在九月份帮助孤寡病残者过冬。这表明扩大了的家庭是由很多富裕程度不同的父系家长家庭组成的，每一个家庭有自己的土地，各自耕种。

据《四民月令》给父系家长家庭下的界说，除去家庭成员之外，还包括从事纺织、洗涤、酿造、养蚕等活动的各种家务奴隶和仆人。它宣称："遂合耦田器，养耕牛，选任田者，以俟农事之起。"[1] 这表明生产和经营主要由家庭担任，而不是由奴隶或佃农担任。不仅如此，它还对农田作业的所有阶段给予诸如自给自足和大规模农业的详细说明。一户之中年长的男孩都要干农活这件事，证明他们的学习（学习五经）只是在农闲季节，而年幼的男孩是全时制学习。大规模的农业不可能都由家长和家人干，所以可能使用奴隶和雇工。《四民月令》虽然没有提到租佃，但这种事可能存在于富裕的庄园周围的贫农中。

---

[1]　见石声汉：《〈四民月令〉校注》，第77页。

靠近富裕的庄园有贫农存在的这件事，从《四民月令》对买卖商品的一系列指示中得到证实，有些商品是既卖又买，而且其中有草鞋和麦种，这表明它是一个农村集市而不是都市的市场。因此买卖这类产品的目的（它不是为了大规模生产者的消费）只是从农民身上赚钱。由于这一时期的农民必须以现金交纳他们的日益沉重的赋税（不算土地税），他们被迫在收获季节出卖他们的谷物以便得到所需的货币，而在农闲季节当他们需要粮食和种子时再买回来。[1]

华中华南稻田农业的发展

讨论这个主题，必须集中在长江中下游的情况，因为虽然农业在四川盆地从战国末期起和华南的珠江流域自秦以来都已有了发展，但这些地区除去石雕和殉葬物之外没有留下历史材料。在汉代，长江流域的农业生产仍远比华北落后。前汉时期这个地区的种稻方法据《汉书》所述为"火耕水耨"，而且据说种稻地区人少地多，盛产蔬果鱼贝。由于这样的优越自然条件和不虞匮乏，所以几乎没有促使讲求精耕细作的动力。社会组织还处于原始状态，也几乎不存在货币经济。

理解这种落后的线索，在于知道称之为"火耕水耨"的性质。[2]由于原始资料没有对这个名词给以精确的说明，所以我们不得不求助于对这个名词的各种解释，其中最可靠的是应劭（大约死于公元204年）的解释，其说如下：

> 烧草下水种稻，草与稻并生，高七八寸，因悉芟去，复下水

---

[1] 据另一作者计算，一个农户必须搞到现金，以支付它的基本费用的 1/4。见许倬云：《汉代农业》，第 67—80 页。

[2] "火耕水耨"这个说法见于多种古籍，如《史记》卷三十，第 1437 页；《盐铁论》第 2 篇（"2"当作"3"——译者），第 20 页（盖尔：《盐铁论》，第 18—19 页）；《汉书》卷六，第 182 页（德效骞译：《汉书译注》第 2 卷，第 72 页）等；又见杨联陞：《晋代经济史注》，收于《中国制度史研究》（坎布里奇，麻省，1961），第 175 页。又见许倬云：《汉代农业》，第 120 页。

灌之，草死，独稻长，所谓火耕水耨。①

显然，这是一种直接把种子播在稻田的方法，而不是插秧。在两个阶段的程序中，头一次浇水是为了促使生苗；而在成长期间的第二次浇水是为了除草。种子一定要播成行列，以便在成长阶段早期易于除草。应劭没有解释清楚的是，田地是接着种还是在下一次播种前休耕？烧的草是在休耕期前长出的还是收获后立即长出的？甚至是旧茬？

幸而郑玄在他的《周礼注》中提出了关于种稻的补充资料，其文如下：

> 玄谓将以泽地为稼者，必于夏六月之时大雨时，行以水，病绝草之后生者。至秋水涸芟之，明年乃稼。②

这里没有谈到烧草，但表明了田地休耕一年。其他的资料证明，当应劭和郑玄著书时，"火耕水耨"法还在实行；他们所描写的肯定是同一事，更可能的是，应劭所说还包含有休耕的方法。

更进一步的证明是《齐民要术》提出来的，它在 6 世纪时对种稻作的描述基本上和应劭说的相同：

> 稻无所缘，唯岁易为良。选地欲近上流。三月种者为上时，四月上旬为中时，中旬为下时。先放水，十日后，曳陆轴十遍。地既熟，净淘种子浮者不去，秋则生稗。渍，经三宿，漉出，内草篅中裹之。复经三宿，芽生，长二分，一亩三升，掷。三日之中，令人驱鸟。稻苗长七八寸，陈草复起，以镰浸水芟之，草悉脓死。稻苗渐长，复需薅，薅讫，决去水，曝根令坚，量时水旱而溉之，将熟，又去水，霜降获之（早刈，米青而不坚；晚刈，

---

① 《汉书》卷六，第 183 页，应劭注。
② 见《周礼·地官·稻人》注，《周礼》第 4 册，第 34 页。

零落而损收)。①

稻田之所以要休耕一年，主要原因是插秧法还不通行，因而除草极为困难；如郑玄所说的那样，在休耕期间必须除草二次或三次。用这种方法种稻的产量显然比华北种谷类的产量少。

淮河北部的条件虽然不适于用水田种稻，但这绝不是说从来没有在那里种过稻。考古调查表明，种稻是龙山文化遗址的特点，而且《诗经》的确提到过一次稻。② 汉代华北在灌溉的田地上种稻这一事已从《氾胜之书》和《四民月令》两书中得到证实。

这两部书中的有关项目，表明了淮河南北种稻方法的不同。《氾胜之书》的意见是：

> 种稻，春冻解耕，反其土种稻。区不欲大，大则水深浅不适。冬至后一百一十日可种稻，稻地美用种亩四升。始种稻欲湿，湿者缺其畦，令水道相直。夏至后大热，令水道错。③

这里没有提到除草，但可以设想，这是把种子直接播在田里，而不是插秧。在《四民月令》里，有一个很清楚的种稻方法。

> 崔寔曰：三月可种粳稻，美田欲稀，薄田欲稠。五月可别种稻及蓝，尽夏至后二十日止。④

为了"别种"，只能进行插秧，由此看来，插秧法首先在快到后汉末期的华北实行，后来才为那时还远为落后的华中所采用。

---

① 石声汉：《〈齐民要术〉今释》第1卷，第110页以下。
② 张光直：《古代中国的考古学》，第169、181页。
③ 石声汉：《氾胜之书》，第21页以下。
④ 石声汉：《〈齐民要术〉今释》第1卷，第118页（11、16、1）引《四民月令》文；.石声汉：《〈四民月令〉校注》，第43页。

除去这些简单的描写之外，没有其他关于华北稻田种稻的记载，直到 6 世纪的《齐民要术》才谈到。它在叙述了淮河南部的水稻收成后，接着说：

> 北土高原，本无陂泽。随逐隈曲而田者，二月冰解地干，烧而耕之，仍即下水。十日，块既散液，持木斫平之，内种如前法。既生七八寸，拔而栽之。灌溉收刈，一如前法。[①]

这里需要注意的是，播种的方法虽然和淮河南部的完全相同，但水田种稻只在沿河弯曲处实行，而且等苗长到七八寸（16—18.5 厘米）高时才移苗。最后一点显然是华北稻田农业的特色，它表明了这个地区在使用移植法上是更为进步的。

稻秧移植的真正理由是：能够更精心地培育苗圃中的幼苗；通过分蘖而使苗增多；主要的田地得以保持肥沃，并在育苗期间可用于种植其他的冬季作物。但是这些优点在《齐民要术》中都没有谈到，这暗示移植的目的与上述的不同，而只是为了便于除草。

此外，北方的播种方法实际上与南方的相同，而南方还没有实行插秧法，这暗示没有为种稻而专设的苗圃，播种田与插秧田之间实际上没有区别。北方在 6 世纪前实行了插秧法，仅仅这个事实不一定表示它事实上优于淮河南部用的方法；插秧法的应用实际上是北方自然条件限制的结果。

从《四民月令》的指导中可以看出，华北的插秧法在这时远不及后来的方法精细。因此在发展稻田耕作上起主要作用的是华中而不是种稻的规模很小的华北。虽然事实上华中实行的"火耕水耨"法一般地被认为落后于华北的旱田农业，但总的说来，汉代华中的农业生产一定有了很大的发展以支持其日益增长的人口。把公元 2 年的人口调查和公元 140 年的人口调查作一个比较，就可看出后一时期华中户口

---

① 石声汉：《〈齐民要术〉今释》第 1 卷，第 111 页（11、6、1）。

的数字多于华北。[1] 虽然对这些数字可能有不同的解释，但看来应该是，户口的增多需要在农业生产上有一个进展，更要考虑这个进展是怎么来的。

应劭和郑玄在后汉末所说的"火耕水耨"方法不一定和前汉时代的完全相同，但是由于其原始性质，两个时期不会大不相同。更引人注意的是，应劭所说的方法和作于 6 世纪的《齐民要术》所说的几乎相同，这似乎表示在前汉和南北朝之间淮河南部的水田种稻技术没有什么进步。只在唐代中叶，即公元 8—9 世纪采用的插秧法，才使华中能一年种两次谷物，从而大大增加了这个地区的农业产量。但是鉴于以下这种情况，很难相信在这个时期以前农业生产没有任何进步：正是这个地区的农业生产，才使后汉时的长江流域能够开发，才使江南的三国和南北朝的政府能够存在。

"火耕水耨"方法对水的需求，必须依靠水利来供给。在华北发展起来和为旱田着想的灌溉工程一般要求在河的上流筑水坝，并从那里开一条渠。更往南的习惯是在小溪谷末端筑一道水坝，在它后边形成一个陂，水从陂里通过一个水闸流出。人们知道，从春秋时代以来淮河流域就有这样的设施，从前汉末起它的使用越来越多。

这两种水利系统不只在方法上大有不同，而且主持建设的人也不同。开渠需要大规模地挖凿，只能通过国家来进行；而筑陂则不需要这么大的资源，因此常由地方上的势族来担任。华中地区的开发就是由势族用这种方法倡导的，光武帝的外祖父樊重就是一个例子，他在

---

[1] 在比较这两个人口数字时应记住这一点：公元 140 年的人口调查可能是在非正常情况下进行的，这就是外族不久前经常入侵蹂躏华北的结果。这些入侵深入内地，以致在公元 139 年命令在京畿或在其附近设立 300 处防守点（见《后汉书》卷六，第 269页）。关于汉代人口调查数字的解释，见劳榦：《两汉户籍与地理之关系》，载《中央研究院史语所集刊》，5：2（1935），第 179—214 页。该文的英文节本《两汉的人口和地理》，收入孙任以都和约翰·弗朗西斯合编的《中国社会史》（华盛顿，1956），第83—101 页。又见毕汉斯：《公元 2 至 742 年的中国人口统计》，载《远东古文物博物馆通报》，19（1947），第 125—163 页。还有《汉代的中兴》第 3 卷，载《远东古文物博物馆通报》，39（1967），第 11 页，第 140 页以下。毕汉斯认为西北人口的减少是由于匈奴和羌的入侵。又见本书第 3 章《边境和邻邦》。

南阳地区用这样的陂灌溉了他的大片土地。在后汉，很多与此相同的设施是由地方官员建立的，但总有势族参加。

但是淮河南部农业生产的进步，不是由于什么种稻技术上的大规模革新（种植继续用"火耕水耨"的老方法），而是从汉代起增加水利工程的建设而引起水稻种植面积的扩大的结果。这样，这个区域的水稻农业逐渐扩展到这么大的面积，以致到南北朝时，它在农业的重要性方面终于能和北方抗衡了。

城市、商业和制造业的发展

城市和商人

战国时代以前的中国城市的典型形式（它确实可以溯源到商代）只是一个政权的中心，居民都是贵族成员；它一般不具有大量商业活动的特色。但随着战国时代商业、手工业和货币经济的发展，特别在战略要地和贸易要道上出现了新的城市，它除去作为国家首都或地方行政中心之外，还是重要的商业中心。汉代的大城市就是从战国时代发展而来的，其中包括这样一些地方：在现在陕西的首都长安；在现在河北的涿、蓟、邯郸；河南的荥阳、宛、洛阳；山东的临淄；四川的成都；今广州城附近的番禺等。主要的城市都在华北，这个事实表明了那时的商业大部分限于这个地区，而还没有延伸到长江中下游区域。

《汉书》的数字不都是完整的和准确的，它选列了 310 个县的户口数字。按其大小次序排列，户是从 40196 到 80000，口是从一109000 到 246000。[①] 可能上述地点只是选出内有非常繁华和人口众多之城市的县作为例子。而不是代表全国的所有城镇，城镇的总数肯定有 1500 个或更多（至少每个县有一个镇）。可以推测，某些城市的

---

① 有一些人口数字是根据户数计算出来的，《汉书》中没有。见宇都宫清吉：《汉代社会经济史研究》，第 112 页以下。

户口数字比这里举出的要多。例如，洛阳为后汉首都时的人口总数据估计有 50 万左右。[1]

本卷的其他地方已对这个城市作了简短的描述。[2] 至于前汉，只有一个城市留下相当多的资料，那就是长安，它建于原来秦的都城咸阳附近，现在西安市西约 10 公里处。它始建于高帝七年（公元前 200 年），在公元前 194 年开始建造城墙，经过大规模扩建，完成于惠帝时期（公元前 195—前 188 年）。公元前 192 年，征集居住在此城 250 公里（150 英里）范围内的 146000 个居民据说用 30 天的时间加固城墙，又用 2 万个罪犯不断的劳动来加大这个工程。公元前 190 年，145000 个居民又被征用 30 天时间修城，到同年 9 月完工。[3]

完成后的城，据说是长宽各 32 里 18 步（13300 米），形成一个大约 44.5 平方公里（1100 英亩）的区域。近年的发掘表明，东面是 5940 米，南面是 6250 米，西面是 4550 米，北面是 5950 米，周围总长度实际上达 25100 米。它的形状不像后来唐代的城市那么齐整，仅东面是直的，那时城市规划的思想还不普及，对形状不整齐的解释是，事实上是先筑的宫殿和街道，后筑周围的城墙。[4] 城内的准确户数不得而知，但据估计，至少有 8 万户，最多达 16 万户。

长安城内分为 160 个居民区——里，每个里有它自己的墙和门。每个里由一个低级官吏——里正管理，社会秩序可能是由里内一批有影响的人物——父老来维持。除了各个独立的皇宫和行政区，还有一

---

[1] 毕汉斯：《东汉的洛阳城》，载《远东古物博物馆通报》，48（1976），第 19—20 页。

[2] 见第 3 章《京都》。

[3] 见《汉书》卷一下，第 64 页（德效骞：《〈汉书〉译注》第 1 卷，第 118 页）；《汉书》卷二，第 88—90 页（德效骞：《〈汉书〉译注》第 1 卷，第 179—183 页）。

[4] 这些数字和论断，大部分来自王仲殊在 1957—1958 年的研究。对长安城规划的最近研究，见古贺登：《汉代长安城的建设计划：以与阡陌、县乡制度的关系为中心》，载《东洋史研究》，31：2（1972），第 28—60 页，《汉长安城和阡陌、县乡、亭里制度》（东京，1980）；斯蒂芬·霍塔林：《汉长安的城墙》，载《通报》，64：1—3（1978），第 1—46 页。后者是对王仲殊的论断的批评和改正，说明那时世界上最大的有墙城市长安，是按方格的体系布局的，每一格 500 步（690 米）。城区估计为 33.5 平方公里（8200 英亩），长安是由 160 个里和 4 个大小不同的宫殿禁区组成。见本书第 2 章，地图 4。

个由政府管理的市场区，即所谓九市。九市之中最重要的是东市和西市，以前认为这两个市场在长安城内，而其他七个在城外，但近来的研究提出不同的意见，认为这两个主要市场包括了其他七个市场。[1]这种城市内的一切贸易都在官方指定的市场内进行的制度，一直延续到唐末。

典型的市场是一块方形地，每一边大约 367 米，分成若干条长巷，商店沿巷林立。商人被组织在同一个地点进行同一种货物的交易；到唐代为止，这种情况形成了商业的联合体——行，但不清楚汉代的市场是否如此。每个市场有一个两层楼的建筑，顶上设有一旗一鼓，这是管理市场的官方机构。前汉时期长安市场的监督制度我们知道得很少，只知道官员包括一名市长和一名副手；但后汉时期管理洛阳市场[2]的市长的工作人员由 36 名不同名称的官员组成，他们的职务是维持秩序和征收商业税。他们还根据每月的物价调查制定每种货物的标准价格和批准买卖双方的契约。

政府生产的多余货物如昆明池的鱼，也由这些官员出售，并且必须在武帝的平准制度下出售，[3] 因此引起与民争利的责难。这些官员的最重要职责是征收商业税，税收进入少府而不入国库，用于朝廷的支出。长安征收的商业税总额不得而知，但前汉时期临淄的商业税年达黄金千斤或铜钱百万。[4]

汉代的所有市场只能在政府的控制下营业，这种控制大大缩小了城市的经济作用。政府的控制也延伸到商人身上，这一时期的商人可分为两大类型，一是在城市市场商店里的坐贾，一是流动于城市之间和到外国的行商。前者只拥有少量的资本，而且必须向官方登记和交

---

[1]　见王仲殊：《中国古代都城制概况》，收于西嶋定生编：《奈良、平安的都城和长安》（东京，1983）。

[2]　关于洛阳的城市，见毕汉斯：《东汉的洛阳》，第 58—59 页。

[3]　详见下文。

[4]　见《汉书》卷三八，第 2000 页。这些可疑的完整数字是用以作为专门抗辩的一部分，所以只能看作是一种浮夸的说明，而不表示精确的价值。应该记住的是，对关于临淄居民有 10 万户之说（《史记》卷六十，第 2115 页）也应持保留态度。

纳商业税；后者一般更富有，不一定都登记为商人。这些大规模的经营者靠投机和囤积发了大财，并常与势族和官员合作。《史记》和《汉书》的《货殖传》中的大多数人物就属于这一类型。[①]

那些登记作商人的，他们的社会地位很低，并经常受到各种处罚。例如，在公元前97年武帝时期，在征集从军远征的所谓"七科谪"的人时，最后四类人是：登记的商人、过去曾登记为商人的人、父母曾登记为商人的人和祖父母曾登记为商人的人。[②] 这种对商人地位的限制自战国时代以来就存在，其理由已如上述。在汉初的高祖时期（公元前206—前195年），发布过一道禁止商人穿丝绸衣服和骑马的法令；他们必须交纳重税，他们的子孙不许做官。虽然这个特别的法令后来似乎有所修改，其严厉程度有所缓和，但对商人阶级的压迫仍继续进行。武帝时期（公元前141—前87年），对所有的商人，不论是否登记，一律课以重税。此外，不许登记的商人和他们的家属占有土地，如果违犯了这个规定，就给以没收土地和奴隶的惩罚。上面已说过的哀帝时期（公元前7—前1年）颁布的限制土地占有的法令中，这些禁止商人做官的规定又被重新提到。

自相矛盾的是，商人的势力越来越大，即使他们一如既往受到越来越大的压迫。如晁错向文帝（公元前180—前157年在位）提出："今法律贱商人，商人已富贵矣；尊农夫，农夫已贫贱矣。"[③] 这清楚地表明，政府的反商政策没有收到效果，实际上反而使本来打算防止的局势更加恶化。这可以从晁错报告中的其他段落非常明显地看出：

> 今农夫五口之家，其服役者不下二人，其能耕者不过百亩，百亩之收不过百石。春耕夏耘秋获冬藏，伐薪樵，治官府，给徭役。春不得避风尘，夏不得避暑热，秋不得避阴雨，冬不得避寒

---

① 见《史记》卷一二九；《汉书》卷九一。英译文见斯旺：《古代中国的粮食和货币》，第405—464页。

② 见张晏（公元3或4世纪）注，《汉书》卷六，第205页（德效骞：《〈汉书〉译注》第2卷，第108页）。

③ 《汉书》卷二四上，第1133页（斯旺：《古代中国的粮食和货币》，第166页）。

冻。四时之间，亡日休息。又私自送往迎来，吊死问疾，养孤长
幼在其中。勤苦如此，尚复被水旱之灾，急政暴虐，赋敛不时，
朝令而暮改。当具有者半价而卖，亡者取倍称之息。于是有卖田
宅，鬻子孙以偿债者矣。而商贾大者积贮倍息，小者坐列贩卖。
操其奇赢，日游都市，乘上之急，所卖必倍。故其男不耕耘，女
不蚕织。衣必文采，食必粱肉。亡农夫之苦，有仟佰之得。因其
富厚，交通王侯，力过吏势，以利相倾。千里游敖，冠盖相望，
乘坚策肥，履丝曳缟。此商人所以兼并农人，农人所以流亡者
也。[①]

这个控诉，揭露了前汉初期农民生活和商人生活之间的显著差别，并
说明沉重的赋税只能使农民穷而商人富。以这种方式利用政府剥削农
民的商人，常常把他们经商所得的利益投于土地而成为大地主。这就
是司马迁所指出的"以末致财，用本守之"的情况，[②] 于是很多有势
力的大地主家庭也同时经商。

以压榨被重税所困的农民而获得财富这只是积累财产的头一步，
一旦有了基本的资金，就用多种手段来成倍地增值。在《史记·货殖
列传》里，司马迁对在一代人的时间中能富比王侯的人的存在感到惊
异，并在一定程度上对他们致富的方法表示钦佩。这些行业常是采
铁、贩奴、投机、欺诈或高利贷等，但司马迁还举出一大批各种各样
的货物，一个人经营这些货物，每年可获利 20 万钱，相当于一个千
户侯的岁入。

这些货物包括：酒、腌菜和酱、皮革、羊和猪、谷物、船材、竹
竿、轻便的两轮车、沉重的牛车、漆器、青铜器皿、木铁容器、染
料、马牛羊猪、奴隶、腱和角、朱砂、丝织品、粗细布匹、生漆、曲

① 《汉书》卷二四上，第 1132 页（斯旺：《古代中国的粮食和货币》，第 162 页以下）。关
于这一段文字的校勘，见加藤繁：《〈史记〉平准书、〈汉书〉食货志译注》（东京，
1942），第 143 页。

② 《史记》卷一二九，第 3281 页（斯旺：《古代中国的粮食和货币》，第 462 页）。

蘖、豆制品、干鱼、鲍鱼、枣、栗、貉和狐皮衣服、毡、蓆、果、菜等。[1] 以下货物来自全中国各地：竹、木、谷物、宝石来自山西（崤山之西）；鱼、盐、漆、丝来自山东（崤山之东）；樟脑、梓、姜、桂皮、黄金、锡、铅、朱砂、犀角、龟壳、珍珠、象牙、皮革来自江南（长江以南）；马牛羊、毛毯、皮毛来自北方。铜铁来自全国各地的矿山。

这些商人的贸易活动，超过了汉帝国的国境，武帝时（约公元前130年）张骞出使西方月氏，贸易活动更受到很大的推动。张骞的出使开辟了通往中亚的新途径。黄金和丝织品为主要商品从中国输出，而酒、香料、马、羊毛织品从西方各国输入。沿着中亚的贸易路线引进的新的植物包括葡萄、石榴、芝麻、蚕豆、苜蓿等。虽然这条新路在两汉交替之际暂时中断，但后汉时在公元94年后因班超将军再度在中亚建立中国的形象而复通。公元97年，班超的下属甘英受命出使大秦（罗马，更具体地说，是东罗马），但并没有越过安息（波斯），他被可能充当丝织品贸易中间商的波斯商人留住。那时，罗马非常需要丝织品，据说，其价值确实贵如黄金；因而罗马人称中国人为赛里斯（Seres，造丝的人），通往中国的路称为丝路。[2]

公元前111年，武帝征服南粤以后，南海的贸易逐渐扩展到东南亚诸国和印度洋，这些国家以珠、玉、天青石、玻璃等物换取中国的黄金和丝织品。一件轶事说明了沿着南海路线的商业发展，那就是公元166年一个有为的商人到达中国海岸，声称是大秦皇帝安敦（即马

---

[1] 《史记》卷一二九，第3274页；《汉书》卷九一，第3686页（斯旺：《古代中国的粮食和货币》，第431页以下）。这一段文字说明每一种货物达到20万钱标准收入所需的交易或生产数量。

[2] 关于丝绸贸易的实际意义，有一系列的看法。见余英时：《汉代的贸易和扩张：中夷经济关系结构研究》（伯克利，1967）；鲁惟一：《香料和丝绸：公元头7个世纪的世界贸易概观》，载《皇家亚洲学会会刊》，1971.2，第166—179页；何四维：《汉代丝绸贸易考》，收入《戴密微纪念文集》（巴黎，1974）第2卷，第117—136页；曼弗雷德·拉施克：《罗马与东方贸易新探》，收入《罗马帝国的兴衰，罗马历史与文化之镜的新研究》II，9（柏林、纽约，1978），第2部分，第604—1361页；本书第6章。

库斯·奥里流斯·安敦尼努斯）的使者，他献给桓帝象牙、犀角、龟壳等物。

当丝绸出口贸易还在汉政府的主管之下时，中国内部的商业活动继续受到政府的某种程度的压制，典型的事例就是实施武帝的平准制度。这基本上是限制商人的活动并把他们的利润输归国库的企图，但只取得部分的成功，并引起了更多的反对，情况见于《盐铁论》。[1]反对商人的一些政策，继续被王莽执行；但不仅无效，反而证明是招致他灭亡的原因之一。后汉时由于货币流通的减少，商人似乎变得相对的失势。但仲长统（约公元180—220年）在他的《昌言》里明确指出，商人依然顽强地在全国各地追求利润，而势族也照旧以高利贷和其他手段压榨已经穷困的农民。[2]

制造业

如上所述，春秋时期某些制造业如制造奢侈品或武器，已不再是某些氏族的特权，而逐渐在各个国家直接主持下进行制造。一般的形式是，工匠在一个师傅的指导下制造为诸侯和贵族使用的物品，工匠的衣食所需由他们供给。工匠的职业是世袭的，社会地位低于农民，而农民则不能加入这个行业。

在战国时期，这个制度又被改组，使手工业的师傅隶属于中央或地方的政府机构；世传的手工业工匠则由奴隶、罪犯和服劳役的一般平民补充。像这种非商业性的生产，带有限制农业和手工业之间任何分工发展的倾向，特别是专业手工工匠，被认为社会地位低下；农民则被鼓励生产自用的物品而不去购买它们。虽然如此，在整个春秋战国时代，开始出现了完全脱离农业的专业制造业者，而且随着商业活动的增加而人数越来越多。据一个农户家庭的收支账（魏国李悝的估计）说，一年用于衣服的费用需1500钱，这表明衣服可能是买的而

---

[1] 见《盐铁论》卷一（第1篇），第4页；盖尔：《盐铁论》(1931)，第9—11页。
[2] 见《后汉书》卷四九，第1646页以下。

不是家里做的。① 值得提醒人们的是，早期的墨家门徒就是一批工匠。②

战国时代，最重要的制造业是盐铁，盐是日常必需品，其生产地很有限，需要有大的企业进行生产，和进行有成效的分配。由于农业工具有广大的市场，使冶铁业也得到了扩展的条件。

汉代的制造业和前代一样，也分为国家控制和私营两个范畴。前者在首都和地方进行。在首都，它们大部分由负责皇室财政的少府控制。它的不同部门分工制造不同的器物。如众所周知的尚方（艺术和工艺部门）即制造武器、青铜器皿、镜子等，现在还有这些遗物。在诸侯王国也设有与尚方性质相同的工场。另一个部门是考工室，制造和尚方制造的器物相似的食器、兵器和甲胄等。但没有尚方制造的讲究。东园匠制造皇帝陵墓用的葬具，织室制造宫廷用的丝织品和衣服。原来有东西两个织室，公元前28年废了东织室，因此剩下的一个就简称为织室。

其他与制造业有关的中央机构中包括大司农，它在实行代田法时期负责制造农具。它有一个分支机构，负责实行武帝的均输制、平准法和染色工艺。将作大匠负责修建宫殿和皇帝陵墓事务，设于公元前115年的水衡都尉，管理有名的上林苑。两年后，国家禁止地方上铸钱，铸钱就完全由所谓上林三官执行。这表明，在前汉时期，水衡都尉所属的一些机构执行国家的铸币工作。③

郡县设有多种的官办制造业机构。在10个郡县里设有称之为工官的工场。这些工官一般地为地方的武库制造兵器，但在广汉郡和成都则不然，而是制造金、银、漆器。有些漆器现在还存在，上面刻有产地地名。在山东的临淄和陈留郡的襄邑两地，设有为宫廷制造华丽的丝织品和锦缎的官署——服官。临淄的三服官，每个拥有几千名工

---

① 李悝的年代大约在公元前400年，见《汉书》卷二四上，第1125页（斯旺；《古代中国的粮食和货币》，第141—142页）。

② 渡边卓：《墨家集团及其思想》，载《史学杂志》，70：10（1964），第1—34页；70：11（1964），第40—74页。

③ 这些机构的详细情况，见《汉书》卷十九上，第731—735页。

人。桂阳郡的"金官"铸造黄金，丹阳郡的铜官负责开矿和铸铜（除去铸钱之外）。铜官数量相对地少，这表明那时铁器的使用增多，而对铜器的需要日少。庐江郡（安徽）有一个船厂——楼船官建造战船。[①]

除去这些机构之外，公元前119年政府又设立了盐铁生产的官署，以实行国家的盐铁专卖政策。在48个地方设立铁官，在36个地方设立盐官，这些地方大多是原料产地；显然，在那些没有铁矿的地方设立小铁官是为了重新利用废铁。铸铁场由国家直接控制，并以制造农具为主。另一方面，盐场则为私营，产品由政府专卖。盐铁官署可能隶属于大司农，而工官、服官、铜官则由少府控制。[②]

这些官营事业的劳动力主要来自四个方面：官奴隶，如那些技术熟练，能制造代田法采用的新农具的人；一年一个月为政府无偿劳动的民工；出于某种原因被判处服一至四年苦役的罪犯；具有特殊社会地位的熟练的专业工匠。官营事业的规模，从临淄的从事织造的工官拥有几千名工匠一事可以表明，这些人的年工资据说需要几亿钱。制造金银器皿的两个工官中的每一工官拥有工匠的工资总额相比之下一年仅500万。[③] 如果所有的国营制造业的规模都差不多的话，那么只以少府所属机构的年预算而论，支出一定是非常巨大的，可能占少府每年支出总额中的一个很大比例。有鉴于此，就对元帝（公元前49—前33年在位）、成帝（公元前33—前7年在位）时期大臣们为了经济上的利益而要求废除或削减国营制造业之举，感到不足为奇了。

虽然有这些反对的意见，但国营制造业一直延续到后汉，即使在规模上作了改组和削减，这是由于有些货物从平民那里征用或购买，

---

① 这些地方上机构的详细情况，见《汉书·地理志》各郡县下；如广汉郡的工官见《汉书》卷二八上，第1597页。

② 关于盐铁收入从少府转归大司农的情况，见加藤繁：《中国经济史考证》第1卷，第49—50页。

③ 使用这些数字时应该注意，因为这是来自贡禹在大约公元前48年提出的关于经济政策问题的论战性的自白书。见《汉书》卷七二，第3070页。

而不再自己制造。一些遗物证明，尚方、织室、工官等至少还在发挥它们以前的作用。盐铁官署曾在公元前 44 年随着专卖政策的废止而撤销，但在公元前 41 年就恢复了，并延续到王莽时期（公元 9—23 年）之末。后汉时期，盐铁业由郡县而不由大司农控制，但对盐铁专卖是维持还是废止没有前后一贯的政策。

在前汉的前半期，最有势力的私营制造商是从事冶铁的人，《史记·货殖列传》中首先提到的就是这些人。以下情况值得注意，这些冶铁业者例如蜀的卓氏、程氏，宛的孔氏，鲁的曹邴氏，他们的祖先都已经是东北兴旺的冶铁业者。[①] 秦统一天下后，这些人被强迫迁徙到蜀（四川）和宛（河南），在那里，他们再度开始他们的行业，这清楚地表明原来集中在东北的汉代的冶铁业是怎样发展到其他地方的。

前汉初期的另一个大规模私营工业是制盐，中国的盐主要来源有四：海盐，特别是产于山东半岛北部海岸和长江口南部的；湖盐，产自现在山西省南部的一个盐湖；岩盐，产自北方边界沙漠地带；井盐，产自蜀地的盐井。由于原盐的产地有限，所以容易为制盐者所垄断和取得厚利。汉朝初年，一个宗室吴王刘濞，就以制盐积累财富，足以和帝国的朝廷匹敌。[②]

取得原盐和煮盐的燃料，需要一支庞大的劳动力，据说一个制盐户为此而拥有 1000 名流民。这类流民，据《盐铁论》说不都是直接归国家管辖。[③] 冶铁煮盐户又以盐铁贸易所获得的利润投入土地，变成了大地主，统治大量的农民。武帝时期建立的盐铁由国家专控的政策，就是针对这种情况的一个直接反应。国家的目的不仅在于以这个方法把两个获利最大的产业收入引向国库，而且还在于防止农民脱离农业本职和盐铁商人发展成拥有大量依附农民的势族，从而损害当局

---

① 见《史记》卷一二九，第 3277 页以下；《汉书》卷九一，第 3690 页（斯旺：《古代中国的粮食和货币》，第 452 页以下）。

② 见《史记》卷一〇六，第 2822 页。

③ 见《盐铁论》卷一（第 6 篇），第 42 页（盖尔：《盐铁论》，第 35 页）。

的利益。

这个新政策实际上并没有使得盐铁商人立即衰落，因为他们之中的大部分人干脆被新的盐铁机构所任用，如专卖政策的主要推行者桑弘羊，他本人就出身于商人家庭。可是他们以前的利润现在大部分为国家所吸取，并且失去了他们的独立性。专卖政策继续执行到武帝以后，虽然有《盐铁论》所记录的那些反对意见，而且可能最终导致了像宛的孔氏、蜀的程氏那样的以前百万富商的衰落。专卖政策在公元前44年至前41年曾暂时中止；到了后汉，很多的盐铁制造业又改由私人经营，但就我们所知，后汉没有产生可以与前汉早期富商相比的百万产业富商。

虽然实际上没有私人盐铁业以外的其他产业的资料，但可以推测，《史记·货殖列传》所列的行业的贸易很兴旺。其中酿酒业显然可以获取厚利，并且是大规模地经营。公元前98年，武帝颁令实行酒的专卖政策，但酿酒这个行业本身几乎不可能控制，所以这个政策在公元前81年国家专卖政策的论战之前就夭折了。另一个重要的私人制造业是纺织。宣帝时（公元前74—前49年在位）一个大官张安世的妻子据说雇有700个熟练的家务奴隶进行纺织，[1]而齐的丝织品为全国人所服用，如衣帽带鞋等。当武帝的均输制开始颁布时，结果首都收到了几百万匹帛，这大概表明有大量的私人生产的纺织品在各城市流通。

尽管有以上的事实，而且据李悝的示范预算表明，在战国时期衣服已成为购买的商品，但不能得出这样的结论：手工纺织和农业已彼此完全脱离，所有的农民都买衣服穿而不自己制造。有力的反证是三国时代的税制（它要求农民交纳丝麻作为部分的税额）和初唐的称为"租庸调"的税制。这两种税制都以农业和纺织在本质上不可分割，而生产纺织品是农妇的天职这一前提为基础。[2]

---

① 见《汉书》卷五九，第2652页（韦慕庭：《西汉的奴隶制》，第365页）。

② 汉代农户在衣服方面的自给自足这一复杂问题，见许倬云：《汉代农业》，第70页以下。

币制的变革[①]

城市、商业和制造业在很大程度上赖以发展的币制开始于战国时期，当时不同国家铸币的形式、大小和重量各不相同。有些货币是各国的统治者们铸造的，有些是各城市的商人们铸造的。由政府统一铸币是在秦统一天下之后，当时皇帝下令铸造所谓半两钱。它是一种圆形的青铜钱，中间有一个方孔，如它的名称所表示，每一个钱重 12铢或半两（7.5 克），半两二字铸在钱的表面。此后，典型的中国铜钱就是这种样式。

汉初，高祖废止政府独自铸钱而使私人铸钱合法化，这可能是由于秦末天下大乱，铜钱短缺，因此必须赶快铸钱以使货物流通。于是大规模的铸钱之风兴起，但这些钱大都小而轻，即众所周知的榆荚钱。虽然这种钱和半两钱形状相同并铸有半两的字样，但仅重约 1.5 克（或甚至轻到 0.2 克），和以前 7.5 克的铜钱相差悬殊。

吕后当朝时期的公元前 186 年，汉政府初次实行自己铸钱，同时明令禁止民间私铸。这种新钱虽然仍称半两，但实际上重八铢（5.7克）。四年后，废止半两的面额，而起用五分钱，该钱重二铢四累（1.5 克），等于真正半两钱（7.5 克）的 1/5，少于以前八铢半两钱的 1/3。这种五分钱几乎和榆荚钱一样的小，这表明民间仍在私铸榆荚钱，而政府不得不和它一致。这种轻钱的流通引起了通货膨胀，一直延续到文帝时期（公元前 180—前 157 年）。

公元前 175 年，政府再次允许私铸，但附加一些限制。虽然仍称半两，而私铸币实重四铢或 1/6 两（2.6 克），并且铜锡合铸。对用铅铁混铸或改变重量者在法律上予以严惩，以期遏止轻钱的流通。有几条史料记载了和政府同时铸钱的私铸：文帝和景

---

① 关于铸币方面采用的变革，见斯旺：《古代中国的粮食和货币》，第 377 页以下和 382—383 页的图表；杨联陞：《中国的货币和信用简史》（坎布里奇，麻省，1952），第 20页以下。

帝时期（公元前157—前141年），上面提到的吴王刘濞以铸铜和铸钱的方法来增大他已有的可观的财富；文帝的宠臣邓通，也在赐给他的蜀的严道铜矿铸铜和铸钱。[1] 四铢钱作为法定货币在以后通行了50年左右，直到武帝时期（公元前141—前87年）。同时在公元前144年间，政府再次专控铸钱，私铸成为处死的大罪。

在整个这一时期，伪钱大量增加，由于货币的表面价值和实际重量的不一致，更使事态恶化。普遍的做法是取钱的边缘制造假钱。公元前120年，废止四铢钱改用三铢钱（1.9克），并刻上实际重量而不用虚假的半两字样，这种假半两钱这时不再使用。[2] 就在同时，又创制了一些新的高面值货币。一种是钞票，是用白鹿皮做的，边缘饰有花纹，面值40万铜钱，但实际上它只是一种货币象征，用来征集岁入。[3] 其他三种是银锡合铸，面值分别为3000、500和300钱；但它们的重量都不到八两（120克）。伪造这些新货币中的任何一种都处以死刑。这个禁令虽然严厉执行，但却没有生效。

一年以后，又废止三铢钱改用五铢钱（3.25克），重量也和面值相符，这是中国的标准铜钱，沿用到唐初。汉代铸钱，起初由中央政府和郡同铸，使钱的周边隆起以防止取铜。不幸的是各郡铸的五铢钱质量不好而且分量轻，伪造五铢钱和银币的事连续发生。为了尽量控制这种局势，政府在首都铸造一种红边铜钱（赤仄钱），官定价值为

① 刘濞，见前文和《史记》卷一〇六，第2822页。邓通的情况，见《史记》卷一二五，第3192页。这两人在《史记》卷三十，第1419页上并列；又见《汉书》卷二四下，第1157页（斯旺：《古代中国的粮食和货币》，第240页）。

② 关于这个决定的时期的讨论，见加藤繁：《三铢钱铸造年份考》，收入他的《中国经济史考证》第1卷，第195—207页。

③ 有关使用鹿皮事，见《史记》卷三十，第1426页（沙畹：《〈史记〉译注》第3卷，第564页以下）；《汉书》卷六，第178页（德效骞：《〈汉书〉译注》第2卷，第64页）；《汉书》卷二四下，第1163页（斯旺：《古代中国的粮食和货币》，第268页）；杨联陞：《中国的货币和信用简史》，第51页。后者的看法是：白鹿皮从来就没有打算流通，因而不能认为是货币。

五个五铢钱。① 交纳赋税必须用这种钱，但在私人商业中滥用它的情况也很多。随着银钱的成色大幅度降低，因此这种钱不久就废止了。

由于以上的情况，公元前113年，由隶属于水衡都尉的上林三官专管铸币，水衡都尉和少府共同负责皇帝宫廷的财政。三官这时成为帝国的唯一铸币机构，并负责选矿、运矿石以及实际铸造。各郡铸造的所有铜钱都运往中央，以便进行熔化和重铸。新铸的铜钱质地良好，伪造困难，并因伪造者缺乏良好的设备而无利可图。

这样，铸钱和以此获利成为朝廷的独有特权。铸币制度从公元前113年到前汉末，一直保持稳定。从公元前118年到大约公元1—5年这一阶段，铸造的五铢钱总额超过280亿，假定年均铸量为2.2亿左右或22万贯（一贯1000钱）。总额只略少于盛唐时期（公元742—755年的天宝年间，一年是32.7万贯），但比宋代少很多（如1045年是300万贯，1080年是586万贯）。② 看到公元前1世纪时铸造了这么多的铜钱是令人吃惊的，并且使人认识到，商业和手工业的巨大发展受它的影响有多大。

王莽在币制上也如在其他事情上一样，也打算表明他追随古代先例，恢复过去的一个理想模式，以引用意识形态的理由来支持他试图对前汉整个币制的大改革。③ 公元7年，他在五铢钱之外又通行三种新的货币，即大钱，重12铢（7.6克）；刀钱（契刀）；镶金刀（错刀）；价值分别为50、500、5000——五铢钱。公元9年，即他做皇帝后的一年，除了大钱之外废除了所有的面值，提出了一个新的远为复杂的货币系统。除去用金银、龟壳、贝壳作为流通货币之外，又添

---

① 《史记》卷三十，第1434页（沙畹：《〈史记〉译注》第3卷，第584页）；《汉书》卷二四下，第1169页（斯旺：《古代中国的粮食和货币》，第291页）。如淳（公元221—265年时人）解释说："以赤铜为其郭也。"《史记》、《汉书》都说："其后二岁，赤仄钱贱，民巧法用之。"但如淳说："不知作法云何也。"

② 汉代铸钱的数额，见《汉书》卷二四下，第1177页（斯旺：《古代中国的粮食和货币》，第324页）。唐代铸钱事，见《通典》卷九，第53页下；崔瑞德：《唐代的财政管理》，第2版（剑桥，1970），第78页。宋代铸钱事。见彭信威：《中国货币史》（上海，1958），第300页。

③ 王莽的币制改革，见德效骞：《〈汉书〉译注》第3卷，第482页以下、506页以下。

了两种形式不同的青铜货币，即钱和布。钱有五等，其次序是从重一铢的小钱到重九铢的壮钱，和以前的大钱一并通行。布是一种铲形的钱，[①] 按其大小、轻重分为十等。

关于这种复杂的、名目繁多的 28 种单位的通货，都有历史的先例可查，而不论引得是否恰当；总的说来，一个共同的问题是面值和实际重量的不符。这种币制被证实完全行不通而逐渐废止，唯一留下来的是小钱和大钱（其值是小钱的 50 倍）。公元 14 年，这些货币又被两种新货币所代替，即货泉（一种圆形铜钱，有一个孔，重五铢即3.25 克）和货布；后者只比前者重五倍，但它的官定价值却是前者的 25 倍。

对破坏新币制的惩罚是严厉的。伪造者处死刑，收藏非法定的货币或批评新币制者处流刑。但是犯者太多，最后法律规定犯者仅被判为官奴隶或罚做苦工。又据连坐的原则，犯者的邻居也受到与犯者相同的惩罚。由于这些匆促、激烈的改革而引起的混乱、烦恼和丧失信心，显然在相当的程度上导致了王莽的灭亡。

甚至到了王莽灭亡以后，币制还是相当紊乱，麻、丝、谷物与现行的货币一同使用。在四川建立短命王国的公孙述（公元 24—26 年）有一段时间曾铸造铁钱。[②] 天下重新统一后不久，秩序恢复，后汉政府于公元 40 年决定再度使用前汉时期的五铢钱。首先提出这个建议的是光武帝的一个将军马援，但因大臣们的反对而被拖延。对铸币的社会效果显然仍存在着不安和感到无把握。但马援的建议被证明是对的，于是继续铸造五铢钱直到后汉末。这次铸钱完全由大司农掌握，而不是由经管皇室财政的机构负责。汉代常提到黄金，但除去王莽之外从来没用它作过通行的货币。可是常用它作计值的单位。黄金的基本单位是一斤（16 两或 384 铢，245 克），价值铜钱一万。常用这

---

① "布"从文字上讲是"布钱"，但实际上是指一种铲形的钱（也称布），秦以前中国的一些地方曾使用过这种钱。见彭信威：《中国货币史》；王毓铨：《我国古代货币的起源和发展》（北京，1957）。

② 见《后汉书》卷十三，第 537 页。

些单位来计算珍贵的财产；例如前汉时期的富裕之家据说是有 10 斤金或 10 万钱。虽然黄金被作为礼物由皇帝赐给他的宠臣和大臣，但它是被用作宝物和保值的手段，而不是用于经济交易。[①] 后汉以银代替黄金进行高价的交易，而且政府似乎铸造了标准银锭。

汉代的物价常用货币来表现，因此为了征税，货币是土地、房屋、车马等的价值。这样，就存在一个价格结构以决定各种不同货物的相对价值。这可从《史记·货殖列传》所举出的一系列货物清楚地看出，它表明为了取得一定的利益所必须卖出的每一种货物的数量。[②] 进一步说明相对价值的材料，可以在多半为征税而制定的一些财产估值的断简残篇中看到。[③]

价格结构不仅因时因地而不同，而且依据战争和丰歉引起的供需的波动而变化。特别是日常的必需品，如粮食。在秦亡以后的动乱时期，一石（20 公升）粮食的价格高达 100 万钱，而在文帝（公元前 180—前 157 年在位）的和平时期则低到 10 钱左右，在宣帝（公元前 74—前 49 年）的丰收时期低到五钱。紧接的元帝时期（公元前 49—前 33 年）发生了灾荒，粮价又上升到 500 钱。在中央和外地的各郡之间也存在着很大的差价，一个奴隶的价格在 1.2 万钱和 2 万钱之间，这取决于年龄、性别、技术熟练程度等的不同，但在哀帝时期（公元前 7—前 1 年），限制土地和奴隶数量的法令颁布后，奴隶的价格暴跌。因此很难指明汉代货物的正常价格。但从上面提到的《史记》所举一系列货物看来，可以推测出前汉初期的 1 石粮食的平均价格是 120 钱左右。前汉后半期看来是接近 100 钱，而且在后汉初年还

---

① 关于黄金有一系列的复杂问题，如资源的供应、分布范围和地中海世界可能的影响等。见塔恩：《大夏和印度的希腊人》，第 2 版（剑桥，1951），第 104 页以下；德效骞：《〈汉书〉译注》第 3 卷，第 510 页以下；何四维：《中国在中亚》（莱顿，1979），第 134 页注 333、第 218 页注 814；拉施克：《罗马与东方贸易新探》，第 624—625、725 页注 305。

② 《史记》卷一二九，第 3274 页；《汉书》卷九一，第 3687 页（斯旺：《古代中国的粮食和货币》，第 434 页以下）。

③ 鲁惟一：《汉代的行政记录》第 1 卷，第 71—72 页。

保持着同样的价格。①

财 政 管 理

政府和皇室的财政

如果不涉及国家权威的种种作用，就不可能叙述汉代的社会和经济发展，因为它通过实施各种各样的财政政策对农业、商业和制造业施加了巨大的影响。虽然根据君权至上的集权专制主义，所有的岁入在理论上都应属于皇帝个人，但事实上汉代在财政管理上有一个严格的区分，形成政府的或公有的财政和皇帝宫廷私有的财政两个范畴。前汉时期，这两个财政系统分别由两个具有独立的收入和支出的部门掌管，这就是大司农和少府。②

政府财政的主管机关是大司农。③ 它的岁入主要来源是向人民征收的各种赋税，公元前 119 年之后，加上盐铁专卖和均输、平准所得的利润。武帝时期还有来自国有土地和卖爵的收入。它的主要支出是首都官员的俸禄、公共工程（如建造陵墓、治水和灌溉工程）和军事费用（供应军需、大规模远征的消耗、给军队的奖赏）。除去这些主要项目之外，也提供国家节日和礼仪的花费。

少府收入的头一个来源是对有市籍商人的课税和对自然界（山、林、河、海、湖泽）的各种产物的税收（所有的自然资源都被认为是属于皇帝的）。这实际上意味着对鱼类、木材和广大的国家园林所有产物的课税。一个例外是，当时专卖盐铁这两个最有利的自然产物的收入归属于大司农。这是武帝大力增进国家财政所作的一个特殊姿态

---

① 佐藤武敏：《前汉的谷价》，载《人文研究》，18：3（1967），第 22—38 页；布目潮沨：《半钱半谷论》，载《立命馆文学》，148（1967），第 633—653 页。

② 对这两个机构职权界限的全面研究，见加藤繁：《中国经济史考证》第 1 卷，第 35—156 页。

③ 这个官职起初沿用秦制称治粟内史，公元前 143 年改称大农令，公元前 104 年又改称大司农。

的结果。在开始专卖以前，盐铁的税收一定归于少府。这个财源的损失，在几年后的公元前113年，因少府的一个新的协作机构水衡都尉专管铸钱（如上面所述）而得到了弥补。

少府收入的另一个来源是口赋，即对所有3—14岁（后改为7—14岁）的儿童的人头税。起初是20钱；后改为23钱，其中20钱归少府，3钱供军费。至于这笔钱为什么不归大司农，其理由不得而知。口赋在皇帝宫廷的岁入中是一个很大的项目，这从下面的估计可以得知。

公元2年全国的人口统计是59594978人，假定1/5的人口是7—14岁的儿童，每人交纳口赋20钱，那么总额就是3.8亿钱。[①] 少府还有归它分管的国有土地的收入。确切的数字虽不得知，但从以下的事实可推出其大略，武帝时期河东郡新灌溉的5000顷（57000英亩）土地，预计岁收可超过4000万公升谷物作为国家收入，这些土地归少府掌管。虽然水利设计从来没有完全实现，但岁入一定相当可观。[②]

此外，诸侯王每年奉献的黄金——酎金——也都归少府。奉献者要在阴历八月举行的节日时把黄金献上，在此期间，又用八月酿造的酒供奉皇帝的宗庙。名义上用来资助祭祀的黄金数量的征收，是按照王侯的封地人口的比例，计每1000人四两（60克），另外还要检验黄金的成色。如果不够标准，奉献者就要失去他们的全部或部分封地。武帝统治时的公元前112年，有106个诸侯因酎金的成色低劣被夺爵而沦为平民。我们仅能对在这些情况下奉献的黄金作一个近似的估价。按照公元2年的人口调查，诸王封地的人口总数超过638万，这一年他们必须交纳380公斤黄金，大约相当于1600万钱。再把诸

---

① 这个计算是根据《汉书》卷二八下，第1640页所记载的登记人口数字。如根据全国每个行政单位的人口计算，则总数为57671400人。见毕汉斯：《公元2至742年的中国人口统计》，第158页。此外，还应考虑从武帝时期到公元2年之间的人口的增长；据一位学者的估计是每年1%（见许倬云：《汉代农业》，第15页以下）。如果这个估计可接受的话，那就意味着武帝时期登记的人口数字约300万。

② 《汉书》卷二九，第1680页。

侯的奉献包括在内，其总额一定大得多。[1]

虽然少府的岁入很大，但它的支出也是巨大的，它担负朝廷的全部花销。其中包括食物、衣服、家具、器皿、医药、乐舞伎和后宫（少府对每一个后宫都有专门机构负责）的费用，还不算近侍们的生活费用和其他奢侈品。像衣服、器皿、车辆等的绝大部分是由少府所属的国家机构制造。其花费之大是惊人的，以致当国家紧迫的时候一些公忠体国的大臣屡次要求削减花费，元帝时期（公元前49—前33年）的贡禹就是如此。

少府还要支付皇帝对诸侯王、高官、幸臣、功臣等的定期和特殊的赏赐。这些赏赐或是黄金，或是铜钱，或是两者都有，一次赏赐常是黄金百斤（25公斤）和铜钱百万。例如宣帝（公元前74—前49年在位）初期，霍光受到1.7万户的封地、7000斤黄金（1050公斤）、6000万钱、30000匹绢、174名奴隶、2000匹马和一所住宅的巨大赏赐。[2] 不仅如此，在国家紧迫的时候，少府有时还要资助大司农。在这些之外，还要支付它自己机构的铸币、薪俸、办公等费用，以及拥有大量奴隶的水衡都尉的费用（据贡禹说，官奴隶的总数超过10万，每年消耗五至六亿钱）。[3]

从以上所说可以清楚地看出，汉帝国的财政规模是庞大的，据桓谭（公元前43—公元28年）的《新论》说，前汉政府每年取自人民的税收是40多亿钱，一半用于官员的俸禄，另一半储备起来以应急需。少府的岁入总数是13亿钱。[4] 《汉书》记载元帝时期（公元前49—前33年）的财政储备如下：大司农经管40亿，水衡都尉经管25亿，少府经管18亿。[5] 所有这些巨大的数字都必须由政府有关部

---

[1] 关于这件事，见德效骞：《〈汉书〉译注》第2卷，第126页以下和上面第2章《侯与爵》。

[2] 《汉书》卷六八，第2947页。

[3] 《汉书》卷七二，第3076页（韦慕庭：《西汉奴隶制》，第174页以下、397页以下）。

[4] 桓谭著作的残篇现保存于《太平御览》，见蒂莫特恩·波科拉：《〈新论〉和桓谭的其他作品》（安阿伯，1975），第49页和59页注21。原文的83亿被认为是13亿之误，这里采用这个校正数。

[5] 见《汉书》卷八六，第3494页。

门详细记账。

构成岁入和支出的项目包括谷物、丝麻、黄金和最重要的常用来表示总价值的钱。虽然这一时期官吏的俸禄一般是以谷物为单位来计算，但以钱交纳的税占全部税收的很大比例，于是在政府财政部门的操持下每年有几十亿货币流通。因而纳税者必须卖掉他们的产品去换取铜钱，这就给商人提供了牟利的大好机会。

可能是这样：在秦代，平民向少府缴税时，宫廷所占用的比例大于政府所占用的，但在整个前汉时代，政府的财政逐渐而稳步地扩大，终于和宫廷财政的比例相当。后汉初期，光武帝（公元25—57年在位）进行了大的改革，把少府的全部岁入转给大司农掌管；公元40年以后，水衡都尉的官署被撤销，铸钱也成了大司农的特权。少府这时变成了只是办理宫廷杂务的一个行政机构，并且日益为宦官所把持。除去盐铁机构这个小的例外（这时归郡县主管），大司农这时成了当时唯一的国家中央财政机构。

后汉时期，货币仍继续在经济上占有很重要的地位，据《后汉书》所开列的公元50年的官吏俸禄，他们所收的一半是货币一半是谷物。[①] 但是，货币经济开始逐渐衰微。虽然纳税大部分还是付货币，但国家所得的硬通货（铜钱）却越来越少，这是由于纳税的农民在减少，越来越多的小农处于地方上有权势的地主的控制之下。最后，为了尽力弥补这个损失，在桓帝（公元146—168年在位）和灵帝（公元168—189年在位）时期，政府对所有的土地每亩（0.046公顷，0.113英亩）加征10个钱，并卖官鬻爵。灵帝把用这种方法得来的钱存贮在西园的所谓"万金堂"；这种行为完全不顾这样的事实：独立的宫廷财政已成为一个长久的过去事情，不能以专制君主的

---

① 《后汉书》志第二八，第3632—3633页，关于这点是有争议的，宇都宫清吉：《汉代社会经济史研究》，第203页以下、209页以下，认为官俸实际上是70%货币和30%谷物。他的论点受到杨联陞的反驳，见《中国经济史中的数字和单位》，载《哈佛亚洲研究杂志》，12（1949），第216—225页；也受到布目潮沨的反驳，见《半钱半谷论》。又见毕汉斯：《汉代的官僚制度》，第125页以下。

独断行动来恢复。

税　制

汉代的税一般来说有两种，即租和赋，两者的区别开始于春秋时期。租原是人民献给统治者的贡品，作为在他的宗祠进行礼仪和节日活动的礼物。它也叫作税，意思是人民把他们生产品的一部分分给统治者。赋起初是一种服兵役的义务，后来变成交纳某些物品。因而习惯地把租用作皇帝个人和朝廷的费用，而赋用作军事费用，这就是为什么汉代把很多交纳给少府的税叫作租，而把交纳给大司农的税常叫作赋的原因。但是，汉代的土地税（即田租）形成国家岁入的一部分，而对未成年人的人头税（即口赋）归于少府；旧的区分已不再严格保持。

然而，的确还有一些租形成朝廷岁入的一部分。这就是对登记商人的租（市租）和对出海捕鱼收益的租（海租），这些都是取之于自然物产和工商业的利润。赋包括对成年人的人头税（算赋）、算赋中的财产税（算訾）和本来是代替劳役的更赋。除去口赋之外，这些赋形成国家岁入的一部分。另外，还有劳役和兵役。可以把这些税分为所得税（如田租和商业税）、人头税（算赋、口赋、更赋和劳役）和财产税（如算訾等，这些将在下面讨论）。上面已经谈到汉行政的目的是通过征税和劳役来控制个体农民（而不是控制家庭单位）。可以从普遍实行各种人头税和劳役的措施中非常清楚地看出这个目的。为此而制作户的簿册，簿册的根据是每年进行人口调查，把一个县的每一个居民都要列入。汉代的这些人口调查，相对地说被认为比后代的准确，因为后代的人口调查充满了遗漏和其他错误。[1]

从取自现存的人口统计数的表15看来，后汉初期登记的户数大

---

[1]　可是，它不可能得出一个完全的人口数字。肯定有很多的户漏登，尤其是在行政管理更加松弛的南方地带。对汉代人口调查的详细校勘，见第544页注1引用的毕汉斯和劳榦的研究著作。

表 15　　　　　　　　　公元 2—146 年登记的人口

时　期	年	户	口
前　汉	2	12366470	57671400
后　汉	57	4279634	21007820
	75	5860573	34125021
	88	7456784	43356367
	105	9237112	53256229
	125	9647838	48690789
	136—141	10780000	53869588
	140	9455609	48000000
	144	9946919	49730550
	145	9937680	49524183
	146	9348227	47566772

为减少，这主要是由于随着王莽统治而发生的动乱和不安。在这次行政管理的混乱中，许多户可以逃避当局的注意。数字的减少绝不意味着人口的锐减，倒不如说是行政控制废弛的一种表现。这个表说明国家可以使他们缴税和服劳役的人口的实际数字。[1]

土地税即田租，是按实际的谷物产量征收，其税率大约定于公元前 205 年，即为产量的 1/15。[2] 这个税率可能以后有所提高，但在公元前 195 年惠帝即位时又恢复为 1/15。公元前 168 年，免去税的一半，次年又完全免税，以后的 11 年显然是继续免税。在这期间采取晁错（公元前 154 年被杀）的建议，对献给皇帝谷物的人赏赐爵位。公元前 156 年，土地税回复到 1/30，以后就保持下来作为标准的税率。除去土地税之外，似乎还需交纳草秸以作国有牲畜的饲料，但详情不明。[3] 后汉时期，由于大量的军事花费，土地税开始按 1/10 征收，但在公元 30 年，当局势有所稳定后，税率又恢复为 1/30，在汉

---

[1] 上表的公元 2 年和 140 年的人口数字的材料，分别见于《汉书》卷二八下，第 1640 页和《后汉书》志第二三，第 3533 页。其他年的数字，取自《后汉书》志第二三，第 3534 页的注释。这些数字依据不同的资料，它们不一定都有详细说明。公元 2 年和 140 年的数字根据毕汉斯的《人口统计》第 58—59 页的材料进行了更正。

[2] 见《汉书》卷二四上，第 1127 页（斯旺：《古代中国的粮食和货币》，第 149 页以下）。

[3] 《后汉书》卷一上，第 5 页，注 4 引《东观汉记》文；《后汉书》志第七，第 3170 页。

代的其余时期，就一直保持不变。[1]

虽然法定的土地税可能是收获的 1/30，但一个参加盐铁讨论会的人的话清楚地说明，实际上是以所耕地面积为基础而征税（"田虽三十而以顷亩出税"）。[2] 可以假定，某一块地的税额是以地的肥沃程度和平均产量为基础，那就需要作某种土地调查。这样的土地调查，在前汉末以前没有记录留下来。公元 39 年，光武帝中兴以后再次命令进行全国土地调查。对后汉的一系列调查所提供的表 16 上的数字，表明政府指望在不同时期进行征税的土地数额。[3]

即使是对可耕地征税，征产量的 1/30 的税率可以说是优惠的；而到了后汉末期更进而下降为 1%。但实际上对农民来说并不像表面上那么有利，因为它绝不表示是农民的全部税赋负担：土地税虽减少了，而财产税却在增多。无论怎么说，低田租只能对自耕农和大地主有利，而与佃农无关，佃农必须把他们收获的一半交给地主（如董仲舒和王莽所指出的）。[4] 因此，遭自然灾害而免税的好处，贫苦的佃农几乎得不到。

表 16 　　　　　公元 2—146 年登记的可耕地面积

时　　　期	年	可耕地*
前　汉	2	8270536
后　汉	105	7320170
	125	6942892
	144	6896271
	145	6957676
	146	6930123

* 以"顷"算，一顷＝接近 11.39 英亩。

算赋或口算是一种人头税，征收的对象是所有从 15 岁到 56 岁的

---

① 《后汉书》卷一下，第 50 页。
② 《盐铁论》卷三（第 15 篇），第 196 页（盖尔：《盐铁论》，第 94 页）。
③ 来源见《后汉书》卷一下，第 65 页；可耕地数字见《汉书》卷二八下，第 1640 页和《后汉书》志第二三，第 3534 页的详细附注。
④ 《汉书》卷二四上，第 1137、1143 页（斯旺：《古代中国的粮食和货币》，第 182、209页）。

男女；它可能始于战国时代，并肯定存在于秦代。前汉初期的税率为每人一算（120 钱），这个税率保持得相当稳定。公元前 189 年，为了增加人口，规定所有从 15 岁到 30 岁的未婚妇女要交纳五算（600 钱），但后来在下一代皇帝降低到 40 钱。公元前 140 年，对有 80 岁以上人口的家庭减免二算（240 钱）。公元前 52 年，一算减到 90 钱，公元前 31 年，进而减到 80 钱。后汉时期的公元 85 年，对产妇免征人头税三年，对其妻子怀孕的男丁免征人头税一年。对新定居的流民和没有土地的新迁入者，有时也免征人头税。

对商人和奴隶的人头税是二算（240 钱），为普通人的一倍。[1] 口赋也称口钱，征收对象是 3 岁到 14 岁的未成年人，税率是每人每年 20 钱。如上所说，这笔岁入归于宫廷，但武帝时期增加的 3 钱则归国库以作饲养军马的费用。从元帝时期（公元前 49—前 33 年）以后，并可推断直到后汉，征收对象的年龄只是 7 岁到 14 岁的未成年人。[2]

更赋据说最初用来折三天的戍边任务，征收的对象是成年男子（大概是 15 岁到 56 岁），税率是每人 3 钱。他们不管健康状况或社会地位，都必须缴纳。但那些交纳更赋的人并不能免除正常的兵役和劳役。[3]

算赀即财产税是建立在个人自报财产价值的基础上，税率是每10000 钱一算（120 钱）。最初实行是在公元前 203 年，与算赋同年开始，但到了公元前 119 年，又被武帝大加改变。在这一年，对商人和

---

[1] 加藤繁认为，成帝（公元前 33—前 7 年在位）以前，1 算并不固定为 120 钱。这个观点在他以下一篇论文中最容易理解：《汉代的人头税——算赋的研究》，载《东洋文库研究部纪要》，1（1926），第 51—68 页。但平中苓次则认为，税率在汉初就固定了，见他的《中国古代的田制和税法》（京都，1967）第 9 章关于这个问题的研究。

[2] 平中（《中国古代的田制和税法》，第 302 页以下）认为，对 7—14 岁未成年人的口赋，起初就定为 23 钱，到了武帝时期，把年龄下移到 3 岁，并把其中的三钱用作骑兵的马的费用。

[3] 《史记》卷一〇六，第 2823 页；《汉书》卷七，第 229 页和 230 页的如淳（盛年期 221—265 年）的注（德效骞：《〈汉书〉译注》第 2 卷，第 170 页）；《汉书》卷二四上，第 1143 页（斯旺：《古代中国的粮食和货币》，第 209 页）；鲁惟一：《汉代的行政记录》第 1 卷，第 162—163 页。

制造商的税率猛烈提高，前者（不论是否登记）的财产税是每2000钱付一算，后者是每4000钱付一算。同年，对一般人的车征收一算，商人的车征收二算，所有长过五丈（11.5米）的船征收一算。

制定这些措施一方面是为了抑制商人，一方面是为了改善国家因军事花费而引起的财政不足；政府以强力推行这些措施。对那些自报财产不全或不报的人处以流放边境一年的惩罚，并没收他们的财产，检举人可得到没收财产的一半。结果，很多大商人破产，价值万亿钱的财产被没收，其中包括几千名奴隶和每县按其大小从一百到几百顷的土地。所得到的奴隶被分配于政府各部门，土地则分归少府和大司农。[①]

汉代的劳役有两种，即正常劳役（更卒）和兵役（正卒）。前者要求所有从15—56岁的男子都要一年无偿服劳役一个月，在郡县从事工程和杂务的劳动。兵役是挑选满23岁的男青年充当步兵、骑兵或水兵，兵种视籍贯而定。经过一年的训练之后，凡56岁以下的人应该服役一年，或守卫京师或去戍边。

其他的税收包括对商人和手工业者的课税（如市租、海租）与对国家专营以前的铸钱、煮盐、冶铁等业的课税。此外还有对酿酒业、各种制造业和放债业的课税。这些税都以家长提出的收入报告为基础而进行估价。上报不实和家长不自己上报的人处以2斤黄金（0.5公斤；两万铜钱）的罚款并没收犯者的财产。各种货物的税率不详，只知道酒的税率在公元前81年停止国家专营时是每升（0.2公升）二钱。[②]

除去土地税和劳役之外，所有的其他税都要求农民和商人用现金交纳。这是唐代以前中国的一个独特情况，甚至唐代的租、庸、调三分税制，其基本义务也是交纳谷物、丝麻和劳役，只有另外的户税是

---

① 《汉书》卷一上，第46页（德效骞：《〈汉书〉译注》第1卷，第93页）；《汉书》卷二四下，第1166页（斯旺：《古代中国的粮食和货币》，第278页以下）。

② 关于海租，见《汉书》卷二四上，第1141页（斯旺：《古代中国的粮食和货币》，第193页）；斯旺：《古代中国的粮食和货币》，第370、375页。在一次有政治目的的论战中，一个官员说，具有10万户的大城临淄，其市租达到1000个黄金单位。

交纳现金。只是到了 8 世纪后半期，以现金纳税的原则才牢固地重新建立，而就在那时也可把现金折成其他商品，经常是以丝代替。① 汉代的税制建立在现金的基础上，这表明那时的农民相当深地卷进了货币经济。

农民的唯一得钱之道是做工挣工资，或在市场上出卖他们的农产品。人们都知道，农民受雇在地主的庄园里或在诸如酿酒等制造业中干活，但不能设想这种挣钱之道竟普遍到决定税制形式的程度。另一方面，农民出卖自己的产品需要有通往市场的方便途径，但在晚唐以前，在农村共同体中这些市场没有任何大幅度的发展。这就很难理解农民是怎样按照对他们的要求用现金交纳他们的大部分税款的。②

但有一二个推测可以解释这个问题。如上面所说，农民住在有墙的居民区内而不是住在孤立的村庄。虽然市场只在城市，但那些住地离市场不远的农民有可能把他们的农产品拿到市场去卖钱以便纳税。到了后汉末和以后，由于农村共同体本身开始离开城市而单独发展，农民变得和市场脱离，越来越难得到现金。这就是日益以实物纳税的原因，这种税制开始于汉末曹操的户调制，在唐代趋于完善而成为租庸调制。③

汉代货币的大规模流通（也表明货物的相应大规模流通）是一种手段，国家通过它以税制来控制人民。从那时很原始的运输条件来说，对于当局，征收一切实物税显然是一桩大事，因为它要在全国范围内集散这些货物。可能是为了克服这个困难，国家开始以现金征税；换句话说，以现金征税并不是货币经济充分发展的自然结果，而

① 关于租庸调制，见崔瑞德：《唐代的财政管理》，第 24 页以下。
② 关于一个农户的生计和对现金的需要的情况，见许倬云：《汉代农业》，第 67 页以下。
③ 最早提到户调制的，见《三国志·魏书二三》，第 668 页，时间是公元 197 年。关于它的采用，见《晋书》卷二六，第 790 页。见宫崎市定：《晋武帝的户调式》，载于《亚洲史研究》，1（京都，1957），第 185—212 页；西嶋定生：《中国经济史研究》（东京，1966），第 287 页以下、第 363 页以下。

是由于当时运输不便所采取的一个必然手段。这部分地由西晋（公元215—316年）的税制得到证明，当时也是征收实物税，只有远方边境的夷族才交纳现金。但是，这种推测是建立在汉代货币经济相当发达这个前提之上的。

还有第三种可能，虽然以现金收税，但农民可以经过富人或商人之手交纳实物，这些人把农民的农产品在市场上换成现金而从中取利。不然的话，就是农民从这些人那里借高利贷，以现金纳税而不和市场发生关系。这类事例，史书上有记载。[①]

如果汉代的税收绝大部分是征收现金这一事实讲得通，那么上面的这些推测一定是可以接受的。随之产生的大规模的货币流通使得商人获利，他们用这些钱购买土地转而又成为大地主。他们就这样加入了势族的行列，但他们本人并不放弃经商以增大他们的财富和加强对日益贫困的农民的统治。这就不可避免地使中央政府失去了对农民的直接统治而开始衰落。由于促进货币流通，国家本身给商人提供了兴起的机会，而它又要用最大的力量来抑制这一社会阶级。

国家专营和商业控制

武帝时期（公元前141—前87年）由于频繁远征的大量支出，国家财政大为拮据，因而不得不寻找新的财源。[②] 结果，在公元前119年，盐铁开始由国家专营，这是两种必不可少的商品，在此以前，使私营盐铁业获得巨大的利润（而且盐铁业的劳动大军容易使得政府不易控制，成为社会不稳定的因素）。在同一年以同样目的所采取的另一方法是增加商人和制造商的财产税。

以前从私营盐铁业征来的税收归于少府，但这次新的专营政策所

---

① 关于利息，见斯旺：《古代中国的粮食和货币》，第222—223页注368。

② 关于这些支出，见鲁惟一：《汉武帝的征战》，收入《中国的兵法》，凯尔曼、费正清合编（坎布里奇，麻省，1974），第99页；《汉书》卷二四下，第1159、1165页（斯旺：《古代中国的粮食和货币》，第251，274页），《汉书》卷六一，第2704页（何四维：《中国在中亚》，第236页）；《史记》卷一二三，第3178页。

得的收入则归于大司农。这种方法可能酝酿于前一年，即公元前 120 年，当时齐国的一个大盐商东郭咸阳和南阳的一个大冶铁者孔仅，曾是大司农的助手，主管征收盐铁税。在他们的建议之下，一年后实行专营政策；他们遍历各郡，建立机构，任命推行这个政策的官吏，很多官吏选自以前的盐铁业者。[①]

这两个专营的管理有所不同。对铁来说，大司农直接控制在开矿冶铁地区设立的 48 个铁官；在其他地区设立的小铁官，从事熔化废铁重铸的工作，由所在的郡县控制。劳动力来自罪犯、专业工匠、服劳役的本地人，有时也有官奴隶。所有产销事务都由专营机构的官员办理，对农民只供应制造的铁农具。应该顺便说一下，一种带有几分偏见的材料以批评产品的形式攻击专营制度，抱怨国家专营带来的不利，不论质量如何，价钱都是一样的。而且由于经常没有负责的官员，产品根本买不到。[②]

但对盐来说，还是由以前的盐商负责制造。34 个盐官只是借给他们煮盐的工具，然后从他们手里购买制成的盐再转卖给人民。绝对禁止贩卖私盐。

桑弘羊[③]帮助东郭咸阳和孔仅大力推行专营政策。当公元前 115 年，孔仅被提升为大司农时，桑弘羊接替他的职位，做他的助手。于是桑弘羊提出一个新的财政政策，实行国家运输制度——均输。虽然这个政策的详情不怎么清楚，但从《盐铁论》的一段文字和注者的解释可知其大概。

以前中央政府需要的地方货物由商人运送到首都，商人于是有了牟利的大好机会，货物质量常常低劣，运输制度也很繁杂。于是政府下令，在遥远地区货物应以税收所得购买，并在地方新设均输官，负

---

① 《汉书》卷二四下，第1164—1166页（斯旺：《古代中国的粮食和货币》，第271—277页）。

② 《盐铁论》卷六（第36篇），第252—253页。

③ 关于桑弘羊，见上面526页以下；克罗尔：《桑弘羊的经济观点研究》，载《古代中国》，4（1978—1979），第11—18页。

地图 17　公元 2 年的盐铁官

责购买货物并运送到首都。目的是抑制商人，同时把利润纳入国库。①

　　当首都官方机构派官员到地方上购买时，新政策在执行中遇到了某些困难，他们之间展开了竞争，提高物价，甚至引起运输资金的短缺。公元前 110 年，桑弘羊继孔仅为大司农，他增设地方上的均输

---

① 均输制度见斯旺：《古代中国的粮食和货币》，第 64—65 页；克罗尔：《桑弘羊》，第 12 页、17 页注 17。主要资料是《汉书》卷二四下，第 1174 页（斯旺：《古代中国的粮食和货币》，第 314 页以下），《盐铁论》卷一（第 1 篇），第 4 页（盖尔：《盐铁论》，第 9 页以下）。

官，其意图是当物价低贱时大量购买，从而提高和稳定了物价。同时在首都设置一个稳定物价的机构——平准官，其意图是储藏这类地方上的货物，在物价上涨时出售。除了以低价卖给人民使他们受益外，也直接打击了商人。在公元前98年，政府开始对酿酒卖酒业专营。

所有这些财政政策在增加国家岁入方面获得了很大的成功。例如史书记载，一年之内首都和甘泉粮仓充满了谷物，仅首都一地就存贮了500万匹绢。[①]

公元前87年武帝死后，桑弘羊继续执行武帝的经济政策（他已任御史大夫，主掌朝政），虽然受到来自商人和有商业利益的势族的激烈反对。给桑弘羊造成的进一步困难则是来自他的朝廷上的对手霍光，因为霍光通过控制年幼的昭帝而获得大权。霍光在公元前81年的盐铁会议上支持儒生，反对桑弘羊的政策。

我们现在读的《盐铁论》一书，可能是在盐铁会议大约20年后编集的，而且可能带有当时占优势的政治色彩，它偏袒反对专卖和有关财政政策的一方面。文字大部分可看作是夸张性的，没有办法准确地确定实际生活中主要反对者的真正贡献。这些学者们激情地主张停止执行专卖政策，责备政府与民争利，实际上在保护富商势族的利益。他们还肯定地说，人民不得不买质劣价高的官盐和到很远的地方买不适用的铁器，并在均输、平准制下不得不纺织丝麻，但对他们产品的价格却不能有效地控制。这些抨击看来是真实的，但要废止这些新的财政政策，国家失利太大，于是仅废止了很难推行的酒专卖政策。讽刺意味十足的是，甚至在霍光以谋反罪处死桑弘羊之后，他继续执行专卖政策；理由很简单，就是政府承受不了废止这些政策后的损失。

后来，在公元前57年至前54年之间，政府以设立常平仓的方法尽力控制粮价；常平仓大多数设在边地。这是按照耿寿昌的提议，目

[①] 关于稳定物价，见《汉书》卷二四下，第1175页（斯旺：《古代中国的粮食和货币》，第316—318页）；斯旺：《古代中国的粮食和货币》，第65页。酒的专卖，见《汉书》卷六，第204页（德效骞：《〈汉书〉译注》第2卷，第107页）。

的是在粮价贱时购买，粮价贵时以低价卖出。据说这可以稳定粮价，使民众受惠，当然，政府也可从中得利。①

公元前 44 年，常平仓和盐铁官都废止了，理由是政府与人民争利；来自既得利益集团的压力，无疑加速了这个行动。毫不足怪，没有专卖政策所得的岁入证明是行不通的，于是三年后的公元 41 年这些机构又都恢复了。②

公元 10 年，王莽建立了六筦制，实际上是继续执行并扩大了武帝的财政政策。六筦是盐、铁、酒、山泽的自然产物（如鱼）、采铜和铸钱的专营，加上控制物价的五均和放款的赊贷。六筦之中最后一项设五均官，设在首都长安，以及洛阳、临淄、邯郸、宛、成都等城市，制定谷物、麻、丝的市场标准价格，并在物价过高时出卖存货，物价过低时收买滞销货，以保持价格的稳定。此外，政府还对为办理丧葬或庆典的民众给以无息贷款，对以营业为目的的人给以 10% 利息的贷款。这些措施都是为了抑制商人和高利贷者而保护民众。虽然在设想上是值得称赞的，但在执行时仍有许多尚待改进之处；民众对这些措施和王莽的其他经济改革的不满，加速了他的垮台。③

依靠势族和富商支持的后汉政府，自然废止了王莽主张的国家统治经济的政策，前汉时期的国家专营和商业控制或是被废止，或是由中央政府转入地方当局管理。盐铁专卖政策在章帝（公元 76—88 年在位）、和帝（公元 89—105 年在位）时期恢复了一个短时期，但其规模决不像前汉时的那样大。④可以看出，武帝时期以来实行的这些财政政策，反映了政府与豪商和制造商之间关系的变化，以及政府和势族日益加剧的对抗。

---

① 见《汉书》卷二四上，第1141页（斯旺：《古代中国的粮食和货币》，第195页）。
② 《汉书》卷九，第285、291页（德效骞：《〈汉书〉译注》第2卷，第314、324页）；《汉书》卷二四上，第1142页（斯旺：《古代中国的粮食和货币》，第199页）。
③ 《汉书》卷二四下，第1181页（斯旺：《古代中国的粮食和货币》，第342页以下；德效骞：《〈汉书〉译注》第3卷，第526页以下）。公元84—86年之间，关于政府应否参与牟利的原则的讨论，见《后汉书》卷四三，第1460—1461页。
④ 后汉的专卖历史，见《后汉书》卷四三，第1460页；李剑农：《先秦两汉经济史稿》（北京，1957），第180页。

开始于汉代的专营经济政策，对后来中国经济的发展有相当的影响。铁再也没有成为国家专营。由于铁矿分布广泛而且容易开发冶铸，因而私营冶铁发展了冶铁业。另一方面，盐成了后来国家岁入的主要来源。晚唐以来每一个重要王朝都对盐的征税或垄断生产设立了复杂的制度。因为盐是一种生活必需品，是可依赖的稳定财源。后来，当茶成为普及饮料的时候，它也常成为政府的专营目标，如在宋代和明代。即使是极难实行的商业控制，宋代的王安石也在均输这同一名称之下再度实施。因此后来各王朝政策的这类基本特点，可以说是汉代财政革新的遗产。

索介然　译

第十一章

后汉的经济和社会史

社会和经济的历史很少有明显转折点的标志。在汉代四个世纪中，每个世纪在经济和社会组织上都呈现巨大发展。公元1世纪的社会非常近似于公元前1世纪的社会，现成模式大都延续下来了，只是为了方便起见，才从两个时期的角度，而不是分成三个或四个时期来考察汉朝的社会和经济史。由于前汉和后汉之间许多事物有其连续性，故对于后汉的经济和社会生活无须进行全面的描述。饮食、房屋、服装、运输工具、家族组织、村庄和企业这类事物在汉代只有非常缓慢的变化，常常变化得太慢，以致在保留至今的各种史料中看不出变化。此外，农业技术和财政管理的基本特色在前几章已经叙述过了。这一章将着重于叙述和分析经济和社会结构的主要变化，诸如农业生产的改革、新的地方组织形式的出现和上层阶级成分的继续变化。

经 济 史

人们在阅读正史时，可能想到前汉和后汉之间在经济发展中出现了巨大变化。后汉史料不常提到大商人，而常常提到"流浪"农民。但这种迹象并不能证明经济萧条或商业衰落。《后汉书》和《三国志》中之所以缺少大富商传记和论述财政事务的"志"，大概可以归之于史家对于所叙述问题的选择，也许反映政府在管理经济和在财政问题上进行试验的兴趣减退了。此外，除了普遍萧条的因素外，农民还被各种经济力量逐出家园。如果把考古学和文献的证据一起进行考察，便可看出后汉继续表现经济稳定，甚至整个生产呈现出缓慢发展，直到公元 184 年以后战乱使国家许多地方的生活遭到严重破坏为止。可是正在这时经济机能组织发生了重大变化，这些变化引起了严重社会混乱。①

商业和工业

在后汉时期，商业和工业不像在公元前 1 世纪和王莽统治时期那样受到政治干扰。② 政府对于通货的管理，证明那时候没有任何频繁的倒退现象。公元 40 年恢复冶铸五铢钱，在流通领域不断补充钱币的供应，直到汉朝几乎崩溃为止。此外，公元 88 年暂时放弃了政府对盐铁的垄断，部分岁入通过向私营制造商征税来弥补。甚至军队用的剑和盾也向私营企业家购买。③

人们感觉到，那时没有遏制商业的情况，导致了前所未有的奢侈风气和普遍地消费奢侈品。虽然有些社会评论家提到了这一论点，但是以王符（约公元 90—约 165 年）的批评最为有力。他发现京城和其他大城市是主要经营贸易和商业特别是奢侈品的地方：

> 今察洛阳，浮末者什于农夫，虚伪游手者什于浮末。是则一夫耕，百人食之，一妇桑，百人衣之。以一奉百，孰能供之？天下百郡千县，市邑万数，类皆如此。本（农业）末（手工业和商

---

① 关于这个时期最好的综合性经济史著作是李剑农著：《先秦两汉经济史稿》（北京，1957）。最好的英文著作是许倬云：《汉代农业：早期中国（公元前 206—公元 220 年）农业经济的形成》（西雅图和伦敦，1980）（许的著作出版太晚，以至于在撰写这一章时无法加以利用，但是为了方便读者起见，在脚注提供了关于此书的许多相互参照的内容）。关于汉代经济各个领域的原始资料的有益的汇编是马非白编：《秦汉经济史资料》，载《食货》，2：8（1935），第 22—33 页；2：10（1935），第 7—32 页；3：1（1936），第 9—31 页；3：2（1936），第 2—25 页；3：3（1936），第 8—38 页；3：8（1936），第 37—52 页；3：9（1936），第 9—33 页。汉代经济史研究现在还必须利用考古发现；参见本卷导言。一部有价值的、但今天已过时的关于考古发现对于经济史的意义的研究著作是陈直著：《两汉经济史料论丛》（西安，1958，1980 年再版）。

② 关于详细研究，见余英时：《贸易和扩张：中夷经济关系结构研究》（伯克利和洛杉矶，1967），第 18—21 页，以上第 10 章《城市和商人》。

③ 见《全后汉文》卷四六，第 6—7 页，有关的一段文字为崔寔所作，关于崔寔，见 P. 埃伯里：《早期中华帝国的贵族家族：博陵崔氏家族个例》（剑桥，1978），第 36—49 页。

业）何足相供？则民安得不饥寒？……

今民奢衣服，侈饮食，事口舌，而习调欺，以相诈绐……或以游敖博弈为事；或丁夫世不传犁锄。……或作泥车、瓦狗、马骑、倡排，诸戏弄小儿之具以巧诈。……（妇女）今多不修中馈，休其蚕织，而起学巫祝，鼓舞事神，以欺诬细民，荧惑百姓。……或裁好缯，作为疏头，令工采画，雇人书祝，虚饰巧言，欲邀多福。或裂拆缯彩，裁广数分，长各五寸，缝绘佩之。或纺彩丝而縻，断截以绕臂。……此等之俦，既不助长农工女，无有益于世，而坐食嘉谷，消费白日。……今京师贵戚，衣服、饮食、车舆、文饰、庐舍，皆过王制，僭上甚矣。从奴仆妾，皆服葛子升越，筩中女布，细致绮縠，冰纨锦绣。犀象珠玉，虎魄瑇瑁，石山隐饰，金银错镂，麞麂履舄，文组彩褋，骄奢僭主，转相夸诧，箕子所唏，[1] 今在仆妾。富贵嫁娶，车軿各十，骑奴侍僮，夹毂节引。富者竞欲相过，贫者耻不逮及。是故一飨之所费，破终身之本业。……〔关于殡葬棺材〕后世以楸梓槐柏杶樗，各取方土所出，胶漆所致，钉细要，削除铲靡，不见际会，其坚足恃，其用足任，如此可矣。其后京师贵戚，必欲江南〔东南〕檽梓豫章楩柟，边远下土，亦竞相仿效。夫檽梓豫章，所出殊远，又乃生于深山穷谷，经历山岑，立千步之高，百丈之谿，倾倚险阻，崎岖不便，求之连日然后见之，伐斫连月然后讫，会众然后能动担，牛列然后能致水，油溃入海，连淮逆河，行数千里，然后到雒。工匠雕治，积累日月，计一棺之成，功将千万。夫既其终用，重且万斤，非大众不能举，非大车不能挽。东至乐浪〔在朝鲜〕，西至敦煌，万里之中，相竞用之。[2]

---

① 箕子是商末纣王的太师，对于纣王的奢侈行为进行苦谏。

② 《潜夫论》三（《浮侈》），第120页以下；《后汉书》卷四九，第1633页以下，引了《潜夫论》另一版本的文字。关于王符的社会思想，见白乐日：《汉末的政治哲学和社会危机》，载他的《中国文明和官僚：一个主题思想的变异形式》（纽黑文和伦敦，1964），第198—205页。前汉董仲舒（《汉书》卷五六，第2520—2521页）和参加辩论盐铁垄断的学者都提出了类似的批评（《盐铁论》卷六〔第29篇〕，第201页以下）。

在这段短论里，王符的目的不是描述经济，而是批评当时的风气，在他奋笔嘲弄的激情中，他有时可能言过其实，但他关于手工业和商业繁荣情况的印象实际上不是没有根据的。在整个后汉时期，技术进步不断涌现，包括造纸过程的完善、风箱和早期瓷器形式的发展。① 从考古发掘物来看，像漆器、青铜器和锦缎这类奢侈品似乎比前汉时期更为普遍（虽然质量不高）。② 在王符强调的殡葬奢侈之风这个问题上，他说得完全正确；整个汉代的倾向是殡葬一直越来越浪费和奢侈。1953 年在洛阳发掘的 225 座墓葬中非常明显地表现了这种情况。③ 甚至把后汉最奢侈的属于特别重要或富裕人物的墓葬除外，这些看来是普通官吏的墓葬，在规模和结构的复杂性上都在不断扩大。

王符说，从现代朝鲜的乐浪到甘肃敦煌都仿效这些地宫样式，他也没有夸大其词。这两个地方很好地保存下来的墓葬，提供了在远离京城地方采用奢侈品随葬（至少是官员和富人）的特别充分的证据。在从长安到敦煌稍微过半路程上的武威附近，从一处庞大的墓地发掘了 70 余座墓葬。④ 公元 2 世纪中叶的第 49 号墓葬有长而狭窄的墓室，估计长 4 米，宽 2 米。其中发现 14 件陶器；各种木器，包括一匹马、一头猪、一头牛、一只鸡、一个鸡笼和一头独角兽的模型；70 枚铜币；一件青铜制的弓弩机械装置；一支毛笔；一个装在漆盒内的砚池；一个漆制盘子和碗；一把木梳；一件玉制装饰品；一双麻鞋；一个草包；一面残破的题铭旗帜；一个竹发夹；两个草背包；一个石制油灯。

后汉作家的普遍怨言（早先也可以发现这种怨言）是物质财富的分配不均。富人拥有的东西比他们能够使用的还多，其他的人则一无

---

① 见范文澜：《中国通史》（北京，1965）第 2 卷，第 211—217 页。关于纸，见潘吉星：《从出土古纸的模拟实验看汉代造麻纸技术》，载《文物》，1977.1，第 51—58 页；潘吉星：《中国造纸技术史稿》（北京，1979）；王菊华和李玉华：《从几种汉纸的分析鉴定试论我国造纸术的发明》，载《文物》，1980.1，第 78—85 页。
② 必须谨慎进行这种概括，因为考古遗址，特别是非贵族等级人们的遗址，后汉比前汉多得多。
③ 见洛阳区考古发掘队：《洛阳烧沟汉墓》（北京，1959）。
④ 甘肃省博物馆：《武威磨咀子三座汉墓发掘简报》，《文物》，1972.12，第 9—23 页。

所有。除原始阶段以外，在所有已知的社会中都在某种程度上存在这种情况。重要问题在于财富是否集中在如此少数人手中，以致商业几乎只与奢侈品打交道，而广大居民则比前汉时期更少地从事商品经济，从而导致经济活动普遍衰落。[①] 现有论据基本上不能证实这种意见。把钱币作为交换中介和作为储藏物质财富的手段来使用的情况未见减少，通过商业得到的物品，如铁犁和铜镜的使用在扩大。

关于货币，铜钱在后汉完全赢得了支配一切的地位。到那时，铜钱用作衡量财富的正常尺度，应用于大规模交易中。例如，当第五伦（盛年期公元40—85年）被任命为蜀郡太守时，他发现他的下级官吏都很富有。[②] 他不是用他们占有土地的规模或他们雇工的数目，而是抽象地用铜钱来描述他们的财富："家赀多至千万。"[③] 几十万铜钱的交易并非稀罕事，有些人储藏大量钱币。当杨秉（公元92—165年）经济困难时，他以前的一个下属给了他100万铜钱的巨款。[④]

货币在人们生活中的影响可以从交易的多样性上看出来，交易在理论上可以通过交换土地、货物或奴仆来进行，不过这种交换是用钱币来进行的。经常提到货币工资。[⑤] 赠送钱币是常有的事。明帝（公元57—75年在位）的姻亲马家因为在冬节给每个绅士赏赐5000铜钱来争取拥护者而受到批评。[⑥] 整个后汉诸帝在给予皇亲和官吏的较大

---

① 汉代没有一个地区的普通农民的生活是非常商业化的。这里的问题是交换问题。因为《后汉书》几乎不像《汉书》那样常常提到大商人，或者由于其他原因，某些学者便猜测地区间的贸易衰落了（例如王仲荦：《魏晋南北朝史》〔上海，1979〕，第25—26页。也可参见多田狷介：《汉代的地方商业》，载《史潮》，92〔1965〕，第36—49页，该文评介了关于这个问题的日文著作）。关于另一种针锋相对的意见，见余英时：《贸易和扩张》，第18—21页，他认为后汉自由贸易政策对商业有利；许倬云：《汉代农业》，如果有区别的话，他认为农民日益依赖市场。也可参看第10章《税制》。

② "下级官员"是由他们的顶头上司任命的低级官员和胥吏，他们不被认为是正规官僚机器中的成员。

③ 《后汉书》卷四一，第398页。

④ 《后汉书》卷五四，第1769—1771页。

⑤ 见劳榦：《汉代的雇佣制度》，载《中央研究院历史语言研究所集刊》，23（1951），第77—87页。

⑥ 《后汉书》卷四一，第1398页。

规模的赏赐中，不是赏赐土地，而是赏赐钱币和丝绸。在饥荒和天灾时，向受灾家庭发给钱币以支付丧葬费用。例如在公元 167 年，为了救助渤海沿岸（今河北）遭受海啸灾难的人们，给每个 7 岁以上死者提供 2000 铜钱。[①] 这样，政府不挖掘墓穴埋葬穷人，而是依靠钱币的效率，深信甚至乡下农民也知道钱作什么用途。

货币经济力量更进一步的证据是劳役义务可以部分地转换成货币税。[②] 到后汉时期，以现金折成一个月劳役义务的做法看来已成通例；也许县令和郡守支持这种代偿办法，他们可以比较方便地使用雇佣劳工，而不是使用征调的农民来完成公共工程。劳役有时是从钱的角度来考虑。例如，130 年一块石刻铭文赞扬了废除每年必须由劳役进行修路的做法；这样估计一年可节省 30 万钱。[③] 有时也许农民不能亲自履行劳役，如果他需要亲自履行的话。至少这似乎意味着在天灾期间经常豁免代役税的意思。[④]

后汉时期地区间贸易继续繁荣的证据大量地是间接证据。当时竭力维护桥梁、道路和旅行设施。[⑤] 后汉保留下来了 19 件为纪念修筑道路桥梁而立的石刻。例如，公元 63 年汉中郡（陕西省西南）根据中央政府的命令维修了褒斜道，这条路翻越秦岭山脉，经过极其困难的地带，把汉中和京师联系起来。总共完成了 623 座栈桥、5 座大型桥梁、258 里（107 公里）道路、64 座建筑物，如休息处、驿站和驿马场之类。[⑥] 其他铭文记载了公元 57 年和 174 年之间修建的桥梁和道路工程。

---

① 《后汉书》卷七，第 319 页。

② 关于劳役义务的详细情形了解得很少。见许倬云：《汉代农业》，第 77—79 页和注。

③ 《隶续》卷十五，第 4—6 页。虽然前汉留下来的石刻碑文较少，但是后汉大量石刻文字提供了以前时期所没有的特别与这一章有关的宝贵证据。见埃伯里：《后汉石刻铭文》，载《哈佛亚洲研究杂志》，40（1980），第 325—353 页。

④ 例如《后汉书》卷四，第 183、190 页（公元 97 年和 102 年）；《后汉书》卷六，第 260、269 页（公元 132 年和 139 年）。

⑤ 见劳榦：《论汉代之陆运与水运》，载《中央研究院历史语言研究所集刊》，16（1947 年），第 69—91 页。

⑥ 《金石萃编》卷五，第 12—17 页。

维修道路的原因当然很多。只有当政府拥有在必要时迅速派遣官员、军队或信使的手段时，一个统一的政治体制才能得到维持。这样的运输体系一旦建立起来，便对商业起促进作用。在地方上，道路和桥梁工程既为官员使用，也供商旅使用。例如，有一篇铭文在解释为什么在四川修筑桥梁和石铺道路以代替栈道时，它指出秋天的洪水使得商旅不能涉水过河。因为栈道非常狭窄，长三千英尺，车辆不能互相通过。因警报系统失灵，而发生碰撞，一年之中翻车达数千起之多。① 南方常用舟船运输，南方后汉墓葬里发现了不少舟船模型。可是交通几乎仍不如北方快捷和方便。公元 1 世纪中叶一个官员报告，桂阳郡的百姓深居河谷之地，几乎与郡府隔绝，结果是不缴纳税收。官员们坐船旅行，仍然倍感困难。为了改善这种状况，他劈山开路500 余里（200 公里）。②

后汉时期华北的陆路运输大概和近代以前任何时期一样良好。山地修筑的某些栈道在后来诸世纪中未曾重建。官员和富人骑马或坐马车旅行。未曾使用因道路不好而需用的轿子。墓壁上常常装饰着官员们率领下属骑马行进和官员乘车的图景，艺术家试图抓住大规模行动和气魄的感觉。③

因为后汉时期看来在流通领域有大批富人和大量钱币，故必然有从事商业活动的人们，众所周知，前汉时期商业活动掌握在大商人手里，特别在远距离的奢侈品贸易中更是如此。保留下来的官方史料很少提到大商人，这多半是由于他们置身于政治生活之外。但是它们的确提到了富人。据说梁冀（公元 141—149 年摄政）惯常查抄富人（推测是商人）的财产，其中一人的财产值7000 万钱。④

也有证据表明，地主兼商人在后汉时期比在以前时期起着更大的

① 《隶释》卷四，第 11—13 页。
② 《后汉书》卷七六，第 2459 页。
③ 关于这种绘画的例子，见《汉唐壁画》（北京，1974），图版 18—21、28—31。
④ 《后汉书》卷三四，第 1181 页。

作用。^① 政府的垄断和市场体系在王莽统治（公元 9—23 年）末年停止活动以后，小商人和昌盛地主似乎常常插手进来，特别是经营地区商业和日用必需品商业。明帝在位期间（公元 57—75 年），曾经试图禁止人们兼营农业和商业，但是这一禁令不久就放松了，或者无人理睬了。事实上，在后汉时期，人们在"货殖"（以前通常表示商人的术语）与"豪右"（通常表示地方上的地主的术语）之间没有明显区别。例如，光武帝的两个姻亲樊宏（死于公元 51 年）和李通（死于公元 42 年）被记述为出身于"世以货殖"著称的门第，但他们也是与另一拥有土地的名门攀婚的大地主。^②

再者，豪右有时从事商业活动。当 181 年政府着手收购大批供军用的马匹时，据报道，"豪右辜榷，马一匹至二百万"。^③ 崔寔（死于公元 170 年）是著名文人的儿子和孙子，他在卖掉自己的大部分财产来支付他父亲的丧葬费用以后，开始经营酿造业。他因这种活动而被人责难，但是看来没有人认为这种活动非法。^④ 他的商业嗜好更进一步地显露在他每月给庄园管理的指导中，他的指导提出要把农业活动与食品、织物的交易结合起来。它列举了买卖各种物品最有利可图的时间。例如，必须在八月份卖小麦种子，当时需要播种小麦，五、六月份麦收以后立即收购小麦，因为当时小麦丰饶。^⑤ 这样经营农业生产将为殷实地主提供许多赢利机会。这种商业完全不同于铁器或精巧制品的长途贩卖，但它却成为一种比较重要的经济成分。

---

① 关于这个问题，见贺昌群：《汉唐间封建土地所有制形式研究》（上海，1964），第 166—169 页。许倬云：《汉代农业》，第 50 页以下。

② 《后汉书》卷十五，第 573 页；《后汉书》卷三二，第 1731 页。

③ 《后汉书》卷八，第 345 页。

④ 《后汉书》卷五二，第 1731 页。

⑤ 《四民月令》，第 46、54、64 页。关于这段原文，见 P. 埃伯里：《从〈四民月令〉看东汉庄园和家族管理》，载《东方经济和社会史杂志》，17（1974），第 173—205 页；藤田胜久：《〈四民月令〉的社会性质，汉代郡县的社会现象》，载《东方学》，67（1984），第 34—47 页。关于这部著作的完整译文，见许倬云：《汉代农业》，第 215—218 页；克里斯丁·赫泽尔：《崔寔的〈四民月令〉：后汉的一部农业历书》，汉堡大学，1963 年。

农业的技术进步

地主为了获得财富，无须进行商业冒险。汉代改进农业生产的方法有许多，而且是一个广泛感兴趣的问题。[①] 新型铁犁头能够实行深耕，特别是如果用两头牛拉犁的话。陶砖的采用使得灌溉用的水井的建造较为方便。在选择作物和决定播种时机的时候细心观察土壤的特点就能增加产量，如同选种、施肥和移栽秧苗的方法能够增产一样。

虽然这些进步中有许多在前汉时期已开始采用，但只有当它们在全国各地被采用以后，它们的好处才能被充分了解。例如，公元前2世纪末当赵过接受一项提高农业技术水平的任务时，还没有广泛采用牵引役畜。[②] 公元76年一次毁灭性的牛瘟导致耕作面积大大缩小，这说明那时牵引役畜是农业中的重要因素。[③] 但是，整个汉代在技术水平上有很大的变化，也有关于尚未采用最新技术的落后地区的报道。

近代考古学提供了铁器传播和改进的某种迹象。仅仅在50年代，与前汉的60处遗址相对照，发现了埋藏铁器的后汉遗址100多处。[④] 到1978年，包括现在辽宁、甘肃、四川、贵州、安徽和福建诸省边

[①] 对于汉代农业的技术方面作了充分讨论的著作有，李剑农：《先秦两汉经济史稿》，第154页以下；许倬云：《汉代农业》，第81—128页；也可参看天野元之助：《中国农业史研究》（东京，1962），全书各处；本书第10章《华北旱田农业的发展》。

[②] 关于赵过，见第10章《华北旱田农业的发展》。

[③] 关于赵过使用耕牛，见《汉书》卷二四上，第1138—1139页［译文见斯旺：《古代中国的粮食和货币》（普林斯顿，1950，第184—191页）］。关于那次瘟疫，见《后汉书》卷三，第132—133页。

[④] 中国科学院考古研究所：《新中国的考古收获》（北京，1961），第75页。关于铁工业，见河南省博物馆：《河南汉代冶铁技术初探》，载《考古学报》，1978.1，第1—24页；刘云彩：《中国古代高炉的起源和演变》，载《文物》，1978.2，第18—27页；郑州市博物馆：《郑州古荥镇汉代冶铁遗址发掘简报》，载《文物》，1978.2，第28—43页；《中国冶铁史》编写组：《从古荥遗址看汉代生铁冶炼技术》，载《文物》，1978.2，第44—47页；李约瑟：《中国钢铁技术的发展》（伦敦，1958），第34页。

沿地区在内的 50 余处地点发掘了汉代铁犁头遗物（在时间上多半为后汉）。这些遗物——与一个木犁模型和六幅人拉犁图画等其他发现物一起——揭示出在后汉时期，犁的结构逐渐得到改进。到 2 世纪时，犁的主要形式是由两头牛拉和一人操作。[①] 考古材料也证实了保留下来的任何文献未曾提到的技术进步。这些进步包括能够调整犁沟深度的犁头和牛鼻环的采用，牛鼻环使人们能够从后面方便地进行操纵，而无需另一人在前面牵引。[②]

　　有许多迹象表明后汉时期水利的重要性。已经发现了几处灌溉遗址。安徽的一个例子包括一个水闸和蓄水池，灌溉沟渠可以从蓄水池得到水源。[③] 广东一座墓葬包括一个灌溉稻田的模型。[④]《后汉书》指出官员承办的十多处水利工程，这些工程或者是他们作为郡守主动承办的，或者是根据中央政府的命令进行的。其中有许多是打算维修现有池塘和水渠体系。有两处提到了禁止地方豪右把持这些水利工程受益的问题。[⑤] 因为地方豪右对于灌溉利益有切身利害关系，故他们必然常常主动建造这样的水坝或进行维修。在华北，用砖砌的井实行灌溉是平常现象。只给小范围供水的井的工程不是政府承办，而是地主本人开挖的。

　　技术知识也可以用其他方法增加农业产量。大地主可以栽培种种谷物和蔬菜，每一种按照土壤条件在不同时期种植和收获。因为这样把农事扩展到全年大部分时间，他们能够提高每个劳动者的总的生产能力，因而显示出比个体农民种植者的明显优越性。[⑥]

---

① 见张振新：《汉代的牛耕》，载《文物》，1977.8，第 57—62 页。

② 林巳奈夫：《汉代文物》（京都，1976），第 268—271 页。

③ 殷涤非：《安徽省寿县安丰塘发现汉代闸坝工程遗址》，载《文物》，1960.1，第 61—62 页；朱成章：《寿县安丰塘汉代埽工问题的探讨》，载《文物》，1979.5，第 86—87 页。

④ 徐恒彬：《广东佛山市郊澜石东汉墓发掘报告》，载《考古》，1964.9，第 455—456 页，图版 8、10。关于四川省类似例证，见刘志远：《考古材料所见汉代的四川农业》，载《文物》，1979.12，第 64 页。

⑤ 《后汉书》卷二，第 116 页；《后汉书》卷八二，第 2710 页。

⑥ 《四民月令》，全书各处。

小农的贫困化

尽管在工商业和改进的农业技术中出现了经济活力的迹象，但是人们没有什么怀疑，后汉时期仍然存在着严重的"农民问题"。有各式各样的证据说明这一点：短论文章作者的记述、政府进行补救的尝试、农民本身的迁徙与盲流。特别在公元 2 世纪期间和以后，向南方迁移似乎具有相当规模。在公元 140 年的人口普查中，已有大量人口在扬子江流域和湖南的几条大河流域登记户籍，在随后几十年间向这个地区的移民仍在继续。[①]

并不是所有处境困难的农民都作为先锋者迁到南方定居。还有大量的、然而种类繁多的失业者，史称流浪者或难民。鉴于政府给愿意定居和登记户籍的人提供奖赏，故从公元 57 年起，甚至在丰收时节，几乎总是有足够的流浪者。在发生天灾的时候，由于在正常年景时能够自给、而在坏年成时则没有储备的农民的涌进而使难民队伍扩大。

看来许多不能留在原籍的农民可能是技术改良和经济进步的牺牲品[②]。即使打井用的砖、铁犁刃、铁镰刀和铁锹较广泛地被运用，但是它们的价格超出了勉强维持生活的农民的财力。将近前汉末期的时候，政府着手分配农业工具，以解决这个问题。在后汉时期，似乎没有继续实行这种做法，部分原因可能是由于政府不再继续控制铁的生产。没有能力用得起最好的设备与方法的小地主很容易陷入债务之

---

① 见李中清：《中国历史上的移民和扩展》，载《人类的迁移：方式和政策》，威廉·麦克尼尔和鲁思·亚当斯编（印第安纳州布卢明顿，1978），第 25—47 页。也见劳榦：《两汉户籍与地理之关系》，载《中国社会史》，孙任以都和约翰·弗朗西斯编（哥伦比亚特区华盛顿，1956），第 83—101 页。

② 作出这一论证的是五井直弘：《后汉王朝和豪族》，载《岩波讲座世界历史》，4，《古代》第 4 册（东京，1970），第 426—437 页。但是许倬云（《汉代农业》）对于技术改进和农民艰苦之间的关系作出了不同的解释。他认为农民自己和佃户的小块土地刺激了新技术的发展，因为新技术使他们能够在较小的土地上生产出较多的东西。但是，我作出了相反的论证：较好的犁可以少使用人力，而不是多使用人力，佃户常常受到地主密切监视，决定种植什么和如何耕种庄稼的是地主本人。地主使用少数比较有生产力的佃户比使用许多佃户来对小块土地进行精耕细作要更加有利可图。见第 10 章《农村社会结构》节中的讨论。

中，而欠下的债务则可能意味着把自己的土地抵押给地方豪右。豪右可能使这全家人沦为佃户，但是因为采用比较先进的方法，他只需要少数人耕种每一土地单位，因此，他不能把以前的全部住户都保留下来。这样便产生了农村失业大军。

为了对付这种情况，政府采取了若干旨在帮助小农的政策。[1] 按照保护人民生活最好的办法是尽可能少干预人民生活这种传统理论，政府尽可能减轻农业税。公元 30 年恢复了按照平均年成 1/30 估算的低田赋，并且安排重新丈量田地。光武帝费尽心思地务必使这次丈量进行得准确，同时将大地主全部登记。他甚至处决了几十名官吏，因为他们在登记时弄虚作假（公元 40 年）。官吏们受到的压力是如此巨大，以致在国内几个地方爆发了地主领导的暴动，地主们抱怨他们的田地丈量得不公正。[2] 虽然人们总是以为减轻赋税和劳役将改善农民的处境，但是减轻田赋的主要受益者必然是大地主，因为大地主能够在每一个土地单位上使用最少量的劳动者。这是因为人头税并不因财富或收入而异，而对于耕种小块土地的大多数农民来说，其数量大于田赋。[3]

政府也偶尔努力使农民在新地方定居下来，作为减轻农村贫困的一种方法。例如，公元 84 年一道敕令注意到了新近对于农业的奖励

---

[1] 这个问题在许倬云的《汉代农业》中作了详细讨论，第 15—35 页。

[2] 《后汉书》卷一下，第 50、66—67 页。

[3] 例如，两夫妻带三个孩子，耕种 20 亩（2.25 英亩）的一小块肥沃田地（每亩最多生产 3 蒲式耳），有义务交纳 2 蒲式耳田赋，约等于 200 铜钱。如果一个孩子 15 岁，一个孩子 10 岁，一个孩子两岁，那么，最小的孩子不纳人头税，10 岁孩子纳人头税 23 铜钱，15 岁的大孩子和他的父母每人纳人头税足足 120 铜钱，人头税总数 383 铜钱。如果要服劳役，父亲不愿意亲自服劳役，他就得付 300 铜钱（或者根据另一份资料为 2000 铜钱）以抵偿劳役，那么，他的全部负担不是 583 铜钱，便是 883 铜钱（或者，如果抵偿劳役的 2000 铜钱的数字是正确的，后者的数字便是 2583 铜钱）。那么，一个 20 亩地（583 钱或 883 钱）的家庭和一个田地多 10 倍（2383 钱或 2683 钱）的类似家庭之间在赋税上的差别大大低于它们在收入能力上的差别。还要注意到，田赋与人头税的比例以谷物的价格为转移，谷物价格由于长期和短期的波动而在整个汉代变化不定。每一英亩的产量各地也大不相同。关于谷物价格和农户收入的详细资料，见许倬云：《汉代农业》，第 67—80 页。关于规定抵偿劳役的不同代价，见鲁惟一：《汉代的行政记录》（剑桥，1967）第 1 卷，第 162 页以下。

不够，指出：

> 令郡国人无田欲徙它界就肥饶者，恣听之。〔迁居者〕到在所，赐给公田，为雇耕佣，赁种饷。贳与田器，勿收租五岁，除算三年。其后欲还本乡者，勿禁。①

政府努力帮助农民的第三种方法是直接救济。甚至在普遍繁荣时期，也认识到某些种类的人民——老人、寡妇、鳏夫、无子女者、严重疾病者、无力养活自己的穷人——需要救济。后汉时期至少给这些人发放过 24 次救济，通常是 2—5 蒲式耳（石）谷物。但是政府把这些人群看作经常需要对他们实行慷慨社会救济的穷人。更重要的是给予通常能自给自足、但受到天灾打击的农户的直接救济。在后汉第一个 50 年间，有记录可查的不能完全由地方处理的天灾只有一次，即公元 46 年的南阳地震。② 但是，从公元 76 年流行牛瘟的时候起，几乎总是有某个地方需要中央政府救助。在随后的 50 年间，政府在应付每一次危机时显然是成功的。在进行评价时很少宽容或讲恭维话的刻薄的批评家王充（公元 27—约 100 年）认为古代没有一位统治者的救济方案胜过年长资深的政治家第五伦（盛年期公元 40—85 年）在流行牛瘟时的救济方案。③

在和帝在位期间（公元 88—106 年）所作各种努力中可以看出政府保持农民独立性方案的大量困难。和帝在位期间发生的最严重的问题有公元 92—93 年和公元 96—97 年的蝗灾和旱灾，公元 98 年和 100 年的水灾，从公元 100—103 年西北和越南的一些地方性问题。④通常一出现灾情，就发布命令给损失收成 40％或更多的任何人减免田赋或稻草税，对损失较少者也予以适当减免，如果情况恶化，则在

---

① 《后汉书》卷三，第 145 页。
② 《后汉书》卷一下，第 74 页。
③ 《论衡》十九（《恢国篇》），第 838—839 页（艾尔弗雷德·福克：《论衡》第二部分，《王充杂文》〔上海，1911〕，第 211—212 页）。
④ 《后汉书》卷四，第 174—175、182—183、185—191 页。

郡府开仓直接救济，并给无法生活的人发放贷款。定期允许穷人（或者有时是穷人中的特殊集团）到国家土地上狩猎、捕鱼或采集食物而不获罪。那时华北地区，特别是黄河与长江之间仍然有大片森林以及许多河流、池塘和沼泽。当突然发生饥荒时，人民似乎很容易想到狩猎、捕鱼和采集，也许不管皇帝是不是允许。

政府有时试图实行新方法。公元94年一道诏令规定返回原籍的离乡者免除一年田赋和劳役。其间不管他们在什么地方，都由地方当局给予救济，如果他们从事小贩生意，他们也不被作为商人而征税。公元101年勾销贫苦农民欠下的食物债和种子债。三年后发布一道诏令：拥有田地、但因"粮罄"而无力自行耕种的贫苦农民，贷给他们种子和粮食。[①]

在和帝时，政府能够用这些不同方法应付突然沦为贫困的人民的灾难，因而使他们不发生叛乱，并使他们尽快回去从事生产劳动。整个说来，国家不贫穷，国库不空虚。曾经三次对所有人普遍减税，而不管是否需要。这些形形色色的灾害从来没有被描述为使地方上的全体居民家破人亡，也没有确凿饿死人的记载。事实上，和帝在位时期救济措施的记录或许可以被看成普遍繁荣的证据，因为政府有能力对国家边远地区的天灾受害者进行救济。

但是这种情况并不稳定。它取决于气候是否温和，政府的管理是否良好以及是否有牢靠的政府收入。如果广大农民集团贫困到只在好年成才能维持自己的生计而当收成不好时便成为国家的负担，国库便会迅速空虚。和帝统治以后出现了这样的情形。救济措施不大充分了，减税措施不大大方了。中央政府经常命令地方官员自行应付灾害，而又不供给他们应付灾害的手段。公元143年政府的收入如此锐减，以致它不得不减少官员的俸给、禁止酿酒和向王公与贵族借用一年的田赋。公元153年20个郡国遭受蝗灾，黄河泛滥；饿殍载道，据说饿死数十万人。政府简直无法应付这种灾害。地方当局奉命抚慰和救济饥民，但是他们没有得到进行救济所需要的粮食。公元155年

---

① 《后汉书》卷四，第178、188、192页。

报道发生大规模饥荒，中央政府命令地方当局向有存粮者征收 30%
的粮食，以提供救济。[1]

如果政府的救济计划踌躇不决，陷入贫困的农民会发生什么情形
呢？许多农民，不论待在本地或移居某地，似乎使自己依附于大地
主。崔寔在公元 150 年前后颇具同情地描写了这一过程。[2] 根据当时
的理解，他把小农的衰落和贫困化归因于想象中在往昔的黄金时代实
行过的井田制的废除。废除井田制的结果使得少数人积累了大量财
富，因此他们变成能够维持自己的武装侍从和仿效本国统治者的习
俗。在天平的另一端。人们被迫为了金钱卖妻鬻子，因为这是活命的
唯一办法。作为一种补救办法，崔寔建议把农民从他们无法生活的人
烟稠密地区迁移到未开垦的肥沃地区去。

大地主的兴旺

尽管公元 2 世纪地方上出现了明显的灾难，以及流浪者、饥荒和
骚乱日益频繁地发生，但是，整个说来农业似乎没有萧条。对于大地
主来说，这似乎是兴旺时期。

富裕阶级的财富和舒适情形不仅见之于崔寔这类人士的叙述中；
考古学也展现出这些情形。从将近前汉末期开始，墓葬的物品和装饰
出现了新趋向。墓葬开始含有为显示富裕所必需的东西的模型或图
画——各式各样的农庄，最好的是拥有狩猎场地的农庄。后汉比较精
致的坟墓的墓室为砖砌或石砌，墓室的墙壁或拱顶具有装饰。有时石
块上刻着浮雕；有时砖上有造型的浮雕花纹；有时砖的一面涂着胶泥
和彩绘。描绘的情景包括历史和神话人物、神鸟和神兽、死者生平，
在许多情况下，还有乡村生活景色。

山西平陆县发现的公元 1 世纪的一座坟墓，主室各面和拱顶最初
有彩绘。这些彩绘中保留下来的图形包括丘陵、树木和鸟兽，还有一
座巨大的、可能有防御设施的房屋。在一面墙壁上，一个农民正用两

---

[1] 《后汉书》卷六，第 276 页；《后汉书》卷七，第 299—300 页。

[2] 《全后汉文》卷四六，第 10 页。

头牛拉的播种机播种,这个播种机就是汉代史料中经常提到的工具。农民近旁流着一条小溪或灌溉渠,并有一人(可能是监工)蹲在树下,手里拿着一根棍子,注视着这位劳动的人。[①]

现在内蒙古一座六室大墓葬保存了较详细的图画,这座墓葬属于公元2世纪末叶一位在该地担任县令和当军官的人物。墓内有50余幅绘画,其中许多都有标记。正面墓室描绘了墓主担任公职生涯中最荣耀的事:他的多次擢升和庆贺擢升的行列。然后沿着位于中心轴上的走廊两侧往下是他担任官职生涯的其他场面:仓库、他治理的城市的布局和少数特殊事情。中心墓室主要叙述他生活的另一面,他作为有修养的绅士的作用:他跟老师们学习,他熟悉过去的伟人和当代的神话,他调动玩杂耍的人、乐师、舞师和在场的大批随员举行盛宴。附属这间中心墓室的是一间小小的附属房间,里间画着炊事活动图,在某种意义上表示为盛宴准备食物。远离出口处的后面那间墓室显示出墓主的比较属于私生活的方面:他的庄园和他在家里的生活。庄园图展现出丘陵、森林、一座大宅院、水井、车棚、一个打谷场、牛栏、羊栏和猪栏、马厩,还有几只小鸡在附近走动。人们在从事各种工作,有的在采桑叶,有的在耕田,有的在菜地里锄草。在两个侧面墓室为耕耘图和在大牧场上的马、牛、羊放牧图。[②]

农庄对于总的幸福的重要性也可以在许多墓葬的陶制模型上看出来,例如据信为弘农杨家大官们修建的、考订其年代为后汉末期的四座墓葬。墓葬中至少有四个陶罐上的铭文祈求死者未来幸福,并且提到每年2000万铜钱田赋的收入。[③] 还值得注意的是农庄及其必需品在随葬品中所占的分量。在工笔画中总共有11

---

① 关于这些图画见《汉唐壁画》,图版4—7。关于这座墓葬的详细报告见山西省文物管理委员会:《山西平陆枣园村壁画汉墓》,载《考古》,1959.9,第462—463页。

② 参见内蒙古文物工作队、内蒙古博物馆:《和林格尔发现一座重要的东汉壁画墓》,载《文物》,1974.1,第8—23页;内蒙古自治区博物馆文物工作队编:《和林格尔汉墓壁画》(北京,1979)。

③ 河南省博物馆:《灵宝张湾汉墓》,载《文物》,1975.11,第79页以下。

口井、两间厨房、一个瞭望塔、4间仓库、3间磨坊、5间猪圈、一间羊栏和4只羊，还有两件陶制猪和两件石制猪、6只鸡和4只狗。

从大墓葬几乎普遍采用的这类模型来看，农庄被广泛认为是利益和享受的源泉。在文学史料中偶然见到这种观点。张衡（公元78—139年）作赋，赞美他的故乡、后汉皇室"老家"南阳的繁荣景象。他描绘了南阳的地理形势和自然资源，山上的种种树木、鸟兽，池塘与河流中的鱼类，冬季和夏季出产各种作物的可灌溉的稻田、果园、园圃和庄稼地。[①] 仲长统（约公元180—220年）表示他实在喜欢乡村绅士的恬静生活：

> 使君有良田广宅，背山临流，沟池环匝，竹木周布，场圃筑前，果园树后。舟车足以代步涉之艰，使令足以息四体之役。养亲有兼珍之膳，妻孥无苦身之劳。[②]

虽然人们在农庄享乐，但是他们没有人留下关于农庄具体布局的详细描述。《后汉书》保留了关于重要政治人物土地财产规模的少量资料。光武帝某些亲属在南阳拥有大庄园。家中无人做官的樊準（盛年期约公元前20—公元20年）拥有300顷土地（3400英亩）；其祖先拥有700顷土地（8000英亩）的阴识在内战中能够调动1000多人去打仗。后来到公元1世纪，有一个王除自己的封地以外，还搜刮了800顷（9000英亩）土地。郑太（盛年期公元170—190年）拥有400顷（4500英亩）土地，他利用土地上的大部分收入豢养他的追随者。[③] 但是根据公元144年的数字，每一户平均拥有的耕地推测在65亩和

---

① 《全后汉文》卷五三，第7—9页。
② 《后汉书》卷四九，第1644页。关于仲长统，见巴拉兹：《政治哲学和社会危机》，第213—224页。
③ 《后汉书》卷三二，第1119、1129、1132页；《后汉书》卷四二，第1431页；《后汉书》卷七〇，第2257页。

70亩（7或8英亩）之间。① 拥有的土地比平均数多10倍或6顷（约70英亩）的人也许可以被认为是地方上的财主，拥有的土地多50倍或60倍像郑太那样的人，则是大富豪。

关于地产的组织，墓葬里的图画描绘出连绵不断的地段的景象，但不宜作出结论说，这必然是常见的制度，因为必须考虑到某种程度上的艺术夸张。在新的土地待开垦或待开发的人烟稀少的地区，成片的连绵不断的土地是常见现象。但是全体男性继承人分割遗产的过程导致所有土地财产继续不断的分割，经过几代人之后，未必能保持成片地段。农村豪右经常和兼并土地的过程发生联系；富人用这种办法兼并穷人的土地，他们或者通过购买或债务抵押的合法手段，或者采取恃强凌弱的伎俩。② 农村豪右被描写成迅速兼并只要兴修水利工程便有利可图的土地，或者兼并森林或沼泽地带，其中大部分也许和他们原先的占有地并不邻接。但是，同时也没有理由设想存在着明、清两代特有的非常不相邻的地块模式。③

后汉社会评论家没有专门费神评述大土地占有者的身份本身。像前汉时期他们的先辈一样，他们关心的是地主占有种地人的权力。如上所述，崔寔在这种制度中看出了对于人身的羞辱。在仲长统看来，政治的含义同样是令人忧虑的。富人的权力比官员大，尽管他们没有官衔，他们能够驱使上千户人家干活。④

崔寔和仲长统叙述的卑贱劳动者可能是雇佣劳动者或佃户，他们

① 关于这种推算，见《后汉书》志第二三，第3534页的注解所引的未说明出处的材料的数字，也可参见第10章表15和表16。

② 见杨联陞：《东汉的豪族》，载《中国社会史》，孙任以都和约翰·弗朗西斯编（华盛顿特区，1956），特别见第103—115页。

③ 镂刻着地契术语的若干铅条常常被当做买卖土地及其条件的证据加以引用。但是，因为许多这样的残片十分明显的是赝品，故就其所标记的年代来说，它们不能立即作为证据来采用。公元182年的一份真正的契约（可惜不能充分辨认或不完整）以彩绘的形式出现在河北省一座墓壁上（见河北省文化局文物工作队：《望都二号汉墓》〔北京，1959〕，第13、20页）。关于土地买卖契约的比较全面的考证，见仁井田陞：《中国法制史研究：土地法，取引法》（东京，1960），400—462页；何四维：《汉代的契约》，载《中国的法》，兰孝悌编，佛罗伦萨，1978。

④ 《后汉书》卷四九，第1651页。

或者付给地主固定的地租，或者付给收成的份额。在各个地区之间，甚至在个别地主之间必然存在着颇大的差别。分成制是一种相当普遍的制度，在这种制度下，农民用其收成的一半到 2/3 作交换，以换取土地，也许还有工具、牛和房屋。这就是政府在把佃户安置在国家土地上的时候所采用的制度。没有什么迹象证明后汉有奴隶从事农业劳动，或者证明对佃户有法律约束。由于有剩余的强壮农民，也没有足够的理由役使那些认为离去以后便能改善自己处境的农民为地主效劳。[①] 但是债务常常限制了佃户离去的能力。

况且，愿意耕种别人的土地习惯上似乎意味着接受与主人家中年幼家庭成员相类似的社会地位；一个人得到帮助和保护，但是他被指望要服从、忠诚和准备在各种威胁面前共同劳动。在中小田庄中，家长可能充当监督者，他的儿子帮助干农活，他的妻子和女儿同女仆一道从事丝绸生产。崔寔的著作探讨过这种制度，他只让他的儿子们在农活的间歇期进行学习。[②]

社　会　史

地方上的社会组织

从各种观点研究汉代社会的学者们觉察到了村社组织中的重大变化。在帝国以前时期，相对封闭的、往往以大姓为基础的、社会和经济相似的、其成员协力从事农业和其他基本生计的村社被认为是地方组织的普遍形式。从董仲舒到崔寔和仲长统的汉代文人都具有这种意见。在前汉以前开始的经济和政治发展过程被认为把这种村社破坏

---

① 关于后汉租佃制和土地占有权问题，见平中苓次：《关于汉代田租或田赋和发生天灾时的减免租情况》，载《东洋文库研究纪要》，31（1973），第 53—82 页；32（1974），第 73—97 页；33（1975），第 139—160 页，特别见第 1 卷，第 69—81 页。也见许倬云：《汉代农业》，第 53—67 页；多田狷介：《后汉豪族的农业经营》，载《历史学研究》，286（1964.3），第 13—21 页。

② 《四民月令》，第 9、68 页（许倬云：《汉代农业》，第 216、226 页）。

了。某些现代学者认为货币经济造成了使原始的、以大姓为基础的地方村社瓦解的阶级差异。另一些学者认为村社的封闭领域是被沟通各个村社界限的集团强行打开的；这些集团包括商人、难民、漂泊的劳动者以及同上层社会有联系的豪门。在某些历史学家看来，这可以被看做是一个完全消极的过程，是农村的休戚相关与平等被经济与社会剥削代替的过程。在另一些历史学家看来，这似乎是由于经济进步力量和帝国的政治一体化造成的一种即使不是积极的、也是不明显的发展过程。[①]

鉴于汉代中国在地理上的巨大差异，旧方式变化速度的不同是不足奇怪的。在商业和政治发展最巨大的地区，在人烟稠密的大平原和主要交通干线附近，似乎存在着高度的迁移率，劳动者到处流动以寻找工作，商人和官员带来了最新的想法、技术和产品。因为农民能够依赖政府来保持良好的道路、稳定的货币、法律和秩序，甚至救济计划，故他们能够种植商品作物，挤进商界和成为工匠或工资劳动者。

尽管有这些社会变化，但以血缘为基础的地方集团（豪门大族）在整个汉代似乎仍然是普遍的和有势力的。当这些血缘集团制造麻烦时，史书上常常提到它们。一个例子是北海国的公孙大姓。后汉王朝的奠基者光武帝在位时期（公元25—57年），公孙丹被任命为北海国相。不久，他指使他的儿子杀死一名过路人，把尸体作为他新住宅奠基的祭品。当太守处决他们父子二人时，公孙丹的三十几位亲属和追随者武力闯进相府，寻求报复。[②]

大多数豪门大族在地方上不如公孙大姓那样有势力，因此，给

---

① 从村社的角度或者从村社关系的角度讨论这个问题的日本学者几乎都认为这些变化是当然的。简短的英文讨论见平中苓次：《田租》，第67—69页。也见以上第10章。广泛的分析见好并隆司：《秦汉帝国史研究》（东京，1978），第33—36、123—158页。也见增渊龙夫：《中国古代的社会与国家》（东京，1960）；川胜义雄：《汉末的抵抗运动》，《东洋史研究》，25：4（1967），第386—413页；五井直弘：《后汉王朝和豪族》，第403—444页。采用马克思主义分析法的中国学者常常用类似的方法进行论述，见贺昌群：《汉唐土地所有制》，第131—211页。

② 《后汉书》卷七七，第2489页。关于蛮横的地方血缘集团更多的例子，见瞿同祖：《汉代社会结构》，杜敬轲编（西雅图和伦敦，1972），第455—459页。

政府制造的麻烦要少一些。在公元 160 年的一件石刻上发现了关于这类地方血缘集团的罕见的材料，段光在该石刻中叙述道，当他到公元前 6 世纪楚国大官孙叔敖故乡去任职时，他梦见孙叔敖。段光极为惶恐不安，于是立庙祭祀孙叔敖，并寻找孙叔的后嗣来主持祭祀事宜。他发现该地有三个孙叔血缘集团（宗），每个集团都以其聚居地来称呼。每个集团都无人受过教育。他们的传说是，孙叔敖有一个后人在前汉任太守。他的儿孙都在地方上担任下级官吏。后来，在前汉最后 10 年间，这个家族遭到土匪杀戮，只留下三个不满 10 岁的男性同辈人，他们都无力受教育。现在的几个血缘集团是这三个男孩的后裔，从那时以来，他们的成员务农为业，无人读书了。[①]

但是，有效力的、强大的中央集权政府在汉代早期就破坏了地方上的和血缘的团结关系，到公元 2 世纪，政府不再决定地方社会的主要发展方向。公元 140 年以后，政府逐渐丧失了提供救济的能力；随后丧失了维持特定地区秩序的能力；最后完全丧失维持秩序的能力。旧的大姓组织中相对地说未受秦、汉国家实行的社会变革影响的那些村庄和村社往往能照旧延续下来，除非它们位于被严重战乱破坏的地区，除非当地人民因而被迫加强了自卫的能力。农村社会比较发达的部分受到更为严重的危害。因为不能把在以前诸世纪中已被破坏的旧的血缘纽带和地方村社重新建立起来，故必须找到共同保护的新形式。

在公元 184 年爆发内战以后，[②] 地方宗教团体的势力已十分明显了。大概在公元 1 世纪 50 年代开始，在人烟稠密和有相当数量离乡者的华北地区出现了若干宗教团体。这些团体强调诚信和忏悔。它们提出以诚意治病和不久将天下"太平"的希望，人人像一家人一样。在东部平原，太平道的信徒在宗教统治集团领导下掀起一场组织得很好的叛乱，杀死了他们能够找到的所有地方官员。正规军很快打败了

---

① 《隶释》卷三，第 4—9 页。
② 见本书第 5 章《叛乱与战争》；第 16 章《汉代末年民间的道教》。

他们。①

在远离政权中心的西部，另外一些宗教团体进行自卫，以防发生当时最厉害的暴力行为，它们甚至为难民提供避难所。五斗米道的领袖张鲁成为 2 世纪 80 年代至公元 215 年巴郡和汉中郡（陕西南部和四川北部）的实际统治者。他通过起义队伍统治集团中的宗教官员治理这片地区。他按照政府驿站的模式设立义舍，但义舍对所有的人开放，并供给谷物和肉食。希望过路人得到他们所需要的东西；如果他们拿多了，鬼道会使他们生病。曹操得知张鲁的势力以后，于公元 215 年打败了他，曹操称他是善良人，并授予他和他的五个儿子以封地。②

在不太发达的华南地区，农民们没有如此频繁地加入宗教团体，也许是因为村社组织仍然强有力和构成了自卫的适宜基础。③ 同时，到后汉末年，一位到豫章（在江西）任职的官吏报告，政府官吏在那里遇到了棘手工作：

> 鄱阳民帅别立宗部，阻兵守界，不受华子鱼所遣长吏，言"我已别立郡，须汉遣真太守来，当迎之耳"。④

平定这帮大姓（史称"大姓匪帮"）是汉末 10 年间孙氏家族力图巩固南部控制的重大任务。

这个时期出现的地方组织的另一种普通形式不是由农民及其宗教

---

① 霍华德·利维：《黄巾教和汉末的叛乱》，《美国东方学会会刊》，76：4（1956），第 214—227 页；石泰安：《论公元 2 世纪道教的政治宗教运动》，载《通报》，50（1963），第 1—78 页。关于这些运动中宗教和思想的含义，见第 16 章《汉代末年民间的道教》。

② 《三国志·魏书八》，第 263 页以下。也见上文第 5 章《曹操的晚年》。

③ 关于这个问题，见唐长孺：《魏晋南北朝史论丛》（北京，1955），第 3—29 页；见贺昌群关于这个问题的评论：《关于宗族宗部的商榷》，载《历史研究》，1956.11，第 89—100 页。

④ 这段文字是在《三国志·吴书四》（卷四九），第 1190 页注释中从已失传的《江表传》中摘引来的。

或血缘关系的领袖所组成的集团，而是由地方豪强及其党羽所组成的集团。这些人常常包括亲属，但是这些集团似乎不是像大姓一样组织起来的。当公元184年以后爆发全面内战时，人人在全国各地开始招募党羽，组织联盟和建立私人军队。另一些人则率领人民进山寻找避难所。这些人中有许多人一开始未必招募军队，因为他们已经掌握了大量"客兵"、"部队"、"家兵"或亲属。

在某些场合，这些党羽是某人的佃户和劳动者；在另一些场合，他们似乎是自愿参加自卫团体的人，这些自卫团体是前一代建立起来的，用以对付法律和秩序横遭破坏和时不时的农民暴动。[①] 在四川，当声称与黄巾有联系的当地造反者打败官府时，一个下级官吏调动数百名家兵，然后又招募千余名其他人员，终于赶走造反者。一个参加孙策（公元175—200年）部队的人，在起义以后不久带去100名"私客"。另一位加入刘表（死于公元208年）部队的人，带去了他长兄早先从农村招募来的几百名"部曲"。[②]

正史反映了关于这些地方领袖和他们掌握的实力的两种观点。在某些情况下，他们因集合忠实信徒，并用信徒公正、有效和宽厚地治理地方，而赢得同时代人的尊敬。[③] 如果这些人平定暴动，他们便被当成英雄。但是在另外一些情况下，他们被认为是对于朝廷命官有效控制的威胁，因为可能妨碍命官行使正常职务：维护法律和秩序或征募应该服役的人。[④]

虽然这些豪强和扈从的社团与在王莽统治的衰微年代出现的社团之间有类似之处，但必须指出两点重要区别。首先是数量上的区别：在后汉末期，甚至在国内不是很重要的人物也被描述成不只拥有几十

---

① 见宇都宫清吉：《汉代社会经济史研究》（东京，1955），第443—450页。
② 《三国志·蜀书一》（卷三一），第866页；《三国志·蜀书十一》（卷四一），第1007页；《三国志·吴书十一》（卷五六），第1309页。
③ 例如，见《三国志·魏书十一》，第340—341页，关于田畴（公元169—214年）的功绩：他把五千余户避难家庭组织起来，赢得它们的父老赞成二十余条法律。
④ 关于公元220年以前制止刘节专横行为的企图，见《三国志·魏书十二》，第386—387页。

名，而是拥有成百成千名经常依附的部曲。第二，在较早的时候，需
要自卫的时间比较短，在国内大部分地区不超过 10 年。相比之下，
在公元 2 世纪 40—50 年代一旦开始经常发生叛乱，直到隋、唐才恢
复标志汉代鼎盛时期的政治、行政和经济一体化的水平；在缺乏有效
的国家控制的情况下，建立在必须互相保卫和互相援助基础上的社会
组织的形式成为这个时期比较持久的特征。

社会层次

有两种标准用来表示后汉"上层阶级"的特征，一种标准是以汉
代社会荣誉的范畴为根据，特别是以有教养绅士（士）的身份为根
据，另一种标准是以经济或政治力量为根据。在传统上，中国史学家
采用"士"这个字眼表示社会中坚分子，但是，现代大多数社会和经
济史学家回避这个字眼，其理由是，这个概念不大符合实际，它含有
一种成问题的道德高尚的意思。他们不采用这一术语，而采用"豪
族"这一术语来表示作为一个社会集团的地方上的地主和其他有势力
人物。[1] 每一种区分特权阶层或统治阶层的方法都有其优点，但是不
要把不同的标准混淆起来，因为不是所有被公认为士的人都可被归入
有势力地主这一类。在这里，"上层阶级"这个术语表示自认为"士"
和被别人承认为"士"的那些人。

社会层次在后汉期间逐渐发生了变化。在社会的底层，最重要的
发展是在大庄园的发展方面和地方社会的重新改组方面已经讨论过的
那些变化。这就是说，许多以前独立的平民由于经济困难或必须寻求
保护而被迫成为依附的佃户或部曲。在他们自己的头脑中和在别人的
头脑中，这样一个步骤招致社会地位的丧失。

社会的较高层次也发生了根本变化。一方面，社会上迅速向显赫
和权力的最高地位升迁的机会似乎已经减少了。另一方面，地方上的

---

[1]　关于这种区别，见杨联陞：《东汉的豪族》；宇都宫清吉：《汉代社会经济史研究》，第
　　　405—472 页；贺昌群：《汉唐土地所有制》，第 166—211 页；五井直弘：《后汉王朝和
　　　豪族》；瞿同祖：《汉代社会结构》，第 63—249 页。

社会名流不断加入全国性的上层阶级（即有教养的绅士或"士"），因此，实际上上层阶级显著壮大。这样，太学中有抱负的门生倒是可能正确地感觉到他们没有多少升迁的机会来成为一名大臣或高级从政者，这种在机遇上的减少只部分地归因于体制上更加僵化，也归因于自认为是高级官职潜在候补者的人数增加了。

有教养绅士即"士"的概念是后汉关于身份观念的基本概念。起码从孔子时代起，"士"这个字被用来表示在德行上和文化上证明有资格担任国家官吏的那些人。这些人包括教师、赋闲绅士和官吏。在广大的绅士集团里面存在着几个公认的等级，这些等级是以对于某些传统的精通程度、某些有价值的职业和领导权限来标志的。在后汉初年，桓谭（公元前43—公元28年）对于上层阶级内的等级制度作了简明的描述，而区分出五个等级。

乡村的士以其关怀和忙于家族事务而著称；县治一级的士精通文学；郡一级的士忠于其上级，是正派的行政官；中央政府一级的士是心胸宽大和有才能的学者。在所有这些士之上是国士，这是一些其才能远远胜过平民的人物，他们思想丰富，具有远见卓识，他们能规划天下大事，并取得巨大成就。[1] 可见，按照桓谭的分析，士的地位取决于道德品质、文学专业才能、聪明和才智，而他似乎认为那些拥有这些特质的人将获得适当的官职。

桓谭认为"士"必须具备的所有这些特质实际上是主观的。因此，承认为"士"的条件取决于孝顺、忠诚、豁达和有才能这些术语所具有的意义。哲学著作在赋予这些术语的意义方面起了某种作用，但是，后汉期间"笃行传"的流行形成了塑造人们理解这些特性的另一种也许更为重要的方法。这些是个别人物的传记，他们之所以被人们铭记在心，不是因为他们对国家的政治或理性生活的贡献，而是因为他们是高尚品格的典范。把他们的经历和行为记录下来，便为当时绅士面临的挑战和互不相容的要求提供了戏剧创作的材料，从而创造

---

① 《全后汉文》卷十三，第5叶。桓谭著作残篇译文载蒂莫特斯·波科拉：《〈新论〉及桓谭其他作品》（安阿伯，1975）。关于引证的这节文字，见第15—16页。

出可以用来解释他们社会与政治状况的形象和隐喻。应劭（约公元204年逝世）在其《风俗通义》中讨论了在他的同时代人中流传的许多传记性的逸事，通常是为了批判他认为的关于他们正当行为的那些传闻。在若干情况下，他记录的逸事出现在《后汉书》的"笃行传"中。[①]

笃行的一个可信赖的例子是《后汉书》中的王丹传。王丹是一个典型"乡绅"。他处于向后汉的转变时期，继承了一大笔财产，但他住在老家，利用他的大部分财产救助穷苦人。每年在农忙季节，他带着酒肉到田间去奖励勤勉的农夫和责备懒汉。据报道，在他的影响下，全村富了起来。他也使一些家族重聚，并立下了丧葬的规矩。在内战期间（约公元24年），他带领男亲属给军队捐赠了两千蒲式耳（斛）粮食。[②]

王丹的"言行"有助于确立地方上家长式领导权的意义。另一种笃行表现了孝顺、忠心和诚实的有关美德。乐恢生活在公元1世纪下半叶。当他的父亲——一名下级县吏——由于某种罪过听候处决时，当时年仅11岁的乐恢一直站在大门口等候着，他终于感动县令给予赦免。后来，当乐恢在一位老师那里求学而这位老师被拘捕时，他为老师辩护。当他为之效命的太守被处决后，他是敢于担负起殡葬事务的唯一的下级官吏。当他担任郡的书佐，为郡府主选人员时，他从不徇私，他甚至选诽谤他的某人之子为"孝廉"。乐恢最后任职中央政府，但他不眷恋权位，而回到他的本村。当窦宪的势力十分巨大时，他服毒自杀，数百名弟子为他送葬。[③]

对于社会结构的批判

当知识分子对于后汉的社会制度发出怨言时，他们并不反对桓谭

---

① 见《风俗通义》卷三至五。关于《后汉书》中复述轶事的传记的例子，也可在《风俗通义》中找到，见《后汉书》卷五三，第1746—1750页；《后汉书》卷三九，第1294—1295页；《风俗通义》卷三，第8页；卷五，第10、11页；卷四，第11页。
② 《后汉书》卷二七，第930—931页。
③ 《后汉书》卷四一，第1477页。

规划的社会模式。他们反对的只是这种理想制度未能实现。具有伟大天才和伟大品格的人物不能厕身于高级政界；庸碌之辈反而有很大势力。另一种怨言是，在鉴定一些人——特别是出身名门或富有的人——时，要照顾到与德才无关的因素。王充（公元 27—约 100 年）和王符（约公元 90—165 年）两人对这些问题作了详细阐述。

王充来自东南会稽，其曾祖是地主，祖父是商人。据王充记载，他们也是地方上一霸，这个传统被王充的父亲和叔伯继承下来了，结果是家里两次搬家，以逃避他家的仇人。王充 6 岁时他父亲开始教他念书，8 岁时把他送入有 100 多名其他男学生的学校。王充在其随笔的一处振振有词地问道，是不是他的祖先没有得到学术或文学成就的名声使他不能获得这种成就。王充在回答中辩论道，真正的卓越人物是靠个人，而不是以出身名门的身份出现的。但是，他的许多同时代人显然不同意这种看法。① （他依靠在洛阳书肆上阅读书本的办法，解决了他家里没有书本的问题。）②

王充的《论衡》有三篇论述儒生和文吏的相对价值的问题。③ 在桓谭的体系中，确定荣誉的是道德品质和知识才能；官阶只是相应的伴随物。可是根据王充的说法，大多数人只尊重官员的地位；他们称赞有能力、但读书不多的文吏，瞧不起没有做官的儒生，认为他们没有经验和不中用。王充关于典型官吏的描绘显然是讽刺性的：

> 文吏幼则笔墨，手习而行，无篇章之诵，不闻仁义之语；长大成吏，舞文巧法，徇私为己，勉赴权利，考事则受赂，临民则采渔，处右则弄权，幸上则卖将；一旦在位，鲜冠利剑，一岁典职，田宅并兼，性非皆恶，所习为者，违圣教也。④

---

① 《论衡》三十（《自纪篇》），第 1196 页以下（福克：《论衡》第 1 卷，第 80 页）。

② 《后汉书》卷四九，第 1629 页。

③ 《论衡》十二（《程材篇》、《量知篇》和《谢短篇》），第 535—577 页（福克：《论衡》第 2 卷，第 56—85 页）。

④ 《论衡》十二（《程材篇》），第 547 页（福克：《论衡》第 2 卷，第 65 页）。

在王充看来，受过圣教熏陶的人应该比这样的官员受到更多的尊重。

四五十年后，王符同样愤愤不平。虽然这些道德家经常称赞贫穷而正直的学者，但是王符认为缺乏钱财妨碍地位的提高。他指出了对于贫困的普遍偏见和人们把他们一切行为误解为损人利己的方式：如果他们不来访问，便认为他们傲慢；如果他们来了好几次，人们便以为他们是来讨一顿饭吃的。他也抨击了当时所有人渴望公职而需要与有钱有势的人物建立良好关系的现象；他抱怨说，这种情形的结果是，正直的学者过退隐生活，狡猾之徒则由于他们的关系网而赢得了对他们成就的巨大褒奖。[1] 王符在另一篇短论中写道："今观俗士之论也，以族举德，以位命贤。"在他看来，这是不能容忍的：

> 论若必以族，是丹宜禅而舜宜诛。……人之善恶，不必世族。[2]

社会变动性

从《后汉书》中可以看出，王充和王符关于希望上升到取得全国权力与功名的人物面临种种困难的怨言有许多可信之处。正史使人感觉到大多数获得功名的人出身于在地方上已定居数代之久的名门望族，许多家庭已经有人为官。如表 17 所表明，在 252 位正式立传（或者因政治成就闻名而集体立传）的人物中，1/3 以上是官员的儿子或孙子。除此以外，总人数中几乎有 1/5 出身于这样或那样被描写为显赫的名门，通常所用的词汇如："郡县大姓"，或"世代为官"的名门。在大多数其他传记中，没有记载人物背景；只在少数场合，个别人物似乎出身于社会地位显然低下的家庭，或者出身于非常贫苦的家庭，以致必须干活才能求学。甚至在 120 篇因学识、品德、文学才

---

[1] 《潜夫论》八（《交际篇》），第 335、337 页以下。

[2] 《潜夫论》一（《论荣篇》），第 34—35 页。关于丹，见高本汉：《书经》，载《法国远东学院学报》，22（1950），第 11 页。

华或独到的思想而被称赞的人物的简短笃行传中，只有 5 篇似乎是上升到社会上层的真实范例。[①] 在这批人中和在政治上活跃的集团中，其他一些人物被描写为穷人，特别是贫穷的孤儿，但这种贫穷常常只意味着他们必须耕种自己的田地，或者必须替别人干活，指出这一点是因为这证实了他的非凡的决心。

表 17　　　　　　　　《后汉书》中臣民列传的家庭背景

	因政治活动而闻名的人物	因文学成就或笃行而闻名的人物
官员的儿子或孙子	88（35%）	13（11%）
名门望族	48（19%）	18（15%）
社会地位低下或贫困者	9（4%）	12（10%）
无纪录可查者	107（42%）	77（64%）

《后汉书》描写了一些异常长期地处于显赫地位或社会地位异常迅速上升的少数实例。吴汉（死于公元 44 年）出身于贫苦家庭，在县里的下级职位上开始其政治生涯，但是在王莽统治末期，他受到了重视，升任掌管军事的高级职务和享有显贵称号。第五伦（盛年期公元 40—85 年），后汉一位非常受尊敬的富有资历的政治家，出身于前汉非常显赫的家庭，这个家庭在汉朝初年被迫迁往长安，作为削弱其权力的一种方法。他最亲近的亲属似乎并不显眼，他因组织抵抗一次暴乱而开始受到官方重视，此后，他当了一名县吏。当他觉得一事无成时，他弃官经商。后来他在长安当官，从此发迹。[②]

尽管有这些例外情况，但是不能指望出身比较低微的人在其一生中能够爬上高级职位。公元 1 世纪末，虞经（他在故乡郡县任狱吏达 60 年）希望他的子孙升任重要高位，这被认为是离奇的奢望。据报道，虞经说于定国的父亲是县里一名书佐，他却擢升为丞相，因此虞经自己的子孙可以升任大臣高位。这个故事可能载入《后汉书》，因

---

① 原书缺注。——译者
② 《后汉书》卷十八，第 675 页以下；《后汉书》卷四一，第 1395—1403 页。

为虞经的孙子虞诩确实擢升到掌管尚书之职。①

长期显赫的实例在历史上多得很。文学家和历史学家应劭（约死于公元 204 年）出生于已经有六代人为尊贵官员的名门。羊续（公元 142—189 年）的七代祖先中有太守、大臣或都尉。孔昱（盛年期 165 年）家族在七代人中产生了 53 位大臣和太守、7 位侯爵。② 此外，在后汉时期，门第似乎被公认为担任某些职务的法律根据。从公元 86—196 年这 110 年中，在三公中起码有一位是羊家或袁家成员的时期有 46 年。在较低的水平上，在整个后汉期间，一个因有法律专家而闻名的家族（颖川郭家）产生了七名廷尉和其他许多法官。③

《后汉书》也揭示出，如王符的例子所表明的那样，想要在社会上和政治上崛起的强烈愿望是那些已经可能厕身于最高社会和政治集团的人们的共同现象。保存了关于一些人的逸事，他们经过了漫长的路程才获得了孝顺或谨守成规的名声，为的是要取得"孝廉"的美名和厕身于正规的文职机关。那种熟谙大人物的生活，但对于功名仍然感到淡漠的罕见的人物，被人们敬畏地几乎视为超人。

地方精英

后汉王朝的上层阶级被限定包括这些人：他们认为自己是有教养的绅士，他们至少受过起码的教育，他们熟悉行为规矩。在社会学上，这个上层阶级中最重要的特征是以他们活动的地域为根据。某些家族世世代代产生郡县的下级官吏；某些家族世世代代产生省级官吏；另外一些家族世世代代活跃于京城和在中央政府任职。但是，这些活动等级之间的区分并不严格，那些有才华或有野心的人物很容易越过这些界限。

但是给地方精英——仅仅活跃于郡县等级的上层阶级中的那一部

---

① 《后汉书》卷五八，第 1865 页。于定国生活于公元前 1 世纪中叶；《后汉书》卷七一，第 3041 页以下。

② 《后汉书》卷四八，第 1614 页；《后汉书》卷三一，第 1109 页；《后汉书》卷六七，第 2213 页。

③ 《后汉书》卷四六，第 1543—1546 页。

分人——作出适当的描述是困难的，因为使历史学家和其他知识分子
感兴趣的地方权力结构与地方精英非常之少。所以，大量后汉史料对
于这类人只提供了非常不完全的看法。地方实力派人物引起了那些面
向中央的人们的注意，通常是因为他们滥用他们在地方上的权力，干
扰太守或县令收税或维护秩序的工作。尽管对于大部分居民来说，地
方精英是唯一重要的行使权力的人物，但是关于这些人物在他们村社
中所起的作用则说得很少。

　　幸而保存下来的后汉数百件石刻铭文，提供了关于地方社会的比
较详细的看法。这些铭文是为地方而书写的，为的是把对于特殊团
体、村社或家族的有意义的事件或功绩记录下来。[①] 其中有许多是县
绅为了纪念调任别处的卓越的县令或者是为了纪念寺庙或桥梁的建筑
而书写的。这些县级碑铭中有 11 件刻着发起人名单。例如，为纪念
酸枣县令刘熊（公元 2 世纪）而立的石碑刻有一长串捐献者名单，按
照这个次序排列：4 名退隐的正规官员，32 名退隐的州郡级官员，25
名县级官员（这位县令以前的下级官员），15 名荣誉县级官员，55 名
赋闲绅士和 43 名门生。[②]

　　如同别的名单一样，这个名单上的捐献者大多数是在职或退隐的
下级职员和"赋闲绅士"。虽然几乎没有一人因身为地方绅士或下级
官吏的功绩而有资格在《后汉书》立传，但是某些著名人物有喜欢这
种生活的亲属。马援（后汉第一代著名将领）的从弟喜欢这种绅士的
简朴生活；他"但取衣食裁足，乘下泽车，御款段马，为郡掾吏，守
坟墓，乡里称善人，斯可矣"。公元 2 世纪后期，著名的袁氏三兄弟
和两位元老的侄儿宁愿超脱于京城政界之外，分别选择了隐居的乡
绅、学者和郡治下级官员的生活。[③]

　　从铭文看出，许多人以在自己的地盘上当地方绅士或下级官员而
感到自豪，渴望关于他们的成就和功绩的记录能够保存下来。不过，

---

① 埃伯里：《后汉石刻碑文》。
② 《隶释》卷五，第 15—23 页。
③ 《后汉书》卷二四，第 838 页；《后汉书》卷四五，第 1525—1527 页。

他们也遵守内部等级制度。在大多数碑铭中，下级官员不仅使自己与他们上面的正式官员以及他们下面的赋闲绅士区别开来，而且把他们自己分成两个等级，在太守或刺史下面供职的那些人为一级，在县令下面供职的那些人为一级。这种区别看来很重要。郡里的下级官员处于直通中央政府的阶梯的最低一级上，县里的下级官员没有这种地位。

在《后汉书》中立传的许多人及其墓志铭保存下来的大部分人都是作为郡里的下级官员开始发迹的。铭文往往列举了依次担任的所有职务。例如，武荣（约死于公元168年）在完成学业以后，在省里当书佐；然后他在郡里任曹史、主簿、督邮、五官掾和担任功曹的守从事，最后在36岁时被举荐为"孝廉"。①此外，在同一家族中，某些人可能顶多不过高升到郡里或州里的下级官员，而其他人则可能成为正式官员。

下级县吏常常从下层社会选拔。碑铭没有提供那些在县里的下级职位上任职（或公认任职）的人们然后擢升到较高职位的例子；也没有在郡里当下级官吏或正式官吏的人们承认他们的父亲或祖父是下级县吏的例子。《后汉书》在叙述这样一些实例时，通常也包括一些不常见的情况。下级县吏擢升的最平常的原因是在他管辖的地区遭到进攻时他显示出军事才能。大多数这样的例子发生在这个王朝的初年或末年，当时战事频繁，非常需要有能力的官员。

如果军事才能不是一种因素，个人的抱负则起显著的作用。一个适当的例子是著名学者郑玄（公元127—200年），他年轻时曾任下级县吏。在他父亲眼里，这个职务是非常合适的，而认为郑玄对于学业的爱好是不足取的。但是他父亲的反对未能阻止郑玄在学术上的抱负，他终于放弃这个职务，到京城继续求学。②因此，如果从地方精英（而不是像王符和王充那样的文人）的角度来观察社会地位的变动，决定性的步骤是到县外去发迹。对于想一生留在家乡的人来说，县里的职位是令人满意的；对于想厕身于较高集团的人来说，

---

① 《隶释》卷十二，第7—8页。
② 《后汉书》卷三五，第1207页。

最好是到郡里寻求一个下级职务，或者甚至到京城去完成学业和碰上重要人物。

　　我们的全部史料显示出亲属关系在地方社会中的重要作用。如上所述，《后汉书》提到了郡县大姓或名门。以慷慨行为和受人尊敬而闻名的人物反复被描述为给他们本地亲属赠送财物。但是，通常从《后汉书》看不出是不是地方上的整个亲属集团都属于地方精英，或者他们只有少数人是精英，其他人则是普通平民。石刻显示出，在许多场合大批同姓或同宗人积极参加县里的事务。在关于钟姓亲属修缮神话中的贤明尧帝及其母亲庙宇的工作的两份记录中发现了最明显的例证。[①]

　　城阳钟家无人在《后汉书》立传，但是在公元 2 世纪中叶，钟家有一位退隐大臣，他组织钟家的"贫富"亲属参加这些事业。进行捐献的有 4 名正规官员、6 名州级和郡级下级官员、19 名下级县吏和一名青年。因此，钟家可能有许多贫穷亲属，他们只能捐献劳动力，但是至少有 29 名成年男人拥有某种官员身份；不过其中 2/3 是县级官员，他们在县里可能是靠勤勉获得职位。

　　民用铭文很少详细说明人们之间的亲属关系，但是，往往有那么多同姓人，以致能够合理地推断出某种亲属关系。例如，在作为对一位被调职县令表示敬意于公元 186 年建立的碑刻发起人而列举的 41 人中，有 26 人姓韦，12 人姓范。[②] 这样的县级工程发起人名单总共有 11 份，而且除了其中两份外，至少有一个家族的姓经常出现；在其中四份中，有一个家族的姓占这些名单中的姓的 20％ 以上。在有 100 多个姓的三份名单中，每份名单都证明几家名门以及同一姓的官员、下级官员和非官员同住一地。例如，为对一位县令表示敬意而于公元 185 年建立的一块碑刻的 157 名发起人中，24 人姓李，14 人姓苏，13 人姓尹。[③] 表 18 的数字表明四个地方亲属集团中存在着官员、

---

① 《隶释》卷一，第 1—4、8—13 页。

② 《两汉金石记》卷十二，第 1—7 页。

③ 《两汉金石记》卷十一，第 11—17 页。

下级官吏和没有官职的人。①

表 18 县里发起人名单上推测为亲属的官员地位

姓	正式官员	郡和州的下级职员	县的下级职员	没有官职者
苏	1	3	4	6
尹	0	2	3	8
沈	—	—	12	0
田	0	1	6	20

资料来源：《隶释》卷二，第 14—21 页；卷五，第 15—22 页；卷九，第 12—18 页。

上层阶级中庇护人—被保护人的关系

后汉上层阶级的社会生活有许多染上了庇护人—被保护人的关系色彩，这种关系使人们从等级上发生上级和下级的关系。被保护人有两种主要类型。②"以前的部属"阶级总是产生由别人指定或推荐职务的人。中央政府的少数高级官员在其衙门拥有大量职位，他们可以自行挑选人员来担任这些职务。太守、刺史和县令也可以委派数十名下级职员。特别是太守起着至关重要的作用，因为正是他举荐地方人士为"孝廉"，因而能够和日后在官僚机构中也许会高升的人们建立恩惠关系。第二类被保护人称为"门生"。在理论上，这些人蒙受庇护人的恩惠，因为他们接受了他的教诲。庇护人可能是真正的恩师，但是正式官员也收授门生——被保护人，门生投奔他们，不是为了获得教诲，而是寻求帮助和庇护。

公元 2 世纪期间，保护人和被保护人之间的关系具有日益巨大的政治意义。这种发展也许是私人关系和惯例获得巨大重要性，而官方的和公共的关系则被认为不大重要这样一种普遍趋势的一个方面。这一过程也许同这种新情况有关：孝顺和公共责任感的美德已被列为

---

① 三份发起人名单中（每一份包括 100 多个姓名），只列举姓苏、姓尹、姓沈和姓田的人物。由于这些姓名不如在这里没有列举的李、杨、王、张那样普遍，他们可能是真正的亲戚。

② 关于详细情形，见埃伯里：《后汉时期庇护人—被保护人的关系》，载《美国东方学会会刊》，103：3（1983），第 533—542 页。

人的价值的尺度。正像指望一个人始终忠于他的亲属和他的邻人一样，他也应该铭记他以前的恩师和长辈。

特别在公元 89 年以后，因外戚上升到执掌大权而出现的政治生活的变化，使得保护关系具有更大的重要性。外戚大将军掌握的权力主要在于他们能够操纵对于数百名官员的任命。即使外戚的某些大将军也真心诚意试图招募一些受尊敬的人物，但是，人们仍有理由怀疑他们任命的人物，所以，一旦他们的外戚保护人垮台，他们通常被赶出官府。随着 2 世纪 40 年代梁家权力的巩固，许多官员和知识界的领袖人物开始相信政治上的决定不会对他们有利。由于试图找到种种办法来使人们觉得他们更拥有势力，他们开始强化他们自己的保护人—被保护人的关系。这最初表现在太学中，太学的门生在少数活跃的宗师领导下，开始对官员的虐待提出抗议。

随着保护人—被保护人关系的重要性越来越大，结果出现为了获得渴望成为被保护人的人们的竞争。据徐幹（公元 171—218 年）记载，大臣、太傅、刺史和各郡太守不注意朝廷事务，而专心致志于他们的"宾客"。[①] 足以在《后汉书》立传的重要人物在其经历中几乎都曾谢绝本地郡的职位或京城高级官员的举荐。这不是说获得这样的职位是不光彩的事情。倒不如说，人们希望担任和选择愿意接受的职务，并且在自愿的基础上和自己的上级保持关系。

任何被保护人所承担的一个义务就是在保护人去世时必须去吊孝，并且尽可能参加葬礼。被保护人后来还常常捐款立石碑。为公元161 年去世的蓟州刺史立的石碑列举了 193 位"门生"，他们都来自他的管辖区域。泰山都尉孔宙（公元 104—164 年）的石碑是 10 个不同郡的 43 位门生——被保护人立的；4 位部属来自他以前任职的地区；4 位部属来自他的泰山衙门；10 位门生来自八个郡，也许他们是真正的门生；一人是"以前的平民"。资深政治家刘宽（公元 120—185 年）的石碑列举了遍布华北华中各地的 300 多位门生——被保护人的名字，其中 96 位是当时在职官员，包括 35 位县令和 11 位太守。

---

① 《中论》B，第 23 页。

另一块单独的石碑列举了他"以前部属"的名单，这块石碑刻着从高官以下的 50 余人的名字。[①]

我们可以从这些名单上看出关系网形成的途径。绅士们可以自行依附于他们本地或邻近地区的任何地方官吏，而成为他们的门生——被保护人或成为他们的下级官吏。这些地方官吏依次不仅同他们的上司具有公务的和私人的关系，而且也同其他正式官员、特别同他们以前的上司或保护人保持私人关系，而其中的某些上司或保护人依次又可能同朝廷里的重要人物有联系。在为高级官员或著名宗师送葬时，可能有数千名被保护人聚集在一起，以增强他们彼此之间的联系。在保护人和被保护人的狂热关系达到极点时，人们甚至可能为只担任过他们几天太守的某人的母亲披麻戴孝。[②]

上层阶级增强的凝聚力和自觉性

汉代在中国历史上的主要贡献之一是自认为绅士（士）的人群扩大了。地方精英分子开始认为自己是有教养的士，即使学识平庸之辈也是如此。尽管他们在地理上彼此分隔和他们的大部分活动集中于本地，他们仍然不仅从共同集体的角度来看待自己，而且也认为自己是全国的文化、学术和政治事务的参加者，即使是非常间接的参加者。[③] 在随后诸世纪中，"士"的上层阶级的力量和凝聚力被证明比起作为中国文明一体化基础的政治或经济的中央集权更为持久。

为了对地方精英分子表示尊敬而立的石刻碑文证明，绅士的理想扩大了。这时碑文表明地方精英分子共同具有表现在《笃行传》中的价值观——孝顺、敬服和淡于名利。当然，碑文并不表明人们实践了有教养绅士的所有这些美德，但是碑文确实表明人们共同具有一个绅士应该如何立言行事的自觉性。一个恰当的例子是 182 年的一块殡葬

---

① 《隶释》卷七，第 1—2、4—7 页；《隶释》卷十一，第 1—6 页；《隶续》卷十二，第 5—8、18—21 页。

② 《风俗通义》卷三，第 2 页。

③ 余英时在《汉晋之际士之新自觉与新思潮》中从思想史的观点讨论了这个问题，《新亚学报》，4：1（1959），第 25—144 页。

石刻，这件石刻看来是一个主要部属亲自撰写的。①

> 〔孔君〕年轻时学习过《礼经》。他遭逢人相食的普遍苦难时期，他构筑一小茅屋，因采集野菜赡养双亲而消瘦。他厚道、仁慈、直爽、朴素和忠诚，所有这些美德都是他的一种天性，没有一件是他后天学到的。〔后来〕他境况稍佳，他想起他的祖母……他为祖母重作棺材，建一庙宇，在庙旁种植扁柏……他的幼弟品德善良，但不谙世务。〔孔君〕把幼弟请来和他住在一起四十余年。甚至自己借钱用时，他对弟弟却慷慨大方……他的美名四扬，县里请他当主簿，后又到功曹任职……②

可见，历代祖先无人做官、自己只当过下级县吏的人有权要求获得荣誉，因为他屡次尽孝道和为人慷慨大方。

地方精英往往以他们中间有一位具有这些特质的人物而公然自豪。南阳有 58 人全都是以前的下级官吏或赋闲绅士，他们捐资为当地一位学者或教师娄寿（公元 97—174 年）立碑。娄寿的祖父是正式官吏，但他的父亲却过着"安于贫困"的生活。娄寿本人被描述为好学，是一位善于与人相处而始终受人尊敬的热心人。他欣赏隐士生活和山间的雾霭，不巴结权势人物。他拒绝了郡县的所有邀请，不为高官厚禄的念头所动心。③

教育无疑是扩大有教养绅士理想的重要方法。一些正直的官员常常被描写为鼓励地方人民养成高尚的行为和学识的人。例如，何敞在任太守时，试图使该地的下级官员变成绅士。他不囿于严密的法律观点，而是按照《春秋》的原则判决诉讼案件。在他的影响下，那些离乡背井的人们都回家去侍奉双亲，或者了却丧葬事宜。两百余人散发部分家财。有趣的是，何敞不是把文化送到国家的边远地区，而是带

---

① 《隶释》卷五，第5—7页。
② 引文系根据英文回译。——译者
③ 《隶释》卷九，第9—12页。

到中原的一个贫瘠之地，即汝南。

其他官员非常强调熟读经书。将近汉末之际，当令狐邵任弘农太守时，该地没有一人熟悉经书（尽管近来有人试图宣扬例如公元175年的熹平石经）。因此，他征求一位下级官员到临近郡的一位老师那里去学习，当他获得基本知识以后，便要他当老师。另一些太守把有出息的人送到京城求学。例如，当13岁的杨终（死于公元100年）任四川某郡一位低级职员时，太守赏识他的才华，把他送到京城。①

尽管荣誉应归于热心的县令和太守，但是好学之风似乎在整个后汉时期持久不衰。奖赏是丰厚的。在社会上，正式就学于某位宗师，此人便成为有教养的绅士；在政治上，这开辟了为官的门道。全国各地有专职学者和官员从事教学。《后汉书》几十处提到一些宗师拥有1000余名门生，还有更多的地方提到一些宗师拥有数百名门生。正史数次出现有天分孤儿的故事，他们虽然无力偿付学费，但却能遇到老师。这些故事被记载下来，以资鼓励人们，但它们也说明学习在社会生活中所具有的重要意义。②

上层阶级的自觉性由于文学著作而进一步加强，文学著作对于绅士中的个别人物或团体进行非难和评价。这些著作模仿在整个后汉时期流行的"笃行传"的某些惯例，而且它们表示了比较自觉和比较成熟的阶段。一个早期例子是孔融（死于公元208年）的短论，他的短论把颖川和汝南绅士的优劣作了比较，这两个地区在朋党运动中产生了许多领袖人物。孔融短论中保留下来的记载有如下述：

> 汝南应世叔读书五行俱下，颖川士虽多聪明，未有能〔古代〕离娄并照者也。
>
> 汝南袁公著为甲科郎中，上书欲治梁冀，颖川士虽慕忠谠，

---

① 《后汉书》卷四三，第1487页；《后汉书》卷四八，第1597页；《三国志·魏书十六》，第514页，见裴松之的注释。

② 关于学习制度的确立，见以下第14章《学派的发展和官学》。

未有能投命直言者也。①

人们不仅对当时或本地的绅士进行评论，而且还撰写他们的传记。最初编辑这些传记的是赵岐，他在党锢期间被放逐。② 当由于叛乱而撤销对他的放逐时，他担任军事指挥官，公元201年逝世时90余岁。他的著作《三辅决录》包括后汉期间他的家乡地区，即长安周围三个郡的人物传记。他对他家乡地区的绅士用这样的言论作了总结："其为士好高尚义，贵于名行。其俗失则趣势进权，唯利是视。"③

当时一位年轻人王粲（公元177—217年）写了一本受欢迎的著作《汉末英雄记》。在随后一个世纪中人们继续大量写作这样的传记集。④

上层阶级演变中的最重要因素之一是公元2世纪50—70年代的朋党运动。出身极为不同的人们响应朋党领袖的号召，因为他们已经自觉地成为绅士，因而对于国家的道德引导负有责任。这种政治议论的结局，即公元166—184年对于党人的迫害，又毫无疑问地增进了这些人的自觉性。尤其重要的是，它造成了大批善于辞令、精力旺盛、对政治感兴趣而又不能担任官职的人们。再也不能从人们的特性和相应的政治活动的标准来确定有教养绅士（士）的社会地位。许多社会地位很高的人物。包括反抗运动的领袖人物，没有担任官职，不

---

① 《全后汉文》卷八三，第10—11叶。

② 见以上第5章《大放逐（党锢之祸）》。

③ 这部著作（《三辅决录》）现已失传，除了例如出现在《后汉书》注解中的引文以外。见《后汉书》卷六四，关于原作者，见第2124页，关于这里摘引的该书前言中的片断，见第2124页。

④ 关于王粲，见《三国志·魏书二一》，第597页以下。这些后汉著作没有一部完整的保存下来，但是其中的片断被大量地引证于其他史书，特别是裴松之的《三国志》注和刘峻的《世说新语》注；关于《英雄记》的引文，见《后汉书》卷七四上，第2373页，注1；第2374页，注2；第2375页，注3；关于《汉末名士录》的引文，见《后汉书》卷七四上，第2376页，注2。关于《三国志》，见雷夫·德·克雷斯皮尼：《三国志》（堪培拉，1970）；关于《世说新语》，见理查德·马瑟：《世说新语》（明尼阿波利斯，1976）。

能把自己看成是政府机构的成员。作为他们社团的领袖和他们培育的价值观的支持者，他们唯一残存的作用是在社会和文化方面。

按理来说，一旦被免职，鼓动者便无能为力了；因为在中央政府的心目中已经失宠，他们影响的范围将明显地收缩到他们家乡的城镇。但是，没有发生这种情形。党人在没有职务关系作为中介的情况下，保持他们在全国的联系。即使"有教养绅士"以前不完全了解他们自己对于政府的独立性，这一点现在已经是人人都清楚了。

汉亡于公元 220 年，这个年代不标志社会和经济趋势方面的任何变化。但是这个年代有助于观察过去两百年间发生的变化，因为北中国的两个新统治者曹操（公元 155—220 年）和曹丕（公元 186—226 年）采取了正式承认社会结构中的变化的政策。这一章指出两个主要变化：第一，地方社会的改组和农业生产的调整；第二，上层阶级这一在政治上和社会上起着重要作用、不依赖官府——它的成员可以去任职——的社会集团扩大和加强了。

曹操采用建立大规模农业戍屯军（屯田）的办法来对待已经变化的农业的社会基础。这种制度承认两种发展。第一种发展是贫苦农民不愿意或不能回到荒废的田地上去自己谋生。因为必须求助于掌握社会、经济和政治权力的人们的保护，他们不得不牺牲自己的若干利益和放弃自己的许多自由，以换取自己的安全或幻想的安全。为了使农业生产迅速恢复到战前水平，曹操或者鼓励地主把他们的依附者安置在荒废的土地上，或者利用政府的力量把无地农民集中起来，组成一些聚落，把他们作为国家依附农民安置下来。这两种方针他兼而用之。李典（盛年期公元 190—210 年）拥有 3000 余名依附亲属和追随者，他被鼓励把他们安置在河北南部遗弃的土地上。① 在其他地区，移居者是由政府分配到那里的半复员的士兵。

导致这种安置政策的第二种发展是政府需要增加除人头税之外的岁入。忽视大庄园主的经济和社会实力（他们能够全面抗税，同时把大部分税收转嫁到个体农民身上），简直等于减少收入。曹操却另有

---

① 《三国志·魏书十八》，第 533—534 页。

办法，他模仿庄园主，像他们那样雇佣佃户和依附者来获得收入。因此，即使不能完全控制豪右，税吏对他们的财产和田产又无能为力，政府仍然能够从"官田"上获得固定收入。[①]

曹操和曹丕鉴于上层阶级结构的变化，改革了官员招收制度。这种新制度叫做九品中正，后来因它使得名门豪族出身的人们享有莫大优惠的贵族偏向而闻名。但是，起初它对于上层阶级的自治似乎是一种让步。地方舆论关于个别人的一致意见被认为是挑选公职人员的适当的根据。[②] 在每个郡县，地方上一位声望很高的人物负责对当地绅士按照其才干和正直的名气进行评价。政府就按照这些评价来任命公职人员，因而默认上层阶级自行吸收成员和自行证明合格。在以前的半个多世纪期间，各级官员由于害怕主要文人学士和有教养绅士的嘲笑，他们的行为还有某种范围的克制。在九品中正制度下，他们评价的合法性得到承认，但是他们一旦担任重要职务，就同时被授予选拔不受评论的候选人的责任。

一山　译

---

① 关于这种政策，见马克·埃尔文：《中国过去的模式》（伦敦，1973），第35—41页。
② 关于这种制度，见唐纳德·霍尔兹曼：《中世纪中心制度的起源》，载《高等实验学院论文集》，Ⅰ（巴黎，1957），第387—414页。

第 十 二 章

宗教和知识文化的背景

文献史料和分类体系

虽然历史和其他方面的典籍收有秦汉时期关于宗教信仰和知识文化发展的各种各样的材料，但对一种教义或一个哲学理论，还没有可供进行全面分析的明确的或系统的阐述。尤其是对许多被普遍接受的和被视为形成一批作者和思想家进行著述的背景的假设，还没有阐述。但是幸运的是，不同信仰的作者所写的和在这四个世纪中的不同时期编纂的一批典籍，仍流传至今。很多这些著作的篇章论述同一个问题和题目。其中凡是持对立观点的作者似乎在奉行相同的假设，这些也许可以视为正常的情况。还有一种宝贵的财富是流传下来的一大批校注，因为对某些观点或实践的反复批判或论证，可以证实它们在当时曾风靡一时；但是必须适当地考虑到促使一个作者写下他思想的信仰和偏见。[1]

秦汉时期缺乏一个譬如像孔子或朱熹，或像柏拉图或亚里士多德（如果我们到其他地方去找的话）那样的一个令人信服的思想哲人或知识力量。但是幸而保存下来的公元之初列入秘府藏书的书目表明，当时存在大量的著作和大批作者，虽然估计只有一小部分（估计不到1/4）的作品流传至今。[2] 我们可以参考的当时材料最丰富、涉及面最广的著作也许包括《淮南子》（成于公元前 139 年）、收进《汉书》

---

[1] 关于这个时期知识文化发展的总的记述，见陈荣捷：《中国哲学资料集》（普林斯顿和伦敦，1963）；徐复观：《两汉思想史》（台北，1976）；萧公权：《中国政治思想史》，牟复礼英译（普林斯顿，1979）。

[2] 见第 1 章《焚书坑儒》。

的董仲舒（约公元前 179—约前 104 年）的奏议、王充（公元 27—约
100 年）的《论衡》，以及汉代快结束时王符（约公元 90—约 165 年）
和荀悦（公元 148—200 年）等少数人的著作。

出于种种原因，我们务必谨防作出文献在这个时候对中国人民的
发展产生了很大影响的假设。在这几个世纪中，中国的文字正被统一
和简化而逐渐成为近代以前广泛使用的形式；把秦代的文书与公元 2
世纪的作一比较，就可以看出这个过程的发展情况。可是书籍是广大
公众不容易阅读到的，也没有广为流通。

用于书写的材料各种各样。贵重的丝帛用来书写特殊的抄本，
这从墓葬中发现的实物可以看出。从这些墓葬中，或从文武官员留
下的废物坑中，我们找到了越来越多的写在当时标准材料上的文书
实物，这就是木简或竹简。一种原始形式的纸已经演化出来，传说
是蔡伦在公元 105 年上报给汉政府的。但是尽管这种原始的纸的
时间可能更早，但在公元 3 世纪或 4 世纪之前，纸张不可能被普
遍使用。①

公元开始时秘府所藏之书很可能一般没有流通，我们甚至不能假
定对这些书籍很有兴趣的人也能加以使用。之所以能够收藏图书和我
们现在能掌握一批文摘，是皇帝下令在全国各地搜集文本的直接结
果。这些搜集本不论是否完整，都据以编为钦定本而藏于秘府。有时
我们也听到一部作品在一开始就有一部以上的抄本，如《史记》。但
是，这里又不能肯定，人们是否可以普遍使用这些作品，或者可以长
时期地全文使用。例如，有迹象表明，在公元 2、3、4 世纪，人们不
能直接看到《史记》中有关汉代的部分。②

---

① 见钱存训：《竹书和帛书：中国书籍和铭文的开始》（芝加哥和伦敦），第 131 页以下。
关于蔡伦以前造纸证据的综述，见王菊华、李玉华：《从几种汉纸的分析鉴定试论我国
造纸术的发明》，载《文物》，1980.1，第 78—85 页。
② 关于王充找书困难的情况，见第 11 章。关于《史记》的流通，见《汉书》卷六二，第
2737 页。《史记》卷一三〇，第 3319—3320 页记载了怎样处理《史记》两种抄本的论
述。见何四维：《〈史记〉卷一二三〈大宛传〉的可靠性问题》，载《通报》，61：1—3
（1975 年），第 86—87 页。

自汉代编纂书目以来，已经知道，文籍仍有所散失，在此背景下，由于考古学家在中国的许多不同地区继续进行成功的墓冢发掘，现在发现迄今未知的少数典籍材料正变得有可能了。近年来，各方面材料——包括文学、哲学和历史方面的作品，诸如医药、天文、占卜等方面的技术手册，行政和法律的文书——的非常珍贵的孤本已经出土。除了给已知的中国书籍总集作了这些补充外，这些墓葬还提供了有些流传至今的书籍的抄本，例如《论语》、《易经》和《道德经》等。这些手抄本证实了公认版本的准确性，其程度使人既惊奇，又欣慰。

现在无法衡量秦汉时期识字人的范围，但可以很保险地假设，它不可能是很广的。一般地说，当时的中国著作的内容像以后那样，谈的是社会上享有特权的人的生活、习俗和享受。例如，对国家宗教仪式中应遵循的正确程序留下了详细的规定，而对民间宗教进行的情况，除了在评注和考订时窥知一二外，其材料却很少。

就我们所知，现在收编而成为《汉书》卷三十《艺文志》的书目，是根据可能是刘向或其子刘歆专门为此目的进行的分类作出的。① 总的说，书目包括以下几类：（1）经典著作及其注疏，以及与孔子学说有关的书籍和用于启蒙教育的一些手册；（2）诸子的教诲和文章，下面又细分成若干类；（3）诗赋；（4）兵法；（5）涉及宗教、秘术或宇宙论方面的文书，如历书和天文历法、占卜、阴阳五行等方面的著作；（6）医书和黄帝的传说。

不论是好是坏，这项先驱性的工作影响到中国以后所有的目录学工作。它以其体系影响了文献观点，并且它作出的划分被认为在中国的文学和文化发展的一个形成阶段中具有极其重要的意义。但是刘向和刘歆所编的书目，作为遗产，所留下的对中国哲学进行重大划分的分类却往往是错误的。他们的目录学对不同哲学学派所作的区分，一部分是根据司马谈（死于公元前110年）对阴阳家、儒家、墨家、名

---

① 关于这个书目的编制情况，见范德伦：《论管子的传布》，载《通报》，41：4—5（1952），第358页以下。

家、法家、道德家这六家的划分，一部分是这种划分的扩大。[①] 但是
指出以下的事实相当重要，即这种区分在当时绝不是严格的，因为秦
汉的思想家在多大程度上可以被专列为某一家，或者把自己专列为某
一家，是值得怀疑的。

因此，当被刘向和刘歆归为某一家的一些作者的观点有相当部分
互相重叠时，把它们贸然分为譬如儒家、道家或法家的做法决不是正
确的。可是，由于后世接受这些划分，对这个阶段的中国思想形成了
一种多少错误的看法，即认为当时正在发展各种旗帜鲜明的学派。事
实上情况要复杂得多。

对中国思想的许多研究著作往往把注意力集中在被认为是三大学
派的儒家、法家和道家方面。这些名词应该谨慎使用，特别对正在发
生重大发展的秦汉时期的四个世纪更是如此。对儒家的总的名称，必
须分清至少两种基本的思想类型。第一种是孔子及其嫡传弟子的教
诲，这些已经引起了许多赞扬和评论。但是，这些言论系统地阐述于
中国第一个帝国成立之前的几个世纪，它们应用于秦汉时期政治和社
会的情况，多少不同于应用于帝国之前战国时期的各国。第二，有些
汉代思想家发展了一种更综合的哲学体系，它既包括孔子的伦理学，
又包括宇宙论的思想，并且给帝权的行使提供了地盘。他们有时便称
为"汉儒"。

与此相似的是，必须分清以下两种类型，一是在汉代以前形成的
《道德经》和《庄子》这样的玄学著作，一是在汉代以后发展的阐述
宇宙间自然秩序的系统学说。"道"这个词系统地阐述了这两方面的
思想，但用不同的涵义来阐述；宇宙存在的系统学说包括了科学地解
释宇宙的企图以及可以在《道德经》和《庄子》中找到的许多思想。
这个情况在可以追溯到公元前 2 世纪的典籍《淮南子》中有详细叙
述。但是除了这些差别外，道家这一总的名称也可用来包括与道家思

---

① 关于司马谈对此六家的区分及对各家优缺点的评论，见《史记》卷一三〇，第 3288 页
以下（狄伯瑞：《中国传统的来源》第 1 卷，第 189 页以下）。又见莱昂·旺德默埃什：
《法家的形成》（巴黎，1965），第 5 页以下。

想相对的、应该更恰当地称之为道教的活动。公元 2 世纪道教正在形成过程中。它包括了许多仪式、典礼和纪律，道士们试图将其信仰与《庄子》等著作表达的思想联系在一起。但是早期的著作和道士们规定的信仰之间，其信念和思想存在着巨大的差别。①

部分地由于过分僵硬的分类，有人常常假定，儒家和法家对人和政治权威的看法是截然相反的，决不可能调和。在这里也必须更细致地和以比以往更少的僵硬的先入之见对这两"家"进行比较和对比。秦帝国在诸如商鞅、韩非、申不害和李斯等人的纪律原则和现实主义的世界观的基础上建立起来和进行治理，这无疑是正确的。② 但以下的情况虽然没有一直强调，但也是正确的，即到了汉代，它采纳了法家大师们所陈述的原则，同时在政府的机构内准备对这些原则进行改造和归纳，并给孔子以尊重。在汉末的几十年中，几个主要的思想家号召恢复通常被认为有法家渊源的原则和国家政策。③

出于以上的这些原因，凡是以下出现"儒家"、"道家"或"法家"的地方，在使用它们的时候将考虑到变动的情况和正在演变的生活态度。它们并不指有明确定义的哲学学派。

四个世纪的发展

本文研讨的这四个世纪的特征远不是停滞不前的，在此期间出现了文化思想不断成长发展的过程，新的思想被提出来，接受检验、加以采用或予以否定。广义地说，前汉和后汉的文化思想背景——不论在哲学理论和宗教仪式方面——的明显差别是可以辨认出来的。

① 关于这些差别和发展，见本书第 15 章和 16 章。关于对道家的全面研究，见马伯乐：《道家和中国的宗教》，小基尔曼英译；马克斯·卡顿马克：《老子和道家》，罗伯特·格里夫斯英译；克里斯托福·施希佩：《道家文集》（巴黎，1982）。

② 关于这些作者的情况，见戴闻达：《商君书》；伯顿·沃森：《韩非子主要著作》（纽约和伦敦，1964）；顾立雅：《公元前 4 世纪中国的政治哲学家申不害》（芝加哥和伦敦，1974），特别是第 135 页以下；本书第 1 章《帝国时期的思想潮流》。

③ 关于贾谊和晁错的法家态度，见本书第 2 章《贾谊和晁错》。关于后汉时期的发展情况，见本章《整饬风纪的号召》和第 15 章《推行法令的呼声》。

对宇宙形态的不同解释一个接着一个地出现。五行的规律在这个时期之初肯定已被设想出来；到这个时期末期，甚至更早，五行之说已站稳脚跟，它的程序已经用来确定日常生活中必须作出的最琐碎的选择。利用自然界的奇异现象为政治目的服务的一种新方法已经问世；从王莽时代起，它正在被利用，并具有一种特别强烈的效果，同时对这类预兆产生了一种新的信仰。由于生产出更精细的工具，并且观察更加清晰，计算更加准确，天文历法学有了很大的进展。同时，国家宗教祭祀的崇拜对象已有变化，祭祀的地点和举行的方式也是如此。新的永生的思想已经出现，它抓住了艺术家的想象力，并且使那些哀悼死者的人深信不疑。到汉代末年，皇权已经获得了一种新的更强有力的思想支持。此外，政府官员所受的训练，其文化基础与秦和前汉的基础有明显的不同。

在仔细考虑这些题目之前，必须先注意以下几个总的问题：四种不同心态的影响；对永恒的追求；对一致性的需要；标准化的倾向。

四种心态

在我们所知道的秦汉思想史中可以辨认出来四种主要的心态。它们的中心内容分别是自然界的秩序、人的特定地位、行政的需要和理性的召唤。

那些集中注意自然界奇异现象的人，把宇宙看成是一个单一的运行单位，人在其中形成一个因素，但不一定是最重要的因素。据认为，如果人的计划与自然界的秩序和发展过程一致，这些计划就将取得成功。因为这些秩序和过程是能够理解的。这种思想方法最普遍地见之于《淮南子》，这种态度最接近于通常所称的道家。

对儒家学者来说，人是万物的中心和衡量标准。人类拥有不同于其他自然创造物的某些资质，使他有潜力成为世界上最宝贵的生物。这些才能所创造的合乎逻辑的成果从文明生活方式的物质表现中可以看出来。人的部分责任是发展和利用他的特殊才能，把他的同类组织起来，让人们在各自的等级地位中一起和平生活，并使之渴望在伦理、文化和美学方面取得更高的成就。这种态度反映在诸如关于礼的论著等作品中，也反映在董仲舒等人发表的意见中。

有些秦汉思想家非常重视通过约束和制度来组织人的生活和工作的必要性，其明确的用意是使国家富强起来。要达到这样的目的，需要有像帝国时期之前的法家作者——如商鞅和韩非等人——所描述的那种服从和纪律；这种态度蕴藏的力量可以从本卷论述制度、法律和帝权的几章中看出。[①]

也许在追求理性方面，从汉代的思想中可以看到最鲜明的新内容。这一观点主要由王充有力地提出：他拒绝深信不疑地接受对事实的陈述；对要他相信的任何事物，他都要求有理智方面的解释。王充认为宇宙根据系统的原理在运行，在理论上任何人都可以了解这些原理，条件是不去相信任何未经证实的主张。幸运的是，王充的全部著作除一卷外，都保存了下来。

标准化的倾向

秦汉时期思想家的努力和取得成就的原因，可以部分地解释为在多变的世界中追求持久性的结果。当然，有些被人们演化出来的理论，甚至建立起来的制度，似乎会满足这类追求和用作支撑人的自信的手段。如果一个人确定了宇宙中的某些更加长久的特征，并且能说明自己在这些特征的周期循环中有一定的位置，那么当他面对人的短暂性的过于明显的迹象时，就不至于怅然若失了。

表现这类持久性的各种方式不一定能协调一致。这可以从人们提出的解释出现奇异天象的原因，或者解释灾难是天意的一部分的原因中看出。另外，人们也可以从六十四卦的体系中看到一种持久的变化循环，因为这六十四卦象征着从一个阶段向另一个不同阶段不知不觉的过渡。进而言之，在另一个体系中，宇宙各部分的活动和变化都被解释为五行的那种有节奏的和必须相信的活动，这五行以可以预测的次序控制着宇宙的秩序。有的人尤其注意天体及其运动，认为它们是一切观察到的现象中最为永恒的；如果可以显示出人类事务与那些有

---

① 见本书第 7、8、9 章和第 13 章。

节奏的运动有联系的话，那就可以说人的命运具有某种长久的衡量尺度。此外，对人类事务来说，人们坚持要有一种任何个人的脆弱的生命消亡以后仍继续有效的无所不包的行为准则，这可能在一定程度上是出于确认长久形式的这种强烈愿望，以便使人把自己的存在和活动看成是这些形式的一个组成部分。

可能是出于这种愿望，我们会注意到一种遵循公认的真理的迫切需要。理论必须转化为实践，以确保男人或女人每年的、每季的和每日的行动符合众所周知的、成为最终现实的基础的那个体系。也许是出于这个原因，人们感到要有一种强制力量，以约束人的行为，使之符合阴阳五行循环中应予遵循的变化；或者，很可能要施加压力，以确保人们去遵守确立的准则和"礼"的规定。另一个必须遵守公认真理的例子是注重六十四卦的体系，把它看成是一种结构，甚至是一种生活规则。同样，有理由认为，信奉年代学序列和巧合，形成了占卜的一个重要内容。

许多世纪以来，中国政府一直试图把一种衡量思想一致性的尺度强加于人。在许多朝代中，培训官员的目的之一一直是把他们统一在经过批准的正统实践之中，这种标准化的过程的渊源可以追溯到秦汉时期。一个声称有权统治普天之下臣民的政府发现必须推行衡量思想文化一致性的某种尺度，这几乎成了一个公理。以下的情况也许是对历代中国宣传的成就的一种赞美：人们普遍假定推行这种衡量尺度的工作已经完成，并且出现了持续不断的华夏统一，而这种统一是以一种单一文化遗产和涤尽不文明或野蛮活动为基础的。

对这种一致性过程已在开始发展的秦汉时期来说，我们必须透过表面去寻找中国官方记载宁可只字不提的一整批信仰和实践。特别是，寻求一致性的过程表现在统一前的几个世纪力图使人们不去注意在长江流域独立成长起来的文化。各种各样的记载几乎一直表示出对北方受控制的和得到准许的生活方式的偏爱，而对于原来楚国的习俗则几乎一直抱有偏见。有好几次，那些未被批准的、也许未被理解的地方宗教仪式都遭到了镇压。如果官员们能够证明在他们的辖区内已经推行了礼的规定和习俗,他们就有功。标准化的号召表现在以下的尝试中:一方面压制对经籍的独立性的注疏,一方面集中力量搞适合于政府口味和目的的版本和解释。

远在帝国时期以前很久,在中国就已经可以看到对一致性和标准化这种强烈要求的抵制。有某些迹象可以说明,这种情况解释了有些人为什么采取遁世态度或摆脱公共生活的原因,这种行为形成了汉以后几个世纪中国文化发展的一个特征。[①]

神 话 学

美国学者卜德已经指出,虽然在早期中国文化中已经出现了一个个的神话,但是以一体化的材料形式出现的成系统的神话学却没有形成。[②]神话是在有浓厚的宗教发展气氛的背景下出现的,有时,人们还可以追寻古代的和传统的传奇主题思想被接受和纳入后世思想文化结构的情况。

但是,这种过程决不是始终如一的,也不是不受约束的。中国神话的许多最丰富的内容很可能产生于长江流域或者更南面的地方。这个区域,即楚的故土,早就以它浪漫的和有丰硕成果的文化著称于世,这可以从它的许多文物中看出。[③] 如前所述,在大一统之前和在大一统过程中,楚国曾是秦汉的主要对手之一;[④] 可是有迹象表明,汉初楚文化在宫廷中受到一定程度的欢迎。例如,刘邦本人是南方人,据说他欣赏楚乐。与此类似的还有,湖北的一个大一统以前不久

---

① 关于这种现象,见本书第 4 章《顺帝统治时期》,及第 15 章《推行法令的呼声》和《个人与国家:对社会生活的失望》。

② 见卜德:《古代中国的神话》,收于他的《中国文明论文集》,勒布朗和博雷编(普林斯顿,1981),第 46 页。关于中国神话的综述,见袁珂:《中国古代神话》(上海,1951)。

③ 这些特点见之于如墓葬中舌形和鹿角形图案中,或见之于大量装饰动物图案的幕帘或其他物品上。见艾伯特·萨尔莫尼:《鹿角和舌头:论古代中国的象征主义》(阿斯科纳,1954);湖北省文化局文物工作队:《江北江陵三座楚墓出土大批重要文物》,载《文物》,1966.5,第 37、47 页,图版 2、3(有的图例复制于鲁惟一:《人与兽:早期中国文学艺术中的混合产物》,载《神力》,25:2〔1978〕,第 107、114 页)。

④ 本书第 1 章《军事的壮大》及第 2 章《内战和刘邦的胜利》。

的考古遗址中埋有秦和楚都使用的占卜文书。①

　　但是，以长安为基地而又同时急于证明原始的习俗正迅速地让位给儒家伦理文明影响的官员们从北方推动了这个朝标准化发展的趋势。因此，南方的本地因素和神话往往容易受到贬抑。在最好的情况下，它们被置之不理或被消灭；在最坏的情况下，它们被新演变出来的文化结构及其客观物体所吸收。

　　要了解在秦汉宗教中幸存下来的神话的主要材料来源，我们必须求助广泛地取材于帝国之前的材料的文献，但其现存的版本可能依靠了一个汉代编者的劳动。这类著作之中内容最丰富的也许要数《山海经》；此书的某些篇多半是在公元开始时才成为现在的形式。② 此书用做旅行者朝拜五岳等地的指南，其中谈到了他们在旅程中可能碰到的各种神奇的生物（动物、奇禽异兽和神灵）；谈到了这类生物的魔力；谈到了与他们相遇的后果，即食其肉，寝其皮。

　　《楚辞》也包括了帝国时代前和帝国初期的材料。许多楚地的诗受到神秘主义者的启发，它们的比喻放手地取材于华中和华南的神话。在《列子》中，可以找到能使读者充分了解这类民间传说的另外的材料来源，此书的不同篇目的时间约起于公元前 300 年到公元 300 年之间。③ 现在已经有可能用对汉代或更早的一小批图画的相当细致的肖像学研究，来确定这些典籍中提到的一批图案、人物和主题了。④

---

① 见鲁惟一：《汉代中国的危机和冲突》，第 197 页；饶宗颐、曾宪通：《云梦秦简日书研究》（香港，1982），第 4 页以下。

② 此书的详细情况，见鲁惟一：《通往仙境之路：中国人对长生的追求》（伦敦，1979），第 148 页注 11 和 12。此书带注释的法译文，见雷米·马蒂厄：《〈山海经〉译注》（巴黎，1983）。

③ 关于《楚辞》，见戴维·霍克斯：《楚辞》（牛津，1959）。关于《列子》，见 A. G. 格雷厄姆：《列子》（伦敦，1960）。

④ 例如，见约公元前 400 年楚帛画上的 12 个神（鲁惟一：《人和兽》，第 103 页）。关于马王堆一号墓中发现的图画的比喻，见鲁惟一：《通往仙境之路》，第 34 页以下。关于另一幅战国时期的画，见发表在文物出版社的《长沙楚墓帛画》（北京，1973）中的复制品。

宇宙及宇宙之神

《淮南子》在华中一王国的宫廷中编写成书，在公元前139年上呈给国王。由于此书是协作编写的、出于多人之手，所以不能指望它在系统地解释宇宙、它的奇迹和运行方式等主题时能够保持统一性。不同的篇目记载了与诸如地理、宇宙的形态、神的居住地及魔法有关的中国神话。[①]《淮南子》关心分清天地之间的不同界域和它们的关系，它的大部分解释都用神话的方式来表白。此书以同样方式讨论了星辰、风、岛屿、海洋如何被纳入一个大体系的情况，以及那些组成部分的特征是怎样形成的。此书的某些部分几乎被用做一种有用的指南，以帮助神秘主义者和朝圣者前往宇宙更神秘的地方。

如同《山海经》那样，《淮南子》也关心被认为是神仙居住的地方。还有许多材料提到术士和巫师在与这些神取得联系时所起的作用，或者提到他们从这个世界走向另一世界的阶梯。在这些篇章中，神秘的因素还掺杂了一种倾向，即加进了一种根据计数而成的体系或次序。[②]

文化的主人公：配偶的相会和造物

中国的神话学婉转地提到了文化主人公的出现和劳动。他们教人使用基本的技术，让他们采用定居的生活方式，从而取得了越来越高的物质文化水平。人从这些能人那里学会耕地、锻造金属工具和控制奔腾的洪水。有些这样的神话发展成为被崇拜的神的故事，如灶神；有些在汉代史料中复述的故事，可能导致炼金术的出现。[③]

还有关于配偶间难得的定期相会，这是保证宇宙能延续下去的必不可少的条件；最后，这些相会与追求长生的秘密的活动联系起来。

---

① 见约翰·梅杰：《〈淮南子〉卷四中体现的汉初思想的地形学和宇宙学》，哈佛大学1973年论文。

② 见鲁惟一：《中国人的生死观：汉代（公元前202—公元220年）的信仰、神话和理性》（伦敦，1982），第50页。

③ 见鲁惟一：《通往仙境之路》，第37页。

史料记载了尘世像周穆王或汉武帝等帝王与西王母相会的略有不同的故事。后来有一种说法告诉人们那位具有半神性的王母与另一个高居于亿万人之上的人物相会的必要性；此人为她的配偶东王公，设想出的他们的相会一定是为了使宇宙按程序继续运行。这一主题又出现在牛郎和织女双星在每年七月初七相会的故事中。这种相会同样是延续宇宙所必需的；它经常出现在汉代的诗词和画像中。[1]

其他神话则叙述世界的创造。根据一个记载，世界产生于天地分开之时。长在鸡蛋中的盘古在开天辟地中起了关键的作用，他在天地间不断长大，直至使两者相隔 9 万里。一个较后期说法又补充了细节：盘古死后，他身体的几部分变成地球的几部分；他的呼吸变成云和风，他的血变成河流。[2] 《淮南子》中收有一个关于创造世界的完全不同的记述，它谈到伏羲之妻女娲在混沌中创造了秩序：

> 往古之时，四极废，九州裂。天不兼覆，地不周载。火爁炎而不灭，水浩洋而不息。猛兽食颛民，鸷鸟攫老弱。
>
> 于是女娲炼五色石以补苍天。断鳌足以立四极，杀黑龙以济冀州，积芦灰以止淫水。
>
> 苍天补；四极正；淫水涸；冀州平。狡虫死，颛民生。[3]

史前的君主

在传奇中奉为神圣而在历史中得不到证实的另一个假设与据认为曾治理过人类的几个最早统治者有关。由于不同的古代传说，他们的姓名和出现的先后也必定众说不一。一般提到的"三皇五帝"被用做指称早期诸王的一个象征性的表达。在臆想出这种表达方法很久以后，人们已经忘却它所指的具体人物，结果，三皇五帝的所指多少是

---

① 鲁惟一：《通往仙境之路》，第 86 页以下、119 页以下。

② 卜德：《古代中国的神话》，第 58 页以下。

③ 《淮南子》卷六，第 10 叶以下；鲁惟一：《中国人的生死观》，第 64—65 页。

不一致的。

这一原始阶段的其他神话中的统治者并入了形成的儒家传统中，他们在这种传统中表现为秉性极为仁慈的完人和楷模。例如，叙述人类制度成长的神话之一谈到了神圣的尧及其继承人舜的统治，在他们的指引下，人们达到了后世无法相比的幸福和繁荣的程度。随着这个黄金时代，对人类的统治权又传给了禹，他在另一个背景下，以把世界与人从不断的洪水中解救出来而著称于世。在涉及建立君王统治的神话中，禹作为一个创新者而引人注目，因为第一个世袭王室（即王朝）的出现应溯源于他。在他之前，君主的接替根据其品质和特长，通过选择来实行。从禹开始，君王的统治是父子相传或兄终弟及。[①]

宗教信仰和仪式

帝国的崇拜

秦汉时期各族人民从其先辈继承了对许多神的崇拜。对有的神，崇拜可以上溯约 1500 年或更早；虽然这种崇拜的许多细节很可能有规律和准确地口头相传下来，但是到帝国时期关于那些神的性质的思想多半已经有了相当大的变化。已知的大部分秦汉时期的资料谈到了由国家负责维持的帝国崇拜，但是即使是这种崇拜，其大部分内容依然不甚了了，因此只能推测而不能依靠直接的记载。

秦汉时期的皇帝和官员崇拜的主要的神首先是帝，其次是天。这两种崇拜与以前的统治王室早就有关系，一是与商殷的关系，一是与周的关系。帝，或上帝，曾是商代诸王崇拜的对象。他被视为掌握人类命运的仲裁者，同时人们很可能以拟人的方式来想象他。商代诸王死后，其灵魂离躯体而前往上帝的居住地；由于与上帝为伴，他们就

---

① 有关这些早期君王及逊位的过程和象征的研究，见萨拉·阿伦：《后嗣和圣贤：中国古代的王朝传说》（旧金山，1980）。关于古代王朝世袭继承的复杂制度，见张光直：《以人类学的观点看中国古代文明》（坎布里奇，1976），第 72 页以下。

能够与尘世继位之王沟通意见。这样，世俗的权威通过宗教的认可而得到支持；而诸王则通过包括祭祀在内的许多他们维持的仪式来昭告天下。由于他们这种长期养成的凡事求教于帝的习惯，中国最早的文字实物才得以保存下来。[①]

但是，周代诸王可能是不同的种族，所以他们崇拜不同的神——天。他们把统治权归源于天，因为天命的委任使他们有资格进行统治。由于商代诸王与帝——他们那些已经上升为帝的祖先——同属一家，这里出现了一个重要的差别。天能够把统治世界之权授给他选择的任何家族的成员；因此在天（神）的领域和人世诸王的领域之间，已经不复视为一体了。

在春秋战国时期（公元前722—前221年）当中国分成若干共存的王国时，周代诸王已难以号称具有上天单独直接委托给他们的统治权利。而其他的王，只要周王还存在（不管他的权力和领土已经变得多么小），也难以做到这点。[②] 在此期间，关于应受尘世诸王崇拜的上帝的思想已经发生变化；人们已经认识到，除了上帝，还有应享有祭祀的其他一些帝，但他们与各王室毫无关系。因此我们就见到，至迟从公元前7世纪起，秦国的统治者已经建坛供奉这些如称之为青帝或黄帝的神仙。[③] 帝与五色之一的认同，反映了五行之说日益增长的影响。[④]

崇拜白、青、黄、赤四大帝的做法到秦帝国时代似乎已经确立。高帝在公元前3世纪最后几年建立汉朝后的最早几个活动之一就是通过制定对第五帝——黑帝——的祭祀来扩大这些仪式，以确保被认为是控制宇宙的全部五种力量得到应有的承认。

---

① 这个问题的权威研究著作，见戴维·凯特利：《商代史料：中国青铜时代的甲骨文》（伯克利、洛杉矶、伦敦，1978）。关于商以前的符号和铭文，见张光直：《艺术、神话和礼仪：古代中国取得政治权力之道》（坎布里奇，1983），第81页以下。

② 周王的称号实际上存在到公元前256年。

③ 《汉书》卷二五上，第1196页，有关于公元前7世纪至前5世纪期间秦的早期的领袖祭奉被命名的帝的情况。

④ 见本章以下《生命的循环：六十四种变化和五行》。

可能直到公元前 31 年前后，对这五帝的崇拜形成了代表帝国的祈求者的主要活动。仪式一般在建于长安城西面的一个传统宗教中心雍的五坛举行，但有时也在其他地方举行。公元前 165 年，皇帝开始亲自参加祭祀仪式，虽然打算诸皇帝应每隔一定的时期亲临祭祀地，但这只在武帝时代实行过。在公元前 123 至前 92 年期间，武帝参加祭祀不下七次；他的继承者也在公元前 56、前 44、前 40 和前 38 年参加。

在祭祀中咏唱 19 首搜集的赞歌，它们现保存在《汉书》中；从这些赞歌的内容可以看出，礼仪包括焚烧祭祀的物品；还知道举行仪式的目的在于向祭祀之帝祈福，并欢迎他降临人世。①

在武帝时期，还举行了其他的一些帝国崇拜。在继续履行对五帝的祭祀的同时，武帝开始举行对后土和泰一的崇拜仪式。在河东郡汾阴专门设计和建造的场所以牛、羊、猪三牲祭祀后土。武帝在公元前 114 年亲自参加第一次祭祀，并且至少参加过其他五次；他以后的几个继承者到公元前 37 年为止参加过五次这样的仪式。

尊奉泰一的仪式是武帝在公元前 113 年冬至定出的。他亲自参加了首次仪式，并且另外三次去过在他的夏宫甘泉附近为举行这一崇拜而设立的祭祀地。他的几个继承者在公元前 61 至前 37 年去过十次。崇拜的形式适当地祭祀了日月之神，还包括供献三牲。②。

约在公元前 31 年以后，帝国崇拜发生了一次重大的变化，当时这些祭祀被祭天的仪式所代替。新的祭祀地建在京都，这样皇帝就不必在每次参加仪式时开始漫长和花钱的行程。新的崇拜形式被用来代替以前活动中特有的多少是炫耀和奢侈的做法。在与这次重大变化同时出现的讨论中，有人提出，新形式的崇拜会在王朝家族和天之间形成一个联系纽带；还希望天会作出相应的反应。周王室的先例被明确地提起；人们还希望，由于这一变化，皇帝会生一子嗣而使帝系受福。

---

① 《汉书》卷二二，第 1052 页以下；沙畹：《〈史记〉译注》第 3 卷，第 612 页以下。鲁惟一：《中国人的生死观》，第 128 页以下；鲁惟一：《危机和冲突》，第 167 页以下。
② 关于崇拜后土和泰一的情况，见鲁惟一：《危机和冲突》，第 168 页以下。

这个变化伴随着元帝（公元前 49—前 33 年在位）和成帝（公元前 33—前 7 年在位）两朝的其他重大发展而出现。这个时期改造派的思想正逐渐压倒武帝时推行的时新派的政策。当时的迹象之一是削减用于宫廷奢侈品的费用，这是恰当地被用做结束举行奢华仪式的一个理由。但是，皇帝的崇敬从五帝、后土和泰一转移到天的过程在公元前 31 年决没有完全或最后完成。转移的决定几次引起讨论，结果转移和恢复交替发生。最后，在王莽的影响下，才坚决决定应该祭天，祭祀应在京都附近的地点举行。从那时（公元 5 年）起直到帝制时代结束，中国的皇帝首先以祭天为己任。

在泰山或其附近举行的封禅献祭中可以看到崇拜重点的类似的变化。[①] 泰山是中国最著名的圣岳之一。在中国历史上，它曾吸引历代帝王的次数不多的朝圣。虽然履行的献祭的性质一直笼罩着神秘的气氛，但历史中有关封禅的记述可以使我们作出一些推论。当秦始皇在公元前 219 年登上泰山时，他把这次登山作为他为了显示自己的文治武功的帝王巡行的一部分行程。

一个世纪以后，武帝两次登山（公元前 110 年和公元前 106 年），并且采用了元封的年号以表示纪念。从举行的仪式中的象征可以清楚地看出，祭祀的对象主要是五帝，特别是黄帝，原因将在下面陈述。

似乎没有提到公元前 110 年和前 106 年的两次典礼过程中祭天的事。但是东汉的开国皇帝光武帝（公元 25—57 年在位）问他的大臣关于登山和在山顶崇拜时（公元 56 年）应遵守的仪式，他被告知，此举将是向上天禀告自己功业的手段；这样，在天与王朝的世袭之间就可以建立一种联系纽带。这里我们看到了一个皇帝应向上天禀告他行使治理天下的职责这种思想的发展。为了保证祭祀地的准备要按照规定的和有象征意义的规模，并有器皿、玉和其他必需的设备，一切

---

① 关于泰山及它的典礼的情况，见《史记》卷六，第 242 页；卷二八，第 1366、1396 页以下（沙畹：《〈史记〉译注》第 2 卷，第 140 页；第 3 卷，第 430、495 页）；《汉书》卷二五上，第 1233 页以下；《后汉书》志第七，第 3164 页以下；沙畹：《泰山》（巴黎，1910 年），第 158 页以下、308 页以下。

工作必须十分精心。

在举行帝国崇拜时，还可以注意另外两个重要的现象。专家们的想象有时可能超过了他们知识的准确性，武帝与他们作了郑重的商讨以后，就在泰山山麓建立了明堂。此举的目的是遵循中国的几个最早的传说，最后采纳的建筑物的形式吸收了许多宗教和神话的内容。[①]

武帝在明堂打算证明他的统治正受到神灵的保佑，而他对五帝和泰一的献祭确定了他心目中的神灵。明堂还用做可把皇帝的权威加给其臣属的庄严的场所。有种种迹象表明，另一个可能也有宗教职能的建筑物已经初步确定是辟雍堂的基部，它位于长安的南部，现在已有可能对它进行重建。[②]

第二，公元前110年在泰山举行的仪式中，对黄帝（黄色之神，见以下《"道"及其衍生思想》节）十分崇敬，此神也许被人格化为古代之黄帝。武帝显然把他看成是一个能够赐给长生术的中介神仙，因此就在他墓前献祭。这里看来存在某种动机的混乱，因为有人怀疑，一个被认为取得长生之术的生命怎么会留下供人们景仰的遗体。在这一次，有的崇拜者可能认为长生存在于人世以外的境界，而另一些人只是想象长生是肉体生命的延长。武帝的祭祀和动机也许可以作如下的解释：是由于他近期因三名自封的术士可悲地未能实现其诺言而感到失望之故。这些诺言包括炼制长生的灵药和使武帝的一个宠爱的妃子复生。可能对黄帝的祭祀是针对这些失败的反应。[③]

在牢记其祖先方面，汉代诸帝也花了不少时间和力量。有的皇帝选择让自己葬在精致豪华的墓中；这样做，部分地是为了显示他们的威望，部分地也许是希望取得如庄严显赫的纪念碑的那种不朽性。有的皇帝则宁愿以朴素的方式埋葬，以解除黎民的困苦。此外，从汉代初期起，几次下令在京都和地方兴建纪念某一皇帝的祠庙。

① 关于明堂的情况，见鲁惟一：《中国人的生死观》，第135页。
② 关于辟雍堂的遗址和它的重建，见王仲殊：《汉代文明》，张光直等英译（纽黑文和伦敦，1982），第10页，图30—32。
③ 关于求长生的问题，见本章《长生和对死者的仪式》。

皇帝通常在诸如登基或成年时要作正式的巡幸。为了照管各祠庙和进行定期的祭祀，国家要保持内有维修人员、僧侣、厨师和乐师的固定编制。随着时间一代代地消逝，为此目的兴建的祠庙数的增加出乎人们意外，而国库为之支出的费用也相应地增加。到元帝朝（公元前49—前33年），地方上有167座祠庙，长安有176座祠庙处于4.5万名士兵的保护之下，另有1.2万名专职人员的编制，他们负责以适当方式烹调2.4万种祭品，和参加必要的祈祷和演奏。①

因此，元帝朝的改造派政治家们力主减少这些仪式和费用是不足为怪的。到公元前40年前后，约200座祠庙已经中断祭祀仪式，而且祭祀仪式只用来纪念汉高帝、文帝和武帝。在后汉，祭祀仪式进一步受到限制，只保留对两个开国皇帝汉高帝和光武帝的纪念。看来两个原则发生了矛盾：一是加强皇室与过去的联系纽带的愿望，一是节省国家开支的需要。

其中可能还有其他动机的另一个节约措施影响了成帝朝的宗教仪式。当时朝廷下令取消地方总共683个各类祭祀地中的475个地点的崇拜仪式。在雍地，全部303个（根据另一个材料为203个）祭祀地除15个外也受到相同的待遇。这些仪式以前曾得到中央政府的支持，但有人坚持它们与正确的祭祀仪式不一致，因此应该取缔。它们曾被不同类型的术士履行过，这些人的情况鲜为人知。② 没有材料能说明皇帝们参加过这些礼仪。

但是，另外一些部分地带有宗教性质的仪式则有皇帝参加，皇后偶尔也参加，而国家的高级官员则肯定要参加；参加是为了取得直接的物质利益。为标志着一年开始的不同日子作出的复杂的安排包括"傩"（盛大的驱魔仪式），这在后汉尤其可以得到证明，这项仪式包括一项象征性的摹拟活动，其中120名青年表演舞蹈，同时一个"方

---

① 鲁惟一：《危机和冲突》，第179页以下。关于这些祭祀品的性质，存在着一些疑问，即它们究竟表现为献祭的形式，还是吃斋饭；献祭的祠庙是在陵墓之上，还是另外建在附近的地点。前汉和后汉的做法可能有变化。见杨宽：《先秦墓上建筑问题的再探讨》，载《文物》，1983.7，第636—638、640页。

② 鲁惟一：《危机和冲突》，第175页。

相氏"身穿熊皮,手执武器领头去驱除宫中的恶魔。漫长而多样的仪式包括念咒语,内容是 12 个神灵被宣布驱除了 10 种邪恶的势力或疫病;不同的记载对这一每年举行仪式的细节的叙述各不相同。[1]

有些政府支持的仪式旨在以适当的礼仪欢迎来临的季节;它们被假定会保证在恰当的时候出现所需要的气候变化,从而使年景丰盛。[2] 抱着这个目的,皇帝与官员们扶犁和为季节的开始举行典礼;皇后或者会首先着手一年的养蚕工作。在精心布局的、已被解释为牛祭的残存形式的一排泥牛中可以看出,开犁季节的典礼包含着一种可能是很古老的礼仪的内容。[3] 从可能是汉代以后的史料中,我们知道了一种在干旱时节有官员参加的细致的求雨仪式。这项仪式使用了泥龙,并有动作复杂的舞蹈,舞蹈中有巨龙出现,以表示参加了仪式;此外,还有不少行使感应魔法的活动和出于理性考虑的迹象,人们对这些迹象的重视甚于在最初受其他愿望敦促而举行的仪式。[4]

另一种称之为"候气"的仪式旨在确定那些赋予自然界生命的气在流动时发生了什么变化。观察和记下这些变化是必要的,这样人的相应的气和活动就能与自然界的秩序和节奏的变化相一致。[5] 大部分这样的典礼在举行时是非常庄重的,其标志是参加的国家高级官员都得遵照规定的先后程序;举行的仪式无疑是很正规的。

民间崇拜

关于民间崇拜的情况,远没有皇室成员或官员参加的崇拜形式那样清楚。可以假定,对两种超自然的生命——神和鬼——普遍怀有敬畏之心,但是对这些鬼神的特性或力量则没有详细的文字描

---

[1] 卜德:《古代中国的节日:公元前206—公元220年汉代的新年及其他节日的礼仪》(普林斯顿和香港,1975),第81页以下。

[2] 《后汉书》志第四,第3101页以下;志第五,第3117页以下。

[3] 卜德:《古代中国的节日》,第201页以下。

[4] 《春秋繁露》十六(《求雨》);鲁惟一:《龙的崇拜和求雨》(待发表)。

[5] 卜德:《中国人的称为观天的宇宙学魔法》,载《高本汉纪念文集》(哥本哈根),第14—35页。

述。许多神在《山海经》和《淮南子》等著作中占有重要地位，他们在这些书中被想象为兽形或半人半兽的形状，并且其神力与人世某些特定的地点有关。① "鬼"这一名称除其他所指外，指的是死人的精神要素；有时鬼能以另一种生物的肉体形式返回人世，报复他生前所遭的冤屈。由于近期发现的文字材料，关于饿鬼的概念现在可以追溯到佛教传入前的中国，至迟出现在公元前 221 年大一统之前不久。②

对一大批山河及日、月、星辰以及风神、雨神和其他被命名的神也进行祭祀和礼拜。③ 民间宗教仪式的扩大显然已达到相当大的规模，并且招致前汉和后汉的一些作者的批评，认为这是奢侈和虚伪。④ 除了有些崇拜形式因举行的费用而被取缔外，有的形式之取消是因为人们相信它们是不恰当的，所崇拜的对象不值得尊敬，其仪式是随意的，甚至是淫猥的。与王莽自己的做法稍有矛盾的是，他下令恢复不久前已被取消的一些祭祀；我们得知到他统治结束时，至少有1700 个崇拜地点受到保护，那里敬奉各种各样的神，并以动物和禽鸟来献祭。不久以后，我们听到至少有一个名宗均的地方官员在他的辖区禁止这类仪式。⑤

普遍相信神的拯救的迷信在公元前 3 年引起了深切的注意，《汉书》有不少于三段文字的详细叙述。这种崇拜与通过西王母以寻求长生的活动有关，《汉书》有明白的叙述：

> 哀帝建平四年正月，民惊走，持稿或楶一枚，传相付与，曰行诏筹。道中相过逢多至千数，或被发徒践，或夜折关，或逾墙

---

① 见鲁惟一：《人与兽》。
② "饿鬼"的表达见睡虎地发现的占卜文简之一（第 843 号反面；见饶宗颐、曾宪通：《云梦秦简日书研究》，第 27 页）。
③ 《史记》卷二八，第 1371 页以下（沙畹：《〈史记〉译注》第 3 卷，第 440 页以下）；《汉书》卷二五上，第 1206 页以下。
④ 《盐铁论》卷六（《散不足》），第 204 页以下；《潜夫论》三（《浮侈》），第 125 页。
⑤ 宗均还以反对官员的不法行为的抗议而闻名，关于他所采取的禁止这类仪式的行动，见《汉书》卷二五下，第 1270 页；《后汉书》卷四一，第 1411 页。

入，或乘车骑奔驰，以置驿传行，经历郡国二十六，至京师。

其夏，京师郡国民聚会里巷仟佰，设张博具，歌舞祠西王母。又传书曰："母告百姓，佩此书者不死。不信我言，视门枢下，当有白发。"

至秋止。是时帝祖母傅太后骄，与政事。[①]

佛　教

在后汉，宗教信仰和活动发生了一次重大的变化，这一变化几乎在各个方面必将影响中国文化的未来进程。这就是外国佛教的传入，它立刻在中国的哲学、文学、语言和艺术中产生了影响。关于佛教传进中国的方式还没有直接叙述；我们必须依靠历史上的少数参考材料，才能据以推测出更完整的情况。可以假设，旅行者和朝圣者沿丝绸之路带来了佛教，但此事是否最早发生在约公元前 100 年丝绸之路刚开辟之际，这肯定还没有定论。[②]

最早直接提到佛教的材料约在公元 1 世纪，但是这些材料包含着圣徒传说的内容，不一定可靠和准确。这些记载谈到了公元 65 年明帝的一个著名的梦以及刘英大致在这个时期正信奉佛教的说法。[③] 我们可能有理由相信，到公元 1 世纪中叶，佛教已经渗透到淮河之北的地区和在洛阳扎下了根；到了 2 世纪末，佛教社团在彭城（今江苏）十分兴旺。中文的第一部佛经《四十二章经》可能出现在公元 1 世纪后期或 2 世纪，但是它的可靠性常引起怀疑。公元 2 世纪后半期首先把佛经系统地译成中文的工作应归功于安息人安世高。[④]

---

① 这段记载取自《汉书》卷二七下之上，第 1476 页。关于这个事件更简短的记载，见《汉书》卷十一，第 342 页（德效骞：《〈汉书〉译注》第 3 卷，第 33—38 页）；《汉书》卷二六，第 1311—1312 页。又见鲁惟一：《通往仙境之路》，第 98 页以下。

② 关于汉代向西面推进的情况，见本书第 6 章；余英时：《汉代的贸易和扩张：中夷经济关系结构研究》（伯克利和洛杉矶，1967）。

③ E. 泽克：《佛教征服中国史》（莱顿，1959），第 22 页以下、26 页以下；见本书第 3 章《新皇室》及第 16 章《汉王朝楚国内的佛教》。

④ E. 泽克：《佛教征服中国史》，第 26 页以下。

但是从否定的一面说，在有的著作中没有可以确认的有关佛教的材料，而在写这些著作（例如王充、王符或荀悦的批判性著作）时如果佛教正在不断地发挥影响，它们应该有这种材料。在后汉时期，从一些图画、偶像和浮雕中可以看到少数佛像。[①] 以后不久，佛教的思想和象征可能已开始渗入中国本地神话的流行形式之中。[②]

佛教的主要吸引力在于，它在没有其他思想体系或宗教能够赐福的时候许诺解除正在受难的人类的痛苦。下面将要谈到，[③] 当时土生土长的道教作出了性质略有不同的诺言，而它指出的实现诺言的方式与佛教自省自律的方式完全不同。道教和佛教都产生了一个有组织的具有高级僧侣、礼仪和经卷的教团。此外，佛教除了对中国的语言和文学产生影响外，还在设计的中国寺院、庙宇和佛塔的建筑中留下了它的痕迹。

佛教和中国土生土长的思想体系之间的一个重要差别，表现在一个人的道德行为与他的命运和幸福的联系方面。佛教徒可以通过自己接受戒律和服从准则，以达到极乐的境地。当受准则约束的行为与戒除邪恶的或对他人有害的行为这一行动结合起来时，就能开花结果，在等待他的未来生活中会更加幸福。相反的行为就会产生相反的结果。宣扬孔子教诲的道德论者不提这种联系；也找不到具有道家思想基础的道德论者提出过道德行为和命运之间关系的迹象，这些人只是告诫，要取得最有成就的生活方式，就必须符合自然界的规律。

像王充那样的理性主义者认定，人即使接受了伦理的准则和献身于公认的美德，也保证不了他能获得幸福。所有的人，不论好坏或是平凡的人，都同样容易遭受自然的灾害或人的伤害。那些寻求克服困难和通过使用占卜预测未来的人用另一种态度来对待命运，这种态度

---

① 关于近期的发现，见连云港市博物馆：《连云港市孔望山摩崖造像调查报告》，载《文物》，1981.7，第1—7页；毕连生：《孔望山东汉摩崖佛教造像初辨》，载《文物》，1982.9，第61—65页。

② 见鲁惟一：《通往仙境之路》，文中提到了西王母和汉武帝相会的记述，还提到了欲望的发泄和吃桃之事。

③ 见本书第15、16两章。

也与佛教思想不是一个路数。

佛教和道数的关系日趋复杂。每个宗教信仰的思想和仪式，对另一个都有影响，尽管两者之间存在某些基本矛盾。佛教认为人从肉体凡胎解脱出来而达到极乐境界，而道教的许多做法则是为了在凡界延长生命。在佛教对自我的看法和儒家对人的看法之间，也存在深刻的冲突；佛教视个人境遇的改善和他的得救与个人的周围无关。而儒家则认为，一个人的意义表现在他与其家庭的关系，表现在规定他的地位和他对他人义务的社会秩序方面。

巫　术

中国文献中第一个关于巫的确凿的材料见之于可能在公元前 4 世纪编成的《国语》。[①] 但是鉴于在商代的甲骨文中已有"巫"这一词（不管其意义可能是什么），所以有人已在早得多的时候行使巫术大概是没有疑问的。在《楚辞》的几首诗中可以发现更明确的材料和叙述；这个集子的《九歌》被解释成取材于长江流域的巫术。[②]

在最初，不同的字用来区别男巫和女巫，但到汉代，这个区别似乎消失了。像《山海经》等典籍提到了一批男巫和女巫的姓名有时简单地叙述了他们的某些特有的活动。他们的力量包括与另一世界的生命和物体联系的能力；他们能够召唤死者的灵魂返回人世，还能治病。有时他们做病人的替身，身受他们成功地转移到自己身上的病痛的折磨，以此来治病。[③] 巫师在干旱的季节求雨时也很有用。根据有些记载，如果求雨未立即见效，人们就会采取激烈的行动，无情地把巫师放在烈日下暴晒，作为解救受灾地区的一个办法。[④] 巫师还可用

---

① 《国语》卷十八，第 1 叶。

② 阿瑟·韦利：《九歌：古代中国的巫术研究》（伦敦，1955）；霍克斯：《楚辞》，第 35 页以下。

③ 关于这种可能性的提出，见《史记》卷十二，第 459 页；卷二八，第 1388 页（沙畹：《〈史记〉译注》第 3 卷，第 472 页）；饶宗颐、曾宪通：《云梦秦简日书研究》，图版 44 第 1083 号。

④ 鲁惟一：《中国人的生死观》，第 107 页以下；鲁惟一：《龙的崇拜》。

来降灾和制造苦难。

巫师有时被描绘成动物或其他的奇形怪状；他们可能被画成一棵树，或者有蛇作伴。他们通过念咒或舞蹈，有时进入迷惘状态和胡言乱语，来达到他们预期的效果。他们除了在长江流域大肆活动，在淮河流域和山东半岛也特别活跃。所掌握的绝大部分材料涉及他们与社会上层成员的关系，或是在宫廷中活动，或是与官员们来往；这只能推论出，他们也普遍地在其他地方活动。有时这些活动引起尖锐的批评，甚至导致镇压的企图。一度禁止巫师的家属担任官职；在公元前99年，他们被禁止在路边行施巫术，但没有完全见效。著名的将领班超一次谋杀了几名巫师，以阻止他们为西北的一些汉朝敌人效劳（公元73年）。公元140年，一位名栾巴的地方官员禁止巫师向平民索取钱财。①

可以预料，王充批判了对巫师魔力的效应的信仰。他再三地嘲笑他们进入梦境，口出胡言，又不能实现他们能使死人复生的诺言。但是我们得知，几十年后那个有科学思想并信仰神秘主义的张衡完全相信他们有既能为善又能为恶的力量。《盐铁论》和后来王符的《潜夫论》发出的谴责则出于不同的理由。它们谴责巫师们大肆欺骗轻信的公众，因为他们的主张老是得不到证实。②

占卜的信仰和实践

特 点

在前科学时代，当取得信息的手段很少而不能预见和解释的危险

---

① 《汉书》卷六，第203页（德效骞：《〈汉书〉译注》第2卷，第105页）；《后汉书》卷四七，第1573页；卷五七，第1841页。

② 关于王充，见《论衡》二十（《论死》），第5页（福克译：《论衡》第1卷，第196页）；《论衡》二二（《订鬼》），第939、942页（福克译：《论衡》第1卷，第244、246页）；《论衡》二五，第1039、1041页（福克译：《论衡》第1卷，第535、537页）。关于张衡，见《后汉书》卷五九，第1911页。又见《盐铁论》卷六（《散不足》），第205页；《潜夫论》三（《浮侈》），第125页。

又频繁出现时，采用秘术来指导行动的活动相应地具有很大的重要性。因此，理解求教朕兆和占卜活动在秦汉时期为什么比后来远为重要的原因就不致有困难了。有人通过甲骨问卜来考察自然界在正常发展过程中自发产生的标记，以解答他的问题；有人通过占卜有意识地造成一些符号，用来进行解释。这两种过程的区别不一定重要，我们也不能肯定秦汉时期的人是否认识到这个区别。可是在考察当时的占卜活动时，这个区别是要记住的。

根据各种各样的证据，现在十分清楚占卜和卜骨的活动在官方和非官方的生活中起了重要的作用。历史叙述了许多事件，在对它们作出决定前，先要占卜和求教甲骨，有的文字还提到了著名的占卜者。除了作为指导占卜过程的近期发现的手抄文书外，还发现几种占卜用的实物。此外，现存的文献还包括使用方法的指导和规则、攻击这些做法的文章和一个为所定的专门标准而做的有力的辩护。最后，值得注意的是，官员的编制包括精于这些技艺的人。①

从当时的占卜活动中可以看出四个总的特点：对线形图形的注重；对时间的关心；标准化的倾向；直观和智力思考的相互作用。

如同其他文化，在中国的实践中线性图形有利于解答问题。这些图形表现为在占卜时使龟贝或兽骨显示的裂痕，或见之于若干线的形状或六线形中。那些求教朕兆的人在云雾或彗星的形态和形状中，可能还在地球上形成的自然现象中辨认出问题的答案。在已知的向这些智慧源泉提出的大部分问题中，对时间的关注是很突出的，这类问题涉及确定宗教或社会事件的时间，或者国王或官员打算进行活动的时间。

---

① 关于占卜过程中使用历书的情况，见饶宗颐、曾宪通：《云梦秦简日书研究》。关于诸如占卜盘等实物，见鲁惟一：《通往仙境之路》，第 75 页以下、第 204—205 页。《汉书》卷三十第 1770 页以下列出了秘府藏书中涉及占卜的图书。公元前 214 年这类书籍免予取缔的情况，见本书第 1 章《焚书坑儒》。褚少孙对《史记》卷一二八（第 3238页以下）的补遗列出了用龟壳占卜的一整套规定。关于对占卜的辩护，见《史记》卷一二七，第 3215 页以下。关于为专业者设置官职之事，见《汉书》卷十九上，第 726页；毕汉斯：《汉代的官僚制度》（剑桥，1980），第 19 页。

在众所周知的当时几乎所有的占卜活动中，可以看到如何加进了一种标准化的措施。早在商代时期，对龟壳和兽骨的使用表明，当时已相当注意节约利用材料和系统地提出和解答问题。以正面和反面的方式提同一问题的习惯同样表明当时出现了系统化的措施。一种机械式的占卜方式可以在指导使用蓍草（欧蓍草的草茎）的汇编中找到，它们现收于《易经》之中；在其他占卜仪式中使用的精致的石板有力地说明大部分占卜过程已成了一种例行事务，而不是一种信仰。直观因素和理智因素的相互作用，可以看成是具有了解自然界非自然迹象的神奇力量的人观察到的景象与哲学家们用以讨论事务的论证和思辨的结合。从一些占卜活动，例如掷蓍草茎或观察地形结构，产生了对中国的玄学的最早贡献。占卜和求教朕兆的活动成了宗教、哲学和科学的会合点。

方　法

占卜所使用的主要方法到秦汉时期已经有几个世纪的历史。占卜者设法使龟壳或兽骨显出裂纹，然后他们根据出现裂纹的情况及其形状提出争论问题的答案，以便作出正确的决定。有人提出，当这些献祭动物的骨头从灰烬中扒出来时，上面已有裂纹，它们就被解释为一些特定事件的记号。从焚烧的牺牲物的骨头自然形成的裂纹，又发展了纯粹为占卜而在其他甲骨上有意识制造裂纹的活动。以前有人解释说，由于乌龟长寿，它们已成为满腹智慧的动物，人们可用传统的方法求教于它，这多少不符当时的实际情况。

虽然有不少事件的记载说明汉代在进行这种占卜，但现存的用于这个目的的甲骨却没有属于秦汉时期的。《史记》中有一卷专门记载占卜程序的指南。它列出了该在甲骨上提出的几类问题，并描述了出现的裂纹的形状。[①]

[①]　关于占卜过程，见凯特利：《商代史料》，第一章。关于乌龟的特性和寿命，见《史记》卷一二八，第 3225—3226、3235 页；《淮南子》卷十四，第 18 叶；《论衡》十四（《状留》），第 619 页（福克译：《论衡》第 2 卷，第 108 页）。

占卜的第二种主要方法是掷黄欧蓍草的茎，可能有人又认为，这种植物的特点是寿命长和多茎。似乎有理由假定，汉代占卜的方法与今日使用的方法相似；50 根茎中的 49 根分成和细分成若干组，根据任意的组合，占卜者组成六爻的六十四种形式之一。这些形式被解释成与所提的问题有关，并会指出请示的行动是否会成功。①

从这种活动中出现了占卜者用来参考的手册汇编，其中之一也许可以上溯至公元前 8 世纪，构成了现存的《易经》的最早的一部分。可能在早期的典籍中，已经企图对占卜的程序及其效果作出理智的分析，而使用手册的这一事实就足以表明直觉的因素正被理智的因素所代替。我们发现在以后几个世纪中，尽管《易经》的简练语言很公式化，它们却被教条地引用，因为人们相信它们是终极真理的表述。到秦汉时期，这些公式化文句的意义早就被人忘却，于是出现了一批文章，试图解释它们的奥秘意义。其中有些解释是与时代非常不合拍的，因为它们采取了把古老典籍上的言语与当前世界运行的理论——如阴阳论——相调和的形式。有些文章则包括一种哲理性的明确的解释。近年发掘中发现的这种典籍的早期抄本可上溯到公元前 200 年。②

"风角"之词用来指汉代最常见的祈求神谕的形式之一。它依靠对风向、起风处、起风时、风速及其猛烈程度的观察。根据这类自然现象，就可以断定即将发生的事；或者它们能先提出将发生武装抢劫或失火等事件的警告。

在元旦拂晓，人们通常把风作为未来的预兆来观察。蔡邕（约公

---

① 关于使用蓍草茎方法的情况，见《淮南子》卷八，第 1 叶；和卷十七，第 3 叶注；《论衡》二四（《卜筮》），第 998 页注（福克：《论衡》第 1 卷，第 184 页以下）。关于欧蓍草的价值，见《史记》卷一二八，第 3225—3226 页。关于六爻和三爻演变的早期阶段，见张政烺：《试释周初青铜器铭文中的易卦》，载《考古学报》，1980.4，第 403—415 页；张亚初、刘雨：《从商周八卦数字符号谈筮法的几个问题》，载《考古》，1981.2，第 155—163 页。

② 关于马王堆发现的帛书，见鲁惟一：《近期中国发现的文书初探》，载《通报》，63：2—3（1977），第 117—118 页。关于帛书的抄本，见马王堆汉墓帛书整理小组：《马王堆帛书"六十四卦"释文》，载《文物》，1984.3，第 1—8 页。

元 175 年）称这种风为"天之号令，所以教人也"。包括张衡、李固
及诸如郑玄等人在内的一批中国的主要的思想家和政治家（这些人主
要因受过正规教育和热爱古典学说而闻名）也精于风角的玄秘之说。
这种活动产生了一种文学；在东汉，可能设置了负责观察风的情况的
官员。汉以后，风角的占卜逐渐与兵法结合起来。①

如果人们不厌其烦地观察种种迹象，还有其他被认为根据自然现
象进行占卜的例子。这些现象包括浮云形成的形状以及被认为是日月
星辰所发之气。② 不但可以从这些观察中作出预言，而且也能根据彗
星的形状作出预言，有现存的文书手稿可以作证。③

几个其他的名词或活动证明当时人们对求助于占卜以决定最适宜
的行动时间的关注。"堪舆"一词的原来意义不详，在汉代专指为家
庭或其他的重要场合确定适当时间的方法。可能这种方法依靠使用一
种工具。到公元开始时，几种求神的方法已经产生了一部手册。到公
元 7 世纪，已有一批测定年代顺序的表被编成，其中包括堪舆的占
卜。④ 例如，睡虎地（湖北）简牍的时间正好在秦统一之前，其中包
括保持得很好、内容丰富的历书形式的表。这些材料根据公认的周期
体系按顺序规定了历书中一些日子的具体的特点。通过查阅这类文
书，人们就能保证所选的婚丧或进行其他重要事情的日子是适当的，

---

① 关于为新年观察风的情况的材料，见《史记》卷二五，第 1243 页（沙畹：《〈史记〉译
注》第 3 卷，第 300 页以下）；卷二七，第 1340 页（沙畹译注第 3 卷，第 397 页以下）。
关于蔡邕之言，见《后汉书》卷六十下，第 1992 页。《汉书》卷三十，第 1759、1768
页可能提到这个题目，其他文学作品列于《隋书》卷三四，第 1026 页以下。关于设置
官员之事，见《后汉书》志第二五，第 3572 页注 2。

② 见何四维：《气的观察：古代中国的一种预言技术》，载《奥萨津和汉堡自然学和民俗
学协会通报》，125（1979），第 40—49 页。

③ 见鲁惟一：《汉代对彗星的看法》，载《远东古文物博物馆通报》，52（1980），第 1—
31 页。彗星的出现同样可以包括在被视为预兆的奇异事件之中，并可以视作不祥之
兆；见本章《预兆》和《董仲舒和天的警告》。

④ 至迟自 19 世纪以来，"堪舆"一词已与"风水"连在一起使用，但是有充分理由说明，
在汉代堪舆乃指选择吉时，而不是考虑地点的吉凶。关于这个题目的条目，见《汉书》
卷三十，第 1768 页；《隋书》卷三四，第 1035—1036 页。

并且可以预言可能发生的结果。[1]

最后，已经知道有几件公元前165年以后的占卜者的"式"的实物。这些复杂的工具可以视为现代风水罗盘的原型。它可能被用来表明天体主要的运行节奏和位置与地球位置的一致性，并把这些现象与求卜者的个人境遇及其所提的问题联系起来。[2]

求神的问题和题目

可能成书于公元前3世纪中期的《楚辞》中的一段文字记载了楚国著名政治家屈原向一名精于使用龟壳和蓍草的占卜者请教之事。他提的问题带有玄虚的性质，内容涉及根本性的，或具有伦理问题和价值观的事情。占卜者答复说，他不能用他的技艺来解决这类问题。[3]

举行比较世俗的占卜是为了解决五大类问题。一类是关于事实或盖然性的问题，例如关于盗匪活动的报告是否属实，是否将爆发疫病，下雨的可能性多大。第二类是，人们就有些问题求助于占卜者的技艺，以决定是否宜于行动和能否取得成功，例如，一个官员应该留任还是退隐，出征是否会旗开得胜。如上所述，第三类问题非常重视所定的祭祀或婚丧的日子是否适宜。第四类问题与选择住宅的合适地点或死者的墓葬地有关。最后一类是对几种选择中挑选其一的问题，例如，应任命哪一个官员为将帅率军出征，何人应为国君的继承人。[4]

至少有两次，未来的皇帝在同意即位之前举行占卜。但是，很可

---

[1] 在睡虎地发现的1155件完整的简和80件残简包括两类与占卜活动有关的文书。一类有166件，稍不一般的是它们两面刻有文字；另一类有257件。关于几套历书的情况，例如第730—742号和743—754号简，见云梦睡虎地秦墓编写组：《云梦睡虎地秦墓》（北京，1981），图版CXVL—CXVⅢ，又见饶宗颐、曾宪通：《云梦秦简日书研究》，图版1—3。

[2] 见唐纳德·哈珀：《汉代的"式"》，载《古代中国》，4（1978—1979），第1—10页；克里斯托弗·卡伦：《关于"式"的另外几点意见》，载《古代中国》，6（1980—1981），第31—46页；唐纳德·哈珀：《汉代的"式"：答克里斯托弗·卡伦》，载《古代中国》，6（1980—1981），第47—56页；鲁惟一：《通往仙境之路》，第75页以下。

[3] 《楚辞》卷六，第1叶及各处（霍克斯：《楚辞》，第88页以下）。

[4] 《史记》卷一二八，第3241页以下列有可能的问题（褚少孙的补遗）。

能即位之事已经决定，他们不过是通过这些形式以显示神秘的力量对其事业的公开支持。公元前 180 年，代王刘恒正式进行占卜；公元 220 年，未来的魏帝也采取这种手法。有人猜测，在这两次祭祀中，神圣的龟壳或蓍草的权威有力地支持了两个即位者以反对敌对的皇位觊觎人的要求。在公元前 74 年把未来的宣帝刘病已拥立为帝的政治家或官员们也采取了同样的预防措施。

还有一次，一批不同学派和方法不同的占卜者被要求决定拟定的武帝的婚期是否适宜。但是这一次占卜者们未能取得一致意见；有的反对拟定的日子，而另一些人则赞成。不幸的是，在这个重大问题中，没有材料说明所指的武帝的配偶是谁，所以不可能知道她的前途如何。武帝决定按他的计划进行，他的新娘可能有幸福的未来，也可能没有；也没有办法估计与之商量的不同类型的占卜者的本领。我们知道后汉至少有两次利用占卜的方法来决定少女可能遭到的命运之事，当时正在积极考虑她们进宫的可能。皇帝在冬至月份利用龟壳和蓍草占卜以确定明年年景的做法成了一种正规的活动。[①]

预　兆

在用甲骨占卜时，注意的是作为正常自然秩序的一部分的某些特征的出现。与此相反，预兆则属于略为不同的一类，指的是违背正常自然秩序的一些事件，它们是如此惹人注目，以致不能被置之不理。这类事件必然会引起恐慌，人们也必然会问它们预示着什么结果。它们包括诸如地震或日食等事件；它们可以表现为影响一个特别敏感的地区的祸灾的形式，如皇宫内发生的火灾；或者表现为人制造的物体出现的不正常的和无法解释的现象，如关闭的大门自动启开。

正史中收有各具自己世界观的不同派别的占卜者对这类事件所作

---

① 关于登基前进行占卜的情况，见《汉书》卷四，第 106 页（德效骞；《〈汉书〉译注》第 1 卷，第 225 页）；《汉书》卷七四，第 3143 页；《三国志·魏书二》，第 75 页。关于武帝婚期的适宜与否，见《史记》卷一二七，第 3222 页。关于选合适的少女进宫之事，见《后汉书》卷十上，第 407—408 页；《后汉书》卷十下，第 438 页。关于冬至祭祀仪式，见《淮南子》卷五，第 14 叶。

的种种解释。可能彗星的出现本身就是一件罕见的事和明显的不正常的现象，所以应被列为一种预兆。前面已经提到的、并附有不同彗星图形的文书，对每个彗星还附以简短的文字，以说明它出现的后果。历史记载也对彗星十分注意。[1] 下面将看到，这类事件在宇宙结构的范围内解释，以及它们形成政治批判焦点的情况。[2]

当时对占卜活动的看法

在汉以前和汉代，关于占卜、祈求神谕及预兆的看法有很大的分歧。有的作者接受这些信仰和活动，认为它们有效验，而且对占卜术士完全信任。另一些人则准备利用这些信仰为政治目的服务，他们提出的相信预言真实性的主张可能是真诚的，也可能不是。有的思想家能够把所受的知识训练或科学的世界观与对龟壳和蓍草的信任结合起来。还有一些人则批判这种做法，因为它们对道德会产生有害的后果，或者它们具有内在的智力弱点。

《韩非子》提出了一个警告：国家走向毁灭的道路之一是依赖这些方法选择行动的时间，是相信这样做会保证使这一行动取得成功。同时他还提出一个警告，要防止对神灵的过分的祭祀和不要依靠使用龟壳和蓍草的占卜。《楚辞》警告说，某些问题不宜用占卜决定，这与《淮南子》和《盐铁论》中的抱怨遥相呼应，这两部著作都反对过分的占卜。但是《淮南子》还记载了大量关于选吉日避凶时的材料而显然不带批判的语气。公元前 214 年的禁书行动未把一些占卜的文书包括在内，这也许使人意外，因为当时的政权所考虑的头等大事都是现实的和物质方面的。汉代政府设有专门负责占卜活动的官员，其地位与专职医生、祝福者和乐师相同；用官员的话来说，汉朝相信占卜。[3]

---

[1] 关于董仲舒、夏侯始昌、刘向、京房等人所提的意见的例子，见《汉书》卷二七上，第 1326—1334 页；《汉书》卷二七下之上，第 1372 页。关于彗星，见鲁惟一：《汉代对彗星的看法》。

[2] 见本章《董仲舒和天的警告》。

[3] 《韩非子》五（《亡征》），第 267 页；《淮南子》卷六，第 13 叶；卷八，第 1 叶；《盐铁论》卷六（《散不足》），第 204 页；又见本书第 642 页注 1。

《史记》收有一段比较有趣的轶事，它为专业的占卜者进行有力的辩护，这些人显然在长安的一条特定的巷中行业。他们被说成是具有无可怀疑的正直品质的人，他们值得赞扬的占卜方法所取得的成就已得到了证明。一个著名的占卜者在回答包括贾谊在内的两名政治家的问题时声称，他和他的同行的正义的荣誉感和正直的品质远远高于许多从事公职的人；他宣称，其占卜的程序以严格遵守礼仪而著称。①

王莽相信占卜者的式的效验，至少他希望表示相信它，这从他的王朝将要灭亡之前求教式的一个记载中可以明显地看出。《白虎通》非常注意对龟壳和蓍草的使用以及应该采用的正确仪式。此书为这类活动辩护，说这样便于防止个人或任意作出的决定。

另外，有几个关心科学、技术或政治事务的高度务实的人也表示他们相信占卜。这些人中有试图消除引起怀疑的明显矛盾之处的水利工程专家王景以及天文学家张衡。孔子的后裔孔僖则反对他们的观点，他拒不听从阻止他就任官职（因为预言说就任不吉利）的劝告；他认为命运取决于个人而不是占卜。当顺帝（公元125—144年在位）提出用占卜来决定哪一个他宠爱的妃子应提升为皇后时，他遭到了一些人的制止，他们不相信占卜会选择正确的人选。②

所表达的这些不同的观点在一定程度上是附带地记载在一些主要人物的传记之中。在王充和王符的著作中，人们可以发现他们曾企图专门讨论占卜的价值。这两个作者生活在不同的时代，不同时期的特点可能影响了他们的世界观。

王充（公元27—约100年）生活在重整和巩固皇权的整个时期，并且目睹了它的扩大及其卓有成效的成就。他以怀疑论者的立场来写作，对于在重视物质力量时代的他的一些同时代人竟然作出某些理智上轻率的假设感到震惊；他对占卜活动的批判是基于理性的原则。他

---

① 《史记》卷一二七，第3215页以下。
② 《汉书》卷九九下，第4190页（德效骞：《〈汉书〉译注》第3卷，第463页）；《白虎通》六，第3叶及各处。关于王景，见《后汉书》卷七六，第2466页。关于张衡，见《后汉书》卷五九，第1911、1918页。关于孔僖，见《后汉书》卷七九上，第2563页。关于顺帝之事，见《后汉书》卷四四，第1505页。

发现进行占卜的方式和对符号的解释都是有矛盾的。他表示，不论是龟壳或蓍草，都不能真正认为具有超人的力量或智慧，天和地也不能说具有可据以向人类传达它们意志的物质手段或机能，而有人却声称，使用的占卜方法就具有这种能力。王充更不相信占卜是确定天或其他神灵的意志的手段。这种信仰假定天或其他天体愿意干涉人的生活，并向人类降福或降祸；王充认为没有证据能证实这一主张。[①]

王符（约公元 90—165 年）生活在王充以后约 50 年，当时政府正因它的苛政、压迫、徇私和奢侈而受到攻击。他作为一个社会或政治批判家而不是作为理性主义者而写作，他的主要关心之一是号召恢复高道德标准。与王充不同的是，他相信某些占卜活动的效验；他批判的主要矛头是针对过分进行这类活动和它们引起的弊病和腐化。如果占卜阻止以其他理由来考虑一个有分歧的问题——特别是考虑拟定行动的道德标准，他更是坚决地反对。王充主张取消一切的占卜活动，而王符则准备支持那些谨慎使用的占卜。[②]

约生于公元 180 年并在汉末写作的仲长统表达了另一种观点。他对自己见到的周围的一些现象——信心的衰退、政治凝聚力的涣散、社会的破坏——深为不安。他作为一个人本主义者著书立说，号召必须依据人的评价和判断来作政治决定。他痛斥像巫师、占卜者、祈祷者的集团，因为他们大肆进行欺骗活动。那些相信天道而不顾人事的人正在散布混乱和扰乱人心；使用这些人甚至会导致王朝的灭亡。因为一旦一个君主坚持用人唯亲而不是用人唯贤来任用官员，那么不论他为行动选择什么吉时，不论他怎样去求教龟壳或蓍草，也不论他献祭多少牺牲，都不能阻止他的垮台。[③]

---

① 《论衡》二四（《讥日》），第 985 页以下；二四（《卜筮》），第 994 页以下（福克：《论衡》第 2 卷，第 393 页以下；第 1 卷，第 182 页以下）。

② 王符的《潜夫论》有四处谈论了占卜的不同方面及有关的题目，即卷六（《卜列》、《巫列》和《相列》），第 291—314 页，卷七（《梦列》），第 315—323 页。

③ 《群书治要》四五，第 26 叶；白乐日：《汉末的政治哲学和社会危机》，载他所作：《文明和官僚政治：一个主题思想的变异形式》，H. M. 赖特英译，芮沃寿编（纽黑文、伦敦，1964）第 213 页以下。

宇宙及其秩序

空间、时间和诸天

如同其他的文化，在中国也有材料证明，从古代起人们也关心诸如人周围的宇宙的形态、地球在天空的位置以及它与其他天体的关系等问题。神话学也含蓄地提到由此产生的种种思想，如到达仙境的一重重的天，或神仙借以到达另一境界的阶梯。根据一个著名的传奇，在两个神仙的一次大战中，支撑天的一根支柱倒下，于是天地之间的相对平衡被破坏，天向西北斜倾。《楚辞》中一首寓言式的诗以问题和谜语的形式提出了许多这方面的问题。[1]

对地球在浩瀚的空间的位置和它与其他天体的关系的理智的解释表现为三种主要形式。根据在公元前 2 世纪提出的一个理论，天一天旋转一次，形成了地球之上的苍穹；天有星座，北极星形成众星座围绕它转动的中心。这就是盖天论。大约一世纪以后，有人提出另一个称之为浑天论的理论。根据这一理论，天被设想为围绕地球四周的空间的扩大，天的圆周可分成 $365\frac{1}{4}$ 度。到汉末，又出现了一种理论。它认识到天无边无际，各星座在其周围随意地和独立地移动。[2]

中国人与其他文化的民族一样，也十分注意星辰及其运行情况，这点几乎是不足为奇的。因为星辰及其正常的运行是人能观察到的最永恒的特征，通过把人世及其变化与星辰联系起来，人就能够力图与比其短暂的生命更长久的某种体制联系起来。

由于中国人普遍地把宇宙看成是单一的实体，这种联系就更加有

---

① 《淮南子》卷四，第 4 叶（鲁惟一：《中国人的生死观》，第 51 页）；《楚辞》三（《天问》）（霍克：《楚辞》，第 45 页以下）。关于运用神话地理学的另一个例子，见《淮南子》卷四（梅杰：《汉初思想中的地形学和宇宙学》）。

② 李约瑟等：《中国科技史》第 3 卷，第 210 页以下；克里斯托弗·卡伦：《李约瑟论中国的天文学》，载《过去和现在》，87（1980），第 39—53；鲁惟一：《中国人的生死观》，第 54 页以下。

力了。在天与天体、地与其创造物、人与其活动这几大领域之间没有严格的分野。在单一的宇宙内部，上述几类领域中的任何一类发生的事情，即使与其他两类风马牛不相及，也对它们产生直接的影响。有人甚至说这种关系是如此强烈，以致可以说，为了与天上发生的现象相呼应，人世也必定要发生类似的事。这种天人感应的思想对王朝和政治来说是十分重要的。[①]

天与地的关系以及对圆天覆盖方地四周的认识在图画中表示了出来。人们知道，至少一个宗教遗址——可能是辟雍——的设计是圆穹包着方地。在营造某些坟墓的砖上镌刻这类图案的习惯也是为了提醒人们这一宇宙的真理。表示其他永恒现象的提醒物，如星座，同样是汉墓中发现的装饰性设计的重要内容。[②]

在天文学和占星术之间，在观察、测量、计算天体运行的企图和把这类运动与人的活动和命运相联系的企图之间，并没有明确的区分。公元开始前已编成一大批这方面的文献，它们包括一些可能有图解的著作。收在《汉书》中的天文志可能是马续约在公元150年以前所编，其中列出了118个有名称的星座和783颗星。现存的一件文书约在公元前168年前埋入一座墓内，它以表格的形式列出了公元前246至前177年各星体升落的时间和方位。[③]

这类文献记载证明了中国的天文学者的过细的观察和他们长期不懈地进行记录的活动。一部非官方的文书画下的不下于29颗不同彗星的形状可能是一个人整整一生的观察所得，这说明有些无官职的人对这个问题的注意。但是更重要的是设置太史令等官职，这些官员的

---

① 毕汉斯：《〈前汉书〉各种凶兆的解释》，载《远东古文物博物馆通报》，22（1950），第127—143页。又见以下《董仲舒和天的警告》。

② 关于辟雍，见前《帝国崇拜》。关于图案中的星辰和星座，见肯特·芬斯特布施：《汉史概要及题材索引》（威斯巴登，1966、1971）；鲁惟一：《通往仙境之路》，第112页以下。

③ 《汉书》卷三十，第1763—1765页列出了关于天文学主题著作的22个条目，并举出21名专家。绝大部分的这类著作写在帛卷上，这样就便于在上面作图。关于《汉书》卷二六的编纂者马续，见《后汉书》志第十，第3215页。关于马王堆的文书，见鲁惟一：《近期中国发现的文书初探》，第122—123页。

职责之一是把这些观察记在帝国档案之中。

这些记载要依靠熟练的观察，可以这样说，随着观察工具的日益精巧，这些记载的精确性也越来越提高。已知早在公元前 4 世纪或前 3 世纪就已经使用日晷。在公元前 1 世纪，在另外的记载中以支持国家干预中国经济而著称的耿寿昌发展了"赤道仪"。公元 102 年，贾逵又随之制造了"黄道仪"。不久，张衡制作了浑仪（公元 132 年）。在后汉时期，内藏必要仪器的国家天文台位于洛阳南城墙外的灵台。①

至迟从公元前 5 世纪起，黄道的划分已被确定，这牵涉到某些已知其名的星座。这 28 个星宿以 $365\frac{1}{4}$ 度的圆周的度数测量，其范围相差悬殊。当时已知道黄道倾斜地与想象中的天上的赤道相交，约在公元 85 年，傅安测出了倾斜的交角。虽然据说约在 80 年之前刘向已开始了解和解释日月食的原因，但这些仍被视为异常事件，即那些需要作出解释和应用于政治事务的预兆。

除了用 28 宿来解释天的概念外，还有一种对天的理解，即天根据木星的运行被等分为 12 部分。通过强调天地间的感应，有些天文学者把这 12 部分与汉帝国疆域的特定的划分联系起来；这样天上某一部分的活动就可以指望人间对应地区发生类似的活动。可是，另一种观点认为天由五宫组成，五宫则与被认为是与控制一切存在物的五行相对应的。②

时间的测量和历法的颁布与天文学紧密相关，也是帝国官员的一件关心的事情。我们还不知道何时开始充分注意春分和秋分、夏至和冬至，但是早期的材料见之于《书经》。③ 在帝国以前时期，大部分

---

① 关于这些仪器的发展情况，见马伯乐：《汉代的天文仪器》，载《中国佛教文集》第 6 卷（布鲁塞尔，1939），第 183—370 页；李约瑟：《中国科技史》第 3 卷，第 284 页以下。关于耿寿昌，见斯旺：《古代中国的粮食和货币》（普林斯顿，1950），第 192 页以下。关于张衡及其浑仪，见李约瑟著作第 3 卷，第 217 页以下。关于灵台，见毕汉斯：《东汉的洛阳》，载《远东古文物博物馆通报》，48（1976），第 62 页以下；王仲殊：《汉代文明》，第 38 页以下及图 42（其解说词误为北魏，实际上应为后汉）。

② 《汉书》卷二六，第 1273 页以下；李约瑟：《中国科技史》第 3 卷，第 402 页以下。

③ 高本汉：《书经》，载《远东古文物博物馆通报》，22（1950），第 3 页；《书经》的这一部分也许在公元前 4 世纪甚或前 3 世纪写成。见李约瑟：《中国科技史》第 3 卷，第 188 页。

国家（即使不是全部）保持自己的历法，由各自的有权威的官员颁布；其中周王室的历法被认为高于其他国家的历法。

秦汉的帝国政府依次承担颁布权威性历法的责任，并且坚持这种权利。这些历法被用来计算帝国行政中的一切日程，例如确定征募劳工的时间，或者任命官员或封赏官爵的日期。对于帝国文官因需要分发大量文书和确定节日和季节性农活的正确时间来说，定出精确的日期是必不可少的。还必须设法使官员和农民进行工作的时间与下面将要讨论的循环和节奏的需要完全一致。[①]

颛顼历的制定势必随着观察和计算的日益精确而随之进行调整和修改。进行这项工作的专家们需要确定若干变异因素，如一年开始的时间，或者在一年的哪段时间应包括闰月。一年中有的月为 30 天，有的月为 29 天，所以就必须规定哪些是大月，哪些是小月。

至迟从公元前 265 年起秦国就已采用颛顼历，该历法定出一年从十月开始，一直通行到公元前 104 年采用新历法时为止，新历法则定一年从正月开始。王莽统治时在刘向的指导下又作了更改。已知汉代的最后一次历法变化发生在公元 85 年，这时人们认为新的四分历比它以前的历法更加准确。有时在进行这些调整时还有意识形态上的考虑。它们可以用来表示王朝的自信心或开创新纪元的意愿，或者以此把自己与一个过去的政体联系起来。[②]

在秦朝和汉初的几十年，每个皇帝即位时开始纪年。当公元前 163 年文帝在位时开始第二次纪年时，情况稍有变化。景帝在位时首先在他即位（公元前 156 年）后纪年；然后在前 149 年改元；最后又在公元前 143 年改元。在武帝朝（公元前 141—前 87 年）时，他采用了崭新的制度。

新制度采用一种适当的名词；新名词可能表示一件吉祥的事件，

---

① 关于五行的循环，见以下《生命的循环：六十四种变化和五行》。

② 李约瑟：《中国科技史》第 3 卷，第 194 页以下；内森·西文：《古代中国数学天文学中的宇宙和计算》，载《通报》，55：1—3（1969），第 1—73 页；卜德：《古代中国的节日》，第 27 页以下、145 页以下；鲁惟一：《危机和冲突》，第 23 页。

或是皇帝的某一丰功伟绩，或是表示政府宣称要化为现实的人世的理想境界。这些两个字的名词被用做称呼年份的年号，以后的年份则以此年号逐年计数（例如公元前110年定为元封，称元封元年，公元前109年则为元封二年，依此类推）。这一制度适用于武帝朝起的所有年份，并用做一种政府据以表示其意图或弘扬其成就的宣传性的手段。[①]

一个月的每一天则参照干支循环的60个名称来认定；这个循环是通过把两种很古老的成系列的字——分别有12个和10个字——结合而成。这60个名称可以表示一大月、一小月的全部天数（59天）和第三个月的第一天；一般地说，它比较均匀地出现在相连的三个月中。到后汉，这一制度被一种直接以数计算日子的办法——每月从初一数到三十或二十九——所代替。

时辰用一种简单的滴漏来衡量，或用一种上有两根指针以表示太阳运行的日晷来衡量。一般地说，一昼夜分成12时辰，但在王莽时代前分成16时辰或18时辰的衡量法可能已很流行。一昼夜的12时辰又细分为100刻，在公元前5年，在为该年的几个月采用新年号的同时，有人提出以120刻代替100刻的计时法，但它以后没有被采用。对精确地记时的注意是文职的和军事的行政记录的引人注目的特征，这方面的残件已在帝国的西北部分被发现。[②]

生命的循环：六十四种变化和五行

在秦帝国统一之前出现的两大思想体系企图说明，一切显然能给人的命运和人的意向带来浩劫的明显天象实际上就是存在的永恒秩序

---

① 关于设置这一制度的情况，见德效骞：《〈汉书〉译注》第2卷，第121页以下。
② 关于日晷，见李约瑟：《中国科技史》第3卷，第302页以下。关于对记时的重视，见鲁惟一：《汉代的行政记录》第1卷，第43页以下、第126和第160页注91。关于公元前5年未遂的变革企图，见鲁惟一：《危机和冲突》，第2页、第78页以下，及本书第2章《世纪之末的风气》。关于把一昼夜分成12、16或18时辰的情况，见于豪亮：《秦简"日书"记时记月诸问题》，载《云梦秦简研究》，中华书局编辑部（北京，1981），第351—357页。

的一部分。如果人能了解这种秩序，他就能使自己适应在其周围必然发生的一切变化；他甚至能采取一些预防措施以避免危险。这一体系之一来自用蓍草进行占卜的活动；另一种则来自用观察和假设手段对世界进行科学探索的方法。这两个体系在大一统之前的几个世纪都已发展到引人注目的程度，并且都在汉代延续了很长的时期。

当用蓍草占卜时，[①] 这个过程包括解释 64 个可能的六线形之一。这个体系在此以前已使用了几个世纪，到战国时期，原来知识中的大部分内容已经失传。尤其是，虽然有些很古的原文（现存的《易经》中的象和爻）正被用来解释所产生的符号，但它们的语言是公式化的，绝大部分是陈旧的，结果它们的真正的意义早就失传了。但这并不能阻止人们引用这些具有经书权威性的文句，而一个君主或政治家就是用它们的权威来支持他希望作出的决定的，这从帝国时期的历史所记载的一批事件中便可看出。出于这种目的，有的人可能会把武断的解释归因于这些古文字，因此，这些古文字同样会引起它们政治含义方面的争论。

此外，六线形本身的概念也在变化。它们已不是作为占卜过程中产生的符号，而是正在取得自身的象征的价值。每个六线形表示一系列情况中取代其前一情况的情况，其取代程序则遵照宇宙的普遍规律。因此，六线形是表示时间中某一特定时刻的特性和特质以及某一行动的适宜性的有价值的符号。我们远没有弄清楚秦汉时期的六线形占卜发展到什么程度，但是这种发展过程使占卜的性质发生了根本的变化。

占卜者最初掷蓍草以寻求简单问题的简单答案；在以后的几个阶段，占卜的过程揭示了天、地、人相联结的宇宙据以运行的阶段程序中的阶段。由于人如果不能顺应这种状态就会导致其计划的失败，占卜和具有加强的象征意义的六线形的产生就能在某个人或皇帝作出决定之前给他提供明智和可靠的忠告。这些六线形成了生活规律的象征。通过把它们视作各具很大神秘力量的两个三线形，它们的意义就

---

① 见本章《方法》。

可以得到解释；两个三线形的并列，就能显示出不同的宇宙力量在某个特定时刻处于平衡状态的程度。[1]

在问卜于"象"和"爻"时碰到的困惑后所产生的另一个后果必将大大地影响中国人的思想。一批现在不知其名的作者撰写了一系列的注疏或论文，以便解释原文中潜在的奥秘意义。他们企图尽可能清晰地阐述自己对宇宙内在真理的理解；他们用战国或秦汉时期流行的文字来表述。一直流传的这些著作总称《十翼》，现在成为《易经》的一个组成部分。我们不能准确地知道这些文书最初在何时编成。有的部分收于马王堆发现的一件公元前 168 年以前的文书中；《十翼》的其他部分经过了汉代人的修订才成为现在的形式。

由于《十翼》出于不同作者之手，所以它们不能被指望用一种单一的哲学体系的语言来阐述。它们的一致性表现在对一个问题的探讨方面，即试图把 64 个象征符号的体系及它们的循环与其他的主要原理协调起来。它们的文风与陈旧的象和爻的语言风格不同；它们试图明确地陈述其启示，而以往的格言式的表达到这个阶段只会掩盖神秘的真理。《易经》及与之有关的问题从此一直是中国某些思想最敏锐的人探讨的题目，并且成为 20 世纪以前中国玄学思辨中某些最重要的活动的基础。《易经》还容易被利用而为一些政治目的服务。[2]

关于按照安排好的、定期的和有节奏的先后程序发生变化的思想，还表现为另一种思想体系的不同形式，这种形式的渊源并非出于占卜。到战国时期，两种思想方式或理论——即阴阳和五行——已经合而为一。按照传说，公元前 3 世纪的思想家驺衍因调和了两个体系——一为五行的体系，一为主张两种力量交替活动的体系——而受到赞扬，但关于这项成就的详细情况则不得而知。按照这几个世纪

---

① 关于《易经》，见赫尔穆特·威廉：《关于〈易经〉的八篇论文》；同上：《〈易经〉中的天、地、人》；朱利安·休茨基：《〈易经〉研究》。

② 关于扬雄的思辨，见本书第 15 章《扬雄：玄、精神和人性》。关于《易经》的早期注疏者王弼（生于公元 226 年）的情况，见威廉：《关于〈易经〉的八篇论文》，第 86 页以下；休茨基：《〈易经〉研究》，第 209 页。关于政治利用的情况，见本书第 15 章《荀爽：〈易经〉作为抗议的手段》。

演变而成的理论，自然界周而复始地发挥作用。变化由于阴阳按照五行的程序交替施加压力而发生。根据这种方式，延续性通过生、死、再生这一大循环而得到保证。这一循环在宇宙的一切领域和各种活动中都能看到。它可以在天体表面上的永恒运动中看出来，更直接地则在月亮的盈亏中看出来。植物和树木的季节性的发芽、开花、凋谢、再生也是按照这一类型进行，如同动物和人类的生、死和再生那样。

阴阳和五行的理论引起了在汉代趋于明显的许多复杂情况和弊病。一旦五行循环的思想被人接受，它就过分地、武断地和不加区别地应用于生命的一切秩序和方式中。结果分类以五为组，而不管这种分类是否包括无遗或是否合适。这样，就出现了一种倾向，或者甚至出现一种理智上的强制性，即确定物质世界的五个季节、五个方向、五种情绪、五种感觉、五种颜色或五种要素；上述各类的每一种都被归于五行之一所辖的适当划定的存在和活动之中。例如，体现新生的生命循环阶段以木为象征，表现为春季；其活动范围在东方，它所代表的颜色为青色；属于木的情绪为怒，人体的五个器官中属木的为脾；其庇护的星辰为木星。

此外，除了这些分类和认同之外，仍存在一个根本的问题。人们可以用多种不同的方式设想五行的序列，所以必须确定它们的顺序和与所选顺序有关的原理。实际上在许多序列中，只有两种被广泛地接受。[①]

比采用五行作为分类方法更有重要意义的是五行理论在人们心目中的地位。汉代的思想家即使不是全部，似乎也大部分接受了这个理论，用它来解释世界上自然序列（包括创世过程）的延绵不绝的现象。《淮南子》的作者们、董仲舒和王充等人根据形形色色的观点来假设这个理论的正确性。五行循环论还被用作建立帝国各王朝取得思

---

① 关于五行，见陈荣捷：《中国哲学资料集》，第 248 页以下；李约瑟：《中国科技史》第 2 卷，第 247 页以下、第 262 页；鲁惟一：《通往仙境之路》，第 6 页以下。关于五行的程序，见本书第 13 章《班彪关于天命的论文》。

想支持的一种手段。[①] 虽然大概在公元前 70 年以前没有图像上出现五行的肯定的例子，但到王莽时代，这个理论在公共生活的许多方面起着重要的作用。

它出现在大都用于墓葬的象征物和护符之上。[②] 它决定了朝廷礼仪中的某些细节，如官员官袍颜色的选择等。为了与五行论的要求相一致，政府必须调节惩罚的行动，以使惩罚避免在不适宜进行这类活动的季节进行；例如，由于春季是生长的季节，所以那时不宜处决囚犯，而必须等到与五行循环中宜于处决这一行动相应的季节，即冬季。[③] 如果人们老是盲目服从这些原则，那么我们还不清楚这种服从从何时起已经变得十分普遍或具有强制性，或者达到什么程度，以致对政府的行政起了有害的影响。

关于世界的变化或是可以用已知的 64 种象征符号的循环、或是可以用阴阳五行的五个阶段来理解的观点，不能完全令人满意。这个观点不是完整的哲学体系，不能解释一切事件或一切现象，例如那种明显地打破已建立的自然秩序和迫使人们以凶兆对待的灾害。它也不能提供沟通人类与需要崇拜和安抚的神灵之间情感的手段。与此相似的是，这些观点都不提困扰全人类的另一个问题：死亡的性质和转到来世的可能性。下面将以充分考虑五行的方式，注意探讨这个问题。

部分地出于上述的原因，有人试图修改这两种理论，或者把它们与其他的原理相调和。在前汉终结时，扬雄（公元前 53 年—公元 18 年）鉴于宇宙的复杂性，认为 64 种变化的体系不足以表达宇宙的真理。但是，这时《易经》早就被人接受而成为教育官员的典籍之一，并且它具有几乎相当于经书的权威性。[④] 也许是出于尊重此书的声誉，扬雄遵循它的模式提出了一个体系，但作了几处重大的修正。他提出同样旨在象征生命不同阶段的 81 个四线形系列。扬雄敢于对经

---

① 见本书第 1 章《帝国时期的思想潮流》及《前 221 年水德的采用》；第 2 章《知识和宗教方面的支持》第 3 章《内战》；第 5 章《王朝与形而上学》。

② 见本章《对死者的照管》。

③ 见本书第 9 章《总的原则》。

④ 见本书第 2 章《行政的任务》。关于扬雄，见第 15 章《扬雄：玄、精神和人性》。

书之一的已树立的权威性提出挑战，表现出一种了不起的勇气。但是他宣布一种更加全面的体系的企图在当时影响很小。

几乎就在同时，另一个文人京房关心的是这些体系存在的固有的困难。作为一个研究《易经》的学者，他看到了根据日常发生的事情理解 64 卦的必要性。京房因为根据观察自然的气候现象预言事情，已经赢得了很大的声誉，并且他认为必须把这类方法与哲学的体系联系起来。京房似乎试图把 64 卦与 60 个干支的名称及已知的天体的有规律的运动融合在一起。由于京房就政事直率地提出意见，他招致了像元帝宠爱的宦官石显等人的敌意；他在公元前 37 年 41 岁时被处死。[①]

"道"及其衍生的思想

在战国时期编成并取材于在前几个世纪系统阐述的观念的几部最著名的典籍，关心的是一般（不过相当笼统地）称之为道家的思想。像《庄子》和《道德经》等书籍具有诗一般的想象和内在的神秘性，在中国文化的许多世纪中吸引着读者，它们不时地受到某个皇帝的庇护，并且经常吸引着学者们的注意。[②]

这些典籍的作者或编纂情况远没有弄清楚；它们本质上并未对里面的思想提出系统的或合乎逻辑的说明，这些典籍已经产生了许多解

---

① 关于京房，见《汉书》卷九，第 294 页（德效骞：《〈汉书〉译注》第 2 卷，第 33 页）；《汉书》卷七五，第 3160 页以下；卜德：《中国人的称为观天的宇宙学魔法》，第 18 页。必须把两个京房区别开来；其一原来姓李而生活在较晚时期；其二则为更早的京房，此人也非常关心《易经》，是四个今文学派评注之一的奠基人（《汉书》卷八八，第 3601 页以下）。人们认为较晚的京房是《京氏易传》的作者，此书试图系统地调和 64 卦循环和 60 干支循环。它收于《汉魏丛书》中，但有人认为不可靠，而认为它出于宋代的某些学者之手；见雷夫·德克雷斯皮尼：《东汉抗议的预兆：襄楷呈给桓帝的奏议》（堪培拉，1976），第 70—72 页注 52。此书的内容与诸如《汉书》（见第 652 页注 1）等著作中的《京房易传》所引的内容完全不同。关于前一个京房的著作，见《周易京氏章句》（残卷收于《玉函山房辑佚书》）。

② 关于这些著作的近期研究，见 D. C. 刘：《老子的〈道德经〉》（哈蒙兹沃思，1963）；A. C. 格雷厄姆：《〈庄子〉的内篇七篇和其他作品》（伦敦，1981）；又见格雷厄姆：《列子》。

释。然而人们从作为自然的单一秩序的道中可以辨认出它们的一个中心主题，这种单一秩序的意志和想法构成了宇宙一切方面的基础。这个概念有时与无为的理想有关系，在某些情况下，人们能够认识道的特点或它的影响，虽然道可能不立即以物质形式明显地表现出来。通过谨慎地避免故意与道背道而驰，许多人可以与道的形式和谐一致，进而达到安宁、康乐和幸福的境界。要做到这点，困难部分地在于人的弱点。人不过是自然界的万物之一，但却受制于一种内在的倾向，即把自己看成是其他一切的主宰。只有通过摆脱这一桎梏，承认自己的理解是主观和虚妄的，屏弃人为的价值观而接受道的价值观，人才能从他的种种局限性中解脱出来。

很显然，这些思想与那些关于人出于物质利益的考虑而正企图组织和调节人类共同体的思想几乎没有共同点。随着组织很差的较小的王国让位于帝国，由于帝国更多地和更有效地要求社会纪律，要求服从劳役的征募和推行制度，这种冲突就变得更加尖锐了。然而，道家的思想在作为两种对立思想调和的结果而出现的政府形式中仍发挥着一定的作用。关于这两种对立的思想，一是商鞅、申不害和韩非所表达的权威的观念，一是在诸如《荀子》和《孟子》等著作中可以找到的强调人的价值的观念。① 道家的思想在无为和黄老思想中尤其惹人注目。

在无为的思想和皇权的行使之间存在着明显的关系。避免有意识地采取行动或作出决定，这部分地是由于对人的价值和个人判断力的新的认识；类似的思想应用于对君主的适当的地位和权力的看法方面。按照理想的模式，君主应在行政或决策方面力戒起个人作用；他不应有意识地打算行使自己的权力，而是应该满足于安然自得，袖手旁观，让自己的臣属去治理国务。他以自己的存在和无言的沉默来治天下，就像无形的道控制着自然界的一切活动那样。

这种思想中可能已经有了犬儒式的考虑。它显然适合国家的有实

---

① 关于这些著作，见戴闻达：《商君书》；沃森：《韩非子：主要著作》；德效骞：《荀子的著作》（伦敦，1928）；D. C. 刘：《孟子》（哈蒙兹沃思，1970）。

权的大臣或高级官员去提倡一种一切决策权操在他们而不是君主之手
的观点。在实践中，皇帝们选择发挥他们自己的个性，或是退居"无
为"的幕后而让他们的顾问来治理天下，其方式是大不相同的。特别
是汉初少数高级官员也被引作例子，说他们有意识地支持无为的原
则；据说他们力戒采取主动行动，所以能成功地把他们的辖区治理得
安定而繁荣。①

曹参就是上面所提的这一方面的官员之一，他在公元前193年升
任丞相。② 在一批已知受道家黄老思想影响的官员中，他也是赫赫有
名的。直到近期，黄老思想除了在正史中稍有提及外，人们对它的确
切情况所知甚少。材料的缺乏，可能是由于这种思维方式与其他的形
式相比，未能取得突出的地位，理由将在下面论述。黄老道家的最著
名的信奉者也许就是文帝的配偶、景帝之母窦太后；她死于公元前
135年。

根据马王堆三号墓中一些新发现的文书，人们有可能比以往更有
把握地确定黄老思想的内容。③ 这些作品把有些被认为是一属于老子
的原理与黄帝的某些特有的活动结合起来。在这种文字中，这个黄帝
被看成是一个神话中的人物，应与在帝国崇拜中占有一席地位的黄帝
区别开来。这种文字中的黄帝也没有如向武帝指明长生之道的术士的
力量。④

作为一个神话学中的人物，黄帝压倒了许多对手。通过战胜以战

---

① 关于这些例子，见《论衡》十八（《自然》），第777页以下（福克：《论衡》第1卷，
第94页以下）。关于无为思想的起源和应用，见罗杰·艾姆斯：《统治术：古代中国政
治思想研究》（檀香山，1983），第28页以下。

② 曹参的情况，见《汉书》卷三九，第2013页以下。关于他的任命，见德效骞：《〈汉
书〉译注》第1卷，第183页注3。关于他注意黄老思想的情况，见《汉书》卷三九，
第2018页。

③ 见西川靖二：《汉书中的黄老思想》，载《东方学》，62（1981），第26—39页；冉云
华：《论道家的帛书》，载《通报》，63（1977），第65—84页；冉云华：《道源》，载
《中国哲学杂志》，7：3（1980），第195—204页；冉云华：《道的原理和法则：黄帝道
家中的三个主要概念》，载《中国哲学杂志》，7：3（1980），第205—228页；鲁惟一：
《近期中国发现的文书初探》，第119页以下。

④ 见以上《民间崇拜》。

神著称的蚩尤，他取得了自己的成就。他依靠作出榜样和提出教诲，给君主提供统治人的任务的样板。在这方面，王权的理想与无为的理想略有不同。明君通过明确的安排，设法一方面尊重个人，一方面进行维持帝国秩序所必要的强迫，并把这两者加以调和。如果一个统治者根据自然界的法则来节制他的行为，同时充分地考虑天意，他将能胜利地完成其任务。

这样，当施政方法仍部分地以秦代皇帝的试验为基础时，黄老思想主张缓和这种试验的某些措施。这样，就不会像韩非和李斯所坚持的那样严格地依靠权威；而取代这种做法的将是在"道"的遁世思想和帝国的控制之间的一种有意识的调和。被认为渊源于黄老思想的少数典籍不提孔子或他的学说。这些典籍在一定程度上表明具有系统地阐述属于玄学的内容的初步打算。

有若干理由可以说明为什么黄老思想未能取得突出的地位。在它的著名提倡者之一窦太后在公元前135年死后，汉朝政府的特点明显地起了变化。所采用和实施的更强烈的政策与黄老思想的原则是难以合拍的。[①]在概念上，有人很快以新的着重程度和略为不同的应用方向提出道的思想。这表现在《淮南子》试图对宇宙提出一个更加完整的解释方面；这类著作就可能具有更大的说服力，它们的论述比根据黄老思想的论述内容就更加丰富。此外，在以后的几十年中，很快发生了政府直接鼓励对孔子和他的教导的崇拜的情况，而且这种崇拜开始成为训练官员课程中的突出的内容。董仲舒正在系统地阐述一种宇宙体系，其中对治人以及对孔子的伦理教训的直接注意占着应有的和重要的位置。董仲舒的学说很可能比表达黄老思想的文字更加成熟、完整和有吸引力。

《淮南子》成于公元前139年，是一部分成21卷的长篇巨著。它包括大量神话学内容，非常注意宗教崇拜活动，特别是在华中和华南履行的活动。在此基础上，作者们设法根据占支配地位的道的原理，补充对宇宙的系统说明。他们深切地认识到天文观察和天文学理论的

---

① 关于采用时新派政策的情况，见本书第2章《时新派政策的充分发挥》。

重要性，认为道通过阴阳五行的中介力量，在天、地、人三个相关的领域中起作用。道的单一的原则还可从某些现象相对应的情况中认识到；同类对同类作出反应，这从温度或声音的变化中可以看出。同样，天上产生的力量将会引起在地上能感觉到的相应的力量。

还可以作出其他的比较或比拟。地上被认为充满着"理"；这些理可比作保存生命的静脉或动脉，破坏它就像切除人体的静脉和动脉那样，会有极大的危险。[①]

在这一体制中，人的理想境界是其生活与自然的节奏和划分（如四季）和谐一致，与他人和平相处，没有矛盾。所以，人绝不能打算控制和征服自然，必须力戒剥夺天地的资源，以避免导致自然的失调。人类的适当的组织也要遵循支撑天体和人间万物运动的同一根本的模式。这些原理中的许多内容在下面一段文字中有清楚的阐述。

> 太清之始也，和顺以寂漠，质真而纯朴，闲静而不躁，推而无故。在内而合乎道，出外而调于义。发动而成于文，行快而便于物。其言略而循理，其行侻而顺情。其心愉而不伪，其事素而不饰。是以不择时日，不占卦兆，不谋所始，不议所终，安则止，激则行。通体于天地，同精于阴阳。一和于四时，明照于日月，与造化者相雌雄。是以天覆以德，地载以乐。四时不失其叙，风雨不降其虐。日月淑清而扬光，五星循轨而不失其行。当此之时，玄玄至砀而运照，凤麟至，著龟兆，甘露下，竹实满，流黄出而朱草生，机械诈伪莫藏于心。逮至衰世，镌山石，锲金玉，擿蚌蜃。消铜铁而万物不滋，刳胎杀夭，麒麟不游，覆巢毁卵，凤凰不翔。钻燧取火，构木为台，焚林而田，竭泽而渔。[②]

---

① 关于对应的理论，见查尔斯·勒布朗：《〈淮南子〉中感应的思想，附卷六英译文和分析》，宾夕法尼亚大学 1978 年论文。关于贯穿于地上的理的基本思想，见《淮南子》卷二十，第 7 和 15 叶。关于"地脉"的思想，见《史记》卷八八，第 2570 页。

② 《淮南子》卷八，第 1 叶以下；鲁惟一：《中国人的生死观》，第 44—45 页。

这段文字下面还有人掠夺自然的方式的其他例子，以及与阴阳失调同时出现的灾难性的后果。一年四季不按照正常的顺序，恶劣的气候以后就出现毁灭和死亡。伴随着这些不幸的结果的是受难人类的苦痛和争吵。

理性主义的态度

前汉和后汉知识态度中突出的特征之一表现在理性主义态度的出现。王充（公元 27 年—约 100 年）有说服力地阐明了这一态度，他因至少写了四部独立的著作而闻名。其中只有一部因最长而得以保存下来。这就是《论衡》，幸运的是，它的 85 篇除一篇外都被保存。在写此书时，作者开始选用一种明确的语言风格，以使他的论点不致被人误解。① 王充在表达中国主体思想中比较罕见的观点时，他的主要特点是独立的意志以及他全面拒绝接受同时代人的假设和教义，同时在持这一态度时并不提出充分的理由。

王充的论证的风格在中国文籍中是很新的，有时难以找到任何与此相似的文章。虽然《论衡》是最完整的和保存下来的最突出的表达理性主义观点的文字，但在陈述这些观点方面并不是独一无二的。在桓谭（约公元前 43—公元 28 年）的《新论》残卷中也可以看到类似的态度。② 可能扬雄也有王充的某些原则，其中包括独立探索实际情况而不顾当时公认的假设的态度。

除了不断地抵制属于某些传统典籍或导师的神圣的权威外，王充开始对观察到的天地现象和对人的历史和行为作理性的解释。他特别强烈反对的是像董仲舒等提出的关于天向人们提出警告的理论。③ 王

---

① 《论衡》的英译文，见福克所译。刘盼遂提出《论衡》原来还包括 15 或 16 篇，但在早期已经散失，关于这种可能性，见福克译：《论衡》，第 1328 页。关于王充的写作风格，见高本汉：《中文文法概览》，载《远东古文物博畅馆通报》，23（1951），第 107—133 页。

② 蒂莫特斯·波科拉：《〈新论〉及桓谭的其他作品》（安阿伯，1975）；本书第 15 章《桓谭：务实的呼声》。

③ 见以下《董仲舒和天的警告》。

充对中国思想的贡献之一表现在他试图形成一种系统的方法论并加以应用。他试图收集与讨论的题目有关的证据；他提出假设，以解释这个题目突出的特征；他指出了用试验来检验这个假设的正确性。

他不时地用比拟来进行争论，如表现在对雷和闪电的讨论方面。他讲述了五点证据，以说明雷产生于火或热；同时指出没有证据能证明雷是上天表现的愤怒的观点。在寻找证据时，他问被闪雷击毙的人的尸体的症状是什么；他通过试验和比拟，建议用火、水和铸铁炉来检验。[①]

人们常常把王充与卢克莱修（约公元前100—前55年）相比，后者也试图通过系统的追问，把人类从对其性质未被理解的力量的不应有和无根据的恐惧中解放出来。《论衡》探讨的题目甚为广泛；这些论文探究了自然科学的原理和现象。当它们谈到宗教的仪式和信仰时，作者要求证据，以证明那些影响人类生活的无形力量的存在。同样，在哲学问题上王充必须使自己先确信，受到崇敬的箴言和教诲真正出之于某位大师之口，而不是后世的杜撰。他常常求助于历史的证据以证明他的论点；他不同意薄今而厚古，认为过去更公正和幸运的倾向。

但是在现代人的眼中，王充的论证方法中存在某些缺陷。这种方法常常是从静态中产生的；他似乎没有考虑到难以（甚至不可能）收集到所有有关他的论题的材料。同样严重的是他的习惯，即没有提供证明就假定某些定理的正确性，然后屏弃一种主张、信仰或意见，而仅仅因为它与这些定理背道而驰。这种循环论证恰恰因王充在其他著作中严厉批判的缺点而降低了说服力。

王充在接受五行的存在和变化的理论的正确性时，同样坚持造物过程出自自然的性质。像卢克莱修，他也下大力气去排除对来世的恐惧。[②] 在该著作的好几篇中，他申述否定人能以任何形式在死后生存

---

① 《论衡》六（《雷虚》），第286页以下（福克：《论衡》第1卷，第285页以下）。

② 《论衡》二十（《论死》），第868—882页；二一（《死伪》），第883—906页；二二（《订鬼》），第930—946页（福克：《论衡》第1卷，第191—201、202—219、239—249页）。

下来的可能性，或者死者的灵魂具有与活人通灵或伤害活人的力量。同样，他不相信占卜或巫术具有有益于人的任何力量。《论衡》多次提到天，但王充心目中天的概念是什么，却一点也不清楚。如同同时期的作者，他不打算对他的名词下定义，他的思想必须常常在一定程度上反面地从对他的对立面的批判中推论出来。这样，从他批判董仲舒观点的论点中，[1] 可以知道天对于他意味着什么；它并没有干预人类事务的意志或力量。

当王充在写作时，他非常注意孔子学说的价值和涉及孔子作品的文字。[2] 但是，传统上对圣君及其导师或者对周代诸王黄金时代的吹捧，却没有对王充有深刻的触动。他认为，假设那些日子必定比上个世纪或帝国统治时期更加辉煌和繁荣是没有根据的。同样，过去大师们的箴言需要细加检查才能采纳，因为它们可能包括某些矛盾的主张。在文官候选人的准备工作中起着十分重要的作用、其文字引起很大争议的五经，不应比在王充时代编成并认为是孔子等人所撰的伪经言论受到更特殊的对待而当作经典著作。[3]

在造物和命运这两大问题上，王充对一个题目的论述及结论，可与其他早期作者的论述和结论相对照。《淮南子》在几个方面提到了造物，但其内容难以互相协调，这可能是这部著作出于多人之手之故。如上所述，有一段文字把由混乱转变成井井有条的过程归功于神话中的女娲。[4] 在另一段文字中，天被认为是最高的造物者，它调节阴阳，使四季和谐地依次转换，赐给动物和人类生命以天赋。[5] 在《淮南子》的又一段文字中，它以成熟得多的、同时更具有神话色彩的方式叙述了造物。[6] 作者描述了原初力量的分立和物质分离的过

---

① 见以下《董仲舒和天的警告》。

② 见以下《儒家关于人的观点》。

③ 关于典籍文献及谶纬著作，见第 14 章《谶纬之学》；杜敬轲：《汉代谶语纬书的历史概论》，华盛顿大学 1966 年论文。

④ 见以上《文化主人公：配偶的相会和造物》小节。

⑤ 《淮南子》卷二十，第 1 叶（鲁惟一：《中国人的生死观》，第 64 页）。

⑥ 《淮南子》卷七，第 1 叶（鲁惟一：《中国人的生死观》，第 64—67 页）。

程；随之出现自然万物的成长，物类产生物类，或者去适应物类，同时充分地注意到神灵。最后，《淮南子》几次提到了"造化者"。[1] 至于它的形象从人体或拟人化的角度被想象到什么程度，文中无蛛丝马迹可寻，只有一处生动地把它比作用黏土造物的陶匠。没有提到造化者与人的关系。

王充在他的著作中几乎没有给造物的神话记载或给一个被命名的造物者的作用留下什么文字。在《论衡》中成为他思想基础的整整一篇中，[2] 他坚持天在发展过程中不起作用；要证明天在起作用，就必须证明它具有发挥作用的意志以及具体的物质手段，而这类证明尚需假以时日。王充不信宿命论；一切物质的形成事先都没有意图，就像在男女结合生命要素生儿育女时没有专门的意图那样。王充把自然界看成是自然的存在的运行，不受另一种超自然力量的干预，所以以上所说事先无意图的思想是王充的这种观点的基本内容。与这种观点相一致的是，王充同意造物有时是一种物质向另一种物质转化的结果，熟悉养蚕过程的人对这种现象是很清楚的。[3]

王充的自然哲学很注意气的概念。这是一种生命的能量，生命没有它就不能维持下去；它可能表现为驱动风的力量、人体精卵生殖的潜能或者水化成的气。一切生物都有多少不等的气；一个人的性格和能力的形成，他的生命的盛衰，取决于气的多少。王充把赐给或分配气的力量归之于天，这看来与他的主张有矛盾，而且他没有详细阐明是什么因素促使天把不等量的气赐给或分配给生命。[4]

一批著作又提到了"命"的思想。下面将说明这个概念如何用于一个皇室声称有权行使的正统权力方面。[5] 它见于王充和王符的著

---

① 《淮南子》卷一，第 12 叶；卷七，第 5 叶（鲁惟一：《中国人的生死观》，第 68 页）；卷九，第 23 叶。

② 《论衡》十八（《自然》），第 775—787 页（福克：《论衡》第 1 卷，第 92—102 页）。

③ 《论衡》二（《无形》），第 55 页；三（《奇怪》），第 152 页；十六（《讲瑞》），第 730 页（福克：《论衡》第 1 卷，第 326 页；第 1 卷，第 322 页；第 1 卷；第 368 页）。

④ 《论衡》十八（《自然》），第 776 页以下（福克：《论衡》第 1 卷，第 93 页）。

⑤ 见本书第 13 章《董仲舒》。

作，它对某些主题的含义在前面已予讨论。

在诗一般的描写中，大司命和少司命成为《楚辞》中两首诗的题目。[①] 这些诗产生于大约公元前 3 世纪的南方文化，其中的"命"的含义与这里所提的约四个世纪后的哲学论文中的"命"不同。对王充来说，个人的命运首先取决于宇宙的自然发展。形成个人一部分的生命力的多少可以说能影响个人的强弱、生存和死亡。命还受制于所碰到的意外事件；一个人可能会碰到另一个其气强于自己并能影响自己命运的人或力量。王充似乎还同意人的命运受制于天体行为的说法。虽然乍一看，这似乎与他反驳不能被证明的原理的行动有抵触，但并不存在根本矛盾，因为他认为以下观点已经得到证实：宇宙是一元的，任何一部分的运动与其他部分的运动联结在一起。

王充认为，有目的的超人的力量绝不决定命，这种力量的决定可能是随意作出的；造物不能被命所决定。占卜不是确定人命运的正确办法，更不是逃避命运结果的正确办法。从本质上说，命运以一种无目的的方式发挥自己的作用，绝不会因个人的道德品质和行为而有所变化。所有的人，不论好、坏、或是不好不坏，都会遭受旱涝等自然灾害的命运，就像田野中的大火决不会专烧莠草而不烧有用的作物那样。

王充把命分成三种，即正命、随命和遭命。王符（约公元 90—165 年）在他的论占卜的文章中提到了正命和遭命。他同意决定命的好坏与个人的行为无关，但是他对这种信仰的后果表示了一定的恐慌。那些相信命决定个人运气的人可以从这种信仰中得到安慰，因为一个受坏运折磨的人不会因为他的邪恶行为导致这种下场而蒙受污点。王符担心这种主张可能会解除一个人对自己所作所为的责任。与王充不同，王符相信某些正确的占卜活动能使一个人避免给他定的命的最坏结果；他极力不让人去相信那些会使此人放弃道德顾忌的占卜

---

① 《楚辞》二，第 12 叶以下（阿瑟·韦利：《九歌》，第 37 页以下；霍克斯：《楚辞》，第 39 页以下）。

活动。①

伦理原则和人的组织

秦汉时期的思想背景之所以有其特点，是由于它的多种多样的思想。主要作出贡献的学者们各自孤立地工作，但有时结合为集体。甚至在秦帝国时期以前，就有一些大师和导师聚在学宫中对一部早期的典籍提出特定解释的事例，但是这类活动很难说产生过独立的哲学学派。② 还有这样一些例子：由一个庇护人聚集了一批学者，他们的思考后来以书的形式问世。这类集子的性质是兼收不同的思想，《吕氏春秋》和《淮南子》便是例子。

根据记载，有几次一部哲学著作的撰写是钦命或庇护人的主持的直接结果；陆贾写《新语》的起因和公元前81年讨论的记录（即流传至今的《盐铁论》）便是如此。关于这两个例子，一个是由于坚定地力图对人类及他们的需要作出专门的解释；另一个则列举了有关人的问题的对立的观点。在其他几次场合，例如在公元前51年和公元79年。当局专门下令集合有文化的人，以便让他们研讨学术上的问题，如为经书挑选合适的章句，和把对那些章句的某些解释单独列为正统的注疏。③

在后汉时期，解释经文的专门学派开始形成，但出现可让人分辨的独特的哲学学派为时尚早。肯定出现了意识相似的思想家根据他们共同的观点结合在一起的倾向，我们已经看到，汉代的有些文书就是根据对某些价值观的共同认识而写成的。但是区别这时的不同思想的困难之一在于这些思想同样使用了像"道"这类名词而又没有阐明它

---

① 《论衡》二（《命义》），第41页以下（福克：《论衡》第1卷，第136页以下）；《潜夫论》（《卜列》），第291页。王充论命的情况，见本书第15章《王充：命运和人的道德》。

② 其中最著名的学宫之一为稷下，见萧公权：《中国政治思想史》，第5页注10，并散见各处；本卷第14章《古代传说：倡导者和文献》。

③ 见张朝孙（音）：《白虎通：白虎观中的全面讨论》（莱顿，1949、1952）；见第14章《后汉时期的官学》。

们的含义或给它们下定义；不同的作者以不同的侧重点，或者根据不同价值观的假设去使用这些名词。

具有道家心态的人集中注意自然的秩序，把它作为存在的中心，与此形成对比的是那些向孔子和他的嫡传弟子的教导探求其原理的人，他们坚持必须兼顾个人利益和治理全体人类的要求。这里又可以作出另一个对比，这个对比与其说是原则的不同，也许不如说是程度的不同。具有儒家思想心态的人把人置于帝国制度之上，他们认为帝国的制度是为改善个人而发展的工具。法家思想家有时被描写成务实者、权力主义者，甚至是极权主义者，他们认为，国家把它自己压倒一切的抱负优先放在个人愿望之上是完全合法的。

鉴于中国人具有搞调和折中的天才，这个不同点不会向两极分化。前面已经谈过，秦的领导人根据韩非和李斯所定的原则建立了帝国政府。① 实际上，这些原则在汉代皇帝和政治家的统治下被修改了，他们知道，不折不扣地强制推行纪律是不够的，具有自我毁灭的潜在危险。他们懂得，成功的政府组织不但依靠被统治的人的积极支持，而且依靠他们心甘情愿的合作。这样，渊源于儒家的伦理价值终于受到了新的重视。

儒家关于人的观点

据认为是孔子所说的言论被汇编起来，用于春秋战国时期的社会和政治情况。从适合帝国时期情况的修正和补充中，人们可以辨认出一些原则。它们认为，人基本上能够提高道德水平，这表现在他能体现更高尚的生活类型，与他的同伴建立更友好和更有益的关系，达到更高的文化水平。如果统治者们能够不厌其烦地注意正确地选定重点，并且以模范行动表明自己在集中注意伦理的价值，那么他们就能培育出更高的道德。

个人有责任把自己的才能和他的力量供他的同胞利用，并且在安排公共生活的过程中与他们合作。如果要实行一种每个人都能分享的

---

① 见本书第1章《帝国时期的思潮》；第9章。

有秩序的生活方式，一定程度的权力措施是必不可少的，所以个人有义务去担任政府的官员；他还必须准备接受官员为了公共福利而提出的种种要求。鉴于每个男女的品质和能力的明显差别，在人类共同体中保持相应的区别才是正确和有利的。这样，个人在为他人效劳时将会尽力发挥他的作用。等级是一个井井有条的社会的必不可少的部分；人们必须自愿地遵守这些等级。

这些原则成了汉代官员大部分著作的基础。汉代政府采取的一系列把这些原则付诸实施的措施已被人多少笼统地描述为儒家的胜利，[①] 它们在后来的思想史中占有首要的地位。这些措施包括选择训练用的经典著作和设博士官；然后是建立太学并大加扩大。[②] 从这些制度和征募文人担任官员的号召中产生出了科举考试的制度，在以后的两千年中，这个制度将支配中国思想文化的发展。

儒家著作的思想和理想——不但有那些被认为是孔子的言论，而且有诸如《诗经》和《书经》等其写作据说与他有关的经籍的教导——就这样成了中国文化中最为重要的内容。虽然在儒家著作中找不到那些价值观念和概念的定义，但是有些关键的字眼却一再在政治家和哲学家的主张中出现。虽然它们所表达的意义决不是静态的，但这些名词终于被用作儒家对人和人的职责的看法的象征。这些用语包括十分重要的"仁"，此词可以含义不同地解释为"博爱"、"仁慈"或"慈善"；"义"，此词与欧洲的公正的概念最为接近；"孝"，子女对父母应尽的义务；"忠"，对其事业遵循正确原则的君主的坚贞不渝。[③]

儒家的理想还提出了社会不同成员之间应该存在的适当的关系，例如人君及其顾问之间的关系。同样，一些逐渐习用的名词表示了某

---

① 例如，见德效骞：《〈汉书〉译注》第 2 卷，第 20 页以下。

② 见毕汉斯：《汉代的官僚制度》，第 17、19、23 页；本书第 2 章《行政的任务》；第 8 章《九卿》和第 14 章《学派的发展和官学》。

③ 关于儒家基本立场的陈述，见冯友兰：《中国哲学史》，卜德英译（伦敦，1946），第 115—195 页；阿瑟·韦利：《古代中国的三种思想方式》（伦敦，1946），第 115—195 页；狄伯瑞等：《中国传统的来源》第 1 卷，第 86—121 页；陈荣捷：《中国哲学资料集》，第 14—114 页；艾姆斯：《统治术》，第 1—6 页。

些理想的品质或行为方式，以描述中华帝国的组织起来的社会中一些主要人物的品性或作用。这样，理想的统治者被描述为"圣"，他的品质中包括任命最适当的顾问担任要职，并倾听他们的忠谏。辅弼圣君的理想国家大臣应该是具有特有的"贤"的品质的人。如果他们认为君主被人引入歧途，或者作出了轻率的决定，这些人决不会胆怯，而敢于对君主提出警告。

礼的重要性

礼的概念和实践在儒家的各得其所的人类体制中具有头等重要的意义。礼是一套指导方针，它规定了社会各级一致同意的行为。这种行为保证了使正确组织起来的社会的责任和美德得到充分的承认。

礼应用于人的一切情况，不论在帝国的盛典或在宗教仪式中都要应用。它指导着社会的举止和家庭成员之间应有的内部关系。根据这个信念，各种类型和具有不同价值的男女们都有各自的适当地位。从最好的一面看，礼可以说形成了一个合适的框架，人在其中如果处于恰当的位置和与上下级保持稳定的关系，他就能幸福地生活。从最坏的一面看，人们可以谴责礼窒息了行为的自由和自发的活动，以及它坚持遵守早已过时的典章规定。

礼规定了祭五帝、祭天或祭鬼神的宗教仪式的应有的举止；它还指出应对在世的或死去的前辈的尊敬。它定下了公共生活或家庭中正确的先后次序；它维持了宫廷、官邸或私宅的有尊严的行动秩序和必要的纪律。礼制约日常生活中的事务，制定城乡的劳动时间。通过确定诸如占卜活动等方面的仪式，礼就能在一个成熟的社会结构内为古老的传统习俗找到地位；在这样做时，它很可能使这些习俗丧失一部分生命力。

有人认为礼是为了保持社会稳定而缓和过激情绪的一种手段；另外一些人则认为通过所规定的礼，保持和宣传孔子时代起提倡的伦理理想就有了可能。儒家态度的特征是相信过去黄金盛世的模范君王已经遵守礼的要求；儒家的学者根据古代的领袖是否服从这种准则来解释他们的动机和决定。同样，秦帝国时期以前历史的许多事件将作为是否遵守礼的例子来进行评价；其结果成为易懂的教训。

在某些方面，礼可以视为帝国律令的对应物和补充，这些律令通过官员的权威而被实施，通过刑罚的制裁而得到推行。[①] 礼是一个作为文明社会标志的自觉自愿的统治方式；如果被人接受，它将导向更高的文化水平。它的种种规定在现存的四种经籍中有系统的阐述。这些经籍取材于帝国时期以前的习俗，也可能取材于那时的典籍，但它们的大部分内容在汉代才编成现在的形式。[②] 由于这些典籍急于使人们确信它们的规定得到传统力量的支持，它们常常把帝国时期的习俗归之于更早的时代，特别是周室诸王的时代。它们特别详细地为生活中大部分重大场合制定严格的礼仪——例如选择墓地的仪式；适合于生活中身份不同的人的服装；在运输或军事活动中正确的装备。

按照撰写汉帝国史的历史学家的说法，礼的重要性在汉初就已被认识到。据记载，汉王朝的创建者高帝（公元前 206—前 195 年在位）对他的支持者的鲁莽和无礼行为深为厌恶，同意制定一部关于行为准则的法规，同时对它的礼仪提高了他地位的尊严感到欣慰。[③] 有人很可能提出疑问，以这种方式记载这件事，是否仅仅是为了指出汉和汉以前的政权之间的不同。但是在后来，礼在汉的朝廷上是很受重视的。《汉书》有关于礼乐的专志，它首先指出对礼的遵守带来的有益的和文明的效果。[④]

在讨论礼的美德和好处的同时，《汉书》的这个专志还论述了应恰如其分地加以审慎注意的一种特别的人类活动：音乐。礼被认为是节制行为的手段；乐被认为自身具有稳定人的感情的力量和手段。礼和乐一起能够实现社会的和谐与和睦。如果能正确地发挥影响，乐只

---

① 见本书第 9 章《总的原则》。

② 关于这四部汇编（《周礼》、《仪礼》、《大戴礼记》和《礼记》），见鲁惟一：《中国人的生死观》，第 205 页，"周礼"条。

③ 关于叔孙通在这方面的著作，见《汉书》卷一下，第 81 页（德效骞：《〈汉书〉译注》第 1 卷，第 146 页）；《汉书》卷四三，第 2126 页。

④ 《汉书》卷二二，第 1027 页以下（何四维：《汉法律残简》〔莱顿，1955〕，第 430 页以下）。关于后汉对礼的重视，见本书第 4 章《明帝与章帝统治时期》。

会带来好处，因此，以前黄金时代的传统音乐受到了赞赏。但也必须防止另一种会激起情欲而不是稳定情感的靡靡之音。它因导致消极悲观和不检点的行为而受到指责，这种行为在儒家的理想社会中是没有地位的。[①]

从一部早已散失的《乐经》的名称可以看出音乐的重要性已被人认识。此外，刘向收集的秘府藏书包括六种与音乐有关的著作。[②] 约从公元前114年起，乐府成立，它成为汉代政府机构之一。其职责是采集经过官方认可的音乐，并且监督演奏，特别是宗教场合的演奏。经过了几十年，据说该机构过分地注意一种未经批准的音乐，于是出现了清除这类活动的种种尝试。这些发展与减少公费开支的倾向是一致的；经过了一系列的准备活动，这个机构终于在公元前7年被取消。[③]

董仲舒和天的警告

对伦理价值的阐述和对礼的强调首先来自孔子及其弟子的学说。这种学说在战国时期发展起来，当时具有头等重要意义的其他思想发展也同时产生。正在形成的政治单位的各种要求同时需要更加注意治国的手段和原则。到秦汉时期，这些变化和要求变得大为明显；特别是在传播五行理论方面已经出现了一个重大的发展。西汉的成就之一是产生了一个可以兼收并蓄各种新思想的新的知识结构。大师们的伦理理想与皇权的实施及宇宙受五行总的循环控制的解释同时并存。此外，当时正大力把孔子尊崇为先师。同时又借助过去历史的教训，以使人相信关于宇宙和人的新产生的观点。

完成能够兼容并包这些不同内容的综合，应归功于董仲舒（约公元前179—约前104年）。虽然关于董仲舒做出贡献的这种传统观点一般可以被接受，但它需要作一定程度的修正。正像在产生综合的或

---

① 《汉书》卷二二，第1028—1029页。传统主义者认为使人萎靡不振和有害的音乐专指郑卫之音，郑和卫是帝国时期之前的两个国家；见鲁惟一：《危机和冲突》，第202页以下。

② 《汉书》卷三十，第1711页。

③ 见鲁惟一：《危机和冲突》，第200页以下。

折中的思想体系时经常发生的情况那样，这种体系的很大部分应归功于更早的思想家，而这些人也并不都能有把握地确定是谁。在这一次，董仲舒的贡献应归功于董仲舒的前辈陆贾，他在对外关系方面，在人们所知的汉儒新体系的发展方面，都起了重要的作用。[①]

陆贾是刘邦的早期追随者之一，并在刘邦胜利地建立汉帝国的过程中一直伴随着他。根据传统的记载，[②] 他不断地颂扬和引用《诗》和《书》，这引起了高帝的愤怒。当高帝直率地要求他回答，这类著作对于在物质上赢得一个帝国究竟有什么价值时，陆贾警告说，物质力量对维持一个有秩序的帝国的任务来说是不够的；他最后写了一批论文，以此陈述自己的意见来说服中国的新统治者。关于撰写《新语》的这一记载可能是异想天开的；它可能反映了一种理解，即单纯地取代秦具有内在的危险性。秦帝国已经迅速灭亡，有人希望在这种短命的帝国和长治久安的帝国之间能看出一个不同之点。在这方面，陆贾强调必须注意传统的教训和他举出的两部书的伦理观念，必须注意这两部书的公认的编纂者孔子。

陆贾经历了秦帝国的战败以及内战和建立汉王朝的过程。在董仲舒生活的时期，汉朝政府正有意识地发挥首倡精神，采取一系列有力的政策。虽然董仲舒反对这类政策的某些结果，但他没有见到元帝（公元前49—前33年在位）和成帝（公元前33—前7年在位）两朝作出的反应。[③] 直到后来，从王莽时期（公元9—23年在位）和后汉最初几十年，董仲舒的思想才全部被人接受。他的综合体系基本上是与把天当做国家的崇拜对象和部分地由于刘歆而出现了对待文献和经文的新态度这些情况同时盛行的。[④]

---

① 见本书第 6 章《中国的扩张》和第 13 章《道德的价值和秦朝的失败》。

② 《汉书》卷四三，第 2113 页。

③ 关于董仲舒的抗议，见《汉书》卷二四上，第 1137 页以下（斯旺：《古代中国的粮食和货币》，第 179 页以下）。关于元帝朝及以后的反应，见本书第 2 章《改革和衰落（公元前 49—公元 6 年）》。

④ 关于对天的崇拜，见本章《帝国崇拜》。关于刘歆，见以下第 14 章《真伪问题和经文的传授》。

　　董仲舒的观点在奉命向皇帝上书言事的三份奏折中作了明确的阐述；这件事可能发生在公元前 134 年。[①] 这些文件对通过五行的媒介发挥作用的天、地、人三界的一元性质作了新的强调。这个单一的体系包括了皇帝在尘世控制人的世俗统治，把它作为必不可少的组成部分。

　　皇帝称天子。这是周代诸王骄傲地自称为专有的一种称号，它体现了这时把汉帝和最高权威联系起来的一种关系，虽然最高权威的性质没有被明确地限定。[②] 这种特殊关系使天能够采取照管人类命运的有意识的步骤，使它能够表示对皇帝治理黎民的好坏的关心。如果这种托付之重被执行得不好或不负责任，天认为应对皇帝发出警告，以使皇帝会因此重新调整他的政策或改变他的个人行为，去促使人世得以恢复幸福繁荣的状况。

　　天有力量向尘世统治者发出警告的理论部分地基于天人感应的理论，这是鉴于宇宙任何部分的活动将伴随着或反映了其他地方的活动。这个信念也出现在诸如《淮南子》等著作中。[③] 从地上（或天空）失调将会在天空（或地上）同时出现相应的或类似的失调的主题思想，以及从天关心人的幸福的观点，随之产生了一个主题思想，即天这一最高权威将主动纠正这种失调。通过在天空或在地上显示奇异的天象，天能向它的儿子——皇帝——指出他施政不当的性质和程度。皇帝应该很快地认识这个警告和采取适当的行动。如

① 《汉书》卷五六，第 2495 页以下、2506 页以下和 2513 页以下。关于认为可能是公元前 134 年的主张，见《汉纪》卷十一，第 1 叶。《资治通鉴》卷十五，第 549 页以下确定在公元前 140 年；见鲁惟一：《帝权：董仲舒的贡献及其前人》（待发表）。《春秋繁露》被认为是董仲舒所作的一部更大部头的著作，在确认它的所有内容都可信之前必须有所保留。

② 早期涉及一个汉帝使用天子一词的情况可以在公元前 180 年导致文帝登基的一些事件的记载中看到；见《史记》卷十，第 414 页（沙畹：《史记》译注）第 2 卷，第 447 页）；《汉书》卷四，第 106 页（德效骞：《〈汉书〉译注》第 1 卷，第 225 页）。关于董仲舒使用这个名词的情况，见《汉书》卷五六，第 2521 页；关于周代诸王使用这个称号的情况，见《汉书》卷五六，第 2521 页。见顾立雅：《中国治国之道的起源》第 1 卷《西周帝国》（芝加哥、伦敦、1970），第 82、441、494—495 页。

③ 见第 664 页注 1。

果他有效地做到这点，他将结束混乱或不平衡，以及弥补缺乏和谐的状况。

通过把皇帝的统治与天联系起来，董仲舒重新建立了据称在周代诸王与天之间存在的一种纽带；就帝国统一之前不久的诸侯国国王而言，他们则没有，也不能要求取得这种纽带。奇异的或令人厌恶的事件，例如日食月食、地震或彗星的出现，就成为对皇帝的一种警告。官员把这类事件上报给皇帝就成为他们的职责，皇帝就必须追查这些事件可能有的含义。这些事件一旦上报皇帝，就被称为征兆，它们的发生显然正在被人利用为政治目的服务。因为事实表明，虽然这类自然界的事件是不规则的，或者根据罕见的但是定期的循环发生的，但是，现存的关于天空的异常现象或地上的灾难报告却根本不是以一种有规律的或完整的方式写成的。

显然存在一种利用这些奇异事件的办法，以便影响皇帝的政府，甚至对它施加压力。有人不是寻求原因以解释为什么天选择某一时刻引起灾害，例如水灾，而是提出高级官员那个时候的错误或判断不当，或者宫廷中的某些人的凶残行为，致使天主动地发出了警告。如果打算恢复帝国的稳定，这种稳定是可以加快实现的，那么错误的决定必须修正，错误的行为必须改正。[①]

董仲舒决不是表达他对各种征兆的观点和试图解释它们的教训的唯一的人。在记载这类事件的连续几卷中，[②]《汉书》收入了一些人的评述，他们对待这些事情的作风和态度略为不同。除了董仲舒本人外，有几名官员——包括刘向、王音和龚遂——专门论述说，应把这

---

① 关于以这种方式选择上报事件是由于官员们故意的选择的情况，见毕汉斯：《〈前汉书〉各种凶兆的解释》，第 137 页以下；以及 1983 年 6 月提交伯克利加州大学的研讨会的一篇论文：《古代中国的占卜和凶兆解释》。关于编纂记载的历史学家作出这种选择的观点，见沃尔弗勒姆·埃伯哈德：《汉代的天文学和天文学者的政治作用》，载费正清编：《中国的思想和制度》（芝加哥，1957），第 51、59—60 页；何四维：《中国历史编纂学的方法论问题》，载《东方文献通报》，第 53：1—2（1958），第 12—21 页。在提交上述研讨会的一篇论文中，门斯维尔特·贝克也持这个观点。

② 《汉书》卷二七；这分为三个主要部分，其中两部分又进一步细分。又见《汉书》卷二六，包括有关天文现象的记载。

些不吉利的事件解释为天的警告。刘歆甚至认定了一些特定的缺点，例如没有祭祀周代诸王的陵墓，或者不愿意倾听劝谏。① 在所有的其评述有记载可查的人中，后一个京房尽力以通用的和特定的字眼解释各种征兆，为此目的他使用了一种特殊的准则。以下事件便是一例。

> 哀帝建平三年，零陵有树僵地，围丈六尺，长十丈七尺。民断其本，长九尺余，皆枯。三月，树卒自立故处。京房《易传》曰："弃正作淫，厥妖木断自属。妃后有颛，木仆反立，断枯复生。天辟恶之。"②

汉代的学者和注疏家多次对在帝国时期之前很久主要在《春秋》等文籍中报道的征兆表达了他们的观点。《汉书》记载了董仲舒对这些早期事件的评论，他还因对人和历史的看法增加了新的内容而应受到称赞。他在一段著名的文字中明确地提请人们注意过去的教训，把这些教训作为了解人类事务和评价同时代人的成就的价值的手段。公元前135年，他在联系一座纪念高帝的宗庙着火时写道：

> 《春秋》之道举往以明来，是故天下有物，视《春秋》所举与同比者，精微眇以存其意，通伦类以贯其理，天地之变，国家之事，粲然皆见，亡所疑矣。③

这样，可以说董仲舒提高了历史研究的价值，这种方式后来导致司马

---

① 关于例子，见《汉书》卷二七上，第1331页（有关董仲舒）；卷二七中之上，第1396页（有关龚遂）；卷二七上，第1331、1335页（有关刘向）；卷二七上，第1343页（有关刘歆）；《汉书》卷二七中之下，第1417页（有关王音）；卷二七下之下，第1504页以下。鲁惟一：《危机和冲突》，第245页以下，《中国人的生死观》，第87—88页（有关杜钦和谷永）；《汉书》卷二七下之下，第1476页（有关杜邺）。
② 《汉书》卷二七中之下，第1413页以下。
③ 《汉书》卷二七上，第1331页以下（鲁惟一：《中国人的生死观》，第86页）。

光把历史当做一面镜子，以反映和研讨人世安排就绪的政府。

可以预料，王充断然反驳基于天具有独立主动性和进行独立行动这种假设的任何理论。王充认为，天不可能引起灾难，更不具备向人类提出警告的手段。因为天既没有意志，也没有办法做到这点；任何认为天会注意人的不端行为的主张都不符合关于造物的真理，造物的真理认为，天是作为一种自然的过程而产生，并且仍在产生之中。①

对成为征兆的事件的注意决不限于凶兆的事件。正史记载了吉利的事件和采取的被认为是吉利的措施。最能说明问题的例子也许是宣帝朝（公元前74—前49年）在不同时间有瑞鸟在宫殿栖息、甘露下降和黄龙出现等事件。这些报告都被欢欣鼓舞地视为天降福于皇帝及其政制的吉祥之兆。这些事件都用诏旨昭告天下，有时则采用一个年号以示永远纪念。② 但是几乎可以不用怀疑地说，这些反应是任意作出的，是出于为宣传目的而使人们集中注意特定事件的愿望。因为在这些年中，宣帝朝还出现了非常不吉利的征兆，如公元前61年出现彗星和公元前50年宫中发生火灾等事。③ 至少在这10年中，宣帝的顾问们显然愿意使臣民去注意发生的祥瑞而不去注意灾异。

整饬风纪的号召

快到汉末时，社会的不稳定和政治凝聚力的丧失产生了重新评价公共生活及其体制的需要。有识之士对于作为他们培训基础的理想是否为民众有效地实现了安宁和繁荣的状况是不满意的。他们看到的不是天降祥瑞，而是在其周围看到了官员的压迫和奢侈、政治上的倾轧和离心离德以及经济的失调。然而，虽然有人认识到必须恢复过去的

---

① 《论衡》十四（《谴告》），第634页以下；十八（《自然》），第784页以下（福克：《论衡》第1卷，第1194页以下；第1卷，第100页以下）。

② 从公元前61至前49年期间，采用了神爵、五凤、甘露和黄龙四个年号（《汉书》卷八，第259、264、268、273页；德效骞：《〈汉书〉译注》第2卷，第239、247、254、261页）。关于诏旨的例子，见《汉书》卷八，第258、263页（德效骞：《〈汉书〉译注》第2卷，第238、244页）。

③ 《汉书》卷八，第261、273页（德效骞：《〈汉书〉译注》第2卷，第241、261页）。

伦理标准和在公共生活中树立新的尊重道德的态度，但是所发表的建议并不是作为直接对孔子的道德标准的呼吁而提出的。帝国的新形势要求在确认时弊和提出纠正办法时明确新的着重点。

当时的几个官员或哲学家流传下来的著作号召重新树立帝国赖以取得稳定而有效的行政纪律。法律应该有效地实施，惩罚应作为消灭一切弊端的手段而运用，这样才能恢复对伦理价值的信念。但是对要求恢复从前法家思想原则的这些强烈呼吁却掺进了一个不同的内容。秦帝国以前的法家政治家单纯地把国家的富强作为他们的目标。公元2世纪的新法家则认为他们主张的严厉措施是为了大部分民众的利益而对罪犯或压迫者施加的压力。

这个不同点的产生部分地是由于这两个时期之间的经历，在此期间，儒家的伦理已经建立起自己的传统。儒家思想的价值和美德作为教育的课程，已被传授了几十年。因此，公元2世纪的后半期的思想气氛与公元前250年的气氛大不相同。这四个世纪已使人看到，那种治理人民和组织人民的严格的和现实主义的态度是如何以失败告终的。但是尽管在帝国秩序与过去的传统产生联系之后已有漫长的经历，但在这段时期内同样出现了颓废和腐化；道德理想的教化未能阻止权力斗争和分离主义的爆发和涌现。

在强烈地要求恢复旧法家式的统治和纪律的人中，有三个人值得一提。王符（约公元90—165年）清楚地看到，单单依靠个人的正义感和公平竞争意识是不够的。[①] 他期望有一个不偏不倚地实行的、如同几个世纪前商鞅主张的法律和惩罚制度。崔寔（死于公元170年）[②] 特别关心减少犯罪和官员压迫的必要性。可能他自己的个人历史给他的观点增添了色彩，因为他出身于一个家道中落的家庭。当他父亲去世时，他不得不出售所剩下的一些家产，以便支付当时社会习

---

①　见白乐日：《汉末的政治哲学和社会危机》，第198页以下；见本书第15章《王符：道德价值、社会正义和领导》。

②　见上引白乐日著作第205页以下；帕特里夏·埃伯里：《从〈四民月令〉看东汉的庄园和家族管理》，载《东方经济和社会史杂志》，17（1974），第173—205页；本书第4章《桓帝统治时期》和第15章《崔寔的激烈建议》。

俗所要求的葬礼的费用。崔寔感到，在公众的这种要求和实行理智的
节约措施之间，存在着一种不能容忍的和不合理的悬殊现象，同时他
大声反对任何宣称帝国政制保证了繁荣幸福这种主张的空洞性质。

在这一方面要提起的第三个批评者为仲长统（约公元 180—220
年），他也许比他的同时代人更加激进。① 他出生时间稍晚于王符和
崔寔，亲眼见到黄巾之乱的结果。仲长统非常清楚地理解，如果要在
人际关系和公共生活中恢复秩序意识，新时代就需要新措施，而且要
有强有力的措施。他感到，为了纠正时弊，单单向过去的道德制约求
助是不够的。为了恢复纪律意识和给中国农村提供过安宁生活的机
会，时势需要新的措施。

长生和对死者的仪式

现在事情可能清楚了，秦汉时期思维的主要内容是今生的人世。
作者们关心的是据以了解宇宙及其运行的思想体系，或是人与其周围
的关系；他们或者急于想探索道德的制约、习惯的行为和法律的制裁
在控制人类行为的活动中的地位。但是他们没有撰写有关死亡的著
作。

但是神话学表明，人对死者的命运十分关注，中国各地出现了形
式众多的丧葬仪式，这说明人们注意去保证死者的幸福。甚至可以假
定，对大多数人来说，这类宗教活动及支撑他们的信仰对心志的影响
比皇帝和官员们十分重视的国家崇拜的庄严仪式的影响更为巨大。

为死者举行的种种仪式与中国文化的两个方面——礼的各种准则
和社会凝聚力的发展——变得分不开了。礼的目的之一就是要限制情
欲，防止感情过分外露；所以行为的准则就是注意去规定应该表示悲
痛的方式，以及丧葬活动的许多细节，这些细节因有关人员的身份而
各不相同。这样，礼的制度要适当注意支配男女的自然感情；礼还有
效地把这类感情纳入儒家心中十分珍惜的社会等级形式之中。

---

① 见白乐日：《汉末的政治哲学和社会危机》，第 213 页以下。

就社会结构而言，这些活动也同样重要，虽然这一发展在汉代不像在后来那样明显。由于种种哀悼仪式基本上是一族和一家之事，它们必定提供一个机会，使那些集团的属性得到证实和重新被肯定。最后，这些礼仪的行为有了一种沿袭的标准；人们必须注意辈分以保证表示尊敬的正确程度，氏族成员根据与死者关系的亲疏以不同的形式履行仪式。这种种区分既可以加强氏属的属性和尊严，又可以突出它的结构。①

给死者提供未来幸福的某些措施将在下面讨论。墓葬不惜费用和工夫的一个最重要的例子就是上面已经谈过的为秦始皇兴建的陵墓。虽然这个例子是极个别的，但是其他许多墓葬表明，为了提供一个与死者在世时享受的生活方式相称的墓冢，活人常常要花费大量的物质财富。还有理由看到，大量丧葬费用有时引起批评或者促使一些人提出节约的例子，以示抗议。

这类批评在《盐铁论》和《潜夫论》中提得最为激烈，它们可以分别适用于公元前1世纪和公元2世纪的情况。有时批评反对在生、死的不同时期所表示的虚情假意。因为不顾儒家孝道理想的要求在父母在世时苛待他（或她），与在父母葬礼上铺张和炫耀财富以使当时社会注目的行动有很大的区别。②

不论是64卦或五行的体系，或是《淮南子》关于自然的观点，都没有提供死后在另一个世界获生的任何希望；它们也没有描述据以履行仪式以确保死者幸福的手段。同样，董仲舒的综合体系对这些问题也未加考虑。王充一方面试图说明人死后根本不可能再幸存，一方面又没有指名指责某一个作者曾精心想证明生命又在坟墓以外存在的

---

① 关于使治丧集团及其组成成为社会地位和家庭关系的衡量标准的情况在很久以后的发展，见莫里斯·弗里德曼：《华南的氏族组织》（伦敦，1958）。
② 关于秦始皇的陵墓，见第1章《道路、城墙和宫殿》和《秦的崩溃》。关于对铺张奢侈的批评，见《盐铁论》卷六（《散不足》），第206页（鲁惟一：《中国人的生死观》，第126页）；《潜夫论》三（《浮侈》），第134页。关于文帝和明帝的丧葬风格，见《汉书》卷六，第134—135页（德效骞：《〈汉书〉译注》第1卷，第27页）；卷三六，第1951页；《后汉书》卷二，第123页；《潜夫论》三（《浮侈》），第130页。

企图；他只是怀疑被公认的、但无文献依据的这类信仰。①

在缺乏关于灵魂的性质和可以取得不同类型长生的明确阐述的情况下，我们不得不依靠各种史料中不完整的参考材料。幸运的是，近年来发现的大量物证补充，并多次证实了这些材料。这些物证来自其动机有时可以加以推断的丧葬活动；墓中包括大量想象出来的画像和象征物。由于近期的研究，现在已有可能把这类物证与关于长生和丧葬习俗的参考材料联系起来，我们现在对这些事情的了解远比以前明确和广泛。

以下的篇幅将谈及中国在感觉到佛教的影响以前产生的信仰和实践。由于证据的多种多样和它们在时间上的前后不一，特别是鉴于中国人对整个问题的态度，我们很难指望取得完全一致的材料。因为可以预料，虽然在西方诸文化中一种类型的长生信仰排除了其他类型的长生信仰，但秦汉时期的中国人很可能为死者采取各种的措施，并且履行种种的仪式以满足事实上是矛盾的一些考虑。

鬼、魄和魂

鬼、魄和魂三个字用来指人类的非物质要素。鬼常与神相联系。它们都具有危险的力量，因此令人惧怕；它们应予崇拜和安抚。鬼为那些受他人所害的人所化，被认为有能力返回人世，以对这些邪恶进行报复，他们通过进行破坏来做到这点。最早提到这类鬼——饿鬼——的材料，见之于刚好在秦帝国建立之前的睡虎地的占卜文书。有人还认为鬼能化成各种各样的生物，这样它们就能返回人世来寻找自己的目标。②

根据一个更加复杂的信仰体系，人被认为包括一个肉体和两种非物质要素。其中之一称为魄，是使肉体活动的力量，并能操纵它的四肢和器官；另一个要素称为魂，是体验和表达智力、情感和精神活动

---

① 关于王充对死亡的看法，见第 666 页注 2。
② 关于饿鬼，见第 637 页注 2。关于王充对这个问题的看法，见《论衡》二十（《论死》），第 871 页以下（福克：《论衡》第 1 卷，第 192 页以下）。

的工具。一般地说，肉体、魄和魂这三个要素在死亡时互相分离，在特殊情况下，魄和魂仍合在一起，保留着准备在必要时返回人世向使他生前受害的邪恶势力进行报复的力量。一般地说，当两者分离时，魂如果幸运和得到适当的帮助，将努力进入被想象成各种各样形式的极乐世界。只要采取某些预防措施，魄安然与肉体在一起，但关于这方面的信仰似乎有所不同。有的人认为这类预防措施只在一段有限的时期内有效。还有一种可能，即人的一种要素如果不幸，将会沦落黄泉。[1]

丧葬习俗的动机和死者的归宿

考古学显示，这个时期的中国人十分注意丧葬习俗。注意的动机是多种多样的，并且完全可能遵循几种仪式而不感到矛盾。有的人主张服用"不死之药"，和寻求取得这种灵丹妙药之道。[2] 另一些人设法使死人复生，以期延长在人世的时期。更有一些人尽量试图使肉体保持不朽，这样魄就能自在地附着在肉体上。

对魄的需要的注意说明了出现大量有豪华装饰和陈设的墓葬的原因，在墓中魄就可以具备所需要的设备和防备危险的必要手段。对魂来说，人们可能提供象征的手段和护符，以送它平安地到达乐土。此外，还有一种习俗，即墓葬中的陈设包括一件直接取材于五行论的特种护符；通过这个手段，人们希望死者的灵魂将被安全地安置在可以想象到的宇宙中最有利的环境之中。

黄泉并非幸福的归宿，不是死者的灵魂有意飘荡的目的地。有人似乎把它想象为一种集体存在的地方，后土在那里相当严厉地进行监管。但是，也还有灵魂能够和应该去的其他地方。在秦代，也许在汉初的一个世纪，人们的注意力集中在东方的仙境上。去仙境之路要通过被认为具有神奇力量的中国之东的一些岛屿；这些有名的岛屿居住

---

[1]　关于详细情况，见鲁惟一：《通往仙境之路》，第9页以下。

[2]　关于这些和其他的措施，见余英时：《汉代思想中的生命和长生》，载《哈佛亚洲研究杂志》，25（1964—1965），第80—122页。

着以其洁白著称的某些生物。经过这些岛屿，特别是一个名叫蓬莱的琼岛，就有可能取得不死的灵药；一旦取得这种灵药，人们就可以升到更幸福的仙境。

在这样的环境中，人也许可以摆脱他或她的尘世烦恼，与其寿命超过人生的许多生命一起生活。这些生命包括帝和日月，而达到这个境界并不是轻而易举的。这包括登上神话中提到的不同的阶梯，必须通过凶猛的人和兽的监护神的检查，才能获准入境；未经获准的人严格地不得进入。①

但是至迟到后汉，已经出现了具有非凡特点的仙人居住地的观念。除了他们神奇的法力外，他们的生活方法也与凡夫俗子有明显不同，因为他们没有那些伴随着凡人的痛苦和苦难。他们被描述成可以在空间任意飞翔；他们靠食枣吮露为生；他们能够摘采长生的草药。铜镜上的铭文描述了这些习惯，有时这些仙人本身也被详细地描绘，如进行六博之类的游戏。有时这些仙人被画成非人非兽的生物；他们偶尔出现在墓的壁画上。②

至迟从公元1世纪起，关于西方乐土的思想正在形成。这个思想绝不是新的；它的特征在先秦时代前的神话著作中就可以看到。虽然很早在公元前1世纪中叶的画像中已出现这种特征，但直到公元1世纪末，这种思想才正式出现在中国的艺术作品中。③它在当时墓葬陈设中的存在不一定意味着其他长生的思想已被放弃；人们非常可能在奉行新产生的信仰的同时，仍以相当的热情继续怀有那些思想。

西方乐土位于幻想中的日落之处，人们对它的确切情况所知甚少。旅行家们曾经报道了那里的地形和奇怪的地名，并说有一座"弱水"围绕的昆仑山。④还据说那里是西王母的戒备森严的居住地，在

---

① 鲁惟一：《通往仙境之路》，第48—49页。

② 鲁惟一：《通往仙境之路》，第198—200页（C4102，C4311）和图版28。

③ 鲁惟一：《通往仙境之路》，第103页、140页注95。

④ 《汉书》卷九六上，第3888页（何四维：《中国在中亚：公元前125年至公元23年的早期阶段，附鲁惟一的导言》〔莱顿，1979〕，第114页）。关于这些报道所根据的旅程情况，见何四维的《中国在中亚》，第40页以下；本书第6章《进入西域：张骞的倡议》。

她的庇护下，想象中的西方仙境才得以存在。人们认为西王母具有许多特性，还有专门的随从。她被认为具有控制宇宙以及使人长生不死的力量。另有一些神话谈到了西王母曾与几个寻求灵药的世俗君王相会及最后与她的配偶东王公相会的故事。①

对死者的照管

文字的和考古的材料证实，人们奉行很多不同种类的仪式，有的为了与神话相一致，有的为了满足宗教的强烈愿望，有的则为了显示智能的力量。有些仪式的对象是物质的目标；有些则被认为是在行使感应魔法；而有些在当时履行的仪式可以继续达几个世纪之久，而其原来的形式仍可辨认得出来。

有时在似乎已经死亡的情况下立刻采取某些措施，以期改变死亡的定局。《楚辞》包括两首长篇的招魂诗以召唤死者之魂重返人世，这样生命又可延长一段时期。这两首诗多半成于公元前3世纪的中期和末期，它们具有取材于华中的大量形象化的描述。阻止灵魂离开肉体的希望，以及不让死亡成为最后事实的意图，还表现在一种爬上死者的房顶和为上述的目的念咒的家庭风俗方面。②

正史记载了两件事，其中的名人试图采取使他们永远长生和避免死亡的措施。这两人便是秦始皇和汉武帝，他们力图从东海的琼岛取得长生的灵药。人们还注意到，汉武帝试图通过黄帝的沟通而得到上苍的赐福。③ 在这些事例中，两位皇帝都不满意已经圆满地采取的措施。

与这类实践不同的是，大部分证据涉及了一些想取得一个完全不同的目的的企图。未亡人不是像巫术和招魂术所冀求的那样希望让灵魂留在人间或返回人间，而是接受死亡的事实，并急于提供护送灵魂

---

① 关于这种关系的重要性，见本章《文化的主人公：配偶的相会和造物》。
② 《楚辞》九（《招魂》）；十（《大招》）（霍克斯：《楚辞》，第 101 页以下、109 页以下）。
③ 《史记》卷二八，第 1369—1370、1385 页（沙畹：《〈史记〉译注》第 3 卷，第 463 页以下、465 页以下）；本章《帝国崇拜》；鲁惟一：《通往仙境之路》，第 37 页。

到阴间的手段；或者他们希望为留下来的、但不能依附在肉体中的要素提供舒适的条件。

在为这一目的而设计的所有护符中，最著名的护符之一是约公元前168年埋入马王堆（华中）一号墓的棺椁盖上小心安放的一幅画。[①] 虽然已知还有其他这类画的实物，但此画保存得最好。画中内容丰富的细节取材于华中的神话，它指明了取道蓬莱以求得长生灵药之道和后来魂升天堂的情况。

但是，那些负责把轪侯夫人葬在马王堆一号墓的人无意把他们的措施限制在这单一的护符或物体方面。墓内安放了大量多半为了使魄过得舒适和维持死者习惯的生活方式的物质陈设。秦汉时期的墓葬内常常有这些陈设，陈设的规模和差别部分地取决于家庭的财富和它精心炫耀以使当地社会瞩目的愿望。许多墓内葬有玉器、铜器和漆器，或者有大批钱币随葬。这种习俗引起一些人的抗议，他们认为物质的花费应用于活人的需要，而不该用在死人身上；它还使一些盗墓者注意到那些显要人士的墓葬能提供迅速得益的机会。

墓中还陈设一些与死者在生前经常相处的同事、随从和仆役的人俑，还有与他一起供职的官员的画像；往往有乐师、杂耍表演者等的人俑，有时还有他们的工具的复制品。随葬的饮食和服装，甚至塞满衣橱的成捆绢帛，将满足魄感到需要的物质要求。由于高级官员的生活如果没有威严豪华的交通工具是不可想象的，死者常有车、马的模型随葬；它们或者以浮雕的形式刻画在石上，以表示死者生前优越的生活。

装饰汉墓的浮雕和壁画的其他主题包括狩猎和宴会。此外，显赫人物的随葬品还包括表示死者在人间身份的物质象征物，如他们担任的官职的官印，或者皇帝赐予特权的诏书的文字。可能出于同样的原因，有时还要随葬一些书籍，以表示死者的身份是一位学

---

① 此画最精美的复制品见于文物出版社：《西汉帛画》（北京，1972）；又见湖南省博物馆和中国科学院考古研究所：《长沙马王堆一号汉墓》（北京，1973）第1卷，第40页图38；第2卷，图版第71—77；鲁惟一：《通往仙境之路》，第17页以下。

者，或是一位法学专家。但是埋葬这些珍贵的文书很可能还有其他的原因。产生随葬一批葬品的这种习俗，其动机还不能充分地得到解释。①

马王堆一号墓内的随葬品显示出护送魂进入天堂和使魄得到安宁的种种企图。此外，这一弥足珍贵的墓址还包括了某些可用来证明一个迥然不同的习俗的最有力的证据。这就是防止尸体腐烂的措施，尸体在墓中成功地保存了两千多年。尸体放在多层棺椁内并与外界因素隔绝，这样就发挥了作用。

我们知道至少还有一个把尸体同样成功地保存下来的例子。② 但是，其他试图防腐的方法则没有那么有效。关于皇室成员或其他人穿玉衣埋葬的方法在礼的准则中有精心制定的规定。玉被认为具有神奇和永恒的属性，人们希望通过让尸体穿上一件精心量好的玉衣，尸体就将永远保存下来。这种残存的玉衣实物可以在一批遗址中找到，其中有著名的满城（河北）遗址。在满城，发现了分别死于公元前114年和公元前104年前一年的中山王和王后所穿的玉衣。这些玉衣可惜未能达到其目的，但是有可能把它们复原成原来的形式。③

有时墓葬中包括一批守护的形象和物体。在汉帝国的中部和南部发掘的墓葬中，已经发现一批瞪眼的鬼怪，它们头上有突出的角，长舌一直伸到腰际。④ 在这些形象中，有的持蛇或在食蛇，这个主题在

① 关于随葬品的研究，见《汉代文物》（京都，1976）。关于画像的题材，见《汉史概要及题材索引》。关于华东浅浮雕像的选集，见山东省博物馆和山东省文物考古研究所编：《山东汉画像石选集》（济南，1982）。

② 关于公元前167年的第二个例子，见纪南城凤凰山一六八号汉墓发掘整理组：《湖北江陵凤凰山一六八号汉墓发掘简报》，载《文物》，1975.9，第1—7页。关于尸体防腐的情况，见《后汉书》卷十下，第442页注5。

③ 关于两件从满城残存品复原的玉衣，见中国科学院考古研究所满城发掘队：《满城汉墓发掘纪要》，载《考古》，1972.1，第14—15页；中国社会科学院考古研究所、河北省文物管理局：《满城汉墓发掘报告》（北京，1980）第1卷，第344—357页；第2卷，图版225—243。关于根据社会地位制作玉衣的规定，见《后汉志》志第六，第3141、3152页。

④ 萨尔莫尼：《鹿角和舌头》；本书第626页注3。

其他画像中也可见到。^① 这些形象被解释为守护神，目的在于阻止邪恶势力入墓和吞食尸体。其他的象征物正面地被用作带来吉祥的手段，如屡次在一些墓中发现的绵羊头或山羊头。^②

更具体地说，在这些具有象征意义的设计中，有的想通过把表示使宇宙运转的无穷尽的力量的符号安放在死者周围，以便给死者带来吉祥。这类画的最简单的形式可以用成对的伏羲和女娲这两个形象为例，由于他们的结合，宇宙才得以存在。这两个形象常以他们各自的属性来表示：以日、乌或一只圆规来表示伏羲；以月、兔（或蟾蜍）或三角形表示女娲。^③ 为同一目的设计的一套更为复杂的象征是充当五行中四个行的符号的四种动物：青龙、朱雀、白虎和玄武。每种动物被安置在墓冢中应占的角落，即各占东、南、西、北一角，以保证尸体被宇宙进程中适当的象征物所围绕。

但是，表达这种象征主义的最惹人注目、最优美和最完善的手段也许是埋在墓中的一种特殊形式的铜镜。这些镜子具有一套特有的线状标志（被称为规矩纹镜），还有宇宙 12 等分的符号。^④ 这 12 个符号与上述四个表示动物的标志相辅相成。它们围绕镜子中心排列成正方形，镜子中心成为五行中第五行的象征性表现，其形状宛如代表地的土丘。因此，这个体制把宇宙的两种解释——一种是把宇宙分成 12 部分，另一种是承认五行的五种作用因素——结合起来。这种设计是两种体系完全调和的象征，其用意是据此死者被置于宇宙中最完美、最吉祥的环境之中。

---

① 见孙作云：《马王堆一号汉墓漆棺画考释》，载《考古》，1973.4，第 247 页图 1，第 249 页图 2，图版 4—5；湖南省博物馆和中国科学院考古研究所：《长沙马王堆一号汉墓》第 1 卷，图 17—21。
② 洛阳一座西汉墓的墙上有山羊头的像，见《文物精华》，3（1964 年），第 1 页。
③ 关于伏羲和女娲的形象，见郑德昆：《阴阳五行和汉代艺术》，载《哈佛亚洲研究杂志》，20（1957），第 182 页；芬斯特布施：《汉史概要及题材索引》的条目；鲁惟一：《通往仙境之路》，第 41 页图 9。
④ 关于铜镜的详细描述，见鲁惟一：《通往仙境之路》，第 60—85 页；图版 10、12—14 有特别精致的图例。

这种规矩纹铜镜除了成为这种类型的护符外，上面还有整套象征人死后的未来的图形。这些图形表示灵魂通过腾云驾雾，达到其归宿的仙境的路程；在那里还可遇到一些半人半神的小神灵。在这些镜子的最完整的实物中，上面的铭文明确地阐述了这些符号的意图，并表达了它们将保护死者无危险威胁的用心。有的铭文描述了阴间神灵的习惯。

这样，这种规矩纹铜镜充当了最有力的物质象征。宇宙中 12 分体制和五行体制不提人死后的结局，而这些铜镜则把这两种体制与达到不朽境界的直接方式联系了起来。这样，对来世的信仰就与存在论相一致了。由于这些青铜镜的形状和构造，它们还导致一种工具（式）的产生，这种工具在日常生活中用来确定个人在宇宙运行秩序中的地位。① 通过这些符号的结合，铜镜表示已保证把死者置于最合适的宇宙环境之中。

有些最优美的和它们的图像表达得最为正确的规矩纹铜镜是在短命的王莽王朝（公元 9—23 年）制作的。在以后几十年，中国艺术家的注意力开始转向西方仙境。于是在墓的浅浮雕或在少数铜镜上可以看到一种不同的象征符号，它们旨在表现护送灵魂安全地达到西王母主宰的仙境的情况。虽然不能确定绝大部分的实物的日期，但幸运的是，根据墓主有姓名可查和建墓日期也可确定的墓的形式，现在有足够的材料可以作出一个通过对墓的风格的研究来加以证实的总的结论。由此可以定出一个年代的序列，从中可以看出中国的艺术家们设想死者的灵魂进入仙境的不同的方式。

在秦代，也许在汉代开国的头一个世纪中，注意力集中在东方仙境上。到王莽时代，通过适当的护符形式对宇宙进行思考显然具有更重要的意义。最后，也许从公元 100 年起，注意力转到表现西王母及其仙境的方面。由于她一直用来装饰的特有的头饰或王冠，她很容易在石雕上认出。一般地说，她有一批特别的侍从伴随，其中包括一只兔子、一只蟾蜍、一只九尾狐和一只三足乌

---

① 　见本章《方法》和第 646 页注 2。

（有时则是三只乌）。有的画上，西王母坐在可能用来表示宇宙之树的柱顶的宝座上；在少数精选的画上，有西王母与东王公相会的情景。①

杨品泉 译

---

① 鲁惟一：《通往仙境之路》，第 86 页以下。关于王母的特性，见图 15、18、19。关于王母与王父的图，见图版 22—23。关于两人坐在两根柱顶王座的情景，见图 21。

第 十 三 章

主权的概念

我们在前面各章中引用了许多对中国政治理想的发展起过重大作用的事件和决定：这种政治理想就是要求实现由一位公认的皇帝在中央统治着一个统一的大帝国，他的皇权的合法性不容许受到另一个敌对的政权的挑战。为了达到这个政治理想并且在实践中维护它，中国的历代政府几乎都认为必须求助于宗教的和文化的权威力量，这甚至在中华帝国肇始之初的秦代那些务实的政治家中已可见其大概了。

例如，这种需要可见之于他们精心地挑选"皇帝"（emperor）一词作为其恰当的称号；后来又采用水德、土德或火德作为某一个朝代的当行之运。[①] 这一原则也见之于人们常常援引自然的特异事件，或者作为向当时政权所显示的祥瑞，或者作为迫使其改弦更张的上天示警。[②] 这也表明人们何以要作出种种努力以说明，王朝必须按照上天韵律的要求进行更迭或者延续的缘故。[③] 在这一章中，我们将试图说明所涉及的某些观念，并把它们放在它们的文化背景之下予以申论。

[①] 见第 1 章《帝国时期的思想潮流》和《前 221 年水德的采用》；第 2 章《知识和宗教方面的支撑》；第 3 章《王莽的崛起》；第 5 章《叛乱和战争》和《王朝与形而上学》。

[②] 见毕汉斯：《〈前汉书〉各种凶兆的解释》，载《远东古文物博物馆通报》，22（1950），第 127—143 页；第 5 章《王朝与形而上学》；第 12 章《董仲舒和天的警告》。

[③] 见毕汉斯：《汉代的中兴》，载《远东古文物博物馆通报》，31（1959），第 232 页及以下。

态度的改变，公元前 221—公元 220 年

汉朝遗留给后世继承者的主要遗产之一便是它显示了皇权政府的一种应予尊重的工具；政治家们对于皇权的服务应该出以忠诚，并且在服务中对把他们培育起来的伦理道德的理想给予应有的尊敬。有许许多多不同的原则——有些原则是互相矛盾的——是在这种观念被接受的过程中被包容进来的。公元前 221 年所提出来的自鸣得意的皇权权利与公元220 年承认皇权的必要性这一信条之间形成了鲜明的对比。

在最初，由于征服了各敌对国家，攫得了领土，并从中央进行着管理，只要专门刻之于石以宣告新帝国的建立就足够了。但是，在公元 220 年为魏文帝曹丕登基时所颁布的文告中，在其庄严隆重的宗教仪式上却必须指明，他的即位是按照神灵的意志行事的，因为神灵有充分的权力来罢黜汉朝的最后的一位皇帝，从而为魏室的兴起铺平了道路。[①]

秦帝国作为能够发号施令的唯一有效的政治权力，它的建立确是政治实践中的一大发明。当然，大一统的观念在从前已有理论上的阐发，特别是被孔门某些德行科的弟子们有所阐发。[②] 可是，他们在阐发大一统观念时，它总是带有梦想的性质，甚至是对当世状况的一种反动。当世状况的特点是众多的列国并存，它们彼此结成同盟和反同盟，战斗不休。据说，那个时候的政治家们和将军们极少被禁止从忠于某一方转到忠于另一方，也极少禁止他们搞权术谋略以提高某一个

---

① 关于公元前 221 年后不久所勒的石刻，见《史记》卷六，第 242 页以下（沙畹：《〈史记〉译注》〔巴黎，1895—1905；重版，巴黎，1969〕第 2 卷，第 140 页以下）；本书第 1 章《皇帝的巡行和刻石》。关于公元 220 年的文告，见《三国志·魏书二》，第 62 页以下（特别是注 2）；又见卡尔·莱班：《天命的操纵：公元 220 年曹丕即帝位时隐晦的天意》，载戴维·罗伊、钱存训合编：《古代中国：早期文明研究》（香港，1978），第 315—342 页。

② 例如，见《孟子·梁惠王上》六（《李雅各英译七经》第 2 卷，《孟子》〔牛津，1983〕，第 136 页）；又见公元前 3 世纪的杂家著作《吕氏春秋》20，第 1 叶及以下各处。

王国，或者去摧毁另一个国家。① 除此之外，对通过称霸而旨在谋求大一统的霸权，人们的态度也是各各不一的。虽然有人为当霸主的企图辩护，说它能有效地保护周王，但更多的情况是说它用不法手段侵夺了原来处于合法地位的王权。

在这种情况下，占统治地位的大一统观念被视为一种拥有道德价值，尽管它在政治上是多么的不现实。这种概念集中在多少世纪以来周天子所拥有的特殊的领袖地位，因为他们与上天有着特殊的关系，也因为他们声称其王位乃得自上天的眷命。

但是，不管对周王的权利怎样进行口头宣传或者如何表示尊重，列国纷纷形成战国，再加上它们的施政和日益增长的野心，它们根本不把周天子本应行使的权力放在眼里。很少有迹象表明周王能对他自己政府的行政发挥作用，或者说他能够影响那些边远地区独霸一方的更强大的霸主们的决定。据信，自从原来的周王有权把权力分封给藩臣以来时间已流逝了几百年；在公元前第 2 和第 3 世纪的时候，人们很难清楚地追忆周王曾经有效地主管一个政府的情况了。② 存留在人们记忆中的——而这在帝国时代是非常重要的——只是这样一种理想或幻想，即周天子是集优秀道德品质于一身的大化身，足以赢得举世的尊敬和效法。

有许多历史事件表明了变化的过程和有时能够加以体会的矛盾。在秦帝国的瓦解到汉朝建立时的这个纷争的年代中，刘邦的主要对手项羽并不接受帝国式的大一统为理想的政府形式，他似乎设想要搞一个松散得多的、更像邦联那样的安排。③ 在后来，认为皇帝的主权与其说是建立在赤裸裸的征服的基础之上，不如说是建立在承认庄严的上天的恩惠或赐予的基础之上的这种想法，有时会引起使人尴尬的问题。人们可能会发问：事实上是用军事方式建立的

---

① 关于这些事件，不管它们是真是假，在《左传》和《战国策》两书中各处可见。

② 关于西周政府的效率，特别是它的初期阶段，见顾立雅：《中国治国之道的起源》第 1 卷《西周帝国》（芝加哥与伦敦，1970），鲁惟一的书评见《远东和非洲研究学院学报》，35∶2 (1972)，第 395—400 页。

③ 见第 2 章《内战和刘邦的胜利》。

汉王朝怎样可以从道义上说是正确的呢？所以对于它的答案有时是互相矛盾的。[①]

在公认的关于主权的看法中结合了两种原则，即由于受天之命而以德进行统治的权力与实际上实行的帝位继承制度——通过对这两种原则的考察就能发现一种不可避免的冲突。在这一方面，作为统治者的个人优点的相对价值与一个受继承的地位的力量就成了问题，而这在帝制史上也绝不是最后一次。[②] 另外，帝位继承的本身和那些操纵皇位继承的事件反映了对皇帝的作用和职能的看法的各种不同的方式。凡为天子者，当然包括一些这样的性格和个性的人，即他们认为，通过行使其领导权力，应给公共事务留下了他们的影响；但是，孺子即位这种事实本身却说明了他们虽然坐在宝座上却并无实权可言。随着皇权需要得到宗教上和知识上的认可的重要性的增加，皇帝所行使的实际政治权力很可能有所缩小。

君权的确立

中国在实现统一前不久所编纂起来的一些书都包含了关于君权起源的几种重要陈述。按照某些作者的说法，君权的建立被认为是人们要解决迫切的需要。人不像动物那样，他们没有天然的防御装备足以战胜生存竞争中的危险。因此，他们必须集结起来进行自卫。他们必须接受领导上所给予的限制以抗御面临的危险，并且携手协作，向前进入更高的文明水平。

这种说法可见之于杂家《吕氏春秋》中的一篇，或许更强有力的

---

① 这种问题至少在两种情况下要发生。见《史记》卷一二一，第 3122 页以下（伯顿·沃森：《英译〈史记〉》〔纽约和伦敦，1961〕第 2 卷，第 403 页以下）；《汉书》卷八八，第 3612 页；《汉书》卷七五，第 3176 页及以下；以及鲁惟一：《秦汉两朝皇帝的权威》，载《东亚的国家与法律：卡尔·宾洛尔纪念集》，迪特尔·埃克梅尔和赫伯特·弗兰克编（威斯巴登，1981），第 82—83 页。

② 例如见韩愈的文章《对禹问》，载马伯通编：《韩昌黎文集校注》，（上海，1957），第 17—18 页。

说法则见之于《荀子》；它们都是公元前 3 世纪的作品。[①]《荀子》中的那段话指出了人是高于万物的，而且它描述了因为量才用人而使人能获得技能并得到提高。君权必须保证这种方式的用人是公正的和适当的；这样，它就可能防止爆发纷争，并使人能够进于为善之境地。

这是对君权建立的渊源所作的很有现实意味的解释。很有意义的是，发表这些意见的这两段文字都与秦国有密切的关系。《吕氏春秋》是按照在秦国工作并要求当地一些作者陈述他们的观点的一位政治家之命写成的一部著作，而荀卿的学生不仅有韩非，还有李斯在内。[②]这些作品中所阐发的原则对于秦国政治理论的影响是不可低估的。

除此之外，这些材料还有另外一些说法，它们也可能与这时政治理论的形成有明显的关系，但它们所根据的思想又有所不同。就《吕氏春秋》而言，这是不足为奇的，因为这部书是出自多人之手。它的下面一节把三个主要思想融合进了在一个世纪或一个世纪以后形成的皇权理论之中了。它们就是上天在给予王朝以权力中的作用，五德所起的制约作用；以及预告某一王室将要兴起的祥瑞的出现。它是这样写的：

> 凡帝王之将兴也，天必先见祥乎下民。
>
> 黄帝之时，天先见大螾大蝼。黄帝曰："土气胜。"土气胜，故其色尚黄，其事则土。
>
> 及禹之时，天先见草木秋冬不杀。禹曰："木气胜。"木胜气，故其色尚青，其事则木。
>
> 及汤之时，天先见金刃生于水。汤曰："金气胜。"金气胜，故其色尚白，其事则金。
>
> 及文王之时，天先见赤乌衔丹书集于周社。文王曰："火气

---

① 《吕氏春秋》第二十篇（《恃君览》），第 1 叶；《荀子》第九篇（《王制》），第 109 叶以下。

② 见卜德：《中国的第一个统治者：从李斯（公元前 280？—前 208 年）的一生研究秦王朝》（莱顿，1938；香港再版，1967），第 12 页及以下、第 57 页及以下。

胜。"火气胜，故其色尚赤，其事则火。

代火者必将水，天且先见水气胜。水气胜，故其色尚黑，其事则水。①

这段文字的作者显然认为把两个不一致的观点结合起来并无困难——此即由神灵所行使而可以起仲裁作用的意志和经常受一个普遍循环法则支配的序列。用力把这两种思想调和起来，在后汉思想中是相当重要的事情。

另外一个原则很清楚地在《荀子》中有所论列，它与帝制时期特别重要的一些观点不相一致。它至少在两处主张说，个人的品质和个人的成就要比国家的制度更加重要，而且它们超越了世袭的权利。② 这一条原则对于那些靠个人的领袖才能和征服上台的君主来说，其意义是显而易见的，例如对秦始皇和汉高祖便是这样的。但是，这种说法不一定符合借助天命作为合法权威的源泉的主张。它也不符合帝位继承的实践，或者说不符合这种主张，即根据"无为"的指导思想，认为皇帝的职能是高拱在上，统而不进行实际的治。③

据秦帝国建立不久后的文献所显示，在谈到秦始皇的成就时几乎完全归功于他个人的功劳。除了赞颂祖宗神灵之助的几句空话之外，并无涉及任何其他超凡入圣之神灵引导他取得成功时所起的作用之辞。秦始皇建立地位的基础是他征服了敌国，荡平了所有当时已知的领土，而且在一套唯一而一致的法则的基础上推行中央集权制。有一种说法是吹嘘他的这些成就是史无前例的；

---

① 《吕氏春秋》第十三篇（《应同》），第4叶。（鲁惟一：《中国人的生死观：汉代的信仰、神话和理性》〔伦敦，1982〕，第46—47页）。所谓"丹书"，即意在描述古代方法之书。周武王得知，丹书中有黄帝和其他一些神话统治者的材料，因而武王想向它们求教。"丹"之意即指它们是用不可磨灭的材料写的。

② 《荀子》第十二篇（《君道》），第158页以下；《荀子》第十八篇（《正论》），第234页以下。

③ 见本书第12章《"道"及其衍生的思想》；又见下面《皇帝的作用和职能》的有关部分。

这样，这种提法就使他有资格选用"皇帝"这一足以传之万世的尊号。①

道德的价值和秦朝的失败

在汉代最早论述政治理论的著作是陆贾的《新语》，我们在上面曾有所论及。② 关于陆贾和他的著作，人们注意得较少，这可能是因为他的某些后辈们后来居上之故。陆贾的某些思想被董仲舒表达得更强而有力，而当这位作者被人们公认为是一位调和论者时，他们有时却忘了他所凭借的资料是很有创见性的。③《新语》是根据汉高帝（公元前206—前195年在位）的特殊命令编写的，这时是在董仲舒出生之前数十年。

为了打算引导人们维护一个有效率的政府，《新语》说到了异常的自然现象的重要性及其显示警戒的意义。如上所述，这种观点被董仲舒阐发得很有力和很系统。此外，《新语》强调的是，帝国政府必须重视儒家的伦理道德价值，使之成为取得国泰民安的手段；它也建议皇帝的活动应该调得与阴阳的节奏相一致。

陆贾的观念如此，是因为他认为皇权在实践中可能会出差错。有迹象表明，许多领袖人物都憬悟到秦帝国没有能够抗御住攻击，尽管它拥有很自负的力量，因而陆贾及其以后的作者们都试图回答这样一个明显的问题：如此一个强大的组织怎么会被一小撮乌合之众和手无寸铁的软弱的暴动者摧毁了呢？也可能他们写书是还想回答另一个——也许他们只巧妙地提示过而未明确地点破过的——问题：汉朝怎样才能也避免这同一种命运？

按照陆贾的说法，秦朝之失败是由于它使用刑罚过度，是由于

---

① 《史记》卷六，第235页以下（沙畹：《〈史记〉译注》第2卷，第122页以下）；本书第1章《从王到皇帝》。

② 见第12章《董仲舒和天的警告》。

③ 关于陆贾和董仲舒，见鲁惟一：《皇权：董仲舒的贡献和他的前辈》（即将出版）。

它傲慢自大和奢侈无度。大约二三十年以后，贾谊写了一篇包括三个部分内容的文章，以论究秦朝之失的本质问题。[①] 他也是强调，帝国政府需要积极地致力于尊重伦理道德价值。与贾谊时代极相近而又同姓（但非一家）的贾山，也乘机提出了另外两点意见。[②] 他敦促汉文帝（公元前180—前157年在位）应尽力效法周天子时代政府的榜样；其特点就是要关怀臣民的福利，还要乐于倾听大臣们的批评。

在汉武帝时代（公元前141—前87年在位），加强对伦理道德价值的注意表现在吸收通晓儒家著作的人进入仕途。[③] 儒家著作现在成了官员和政治家们的文化修养背景，并且势将继续起这种作用。这种办法必然会对发展君权的观点产生影响。官吏们都偏好孔子的教言以及与他有关系的著作，同时又都屏弃像商鞅、申不害和韩非这样一些更实际、更现实的人们的著作，这种情况之所以发生实在应该大大归因于董仲舒的倡议。[④]

董 仲 舒

上面已经谈过董仲舒所阐发的观点和他要把皇权安排在宇宙秩序中什么地位上的问题。[⑤] 他的方案是反复申论《吕氏春秋》中把上天的威权和五德循环的韵律联系在一起的这种综合的观念。他对此也增加了他自己的东西，即是经过扩充和详细叙说的祥瑞和灾异的重要

---

① 这三部分所载出处不一：第一部分见于《史记》卷六，第278—282页（沙畹：《〈史记〉译注》第2卷，第225—231页）；《史记》卷四八，第1962—1965页；《汉书》卷三一，第1821—1825页。第二部分见于《史记》卷六，第283—284页（沙畹：《〈史记〉译注》第2卷，第231—236页）。第三部分见于《史记》卷六，第276—278页（沙畹：《〈史记〉译注》第2卷，第219—224页）。关于贾谊，见第2章《贾谊和晁错》。

② 《汉书》卷五一，第2327页。

③ 见第12章《伦理原则和人的组织》；又见第14章的《董仲舒的杂糅诸说》。

④ 《汉书》卷五六，第2523页。

⑤ 见第12章《董仲舒和天的警告》。

性。我们现在完全可以说，从《吕氏春秋》的作者到董仲舒这期间尚无一位作者重申过这一主题。除了有人试图说它是黄老思想的一部分之外，这时尚不知有什么著述把皇帝的统治说成是宇宙主要体系中的组成部分。

董仲舒也谈天命。虽然这个观念直到他死后才获得很大的重要性，但董仲舒为恢复这个在秦汉以前几个世纪内作为周代政治哲学的主要内容的名词也做了新的努力。在最初，它见于《诗经》和《书经》中；到后来，它也见于《孟子》的一段重要的文字中。[①] 这条教义通常被引用为批准周取代其前人的那种非信不可的权威，但是却未明白地见于《左传》和《论语》等书中。在战国时期，这种思想几乎不能对任何一位列国之君给予实际的助益，特别是周天子在直到公元前 256 年还实际上在位之时。当这条教义在帝制政府时代重新出现时，它取得了新的含义。它不能同那种把天、地、人合而为一的新理论分开；它配合了皇帝的敬天活动。

有几种说法把汉高帝的胜利和汉帝国的创立归功于上天；但在这个帝制初期年代的历史中还未见有关于上天特殊眷命于汉王室的说法。[②] 诚然，有一条言天命的材料特别评论说，周虽然获益于受天之命，但天命并未获允赐给汉朝。[③] 董仲舒在他的天人三策中提到了这个概念，他丝毫未暗示汉王朝已受到上天的付托之重。[④] 这个观点的

---

① 《诗经》，第二三五，二四四，三〇三，三〇五篇（高本汉：《诗经》〔斯德哥尔摩，1950〕，第 185 页及以下诸页、第 198、262 页及以下诸页、第 263—266 页）。关于《书经》，见高本汉：《书经》，载《远东古文物博物馆学报》，22（1950），第 20、37、39、59 页。关于《孟子》，见李雅各所译"七经"，第 2 卷，第 297 页。又见顾立雅：《中国治国之道的起源》，第 82 页及以下诸页。

② 例如，可见《汉书·高帝本纪下》，第 71 页（德效骞：《〈汉书〉译注》〔巴尔的摩，1938—1955〕第 1 卷，第 131 页）。关于其他材料，见鲁惟一：《皇帝的权威》，第 87 页。

③ 《史记》卷九九，第 2715 页（沃森：《英译〈史记〉》第 1 卷，第 285 页）；《汉书》卷四三，第 2119 页。

④ 《汉书》卷六五，第 2498、2501、2516 页。

发展及其应用到皇室身上，尚须有待于匡衡和班彪的著述问世（详下）。

董仲舒用批评秦朝的方式使他的君权观念给人留下了印象。在董仲舒以前，这种批评主要是出于缕述秦朝失败的需要；对秦朝的失败主要是按照它的政策及其不可避免的后果来加以解释的。在董仲舒的思想上出现了一些新的特点，因而使它比起前人所发表的意见必定更能传得久远得多。他站在道德的立场上尖锐而辛辣地指责了秦朝政制。它的措施从根本上打击了中国文化本身。董仲舒并不是紧紧抓住那个过分暴虐政治的实际失误不放，而是集中地谴责秦朝的严重不公平的政绩。[①] 在这样做的时候，他竖了一个批评秦朝的标准，使很少历史学家和政治家对它加以怀疑。他给下面一种说法增添了新的力量，即认为帝国政府应该负责坚持某种道德标准，应该负责鼓励对于文化活动的追求。

董仲舒还突出了往往被后世的那些人士所忽视的东西，这些人总是主张恢复传统的价值和观念。他虽然表示，帝国政府的基本原则没有改变，即它们是受命于天的，但对于权宜政策的决定总是有变动的，这样它们就能在应用中适应不同时代的有所改变的环境。[②]

许多这种思想都可见之于下面这段文字，这是董仲舒给皇上奏对中的文字，其文如下：

> 天令之谓命，命非圣人不行；质朴之谓性，性非教化不成；人欲之谓情，情非度制不节。是故王者上谨于承天意，以顺命也；下务明教化民，以成性也；正法度之宜，别上下之序，以防欲也：脩此三者，而大本举矣。
>
> 人受命于天，固超然异于群生……[③]

---

① 《汉书》卷五六，第 2504、2510、2519 页。

② 《汉书》卷五六，第 2518 页以下。

③ 《汉书》卷五六，第 2515 页（鲁惟一：《中国人的生死观》，第 150 页）。

班彪关于天命的论文

在汉元帝时代（公元前 49—前 33 年在位），关于天命的观点又取得了新的力量。这个时期进行了许多政策上的改变，它们是作为对汉武帝（公元前 141—前 87 年在位）极端进步措施的具有改革性质的反动对策。这种变化伴随着出现了新的政治理论观点，而且也随之出现了相应的宗教上的变化。①

约在公元前 45 年，光禄勋匡衡以实行宗教活动的改革著名，他批评了许多政治问题并发表了对君权的看法。② 他在这里包括这样的意思：统治者既然受命于天，他们的责任就是要传皇位于永世勿替。这种说法在一百年前可能已为董仲舒等少数人所接受，但在匡衡时代，它对许多人来说很可能带来了某种新的启示。匡衡描述了君权的延续性和神明降福之间的联系；这不仅指上天所赐之福祉，也指鬼神所赐的福祉。③ 他还援引过去的前例，主要是引用郁郁乎文的周室诸王的成例。匡衡更进而坚持连续性和一致性的必要；指导人类的方式是应该使他们能够完成自己的本性，这样他们就能前进到更高的道德行为的境界。

在一个流产的企图更新汉王朝的五德之运的过程中，即在公元前 5 年，天命的重要性被突出了出来。人们甚至这样议论，汉成帝（公元前 33—前 7 年在位）因没有产下一个皇子，也归咎于他不能上应天命。④ 此后不久，这条教义被班彪的《王命论》提了出来，它或许是中国文献中表述政治原则最完善和最清楚的文章。

班彪（大约公元 3—54 年）是班固的父亲，也是《汉书》的第一个作者。他曾经目睹王莽朝廷（公元 9—23 年）的兴起和灭亡，经历

---

① 见本书第 2 章《改革和衰落》和第 12 章《帝国的崇拜》。
② 《汉书》卷八一，第 3338 页及以下诸页。关于匡衡在宗教改革中的作用，见鲁惟一：《汉代中国的危机和冲突》（伦敦，1974），第 158 页及以下诸页。
③ 见本书第 12 章《民间崇拜》
④ 《汉书》卷七五，第 3192 页；鲁惟一：《汉代中国的危机和冲突》，第 278 页及以下诸页。

了最后导致刘秀（光武帝，公元 25—57 年在位）中兴汉室的那个内战的年代。此文的目的在于向觊觎皇位的隗嚣和公孙述等人指出，刘氏完全有权称尊和实行统治。这篇杰出的论文[1]重申了帝国大一统的主张。这个主张已经由王莽在不久以前予以确立，他托词说是上天特授此任务给他的。所以很清楚地应该指出，光武帝的政权也会据此理由而得到支持，这一点具有很重要的意义。

从一开始，班彪的文章就重申人君统治之权本自天授的原则。其证明就表现在尧、舜、禹（夏代开国之君）这几位神话君主身上；他们都受命于天。虽然他们取得成功的情势不同，但他们恰恰在下面这样一件事情上是一样的，即他们全都是上应天命而取得帝位，并且符合人民的意志。统治的延续性可以上溯自圣君尧而直接传到刘氏，因为有许多事变和预兆都是这样显示的。在代表五行之一的赤色当运的势力下，这些事变和预兆都证明了其直接继承关系。只有在这种基础上皇权才有指望可得到鬼神的福祐，才能变成普天效顺的目标。

然后，班彪讨论了汉王朝所借以建立的环境。他直截了当地声称，民间普遍认为，汉室在乱世所赢得的地位是凭借它的雄厚的物质力量，其实这是错误的。他说，这种观点不了解神器——即御玺——乃天命之所归，是不能用智识或力量来强求的。由于这种误解，便产生了乱臣贼子，其原因在于它不能体会上天的原则，也不能领会人的活动。

所有的人，从贵为天子到穷愁潦倒之辈，都是命中注定的；任何人，如果没有做皇帝的命，他就不能做皇帝。因为正当的物质必须用在正经用途上，否则，就要祸患随之。班彪要他的读者注意历史上几件意外事件的例子；例如，有时那些最微贱而最闭塞无知的人曾经了解并预见到天命归于某些最优秀人物的身上。他们能够料到某个企求权位的人必然获致成功，或者必然大失所望。

与某些似乎还不明确的情况相反，有五种迹象完全清楚地显示

---

[1] 《汉书》卷一〇〇上，第 4207 页及以下诸页（狄百瑞、陈荣捷、沃森编：《中国传统的来源》〔纽约，1960〕第 1 卷，第 176 页及以下诸页）。

了汉朝的开国皇帝——汉高帝（公元前 206—前 195 年在位）——便有这种品质，使他能够接受天命。他是尧的苗裔；他的身体有许多奇异的特点，他的精神和勇武品质得到了实际的验证；他有慷慨大度的性格和仁慈的禀赋；以及他能够判断某人是否适宜于担任某一项特殊的任务。除此之外，汉高帝的战略谋划能力使他能创业垂统；曾经被人们正确地报道的天象表明，他本来受命自天，绝非仅凭人的能力获得他的权力。所以班彪在总结中提出严肃的警告，要人们必须倾听符兆的启示，从而憬悟命运的重要性；不然的话，其人必会粉身碎骨。他要求他的读者们应当注意自己的身份而不要觊觎非分。

班彪的观点代表了他那个时代的进展，例如被王莽连系在符瑞上的力量，以及上天在皇帝的祭坛上最后被认定为正确的崇拜对象。这种观点并不完全符合世袭制原则。天命教义所固有的含义是要表明，皇帝这个最高的地位决不能虚悬，它应该总是有人担任着。在公元 220 年废黜汉朝末代皇帝汉献帝而让位于魏王的时候，其禅让文件也讲明了这一点，它说：

> 天命不可以辞拒，神器不可以久旷，群臣不可以无主，万机不可以无统。[1]

当运之德的选择

某个朝代被认为受某一德（木、火、土、金或水）的庇护，即确认某一德当运，这是一个很重要的行为。五行之德便是存在的五种"相"的表征。选择当运之德就宣告一种信念，即该王朝有资格在普遍而不间断的序列中占有适当的位置；它也肯定了这样一种观点，即该王朝是怎样顺应这种五德终始的循环的，从而确定了它与以前朝代

---

[1] 《三国志·魏书二》，第 75 页注 3。

之间有何关系。

前面已经谈到，甚至秦王朝的务实的政治家们也都想顺应这些原则，宣称秦朝为水德所保护，但是也有人注意到，认为这种说法实在是弄错了时代，没有实际的根据。[①] 很显然，汉代也相信自己是行水运的，虽然这种主张从未明确地表述过。可是，根据各种主张可以推断，在大约公元前180年和公元前166年之间就有人建议汉德应该改为土德。这种建议从未被采纳，但在公元前104年确实出现了第一次变动，同时还有其他几种象征上的变动，比如采用了新历法，也重新改了元。正是在这一年，汉政府很显然对它的成就有所认识，或者甚至感到骄傲，因此它急于显示它的光辉历程。[②]

在选择五德的时候也有许多哲学上的困难，因为在进行决定时必须遵循宇宙大循环变化顺序的几种观点中的某一种。此外，这种选择应该能够突出地说明前代皇朝的天命究竟是一位有权威的统治者，抑或是一名篡夺者。当前汉在公元前104年选择土德的时候，它意在符合这样的理论，即某一德之出现是因为它取代或战胜了前一德之故；这就是上述《吕氏春秋》那一段文字中所讲的五德或五行和世上政权相为终始的那个次序，[③] 可是，后来汉朝政府所作的决定又是因为它们相信，五德之递相更选不是由于相克，而是由于自然相生长。另外，这些决定也隐隐地透露了一种认识，即尽管有公元前104年的决定，汉之所以兴是由于火德当运。依同理，王莽也说他的新朝是适应土德的象征，但是他选择同前汉相同的土德而却有大异其趣的理由。前汉挑选土德，意在显示它战胜了秦王朝。王莽却认为，汉曾以火德兴，故土德是火

---

① 见本书第1章《帝国时期的思想潮流》和《前221年水德的采用》。
② 见本书第2章《知识和宗教方面的支持》；鲁惟一：《汉代中国的危机和冲突》第1章；鲁惟一：《水、土、火——汉代的象征》，载《奥萨津和汉堡自然学和民俗学协会通报》，125（1979），64；《史记》卷九六，第2681页；泷川龟太郎：《史记汇注考证》（东京，1932—1934；北京重印，1955）第10卷，第32—33页（注）。
③ 见前面所引《吕氏春秋》之文。

德的天然继承者。[①]

公孙述在选择金德时，显然是他认为，前汉既已享受了土德的庇荫，其后便自然而然地应该是金德当运。当光武帝选择了火德的时候，他也相信，它不仅继承了前汉之德，而且也远绍帝尧，因为后者是他喜欢继承的人物。汉光武的选择更进一步地意味着，它对于中国王朝更迭史的相生序观点有着不小的意义。光武帝通过剔除王莽及其采用的土德，就把王莽的新朝打上了篡夺者政体的烙印，因此王莽的新朝在现世命运的天然顺序上不能占有一席地位。[②]

王充与王符的观点

不能指望王充会同意上天有意干预人事，甚至认为上天特别眷顾某一家一姓来掌权之说。除此而外，以下的主张是符合他的现实主义观点的，即他辩论说，不管传统的假说和教条怎么讲，没有一种先验的理论会把某一现世政权的命运看成必然次于前朝的命运，或者看成低于从前的黄金时代，[③] 因此，乍一看来会很奇怪地发现，他不仅提到周文王和周武王是受命于天的君主，而且还指出汉高帝和汉光武也是如此。王充也许在这里仅指当时大家都在使用的陈词滥调，即他并不认为它有实效，也没有加以肯定的这种说法。

这种解释也可以用于王充另一段关于汉高帝的命运和关于适于取得君权的文字上。[④] 在其他文字中，王充谈到了或者适合于文的、或是适合于武的高级职位的个人才能，但是他提醒读者们注意，不管这

---

① 《汉书》卷九九上，第4095页（德效骞：《〈汉书〉译注》第3卷，第285页）；《汉书》卷九九下，第4112页（德效骞：《〈汉书〉译注》第3卷，第288页及以下诸页）。

② 关于公孙述，见《后汉书》卷十三，第538页。关于光武帝之选择五德，见《后汉书》卷一上，第27页；另见毕汉斯：《汉代的中兴》第2卷，第233页。

③ 《论衡》十九（《宣汉》与《恢国》），第817页以下、826页以下（福克译：《论衡》〔上海、伦敦和莱比锡，1907和1911年〕第2卷，第192页以下、201页以下）。

④ 《论衡》三（《偶会》），第99页（福克译：《论衡》第2卷，第8页）。

种才能能否取得成功，但其杰出之处也完全靠的是命运。^① 从上下文看，王充所指的是"命"（destiny）；他似乎没有用"天命"（Mandate of Heaven）的字样。

王符是从一位旁观者清的地位批评时政的，由于他个人没有卷入国务活动之中，所以他避开了官吏生活的牢笼和约束。对于皇权运行的方式，他发表了很辛辣的意见。他不大相信世袭制度；这种制度不能保证会产生能拥有足够的道德品质、决断心理和治理能力的任职者。他举出某些人为例子，认为他们并未依靠继承权而取得了声誉和成就；也有一些例子是某些人的显赫只靠出身好而最后一事无成。^②

秦王朝和王莽对后世的影响

尽管王充的心中尚有各种疑问，也尽管王符观察到各种缺点，秦汉所创立的帝制政府却带着它作为政治权力的自然结构的许多特点，一直延续到了 20 世纪。这种结构是在许多极其不同的原则的基础上形成起来的；它绝非仅仅来源于正统的哲学和像儒家所笼统地谈到的那种统治形式。这是一件怪事，即帝制之取得胜利及其连绵不绝的传授下来，其部分原因却是起源于两个在中国传统中一直加以诋毁的短命的政权，此即秦始皇的政权和王莽的政权。因为据说秦王朝粗暴地坚持公民要服从，知识分子要循规蹈矩，社会要有纪律，而这些东西已经经常成为秦国政府行政的主要部分；而后世的朝代如果不乞灵于在王莽时代已明显地表现出来的这类宗教的和文化的支持，便无法宣告自己有权进行统治。

从后汉起，没有一个逐鹿大宝的人敢于蔑视天命的原则，而多少世纪以来重要的事情就是要坚持这种观点：皇帝及其一家一姓正在五

---

① 《论衡》一（《命禄》），第 21 页（福克译：《论衡》第 1 卷，第 146 页）。
② 《潜夫论》一（《论荣》），第 32 页及以下。关于王符另外一些论君权的观点，见本书第 15 章《王符：道德价值、社会正义和领导》。

德终始之运中占据着应有的位置。随着时间的流逝和由于王朝历史的复杂性，必须注意到有几个政权同时共存的局面，并且要决定谁是其中的正统。由于这种原因，历史学家和宣传鼓动者都认为必须搞出一套关于正统的理论来。宋代某些最优秀的文人学士都曾殚精竭虑地致力于所涉及的这些问题，并且要使人世的政府同存在（being）的主要理论协调一致起来。①

帝王宝座的尊崇

在刘氏王室漫长的历史岁月中，制定了许多礼仪来提高皇帝的地位和尊崇。如前面几章所述，② 从前汉立国之初起便发生了一系列事件，表现为占有帝王宝座或是受到了挑战，或是被人控制。不管这种事件的实际情况如何——我们必须记住，是在这里，在我们所看到的历史记载中比在别的地方几乎肯定地更充满了偏见——历史学家们所记述的都是天衣无缝地经过规定和授权的正式的礼仪和步骤，所以它们的有效性是不可能轻易地启人疑窦的。③

从面对着潜在的反对派的汉文帝即位（公元前 180 年）起，直到汉献帝的被废黜（公元 220 年）时止，皇帝的登基、被废或自动引退，都被形容为尊崇和庄严的大事。皇帝的继位是由于当时显要的政治家和官吏们参议的结果。凡挑选来准备御宇的候选人在最后听从官员们要他登上帝位的明确意志以前，都要宣示于众，庄严地表示他没有能力临御，或者在道德修养上有缺点。这种谦让的表示已变成了公式套话；有时甚至要谦让再三，极尽礼貌之能事，然后才打消谦辞之意。

与此同时，那些可能亲身经历皇帝登基以实现其雄心的国家大臣

---

① 关于"正统"问题，可看饶宗颐：《中国史学上之正统论》（香港，1977）。又见本书第 5 章。

② 见本书第 2—5 章。

③ 见鲁惟一：《秦汉两朝皇帝的权威》，第 101 页及以下。

们就应该排在百官的前头，一丝不苟地按照该大典的礼仪行事。在废
黜某君或者直接邀请皇室某人为君这种罕见的情况下，决定是由所有
大臣联署的文件或表奏来表达的。最高的道德准则便是要改换皇帝所
持的理由。① 有时也有迹象表明，所涉及的诸多原则有互相抵触之
处，或者因不同候选人的利害冲突而可能被他们营谋私利地加以利
用。汉昭帝死的时候（公元前 74 年），有人认为不足以保证长子能继
承帝位；在有些情况下，兄长可以被其弟所取代。② 公元前 8 年又出
现了亲等关系的问题，因为那时必须在皇帝的异母弟和胞侄之间决定
一个谁是最合适的人选。③

在皇帝去世的时候有时会出现体制上的困难，或者在继承权发生
疑难时也会出现这种困难。在这种情况下，会没有能够决定国务的天
子。如果需要建立一种被认可的权力来决定国政的话，皇太后可以充
当这个角色。早期的一个事例发生于公元前 74 年，它的程序像是一
个精心安排的闹剧，目的在使当时政治家们的决定合法化。皇太后只
有 15 岁，她要庄严地予以批准的帝位候选人是不幸的刘贺。但是，
还是由于这位皇太后的权力，20 天以后刘贺又被废黜，而刘病
已——即后来的汉宣帝——被应召即皇帝位时年仅 18 岁。④ 在后汉
时期，这种权力后来给予了一位皇太后，它以后很可能会加强某些皇
位竞争者的地位。

皇帝继位之际是有许多正式手续要履行的。皇权的物质象征验证
文件的玺，多半以玉为之，而且有专用名词。⑤ 摘走了玺便是终止了

---

① 《汉书》卷八六，第 2937 页及以下诸页；鲁惟一：《汉代中国的危机和冲突》，第 119
页及以下诸页。
② 《汉书》卷六八，第 2937 页。
③ 《汉书》卷八一，第 3354 页及以下诸页；《汉书》卷九七下，第 4000 页及以下诸页。
④ 《汉书》卷八，第 235 页及以下（德效骞：《〈汉书〉译注》第 2 卷，第 199 页及以下）；
《汉书》卷六三，第 2765 页及以下；《汉书》卷六八，第 2937 页及以下；鲁惟一：《汉
代中国的危机和冲突》，第 76 页及以下。
⑤ 此即"玺"；此名词专为皇家所用，见南京博物院：《江苏邗江甘泉二号汉墓》，载《文
物》，1981.11，第 10 页。关于前汉一位皇后的玉玺，见秦波：《西汉皇后玉玺和甘露
三年铜方炉的发现》，载《文物》，1973.5，第 26—29 页。

某某人的权力，而要夺取它是不能没有斗争的。[①] 皇帝即位时要斋戒
沐浴，或者去祭告宗庙以显示王朝的千秋万祀之盛。上面已经说过，
皇帝还要亲自主持其他宗教仪式，即是或者要祭祀五帝，或者要祭
天，或者还有不常见的是要登泰山举行封禅大典。[②]

皇帝的尊崇地位也用制定礼仪等其他办法来加强。汉朝开国不
久，汉高帝的一位顾问叔孙通便批评朝廷缺少应有的仪节；他获准制
定条款来纠正这种不正常的状态。关于皇帝威仪的规定后来也被详细
地制定了出来，使皇帝在起居的许多方面都能突出他的至高无上的地
位。在其他方面，礼文条款也表现了社会的分野，并且设法加强了皇
帝高踞全国人人之上和官僚阶层之顶的意识。[③]

皇帝的作用与职能

在政治家和官员们日益增长其对于国事决策的影响时，以及在他
们彼此争夺政治权力时，这些程序和礼节就越来越发展了。从秦二世
起，有很多情况是这样的：皇帝根本不能行使权力，或者皇帝只是别
人手中的工具。总的说来，虽然皇帝的象征意义上的重要性日益增
长，但他在政府中的作用也越来越缩减，甚至趋于零。如果要问，既
然皇帝本人实际上无权，为什么操纵继位问题仍具有重大的意义；答
案肯定是这样的：虽然他没有政治影响，但他地位的形式上的权威依
然是至高无上的。如果要使政府仍被尊为不仅为权宜之计而设的机
构，而且如果政治家们要想声称自己的权力有合法的靠山，那就都必
须视之为其源盖出于天子。一个胸有宏图的官吏必须承认他是受制于

---

① 《后汉书》卷六，第 250 页；《后汉书》卷十下，第 455 页。

② 见本书第 12 章《帝国的崇拜》。

③ 例如，见《后汉书》志第六，第 3141 页及以下；《后汉书》志第二九，第 3639 页及以
下；以及《后汉书》志第三〇，第 3661 页及以下所记关于交通、服饰和殡葬的规定。
关于"礼"，见本书前面第 12 章；关于公元 86 年注意"礼"的情况，见本书第 4 章。
又见其他文献，如辑佚的《汉官六种》（四部备要本）；陈祚龙：《汉官七种通检》（巴
黎，1962）。关于叔孙通，见《汉书》卷二二，第 1030 页（何四维：《汉法律残简》
［莱顿，1955］，第 433 页）。

君主的；因此，他必须防止一个他不能指望加以控制的强有力的皇位候选人上台。

汉朝皇帝最初是一位胜利的征服者，以东征西讨建立了他的政权，而到了汉朝末年，皇位已经变成了永久意义上的工具了。皇帝体现了比任何个人的升沉都更要持久的理想；他的登基、死亡和继承问题都是"五行"这个自然而终始不息的循环的阶段。可是，这种办法也有时蕴含着它的缺点。维持万世一系就有一种产生和提名一位皇储的义务。从完成这种义务的需要出发，就搞了一套繁复的婚姻制度以保证能诞育男孩，并且出现了敌对和争吵，这又有时危及该王朝的统一，甚至危及其生存。

由于皇帝自称为天子，他们马上就显示自己从神灵那里得到了权力；因此人们能够说他们的活动负有某种使命。这种说法本身就足以形成一个服从和效忠的焦点，使之能够高于仅仅由人的权威提出的要求。在祭天的时候，皇帝像从前的周王那样，担负着可能有的最高级别的宗教职能。对于某些礼仪来说，他们是唯一有资格履行的人；在某些情况下，例如封泰山，其机密性使这种祭祀的职能不同于比它低的、普通凡人所能做的那些宗教行为。

皇帝是能够用这种办法同上天沟通信息的唯一人选，而他搞的一些其他宗教典礼则含有补其不足的含义。祭祖是表示对列祖列宗的继承性；皇帝还有在各季节中的活动，例如迎春，便证实了他在自然的永久循环中的地位。在所有这些方面，他履行着维护天、地、人三者之间和谐的平衡的职责。

皇帝也是道德上的楷模：他拥有和能显示那些被认为足以使人类安分守己和值得臣民仿效的品质。拥有的这些品性就是上天所选的这个能承担天意的人的主要品质；如果达不到这个必要的标准，就会引起上天示警或使它发怒。皇帝的敕令表现出皇帝修养到了这些德性的能力的重要性，因为这些德性能保证他正确地完成他的使命。如他被指摘为失德，这就可能被用来作为易位的手段。

如果说皇帝靠他的品德而保证了他的生活方式是道德的和公正的，这种说法本身也可能是危险的；因为它可能变成一道被肆无忌惮的政治家们打掩护的屏幕，从而使他们的行为不致受人怀疑。如果皇帝能够被看做是周代传统价值和品德的护法神，那就很难以不公正的理由批评被敕令所正式批准的、某个大臣的建议和行动。皇帝应该拥有的品质是与古代圣王的品质和圣人及经书的教导联系在一起的。在这一方面，皇帝可以得到知识界的支持，以补充宗教的支持之不足和传播道德权威。

皇帝的作用的另一个特点是由于他有支持道德价值的职能。这是指他是学术、文学和艺术的庇护人。按照理想，这种工作使皇帝的臣属的生活方式区别于那些生活在此范围以外的人的生活方式。在鼓励追求更高级生活方式的时候，皇帝的施予吸引了那些不很幸运的人的心甘情愿的忠诚，因为这些人的教养和活动在此以前已被排斥而不能享有更文明的生活方式。

虽然皇帝是地上最高的权力源泉，但这也受制于某种被公认的——即令未被宣告的——先决条件和传统习惯。按照理想，他要"无为"而治，[①] 即笼着袖子，安闲自在地治理他的国家，而由他的大臣和官吏们做着管理帝国的枯燥工作。只是在例外的情况下皇帝才作为领袖在战争中发挥他的积极作用。从完美的典型上看，好勇斗狠的皇帝被鄙视为不称职的表现，并不会被誉为某种英雄主义，从理论和宪制上说，任命高级官吏之权是掌握在他的手中。在实际上，任命又常受政治考虑的影响，它往往被互相敌对的家族的压力所左右。同样地，皇帝的批准权主要表现在发布敕令上；实际上，许多敕令都是采用同意某官吏所上奏折的形式来颁布的。

极而言之，这里也存在伙伴关系。皇帝垂拱而治，他的权力不需要他有积极的作为便能贯彻下去；国家的大臣们建立一些必需的行动，并且使之完成。此外，谏议的传统也完满地建立了起来；如果一位大臣提出了使人不快的建议，他会说他是听取了古代教言之故。这

---

① 见上面第 12 章《道及其衍生的思想》。统治者采用"无为"之治是《淮南子》（九）提出来的（罗杰·T. 艾姆斯：《统治术：古代中国政治思想研究》〔檀香山，1983〕，第28 页及以下诸页、第 167 页及以下）。

不是什么特权；臣下有积极义务向他的君主提出劝诫，如果这位君主开始搞有害的政策或者行为失检而不合体统的话。就君主方面来说，他不能规避他有适当地听取这些劝谏之责。如果不听劝谏，那就会招致进一步的谏诤，讲论古代可怕的历史教训，说明不听劝告者曾导致覆灭的结果。可能出现这样的情况，即一位尽忠的高级官吏有时会面临左右为难之局；他应该决定是忠于君主呢，或者是忠于他被教养的、但是已经不受到皇帝敬重的理想。

由于皇帝的意志能产生各种法令，他是秦汉时代法律的唯一源泉。从来没有听说过有这样的意见：帝国的法律本来是受之于上天这种超人权力的启示的。也没有一种关于规定和宪制的观念，使皇帝本人屈从于它们，或者它们能约束皇帝的选择权。这类内容的缺乏也不是完全没有受到挑战。到汉朝末年的时候，前面已经提到过其意见的批评家王符便指出说，如果法律必须贯彻和使政府得以长治久安的话，君主必须尊重法律。①

皇权渊源于两种互相影响的因素的结合：其人所拥有的品德和上天所给予他的权力。如果他的品质是够条件担当这个任务的，那么，上天就会赐给他权力来完成任务。这些品质和它们的力量便称为"德"，而"德"的物质形式便是皇帝对他的臣民的恩赐。皇帝在分配恩赐上显示了君权两种相冲突的原则。按照儒家的传统和原则，政府是为了被治理的人而存在的，他给予那些需要的人以物质赏赐，因此他的行动代表上天来解除痛苦。但是，他也把恩赏和特权直接赐给那些对帝国的富强有贡献的人，作为酬报。在这样做的时候，皇帝是在贯彻法家原则，即政府的目的在于促进它自己的利益，同时酬劳则应该用来作为鼓励向国家服务的手段。

关于汉朝的几部正史都是由官吏执笔写的，它们部分地是要证明该王朝存在的正当性，部分地在于显示官吏在维护帝国政府方面所具有的价值；只有在很少的情况下它们才含蓄地提到汉代诸帝在作国务决策或监督政府活动时他们个人所起的作用。关于皇帝个人特性的记

---

① 《潜夫论》二（《本政》），第88页。

载都不足深信，因为它们都是经过精选的一些品质和逸闻轶事，而这些材料的选择又受到后来事件的影响。但是秦汉诸帝的品质被后世作为好榜样或坏典型的帝德来加以引用，所以他们在历史上的地位正像君士坦丁之宗奉基督教、布莱克王子的骑士团或者英王查理第二的放纵的故事那样有其不大不小的重要性。如果不曾知道秦始皇和汉武帝怎样求神仙；如果不知道汉高帝怎样建立汉朝和汉光武怎样中兴汉室；如果不知道汉文帝怎样厉行模范的俭朴；如果不知道汉成帝之爱好微服巡行长安；或者如果不知道汉明帝的一梦便使他迎奉佛教到中国的土地上：那么，这种人——相当于麦考利的学生——是不大可能得到中华帝国的官职的。

张书生　译

第十四章

儒家各派的发展

　　当我们谈论儒家（孔子学派）各派在中国历史早期阶段的发展时，这一用语的不同含义应当仔细地予以区分。首先，"家"（学派）一词具有"家庭"、"家族"的意义，有其具体的含义。当"家"在春秋时期（公元前5世纪）快要结束之际开始出现时，它由一个大师、一群亲近的弟子和为数众多的学生组成。它的起因极可能是，需要向年轻贵族教授朝政生活中所必需的技艺，使他们能为自己将来充当社会领袖的角色做好准备。

　　在孔子的年代（公元前6世纪末—前5世纪初），这些技艺一方面包括宗教和文官政府的成就：仪礼和音乐，以及与它们有关的、多数政权中心所共有的某些成文传统——尤其是《诗》和《书》——的知识；另一方面，这些技艺包括武的方面的技能，特别是箭术和御车术。① 这些教育中心必定附属于这个时期中国的许多较大的朝廷，并必然完全取决于那些执政者的兴趣。孔子也是如此，尽管根据传统的说法，他作为老师的声誉日益增长，但在他活跃的一生的大部分时间中也是为权臣季孙氏——他的故国鲁国的实际统治者——效力的臣属。

---

①　司马迁在谈及儒家时列举了文的方面的几类（《史记》卷四七，第1398页；沙畹：《〈史记〉译注》〔1895—1905，1969年巴黎再版〕第5卷，第403页）。《周礼》（卷三，第19叶；毕瓯：《〈周礼〉译注》〔巴黎，1851〕第1卷，第214页）谈到教授人以"六艺"：礼、乐、射、御、书、数；又见《周礼》卷四，第8叶（毕瓯：《〈周礼〉译注》第1卷，第297页）。

古代传统:倡导者和文献

尽管如此,因孔子和他的学派之故,一个新的要素进入了古代中国的朝政生活,这就是对于据说在前几个朝代——特别是西周(公元前12—前8世纪)——已经形成的古代传统的意义进行了独立的深入思考。即使儒家面对权臣掌权的衰世,也总是主张维护属于周王的古代"王室"传统,情况也是如此。应当记住,我们称之为儒家的汉语名称是"儒",根据早期材料,它溯源于孔子之前的一批从事仪礼传统的专家。① 因此,"家"的含义可以归结为:一个团体或学会,它在与当时政权的关系上具有某种精神上的独立性。只有这样才能解释墨家、名家、道家和法家中逐渐发展的对传统日益增强的批判态度。某些地方朝廷由于接待的大师和顾问不断增多而助长了这种趋势,如齐国著名的稷下学宫和魏国朝廷一个相似的机构即是。

可是,在早期儒家传统中,鲁国的这种中心,在集中古代礼乐的教养及经典知识的诠释方面,看来是最突出的。不仅如此,通过具有独立精神的大师如孟子和荀卿,我们可以从儒家的发展中看到,它在寻求保卫其传统,反对周围出现的志趣大异的思想时,还常常在思想上打头阵。因此,"儒家"这一用语从一开始就表示它的两重作用:保存并传下古代传统;在变动不定的世界秩序中检讨这些传统的意义。虽然这两重作用在实践中是同时完成的,但第一种作用是保证儒家的连续性,第二种作用则在解决人类生活和世界秩序等问题上把它和其他各家置于一条线上了。

孔子和他的学派保存并宣扬的这些古代传统是什么?它构成了一个新的体系而自成一家,它的特殊贡献是什么?首先,它是指周代王室有文字记载的传统:《诗经》中的宗庙之"颂"和《书经》中纪念

---

① 《周礼》卷一,第16叶(毕瓯:《〈周礼〉译注》第1卷,第33页);又见《周礼》卷四,第8叶(毕瓯:《〈周礼〉译注》第1卷,第297页)。

重大历史事件的"誓"、"诰"。在这些关于礼仪的记述中，我们发现了古代宗教概念中的上帝，他主宰人的命运，特别是主宰那些受命治理天下的人的命运。这个至上的权威也常常称为天，它位于所有其他受祭诸神之上。它拣选君主以教化人民和教导他们遵循正确的人的关系。统治者的特有权力因受命于天（天命）而得到承认，他们凭借天命行使他们的权力，并保证神、祖宗和人各安其位而共存的合乎礼仪的体系。

对集体和个人正当行为的许多准则来说，"礼"是关键的词，这些准则是从孔子以前的时代传下来的，很可能大多数用口耳相传的方式，但却产生了大量关于规则的稿本，从宗教仪式到朝政生活所需要的世俗礼仪形式都包括在内。《易经》最古老的部分也同样制定了占卜形式，保证在与操纵人类命运的力量的交往中有章可循。

与孔子和他的学派关系更为密切的文献是一部从公元前722年至公元前481年的鲁国编年史《春秋》。这是这个学派唯一的与古代周"王室"传统没有直接关系的文献；但是，它间接地和历史编纂学的传统相关联，而我们从儒家对此书的利用中知道，指导他们评断历史的主导思想也是从表现于孔子以前的其他资料的同一传统中派生出来的。①

儒家的特殊贡献在于它反省了古代礼制和人——特别是受命有权的人——在这个体制中的地位的意义。为了达到这个目的，孔子强调他称之为"君子"（理想的上流人士）的特性。他称君子的主要品质为"仁"，从仁派生出君子的所有其他品质。由于这一根本的品质，君子能够出于他自身内心的信念而顺应一个强烈地礼节化了的社会。也由于这一根本的品质，他能够深入阐释天的古代宗教性，因为他知道，在那里对他的一切言行将进行终

---

① 关于《春秋》在历史编纂学中的地位，见范德伦：《古代中国的编年史和史学理想的发展》，载比斯利和浦立本合编：《中国和日本的历史学家》（伦敦，1961），第24—30页。

极的裁定。

理想主义的和理性主义的态度

儒家既然在发展，由于环绕它的思想在不断变化，它就不得不在君子哲学上作出某些推论。这是这个学派最令人注目的方面，西方学者对此极为注意。孟子（公元前 4 世纪）所代表的"理想主义"一派和荀卿（公元前 3 世纪）学派在其著作中所表明的"理性主义"一派是值得注意的，因为它们在不同时期为它们所源出的初期学派的原有论点分别进行辩护。孟子强调人对仁义理想所负的神圣义务这种自发的和先天的方面，因而激烈地驳斥他那个时代提出的功利主义和自然主义的观点。荀卿相信自然的礼仪体系，当他强调以这一认识为基础的人对社会仪礼体系的义务时，他的观点已经是很功利主义的了。两种倾向对中国思想和社会体制的发展都将有深远的影响。

但是，这些并不是孔子最初创立这个学派的仅有的结果。韩非提到儒分为八，[1] 它们大多数都很关心把最终在孔子的准则中具体化了的经典学识流传下去，也都很关心在错综复杂的礼节化了的社会中对身居高位的人的教育工作。由于这些重要的作用，儒家这一类人，即传统的学者们，其人数可能远比其他非儒家学派的代表人物为多。[2]

驺　衍

此外，这里还必须特别提到与儒家发展相关的另一个文化思潮。这个思潮因其主要学者驺衍而知名。司马迁把这个学者的传

---

[1]　陈奇猷编：《韩非子集释》（北京，1958），第 1080 页；约翰·夏伊罗克：《儒家国教的起源和发展》（纽约和伦敦，1932），第 13 页和注 3。

[2]　莱昂·旺德默埃什：《法家的形成》（巴黎，1965），第 18 页注 1。

记材料写入以孟子、荀卿为标题的列传内。甚至更为奇怪的是，我们看到这位历史学家给予驺衍及其学说的篇幅相对来说多于孟、荀两位学者。除了其他要点，驺衍还提出了关于宇宙中"阴""阳"两种对立力量的相互作用的学说，据我们所知，驺衍是以下这种观念的最早的杰出的倡导者：人类历史的推移是由所谓的五行的按顺序的支配所决定的，五行即木、火、金、水、土，由阴和阳的内在活力产生。尽管司马迁认为驺衍的学说是空想，他也说：

> 然要其归，必止乎仁义节俭，君臣上下六亲之施……①

驺衍是被认为属于"方士"一类的人物。可是下面我们将会看到，方士类别和儒家类别之间的不同之点不总是能够很清楚地区分的。

秦帝国的知识分子政策

随着对其他国家的征服和秦帝国的建立（公元前221年），儒家和其他各家陷入了严重的困境。在对秩序和稳定的构想主要受法家学说的启示的一个集权主义的国家里，这是可以预料的。法家完全讲求治国之术的功效和专制君主权力的增强，猛烈地抨击任何以其他权力来源为基础的政治学说。秦政权通过贯彻臭名昭彰的公元前213年的焚书命令，图谋消灭古代传统的主要资料。尽管这项措施的有害结果无疑被后世夸大了，它仍然是集权主义搞思想控制的一个典型事例。②

---

① 《史记》卷七四，第2344页以后。又见吴文缀：《中国古代的占卜、巫术和政治》（巴黎，1976），第14—15页。

② 关于焚书事件和它的后果，并不像人们认为的那样严重，见本书第1章《焚书坑儒》。

　　焚书命令不是在全部范围内有效，从某些存留下来的典籍便可予以证实。被禁的著作中如《诗》、《书》、"百家之语"及除秦国以外的各国历史记载（很可能主要是《春秋》）的文本，不但在皇家档案中，而且在属于皇帝侍从的 72 个博士的藏书中仍然是未被触动的。

　　博士的名称和制度早在战国时代（公元前 5—前 3 世纪）即已存在，但有关它们的详情一无所知。我们只能推测，它们是与上面提到的各种学术团体一起出现的。据悉，秦代选拔博士的标准是他们必须"掌通古今"。[①] 在秦始皇治下，这些博士必须充当皇帝的博学多识的顾问，必须是延续以前时代学术传统的代表人物。他们可能包括大批方士。总之，我们知道，皇帝本人既对其政策获得神的认可，又对他个人长寿的追求深感兴趣。卜筮和医药著作不在臭名昭彰的焚书之内，许多方士在帝国朝廷中交上了好运。

　　针对对其统治进行批评的人，秦始皇的第二项臭名昭彰的措施是活埋儒生，据《史记》，当朝中的一些方士散布对秦始皇日益专横的批评并逃走时，他采取了这项措施。据记载，当局对在京城的学者进行了审查，皇帝本人从中挑出大约 460 人，然后加以活埋。[②]《史记》原文中没有用"儒"这个词，很可能所有各类专家和学者，包括方士在内，都在遇难者之列。可是后来对秦始皇的责难使得这件事看起来似乎是，他的残暴行为是专门针对儒生的。

　　即使如此，引起坑埋学者的批评无疑包括这样的怨言：在这样一个皇帝统治下，没有一个有学识有才能的学者能够安全地施

---

① 《汉书》卷十九上，第 726 页；钱穆：《两汉经学今古文平议》（香港，1958），第 165 页以下。

② 《史记》卷六，第 258 页（沙畹：《〈史记〉译注》第 2 卷，第 178—182 页）。关于对这项措施的效果的评价，又见卜德：《中国第一个统治者：从李斯（公元前 280—前 208 年）的一生研究秦朝》（莱顿，1938；香港，1967 年再版），第 117 页；及本书第 1 章《焚书坑儒》和附录 1。

展他的技艺或坦率地向君主提出劝告。我们有理由设想，在秦始皇统治之下是容不得独立的见解的。

对儒家准则的注意

当第一个汉代皇帝巩固他新近赢得的政权时，他和他的朝廷对任何种类的学问都没有多少兴趣。汉高帝（公元前206—前195年在位）被描写成有名的憎恶学者的人，他把他们简直看成迂腐的寄生者。可是令人吃惊的是，公元前200年，皇帝被叔孙通说服，要按照周文王和周武王的方式制定秩序井然的朝廷礼仪，这是儒家传统将要胜利的一个可靠的前兆。具有更实际意义的是公元前196年的诏令，诏令规定为政府的施政工作延用有才能的人。①

这个措施可能是受了另一个早期儒生陆贾的影响，他勇敢地回答傲慢的皇帝说，在马背上能够征服天下却不能治理天下，这一定给了皇帝极深的印象。皇帝不希望恢复秦代严酷的法家体制，但是其他可供选择的传统封建管理结构无助于建立一个强大的帝国。尽管皇帝从前的许多战友和伙伴最初已受封采邑，但他无疑宁愿选择一个中央控制的国家机器，尤其是在他遭受了他从前的一些战友和助手后来背叛了他的痛苦之后。公元前196年的诏令因而是有助于实现在行政管理体制上选任贤能的一个重要步骤，也可以说是走向著名的科第制度的第一个主要的推动力。

我们可以设想，残存的儒家传统在它被崇尚法家的秦代政权排除之后，由于这项法令而得到了新的鼓舞。但是在汉武帝统治（公元前141—前87年）以前，儒家传统并不占上风。在此之前，这个方面唯一具有任何重要性的措施是在惠帝统治下于公元前

---

① 《汉书》卷一下，第71页（德效骞：《〈汉书〉译注》〔巴尔的摩，1938—1955〕第1卷，第130页）；福兰格：《中华帝国史》（柏林和莱比锡，1930—1952）第1卷，第274页以下。

191年采取的，它废除了秦代焚书的命令。有证据表明，在他的继任者文帝（公元前180—前157年在位）和景帝（公元前157—前141年在位）的统治下，朝廷的博士制度仍被保留，但这些博士不限于儒家传统。事实上，朝廷看来赞成黄老道家学说，对于这一学说我们应当理解为道家的各种哲学学说的大杂烩和各种想获致长寿的长生术的混合物。[1]

董仲舒的杂糅诸说

公元前140年，年轻的武帝继承皇位。他最初仍在很大程度上受窦太后的监护，因而不能立即实行他自己的政策。在公元前140年至前124年之间，他几次召集他的官员，听取他们关于好人政府和消除国家弊端的意见。[2] 100多名对策者提出了答案，但都不如董仲舒，他的答案对皇帝的政策将有深远的影响。

董仲舒是博士，专治名为公羊高的《春秋》之学。董仲舒声称，他的学说完全由他在这部经典中所发现的原理推导出来。他说的许多道理是因袭传统的：道之具是仁、义、礼和乐。古人靠礼和乐，靠教育达到持久的和平。和孔子一样，董仲舒重教育更甚于刑罚，但他也把二者结合起来，在此我们看到了组成他的论证的另外一个要素。

天道通过阴和阳这两种根本的力量而运行。阳和春天相联系，象征生命之产生。布德施教与其一致。阴为阳之补充，阴和秋天这一毁灭的季节相联系，因而象征死亡和刑罚。[3] 这里，我们看

---

① 见第12章《"道"及其衍生的思想》。

② 例如，见《汉书》卷六，第166及以下各页（德效骞：《〈汉书〉译注》第2卷，第45及以下各页）。必定有一系列这样的会议，但这些会议的日期不能确定。根据顾颉刚的《汉代学术史略》（上海，1949年以前），第70页，它们始于公元前140年。根据其他人的著作，只在公元前136年召开过这样的会议，见夏伊罗克：《儒家国教的起源和发展》，第29及以下各页。公元前136年更可能是召开第一次这类会议的日期，因为当时武帝只有20岁。

③ 《汉书》卷五六，第2502页。

到变化的原理被说成是在自然界中起作用，因而也应该是在行政管理中被遵循的原理。变化是必然的，不是因为万物之源的天在变化，而是因为情况变化，因而道的运用必须相应地变化。这样，变和不变结合成一个普遍的体系，兼容自然科学和道德科学。

如在董仲舒的其他理论中能够看出的那样，驺衍学说的影响显而易见，他的阴阳五行说经过精心加工，不但成为汉代的特征，而且也成为整个中国传统的特征。我们在此谈论的肯定是早期儒家传下来的传统和自儒家出现以来所发展起来的普遍理论之间的混合。不仅这个学派的道德主义证明它适合于这个时代，而且以下的事实也证明它是适合的：它提倡一种普遍的、整体论的宇宙观，从而为人的行为和社会秩序提供了不可避开的制裁力量，也为帝国制度在宇宙中提供了一个位置。

五　　经

董仲舒声称他的思想出自《春秋》，这就为我们了解他向皇帝提出的建议提供了线索，他建议："诸不在六艺之科孔子之术者，皆绝其道，勿使并进"；"邪辟之说息灭，然后统纪可一而法度可明，民知所从矣"。① 这里，我们看到了一个坚持儒家之前的古老的周代王室传统的表白，因为如我们所已了解的，六艺是由儒家保存并流传下来的六种传统文献（即《诗》、《书》、《礼》、《乐》、《易》和《春秋》）的同义语。② 但是，董仲舒对儒家及其伦理原则的忠诚是与他对古代传统的自然主义的解释结合在一起的。在继承孔子的道德原则的同时，董仲舒在奠定儒家的形而上学基础

---

① 《汉书》卷五六，第 2523 页（夏伊罗克所著《儒家国教的起源和发展》第 59 页中的英译文略有不同）。这里所说的六艺与第 716 页注 1《周礼》所说意义不同。

② 《汉书》卷三十，第 1723 页；卷八八，第 2589 以下各页。

方面更进了一步，因而可以说，成了儒家的第一个"神学家"。①

《春秋》卓越地贯通了伦理学和形而上学的内容。孟子早已说过，他相信孔子在编订这部编年史时把支配万物的上天的准则运用于人类历史的进程。② 由于董仲舒，孔子博得了处于历史中心的圣人——素王——的位置，他从这些不变的准则出发，以微而婉的方式简洁地表达了对人们的行为的褒贬。伦理学和形而上学的结合关乎对他们的品质的评判，这一点很可能给当时的统治者留下了强烈的印象。

汉武帝为什么赞成董仲舒的建议，并因而决定提倡由儒家传下来的传统，这是一个复杂的问题。首先，如我们所知，已经有了朝廷礼仪的传统，同时朝廷上还有了叔孙通和其他儒生所引进的别的礼仪，尤其是宗教仪式。但是，追溯到周代创建者的主要礼仪是在武帝统治下恢复的。和宗教仪式及朝廷礼仪有密切关系的是行政领域。儒家在这个方面也有长期传统，所以很自然，在振兴他们学派传下来的周代早期制度中，他们又将起领导作用。

但是，不论在礼仪方面还是在行政方面，对他们的评价都是主要地把他们当作先王传统的保存者和流传者，而不是当作诸子百家中的一个学派的代表人物。这个事实也可以从汉王朝历史所记载的著名的秘府藏书目录中看出来。六艺——诸子百家兴起之前的古典传统——作为独立的类目居于目录之首。在这之后才是各"家"的类目，诸家之中为首的是儒家。③

其次，汉武帝面临另外一个更为实际的补充官员的问题。他召集100多名官员，要求他们就好人政府的原则向他提出建议，这已经表明了他解决这个问题的意图。但是，在董仲舒的影响下，他又前进了一步。公元前136年，他改变官方任命博士的制

---

① 张朝孙（音）译：《白虎通：白虎观中的全面讨论》（莱顿，1949、1952）第1卷，第98页。
② 范德伦：《古代中国的编年史和史学思想的发展》，第26页以下。
③ 《汉书》卷三十，第1703—1715页。

度，只给五种主要经典（《易》、《诗》、《书》、《礼》和《春秋》）设立教职。每一种很可能有一个以上的博士，但是即使这样，比起传统的 72 名博士也要少得多。然后在公元前 124 年，也是在董仲舒的鼓动下，武帝设立太学，这是一所皇家学院，常额为 50 名的弟子在这里由博士加以培训。[①] 在学习结束时，他们要经过一次考试，很可能要用与国事奏疏差不多完全相同的文体书写。这些办法构成了著名的科举考试的开端；这种考试制度在长时期内将是补充上层文官的手段。

学派的发展和官学

由于法定的课程自此以后只限于五经，许多有抱负的学者的注意力便逐渐集中于这些经书。于是开始了儒家历史中的另一篇章：对每一种经书的各种不同解说的传统逐渐确立。这是汉代儒家各派这一说法的真正含义。它们应当更确切地被称为经学研究的诸学派。

关于《诗经》，已经有了并行的齐、鲁、韩三派，它们与早期的地域性学习中心相当。[②] 这些传统已经于武帝之前得到朝廷的认可，朝廷也已经任命博士对它们进行阐释。三者之间的差异不过是细微的经文变易和不同的注疏。[③] 其他经书还没有不同的学派传统，但是这种情况很快改变了。宣帝（公元前 74—前 49 年在位）时有 8 个另外的学派得到官方的认可；平帝（公元前 1 年—公元 6 年在位）时，学派及其在太学的正式代表的总数增加到了 21 个。

增加的第一个学派是《春秋》的所谓穀梁传统。这引起了和对立

---

① 《汉书》卷六，第 159、171—172 页（德效骞：《〈汉书〉译注》第 2 卷，第 32、54 页）；卷十九上，第 726 页；卷八八，第 3620 页。关于太学的发展，见本书第 15 章《儒家理想的衰退》。

② 关于"韩"，见本书第 1 章第 42 页注 1。

③ 《汉书》卷八八，第 3593 页以下；詹姆斯·罗伯特·海托华：《〈诗经〉译注》（坎布里奇，1952），第 1 页以下。

的公羊传统的论争，董仲舒是公羊传统的第一个官方专家。这次论争是宣帝主持下的一场旨在确定所有经书的官方注疏的辩论引起的。这就是所谓的石渠阁议——公元前 51 年在宫中一个名为石渠阁的地点举行的辩论。代表现存各个学派的参与者可能达 23 人。[1] 其结果是博士的人数增加了。不但太学的教师逐渐增多，而且学生的人数从原来武帝时的 50 人增加到公元前 8 年的 3000 人，甚至在东汉顺帝（公元 125—144 年在位）统治时达到 3 万人。[2] 正如班固所评论的：之所以如此，"盖利禄之路然也"。[3]

注　解

从汉代以前传留下来的各种注释，已经显示出很可能和不同地区——特别是齐和鲁——的传统相联系的差异。当五经由于武帝所采取的措施而提高了地位时，不同传统的代表人物不得不建立一套注释的体系，以使他们得到官方的认可，并使他们免受对手的攻击。结果产生了对经书的一种新型解说，叫做"章句"。到这时为止，各学派传下并保存了"传"和"训诂"。但是，特别是由于石渠阁议，保护他们自己地位的需要迫使经师们做出广泛的注疏并查究经文的最微小的细节。

这种"章句"方法的最早迹象可见之于《书经》的博士和专家夏侯建的传记中，他"从五经诸儒问与《尚书》相出入者，牵引以次章句，具文饰说"。他为此而受其师夏侯胜的非议，夏侯胜说："建所谓章句小儒，破碎大道"。[4] 按照这种方法有的人写出了篇幅巨大的解说，据传有人对《书经》的第一句就写了两万字。[5] 班固的评语是很

---

① 《汉书》卷三六，第 1929 页；卷七一，第 3047 页；卷八八，第 3590 页以下；又见张朝孙（音）：《白虎通》第 1 卷，第 91—93 页。

② 张朝孙（音）：《白虎通》第 1 卷，第 88 页。

③ 《汉书》卷八八，第 3620 页。

④ 《汉书》卷七五，第 3159 页。也见钱穆有关这一经书的评论：《两汉经学今古文平议》，第 201 页以下。

⑤ 见钱穆：《两汉经学今古文平议》，第 203 页。

有特点的，他说：

> 古之学者耕且养，三年而通一艺，存其大体，玩经文而已，
> 是故用日少而畜德多……后世经传既已乖离，博学者又不思多闻
> 阙疑之义〔语出孔子〕，① 而务碎义逃难，便辞巧说，破坏形体；
> 说五字之文，至于二三万言。后世弥以驰逐，故幼童而守一义，
> 白首而后能言；安其所习，毁所不见，终以自蔽。此学者之大患
> 也。②

在试图创立和维护经书的各种学派传统中，学者们关心的是两个
问题：一是经文的正确传授，一是正确的注释。我们将首先讨论后一
问题。如我们在论及董仲舒时已经看到的那样，产生了一种依据特别
是在驺衍学派中发展起来的整体论的宇宙观念来解释古代经书的倾
向。我们赞成顾颉刚的说法，汉代思想的主要成分是阴阳五行学
说。③ 这意味着将以一种秘教的方式解释五经，即企图为所有时代揭
示其真正含义。因为经书不是由于历史价值而受到推崇，如其分类的
名称"经"所表明的那样，它们是"……为人类安排其生活和为统治
者统治其人民提供标准"的经典。④

这种秘教的倾向集中表现在我们可以称之为"辨识形势朕兆"
的努力方面。董仲舒本人是这种解释一切天变灾异的做法的坚定
信仰者。整体论的宇宙观认为人被嵌入宇宙物力学之中；这种宇
宙观试图决定自然现象和人的行为之间的关系。它后来变成了一
种真正的学问，任何可能关系到理解宇宙力量与人世互相影响的
事件和自然现象，它都要予以解释和分类。作为显著的例子，这
种学问保存在《汉书》卷二七《五行志》中，它是记载奇异征兆

---

① 关于这一引语，见阿瑟·韦利：《〈论语〉译注》（伦敦，1938），第92页。
② 《汉书》卷三十，第1723页（张朝孙［音］：《白虎通》第1卷，第143—144页）；钱
穆：《两汉经学今古文平议》，第206—207页。
③ 见顾颉刚：《汉代学术史略》，第1页。
④ 比较张朝孙（音）：《白虎通》第1卷，第93页。

的名实相副的手册。①

谶纬之学

更为奇怪的是出现了通常以谶纬类别为名而为人所知的著作。②谶是神谕和预言，纬指含有对经书加以秘教解释的著作。"经"的原意是织布机的经纱，而"纬"意指它的纬线。在西方著作中，汉字"纬"通常是指真伪不明的书籍，虽则这种类比多少有点牵强。③这些谶纬著作最初到底出现于何时，不能确知。顾颉刚以为各种经籍的纬书起始于王莽（公元9—23年在位）统治时期，因为它们不著录于《汉书》的艺文志。④可是其他的人认为，它们起始于公元前1世纪，甚至可能是公元前2世纪的西汉时期。总之，可以确信，这种信仰的要素能够追溯到甚至更早的时代。

谶纬著作只是在片断引文中保存了下来，因为原文在5世纪开始被禁，而到7世纪初，在隋炀帝统治时实际上被毁了。可是，特别在东汉，它们非常流行，并得到帝国朝廷的关心。它们的地位如何一度被抬高，这能从《隋书》的一段话中看出，大意是，它们的文章是孔子本人的作品，因为他担心他的教导不能为后世所了解。⑤

真伪问题和经文的传授

各个学派不得不争论的另一个问题是经文本身的真伪，其时还没有"正统"版本的议题。汉初，儒家学者还难以从秦始皇统治时期给予的打击中恢复过来。秦博士伏生的经历对学者的困境来说可能是有

① 关于《五行志》，见沃尔弗勒姆·埃伯哈德：《〈汉书〉中中国人的宇宙观思辨》第1卷，《贝斯勒档案》，16（1933），第1—100页；第2卷，《普鲁士科学院会议文集》（柏林，1933），第937—979页。
② 关于这个问题，见杰克逊·达尔：《汉代谶纬文书的历史性介绍》，华盛顿大学1966年学位论文。
③ 关于这类著作，特别见张朝孙（音）：《白虎通》第1卷，第100页以下。
④ 顾颉刚：《汉代学术史略》，第188页。
⑤ 《隋书》卷三二，第941页。

代表性的：

> 秦时禁《书》，伏生壁藏之，其后大兵起，流亡。汉定，伏
> 生求其《书》，亡数十篇，独得二十九篇……①

当汉文帝（公元前180—前157年在位）寻求《诗》和《尚书》的专家时，他听说伏生已年逾九十，就派高级官员晁错向他学习。② 这个故事既谈到口头传授，又谈到一种经书的失而复得。由于书写的经书那时必然很少，口头传授在经文的留传中很可能起着远为重要的作用。

但是，寻找已佚经书的兴趣必定在逐渐增加。班固记载了生活于武帝（公元前141—前87年在位）时代的河间献王和淮南王安两人从民间收集古代经书的情况。③ 其后有鲁共王的故事，他在武帝死后的某个时候，为扩大他的宫室着手拆毁孔子住宅。当工匠们拆除住宅的一堵墙时，他们突然发现了显然是藏匿在那里的大批古代经书；而当共王亲自去看时，他听到了鼓、琴瑟和钟磬的声音。共王惊恐，下令停止拆毁。④

这类故事有些可能是后来编造的，因为对于自称其经文比那些汉初大师传授的经文更可信的某些学者来说，它们是不可缺少的。因此据称在孔子住宅中发现"古文《尚书》"一事，在经书研究的历史中成了著名的公案。据说孔子后裔《尚书》博士孔安国（公元前约156—前约74年）与其他古代经书一起得到了这部经书。⑤ 据他所说，古本包括另外16篇。他把《尚书》的古文本献给皇帝，但是由于政治情况，它没有被认可立于学官。

---

① 《汉书》卷八八，第3603页。
② 《汉书》卷三十，第1706页；卷四九，第2277页；顾颉刚：《汉代学术史略》，第92页。此时晁错任太常掌故之职。
③ 《汉书》卷五三，第2410页。
④ 《汉书》卷三十，第1706页；卷五三，第2414页。
⑤ 《汉书》卷八八，第3607页。

前汉王朝快结束时，刘歆（死于公元 23 年）再次提请朝廷注意这种文本，他和其父刘向（公元前 79—公元 8 年）一起负责为秘府编制藏书目录。可是，早在 12 世纪中国学者就已指出，这种据称由孔安国拿出的文本不可能源出于他，而是在公元 3 或 4 世纪伪造的。

不过，有关发现古代经书的记载还必须在围绕太学和十分令人羡慕的博士职务进行的"学官之争"的背景中来考查。在平帝（公元前 1 年—公元 6 年在位）统治下，《尚书》的古文经被定为官方课程，但在光武帝（公元 25—57 年在位）统治下，又作为针对王莽统治的反措施而被取消。我们在此没有必要注意经文的变动，它的最后形态可能的确包括始于更晚时代（3 世纪）的伪造部分，这里只要说明再度爆发于 18 世纪而于 19 世纪末达到高潮的有关它的真伪的争论，[①]也就够了。

对我们的论题来说，更为重要的是，刘歆宣扬这部和其他古文经书的活动这一事件是经学研究各学派间的论战，即名为古文经和今文经之间的论战的开端。《尚书》的古文经不是唯一的非一争高低不可的争论点，刘歆特别插手的经书是《左传》（《春秋》编年史的左氏传注）。

这部著名的编年史是他在皇家档案馆中发现的，他"引传文以解经，转相发明，由是章句义理备焉"。[②]换句话说，刘歆似乎是把他发现的这部经书整理成他陈述的形式，它已不是原来的古文经，而成了一部神圣经书的一种注释。为了能够成功地做到这一点，他甚至可能夹入他自己杜撰的东西。即使是这样，刘歆在提请把他的古文经列入学官时仍陷入了困境，这一次，他的怒气冲冲的奏疏对思想极为保守的学者充满了讥刺；这些人宁可依从并不完善的口头传授，也不信奉有根据的古文经。[③]

---

① 伯希和：《〈古文书经〉和〈尚书释文〉》，载《亚洲东方论文集》第 2 卷（巴黎，1916），第 123—177 页。

② 《汉书》卷三六，第 1967 页。

③ 《汉书》卷三六，第 1968 页以下。张朝孙（音）的《白虎通》第 1 卷第 144—145 页有部分英译文。

王莽和刘歆

当王莽掌权（作为新朝的皇帝，公元 9—23 年在位）时，刘歆的地位发生了戏剧性的变化。他们两人曾一起在宫廷供职，所以在公元前 7 年和公元 9 年之间，刘歆在王莽的提议下被提拔到高级品位并担任高级官职。[①] 刘歆这时看到了他的时机，就在太学教授的课程中设立古文经。[②] 王莽如此沉溺于经典学识，以致采取每一措施时，他都要促成这种或那种神圣的经书得到认可。同时，他对经书的利用表明，他和所有其他官方认可的经典学者一样是神秘朕兆的信徒。在后世他历来被诋毁为篡位者，直到现代他才得到比较同情的对待。[③]

据历史记载，王莽本人也发现了一部已遗佚的经书。这就是《周礼》，也叫《周官》。后来也成为神圣经典的这部经书，是一个精心设想的乌托邦，它记述了一种很可能从未以这种形式存在过的行政制度。它可能是汉代以前的作品，[④] 但它无疑完全适合王莽的总目标，即重建理想化了的古代制度。

后汉时期的官学

随着王莽倒台，被抑制的反对他的力量率先废除他当权时期所承认的所有古文经。但这并不是今文经拥护者和古文经拥护者之间的争论的终结。这也不是竞争建立学官的终结。新开国的光武帝（公元 25—57 年在位）本人极其相信朕兆及与之有关的谶语文籍。这意味着秘教式的注释取得了比以前更大的势力。对这种倾向提出异议的学

---

① 《汉书》卷九九中，第 4100 页（德效骞：《〈汉书〉译注》第 3 卷，第 263 页）。又见顾颉刚：《汉代学术史略》，第 152 页；钱穆：《两汉经学今古文平议》，第 55 页以下。

② 夏伊罗克：《儒家国教的起源和发展》，第 73 页。

③ 关于本卷所举的传统看法和评价，见第 3 章的开头部分和《王莽的统治时期》。

④ 关于《周礼》和《左传》的可靠性的证明，见高本汉：《〈周礼〉和〈左传〉文本的早期历史》，载《远东古文物博物馆通报》，3（1931），第 1—59 页。

者陷入了更大的危险，如在桓谭事件中，他上书反对谶纬的神秘主义，当遭到激怒的皇帝驳斥时，不得不公开认错。[①]

有人指出，桓谭和其他人物的这种怀疑态度，是遵循古文经学者的特色，而传播今文经的那些人则完全迷恋于对经书的谶纬学解释。这个论点站不住脚，因为古文经的提倡者刘歆和王莽本人都是秘教式注释的信奉者。我们倒不如考虑这些学者之间有这样一种区别：有些学者常常在追求比较低下的目的中，以没完没了的注释使这种秘教式的伪科学言过其实；有些学者反对这类过分的做法，认为这在经学研究中是一种有害的倾向。[②] 他们无疑全都遵循风靡一时的关于人和万物的整体论观念，即使就具有独立精神的学者如扬雄（公元前53—公元18年）和王充（公元27—约100年）来说，也是如此，虽然他们两人对他们时代的官学都持极端批判的态度。

后汉时期经学研究的情况似乎表明，今文经的拥护者胜过了古文经的拥护者。太学讲席为今文经学者占有，而古文经的拥护者却不能使他们的学派得到国家承认。可是，透过外表情况来看，必定造成了不少紧张情况，对官学过于得势提出的异议增多了，这可能是讨论经书真正意义的第二次会议的根本原因；这次会议于公元79年举行。

这次会议叫白虎义奏，亦即白虎观中的评议。据称把这些讨论内容汇编成文的《白虎通》实际上可能是晚些时候写成的摘要。[③] 这部书的内容是说明当时流行的整体论的宇宙观，其特征是相信宇宙力量与人的行为和事件相互影响。这部书大量引用了从经书——今文经和古文经——以至谶纬著作的资料。因此，《白虎通》可以被看做汉代"神学"在其开始衰微时期的一个顶峰。它是与帝国的神秘性密切相联系的一种官方学问的最后的伟大里程碑，它在汉代的大部分时期里曾经是形而上学和政治之间的特有的联结纽带。

---

① 《后汉书》卷二八，第595页以下；张朝孙（音）：《白虎通》第1卷，第151—152页。关于其他例子，见张朝孙同上著作；钱穆：《两汉经学今古文平议》，第221页以下。

② 见张朝孙（音）对这个问题的分析，《白虎通》第1卷，第141—143页。

③ 见张朝孙（音）的《白虎通》英译文和研究。

汉代政府最后一次有关经书的官方举动可能是公元175年下令将今文经本刻石。这一工作交由蔡邕进行，那时刻好的石碑有些至今完好无损。这个举动不仅有其内在的价值，它还树立了在整个帝国历史中为其他朝代所仿效的先例。

私 学

我们可以看出一种开始脱离帝国太学的趋势，这在后来出现于东汉的独立的经学研究的私家学校中反映了出来，这些学校以马融（公元79—166年）和郑玄（公元127—200年）办的最为著名。不能得到朝廷认可的古文经在这些私家的学习中心越来越发展，这是自然而然的事情。但是，官学和私学的对立不能简单地看做今文经和古文经学者的分裂，也不能简单地看成秘教之学和理性之学的分裂。东汉最杰出的学者郑玄的注疏在其后的经学研究中起了非常巨大的作用，事实上他在其注疏中就放手地大量使用谶纬著作，以尽力调和注释的不同学派。

更确切地说，正是日益增长的对太学今文经博士的偏执思想的反对，以及皇帝大权旁落，才把严肃认真的经学研究逐渐地赶出了朝廷。尽管没有迹象表明，东汉的私学在发展一种新的形而上学作为汉初宇宙论的替代物中起了作用，我们在具有独立思想的学者如扬雄和王充的著作中，却发现了一种基于早期道家哲学家老子和庄子的自然主义的宇宙观念的线索，这种观念在汉以后的文化思潮中占了支配的地位。[①] 独立的经学研究的思潮无疑有助于为真正的宇宙神教的神秘主义铺平道路。这种情况和实际政治权力的联系不是那么清楚；它反而为独立评价这种政治权力提供了理论基础。

这里约略谈到的两汉时期的儒学研究的发展史试图指出，儒家学者注定要在中国国家意识形态的形成以及在生活方式和上层阶级的指导思想的形成中起决定性的作用，其原因主要有二：第一，儒家是作

---

① 见冯友兰：《中国哲学史》，卜德英译（伦敦和普林斯顿，1952），第3卷，第137页以下、150页以下。

为早期王宫之学的传统的保存者和流传者，而不是作为诸子百家中的一派的代表人物而受到尊重；第二，甚至也是更为重要的一点，在儒家各派的发展中起推动作用的力量是人和宇宙在其相互作用中的整体论解释的预言性质。古代世界相信天是一切事物的推动力，它被一种原始科学的基本原理详加阐述，于是就在儒家传统的历史中作为最早的伟大的形而上学体系出现。这一值得注意的事实一方面意味着儒家学说的一个新发展；另一方面意味着这一发展本质上是从一开始就表现出道德主义倾向的儒家信仰的延续。

谢亮生　译

第十五章

后汉的儒家、法家和道家思想

中国后汉时期的许多思想家有一种幻灭和迷惑的心情。他们对自己所处的社会环境不满；他们认为这个时代的政治、社会和经济实践腐败透顶。这些思想家从他们共同的儒家背景出发，谴责统治政权不能制止弊端，不能改革国家事务；他们把这些道德上和政治上的失败看做其他罪恶的主要原因。其中有些思想家更进了一步，对成为国家指导原则已有几世纪的当时的儒家学说产生了怀疑。由于这些思想家名义上是儒家，他们的苦恼就被所谓汉代儒家学说的胜利，被后汉朝廷当做官方儒家正统加以宣传的极守旧的学说所遮掩。[①] 前汉树立的官方儒家学说和后汉兴起的对它的非官方批判之间的紧张局势，不但表明了汉代儒家学说的多样性和复杂性，它也标志了一般思想趋势从前汉到后汉的一个重要变化。

随着后汉的衰亡，官方的儒家正统消失了。很久以后，它被指责为新儒家，也被许多近代学者指责为一种儒家、道家和法家学说以及阴阳五行宇宙论思想的庸俗的混合物。反之，后汉思想家对这种正统的批判却常常被作为儒家道德精神的真正代表而受到称赞。[②] 可是，汉代儒家正统在其全盛期不但兼容并收，而且支持了其他学派的思想要素。由于儒家学说已经变成一种不同思想的大容器，所以汉代思想家——名义上叫做儒家——有可能采

---

① 陈启云：《荀悦（公元 148—209）：一个中世纪早期的儒家的一生和反省》（剑桥，1975），第 10 页以下。

② 顾炎武：《日知录》（万有文库本）第 5 册，第 39—40 页。顾颉刚：《秦汉的方士与儒生》（上海，1955），第 1 页以下。

取有别于官方正统的立场或批判儒家的综合体系的立场。这在后汉思想中导致一个新道家学说和新法家学说的高潮。在某种意义上，汉代儒家学说的历史也是汉代儒家、法家和道家这种种相反思潮发展的历史。

前汉和王莽：传统

儒家理想的衰退

作为国家指导原则的汉代儒家学说的胜利是一个缓慢的发展过程。随着秦代可悲的灭亡，法家思想丧失了声誉。反对秦政权政治暴行的强大反作用力，不但对法家思想体系有影响，而且对那些通过荀卿的思想能够和法家学说联系起来的夸张的儒家教导也有影响。前汉初年，对于为王朝政权拥有最高政治权力辩护的儒家天命思想曾有怀疑。在那种情况下，道家学说由于它对无为的强调，赢得了汉初朝廷的特殊支持。政治上，无为意味着政府不应当采取不必要的或不实际的措施——朝廷应当避免过多地干预下级政府的行动和地方社会中的生活。在经济和财政活动中，朝廷应当严格地实行节俭；节俭是一项重要的墨家准则，后来被汉代的儒家作为一条基本原则而采用。

尽管普遍指责秦政权和其法家学说，西汉早期的朝廷仍然几乎没有离开它从秦代继承下来的法家学说和实践的范围。遵循道家无为的准则，朝廷很可能发现从事别的激烈的改革是行不通的，于是就满足于让下级政府按照既定的常规，由秦政权残留下来的或按这种常规训练出来的官吏管理。由于亡秦的痛苦经历，这些法家培训出来的官吏和他们的理论倡导者不再能够倚仗法家理论，法家理论已被汉政权否定，普遍丧失声誉。他们改而依靠他们在政府事务或者说吏事方面的专门知识，这种专门知识在汉代实际上成了一种新法家学说的同义语。道家对崇高道德理想的怀疑和强调政府只做可行的事情，连同新法家对行政技能的研究，在前汉早期思想中形成了一种实用主义的倾向。

甚至前汉初年的一些儒家思想家也受到这种实用主义态度的束缚。例如，当陆贾试图向高帝（公元前206—前195年在位）讲说儒家的《诗》、《书》时，他受到皇帝的驳斥，皇帝声称他在马上——也就是靠军队和其他高压手段——赢得了政权，用不着儒家经典的崇高的、不切实际的思想。陆贾承认政权是在"马上"赢得的，但他告诫皇帝："宁可以马上治乎？"并提出秦代可悲的覆亡作为教训。他随后受命在一本名为《新语》的书中写了12篇注重实际的论述秦代覆亡和其他古代国家兴亡原因的文章，他在书中很可能采用了一些用世俗用语表达的、本质上是儒家的思想。[1]

另外一个例子是文帝（公元前180—前157年在位）统治时期的杰出的儒家贾谊。尽管贾谊全面而猛烈地谴责秦代的法家学说，他对秦代覆亡的原因却提出了非常实际的分析。他在题为《过秦论》[2] 的优秀论文中论证说，如果秦二世把他打了败仗的军队从东方撤回以保卫秦的关中故地，在那里等待有利的时机以攻击起义者，秦王朝有可能经受住这次革命。贾谊指出，这就是秦始皇原先征服其他交战国家时所采用的成功的战略。贾谊强调，二世没有采用这种战略不是因为他道德上有弱点（因战略和道德毫不相干），而是因为他无知——不仅在有关道德的问题上无知，而且在治国之术上无知。这种无知是法家轻视教育的结果。贾谊断定，对皇位继承人的适当教育或许能保全秦王朝。贾谊在他的《新书》中继续提出，为汉王朝统治家族的后代拟订适当的教育计划，这对于它的生存和安宁是必需的。这一论证是如此有力，以致公元前176年前后开创了给皇帝子孙指定儒家师保的先例，以保证未来的汉代皇帝能受到良好的教育。因此，武帝（公元前141—前87年在位）是从儒家师保接受了良好教育之后才登上皇

---

[1] 有关陆贾和他与董仲舒的关系，见本书第12章《董仲舒和天的警告》；及第13章《道德的价值和秦朝的失败》。

[2] 关于这篇短论，见本书第13章第700页注1。关于贾谊的主旨，也有略为不同的看法，见第2章《贾谊和晁错》。

位的。①

在武帝统治下，公元前 124 年，公孙弘成为第一个从平民身份擢升到丞相职位的儒家学者。公元前 136 年，朝廷下令以五经作为博士研究的正统课程。公元前 124 年，规定了弟子和儒弟子的定额。② 这些人将在学官的主持下学习儒家经典，因而设立了太学。在太学学习一年以后，考试一种经书及格，儒弟子可以被委以中、下级政府职务。我们在这里看到了文官考试制度的起源。弟子的定额从武帝时的50 名增加到昭帝（公元前 87—前 74 年在位）时的 100 名，宣帝（公元前 74—前 49 年在位）时的 200 名，元帝（公元前 49—前 33 年在位）时的 1000 名，成帝（公元前 33—前 7 年在位）时的 3000 名。西历纪元初，王莽下令完全取消弟子人数的限额。③ 而且，人数不断增多的著名儒家学者，尤其是那些学官，有幸被任命为太子的师保。这些人的学生成为皇帝时，他们便被提升到高级职位。

汉代儒家注重实效的手段是非常成功的。不但皇帝受的完全是儒家教育，而且大多数高级官员也来自儒家，同时大批身份较低的儒弟子被安置在中级和低级的政府职位上。甚至地方权贵、有势力的家族和氏族的族长、大地主、成功的商人，或者有重大影响和普遍号召力的地方军阀，开始以儒家作为自己的模范。在某种意义上，儒家的胜利是全面的。

可是，随着儒家注重实效的手段的成功，紧迫感却丧失了。儒家学说渐渐离开其主要的主张变得更多样化了，它的提倡者变得更有抱负，更倾向于理想主义了。和秦代法家学说的胜利不同，汉代儒家学

---

① 《新书》卷五《保傅》，第 3 及以下各叶。有关此书见本书第 2 章第 136 页注 3。有关太子师保的设立，见《汉书》卷十九上，第 733 页（以及《汉书补注》卷十九上，第 18 叶的注释）。有关贾谊的著作，见江润勋、陈炜良、陈炳良：《贾谊研究》（香港，1958）。

② 《汉书》卷六，第 159、172 页（德效骞：《〈汉书〉译注》[巴尔的摩，1938—1955] 第 2 卷，第 32、54 页）。

③ 有关太学的大量人员，见《后汉书》卷六七，第 2186 页；卷七九上，第 2547 页。关于太学的位置，见毕汉斯：《东汉的洛阳》，载《远东古文物博物馆通报》，48（1976），第 68 页以下。

说的胜利并没有伴随着对其他思想学派的公开压制，而是伴随着一种对与儒家关心的基本事务相符合的学识和教育的巧妙的扶植。这种扶植是在政治上、社会上和文化上的广泛而肤浅的基础上进行的。

公元前 140 年，朝廷发布一项法令，罢黜一批已经选拔出来的擅长申不害、韩非、苏秦、张仪的法家或折中学说的候补官员。① 这项法令的实施限于它所指定的一批特定的人。武帝这种牺牲其他思想学派以提高儒家学说的企图，在公元前 139 年被倾向道家的太皇太后废弃，道家仍旧受到朝廷的照顾，直到公元前 136 年太皇太后死时为止。即使在公元前 140 年选拔的一批贤良文学之士当中，至少也有一个人——熟谙苏秦折中学说的严助——未被罢黜，而被提升为光禄大夫。晚至公元前 122 年他仍居高位。②

此外，如公孙弘所定，允许入太学作弟子的人的条件只不过是"年十八以上仪状端正者"。对那些允许作儒弟子的人的要求是：

> 郡国县官有好文学，敬长上，肃政教，顺乡里，出入不悖……③

儒弟子必须"一岁皆辄课，能通一艺"，才能从太学卒业。这样一个学习过程对于充分的儒家思想灌输简直是不够的。汉代许多著名的儒家，他们曾经是其他思想学派的信徒，是通过官方的教育体制而改变了信仰的。这样一些人在名义上改变了信仰以后，倾向于继续按照他们原来献身的哲学体系的原则言谈行事，而以儒家的用语表达这些原则。④

因此，起始于战国晚期并受到前汉初期政府注重实效的态度认可的这种折中的思想流派，在儒家学说名义上的统治之下继续发展。武

---

① 《汉书》卷六，第 156 页（德效骞：《〈汉书〉译注》第 2 卷，第 28 页）。

② 有关严助，见《汉书》卷六四上，第 2775 页以下。

③ 《汉书》卷八八，第 3593 页以下。

④ 本杰明·沃拉克：《汉代的孔子学说和孔子》，载戴维·罗伊、钱存训合编：《古代中国，早期文明研究》（香港，1978），第 215—218 页。

帝采用的许多革新措施都带有折中的法家流派的性质，而武帝制定的许多宗庙祭典的仪式都是道家学说、萨满教巫术和阴阳五行宇宙论的混合物。武帝时杰出的儒家思想家董仲舒，既是阴阳五行宇宙论的提倡者，也是法家和儒生。

从这个背景中逐渐形成了一种以极为重要的儒家关于人的概念为基础的儒家理想主义。按照这种概念，人是宇宙的中心。作为社会和国家的组成者，人们的主张是改革的唯一正确的根据。他们具有进行认识和判断的感知机能和智能，又是获取知识和修养德行的实际的实践者，因此是改革所凭借的力量。不全然是依据一成不变的"本质"去理解人性，而是依据可变潜力的创造性的"实现"去理解人性。人的生活不只是神圣天命所设计、导演和监视的狭窄舞台上的戏剧演出；它是一个献祭的进程，人类演员在这个进程中与天理和上帝混成了一体。

人的潜力的发展因人而异。如同献祭的进程，协调一致的行动也需要一种所有参与者的共同参与的意识，但是所有参与者洞察整体的复杂性的程度不是一样的。等级制度是被承认了的，尽管有些儒家思想家从未放弃他们的理想：在一个太平之世，当进行教育取得成效，所有人都最大限度地显露出他们的潜力的时候，完全的平等（太平）终将实现。可是，在这个太平之世到来之前，平等和公正必须在等级体制中维系，这个体制不是以天生的权力和继承为基础，而是以每个人在教育过程中的成就表现出的内在价值为基础。[1]

在前汉，这种社会、政治和伦理方面的教导在天意和广泛想象的宇宙论的理性假设方面又取得了形而上学的基础。按照这种假设，天包罗一切，而且必然包罗人类社会；既然人构成人类社会之所在，而人类社会是范围更大的天地万物或宇宙的一个主要部分，人在宇宙中也必定是一个重要的所在。此外，既然天象征公正，人类的公正就应当合乎天的公正。[2] 但是，人在世俗的境遇中怎么能够确定他们的知

---

[1] 唐纳德·芒罗：《中国早期的人的概念》（斯坦福，1969），第 VIII 和 15 页。

[2] 陈启云：《荀悦和东汉的思想：〈申鉴〉译注，附导言》（普林斯顿，1980），第 5—11 页。

741

识、行为和公正合乎宇宙和天的原则？在这个关键问题上，荀卿的"善"和"效"这两种相互为用的因素的概念是极为重要的。按照荀卿的说法，任何对人类是善的事物都对人类的生存和继续发展作出贡献，并因而加强了它自身；任何对人类是恶的事物都有可能毁灭人类文明，并将在同一过程中毁灭它自身。

人类的生存和以往一点一点积累起来的文明的进展证实了这个原理：它不受人的意志的支配，可以想象为一种自然法则、一种宇宙原则或天理。天是全能的，效力无限的；人类的知识和行为，如果不合乎天理，不可能是有效的和善的。

因此，影响个人在道德、政治和社会方面上进的儒家教育过程，被视为在领悟天理中具有无比的重要性。当一个人被天挑选出来作为最有道德的人，并受命于天进行统治，他就是天理在人世的完全的表现。当人类进入太平之世时，天理将获得全面的胜利。

在武帝时期（公元前141—前87年），儒家的这种理想主义只是用做对改革的一般呼吁，和对皇帝所采取的各种各样实际措施的一种辩护。可是，到了元帝时代（公元前49—前33年），这种理想主义在许多著名的、处于要求实现它的地位的儒家人士的思想中，已经变得根深蒂固了。因此，在前汉后期的儒家学说中，理想主义逐渐压倒了实用主义，这种儒家理想主义的特殊倾向是造成后汉许多思想家不满、幻灭和迷惑的原因。

公元前1世纪中期的儒家可能有充分的理由相信，他们的学说已经占了上风。受到最好教育的人和擢升到最高职位的人都是儒家；皇帝也是儒家。但是，社会和国家却远不符合理想，太平之世和过去一样遥远。儒家觉察到一定有什么事情出了毛病。根据我们现代的观点，在这个儒家理想中就可以找到一个根本的错误，即单凭教育不能改变人的本性，也不能改造社会和国家。既然这样一种认识和儒家基本的假定是矛盾的，汉代儒家对这个问题的处理是走了一条弯路。

按照汉儒的信条，人在世上的地位是由他靠教育而得以显露的内在价值所决定的；这被解释成一种合乎道德的、遍及宇宙的原则。既然皇帝位于政治和社会等级制度的顶点，他就应当从最有价值的人们中挑选出来。但是他之据有皇位与儒家有关教育、贤能和以功受奖的信条毫不相干；它仅仅是由于出身和继承的权利。因此，王朝统治的原则损害了儒家的基本理想。

儒家理想主义者发觉，人世还未进入"大同"，是因为皇族还没有被彻底改造或者按照天命被取代。在宣帝（公元前74—前49年在位）时代，盖宽饶已经从《易经》引用儒家传说，公开主张根据天命改朝换代，他说：

> 五帝官天下，三王家天下，家以传子，官以传贤，若四时之运，功成者去，不得其人则不居其位。[1]

因为这样暗指汉天子应当让位，盖宽饶被指为大逆不道而自杀。其后的两个统治者，元帝（公元前49—前33年在位）和成帝（公元前33—前7年在位），受到要求改造皇族和端正他们个人品行的巨大压力。压力变得如此巨大，以致在公元前5年哀帝颁布诏书表示更改皇帝名号和年号，*企图借新的称号以恢复其家族所受之天命。[2]这一神秘的手法很快受到普遍的指斥而归于失败。压力继续增大，直到儒家类型的圣人王莽接过皇位，结束西汉王朝，建立了新朝（公元9—29年）。王莽就这样实现了儒家的以圣人为君来取代衰落的汉王朝的理想。他接着下令进行许多从儒家经典推导出来的宏伟而不切实际的改革。王莽王朝的建立因而标志着汉代儒家理想主义的顶峰。

王莽的胜利后来变成了巨大的灾难。他的许多改革计划不切实

---

① 《汉书》卷七七，第3247页。

* 哀帝诏书："以建平二年为太初元将元年。号曰陈圣刘太平皇帝。"如淳注："陈，舜后。王莽，陈之后。谬语以明莽当篡立而不知。"《汉书》卷十一，第340页。——译者。

② 《汉书》卷十一，第340页（德效骞：《〈汉书〉译注》第3卷，第29页以下）；卷七五，第3192页以下。见本书第2章《世纪之末的风气》。

际，许多有势力有影响的人物——具有讽刺意义的是，这些人也自称儒家——又强烈反对，这使王莽付出了他的生命，并于公元 23 年使新朝灭亡。儒家的大改革被也自称是儒家的人所反对并使之夭折，这一事实表明了汉代儒家的称号是无意义的，也表明了借助于教育的改革的局限性。它揭示，汉代所宣扬的儒家教育不但无助于在受教育者中培养儒家经学大师的理想化了的品行，而且无助于向所谓的儒家灌输一种共同的思想意识。尽管受的是儒家教育，一个君主，仍然可能是一个残暴的、法家式的，或懦弱无能的君主；一个官员，仍然可能是一个暴虐的或腐化的官员；一个地主，当然可能和其他的地主一样贪婪。甚至更为糟糕的是，他们能够利用他们的儒家学说的知识来为其卑劣的行为作动听的辩护。

扬雄：玄、精神和人性

王莽的失败在东汉思想家中引起了一种批判的和分析的精神。尽管后汉的许多思想家仍然怀有道德理想，他们已渐渐变得怀疑前汉诸家的整体论的假定了。他们了解，政治的进程不同于教育的进程；政治的成就不仅仅是某个人的个人修养发挥作用的结果；良好的社会秩序不只是内心道德的外在表现；政治和经济改革的动力应当依靠政治和经济的基础，而不是道德的基础。汉代儒家综合体内部的紧张状况导致那个浮夸的整体论逐渐崩溃，其中的各种成分，道家的或法家的，现在都重新申明自己的主张了。

王莽时代的著名思想家和学者扬雄（公元前 53 年—公元 18 年）的著作代表了前汉儒家理想主义和乐观主义的顶峰，而且也是令人不安的批判的辨别力的早期表现；这种辨别力在后汉思想中变得更加显著。在扬雄的《太玄经》和《法言》中，乐观主义是明显的。他认为前者完善了五经中最深奥的《易经》；后者完善了孔子的《论语》，他把《论语》看做最伟大的儒家的评述。

《太玄经》系统地说明了前汉儒家包罗万象的统一体——扬雄名之为"太玄"的假定，也系统地说明了人在天、地、人三才中处于中心地位的假定。这部著作详尽地阐述了显著地表现于《道德经》、阴阳宇宙论和《易经》中的变与不变、同与不同、简单与复杂的辩证概念。扬雄创造了诸如球形的从中到周,以及程序的从中到成的新的成对范畴。为了解释人的认识和宇宙本体的相互关系,他构想了一种阴阳线状符号的命理学推算的新体系,他认为这种方法可以补充《易经》的六线体系。

按照扬雄的说法,玄是无形的,但它"幽攡万类"并"攡措阴阳而发气",它是"天地人之道"。那么,什么是太玄?它可能生于"虚无",但它必须和"神明"相关以变成"通同古今以开类"的定理。

> 阳知阳而不知阴,阴知阴而不知阳,知阴知阳……其为玄乎。[1]

扬雄抬高神明——意指人的智力的认识能力,以之作为太玄的协同因素。儒家强调作为认识并"了解"万物的作用者的人,而在更广大的宇宙中处于中心位置的作用者的人自身也包括在万物之中;在《法言》中,这种强调被明确地论述并予以重申。按照扬雄的说法:

> 或问神,曰心。请问之,曰,潜天而天,潜地而地。天地,神明而不可测者也,心之潜也,犹将测之,况于人乎,况于事伦乎……人心其神矣乎,操则存,舍则亡。能常操而存者,其惟圣人乎。[2]

因此,圣人之道是和天一致的道。没有人,天不能使自己如实表现为动因;没有天,人不能完善自己。[3] "真儒"凭借认识的力量,就

---

[1] 《太玄经》卷六,第6叶以下。
[2] 《法言》(《汉魏丛书》本)卷四,第1叶。
[3] 《法言》卷七,第2—3叶。

"无敌于天下"。①

前汉儒家有关人性和改革的理想主义看法的幻灭，一个明显的迹象是给予命的注意不断加强。在《法言》中，扬雄在进一步论说人性、心、人事、经师、学识和遭际时，变得冷静、实际和比较悲观了。他确信命取决于天。但他没有明确地说人的努力不能对命有所助益；相反，他把命的意义限定为与人无关。他写道：

> 若立岩墙之下，动而征病，行而招死，命乎，命乎？②

可以这样认为，人的智力能够使人摆脱可以另外不正确地归之于命的许多困难。按照这种看法，对于与命相对待的人的成功的努力起决定性作用的因素，是智力而不是德行。③ 这个概念承认理想的人性有可能发展这一儒家信念，但缓和了从作为道德要素的人性善良这一理想主义看法产生出来的过分要求和随之而来的幻灭感。

扬雄调和人性要么全善（孟子的论点）要么全恶（荀卿的论点）这两种极端看法，认为人性在道德上是不确定的。④ 他写道："人之性也善恶混，修其善则为善人，修其恶则为恶人。"因学习而得以发展的智力才是确定善恶的因素。对扬雄来说，礼和义的原则不像智力那么重要。他写道：

> 天下有三门：由于禽欲，入自禽门；由于礼义，入自人门；由于独智，入自圣门。⑤

既然所有哲学派别都主张运用人的智力，扬雄承认它们的学说的相对

---

① 《法言》卷五，第6叶。
② 《法言》卷五，第2叶。
③ 《法言》卷五，第2叶。
④ 《法言》卷二，第3叶。
⑤ 《法言》卷二，第6叶。

价值。他认为一个人没有必要只走一条道德上的直径：

> 涂虽曲，而通诸夏，则由诸。川虽曲，而通诸海，则由诸……事虽曲，而通诸圣，则由诸乎！①

他甚至走得过远，以至于承认，尽管军事专家或实际政务家所搞的欺诈的诡计和阴谋是邪恶的，圣人也可善予利用。② 他还承认，有些儒家经典的文字讹误百出，出自智力低下之人；有些经师则是无知的。

扬雄争辩说，辨别智力的高下相对来说是容易的，但辨别大圣和大佞是极端困难的，因为两者都可能有高人一等的智力。③ 因此，扬雄推崇真正圣人的典型和真正大师的模范——这是一个有代表性的儒家论题。但是他也认为，法在人世中是极为紧要的。他维护法的尊严，把它看做古代圣君的模范规章。模范的法"始乎伏羲而成于尧"，"唐虞成周之法也"；法不是法家的创造。④

他谴责申不害和韩非所发展的术，视为不人道。但是他承认，法家有关法的学说和道家庄子有关道的学说，只要它们不排斥儒家圣人或不推翻儒家道德价值，就可能和次要的儒家学说具有同样的价值。⑤ 扬雄认为，这些别的学派的缺点在于他们胸襟褊狭和才智有片面性。按照扬雄的说法，卓越的智力使人领悟众多方面的事物。既然世间有数不尽的小事，仅有小事的知识或技能不能使一个人具有成为真正大师的资格。真正大师身上应当予以珍视的品质是他拥有或意识到的"大知"。⑥

---

① 《法言》卷三，第1叶。
② 《法言》卷三，第3—4叶。
③ 《法言》卷四，第4叶；卷五，第1叶。
④ 《法言》卷三，第2及以下各叶。（引文据《法言》，与英文有所不同。——译者）
⑤ 《法言》卷三，第3—4叶。
⑥ 《法言》卷五，第1叶。

桓谭：务实的呼声

另一个生活于从前汉到后汉的过渡时期的杰出思想家是桓谭（公元前43年—公元28年）。扬雄和桓谭两人都是非正统的古文经学的多才多艺的儒家学者。① 桓谭崇拜扬雄，把他当做当代的圣人。扬雄以寿终，但他未亲见对王莽政权覆灭的惨痛感受；桓谭则在王莽王朝灭亡后仍活着，因而目击了高度保守的后汉政权的兴起，他发现自己和后汉政权不相投合。和扬雄温和的理想主义倾向不同，桓谭的态度更重实效，更实际得多。可惜的是，他的名为《新论》的著作只有一些片断留存了下来。②

桓谭承认扬雄关于人性在道德上不确定的看法，他认为人有眼耳以视听，有智力以感知和辨识，有爱好和厌恶的感情，有趋利避害的倾向。这些是所有的人都相同的，不同之点在于：

> 材能有大小，智略有深浅，听明有暗照，质行有厚薄，亦皆异度焉。③

只有那些具有优异才能和深邃智力（辨别力）的人能够领悟全部真理。扬雄只强调智力，而桓谭则使智力与才能处于同等地位，坚持认为后者的重要性有如下述：

> 如后世复有圣人，徒知其才能之胜己，多不能知其圣与非圣人也。④

---

① 严可均：《全后汉文》卷十五，第8叶。
② 有关桓谭和他的著作的残存片断，见严可均：《全后汉文》卷十二，第7及以下各叶、第13—15叶；及蒂莫斯特·波科拉：《〈新论〉及桓谭的其他作品》（安阿伯，1975）。
③ 波科拉：《〈新论〉及桓谭的其他作品》，第25页。
④ 王充：《论衡》十六《讲瑞》，第256页（艾弗雷德·福克译：《论衡》，第1篇，第361页）；波科拉：《〈新论〉及桓谭的其他作品》，第19页。

　　在非难当代儒家学者方面，桓谭走得比扬雄远得多，他认为这些学者是无知的。他们不具备真正大师的作风，他们变得越来越糊涂。① 桓谭引用《论语》中甚至孔子也觉得天道、人性或命难言的记载，② 批评了那些学者，说他们不注意更实在的人的事务，却珍视不可捉摸的、远离现实的古圣人之道。他指出，尽管研究儒家学问的机构在武帝统治（公元前141—前87年）时，在规模和重要性方面都大有增长，但与此同时政府活动却变得很糟。③ 这种批评打击了前汉儒家关于学术与政治安宁和谐一致，或社会政治、道德和宇宙秩序互相感应的假定的核心。

　　桓谭重实效的态度，当他提出政府的政策应当因时而异，因而不能以一种固定的学说（例如儒家学说）作为根据时，终于接近了法家的态度。④ 他坚持，在和平时期通晓道德方面的人应当受到褒奖，但在困难时期武装人员应当受到尊重。⑤ 他进一步断言，在儒家理想的"王道"和世俗"霸功"的成功的行政之间并没有质的差别。他写道：

　　　　五霸用权智……兴兵众，约盟誓，以信义矫世，谓之霸……唯王霸二盛之义，以定古今之理焉……霸功之大者，尊君卑臣，权统由一，政不二门，赏罚必倍，法令著明，百官修理，威令必行。此霸者之术。

　　　　王者纯粹，其德如彼；霸者驳杂，其功如此。俱有天下，而君万民，垂统子孙。其实一也。⑥

这可能是汉代儒家为法家学说所作的最不隐讳的辩护。

---

① 《全后汉文》卷十四，第8叶。
② 波科拉：《〈新论〉及桓谭的其他作品》，第239页。
③ 《全后汉文》卷十四，第10—11叶。
④ 《全后汉文》卷十三，第3叶；卷十四，第9叶。
⑤ 《全后汉文》卷十二，第9叶。
⑥ 《全后汉文》卷十三，第2叶（波科拉：《〈新论〉及桓谭的其他作品》，第5—6页）。

后　汉

苏竟、班彪和班固论统治的权利

其他后汉早期的儒家学者也对儒家学说广泛的空想不满，有变得更加保守的倾向。苏竟曾为平帝（公元前 1 年—公元 6 年在位）朝廷上儒家学者之长，在后汉初年仍担任高级职务，他证实说，他那个时代的许多儒家因围绕朝代更替的政治动乱而惊慌失措，于是怀疑儒家天命思想的正确性。[①] 苏竟感到有必要求助于人的智力所不能及的天意以证明汉室连续统治的合理性。一个朝代的建立是由天预定，天的神圣的裁决非人所能理解，天的赐福不是现世的努力所能求得，班彪（公元 3—54 年）在他的论文《王命论》中详尽地阐述了这个新的命题，并由后汉朝廷在提倡不足凭信的谶纬作品中予以宣扬。[②]

班彪之子班固（公元 32—92 年）再次肯定了这个命题，并进一步谴责了汉代早期思想家批评当代王朝的自由。班固在公元 74 年 11 月 25 日的上书中特别指责贾谊的实用主义的史论《过秦论》；[③] 他还认为司马迁本人对汉王朝的评论是不忠的和错误的，但赞美司马相如（死于公元前 117 年）是忠诚的典范，因为司马相如在赋中颂扬、奉承武帝，并赞成朝廷挥霍无度的封禅仪式。[④] 和《史记》相比，班固等人的《汉书》是按照更严格的说教的原则写成的，因而一方面对儒家传统较少批评，而在另一方面则对非儒家的言行较少宽容。[⑤]

---

① 《后汉书》卷三十上，第 1043 页。
② 关于班彪，见本书第 13 章《班彪关于天命的论文》。
③ 《全后汉文》卷二五，第 6 及以下各叶。也见本书第 13 章《道德的价值和秦朝的失败》和本章以上《儒家理想的衰退》。
④ 《全后汉文》卷二六，第 7 叶。关于司马相如，见伊夫·埃尔武厄：《汉代宫廷诗人司马相如》（巴黎，1964），第 198 页以下；同上作者：《〈史记〉司马相如传译注》（巴黎，1972）。
⑤ 《全后汉文》卷二三，第 10—11 叶。

在班固的著作中，世袭权利和家庭伦理，尤其是孝和祖先崇拜，是用前汉儒家中并不普遍但却成为后汉儒家的特色的那种方式予以赞扬的。按照班固的看法，君主的地位是神圣不可侵犯的，不管他具有还是缺乏什么个人品德；他从他家创业的祖先继承统治的权利，而他的祖先是受命于天以建立王朝的。圣人的智慧同样是至高无上的，因为它是与生俱来的天赋，而不是他个人努力的结果。[①] 班固建议，学者们应当更加珍视当前王朝的成就，而不是向往遥远古代的繁荣昌盛，他认为当前的王朝胜过任何过去的王朝。这个论点，和儒家的学说相比，更接近法家韩非的学说。[②]

王充：命运和人的道德

王充（公元27—约100年）在他的《论衡》中，大大扩充了苏竟、班彪和班固发展了的"命"的概念，《论衡》粉碎了儒家提出的社会政治、道德和宇宙的秩序一体化的假定。按照王充的看法，虽则人的生命看来也许是一个结合在一起的整体，事实上它却分为三个不同的层面：生物学的、社会政治的、道德的。生物学的层面可以再分为二。肉体的和心智的。在这些各别的范围内，事情的性质和进程是独立地确定的。因此，一个人也许健康，但却愚蠢，没有成就，道德败坏。而一个道德品质良好的人却可能不健康或者不聪明，同时在他的社会和政治生活中可能是没有成就的。这和理想主义者的儒家的假定是矛盾的，按照儒家的假定，道德修养可以造就健康、平和（因而快乐）、聪明和能干（因而有成就）的人，而且当这种修养和教育普及时，国家、社会和人类作为一个整体将存在于长久的和谐状态之

---

① 《全后汉文》卷二三，第8—10叶；卷二六，第1、3、6—8叶。班固：《白虎通义》卷一上，《爵》，第1及以下各叶；卷一上，《号》，第96及以下各叶；卷三上，《圣人》，第81—20叶（张朝孙［音］译：《白虎通：白虎观中的全面讨论》第2卷，第528页以下）；卷四上，《五经》，第7叶以下。

② 《全后汉文》卷二四，第2、4、6—8、9叶；卷二五，第2、4及以下各叶，第6—7叶。

中，而这又将从而导致宇宙的和谐。

王充论证说，命运或定数在个人的肉体生活（健康与长寿）和社会政治生活（成功或失败）中表露出来时，是由三个不同的因素决定的：个人的因素（天赋，"性"）、人际关系的因素（机遇，"逢遇"或"遭遇"）和超越个人的因素（"时"或共同的命运，"大运"）。从生物学上说，个体的人可能幸而生来健康和聪明（个人的决定因素），理应活得很长。但是，如果他不幸碰到一个强暴的人把他杀死，他的寿命就可能比生来不很健康但没有遭逢那种厄运的人短一些。而且，数以千计的个人，不论健康或衰弱，聪明或愚笨，善良或邪恶，他们的生命可能因一次大的灾祸，如地震、内战或瘟疫而告结束，所有的人因此都将落得一个共同的结局（超越个人的时代性质的决定因素，即"大运"）。从社会政治的层面说，一个人有可能是聪明、能干和善良的；如果这样一个人偶然碰上一个同样聪明、能干和善良的君主，他可能获得成功；但是，如果他碰上的君主不具备那些个人品质，他就可能没有获得成功的机会。①

不管个人碰上的机会性质如何，在严酷的时代，每一个高尚的或者粗俗的人都将受到苛刻的对待；反之，在承平时代，每一个人都将受到良好的对待。因此，即使一个圣君幸而得到贤能的大臣的辅佐，他们的成就也可能由于人所不能控制的大灾大难（"大运"）而受到破坏。王充论述的层面或层面下的分目越多，他越是从相互影响的断片方面去看人类社会。在这样一个社会中，人们所能取得的最大成就只能是以分成断片的各个部分间的偶然一致为基础的暂时的秩序，而不是由单一的天意注定的先验的协调一致。

王充再次肯定了重实效的原则：从实际的人的事务和事件中了解

---

① 《论衡》一《逢遇》，第1页以下（福克译：《论衡》第2卷，第30页以下）；《累害》，第9页以下（福克译：《论衡》第2卷，第37页以下）；《命禄》，第18页以下（福克译：《论衡》第1卷，第144页以下）；《气寿》，第26页以下（福克译：《论衡》第2卷，第313页以下）。《论衡》二《幸偶》，第35页以下（福克译：《论衡》第1卷，第151页以下）；《命义》，第41页以下（福克译：《论衡》第1卷，第136页以下）。

和学习，比讨论无从捉摸的"道"和"理"要容易一些。[1] 他在常识的基础上批评许多汉儒论述人（生物学的、社会政治的和道德的）与自然（天，宇宙）领域互相感应的理论是不真实的。他对儒家经典中有关古代圣君的叙述产生怀疑，甚至主张某些归之于孔子和孟子的话也是站不住的。他赞成班固的意见，汉代尽管有其缺点，但可能是曾经存在过的所有朝代中最辉煌的。对汉代的这种颂扬，在某种意义上肯定了许多世俗的、重实效的，或汉代君主得到儒家默许而采用的法家方案和学说的实际价值。[2]

具有讽刺意味的是，王充在贬低当代大部分儒家学说的过程中，却用力解救儒家的道德理想，使之从其周围滋生的迷信的和空论的牵累中解脱出来。尽管王充认为，在人生活的不同层面上，主要是外界因素决定了人的命运，但他却把个人的道德生活作为唯一的例外，断言道德生活不是这样由别的因素决定的。按照王充的看法，有道德的人在世上可能是不健康的、短命的和失败的，但是这些只不过是生物学的、社会政治的层面上的缺欠，既然在这些层面上事情的进程是由

---

① 《论衡》二《吉验》，第 77 页以下（福克译：《论衡》第 1 卷，第 173 页以下）。

② 《论衡》四《书虚》，第 157 页以下（福克译：《论衡》第 2 卷，第 240 页以下）；《变虚》，第 191 页以下（福克译：《论衡》第 2 卷，第 152 页以下）；《论衡》五《异虚》，第 203 页以下（福克译：《论衡》第 2 卷，第 161 页以下）；《感虚》，第 216 页以下（福克译：《论衡》第 2 卷，第 171 页以下）；《论衡》六《福虚》，第 253 页以下（福克译：《论衡》第 1 卷，第 156 页以下）；《祸虚》，第 264 页以下（福克译：《论衡》第 1 卷，第 164 页以下）；《龙虚》，第 274 页以下（福克译：《论衡》第 1 卷，第 351 页以下）；《雷虚》，第 286 页以下（福克译：《论衡》第 1 卷，第 285 页以下）；《论衡》八《儒增》，第 353 页以下（福克译：《论衡》第 1 卷，第 494 页以下）；《艺增》，第 377 页以下（福克译：《论衡》第 2 卷，第 262 页以下）；《论衡》九《问孔》，第 393 页以下（福克译：《论衡》第 1 卷，第 392 页以下）；《论衡》十《刺孟》，第 452 页以下（福克译，《论衡》第 1 卷，第 418 页以下）；《论衡》十一《谈天》，第 473 页以下（福克译：《论衡》第 1 卷，第 250 页以下）；《说日》，第 487 页以下（福克译：《论衡》第 1 卷，第 258 页以下）；《论衡》十四《寒温》，第 626 页以下（福克译：《论衡》第 1 卷，第 278 页以下）；《谴告》，第 634 页以下（福克译：《论衡》第 1 卷，第 119 页以下）；《论衡》十五《别通》，第 649 页以下（福克译：《论衡》第 1 卷，第 109 页以下）；《论衡》十七《是应》，第 750 页以下（福克译：《论衡》第 2 卷，第 315 页以下）；《治期》，第 766 页以下（福克译：《论衡》第 2 卷，第 9 页以下）；《宣汉》，第 817 页以下（福克译：《论衡》第 2 卷，第 192 页以下）。

人所不能控制的因素决定的，它们比起精神的、道德的层面来是次要的。人的道德生活仍然不受世间逆境的影响，并可继续向前发展而不管他在其他方面的缺欠如何。只有由个人自己决定的道德生活才具有内在的价值。

一个人通过道德生活能够取得什么成就？王充断言，除了道德生活本身以外，能取得的成就很少。不能保证一个人由于道德上完美，他就健康、长寿，或者得到世上别的好处；事实上，他应当克制这种不正当的希望，因为不这样他就非失望不可，而且正是这种失望，而不是任何外部的因素，对他精神上的安宁是最有害的。①

在所有中国思想家中，王充对人内心的精神世界最接近于得出一个道德自律的定义。按照王充的看法，儒家学说的真正价值在于它无比地强调人的道德精神。

推行法令的呼声

对世事的重实效或功利的（因而是法家的）观点的明白肯定，与道德或精神领域中的自由或自主的内心的（因而是道家的）需要这两者之间的矛盾，是以名义上的儒家综合体中的法家和道家分支思潮的高涨为特征的。后汉许多次要的儒家思想家可以被指派为三种类型中的一种：儒家中的法家，他们关心实际的行政管理措施或改革；儒家的守旧派，他们专心致力于支持学识和仪礼的传统以及王朝统治力量的正统；儒家中的道家，他们对外部世事采取蔑视态度，注意在道德

---

① 《论衡》一《逢遇》，第 7 页以下（福克译：《论衡》第 2 卷，第 35 页以下）；《命禄》，第 19 页以下（福克译：《论衡》第 1 卷，第 144 页）；《命禄》，第 19 页以下（福克译：《论衡》第 1 卷，第 141 页）；《论衡》二《率性》，第 63 页以下（福克译：《论衡》第 1 卷，第 374 页以下）；《论衡》三《本性》，第 123 页以下（福克译：《论衡》第 1 卷，第 384 页以下）；《论衡》六《福虚》，第 253 页以下（福克译：《论衡》第 1 卷，第 156 页以下）；《祸虚》，第 264 页以下（福克译：《论衡》第 1 卷，第 164 页以下）；《论衡》九《问孔》，第 419 页（福克译：《论衡》第 1 卷，第 409 页）；《论衡》十《非韩》，第 435 页（福克译：《论衡》第 1 卷，第 434 页）；《非韩》，第 441 页（福克译：《论衡》第 1 卷，第 438 页）；《论衡》十二《程材》，第 535 页以下（福克译：《论衡》第 2 卷，第 56 页以下）。

和精神领域中寻求心安和慰藉。这样一分为三，与官员、文人学士和地方精英的不同的利害关系是一致的。

王莽掌权时，他最初曾得到这三类儒家的支持。王莽的理想主义的改革可能得到文人学士的支持和官员的默认，但为地方精英——大地主、大家族和其他地方权贵所反对，他们在王莽的覆亡和随后的汉室光复中是起了作用的。后汉最初的三个皇帝对所有这三个集团都予以安抚。

朝廷为那些对传统学识和仕宦生涯感兴趣的人，重新建立了太学和其他官学，又恢复了吸收官员的考试、荐举和选拔制度。皇帝在朝廷集会上亲自参加有关正统儒家学说的讨论和讲授，任命杰出的学者制定由朝廷举行的大量仪礼——献祭的、礼仪的和教育方面的。至于那些在实际行政管理和改革中有经验和才干（长于吏事，熟悉重实效的新法家学说）的人，[1] 皇帝对他们提出的将加强统治家族的地位、增大朝廷的权势或集中权力于皇帝之手的建议，显示出强烈的兴趣。可是，皇帝却小心翼翼地确保这类措施不致引起地方精英的反对，或搅乱地方的均势。他采取安抚的态度，甚至宽容那些公然反抗他和他的朝廷的人，事实上，皇帝高度赞扬那些拒绝在卑躬屈节或拒绝在政府任职的人，理由是那样做将危及他们道德上的正直或精神上的纯洁。[2]

在一定程度上，后汉这些皇帝的态度证明是非常成功的。从公元30年到90年，国家比较安宁和繁荣。传统的中国历史学家非常尊重光武帝（公元25—57年在位）、明帝（公元57—75年在位）和章帝（公元75—88年在位）。[3] 有的为他们的领导信守道德而喝彩，说是扶植了后汉高度的道德精神；有的赞扬他们的有效率和重实效的（或法家的）管理；其他的人颂扬他们振兴儒家的学说和礼仪，说在章帝时它们发展到了顶点。但是仍然存在问题。一个皇帝或一个皇帝的统

---

① 见本章《儒家理想的衰退》小节。

② 《后汉书》卷六七，第2184页以下；卷七九上，第2545页以下；卷八一，第2666页以下；卷八三，第2757页以下。

③ 对这些皇帝的评价，见本书第5章《关于汉王朝衰微的传统理论》。

治时期怎么能够承受如此之多的优点和成就？除非它们只是装装门面而已。

到公元 1 世纪结束时，这个门面被砸碎了。权力集中于皇帝之手导致了外戚和宦官之间的一场激烈的权力斗争，严重地破坏了对国土的有效管理，加剧了贵族和地方权贵的反抗。正统的今文经学派不再受到真正学者的尊重，他们转向非官方的古文经学派或其他非儒家思想的传统，以满足他们好学的和运用智力的兴趣。太学变成了一个课堂空空、学生缺席的机构，缺乏作为学习中心的任何真正的活力。朝廷的典礼变成了烦琐的礼节。政府既不能保卫边疆，防止野蛮民族流入，也不能控制大地主和豪门大族放肆的、无法无天的行为，因为他们剥削和压迫穷人及弱者时置法令于不顾而不受惩罚。被形势吓坏了的儒家思想家坐卧不安地寻求迅速的补救办法或者逃避现实。

甚至在后汉初年，许多杰出的学者和官员就曾批评前汉末年和王莽统治时期朝廷对于实施法令所持的宽大态度。公元 36 年，治《春秋》的学者、光武帝朝廷上的法规专家梁统主张，在维护社会秩序方面，严格实施刑法至关重要；即使按照儒家的观念，这样做也是对百姓十分有益的。[1] 尽管他的法家主张据说受到许多守旧的儒家的反对，他的建议仍为朝廷官员暗中遵循。公元 47 年升任大司空的守旧儒家杜林证实，后汉政权是高度法家性质的，他忠告说，应当强调德的修养予以补充。[2]

章帝（公元 75—88 年在位）和和帝（公元 88—106 年在位）朝廷上最杰出的两个儒家，鲁恭（公元 32—112 年）和他的兄弟鲁丕（公元 37—111 年），也表达了类似的意见。张敏更建议，甚至需要更加严厉地推行法令。这项建议经章帝于公元 80 年驳回，但后来被和帝接受。按照张敏的意见，刑法是圣君制定来对付社会罪恶的，和儒

---

[1] 《后汉书》卷三四，第 1166 页以下。
[2] 《后汉书》卷二七，第 937 页以下。

家的准则同样重要。①

但是，这种对严厉地推行法令的强调，和野心勃勃的古典法家路线有很大不同，那种路线是为了获得最大限度的极权政府的权力。儒家赞成利用法律，但只是作为对国家保持最低限度控制的最后手段。后汉儒家中的法家憎恶日渐得势和难以驾驭的地主、豪门大族以及其他有特权的社会集团，这些势力削弱了地方和中央政府有效的行政管理。他们主张从严推行法律，实际上是作为治理国家的最后手段。

事实上，即使是在这个王朝的极盛期，朝廷也不能抑制地方权贵日益增长的力量。在其衰弱的年代，朝廷不能像古典法家那样提出社会、经济和政治体制的激烈改革；它只能在现存的体制内，通过加紧控制它自己的官员，试图更有效、更实际地行使权力。如法律专家陈宠（活跃期在公元 76—106 年）所证实的，在中央行政机构中，大多数中级官员都变得全神贯注于他们自己的利益，对朝廷缺乏任何责任感。陈宠之子陈忠也是一个杰出的法律专家，他于公元 108 年证实，官场已经堕落到全然失职、完全不负责任、公然蔑视法令和秩序，或故意妨碍审判和压制告发的状态。他的加紧控制官员行为的建议代表了当时大多数比较关心政治的学者——官员的态度。②

温和的改革办法和个人的道德修养

许多卓越的儒家，包括王堂（活跃期在公元 96—131 年）、左雄（卒于 138 年）、李固（卒于 148 年）和杨秉（公元 92—165 年），③ 倾向于赞成一种旨在改革文官制度和加紧控制官员的温和的办法。他们指望在可靠的考试、特别选拔、举荐、考绩黜陟的基础上吸收和提升

---

① 关于鲁恭和鲁丕，见《后汉书》卷二五，第 873 页以下、883 页以下。关于张敏，见《后汉书》卷四四，第 1502 页以下。
② 关于陈宠，见《后汉书》卷四六，第 1547 页以下。关于陈忠的奏疏，见《后汉书》卷四六，第 1558 页以下。
③ 关于王堂，见《后汉书》卷三一，第 1105—1106 页。关于左雄，见《后汉书》卷四六，第 1558 页以下；及本书第 4 章《和帝、殇帝与安帝统治时期》一节。关于李固，见《后汉书》卷六三，第 2073 页以下；及本书第 4 章《顺帝统治时期》。关于杨秉，见《后汉书》卷五四，第 1769 页以下。

比较正直和有能力的官员。前汉最卓越的儒家之一马融（公元 79—166 年）在赞同法的重要性及其严厉实施方面，是一个例外。[①]

温和的改革办法看来也为那些有道家倾向的儒家所赞成。自从后汉王朝建立以来，日益增多的对政治大失所望并拒绝在政府供职的儒家，也采取道家无为、保身和退隐的态度。许多这样的人是地方精英或豪门大族的优秀分子。随着帝国力量的衰落和中央政府对地方社会施加的控制的松弛，这些精英分子发现他们舒适而安全的乡下庄园中的生活，比帝国朝廷中的斗争和阴谋更有乐趣。甚至在那些在朝廷供职的人中，很多人也发现，道家顺应的态度也使文官生活少冒风险。早在 1 世纪中叶，一个有仕进之心的官员钟离意曾经忠告他的上司，高级文官不应当亲自办理政府的琐碎事务，而只应当干预重要的事情，这样他才可以不致忘记重点。在这种意义上，钟离意把一些具有道家倾向的精英看做最适于担任高级政府职务的人。[②]

2 世纪初，杰出的文人樊準（卒于公元 118 年）和朱穆（公元 100—163 年）比其他人更加拥护儒家—道家的改革意见。樊準出身于南阳郡一个最富有、最有势力的氏族；他的祖先是后汉儒家中倾向道家的主要人物。樊準在 106 年的奏疏中，赞扬后汉早期君主所作的振兴儒家学说的努力，指出儒家学问在公元 58—75 年间达到了顶点。与此同时，他谴责正统儒家学说事实上已经变成空洞的形式。他承认，法律和儒家学问对于国家都是重要的，但却暗示两者都不能培养人的道德，然而唯有道德能够维持良好的法律和真正的学问。

按照樊準的意见，道家可以更好地养成这种道德。他断言，西汉初期文帝和他的皇后所赞助的黄老学派的道德学说占据优势，使国家的道德纯正了，而这又从而导致了其后的景帝（公元前 157—前 141 年在位）和武帝（公元前 141—前 87 年在位）时代的繁荣和成功的改革。他建议，皇帝应当访求那些过退隐生活、修身养性的遁世者，

① 关于马融，见《后汉书》卷六十上，第 1953—1978 页，及本书第 14 章《私学》。
② 《后汉书》卷四一，第 1406 页以下。

征召他们到朝廷上来。[1]

朱穆也提出了类似的忠告，他出身于南阳郡另一个儒家望族。朱穆在他的《崇厚论》中，谴责国家道德传统衰落，已经变得"浇薄"了。[2] 这种状况不是突然出现的，而是文化逐渐衰败积累起来的结果。孔子曾说甚至他本人也因生得太晚而未能目睹全国一度盛行的大道，朱穆引用孔子的话来阐述了道家的论点：

德性失然后贵仁义……礼法兴而淳朴散。

朱穆于是认为，儒家的道德学说是一个堕落时代的产物；它只是作为救治社会罪恶的短期办法而发挥作用，但不能逆转人类堕落的长期趋势。这种堕落是积累起来的发展的结果，没有有效的快速解决办法。需要的是每一个个人修正他自己的方向，并借助于"厚"以积累个人的德性，从而使这个普遍的趋势最后可以逆转。开始这样做的办法是，每一个个人养成一种对人宽厚的感情——在和他人的交往中更慷慨、更宽容（"厚"），少挑剔（"薄"）。朱穆在对其家人的训诫中强调，他们不应当对别人挑剔，而应当经常赞扬和鼓励他人之善；这不但是培养了"厚"，而且也是在污浊而危险的世上保存自己的方法。

崔寔的激烈建议

当许多道家怀着把国家最终从精神的堕落中解救出来的目的，赞成从世上退隐以培养个人品德时，其他的道家，特别是那些源出更坚强的黄老学派的道家，看到公众事务内的当前危险不能等待一个长期的解决办法。后一种类型的道家不但支持上述的温和改革办法，而且甚至主张，到了这个时候，需要激烈的法家措施。这种道家转向法家的态度可以举崔寔（卒于公元170年）和王符（约公元90—165年）的著作为例证。

---

[1] 《后汉书》卷三二，第1125页以下。
[2] 《后汉书》卷四三，第1463页以下。

崔寔在他的短论《政论》中，批评王朝的君主懈怠，政府官员谋私腐化，边地士卒散漫消沉，巨商和地方权贵奢侈放荡。[①] 他既贬低守旧的学者—官员劝告朝廷在行政事务中遵循惯例，又贬低理想主义者提倡古代圣君的典范。按照崔寔的意见，汉政权已病入膏肓，不能用常规疗法治愈；在当前情况下梦想一个完善的政府也是徒然的。行政的原则应当依不同时代的需要而改变。现时需要的是强调奖惩的法家高压手段（"霸"）。他建议皇帝应当把所有权力集中于自己之手，并像使用刀那样使用权力，割掉国家的毒瘤。朝廷应当培养君主不偏不倚的精神，但要要求臣民绝对服从。它应当奖励农业，抑制商、工牟取暴利。[②]

但是，由于当时的实际情况，崔寔的忠告是完全不能实行的。到了 2 世纪中叶，汉王朝的君主不仅无力得到边远地方社会的庶民的绝对忠诚，而且也不能控制任命的州郡官员；他甚至很快丧失了对他身边的宠幸的人的控制。崔寔谴责那时的状况说：

> 今典州郡者，自违诏书，纵意出入。每诏书所欲禁绝，虽重恳恻，骂詈极笔，由复废舍，终无悛意。故里语曰："州郡记，如霹历；得诏书，但挂壁。"[③]

可是崔寔写道，任何激烈而迅速的行政手段都只能产生更坏的结果，又指责当时的行政措施是残酷的，暴虐的，横加挑剔的，于是他就和他的法家意图抵触了。[④] 他劝告君主应当对高级官员更加宽厚，对低级官员更加宽大，虽然这是可行的，但也和他提出的皇帝应拥有绝对权力的主张自相矛盾。因此崔寔未能调和他自己的道家倾向和法家倾向之间的矛盾。

---

① 《后汉书》卷五二，第 1725 页以下；《全后汉文》卷四六，第 4—7、10 叶；并见本书第 4 章《桓帝统治时期》。

② 《全后汉文》卷四六，第 2、3—7、12、13 叶。

③ 《全后汉文》卷四六，第 12 叶及第 2、3—9 叶。

④ 《全后汉文》卷四六，第 7 及以下各叶。

王符：道德价值、社会正义和领导

　　自称隐士的王符在综合他那个时代的法家、儒家和道家思想倾向
方面更为成功。和崔寔一样，王符非常担心当时的情况。王符在他的
著作《潜夫论》中，详细讨论了当时不同人群的意向怎样脱离了他所
认为的固有的和基本的道德准则（"本"），他悲叹道：

> 　　夫富民者，以农桑为本，以游业为末；百工者以致用为本，
> 以巧饰为末；商贾者，以通货为本，以鬻奇为末……教训者，以
> 道义为本，以巧辩为末；语辞者，以信顺为本，以诡丽为末；列
> 士者，以孝悌为本，以交游为末；孝悌者，以致养为本，以华观
> 为末；人臣者，以忠正为本，以媚爱为末……[①]

按照王符的看法，这些准则构成了社会安宁的"本"。人本身具有意
志力和才智，又有先哲的经典和教导的指引，借以认识和遵从这些准
则。但是他们必须决定，他们将维护还是违反这些准则。如果他们打
算维护准则，那么，即使是不诚实的人，也能接受引导，按照准则做
人；但是，如果他们宁愿违反准则，那么，即使是自觉的人，也可能
受操纵加入同伙而违背准则。[②] 这种对规定的准则和对维护这些准则
所需要的人的努力（"为"和"务"）的强调是儒家荀卿学派的基本原
理。王符也赞同荀子的意见：善和恶的传统是人的累积的行为的结果。
　　因此，有两个基本前提是王符对他那个时代的邪恶状况和必要的
补救办法的分析的基础。首先，邪恶状况由人引起，因而能够，也必
须由合理而有效的人的努力予以纠正；其次，这些邪恶不是任何一个
个人或政府行动的结果，而是经过许多世代累积起来的，因而任何简
便的或短期的措施将不容易消除。[③] 在这种分析的基础上，王符调和

---

① 《潜夫论》一《务本》，第 14 页以下，及本书第 11 章《商业和工业》。

② 《潜夫论》一《赞学》，第 1 页以下；《务本》，第 19 页以下。

③ 《潜夫论》三《慎微》，第 142 页以下；《潜夫论》八《德化》，第 377 页以下。

了道家对个人的看法和法家对国家的看法；他相信两者都能对儒家世界大同的长期目标作出贡献。

王符面对他那个时代普遍存在的邪恶，主张个人应当做出极大努力以抵制各种各样的外界诱惑和压力，以保持他自身的正直和内心的道德自律。正是这种内心的道德自律，而不是"高位厚禄富贵荣华"之类的外部成就，才应是衡量君子的标准。平庸的凡人常常以一个人的外部成就判定他的价值。但是君子可能得不到这些外部成就的恩泽，这种恩泽取决于"遭命"。[①] 此外，在那种邪恶状况下，能致力于成为君子的艰苦修养的人是很少的。因此君子是孤寂的。他处境危险，因为大多数人对他有误解，而许多邪恶的人将诋毁和伤害他。因此这样的君子最好是从世上退隐。后汉儒家道德生活自主的理想因而加强了道家隐士式的倾向。[②]

但是在论及君主时，王符的建议却表现出高度的法家思想。他认为君主不是一己个人（"私"），而是接受了天所授予的照管国家的"公"的职责。作为"公"的形象，他必须致力于治国之道，掌握并行使权力，施用"重赏"和"严刑"；他不应当把这种可怕的权力和职责托付别人。他应当以"明"治国，"明"的基础是没有偏见、下情上达不受阻碍并与他人广泛商议。他必须不偏向一方，不心胸狭窄，也不仅如一己个人可能表现的那样任性执拗，或图谋私利，而必须以"明"制定和批准为民的法令和条例。否则他就辜负了天的授权。

既然是"承天"以"建百官"，君主必须按照为民的法令和条例任命这些官员，并完全是为了万民的利益。如果不是这样，他就是"偷天官以私己"。[③] 王符强调君主利民的职责、"明"、为民的法令和

---

① 《潜夫论》一《论荣》，第 32 页以下。

② 《潜夫论》一《贤难》，第 39 页以下。

③ 《潜夫论》一《赞学》，第 1 页以下；《务本》，第 14 页以下；《论荣》，第 32 页以下；《贤难》，第 39 页以下；《本政》，第 88 页以下；《潜夫论》二《潜叹》，第 96 页以下；《潜夫论》三《忠贵》，第 108 页以下；《实贡》，第 150 页以下；《潜夫论》四《班禄》，第 161 页以下；《述教》，第 173 页以下；《潜夫论》五《衰制》，第 238 页以下；《潜夫论》八《明忠》，第 356 页以下。

为民的官职，因而把新法家学说提高到了一个新的智力水平。

尽管王符强调社会正义，他并没有把所有个人置于同等的地位，反而认为，作为一个个的个人，有的本来比其余的人好。因此，君主的社会责任是无偏见、不偏袒亲近自己的个人，而去寻求较好的人，并按照真实功绩这一标准任命他们的官职。否则，君主就是藐视上天，不能长久地统治。①

关于国家的长期目标，王符提出，如果君主没有偏见并相信国家的法令，这将导致这种法令的正当推行。而这又将引出以真实功绩为根据的官吏选拔推荐制度；这样一种制度将保证官吏是品德良好和忠诚的人，他们将关心万民的福利。而这又将导致良好的统治，万民将是安宁而幸福。天意得以实现，宇宙间阴阳两种力量协调，而一切尽归于善。②

表面上，王符似乎接受了法家的主张，认为实际的治国之术能够在世上单独创建"太平"之世。但这并不是他的根本意图。王符承认，治国之术的较原始的部分，如法令和条例、惩罚和奖赏，是管理万民和实现有条理的行政的方法。但是，他坚决认为这些对于在国土之内促进"大化"，或创建"太平"之世是不够的。③ 要实现这个更高的目标，他写道：

> （夫欲历三王之绝迹，臻帝、皇之极功者，）必先元元而本本，兴道而致和，以纯粹之气，生敦庞之民，明德义之表，作信厚之心，然后化可美而功可成也。④

因此王符在儒家—法家强调实际治国之术之上和之外，重申了儒家—道家包罗一切的道德—宇宙的转化的理想。

---

① 《潜夫论》三《忠贵》，第118页以下。
② 《潜夫论》二《本政》，第88页以下。
③ 《潜夫论》八《本训》，第365页以下。
④ 《潜夫论》八《本训》，第371页。

但是，在涉及人的努力和政府的活动的转化方面，王符倾向于荀卿的学说，他写道：

> 夫化变民心也，犹政变民体也。德政加于民，则多涤畅姣好坚强考寿；恶政加于民，则多罢癃尪病夭昏札瘥……夫形体骨干为坚强也，然犹随政变易，又况乎心气精微不可养哉？
>
> 民蒙善化，则人有士君子之心；被恶政，则人有怀奸乱之虑……世之善否，俗之厚薄，皆在于君。[①]

在这段话中，难于捉摸的道德—宇宙的转化与政府实际活动之间的区分，和精神与肉体之间及指导者与统治者之间的区分一样，可以被勾勒出来。当然，如果是圣君，在个人道德和热心公益两个方面都优秀，那么一切都会得到。但在当时那种邪恶状况下，这几乎是不可能的。对王符来说，圣君和"大同"之世只不过是模糊的希望。

王符把君主的地位主要当做一种公职，当做上天的托付（相应地授予它权力和责任）来论述。但是，他并不认为君主在道德上自然优越。事实上，他并不情愿评论作为一己个人的君主。可以证明，如果君主不是一个圣人，或者如果他在个人品德上有缺陷，那么，他也可能缺乏履行他的社会职责所需要的谦逊。[②] 王符清楚地认识到这种可能，并提出两种防护的因素。首先，如果出现这种情况，君主将丧失上天的信任而不可能长期自立。其次，尽管君主经由他的政策对万民有巨大的好或坏的影响，但仍然有人不易为这种影响所动。臣民中有少数君子的典型，他们在衰颓之世也和在升平时代一样，能够顶住影响社会的邪恶，并磨砺他们自身的品德。他们是圣人和贤人，王符写道：

> 不随俗而雷同，不逐声而寄论；苟善所在，不讥贫贱，苟恶

---

① 《潜夫论》八《德化》，第372页以下。
② 《潜夫论》一《贤难》，第51页；《潜夫论》二《明暗》，第55页以下；《思贤》，第74页以下；《潜夫论》三《忠贵》，第114页以下。

所错，不忌富贵……

有度之士，情意精专，心思独睹……不惑于众多之口；聪明悬绝……独立不惧，遁世无闷，心坚金石，志轻四海，故守其心而成其信。

虽放之大荒之外，措之幽明之内，终无违礼之行；投之危亡之地，纳之锋镝之间，终无苟全之心。①

这些儒家—道家的圣人和贤人因而保护了人的自由精神和道德的自主，反对任何恣意妄为的君主。

由于这些圣人和贤人不屈的精神力量，上天把世上更为崇高的使命交给了他们。王符赞扬说：

夫圣人为天口，贤人为圣译。是故圣人之言，天之心也。贤者之所说，圣人之意也。②

既然这些优秀人物不会降低自己或降低他们的崇高原则以靠拢世俗的君主，君主就有义务承认他们优秀，给予他们应得的荣誉和高级职位。因此，当务之急是以真实功绩为根据革新文职机构人事制度。这种制度应当将法家的君主和道家的优秀人物集结在儒家和谐一致的联合体之中。③

王符的著作清楚地指出了君主和优秀人物之间的对抗的危险，君主要求他的臣民为了国家的利益服从他，而优秀人物力求精神自由和道德自主而不顾任何世俗的力量——不论是君主的权威还是百姓的庸俗见解，按照王符的意见，解决这种矛盾的重担主要落在君主的职责上。换句话说，即使优秀人物的自由是个人主义的，甚至是反社会

---

① 《潜夫论》八《德化》，第371页以下。（以下引文见于《潜夫论》八《交际》，第347、350页；《德化》，第375页。——译者）
② 《潜夫论》二《考绩》，第72页。
③ 《潜夫论》二《明暗》，第54页以下；《考绩》，第62页以下。

的，君主也要因他无能力维护国家和社会的团结而受到责备。

中央权威的崩溃

个人与国家：对社会生活的失望

如后汉著作所表明的，个人和国家间的显著分裂与前汉思想家所抱有的世上包罗万象的统一体的幻想，形成了鲜明的对比。在前汉王朝的全盛期，君主不但被想象成世俗权力、荣誉和财富的施舍者，而且也被想象成实现精神和宇宙和谐的中枢。个人的价值是根据他在行政事务中的成就来判定，而不是据他的个人品德或家庭道德来判定。在某些情况下，一个人受君主之召供职而停服规定的三年亲丧期，是完全正当的。

但是，在后汉，我们在分属社会和个人领域的相对价值方面，看到了一种改变。在后汉早期，有一些杰出的人对朝廷政治完全绝望，以致拒绝接受政府职务。[1] 后汉衰落时，这种行为在精英分子中成为风尚，成为一种新的理想，既吸引一些卓越的儒家学者，又吸引许多州郡的著名人士和地方权贵。他们不再只是在行政机构中不得升迁的失意的人；他们常常是兴旺的庄园的所有者、高门大族的家长或族长，或者是在州郡社会中有良好社会关系和声望的人，他们在州郡社会中充当学术和艺术的保护人与地方习俗等的裁定者。[2] 当朝廷对地方的控制松弛时，越来越多的这类著名人物发现，退处州郡更为舒适；和在帝国朝廷的官宦生涯相比，他们在地方上的领导地位和事业给他们的报酬更为丰厚。按照儒家的说法，当这些杰出人物对帝国一级的"大同"大失所望时，他们便退而在地方一级上为自己营求"小

---

[1] 见本章第 755 页注 2。

[2] 见陈启云：《荀悦：一个中世纪早期的儒家的一生和反省》，第 13—18、24 页以下；帕特里夏·埃伯里：《从〈四民月令〉看东汉的庄园和家族管理》，载《东方经济社会史刊》，17（1974），第 173—205 页；帕特里夏·埃伯里：《早期中华帝国的贵族家族：博陵崔氏家族个例研究》（剑桥，1978）；本书第 11 章《地方精英》。

康"局面。

当后汉精英内部的离心倾向加速发展时，从王充对杰出人物自主道德生活的特征的看法到王符的看法中，可以看出一种微妙的概念上的变化。王充关心的是无官职的个人，这种人受到世事的损害，既不能在世俗社会中完成任何有价值的东西，也不能从那里得到任何酬劳，他于是发现，清廉而自主的道德生活是他的唯一慰藉。王符谈到的杰出人物则认为荣誉、高位和财富是他应得的，而不取决于世俗君主的意愿，他自信地要求一个不但独立于君主的政治权力，而且甚至是在政治权力之上的活动范围：

> 守志笃固……是故虽有四海之主弗能与之方名，列国之君不能与之钧重；守志于□庐之内，而义溢于九州之外……①

王符论证说，一个行使最高权力但在培养诚意和支持日益有力而自负的精英方面仍然虚心、克己的开明君主，能够保持社会团结，这是和儒家强调折中相一致的。这是一个崇高的道德上的理想，但在后汉时期实现这种理想的可能性很小。后汉的政治史清楚地证明，调和专制君主和精英社会之间裂隙的多次努力都无济于事。

抗议和排斥

如上所述，后汉早期的君主对有权势的大族和地主的态度，与对心怀不平的学者—官员的态度一样，是非常和解的。但是，他们也采取特殊措施，把重要的权力保持在他们的手里。光武帝（公元25—57年在位）、明帝（公元57—75年在位）和章帝（公元75—88年在位）通过保留公元前8年采用的高级官职制度实现了这一点。代替丞相、御史大夫和太尉的，是组成国家最高当局的三公。三公的职责是"坐而论道"，而原来的丞相、御史大夫和太尉的行政职责则由随君主之意而供职的次要的尚书接管。而且，包括所有担任官职的全部"外

---

① 《潜夫论》一《遏利》，第27—28页。

廷大臣", 都不得在内廷工作。这种工作现在由宦官去做, 宦官是君主和他的嫔妃们的私人奴仆。[1]

这些措施使君主不受精英阶层的压力, 但同时也使他和外界的联系减少了。后汉后来的皇帝被孤立于宫中, 为宦官们所包围, 在他们努力提高衰落的王朝的权力时, 终于越来越依靠宦官的帮助和支持。皇帝和宦官就这样在公元 91、121、125、159 和 168 年靠政变一再取得了对朝廷的控制。在跟着发生的政治斗争中, 觉得自己在朝廷的合法地位受到宦官威胁的官员们, 在反对恣意妄为的君主和他的非正规的宦官机构的"清议"中, 与心怀不平的儒家学者和有道家倾向的地方精英结为联盟。朝廷因此谴责他们结党, 并于公元 166、169、172 和 176 年发动了一系列的"党锢"运动。于是分裂发展成为公开的对抗。[2]

学者们发出的持不同意见的呼声, 使抗议运动的党人得到了知识界的尊重。抗议的党人认为, 他们的活动是在腐败王朝政治权力之外建立起精神和道德秩序的一场神圣的斗争。他们把他们的首领叫做"三君"(即"一世之所宗")、"八俊"(即"人之英")、"八顾"(即"能以德行引人")、"八及"("能导人追宗"), 以及"八厨"("能以财救人")。[3]

这种排斥持续了二十多年, 影响了后汉政治和知识生活的许多方面。被政府的迫害激化了的抗议运动在性质上变得更加猛烈, 在反政府的立场上变得更加激进。在运动正盛时, 甚至某些儒家经典——组成帝国正统的典范文献——也被重新解释, 为反对腐败王朝的神圣的道德改革运动辩护, 这种重新解释的方式在荀爽的《易经》注中可以看到。

---

[1] 见毕汉斯:《汉代的官僚制度》(剑桥, 1980), 第 11 页以下; 第 8 章《三公》和《九卿》。

[2] 关于多次"党锢", 见《后汉书》卷六七, 第 2183 页以下; 陈启云:《荀悦: 一个中世纪早期的儒家的一生和反省》, 第 10 页以下; 第 3 章《宦官的作用》, 第 5 章《大放逐(党锢之祸)》。

[3] 《后汉书》卷六七, 第 2187 页。

荀爽:《易经》作为抗议的手段

荀爽（公元 128—190 年）出身于颍川郡一个有影响的家庭，在抗议运动中，颍川郡是政治骚动的一个策源地。[①] 荀爽自己的家庭深深地卷入了运动，他本人也在政府的排斥下度过了 15 年（约从公元 169—184 年）。他最初逃到一个未予说明的沿海地区，后来又躲藏到汉水之滨；他在汉水之滨把时间用于学习和写作，终于成为一个卓越的儒家大师。他的著作中有一整套五经的"传"（注疏）、《辩谶》、汉代事件的评论集《汉语》和论文集《新书》。除了他的《易传》之外，所有这些著作都失传了。他的《易传》的一些部分在后世《易经》的注释中保存了下来。

成书年代不明、多用符号象征而含义深奥的《易经》，在儒家的注释学问方面可能是所有经典当中争论最多的。在汉代，对这部书的论述差异很大，涉及从玄妙的预兆，到命理学和宇宙论的玄想，到政治和道德的哲理化；注疏家在他们的解说中普遍讲述了所有这些可能性。荀爽注释的特色在于它独特地强调，《易经》的符号象征是国内正义的和不正义的势力之间的冲突的一种表述，这种冲突是正义的势力必然胜利的前兆。在显示不同的国内紧张关系的六线形（卦）的直线的结构中，他以不断开的"阳"线"——"等同于正义的势力，以断开的"阴"线"— —"等同于非正义的势力。以第 15 卦"谦"为例：

　　　　— —　第 6 线（上爻）
　　　　— —　第 5 线（五爻）
　　　　— —　第 4 线（四爻）

---

① 关于荀爽，见《后汉书》卷六二，第 2050 页以下；卷七九上，第 2554 页；陈启云：《一个儒家巨子关于政治暴力的思想：荀爽对〈易经〉的解释》，载《通报》，54（1968），第 73—115 页；陈启云：《荀悦：一个中世纪早期的儒家的一生和反省》，第 28 页以下各处。

—— 第 3 线（三爻）

—— —— 第 2 线（二爻）

—— —— 第 1 线（初爻）

卦中的 6 条线（爻），从最下到最上，表示国家等级制度中的固定位置：初爻是掾吏的位置；二爻，大夫；三爻，三公；四爻，诸侯；五爻，天子；上爻，宗庙。上爻表示当代君主的神灵或祖先，包括他的已经去世的双亲，但如荀爽所解释，也包含君主活着的母后和她的亲属以及太监奴仆的权势。

荀爽在不违背国家等级制度观念或不过分窜改经文的情况下，对于与爻位较低的阳爻（象征受到政体损害的正直的人）有关的那些经文，谨慎地选用对之有利的注解以表达他的看法有所不同的启示；对于与爻位较高的阴爻（象征不义之人对国家的控制）有关的那些经文，他斟酌地使用对之不利的注解。这两方面结合起来描绘出了一种急剧转变的形势，新兴的正义的力量必然战胜非正义的衰落的旧势力。于是荀爽关于第 15 卦第 3 爻位的阳爻的有利注释是：

> 阳当居五……群阴顺阳，故万民服也。[1]

而他关于第 5 爻位（皇帝的爻位）的阴爻的不利注释是：

> 邻谓四与上也。自四以上乘阳，乘阳失实，故皆不富……阳利侵伐来上，无敢不利之者。

第 24 卦，"复"：

—— —— 上爻

---

[1] 《周易荀氏注》卷一，第 18 叶。

```
—— —— 五爻
—— —— 四爻
—— —— 三爻
—— —— 二爻
——— 初爻
```

荀爽在他关于此卦的注释中，把最低爻位的阳爻看做脱颖而出的正义的力量，他的注释是：

> 利往居五，刚道浸长也……阳起初九，为天地心……①

反过来，他把此卦最高的第 6 爻位的阴爻看做部署军事力量以反对起义的邪恶的势力——皇太后和她的太监们。注释是：

> 上行师而距于初阳，阳息上升，必清群阴，故终有大败。

第 30 卦，"离"：

```
——— 上爻
—— —— 五爻
——— 四爻
——— 三爻
—— —— 二爻
——— 初爻
```

荀爽对此卦的注释是无所隐讳的，注释是：

---

① 《周易荀氏注》卷一，第 23 叶。

771

初为日出，二为日中，三为日昃，以喻君道衰也。①

此外，与荀爽密切关联的9位无名大师关于同卦的一组解释中，启示甚至更加不祥：

日昃之离，
何可久也？②

荀爽利用火熄灭的比喻预示将出现推翻邪恶君主的剧烈变革。他的注释是：

阳升居五……阴退居四，灰炭降坠……阴以不正居尊乘阳，历尽数终，天命所诛，位丧民叛……故焚如也……故死如也，火息灰捐，故弃如也。③

在全部中国历史中，《周易》曾被许多思想家以多种方式解释，但荀爽巧妙地用此对皇帝发动猛烈攻击的方式却是没有前例和独一无二的。荀爽的《易传》广为流传，为他的侄子荀悦所证实。荀悦说，在第2世纪最后的25年中，"兖豫之言《易》者咸传荀氏学"。④荀爽学说对民众的影响，特别是它对于在公元184年的黄巾起义中达到高潮的宗教运动的影响，有待探索。

太平道与黄巾

大约在公元170年，大致与荀爽开始写作《易传》的同时，张角、张宝和张梁三兄弟发动了名为太平道的宗教运动。这个运动从种

---

① 《周易荀氏注》卷一，第25叶。
② 见《九家易解》，第13叶。
③ 《周易荀氏注》卷一，第25叶。
④ 《前汉纪》卷二五，第5叶。

种来源——诸如讲哲理和虔诚的道教、阴阳五行宇宙论——得到启发。它从阴阳五行学说推导出五行之一的土的黄色会赐福于黄巾起义者。这种运动也吸收了儒家天命可能改变的思想和太平的理想，从太平的理想得出太平道的名称。这些来源，如前文谈到的，也影响了汉代对《易经》的解释。

在十年多一点的时间里，运动吸引了几十万追随者，其中不但有贫苦农民，也有一些富人；运动也得到许多地方官吏和州郡精英成员的默许甚至赞扬。运动在公元184年，在曾是清议时期政治骚动的温床的中国中部和东部地区，爆发成为武装起义。在荀爽度过十多年隐遁生活的中国西部的汉水上游流域，也很快成了张鲁和他的教派五斗米道所建立的自主的道教国家的设防地区。这样一些事情同时发生，至少表明对统治王朝不满的普遍情绪已在中国的许多地区，从少数敏锐的思想家蔓延到精英一类人物和地方居民，也表明抗议、反对、敌对和反叛的态度趋于互相混合。[1]

在黄巾起义的威胁下，朝廷解除了党锢禁令。因起义者造成的破坏而感到惊慌的清议运动的首领们，恢复了对摇摇欲坠的王朝的支持。主要的起义在几个月之内被镇压下去，但较小的起义继续蔓延。朝廷丧失了它对军队的控制，也丧失了它对边防将领、地区长官和地方权贵掌握的州郡的控制，他们当中的许多人曾是清议运动的坚决支持者。朝廷上宦官集团和清议党人之间的权力斗争还继续了几年，直到灵帝去世的公元189年为止。在随后的政变中，好战的党人派军队攻打并焚烧了皇宫，屠杀了宦官，并迫使皇位继承人逃亡。中国陷入内战，后汉王朝实际上已经结束，尽管一个有名无实的君主——献帝——即位并在名义上进行统治，直到公元220年。[2]

---

① 陈启云：《荀悦：一个中世纪早期的儒家的一生和反省》，第30—39页；也见本书第16章《汉代末年民间的道教》。

② 陈启云：《荀悦：一个中世纪早期的儒家的一生和反省》，第40—65页。见本书第5章《王朝权力的崩溃》。

军人们，特别是在旷日持久的内战中其军队大量死亡的边防将领，也趋于失败。从公元189年到280年，政治舞台上出现了学者—官员和地方权贵联盟集团所支持的几个区域性的国家；前者有管理国家的知识和经验以及他们对统一和秩序的要求，后者得到地产所有者和强大氏族的有力援助。这种联盟的社会政治和知识—思想的基础已经在前几世纪儒家教育和文官制度的发展中形成，这种教育和制度从土地所有者及强大氏族中吸收了很大一部分学者—官员。这种联盟也受到普及了的儒家所强调的调和折中的影响，儒家把调和折中既当作国家、地方社会和地方村镇的理想，也当做家庭、家族的政治、社会和道德的理想。另一方面，大同理想的幻灭——这是对帝国政权的一种不满情绪——和东汉思想中对精神自由及道德自主的推崇，产生了把儒家要求转移到更实在的小康目标上去的效果，小康目标是在个人以及他的家庭和氏族、朋友和社会的同心圆的坚实基础上树立起来的。

亲属关系及其义务的重要性

荀爽于公元166年因其"至孝"被朝廷选拔时，他在上呈皇帝的奏疏中清楚地表明了对家庭道德的新的推崇。[①] 荀爽在这份奏疏中说，根据五行学说，汉朝属火，故应把孝顺之德（火之德）尊崇为帝国最高的原则。他重申了一项并不明确的诏令（据说是在王莽主持下颁布的），规定《孝经》为帝国中每一个人必读之书。他赞扬政府从孝顺子孙中选拔官员的做法，谴责西汉朝廷多次减少官员和普通居民的子女服丧义务的企图是完全不道德的；他建议，儒家经典中规定的三年服丧期必须严格遵守。他认为：

> 有夫妇然后有父子，有父子然后有君臣……

家庭关系和义务因而优先于政治义务和社会责任。一段著名的轶

① 《后汉书》卷六二，第2051页。

事提到，一次有人请荀爽评论他同郡的显著人物，他称赞的人物都是他自己家庭的成员；当他为此而受到谴责时，他争辩说，一个人想到他最亲近的亲属是很自然的，颠倒自然的次序是不道德的。荀爽另一段有名的话（后来吴国君主在一封信中引用过）认为，人应当顺从自己感情的倾向，并且按照严格的对应方式回报他人，也就是说："爱我者一何可爱！憎我者一何可憎！"① 如果对这个原则作出极端的结论，那么人世间不可能有与个人无关的道德价值或客观的原则。

站在另一个极端上的是那些为动乱而苦恼并遵循法家观点的人，他们维护国家权力、官僚政治的行政管理和不受个人影响的法律，并主张对持不同意见的政治上的敌手采取严厉措施。这些人是有治国之才的专家；封建割据性国家的君主们在地方流行病似的内战困难时期，在他们努力控制抢劫的士兵或不听命的地方首领时，需要这些人不可或缺的效劳。在割据性的国家中，法家维护权力和秩序与道家要求自由和自主之间的分裂就这样继续不断地破坏学者—官员型的官吏和地方上的地主和强大氏族的不安定的联盟。② 为了阻止联盟进一步崩溃，传统的儒家求助于需要周期性地呼吁的调和折中；后汉最后一个杰出的思想荀悦（公元 148—209 年）的著作就是如此。

荀悦：人的局限性和向真理接近

荀爽的侄子荀悦从公元 196 年到 209 年任后汉傀儡皇帝献帝的秘书监和侍中，写了两部比较重要的著作：《汉纪》（即《前汉纪》）和《申鉴》。荀悦在其著作中试图用综合法家、道家以及后汉其他不同思想传统的方法，调和社会秩序和个人道德之间、普遍利益和个体利益之间以及理想主义者的梦想和应用策略之间的矛盾。

---

① 刘义庆：《世说新语》（《四部备要》本）卷一上，第 15 页（理查德·马瑟译：《世说新语》〔明尼阿波利斯，1976〕，第 29 页）；《三国志》卷十三，第 396 页注 2 引《魏略》。（《三国志》注原文如下："孙权称臣，斩送关羽。太子书报繇，繇答书曰：'臣同郡故司空荀爽言："人当道情，爱我者一何可爱！憎我者一何可憎！"顾会孙权，了更妩媚。'……"——译者）

② 陈启云：《荀悦：一个中世纪早期的儒家的一生和反省》，第 56—65、163 页以下。

荀悦接受了汉儒作为天、地和人世的道的终极真理的思想。但他倾向于强调道在天、地、人的不同范围内所呈现的多种形态。在人世间这些形态依照时间和空间，由于变和不变之间的差异而不相同，过去是事实，现在是在实现，将来是可能。[①] 他对外界的事件和内在的心智之间、以环境因素评价事件和以意图和后果评价个人行动之间的区别作了详细说明。他论述了知识、意志和情感方面的心智机能；也论述了知识和其语言表达的问题。

按照荀悦的看法，在整体论的宇宙中可能有超越一切的道，但这能否被人充分理解或通过文字传达，则是可疑的。因此，荀悦强烈反对简单化的和教条的思想。他写道：

> 若乃禀自然之数，揆性命之理，稽之经典，校之古今，乘其三势以通其精，撮其两端以御其中，参五以变，错综其纪，则可以仿佛其咎也。[②]

他承认，事实上人能达到的只是近似的真理和完善，虽然他仍认为最好以理想的完善作为目标。

由于荀悦为"近似真理"辩护，他确认孔子是圣人，孔子想象出了真正的道，但不能用简单明了的说法传达他的理解。根据这种见解，孟子和荀卿所采纳的孔子学说因而只是近似的孔子之道，而汉代的儒家学说又只是近似于这种古典的儒家学说。虽然如此，它仍是最有价值的传统，部分的原因是，和它对立的思想不能超过它；按照荀悦所说，后汉时期许多对儒家学说的批评比它们所反对的儒家思想表述得更加简单化。因此，荀悦为儒家正统观念辩护用的完全是似是而非的论证。但是他也为采取灵活方式的必要性和重新解释的可能性辩护。既然真正的孔子之道仍和以前一样模糊，即使五经也只是道的不完全的解说，所以没有一个正统的观念是确实可靠的，每一世代的儒

---

① 《前汉纪》卷六，第6叶；陈启云：《〈申鉴〉译注，附导言》，第89页以下。
② 《前汉纪》卷六，第5叶。

家都应当重新开始努力以达到近似的道。

荀悦以同样似是而非的论证，赞同把帝国制度，如历史所证明和经书所认可的那样，作为具有深刻宇宙论意义和道德意义的政治统一的象征。但是只有象征本身才是完美的，不可违背的和不变的。事实上，任何政治制度都只能近似于真理；所有政府都可能腐败，没有一个王朝能永远延续下去。不忘其地位的象征性尊严的皇帝，作为一个原则不应当损害这种尊严。作为个人，他应当力求道德上和智力上的完美；作为皇位的占有者，他应当遵守一切适当的礼仪，只在神圣的帝国统治权的特有范围内行使他的权力。实际的统治常常涉及互不相容的利益和态度，需要根据时代的变化来调整政策。在理想和现实之间进行调和。荀悦认为，既然这些争端冲击着皇位的象征性的尊严，政府工作最好交付给官员。

荀悦将理想和现实分开，从而能够表明他对汉王朝的忠诚，而又批评汉代皇帝的政策和个人的品行；容忍官僚作风，而又谴责许多个别的官员。他对于精英的不满情绪、他们的抗议和反抗、他们对精神自由和道德自主的追求都一直非常同情。但是他指责他们过激的党派偏见，以及他们的任性活动、他们对盘剥穷人和损害帝国政治统一所负的责任。他对学术的看法是儒家的，他对现实的相对主义的看法是道家的，他对政治的实用主义的看法是法家的，可是他对儒家的学问、道家的做法和法家的治国之道又尽挑缺点。

在某种意义上，可以说荀悦倾向于挑剔那种现实的缺点。他在寻求人力所不及的一种学问和真理的高度。作为历史学家和政治思想家，他深知使任何解决办法都归于失败的后汉积累起来的问题。作为有名无实的汉代最后一个皇帝的随从，荀悦深知即将临头的灾难——帝国的灭亡，但是无力规避。他在他的著作中，提出了历史的教训，提出了他对许多问题的想法和他的十全十美的梦想，这种梦想与其说是为他的同时代的人打算，不如说是为后代打算，他希望国家在后世将会变好。

后汉思想的价值

从西历纪元开始到第 3 世纪最初几十年，汉帝国经历了一个完整的周期：从前汉灭亡，经过后汉的光复和盛衰，到后汉的崩溃。汉代思想家的态度经历了它自己的演变过程：从扬雄对王莽的新朝的热诚和他确信人的智力的优越性，到荀悦为帝国体系及儒家学说辩护和他对现实的悲观看法。尽管这些思想家受到衰落中的帝国的政治结构的限制，他们也可能因为他们不能提供具有普遍吸引力的宏大景象，或对汉代积累起来的灾难提供有效的长期补救办法而受到责备。他们也不能建立一种思辨体系，也就是曾经引起他们前辈极大注意的那种涉及普遍问题和范畴的抽象思维。但是，如果人的精神是由于其理解现实的能力，或由于其自我批评的能力而被看重，那么，东汉思想家对他们那个时代的特殊困境表现出了非凡的感受性，注意到了它的变化多端的细节，痛苦地预见到了它的悲剧结局。他们有勇气和正气批评帝国政权和儒家正统，并反对他们自己的集团的利益。

法家传统的长处在于它对国家和公益问题的注重实用的看法；它的短处在于为君主唯我独尊的权力和臣民卑躬屈节的服从辩护。道家传统的价值在于它对超越和精神自由的想象，以及它对世俗权力和利益的蔑视；它的缺点在于避开世俗问题，以及它鼓励虚无主义和逃避现实。儒家学说的功过为数更多，变化也更多，本章的概述已予证明，而本章只涉及后汉儒家学说两百年的历史。儒家学说，即使在其后汉时的衰落阶段，也显露出广泛的灵活性，这种灵活性可以看做它的重大的长处，也可看做它的根本的缺点。

儒家学说的灵活性表现在它对复杂的人性研究的关心。自从孔子要求对人性研究特别注意，儒家学者就从未停止对某些问题的关心，可是人性问题仍和以前一样难以解决。这些问题涉及人性的含义和概念，人的道德的和非道德的本性，人的修养和改造的可能性，人在精神、道德、社会、政治和经济领域内的处境。这些复杂的问题需要范围广泛的探讨——实用主义的或理想主义的，一般的或特殊的；它们还引出种种态度——乐观的或悲观的，进取的或退缩的。因此，其范围既包括了法家学说也包括了道家学说的思想流派。儒家中庸调和的理想以及它的妥协、容忍的劝导，虽然不那么堂皇，对于它的任务却是适合的。

后汉思想缺乏古典思想和汉代初期思想那种有创造力的大气魄，但它包含更多的见识和智慧。古典时代和汉初的思想家给正在形成的统治权打下了理智的基础，但是既没有预料到僵化中的政体积累起来的问题，也没有预先想到他们的思想在受到现实考验并转变成为教条时的含义。

后汉思想家面临许多进退两难的困境，诸如自主与从属，不变与变，或者自我与社会或国家之间的矛盾，超凡出众与大众性之间的矛盾，或者圣智与君主地位的矛盾。这些矛盾受到诸如法家学说的官僚政治倾向、道家学说的个人和社会的本质和儒家学说的家庭倾向性等基本因素的抑制。这些便是在后汉时期变得具体化了的，在汉以后的时代继续吸引中国人的心智的争论。

谢亮生　译

第 十 六 章 [*]

汉代至隋代之间的哲学与宗教

公元 2 世纪和 3 世纪汉王朝的崩溃以及由此所产生的政治的、社会的和经济的困境，其结果是带来了中国历史上少见其匹的思想上的纷争时代，只有周朝末年（公元前 4—前 3 世纪）、明王朝末年（公元 16—17 世纪）和 20 世纪的几次革命可与之相比。在这个时期，某些基本的哲学概念逐渐形成，它们都是后世中国哲学思想的重要成分，并且是永不磨灭的。佛教当其于公元之初传入中国，并且从公元 4 世纪起就开始深入上层知识阶层的时候，突出了这些变化，与此同时又改变了这些哲学变化的重点。佛教被缓慢地改造得适合于中国人的心理状态，在这个过程中，它既与道教相糅合，又被嫁接到道教之中，因此它就主宰了"中世纪"的中国，直到公元第一个千年之末都是这样。

后汉时期哲学的衰颓

秦、汉两个王朝使中国形成了大一统的帝国。它必须引入一种中央集权的方法，引入以高度组织的军政机器为基础的有秩序和有权威的制度；它的意识形态必须以实用哲学为主，有些像罗马帝国的哲学那样。道家的形而上学倾向和神秘主义倾向，以及帝国统一以前一些旧学派所争鸣的各种各样的思想都一律靠边站了，而让位于儒家。儒

---

[*]　这一章原是戴密微教授用法文写的，现由弗朗西斯卡·布雷译成英文。后面所附蒂莫西·巴雷特博士的跋一并予以发表，以便使读者注意自戴密微教授于 1979 年去世之后已陆续问世的研究成果。

家是今世的一种学说，是一种社会学，也是一种通过天—地—人的三位一体而把人和宇宙联系起来的宇宙论，但是它很少注意超自然性质的极其世俗的内容。"天子"是天和地的联系；作为他的臣民的人只需在以皇帝作为中心的国家机器中各安其位就行了。

公元前124年汉武帝设立了太学，在那里博士向未来的官员们教授正统的国家学说；这些学说以古代的经书为依据，也就是按照传统而和孔子之名有联系的"五经"。各郡则设立他种学校作为皇家大学的补充。从原则上讲，每一位教师只讲授一种经书，而每一种经书又只有一种解说。[1]

这些解说决不是字面上的，而是包含了大量宇宙论的理论，我们主要是通过董仲舒（约公元前179—前104年）的著作而知道这些理论的。董仲舒搞出了一套微观—宏观宇宙交相感应的可以预告未来的体系。这些交相感应包括阴与阳之间、左与右之间的相互关系，以及五行之间、五音之间、四季之间、罗经点之间、五色之间和五味之间、四肢百体之间的相互关系，还包括命理学诸范畴之间的相互关系。[2] 在那个时候流传着许多被称为"谶"和"纬"的一类著作；后者包含对经书本身的注释在内。西方汉学家们把这两种经文都视为汉代的伪经；它们的奥秘性质可见之于董仲舒下帷讲诵的传说。[3] 在谶纬典籍中，孔子变成了"素王"：他不君临天下，但他受有天命来改造世界。汉代的官方哲学只限于对这类相对来说的低级东西进行思考。

可是，这并不是说道家思想已完全被人忽视，至少在汉初不是

---

[1]　马伯乐：《道家和中国的宗教》，小弗兰克·基尔曼译（马萨诸塞，阿默斯特，1981），第58页以下。

[2]　关于董仲舒，见吴康（音）：《董仲舒的天人三策》（巴黎，1932）；又见本书第12章及第677页注1。关于五行之间的相互关系，见李约瑟：《中国科学技术史》（剑桥，1954—）第2卷，第261页以下。

[3]　关于这些典籍，见张朝孙（音）：《白虎通：白虎观中的全面讨论》（莱顿，1949、1952），第100—120页；冯友兰：《中国哲学史》（伦敦和普林斯顿，1952）第2卷，第88页以下；杜敬轲：《汉代谶语纬书的历史概论》，华盛顿大学博士论文，1966年；以及本书第14章《谶纬之学》。

如此，因为那时也有人曾想从老子书中引出一种用于实际的政治学说。据说，汉武帝（公元前141—前87年在位）之前的两位皇帝，即汉文帝（公元前180—前157年在位）和汉景帝（公元前157—前141年在位）即以出于老子的"无为"原则进行统治。文、景二帝分别为窦后（死于公元前135年，更以"窦太后"著名）之夫和子，她本人即信奉道家思想。在她的影响下，这两位皇帝也都崇尚道家思想。① 一种颇具民间风格的道家思想很受出身于平民的汉代后宫中后妃们的钟爱，而且有几位皇后是这一学说的有名的信奉者。甚至汉朝开国的皇帝汉高祖（公元前206—前195年在位）也让一位道家张良（死于公元前187年）说服而实行了柔顺和谦卑的政策；汉武帝本人一方面开始独尊儒术，一方面又找方士来乞求长生之术。

在汉代的典籍中，老子往往与黄帝联系在一起，并称为"黄老"。黄帝是上古时期的一个神话人物，他后来变成了玄学和医药的创始人；那些大部分已经遗佚以及那些部分地类似老子著作的作品，被汉代目录学家归于黄帝的名下。② 这种联系便为神化老子铺平了道路。当汉代典籍提及老子或黄老的时候，它通常要联系某种道德和政治的问题，再不然就联系到长生术的问题；总而言之，它多半要联系到实际问题，而不大联系哲学学说本身。

古代最伟大的道家哲学家庄子却很少在汉代典籍中出现。他被老子的光辉所遮盖，几乎不在有教育的人士中被诵习，更不用说在道教信仰很盛行的社会的下层阶级了（可是，我们对此却所知甚少）。对于像汉朝这样的时期来说，《庄子》显得过分智识化了，过分地卖弄辩证法了，又过分地咬文嚼字了，因为汉代是行动重于思想。虽然此书以庄子为名，它是一部成文年代极其不同、内容极庞杂的大部头著

---

① 《汉书》卷五二，第2379页；《汉书》卷八八，第3592—3593页；《汉书》卷九七上，第3945页。
② 《汉书》卷三十，第1765、1767、1772、1776页。关于新近发现出于黄老思想之书，见本书第12章《"道"及其衍生的思想》。

作，它主要研讨哲学问题。①

在汉代典籍中，庄子几乎总是和老子联系在一起，地位或多或少地在老子之下。《庄子·天下篇第三十三》批判地论述了古代世界（中国）各学派的哲学观点，它可能是此书最晚出的部分中的一篇。庄子的思想在这里被陈述得和老子的一模一样，很像是乌托邦式的，而不是实用的。甚至早在公元前 3 世纪，哲学家荀卿就责备庄子"蔽于天而不知人"，《史记》则说庄子只是老子的一个追随者。② 按照司马迁的话说，庄子用写得很有文采的寓言来说明了老子的学说，但是，他的极其流畅的华丽文词却无益于世界上的统治者。司马迁和他的父亲司马谈一样，有时被人们指责为道家异端。一个世纪以后，即从前汉到后汉的过渡时期，扬雄（公元前 53—公元 18 年）从老子得到启发写出了他的《太玄经》；但是他把庄子和杨朱捏合在一块，认为他们是"荡而不法"的人。③

可是，到了公元前 2 世纪之末，庄子在聚集于淮南王宫庭中的一班文人学士中仍非常出名；淮南王是汉朝开国皇帝之孙和皇室王子，但他决心脱离中央政府。这些人编纂的这部文集命名为《淮南子》（公元前 139 年），它经常引用庄子。像他的堂兄弟河间王（死于公元前 130 年）那样，淮南王也是一位搜藏古书的大藏书家，这些书中当然也有《庄子》一书的修订本。但是，这些书必定逐渐成为珍本，这从《汉书·叙传》中关于班家的家世叙述中可以知道。④ 班彪的从兄和同学班嗣，从他父亲班斿（死于公元前 2 年）手中继承了一部《庄子》稿本，此书得之于成帝（公元前 33—前 7 年在位）；这本书和其他关于哲学的书一起都称为"秘籍"。下面我们将要看到这个词是什么意思。

---

① 见 A.C. 格雷厄姆：《〈庄子〉内篇七篇和其他作品》（伦敦，1981）。
② 《荀子·解蔽篇第二十一》；《史记》卷六三，第 2143 页以下。
③ 在《太玄经》的标题中，"玄"字出自老子；见《法言》，此书是模仿孔子的《论语》而作的，卷八，第 5 叶（《四部备要》本）。
④ 《汉书》卷一〇〇上，第 4203、4205 页。

班斿积极地参加了前汉末年所进行的皇家图书馆的图书搜集和分类的工作。他因此赢得了成帝的宠信，并且接受了当时据说不见公开流通的图书。注疏对于这一点的解释表明，它们从来没有离开过皇家图书馆。《汉书》说得更详细一些。成帝在即位初年曾拒绝他的一个伯叔辈去观摩"'诸子'秘籍"，因为他的一名顾问认为这些书有害于正统儒家经书；这就是称之为"秘"的理由。① 《汉书》的另一段告诉我们，我们应该把《庄子》列入"秘"籍之中。继承了这些图书的班嗣尤为重视老子和庄子的学说，虽然他未曾忽视他的儒经研究；并且我们知道他应该很熟悉《庄子》。桓谭（约公元前43—公元28年）是一位藏书家并自己拥有一个著名的图书馆，当他向班嗣借书时，班嗣高傲地拒绝了，同时说道，他应该留心永远不把这类书借给丝毫不懂庄子教义的儒生。他说：

> 若夫严子者，绝圣弃智，修生保真，清虚淡泊，归之自然，独师友造化，而不为世俗所役者也……不绁圣人之罔，不嗅骄君之饵，荡然肆志，谈者不得而名焉，故可贵也……②

由此可见，庄子的自由意志论哲学在后汉之初已从有高度文化教养的家庭中找到了一位解读其书的高手，他小心翼翼地保守其秘密，不把这部已成为珍本的书借给他人。大多数古代哲学家的典籍的际遇与此相同，只有老子是例外，因此这些哲学家的思想在公元3世纪得重见于世，也使古代的典籍得重见于世。

大约在班嗣之后一百年，伟大的注释家马融（公元79—166年）在取消官方学校中所教授的浮华理论从而给儒家经典的注疏注入新的生命这一方面作出了很大的贡献，但他被纯正统派人士指责为

---

① 《汉书》卷八十，第3324页。
② 《汉书》卷一○○上，第4205页。

道家。① 他确实曾经注释过《老子》和《淮南子》，并且据说他在早年曾经拒绝过"非其好也"的职位，而退隐到边疆地区。可是，夷狄民族的侵犯引起了饥馑，因此他最后还是接受了官职，以免饥饿而死。他向他的朋友解释说，因细小的屈辱而抛弃自己的生命，这"殆非老庄所谓也"；他也暗示过庄子的一段话，② 即人们应该拒绝最高权力，谢绝爵位和荣誉，以便在有生之年勤修得"道"的功夫。

在马融的时代，受过教育的人们，甚至包括儒生在内，不像儒家教义所要求的那样，都开始拒绝卷入公共事务，而是沉浸在自己的内心生活中。他们都有哲学的和宗教的爱好，这是因为受了庄子著作的启发。新趋势是恢复庄子的荣誉地位。这也有几种理由和几种先例。儒家的禁锢已经不能约束王充（约公元27—100年），他在他的《论衡》中掀起了一个运动，反对官方学派在五经的注疏中所教授的文字使用不当和前后相违忤之处。这种注疏导致了明显的学院式作风。据说，现在已经遗逸的前汉的一些注疏有时为了注解五个字的一句话竟有芜累至二三万字的。③

在公元2世纪之初，词典编纂家许慎在他的《五经异义》中认为能够很容易地指出某些固有的困难。马融和他的弟子郑玄（公元127—200年）则想挽救传统，他用的是把经书作为一个整体来加以评注的方法，目的在于引出一套首尾一贯的学说，而不是像官方那样把它们单个地加以处理。这些人是一千年后的宋代儒学复兴以前的最后几位经学注释大师，有机会在儒学的发展历史中强调注疏的重要性。儒学的发展史便是经学注疏的发展史，正像基督教的发展史便是《圣经》注疏的发展史一样；佛教发展史的道理也是这样。

但是，公元2世纪注疏家们进行改革的企图，并没有能够挽救汉代的经学免于它所面临的屈辱。正是在这个时期，像王符（约公元

---

① 《后汉书》卷六十上，第1953页；米耶奇斯拉夫·耶尔齐·屈恩斯特勒：《马融的生平与著作》（华沙，1969），第28—29、37—38页。

② 见《庄子·让王篇》，第76页以下。

③ 《汉书》卷三十，第1723页（张朝孙〔音〕：《白虎通》第1卷，第143页）；又见本书第14章《注解》。

90—165 年）的《潜夫论》或崔寔（死于公元 170 年）的《政论》这些
猛烈的抨击，都证明了文人学士们对儒家正统抱有蹈瑕寻隙的态度。①
在整个公元 2 世纪，经学的古文派和今文派之争促成了儒家正统的基
础的破坏。用古文字——即汉代以前的文字——书写的经书稿本被说
成是新发现的，把这种典籍拿来和口头相传并且用当时的文字书写的
汉代版本作比较，马上就引起了关于经书教义的解释的论战。

古文学派的支持者们反对官方注疏家们所做的专证性注释，也不
接受孔子的半神化和归之于孔子的奇迹。早在公元 79 年就在皇宫内召
开过一次关于经学的会议，其记录一直流传到了今天。② 今文学派的支
持者们战胜了观点更进步的古文学派的人们。一个世纪以后，古文经
学派有马融和郑玄等注疏家站到了它的一边，从而在公元 3 世纪的哲
学复兴中必然地展示了它的光华。③

为了把这个伟大的复兴放到历史背景下来考察，必须费些笔墨来
谈谈汉代为这个复兴铺平道路的意识形态方面的情况。在政治方面，
汉代的灭亡始于后宫的阴谋和宦官掌权；这二者是一再发生的祸害。④
从公元 1 世纪的末年起，皇帝只是一些儿童，或者与摄政的太后们有
关的外戚手中的卒子，他们彼此争权。出身于平民的宦官谋取新兴的
商人阶级和富裕投机商人的支持，以打击代表宫廷利益的大地主家族
和贵族。文人学士则联合起来反对这种政治体制，努力保卫他们对行
政权力的独占。

从公元 165 年起，窦太后成为摄政者。和她的前汉同宗一样，她
也倾向于道教。她的父亲窦武反对宦官，但她本人是犹疑不定的。她
的父亲在公元 168 年被处死，她丢掉了权力，宦官取得了胜利。他们
追捕文人们，把他们遣送回籍，投闲置散。这便是有名的党锢之祸

---

① 见白乐日：《汉末的政治哲学和社会危机》，载《中国的文明和官僚政制：一个主题思想
的变异形式》（纽黑文和伦敦，1964），第 198 页以下。
② 关于这件事情的重要意义，见张朝孙（音）：《白虎通》；以及本书第 14 章《后汉时期的
官学》。
③ 见下面的《公元 3 世纪的哲学复兴》。
④ 见本书第 3 章《宦官的作用》；第 5 章《灵帝的选择》和《王朝权力的崩溃》。

（公元 166—184 年），① 其后便是袁绍搞的政变，他在公元 189 年大杀宦官，过了十三年他本人也被杀害。真正的赢家是军人，他们赶赴京师，尽量夺取好处，然后用一系列声明争夺领导权。

整个帝国陷入了混乱。权力掌握在军人手中；政府四分五裂；贫困不堪的农民开始在四乡游荡。然后在公元 184 年，爆发了伟大的道教起义：黄巾军活跃于中国东部，五斗米道活跃于西部。在这种新的灾祸面前党锢之祸才正式被解除。许多军人在这些镇压叛乱的战争中立了功，例如董卓就是这样，他紧接着袁绍的政变，于公元 190 年也洗劫了洛阳，摧毁了汉王朝的档案馆和皇家图书馆。但是，给予汉王朝的致命一击却留给了中国历史上最引人注目的人物之一的曹操（公元 155—220 年）。

曹操出身微贱，是大诗人、大战略家，也是现实主义的政治思想家；他反对儒家的礼仪和道德束缚。在他于公元 220 年死后，紧接着他的儿子曹丕建立了魏王朝（公元 220—264 年），它自称在中原地区代汉而兴。可是，另外两个国家占有了中国其余的部分：蜀据西部，即四川（公元 221—263 年）；吴据南方，最初都武昌，后来都南京（公元 222—280 年）。这就是所谓的三国时期。

汉代末年民间的道教

在汉王朝末年爆发的骚乱当中，长期隐藏的民间道教阶层在公元 184 年爆发的一系列叛乱中公开露面了。按照六十花甲子的计年法，这一年恰好是新的一轮甲子的开始。② 这些叛乱受道家乌托邦的鼓舞，并且是周期地向儒家政府的窳政挑战的所有农民叛乱和秘密会社的前驱。这种由自己称帝并自任宗教领袖的人领导的叛乱，从公元 2 世纪中叶起就有记载；至于鼓舞他们的宗教信仰，历史学家却并没有告知我们。公元 184 年，仅几个月内就爆发了两起各不相涉的运动：一为黄巾运

---

① 见本书第 5 章《大放逐（党锢之祸）》。
② 关于这种甲子周期，见本书第 12 章《空间、时间和诸天》。

动，一为五斗米运动。前者之名源于他们头戴黄头巾（黄色代表黄帝，他们把他和老子一起当做他们的庇护人）；后者这样取名是因为他们每人须向共同的组织，特别是义舍交纳一定数量的粮食；义舍要为游方或静修的信徒提供食宿。

黄巾军集中在国家的东部，特别是在沿海地区，因为这里的宗教情绪向来很高；五斗米道则起于西部，在四川及陕西的几处边境。这两个运动的领袖都姓张，但两个张家似乎并无关系。在东部的三个领袖称为三张：即张角和他的两个兄弟张梁和张宝：他们的活动在十年之间越闹越大，但在公元184年末由于曹操的帮助而被打败，并被杀害。在西部也是三张（看来他们与东部的三张并无血缘关系）：即张陵（后名张道陵），他的历史情况不详，但道教教会的祭酒后来都承认是他的后裔；他的儿子张衡，也未必有更多历史可考；张陵的孙子为张鲁。此外，还有一个张修，他可能是这个运动的真正创始人，但据认为是被张鲁杀害的。看来张鲁的目的不是要取代帝国的权力制度，而是要改良它。他设法当了这个庞大的政治和宗教会社的头目，直到公元215年他与曹操合流才使运动草草收场，他被曹操加官晋爵，并且与曹氏联了姻。而到了184年底黄巾军领袖全部被杀，此后的运动只有零星的余波而已。道教传统的奠定应该是来自西部的三张，而非东部的三张。

这两个运动的差异是如此之大，致使某些学者把它们看做是十分不同的两个运动，其中的一个在"道教"的真正气味上更浓于另一个运动。① 但是在实际上，尽管史料往往有我们弄不清楚的细节上的差别，它们却有很明显的结构上的相似之处，因此能允许我们把它们放在一起来考虑。② 人们有时说，黄巾军遵循太平道，西部的叛乱者则是遵循天师道；但是"天师"之名见于中国东部，而"太平"的乌托邦思想则是这两个运动共具的目标。

---

① 见保罗·米肖：《黄巾军》，载《华裔学志》，17（1958），第79—86页。
② 见罗尔夫·斯坦因：《论公元2世纪道教的政治—宗教运动》，载《通报》，50（1963），第5页。

在中国西部，叛乱者们口中念念有词的是老子的"五千言"，据说重复地念它可以产生神奇的力量。可是，敦煌所发现的《想尔注》通常被归之于张鲁名下，它对《老子》所加的注则以道德为主。① 在东部，他们宁可以《太平经》为指针。或许主要的区别是，西部的叛乱者混杂有当地的非汉族土著，他们对五斗米道的信徒的思想和实践是有一定的影响的。

在这两个运动中，它们的思想和实际活动都受一种神道设教的弥赛亚思想的启示，其根源可追溯到前汉末年，那时有个山东人进呈过一本《包元太平经》给成帝（公元前33—前7年在位），据说此乃天帝所授，以使汉王朝更新天命。② 在公元前5年，他的继承人汉哀帝（公元前7—前1年在位）因被病魔所侵扰，故自号太平皇帝。后来黄巾军所采用的关于太平的乌托邦思想因此据称是渊源于古代。它后来也被佛教徒叛乱者所采用，到了19世纪又再次被自称为基督教的太平军叛乱者所采用。③

至于作为黄巾军权威圣典的《太平经》的文本，据认为它是公元2世纪中叶以前琅邪（山东，黄巾军的又一发源地）人干吉（又名于吉）所传布；此书的一部170卷抄本曾经呈献汉顺帝（公元125—144年在位）。可是，这部卷帙浩繁的汉代版本只剩下了几句引文。敦煌手稿中曾发现一部残卷和目录，但是，它的版本不会早于公元6世纪之末。④ 不管怎样，这个文本不可能与

---

① 见饶宗颐：《老子想尔注校笺》（香港，1956）；安娜·K. 塞德尔：《汉代道教中对老子的神化》（巴黎，1969），第75—80页；吉冈义丰：《道教的长生之愿》（东京，1970），第50—53页。关于"想尔"（似乎是用于冥观静思，因而变成了一个长生久视的人物的名字），见饶宗颐：《老子想尔注续论》，载《福井博士颂寿纪念东洋文化论丛》（东京，1969）；又见威廉·G. 博尔茨：《从马王堆帛书看〈老子〉"想尔注"的宗教和哲学意义》，载《东方和非洲研究学院通报》，4511（1982），第95—117页。

② 《汉书》卷七五，第3192页；鲁惟一：《汉代中国的危机和冲突》（伦敦，1974），第278页以下。

③ 有人认为"太平"意指"大平等"，但这种说法可能有时代错误；见白乐日：《汉末的政治哲学和社会危机》，第192页。

④ 施友忠：《中国的某些叛乱思想意识》，载《通报》，44（1956），第150—226页。

原来的版本相同，因为它的暗示和借喻都出自佛教。或许这部包含在明代《道藏》中的 47 卷《太平经》也是出自六朝的版本。[①]对我们来说不大可能从它的文字中获得什么东西，这表明它和所谓的《老子》一样，这部特别的著作强调的是这个教义的道德方面。它劝人们讲孝道，要顺从和表示忠诚；但是它也包含用魔法治病的劝告；劝告人们实行"养生"术和"尸解"之术，以便死后得升天堂；[②]也劝告人们内观自省以"守一"。这后一词是佛教徒为翻译梵文 *samādhi*（等持；即 mental concentration，智力集中）而采用的。

后汉的道教会社是按照军事、行政和宗教结构组织起来的。东部的这种会社被分为 36 "方"（"方"字也用于指那些知道魔术处方的人），他们据认为有治病的能力。在西部者，则划分为 24 "部"或"治"，主其事者有"祭酒"——这是一个旧名词，指民间社会的当家尊长，由他主持当地筵宴并首先酹酒祭神。它后来变成了汉代行政术语中的一个官衔。[③]它的刑法带有宗教性质，如果生病，便像在乌托邦中叙述的那样，被认为是对罪恶的惩罚，补救的办法是当众忏悔、行善和退入"静舍"以省察过错。信徒们分为道父、道母、道男和道女。

西部的张姓三领袖自称为"天师"；他们把自己看做是老子——已被神化为天子的顾问和教师——在地上的代表。在东部，张角被尊为黄天，这表明他渴望帝王的尊荣；他或者用"天公将军"的名号，他的两个兄弟则分别称为"地公将军"和"人公将军"，以符合古代宇宙三位一体的那一套辞令。虽然道教社在中世纪时代曾仿照佛教

[①] 关于《太平经》的书目可见于白乐日：《汉末的政治哲学和社会危机》，第 193 页注 5；以及马伯乐和白乐日：《古代中国的历史和制度》（巴黎，1967），第 90 页注 2。又见《汉学书目评论》，6（1960），第 593 号；福井康顺：《道教基础的研究》（东京，1952），第 214—255 页；以及吉冈义丰：《道教的长生之愿》，第 415—448 页。

[②] "养生"和"尸解"：像蝉蜕皮那样。

[③] 关于这个字在官方制度中的用法，见毕汉斯：《汉代的官僚制度》（牛津，1980），第 14、15、17、23、60、98、102 页。

榜样组织了自己的教派组织，但汉代叛乱者的许多组织机构都一直保持到了中世纪。

据认为，这些叛乱者的某些信仰和实际活动显示了约在那时正传入中国的佛教的影响。因此，他们也忏悔罪恶；劝人行善（例如施舍财物，济孤和救贫）；或者举办公益事业——这些都是佛教所推重的施舍（dāna）方面的行为。在这方面看重的另外一些项目则有戒除饮酒，或者至少只饮适量的酒；还有关于老子的圣洁怀胎说及其生于母亲右胁之说，虽然这种传说最初是在公元 4 世纪才有的。同样的，关于老子"变化"的想法恐怕也是受到了佛陀的"化身"（nirmāna-kāya）的启发而来的。

但是，我们这些材料的年代很不确实，很难得出精确结论；大多数专家倾向于应予怀疑借鉴佛教之说。[①] 可是，如果大批道教信奉者竟然不像其他材料所描述的公元 194 年在黄巾军活动的心脏地区楚国东北的彭城的情况那样，未和大量佛教徒接触，那会是使人感到很惊奇的。这些佛教徒既礼佛，又拜黄老。[②] 不管怎样，道教运动一定使大批中国人接受并支持一个独立于国家之外的宗教社团，像佛教的"僧伽"那样。

另外，太平经的乌托邦思想还有一个奇异的外国因素，它使人在几个方面回想起罗马帝国在中国的神秘形象。在中国著作中这就是所谓的"大秦"，其意近似"大亚细亚"。中国人描述它是个外域的安乐土，是由于无知而加以理想化的结果，正像西方也往往把中国作如是想一样。在汉代末年，道教徒在描述和丰富关于大秦乌托邦的形象上似乎是出了力的。[③]

太平教的弥赛亚不外乎是要神化老子。他在东部被叛乱者

---

① 斯坦因：《论公元 2 世纪道教的政治—宗教运动》，第 56—58 页；大渊忍尔：《道教史研究》（冈山，1964），第 9—21 页；塞德尔：《汉代道教对老子的神化》，第 105—110 页。

② 见下文；以及泽克：《佛教征服中国史》，（莱顿，1959），第 27 页以下。

③ 马伯乐：《中国宗教和历史遗集》（巴黎，1950）第 3 卷，第 93 页以下；石泰安：《论公元 2 世纪道教的政治—宗教运动》，第 8—21 页。

用黄老的名义崇拜，但在西部又被人们崇奉为"太上老君"。早在公元165年，桓帝（公元146—168年在位）命刻老子铭并立碑，次年他又隆重地祭祀了老子和佛祖。① 在老子的铭文中说他是位万古千秋的尊神，他生活在天上，主宰宇宙；他君临下土，以便给地上的皇帝提出建议。关于老子的变化可见于敦煌发现的《老子变化经》，此书必然是出自西部的叛乱者之手。② 最后一次变化身形（化身，即 avatars）是在桓帝时期的公元155年，书中提到的最后时间是公元184年，即各地叛乱大爆发的那一年。

后来老子变化身形的次数累计达81次；其中有一次竟是指波斯人摩尼，因为摩尼教已于唐代到达中国。据称老子有一位作为对手的宗教的和政治的弥赛亚，这位神秘人物是与他同姓的李弘。③ 归于这位不幸哲学家名下的这部著作最后变成了令人眼花缭乱的纷纷加以注释的目标，例如隋代一位佛教小册子作者（法琳，公元572—640年）就把它归于张陵的名下。其注说："道可道"，就是指早晨要吃得好；"非常道"，就是指它们晚上变成了粪便。④

佛教的传入

正当道教运动大发展的时候，佛教传入了中国。中国人第一次碰到了一种完全独立于他们自己的传统的思想方式，而且这种思想并不亚于他们自己的思想。这是一种震动，使他们本能地做出反应，把佛教吸收到道教中来。他们必须经过长期的酝酿阶段，才能正视印度的

---

① 塞德尔：《汉代道教中对老子的神化》，第43—50、121—157页。
② 同上书，第59—75页。
③ 见安娜·塞德尔：《初期道教救世主义的至善统治者的形象：老子和李弘》，载《宗教史》，912—913（1969—1970），第216—247页。
④ 高楠顺次郎和渡边海旭编：《大正新修大藏经》（东京，1924—1928）第52卷，第2110（6），第532a；马伯乐：《道家和中国的宗教》，第376页。

这种教义，知道它究竟是怎么一回事。但是，佛教在中国总是保留着它最初嫁接的痕迹，而且据说中国的佛教不大像是在中国的印度佛教，而是适应中国的特殊的新佛教。[①]

第一次渗入

汉代的官员在公元前 1 世纪首次深入到中央亚细亚，在下一个世纪又再次出现在中央亚细亚。自此以后，他们就出现在这条国际交通线上，在这里，印欧语系诸王国在中国和印度的共同影响下繁荣起来；从这时起，就出现了称呼这个地方的新名称西域（Serindia），一直到它皈依伊斯兰教为止。商业在中国人的庇护之下兴盛起来，而且丝绸之路也是佛教借以传播之路。第一批传播佛教的人可能就是访问西域的中国人，还有作为商人、政治避难者和官方使节在中国土地上生活的外国人。

但是，在中国人进入西域以前，佛教对这个地区必定有某种程度的渗入，虽然很难确定它正式传入的准确日期。佛教的资料充满了传奇式的传说，[②] 只有在研究经文翻译的年代学方面这种资料才可以利用；而在世俗历史编纂学方面，由于出自儒家文人之手，关心的只是皇帝的宫廷及其礼仪，关心的是政治、行政和军事事件；如果它提到佛教的话，也只是表现在非常偶然地提到的几件小事上面。这表明它们的真实性是相当可靠的，但它也意味着资料的数量少得可怜。

汉王朝楚国内的佛教

第一次明确地提到佛仅是偶然见于公元 65 年关于皇家的楚王刘

---

① 理查德·H. 鲁宾逊：《印度和中国的中观学派》（麦迪逊〔密尔沃基〕和伦敦，1967），第 7 页。关于佛教之传入中国，见马伯乐：《公元 2—3 世纪中国佛教之僧众》，载《法国远东学院通报》，10（1910），第 222—232 页；《道教和中国的宗教》，第 249 页以下；以及泽克：《佛教征服中国史》，第 18—43 页。

② 见泽克：《佛教征服中国史》，第 19—22、269—280 页。

英的一道诏旨中。[1] 他的楚王国的中心位于彭城（在山东、河南和安徽搭界处），即一个世纪以后爆发黄巾军叛乱的那个地方。楚王英是汉明帝（公元 57—75 年在位）的一个弟弟，他被怀疑搞颠覆活动，因此他呈上几段丝织物以求赎他一死。汉明帝对他有不忍之心，就在公元 65 年的诏令中为他开脱；皇帝在诏令中袒护他的弟弟，[2] 说他所诵习的是"黄、老之微言"和崇尚"浮屠之仁祠"；说他"洁斋三月，与神为誓"；因此之故，皇帝声明他不负任何嫌疑，并把他的缣纨还给了他，以助在楚王藩邸举行的伊蒲塞（upāsaka）和桑门（śramana）之盛馔。

这两个梵文名词是译音的中文，分别指世俗信徒和佛教和尚。所以，我们在这里看到他们把佛和黄老——即老子和黄帝——联系了起来，可能把这二者当成了一个单一的神明。他被当做一个神像，应该向他祭祀并实行斋戒。[3] 彭城是一个重要商业中心（它今天还是一个铁路交会处），很可能吸引了许多外国人，其中当然也包括佛教和尚在内。但是，皇帝对佛教之着迷，表明甚至在京师洛阳也是很虔心礼佛（他与黄老合在一起）的。后来，到了公元 1 世纪的中叶，佛教已经由中外商人汇集之西北诸绿洲而深入到中国的中原和东部了。

五年以后，即公元 70 年，楚王英又被卷入另一次叛乱阴谋之中。这一次他和几个道教方士在一起，方士们制造了有利于他的预言，他被判处死，但皇帝又一次只是把他废黜并把他发配了事；他被发配到长江以南的丹阳郡（安徽）；楚王英在这里于第二年自杀。可能至少有几名佛教人士陪伴他到丹阳，这可能表明佛教第一次传入了中国南方，即江南地带。

但是，刘英的佛教社团在彭城存留了下来；一个世纪以后

---

[1] 泽克：《佛教征服中国史》，第 26 页以下；塚本善隆：《中国佛教通史》（东京，1968）第 1 卷，第 65 页以下。

[2] 《后汉书》卷四二，第 1428 页。

[3] "斋"，是个道教术语，但斋戒三个月则当是佛教传统的一部分。

我们看到它在当地的官员笮融的庇护下兴盛起来；笮融因彭城刺史曾授权让他管理粮食运输，因此而发家致富。彭城刺史陶谦和笮融一样，也是来自丹阳。陶谦身名大显是因为在公元194年后镇压黄巾军有功，也因为他在公元190年董卓的政变中忠于朝廷；那次政变使洛阳遭受了很严重的烧杀之祸。[①] 京师的居民流落到彭城地区避难，这个地区很富庶，所以他们能托庇于此，不致受到京师扰乱之害。

今天我们得知，笮融大约在公元193年曾在彭城附近造了一座大佛寺，上覆以尖顶，另加九个仿印度塔形式的圆盘，中伫一衣锦的镀金佛像。这个建筑物有几层楼高，中可容"二三千余人"在那里念经。为了招徕当地民众参加他的佛教社团，笮融自己主动给这些老百姓豁免国家的徭役；在庆祝佛的生日和浴佛节的时候，他举办大规模的集体庆祝活动，长长地布席于路，让参加者有饭吃，有酒喝。参加的人数可达万余人，所费以百万计。[②]

这些数字当然是被非佛教徒的历史学家夸大了的，因为他们不赞成佛教徒在奉献中大量靡费钱财，也不赞成对信教者豁免赋税（这种豁免到后来只给予受戒的僧徒）；笮融的跟随者，即新入教的中国教徒，肯定不在这样的僧徒之列。笮融和楚王刘英一样，没有落得好下场。公元193年，曹操袭击并荡平了彭城；笮融逃到了长江地区，据说跟从他的有一万多彭城男女居民，并且还随身带有三千心腹骑兵。很可能，他的佛教宣传的真意确是想在这样的大激战中为他自己招集随从，同时很可能，这些追随者就是黄巾军的子遗。可是，我们未见资料上有关于笮融的佛教杂有道教之说，像这个时期通常的情况那

---

① 关于公元190年的诸事件，见本书第5章。关于陶谦、笮融，见《后汉书》卷七三，第2366页以下；泽克：《佛教征服中国史》，第27—28页；塚本善隆：《中国佛教通史》，第78—81页。

② 有一份材料说，信徒的参加者有5000家；见《资治通鉴》卷六一，第1974页（雷夫•德克雷斯皮尼：《汉朝的末年：司马光的〈资治通鉴〉卷58—68所载公元181—220年大事记》〔堪培拉，1969年〕，第137页）。关于这些集会后来发展为"无遮大会"的事件，见本章《南北朝时期的佛教》的开头部分。

样。无论如何，笮融这一事件的功绩是它使我们对佛教在汉代民间中的传布情况能略知一二。老百姓的宗教生活实际上在历史材料中被忽视了。

洛阳佛教的开始

所有的证据都表明，汉王朝楚国的佛教社团实际上只是一个已在京师成长起来的社团的一个支派，关于这一点虽然我们知道得不多。在公元 3 世纪之初，我们知道京师洛阳有个许昌寺院。这个名称表明，它一定由刘英的母舅名许昌者早在公元 1 世纪所建。可能是在刘英于公元 71 年被处死和彭城国除之后，他把来自彭城的僧众安置在他的宅第之中。[①] 我们知道，大约就在那个时候，汉明帝在做了一次梦兆之后便派了一个使团去打听西方佛教的事情。这个使团据说带回了两名印度僧人，即迦摄摩腾（Kāśyapa Mātanga?）和竺法兰（Dharimaratna the Indian?），并为他们建立了白马寺；取这个名称是为了纪念那个驮回佛经的吉祥动物。

可是，这是一个在以后很晚时间才出现的传说，显然这些僧人的名字不大可能是凭空捏造的。这两名和尚据说是最早翻译了印度经文，即《四十二章经》，人们传统地把它定在公元 67 年，但实际上它的翻译似乎不会早于大约公元 100 年。[②] 这部经文与其说是一部翻译作品，不如说是一部介绍佛教教义要旨的入门书籍，特别是按照所谓小乘教义介绍佛教的道德的书。它不是用佛祖讲法的形式，而是仿照中国的《孝经》之类的经书或老子的《道德经》的形式。今天，我们仅拥有大加修改过的经文文本，其中道教的影响很明显。[③]

自此以后，只有在译书的版本记录或在书目介绍中才可对汉代洛

---

① 见马伯乐：《道家和中国的宗教》，第 358、403 页；泽克：《佛教征服中国史》，第 32、328 页。

② 见汤用彤：《〈四十二章经〉的版本》，J. R. 韦尔译，载《哈佛亚洲研究杂志》，1（1936），第 147—155 页；泽克：《佛教征服中国史》，第 29—30 页；吉冈义丰：《四十二章经与道教》，载《智山学报》，19（1971），第 257—289 页。

③ 见本章《南北朝时期的佛教》中的有关部分。

阳的佛教情况略知一二。这些译文或者译自梵文原文，或者更可能的是译自中亚的普拉克里特语（Prākrits），因为大多数译者并不全是印度人：其中有两名安息人、两名粟特人以及一些伊朗人、三名月氏人（Indoscythians），只有三名印度人，甚至他们也是通过西域才来到中国的。[①]

译者中最早和最出名的是安世高，即安息人世高，他于公元 148 年来中国，协助他的是他的同胞安玄，此人是一名商人，公元 181 年来到洛阳，并懂得中文。[②] 很显然，安世高和安玄翻译的东西都由中国佛教徒提出，因为它们或者论及中国人在自己的传统中所熟习的小乘教义中命理学之类的内容，或者论及精神修养和呼吸功夫，这就使得佛教的瑜伽（yoga，中国叫做"禅"，dhyāna）和道教的同类功夫很相近。另一方面，所谓大乘的翻译风气则大畅于第二代的翻译家，他们于公元 2 世纪之末和 3 世纪之初在洛阳工作；这个时期是佛教的两乘在印度和西域过渡的时期，也是道家哲学在中国本地开始复兴的时期。关于"空"（śūnyatā）的教义和对于来世的"净土"的信念，必然会吸引中国的文人学士，因为他们正开始背离越来越暗淡无光的儒家关于今世的宇宙—政治观。第一部关于佛教"般若"（prajñā）的书是公元 179 年由一名月氏人和一名印度人翻译，而由一些中国道教徒协助；这些道教徒中有一人有"祭酒"职称。[③]

这些最初的译本充满了道家的说法，这是中国合作者利用这些说法来翻译佛教的专门用语：例如瑜伽（yoga）或菩提（bodhi）被译为"道"（the Way）；涅槃（nirvāna）被译为"无为"（quiescence，或"no-ado"）；绝对（tathatā，"suchness"）被译为"本无"（non-

---

① 关于安息（帕提亚），大约是 Arsak 的译法，见何四维：《中国在中亚：公元前 125 年至公元 23 年的早期阶段，附鲁惟一导言》（莱顿，1979），第 115 页以下。关于月氏，见何四维：《中国在中亚》，第 119 页以下。

② 见罗伯特·施：《高僧传》（卢万，1968），第 16 页注 59。

③ 见泽克：《佛教征服中国史》，第 35 页，关于《〈三十二音节〉八千颂般若波罗蜜多经》（Astādaśāhasrikā-prājñaparamitā-sútra）。关于黄巾军在不久以后用了"祭酒"这个称号，见上节。

being），而佛教的圣人（*arhat*）则变成了道教的"真人"（*immortal*）。用这种办法，佛教的"般若"雷同于道教的"真知"，它被称为"玄学"。其结果是产生了一种使文人们厌烦的笨拙而晦涩难懂的话，这特别是因为那些写中文译本的人文化方面的经历很平庸。

但是，外国和尚经常出入于朝廷中受过教育者的贵族之门。早在公元 100 年，张衡（公元 78—139 年）就在他的形容长安的诗作（《西京赋》）中提到他们，公元 166 年洛阳朝廷正式兴起了拜佛的仪式，与此同时也礼拜老子（根据史料，也礼拜黄老），在此前一年，即公元 165 年，桓帝（公元 146—168 年在位）因无子嗣，派了一个代表团到苦县去祭祀老子，此地在洛阳之东，据说是老子的出生之地；这里的庙里有一幅孔子的壁画，传说孔子曾问道于老子。上面提到的《老子铭》就是在这种情况下创作的。① 桓帝受他的配偶——窦后——的影响，这位窦后和前汉的同宗窦太后一样也是支持道教的。

公元 166 年，皇帝自己也在洛阳宫内祭祀老子以及佛祖。我们知道这一点，是因为那时襄楷的奏疏是这样说的。他是一位道教中心地、今山东省籍的星象家；他从原籍来到京师是想警告皇帝注意灾象，并且指责他的暴政和与他的后宫妇女们所过的放荡生活。② 他在谏草中写道："又闻宫中立黄、老〔据另一异文为"老子"〕、浮屠之祠，此道清虚，贵尚无为，好生恶杀，省欲去奢。"因此，他引了两段《四十二章经》的文字；他又提到了干吉的《太平经》，③ 所以他问皇帝究竟是否遵道而行事。他在奏疏中说到他相信佛祖事实上就是曾去夷狄之邦的老子。④ 他也怨积

---

① 泽克：《佛教征服中国史》，第 29 页；又见上文有关老子部分。
② 关于这篇文字的编译和注释，见泽克：《佛教征服中国史》，第 36—38 页；汤用彤：《汉魏两晋南北朝佛教史》（长沙，1938；重印，北京，1955），第 56—59 页，特别是塚本善隆：《中国佛教通史》，第 73—78、586 页。关于襄楷，见雷夫·德克雷斯皮尼：《东汉抗议的预兆：襄楷呈给桓帝的奏议》（堪培拉，1976）。
③ 见上文有关部分。
④ 关于老子"化胡"的理论，见本章《南北朝时期的佛教》和《隋朝的佛教和道教》的有关部分。

于胸地提到宦官们往往侵夺权力。

这些祭祀都在宫内的一座特别华丽的建筑物内举行，桓帝曾为它举行落成典礼，这是因为史称桓帝"好音乐"，这两位圣人在这里被供奉在通常是皇帝专用的华盖里。祭祀的举行极尽浮华夸饰的能事：祭坛上铺以经过刺绣的羊毛织品，使用的是金、银器皿；供上牺牲礼品，并且奏祭天的宗教音乐。它使人不禁感到，这种把佛和神化的老子拉在一起的做法不过是一位傀儡统治者在汉宫廷的时尚是模仿西方蛮夷习俗和他们的衣着、椅子、乐器和舞蹈之时的非分之想，就在那一年，一个西方人来到中国，并以罗马帝国的马可·奥勒留的使节的身份出现；中国人想象中的以大秦为名的罗马帝国，是某种异国情调的海市蜃楼。[①] 宗教的历史在前进，随之把佛变成了老子的上等助理祭司。

公元 3 世纪的哲学复兴

上面我们看到，汉朝政治秩序的崩溃如何把文人引得离开了儒家的价值观并离开了积极的政治活动和行政活动。[②] 他们被宦官集团所迫害，并且在公元 166 年到 184 年之间被放逐到外地（党锢事件），这使得他们把自己树立成清议的代表；这就是说，他们认为要靠评断得失来纯洁朝廷的风气。

在汉代的政府体系中，州牧或地方官可以在他的治下挑选那些以学识、才能或道德品质见长的人，或者挑选他认为够条件承当官吏职责的人。这些人便是所谓经过"州举里选"的人。[③] 这种选用人才的办法必须考虑公众意见和地方贵族人物的评判，因此这些贵族人士能

---

① 见本书第 6 章和《东地中海世界的接触》一节，以及本章《汉代民间的道教》的末尾部分。

② 见本章《东汉时期哲学的衰颓》的有关部分。

③ 关于"州举里选"在早期文献中的起源和发展，见诸桥辙次：《大汉和辞典》（东京，1955—1960）第 11 卷，第 11841 页，词条 39571（24）；又见毕汉斯：《汉代的官僚制度》，第 132 页以下；以及本书第 8 章。

借机利用他们的影响以服务于自己的目的。贪污腐化和裙带关系风靡一时。

在这种不正之风的背景下，文人们纷纷写嘲讽之作，用尖锐泼辣的语句来描述讽刺的对象，例如他们写道："南阳太守岑公孝，弘农成瑨但坐啸。"① 又例如这时也有关于曹操的品评，说他是"治世之能臣，乱世之奸雄"。除进行这种批评之外，人们还对性格的研究越来越感兴趣，稍后把它加以系统化的有刘劭的《人物志》：这本书兼有儒、道、法三家的影响，但其主旨却是要依据各人的命分和天赋给予他们的性格来确定选拔官吏的标准。②

为了避免清议人士的批评，政府转而对文人学士们采取攻势。它单独负起了品核人物为官吏候选人的工作，建立了视察员的制度，使他们负责发现和挑选那些经过评论而适于推荐到中央政府并准备予以任命的人。这种制度被称为"九品中正"制。③ 它是在曹魏的初期（公元220年以后）才由官方开始采用，但它的起源可以上溯到汉代末年。事实上它是这样一种荐举制度：它为独断专行和任人唯亲大开了方便之门，也使得国家的官员都要俯首听命于那些急于控制文人的军人独裁者。

从这时候起，这种文人越来越脱离公共生活，清议便逐渐被代之以清谈，即谈哲学，谈文学，谈艺术——所有这些题目都用马拉梅的午后集会方式加以谈论，即用机巧、论难和才华进行辩论。这种事情部分地是那些尚无一官半职的知识分子用来消遣时间之道，但是，他们也用宗教的语调——先是用道教语调，后来又马上转而用佛教语调——来展开哲学的辩论。它的发展趋势只限于社会上的遗闻轶事方面，按照大多数历史学家的意见，它为紧接汉朝黑暗时期之后的哲学

---

① 见白乐日：《汉末的政治哲学和社会危机》，第230页；马伯乐与白乐日：《历史与制度》，第116页注2；以及唐纳德·霍尔兹曼：《中世纪九品中正制度的起源》，载《高等实验学院论文集》，1（1957），第402页。

② 关于此书的一种译文，可见约翰·K. 夏伊罗克：《人的才能的研究：刘劭的〈人物志〉》（纽黑文，美国东方学会，1937；纽约，重印，1966）。

③ 关于"九品中正"，见霍尔兹曼：《中世纪九品中正制度的起源》。

复兴铺平了道路。①

于是我们看到了古代世界的各种哲学流派出现了新面貌；其中不仅包括墨家和法家，也有所谓的名家在内。如果按照西方中世纪哲学用语的意义把"名家"译成 nominalism，那可能是译错了。名家学派按照法家和儒家的精神，主张每一个"名"（onoma）、每一个术语、每一个头衔，不管它是行政方面的或者社会地位方面的，都应该配得上相应的"实"（pragma）；换句话说，这意味着应该调整使每个人得以量才授职的这种属于社会的和政治的范畴的秩序。② 甚至经学的今文学派和古文学派这个老的争论问题又被提了出来。

魏国的一位高级官员王肃（公元 195—256 年）据说曾伪造《书经》的古文本，想以此证明他攻击汉代注疏的正确性；他又据说曾伪造《孔子家语》；孔子这位圣人在这本书里被描绘成一个纯粹的普通人，从而揭穿了汉代传统把他变成的半神的形象。③ 但是，最重要的是道家卷土重来，恢复了它的辉煌的过去。

正始年间（公元 240—249 年）哲学中的儒家和道家

从这时起大约有 1000 年时间，儒家经历了哲学上（以及宗教上）的贫困的年代；但是由于它与道家结合，它在公元 3 世纪也有一个最后的哲学上的辉煌时期。在曹魏王朝第三位皇帝治下的正始时期（公元 240—249 年），仍被视为中国哲学和文学编年史上富有成果的复兴时期。正是在这个时候，何晏（公元 249 年被处死）和他的朋友、被视为玄学创始人的王弼（公元 226—249 年）都发挥了作用。"玄"这个字取自《道德经》的开宗明义第一章：它指出，"有"和"无"二

---

① 对于"清议"和"清谈"的关系的确定问题，尚有某些疑点。见冈村繁：《清谈的系统和意义》，载《日本中国学会报》，15（1963），第 100—119 页；这篇文章摘载于《汉学书目评论》，9（1971），第 770 号。在 19 世纪，"清议"这个名词用于指"清高地"支持传统的人：他们反对从西方输入现代思想。

② 关于"名"与"实"的问题，见罗伊·A. 米勒对 N.C. 博德曼的评论：《关于〈释名〉的语言学研究：元音群与辅音群》，载《通报》，44（1956），第 281 页。

③ 见罗伯特·P. 克雷默：《孔子家语》（莱顿，1950），第 54 页以下。

者构成了"玄之又玄"。在玄学的研究中有所谓"三玄",即老子为一玄,庄子为一玄,《易经》(及其哲学附篇)又为一玄。

在这几部书的基础上,何晏——更主要的是王弼——他们阐发了一种学说,它在许多方面颇似西方同时代诺斯(gnōsis)的含义。这两位作者都注释了《道德经》、《易经》和《论语》,但只有何晏所注《论语》和王弼所注《易经》与《道德经》流传至今。他们两人都没有注《庄子》,但是他们都对此书很熟悉。为了充分理解他们的折中于儒、道两家之间的思想的意义,我们必须看看他们生活的环境。

何晏出身于基本上是豪门贵族(aristocratic)时期——甚至就某种程度上说还是封建(feudal)时期——的最上层贵族之家。[①]他的母亲是曹操(公元155—220年)的一个妾,所以何晏被收养在宫中。他娶了曹魏的一名公主——即他的母亲同曹操所生的一个同母异父妹,所以成了一件丑闻。他是一个典型的美男子,面如傅粉而文雅的人,一个他的敌人往往称之为"浮华"或花花公子式的人物。他"喜欢黄老"之学,因此在"清谈"中很出众。他的放荡不羁招致了重视正统传统的人的敌意。他甚至被说成让一种使人发狂的药物风行于世;而且他的许多朋友和追随者都是吸毒者。[②]在无子的魏明帝(名曹叡)于公元239年死去以后,由他的只有七岁的养子继位,此人在历史上被称为少帝。曹家的另一个成员曹爽当了辅政。他也有浮华的非正统趣味,但还有政治野心。可是,与他同时辅政的却是司马氏的一个成员。此人就是司马懿(公元179—251年);他也想夺取帝位。他的孙子司马炎杀了曹家的最后一个成员,结束了魏王朝,从而建立了西晋(公元265—316年)。

在正始这个短暂的时期内,即从公元240年到249年之初,

①《三国志·魏书九》,第283、292页。
② 这就是"五石散",是一种用五种不同矿物质合成的粉末,其中包括钟乳石中的钙;见鲁道夫·G. 瓦格纳:《中世纪中国的生活作风和药物》,载《通报》,59(1973),第79 178页。

曹爽取得了主宰一切的地位，他的周围聚集着一批鼓吹思想和行动自由的知识分子。于是何晏成了尚书中的一员。这使得他能够任命他的几个朋友为官，特别是任命了王弼，虽然他只能给他一个低级职位。这两位哲学家现在都被卷入了公共生活之中——这是他们选择了儒家的道路，但却与道家的宗旨大相径庭。所以何晏在开始他的宦海生涯时不是没有保留的。他在一首诗中呼唤飞到伟大的纯净中去以逃避猎人罗网的野天鹅，但是他们仍因随俗浮沉而受到了谴责。

这便是左右何晏和王弼二人的思想上的妥协——此即在道家的自由意志论和儒家的信仰之间所作的妥协。[1] 公元 249 年司马懿在政变中结果了曹爽的性命，也终止了何晏对于卷入政治的默认态度；两人都被处死。他们的朋友嵇康（公元 223—262 年）是另一位不守礼法之士，也在公元 262 年被接替其父司马懿为独裁者的司马昭所杀害。在这时蔑弃正统是要冒生命危险的。

王弼也是世家大族、书香门第的子孙，这个家世与荆州（湖北）州学的建立者有世交的关系。这是一个在汉朝末年的动乱中相对安定的地方；它变成了那些以革新的古文学派精神注释经书的学者们的避难所。[2] 王弼生而早慧，他的思想近似于何晏，但他的哲学思维才能要大得多。他在"清谈"中学会了运用辩证法，所以他的思想主要是以"有"和"无"为基础。"有"的字面意义就是"there"；"无"的字面意思就是"there is not"或"there is nothing"。[3] "What there is"组成了现象世界，组成了经验的、具体的一切，而同"What there is not"相对立；后者乃是一种无差别状态，一种绝对的状态。这和我们今天所理解的 being 和 nonbeing 没有关系，这两种本体论

---

[1] 见马瑟：《六朝时期关于遵奉传统观点和崇高自然的争论》，载《宗教史》，9：2—3（1969—1970），第 160—180 页。

[2] 见汤用彤：《王弼对〈易经〉和〈论语〉的新解释》，沃尔特·利本塔尔译，载《哈佛亚洲研究杂志》，10（1947），第 129 页。

[3] 法文"il y a"和"il n'y a pas"或"il n'y a rien"要更确切一些，因为"有"意指"to have"，而"无"则意指"not to have"。

的范畴从来没有使中国人发生过兴趣，^① 更确切的说，而是含有我们今天所说的"existential"和"not existential"的意思。"无"不是我们给予这个词的虚无意义上的 nothingness，它只有"有"的反面的意义；相反的，"无"是"有"的基础。依照王弼的说法，它是现世的根源，他似乎是用宇宙起源论的观点来看待它，因为他的思想关注的是这个世界，而没有设想任何先验的超自然存在。"无"是宇宙的原初状态，在这种状态下它为"there was nothing"，但称为"there is"的万事万物却由此而生。

这两种完全地道的中国思想产生了也是完全地道的中国的辩证法。"有"并未被否定。它补足了"无"，正像"阴"之补足"阳"一样。王弼说："是以天地虽广，以'无'为心。"^② "无"可以比作"理"，这是主宰一切事的 nomos；它是同"众"相对立的"一"，即组成"有"的那些"末"之本。"有"是用，即是实际的应用，亦即"体"——也就是"无"——的作用。"无"是静，是动的根源；是表现和完成于行动主义（activism）中的寂静（quietism）；是一个人要介入而又尚未介入的不介入状态："故万物虽并动作，卒复归于虚静，是物之极笃也。"^③

以一个人从"无"中吸取灵感为例，它是行动于"有"之中的最好的办法；这种行动是"无心的"、"无爱憎的"、"无为的"。圣人并不是"无情"的，这是一个在中国详加讨论过的问题，正像它在希腊化世界大约也在同一时期受到讨论的情况那样；他不是无"情"（*pathos*，feelings 或 passions）。他和常人一样，也有情，但是他比别人更富于"神明"，使他能用"通无"的方法升华它们；这就像大

---

① 见 A. C. 格雷厄姆：《西方哲学中的 Being 同中国哲学中的是/非和有/无的比较》，载《大亚细亚》，7，新版（1959），第 79—112 页。费伦克·托克伊提出的关于有/无的马克思主义解释（载于他的《3—6 世纪的文艺风格理论：刘勰的诗歌风格论》〔布达佩斯，1971〕，第 70 页和注 83），是站不住脚的。

② 见冯友兰：《中国哲学史》第 2 卷，第 181 页；以及冯友兰：《中国哲学史》（长沙，1934），第 609 页。

③ 冯友兰：《中国哲学史》（长沙，1934 年），第 608 页。

乘佛教那样，"是要通过情（klesá）本身来逃避情"（"应于物而不累于物"）。①

这是可以追溯到王弼本人身上的几种意识形态原型，此后就变成了中国哲学必备的内容。在它们的背后有着明显的儒、道二家之间互相抵牾但又有一种想调和它们的企图。如果翻译成实际行为上的语言，那么，寂静和行为主义、静和动（这些词均出自《庄子》和《易经·大传》）便是表示既要从事于公共生活、又要退隐林泉，既要受国家的征召、又要标榜遁世主义。② 这是一种两难推理式的困境，它一直使中国人大伤脑筋，而且至今仍然是中国人热门讨论的话题。对于正始时期的哲学家和他们的追随者来说，政治环境使它变成了一个特别引人注目的问题。他们那时极需强调儒家的优越性。如果某人提出反对，说孔子并没有提到"无"，他们会这样回答：这恰恰是因为任何人都没有能力谈论它。③ 孔子因为在很大程度上把"无"变成了他本人的一部分，体现了它，所以才对它默而不语，而老子和庄子所以要经常谈到它，乃是因为他们对它没有足够的经验。④ 这很像基督教徒试图在《旧约》圣经中找出它的言外之意那样。《论语》中有一段话（《先进第十一》），提及孔子曾说，他的以神秘倾向知名的弟子颜回，有好几次发现他自己"屡空"，即贫穷，何晏的注说这是指精神上的空虚，也就是"无"（"虚无"）。⑤

儒家的面子必须保住。据说王弼"好论儒道"。⑥ 儒家胜利了，

---

① 关于"无情"（apatheia），见让·达尼埃卢：《柏拉图主义与神秘的神学》（巴黎，1944），第99—100页；西尔万·莱维编：《大乘庄严经论》（巴黎，1907），第87页。

② 可比较柏罗丁对 kinēsis 和 stasis 的讨论；埃米尔·布雷伊埃：《柏罗丁的〈九章集〉》（巴黎，1924—1938），3（vii）2，第128页以下，和6（iii）2，第157页以下。又可参照库萨的尼古拉斯书中关于 motus 和 quies 及其 coincidentia 的讨论；M. 德冈迪利阿：《库萨的尼古拉斯的哲学》（巴黎，1941），第8和第101页注7。

③ 《道德经》，第五六章："知者不言，言者不知。"

④ 例如王弼；见冯友兰：《中国哲学史》（长沙），第603页；汤用彤：《王弼对〈易经〉和〈论语〉的新解释》，第152页。

⑤ 冯友兰：《中国哲学史》（英文版）第2卷，第173页。

⑥ 《三国志·魏书二十八》，第795页；冯友兰：《中国哲学史》（英文版），第179—180页。

至少在表面上是如此，因为孔子对王弼说来仍是大圣人。但是这只是表面上的，儒生们没有上当。例如裴頠（公元 267—300 年）就在那一个世纪之末对何晏等主张"贵无"的人发动了攻击，著《崇有论》来嘲讽他们。[①] 后来，儒生们诅咒何晏和王弼是制造灾难的人，认为他们应该对中国北部沦陷于夷狄之手的这个问题负责。

庄子思想的复活

如上所见，不论是何晏也不论是王弼，他们都没有注过《庄子》，虽然这本书在他们著作中的影响是显而易见的。属于这位伟大哲学家名义下的稿本历来少见，搜寻他的稿本在他们的时代必已开始，从西晋（公元 265—316 年）之初起就开始出现了现已亡佚的第一批注疏。据传，此种注释不下一二十种。崔谱的注，就我们搜集到的一些残篇看，其志似乎不是要在哲学方面有所标榜；晋皇室成员司马彪这位语言学家和历史学家的注也不在哲学方面。真正从哲学方面注释《庄子》的要算从向秀和郭象开始，这两人是何晏和王弼之后的那一代人中间最伟大的思想家。

我们现在拥有他们所注的《庄子》，注者名为郭象，但是我们不能确切知道，这两个人中谁对哪一部分负责。有一种说法，[②] 郭象"发展了"向秀的注。郭象还搜集了《庄子》当时存世的诸种版本，从中弄出了个定本，按照传统说法它多少作了些删节，这就是我们现时所有的本子。像何晏与王弼的情况那样，我们也要谈几句关于这两位哲学家的生平，因为在中国，一个人的生活和思想总是有联系的。

向秀（大约死于公元 300 年）是嵇康（公元 223—262 年）的朋友；后者为曹魏的富裕贵族，曾联姻于曹操之曾孙女。在正始时期的

---

① 《崇有论》，部分翻译见于白乐日：《虚无主义的叛逆或神秘的遁世主义：公元 3 世纪中国的思想潮流》，载于他的《中国的文明和官僚：一个主题思想的变异形式》，H. M. 赖特译，芮沃寿编（纽黑文和伦敦），第 251 页以下。

② 关于向秀的情况，见《晋书》卷五十，第 1397 页；又见《晋书》卷四九，第 1374 页。

末年，他招集了一批后来称为竹林七贤的文士追随着他。[1] 这个俱乐部包括一些实际信奉道教的人，这种道教有时被称为新道教。这些人中有些人搞长生术，例如嵇康本人就是如此，而另外一些人则从道家的自由意志论趋向放荡不羁，从"无"走向虚无主义。后者放纵自己；饮酒、服用药物——而最令儒家清教徒难堪的是搞裸体主义，[2] 打着庄子主张"自然"的旗号来为这些古怪行为辩护。

竹林七贤之一的阮籍（公元210—263年）是诗人，曾著有《达庄论》一文。就是在这些人中间向秀才有了应该给《庄子》作透彻的注疏的想法。他的朋友们喜欢蔑弃书本和咬文嚼字的形式，所以嘲笑他，并问他为什么觉得应该写一本注释而不使自己适情任性，像伊壁鸠鲁学派的信念所要求的那样。在这方面我们得知，在向秀以前，读过《庄子》的人们只是一些方士，但是没有人能够解释庄子的思想体系（"旨统"）。[3] 在他的一段关于诡辩家惠施的注文中，就连郭象（如果不是向秀的话）也说，在他读到《庄子》以前，他经常听到辩论家们讨论惠施的悖论，说它们应该属于庄子，最后他确信，庄子是属于辩证学派的。[4] 当向秀把他已完稿的著作送给他的朋友们看时，他们都大为惊异，其中有一个曾嘲笑过他的名叫吕安的人大声叫道："庄子可以不朽矣！"[5]

公元262年，竹林七贤中的两人——嵇康和吕安——被司马氏处死，因为后者敌视自由意志派的道家。向秀马上赶赴京城，为他的朋

---

[1]　关于"竹林七贤"，见唐纳德·霍尔兹曼：《嵇康的生平和思想（公元223—262年）》（莱顿，1957）；《竹林七贤与当时的社会》，载《通报》，44（1956），第317—346页；以及罗伯特·G. 亨利克斯：《公元3世纪中国的哲学和争论：嵇康的文章》（普林斯顿，新泽西，1983）。

[2]　关于服食药物，见瓦格纳：《中世纪中国的生活作风和药物》。关于裸体主义，见冯友兰：《中国哲学史》（英文版）第2卷，第190页；泽克：《佛教征服中国史》，第79页；白乐日：《虚无主义的叛乱或神秘的遁世主义》，第236页以下；以及戴密微：《一位诗人的作品》，载《通报》，56（1970），第241—261页。

[3]　关于郭象的传记，见《晋书》卷五十，第1396页以下。

[4]　关于"辩者之流"，见刘文典：《庄子补正》（上海，1947）卷十下，第24页。

[5]　《晋书》卷四九，第1374页；《世说新语·文学四》，第13—14页注（理查德·B. 马瑟译：《世说新语》[明尼阿波利斯，1976]，第100页）。

友们说情。但是，他很快又与独裁者司马昭取得和解，[①] 跟他的朋友们脱离了关系；在司马氏于公元 265 年做了皇帝以后他便当了司马氏的官，从而直接否定了他的道家信仰。因此，150 年以后诗人谢灵运说向秀是一个儒、道二家的调和者，这话不是没有道理的。事实上，向秀在年轻时曾著有《儒道论》，但他后来否认此文与他有关。[②]

郭象（大约死于公元 313 年）这个人甚至更重要一些。他甚至比向秀更明确地注意不让他的哲学观点牵扯到他的世俗利害关系中去。他在西晋王朝初年的宦海生涯中很是得意，颇得统治者司马氏的言听计从。据说，他们待他非常好，致使他在政府中有过分的影响，因而很多人嫉妒他；甚至有人指责他剽窃了向秀。向秀的注释可以追溯到曹魏的末年，其时是在嵇康和吕安于公元 262 年被处死之前；郭象对它的修订则应完成于晋惠帝统治时期（公元 290—306 年在位）。

他们的这个注释本子浸透了在道家和儒家之间搞调和折中的精神，重点却细心地放在儒家方面。郭象的序是一篇极好的散文，精巧而富有深意，他在这里对庄子表现了种种保留的态度。他说，庄子的华丽词藻不能见诸实用，因此他的著作不能与儒家经典相提并论；他只不过是古代"百家"中最前面的一家而已。[③]

那么，郭象，或者在他以前的向秀，是怎样高超地把儒家和道家融于一个首尾相连而出色的有创造性的体系的呢？[④] 他想方设法把庄子的自然同多年来的半儒半法的给予各人的"分"[⑤] 的概念联系起来；这便有些像斯多葛派的"命运"（*kathēkon*），或印度的种姓原则，或者像柏拉图的《共和国》里的正义的观念。在郭象看来，事物

---

① 见前文。
② 关于《儒道论》，见霍尔兹曼：《嵇康的生平和思想》，第 28 页。
③ 《庄子序》，第 1 叶。
④ 郭象注释的片断由冯友兰译成了英文：《庄子》（上海，1933；纽约，1954 年重印）；《中国哲学史》（英文版）第 2 卷，第 208—236 页；以及陈荣捷：《中国哲学资料集》（普林斯顿和伦敦，1963），第 326—335 页。
⑤ 见戴密微：《中国哲学词汇形成的研究》，载《年鉴》，47（1947），第 151—157 页；48（1948），第 158—160 页；49（1949），第 177—182 页。

之所以是什么（"然"），是由于它本身是这样的（"自"）。按照他的话说，我们应该使"自然"在我们的自身中行动，遵循我们固有的秉性（"性"），正像它在宇宙秩序中以及在社会和政治秩序中自然而然（"自然"）的那样。如果每个人都安分守己，根据他的"性分"行事，那么，依据每个人的命运在其中密切结合而不可分的事物的自然秩序（"物理"），宇宙之"道"将能够完成它的作用，完成其所"化"了。

因此，在这种共性和这些个性之间就存在着这样的参与，这样的固有性，严格说来，共性只存在于个性之中。① 宇宙［天和地］只是囊括万"物"的一个总名词。② 共性——即道——只能在个性中才找得到。这些个性是自行存在的（"自然"），是自己创造自己的（"自造"），是单独地起作用的（"独化"）。道本身是"无"，因为它就是一切事物；它的特性是"无"，因为它就是一切事物的特性。③ "无"不再是像王弼所认为的那样是潜在性，或者是"有"的产生的本源。④ 它确实是"无"，一种非生产的无；再没有任何从"无"到"有"的宇宙演化了。每一种存在物在其自身之中都含有一切存在；它是一种单子，是所有其他单子所不可少的单子；它与其他单子互相结合于宇宙秩序之中。

因而就出现了关于"无为"的非常个人的社会的和政治的解释。"无为"不是"静坐于山林之中"（即退隐之地）。郭象说，这是庄子和老子的"无为"，他们的思想是被那些承担负责职务的人——即官吏们——所抵制的。⑤ 真正的无为就是在自己名分下的有为。因此，"动"应该说是寓于"静"之中；一个人可以服务于国家或一个独裁者，但只要动是出于自然，他在服务时可以不是"无心"的、无自利心思的或者是个人无干预"道"之作用的动机的。

从此又产生了另一种奇怪的理论，即万物同一或同等的理论。是

---

① 可比较安那克萨哥拉著作中的 *Panta en Pasin*；库萨的尼古拉中的 *Puodlibet in quolibet*。
② 见泽克：《佛教征服中国史》，第 349 页注 38。
③ 见冯友兰：《中国哲学史》（英文版），第 208 页。
④ 或者像老子所认为的那样；见《道德经》第四十章："有生于无。"
⑤ 刘文典：《庄子补正》卷一上，第 12 叶。

万物之"理"使得万物都各有其决定性的名分，通过这名分它便在整体的适当运行中起作用；在这一方面，万事万物都是同一的和同等的，它们之间不会彼此相嫉妒或相轻视。郭象就用这种方式解释了《庄子》的第二篇——《齐物论》，并说他在《庄子》的第一篇《逍遥游》中找到了自愿服役的学说。如果飞得无限高的大鹏——即利维坦式的宇宙飞行员——是和小蝉（或斑鸠、或鹌鹑，按其不同种类来说）相对的，如果至人和小民的境界截然相反，那与他们的作为无关；他们是各按其名分而自然如此的，而对于他们每一个人来说自由就包含在"逍遥"的情绪之中，每一个人都在他所接受的名分之中。把这移置到政治方面（郭象越是少言政治，他越是想到政治），你就可以为近似于愤世嫉俗的不平等辩护了。

这种理论在别的地方还接近于荒诞可笑。《庄子》有一部分谈到"天"和"人"的问题。① 天，就是指人之受之于天（自然）者，它存之于"内"；而人，则是他所加的一切东西，是天赋之外的一切外在之物（"外"）。《庄子》在这里用了著名的马和牛的比较。对于马或牛来说，它们的天的部分是都有四蹄，它们的人的部分是马勒或牛鼻环这种人加之于外的驯养它们的工具。郭象直接同庄子的思想相矛盾，他为驯养、文明、严密的组织辩护。他问道，如果人们想活下去，他们除了驯养牛和训练马以外尚有何其他办法呢？而且，马和牛拒绝戴马勒和穿牛鼻子吗？完全不。因为这是它们的分，是天命管着了它们的命运，决定它们必须如此。

因此，家畜的驯养虽然是人之所为，但驯养是有天的原则的。唯一违反天理的情况就是超过它们的分之极限而无节制地使马奔跑和使牛劳作。在描写不需要豪华马厩的野马的自由生活的一篇寓言中，马的形象被庄子再一次用过。郭象在这里译注道："马之真性，非辞鞍而恶乘，但无羡于荣华。"② 中国的农民也是这样……很清楚，郭象是完全曲解了庄子的思想，因为庄子总是反对社会的任何等级组织或

---

① 《庄子·秋水第十七》。
② 刘文典：《庄子补正》卷四下，第1叶。

劳动分工，而且他是把过去（像马克思之把未来一样）设想为"混茫而同得也则与一世而淡漠焉"的社会。[①]

郭象是一位出色的哲学家，或者至少是一位才华横溢的诡辩家。他或许比古代以后的任何人都更能进行辩论（甚至包括王弼在内）；除此之外，他也拥有第一流的文学风格。但是，作为注释《庄子》来说他就没有什么价值了。有人说，不是郭象注释了《庄子》，而是《庄子》注释了郭象。

此后不久，道家葛洪（约公元282—343年）提到了一位无政府主义的自由意志论者鲍敬言，他写的一篇短小论文是正确地理解了庄子的思想的。[②] 但是，人们对于这位作者所知甚少，而是直到佛教侵入之时中古的中国才重新发现了汉代以前这位最伟大哲学家的真正的思想。东晋的佛教大师慧远在他于公元406年写的文字中明明白白地承认了这一点。[③] 在向秀和郭象的身上找不到佛教的踪影，但是，佛教对于他们所体现的哲学复兴来说不是完全格格不入的，虽然在这些体系中佛教还没有被明白地表达出来。

后来好久以后，当西方文化在公元16和17世纪来到中国时，也出现了相近似的情况。对于佛教之如此无知甚至是更令人奇怪的，因为在《庄子》的两位注释者生活的同一时期和同一地区内，在洛阳和在长安，从大约公元266年起，同时又生活和工作着第一位翻译大乘教经文的翻译家。这就是敦煌的竺法护（Dharmarakṣa），一位月氏的通晓多种语言的和尚，他约在公元310年死于洛阳。也大约是在这个时候，中国的第一位正式受戒的和尚朱士行从洛阳前往西域求取梵文的《大波若波罗蜜多经》。对于像向秀和郭象等人在这些问题上的见解竟一无所知，这也是佛教的特点。

---

① 刘文典：《庄子补正》卷四下，第3叶。
② 见白乐日：《虚无主义的叛乱或神秘的遁世主义》，第242页以下。
③ 见下文；以及鲁滨逊：《印度和中国的中观学派》，第103、198页。

佛教和道教的诺斯（GNŌSIS）

何晏和王弼曾经用道家语言注释儒经；向秀和郭象则以儒家精神去解释《庄子》。在这种传统和思想的冲突中，佛教登上了中国的哲学舞台。佛教向有教养的社会精英阶层的渗透变成了沉浸在道家复兴精神中的知识分子的工作，他们认为，他们在大乘教义中能反照他们的问题。大乘教义实际上只是在公元 4 世纪才开始影响知识界，虽然僧徒和文人之间早在 3 世纪之末已有某些最初的接触，这时是西晋王朝（公元 265—316 年）的初年。例如，中国的僧人帛远（约公元 300 年），便是出身于崇尚"清谈"和"玄学"——即道家的诺斯——的家世的人。[①]道家的诺斯和佛教的诺斯如此相似，这不能不使他们感到惊异。

我们在前面已经看到，[②]第一次翻译《大般若波罗蜜多经》早在汉朝末年，即公元 179 年，是一个颇为简略的本子。公元 3 世纪之末，一种更详细的梵文本子（32 音节的 25000 颂）[③]有两次（公元 286 和 291 年）被译成可读性更强的中文本子。这里就谈到了"无"和"有"的问题。道家典籍中的"无"（"虚无"）被弄得近似佛教的"空"（*śūnyata*），"无为"被弄得近似于佛教的"涅槃"（*nirvāna*）。"动"与"静"的辩证关系被等同于佛教在认识论基础上所确立的"俗谛"（*saṃvṛti-satya*；"conventional truth"）和"真谛"（*paramārtha-satya*；"ultimate truth"）的关系。

道、释两家知识分子的这类接触越来越多，特别是在南方，在公元 311 年洛阳遭蛮族入侵的洗劫，晋室朝廷和贵族播迁到长江下游以后（东晋，公元 317—420 年）更是这样。在京师——即后来的南京——和在今浙江省，这种冲突有增无已；在这些地方南迁的贵族把

---

① 泽克：《佛教征服中国史》，第 8、76—77 页。
② 见本书《洛阳佛教的开始》小节。
③ 《二万五千颂般若波罗蜜多经》*Pañcaviṃśati-sāhasrika-prajñāpāramitā-sutra*。

正在开垦的富饶土地都占为己有。南来的文人们因政府已支离破碎而变得懒散起来，同时永无休止地怀着收复北方国土的幻想，所以他们纵情于"玄谈"之中，那些精通中国文化而本人是南来移民的佛教僧人也参加了进来。

这个时期涌现出了几个杰出的人物。支愍度①是在公元4世纪上半叶南渡的，他以他的语言学著作著名，但更以他的"心无"理论著名。他把来自《般若经》的一种译文的这个字眼可能是故意地误加解释，即解释为不是外在的，而是内在化了的和精神化了的"无"。他说，"无心于万物，万物未尝无"。② 他并不否认外界世界的存在，这完全合乎印度关于空的教义；但重要的是要保持开阔的胸怀，因而要在无所谓的态度中看待客观事物，即要以"无心"的态度对待它们。相对和绝对之间并不互相对立，而只有像印度的中观学派（*Mādhyamika*）所教导的那种反思；在这一点上，道家哲学和印度的大乘教有相通之处，因而中国人很快地注意到了这一点，并且从中得到了益处。

"心无"说只是这个时期所提到的诸学说之一。主张这学说的有"六家七宗"，但人们对它们知之甚少；③ 他们围绕着"无"和"有"的老问题兜圈子，根据他们一知半解的佛教思想翻来覆去地想这个问题。其中有一种理论被支遁④用佛教的语言提了出来；它企图把"色"（*rūpa*）和"空"（*śūnya*）合而为一。他主张，如果物质（相对的世界）被否定，那么，空就会变成与之相对对立的抽象的绝对；没有对立物的绝对不是真正的绝对。任何二重性都应该避免。物质本身里面没有存在，在这个意义上它与空是同一的。

---

① 见陈寅恪：《支愍度学说考》，载他的《陈寅恪先生论集》（台北，1971），第426—443页。

② 见戴密微：《佛教对中国哲学传统的渗透》，载《世界史书》（纳沙泰尔，1956），第25页注1。

③ 关于"六家七宗"，见冯友兰：《中国哲学史》（英文版）第2卷，第243—257页。

④ 又名支道林（公元314—366年）；见泽克：《佛教征服中国史》，第116—130页；戴密微：《佛教对中国传统哲学的渗透》，第26—28页。

支遁也是北方人，出生于今河南省一个皈依了佛教的书香之家；但他的生涯却在南方，他在这里同"清谈"文人们搞在一起。他专门研究了《般若经》，他认为他在其中找到了"至无"，使"有"和"无"的对立得以解决。他把"至无"比作佛教的被提高到形而上学实体的般若（gnōsis；*prajñā*），但是，他也把它比作中国古老的思想"理"。① 他把"理"说成是"神理"——即超自然的和超验的东西，而在佛教传入以前的中国，它总是被从自然的和宇宙的意义上来加以考虑。

这里我们发现了印度式的形而上学。支遁的有名主要在于他解释了讲"逍遥"的《庄子》第一篇。他坚决反对向秀和郭象的注疏，认为它用儒家观点玷污了《庄子》，使自由变成了"自愿的服役"，如我们在上面已经讲过的那样。他呼喊道："不然！"

> 夫桀跖以残害为性。若适性为得者，彼亦逍遥矣。夫逍遥者，明至人之心也。庄生建言大道，而寄指鹏鷃。鹏以营生之路旷，故失色于体外。鷃以任近而笑远，有矜伐于心内。至人乘天正而高兴，游无穷于放浪，物物而不物于物，则遥然不我得。玄感不为，不疾而速，则逍然靡不适，此所以为逍遥也。若夫有欲，当其所足，足于所足，快然有似天真，犹饥者一饱，渴者一盈，岂忘蒸尝于糗粮，绝觞爵于醪醴哉！苟非至足，岂所以逍遥乎？②

这样的解释当然比向秀或郭象的蒙骗人的说法更合乎庄子的思想。因此，需要有一位佛教僧人来把古代伟大的道家传统的线索重新连结起来。释、道两家彼此渗透：佛教因道家而变得清楚了，但是道家也借助于佛教而变得显豁了。可以和如下的情况作一个强烈的对比：这个

---

① 关于"理"（或 *nomos*），见戴密微：《关于中国哲学词汇形成的研究》和《佛教对中国哲学传统的渗透》，第28—34页。
② 见泽克：《佛教征服中国史》，第129页、第363页注248。

时候在地中海世界，特别是在小亚细亚，也在进行着宗教信仰的综合——垂死的异教徒信仰（诺斯替教、俄耳甫斯教、孟他努斯主义等等）同希腊化世界的基督教之间也进行着信仰的综合。支遁的注释在文人圈子中引起了共鸣，自然，他不可能不引起那些自以为是的学者们的许多抗议，像王坦之（公元 330—375 年）就以《非庄论》做出了迅速的回击。

支遁的几位世俗朋友以写了关于儒、释、道三教关系的论文而出了名。在《喻道论》小册子中，孙绰（大约死于公元 370 年）把佛祖以及老子都比做了孔子。[①] 另一位作者殷浩（死于公元 356 年）则更喜欢《维摩经》（《维摩诘所说经》；*Vimalakīrti-nirdeśa*），这是印度的著名作品，它的中心人物是一位俗人、一位商人，后来变成了圣人。[②] 这样一个人物能够深深打动这个时期一直在动的生活和静的退隐之间受折磨着的中国文人的心；他们认为在这篇著作中找到了解决他们的动与静这个永远的两难题目的办法。支遁就是依据这篇经里的一段话来确认了色和空的。[③]

除了支遁之外，此时最伟大的佛教人物，和他一样也是僧徒中的成员。这首先是指道安和慧远。道安（公元 314—385 年）和支遁一样，也是出生于北方的书香人家。[④] 他很有学问，是一位语言学家、目录学家和优秀的作家。他通过从中亚来的一位名佛图澄的僧人的介绍而加入了佛教；后者曾在建都于邺（在今河北和河南两

---

① 卫德明：《论孙绰及其〈喻道论〉》，载《中国-印度学研究：利本塔尔纪念文集》5，3—4（1957），第 261—271 页；又见林克和蒂姆·李：《孙绰的〈喻道论〉》，载《华裔学志》，25（1966），第 169—196 页。

② 泽克：《佛教征服中国史》，第 103—153 页。

③ 关于译文，见艾蒂安·拉莫特译：《龙树的〈大般若波罗蜜多经〉》ch. i—iii（卢万，1944—1980）第 2 卷，第 308—309 页，以及附录，第 441 页。

④ 关于道安，见泽克：《佛教征服中国史》，第 184—204 页；陈观胜：《中国佛教的历史考察》（普林斯顿，新泽西，1964），第 94—103 页；林克：《释道安关于僧伽罗刹的瑜伽师地论之序和早期中国佛教中释—道名词术语方面的问题》，载《美国东方学会会刊》，77：1（1957），第 1—14 页；《道安般若本体论的道家前例》，载《宗教史》，9：2（1969—1970），第 181—215 页；以及《释道安传》，载《通报》，59（1973），第 1—48 页。

省交界处）的一个外族朝廷里供职。① 政治动荡把道安赶到了南方。最初，他定居在襄阳（湖北），从公元 365 年到 379 年达 14 年之久，在那里建立了一个兴旺的佛教社团。公元 379 年，襄阳被另一外族——藏族近支的苻氏——所占据，苻氏在中国的西北建立了一个强大的前秦国（公元 351—394 年）。苻氏把道安带到了他们的京师长安。他在那里为伟大的库车翻译家鸠摩罗什铺平了道路：从公元 402 年起，鸠摩罗什向中国人提供了前所未见的最好的梵文版本。②

　　道安在长安发现了一个很大的僧徒社团，他们同西域、印度，特别是同克什米尔有密切的联系，因为前秦帝国已把版图扩展到了中亚。他接管了指导他们翻译的工作，注意到他们有很好的原本经文，而且他们的翻译也是准确的。由于他是优秀的语言学家，他反对第一代翻译家用的"格义"的方法，这种翻译方法是在翻译梵文专门用语时使用相对应的中文词语，主要是借用道家的哲学语言。③ 因当时佛教的烦琐哲学（阿毗达摩，*Abhidharma*）在中国出现，它的高度系统化的分析方式给中国人显示了一种全新的思想和文学方式。这里所说的烦琐哲学就是一切有部（Sarvāstivādin：这种人主张"一切事物都存在"，无论过去和将来都同现在一样）的阿毗达摩，这是集中在印度西北部和克什米尔的小乘教。

　　也是在公元 4 世纪的末年，四阿含（*Āgama*，"四传统"）的全文开始译成了中文。这是梵文经典的主要文献，它相当于巴利文经典的总集（*Nikāya*），其中含有释迦佛祖的讲经说法和他与其学生的谈话，有些像基督教的福音书。中国人只是到现在才第一次能够接触到佛教传统的这些主要材料，因为虽然《阿含部》（*Āgama Nikāya*）被所有印度学派都视为主要经典，但它们从未引起中国人的注意。中

---

① 见本章《南北朝时期的佛教》。

② 见本章《南北朝时期的佛教》。

③ 例如，以"无为"译"涅槃"。这种方法自然只能导致误解。关于"格义"，见泽克《佛教征服中国史》，第 194—197 页；林克：《释道安传》，第 43—45 页；以及陈寅恪：《支愍度学说考》。

国只是吸取了佛教哲学中与道家思想接近的东西，例如，大乘教的"诺斯"跟道家的"诺斯"接近，同时更加实际的是吸取了"禅"（dhyāna）的神秘方法，因为它与道家的方术相似。道安把中国的佛教扭向了印度化的方向，这个潮流一直向前发展到唐代。道安使得我们有了关于自汉代以来翻译成中文的佛经或用中文写的佛经的大部头批判性书目。他从事这项工作是因为他相信，对过去的工作做出总结会有助于前进。他的部分目录提要至今仍然存在。①

他的弟子慧远（公元 334—416/417 年）也是来自北方，但是他在南方佛教中有一种开山祖师的作用。② 他曾按常规走受教育者皈依佛法的知识分子所走过的道路，但他的进步使我们想起圣奥古斯丁的足迹。他最初读儒书，然后读《道德经》和《庄子》，再后就跟道安学《般若蜜多经》。他追随道安到襄阳过流放生活，后来更南下到达长江。公元 380 年他卜居长江右岸的庐山（在江西北部），栖息此处直至老死；尽管朝廷一再征召和京师（后来的南京）附近的显贵们一再邀请，他都拒不出山。相反的，人们上山来拜访他，在他的周围形成了一个崇拜阿弥陀无量寿佛③的社团，他们发誓要往生到无量寿佛的极乐净土里去；为了这个目的，他们还实行念佛（bunddhānusmrti），其中包括以想象佛陀的形象来把思念凝聚在佛的身上。

对于世俗人们来说，这种忠诚的祈祷方式要比和尚们的坐禅容易一些，因为坐禅之功得屏除杂念和控制呼吸。但是，慧远也对坐禅感兴趣，他派了几个弟子去克什米尔寻访禅功的操作方法。其中有一个人从克什米尔回来，并带回了一名印度专家叫佛陀跋陀罗（Buddhabhadra）的人；此人于公元 418 年到达庐山，并译出了《瑜伽师地论》（Yogācārabhūmi）这篇关于

---

① 《综理众经目录》，公元 374 年。

② 关于慧远，见泽克：《佛教征服中国史》，第 204—253 页；陈观胜：《中国佛教的历史考察》，第 103—112 页；沃尔特·利本塔尔：《释慧远的佛教》，载《美国东方学会会刊》，70（1950），第 243—259 页；以及鲁滨逊：《印度和中国的早期中观学派》，第 96—114 页。

③ 此即"无限长寿"之意（Amitāyus）；或"无量光佛"（Amitābha）。

禅功问题的大文章。此论以小乘为基础，而在篇末加了一段和大乘教设想一样的关于净土的话。①

因此，慧远倡导了主要的佛教思潮，使之经历了禅宗和净土宗这些中国佛教派别的兴衰而与世常新。但是，他的关于诺斯（gnōsis; prajñā）的著作，即慧远倡导的第三种思潮，却不那么走运，因为他过于沉浸在中国的文化——例如"格义"——之中，而不愿吸收印度的烦琐哲学，正像我们从他写给鸠摩罗什论"佛的身体"和大小乘的信中所看到的那样，也正像我们从他论灵魂不灭的作品中所看到的那样，这些作品表明他对印度关于"业"（karman）和"我"（ātman）的教义是所知不多的。② 原则上，佛教否认任何灵魂的存在或者可能从一个存在经过轮回转到另一个存在；但每个人却又随身伴带着他的行为所产生的责任（此即"业"或"业报"）而转到他的来世。这是佛教教义中最难捉摸的矛盾之一，也是有学问的印度人无休止地讨论的问题之一，因此中国人感到迷惑不解是不足为奇的，特别是因为他们如此地迷恋着道家关于长生的思想就更是如此。这个问题在公元 6 世纪还在讨论之中，由儒家范缜所著的《神灭论》可知；他的理论引起了轩然大波。③

尽管事实上慧远身居山林，但在发展佛教教会制度上和在使佛教一贯同儒教国家形成紧张的关系方面，他都起了一定的作用。人

---

① 见戴密微：《僧护瑜伽师地论》，载《法国远东学院通报》，44：2（1954），第339—436 页。

② 关于《神不灭》一文的翻译和注释，见沃尔特·利本塔尔：《中国人关于灵魂永生的思想》，载《日本学志》，8（1952），第 327—397 页；《公元 4 世纪和 5 世纪的中国佛教》，载《日本学志》，11：1（1955），第 44—83 页；赫尔维茨：《中国早期佛教中的恺撒译文》，载《中国—印度学研究》，5（1957），第 80—144 页；以及鲁滨逊：《印度和中国早期的中观学派》，第 102—104、196—199 页。关于和鸠摩罗什的通信，见瓦格纳：《中世纪中国的生活作风和药物》。

③ 关于《神灭论》的翻译，见冯友兰：《中国哲学史》（英文版）第 2 卷，第 289—292 页；以及斯特凡·巴拉兹：《范缜的哲学和他关于佛教的论文》，载《汉学》，7（1932），第 220—234 页。

们写信来向他请教。在京师建康（南京）举行的一次王公大臣会议之后，慧远于公元 404 年写出了《沙门不敬王者论》的小册子。[1] 对这个问题的决定有利于僧徒，国家给了他们以豁免权的身份；但是后来又屡次旧事重提，和尚们的境遇时好时坏。

在我们放下直到公元 5 世纪末之前在中国南方一直进行的释、道之间的哲学争论以前，我们必须考虑那时成为南、北方联系人的一个和尚，其人即竺道生（公元 360—434 年）。[2] 他既是南方慧远的学生，也是北方鸠摩罗什的弟子。他生于河北，长于佛教的旧中心地彭城，其父在此为令，他便在此出了家。公元 397 年，他随慧远上了庐山，但是，鸠摩罗什的到达北方甚至在南方也引起了轰动，在公元 405 年把他吸引到了长安，同行者有慧远的其他几个学生。在长安，他和鸠摩罗什合作，搞了他的规模巨大的翻译工作和注释工作。三年之后他返回庐山，并带回了长安的消息和经典。后来他定居建康（后来的南京），与那些南渡的、皈依了佛法的大学者们同游共处。

大约在公元 413 年，经历了 14 年长途跋涉的著名朝圣者法显回到了建康；他的路程是从西域到印度，又通过锡兰和印度尼西亚返回中国。法显是在那个时期研究佛教世界的众多中国朝圣者中最著名的一位，也是我们拥有完备记述材料的唯一的一位。[3] 他不是一位伟大的学者，他的梵文知识也很平平；但是他的《佛国记》连同其他朝圣者的一些内容重要的残篇仍然是不朽的资料，没有这些东西，

---

[1]　关于《沙门不敬王者论》的英译文，见赫尔维茨：《中国早期佛教中的恺撒译文》；以及陈观胜：《论对北朝反佛运动应负责的几个因素》，载《哈佛亚洲研究杂志》，17（1954），第 261—273 页。

[2]　关于竺道生，见沃尔特·利本塔尔：《竺道生传》，载《日本学志》，11：3（1955），第 64—96 页；《竺道生关于世界的概念》，载《日本学志》，12：1—2（1956），第 65—103 页及《日本学志》，12：3—4（1956），第 73—100 页；冯友兰：《中国哲学史》（英文版）第 2 卷，第 270—284 页；陈观胜：《中国佛教的历史考察》，第 112—120 页；以及戴密微：《佛教对中国哲学传统的渗透》，第 32—35 页。

[3]　关于这些朝圣者，见戴密微文，载路易·勒努和让·菲利奥扎：《印度的经典：印度学研究手册》第 2 卷（巴黎，1953），第 399—404 页。

我们对于公元1世纪亚洲佛教的历史就会基本上一无所知。① 法显从华氏城带回了《大般泥洹经》，他一回到中国就马上在佛陀跋陀罗的帮助下把它译了出来。这一著作以大乘教的极端形式为基础以至于接近异端之说，例如它包括"大我"（mahātman）教义在内的这种"大我"不仅超越非佛教徒的自我，也超越小乘教的"无我"（nairātmya），以及一切众生皆生而自有佛性的教义。

此时，竺道生认为法显的译本为人们可以变成"有悟性"之佛的可能性辩护，甚至认为被命（一阐提）所咒诅的人也是如此。这差不多是在以路德派的方式下暗示，这与任何想取得佛性的努力一样，做善行也是徒劳的（"善功不必有善报"），因为佛性就存在我们身上，而我们只要实现它就是了；基督教诺斯替教派的教义也与此相似。我们再一次面对着动静之间的冲突。可是事实上这个命题认为，一阐提在法显所翻译的《大般泥洹经》中并没有许许多多文字，因此竺道生被指控为异端而被驱逐出建康佛教社团。但与此同时，这部经文的一个繁本到达了中国北方，其中关于一阐提的一节文字就是如此说的：竺道生得到了胜利。

另一与竺道生有关的教义在中国有着深远的影响。从支遁起，如果不是在支遁之前，就一直在讨论"悟"（bodhi；enlighten-ment）的问题。它是通过逐步积累善行、功德、修持和学习而渐悟的呢，抑或作为整体，超过时间和空间而立刻顿悟的（正像政治上革命的极权主义同改良相对立那样）？② 竺道生是相信顿悟的，在唐代发展起来的未来的禅宗的种子已包含在他的主张之中了。当时的诗人谢灵运（公元385—433年）是一位大贵族，曾长期在儒家的顺从和道家的意志自由论之间受尽折磨，但他的个

---

① 关于《佛国记》，有阿贝尔·雷米扎的译文（巴黎，1836）；塞缪尔·比尔：《佛教朝圣者法显等人从中国至印度的行记》（伦敦，1869）；翟理思：《法显（公元399—414年）行纪》（剑桥，1923；伦敦再版，1956）。

② 关于"渐悟"与"顿悟"，见戴密微：《中国哲学词汇形成的研究》；以及石泰安：《顿悟说。汉文与藏文关于此名词的诠释》，载《宗教史评论》，169（1971），第3—30页。

人信仰却是佛教，他和一批人通信讨论了"顿"与"渐"的问题。

谢灵运在序《辩宗论》集子时就印度人和中国人的特性问题发表了几点奇怪的议论。[1] 他告诉我们，印度相信"渐"，中国人则相信"顿"，因为像王弼所说的那样，[2] 孔子曾经"体无"，他的眼光是统一的和全面的，而佛陀劝告"积学能至"，以完成道。谢灵运还接着说，这种区别可以用地理条件和人种类型来说明，这是中国学者经常用的生态学说明方式。他说，中国人用一种直接的、综合的想象力，偏重于"理归一极"，而印度人则认为"受教"要更容易一些。

这样，就把孔子本人搞成了一个"顿"悟论的支持者！自然，中国人一定会对印度的烦琐哲学的支离破碎感到不理解，因为它的按照印欧方式的逻辑推论不向读者漏过一个环节，与中国人的思想和中国人的语言完全是格格不入的。这必然使得他们注意到他们自己文化的特点，而且这或许就是释、道两家初期这些辩论的主要成果之一。

释家和道家的诺斯之间在中世纪初期发生了深刻地互相渗透的过程，对后来的宗教史和哲学史产生了不可磨灭的影响。一个重要的后果是形成了禅（*dhyāna*；Zen）宗。它从唐代末年起以闪电般的速度推向整个远东。关于禅宗最伟大的一个人物临济（公元 866 年或 867 年死），人们可以说他的思想是用了佛教思想做调料的庄子思想，虽然很可能临济本人并不熟悉庄子，他只是通过中世纪对庄子的思想的反响才接受了庄子的影响。

南北朝时期的佛教

在三国瓦解之后，西晋（公元 265—316 年）曾经想重新统一中

---

[1] 关于《辩宗论》，见《大正新修大藏经》第 52 卷，第 2103 号（18），第 224c—228a 页。

[2] 见本章《公元 3 世纪的哲学复兴》。

国，但接着却因蛮族的入侵而又一次分裂为南北朝（公元 317—589年）。在这个时期，南方与北方的文化和宗教生活都越来越显出了重大的差异。南方的建康是六朝（公元 222—589 年）的首都，它坚持国家的正统；北方却是杂凑的许多国家，兴亡相继，大小不一，但都是异族人而又都多少有些汉化，都称为帝国，而都城各异，但主要仍是都洛阳和都长安。毫无疑问的是，从体制上来说，这种南北朝的分裂局面有利于佛教的普及。

异族人没有汉族人那种反对外国宗教的偏见；相反的，比如公元333—349 年统治过匈奴族的后赵王朝的嗜血的暴君石虎，就这样说过：为什么外族人不欢迎一个外族上帝，甚至也为了他们的汉族臣民？① 佛教最初因为它的魔力和占卜术而受到珍视，这也是它的代表们所引以为自豪的；当佛教最初介绍到日本和西藏的时候，它也在那些地方起着同样的作用。佛教僧侣变成了野蛮民族酋长们的顾问；这方面的第一个例子便是佛图澄，这位西域僧人于公元 310 年正当洛阳被洗劫而西晋政府逃亡的前夕来到了洛阳；他供职于后赵王朝，被人们全身心地尊奉为法师和神圣。② 可是，他也是道安的师傅。

后赵王朝据有中国的东北部。在公元 4 世纪的下半叶，北方的权力中心移到了长安，另一个蛮族——即原始藏人的苻族——在这里建立了中文名字的苻秦王朝。③ 这些以领土征服而与中亚相接壤的强大的波斯式统治者都皈依了佛教，因此许多外国宣传家带着大队翻译人员前来向他们宣教。翻译人员最初是在道安的指导下工作，后来从公元402 年起又在伟大的鸠摩罗什领导下工作；关于后者，我们回头再谈。

在中国南方，佛教的中国化在公元最初几个世纪仍在进行下去。

---

① 关于石虎，见《晋书》卷一○六上，第 2761 页以下；以及横超慧日：《中国佛教研究》（京都，1958），第 53 页以下。

② 见芮沃寿：《佛图澄传》，载《哈佛亚洲研究杂志》，11（1948），第 321—371 页。关于他之可能为佛教法师之说，见戴密微：《僧护瑜伽师地论》，载《法国远东学院通报》，44（1954），第 364 页注 8。

③ 此即"前秦"，公元 351—394 年；这个政权被原始藏人的姚氏家族所重建，史称"后秦"，公元 384—417 年。

官方正史不是没有恶意地渲染了南方朝廷和浙江显贵——特别是梁武帝（公元 502—549 年在位）的佞佛行为，他纵情地对僧人滥加施舍，因而引起了儒术官吏们的一片抗议声。他的朝臣们在向僧徒、佛教社团组织及其庙宇布施时，夸耀豪富，争相以压倒对方为能事。梁武帝是第一个开办"四部无遮大会"的人，这有些类似印度僧伽每五年一度的大法会，因而所费不赀。无遮大会在公元 529 年举行时，据说参加者逾五万僧尼和善男信女。皇帝穿长袍祈祷，他的众臣下以 10 亿钱赎金从僧伽把他赎回。当 533 年无遮大会举行时，据说有 30 万人参加，均得"法定布施"的丰厚财物和饮食；会上还有娱乐奇观，展示了驯象等等。有几种材料还说到佞佛的贵族们所乐此不疲的做法，即舍身给寺院，再用现金付给僧伽来赎身。①

这种自己献身的办法走得甚至比印度的做法还远。有些狂热分子断残肢体，甚至把自己的整个躯体都作为祭祀的奉献，因此被儒家人士视为亵渎神明；还有些人则舍身自焚。② 在印度，大乘教英雄们的赎罪的自我牺牲多半是神话式的，但是，现实主义的中国人却把这些传奇当做真人真事，他们总是渴望要做到言行一致。关于这种拘泥字句的例子还可以举出许多，它具体表现于儒家的古老品德"诚"字之中（在语源学上，这个字的写法意味着"已诺必诚"）。

就教义方面来说，印度一位大师于公元 546 年来到广州，于是南方经义出现了一大转折点。此人即是真谛，一位原是有极高教养的婆罗门教徒，后来皈依了佛门。③ 他通过扶南（Bnam，下柬埔寨）而

---

① 雅克·热尔纳：《5—10 世纪中国社会中佛教的经济情况》（西贡，1956），第 235—236 页；陈观胜：《中国佛教的历史考察》，第 125 页。
② 热尔纳：《5—10 世纪中国社会中佛教的经济情况》，第 234—237 页；《5—10 世纪中国佛教徒的自杀》，载《高等实验学校论文集》，2（1960），第 527—558 页；冉云华：《中世纪中国佛教徒的自我献祭》，载《宗教史》4：2（1965），第 243—268 页；泽克：《佛教征服中国史》，第 281—282 页。关于中国佛教徒从心理的实际变化所产生的拘泥字义的倾向，可见热尔纳：《5—10 世纪中国社会中佛教的经济情况》，第 209—218 页。
③ 关于真谛（公元 500—569 年），见戴密微：《佛教研究选集（1929—1970 年）》（莱顿，1973），第 1 页以下。

来，随身携带 240 捆梵文贝叶经。在使南中华不得安宁的政治动荡中，他借助于口译者和有学问的高僧以其余年翻译和解释了这些经文；后者对他的译文写下了注疏，也摘取了这位大师的教导作为评注夹杂在译文之内。它的大部分经文属唯识宗（vijñāna-vāda），也称为瑜伽行派（yogācāra）。在中文里它被特称为法相宗（dharma-lakṣaṇa），因为它着重分析认识的材料，而不太着重设想无分化的绝对——万物的本质（法相，dharmatā）——的综合方面。

这种分析式的认识论，对中国人来说是个崭新的东西。它最初是在 6 世纪之初通过北方的印度大师们所作的翻译介绍进中国来的；它在北方曾引起很活跃的辩论。它特别讨论的是所谓的基本知识（阿赖耶识，ālaya-vijñāna），这个学派对基本知识的论证比对产生于感觉的经验主义知识的论证要更深一些（或者更高一些）。这种精妙的心灵本质论，即"贮藏"事物的"种子"（它们使因果报应得以连续下去）的下意识行为只有使中国人手足无措。它是好是坏？是真是假？是纯洁的还是不纯洁的？这个问题当时正在中国北方进行讨论，正巧传来了真谛的新译文和他的教导，因而更加促进了辩论的复杂化和尖锐化；因为真谛还在他的学说体系中加入了一个更升华了的认识论范畴——即纯洁无瑕的知识（无垢识；阿末罗识，ama-la-vijñāna）。不管中国在政治上的分裂，北方与南方佛教徒之间就用这种方式继续进行交流，从而在宗教方面为隋、唐的政治统一准备着道路。

真谛据认为也"翻译"了出色的哲学论文《大乘起信论》。批评家们马上说它是中国的伪经，但它却表明了中国人在 6 世纪中叶的时候是怎样融会贯通印度的思想的，不但在它的最深奥的思维方式上如此，甚至在它的表达方法上也是如此。[①] 伪经经文在中国佛教史上起

---

① 《大乘起信论》之梵文为 Mahāyāna-śraddhotpāda-śāstra。有一种译文，见峡田吉人：《信仰的觉醒：据认为是马鸣之作》（纽约和伦敦，1967）；又见戴密微：《佛教研究选篇》，第 1 页以下；以及沃尔特·利本塔尔：《关于〈大乘起信论〉的新看法》，载《通报》，46（1958），第 155—216 页。其中讨论的主题反映了当时中国各宗派所讨论的诸问题。

过重要的作用。① 它们形成了一个真正的体系（的确像在道教中，甚至在儒家中那样），并且在六朝时期更加丰富起来。"伪经"一词特别表明这种经文意在冒充佛陀的教言，而以印度的原著为基础或者用印度语言写成，但它们事实上却是中国人的伪作或代用品。

有的时候伪造者相信，他们的灵感得之于上天，因此能滔滔不绝地写出伪经来，正像道教的经文是由神灵传授给中介人一样。例如，有一个名僧法的尼姑死于16岁；她是在阴魂附身时，口诵一系列偈语而被周围的人们虔敬地记录下来以后死去的。② 在那时的佛教伪经中有形形色色的内容，包括许多特别是论述长生术的道教的成分；这部分地说明了中国人普遍信仰弥勒佛或阿弥陀佛的极乐世界的原因。但是，其中也有儒家的因素，例如有赞扬孝道、敬拜祖先和殡葬礼节等这些在印度不时行的东西。佛教书籍中充满了敬神术、占星术、占卜术以及各种各样中国人特有的迷信，这就从中世纪早期起预示了"三教"合一的发展，后来便以此形式侵入了民间宗教之中。

但是，在文人学士之中，正是像《大乘起信论》这类伪作取得了，而且继续取得例外的成功。他们在这部经中找到了经过过滤后能为自己所用的一种佛教的形式。在12世纪，甚至大哲学家朱熹（公元1130—1200年）在批评佛教的时候，也几乎只提到它的伪经；印度经院哲学中那些伟大的论文已经从梵文翻译出来，但他实际上并不知道。③ 毫不奇怪，佛教书籍对他来说不过是一堆剽窃物而已。

在真谛在南方展开工作的50年以前，鸠摩罗什已经在北方介绍了另一种形式的印度佛教哲学。鸠摩罗什④原为一个印度婆罗门教徒之子，后来皈依了佛教，曾卜居西域诸王国之一的库车，这里无疑既使用梵文，又使用中文。他在这里娶了当地一位已经削发为尼（就像

---

① 见戴密微：《中国哲学词汇形成的研究》；以及《中国学研究选篇（1921—1970年）》（莱顿，1973），第148页以下、153页以下。
② 马伯乐：《道家和中国的宗教》，第49—50页。
③ 见 G. E. 萨金特：《朱熹与佛教》（巴黎，1955）。
④ 鸠摩罗什，或简称罗什，约公元350—409年。关于他的传记，见拉莫特译：《龙树的〈大智度论〉》第2卷，第54页注2。

其夫已为僧那样）的公主；当时在西域并不严格奉行僧侣的独身生活，因此鸠摩罗什也生了孩子。当他很年轻的时候就被他的母亲带到克什米尔作见习僧，同时在那里研习小乘教经典。在他返回库车的路上，他在喀什噶尔停留了下来并开始研究大乘教，特别是其中由龙树（Nāgārjuna）及其继承人所建立的中观学派（Mādhyamika）的学说；他是一位很出名的教主，但在历史上又很模糊不清。

这个学派曾就《大般若波罗蜜多经》（Prajñāpāramitā-sūtra）中的教义做了极精详的系统化工作；它宣扬在相对和绝对之间的中道（madhymā pratipad）；它的出发点是对两“边”（anta）和任何二元性实行归谬法的辩证法；它依靠悖论来否定被排除的第三者。绝对和相对之间的对立、常（śāśvata）与断（uccheda）之间的对立、菩提（bodhi）与烦恼（kleśa）之间的对立、死（nirvāṇa）与生（saṃsāra）之间的对立，都可归结为空（śūnyatā）。①

公元384年，库车被前秦的一位将军所攻克，鸠摩罗什也被俘获；这位宗教大师是他们急需的人才。这位将军回到中国的时候建立了一个小小的自治国家——后梁（公元386—403年），其地在梁州的姑臧（今甘肃的武威）。鸠摩罗什在那里呆了约20年，他在这期间多半完善了他的中文知识，因为如若不然，就很难说明他会翻译得那么优秀了。后来他再次被后秦的姚兴（后秦的高祖，公元394—406年在位）所组织的一支军事远征队所俘获。姚兴是一位狂热的佛教徒，他在他的京城长安给鸠摩罗什加了许许多多荣衔；罗什于公元402年被带到长安，并被委托带领一支已由道安训练出来的第一流的翻译队伍。这支翻译队伍不仅在规模上引人注目（他们有三千人），而且其成员的素质很高，它不仅包括深晓经文“意义”的一些和尚，②而且也包括当地最有学识的一些世俗人士。

鸠摩罗什的译文经过他的合作者的一再修饰和润色，中文的行文非常优美流畅，它们超出了前辈（因为鸠摩罗什的许多译文

---

① śūnya，在数学上就是零。

② 此即义学僧，这些人专攻教义，而不以主修寺院课程、默省和其他课业见长。

在他以前已有别人译过），也使后来的译文为之逊色。它们终于
变成了中国文学遗产的一部分——例如，他所译的《妙法莲华经》
（*Saddharmapuṇḍarīka*）、《维摩诘所说经》（*Vimalakīrti-nirdeśa*）、
《净土经》（*Sukhāvatī-vyūha*）即是如此。但是，他译的中观学派
的论文才使得中国产生了一种新的哲学思维的运动。这里主要有
"三论"。① 除此之外，恐怕应该加上《大般若波罗蜜多经》的注
释（计 25000 偈），② 它据说为龙树所著，但恐怕是 4 世纪初在印
度西北部写成的。这样就构成了大乘教哲学的一部真正的百科全
书，可视为小乘教《阿毗达磨》的一种补充，这在《十诵律》的
经文中体现了出来。③

鸠摩罗什对大、小乘教都很精深；这两种教义在他那个时代已开
始在他的本土西域彼此竞争。这种巨帙注释本技术性很强，又不少于
百万汉字，在不到两年的时间内（公元 404—406 年）译成，在当时
确实是创世界纪录的译作；只有玄奘在公元 7 世纪的翻译工作做得比
这更好一些。让我们想象一下，在这个大都市郊区渭水岸上的皇家庭
园中的阁子里有一位库车大师，环绕着数以百计的汉族合作者——由
这位异域主持者亲自指挥的长安的文化精英人物；让我们判断一下，
中国人当认为自己需要向外邦人学点什么东西而又不知道该怎么办的
时候，是不是一个中华中心论的民族——那是多么有意思啊！

鸠摩罗什在他的合作者中有几位著名的中国弟子，例如竺道生，④
特别是僧肇（公元 374—414 年），他在中国哲学史上的作用可以比之
于王弼（他有时被人称为"王弼第二"）。僧肇出身于长安的寒素之家，
幼年被迫给人做抄写工作维生。这使得他有机会读到中国的经籍和史

---

① "三论"包括如下经典：《中论》，是对据说为龙树所著的《中观论》的注疏；《十
二部论》（*Dvādaśa-nikāya-śāstra*），据说也为龙树所著；《百论》（*Śataka-śāstra*），
据说为提婆（*Āryadeva*）所著。
② 即《大智度论》（*Mahāprajñāpārāmita-upadeśa*）；关于它的译文，见拉莫特译：
《龙树的〈大智度论〉》。
③ 见前文。
④ 见前文。

书，然后读《道德经》和《庄子》，最后才皈依佛门。这是符合通常的学习进程的，但是他没有像道安和慧远那样成为中国文化的饱学之士。大约在公元398年，他前往姑臧进入了当时在长安有口皆碑的鸠摩罗什的学校；四年以后，鸠摩罗什和他一起返回了学校。

僧肇给我们留下了一系列有创见的论著，[①] 它们是用强烈的道家精神和语气来阐发中观学派的伟大论旨，可是显示出他比南方的任何"玄学"门人或庐山慧远派的门人弟子们更熟谙印度的哲学。我们在上面已经说到，竺道生曾把僧肇的一篇文章给慧远看过。[②] 僧肇在他的文章中又讨论了王弼和郭象所曾经讨论过的主要问题，如"体"与"用"等。僧肇把这和佛教中诸如"慧"（prajñā）与"方便"（upāya），或"真谛"与"俗谛"之间的对立联系起来。[③] 在他的著作中，新的"理"还带有大大不同于印度哲学的宇宙秩序的意味，因此有时使人怀疑他究竟是一位佛教徒还是一位道教徒。他似乎没有学过梵文，但他吸收了中观学派的分别推求法，这是向逻辑学的挑战，同时利用了印度形式的三段论，即"四难推理"：有；无；有和无；非有非无。他的著作确实是中国人在理解印度思想方面一个显著的进步，给中国佛教留下了持久的痕迹。甚至迟至唐代，禅宗还从僧肇吸取灵感。

公元417年，长安一度被南方的武人刘裕所占领；他不久又返回浙江，利用他的军事优势建立了南朝时代的宋王朝（公元420—479年）。后秦王朝灭亡了；长安又被一个匈奴领袖所重新占据，鸠摩罗什的社团不得不向南或向东北流落到北魏地区（公元386—534年）。[④] 北魏王朝建立了一个强大的帝国，在公元5世纪中叶统治并统一了整个中国北方。它的第一个首都是在山西（平城，今大同附近），但在公元495年迁到了旧都洛阳，此地现在已变成了北方的佛

---

① 塚本善隆译注的《肇论研究》（京都，1955）；以及沃尔特·利本塔尔译：《肇论：僧肇的论文》（香港，1968）；又见鲁滨逊：《印度和中国的早期的中观学派》，第123—155、210—232页。

② 见前文。

③ 见前文。

④ 可能是源出突厥—蒙古族的一个集团所建，为拓跋氏（To-pa，或 Tahgach）。

教中心。北魏王朝从一开始就左袒佛教，但对它的实际活动则控制得更严厉。它采用了汉人的制度，这时面临着南方早已爆发的国家和佛教教会之间的冲突。我们在上面已经看到，[①] 在东晋王朝，慧远如何为僧徒赢得了"不敬王者"的特权。

这种政教冲突总是削弱中国佛教的力量，并且将最后使它濒于毁灭。[②] 印度没有发生过这种问题，因为印度的国家不像中国的那样是皇权的和视国家为神圣的；在那里，国王们很自然地向宗教领袖致敬。但在中国，反对佛教徒的主要之点是因为他们信奉外国的宗教，它不服从皇帝和他的政府；在私生活方面，它反对作为公民社会基本单元的家庭，并且反对祖先崇拜。它的反对者最不满的是佛教僧侣的寄生性质，因为他们可以不纳税，或者不服国家的任何徭役，特别是不服其中最重要的兵役。所有这一切，再加上世俗富豪给寺庙的极大量捐赠，使得国家的经济和国防处于危殆之中。所有这些不满大部分都是一篇小小的辩白文章——即《牟子理惑论》——中提出的，它据推测写于汉末，出自远在南方的一位皈依了佛教的学者之手；从它的现存形式看似不早于六朝时代。[③]

北魏王朝所最关心的是帝国的和平与安定不受干扰。为了终止政教之间的这种斗争，政府企图设立一种国教，把僧侣置于一个民政部门的管理之下。它的负责人是一名僧侣，同时又是一名政府官吏，另外州府也有其下属来负责管理地方佛教团体。除了或许在阿育王时代以外，印度从来没有这种设置，而即使在那时，公元前 3 世纪的这位

① 见本章《佛教和道教的诺斯》。
② 关于这种冲突，见塚本善隆等人：《中国佛教史概说·中国篇》（京都，1960），第 69 页以下；热尔纳：《5—10 世纪中国社会中佛教的经济情况》；赫尔维茨：《中国早期佛教中的恺撒译文》；陈观胜：《中国佛教的历史研究》，第 74 页以下；以及戴密微：《佛教研究选篇》，第 261 页以下。
③ 关于它的译文，见伯希和译：《牟子理惑论》，载《通报》，19（1920），第 255—433 页。关于北魏时代的佛教，见塚本善隆：《中国佛教史研究：北魏篇》（京都，1942）；《魏书释老志研究》（京都，1961）；以及《魏收的释老志》，赫尔维茨译，载《公元 5 世纪北中国的云冈石窟》，水野清一与长广敏雄编（京都，1956），第 16 卷（增刊），第 23—103 页。

佛教徒大君主所采用的监督权也不像北魏王朝管理僧众的人具有的职责那样的广泛和重要。[①]

这样把佛教教会置于国家之下的办法马上给佛教徒带来了麻烦。公元 5 世纪中叶，两种敌对的宗教掀起了反佛教运动：一为儒教，其目的是想接收北魏的政府机器，使之不利于外夷人；一为道教，因为它嫉妒佛教的大受群众欢迎。太武帝（公元 424—452 年在位）之排抑佛教是受了他的谋臣崔浩（公元 381—450 年）的影响；后者被教养成一名道士，但他的目的是想汉化这种外夷制度，并且直接以儒教原则为法式在北魏帝国建立它的行政制度。他赢得了道教天师寇谦之[②]对他的事业的支持。

公元 455 年当皇帝扑灭了长安的一起叛乱的时候，他发现了一座佛教寺庙里藏有武器。在那个时候，许多叛乱都是佛教徒煽动起来的。皇帝下令将长安的所有和尚一律处死，以后又下令杀尽全帝国的和尚，并且尽毁一切佛教寺院、佛像和佛典。[③] 这道命令看来似未严格执行；可是，它是被中国佛教史学家称为第一次"法难"。几年以后这道命令被取消了，佛教随着和尚昙曜（可能是汉人）在公元 460 年当上了沙门统而重新得宠。[④] 正是此人开始了云冈石窟的开凿；此地距北魏在山西的都城不远。这些佛窟的装饰受到印度、西域风格的影响，甚至也受到希腊化时期风格的影响。里面的佛像都再现了魏王朝诸帝的形象，[⑤] 因为他们已被神化为佛祖了（这就在神权政治上解决了和尚该不该敬奉世俗君主的问题）。

到了公元 4 世纪之末，北魏的第一任道人统法果（约在公元 348—420 年）就已经把皇帝和佛祖合二而一了。据说：

---

① 朱尔·布洛克：《阿育王的铭文》（巴黎，1950），第 33 页以下。

② 见下文。

③ 关于崔浩，见《魏书》卷三五，第 807 页以下。关于北魏斥佛，见塚本善隆：《中国佛教史研究·北魏篇》，第 241 页以下；以及陈观胜：《论对北朝斥佛运动负责的几个因素》。

④ 塚本善隆：《魏收的释老志》，第 69 页以下。

⑤ 戴密微：《中国考古学札记》，载《法国远东学院通报》，25（1926），第 452 页，注 6。

> 法果每言太祖明叡好道，即是当今如来，沙门宜应尽礼，遂常致拜。谓人曰："能鸿道者，人主也。我非拜天子，乃是礼佛耳。"

半个世纪以后，昙曜也精明地在教会和国家之间的碰撞处加上了安全垫。为了表示佛教徒不是寄生虫，他也建议让他们做工作。大约在公元 469 年，建立了"僧祇户"制度。[①] 这种户包括应向教会当局交纳"僧祇粟"的世俗佛教徒。这种交纳是储积之物，以备在荒歉之年用来分给人民和寺院。

昙曜还建立"浮屠户"，招募刑徒和官奴来寺院服役，使之垦田、开荒和运输粮谷。[②] 这意味着佛教教会必须在公共福利上做些事情。那些生产僧祇粟的田免除其他一切杂赋，僧祇户则免除了兵役，这就引起了地方官员很大的嫉妒，又使得大批为非作歹的人和无所事事的人涌入僧祇户，甚至也涌入了正式的僧侣队伍。据公元 477 年的人口统计，北魏帝国估计有 6478 座寺院，僧尼共 67258 人。公元 512—515 年之间，寺院又增长一倍多，到了北魏王朝的末年寺院达 30000 座之多，僧侣总数 200 万人，南朝在此时期的统计数字则要少得多；寺院的数字约在 1768 到 2846 座之间，僧尼数目约在 24000 至 82700 人之间。

在北方，僧侣数目的大量增长引起了越来越严重的腐化现象。和尚们中间兴起了经商热和高利贷行为；企图逃避赋税和兵役的伪滥僧越来越多。拉帮结伙的佛教伪滥僧是北魏末年的一大灾祸。据记载，公元 402—517 年之间至少有九起被佛教徒引发的农民叛乱。[③] 这种叛乱可能是由一些目不识丁的和尚发动的，他们把自己视为弥勒佛转世，或弥勒佛的先驱，或者是想要创建太平盛世的一个新王朝的开国

---

① "僧祇户"中之"户"，是国库的财政单位。
② 关于僧祇户和浮屠户，见热尔纳：《5—10 世纪中国社会中佛教的经济情况》，第 95—101 页。
③ 塚本善隆：《中国佛教史研究·北魏篇》，第 247—285 页；戴密微：《佛教研究选集》，第 271—273 页。

之君，像汉末的道教叛乱者那样。和黄巾军一样，这些佛教徒帮伙是军事和宗教组织，按杀敌——即魔鬼（Māra）——的多寡而给予武士以佛教等级中的相应名号。

叛乱者不仅反对政府，也反对依附政府的教会。寺院被劫掠，僧官被困扰。毫无疑问，叛乱者的被激怒是因为甚至这个非汉人政府也在搞苛捐杂税，这些外夷贵族也在搞豪华建筑作为敬神的表示，而这就意味着人民的赋税和徭役的增加。洛阳的寺院充塞着财富，[①] 公元 6 世纪初年在洛阳附近建造的龙门佛窟是为新的首都服务的，正像云冈佛窟是为山西的旧首都服务一样；这些佛窟中的雕刻显示了多么挥霍无度的气概。据说，在公元 518 年，洛阳超过三分之一的地面上布满了佛教建筑物。16 年以后，北魏王朝便覆灭了。

几经变化之后，中国北部分成了两个新的外夷王朝：东为北齐（公元 550—577 年），西为北周（公元 557—580 年）。北周都长安，因迫害佛教而知名，这被称为第二次"法难"（公元 574—576 年）。北周的武帝（公元 561—578 年在位）希望自己比汉人更加汉人，他想给儒、释、道三教排个队，并组织了一次关于这个问题的各教共同参加的会议，它的记录已留传至今。佛教的主要反对者有已被开除僧职的卫元嵩，他想借拥护儒教来达到自己升迁的目的；还有一个反对者为道士张宾。这种情况很像北魏王朝时代的公元 446 年，那时反对佛教的汉人联合起来博取一位外夷君主的欢心；后来在公元 13 世纪蒙古人的统治时代也有类似的情况。

公元 573 年，皇帝宣布支持儒教。佛教徒被贬到第三位，他们提出了抗议。第二年他们又被禁止进行活动。僧尼必须还俗；他们的建筑物、圣像和经籍被销毁；他们的货物被没收。甚至道教也未能幸免

---

① 关于北魏时期洛阳的佛教，见陈观胜：《中国佛教的历史考察》，第 158—165 页；塚本善隆：《魏收的释老志》；横超慧日：《北魏佛教研究》（京都，1970 年）；W. F. J. 詹纳：《洛阳的回忆：杨衒之与湮没无闻的京城（493—553）》（牛津，1981）；杨衒之：《洛阳伽蓝记》，王伊同译（普林斯顿，新泽西，1984）。

于被排斥。① 当北周于公元 577 年灭了北齐以后，此举波及整个中国北方。大量僧尼被勒令还俗，其数达二三百万人。直到公元 578 年武帝死去以后才废除这道禁令。三年以后，即公元 581 年，他的王朝被隋所取代；这个新王朝是北周的高级官员所建立的，他是汉人，但婚媾于有外夷血统的一个佛教徒。他本人生于一座寺院内，由一位尼姑所抚养，他很快又重建了佛教，并依靠佛教的支持重新统一了中国。

在中国南方，没有发生像北魏和北周那样大规模迫害佛教的事情。这里的佛教社团要小一些，也不准备以叛乱向国家的至高无上的权威挑战。但是，北方的叛乱使我们大致了解大多数信佛教的居民用什么形式起事，但其详我们迄无所知。那时的碑铭和敦煌发现的手稿也对人民的信仰有所揭示。我们在还愿的铭文中看到，那些奉献佛像的人都祈求在弥勒佛的天上——或者后来是在阿弥陀佛的净土——得到超生，不仅为了他们自己，根据回向②之说，而且也是为了他们的亲属、祖先，甚至也是为了全人类。

突出祖先，这是地道的中国人的做法。也有一些地方的社团是由一个和尚主持他们的活动。信徒们可能聚集在一起制作圣像，抄写经文，给香客布施或为他们的同道出资做殡葬法事；或者他们甚至用道教的守斋名义聚会在一起；虽然这些活动应该是素食，但他们往往大吃大喝，和道教的守斋一样。③ 这种社团活动也称为"社"，这个名词是指佛教以前的古代的土地神和农民社团聚集在这里敬拜的社稷坛；我们在这里又看到了一种古代中国的制度仍然在佛教环境中留存的情况。④ 法术也还在民间的信仰中起重要作用。许多和尚有法术，并变成了传奇人物。比如，宝志（公元 425—514 年）就以他的奇特

① 关于北周排斥佛教的问题，见塚本善隆：《中国佛教史概说·中国篇》，第 29 页以下；陈观胜：《中国佛教的历史考察》，第 186—194 页；以及《论对北朝反佛教运动负责的几个因素》。
② "回向"，即 pariṇāmana。
③ 见下文。
④ 关于"社"的问题，见热尔纳：《5—10 世纪中国社会中佛教的经济情况》，第 251—269 页；以及戴密微：《近期敦煌的研究》，载《通报》，56（1970），第 17—18 页。

行为被称为"神僧"而知名于建康（极像唐代的禅宗大师们）。他被认为是救苦救难的观音（Avalokiteśvara）的化身，后来他才变成了对死者的崇拜的守护神。[①]

公元6世纪，北方兴起了一个千年至福运动；这是一种外教，即隋代和唐初极为流行的三阶教。[②] 这是一种印度的传统，它主要按照《妙法莲华经》的说法把佛教的人世演变分为三级或三个连续的时期：正法时期、象法时期和末法时期。[③] 不能肯定的是，每一个时期到底是500年还是1000年（甚至末法时期是一万年），而且根据正法的最后代表释迦佛"涅槃"之绝对日期来算也有不同的算法。

据说有一位慧思和尚（公元515—577年），生于北魏时期的河南，后来流寓南方的湖南，他第一次提出了末日即在眼前的想法。他把末法时期的开始定在公元434年。公元574—578年北周的迫害佛教的运动可能助长了这个教派人数的扩张。它的真正组织者是信行（公元540—594年），也是出自河南的一位怪僧，他在589年被隋王朝邀请到了长安。可是，隋王朝马上就谴责了他的教派，所以它很快转入了地下并有搞颠覆活动的迹象，特别是它认为政府应对法律的败坏负责，而且它变得异常的富有。因为按照信行的劝告，这个教派的成员都奉献财物来建立不可剥夺的"无尽藏"，以备正法的第二位佛祖弥勒佛到来时用。这些宝藏成了私人资本主义的种子，同时由于六朝末年货币和商业经济的增长，国家是不能容忍这种发展的。唐王朝也可能严厉地对付这个教派，并且可能有几次没收了它的货财。

对于唐代的民间佛教的形式我们知道得多一些，但是可以肯定，它们的起源都在南北朝时期。同样可以肯定的是，各宗派在唐代已或

---

① 牧田谛亮：《中国近世佛教史研究》（京都，1957），第31—38、55—56页。
② 矢吹庆辉：《三阶教研究》（东京，1927）；以及横超慧日：《中国佛教研究》，第283页；矢吹庆辉：《三阶教义与日本佛教》，载《东京帝国大学宗教学教授讲座设置二十五周年纪念集》，庆祝委员会编，（东京：《先驱报》，1954），第353—361页。
③ 此即"正法"（saddharma）、"象法"（pratirūpaka-dharma）以及"末法"（paścima-kāla），即"最末时期"。

多或少地形成了制度化的形式。它们也发源于南北朝，[1] 当然在南北朝时期它们仅仅是一些偶然聚集在某些外国或中国大师周围的佛教社团而已。另外也有一些社团专门研习某一部特别译经，例如对鸠摩罗什的"三论宗"，或是对菩提流支和勒那摩提的"十地经论"（地论宗）的注疏，或是对真谛的摄论宗的注疏均有研习；另有一些人则更专注于研习寺院的纪律（vinaya；律宗），或冥思的实践（dhyāna；禅宗）。

佛教历史编纂学家决心编造他们的被称为"祖"的那些大教长的谱系时，他们自然不难于把大唐时代各宗派的渊源上推到公元 5 世纪或 6 世纪。例如禅宗就是这样，它在 8 世纪才发展起来，它说它的中国初祖是来自南印度的菩提达摩大师（据推测，他在 6 世纪时先住在中国南方，后来移住北方），但是，他的历史真实性已坠入原始神话的迷雾中而模糊不清了。

南北朝时期的道教

关于汉末大叛乱以后的道教，我们拥有的材料也是令人失望的。它们要么所记日期不准确，要么根本不记日期，要么就根本抱有明显的偏见，像在释、道二教论战交锋时所写的佛教小册子那样。除此之外，由于这些现存材料未经充分细心研究，所以不可能给这个时期的道教描绘出一幅准确的画面。[2]

有一件事实很显眼。黄巾军和五斗米道所创立的制度一直保存在可以称为道教的教会之中；这个道教教会是逐渐发展起来的，而且它

---

① 关于公元 5 世纪和 6 世纪的佛教宗派问题，见利本塔尔：《关于〈大乘起信论〉的新看法》；另见戴密微：《佛教研究选集》，第 1 页以下。

② 关于这个问题的主要研究著作，见马伯乐：《道家和中国的宗教》，第 1—74、263—298、309—430、431—441、443—554 页；又见福井康顺：《道教基础研究》；吉冈义丰：《道教与佛教》（东京，1959，1970，1976）；《道教的长生之愿》；大渊忍尔：《道教史研究》；塞德尔：《汉代道教中对老子的神化》和《初期道教救世主义至善统治者的形象：老子和李弘》。

也很受佛教僧祇的榜样的影响。在隋代，道教社团似乎划分为教区，我们发现它们的专门名称中有"天师"、"祭酒"和"静舍"。由于"教民"（或"道民"）向其首领贡献了谷物或实物，这些教区能满足它们的需要；教民还向首领贡献"厨"食——即宗教仪式的餐饭。[①]他们定期持斋或举行宗教盛宴，不管其名称如何，它们通常是在群众的狂乱情绪中结束（至少如果六朝时期反道教的小册子是可信的话）。这些作品给这种仪式提供了信息，但它们的佛教徒作者们对道教徒显然既不公允，也不宽容。

这种场合也包括"涂炭斋"在内，即参加者要像罪犯那样以泥炭涂面以证明清除了自己的罪恶；或者他们要像驴子那样在泥地里打滚。有所谓"黄箓斋"，即祈祷者无休无止地祈祷和没完没了地跪拜，据说要以此救助那些祈求免罪的人的祖先。还有一种所谓"合气"，即以一整套性交技术来实行性滥交，据说可用这办法求得长生。[②] 这种性交行为不仅行之于私生活中，也行之于宗教仪式的公共场合中；放荡行为是在宗教仪式的掩饰下进行的。正是这种"合气"，使得"男女杂沓，如野兽然"，[③] 公元 4—5 世纪孙恩的徒众还一直行之不衰。

孙恩是一位著名的叛乱者，他在约公元 400 年把浙江地区置于火与剑的动乱中，因而危及东晋王朝。他来自山东琅琊，当时这里也是五斗米道的一个中心，据说他即是其中的一个成员。[④] 有许多大家族是从琅琊迁到浙江来的，他们祖传的宗教便是天师教。[⑤] 琅琊的这个教派也影响了另一个著名叛乱——在公元 4 世纪之初结束了西晋王朝的"八王之乱"——中的最重要人物。[⑥] 可是，道教在整个中世纪时

---

① 见马伯乐：《道家和中国宗教》，第 378 页以下。

② 关于这些性交技术，见马伯乐：《道家和中国的宗教》，第 517—541 页。

③ 马伯乐：《道家和中国的宗教》，第 534 页。

④ 《晋书》卷一百，第 2631 页以下，没有用"天师道"这个名词。毫无疑问，"五斗米道"自汉代以来便已向东方发展。

⑤ 吉冈义丰：《道教的长生之愿》，第 77—78 页。

⑥ 同上书，第 76—77 页。

期所引起的叛乱或许不如佛教在北魏时期（公元 386—534 年）所引起的叛乱那么多。

在北魏王朝时期，太武帝（公元 424—452 年在位）的顾问寇谦之（公元 365—448 年）天师起来反对民间道教的放浪无节制。由于有《魏书》中的《释老志》的宝贵材料，关于寇谦之其人其事我们是知道得不少的。[①] 寇谦之生于不久之后即变为北魏京师的洛阳附近，少年时期先学道于西岳，后来又学道于中岳，[②] 遇到一位真人告知他将为王者师。公元 415 年，他在中岳顶上遇见了老子成神后的影像（太上老君），影像授予他"天师"称号，责成他用新的道教符箓来改造"天师道"。影像说，"道"已经堕落腐化；三张（天师）及其后人对于信徒所要求的贡献，以及例如杂滥性交等其他弊端都应终止；应该大力注意正确地使用静坐和每日的饮食，注意吐纳和体操锻炼以求得长生。佛教的进德日新的修养的影响，在这里是显而易见的。

公元 423 年，寇谦之又在嵩山遇见了一个异象，这一次是一个叫李谱文的人的异象，他自称是老子（李耳）的后裔，他指派寇谦之为他的继承人。他要寇谦之敬拜诸天神圣，同时提到佛陀是天神之一，他的弟子们也是"天上的人"。他又告诫寇谦之要支持统治北方的"太平真君"，这个人就是北魏王朝的皇帝，他在公元 440 年真的改年号为"太平"，这不禁使人想起了黄巾军的乌托邦思想。

寇谦之遇见了这些异象之后，就把他所接受的图箓上奏给了皇帝。公元 442 年，他在官方于洛阳为道教祭祀所准备的道场（天坛）上把法物献给了皇帝，使他依法成为信徒。对君主施行这种正式的法

---

① 《释老志》，《魏书》卷一一四，第 3025—3055 页。这是正史中少见的宗教史篇章。《魏书》由魏收编修，公元 554 年修完，其时北魏王朝已覆灭 20 年。它论及道教的部分已由詹姆斯·R. 韦尔译出：《魏收和〈魏书〉论道教》，载《美国东方学会会刊》，53：3（1933），第 215—250 页。关于分析和注释，见吉冈义丰：《道教的长生之愿》，第 78—89 页。关于福井康顺的日译文评点版，见横超慧日：《北魏佛教研究》，第 453—491 页。关于《释老志》中的佛教部分，见塚本善隆：《魏书释老志研究》和《魏收的〈释老志〉》。

② 此即距长安不远的西岳华山；洛阳附近的中岳嵩山。

事,使道教变成了国教。公元446年,主要出于政治原因,佛教在北魏帝国遭禁止。① 如上所述,尽力搞排佛活动的人是一位有极端思想的汉人大臣,寇谦之也有此思想,但却有很大的保留。天师并不反对佛教,因为他认为他大大得力于佛教之助。

绝不是所有道士都持这种态度,因为六朝时期的道教和佛教一直在吵闹。当文人们在哲学方面把儒、释、道三教的因素像上面所讲的那样混合起来的时候,释、道两教的拥护者之间就可能开始产生了误会。释、道两教教会之间关系的破裂在唐代完成,那时佛教有一切理由嫉恨道教;因为道教那时很受宠,它是与老子同姓李的皇室的宗教。在从前,即公元4世纪中叶,一个叫单道开的人②从敦煌经过中国去广州,作为治病术士,和《高僧传》中的人物佛图澄一起中途在邺停留了下来;可是我们得知,关于他的每一件事都染上了道教色彩,因此其他材料把他列入道教天师中,这是不足为奇的。但是在一个世纪以后,公元467年释、道分裂已是如此彻底,道教作者如顾欢等人就把佛陀当作蛮夷之人,而郑重地宣称,道家和佛子不可能同戴一天。③

大约与此同时,另一位道士,即关于佛教的"三破论"的作者,④ 用儒家的排外偏见来反对佛教,并且使之达到了种族主义的高度;他说,如果老子反复以独身禁欲教育印度人,那是为了用种族灭绝的办法去灭绝这个野蛮种族。⑤ 为了把佛教弄得声名扫地,道士们企图证明,佛教不过是道教的替补宗教而已。老子曾教西夷以道教,根据传说,他在中国的生涯结束后是走向西方去了的。这就是著名的老子化胡论,它最初是在汉末襄楷的奏疏

① 见前文。
② 见 M. 索伊米:《单道开传》,载《高等实验学院论文集》,1 (1957),第415—422页。
③ 见陈观胜:《南朝时期的反佛教宣传》,载《哈佛亚洲研究杂志》,15 (1952),第172页。
④ 此论被认为是张融(公元479—502年)所作。
⑤ 《大正新修大藏经》第52卷,第2102 (8) 号,第50C;又见陈观胜:《南朝时期的反佛教宣传》,第173页。

（公元 166 年）中提出来的。^① 这个理论可能最初不是意欲伤害佛教，毋宁是用合释—道为一体的方法在糅合释—道的过程中使佛教取得中国人心目中的合法地位。

襄楷在他的奏疏中合并了两教的教义，一视同仁地称述释、道两教。这种做法在宗教史上几乎是必需的。当一种宗教想证明它反对另一宗教的正确性时，它就诡称在另一宗教里面找到了它自己的教义。在欧洲的古代世界末期，当基督教跟异教哲学争辩时，基督教徒便宣称：柏拉图和斯多噶派都是摩西的弟子，而他们的思想都来自《圣经》；这就是查斯丁（公元 2 世纪）的理论，亚历山大的克雷芒更进一步地用了"盗窃"二字，即认为希腊人剽窃了《圣经》。相反的，当近代的耶稣会教士向欧洲人介绍中国文化时，在法国有一种所谓形象论者（Figurists）（即相信耶稣在圣体内仅是形象性存在的人），他们在礼仪之争中主张，许多《圣经》传统的基本思想都可以在中国的史料中找到出处。对形象论抱反感态度的伟大的宋君荣（Gaubil）在1733 年的一封信中提到形象论者时曾说："三位一体和圣餐的神秘奥义无疑的是存在于中国书中……"^② 宋君荣接着说：

> （形象论者）把中国古代的帝王变成了《旧约》中的圣徒，
> 或变成了圣三位一体中的成员……他们把中国这个国家变成了人
> 间的乐园，变成了美索不达米亚或印度，等等。

再不然，事情又是这样的：当西方科学被介绍给中国人以后，中国人又很自傲，说所有西方的重要发现都是中国古已有之的；欧洲并未发现新东西。

这就是老子化胡论最初被提出来时的精神。但是后来在大约公元

---

① 关于老子化胡的理论，见泽克：《佛教征服中国史》，第 288—302 页；福井康顺：《道教基础研究》，第 256—324 页。关于襄楷，见《后汉书》卷三十下，第 1075 页以下；德克雷斯皮尼：《东汉抗议的预兆》；以及本章的《佛教的传入》。

② 宋君荣：《北京来信，1722—1759 年》（日内瓦，1970），第 364 页。

300 年，当外夷人开始渗入中国北部而尚未推翻晋王朝的合法统治者时，我们看到道教人士也和儒家一样开始表现出排外情绪，因而上述理论变成了他们手中反对这种印度宗教的武器。在西晋末年的晋惠帝（公元 290—306 年在位）时期，一位道教祭酒王浮曾几次同一位佛教和尚帛远讨论问题；帛远受过儒家教育，而喜与文人"清谈"。[①] 为了自己在讨论中的失败而进行报复，王浮写了《老子化胡经》，严厉地攻击了佛教。

这本书是释、道二教数世纪中争论的原因。它经过许多次的修订、窜改和无限制地添枝加叶，最后，它在公元 13 世纪时被蒙古大汗指责而付之一炬，至今仅存原书中的几句引语和后来版本的几个片断。佛教对于此书的一本驳斥之作发表于公元 4 世纪，名《正诬论》。这里没有把老子写成佛陀本人（像襄楷那样），而是写成佛陀的弟子；佛陀被说成曾在印度教导老子。这位"弟子"有时即被认为是摩诃迦叶（Mahā-Kāśyapa）。佛教辩护士有时甚至认为佛教从远古时期起即已为中国所知，甚至这是在孔子以前；他们有时认为孔子是佛陀的弟子，或者认为是佛陀的具体形象的化身。

当寇谦之在北方活跃的时候，中国南方又出现了道教的三位伟大的改革者。第一位是葛洪（约公元 283—343 年），而以其抱朴子（此词出自老子）之号更为著名。这是他完成于公元 317 年的一部著作的名称，是这一时期的道教信仰和组织成教义体系的科学的百科全书。[②] 葛洪是建康地区的人，几经游历之后死于后来的广州附近。他精于炼丹术，主要是一种提炼黄金和丹砂的技术，人们企图从这种方法中得到长生不老的药物。除了外丹之外，还有所谓"内丹"，它就是用生理方法（每日的饮食、吐纳等办法）以及精神方法（冥思、观照等）在人体内建造长生不老的躯体。葛洪似乎还不

---

① 见本章《佛教和道教的诺斯》。

② 关于葛洪，见李约瑟：《中国科技史》，第 5 卷第 3 部分，第 75 页以下；以及吉冈义丰：《道教的长生之愿》，第 60—73 页。关于《抱朴子》内容的分析，又见克里斯托福·施希佩，《抱朴子内、外篇词语索引》（巴黎，1965，1969）。

知道佛教。他反对"齐生死"的庄子，也反对流行的"清谈"的空疏。

在下一个世纪中，陆修静（公元 406—477 年）改编道教经典；此人是今浙江人，卜居建康和不久以前因佛教慧远大法师而出了名的庐山。[①] 陆修静汇集了深受佛教影响的道教仪式，同时他还把自己在遍历中国南部时所得到的众多道教典籍进行了分类。公元 471 年他创制了一个目录，分为三"洞"，正像佛教著作分为三"藏"（*pitaka*）和佛教教义分为三"乘"（*yāna*）那样。这是道藏的第一次汇集；现时只有明版道藏仍存留于世。

大约与陆修静同时，佛门僧祐（公元 435—518 年）也编辑了《出三藏记集》，这是道安目录的继续。[②] 这是一部校勘性书目名著；中国人凭借其天生的语言学禀赋对这门学问是一贯精通的。历史编纂学也是中国人所擅长的，这时也由于慧皎（公元 497—554 年）编写的《高僧传》等著作而正在使人感到它的影响；这是一部主要关于翻译家生平的巨著。[③] 佛教和道教因此被逐渐形诸与受教育的精英阶层所熟悉的传统准则相吻合的文学和理论著作。这种工作对道教人士来说要困难得多，因为他们的经籍据说由诸天神圣在不确知其日期的情况下传授下来的，而佛教译书的日期和高僧的生平都因有充分而精确的文献记载而能确切地为人所知。

第三位中国南方的伟大道士是陶弘景（公元 455—536 年）。[④] 他完成了两位前人的事业，是六朝末年道教教义的真正集大成者。陶弘景生于建康附近，公元 492 年隐居距京师不远的茅山，此即上清派所在地；它与灵宝派——此派奉灵宝经总集为权威——为双峰并峙之两派。陶弘景受过很好的教育，精于医药和当时的各种科学，他还是一

---

① 见马伯乐：《道家和中国宗教》，第 314—315 页；吉冈义丰：《道教的长生之愿》，第 93—95 页；以及本章的《佛教和道教的诺斯》。
② 见本章的《佛教和道教的诺斯》。
③ 见芮沃寿：《传记和圣徒传记：慧皎的高僧传》，载《京都大学人文科学研究所 25 周年纪念集》（京都，1954），第 383—432 页；罗伯特·施译：《高僧传》。
④ 见吉冈义丰：《道教的长生之愿》，第 100—114 页。

位精通佛教经籍的大收藏家。他出身于佛教家庭，据说在他所住的山中建有一座佛塔，里面同时供有一尊道君像和一尊佛祖像。甚至有人说他曾取名菩提萨埵，并发誓要遵守佛门居士的五戒（pañca-sīlāni）。梁武帝是一位热心的佛教徒，陶弘景在梁武帝于公元 502 年即位之前曾与他有过接触；陶弘景后来继续做梁武帝的顾问，像寇谦之做北魏太武帝的顾问那样。

准确地说来，陶弘景的主要著作可能是名为《真诰》的书；它的内容是道教真人所授的图籍。它是非道教文人也能看到的当时道教的一部新百科全书。它受有佛教很深的影响。陶弘景在它的刊后语中宣称，它的内容都是真人所授，像佛经之"出于佛陀之口"那样，其中的《甄命授》就完全模仿《四十二章经》，是借真人之口说出来的。这部"经"的日期可以上溯到释、道二教紧密混杂的时期，[①] 这个时期可能很适合进行这种抄袭。这种抄袭本身似是陶弘景取法于公元 5 世纪他的前辈之一的顾欢，[②] 也取法于保存在道教经籍中的上清派的一部著作。佛教徒方面也同样回报道教抄袭者。佛教的《宝藏论》这本小册子据说是僧肇所作，但可能出自他后来的一个门弟子之手；此书的开头便是逐字逐句地模仿老子：[③]

> 空可空，非真空。色可色，非真色。真色无形，真空无名。无名，名之父；无色，色之母。

佛教和道教的糅合最初主要是在哲学方面，后来继续发展到宗教方面，尽管它们双方的徒众争吵不已。可是，这两种宗教的交流逐渐变成了单方面的，因为道教从佛教输入的多，向佛教输出的少，特别是在制度方面。"道士"相当于庙宇中的僧伽，道教的法

---

① 见本章的《洛阳佛教的开始》。

② 见本章的《南北朝时代的道教与佛教》。

③ 《大正新修大藏经》第 45 卷，No. 1857，第 143 叶；鲁滨逊：《印度和中国早期的中观学派》，第 125、155 页，以及吉冈义丰，《四十二章经与道教》。

伦斯泰尔组织称为道"观"（observatories），[①] 则颇像佛"寺"。像佛教和尚要穿袈裟那样，道士也有他们特殊的道装，而且他们甚至也要宣誓过独身生活，虽然这又与道教的两性理论和实践大相径庭。我们发现，公元6世纪中叶的道教大师宋文明便要他的弟子禁欲，并且穿着特定的服装。某些道士直到隋代还在反对这一点，但是，禁欲的要求在唐代还是规范。[②] 自此以后，道教教会实际上对佛教教会亦步亦趋。

可是，所有这一切并不意味着道教徒没有保留他们自己的教义和实际活动，其中包括一整套类似印度瑜伽的心理—生理锻炼。陶弘景在他的《登真隐诀》一书中试图把道教万神殿中的诸天神圣（总数有36000名）画出等级座次，根据旧的微观—宏观宇宙观念，这些神圣住在人的体内，也住在人的体外。最高的神太乙有三个互相矛盾的本质，因为道教迷恋于"三"字。这就是位于人体内被称为"丹田"的三个重叠区的"三一"；它是长生药的引喻。方士能够通过内视（内观）来省察"三一"；这种内视又能使他跟随并控制气在体内的运行；据说气在运用精气方面起着基本的作用。借助于体操、饮食、吐纳、性爱和其他锻炼，他能够做"养性"功夫并保证长生，有"金骨玉肌"做成的不坏身躯。

这里我们看到了中国宗教世界的全貌，它有其显著的独创性；现代的中国学正在对它进行研究。对于这个宗教世界的认识在了解近代中国的民间宗教中是重要的途径；另外，中国科学也从早在南北朝时期道士所从事的炼金术、药物学和医学研究中获得很多教益。

隋代的佛教和道教

隋王朝（公元581—613年）的开国皇帝名杨坚，他一直统治到

---

① 此词（observatories）可能用作同音字"观"，意为"寓所"、"旅店"、"大楼"。
② 马伯乐：《道家和中国的宗教》，第390—391页。

公元 604 年，称为隋文帝；他被作为佛教徒抚养长大，所以他即位之初的所作所为中有一件事就是停止北周所掀起的灭佛运动，重新恢复了佛教。[1] 当他于公元 581 年结束了北朝和在公元 589 年灭掉了南朝而征服了全国的时候，他依靠佛教来保证实现中国的重新统一。但是，他小心翼翼地也不忽视曾受到北周王朝迫害的道教。他甚至把他的第一个年号取名为开皇（公元 581—600 年）。这是道教模仿佛教而确立的世界演化过程的几个时期——即所谓宇宙浩劫（*kalpa*）——之一的名称。[2] 他急于想培育他的臣民达到精神上的一致，在他们的宗教信仰方面他并不偏袒一方而损害另一方。

隋文帝于公元 581 年即位后不久即发布命令宣称，[3] 他像崇敬佛祖一样崇敬老子，他强调这二者都试图使一切事物归于"一"；不过，在这份诏书中这是要建立遭到禁止的佛教寺院。但是，他于次年在长安建立了道教的玄都观。他在那里安置了道士，使之负责发展能对国家服务的道教技艺。玄都观的主持人称为观主，国家通过他来控制这个道教社团。中世纪道教哲学著作，按其原来形式说，应上溯到隋代。这就是《本际经》，[4] 此书深深浸透了佛教气息，甚至它的标题也是这样，它和梵文 *pūrya-koṭi* 是相对应的。

公元 585 年，隋文帝就老子化胡[5]的问题组织了一次辩论，在辩论中他可能偏袒佛教，虽然他在公元 586 年建造了一座老子庙。他也不怠慢儒教，谨遵儒教的仪式和教诲以赢得有教养的官吏们的心，特别是要赢得南方官吏们的心。他又重新清理了秘书省因受战乱影响而严重残毁的图籍。凡私人藏书家献书一卷供抄录者则赐缣一匹，国家

---

① 芮沃寿：《隋炀帝：个性与陈规旧矩》，载芮沃寿编：《儒教信仰》（加州斯坦福，1960)，第 54、56 页；陈观胜：《中国佛教的历史考察》，第 194—209 页；崔瑞德编：《剑桥中国史》第 3 卷，（剑桥，1979），第 75 页以下。

② 关于道教的"劫"，见《隋书》卷五三，第 1091 页。

③ 见芮沃寿：《隋代意识形态的形成，公元 581—604 年》，载费正清编：《中国的思想和制度》（芝加哥，1957），第 86 页。

④ 见吴其昱编：《〈本际经〉，7 世纪编辑的道教著作，敦煌手稿写本》（巴黎，1960）。

⑤ 见本章的《公元 3 世纪哲学的振兴》和《南北朝时期的道教》。

为此征课人头税。据说，用这种办法搜集的佛教典籍远远超过了儒家经籍的数目。①

隋王朝采取国家严格控制佛教教会及其活动的步骤，其政治动机和北朝的动机一样，是很显然的。公元 600 年三阶教②被禁止，607 年和尚们奉命必须敬拜皇帝和官吏。管理佛教的中心设在大兴善寺；现在在长安仍可见到此寺的遗址。"大兴"事实上是隋文帝新建的围以城墙的都城之名，"善"字则是该寺所在的街道名称，位于玄都观对面。③ 寺内有一个行政单位名昭玄寺，其中有由"大统"寺官主持的官僚等级系统。昭玄寺在各州设有分寺。这个管理体系是从北朝承袭下来的。

作为对国家承认的报答，佛教徒必须参加王朝祭祀。大约在公元 584 年，大兴国寺遍建于 45 个州，以负责国家交给的宗教法事任务。皇帝仿效"转轮王"④ 而自称为普世之君；转轮王最著名的例子便是传说中的阿育王。为了效法转轮王，隋文帝在平定南方之后有三次（公元 601、602 和 604 年）分舍利，并为藏舍利而修建了庄严的佛塔。但他只建了 111 座佛塔，而阿育王据说在一日之间就建造了 84000 座佛塔。

中国南方直到公元 589 年才完全平定，隋王朝在那里最初遇到了猛烈的抵抗，因为它被视为外夷，正像曾经受到几代逃亡者所斥责的早期北朝那样。佛教教会的领袖们被隋王朝的支持者所取代，因为佛教僧徒卷入了叛乱；对他们的财物也毫不客气。那时南方的佛教高僧是天台宗的创始人智𫖮，⑤ 隋文帝的长子杨广——即未来的隋炀帝（公元 605—617 年在位）——对他礼貌有加。杨广娶了一位南方的公主；公元 590 年他当上了扬州总管，事实上就是整个中国东南部的总督。我们现在拥有这位赫赫人物和可尊敬的和尚之间的通信，知道智

① "数十百倍"，见《隋书》卷三五，第 1099 页。
② 见本章的《南北朝时期的佛教》。
③ 见山崎宏：《隋唐佛教史研究》（京都，1967），第 45—46 页。
④ 此即梵文 *Cakravarti-rāja*。
⑤ 见下文。

顗本人很有保留态度，但最后还是去建康给这位皇子受了菩萨戒。他后来便隐居到江西的庐山；公元 593—595 年，他再度到建康，此后便返回他在天台山（浙江）的隐居处，598 年初在这里圆寂。

从教义方面来看，隋代的两位佛教伟大人物是吉藏和智顗；他们都是南方人。吉藏（公元 549—623 年）出生于建康，但其家庭的先世却是出自伊朗（安息：Arsak），通过（安南）东京和广州流寓到了中国。① 他在南朝的陈王朝（公元 557—589 年）开始他的佛教徒生涯，隋军南下时他逃往会稽（浙江），住嘉祥寺中；他在这里获得了"嘉祥大师"称号，并且跟智顗有往来。隋炀帝登基（605 年）以后，先召吉藏到建康就职，后又召他到长安就职；唐朝初年，他在长安去世。

吉藏长于研习中观学派，被认为是三论宗集大成的大师。② 我们得益于他对这些论的注释以及他自己的著作；比起僧肇来，这些著作对于了解印度真正的教义是一个很大的进步。可是，还有一篇《二谛义》的文章。其中俗谛和真谛之分仍然吸收了中国古老的"有"和"无"的思想；俗谛和真谛之分是一个透光孔，中观学派即借此来解决它的矛盾。佛教的印度化在隋代还没有走得那么远。那个时期在长安和洛阳的少数翻译家③在中国译本的梵文经典中并没有增添什么重要的东西。

智顗（又名"智者大师"）在公元 538 年生于今天的河南省，是一个地地道道的中国人。④ 他是南朝梁（公元 502—556 年）的一位官员的儿子；他的父亲在建康于公元 554 年遭西魏劫掠时被杀。智顗在青年时代云游北方时成了慧思（公元 515—577 年）的弟子，⑤ 从他学习《妙法莲华经》、《般若波罗蜜多经》和《大般涅槃经》；这些

---

① 见陈荣捷：《中国哲学资料集》，第 357—369 页；以及冯友兰：《中国哲学史》（英文版）第 2 卷，第 294—299 页。

② "三论宗"：见本章的《南北朝时期的佛教》。

③ 其中有来自犍陀罗的阇那崛多（公元 523—600 年）；来自南印度的达摩笈多（卒于公元 619 年）；来自乌耆延那（在犍陀罗之北，今西巴基斯坦的斯瓦特河谷）的那黎提孾耶舍和毗尼多流支等人。

④ 见赫尔维茨：《中国早期佛教中的恺撒译文》；智顗卒于公元 598 年初。

⑤ 见本章的《南北朝时期的佛教》。

经文影响了他以后的思想。在南朝的陈王朝时期的公元 567 年，智颛住在建康，公元 575 年他再从这里前往天台山。这里是古代道家的栖隐地，位于今浙江省内宁波之北，高 3000 英尺以上。[①] 智颛或许是害怕北周王朝的灭佛运动也会在同一年（公元 575 年）最终要波及南方。但是十年以后（585 年）他被召往建康，在陈王朝宫廷里讲法，并与朝廷的大人先生们比肩而坐，跟他们搞"清谈"，就这样以佛教思潮的方式参与了中国南方文人学士中间的活动。在隋军于公元 587 年南下时他逃离了建康，但是在他们的坚持下，他不得不于 591 年重返建康，后来才回到天台，卒于 598 年。

智颛的思想基本上是中国式的，他开了后来许多世纪宗教调和论的先河。他的思想不再是从前时代那种合释、道为一的哲学综合论，虽然我们在他的著作中仍然可以找到道教的某些内容，而宁可认为是关于印度教义的哲学综合论，因为印度哲学在那时已被人们了解得更深入了。他进行了"教判"工作，这种工作部分地是年代学的（这种历史上的关心是中国人所喜爱的），部分地则纯粹是教义上的。他企图在教判工作中首先说明"五时"，即据认为是佛祖证道的时间。这五时依其顺序为"华严时"（Avataṃsaka）；"小乘（鹿苑）时"（Mṛgadava）；"方等时"（vaipulya，大乘）；"般若时"（Prajñāpāramitā）；"法华时（Saddharmapuṇḍarīka）以及最后的"法华涅槃时"（Mahāparinirvāṇa-sūtra）。其次他想阐明"八教"，它们又分属两小组：

1. 化法四教：即三藏教；通教；别教；圆教。
2. 化仪四教：即顿教；渐教；秘密教；显教。

这种判教分类法是借助于枚举数字的图推导出来的，是中国人所喜欢的，但它的最终产品是中印合璧的解经学的一种殊难理解的大杂

---

① 关于天台山和智颛，见马伯乐：《浙江考古队考古简报》，载《法国远东学院通报》，14：8（1914），第 58 页以下。

烩。智𫖮的一句名言就是说"一念三千";此即和旧的道家辩证法所教导的那种一与多的一致;绝对与经验的一致,但它在思想上的突出之点却是地地道道的佛教思想。这句话出现在智𫖮的主要著作中,它讲的是控制思想的方法,一用"止"(梵文为 *samatha*)法,一用"观"(梵文为 *vipaśyanā*)法——这有些像我们西方神秘论中的 *via purgativa* 和 *via illuminativa*。这一著作名《摩诃止观》,"摩诃"为梵文 *mahā*(大)的音译;另有一个"小"止观。天台宗在今天的中国几乎不复存在,但它一直在日本继续流布,且有所发展,当然它的形式是经过相当的修改的。

跋

第十六章所讲汉唐之间中国哲学和宗教发展的研究是戴密微(公元 1894—1979 年)晚年主要著作之一,这项研究工作从沙畹和伯希和时代开始一直进行到晚近巴黎中国宗教研究的极盛时期。这里所显示的知识的广博在戴密微的学术工作中是有典型意义的,虽然它写于 20 世纪 70 年代初期,但这一章在十年以后仍然能作为杰出地总结这个时期知识史的代表作。

可是,不可避免的是,我们对于这一章讨论题目的某些方面的理解随着时间的推移而有些改变。了不起的是,戴密微关于中国佛教的发展及其与中国哲学传统(在这个题目上他是当然的权威)的关系的研究不需要再作任何重大的修改,虽然我们现在显然已经开拓了新的研究领域,致使有朝一日会给我们一幅图景,即佛教不仅为少数有哲学爱好的人们所理解,而且也能被许多不太关心微言大义的教义的人们所理解。[①] 就道教来说,早已有必要对戴密微的一些说法进行进一步的评论了。

由于我们对道教理解的迅速进步,由此产生的主要后果之一是使

---

① 埃里克·泽克对这种新趋向已加以阐述,见他的《对中国佛教研究的几点看法》,载《皇家亚洲学会会刊》,1982.2,第 161—176 页。

人们越来越自觉地意识到如何贴道教标签的问题。在今天——20世纪80年代的初期，学者们比以往更有戒心地分给这种标签，特别是自从有了这样一种认识，即从历史上说，虽然中国人像人们想象的那样未必总是准确地使用这个名词术语，但他们却比许多近代的西方中国学家们更能清楚地知道谁是道教人物，谁不是。特别是，戴密微所讨论的这个时期正对已被汉代分类为"道家"的古代典籍进行重新解释。由于这种解释（上面已表述为《公元3世纪的哲学复兴》）标志着完全脱离了——甚至完全改变了——早先某些人对这些典籍的理解，同时还有另外一些注释家仍在继续奉行汉代的故实，所以很难把这个时期的东西看做是任何一种知识传统的财产。毋宁说，不管某位思想家有何哲学倾向，他都可以自由地在认为合适的情况下使用它们，甚至极而言之，也可以改变它们的古代意义使之产生佛教的启示。

在这同时，由于这些著作的参考材料很显然已不能用来作为支持（如果它确曾这样用过的话）某一学派，或者甚至支持那种值得称之为道教的倾向的试金石，中国宗教中的发展最终导致了一种可以明确地以道教称呼自己的宗教传统的出现。这就是戴密微所说的道教教会的传统。虽然这只是很不严密的西方关于教会的概念，但它的信徒们具有某种程度上的教义的一致性和制度上的特殊性，从而（像戴密微清楚地指出的那样）赢得中国的南朝和北朝双方的承认。所以，不管六朝的道教与从前任何事物的关系怎样，最近学术界有限制地把"道教"一词使用到这种传统的倾向，它只不过反映了这样一个事实：人们对那个时期的中国人理解此词的意义的方式越来越明白了。

然而，道教作为一个特殊传统的出现，其过程决不是简简单单的。戴密微在这里只能肯定地指出，道教教会是脱胎于他所谓的"汉末的民间道教"。我们现在关于这个过程的某些阶段已知道得比他多得多了；对于别的事情，我们几乎并不比十年以前知道得更多。

自从戴密微用来研究的作品问世以后，关于黄巾军和五斗米道已有许多中文和日文的著作编写出来，但事实证明，它们基本上不可能提出新材料来解决这些运动所提出的问题。官修正史对它们抱有偏见，揭示的东西很少，而那些能够讲述这些运动参加者的教义的资料又都或多或少地因其真实性可疑而使人感到困扰。戴密微研究了三种这样的史料，它们都是在这个世纪以前不为人所知或基本上被人们忽视的东西，这就是《太平经》、《老子变化经》，以及《老子想尔注》。

戴密微曾经假定，《太平经》的现存部分是六朝末期版本的经文，[①] 近年来的学术研究对此没有增添什么新的内容。虽然这本 经文的某些部分可能属于汉代，但是尚不能准确地说明它们的上下限，或者说明它们属于该资料早期发展中的哪一个阶段。甚至对此经文详细分析之后就可以发现，关于《太平经》和黄巾军领袖张角的教导之间究竟有多大联系还是有很大疑问的。的确，最近的中国学术研究倾向于不去理会围绕《太平经》的书目上的困难，但也任凭对这个问题本身进行激烈的争论，虽然多数争论只是限定在流行的历史编纂学规范以内。被人们确定的联系的程度主要地取决于在这一著作中唯物主义的哲学被察知到什么程度。[②]

同样地，虽然反对《老子变化经》出于汉代之说尚不足以使人非相信不可而使学术界转而反对戴密微所持断限的意见，但他认为这部经文"必然出自西部叛乱者之手"的说法，如果是指它是五斗米道的产品，则可能有误。[③] 事实上，他引用的那一部研究这一经书的专著固然认为它出于中国西部，但它特别反对把它和五斗米道联系起来；毋宁说它像是某一敌对教派的产物。[④] 不容置疑，他是明确地把《想尔注》和五斗米道联了起来。仅仅戴密微的"通常归之于张鲁的名下"（见上面《汉代末年的民间道教》）这句话，就正确地向一个尚未解决的争论问题发出了警告。由于关于这个注的早期书目材料已经佚散，[⑤] 所以有相当理由让人怀疑其作者究竟为谁。然而要说它不大可

---

① 关于对这些问题的总结，见 B. J. 曼斯维尔特·贝克：《〈太平经〉的日期》，载《通报》，66：4—5（1980），第 149—182 页。

② 例如《中国哲学年鉴》，1982 年（上海，1982），第 123 页。

③ 关于这些论据，见楠山春树：《老子传说的研究》（东京，1979），第 328—331 页；以及本章的《汉代末年民间的道教》。

④ 安娜·塞德尔：《汉代道教中对老子的神化》（巴黎，1969），第 69 页注 3，及第 74 页。

⑤ 见 T. H. 巴雷特：《〈道德经〉解释中的道教和佛教的神秘事物》，载《皇家亚洲学会会刊》，1982，1，第 37 页。

能出自张鲁之手，因为它所怒斥的教义尚不为他所知悉，这也不是一个简单的问题。有一种相关的教义可见于《老子变化经》；其他一些教义也可以上溯到后汉。①

由于把这些有争议的资料置之一旁而集中精力周密地分析了历史记载中出现的黄巾军教义，所以也出现了一些进展。例如在 20 世纪 70 年代福井重雅发表了一系列论文研究黄巾军"苍天当死，黄天当立"的口号，认为它是一个宗教启示而不是政治的信息。他指出，黄巾军的组织反映了戴密微所已注意到的宗教乌托邦主义，他还把所有这些都看做中国东部的地方传统。② 1978 年中国的考古报告表明，苍天马上要死亡是劳动人民所热切希望的某种东西，因为他们在公元 170 年曾在安徽给曹操的家建造一些豪华的坟墓。③ 虽然这件事否定了福井的具体论点，即认为"苍天"一语很少表明是要反对有更多宗教意味的"黄天"一词，但它确实肯定了他所描画的这样一幅图景，即人民群众期待要得到超越现世界的一种新的体制，而且这种制度所涉及的地方或许比他所认为的地区更广泛。

中国最近关于黄巾军的著作大部分在于着重指出公元 184 年起义的社会和政治背景，④ 虽然他们在这样做的时候仍旧突出了日本人以往的研究所注意的后汉的一个方面，但对戴密微和最近的日本人关于

---

① 塞德尔：《汉代道教中对老子的神化》，第 78—79 页；以及吉冈义丰：《道教与佛教》，第 3 卷（东京，1976），第 332—334、349—350 页。

② 福井重雅：《黄巾之乱的起义口号》，载《大正大学研究纪要》，59（1973），第 67—68 页；《黄巾集团组织的特性》，载《史观》，89（1974），第 18—32 页；以及《黄巾之乱的传统上的问题》，载《东洋史研究》，34：1（1975），第 24—57 页。

③ 见安徽省亳县博物馆：《亳县曹操宗族墓葬》，载《文物》，1978. 8，第 32—45 页（末页上铭文的复制品）；以及田昌五：《读曹操宗族墓砖刻辞》，载《文物》，1978. 8，第 46—50 页。

④ 关于近年这个问题的典型的有成果的著作，例如见《中国历史学年鉴》，1981 年，《简本》（北京，1981），第 233—234 页。除了上述关于《太平经》的论争以外，张鲁在四川的作用也有很多讨论。对于这两个问题，争论似乎仅仅是过去不同意见的继续：见松崎つね子：《后汉末年宗教的农民叛乱》，载《千代史学》，29（1971），第 92 页注 13 及 99—100 页。在开始写这一章时，这篇评论文章是有关中国和日本研究的便于使用的总结。

此时各次起义的研究则未曾涉及。[①] 这就是当时疾疫流行，特别是在公元 184 年以前大约十年的时间内，它满可以解释黄巾军和五斗米道着重治病的原因。[②]

人们希望目前对于道教经典的研究，如果不能揭示与事实上可以上溯到汉代的五斗米道有关的书籍，至少也应该在某种程度上弄清楚像天师道这类组织是怎样从张鲁所创立的组织中发展起来的。当然，过去的十年已经表明，道教经典能够用来充实中国南部道教史的内容；戴密微的记叙则把它的历史归入了三个领袖人物的名下——即葛洪、陆修静和陶弘景。虽然所有这三个人都是南方人、贵族和学者，但进一步仔细研究了道教经典的材料以后就会发现，葛洪在道教史上的地位大大不同于陆修静或陶弘景。

葛洪可以被看做拳拳不忘汉代的南方保守的知识传统中最后一位著名的代表（特别是就葛洪来说，他最眷恋追求长生不老的奥秘学说），这与北方学者如王弼的新兴哲学诡辩形成尖锐的对比。可是，他又没有当过任何有组织的宗教社团的成员，更不用说当什么牧师或教主了；他更多的是一位书生气十足的宗教热心人和宣传鼓动者，而不是他所倡导的秘教的真正大师。[③] 另一方面，陆修静和陶弘景二人则都是公元 4 世纪末和 5 世纪初在中国南部兴起的道教中的道士，并且拥有他们所主张的经书传统的入门知识。

事实上，陶弘景的《真诰》虽然被戴密微形容为一部"当时道教的一部新百科全书"（见上面《南北朝时期的道教》），但它看来还包括上溯到公元 4 世纪的一些文献，它们特别是对南方上清派的起源，提供了详细的资料。从这里可以看出，晋王朝的迁移到中国南部就使

---

① 见秋月观暎：《黄巾之乱的宗教性质》，载《东洋史研究》，15：1（1956），第 43—56 页。

② 例如魏启鹏：《太平经与东汉医学》，载《世界宗教研究》，3（1981），第 101—109 页；赵克尧和许道勋：《论黄巾起义与宗教的关系》，载《中国史研究》，1（1980），第 45—56 页。

③ 见西文：《关于"道教"一词令人困惑的起因。特别是涉及传统中国的科学和宗教的关系》，载《宗教史》，17：3—4（1978），第 323—327 页。这篇文章也讨论了上述关于"道教"界说的问题。

得天师道的影响扩大到了南方。这个外来的宗教势力最终与葛洪所代表的当地秘术传统相遇，向流亡转徙的南方贵族展示了前此所不知道的诸天神灵，其品级都大大高于北方人的诸神圣。杨羲（公元330—？年）是这些新经文以天书名义传授到世界上来的中介人，他取得的成就使得陆修静和陶弘景能从后来的许多伪造名字中区分出这些神灵的正确读音来。虽然《灵宝经》的准确起源那时不像上清派那样十分清楚，但人们知道，它们代表稍后一些时间的第二次图箓浪潮，所以杨羲的体验也成了这些教义上相当清晰的经籍的雏形。所幸的是，中国宗教史上这个主要的转折点在读了米歇尔·斯特里克曼最近关于上清派传统出现的专著①以后，便能轻易地补充到戴密微的记叙中去了。

毫无疑问，再经过十年的钻研会进一步弄清楚公元5和6世纪时道教的发展，同时也毫无疑问，有一天会写出一篇我们这一章所论述的时期的概括性著作，那时不仅佛教和道教，而且这两教之间的关系也会因对它们的传统有更多分布均衡的知识而展现出来。② 在研究过程中，我们有理由期待这种循序渐进的进展。但是，如果有人要再一次挥毫写这里所涉及的所有题目，而他只要有戴密微所特有的综合性的博学、识见和强劲的笔触的一半能力，那也许是我们唯一的希望之所寄了。因为毫无疑问，我们不会很快有第二位戴密微其人的。

张书生　译

---

① 米歇尔·斯特里克曼：《茅山的道教：图箓启示年代记》（巴黎，1981）。
② 这后一研究领域早已吸引了西方中国学的注意：见泽克：《佛教对早期道教的影响》，载《通报》，66：1—3（1980），第84—147页。日本对于佛教的研究也表明他们越来越注意到佛教、道教和民间宗教之间的复杂关系，最近的多卷本《中国佛教史》可以为证，此书和我们这一章的范围一模一样；镰田茂雄：《中国佛教史》第2卷（东京，1983），第74—75页。

参考书目

　　传统中国著作的主要条目以其作者或传统作者的姓名列出（例如韩非、桓宽、班固、王符）。相互参照的条目则列出著作名称（例如《韩非子》、《盐铁论》、《汉书》、《潜夫论》）和现代的编者（例如陈奇猷、王利器、彭铎），某些特定的版本则另有条目（例如见王先谦）。

[1]　Abe Takeo. *Chūgokujin no tenka kannen*. Kyoto：Dōshisha Univ. ,1956.
　　　安部健夫：《中国人的天下观念》。

[2]　Adachi Kiroku. *Chōan shiseki no kenkyū*. Tokyo：Tōyō bunko,1933.
　　　足立喜六：《长安史迹研究》。

[3]　Akizuki Kan'ei. "Kōkin no ran no shūkyōsei."*TSK*,15：I(July 1956),pp. 43—56.
　　　秋月观暎：《黄巾之乱的宗教性质》。

[4]　Allan,Sarah. *The heir and the sage：Dynastic legend in early China*. San Francisco：Chinese Materials Center,1981.
　　　萨拉·阿伦：《后嗣和圣贤：古代中国的王朝传说》。

[5]　Amano Motonosuke. *Chūgoku nōgyōshi kenkyū*. Tokyo：Nōgyō Sōgō Kenkyūjo,1962.
　　　天野元之助：《中国农业史研究》。

[6]　Ames,Roger T. *The art of rulership：A study in ancient Chinese political thought*. Honolulu：Univ. of Hawaii Press,1983.
　　　罗杰·艾姆斯：《统治术：古代中国政治思想研究》。

[7]　安徽省亳县博物馆：《亳县曹操宗族墓葬》，载《文物》,1978.8。

[8]　Aurousseau,Léonard. "La première conquête chinoise des pays annamites(II-Ie siècle avant notre ère)."*BEFEO*,23(1923),pp. 137—264.
　　　鄂卢梭：《中国第一次对安南地区的征服》。

[9]　Balazs,Étienne. *Chinese civilization and bureaucracy：Variations on a theme*,

trans. H. M. Wright, ed. Arthur F. Wright. New Haven and London: Yale Univ. Press, 1964.

白乐日:《文明和官僚:一个主题的变异形式》,赖特英译。

[10] Balazs, Étienne. "Political philosophy and social crisis at the end of the Han dynasty." In his *Chinese civilization and bureaucracy: Variations on a theme*, trans. H. M. Wright, ed. Arthur F. Wright. New Haven and London: Yale Univ. Press, 1964, pp. 187－225.

白乐日:《汉末的政治哲学和社会危机》,赖特英译。

[11] Balazs, Étienne. *Le traité juridique du "Souei chou."* Leiden: E. J. Brill, 1954.

白乐日:《隋书·刑法志》。

[12] Balázs, Stefan. "Der Philosoph Fan Dschen und sein Traktat gegen den Buddhismus." *Sinica*, 7(1932), pp. 220－234.

斯特凡·巴拉兹:《范缜的哲学和他关于佛教的论文》。

[13] Barnard, Noel. "Did the swords exist?" *Early China*, 4(1978－1979), pp. 60－65.

诺埃尔·巴纳德:《刀剑存在吗?》。

[14] Bernard, Noel, ed. *Early Chinese art and its possible influence in the Pacific Basin*. Authorized Taiwan edition, 1974.

诺埃尔·巴纳德:《早期中国艺术和它对太平洋盆地可能产生的影响》。

[15] Barnard, Noel. "The nature of the Ch'in 'reform of the script' as reflected in archaeological documents excavated under conditions of control." In *Ancient China: Studies in early civilization*, eds. David T. Roy and Tsuen-hsuin Tsien. Hong Kong: Chinese Univ. Press, 1978, pp. 181－213.

诺埃尔·巴纳德:《在受控情况下发掘出来的考古文献中反映的秦"文字改革"的性质》。

[16] Barnard, Noel, and Satō Tamotsu. *Melallurgical remains of ancient China*. Tokyo: Nichiōsha, 1975.

巴纳德、佐藤保:《古代中国冶金遗址》。

[17] Barrett, T. H. "Taoist and Buddhist mysteries in the interpretation of the *Tao-te ching*." *JRAS*, 1982. 1, pp. 35－43.

巴雷特:《〈道德经〉解释中道教和佛教的神秘事物》。

[18] Beal, Samuel. *Travels of Fah-hian and Sung-yun, Buddhist pilgrims, from*

China to India. London:Trülbner and Co. ,1869.

塞缪尔·比尔:《佛教朝圣者法显等人从中国至印度的行纪》。

[19] Beasley, W. G. , and E. G. Pulleyblank, eds. *Historians of China and Japan*. London:Oxford Univ. Press,1961.

比斯利和浦立本合编:《中国和日本的历史学家》。

[20] Bielenstein, Hans. *The bureaucracy of Han times*. Cambridge:Cambridge Univ. Press,1980. 〔abbreviation:*Bureaucracy*〕

毕汉斯:《汉代的官僚制度》。

[21] Bielenstein,Hans. "The census of China during the period 2—742 A. D." *BMFEA*,19(1947),125—163. 〔abbreviation:"Censns"〕

毕汉斯:《公元2至742年的中国的人口统计》。

[22] Bielenstein, Hans. "The Chinese colonization of Fukien until the end of T'ang." In *Studia Serica Bernhard Karlgren dedicata* ,eds. SФren Egerod and Else Glahn. Copenhagen:Ejnar Munksgaard,1959, pp. 98—122.

毕汉斯:《唐末前中国在福建的移民活动》。

[23] Bielenstein, Hans. "Han portents and prognostications." *BMFEA*, 56 (1984),pp. 97—112.

毕汉斯:《汉代的凶兆和预兆》。

[24] Bielenstein,Hans. "An interpretation of the portents of the Ts'ien-Han-shu. "*BMFEA*,22(1950),pp. 127—143. 〔abbreviation:"Portents"〕

毕汉斯:《〈前汉书〉各种凶兆的解释》。

[25] Bielenstein,Hans. "Later Han inscriptions and dynastic biographies:A historiographical comparison. "In *Proceedings of the International Conference on Sinology*, *Section on history and archaeology*. Taipei:Academia Sinica 1981,pp. 571—586.

毕汉斯:《后汉的铭文和列传:历史学比较》。

[26] Bielenstein,Hans. "Lo-yang in Later Han times. "*BMFEA*,48 (1976),pp. 1—142. 〔abbreviation:"Lo-Yang"〕

毕汉斯:《东汉的洛阳》。

[27] Bielenstein,Hans. *The restoration of the Han dynasty*. 4 vols. *BMFEA*,26 (1954), pp. 1—209; 31(1959), pp. 1—287;39(1967), pp. 1—198; 51 (1979),pp. 1—300. 〔abbreviation:*Restoration*〕

毕汉斯:《汉代的中兴》。

[28] Bielenstein, Hans. Review article of Michel Cartier and Pierre-Étienne Will. "Démographie et institutions en Chine:Contribution à l'analyse des recensements de l'époque impériale(2 ap. J. C. — 1750). "*TP*,61：1—3(1975),pp. 181—85.

毕汉斯:评米歇尔・卡蒂埃和皮埃尔・埃蒂安著《中国的人口统计学和制度:帝国时期(公元 2—1750 年)的人口统计分析》。

[29] Biot, Édouard. *Le Tcheou-li ou rites des Tcheou.* 2 vols. Paris. 1851. 〔abbreviation *TL*〕

毕瓯:《周礼》。

[30] Bloch, Jules. *Les inscriptions d'Asoka.* Paris:Éditions Belles Lettres,1950.

朱尔・布洛克:《阿育王的铭文》。

[31] Blue, Rhea C. "The argumentation of the *Shih-huo chih* chapter of the Han, Wei and Sui dynastic histories. "*HJAS*,11(1948),pp. 1—118.

雷亚・布卢:《汉、魏、隋三朝断代史中的食货志的增补》。

[32] Bodde, Derk. *China's first unifier:A study of the Ch'in dynasty as seen in the life of Li Ssu*(280? —208 B. C.). Leiden:E. J. Brill, 1938; rpt. Hong Kong:Hong Kong Univ. Press,1967. 〔abbreviation: *China's first unifier*〕

卜德:《中国第一个统一者:从李斯(公元前 280? —前 208 年)的一生研究秦朝》。

[33] Bodde, Derk. "The Chinese cosmic magic known as watching for the e-thers. "In *Studia Serica Bernhard Karlgren dedicata*, eds. SФren Egerod and Else Glahn. Copenhagen:Kjnar Munksgaard,1959, pp. 14—35. 〔abbreviation:"Chinese cosmic magic"〕

卜德:《中国人的称为观天的宇宙学魔法》。

[34] Bodde, Derk. *Essays on Chinese civilization*, ed. and introduction, Charles Le Blanc and Dorothy Borei. Princeton:Princeton Univ. Press,1981. 〔abbreviation:*Essays*〕

卜德:《中国文明论文集》。

[35] Bodde, Derk. *Festivals, in classical China:New Year and other annual observances during the Han dynasty*,206. B. C—A. D. 220. Princeton:Princeton Univ. Press, and Hong Kong:Chinese Univ. of Hong Kong, 1975. 〔abbreviation:*Festivals*〕

卜德:《古代中国的节日:公元前206—前220年汉代的新年及其他节日礼仪》。

[36] Bodde,Derk. "Forensic medicine in pre-imperial China." *JAOS*, 102：1(1982), pp. 1—15.

卜德:《帝国前中国的法医学》。

[37] Bodde,Derk. *Statesman, patriot and general in ancient China：Three Shih-chi biographies of the Ch'in dynasty*（255 — 206B. C.）. New Haven, Conn.：American Oriental Society, 1940; rpt. New York：Kraus Reprint, 1967.〔abbreviation：*Statesman*〕

卜德:《古代中国的政治家、爱国者和将军:〈史记〉中三篇秦代(公元前255至前206年)的传记》。

[38] Bodde,Derk. See also Fung Yu-lan, *A history of Chinese philosophy*.

卜德译冯友兰的《中国哲学史》。

[39] Bodde,Derk, and Clarence Morris. *Law in imperial China：Exemplified by 190 Ch'ing dynasty cases*. Cambridge,Mass.：Harvard Univ. Press,1967.

卜德、莫里斯:《中华帝国的法律:清代190个案例示范》。

[40] Boltz, William G. "The religious and philosophical significance of the 'Hsiang Erh' *Lao-tzu* in the light of *the Ma-wang-tui* silk manuscripts." *BSOAS*,45：1(1982),pp. 95—117.

威廉·博尔茨:《从马王堆帛书看〈老子〉想尔注的宗教和哲学意义》。

[41] Boulnois, L. *The Silk Road*, trans. Dennis Chamberlin. London：George Allen and Unwin,1966.

布尔诺埃:《丝绸之路》,张伯伦英译。

[42] Bréhier,Émile. *Plotin Enméades*. 6 vols. Paris：Éditions Belles Lettres,1924—1938.

埃米尔·布雷伊埃:《柏罗丁的九章集》,六卷。

[43] Brewitt-Taylor, C. H. *San Kuo or Romance of the Three Kingdoms*. Shanghai, Hong Kong and Singapore：Kelly and Walsh,Ltd.，1925(popular edition 1929).

布鲁伊特-泰勒:《三国演义》。

[44] Bunker, Emma C. "The Tien culture and some aspects of its relationship to the Dong-son culture." In *Early Chinese art and its possible influence in the pacific basin*, ed. Noel Barnard. Authorized Taiwan edition, 1974, pp. 291—328.

埃马·C.邦克:《滇文化和它与东山文化关系的某些特征》。

［45］ 《战国策》,注释本,上海古籍出版社,1978。

［46］ Chan,Wing-tsit. *A Source book in Chinese philosophy*. Princeton：Princeton Univ. Press；London：Oxford Univ. Press,1963.

　　　 陈荣捷:《中国哲学资料集》。

［47］ 张振新:《汉代的牛耕》,载《文物》,1977.8。

［48］ 张政烺:《试释周初青铜器铭文中的易卦》,载《考古学报》,1980.4；有胡珀和耶茨的英译文。

［49］ 张家山汉墓竹简整理小组:《江陵张家山汉简概述》,载《文物》,1985.1。

［50］ Chang, K. C. *Art, myth and ritual：The path to political authority in ancient China*. Cambridge,Mass.：Harvard Univ. Press,1983.

　　　 张光直:《艺术、神话和礼仪:古代中国取得政治权力之道》。

［51］ Chang,Kwang-chih. *The archaeology of ancient China*. 3rd ed. New Haven and London：Yale Univ. Press,1977.

　　　 张光直:《古代中国的考古学》。

［52］ Chang,Kwang-chih. *Early Chinese civilization：Anthropological perspectives*. Cambridge,Mass.：Harvard Univ. Press,1976.

　　　 张光直:《从人类学的观点看中国古代文明》。

［53］ 张廷玉:《明史》,中华书局,1974。

［54］ 张维华:《论汉武帝》,上海人民出版社,1957。

［55］ 张亚初、刘雨:《从商周八卦数字符号谈筮法的几个问题》,载《考古》,1981.2。

［56］ 赵翼:《廿二史劄记》,四部备要本。

［57］ 赵克尧、许道勋:《论黄巾起义与宗教的关系》,载《中国史研究》,1980.1。

［58］ Chavannes,Édouard. *Les documents chinois découverts par Aurel Stein dans les sables du Turkestan Oriental*. Oxford：Oxford Univ. Press,1913.［abbreviation：*Documents*］

　　　 沙畹:《斯坦因在东突厥斯坦发现的中国文书》。

［59］ Chavannes,Édouard. *Les Mémoires Historiques de Se-Ma Ts'ien*. Vol. I— V. Paris：Ernest Leroux,1895—1905；rpt. Paris：Adrien Maisonneuve,1969. Vol. VI. Paris：Adrien Maisonneuve,1969.［abbreviation：*MH*］

　　　 沙畹:《〈史记〉译注》,第1—5卷,1895—1905;第6卷,1969。

［60］ Chavannes,Édouard. *Le T'ai chan*. Paris：Annales du Musée Guimet,1910.

　　　 沙畹:《泰山》。

[61] Chen Chi-yun(Ch'en Ch'i-yün). "A Confucian magnate's idea of political violence:Hsün Shuang's(128—190)interpretation of the *Book of changes.*" *TP*,54(1968),pp. 73—115.

陈启云:《一个儒家巨子关于政治暴力的思想:荀爽对〈易经〉的解释》。

[62] Chen Chi-yun. *Hsüu Yüeh*(*A. D.* 148—209):*The life and reflections of an early medieval Confucian.* Cambridge:Cambridge Univ. Press,1975. [abbreviation:*Life and reflections*]

陈启云:《荀悦(公元 148—209 年):一个中世纪早期的儒家的一生和反省》。

[63] Ch'en Ch'i-yun. *Hsün Yüeh and the mind of Late Han China:A translation of the* Shen-chien *with introduction and annotations.* Princeton:Princeton Univ. Press,1980. [abbreviation:*Hsün Yüeh and the mind of Late Han China*]

陈启云:《荀悦和东汉晚期的思想:〈申鉴〉译注,附导言》。

[64] 陈直:《两汉经济史料论丛》,陕西人民出版社,1958;1980 再版。

[65] Ch'en. Kenneth. "Anti-Buddhist propaganda during the Nan-ch'ao." *HJAS*,15(1952),pp. 166—192.

陈观胜:《南朝时期的反佛教宣传》。

[66] Ch'en,Kenneth K. S. *Buddhism in China:A historical survey.* Princeton:Princeton Univ. Press,1964. [abbreviation:*Buddhism in China*]

陈观胜:《中国佛教的历史考察》。

[67] Ch'en,Kenneth. "On some factors responsible for the anti-Buddhist persecution under the Pei-ch'ao."*HJAS*,17(1954),pp. 261—273.

陈观胜:《论对北朝反佛运动应负责的几个因素》。

[68] 陈寿:《三国志》,北京,中华书局,1959。

[69] 陈祚龙:《汉官七种通检》。

[70] 陈寅恪:《支愍度学说考》,载台北《史语研究所集刊》专集,3。

[71] 陈寅恪:《天师道与滨海地域之关系》,载台北《史语研究所集刊》专集,3。

[72] 陈垣:《二十史朔闰表》,1925;北京古籍出版社 1956 再版。

[73] 郑州市博物馆:《郑州古荥镇汉代冶铁遗址发掘简报》,载《文物》,1978.2。

[74] 程欣人:《武汉出土的两块东吴铅券释文》,载《考古》,1965.10。

[75] 程树德:《汉律考》,收于《九朝律考》,两卷,上海,商务印书馆,1927。

[76] Cbeng, Te-k'un. *Archaeology in China.* 3 vols. Cambridge: Heffer, 1959—1963.

郑德昆:《中国的考古学》,三卷。

[77] Cheng, Te-k'un. "Han burial remains in the Huangho Basin. "*Journal of the Institute of Chinese Studies*, *the Chinese University of Hong Kong*, 14 (1983),pp. 145—272.

郑德昆:《黄河流域的汉代墓葬遗址》。

[78] Cheng, Te-k'un. "*Yin-yang wu-hsing* and Han art. "*HJAS*, 20 (1957),pp. 162—186.

郑德昆:《阴阳五行和汉代艺术》。

[79] 程瑶田:《九谷考》,载《皇清经解》,广州,1860。

[80] Ch'i, Ch'ao-ting. *Key economic areas in Chinese history*, *as revealed in the development of public works for water-control.* London: George Allen and Unwin,1936.

冀朝鼎:《从治水公共工程看中国历史上的关键经济区》。

[81] 漆侠:《秦汉农民战争史》,北京,生活・读书・新知三联书店,1962。

[82] 季勋:《云梦睡虎地秦简概述》,载《文物》,1976.5。

[83] 纪南城凤凰山一六八号汉墓发掘整理组:《湖北江陵凤凰山一六八号汉墓发掘简报》,载《文物》,1975.9。

[84] 齐思和:《匈奴西迁及其在欧洲的活动》,载《历史研究》,1977.3。

[85] 贾谊:《新书》,四部备要本。

[86] 贾思勰:《齐民要术》。可参考石声汉:《齐民要术今释》,四卷,北京,科学出版社,1957。

[87] 蒋华:《扬州甘泉山出土东汉刘元台买地砖券》,载《文物》,1980.6。

[88] 江润勋、陈炜良、陈炳良:《贾谊研究》,香港,1958。

[89] 钱穆:《秦汉史》,香港,1957。

[90] 钱穆:《两汉经学今古文平议》,香港,1958。

[91] 翦伯赞:《关于两汉的官私奴婢问题》,载《历史研究》,1954.4。

[92] 秦中行:《秦郑国渠渠首遗址调查记》,载《文物》,1974.7。

[93] 秦鸣:《秦俑坑兵马俑军阵内容及兵器试探》,载《文物》,1957.11。

[94] 秦波:《西汉皇后玉玺和甘露二年铜方炉的发现》,载《文物》,1973.5。

[95] 金维诺:《和林格尔东汉壁画墓年代的探索》,载《文物》,1974.1。

［96］ 秦俑考古队：《秦始皇陵二号铜车马清理简报》，载《文物》，1983.7。

［97］ 《九章算术》，四部丛刊本。

［98］ 《周易京氏章句》，载马国翰辑：《玉函山房辑佚书》，I。

［99］ 《周礼》，四部丛刊本。

［100］ 周维衍：《古夜郎三题》，载《历史研究》，1979.11。

［101］ 朱成章：《寿县安丰塘汉代埔工问题的探讨》，载《文物》，1979.5。

［102］ 朱熹：《资治通鉴纲目》。可参见《御批资治通鉴纲目》，载《四库全书珍本》，6。

［103］ 《楚辞》。可参见《楚辞补注》，四部备要本。

［104］ 《庄子》。可参见《庄子引得》。《哈佛燕京中国学引得丛书》补刊，20，北京，1947。

［105］ 中华书局编辑部编：《云梦秦简研究》，北京，1981。

［106］ 中国社会科学院哲学研究所编：《中国哲学年鉴》，1982。

［107］ 中国科学院考古研究所：《新中国的考古收获》，北京，文物出版社，1961。

［108］ 满城发掘队：《满城汉墓发掘纪要》，载《考古》，1972.1。

［109］ 中国历史学年鉴编辑组编：《中国历史学年鉴，1981，简本》，北京，人民出版社，1981。

［110］ 中国历史地图集编辑组编：《中国历史地图集》第2册，上海，中国地图学社，1975。

［111］ 中国社会科学院考古研究所编：《居延汉简甲乙编》，两册，北京，中华书局，1980。

［112］ 中国社会科学院考古研究所、河北省文物管理处：《满城汉墓发掘报告》，两册，北京，文物出版社，1980。

［113］ 中国社会科学院考古研究所、洛阳工作队：《汉魏洛阳城南郊的灵台遗址》，载《考古》，1978.1。

［114］ 中国冶金史编写组：《从古荥遗址看汉代生铁冶炼技术》，载《文物》，1978.2。

［115］ Ch'ü, T'ung-tsu. *Han social structure*, ed. Jack L. Dull. Seattle and London: Univ. of Washington Press, 1972.

　　　 瞿同祖：《汉代社会结构》。

［116］ Ch'ü, T'ung-tsu, *Law and society in traditional China*. Paris and The Hague: Mouton, 1961.

瞿同祖:《传统中国的法律和社会》。

[117] Cohen,Jerome A. ,R. Randle Edwards,and Fu-mei Chang Chen,eds. *Essays on China's legal tradition*,Princeton:Princeton Univ. Press,1980.

孔杰荣、伦德尔·爱德华兹、陈张富美合编:《中国法律传统论文集》。

[118] Creel,Herrlee G. "Legal institutions and procedures during the Chou dynasty. "In *Essays on China's legal tradition*, eds. Jerome A. Cohen, R. Randle Edwards, and Fu-mei Chang Chen. Princeton: Princeton Univ. Press,1980,pp. 26—55.

顾立雅:《周代的法律制度和程序》。

[119] Creel. Herrlee G. *The origins of statecraft in China*. Vol. I. *The Western Chou empire*. Chicago and London:Univ. of Chicago Press,1970.

顾立雅:《中国治国之道的起源》第 1 卷《西周帝国》。

[120] Creel, Herrlee G. *Shen Pu-hai*:*A Chinese political philosopher of the fourth century B. C.* Chicago and London:Univ. of Chicago Press,1974.

顾立雅:《公元前 4 世纪中国的政治哲学家申不害》。

[121] Creel, Herrlee G. *What is Taoism? and other studies in Chinese cultural history*. Chicago and London:Univ. of Chicago Press,1970.

顾立雅:《什么是道教? 及中国文化史的其他研究论文》。

[122] Crump,J. I. ,Jr. *Chan-kuo ts'e*. Oxford:Clarendon Press,1970.

小克伦普:《战国策》。

[123] Cullen,Christopher. "Joseph Needham on Chinese astronomy. "*Past and present*,87(May 1980),pp. 39—53.

克里斯托弗·卡伦:《李约瑟论中国的天文学》。

[124] Cullen, Christopher. "Some further points on the *shih*. "*Early China*,6 (1980—1981),pp. 31—46.

克里斯托弗·卡伦:《关于"式"的另外几点意见》。

[125] Daniélou,Jean. *Platonisme et théologie mystique*. Paris:Aubier, 1944.

让·达尼埃卢:《柏拉图主义和神秘的神学》。

[126] de Bary,William Theodore,Wing-tsit Chan,and Burton Watson. *Sources of Chinese tradition*. 2 vols. New York and London:Columbia Univ. Press,1960.

狄伯瑞、陈荣捷、伯顿·沃森:《中国传统的来源》。

[127] de Crespigny, Rafe. *The biography of Sun Chien*. Occasional Paper no. 5, Centre of Oriental Studies. Canberra: Australian National Univ. Press, 1966.

雷夫·德克雷斯皮尼:《孙坚传》。

[128] de Crespigny, Rafe. *The last of the Han: being the chronicle of the years 181—220 A.'D. as recorded in chapers 58—68 of the* Tzu-chih t'ung-chien *of Ssu-ma Kuang*. Canberra: Australian, National Univ. Press, 1969. [abbrevlation: *Last of the Han*]

雷夫·德克雷斯皮尼:《汉朝的末年:司马光〈资治通鉴〉卷 58—68 所载公元 181—220 年大事记》。

[129] de Crespigny, Rafe. *Northern frontier: The policies and strategy of the Later Han empire*. Canberra: Australian National Univ. Press, 1984.

雷夫·德克雷斯皮尼:《北部边疆:后汉帝国的政策和策略》。

[130] de Crespigny, Rafe. *Official titles of the Former Han dynasty*. Canberra: Australian National Univ. Press, 1967.

雷夫·德克雷斯皮尼:《西汉的官衔》。

[131] de Crespigny, Rafe. "An outline of the local administration of the Later Han empire."*Chung-chi Journal*, 7:1(1967), pp. 57—71.

雷夫·德克雷斯皮尼:《后汉帝国地方行政管理概述》。

[132] de Crespigny, Rafe. *Portents of protest in the Later Han dynasty: The memorials of Hsiang K'ai to Emperor Huan*. Canberra: Australia National Univ. Press, 1976. [abbreviation: *Portents of protest*]

雷夫·德克雷斯皮尼:《东汉抗议的预兆:襄楷呈给桓帝的奏议》。

[133] de Crespigny, Rafe. *The records of the Three Kingdoms*. Australia National University Centre of Oriental Studies, Occasional Paper no. 9. Canberra: Australian National Univ. Press, 1970.

雷夫·德克雷斯皮尼:《三国志》。

[134] de Crespigny, Rafe. "The recruitment system of the imperial bureaucracy of the late Han."*Chung-chi Journal*, 6:1(1966), pp. 67—78.

雷夫·德克雷斯皮尼:《后汉帝国官僚机器的征募制》。

[135] de Gandillac, Maurice. *La philosophie de Nicolas de Cues*. Paris: Aubier, 1941.

M. 德冈迪利阿:《库萨的尼古拉斯的哲学》。

[136] de Groot,J. J. M. *Chinesische Urkunden zur Geschichte Asiens*:Vol. I. *Die Hunnen der vorchristlichen Zeit*, Vol. II. *Die Westlande Chinas in der vorchristlichen Zeit*. Berlin and Leipzig:de Gruyter,1921—1926.

德格罗特:《亚洲史中的中国文书》第 1 卷《公元前的匈奴》;第 2 卷《公元前中国的西域》。

[137] de Groot, J. J. M. *The religious system of China*. 6 vols. Leiden:E. J. Brill,1892—1910;rpt. Taipei:Literature House,1964.

德洛罗特:《中国的宗教制度》,六卷。

[138] De Mailla,J. A. M. de Moyriac. *Histoire générale de la Chine*,ou *Annales de cet emtpire*;*traduites du Tong-Kien Kang-Mou*. 13 vols. Paris:Pierres & Clousier,1777—1785.

冯秉正:《中国通史》。

[139] Demiéville,Paul. "Les apocryphes bouddhiques en Chine. ",I, II. *Annuaire*, 55(1955),237—239.

戴密微:《中国佛教中的伪经》。

[140] Demiéville,Paul. "Le bouddhisme chinois. "In *Encyclopédie de la Pléiade*, *Histoire des religions*. Vol. I. Paris:Gallimard,1970, pp. 1249—1319.

戴密微:《中国的佛教》。

[141] Demiéville, Paul. "Le bouddhisme et la guerre. "*Mélanges*, I(1957), pp. 347—385.

戴密微:《佛教和战争》。

[142] Demiéville,Paul. *Choix d'études bouddhiques*(*1929—1970*). Leiden:E. J. Brill,1973.

戴密微:《佛教研究选集(1929—1970 年)》。

[143] Demiéville,Paul. *Choix d'études sinologiques*(1921—1970). Leiden:E. J. Brill,1973.

戴密微:《汉学研究选集(1921—1970 年)》。

[144] Demiéville,Paul. "Études sur la formation du vocabulaire phillosophique chinois. "*Annuaire*,47(1947),pp. 151—157; 48(1948),pp. 158—160;49 (1949),pp. 177—182.

戴密微:《中国哲学词汇形成的研究》。

[145] Demiéville,Paul. "Notes d'archéologie chinoise. " *BEFEO*, 25 (1926), pp. 449—467.

戴密微:《中国考古学札记》。

[146] Demiéville,Paul. "La pénétration du bouddhisme dans la tradition philosophique chinoise. "*Cahiers d'Histoire Mondiale*. Neuchâtel: Unesco,1956, pp. 19—38. [abbreviation:"La pénétration"]

戴密微:《佛教对中国哲学传统的渗透》。

[147] Demiéville,Paul. "Présentation d'un poète. "*TP*,56(1970),pp. 241—261.

戴密微:《一位诗人的作品》。

[148] Demiéville,Paul. "Récents travaux sur Touen-houang. "*TP*,56(1970), pp. 1—95.

戴密微:《近期的敦煌的研究》。

[149] Demiéville, Paul. "La *Yogācārabhūmi* de Sangharaksa. "*BEFEO*, 44:2 (1954),pp. 339—436.

戴密微:《僧护瑜伽师地论》。

[150] Dien,Albert E. , trans. "Excavation of the Ch'in dynasty pit containing pottery figures of warriors and horses at Ling-t'ung,Shensi Province. "*Chinese Studies in Archeology*,1:1(Summer 1979), pp. 8—55.

艾伯特·迪恩译:《秦始皇陵东侧第二号兵马俑坑钻探试掘简报》(原文载《文物》,1978.5)。

[151] Dubs,Homer H. *The History of the Former Han dynasty*. 3 vols. Baltimore:Waverly Press,1938—1955. [abbreviation:*HFHD*]

德效骞:《〈汉书〉译注》,三卷。

[152] Dubs,Homer H. *The works of Hsüntze*. London:Probsthain,1928.

德效骞:《荀子的著作》。

[153] Dull,Jack L. "A historical introduction to the apocryphal(*ch'an-wei*) texts of the Han dynasty,"Diss. Univ. of Washington,1966.

杰克·杜尔(杜敬轲):《汉代谶语纬书的历史概论》。

[154] Duyvendak, Jan Julius Lodewijk. *The Book of Lord Shang:A classic of the Chinese school of law*. London:Arthur Probsthain, 1928; rpt. , London: Unesco's collection of representative works, Chinese Series,1963.

戴闻达:《商君书》。

[155] Eberhard, Wolfram. "Beiträge zur kosmologischen Spekulation der Chinesen der Han-Zeit." Vol. I. *Baessler Archiv*, 16(1933), pp. 1—100; Vol. II. *Sitzungsberichte der Preussischen Akademie der Wissenschaften.* Berlin: Akademie der Wissenschaften, 1933, pp. 937—979.

沃尔弗勒姆·埃伯哈德:《〈汉书〉中中国人的宇宙观思辨》。

[156] Eberhard, Wolfram. *Lokalkulturen im alten China.* Vol. I Leiden: E. J. Brill, 1942; Vol. II. Peking: Catholie Univ. of Peking, 1942. English translation of Vol. II: *The local cultures of south and east China*, trans. A. Eberhard. Leiden: E. J. Brill, 1968. [abbreviation: *Lokalkulturen*]

沃尔弗勒姆·埃伯哈德:《古代中国的地方文化》,两卷;第 2 卷有 A. 埃伯哈德的英译文,书名:《中国南部和东部的地方文化》。

[157] Eberhard, Wolfram. "The political function of astronomy and astronomers in Han China." In *Chinese thought and institutions*, ed. John K. Fairbank. Chicago: Univ. of Chicago Press, 1957, pp. 33—70.

沃尔弗勒姆·埃伯哈德:《汉代的天文学和天文学者的政治作用》。

[158] Eberhard, Wolfram, Krzysztof Gawlikowski, and Carl-Albrecht Seyschab, eds. *East Asian civilizations: New attempts at understanding traditions: No. 2 Nation and mythology.* Munich: Simon and Magiera, 1983.

沃尔弗勒姆·埃伯哈德等合著:《东亚文明:了解传统的新尝试:第 2 号:民族和神话》。

[159] Ebrey, Patricia Buckley. *The aristocratic families of early imperial China: A case study of the Po-ling Ts'ui, family.* Cambridge: Cambridge Univ. Press, 1978. [abbreviation: *Aristocratic families*]

帕特里夏·埃伯里:《早期中华帝国的贵族家族:博陵崔氏家族个例研究》。

[160] Ebrey, Patricia Buckley. "Estate and family management in the Later Han as seen in the *Monthly instructions for the four classes of people.*" *Journal of the Economic and Social History of the Orient*, 17(1974). pp. 173—205. [abbreviation: "Estate and family management"]

帕特里夏·埃伯里:《从〈四民月令〉看东汉的庄园和家族管理》。

[161] Ebrey, Patricia Buckley. "Later Han Stone inscriptions." *HJAS*, 40 (1980), pp. 325—353.

帕特里夏·埃伯里:《后汉石刻碑文》。

[162] Ebrey,Patricia Buckley "Patron-client relations in the Later Han." *JAOS*, 103:3(July—September. 1983),pp. 533—542.

帕特里夏·埃伯里:《后汉时期庇护人—受保护人的关系》。

[163] Egerod,Søren, and Else Glahn, eds. *Studia Serica Bernhard Karlgren dedicata:Sinological studies dedicated to Bernhard Karlgren on his seventieth birthday*,*October Fifth*, *1959*. Copenhagen:Ejnar Munksgaard, 1959.

埃格洛德、格拉恩合编:《高本汉汉学纪念文集》。

[164] Eichhorn,Werner. "T'ai-P'ing und T'ai-p'ing Religion."*Mitteilungen des Instituts für Orientforschung*,5(1957),pp. 113—140.

维尔纳·艾希霍恩:《太平和太平教》。

[165] Elvin,Mark. *The pattern of the Chinese past*. London:Eyre Methuen, 1973.

马克·埃尔文:《中国过去的类型》。

[166] Fairbank,John King,ed. *Chinese thought and institutions*. Chicago:Univ. of Chicago Press,1957.

费正清:《中国的思想和制度》。

[167] Fairbank,John King, ed. *The Chinese world order:Traditional China's foreign relations*. Cambridge,Mass. : Harvard Univ. Press,1968.

费正清编:《中国人的世界秩序观:传统中国的对外关系》。

[168] Fairbank,John King. *The United States and China*. 3rd. ed. Cambridge, Mass. :Harvard Univ. Press,1971.

费正清:《美国与中国》。

[169] 《氾胜之书》。可参见石声汉:《氾胜之书今释》(初稿),北京,科学出版社, 1956。有英译本,北京,科学出版社,1959。

[170] 范文澜:《中国通史》,北京,人民出版社,1965。

[171] 范晔等编撰:《后汉书》,北京,中华书局,1965。

[172] Fang,Achilles. *The chronicle of the Three Kingdoms*. 2 vols. Cambridge, Mass. :Harvard Univ. Press,1952—1965.

方志彤译:《英译〈三国志〉》。

[173] 房玄龄:《晋书》,北京,中华书局,1974。

[174] Feuerwerker, Albert, ed. *History in Communist China*. Cambridge, Mass. , and London: MIT Press, 1968.

费维恺编:《共产党中国的历史学》。

[175] Finsterbusch, Käte. *Verzeichnis und Motivindex der Han-Darstellungen*. 2 vols. Wiesbaden: Harrassowitz, 1966, 1971.

肯特·芬斯特布施:《汉史概要及题材索引》。

[176] Fisher, Carney Thomas. "The Great Ritual Controversy in Ming China. " Diss. Univ. of Michigan, 1971.

卡尼·托马斯·费希尔:《明代大礼的争论》。

[177] Fong, Wen, ed. *The Great Bronze Age of China: An exhibition from the People's Republic of China*. New York: Knopf, 1980.

方闻:《伟大的中国青铜器时代:中华人民共和国的一个展览》。

[178] Forke, Alfred. *Lun-heng*. Part I. *Philosophical essays of Wang Ch'ung*. Part II. *Miscellaneous essays of Wang Ch'ung*. 2 vols. Shanghai: Kelly and Walsh; London: Luzac; Leipzig: Harrassowitz, 1907 and 1911. , rpt. New York: Paragon Book Gallery, 1962.

艾尔弗雷德·福克译:《论衡》第 1 部分《王充哲学论文》;第 2 部分《王充杂文》。

[179] Franke, Otto. *Geschichte des chinesischen Reiches*. 5 vols. Berlin and Leipzig: de Gruyter, 1930—1952.

福兰格:《中华帝国史》。

[180] Freedman, Maurice. *Lineage organization in southeastern China*. London: Univ. of London, Athlone Press, 1958.

莫里斯·弗里德曼:《东南的氏族组织》。

[181] Fujikawa Masakazu. *Kandai ni okeru reigaku no kenkyū*. Tokyo: Kazama Shobō, 1968.

藤川正数:《汉代礼学的研究》。

[182] Fujita Katsuhisa. "'Shimin gatsurei' no seikaku ni tsuite Kan dai gunken no Shakaizō. "*Tōhōgaku*, 67 (1984), pp. 34—47.

藤田胜久:《〈四民月令〉的性质,汉代郡县的社会现象》。

[183] Fujita Shizen. *Go-Kan jo goi shūsei*. 3 vols. Kyoto: Jinbun Gakkai, 1960—1962.

藤田至善:《后汉书语汇集成》,三卷。

[184] Fukui Kōjun. *Dōkyō no kisoteki kenkyū*. Tokyo: Sasaki Takahiko, 1952.

福井康顺:《道教基础的研究》。

[185] Fukui Shigemasa(Jūga). "Kōkin no ran no kigi to kōgō."*Taishō daigaku kenkyū kiyō*,59(1973),pp. 67—86.

福井重雅:《黄巾之乱的起义和口号》。

[186] Fukui Shigemasa. "Kōkin no ran to dentō no mondai."*TSK*,34:1 (June 1975),pp. 24—57.

福井重雅:《黄巾之乱和传统问题》。

[187] Fukui Shigemasa. "Kōkin shūdan no soshiki to sono seikaku."*Shikan*,89 (March 1974),pp. 18—32.

福井重雅:《黄巾集团组织的特性》。

[188] Fung Yu-lan. *Chuang-tzu: A new selected translation with an exposition of the philosophy of Kuo Hsiang*. Shanghai: Commercial Press, 1933; rpt. New York: Paragon Book, 1954.

冯友兰:《〈庄子〉新选译,附郭象注疏》(英文)。

[189] Fung Yu-lan. *A history of Chinese philosophy*,trans. Derk Bodde. 2 vols. London: George Allen and Unwin; Princeton: Princeton Univ. Press, 1952. Translation of Feng Yu-lan. *Chung-kuo che-hsüeh shih*-2 vols. Ch'ang-sha: Shang-wu Yin-shu-kuan, 1934.

冯友兰:《中国哲学史》,两卷,有卜德的英译文。

[190] Gale, Esson M. , trans. *Discourses on salt and iron: A debate on state control of commerce and industry in ancient China; chapters I—XIX, translated from the Chinese of Huan K'uan with introduction and notes*. Leyden: E. J. Brill, 1931; rpt. Taipei: ch'eng-wen Publishing Co. , 1967. [abbreviation: Gale, *Discourses* (1931)]

埃松·盖尔:《〈盐铁论〉卷一至十九译注及介绍》。

[191] Gale, Esson M. , Peter A. Boodberg, and T. C. Lin. "Discourses on salt and iron(Yen T'ieh Lun: chaps. XX—XXVIII)."*Journal of the North China Branch of the Royal Asiatic Society*,65(1934),pp. 73—110. Rpt. Taipei: Ch'eng-wen Publishing Co. , 1967. [abbreviation: Gale, "Discourses" (1934)]

埃松·盖尔、彼得·布德伯格、T. C. 林:《〈盐铁论〉卷二十至二十八译注》。

[192] Gardiner, K. H. J. *The early history of Korea*. Canberra: Australian National Univ. Press, 1969. [abbreviation: *Early Korea*]

加德纳:《朝鲜古代史》。

[193] Gardiner, K. H. J. , and R. R. C. de Crespigny. "Tan-shih-huai and the Hsien-pi tribes of the second century A. D. "*Papers on Far Eastern History (Canberra)*, 15(1977), pp. 1—44.

加德纳、德克雷斯皮尼:《檀石槐和公元 2 世纪的鲜卑部落》。

[194] Gardiner, Charles S. *Chinese traditional historiography*. Cambridge, Mass. ; Harvard Univ. Press, 1938.

查尔斯·加德纳:《中国的传统历史学》。

[195] Gaubil, Antoine. *Correspondance de Pékin, 1722 — 1759*. Geneva: Librairie Droz, 1970.

宋君荣:《北京通信,1722—1759 年》。

[196] Gernet, Jacques. *Les aspects économiques du bouddhisme dans la société chinoise du Ve au Xe siécle*. Saigon: École Française d'Extrême-Orient, 1956.

约克·热尔纳:《5 至 10 世纪中国社会中佛教的经济情况》。

[197] Gernet, Jacques. "Les suicides par la feu chez les bouddhistes chinois du Ve au Xe siècle. "*Mélanges*, 2(1960), pp. 527—558.

约克·热尔纳:《5 至 10 世纪中国佛教徒的殉道激情》。

[198] Giles, H. A. *The travels of Fa-hsien (399 — 414 A. D.)or Record of the Buddhistic Kingdoms*. Cambridge: Cambridge Univ. Press, 1923; rpt. London: Routledge and Kegan Paul, 1956.

翟理思:《法显行纪》。

[199] Goi Naohiro. "Go-Kan ōchō to gōzoku. "*Iwanami Kōza Sekai rekishi*, 4. *Kodai*, Vol. IV: *Higashi Ajia sekai no keisei*, Part I. Tokyo: Iwanami shoten, 1970, pp. 403—444.

五井直弘:《后汉王朝和豪族》,《岩波讲座世界历史》,4.《古代》第 4 卷,《东亚细亚世界的形成》,第 1 部分。

[200] Goodrich, Luther Carrington. *The literary inquisition of Ch'ien lung*. Bal-

timore：Waverly Press，1935.

　　傅路特：《乾隆的文字狱》。

[201] Goodrich，Luther Carrington，and Chaoying Fang. *Dictionary of Ming biography 1368－1644.* 2 vols. New York and London：Columbia Univ. Press，1976.

　　傅路特、房兆楹：《明代人物传记辞典》。

[202] Graham，A. C. "'Being' in Western philosophy compared with *shih/fei* and *yu/wu* in Chinese philosophy." *AM*，NS 7(1959)，pp. 79－112.

　　A. C. 格雷厄姆：《西方辞学中的"Being"与中国哲学中的是非和有无的比较》。

[203] Graham，A. C. *The Book of Lieh-tzu.* London：John Murray，1960.

　　A. C. 格雷厄姆：《列子》。

[204] Graham，A. C. *Chuang-tzu*：*The seven inner chapters and other writings from the book* Chuang-tzu. London：George Allen and Unwin，1981.

　　A. C. 格雷厄姆：《〈庄子〉内篇七篇及其他作品》。

[205] Graham，William T.，Jr. "*The lament for the south*"：*Yü Hsin's* "*Ai Chiang-nan fu*". Cambridge：Cambridge Univ. Press，1980.

　　小威廉·格雷厄姆：《庾信的〈哀江南赋〉》。

[206] Hakeda，Yoshito，trans. *The awakening of faith*，attributed to Aśvaghosha. New York and London：Columbia Univ. Press，1967.

　　峡田吉人：《信仰的觉醒，据认为是马鸣之作》。

[207] Haloun，G. "The Liang-chou rebellion 184－221 A. D." *AM*，NS 1：1 (1949)，pp. 119－132.

　　古斯塔夫·哈隆：《凉州叛乱：公元 184—221 年》。

[208] 韩非:《韩非子》。参见陈奇猷编:《韩非子集释》,两卷,北京,中华书局,1958。

[209] 《汉官六种》,四部备要本。

[210] 《汉唐壁画》,北京,外文出版社,1974。

[211] Harada Yoshito and Tazawa Kingo. *Rakurō*：*A report on the excavation of Wang Hsü's tomb in the* "*Lo-lang*" *province*，*an ancient Chinese colony in Korea.* Tokyo：Tōkō-shoin，1930.

　　原田淑人、田泽金吾:《古代中国在朝鲜的殖民地乐浪的发掘报告》。

[212] Harper,Donald J. "The Han cosmic board. "*Early China* ,4(1978－1979),
pp. 1－10.

唐纳德・哈珀:《汉代的"式"》。

[213] Harper,Donald J. "The Han cosmic board: A response to Christopher
Cullen. "*Early China* ,6(1980－1981),pp. 47－56.

唐纳德・哈珀:《汉代的"式",答克里斯托弗・卡伦》。

[214] Harrison,James P. *The Communists and Chinese peasant rebellions* (*A
study in the rewriting of Chinese history*). London:Victor Gollancz,1970.

詹姆斯・哈里逊:《共产党人和中国农民叛乱(关于中国人重写历史的
研究)》。

[215] Hawkes,David. *Ch'u Tz'u*: *The songs of the south*. Oxford:Clarendon
Press,1959. [abbreviation:*Songs of the south*]

戴维・霍克斯:《楚辞》。

[216] Hayashi Minao. *Kandai no bunbutsu*. Kyoto:Kyōto Daigaku Jinbun Ka-
gaku Kenkyūjo,1976.

林巳奈夫:《汉代文物》。

[217] Hearn,Maxwell K. "The terracotta army of the First Emperor of Qin (221
－206 B. C.). "In *The Great Bronze Age of China*: *An exhibition from the
People's Replie of China* ,ed. Wen Fong. New York:Knopf,1980.

马克斯韦尔・赫恩:《秦始皇(前 221 至前 206 年)的兵马俑》。

[218] Hedin,Sven,in collaboration with Folke Bergman et al. *History of the ex-
pedition in Asia 1927－1935*. 4 vols. Stockholm:Sino-Swedish Expedition,
1943－1945.

斯文赫定:《1927—1935 年亚洲探险史》。

[219] Henricks, Robert G. *Philosophy and argumentation in third century Chi-
na*: *The essays of Hsi K'ang*. Princeton:Princeton Univ. Press,1983.

罗伯茨・亨利克斯:《公元 3 世纪中国的哲学和争论:嵇康的文章》。

[220] Hervouet,Yves. *Le Chapitre 117 du Che-Ki* (*Biographie de Sseu-ma
Siang-jou*): *traduction avec notes*. Paris:Presses Universitaires de France,
1972.

伊夫・埃尔武厄(吴德明):《〈史记〉司马相如传译注》。

[221] Hervouet,Yves. *Un poète de Cour sous les Han*: *Sseu-ma Siang-jou*. Paris:

Presses Universitaires de France,1964. [abbreviation: *Un poète de cour*]

伊夫·埃尔武厄(吴德明):《汉代宫廷诗人司马相如》。

[222] Hervouet,Yves. "La valeur relative des textes du *Che-ki* et du *Han chou.*" In *Mélanges de Sinologie offertsà Monsieur Paul Demiéville*. Institut des Hautes Études Chinoises, Vol. xx. Paris: Bibliothèque de l'Institut des Hautes Études Chinoises,1974,Vol. II,pp. 55—76.

伊夫·埃尔武厄(吴德明):《〈史记〉和〈汉书〉的相对价值》。

[223] Herzer, Christine. "Das Szu-min yüeh-ling des Ts'ui Shih: Ein Bauern-Kalender aus der Späteren Han-Zeit. "Diss. Hamburg Univ. , 1963.

克里斯丁·赫泽尔:《汉代崔寔的〈四民月令〉》。

[224] Hightower,James Robert. *Han Shih Wai Chuan*:*Han Ying's illustrations of the didactic application of the* Classic of songs;*an annotated translation*. Cambridge,Mass:Harvard Univ. Press, 1952.

詹姆斯·罗伯特·海托华:《〈汉史外传〉译注》。

[225] Hiranaka Reiji. *Chūgoku kodai no densei to zeihō*. Oriental Research Series,no. 16. Kyoto:Tōyōshi Kenkyūkai,Kyoto University, 1967.

平中苓次:《中国古代的田制和税法》。

[226] Hiranaka Reiji. "*T'ien-tsu* or land tax and its reduction and exemption in case of natural calamities in the Han period. "3 parts. *Memoirs of the Research Department of the Tōyō Bunko*,31(1973),pp. 53—82;32(1974), pp. 73—97; 33(1975),pp. 139—160.[abbreviation:"Land tax"]

平中苓次:《田租或地租和发生天灾时的减免情况》。

[227] 贺昌群:《汉唐间封建土地所有制形式研究》,上海人民出版社,1964。

[228] 贺昌群:《关于宗族宗部的商榷》,载《历史研究》,1956.11。

[229] 河南省博物馆:《河南汉代冶铁技术初探》,载《考古学报》,1978.1。

[230] 河南省博物馆:《灵宝张湾汉墓》,载《文物》,1975.11。

[231] 河北省文化局文物工作队:《望都二号汉墓》,北京,文物出版社,1959。

[232] Hoang. P. *Concordance des chronologies néomeniques chinoise et européenne*. Variétés Sinologiques no. 29. Shanghai: Impr. de la Mission Catholique,1910.

P. 奥昂:《中国和欧洲年月的换算》。

[233] Holzman,Donald. "Les débuts du système médiéval de choix et de classe-

874

ment des fonctioanaires: Les neuf catégories et l'Impartial et Juste. "
Mélanges publiés par l'Institut des Hautes Études Chinoises, 1(1957), pp.
387—414.

唐纳德·霍尔兹曼:《中世纪九品中正制度的起源》。

[234] Holzman, Donald. "Les sept sages do la forêt des bambous et la société de
leur temps. "*TP*, 44(1956), pp. 317—346.

唐纳德·霍尔兹曼:《竹林七贤和当时的社会》。

[235] Holzman, Donald. *La vie et la pensée de Hi K'ang* (223—262 ap. J. C.)
Leiden: E. J. Brill, 1957.

唐纳德·霍尔兹曼:《嵇康(公元 223—262 年)的生平和思想》。

[236] Hotaling, Stephen James. "The city walls of Han Ch'ang-an. "*TP*, 64:1
—3(1978), pp. 1—46.

斯蒂芬·霍塔林:《汉长安的城墙》。

[237] 侯外庐:《中国封建社会前后期的农民战争及其口号的发展》,载《历史研
究》,1959.4。

[238] 夏鼐:《三十年来的中国考古学》,载《考古》,1979.5。

[239] 夏纬瑛:《吕氏春秋上农等四篇校释》,北京,中华书局,1956.

[240] 萧之兴:《关于匈奴西迁过程的探讨》,载《历史研究》,1978.7。

[241] 萧之兴:《试释"汉归义羌长"印》,载《文物》,1976.7。

[242] 晓菡:《长沙马王堆汉墓帛书概述》,载《文物》,1974.9。

[243] Hsiao, Kung-chuan. *A history of Chinese political thought*. Vol. I. *From
the beginnings to the sixth century A. D.*, trans. Frederick W. Mote. Prin-
ceton: Princeton Univ. Press, 1979.

萧公权:《中国政治思想史》第 1 卷《公元 6 世纪起》,牟复礼英译。

[244] 谢剑:《匈奴政治制度的研究》,载《中央研究院历史语言研究所》,41:2
(1969,6)。

[245] 新疆维吾尔自治区博物馆:《新疆历史文物》,北京,文物出版社,1978。

[246] Hsu, Cho-yun. *Ancient China in transition: An analysis of social mobili-
ty*, 722—222. B. C. Stanford, Calif. : Stanford Univ. Press, 1965.

许倬云:《变迁中的古代中国:公元前 722—前 222 年社会变动的分析》。

[247] Hsu, Cho-yun. *Han agriculture: The formation of early Chinese agrarian
economy*(206 B. C. —A. D. 220), ed. Jack L. Dull. Seattle and London:

Univ. of Washington Press, 1980. [abbreviation: *Han agriculture*]

许倬云:《汉代农业:早期中国(公元前 206—公元 220 年)农业经济的形成》。

［248］ 徐复观:《两汉思想史》,台北,1976。

［249］ 徐恒彬:《广东佛山市郊澜石东汉墓发掘报告》,广东省文物管理委员会编。载《考古》,1964.9。

［250］ 徐幹:《中论》,丛书集成本。

［251］ 徐天麟:《西汉会要》,两卷,上海人民出版社,1976.

［252］ 徐天麟:《东汉会要》,北京,中华书局,1955。

［253］ 薛居正:《旧五代史》,北京,中华书局,1976。

［254］ 荀卿:《荀子》。可参见梁启雄编:《荀子简释》,北京,古籍出版社,1956。

［255］ 荀爽:《九家易解》,载《汉魏遗书钞》卷二。

［256］ 荀爽:《周易荀氏注》,残件载《玉函山房辑佚书》(马国翰辑),20。

［257］ 荀悦:《前汉纪》(黄姬水辑,1548),四部丛刊本,台北再版,1973。

［258］ 胡昭曦:《论汉晋的氐羌和隋唐以后的羌族》,载《历史研究》,1963.2.

［259］ 湖南省博物馆、中国科学院考古研究所:《长沙马王堆一号汉墓》,两卷,北京,文物出版社,1973。

［260］ 湖北省文化局文物工作队:《湖北江陵三座楚墓出土大批重要文物》,载《文物》,1966.5。

［261］ Hu Shih. "Wang Mang, the socialist emperor of nineteen centuries ago." *Journal of the North China Branch of the Royal Asiatic Society*, 59 (1928), pp. 218－230.

胡适:《1900 年前的社会主义皇帝王莽》。

［262］ 桓宽:《盐铁论》。参看王利器:《盐铁论校注》,上海,古典文学出版社,1958。

［263］ 黄盛璋:《青川新出秦田律木牍及其相关问题》,载《文物》,1982.9。

［264］ 黄盛璋:《和林格尔汉墓壁画与历史地理问题》,载《文物》,1974.1。

［265］ 黄文弼:《罗布淖尔考古记》,历史和考古研究所西北考察团,1948。

［266］ Hulsewé, A. F. P. "The Ch'in documents discovered in Hupei in 1975." *TP*, 64:4－5(1978), pp. 175－217. [abbreviation: "Ch'in documents"]

何四维:《1975 年湖北发现的秦代文献》。

［267］ Hulsewé, A. F. P. *China in Central Asia: The early stage 125 B. C. —A.*

D. 23,*with an introduction by M. A. N. Loewe.* Leiden:E. J. Brill,1979.
[abbreviation:*CICA*]

何四维:《中国在中亚:公元前 125 至公元 23 年的早期阶段》。

[268] Hulsewé,A. F. P. "Chinese Communist treatment of the origins and foun-dations of the Chinese empire. " *The China Quarterly*, July-September 1965,pp. 78—105. Rpt. in *History in Communist China*,ed. Albert Feuer-werker. Cambridge,Mass. ,and London:MIT Press,1968,pp. 96—123.

何四维:《中国共产党对中华帝国的起源和基础的论述》。

[269] Hulsewé,A. F. P. " 'Contracts' of the Han period. "In *Il diritto in Cina*, ed. L. Lanciotti. Florence:Olschki,1978,pp. 11—38. [abbreviation:"Con-tracts"]

何四维:《汉代的契约》。

[270] Hulsewé,A. F. P. "The function of the commandant of justice during the Han period. "(forthcoming).

何四维:《汉代廷尉的职能》。

[271] Hulsewé,A. F. P. "Han time documents. "*TP*,45(1957),pp. 1—50.

何四维:《汉代文书》。

[272] Hulsewé,A. F. P. "The influence of the state of Qin on the economy as re-flected in the texts discovered in Yunmeng Prefecture. "In *The scope of state power in China*,ed. S. R. Schram. London: School of Oriental and Af-rican Studies; Hong Kong:Press of Chinese Univ. ,1985,pp. 211—236.

何四维:《反映在云梦文书中的秦国家经济影响》。

[273] Hulsewé,A. F. P. "A lawsuit of A. D. 28. "In *Studia sino-mongolica*, *Festschrift,für Herbert Franke*,ed. W. Bauer. Münchener Ostasiatische Studien 25. Wiesbaden:Franz Steiner Verlag,1979,pp. 23—34.

何四维:《公元 28 年的一件诉讼案》。

[274] Hulsewé,A. E. P. "The Legalists and the laws of Ch'in. "In *Leyden studies in Sinology*,ed. W. L. Idema. Leiden:E. J. Brill,1981, pp. 1—22.

何四维:《秦代的法家和法律》。

[275] Hulsewé,A. F. P. "Notes on the historiography of the Han period. " In *Historians of China and Japan*,ed. W. G. Beasley and E. G. Pulleyblank. London:Oxford Univ. Press,1961,pp. 31—43.

何四维:《关于汉代历史学的几点意见》。

[276] Hulsewè, A. F. P. "The problem of the authenticity of *Shih-chi* ch. 123, the memoir on Ta Yüan. "*TP*, 61: 1—3(1975), pp. 83—147.

何四维:《〈史记〉卷一二三〈大宛传〉的可靠性问题》。

[277] Hulsewé, A. F. P. "Quelques considérations sur le commerce de la soie au temps de la dynastie des Han. "In *Mélanges de Sinologie offerts à Monsieur P. Demiéville*. Bibliothèque de l'Institut des Hautes Études Chinoises, Vol. XX. Paris: Bibliothèque de l'Institut des Hautes Études Chinoises, 1974, Vol. II, pp. 117—136. [abbreviation: "Quelques considérations"]

何四维:《汉代丝绸贸易考》。

[278] Hulsewé, A. F. P. *Remnants of Ch'in law: An annotated translation of the Ch'in legal and administrative rules of the 3rd century B. C. discovered in yün-meng Prefecture, Hu-pei Province, in* 1975. Leiden: E. J. Brill, 1985.

何四维:《秦法律残简:1975 年湖北省云梦县发现的公元前 3 世纪的秦法律和行政规定的注释译文》。

[279] Hulsewé, A. E. P. *Remnants of Han law*. Vol. I. Leiden: E. J. Brill, 1955. [abbreviation: *Remnants*]

何四维:《汉法律残简》。

[280] Hulsewé, A. F. P. "Royal rebels" *BEFEO*, 69(1981), pp. 315—325.

何四维:《诸王之乱》。

[281] Hulsewé, A. E. P. "The Shuo-wen dictionary as a source for ancient Chinese law. " In *Studia Serica Bernhard Karlgren dedicata*, eds. søren Egerod and Else Glahn. Copenhagen: Ejnar Munksgaard, 1959, pp. 239—258. [abbreviation: "The Shuo-wen"]

何四维:《作为古代中国法律史料的〈说文〉》。

[282] Hulsewé, A. F. P. "Some remarks on statute labour during the Ch'in and Han period. "In *Orientalia Venetiana*, ed. Mario Sabattini. Vol. I. Florence: Olschki, 1984, pp. 195—204.

何四维:《关于秦汉时期劳役令的几点意见》。

[283] Hulsewé, A. F. P. "Watching the vapours: An ancient Chinese technique of prognostication. " *Nachrichten der Gesellschaft für Natur-und*

Völkerkunde Ostasiens/Hamburg,125(1979),pp. 40－49.

何四维:《气的观察:古代中国的一种预言技术》。

[284] Hulsewé, A. F. P. "Weights and measures in Ch'in law. "In *State and law in East Asia*:*Feitschrift Karl Bünger*, eds. Dieter Eikemeier and Herbert Franke. Wiesbaden:Harrassowitz,1981, pp. 25－39.

何四维:《秦法律中的衡器和量器》。

[285] Hulsewé, A. F. P. "Zur Frage nach der Methode der chinesischen Historiographen. "*Orientalistische Literatur Zeitung*, 53:1－2(1958),pp. 12－21.

何四维:《中国历史编纂学的方法论问题》。

[286] 洪适:《隶续》,序言日期1167年,王本跋1778年.

[287] 洪适:《隶释》,四部备要本。

[288] 洪世涤:《秦始皇》,上海人民出版社,第1版,1972;第2版,1973。

[289] Hurvitz, Leon. *Chih-i* (538－597):*An introduction to the life and ideas of a Chinese Buddhist monk. Mélanges chinois et bouddhiques*, Vol. XII. Bruxelles:Institut Belge des Hautes Études Chinoises,1962.

赫尔维茨:《中国僧人智顗(538－597年)的一生和思想介绍》

[290] Hurvitz, Leon. "Chih Tun's notions of Prajñā. "*JAOS*,88:2(1968),pp. 243－261.

赫尔维茨:《支遁对慧的评论》。

[291] Hurvitz, Leon. "Render unto Caesar in early Chinese Buddhism. " *Sino-Indian Studies* (Santiniketan),5:3－4(1957;*Liebenthal Festschrift*),pp. 80－114.

赫尔维茨:《早期中国佛教中的恺撒译文》。

[292] Idema, W. L. ,ed. *Leyden studies in sinology*. Leiden:E. J. Brill,1981.

W. L. 伊德玛编:《莱顿汉学研究》。

[293] Ikeuchi Kō. *Mansen shi kenkyū:Jōsei hen*. Kyoto:Sokokusha,1951.

池内宏:《朝鲜史研究:上世编》。

[294] Ise Sentarō. *Chūgoku saiiki keiei shi kenkyū*. Tokyo:Gannandō Shoten, 1955.

伊濑仙太郎:《中国西域经营史研究》。

[295] Ishiguro Tomio. "Senbi yūboku kokka no ryōiki. "*Hokudai shigaku*, 4

(October 1957),pp. 80—91.

石黑富男:《鲜卑游牧国家的领域》。

[296] Jan, Yün-hua. "Buddhist self-immolation in medieval China. " *History of Religions*, 4：2(1965), pp. 243—268.

冉云华:《中世纪中国佛教徒的自我献祭》。

[297] Jan, Yün-hua. "The silk manuscripts on Taoism. " *TP*, 63(1977), pp. 65—84.

冉云华:《论道家的帛书》。

[298] Jan, Yün-hua. "Tao, principle and law：The three key concepts in the Yellow Emperor Taoism. " *Journal of Chinese Philosophy*, 7：3 (1980), pp. 205—228.

冉云华:《道、原理和法则:黄帝道家的三个主要概念》。

[299] Jan, Yün-hua. "Tao yüan or Tao：The origin. " *Journal of Chinese Philosophy*, 7：3(1980), pp. 195—204.

冉云华:《道源》。

[300] 饶宗颐:《中国史学上之正统论》,香港,1977。

[301] 饶宗颐:《老子想尔注校笺》,香港,1956。

[302] Jao Tsung-i. "Lao-tzu Hsiang-erh chu hsü lun. " In *Fukui Hakushi shōju kinen Tōyō bunka ronshū*, ed. Fukui Hakushi Shōju Kinen Rombunshū Kankōkai. Tokyo：Waseda Daigaku Shuppanbu, 1969, pp. 1155—1171.

饶宗颐:《老子想尔注续论》。

[303] 饶宗颐、曾宪通:《云梦秦简日书研究》,香港,1982。

[304] Jenner, W. J. F. *Memories of Loyang：Yang Hsüan-chih and the lost capital*(493—534). Oxford：Clarendon Press, 1981.

詹纳:《洛阳的回忆:杨衒之与湮没无闻的京城(公元 493—534 年)》。

[305] Jongchell, Ardid. *Huo Kuang och hans tid*. Göteborg：Elander, 1930.

阿尔迪德·荣克尔:《霍光》。

[306] Jugel, Ulrike. *Politische Funktion und soziale Stellung der Eunuchen zur späteren Hanzeit*(25—220 n. Chr.). Wiesbaden, Franz Steiner Verlag, 1976.

乌尔里克·荣克尔:《东汉宦官的政治职能和社会地位》。

[307] 盖山林:《和林格尔汉墓壁画》,呼和浩特,内蒙古人民出版社,1978。

[308] Kaltenmark, Max. *Lao Tzu and Taoism*, trans. from the French by Roger Greaves. Stanford, Calif. : Stanford Univ. Press, 1969.

马克斯·卡登马克:《老子和道家》。从罗歇·格里夫的法文原著译成英文。

[309] Kaltenmark, Max. "*Ling-pao*, note sur un terme du taoïsme religieux." *Mélanges*, 2(1960), pp. 559—588.

马克斯·卡登马克:《"灵宝",关于道教名词的意见》。

[310] Kamada Shigeo. *Shin Kan seiji seido no kenkyū*. Tokyo: Nihon Gakujutsu Shinkōkai, 1962.

镰田重雄:《秦汉政治制度的研究》。

[311] Kamata Shigeo. *Chūgoku bukkyō shi*. 8 vols. Tokyo: Tōkyō Daigaku Shuppan Kai, 1982—.

镰田重雄:《中国佛教史》,八卷。

[312] 甘肃省博物馆:《武威磨咀子三座汉墓发掘简报》,载《文物》,1972.12。

[313] 高恒:《秦律中"隶臣妾"问题的探讨》,载《文物》,1977.7。

[314] Karlgren, Bernhard. "The Book of documents." *BMFEA*, 22(1950), pp. 1—81.

高本汉:《书经》。

[315] Karlgren, Bernhard. *The Book of odes*. Stockholm: Museum of Far Eastern Antiquities, 1950.

高本汉:《诗经》。

[316] Karlgren, Bernhard. "The early history of the *Chou li* and *Tso chuan* texts." *BMFEA*, 3(1931), pp. 1—59.

高本汉:《〈周礼〉和〈左传〉中的早期历史》。

[317] Karlgren, Bernhard. "Excursions in Chinese grammar." *BMFEA*, 23(1951), pp. 107—133.

高本汉:《中国文法概览》。

[318] Karlgren, Bernhard. *Philology and ancient China*. Oslo: Aschehoug, 1926.

高本汉:《古代中国语言学》。

[319] Katō Shigeshi(shigeru). *Shiki Heijunsho, Kanjo Shokkashi yakuchū*. Tokyo: Iwanami, 1942.

加藤繁:《史记平准书、汉书食货志译注》。

[320] Katō Shigeshi. *Shina keizaishi kōshō*. English summaries by E. G. Pulley-blank. 2 vols. Tokyo: Tōyō Bunko, 1952—1953.

加藤繁:《中国经济史考证》,两卷,有浦立本的英文摘要译本。

[321] Katō Shigeshi. "A study on the Suan-fu, the poll tax of the Han dynasty. " *Memoirs of the Research Department of the Tōyō Bunko*, 1(1926), pp. 51 —68.

加藤繁:《汉代的人头税——算赋的研究》。

[322] Kawakatsu Yoshio. "Kanmatsu no rejisutansu undō. " *TSK*, 25：4(1967), pp. 386—413.

川胜义雄:《汉末的抵抗运动》。

[323] Keightley, David N. *Sources of Shang history: The oracle-bone inscriptions of bronze age China*. Berkeley, Los Angeles, and London: Univ. of Calif. Presss, 1978.

戴维·凯特利:《商代史料:中国青铜时代的甲骨文》。

[324] Keightley, David N. "Where have all the swords gone? Reflections on the unification of China. " *Early China*, 2(Fall 1976), pp. 31—34.

戴维·凯特利:《刀剑的去向,中国统一的反省》。

[325] Kierman, Frank A. , Jr. , and John K. Fairbank, eds. *Chinese ways in warfare*. Cambridge, Mass. : Harvard Univ. Press, 1974.

小基尔曼、费正清合编:《中国的兵法》。

[326] Kim Byung-mo. "Aspects of brick and stone tomb construction in China and south Korea: Ch'in to Silla period. "Diss. Univ. of Oxford, 1978.

金秉模:《中国和南朝鲜砖石墓构造的面貌:秦至新罗时期》。

[327] Kimura Masao. "Kokin no ran. " *Tōkyō Kyōiku daigaku bungakubu kiyō*, 91(1973), pp. 1—54.

木村正雄:《黄巾之乱》。

[328] Kirby, E. Stuart. *Russian studies of China: Progress and problems of Soviet sinology*. London: Macmillan, 1975.

E. 斯图尔特·柯尔比:《俄国的中国研究:苏联中国学的进展和问题》。

[329] Knechtges, David R. *The Han Rhapsody: A study of the Fu of Yang Hsiung (53 B. C. —A. D. 18)*. Cambridge: Cambridge Univ. Press, 1976.

戴维·克内克特格斯:《汉代的赋:扬雄(公元前 53—公元 18 年)的赋的

研究》。

[330] Koga Noboru. "Kan Chōanjō no kensetsu puran：Sempaku kenkyō seido to no kankei o chūshin to shite."*TSK*,31：2(September 1972),pp. 28—60.

古贺登：《汉代长安城的建设计划：阡陌县乡制度的关系为中心》。

[331] Koga Noboru. *Kan Chōanjō to sempaku*，*kenkyō teiri seido*. Tokyo：Yūsankaku,1980.

古贺登：《汉长安城和阡陌、县乡亭里制度》。

[332] Koizumi Akio. *The tomb of painted basket and other two tombs of Lo-lang*. Keijō (Seoul)：Society for the Study of Korean Antiquities,1934.

小泉显夫：《乐浪彩箧冢和其他两墓》(英文)。

[333] Koizumi Akio. *Rakurō saikyō tsuka*. Engish résumé by Hamada Kōsaku. Keijō(Seoul)：Society for the Study of Korean Antiquities,1934.

小泉显夫：《乐浪彩箧冢》,有滨田耕作的英文概述。

[334] Kramers,R. P. *K'ung Tzu Chia Yü：The school sayings of Confucius*. Leiden：E. J. Brill,1950.

罗伯特·克雷默：《孔子家语》。

[335] Kroll,J. L. "Toward a study of the economic views of Sang Hung-yang."*Early China*,4(1978—1979),pp. 11—18.

J. L. 克罗尔：《桑弘羊的经济观点研究》。

[336] 顾颉刚：《秦汉的方士与儒生》,上海,1955。

[337] 顾颉刚：《汉代学术史略》,上海,亚细亚书局,1949 年前。

[338] 顾颉刚：《史林杂识》,北京,中华书局,1963。

[339] 顾颉刚、徐文珊：《史记一百三十卷：白文之部》,北平,国立北平研究院,1936。

[340] 顾炎武：《日知录》,万有文库本。

[341] 管东贵：《汉代的羌族》,载《食货》,新版,1：1(1971,4)；1：2(1971,5)。

[342] 广州象岗汉墓发掘队：《西汉南越王墓发掘初步报告》,载《考古》,1984. 3。

[343] 广州市文物管理委员会、广州市博物馆：《广州汉墓》,两卷,北京,文物出版社,1981。

[344] Kubo Yasuhiko. "Boki kōi setchi no mokuteki ni tsuite."*Shien*,26：2—3 (January 1966),pp. 55—66.

久保靖彦：《关于戊己校尉设置的目的》。

［345］ Künstler，Mieczyslaw Jerzy. *Ma Jong：Vie et oeuvre.* Warsaw：Panstwowe Wydawnictwo Naukowe，1969.

米耶奇斯拉夫·耶尔齐·屈恩斯特勒：《马融的生平与著作》。

［346］ 郭沫若：《中国古代史的分期问题》，载《红旗》，1972.7；又载《考古》，1972. 5。英译文载《中国的历史研究》（*Chinese Studies in History*），6：4 （1973，夏）。

［347］ 郭沫若：《中国史稿》。两册，北京，人民出版社，1976，1979。

［348］ 郭沫若：《十批判书》，重庆，1945。

［349］ 《国语》，四部备要本。

［350］ Kurihara Tomonobu. *Shin Kan shi no kenkyū.* Tokyo：Yoshikawa Kōbunkan，1960.

栗原朋信：《秦汉史研究》。

［351］ Kusuyama Haruki. *Rōshi densetsu no kenkyū.* Tokyo：Sōbunsha，1979.

楠山春树：《老子传说的研究》。

［352］ Lamotte，Étienne，trans. *Le traité de la Grande Vertu de sagesse de Nāgārjuna*（Mahāprajñāpāramitāśāstra）*ch. i-lii.* 5 vols. Louvain：Université de Louvain，Institut Orientaliste，1944—1980.

艾蒂安·拉莫特译：《龙树的〈大智度论〉，第1至52章》，5卷。

［353］ 劳榦：《居延汉简考释》，中央研究院历史语言研究所专刊40，台北，1960。

［354］ 劳榦：《汉代的西域都护与戊己校尉》，载《历史语言研究所集刊》，28：1 （1956）。

［355］ 劳榦：《汉代的雇佣制度》，载《历史语言研究所集刊》，23（1951）。

［356］ 劳榦：《两汉郡国面积之估计及口数增减之推测》，载《历史语言研究所集刊》，5：2（1935）。

［357］ 劳榦：《两汉户籍与地理之关系》，载《历史语言研究所集刊》，5：2（1935）。

［358］ Lao Kan. "Population and geography in the two Han dynasties." *Chinese social history*，eds. E-tu Zen Sun and John De Francis. Washington D. C.：American Council of Learned Societies，1956，pp. 83—101.

孙任以都、约翰·弗朗西斯英译劳榦之《两汉户籍与地理之关系》，华盛顿，1956。

［359］ 劳榦：《论汉代之陆运与水运》，载《历史语言研究所集刊》，16（1947）。

［360］ Lau，D. C. *Lao tzu：Tao te ching.* Harmondsworth：Penguin Books，1963.

D. C. 刘:《老子的道德经》。

[361] Lau,D. C. *Mencius.* Harmondsworth:Penguin Books,1970.

D. C. 刘:《孟子》。

[362] Laufer,Berthold. "The name China. "*TP*,13(1912),pp. 719—726.

劳费尔:《中国其名》。

[363] Le Blanc,Charles. "The idea of resonance(*kan-ying*)in the *Huai-nan-tzu*, with a translation and analysis of Chapter 6. "Diss. Univ. of Pennsylvania, 1978.

查尔斯·勒布朗:《〈淮南子〉中的感应的思想,附卷六译文及分析》

[364] Leban,Carl. "Managing heaven's mandate:Coded communication in the accession of Ts'ao P'ei,A. D. 220. "In *Ancient China:Studies in early civilization*,eds. David T. Roy and Tsuen-hsuin Tsien. Hong Kong:Chinese Univ. Press,1978,pp. 315—342.

卡尔·莱班:《天命的操纵:公元 220 年曹丕即帝位所隐含的天意》。

[365] Lee,James. "Migration and expansion in Chinese history. "in *Human migration:Patterns and policies*,eds. William H. McNeill and Ruth Adams. Bloomington:Indiana Univ. Press,1978,pp. 25—47.

李中清:《中国历史上的移民和扩展》。

[366] Legge,James. *The Chinese Classics*. 7 vols. Oxford:Clarendon Press,1893.

李雅各:《英译七经》。

[367] Leslie,Donald D. ,Colin Mackerras,and Wang Gungwu. *Essays on the sources for Chinese history*. Canberra:Australian National Univ. Press, 1973.

唐纳德·莱斯利、科林·麦克勒斯、王赓武:《中国史史料论文集》。

[368] Lévi,Sylvain,trans. *Mahāyāna-sūtralamkāra*,*Exposé de la doctrine du Grand Véhicule selon le système Yogācāra*. 2 vols. Paris:H. Champion, 1907—1911.

西尔凡·莱维译:《大乘庄严经论》。

[369] Levy,Howard. "Yellow Turban religion and rebellion at the end of Han. "*JAOS*,76(1956),pp. 214—227.

霍华德·利维:《黄巾教和汉末的叛乱》。

[370] 李昭和:《青川出土木牍文字简考》,载《文物》,1982. 1。

［371］ 李剑农:《先秦两汉经济史稿》,北京,生活・读书・新知三联书店,1957。

［372］ 李学勤:《青川郝家坪木牍研究》,载《文物》,1982.10。

［373］ 李绍明:《关于羌族古代史的几个问题》,载《历史研究》,1963.5。

［374］ 郦道元:《水经注》,四部备要本。

［375］ Li Yu-ning, ed. *The politics of historiography*: *The First Emperor of China*. White Plains, N. Y.: International Arts and Sciences Press, 1975.

李幼宁编:《秦始皇:历史编纂学的政治》。

［376］ Li Yu-ning, ed. *Shang Yang's reforms and state control in China*. White Plains, N. Y.: M. E. Sharpe, 1977.

李幼宁编:《商鞅变法和中国的国家控制》。

［377］ Liao, W. K. *The complete works of Han Fei Tzu*. London: Arthur Probsthain. Vol. I, 1939, rpt. 1959; Vol. II, 1959.

W. K. 廖:《韩非子全集》。

［378］ Liebenthal, Walter. "A biography of Chu Tao-sheng." *MN*, 11:3 (1955), pp. 64—96。

沃尔特・利本塔尔:《竺道生传》。

［379］ Liebenthal, Walter, trans. *Chao lun*: *The treatises of Seng-chao*. Hong Kong: Hong Kong Univ. Press, 1968.

沃尔特・利本塔尔译:《肇论的〈僧肇的论文〉》。

［380］ Liebenthal, Walter. "Chinese Buddhism during the 4th and 5th centuries." *MN*, 11:1(1955), pp. 44—83.

沃尔特・利本塔尔:《公元 4 世纪和 5 世纪的中国佛教》。

［381］ Liebenthal, Walter. "The immortality of the soul in Chinese thought." *MN*, 8(1952), pp. 327—397.

沃尔特・利本塔尔:《中国人关于灵魂永生的思想》。

［382］ Liebenthal, Walter. "New light on the Mahāyānā-śraddhotPādaśāstra." *TP*, 46(1958), 155—216. [abbreviation: "New light"]

沃尔特・利本塔尔:《关于〈大乘起信论〉的新看法》。

［383］ Liebenthal, Walter. "Shih Hui-yüan's Buddhism." *JAOS*, 70(1950), pp. 243—259.

沃尔特・利本塔尔:《释慧远的佛教》。

［384］ Liebenthal, Walter. "The world conception of Chu Tao-sheng." *MN*,

12：1—2(1956)，pp. 65—103；12：3—4(1956)，pp. 73—100.

沃尔特·利本塔尔：《竺道生关于世界的概念》。

[385] 连云港市博物馆：《连云港市孔望山摩崖造像调查报告》，载《文物》，1981. 7。

[386] 林旅芝：《汉武帝传》，香港，1958。

[387] Link, Arthur E. "Biography of Shih Tao-an. "TP, 59(1973), pp. 1—48.

阿瑟·林克：《释道安传》。

[388] Link, Arthur E. "Shyh Daw-an's Preface to Saṅgharakṣa's Yogācārabhūmisūtra and the problem of Buddho-Taoist terminology in early Chinese Buddhism. "JAOS, 77：1(1957), pp. 1—14.

阿瑟·林克：《释道安关于僧伽罗刹的瑜伽师地论的序和早期中国佛教中释道名词术语方面的问题》。

[389] Link, Arthur E. "The Taoist antecedents of Tao-an's Prajñā ontology. " History of Religions, 9：2—3(November 1969—February 1970), pp. 181—215.

阿瑟·林克：《道安的般若本体论的道家前例》。

[390] Link, Arthur E. , and Tim Lee. "Sun Ch'o's Yü-tao lun: A clarification of the way. "MS, 25(1966), pp. 169—196.

林克、蒂姆·李：《论孙绰的〈喻道论〉》。

[391] 刘安：《淮南子》。又可参考刘文典：《淮南鸿烈集解》，上海，商务印书馆，1926；台北 1969 再版。

[392] 刘志远：《考古材料所见汉代的四川农业》，载《文物》，1979. 12。

[393] ［刘歆］：《西京杂记》，四部丛刊本。

[394] 刘义庆：《世说新语》，四部丛刊本。有理查德·马瑟的英译文。

[395] 刘乃和：《帛书所记"张楚"国号与西汉法家政治》，载《文物》，1975.5。

[396] 刘增贵：《汉代婚姻制度》，台北，1980。

[397] 刘文典：《庄子补正》，上海，商务印书，1947。

[398] 刘云彩：《中国古代高炉的起源和演变》，载《文物》，1978. 2。

[399] 罗思鼎：《论秦汉之际的阶级斗争》，载《红旗》，1974. 8。

[400] 洛阳区考古发掘队：《洛阳烧沟汉墓》，北京，中国科学院，1959。

[401] Loewe, Michael. "Attempts at economic co-ordination during the Western Han dynasty. "In The scope of state power in China, ed. S. R. Schram.

London: SchooI of Oriental and African Studies; Hong Kong: Press of Chinese Univ. ,1985,pp. 237—266.

鲁惟一:《西汉经济协作的几个问题》。

[402] Loewe, Michael. "The authority of the emperors of Ch'in and Han. " In *State and law in East Asia : Festschrift Karl Bünger* , eds. Dieter Eikemeier and Herbert Franke. Wiesbaden: Harrassowitz, 1981, pp. 80—111. [abbreviation: "Authority of the emperors"]

鲁惟一:《秦汉两朝皇帝的权威》。

[403] Loewe, Michael. "The campaigns of Han Wu-ti. " In *Chinese ways in warfare* , eds. Frank A. Kierman, Jr. , and John K. Fairbank. Cambridge, Mass: Harvard Univ. Press, 1974, pp. 67—122. [abbreviation: "Campaigns of Han Wu-ti"]

鲁惟一:《汉武帝的征战》。

[404] Loewe, Michael. *Chinese ideas of life and death : Faith, myth and reason in the Han period* (220B. C. —A. D. 220). London: George Allen and Unwin, 1982. [abbreviation: *Ideas of life and death*]

鲁惟一:《中国人的生死观:汉代(前 202—公元 220 年)的信仰、神话和理性》。

[405] Loewe, Michael. *Crisis and conflict in Han China*. London: George Allen and Unwin, 1974. [abbreviation: *Crisis and conflict*]

鲁惟一:《汉代中国的危机和冲突》。

[406] Loewe, Michael. "The cult of the dragon and the invocation for rain. " (forthcoming)

鲁惟一:《龙的崇拜和求雨》。

[407] Loewe, Michael. "The Han view of comets. " *BMFEA*, 52(1980), pp. 1—31.

鲁惟一:《汉代对彗星的看法》。

[408] Loewe, Michael. "Imperial sovereignty: Dong Zhongshu's contribution and his predecessors. " (forthcoming).

鲁惟一:《皇权:董仲舒的贡献及其前辈》。

[409] Loewe, Michael. "Man and beast: The hybrid in early Chinese art and literature. " *Numen*, 25 : 2 (1978), pp. 97—117. [abbreviation: "Man and

beast"]

鲁惟一:《人与兽:早期中国文学艺术中的混合产物》。

[410] Loewe,Michael. "Manuscripts found recently in China:A preliminary survey."*TP*,63:2—3(1977),pp. 99—136. [abbreviation:"Manuscripts"]

鲁惟一:《近期中国发现的文书初探》。

[411] Loewe,Michael. "The manuscripts from tomb number three, Ma-wang-tui."In:(a)*Proceedings of the International Conference on Sinology, Section on history and archaeology.* Taipei: Academia Sinica,1981,pp. 181—198,and(b)*China:Continuity and change:Papers of the XXVIIth Congress of Chinese studies 31. 8 — 5. 9. 1980, Zürich University.* Zürich,1982,pp. 29—57.

鲁惟一:《马王堆三号墓文书》。

[412] Loewe,Michael. "The measurement of grain during the Han period."*TP*, 49:1—2(1961),pp. 64—95.

鲁惟一:《汉代粮食的衡量》。

[413] Loewe,Michael. "The orders of aristocratic rank of Han China." *TP*,48: 1—3(1960),pp. 97—174. [abbreviation:"Aristocratic ranks"]

鲁惟一:《汉代贵族爵位的等级》。

[414] Loewe,Michael. *Records of Han administration.* 2 vols. Cambridge:Cambridge Univ. Press,1967. [abbreviation:*Records*]

鲁惟一:《汉代的行政记录》。

[415] Loewe,Michael. "Spices and silk:Aspects of world trade in the first seven centuries of the Christian era."*JRAS*,1971. 2,pp. 166—179. [abbreviation:"Spices and silk"]

鲁惟一:《香料和丝绸:公元头 7 个世纪世界贸易概观》。

[416] Loewe,Michael. "Water,earth and fire—the symbols of the Han Dynasty."*Nachrichten der Gesellschaft für Natur-und Völkerkunde Ostasiens/ Hamburg*,125(1979),pp. 63—68.

鲁惟一:《水、土、火——汉代的象征》。

[417] Loewe,Michael. *Ways to paradise:The Chinese quest for immortality.* London:George Allen and Unwin,1979.

鲁惟一:《通往仙境之路:中国人对长生的追求》。

［418］ 陆贾：《新语》，四部备要本。

［419］ 卢弼：《三国志集解》，北京古籍出版社，1957。

［420］ 鲁波：《汉代徐胜买地铅券简介》，载《文物》，1972.5。

［421］ 《吕氏春秋》，四部备要本。

［422］ 吕思勉：《秦汉史》，两卷，上海，开明书店，1947；香港，1962。

［423］ 吕思勉：《燕石札记》，上海，商务监印本（光华大学丛书），1937。

［424］ 马长寿：《北狄与匈奴》，北京，生活·读书·新知三联书店，1962。

［425］ 马长寿：《乌桓与鲜卑》，上海人民出版社，1962。

［426］ 马非白：《秦汉经济史资料》，载《食货》，2：8（1935）；2：10（1935）；3：1
（1936）；3：2（1936）；3：3（1936）；3：8（1936）；3：9（1936）。

［427］ 马衡：《汉石经集存》，北京，中国科学院考古研究所，1957。

［428］ 马通伯编：《韩昌黎文集校注》，上海，古典文学出版社，1957。

［429］ 马王堆汉墓帛书整理小组编：《战国纵横家书》，北京，文物出版社，1976。

［430］ 马王堆汉墓帛书整理小组：《马王堆帛书"六十四卦"释文》，载《文物》，
1984.3。

［431］ MacGowan, D. S. "self-immolation by fire in China." *Chinese Recorder*,
19：10（1888），pp. 445—451；19：11（1888）,pp. 508—521.

 D. S. 麦高恩：《中国的自焚火祭》。

［432］ Major, John S. "Topography and cosmology in early Han thought: Chapter
four of *the Huai-nan-tzu*." Diss. Harvard Univ. , 1973.

 约翰·梅杰：《〈淮南子〉卷四中体现的汉初思想的地形学和宇宙学》。

［433］ Makino Tatsumi. "Saikan no hōken sōzoku hō." *Tōhō gakuhō*, 3 (Tokyo,
1932), pp. 255—329.

 牧野巽：《西汉封建相续法》。

［434］ Makita Tairyō. *Chūgoku kinsei bukkyō shi keukyū*. Kyoto: Inoue Shirō,
1957.

 牧田谛亮：《中国近世佛教史研究》。

［435］ Mansvelt Beck, B. J. "The date of the *Taiping Jing*." TP, 66：4—5
（1980），pp. 149—182.

 曼斯维尔特·贝克：《〈太平经〉的日期》。

［436］ Mansvelt Beck, B. J. "The true emperor of China." In *Leyden, studies in si-
nology*, ed. W. L. Idema. Leiden: E. J. Brill, 1981, pp. 23—33.

曼斯维尔特·贝克:《中国的真正皇帝》。

[437] Martini, Martin. *Novus Atlas Sinensis*, Part VI of *Theatrum orbis terrarum sive Novus Altas*, ed. Joannis Blaeu. Amsterdam, 1655.

卫匡国:《中国新地舆图》。

[438] Maspero, Henri. "Communautés et moines bouddhistes chinois aux IIe et IIIe siècles."*BEFEO*, 10(1910), pp. 222—232.

马伯乐:《公元 2—3 世纪中国佛教之僧众》。

[439] Maspero, Henri. *Les documents chinois de la troisième expèdition de Sir Aurel Stein en Asie Centrale*. London: Trustees of the British Museum, 1953. [abbreviation: *Documents*]

马伯乐:《斯坦因第三次中亚考察发现的中国文书》。

[440] Maspero, Henri. "Études d'histoire d'Annam: V. L'expédition de Ma Yuan."*BEFEO*, 18:3(1918), pp. 11—28.

马伯乐:《安南史研究:马援远征记》。

[441] Maspero, Henri. "Les instruments astronomiques des Chinois au temps des Han."In *Mélanges chinois et bouddhiques*, Vol. VI, pp. 183—370。Brussels: Institut Belge des Hautes Études Chinoises, 1939.

马伯乐:《汉代的天文仪器》。

[442] Maspero, Henri. *Mélanges posthumes sur les religions et l'histoire de la Chine*. 3 vols. Paris: Civilisations du Sud, S. A. E. P. , 1950.

马伯乐:《中国宗教和历史遗集》。

[443] Maspero, Henri. "Rapport sommaire sur une mission archéologique au Tchö-kiang."*BEFEO*, 14:8(1914), pp. 1—75.

马伯乐:《浙江考古队考古简报》。

[444] Maspero, Henri. *Le taoïsme et les religions chinoises*. Paris: Gallimard, 1971. English translation by Frank A. Kierman, Jr. , as *Taoism and Chinese religion*. Amherst: Univ. of Massachusetts Press, 1981.

马伯乐:《道家和中国的宗教》。

[445] Maspero, Henri, and Étienne Balazs. *Histoire et institutions de la Chine ancienne*. Paris: Presses Universitaires de France, 1967. [abbreviation: *Histoire et institutions*]

马伯乐、白乐日:《古代中国的历史和制度》。

[446] Masubuchi Tatsuo. *Chūgoku kodai no shakai to kokka*. Tokyo: Kōbundō, 1960.

增渊龙夫:《中国古代的社会与国家》。

[447] Mather, Richard B. "The controversy over conformity and naturalness during the Six Dynasties." *History of Religions*, 9: 2—3(November 1969— February 1970), pp. 160—180.

理查德·马瑟:《六朝时期关于遵奉自然观点和崇尚自然的争论》。

[448] Mather, Richard B. , trans. *Shih-shuo hsin-yü: A new account of tales of the world*. By Liu I-ch'ing. ,commentary by Liu Chün. Translated with introduction and notes. Minneapolis: Univ. of Minnesota Press, 1976.

理查德·马瑟:《世说新语》。

[449] Mathieu, Rémi. *Étude sur la mythologie et l'ethnologie de la Chine ancienne. Traduction annotée du* Shanhai jing. 2 vols. Paris: Collège de France, Institut des Hautes Études Chinoises, 1983.

雷米·马蒂埃:《〈山海经〉译注》。

[450] Matsuzaki Tsuneko. "Go-Kan matsu no shūkyōteki nōmin hanran." *Sundai Shigaku*, 29(September 1971), pp. 90—107.

松崎~お子:《后汉末年宗教的农民叛乱》。

[451] McGovern, William Montgomery. *The early empires of Central Asia: A study of the Scythians and the Huns and the part they played in world history, with special reference to the Chinese sources*. Chapel Hill, N. C. : Univ. of North Carolina Press, 1939.

威廉·蒙哥马利·麦戈文:《中亚的早期帝国:斯基泰人和匈奴人及其在世界史上的作用,特别利用中文资料》。

[452] McKnight, Brian E. *The quality of mercy: Amnesties and traditional Chinese justice*. Honolulu: Univ. Press of Hawaii, 1981.

马伯良:《慈惠的本质:大赦和传统中国的司法》。

[453] McLeod, Katrina C. D. , and Robin D. S. Yates. "Forms of Ch'in law: An annotated translation of the *Feng-chen shih*." *HJAS*, 41: 1, (1981), pp. 111—163.

麦克劳德、耶茨:《〈封诊式〉译注》。

[454] 孟池:《从新疆历史文物看汉代在西域的政治措施和经济建设》,载《文

物》,1975.2。

[455] Michaud,Paul. "The Yellow Turbans. "*MS*,17(1958),pp. 47—127.

保罗·米肖:《黄巾军》。

[456] Miller,J. Innes. *The spice trade of the Roman Empire. 29 B. C. to A. D. 641.* Oxford:Clarendon Press,1969.

英尼斯·米勒:《公元前 29 年至公元 641 年罗马帝国的香料贸易》。

[457] Miller,Roy A. Review article on *A linguistic study of the* Shih Ming:*Initials and consonant clusters*,by N. C. Bodman. *TP*, 44：1—3(1956),pp. 266—287.

罗伊·米勒:《评 N. C. 博德曼的〈关于《释名》的语言学研究:元音群和辅音群〉》。

[458] Miyazaki Ichisada. "Shin. Butei no kochōshiki ni tsuite. "In *Ajiashi kenkyū* (*Studies in Oriental History*)no. 1(Asiatica:Studies in Oriental History; Oriental Research Series,no. 4,part 1). Kyoto：Tōyoshi Kenkyūkai,1957, pp. 185—212.

宫崎市定:《晋武帝的户调式》。

[459] Mori Masao. "Kyōdo no kokka. "*Shigaku zasshi*,59：5(May 1950),pp. 1 —21.

护雅夫:《匈奴的国家》。

[460] Mori Osamu,and Naitō Hiroshi. *Ying-ch'eng-tzu:Report upon the excavation of the Han brick-tomb with fresco paintings etc. near Chien-mu-cheng-j*,*South Manchuria*. Tokyo and Kyoto:Far Eastern Archaeological Society,1934.

森修、内藤宽:《营城子:前牧场驿附近的汉代壁画砖墓》,东京、京都,东方考古学会,1934。

[461] Mori Shikazō. *Tōyōgaku kenkyū:Kyoen Kankan hen.* Kyoto：Dōbōsha, 1975。

森鹿三:《东洋学研究:居延汉简编》。

[462] Morohashi Tetsuji. *Dai Kanwa jiten.* 13 vols. Tokyo:Suzuki Ippei, 1955 —1960.

诸桥辙次:《大汉和辞典》,十三卷。

[463] Munro,Donald *J. The concept of man in early China.* Stanford, Calif. :

Stanford Univ. Press,1969.

唐纳德・芒罗:《中国早期的人的概念》。

[464] 南京博物院:《江苏邗江甘泉二号汉墓》,载《文物》,1981.11。

[465] Needham,Joseph. *The development of iron and steel technology in China.* London:Newcomen Society,1958. [abbreviation:*Development of iron and steel*]

李约瑟:《中国钢铁技术的发展》。

[466] Needham,Joseph,et al. *Science and civilisation in China.* Cambridge:Cambridge Univ. Press, 1954 一. [abbreviation: *SCC*, or *Science and civilisation*]

李约瑟:《中国科技史》。

[467] Needham,Joseph,et al. *Science and civilisation in China*: Vol. VI,Biology and biological technology, Part II, Francesca Bray. Agriculture. Cambridge:Cambridge Univ. Press,1984.

李约瑟:《中国科技史》第 6 卷《生物学和生物技术篇》。

[468] 内蒙古自治区博物馆文物工作队:《和林格尔汉墓壁画》,北京,文物出版社,1978。

[469] 内蒙古文物工作队:《内蒙古扎赉诺尔古墓群发掘简报》,载《考古》,1961.12。

[470] 内蒙古博物馆:《和林格尔发现一座重要的东汉壁画墓》,载《文物》,1974.1。

[471] Neininger,Ulrich. "Burying the scholars alive:On the origin of a Confucian martyrs' legend. " In *East Asian civilizations*:*New attempts at understanding traditions*, no. 2: *Nation and mythology*, eds. Wolfram Eberhard,Krzysztof Gawlikowski,and Carl-Albrecht Seyschab. Munich:Simon and Magiera,1983,pp. 121一136.

乌尔里希・内因格尔:《坑儒:论儒生殉难之说的起源》。

[472] Ngo Van Xuyet. *Divination, magie et politique dans la Chine ancienne.* Bibliothèque de l'École des Hautes Études, Section des Sciences religieuses,Vol. 78. Paris:Presses Universitaires de France,1976.

吴文缀:《中国古代的占卜、巫术和政治》。

[473] Niida Noboru. *Chūgoku hōseishi kenkyū*: *Tochihō, torihikihō.* Tokyo:

Tōkyō Daigaku Shuppan Kai,1960.

仁井田陞:《中国法制史研究:土地法,贸易记》。

[474] Niida Noboru. "Kan Gi Rikuchō ni okeru saiken no tampo. "*Tōyō gakuhō*,
21:1(1933),pp. 91—103.

仁井田陞:《汉魏六朝债权的担保》。

[475] Nishijima Sadao. "Characteristics of the unified states of Ch'in and Han. "
In *Proceedings of the XIIe Congrès International des Sciences Histo-
riques*. Vienna,1965. (Rapports:II),pp. 71—90.

西嶋定生:《秦汉统一帝国的特色》。

[476] Nishijima Sadao. *Chūgoku keizaishi kenkyū*. Tokyo:Tōkyō Daigaku Shup-
pankai,1966.

西嶋定生:《中国经济史研究》。

[477] Nishijima Sadao. *Chūgoku kodai no shakai to keizai*. Tokyo:Tōkyō
Daigaku Shuppankai,1981.

西嶋定生:《中国古代的社会和经济》。

[478] Nishijima Sadao. *Chūgoku kodai teikoku no keisei to kōzō*. Tokyo:Tōkyō
Daigaku Shuppankai,1961.

西嶋定生:《中国古代帝国的形成与构造》。

[479] Nishijima Sadao, ed. *Nara Heian no miyako to Chōan*. Tokyo:
Shōgakukan,1983.

西嶋定生编:《奈良平安的都城和长安》。

[480] Nishijima Sadao. *Shin Kan teikoku*. Vol. II of *Chūgoku no rekishi*. Tokyo:
Kōdansha,1974.

西嶋定生:《秦汉帝国》,本书为《中国历史》的第2卷。

[481] Nishikawa Yasuji. "Kanjo ni okeru Kōrō shisō no ichi sokumen. "
Tōhōgaku,62(1981),pp. 26—39.

西川靖二:《汉书中的黄老思想》。

[482] Nunome Chōfū. "Hansen hankoku ron. "*Ritsumeikan bungaku*, 148
(1967),pp. 633—653.

布目潮渢:《半钱半谷论》。

[483] Ōba Osamu. *Shin Gi Wa Ō*. Tokyo:Gakuseisha,1971.

大庭脩:《亲魏倭王》。

［484］ Ōba Osamu. *Shin Kan hōseishi no kenkyū*. Tokyo：Sōbunsha，1982.

大庭脩：《秦汉法制史研究》。

［485］ Ōba Osamu. *Shin Kan teikoku no iyō*. Vol. II of *Zusetsu Chūgoku no reki-shi*. Tokyo：Kōdansha，1977.

大庭脩：《秦汉帝国的威容》。

［486］ Oba Tsunekichi，and Kayamoto Kamejirō. *Rakurō ŌKō bo. The tomb of Wang Kuang of Lo-lang*. Keijō(Seoul)：Society for the Study of Korean Antiquities，1935.

小场恒吉、榧木龟次郎：《乐浪王光墓》。

［487］ Ōchō Enichi. *Chūgoku bukkyō no kenkyū*. Kyoto：Hōzōkan，1958.

横超慧日：《中国佛教研究》。

［488］ Ōchō Enichi. *Hoku Gi bukkyō no kenkyū*. Kyoto：Inoue Shirō，1970.

横超慧日：《北魏佛教研究》。

［489］ Ōfuchi Ninji. *Dōkyō shi no kenkyū*. Okayama：Kawara Fumio，1964.

大渊忍尔：《道教史研究》。

［490］ Okamura Shigeru. "Seidan no keifu to igi. "*Nippon Chūgoku gakkai hō*，15 (1963)，pp. 100－119.

冈村繁：《清谈的系统和意义》。

［491］ 欧阳修：《新五代史》，北京，中华书局，1974。

［492］ 欧阳修：《欧阳文忠全集》，四部备要本。

［493］ 潘吉星：《中国造纸技术史稿》，北京，文物出版社，1979。

［494］ 潘吉星：《从出土古纸的模拟实验看汉代造麻纸技术》，载《文物》，1977.1。

［495］ 班固：《汉书》，北京，中华书局，1962。

［496］ 班固：《白虎通义》。可参考宝经堂丛书本。

［497］ Pelliot，Paul. "Le *Chou King* en caractères anciens et le *Chang chou che wen*. "*Mémoires concernant l' Asie Orientale*. Vol. II. Paris，1916.

伯希和：《〈古文书经〉和〈尚书释文〉》。

［498］ Pelliot，Paul. "Encore à propos du nom de 'Chine.' "*TP*，14 (1913)，pp. 427－428.

伯希和：《再论"中国"之名称》。

［499］ Pelliot，Paul. "Meou-tseu on Les doutes levés. "*TP*，19 (1920)，pp. 255－433.

伯希和:《牟子理惑论》。

[500] Pelliot, Paul. "L'origine du nom de 'Chine.'" *TP*, 13(1912), pp. 727—742.

伯希和:《中国名称渊源考》。

[501] 彭信威:《中国货币史》,两册,上海,群联出版社,1958。

[502] Perelomov, L. S. *Imperiya Tsin — pervoe tsentralizovannoe gosudarstvo v Kitae.* Moscow: Izdatel'stvo Vostochnoi Literatury, 1962.

Л. C. 别列洛莫夫:《秦帝国:中国第一个中央集权国家》。

[503] Perelomov, L. S. *Kniga pravitelya oblasti Shan (Shan tsyun shu).* Moscow: Nauka Publishers, 1968.

Л. C. 别列洛莫夫:《商君书》。

[504] Pokora, Timoteus. *Ğchin Š'chuang-ti.* Prague: Orbis, 1967.

蒂莫特斯·波科拉:《秦始皇帝》。

[505] Pokora, Timoteus. "Hsi-men Pao in fiction and history." *Altorientalische Forschungen*, 8(1981), pp. 265—298.

蒂莫特斯·波科拉:《传说和历史中的西门豹》。

[506] Pokora, Timoteus. *Hsin-lun (New treatise) and other writings by Huan T'an* (43 B. C. —28A. D.). Michigan papers in Chinese studies, no. 20. Ann Arbor: Center for Chinese Studies, Univ. of Michigan, 1975. [abbreviation: *Hsin-lun*]

蒂莫特斯·波科拉:《〈新论〉及桓谭的其他作品》。

[507] Pokora, Timoteus. Review of *Imperiya Tsin*, by L. S. Perelomov. *Archiv Orientálni*, 31(1963), pp. 165—171.

蒂莫特斯·波科拉:《评 Л. C. 别列洛莫夫的〈秦帝国〉》。

[508] Pritsak, Omeljan. "Die 24 Ta-ch'en: Studie zur Geschichte des Verwaltungsaufbaus der Hsiung-nu Reiche." *Oriens Extremus*, 1(1954), pp. 178—202.

奥梅尔扬·普里察克:《匈奴帝国行政史研究》。

[509] 步连生:《孔望山东汉摩崖佛教造像初辨》,载《文物》,1982. 9。

[510] Rashke, Manfred G. "New studies in Roman commerce with the east." In *Aufstieg und Niedergang der Römischen Welt, Geschichte und Kultur Roms im Spiegel der neueren Forschung* II, 9, eds. Hildegard Temporini and Wolfgang Haase. Berlin and New York: Walter de Gruyter, 1978, Part 2, pp. 604—1361. [abbreviation: "New studies in Roman commerce"]

曼弗雷德·拉施克:《罗马与东方贸易新探》。

［511］ Reischauer Edwin O. , and John K. Fairbank. *East Asia : The great tradition*. London : George Allen and Unwin, 1958.

赖肖尔、费正清合著:《东亚:伟大的传统》。

［512］ Rémusat, Abel. *Foĕ Kouĕ Ki*. Paris : Imprimerie Royale, 1836. English version as *The pilgrimage of Fa Hian from the French edition of the Foe Koue Ki*. Calcutta : Baptist Mission Press, 1848.

阿贝尔·雷米扎:《佛国记》(法文),有英译本。

［513］ Renou, Louis, and Jean Filliozat. *L'Inde classique : Manuel des études indiennes*. Vol. I. Paris : Payot, 1947 ; Vol. II. Paris : Éeole Française d'Extrême-Orient Hanoi, 1953.

路易·勒努、让·菲利奥扎:《印度的经典:印度学研究手册》.

［514］ Roberts, Moss, trans. *Three kingdoms : China's epic drama*, by Lo Kuan-chung. New York : Pantheon Books, 1976.

莫斯·罗伯茨:《三国:中国的史诗剧》,《三国演义》英译本。

［515］ Robinson, Richard H. *Early Mādhyamika in India and China*. Madison (Milwaukee) and London : Univ. of Wisconsin Press, 1967.

理查德·鲁宾逊:《印度和中国的中观学派》。

［516］ Rogers, Michael C. *The chronicle of Fu Chien : A case of exemplar history*. Berkeley and Los Angeles : Univ. of California Press, 1968.

迈克尔·罗杰斯:《苻坚编年史》。

［517］ Roy, David T. , and Tsuen-hsuin Tsien, eds. *Ancient China : Studies in early civilization*. Hong Kong : Chinese Univ. Press, 1978.

戴维·罗伊、钱存训合编:《古代中国:早期文明研究》。

［518］ Rozman, Gilbert. "Soviet reinterpretations of Chinese social history. " *JAS*, 34 : 1(November 1974), pp. 49－72.

吉尔伯特·罗兹曼:《苏联对中国社会史的再解释》。

［519］ Rudenko, S. I. *Die Kultur der Hsiung-nu und die Hügelgräber von Noin Ula*, trans. from the Russian by Helmut Pollems. Bonn : Rudolf Habelt Verlag, 1969.

S. I. 鲁登科:《匈奴的文化和诺彦乌拉的墓穴》(德文),译自赫尔默特·波伦斯的俄文原著。

[520] Sakade Yoshinobu. *Shin Kan shisō kenkyū bunken mokuroku*. Osaka: Kansai Daigaku, 1978.

坂出祥伸:《秦汉思想研究文献目录》。

[521] Salmony, Albert. *Antler and tongue: An essay on ancient Chinese symbolism*. Ascona: Artibus Asiae, 1954.

艾伯特・萨尔莫尼:《鹿角和舌头:论古代中国的象征主义》。

[522] Santayana, George. *The life of reason*. New York: Scribner's, 1905.

乔治・桑塔亚那:《理性的生活》。

[523] Sargent, Clyde B. *Wang Mang: A translation of the official account of his rise to power as given in the History of the Former Han Dynasty*. Shanghai: Graphic Art Book Co., 1947.

克莱德・萨金特:《〈前汉书〉王莽传译文》。

[524] Sargent, G. E. *Tchou Hi contre le bouddhisme*. Paris: Imprlmerie Nationale, 1955.

萨金特:《朱熹与佛教》。

[525] Satō Taketoshi. *Chōan*. Tokyo: Kondō Shuppansha, 1971.

佐藤武敏:《长安》。

[526] Satō Taketoshi. "Zen-Kan no kokka." *Jinbun kenkyū*, 18 : 3(1967), pp. 22—38.

佐藤武敏:《前汉的物价》。

[527] Schipper, Kristofer. *Concordance du Pao-p'ou-tseu, nei-p'ien, wai-p'ien*. 2 vols. Paris: Institut des Hautes Études Chinoises de l'Université de Paris, 1965, 1969.

克里斯托福・施希佩:《抱朴子内、外篇词语索引》。

[528] Schipper, Kristofer. *Le corps taoïste*. Paris: Fayard, 1982.

克里斯托福・施希佩:《道家文集》。

[529] Schram, S. R., ed. *The scope of state power in China*. London: School of Oriental and African Studies; Hong Kong: Chinese Univ. Press, 1985.

S. R. 施拉姆:《中国国家权力的范围》。

[530] Seidel, Anna K. *La divinisation de Lao tseu dans le taoïsme des Han*. Paris: École Française d'Extrême-Orient, 1969. [abbreviation: *Divinisation*]

安娜・塞德尔:《汉代道教中对老子的神化》。

［531］ Seidel, Anna K. "The image of the perfect ruler in early Taoist messian-
ism：Lao-tzu and Li Hung." *History of Religions*, 9：2－3（November
1969－February 1970）, pp. 216－247.

安娜·塞德尔：《初期道教救世主义至善统治者的形象》。

［532］ Sekino Takeshi. *Chūgoku kōkogaku kenkyū*. Tokyo：Tōyō Bunka
Kenkyūjo, 1963.

关野雄：《中国考古学研究》。

［533］ 山西省文物管理委员会：《山西平陆枣园村壁画汉墓》,载《考古》,1959. 9。

［534］ 山东省博物馆、山东省文物考古研究所：《山东汉画像石选集》,济南,齐鲁
书社,1982。

［535］ 商鞅：《商君书》。可参考朱师辙：《商君书解诂定本》,北京古籍出版社,
1956。

［536］ Shchutskii, Julian K. *Researches on the I ching*. London and Henley：Rout-
ledge and Kegan Paul, 1980.

朱利安·休茨基：《〈易经〉研究》。

［537］ 沈家本：《汉律摭遗》,序言日期 1912。载《沈寄簃先生遗书》。

［538］ 陕西省博物馆编：《西安历史述略》,西安,陕西人民出版社,1959。

［539］ 陕西始皇陵秦俑坑考古发掘队、秦始皇兵马俑博物馆：《秦始皇陵兵马
俑》,北京,文物出版社,1983。田边昭三译成日文,书名同,1983。

［540］ 沈约：《宋书》,北京,中华书局,1974。

［541］ 始皇陵秦俑坑考古发掘队：《临潼县秦俑坑试掘第一号简报》,载《文物》,
1975. 11。

［542］ 史念海：《秦始皇直道遗迹的探索》,载《文物》,1975. 11。

［543］ Shih, Robert. *Biographies des moines éminents*（Kao seng tchouan）. Lou-
vain：Université de Louvain, Institut Orientaliste, 1968.

罗伯特·施：《高僧传》。

［544］ Shih Sheng-han. *A preliminary Survey of the book* Ch'i-min yaoshu：*An
agricultural encyclopaedia of the 6th century*. Peking：Science Press,
1958.

石声汉：《齐民要术初探》（英译）。

［545］ Shih, Vincent Y. C. "Some Chinese rebel ideologies." *TP*, 44（1956）, pp.
150－226.

施友忠：《中国的叛乱思想》。

[546] 睡虎地秦墓竹简整理小组：《睡虎地秦墓竹简》，七卷，北京，文物出版社，1977。

[547] 睡虎地秦墓竹简整理小组：《睡虎地秦墓竹简》，北京，文物出版社，1978。

[548] 《说文解字》，许慎作，北京，中华书局，1963。

[549] Shyrock，John K. *The origin and development of the state cult of Confucius.* New York and London：Century，1932. [abbreviation：*State cult*]

约翰·夏伊罗克：《儒家国教的起源和发展》。

[550] Shyrock，John K. The study *of human abilities*：*The* Jen Wu chih *of Liu Shao.* New Haven：American Oriental Society，1937；rpt. New York：Kraus Reprint，1966.

约翰·夏伊罗克：《人才的研究：刘劭的〈人物志〉》。

[551] Sivin，Nathan. "Cosmos and computation in early Chinese mathematical astronomy." *TP*，55：1—3(1969)，pp. 1—73.

内森·西文：《古代中国数学天文学中的宇宙和计算》。

[552] Sivin，Nathan. "On thd word 'Taoist' as a source of perplexity. With special re ference to the relations of science and religion in traditional China." *History of Religions*，17：3—4(February— May 1978)，pp. 303—330.

内森·西文：《关于"道教"一词令人困惑的起因。特别是涉及传统中国的科学和宗教的关系》。

[553] Sommarström，Bo. *Archaeological researches in the Edsen-gol region*，*Inner Mongolia*，*together with the catalogue prepared by*，F. Bergman. 2 vols. Stockholm：Sino-Swedish Expedition，1956—1958.

博·索马斯特罗姆：《内蒙居延考古研究》。

[554] 四川省博物馆、青川县文化馆：《青川县出土秦更修田律木牍》，载《文物》，1982.1。

[555] 司马迁：《史记》，北京，中华书局，1959。

[556] 司马光：《资治通鉴》，北京古籍出版社，1956。

[557] Stange，Hans O. S. *Die Monographie über Wang Mang* (*Ts'ien-Han-Shu Kap*. 99). Leipzig：Deutsche Morgenländische Gesellschaft，1939.

汉斯·施坦格：《〈前汉书〉卷九九王莽传译注》。

［558］ Stein. R. A. "Illumination subite ou saisie simultanée. Note sur la terminol-
ogie chinoise et tibétaine. "*Revue de l'Histoire des Religions*, 169(1971)，
pp. 3—30.

石泰安:《顿悟说。汉文和藏文关于此词的诠释》。

［559］ Stein, R. A. "Rermarques sur les mouvements du taoïsme politico-reli-
gieux au IIe siècle ap. J. C. "*TP*, 50(1963), pp. 1—78. ［abbreviation："Re-
marques"］

罗尔夫·斯坦因（石泰安）:《论公元 2 世纪道教的政治—宗教运动》。

［560］ Strickmann, Michel. *Le taoïsme du Mao Chan : Chronique d'une révélation.*
Paris: Collège de France, Institut des Hautes Études Chinoises, 1981.

米歇尔·斯特里克曼:《茅山的道教:图箓启示年代记》。

［561］ 苏诚鉴:《后汉食货志长编》,上海,商务印书馆,1947。

［562］ Sun, E-tu Zen, and John De Francis. *Chinese social history : Translations of
selected studies.* Washington D. C. : Ameriean Council of Learned Societies,
1956.

孙任以都、弗朗西斯合编:《中国社会史选译》。

［563］ 孙诒让:《周礼正义》,四部备要本。

［564］ 孙作云:《马王堆一号汉墓漆棺画考释》,载《考古》,1973. 4。

［565］ 宋叙五:《西汉货币史初稿》,香港,1971。

［566］ Swann, Nancy Lee. *Food and money in ancient China.* Princeton: Prince-
ton Univ. Press, 1950.

南希·李·斯旺:《古代中国的粮食与货币》。

［567］ Swann, Nancy Lee. *Pan Chao, foremost woman scholar of China, first
century A. D.* New York and London: Century, 1932.

斯旺:《班昭:公元 1 世纪中国杰出的女学者》。

［568］ Tada Kensuke. "Go-Kan gōzoku no nōgyō keiei. "*Rekishigaku Kenkyū*, 286
(1964. 3), pp. 13—21.

多田狷介:《后汉豪族的农业经营》。

［569］ Tada Kensuke. "Kandai no chihō shōgyō ni tsuite. "*Shichō*, 92 (1965), pp.
36—49.

多田狷介:《后汉的地方商业》。

［570］ Takakusu Junjirō, and Watanabe Kaigyoku, eds. *Taishō shinshū Daizōkyō.*

55 vols. Tokyo: Taishō Issai-kyō Kankyōkai, 1924 — 1928. [abbreviation: *Taishō*]

高楠顺次郎、渡边海旭编:《大正新修大藏经》。

[571] Takigawa Kametarō. *Shiki kaichū kōshō.* 10 vols. Tokyo: Tōhō Bunka Gakuin Tōkyō Kenkyūjo, 1932 — 1934; rpt. Peking: Wen-hsüeh Ku-chi K'an-hang she, 1955.

泷川龟太郎:《史记会注考证》。

[572] 唐长孺:《魏晋南北朝史论丛》,北京,生活·读书·新知三联书店,1955。

[573] T'ang Yung-t'ung. "The editions of the *Ssu-shih-erh-chang-ching.*" trans. J. R. Ware. *HJAS*, 1(1936), pp. 147—155.

汤用彤:《〈四十二章经〉的版本》。

[574] 汤用彤:《汉魏两晋南北朝佛教史》,两册,长沙,1938;北京,中华书局再版,1955。

[575] T'ang Yung-t'ung. "On *ko-yi*, the earliest method by which Indian Buddhism and Chinese thought were synthesized." In *Rādhakrishnan comparative studies in philosophy, presented in honour of his sixtieth birthday*. London: George Allen and Unwin, 1951, pp. 276—286.

汤用彤:《格义,融合印度佛教和中国思想的最早方法》。

[576] T'ang Yung-t'ung. "Wang Pi's new interpretation of the *I ching and Lun-yü.*" trans. Walter Liebenthal. *HJAS*, 10(1947), pp. 124—161.

汤用彤:《王弼对〈易经〉和〈论语〉的新解释》。

[577] 陶复:《秦咸阳宫第一号遗址复原问题的初步探讨》,载《文物》,1976.11。

[578] 陶希圣、沈巨尘:《秦汉政治制度》,上海,商务印书馆,1936;台北再版,1967。

[579] Tarn, W. W. *The Greeks in Bactria and India.* 2nd ed. Camdribeg: Cambridge Univ. Press, 1951.

塔恩:《大夏和印度的希腊人》。

[580] Tezuka Takayoshi. "Kan sho Kyōdo to no washin jōyaku ni kansuru ni san no mondai." *Shien*, 12: 2(1938), pp. 11—34.

手塚隆义:《汉初与匈奴和亲的二三问题》。

[581] Tezuka Takayoshi. "Kyōdo bokkō shiron." *Shien*, 31: 2(March 1971), pp. 59—72.

手塚隆义:《匈奴勃兴试论》。

[582] Tezuka Takayoshi. "Kyōdo Zen'u sōzoku kō."*Shien*, 20：2 (December 1959),pp. 17—27.

手塚隆义:《匈奴单于相续考》。

[583] Tezuka Takayoshi. "Minami Kyōdo no'koko' to 'shinkō' to in tsuite."*Shien*,27：1(June 1966),pp. 1—10.

手塚隆义:《关于南匈奴的"故胡"与"新降"》。

[584] Tezuka Takayoshi. "Nitchiku ō Hi no dokuritsu to minami Kyōdo no Zen'u keishō ni tsuite."*Shien*,25：2(November 1964),pp. 1—12.

手塚隆义:《关于日遂王独立与南匈奴单于之继承》。

[585] 田昌五:《读曹操宗族墓砖刻辞》,载《文物》,1978.8。

[586] Tjan Tjoe Som. *Po hu t'ung*:*The comprehensive discussions in the White Tiger Hall*. 2 vols. Leiden:E. J. Brill,1949,1952.

张朝孙(音):《白虎通:白虎观中的全面讨论》。

[587] Tōkei, Ferenc. *Genre theory in China in the 3rd—6th centuries*:*Liu Hsieh's theory on poetic genres*. Budapest:Akadémiai Kiadó, 1971.

费伦克·托克伊:《3—6 世纪的文艺风格理论:刘勰的诗歌风格理论》。

[588] Trautmann,Thomas R. *Kautilya and Arthaśāstra*:*A statistical investigation of the authorship and evolution of the text*. Leiden:E. J. Brill,1971.

托马斯·特劳特曼:《考提利耶和政事论:其作者及文字演变的统计研究》。

[589] Trousdale, William. "Where all the swords have gone:Reflections on some questions raised by Professor Keightley."*Early China*,3 (Fall 1977),pp. 65—66.

威廉·特鲁斯戴尔:《刀剑的去向:凯特利教授提出的几个问题的反省》。

[590] Tschepe, Albert. *Histoire du royaume de Ts'in*(777—207 av. J. C.). Variétés Sinologiques no. 27. Shanghai:Orphelinat de T'ou-se-we,1909.

阿尔贝·奇珀:《秦朝史:前 777 至前 207 年》。

[591] 曾金声:《中国秦汉政治制度史》,台北,1969。

[592] Tsien,Tsuen-hsuin. *Written on bamboo and silk*:*The beginnings of Chinese books and inscriptions*. Chicago and London:Univ. of Chicago Press, 1962.

钱存训:《竹书和帛书:中国书籍和铭文的开始》。

[593] 崔寔:《四民月令》。可参考石声汉:《四民月令校注》,北京,中华书局,1965。

[594] Tsukamoto Zenryū. *Chūgoku bukkyō tsūshi*. Vol. I. Tokyo:Suzuki Gakujut-su Zai dan,1968.

塚本善隆:《中国佛教通史》第1卷。

[595] Tsukamoto Zenryū. *Gisho Shaku-Rō-shi no kenkyū*. Kyoto:Bukkyō Bun-ka Kenkyūjo,1961.

塚本善隆:《魏书释老志研究》。

[596] Tsukamoto Zenryū, ed. *Jōron kenkyū*. Kyoto:Hōzōkan,1955.

塚本善隆编:《肇论研究》。

[597] Tsukamoto Zenryū. *Shina bukkyō shi kenkyū:Hoku Gi hen*. Kyoto:Kōbundō,1942.

塚本善隆:《中国佛教史研究·北魏篇》。

[598] Tsukamoto Zenryū. "The Śramana superintendent T'an-yao and his time." trans. Galen Eugene Sargent. *MS*,16:1—2(1957),pp. 363—396.

塚本善隆:《昙曜及其时代》,萨金特英译。

[599] Tsukamoto Zenryū. "Wei Shou:'Treatise on Buddhism and Taoism.' English translation by Leon Hurvitz of the original text of the *Wei shu* CXIV and of the Japanese annotation by Tsukamoto Zenryū." In *Yün-kang:The Buddhist cave-temples of the fifth century A. D. in north China*,eds. Mizuno Seiichi and Nagahiro Toshio. Vol. XVI(supplement). Kyoto:Jimbun Kagaku Kenkyūsho,1956,pp. 23—103.

塚本善隆:《魏收的〈释老志〉》(原文为《魏书》卷一一四,塚本善隆日文注释,赫尔维茨英译,载水雄清一、长广敏雄合编:《公元5世纪华北云冈佛窟》)。

[600] Tsukamoto Zenryū et al. *Chūgoku bukkyō shi gaisetsu:Chūgoku hen*. Kyo-to:Heirakuji Shoten,1960.

塚本善隆:《中国佛教史概说·中国篇》。

[601] 杜佑:《通典》,十通本。

[602] 董仲舒:《春秋繁露》。参考苏舆:《春秋繁露义证》,王先谦序,1914;台北再版,1974。

[603]　Tung Tso-pin. *Chronological tables of Chinese history*. Hong Kong：Hong Kong Univ. Press，1960.

董作宾：《中国历史年代表》。

[604]　Twitchett，Denis，ed. *Cambridge history of China*. Vol. Ⅲ. *Sui and T'ang China*，589—906，*Part Ⅰ*. Cambridge：Cambridge Univ. Press，1979.

崔瑞德编：《剑桥中国隋唐史》。

[605]　Twitchett，D. C. *Financial administration under the T'ang dynasty*. Cambridge：Cambridge Univ. Press，1963；2nd ed. ，1970. ［abbreviation：*Financial administration*］

崔瑞德：《唐代的财政管理》。

[606]　Uchida Gimpu. "Ugan-zoku ni kansuru kenkyū. " *Man-Mō shi ronsō*，4 (1943)，pp. 1—104.

内田吟风：《乌桓族研究》。

[607]　Uchida Tomoo. *Kanjo keihō shi*. Kyoto：Dōshisha Univ. ，1958.

内田智雄：《汉书·刑法志》。

[608]　Umehara Sueji，and Fujita Ryōsaku. *Chōsen kobunka sōkan*. 2 vols. Nara：Yōtokusha，1946—1948.

梅原末治、藤田亮策：《朝鲜古文化综鉴》，两卷。

[609]　Utsunomiya Kiyoyoshi. *Kandai shakai keizaishi kenkyū*. Tokyo：Kōbundō，1955.

宇都宫清吉：《汉代社会经济史研究》。

[610]　van der Loon，P. "The ancient Chinese chronicles and the growth of historical ideals. " In *Historians of China and Japan*，eds. W. G. Beasley and E. G. Pulleyblank. London：Oxford Univ. Press，1961，pp. 24—30.

范德伦：《古代中国的编年史和史学的发展》。

[611]　van der Loon, P. "On the transmission of Kuan-tzu. " *TP*，41：4—5 (1952)，pp. 357—393.

范德伦：《论管子的传布》。

[612]　Vandermeersch，Léon. *La formation du légisme*. Paris：École Française d'Extrême-Orient，1965.

莱昂·旺德默埃什：《法家的形成》。

[613]　von Dewall，Magdalene. "Decorative concepts and stylistic prlnciples in the bronze art of Tien. " In *Early Chinese art and its possible influence in the*

Pacific Basin, ed. Noel Barnard. Authorised Taiwanese edition, pp. 329—372.

马达莱·冯·杜瓦尔:《滇青铜镜艺术中的装饰观念和风格原则》。

[614] Wagner, Rudolf G. "Lebensstil und Drogen in chineslschen Mittelalter." *TP*, 59(1973), pp. 79—178.

鲁道夫·瓦格纳:《中世纪中国的生活作风和药物》。

[615] Waldron, Arthur N. "The problem of the great wall of China." *HJAS*, 43∶2(1983), pp. 643—663.

阿瑟·沃尔德伦:《中国长城的问题》。

[616] Waley, Arthur, trans. *The Analects of Confucius*. London∶George Allen and Unwin, 1938.

阿瑟·韦利:《〈论语〉译注》。

[617] Waley, Arthur, trans. *The Book of songs*. London∶George Allen and Unwin, 1937.

阿瑟·韦利译:《诗经》。

[618] Waley, Arthur. *The life and times of Po Chü-i, 772—846 A. D.* London∶ George Allen and Unwin, 1949.

阿瑟·韦利:《白居易的生活和时代:公元 772—846 年》。

[619] Waley, Arthur. *The nine songs∶A study of shamanism in ancient China.* London∶George Allen and Unwin, 1955.

阿瑟·韦利:《九歌:古代中国的巫术研究》。

[620] Waley, Arthur. *Three ways of thought in ancient China.* London∶ George Allen and Unwin 1946.

阿瑟·韦利:《古代中国的三种思想方式》。

[621] Wallacker, Benjamin E. "Han Confucianism and Confucius in Han." In *Ancient China∶Studies in early civilization*, eds. David T. Roy and Tsuen-hsuin Tsien. Hong Kong∶Chinese Univ. Press, 1978, pp. 215—228.

本杰明·沃拉克:《汉代的孔子学说和孔子》,载戴维·罗伊、钱存训合编:《古代中国:早期文明研究》。

[622] Walter, Georges. *Chine, An—81∶Dispute sur le sel et le fer*, *Yantie lun*, Introduction Georges Walter, trans. Delphine Baudry-Weulersse, Jean Levi, Pierre Baudry, in collaboration with Georges Walter. Paris∶J. Lanzmann,

and Seghers,1978.

    乔治·沃尔特等:《盐铁论》,法文译本。

[623] 王昶:《金石萃编》,序 1805。

[624] 王充:《论衡》。参考黄晖:《论衡校释》,长沙,商务印书馆,1938;台北再版,1969。

[625] 王仲荦:《魏晋南北朝史》,上海人民出版社,1979。

[626] 王仲殊:《中国古代都城制概论》,载西嶋定生编:《奈良平安之都与长安》,东京,1983。

[627] 王仲殊:《汉长安城考古工作收获续记——宣平城门的发掘》,载《考古》,1958.4。

[628] 王仲殊:《汉长安城考古工作的初步收获》,载《考古》,1957.5。

[629] 王仲殊:《说滇王之印与汉委奴国王印》,载《考古》,1959.10。

[630] 王菊华、李玉华:《从几种汉纸的分析鉴定试论我国造纸术的发明》,载《文物》,1980.1。

[631] 王符:《潜夫论》。参考彭铎注:《潜夫论笺》,北京,中华书局,1979。

[632] 王夫之:《读通鉴论》,北京,中华书局,1975。

[633] 王先谦:《汉书补注》,长沙,1900;台北再版,1955。

[634] 王先谦:《后汉书集解》,长沙,1915;台北再版,1955。

[635] 汪宁生:《汉晋西域与祖国文明》,载《考古学报》,1977.1。

[636] 汪宁生:《云南考古》,昆明,云南人民出版社,1980。

[637] 王文才:《东汉李冰石像与都江堰"水则"》,载,《文物》,1974.7。

[638] Wang Yü-ch'üan. *Early Chinese coinage*. Numismatic Notes and Monographs,no. 122. New York:American Numismatic Society, 1951.

    王毓铨:《古代中国的铸币》。

[639] Wang Yü-ch'üan. "An outline of the central government of the Former Han dynasty."*HJAS*,12(1949),pp. 134－187. Rpt. in *Studies of governmental institutions in Chinese history*,ed. John L. Bishop. Cambridge,Mass. : Harvard Univ. Press,1968,pp. 1－55. 〔abbreviation:"Outline of government"〕

    王毓铨:《西汉中央政府概述》。

[640] 王毓铨:《我国古代货币的起源和发展》,北京,科学出版社,1957.

[641] Wang Zhongshu. *Han civilization*,trans. K. C. Chang et al. New Haven

and London：Yale Univ. Press，1982.

王仲殊：《汉代文明》，张光直等英译。

[642] Ware，James R. "The *Wei shu* and the *Sui shu* on Taoism."JAOS，53：3 (1933)，pp. 215—250.

詹姆斯·韦尔：《〈魏书〉和〈隋书〉论道教》。

[643] Watanabe Takashi. "Bokka no shūdan to sono shisō."*Shigaku zasshi*，70：10(1964)，pp. 1—34；70：11(1964)，pp. 40—74.

渡边卓：《墨家集团及其思想》。

[644] Watson，Burton. *Han Fei Tzu：Basic，writings.* New York and London：Columbia Univ. Press，1964.

伯顿·沃森：《韩非子主要著作》。

[645] Watson，Burton. *Records of the Grand Historian of China：Translated from the* Shih-chi *of Ssu-ma Ch'ien.* 2 vols. New York and London：Columbia Univ. Press，1961. [abbreviation：*Records*]

伯顿·沃森：《英译〈史记〉》。

[646] Watson，Burton. *Ssu-ma Ch'ien：Grand Historian of China.* New York：Columbia Univ. Press，1958.

伯顿·沃森：《中国的伟大史学家司马迁》。

[647] Watson，William. *Cultural frontiers in ancient East Asia.* Edinburgh：Edinburgh Univ. Press，1971.

威廉·沃森：《古东亚的文化边境》。

[648] 魏徵：《群书治要》，四部丛刊本。

[649] 魏徵等撰：《隋书》，北京，中华书局，1973。

[650] 魏启鹏：《太平经与东汉医学》，载《世界宗教研究》，3(1981)。

[651] 魏收撰：《魏书》，北京，中华书局，1974。

[652] Welch，Holmes H. "The Bellagio conference on Taoist studies."*History of Religions*，9：2—3(November 1969—February 1970)，pp. 107—136.

霍姆斯·韦尔奇：《贝拉焦道家研究会议》

[653] Welch，Holmes H. *The parting of the Way：Lao Tzu and the Taoist movement.* Boston：Beaconl Pres，1957；London：Methuen，1958.

霍姆斯·韦尔奇：《老子和道家运动》

[654] 文物出版社编：《长沙楚墓帛画》，北京，中国古籍书店，1973。

[655] 文物出版社编:《西汉帛画》,北京,文物出版社,1972。

[656] 翁方纲:《两汉金石记》,序 1786。

[657] Wheatley,Paul. *The golden Khersonese: Studies in the historical geography of the Malay Peninsula before A. D. 1500.* Kuala Lumpur: Univ. of Malaya Press,1961.

保罗·惠特利:《公元 1500 年以前马来半岛历史地理文集》。

[658] Wheatley,Paul. *The pivot of the four quarters: A preliminary inquiry into the origins and character of the Chinese city.* Edinburgh: Edinburgh Univ. Press,1971.

保罗·惠特利:《四方的中轴:中国城市的起源和特点初探》。

[659] Wiens,Herold J. *China's march toward the tropics.* Hamden: The Shoestring Press,1954.

赫罗尔德·威恩斯:《中国向热带进军》。

[660] Wilbur,Clarence Martin. *Slavery in China during the Former Han Dynasty.* Chicago Field Museum of Natural History. Anthropological Series, Vol. XXXIV. Chicago: Field Museum of Natural History,1943. [abbreviation: *Slavery in China*]

韦慕庭:《西汉的奴隶制》。

[661] Wilhelm,Hellmut. *Change: Eight lectures on the I ching.* Princeton: Princeton Univ. Press,1973; London: Routledge and Kegan Paul,1975.

赫尔穆特·威廉(卫德明):《关于〈易经〉的八篇论文》。

[662] Wilhelm,Hellmut. *Heaven,earth and man in the Book of changes.* Seattle and London: Univ. of Washington Press,1977.

赫尔穆特·威廉(卫德明):《〈易经〉中的天、地、人》。

[663] Wilhelm,Hellmut. "A note on Sun Ch'o and his *Yü-tao lun.*" *Sino-Indian Studies*(Santiniketan),5:3—4(1957; *Liebenthal Festschrift*),pp. 261—271.

赫尔穆特·威廉(卫德明):《论孙绰及其〈喻道论〉》。

[664] Wilhelm,Richard. *Frühling und Herbst des Lü Bu We.* Jena: Eugen Diederichs,1928.

理查德·威廉:《吕氏春秋》

[665] Woo,Kang. *Les trois théories politiques du Tchouen Ts'ieou interpretées*

par Tong Tchong-chou. Paris: Ernest Leroux, 1932.

吴康(音):《董仲舒的天人三策》。

[666] Wright, Arthur F. "Biography and hagiography: Hui-chiao's lives of eminent monks." In *Silver jubilee volume of the Zinbun-Kagaku-Kenkyusyo*, *Kyoto University*. Kyoto, 1954, pp. 383—432.

芮沃寿:《传记和圣徒传记:慧皎的高僧传》。

[667] Wright, Arthur F. "The formation of Sui ideology, 581—604." In *Chinese thought and institutions*, ed. John K. Fairbank. Chicago: Univ. of Chicago Press, 1957, pp. 71—104.

芮沃寿:《隋代意识形态的形成,公元 581—604 年》。

[668] Wright, Arthur F. "Fo-t'u-teng: A biography." *HJAS*, 11(1948), pp. 321—371.

芮沃寿:《佛图澄传》。

[669] Wright, Arthur F. "Sui Yang-ti: Personality and stereotype." In *The Confucian persuasion*, ed. Arthur F. Wright. Stanford, Calif.: Stanford Univ. Press, 1960, pp. 47—76.

芮沃寿:《隋炀帝:个性与陈规旧矩》。

[670] 吴承洛:《中国度量衡史》,上海,商务印书馆,1937。

[671] Wu Chi-yu, ed. *Pen-tsi king（Livre du terme originel）, ouvrage taoïste inédit du VIIe siècle, manuscrits retrouvés à Touen-houang reproduits en facsimilé*. Paris: Centre Nationale de la Recherche Scientifique, 1960.

吴其昱编:《本际经:7 世纪编辑的道教著作,敦煌手稿写本》。

[672] 巫鸿:《秦权研究》,载《故宫博物院院刊》,1979.4。

[673] 吴荣曾:《和林格尔汉墓壁画中反映的东汉社会生活》,载《文物》,1974.1。

[674] 吴天颖:《汉代买地券考》,载《考古学报》,1982.1。

[675] Yabuki Keiki. *Sankaikyō no kenkyū*. Tokyo: Iwanami Shoten, 1927.

矢吹庆辉:《三阶教研究》。

[676] Yabuki Keiki. "The teaching of the third stage and Japanese Buddhism." *Commemoration volume, the twenty-fifth anniversary of the foundation of the professorship of science of religion in Tokyo Imperial University*, ed. the Celebration Committee. Tokyo: The Herald Press, 1934, pp. 353—61.

矢吹庆辉:《三阶教教义与日本佛教》。

[677] Yagi Shōzaburō. *Manshū kōkogaku.* Tokyo: Ogiwara Seibunkan, 1944.

八木奖三郎:《满洲考古学》。

[678] Yamazaki Hiroshi. *Zui-Tō bukkyō shi no kenkyū.* Kyoto: Hōzōkan, 1967.

山崎宏:《隋唐佛教史研究》。

[679] Yang, Chung-i. "Evolution of the status of 'dependents.'" In *Chinese social history*, eds. E-tu. Zen Sun and John De Francis. Washington, D. C. : A-merican Council of Learned Societies, 1956. pp. 142－156. Originally ap-peared in Chinese as Yang Chung-i, "Pu-ch'ü yen-ko lüeh-k'ao." *Shih-huo*, 1：3(January 1935), pp. 97－107.

杨中一:《部曲沿革略考》,载《食货》,1：3(1955),英译文载孙任以都、弗朗西斯合编:《中国社会史》。

[680] Yang, Hsien-i, and Gladys Yang. *Records of the historian.* Hong Kong: Commercial Press, 1974.

杨宪益等:《史学家的记录》。

[681] 扬雄:《法言》,汉魏丛书本。

[682] 扬雄:《太玄经》,四部备要本。

[683] Yang Hsüan-chih. *A record of Buddhist monasteries in Lo-yang*, trans. Yi-t'ung Wang. Princeton: Princeton Univ. Press, 1984. See also Jenner, W. J. F.

杨衒之:《洛阳伽蓝记》,王伊同英译。

[684] 杨宽:《战国史》,上海人民出版社,1955。

[685] 杨宽:《秦始皇》,上海人民出版社,1956。

[686] 杨宽:《中国古代冶铁技术的发明和发展》,上海人民出版社,1956。

[687] 杨宽:《先秦墓上建筑问题的再探讨》,载《考古》,1983.7。

[688] 杨宽:《商鞅变法》,上海人民出版社,1955。

[689] 杨宽:《释青川秦牍的田亩制度》,载《文物》,1982.7。

[690] Yang, Lien-sheng. *Les aspects économiques des travaux publics dans la Chine impériale.* Paris: Collège de France, 1964. English translation: "Eco-nomic aspects of public works in imperial China." In his *Excursions in si-nology.* Cambridge, Mass. : Harvard Univ. Press, 1969, pp. 191－248.

杨联陞:《中华帝国公共工程的经济情况》,有英、法文本。

［691］ Yang, Lien-sheng. "Great families of the Eastern Han. "In *Chinese social history*, eds. E-tu Zen Sun and John De Francis. Washington, D. C. : American Council of Learned Societies, pp. 103 － 134. Originally appeared in Chinese *as Yang Lien-sheng*, "*Tung-Han ti hao-tsu.* "*Ch'ing-hua Hsüeh-pao*, 11：4 (1936), pp. 1007－1063. [abbreviation: "Great families"]

杨联陞：《东汉的豪族》，英译文载孙任以都、弗朗西斯合编：《中国社会史》。

［692］ Yang, Lien-sheng. "Historical notes on the Chinese world order. "In *The Chinese world order*：*Traditional China's foreign relations*, ed. John K. Fairbank. Cambridge, Mass. : Harvard Univ. Press, 1968, pp. 20－33.

杨联陞：《关于中国人的世界秩序的历史评论》。

［693］ Yang, Lien-sheng. "Hostages in Chinese history." *HJAS*, 15 (1952), pp. 507－521. References are to the reprint, in his *Studies in Chinese institutional history*. Cambridge, Mass. : Harvard Univ. Press, 1961, pp. 43－57.

杨联陞：《中国历史上的人质》。

［694］ Yang, Lien-sheng. *Money and credit in China*：*A short history*. Cambridge, Mass. : Harvard Univ. Press, 1952. [abbreviation：*Money and credit*]

杨联陞：《中国的货币和信用简史》。

［695］ Yang, Lien-sheng. "Numbers and units in Chinese economic history." *HJAS*, 12(1949), pp. 216－225. Reprinted in his *Studies in Chinese institutional history*. Cambridge, Mass. : Harvard Univ. Press, 1961. [abbreviation："Numbers and units"]

杨联陞：《中国经济史中的数字和单位》。

［696］ Yang, Lien-sheng. *Studies in Chinese institutional history*. Cambridge, Mass. : Harvard Univ. Press, 1961.

杨联陞：《中国制度史研究》。

［697］ 杨守敬：《历史舆地沿革险要图》（历代舆地图），序 1906。

［698］ 杨树达：《汉书窥管》，北京，科学出版社，1955。

［699］ 杨树达：《汉代婚丧礼俗考》，上海，商务印书馆，1933。

［700］ 姚思廉：《梁书》，北京，中华书局，1973。

[701]　严耕望:《中国地方行政制度史》第 1 册《秦汉地方行政制度》,两册,台北, 1961。

[702]　严可均:《全后汉文》,载《全上古三代秦汉三国六朝文》,广州,1887—1893。

[703]　殷涤非:《安徽省寿县安丰塘发现汉代闸坝工程遗址》,载《文物》,1960.1。

[704]　应劭:《风俗通义》,四部丛刊本。

[705]　Yoshinami Takashi. *Shin Kan teikokushi kenkyū*. Tokyo: Miraisha, 1978.
好并隆司:《秦汉帝国史研究》。

[706]　Yoshioka Yoshitoyo. *Dōkyō to Bukkyō*. 3 vols. Vol. I. Tokyo: Nihon Gaku-jutsu Shinkōkai, 1959; Vol. II. Tokyo: Toyoshima Shobō, 1970; Vol. III. Tokyo: Kokusho Kankōkai, 1976.
吉冈义丰:《道教与佛教》,三卷。

[707]　Yoshioka Yoshitoyo. *Eisei e no negai*: *Dōkyō*. Tokyo: Tankōsha, 1970.
吉冈义丰:《道教的长生之愿》。

[708]　Yoshioka Yoshitoyo. "Shijūnishōkyō: to Dōkyō." *Chizan gakuhō*, 19 (1971), pp. 257—289.
吉冈义丰:《四十二章经与道教》。

[709]　于豪亮:《秦简"日书"记时记月诸问题》,载中华书局编辑部编:《云梦秦简研究》,北京,中华书局,1981。

[710]　于豪亮:《释青川秦墓木牍》,载《文物》,1982.1。

[711]　Yü, Ying-shih. *Early Chinese history in the People's Republic of China*. The report of the Han Dynasty Studies Delegation, October — November 1978. Seattle: School of International Studies, Univ. of Washington, 1981.
余英时:《中华人民共和国的早期中国史》。

[712]　余英时:《汉晋之际士之新自觉与新思想》,载《新亚学报》,4:1(1959,8)。

[713]　Yü, Ying-shih. "Life and immortality in the mind of Han China." *HJAS*, 25(1964—1965), pp. 80—122.
余英时:《汉代思想中的生命和长生》。

[714]　Yü, Ying-shih. *Trade and expansion in Han China*: *A study in the structure of Sino-barbarian economic relations*. Berkeley and Los Angeles: Univ. of California Press, 1967. [abbreviation: *Trade and expansion*]
余英时:《汉代的贸易和扩张:中夷经济关系结构研究》。

［715］　袁宏:《后汉纪》,四部丛刊本。参考台北商务印书馆标点本。

［716］　袁珂:《中国古代神话》,上海,商务印书馆,1951。

［717］　云梦秦墓竹简整理小组:《云梦秦简释文》,3 篇,载《文物》,1976.6;1976.
　　　　7; 1976.8。

［718］　云梦睡虎地秦墓编写组:《云梦睡虎地秦墓》,北京,文物出版社,1981。

［719］　云南省博物馆:《云南晋宁石寨山古墓群发掘报告》,两册,北京,文物出版
　　　　社,1959。

［720］　云南省博物馆编:《云南青铜器》,北京,文物出版社,1981。

［721］　Zürcher, E. *The Buddhist conquest of China*. 2 vols. Leiden: E. J. Brill,
　　　　1959. ［abbreviation: *Buddhist conquest*］

　　　　　E. 泽克:《佛教征服中国史》,两卷。

［722］　Zürcher, E. "Buddhist influence on early Taoism: a survey of scriptural evi-
　　　　dence." *TP*, 66: 1—3(1980), pp. 84—147.

　　　　　泽克:《佛教对早期道教的影响》。

［723］　Zürcher, E. "Perspectives in the study of Chinese Buddhism." *JRAS*,
　　　　1982,2, pp. 161—176.

　　　　　泽克:《对中国佛教研究的几点看法》。

参考书目中著作及刊物简写表

AM   *Asia Majot*(new series)

  《大亚细亚》(新版)

Annuaire   *Annuaire du Collège de France*

  《法兰西学院年鉴》

BEFEO   *Bulletin de l'École française d'Extrême Orient*

  《法国远东学院通报》

BMFEA   *Bulletin of the Museum of Far Eastern Antiquities*

  《远东古文物博物馆通报》

BSOAS   *Bulletin of the School of Oriental and African Studies*

  《东方和非洲研究学院学报》

CASS   *Chinese Academy of Social Sciences*

  中国社会科学院

CFL   *Ch'ien-fu lun*(P'eng Tuo:*Ch'ien-fu lun chien*,Peking,1979)

  《潜夫论》(彭铎:《潜夫论笺》)

CHHW   *Ch'üan Hou Han wen*(in Yen K'o-chün:*Ch'üan shang-ku san-tai Ch'in Han San-kuo liu-ch'ao wen*)

  《全后汉文》(载严可均:《全上古三代秦汉三国六朝文》)

CICA   *China in central Asia*(see Hulsewé)

  《中国在中亚》(见何四维)

CPAM   Commission for the Preservation of Ancient Monuments

  古迹保存委员会

CS   *Chin shu*(Peking:Chung-hua shu-chü,1974)

  《晋书》(中华书局,1974 年)

CYYY   *Bulletin of the Institute of History and Philology*,*Academia Sinica*,*Taipei*

《中央研究院历史语言研究所集刊》(台北)

HFHD   *History of the Former Han Dynasty*(see Dubs)

《汉书译注》(见德效骞)

HHC   *Hou-Han chi*(references are to *SPTK* and the punctuated reprint,Tai-pei,1976)

《后汉纪》(参见四部丛刊本和台北 1976 年重印标点本)

HHS   *Hou-Han shu*,*Hsü Han shu*(Peking:Chung-hua shu-chü, 1965)

《后汉书》、《续汉书》(北京,中华书局,1965 年)

HHSCC   *Hou-Han shu chi-chieh*(Wang Hsien-ch'ien;Ch'ang-sha, 1915)

《后汉书集解》(王先谦;长沙,1915 年)

HJAS   *Harvard Journal of Asiatic Studies*

《哈佛亚洲研究杂志》

HNT   *Huai-nan-tzu*(Liu Wen-tien:*Huai-non hung-lieh chi-chieh*,Shanghai,1926)

《淮南子》(刘文典:《淮南鸿烈集解》)

HS   *Han shu*(Peking:Chung-hua shu-chü,1962)

《汉书》(中华书局,1962 年)

HSPC   *Han shu pu-chu*(Wang Hsien-ch'ien;Ch'ang-sha,1900)

《汉书补注》(王先谦;长沙,1900 年)

JAOS   *Journal of the American Oriental Society*

《美国东方学会会刊》

JAS   *Journal of Asian Studies*

《亚洲研究杂志》

JRAS   *Journal of the Royal Asiatic Society*

《皇家亚洲学会会刊》

KK   *Kaogu*(formerly *K'ao-ku t'ung-hsün*)

《考古》(原《考古通讯》)

KKHP   *Kaogu xuebao*(*K'ao-ku hsüeh-pao*)

《考古学报》

LH   *Lun-heng*(Huang Hui:*Lun-heng chiao-shih*,Ch'ang-sha,1938)

《论衡》(黄晖:《论衡校释》)

LSYC   *Li-shih yen-chiu*

《历史研究》

Mélanges　　*Mélanges publiés par l'Institut des Hautes Études chinoises*

《高等实验学院论文集》

MH　　*Mémoires historiques*（see Chavannes）

《〈史记〉译注》（见沙畹）

MN　　*Monumenta Nipponica*

《日本学志》

MS　　*Monumenta Serica*

《华裔学志》

SC　　*Shih-chi*（Peking：Chung-hua shu-chü,1959）

《史记》（北京,中华书局,1959 年）

SCC　　*Science and civilisation in China*（see Needham）

《中国科技史》（见李约瑟）

SKC　　*San-kuo chih*（Peking：Chung-hua shu-chü,1959）

《三国志》（北京：中华书局,1959 年）

SKCCC　　*San-kuo chih chi-chieh*（Lu Pi：reprinted Peking,Ku-chi ch'u-pan-she,
　　　　　　1957）

《三国志集解》（卢弼：《三国志解集》,北京古籍出版社重印,1957 年）

SPPY　　*Ssu-pu-pei-yao*

《四部备要》

SPTK　　*Ssu-pu-ts'ung-k'an*

《四部丛刊》

TCTC　　*Tzu-chih t'ung-chien*

《资治通鉴》

TP　　*T'oung pao*

《通报》

TSK　　*Tōyō shi kenkyū*

《东洋史研究》

WW　　*Wenwu*（formerly *Wen-wu ts'an-k'ao tzu-liao*）

《文物》（原《文物参考资料》）

YTL　　*Yen-t'ieh lun*（Wang Li-ch'i：*Yen-t'ieh lun chiao-chu*, Shanghai,1958）

《盐铁论》（王利器：《盐铁论校注》）

后　记

翻译本书为中国社会科学院历史研究所的研究项目之一。各章的译者为：杨品泉（导言、第 1、2、3、12 章），张书生（第 5、13、16 章），陈高华（第 6 章），谢亮生（第 14、15 章），一山（第 11 章），索介然（第 9、10 章），胡志宏（第 4、7、8 章）。全书由张书生和杨品泉两位同志总校。历史研究所李学勤先生在百忙之中抽时间为本书写了前言，特此致谢。我们因识见所囿和水平所限，译文舛错在所难免，恳切希望读者批评指正。